企业会计准则

热点、难点分析与案例详解

（2022年版）

企业会计准则编审委员会　编著

人 民 邮 电 出 版 社
北京

图书在版编目（CIP）数据

企业会计准则热点、难点分析与案例详解 ：2022年版 / 企业会计准则编审委员会编著. -- 北京 ：人民邮电出版社，2022.1
ISBN 978-7-115-57975-1

Ⅰ．①企… Ⅱ．①企… Ⅲ．①企业－会计准则－中国 Ⅳ．①F279.23

中国版本图书馆CIP数据核字(2021)第236518号

内 容 提 要

企业会计准则是会计人员进行会计确认、会计计量、会计报告的基本依据，学好企业会计准则，是做好会计工作的根本。同时，企业会计准则作为一个动态体系，也在不断地完善与优化，这就需要会计人员不断学习新规定，掌握新方法。

本书以新企业会计准则为基础，进行了详细注解；以企业会计制度为依据，进行了实操案例的展示与分析。本书共包括条文解析近 800 条，实务案例 300 余个，均依据企业会计准则进行了详细的分析，并逐步展示会计处理的全过程，是读者需要重点阅读的部分。

本书内容全面，案例丰富，与时俱进，通俗易懂，实用性强，旨在帮助企业会计人员学好、用好企业会计准则。本书既适合会计实务工作者用来解决日常实务工作中的各种疑难与困惑，也适合会计理论工作者、会计专业学生用来掌握我国现行企业会计准则体系的具体规定。

◆ 编　　著　企业会计准则编审委员会
责任编辑　李士振
责任印制　彭志环
◆ 人民邮电出版社出版发行　　北京市丰台区成寿寺路 11 号
邮编　100164　　电子邮件　315@ptpress.com.cn
网址　https://www.ptpress.com.cn
保定市中画美凯印刷有限公司印刷
◆ 开本：787×1092　1/16
印张：55.5　　2022 年 1 月第 1 版
字数：1488 千字　　2022 年 1 月河北第 1 次印刷

定价：198.00 元

读者服务热线：(010)81055296　印装质量热线：(010)81055316
反盗版热线：(010)81055315
广告经营许可证：京东市监广登字 20170147 号

前言 PREFACE

本书写作目的

企业会计准则（1 项基本准则，40 项具体准则）是进行会计工作的基本依据。每一项具体的企业会计准则，均针对企业某一方面的经济业务如何进行会计处理给予具体的规定和指导。准确把握企业会计准则的精髓，正确应用准则的相关知识，实现从理论到实践的飞跃，重中之重是要连贯、系统地学习会计要素的内容与含义、企业经济业务的处理过程、会计报表的编制方法。

为了更好地介绍企业会计准则的基础知识、基本要求和实务操作要点，我们精心编写了本书。本书可以作为会计专业人士、高校会计专业师生学习企业会计准则的工具用书，也可以作为会计人员依据企业会计准则解决实务问题的指导用书。

本书内容

本书以新的企业会计准则为出发点，针对现行的 40 项具体准则进行了全面、清晰的解读。全书共分为 40 个精讲部分，按照每一项准则对应一个精讲部分的形式进行呈现，具体包括总则、初始计量、后续计量、转换、处置、披露等内容。每一个精讲部分都系统介绍了企业会计准则的基础知识、基本要求和实务操作要点。最为重要的是，本书在基础知识解读之后引用大量实务案例，具体问题具体分析，对准则的逻辑脉络、操作流程进行了切合实际的描述，使读者能够深入浅出地学好企业会计准则，强化对企业会计准则的具体理解，解决实务操作问题。

需要说明的是，自从 2017 年《企业会计准则第 14 号——收入》修订后，原《企业会计准则第 15 号——建造合同》同时废止，本书不再收录《企业会计准则第 15 号——建造合同》的内容。

新版《企业会计准则第 25 号——保险合同》于 2020 年 12 月 19 日发布。执行新版保险合同准则的企业，不再执行《企业会计准则第 25 号——原保险合同》（财会〔2006〕3 号）

和《企业会计准则第 26 号——再保险合同》（财会〔2006〕3 号），本书不再收录以上已废止的两个准则。

本书特色

企业会计准则可以说是会计工作者必须掌握的内容，它决定了财务人员工作的质量和效率，也决定了企业财务管理的水平，在一定程度上影响着企业运转效率。本书主要有以下几方面的特色。

第一，内容全面，专业性强。本书结合会计工作人员的实际工作经验，每个部分都从最基础的会计准则条文讲起，在重点条文后附有专业注释与实务问题解析，在理论和实务良好结合的同时，确保内容的全面性，可以作为从业者的案头常备手册。

第二，形式新颖，富有创新性。本书依据新的企业会计准则编写，针对重要的准则原文，进行一条或多条深度注解、实务案例的展示与解析，既保证了读者对准则原文的理解，又保证了读者对准则实务应用的掌握。

第三，深入浅出，可读性强。本书有近 800 条解析，按照解析的内容来源分为法规解析与作者解析两类，讲解有深度，拓展有广度，非泛泛而谈。

第四，案例丰富，实用性强。本书列举 300 余个实务案例，对如何依据企业会计准则的规定进行会计处理给予了标准化的展示与分析，知识讲解到位，所有计算题均经过会计专家的审核与演算。

本书使用方法

本书体系完整，内容全面，与新的企业会计准则和制度同步。通过阅读、查询本书，具有不同需求的读者会有不同的收获。

企业会计工作人员：熟悉企业会计准则的具体要求和重难点，把握会计实务工作的关键要点，在具体实践中更好地运用企业会计准则。

企业经营管理者：了解新的企业会计准则，熟悉企业会计操作具体流程。

企业培训及咨询人员：查询新的会计法规和实际操作方法。

大中专院校的会计、财务管理专业学生：了解新的企业会计准则、企业会计处理的基本知识。

本书的编写，得到了多位企业会计工作人员的支持，在此一并表示感谢。由于编者水平有限，书中疏漏在所难免，恳请广大读者不吝指正。

编者

CONTENTS 目录

企业会计准则第 3 号——投资性房地产

企业会计准则第 4 号——固定资产

企业会计准则第 5 号——生物资产

企业会计准则第 6 号——无形资产

企业会计准则第 8 号——资产减值

企业会计准则第 9 号——职工薪酬

企业会计准则第 10 号——企业年金基金

企业会计准则第11号——股份支付

企业会计准则第12号——债务重组

企业会计准则第 13 号——或有事项

企业会计准则第 14 号——收入

企业会计准则第 16 号——政府补助

企业会计准则第 17 号——借款费用

企业会计准则第 18 号——所得税

企业会计准则第 19 号——外币折算

企业会计准则第 20 号——企业合并

企业会计准则第 21 号——租赁

企业会计准则第 22 号——金融工具确认和计量

企业会计准则第 23 号——金融资产转移

企业会计准则第 24 号——套期会计

企业会计准则第 25 号——保险合同

企业会计准则第 27 号——石油天然气开采

企业会计准则第 28 号——会计政策、会计估计变更和差错更正

企业会计准则第 29 号——资产负债表日后事项

企业会计准则第 32 号——中期财务报告

企业会计准则第 33 号——合并财务报表

企业会计准则第 34 号——每股收益

企业会计准则第 35 号——分部报告

企业会计准则第 36 号——关联方披露

企业会计准则第 37 号——金融工具列报

企业会计准则第 38 号——首次执行企业会计准则

企业会计准则第 39 号——公允价值计量

企业会计准则第 40 号——合营安排

企业会计准则第41号——在其他主体中权益的披露

企业会计准则第42号——持有待售的非流动资产、处置组和终止经营

企业会计准则第 1 号——存货

《企业会计第 1 号——存货》于 2006 年 2 月 15 日由财会〔2006〕3 号公布，自 2007 年 1 月 1 日起施行。

第一章　总则

第一条　为了规范存货的确认、计量和相关信息的披露，根据《企业会计准则——基本准则》，制定本准则。

【解析 1-1】《企业会计准则——基本准则》

《企业会计准则——基本准则》是制定会计准则应当遵循的基本法则。

第二条　下列各项适用其他相关会计准则：

（一）消耗性生物资产，适用《企业会计准则第 5 号——生物资产》。

（二）通过建造合同归集的存货成本，适用《企业会计准则第 15 号——建造合同》。

【解析 1-2】不适用的例外情况

消耗性生物资产和通过建造合同归集的存货成本不适用此准则。

第二章　确认

第三条　存货，是指企业在日常活动中持有以备出售的产成品或商品、处在生产过程中的在产品、在生产过程或提供劳务过程中耗用的材料和物料等。

【解析 1-3】存货的概念与特征

存货区别于固定资产等非流动资产的最基本的特征是，企业持有存货的最终目的是出售，包括可供直接销售的产成品、商品，以及需经过进一步加工后出售的原材料等。企业的存货通常包括以下内容。

1. 原材料，是指企业在生产过程中经加工改变其形态或性质并构成产品主要实体的各种原料及主要材料、辅助材料、外购半成品（外购件）、修理用备件（备品备件）、包装材料、燃料等。为建造固定资产等各项工程而储备的各种材料，虽然同属于材料，但是用于建造固定资产等各项工程，不符合存货的定义，因此不能作为企业存货。

2. 在产品，是指企业正在制造尚未完工的产品，包括正在各个生产工序加工的产品，以及已加工完毕但尚未检验或已检验但尚未办理入库手续的产品。

3. 半成品，是指经过一定生产过程并已检验合格交付半成品仓库保管，但尚未制造完工成为产成品，仍需进一步加工的中间产品。

4. 产成品，是指工业企业已经完成全部生产过程并验收入库，可以按照合同规定的条件送交订货单位，或者可以作为商品对外销售的产品。企业接受外来原材料加工制造的代制品和为外单位加工修理的代修品，制造和修理完成验收入库后应视同企业的产成品。

5. 商品，是指商品流通企业外购或委托加工完成验收入库用于销售的各种商品。

6. 周转材料，是指企业能够多次使用，但不符合固定资产定义的材料，如为了包装本企业商品而储备的各种包装物，各种工具、管理用具、玻璃器皿、劳动保护用品以及在经营过程中周转使用的容器等低值易耗品和建造承包商的钢模板、木模板、脚手架等其他周转材料。但是，周转材料符合固定资产定义的，应当作为固定资产处理。

第四条 存货同时满足下列条件的，才能予以确认：

（一）与该存货有关的经济利益很可能流入企业；

（二）该存货的成本能够可靠地计量。

【解析 1–4】存货的确认条件

1. 企业在确认存货时，需要判断与该项存货相关的经济利益是否很可能流入企业。在实务中，主要通过判断与该项存货所有权相关的风险和报酬是否转移到了企业来确定。与存货所有权相关的风险，是指由于经营情况发生变化造成的相关收益的变动，以及由于存货滞销、毁损等造成的损失；与存货所有权相关的报酬，是指在出售该项存货或其经过进一步加工取得的其他存货时获得的收入，以及处置该项存货实现的利得等。

通常情况下，取得存货的所有权是与存货相关的经济利益很可能流入本企业的一个重要标志。例如，根据销售合同已经售出（取得现金或收取现金的权利）的存货，其所有权已经转移，与其相关的经济利益已不再流入本企业，此时，即使该项存货尚未运离本企业，也不能再确认为本企业的存货。又如，委托代销商品，由于其所有权并未转移至受托方，委托代销的商品仍应当确认为委托企业存货的一部分。总之，企业在判断与存货相关的经济利益能否流入企业时，主要结合该项存货所有权的归属情况进行分析确定。

2. 作为企业资产的组成部分，要确认存货，企业必须能够对其成本进行可靠计量。存货的成本能够可靠地计量必须以取得确凿、可靠的证据为依据，并且具有可验证性。如果存货成本不能可靠地计量，则不能确认为一项存货。例如，企业承诺的订货合同，由于并未实际发生，不能可靠确定其成本，就不能确认为购买企业的存货。又如，企业预计发生的制造费用，由于并未实际发生，不能可靠地确定其成本，不能计入产品成本。

第三章　计量

第五条 存货应当按照成本进行初始计量。存货成本包括采购成本、加工成本和其他成本。

【解析 1–5】存货的成本构成

不同存货的成本构成内容不同。原材料、商品、低值易耗品等通过购买而取得的存货的初始成本由采购成本构成；产成品、在产品、半成品、委托加工物资等通过进一步加工而取得的存货的初始成本由采购成本、加工成本以及使存货达到目前场所和状态所发生的其他成本构成。

第六条 存货的采购成本，包括购买价款、相关税费、运输费、装卸费、保险费以及其他可归属于存货采购成本的费用。

【解析 1-6】存货的采购成本的构成

本准则第六条规定，存货的采购成本，包括购买价款、相关税费、运输费、装卸费、保险费以及其他可归属于存货采购成本的费用。

【解析 1-7】存货的采购成本

原材料、商品、低值易耗品等通过购买而取得的存货的初始成本由采购成本构成。

存货的采购成本，包括购买价款、相关税费、运输费、装卸费、保险费以及其他可归属于存货采购成本的费用。

1. 购买价款，是指企业购入材料或商品的发票账单上列明的价款，但不包括按规定可以抵扣的增值税进项税额。

2. 相关税费，是指企业购买、自制或委托加工存货所发生的、应归属于该存货成本的消费税、资源税和不能从增值税销项税额中抵扣的进项税额等。

3. 其他可归属于存货采购成本的费用，即采购成本中除上述各项以外的可归属于存货采购成本的费用，如在存货采购过程中发生的仓储费、包装费、运输途中的合理损耗、入库前的挑选整理费用等。这些费用能分清负担对象的，应直接计入存货的采购成本；不能分清负担对象的，应选择合理的分配方法，分配计入有关存货的采购成本。分配方法通常包括按所购存货的重量或采购价格的比例进行分配。

但是，对于采购过程中发生的物资毁损、短缺等，除合理的损耗应作为存货的"其他可归属于存货采购成本的费用"计入采购成本外，应区别不同情况进行会计处理：（1）应从供货单位、外部运输机构等收回的物资短缺或其他赔款，冲减物资的采购成本；（2）因遭受意外灾害发生的损失和尚待查明原因的途中损耗，不得增加物资的采购成本，应暂作为待处理财产损溢进行核算，在查明原因后再作处理。

商品流通企业在采购商品过程中发生的运输费、装卸费、保险费以及其他可归属于存货采购成本的费用等，应当计入存货的采购成本，也可以先进行归集，期末再根据所购商品的存销情况进行分摊。对于已售商品的进货费用，计入当期损益（主营业务成本）；对于未售商品的进货费用，计入期末存货成本。企业采购商品的进货费用金额较小的，可以在发生时直接计入当期损益（销售费用）。

企业外购的原材料，由于结算方式和采购地点的不同，材料入库和货款的支付在时间上不一定完全同步，相应的账务处理也有所不同。

第七条 存货的加工成本，包括直接人工以及按照一定方法分配的制造费用。

制造费用，是指企业为生产产品和提供劳务而发生的各项间接费用。企业应当根据制造费用的性质，合理地选择制造费用分配方法。

在同一生产过程中，同时生产两种或两种以上的产品，并且每种产品的加工成本不能直接区分的，其加工成本应当按照合理的方法在各种产品之间进行分配。

【解析1-8】存货的加工成本、制造费用

1.企业通过进一步加工取得的存货，主要包括产成品、在产品、半成品、委托加工物资等，其成本由采购成本、加工成本构成。存货加工成本由直接人工和制造费用构成，其实质是企业在进一步加工存货的过程中追加发生的生产成本，因此，不包括直接由材料存货转移来的价值。

2.直接人工是指企业在生产产品过程中，直接从事产品生产的工人的职工薪酬。直接人工和间接人工的划分依据通常是生产工人是否与所生产的产品直接相关（即可否直接确定其服务的产品对象）。

3.制造费用是一项间接生产成本，包括企业生产部门（如生产车间）管理人员的职工薪酬、折旧费、办公费、水电费、机物料消耗、劳动保护费、车间固定资产的修理费用、季节性和修理期间的停工损失等。

第八条 存货的其他成本，是指除采购成本、加工成本以外的，使存货达到目前场所和状态所发生的其他支出。

【解析1-9】存货的其他成本

如可直接认定的产品设计费用等。

第九条 下列费用应当在发生时确认为当期损益，不计入存货成本：

（一）非正常消耗的直接材料、直接人工和制造费用。

（二）仓储费用（不包括在生产过程中为达到下一个生产阶段所必需的费用）。

（三）不能归属于使存货达到目前场所和状态的其他支出。

【解析1-10】不计入存货成本的内容

1.非正常消耗的直接材料、直接人工及制造费用，应计入当期损益，不得计入存货成本。例如，企业超定额的废品损失以及由自然灾害而发生的直接材料、直接人工及制造费用，由于这些费用的发生无助于使该存货达到目前场所和状态，不应计入存货成本，而应计入当期损益。

2.仓储费用，指企业在采购入库后发生的储存费用，应计入当期损益。但是，在生产过程中为达到下一个生产阶段所必需的仓储费用则应计入存货成本。例如，某种酒类产品生产企业为使生产的酒达到规定的产品质量标准，而必须发生的仓储费用，就应计入酒的成本，而不是计入当期损益。

3.不能归属于使存货达到目前场所和状态的其他支出，不符合存货的定义和确认条件，应在发生时计入当期损益，不得计入存货成本。

第十条 应计入存货成本的借款费用，按照《企业会计准则第17号——借款费用》处理。

【解析1-11】应计入存货成本的借款费用

为购买存货等发生的专门的借款费用，应该资本化的金额计入存货成本。

第十一条 投资者投入存货的成本，应当按照投资合同或协议约定的价值确定，但合同或协议约定价值不公允的除外。

【例 1-1】投资者投入存货的会计核算

2×19 年 1 月 1 日，A、B、C 三方共同投资设立了甲有限责任公司（以下简称“甲公司”）。A 以其生产的产品作为投资（甲公司将其作为原材料管理和核算），投资合同约定的该批产品的价值为 5 000 000 元（与公允价值相同）。甲公司取得的增值税专用发票上注明的不含税价款为 5 000 000 元，增值税税额为 650 000 元。假定甲公司的实收资本总额为 10 000 000 元，A 在甲公司享有的份额为 35%。甲公司为一般纳税人，适用的增值税税率为 13%；甲公司采用实际成本法核算存货。

本例中，甲公司为一般纳税人，投资合同约定的该项原材料的价值为 5 000 000 元，因此，甲公司接受的这批原材料的入账价值为 5 000 000 元，增值税税额 650 000 元单独作为可抵扣的进项税额进行核算。

A 在甲公司享有的实收资本金额 =10 000 000×35%=3 500 000（元）

A 在甲公司投资的资本溢价 =5 000 000+650 000−3 500 000=2 150 000（元）

甲公司的账务处理如下。

借：原材料	5 000 000	
应交税费——应交增值税（进项税额）	650 000	
贷：实收资本——A		3 500 000
资本公积——资本溢价		2 150 000

另外，在投资合同或协议约定价值不公允的情况下，按照该项存货的公允价值作为其入账价值。

第十二条 收获时农产品的成本、非货币性资产交换、债务重组和企业合并取得的存货的成本，应当分别按照《企业会计准则第 5 号——生物资产》《企业会计准则第 7 号——非货币性资产交换》《企业会计准则第 12 号——债务重组》《企业会计准则第 20 号——企业合并》确定。

【解析 1-12】收获时农产品的成本、非货币性资产交换、债务重组和企业合并取得的存货的成本

收获时农产品的成本、非货币性资产交换、债务重组和企业合并取得的存货的成本等适用于其他准则，不适用本准则。

第十三条 企业提供劳务的，所发生的从事劳务提供人员的直接人工和其他直接费用以及可归属的间接费用，计入存货成本。

【解析 1-13】应计入存货成本的劳务成本

与取得存货直接相关的劳务成本计入存货成本。

第十四条 企业应当采用先进先出法、加权平均法或者个别计价法确定发出存货的实际成本。

对于性质和用途相似的存货，应当采用相同的成本计算方法确定发出存货的成本。

对于不能替代使用的存货、为特定项目专门购入或制造的存货以及提供的劳务，通常采用个别计价法确定发出存货的成本。

对于已售存货，应当将其成本结转为当期损益，相应的存货跌价准备也应当予以结转。

【解析 1-14】确定发出存货的实际成本的方法

（一）先进先出法

先进先出法是以先购入的存货应先发出（销售或耗用）这样一种存货实物流转假设为前提，对发出存货进行计价。采用这种方法，先购入的存货成本在后购入存货成本之前转出，据此确定发出存货和期末存货的成本。

先进先出法可以随时结转存货发出成本，但较烦琐。如果存货收发业务较多，且存货单价不稳定时，其工作量较大。在物价持续上升时，期末存货成本接近于市价，而发出成本偏低，会高估企业当期利润和库存存货价值；物价下降时，则会低估企业当期利润和库存存货价值。

（二）加权平均法

加权平均法包括移动加权平均法与月末一次加权平均法。

1. 移动加权平均法，是指以每次进货的实际成本加上原有库存存货的实际成本，除以每次进货数量与原有库存存货数量之和，据以计算加权平均单位成本，作为在下次进货前计算各次发出存货成本的依据。计算公式如下。

$$\text{存货单位成本}=\frac{\text{原有库存存货的实际成本}+\text{本次进货的实际成本}}{\text{原有库存存货数量}+\text{本次进货数量}}$$

本次发出存货的成本 = 本次发出存货数量 × 本次发货前的存货单位成本

本月月末库存存货成本 = 月末库存存货的数量 × 本月月末存货单位成本

采用移动加权平均法能够使企业管理层及时了解存货成本的结存情况，计算出的平均单位成本及发出和结存的存货成本比较客观。但是，由于每次收货都要计算一次平均单位成本，计算工作量较大，对收发货较频繁的企业不适用。

2. 月末一次加权平均法，是指以当月全部进货数量加上月初库存存货数量作为权数，去除当月全部进货成本加上月初存货成本，计算出存货的加权平均单位成本，以此为基础计算当月发出存货的成本和期末存货的成本的一种方法。

$$\text{存货单位成本}=\frac{\text{月初库存存货成本}+\sum(\text{本月某批进货的实际单位成本}\times\text{本月某批进货数量})}{\text{月初库存存货数量}+\text{本月各批进货数量之和}}$$

本月发出存货的成本 = 本月发出存货的数量 × 存货单位成本

本月月末库存存货成本 = 月末库存存货的数量 × 存货单位成本

采用月末一次加权平均法只在月末一次计算加权平均单价，有利于简化成本计算工作。但由于平时无法从账上提供发出和结存存货的单价及金额，不利于存货成本的日常管理与控制。

上述存货发出的计量方法中，不适用于收发业务频繁的企业或者使用时较烦琐的企业，在会计信息化支持下，依然可以适用。

（三）个别计价法

个别计价法，亦称个别认定法、具体辨认法、分批实际法，其特征是注重所发出存货具体项目的实物流转与成本流转之间的联系，逐一辨认各批发出存货和期末存货所属的购进批别或生产批别，分别按其购入或生产时所确定的单位成本计算各批发出存货和期末存货的成本。

个别计价法的成本计算准确、符合实际情况，但在存货收发频繁的情况下，其发出成本分辨的工作量较大。个别计价法适用于一般不能替代使用的存货、为特定项目专门购入或制造的存货以及提供的劳务，如珠宝、名画等贵重物品。企业在信息化管理条件下，大量的存货都可以采用该方法进行计量。

（四）结转销售成本时，应同时结转对其已计提的存货跌价准备

企业计提了存货跌价准备，如果其中有部分存货已经销售，则企业在结转销售成本时，应同时结转对其已计提的存货跌价准备。对于因债务重组、非货币性资产交换转出的存货，也应同时结转已计提的存货跌价准备。如果按存货类别计提存货跌价准备的，应当按照发生销售、债务重组、非货币性资产交换等而转出存货的成本占该存货未转出前该类别存货成本的比例，结转相应的存货跌价准备。

第十五条　资产负债表日，存货应当按照成本与可变现净值孰低计量。

存货成本高于其可变现净值的，应当计提存货跌价准备，计入当期损益。

可变现净值，是指在日常活动中，存货的估计售价减去至完工时估计将要发生的成本、估计的销售费用以及相关税费后的金额。

【解析 1-15】成本与可变现净值孰低计量

根据本准则第十五条规定，在资产负债表日，存货应当按照成本与可变现净值孰低计量。存货的成本高于其可变现净值的，按其差额计提存货跌价准备；存货的成本低于其可变现净值的，按其成本计量，不计提存货跌价准备，但原已计提存货跌价准备的，应按已计提存货跌价准备金额的范围内转回。

企业应当采用先进先出法、加权平均法（包括移动加权平均法和月末一次加权平均法）或者个别计价法确定发出存货的实际成本，不得采用后进先出法确定发出存货的实际成本。对于企业在正常生产经营过程中多次使用的、但未列入固定资产目录周转材料等存货，可以采用一次转销法、五五摊销法和分次摊销法进行摊销。

摘录于《〈企业会计准则第 1 号——存货〉解释》

【解析 1-16】周转材料的处理

周转材料，是指企业能够多次使用、逐渐转移其价值但仍保持原有形态不确认为固定资产的材料，如包装物和低值易耗品，应当采用一次转销法或者五五摊销法进行摊销；企业（建造承包商）的钢模板、木模板、脚手架和其他周转材料等，可以采用一次转销法、五五摊销法或者分次摊销法进行摊销。

【解析 1–17】存货的可变现净值 1

（一）可变现净值是指未来净现金流入，而不是指存货的售价或合同价。企业销售存货预计取得的现金流入，并不完全构成存货的可变现净值。由于存货在销售过程中可能发生相关税费和销售费用，以及为达到预定可销售状态还可能发生进一步的加工成本，这些相关税费、销售费用和成本支出，均构成存货销售产生现金流入的抵减项目，只有在扣除这些现金流出后，才能确定存货的可变现净值。

（二）不同存货可变现净值的确定。

1. 产成品、商品和用于出售的材料等直接用于出售的商品存货，在正常生产经营过程中，应当以该存货的估计售价减去估计的销售费用和相关税费后的金额确定其可变现净值。

2. 用于生产的材料、在产品或自制半成品等需要经过加工的材料存货，在正常生产经营过程中，应当以所生产的产成品的估计售价减去至完工时估计将要发生的成本、估计的销售费用以及相关税费后的金额确定其可变现净值。

（三）通常表明存货的可变现净值低于成本的情形。

1. 存货存在下列情形之一的，表明存货的可变现净值低于成本：

（1）该存货的市场价格持续下跌，并且在可预见的未来无回升的希望；

（2）企业使用该项原材料生产的产品的成本大于产品的销售价格；

（3）企业因产品更新换代，原有库存原材料已不适应新产品的需要，而该原材料的市场价格又低于其账面成本；

（4）因企业所提供的商品或劳务过时或消费者偏好改变而使市场的需求发生变化，导致市场价格逐渐下跌；

（5）其他足以证明该项存货实质上已经发生减值的情形。

2. 存货存在下列情形之一的，表明存货的可变现净值为零：

（1）已霉烂变质的存货；

（2）已过期且无转让价值的存货；

（3）生产中已不再需要，并且已无使用价值和转让价值的存货；

（4）其他足以证明已无使用价值和转让价值的存货。

摘录于《〈企业会计准则第 1 号——存货〉解释》

【解析 1–18】存货的可变现净值 2

（一）可变现净值的特征

可变现净值的特征表现为存货的预计未来净现金流量，而不是存货的售价或合同价。

企业预计的销售存货现金流量，并不完全等于存货的可变现净值。存货在销售过程中可能发生的销售费用和相关税费，以及为达到预定可销售状态还可能发生的加工成本等相关支出，构成现金流入的抵减项目。企业预计的销售存货现金流量，扣除这些抵减项目后，才能确定存货的可变现净值。

（二）以确凿证据为基础计算确定存货的可变现净值

存货可变现净值的确凿证据，是指对确定存货的可变现净值有直接影响的客观证明，如产成品或商品的市场销售价格、与产成品或商品相同或类似商品的市场销售价格、销货方提供的有关资料和生产成本资料等。

（三）不同存货可变现净值的确定

1. 产成品、商品和用于出售的材料等直接用于出售的商品存货，在正常生产经营过程中，应当以该存货的估计售价减去估计的销售费用和相关税费后的金额，确定其可变现净值。

2. 需要经过加工的材料存货，在正常生产经营过程中，应当以所生产的产成品的估计售价减去至完工时估计将要发生的成本、估计的销售费用和相关税费后的金额，确定其可变现净值。

3. 资产负债表日，同一项存货中一部分有合同价格约定、其他部分不存在合同价格的，应当分别确定其可变现净值，并与其相对应的成本进行比较，分别确定存货跌价准备的计提或转回的金额。

摘录于《〈企业会计准则第 1 号——存货〉应用指南》

【解析 1-19】可变现净值的基本特征

1. 确定存货可变现净值的前提是企业在进行日常活动。如果企业不是在进行正常的生产经营活动，比如企业处于清算过程，那么不能按照存货准则的规定确定存货的可变现净值。

2. 可变现净值为存货的预计未来净现金流入，而不是简单地等于存货的售价或合同价。企业预计的销售存货现金流量，并不完全等于存货的可变现净值。存货在销售过程中可能发生的销售费用和相关税费，以及为达到预定可销售状态还可能发生的加工成本等相关支出，构成现金流入的抵减项目。企业预计的销售存货现金流量，扣除这些抵减项目后，才能确定存货的可变现净值。

3. 不同存货可变现净值的构成不同。

（1）产成品、商品和用于出售的材料等直接用于出售的商品存货，在正常生产经营过程中，应当以该存货的估计售价减去估计的销售费用和相关税费后的金额，确定其可变现净值。

（2）需要经过加工的材料存货，在正常生产经营过程中，应当以所生产的产成品的估计售价减去至完工时估计将要发生的成本、估计的销售费用和相关税费后的金额，确定其可变现净值。

【例 1-2】可变现净值的确定

假定 20×5 年 12 月 31 日 A 公司库存 W 型机器 12 台，成本（不含增值税）为 360 万元，单位成本为 30 万元。该批 W 型机器全部销售给 B 公司。与 B 公司签订的销售合同约定，20×6 年 1 月 20 日，A 公司应按每台 30 万元的价格（不含增值税）向 B 公司提供 W 型机器 12 台。

A 公司销售部门提供的资料表明，向长期客户——B 公司销售的 W 型机器的平均运杂费等销售费用为 0.12 万元 / 台；向其他客户销售 W 型机器的平均运杂费等销售费用为 0.1 万元 / 台。

20×5 年 12 月 31 日，W 型机器的市场销售价格为 32 万元 / 台。

在本例中，能够证明 W 型机器的可变现净值的确凿证据是 A 公司与 B 公司签订的有关 W 型机器的销售合同、市场销售价格资料、账簿记录和 A 公司销售部门提供的有关销售费用的资料等。根据该销售合同规定，库存的 12 台 W 型机器的销售价格全部由销售合同约定。

在这种情况下，W 型机器的可变现净值应以销售合同约定的价格 30 万元 / 台为基础确定。据此，W 型机器的可变现净值 =30×12−0.12×12=360−1.44=358.56（万元），低于 W 型机器的成本（360 万元），应按其差额 1.44 万元计提存货跌价准备（假定以前未对 W 型机器计提存货跌价准备）。如果 W 型机器的成本为 350 万元，则不需计提存货跌价准备。

【例 1-3】资产减值损失的会计核算

2×15 年年末，丙公司 A 存货的账面成本为 100 000 元，由于本年以来 A 存货的市场价格持续下跌，根据资产负债表日状况确定的 A 存货的可变现净值为 95 000 元，“存货跌价准备”期初余额为零，应计提的存货跌价准备为 5 000 元（100 000−95 000）。相关账务处理如下。

借：资产减值损失——A 存货　　　　5 000

　贷：存货跌价准备——A 存货　　　　5 000

第十六条　企业确定存货的可变现净值，应当以取得的确凿证据为基础，并且考虑持有存货的目的、资产负债表日后事项的影响等因素。

为生产而持有的材料等，用其生产的产成品的可变现净值高于成本的，该材料仍然应当按照成本计量；材料价格的下降表明产成品的可变现净值低于成本的，该材料应当按照可变现净值计量。

【解析 1-20】以确凿证据为基础计算确定存货的可变现净值

存货可变现净值的确凿证据，是指对确定存货的可变现净值有直接影响的确凿证明，如产品或商品的市场销售价格、与企业产品或商品相同或类似商品的市场销售价格、供货方提供的有关资料、销售方提供的有关资料、生产成本资料等。

摘录于《〈企业会计准则第 1 号——存货〉解释》

【解析 1-21】确定存货的可变现净值

（一）确定存货的可变现净值应当以取得确凿证据为基础

确定存货的可变现净值必须建立在取得确凿证据的基础上。这里所讲的“确凿证据”是指对确定存货的可变现净值和成本有直接影响的客观证明。

（1）存货成本的确凿证据。存货的采购成本、加工成本和其他成本及以其他方式取得存货的成本，应当以取得外来原始凭证、生产成本账簿记录等作为确凿证据。

（2）存货可变现净值的确凿证据。存货可变现净值的确凿证据，是指对确定存货的可变现净值有直接影响的确凿证明，如产成品或商品的市场销售价格、与产成品或商品相同或类似商品的市场销售价格、销货方提供的有关资料和生产成本资料等。

（二）确定存货的可变现净值应当考虑持有存货的目的

由于企业持有存货的目的不同，确定存货可变现净值的计算方法也不同。如用于出售的存货和用于继续加工的存货，其可变现净值的计算就不相同，企业在确定存货的可变现净值时，应考虑持有存货的目的。企业持有存货的目的，通常可以分为：

（1）持有以备出售的存货，如商品、产成品，其中又分为有合同约定的存货和没有合同约定的存货；

（2）将在生产过程或提供劳务过程中耗用的存货，如材料等。

（三）确定存货的可变现净值应当考虑资产负债表日后事项等的影响

确定存货可变现净值时，应当以资产负债表日取得最可靠的证据估计的售价为基础并考虑持有存货的目的。资产负债表日至财务报告批准报出日之间存货售价发生波动的，如有确凿证据表明其对资产负债表日存货已经存在的情况提供了新的或进一步的证据，则在确定存货可变现净值时应当予以考虑，否则，不应予以考虑。

第十七条 为执行销售合同或者劳务合同而持有的存货，其可变现净值应当以合同价格为基础计算。

企业持有存货的数量多于销售合同订购数量的，超出部分的存货的可变现净值应当以一般销售价格为基础计算。

【解析 1-22】执行销售合同或者劳务合同而持有的存货的可变现净值

为执行销售合同或者劳务合同而持有的存货，通常应当以产成品或商品的合同价格作为其可变现净值的计算基础。如果企业与购买方签订了销售合同（或劳务合同，下同），并且销售合同订购的数量等于企业持有存货的数量，在这种情况下，在确定与该项销售合同直接相关存货的可变现净值时，应当以销售合同价格作为其可变现净值的计算基础。也就是说，如果企业就其产成品或商品签订了销售合同，则该批产成品或商品的可变现净值应当以合同价格作为计算基础；如果企业销售合同所规定的标的物还没有生产出来，但持有专门用于该标的物生产的原材料，其可变现净值也应当以合同价格作为计算基础。

1. 如果企业持有存货的数量多于销售合同订购数量，超出部分的存货可变现净值应当以产成品或商品的一般销售价格（即市场销售价格）作为计算基础。

2. 如果企业持有存货的数量少于销售合同订购数量，实际持有与该销售合同相关的存货应以销售合同所规定的价格作为可变现净值的计算基础。如果该合同为亏损合同，还应同时按照《企业会计准则第 13 号——或有事项》的规定处理。

3. 没有销售合同约定的存货（不包括用于出售的材料），其可变现净值应当以产成品或商品一般销售价格（即市场销售价格）作为计算基础。

4. 用于出售的材料等，通常以市场价格作为其可变现净值的计算基础。这里的市场价格是指材料等的市场销售价格。如果用于出售的材料存在销售合同约定，应按合同价格作为其可变现净值的计算基础。

【例 1-4】库存数量小于销售合同订购的数量

2×15 年 8 月 10 日，甲公司与乙公司签订了一份不可撤销的销售合同，双方约定，2×16 年 2 月 15 日，甲公司应按 200 000 元 / 台的价格向乙公司提供 A 型机器 10 台。2×15 年 12 月 31 日，甲公司 A 型机器的账面价值（成本）为 1 360 000 元，数量为 8 台，单位成本为 170 000 元 / 台。2×15 年 12 月 31 日，A 型机器的市场销售价格为 190 000 元 / 台。

本例中，根据甲公司与乙公司签订的销售合同，甲公司该批 A 型机器的销售价格已由销售合同约定，并且其库存数量小于销售合同订购的数量。在这种情况下，计算库存 A 型机器的可变现净值时，应以销售合同约定的价格 1 600 000 元（200 000×8）作为计量基础，即估计售价为 1 600 000 元。

第十八条 企业通常应当按照单个存货项目计提存货跌价准备。

对于数量繁多、单价较低的存货，可以按照存货类别计提存货跌价准备。

与在同一地区生产和销售的产品系列相关、具有相同或类似最终用途或目的，且难以与其他项目分开计量的存货，可以合并计提存货跌价准备。

【解析 1-23】按照存货类别计提存货跌价准备

如果某一类存货的数量繁多并且单价较低，企业可以按存货类别计量成本与可变现净值，即按存货类别的成本总额与可变现净值总额进行比较，每个存货类别均取较低者确定存货期末价值。

【例 1-5】库存数量大于销售合同订购的数量

2×15 年 9 月 10 日，甲公司与丁公司签订了一份不可撤销的销售合同，双方约定，2×16 年 2 月 15 日，甲公司应按 180 000 元 / 台的价格向丁公司提供 C 型机器 10 台。2×15 年 12 月 31 日，甲公司 C 型机器的账面价值为 1 920 000 元，数量为 12 台，单位成本为 160 000 元 / 台。2×15 年 12 月 31 日，C 型机器的市场销售价格为 200 000 元 / 台。

本例中，甲公司该批 C 型机器的销售价格已在双方签订的销售合同中约定，但是其库存数量大于销售合同约定的数量。这种情况下，对于销售合同约定数量内（10 台）的 C 型机器的可变现净值应以销售合同约定的价格总额 1 800 000 元（180 000×10）作为计量基础；而对于超出部分（2 台）的 C 型机器的可变现净值应以一般销售价格总额 400 000 元（200 000×2）作为计量基础。

第十九条 资产负债表日，企业应当确定存货的可变现净值。以前减记存货价值的影响因素已经消失的，减记的金额应当予以恢复，并在原已计提的存货跌价准备金额内转回，转回的金额计入当期损益。

【解析 1-24】存货跌价准备转回的处理

1. 资产负债表日，企业应当确定存货的可变现净值。企业确定存货的可变现净值，应当以资产负债表日的状况为基础确定，既不能提前确定存货的可变现净值，也不能延后确定存货的可变现净值，并且在每一个资产负债表日都应当重新确定存货的可变现净值。

2. 企业的存货在符合条件的情况下，可以转回计提的存货跌价准备。存货跌价准备转回的条件是以前减记存货价值的影响因素已经消失，而不是在当期造成存货可变现净值高于成本的其他影响因素。

3. 当符合存货跌价准备转回的条件时，应在原已计提的存货跌价准备的金额内转回，即在对该项存货、该类存货或该合并存货已计提的存货跌价准备的金额内转回。转回的存货跌价准备与计提该准备的存货项目或类别应当存在直接对应关系，但转回的金额以将存货跌价准备余额冲减至零为限。

【例1-6】存货跌价准备转回的处理

20×7年12月31日，甲公司W7型机器的账面成本为500万元，但由于W7型机器的市场价格下跌，预计可变现净值为400万元，所以计提存货跌价准备100万元。

假定：（1）20×8年6月30日，W7型机器的账面成本仍为500万元，但由于W7型机器市场价格有所上升，W7型机器的预计可变现净值变为475万元。

（2）20×8年12月31日，W7型机器的账面成本仍为500万元，由于W7型机器的市场价格进一步上升，预计W7型机器的可变现净值为555万元。

本例中：（1）20×8年6月30日，由于W7型机器市场价格上升，W7型机器的可变现净值有所恢复，应计提的存货跌价准备为25万元（500-475），则当期应冲减已计提的存货跌价准备75万元（100-25），且小于已计提的存货跌价准备（100万元），应转回的存货跌价准备为75万元。

会计分录如下。

借：存货跌价准备	750 000	
贷：资产减值损失——存货减值损失		750 000

（2）20×8年12月31日，W7型机器的可变现净值又有所恢复，应冲减存货跌价准备为55万元（500-555），但是对W7型机器已计提的存货跌价准备的余额为25万元，因此，当期应转回的存货跌价准备为25万元而不是55万元（即以将对W7型机器已计提的“存货跌价准备”余额冲减至零为限）。

会计分录如下。

借：存货跌价准备	250 000	
贷：资产减值损失——存货减值损失		250 000

第二十条　企业应当采用一次转销法或者五五摊销法对低值易耗品和包装物进行摊销，计入相关资产的成本或者当期损益。

【解析1-25】对低值易耗品和包装物的摊销

包装物是指为了包装本企业商品而储备的各种包装容器，如桶、箱、瓶、坛等；低值易耗品是指不符合固定资产确认条件的各种用具物品，如工具、管理用具、玻璃器皿、劳动保护用品，以及在经营过程中周转使用的容器等。

在会计实务中，采购包装物和低值易耗品入库时，一般按实际成本或计划成本入库。在实际领用时，依据包装物和低值易耗品的使用的不同，一般采用一次摊销法或五五摊销法核算。如一次性使用的纸袋、试管等，建议采用一次摊销法；如可多次重复利用的箱、桶等，可采用五五摊销法。

第二十一条　企业发生的存货毁损，应当将处置收入扣除账面价值和相关税费后的金额计入当期损益。存货的账面价值是存货成本扣减累计跌价准备后的金额。

存货盘亏造成的损失，应当计入当期损益。

【解析1-26】存货盘亏造成损失的会计处理

存货清查，是指通过对存货的实地盘点，确定存货的实有数量，并与账面结存数核对，从而确定存货实存数与账面结存数是否相符的一种专门方法。

由于存货种类繁多、收发频繁，在日常收发过程中可能发生计量错误、计算错误、自然损耗，还可能发生损坏变质以及贪污、盗窃等情况，造成账实不符，形成存货的盘盈、盘亏。对于存货的盘盈、盘亏，应填写存货盘点报告，及时查明原因，按照规定程序报批处理。

为反映和监督企业在财产清查中查明的各种存货的盘盈、盘亏和毁损情况，企业应当设置“待处理财产损溢”科目，借方登记存货的盘亏、毁损金额及盘盈的转销金额，贷方登记存货的盘盈金额及盘亏的转销金额。企业清查的各种存货损益，应在期末结账前处理完毕，期末处理后，“待处理财产损溢”科目应无余额。

存货发生的盘亏或毁损，应作为待处理财产损溢进行核算。按管理权限报经批准后，根据造成存货盘亏或毁损的原因，分别以以下情况进行处理。

1.属于计量收发差错和管理不善等原因造成的存货短缺，应先扣除残料价值、可以收回的保险赔偿和过失人赔偿，将净损失计入管理费用。

2.属于自然灾害等非常原因造成的存货毁损，应先扣除处置收入（如残料价值）、可以收回的保险赔偿和过失人赔偿，将净损失计入营业外支出。

因非正常原因导致的存货盘亏或毁损，按规定不能抵扣的增值税进项税额应当予以转出。

【例1-7】存货盘亏造成损失的会计处理

甲公司在财产清查中发现毁损L材料300千克，实际单位成本为100元。经查属于材料保管员的过失造成的，按规定由其个人赔偿20 000元，残料已办理入库手续，价值2 000元。假定不考虑相关税费。甲公司应编制如下会计分录。

1.批准处理前。

借：待处理财产损溢	30 000	
贷：原材料		30 000

2.批准处理后。

（1）由过失人赔款部分。

借：其他应收款	20 000	
贷：待处理财产损溢		20 000

（2）残料入库。

借：原材料	2 000	
贷：待处理财产损溢		2 000

（3）材料毁损净损失。

借：管理费用	8 000	
贷：待处理财产损溢		8 000

第四章　披露

第二十二条　企业应当在附注中披露与存货有关的下列信息：

（一）各类存货的期初和期末账面价值。

（二）确定发出存货成本所采用的方法。

（三）存货可变现净值的确定依据，存货跌价准备的计提方法，当期计提的存货跌价准备的金额，当期转回的存货跌价准备的金额，以及计提和转回的有关情况。

（四）用于担保的存货账面价值。

【解析 1-27】存货的披露

为了提高企业财务报告与管理信息的真实性、可靠性与完整性，保障资产的安全完整和企业经营的合法合规，企业必须按照本准则要求进行会计信息披露与监管。

企业会计准则第2号——长期股权投资

为了适应社会主义市场经济发展需要，提高企业财务报表质量和会计信息透明度，根据《企业会计准则——基本准则》，财政部对《企业会计准则第2号——长期股权投资》进行了修订，自2014年7月1日起在所有执行企业会计准则的企业范围内施行，鼓励在境外上市的企业提前执行。财政部于2006年2月15日发布的《〈企业会计准则第1号——存货〉等38项具体准则》（财会〔2006〕3号）中的《企业会计准则第2号——长期股权投资》同时废止。

第一章　总则

第一条　为了规范长期股权投资的确认、计量，根据《企业会计准则——基本准则》，制定本准则。

【解析2-1】《企业会计准则——基本准则》

《企业会计准则——基本准则》是制定会计准则应当遵循的基本法则。

第二条　本准则所称长期股权投资，是指投资方对被投资单位实施控制、重大影响的权益性投资，以及对其合营企业的权益性投资。

在确定能否对被投资单位实施控制时，投资方应当按照《企业会计准则第33号——合并财务报表》的有关规定进行判断。投资方能够对被投资单位实施控制的，被投资单位为其子公司。投资方属于《企业会计准则第33号——合并财务报表》规定的投资性主体且子公司不纳入合并财务报表的情况除外。

重大影响，是指投资方对被投资单位的财务和经营政策有参与决策的权力，但并不能够控制或者与其他方一起共同控制这些政策的制定。在确定能否对被投资单位施加重大影响时，应当考虑投资方和其他方持有的被投资单位当期可转换公司债券、当期可执行认股权证等潜在表决权因素。投资方能够对被投资单位施加重大影响的，被投资单位为其联营企业。

在确定被投资单位是否为合营企业时，应当按照《企业会计准则第40号——合营安排》的有关规定进行判断。

【解析2-2】重大影响概念及其判断

这里所谓“重大影响”，其实投资单位只要能够参与被投资单位的生产经营决策即可，在此基础上不再衡量影响的重大程度如何，即投资方有关提议的接受程度或是在被投资单位的财务和生产经营决策过程中发言权的比重等。实务中，较为常见的重大影响体现为在被投资单位的董事会或类似权力机构中派有代表，通过在被投资单位财务和经营决策制定过程中的发言权实施重大影响。从股权比例来看，投资方直接或是通过子公司间接持有被投资单位

20% 以上但低于 50% 的表决权股份时，一般认为对被投资单位具有重大影响，除非有明确的证据表明该种情况下不能参与被投资单位的生产经营决策，不形成重大影响。

在以持有股权来判断投资方对被投资单位的影响程度时，应综合考虑投资方自身持有的股权、通过子公司间接持有的股权以及投资方或其他方持有的可转换为对被投资单位股权的其他潜在因素影响，该类潜在因素通常包括被投资单位发行的当期可转换的认股权证、股份期权及可转换公司债券等。上述因素中，以投资方自身直接或通过子公司间接持有的股权来分析和判断，且在判断中注重的是投资方现时施加重大影响的能力。理论上来讲，重大影响的判断应当基于现时实际持有股权及被投资单位发行的其他当期可转换为普通股的认股权证、股份期权等的影响，但实际执行中，投资方往往难以获得充分有效的信息用以评估有关潜在表决权因素对其自身及被投资单位其他投资者可能施加表决权的影响。

企业通常可以通过以下一种或几种情形来判断是否对被投资单位具有重大影响。

1. 在被投资单位的董事会或类似权力机构中派有代表。这种情况下，由于在被投资单位的董事会或类似权力机构中派有代表，并享有实质性的参与决策权，投资方可以通过该代表参与被投资单位经营决策的制定，达到对被投资单位施加重大影响的目的。

2. 参与被投资单位财务和经营政策制定过程，包括股利分配政策等的制定。这种情况下，因可以参与被投资单位的政策制定过程，在政策制定过程中可以为其自身利益提出建议和意见，从而对被投资单位施加重大影响。

3. 与被投资单位之间发生重要交易。有关的交易因对被投资单位的日常经营具有重要性，一定程度上可以影响被投资单位的生产经营决策。

4. 向被投资单位派出管理人员。这种情况下，投资方通过向被投资单位派出管理人员，管理人员有权力并负责被投资单位的财务和经营活动，从而能够对被投资单位施加重大影响。

5. 向被投资单位提供关键技术资料。因被投资单位的生产经营需要依赖投资方的技术或技术资料，表明投资方对被投资单位具有重大影响。

【例 2-1】对重大影响的判断 1

2×12 年 2 月，甲公司取得乙公司 15% 股权。按照投资协议约定，甲公司在成为乙公司股东后，向乙公司董事会派出 1 名成员。乙公司章程规定：（1）公司的财务和生产经营决策由董事会制定，董事会由 7 名成员组成，有关决策在提交董事会讨论后，以简单多数表决通过；（2）公司的合并、分立，股东增减等事项需要经股东会表决通过方可付诸实施。

甲公司自 2×12 年取得乙公司股权后，其认为对乙公司持股比例仅为 15%，且乙公司 7 名董事会成员中，其仅能派出 1 名成员，在乙公司董事会中有发言权和 1 票表决权，能够施加的影响有限，因此将该投资作为以公允价值计量且其变动计入其他综合收益的金融资产核算。

从乙公司董事会实际运行情况来看，甲公司派出的董事会成员除有为数不多的几次提出供董事会讨论和决策的议案外，其他情况下较少提出供董事会决策的意见和建议，仅在其他方提出有关议案进行表决时代表甲公司提供表决意见。

问题：甲公司向乙公司派出董事会成员，是否对乙公司构成重大影响？

分析：甲公司在取得对乙公司股权后，根据投资协议约定，能够向乙公司董事会派出 1 名成员，参与乙公司的财务和生产经营决策，其所派出成员虽然只有发言权和 1 票表决权，但按照准则规定应当认为甲公司对乙公司具有重大影响，该投资应作为长期股权投资核算。

【例 2-2】对重大影响的判断 2

甲公司于 2×14 年取得 A 公司 20% 的股权，并在取得该股权后向 A 公司董事会派出 1 名成员。A 公司董事会由 5 名成员组成，除甲公司外，A 公司另有 2 名其他投资者各持有 A 公司 40% 的股权，并分别向 A 公司董事会派出 2 名成员。

A 公司章程规定：其财务和生产经营决策由参加董事会成员简单多数通过后即可实施。

从实际运行情况来看，除甲公司所派董事会成员外，其他董事会成员经常提议召开董事会，并且在甲公司派出董事会成员缺席情况下作出决策。为财务核算及管理需要，甲公司曾向 A 公司索要财务报表，但该要求未得到满足。甲公司派出的董事会成员对于 A 公司生产经营的提议基本上未提交到董事会正式议案中，且在董事会讨论过程中，甲公司派出董事会成员的意见和建议均被否决。

问题：甲公司向 A 公司派出董事会成员，是否对 A 公司构成重大影响？

分析：本案例中，虽然甲公司拥有 A 公司有表决权股份的比例为 20%，且向被投资单位派出董事会成员参与其生产经营决策，但从其提议未实际被讨论、其意见和建议被否决以及提出获取 A 公司财务报表的要求被拒绝等事实来看，甲公司向 A 公司董事会派出的成员无法对 A 公司生产决策施加影响，该项投资不构成联营企业投资。

第三条 下列各项适用其他相关会计准则：

（一）外币长期股权投资的折算，适用《企业会计准则第 19 号——外币折算》。

（二）风险投资机构、共同基金以及类似主体持有的、在初始确认时按照《企业会计准则第 22 号——金融工具确认和计量》的规定以公允价值计量且其变动计入当期损益的金融资产，投资性主体对不纳入合并财务报表的子公司的权益性投资，以及本准则未予规范的其他权益性投资，适用《企业会计准则第 22 号——金融工具确认和计量》。

【解析 2-3】适用其他相关会计准则的相关情况

外币长期股权投资的折算和风险投资机构、共同基金以及类似主体持有的、在初始确认时按照《企业会计准则第 22 号——金融工具确认和计量》的规定以公允价值计量且其变动计入当期损益的金融资产，投资性主体对不纳入合并财务报表的子公司的权益性投资，以及本准则未予规范的其他权益性投资不适用本准则。

第四条 长期股权投资的披露，适用《企业会计准则第 41 号——在其他主体中权益的披露》。

【解析 2-4】长期股权投资的披露

长期股权投资的披露不适用本准则，具体规定见《企业会计准则第 41 号——在其他主体中权益的披露》。

第二章　初始计量

第五条　企业合并形成的长期股权投资，应当按照下列规定确定其初始投资成本：

（一）同一控制下的企业合并，合并方以支付现金、转让非现金资产或承担债务方式作为合并对价的，应当在合并日按照被合并方所有者权益在最终控制方合并财务报表中的账面价值的份额作为长期股权投资的初始投资成本。长期股权投资初始投资成本与支付的现金、转让的非现金资产以及所承担债务账面价值之间的差额，应当调整资本公积；资本公积不足冲减的，调整留存收益。

合并方以发行权益性证券作为合并对价的，应当在合并日按照被合并方所有者权益在最终控制方合并财务报表中的账面价值的份额作为长期股权投资的初始投资成本。按照发行股份的面值总额作为股本，长期股权投资初始投资成本与所发行股份面值总额之间的差额，应当调整资本公积；资本公积不足冲减的，调整留存收益。

（二）非同一控制下的企业合并，购买方在购买日应当按照《企业会计准则第 20 号——企业合并》的有关规定确定的合并成本作为长期股权投资的初始投资成本。

合并方或购买方为企业合并发生的审计、法律服务、评估咨询等中介费用以及其他相关管理费用，应当于发生时计入当期损益。

【例 2-3】同一控制下企业合并形成的长期股权投资

甲公司为某一集团母公司，分别控制乙公司和丙公司。2×17 年 1 月 1 日，甲公司从本集团外部购入丁公司 80% 股权（属于非同一控制下企业合并）并能够控制丁公司的财务和经营政策，购买日，丁公司可辨认净资产的公允价值为 5 000 万元，账面价值为 3 500 万元。2×19 年 1 月 1 日，乙公司购入甲公司所持丁公司的 80% 股权，形成同一控制下的企业合并。2×17 年 1 月至 2×18 年 12 月 31 日，丁公司按照购买日净资产的公允价值计算实现的净利润为 1 200 万元；按照购买日净资产的账面价值计算实现的净利润为 1 500 万元。无其他所有者权益变动。2×19 年 1 月 1 日合并日，丁公司的所有者权益相对于甲公司而言的账面价值为：自 2×17 年 1 月 1 日丁公司净资产公允价值 5 000 万元持续计算至 2×18 年 12 月 31 日的账面价值 6 200 万元（5 000+1 200）。乙公司购入丁公司的初始投资成本为 4 960 万元 [（5 000+1 200）×80%]。如果被合并方本身编制合并财务报表的，被合并方的账面所有者权益应当以其在最终控制方合并财务报表上的账面价值为基础确定。

【例 2-4】非同一控制下企业合并形成的长期股权投资

A 公司于 2×18 年 3 月 31 日取得 B 公司 70% 的股权。为核实 B 公司的资产价值，A 公司聘请专业资产评估机构对 B 公司的资产进行评估，支付评估费用 300 万元。合并中，A 公司支付的有关资产在购买日的账面价值与公允价值如表 2-1 所示。

假定合并前 A 公司与 B 公司不存在任何关联方关系，A 公司用作合并对价的土地使用权和专利技术原价为 9 600 万元，至控股合并发生时已累计摊销 1 200 万元。

分析：本例中因 A 公司与 B 公司在合并前不存在任何关联方关系，应作为非同一控制下的控股合并处理。

表 2–1　2×18 年 3 月 31 日 A 公司支付的有关资产的账面价值与公允价值

单位：万元

项目	账面价值	公允价值
土地使用权（自用）	6 000	9 600
专利技术	2 400	3 000
银行存款	2 400	2 400
合计	10 800	15 000

A 公司对于形成控股合并的对 B 公司的长期股权投资，应按确定的企业合并成本作为其初始投资成本。A 公司应进行如下账务处理。

借：长期股权投资　150 000 000
　　管理费用　3 000 000
　　累计摊销　12 000 000
　　贷：无形资产　96 000 000
　　　　银行存款　27 000 000
　　　　营业外收入　42 000 000

第六条　除企业合并形成的长期股权投资以外，其他方式取得的长期股权投资，应当按照下列规定确定其初始投资成本：

（一）以支付现金取得的长期股权投资，应当按照实际支付的购买价款作为初始投资成本。初始投资成本包括与取得长期股权投资直接相关的费用、税金及其他必要支出。

（二）以发行权益性证券取得的长期股权投资，应当按照发行权益性证券的公允价值作为初始投资成本。与发行权益性证券直接相关的费用，应当按照《企业会计准则第 37 号——金融工具列报》的有关规定确定。

（三）通过非货币性资产交换取得的长期股权投资，其初始投资成本应当按照《企业会计准则第 7 号——非货币性资产交换》的有关规定确定。

（四）通过债务重组取得的长期股权投资，其初始投资成本应当按照《企业会计准则第 12 号——债务重组》的有关规定确定。

【解析 2–5】以各种方式取得长期股权投资初始投资成本的确认

1. 以支付现金取得的长期股权投资，应当按照实际支付的购买价款作为初始投资成本，包括与取得长期股权投资直接相关的费用、税金及其他必要支出，但不包括应自被投资单位收取的已宣告但尚未发放的现金股利或利润。

2. 以发行权益性证券取得的长期股权投资，应当按照发行权益性证券的公允价值作为初始投资成本，但不包括应自被投资单位收取的已宣告但尚未发放的现金股利或利润。为发行权益性证券支付的手续费、佣金等与发行直接相关的费用，不构成长期股权投资的初始投资成本。这部分费用应自所发行证券的溢价发行收入中扣除，溢价收入不足冲减的，应依次冲减盈余公积和未分配利润。

3. 以债务重组、非货币性资产交换等方式取得的长期股权投资，其初始投资成本应按照

《企业会计准则第 12 号——债务重组》和《企业会计准则第 7 号——非货币性资产交换》的规定确定。

【例 2-5】以支付现金取得的长期股权投资

甲公司于 2×16 年 2 月 10 日自公开市场中买入乙公司 20% 的股份，实际支付价款 80 000 000 元。在购买过程中支付手续费等相关费用 1 000 000 元。甲公司取得该部分股权后能够对乙公司施加重大影响。假定甲公司取得该项投资时，乙公司已宣告但尚未发放现金股利，甲公司按其持股比例计算确定可分得 300 000 元。

本例中，甲公司应当按照实际支付的购买价款扣减应收未收的现金股利后的余额作为取得长期股权投资的成本，其账务处理如下。

借：长期股权投资——投资成本	80 700 000	
应收股利——乙公司	300 000	
贷：银行存款		81 000 000

【例 2-6】以发行权益性证券取得的长期股权投资

2×16 年 3 月，甲公司通过增发 30 000 000 股（每股面值 1 元）本企业普通股为对价，从非关联方处取得乙公司 20% 的股权，所增发股份的公允价值为 52 000 000 元。为增发该部分普通股，甲公司支付了 2 000 000 元的佣金和手续费。取得乙公司股权后，甲公司能够对乙公司施加重大影响。不考虑相关税费等其他因素影响。

本例中，甲公司应当以所发行股份的公允价值作为取得长期股权投资的成本。

借：长期股权投资——投资成本	52 000 000	
贷：股本		30 000 000
资本公积——股本溢价		22 000 000
借：资本公积——股本溢价	2 000 000	
贷：银行存款		2 000 000

一般而言，投资者投入的长期股权投资应根据法律法规的要求进行评估作价，在公平交易当中，投资者投入的长期股权投资的公允价值，与所发行证券（工具）的公允价值不应存在重大差异。如有确凿证据表明，取得长期股权投资的公允价值比所发行证券（工具）的公允价值更加可靠的，以投资者投入的长期股权投资的公允价值为基础确定其初始投资成本。投资者通过发行债务性证券（债务性工具）取得长期股权投资的，比照通过发行权益性证券（权益性工具）处理。

第三章　后续计量

第七条　投资方能够对被投资单位实施控制的长期股权投资应当采用成本法核算。

【解析 2-6】成本法核算

投资方持有的对子公司投资应当采用成本法核算，投资方为投资性主体且子公司不纳入其合并财务报表的除外。投资方在判断对被投资单位是否具有控制时，应综合考虑直接持有的股权和通过子公司间接持有的股权。在个别财务报表中，投资方进行成本法核算时，应仅考虑直接持有的股权份额。

采用成本法核算的长期股权投资，应当按照初始投资成本计价。追加或收回投资应当调整长期股权投资的成本。在追加投资时，按照追加投资支付的成本的公允价值及发生的相关交易费用增加长期股权投资的账面价值。

被投资单位宣告分派现金股利或利润的，投资方根据应享有的部分确认当期投资收益。投资企业在确认自被投资单位应分得的现金股利或利润后，应当考虑长期股权投资是否发生减值。在判断该类长期股权投资是否存在减值迹象时，应当关注长期股权投资的账面价值是否大于享有被投资单位净资产（包括相关商誉）账面价值的份额等情况。出现类似情况时，企业应当按照《企业会计准则第8号——资产减值》的相关内容对长期股权投资进行减值测试，可收回金额低于长期股权投资账面价值的，应当计提减值准备。

【例2-7】成本法下的会计处理

2×18年3月5日，A公司通过增发9 000万股本公司普通股（每股面值1元）取得B公司20%的股权，该9 000万股股份的公允价值为15 600万元。为增发该部分股份，A公司向证券承销机构等支付了600万元的佣金和手续费。假定A公司取得该部分股权后，能够对B公司的财务和生产经营决策施加重大影响。

A公司应当以所发行股份的公允价值作为取得长期股权投资的成本，账务处理如下。

借：长期股权投资	156 000 000	
贷：股本		90 000 000
资本公积——股本溢价		66 000 000

发行权益性证券过程中支付的佣金和手续费，应冲减权益性证券的溢价发行收入，账务处理如下。

借：资本公积——股本溢价	6 000 000	
贷：银行存款		6 000 000

第八条　采用成本法核算的长期股权投资应当按照初始投资成本计价。追加或收回投资应当调整长期股权投资的成本。被投资单位宣告分派的现金股利或利润，应当确认为当期投资收益。

【解析2-7】成本法下宣告分派的现金股利的会计处理

采用成本法核算的长期股权投资，除取得投资时实际支付的价款或对价中包含的已宣告但尚未发放的现金股利或利润外，投资企业应当按照享有被投资单位宣告发放的现金股利或利润确认投资收益，不再划分是否属于投资前和投资后被投资单位实现的净利润。

企业按照上述规定确认自被投资单位应分得的现金股利或利润后，应当考虑长期股权投资是否发生减值。在判断该类长期股权投资是否存在减值迹象时，应当关注长期股权投资的账面价值是否大于享有被投资单位净资产（包括相关商誉）账面价值的份额等类似情况。出现类似情况时，企业应当按照《企业会计准则第8号——资产减值》的相关内容对长期股权投资进行减值测试，可收回金额低于长期股权投资账面价值的，应当计提减值准备。

【例2-8】成本法下宣告分派的现金股利的会计处理

甲公司于2×18年4月10日自非关联方处取得乙公司60%的股权，成本为12 000 000元，相关手续于当日完成，并能够对乙公司实施控制。2×19年2月6日，乙公司宣告分派现金股利，甲公司按照持股比例可取得100 000元。乙公司于2×19年2月12日实际分派现金股利。不考虑相关税费等其他因素的影响。

甲公司应进行的账务处理如下。

借：长期股权投资——乙公司	12 000 000	
贷：银行存款		12 000 000
借：应收股利	100 000	
贷：投资收益		100 000
借：银行存款	100 000	
贷：应收股利		100 000

第九条　投资方对联营企业和合营企业的长期股权投资，应当按照本准则第十条至第十三条规定，采用权益法核算。

投资方对联营企业的权益性投资，其中一部分通过风险投资机构、共同基金、信托公司或包括投连险基金在内的类似主体间接持有的，无论以上主体是否对这部分投资具有重大影响，投资方都可以按照《企业会计准则第22号——金融工具确认和计量》的有关规定，对间接持有的该部分投资选择以公允价值计量且其变动计入损益，并对其余部分采用权益法核算。

【解析2-8】权益法核算1

对合营企业和联营企业投资应当采用权益法核算。投资方在判断对被投资单位是否具有共同控制、重大影响时，应综合考虑直接持有的股权和通过子公司间接持有的股权。在综合考虑直接持有的股权和通过子公司间接持有的股权后，如果认定投资方在被投资单位拥有共同控制或重大影响，在个别财务报表中，投资方进行权益法核算时，应仅考虑直接持有的股权份额；在合并财务报表中，投资方进行权益法核算时，应同时考虑直接持有和间接持有的份额。

采用权益法核算的长期股权投资，一般的会计处理如下。

1.初始投资或追加投资时，按照初始投资成本或追加投资的投资成本，增加长期股权投资的账面价值。

2.比较初始投资成本与投资时应享有被投资单位可辨认净资产公允价值的份额，前者大于后者的，不调整长期股权投资账面价值；前者小于后者的，应当按照两者之间的差额调增长期股权投资的账面价值，同时计入取得投资当期损益（营业外收入）。

3.持有投资期间，随着被投资单位所有者权益的变动相应调整增加或减少长期股权投资的账面价值，并分别以下情况处理：对于因被投资单位实现净损益和其他综合收益而产生的所有者权益的变动，投资方应当按照应享有的份额，增加或减少长期股权投资的账面价值，同时确认投资损益和其他综合收益；对于被投资单位宣告分派的利润或现金股利计算应分得的部分，相应减少长期股权投资的账面价值；对于被投资单位除净损益、其他综合收益以及利润分配以外的因素导致的其他所有者权益变动，相应调整长期股权投资的账面价值，同时确认资本公积（其他资本公积）。

值得注意的是，尽管在评估投资方对被投资单位是否具有重大影响时，应当考虑潜在表决权的影响，但在确定应享有的被投资单位实现的净损益、其他综合收益和其他所有者权益变动的份额时，潜在表决权所对应的权益份额不应予以考虑。

在持有投资期间，被投资单位编制合并财务报表的，应当以合并财务报表中净利润、其他综合收益和其他所有者权益变动中归属于被投资单位的金额为基础进行会计处理。

此外，如果被投资单位发行了分类为权益的可累积优先股等类似的权益工具，无论被投资单位是否宣告分配优先股股利，投资方计算应享有被投资单位的净利润时，均应将归属于其他投资方的累积优先股股利予以扣除。

【解析 2-9】权益法核算 2

企业持有的对联营企业及合营企业的投资，按照《企业会计准则第 2 号——长期股权投资》的规定，应当采用权益法核算，在按持股比例等计算确认应享有或应分担被投资单位的净损益时，应当考虑以下因素。

投资企业与联营企业及合营企业之间发生的内部交易损益按照持股比例计算归属于投资企业的部分，应当予以抵销，在此基础上确认投资损益。投资企业与被投资单位发生的内部交易损失，按照《企业会计准则第 8 号——资产减值》等规定属于资产减值损失的，应当全额确认。投资企业对于纳入其合并范围的子公司与其联营企业及合营企业之间发生的内部交易损益，也应当按照上述原则进行抵销，在此基础上确认投资损益。

投资企业对于首次执行日之前已经持有的对联营企业及合营企业的长期股权投资，如存在与该投资相关的股权投资借方差额，还应扣除按原剩余期限直线摊销的股权投资借方差额，确认投资损益。

投资企业在被投资单位宣告发放现金股利或利润时，按照规定计算应分得的部分确认应收股利，同时冲减长期股权投资的账面价值。

第十条　长期股权投资的初始投资成本大于投资时应享有被投资单位可辨认净资产公允价值份额的，不调整长期股权投资的初始投资成本；长期股权投资的初始投资成本小于投资时应享有被投资单位可辨认净资产公允价值份额的，其差额应当计入当期损益，同时调整长期股权投资的成本。

被投资单位可辨认净资产的公允价值，应当比照《企业会计准则第 20 号——企业合并》的有关规定确定。

【解析 2-10】长期股权投资的初始投资成本的调整

长期股权投资的初始投资成本的调整首先要判断初始投资成本与投资时应享有被投资单位可辨认净资产公允价值份额之间的大小关系，然后进行处理。

第十一条　投资方取得长期股权投资后，应当按照应享有或应分担的被投资单位实现的净损益和其他综合收益的份额，分别确认投资收益和其他综合收益，同时调整长期股权投资的账面价值；投资方按照被投资单位宣告分派的利润或现金股利计算应享有的部分，相应减少长期股权投资的账面价值；投资方对于被投资单位除净损益、其他综合收益和利润分配以外所有者权益的其他变动，应当调整长期股权投资的账面价值并计入所有者权益。

投资方在确认应享有被投资单位净损益的份额时，应当以取得投资时被投资单位可辨认净资产的公允价值为基础，对被投资单位的净利润进行调整后确认。

被投资单位采用的会计政策及会计期间与投资方不一致的，应当按照投资方的会计政策及会计期间对被投资单位的财务报表进行调整，并据以确认投资收益和其他综合收益等。

【例 2-9】权益法下初始投资成本的调整

A公司于2×18年1月取得B公司30%的股权，支付价款9 000万元。取得投资时被投资单位净资产账面价值为22 500万元（假定被投资单位各项可辨认资产、负债的公允价值与其账面价值相同）。

在B公司的生产经营决策过程中，所有股东均按持股比例行使表决权。A公司在取得B公司的股权后，派人参与了B公司的生产经营决策。因能够对B公司施加重大影响，A公司对该投资应当采用权益法核算。取得投资时，A公司应进行以下账务处理。

借：长期股权投资——投资成本　　90 000 000
　贷：银行存款　　90 000 000

长期股权投资的初始投资成本9 000万元大于取得投资时应享有被投资单位可辨认净资产公允价值的份额6 750万元（22 500×30%），两者之间的差额不调整长期股权投资的账面价值。

如果本例中取得投资时被投资单位可辨认净资产的公允价值为36 000万元，A公司按持股比例30%计算确定应享有10 800万元，则初始投资成本与应享有被投资单位可辨认净资产公允价值份额之间的差额1 800万元应计入取得投资当期的营业外收入，账务处理如下。

借：长期股权投资——投资成本　　90 000 000
　贷：银行存款　　90 000 000
借：长期股权投资——投资成本　　18 000 000
　贷：营业外收入　　18 000 000

【例 2-10】权益法下投资损益的确认

甲公司于2×17年1月10日购入乙公司30%的股份，购买价款为3 300万元，并自取得投资之日起派人参与乙公司的财务和生产经营决策。取得投资当日，乙公司可辨认净资产公允价值为9 000万元，除表2-2所列项目外，乙公司其他资产、负债的公允价值与账面价值相同。

假定乙公司于2×17年实现净利润900万元，其中，在甲公司取得投资时的账面存货有80%对外出售。甲公司与乙公司的会计年度及采用的会计政策相同。固定资产、无形资产均按年限平均法（直线法）提取折旧或摊销，预计净残值均为0。假定甲、乙公司间未发生任何内部交易。

表 2-2　乙公司相关资产的信息

单位：万元

项目	账面原价	已提折旧或摊销	公允价值	乙公司预计使用年限	甲公司取得投资后剩余使用年限
存货	750		1 050		
固定资产	1 800	360	2 400	20 年	16 年
无形资产	1 050	210	1 200	10 年	8 年
合计	3 600	570	4 650		

甲公司在确定其应享有的投资收益时，应在乙公司实现净利润的基础上，根据取得投资时乙公司有关资产的账面价值与其公允价值差额的影响进行调整（假定不考虑所得税影响）。

存货账面价值与公允价值的差额应调减的利润 =（1 050−750）×80%=240（万元）

固定资产公允价值与账面价值的差额应调整增加的折旧额 =2 400÷16−1 800÷20=60（万元）

无形资产公允价值与账面价值的差额应调整增加的摊销额 =1 200÷8−1 050÷10=45（万元）

调整后的净利润 =900−240−60−45=555（万元）

甲公司应享有份额 =555×30%=166.50（万元）

确认投资收益的账务处理如下。

借：长期股权投资——损益调整　　1 665 000

　　贷：投资收益　　1 665 000

第十二条　投资方确认被投资单位发生的净亏损，应当以长期股权投资的账面价值以及其他实质上构成对被投资单位净投资的长期权益减记至零为限，投资方负有承担额外损失义务的除外。

被投资单位以后实现净利润的，投资方在其收益分享额弥补未确认的亏损分担额后，恢复确认收益分享额。

【解析 2-11】被投资单位实现的净利润与亏损

被投资单位实现的净利润与亏损要对长期股权投资账面价值进行调整。

第十三条　投资方计算确认应享有或应分担被投资单位的净损益时，与联营企业、合营企业之间发生的未实现内部交易损益按照应享有的比例计算归属于投资方的部分，应当予以抵销，在此基础上确认投资收益。

投资方与被投资单位发生的未实现内部交易损失，按照《企业会计准则第 8 号——资产减值》等的有关规定属于资产减值损失的，应当全额确认。

【例 2-11】顺流交易

甲企业持有乙公司 20% 有表决权股份，能够对乙公司的财务和生产经营决策施加重大影响。2×17 年，甲企业将其账面价值为 600 万元的商品以 1 000 万元的价格出售给乙公司。至 2×17 年资产负债表日，该批商品尚未对外部第三方出售。假定甲企业取得该项投资时，乙公司各项可辨认资产、负债的公允价值与其账面价值相同，两者在以前期间未发生过内部交易。乙公司 2×17 年净利润为 2 000 万元。假定不考虑所得税因素。

甲企业在该项交易中实现利润 400 万元，其中 80 万元（400×20%）是针对本企业持有的对联营企业的权益份额，在采用权益法计算确认投资损益时应予抵销，即甲企业应当进行的账务处理如下。

借：长期股权投资——损益调整　　[（20 000 000−4 000 000）×20%]3 200 000

　　贷：投资收益　　3 200 000

甲企业如需编制合并财务报表，在合并财务报表中对该未实现内部交易损益应在个别报表已确认投资损益的基础上进行以下调整。

借：营业收入　　（10 000 000×20%）2 000 000

　　贷：营业成本　　（6 000 000×20%）1 200 000

　　　　投资收益　　800 000

【例 2-12】逆流交易

甲企业于 2×17 年 1 月取得乙公司 20% 有表决权股份，能够对乙公司施加重大影响。假定甲企业取得该项投资时，乙公司各项可辨认资产、负债的公允价值与其账面价值相同。2×17 年 8 月，乙公司将其成本为 600 万元的某商品以 1 000 万元的价格出售给甲企业，甲企业将取得的商品作为存货。至 2×17 年资产负债表日，甲企业仍未对外出售该存货。乙公司 2×17 年实现净利润为 3 200 万元。假定不考虑所得税因素。

甲企业在按照权益法确认应享有乙公司 2×17 年净损益时，应进行以下账务处理。

借：长期股权投资——损益调整　　（28 000 000×20%）5 600 000

　　贷：投资收益　　5 600 000

进行上述处理后，甲企业有子公司，需要编制合并财务报表，在合并财务报表中，因该未实现内部交易损益体现在甲企业持有存货的账面价值当中，应在合并财务报表中进行以下调整。

借：长期股权投资——损益调整　　[（10 000 000−6 000 000）×20%]800 000

　　贷：存货　　800 000

假定在 2×18 年，甲企业将该商品以 1 000 万元的价格向外部独立第三方出售，因该部分内部交易损益已经实现，甲企业在确认应享有乙公司 2×18 年净损益时，应考虑将原未确认的该部分内部交易损益计入投资损益，即应在考虑其他因素计算确定的投资损益基础上调整增加 80 万元。

第十四条　投资方因追加投资等原因能够对被投资单位施加重大影响或实施共同控制但不构成控制的，应当按照《企业会计准则第 22 号——金融工具确认和计量》确定的原持有的股权投资的公允价值加上新增投资成本之和，作为改按权益法核算的初始投资成本。原持有的股权投资分类为可供出售金融资产的，其公允价值与账面价值之间的差额，以及原计入其他综合收益的累计公允价值变动应当转入改按权益法核算的当期损益。

投资方因追加投资等原因能够对非同一控制下的被投资单位实施控制的，在编制个别财务报表时，应当按照原持有的股权投资账面价值加上新增投资成本之和，作为改按成本法核算的初始投资成本。购买日之前持有的股权投资因采用权益法核算而确认的其他综合收益，应当在处置该项投资时采用与被投资单位直接处置相关资产或负债相同的基础进行会计处理。购买日之前持有的股权投资按照《企业会计准则第 22 号——金融工具确认和计量》的有关规定进行会计处理的，原计入其他综合收益的累计公允价值变动应当在改按成本法核算时转入当期损益。在编制合并财务报表时，应当按照《企业会计准则第 33 号——合并财务报表》的有关规定进行会计处理。

【解析 2-12】长期股权投资核算方法的转换 1

（一）公允价值计量转权益法核算

原持有的对被投资单位的股权投资（不具有控制、共同控制或重大影响的），按照长期股权投资相关核算内容进行会计处理的。因追加投资等原因导致持股比例上升，能够对被投资单位施加共同控制或重大影响的，在转按权益法核算时，投资方应当按其确定的原股权投资的公允价值加上为取得新增投资而应支付对价的公允价值，作为改按权益法核算的初始投资成本。原持有的股权投资分类为以公允价值计量且其变动计入当期损益的金融资产的，其公允价值与账面价值之间的差额应当转入改按权益法核算的当期损益；原持有的股权投资指定为以公允价值计量且其变动计入其他综合收益的非交易性权益工具投资的，其公允价值与账面价值之间的差额以及原计入其他综合收益的累计公允价值变动应当直接转入留存收益。然后，比较上述计算所得的初始投资成本，与按照追加投资后全新的持股比例计算确定的应享有被投资单位在追加投资日可辨认净资产公允价值份额之间的差额，前者大于后者的，不调整长期股权投资的账面价值；前者小于后者的，差额应调整长期股权投资的账面价值，并计入当期营业外收入。

【例 2-13】公允价值计量转权益法核算

2×18 年 2 月，甲公司以 9 000 000 元现金自非关联方处取得乙公司 10% 的股权，将其作为以公允价值计量且其变动计入当期损益的金融资产。2×20 年 1 月 2 日，甲公司又以 18 000 000 元的现金自另一非关联方处取得乙公司 15% 的股权，相关手续于当日完成。当日，乙公司可辨认净资产公允价值总额为 120 000 000 元，甲公司原持有乙公司 10% 的股权（以公允价值计量且其变动计入当期损益的金融资产）公允价值为 15 000 000 元（假定其公允价值在 2×18 年年末未发生改变）。取得该部分股权后，甲公司能够对乙公司施加重大影响，对该项股权投资转为采用权益法核算。不考虑相关税费等其他因素影响。

本例中，甲公司原持有 10% 股权的公允价值为 15 000 000 元，取得成本为 9 000 000 元，其公允价值在 2×18 年年末未发生改变，因此，在 2×20 年 1 月 2 日产生的公允价值变动为 6 000 000 元（15 000 000−9 000 000），应当计入当期损益。为取得新增投资而支付对价的公允价值为 18 000 000 元，因此，甲公司对乙公司 25% 股权的初始投资成本为 33 000 000 元。

甲公司对乙公司新持股比例为 25%，应享有乙公司可辨认净资产公允价值的份额为 30 000 000 元（120 000 000×25%）。初始投资成本（33 000 000 元）大于应享有乙公司可辨认净资产公允价值的份额（30 000 000 元），因此，甲公司无须调整长期股权投资的成本。

2×20 年 1 月 2 日，甲公司应进行如下账务处理。

借：交易性金融资产——公允价值变动　　6 000 000

　　贷：公允价值变动损益　　6 000 000

借：长期股权投资——投资成本　　33 000 000

　　贷：交易性金融资产　　15 000 000

　　　　银行存款　　18 000 000

【例 2-14】公允价值变动处理

沿用【例 2-13】，如果甲公司将以 9 000 000 元现金自非关联方处取得乙公司 10% 的股权，指定为以公允价值计量且其变动计入其他综合收益的非交易性权益工具投资，其他条件均未改变。

甲公司原持有 10% 股权的公允价值为 15 000 000 元，取得成本为 9 000 000 元，因此，在 2×20 年 1 月 2 日产生的公允价值变动 6 000 000 元应当计入其他综合收益，并在改按权益法核算时转入留存收益。

2×20 年 1 月 2 日，甲公司应进行如下账务处理。

借：其他权益工具投资——公允价值变动　　6 000 000

　　贷：其他综合收益　　6 000 000

借：长期股权投资——投资成本　　33 000 000

　　贷：其他权益工具投资　　15 000 000

　　　　银行存款　　18 000 000

借：其他综合收益　　6 000 000

　　贷：留存收益　　6 000 000

（二）公允价值计量或权益法核算转成本法核算

投资方原持有的对被投资单位不具有控制、共同控制或重大影响的按照长期股权投资相关核算内容进行会计处理的权益性投资，或者原持有对联营企业、合营企业的长期股权投资，因追加投资等原因，能够对被投资单位实施控制的长期股权投资，应按本章前述企业合并形成的长期股权投资有关内容进行会计处理。

第十五条　投资方因处置部分股权投资等原因丧失了对被投资单位的共同控制或重大影响的，处置后的剩余股权应当改按《企业会计准则第 22 号——金融工具确认和计量》核算，其在丧失共同控制或重大影响之日的公允价值与账面价值之间的差额计入当期损益。原股权投资因采用权益法核算而确认的其他综合收益，应当在终止采用权益法核算时采用与被投资单位直接处置相关资产或负债相同的基础进行会计处理。

投资方因处置部分权益性投资等原因丧失了对被投资单位的控制的，在编制个别财务报表时，处置后的剩余股权能够对被投资单位实施共同控制或施加重大影响的，应当改按权益法核算，并对该剩余股权视同自取得时即采用权益法核算进行调整；处置后的剩余股权不能对被投资单位实施共同控制或施加重大影响的，应当改按《企业会计准则第 22 号——金融工具确认和计量》的有关规定进行会计处理，其在丧失控制之日的公允价值与账面价值间的差额计入当期损益。在编制合并财务报表时，应当按照《企业会计准则第 33 号——合并财务报表》的有关规定进行会计处理。

【解析 2–13】长期股权投资核算方法的转换 2

（一）权益法核算转公允价值计量

原持有的对被投资单位具有共同控制或重大影响的长期股权投资，因部分处置等导致持股比例下降，不能再对被投资单位实施共同控制或重大影响的，应按照长期股权投资相关核算内容对剩余股权投资进行会计处理，其在丧失共同控制或重大影响之日的公允价值与账面价值之间的差额计入当期损益。原采用权益法核算的相关其他综合收益应当在终止采用权益法核算时，采用与被投资单位直接处置相关资产或负债相同的基础进行会计处理，因被投资方除净损益、其他综合收益和利润分配以外的其他所有者权益变动而确认的所有者权益，应当在终止采用权益法核算时全部转入当期损益。

【例 2–15】权益法核算转公允价值计量

甲公司持有乙公司 30% 的有表决权股份，能够对乙公司施加重大影响，对该股权投资采用权益法核算。2×18 年 10 月，甲公司将该项投资中的 60% 出售给非关联方，取得价款 32 000 000 元。相关手续于当日完成。甲公司无法再对乙公司施加重大影响，将剩余股权投资转为以公允价值计量且其变动计入当期损益的金融资产。出售时，该项长期股权投资的账面价值为 48 000 000 元，其中投资成本 39 000 000 元，损益调整为 4 500 000 元，其他综合收益为 3 000 000 元（为被投资单位其他债权投资的累计公允价值变动），除净损益、其他综合收益和利润分配外的其他所有者权益变动为 1 500 000 元；剩余股权的公允价值为 21 000 000 元。不考虑相关税费等其他因素影响。

甲公司的账务处理如下。

（1）确认有关股权投资的处置损益。

借：银行存款	32 000 000	
贷：长期股权投资——投资成本		（39 000 000×60%）23 400 000
——损益调整		（4 500 000×60%）2 700 000
——其他综合收益		（3 000 000×60%）1 800 000
——其他权益变动		（1 500 000×60%）900 000
投资收益		3 200 000

（2）由于终止采用权益法核算，将原确认的相关其他综合收益全部转入当期损益。

借：其他综合收益	3 000 000	
贷：投资收益		3 000 000

（3）由于终止采用权益法核算，将原计入资本公积的其他所有者权益变动全部转入当期损益。

借：资本公积——其他资本公积	1 500 000	
贷：投资收益		1 500 000

（4）剩余股权投资转为以公允价值计量且其变动计入当期损益的金融资产，当日公允价值为21 000 000元，账面价值为19 200 000元，两者差异应计入当期投资收益。

借：交易性金融资产　　21 000 000

　贷：长期股权投资——投资成本　　15 600 000

　　　损益调整　　1 800 000

　　　其他综合收益　　1 200 000

　　　其他权益变动　　600 000

　　　投资收益　　1 800 000

（二）成本法核算转权益法核算

因处置投资等导致对被投资单位由能够实施控制转为具有重大影响或者与其他投资方一起实施共同控制的，首先应按处置投资的比例结转应终止确认的长期股权投资成本。然后比较剩余长期股权投资的成本与按照剩余持股比例计算原投资时应享有被投资单位可辨认净资产公允价值的份额，前者大于后者的，不调整长期股权投资的账面价值；前者小于后者的，在调整长期股权投资成本的同时，调整留存收益。

对于原取得投资时至处置投资时（转为权益法核算）被投资单位实现净损益中投资方应享有的份额，应调整长期股权投资的账面价值；同时，对于原取得投资时至处置投资当期期初被投资单位实现的净损益（扣除已宣告发放的现金股利和利润）中应享有的份额，调整留存收益；对于处置投资当期期初至处置投资之日被投资单位实现的净损益中享有的份额，调整当期损益；对于被投资单位其他综合收益变动中应享有的份额，在调整长期股权投资账面价值的同时，应当计入其他综合收益；除净损益、其他综合收益和利润分配外的其他原因导致被投资单位其他所有者权益变动中应享有的份额，在调整长期股权投资账面价值的同时，应当计入资本公积（其他资本公积）。

【例2-16】成本法核算转权益法核算1

甲公司原持有乙公司60%的股权，能够对乙公司实施控制。2×18年11月6日，甲公司对乙公司的长期股权投资账面价值为30 000 000元，未计提减值准备，甲公司将其持有的对乙公司长期股权投资中的1/3出售给非关联方，取得价款18 000 000元，当日被投资单位可辨认净资产公允价值总额为80 000 000元。相关手续于当日完成，甲公司不再对乙公司实施控制，但具有重大影响。甲公司原取得乙公司60%股权时，乙公司可辨认净资产公允价值总额为45 000 000元（假定公允价值与账面价值相同）。自甲公司取得对乙公司长期股权投资后至部分处置投资前，乙公司实现净利润25 000 000元。其中，自甲公司取得投资日至2×18年年初实现净利润20 000 000元。假定乙公司一直未进行利润分配，也未发生其他计入资本公积的交易或事项。甲公司按净利润的10%提取法定盈余公积。不考虑相关税费等其他因素影响。

甲公司有关账务处理如下。

（1）确认长期股权投资处置损益。

借：银行存款　　18 000 000

贷：长期股权投资——乙公司　　10 000 000
　　投资收益　　8 000 000

（2）调整长期股权投资账面价值。

剩余长期股权投资的账面价值为 20 000 000 元，与原投资时应享有被投资单位可辨认净资产公允价值份额之间的差额 2 000 000 元（20 000 000−45 000 000×40%）为商誉，该部分商誉的价值不需要对长期股权投资的成本进行调整。处置投资以后按照持股比例计算享有被投资单位自购买日至处置投资当期期初之间实现的净损益为 8 000 000 元（20 000 000×40%），应调整增加长期股权投资的账面价值，同时调整留存收益；处置期初至处置日之间实现的净损益 2 000 000 元，应调整增加长期股权投资的账面价值，同时计入当期投资收益。

借：长期股权投资——损益调整　　10 000 000
　　贷：盈余公积——法定盈余公积　　800 000
　　　　利润分配——未分配利润　　7 200 000
　　　　投资收益　　2 000 000

投资方因其他投资方对其子公司增资而导致本投资方持股比例下降，从而丧失控制权但能实施共同控制或施加重大影响的，投资方在个别财务报表中，应当对该项长期股权投资从成本法转为权益法核算。首先，按照新的持股比例确认本投资方应享有的原子公司因增资扩股而增加净资产的份额，与应结转持股比例下降部分所对应的长期股权投资原账面价值之间的差额计入当期损益；其次，按照新的持股比例视同自取得投资时即采用权益法核算进行调整。

【例 2-17】成本法核算转权益法核算 2

2×17 年 1 月 1 日，甲公司以 30 000 000 元现金取得乙公司 60% 的股权，能够对乙公司实施控制；当日，乙公司可辨认净资产公允价值为 45 000 000 元（假定公允价值与账面价值相同）。2×19 年 10 月 1 日，乙公司向非关联方丙公司定向增发新股，增资 27 000 000 元，相关手续于当日完成，甲公司对乙公司持股比例下降为 40%，对乙公司丧失控制权但仍具有重大影响。2×17 年 1 月 1 日至 2×19 年 10 月 1 日期间，乙公司实现净利润 25 000 000 元。其中，2×17 年 1 月 1 日至 2×18 年 12 月 31 日期间，乙公司实现净利润 20 000 000 元。假定乙公司一直未进行利润分配，也未发生其他计入资本公积和其他综合收益的交易或事项。甲公司按净利润的 10% 提取法定盈余公积。不考虑相关税费等其他因素影响。

2×19 年 10 月 1 日，甲公司有关账务处理如下。

（1）按比例结转部分长期股权投资账面价值并确认相关损益。

27 000 000×40%−30 000 000×（60%−40%）÷60%=800 000（元）

借：长期股权投资——乙公司　　800 000
　　贷：投资收益　　800 000

（2）对剩余股权视同自取得投资时即采用权益法核算进行调整。

借：长期股权投资——损益调整　　10 000 000
　　贷：盈余公积——法定盈余公积　　800 000

利润分配——未分配利润　　7 200 000

投资收益　　2 000 000

（三）成本法核算转公允价值计量

原持有的对被投资单位具有控制的长期股权投资，因部分处置等情况导致持股比例下降，不再对被投资单位实施控制、共同控制或重大影响的，应按照长期股权投资相关核算内容进行会计处理，在丧失控制之日的公允价值与账面价值之间的差额计入当期投资收益。

【例 2–18】成本法核算转公允价值计量

甲公司持有乙公司 60% 的有表决权股份，能够对乙公司实施控制，对该股权投资采用成本法核算。2×19 年 8 月，甲公司将该项投资中的 80% 出售给非关联方，取得价款 90 000 000 元，相关手续于当日完成。甲公司无法再对乙公司实施控制，也不能施加共同控制或重大影响，将剩余股权投资分类为以公允价值计量且其变动计入当期损益的金融资产。出售时，该项长期股权投资的账面价值为 90 000 000 元，剩余股权投资的公允价值为 22 000 000 元。不考虑相关税费等其他因素影响。

甲公司有关账务处理如下。

（1）确认有关股权投资的处置损益。

借：银行存款　　90 000 000

　贷：长期股权投资——乙公司　　72 000 000

　　投资收益　　18 000 000

（2）剩余股权投资转为以公允价值计量且其变动计入当期损益的金融资产，当天公允价值为 22 000 000 元，账面价值为 18 000 000 元，两者差异应计入当期投资收益。

借：交易性金融资产　　22 000 000

　贷：长期股权投资——乙公司　　18 000 000

　　投资收益　　4 000 000

（四）权益法下的调整

处置长期股权投资时，应相应结转与所售股权相对应的长期股权投资的账面价值，一般情况下，出售所得价款与处置长期股权投资账面价值之间的差额，应确认为处置损益。

全部处置权益法核算的长期股权投资时，原权益法核算的相关其他综合收益应当在终止采用权益法核算时采用与被投资单位直接处置相关资产或负债相同的基础进行会计处理，因被投资方除净损益、其他综合收益和利润分配以外的其他所有者权益变动而确认的所有者权益，应当在终止采用权益法核算时全部转入当期投资收益。部分处置权益法核算的长期股权投资，剩余股权仍采用权益法核算的，原权益法核算的相关其他综合收益应当采用与被投资单位直接处置相关资产或负债相同的基础处理，并按比例结转。因被投资方除净损益、其他综合收益和利润分配以外的其他所有者权益变动而确认的所有者权益，应当按比例结转入当期投资收益。

【例 2–19】权益法下的调整

甲公司持有乙公司 40% 的股权并采用权益法核算。2×18 年 7 月 1 日，甲公司将乙公司

20% 的股权出售给非关联的第三方，对剩余 20% 的股权仍采用权益法核算。甲公司取得乙公司股权至 2×18 年 7 月 1 日期间，确认的相关其他综合收益为 8 000 000 元（为按比例享有的乙公司其他债权投资的公允价值变动），享有乙公司除净损益、其他综合收益和利润分配以外的其他所有者权益变动为 2 000 000 元。不考虑相关税费等其他因素影响。

甲公司处置后的剩余股权仍采用权益法核算，因此，相关的其他综合收益和其他所有者权益应按比例结转。甲公司有关账务处理如下。

借：其他综合收益　　4 000 000

　　资本公积——其他资本公积　　1 000 000

　　贷：投资收益　　5 000 000

假设，2×18 年 7 月 1 日，甲公司将乙公司 35% 的股权出售给非关联的第三方，剩余 5% 股权作为以公允价值计量且其变动计入当期损益的金融资产核算。甲公司处置后的剩余股权按照长期股权投资的相关核算内容进行会计处理，因此，相关的其他综合收益和其他所有者权益应全部结转。甲公司有关账务处理如下。

借：其他综合收益　　8 000 000

　　资本公积——其他资本公积　　2 000 000

　　贷：投资收益　　10 000 000

企业通过多次交易分步处置对子公司股权投资直至丧失控制权，如果上述交易属于“一揽子”交易的，应当将各项交易作为一项处置子公司股权投资并丧失控制权的交易进行会计处理；但是，在丧失控制权之前每一次处置价款与所处置的股权对应的长期股权投资账面价值之间的差额，在个别财务报表中，应当先确认为其他综合收益，到丧失控制权时再一并转入丧失控制权的当期损益。

第十六条　对联营企业或合营企业的权益性投资全部或部分分类为持有待售资产的，投资方应当按照《企业会计准则第 4 号——固定资产》的有关规定处理，对于未划分为持有待售资产的剩余权益性投资，应当采用权益法进行会计处理。

已划分为持有待售的对联营企业或合营企业的权益性投资，不再符合持有待售资产分类条件的，应当从被分类为持有待售资产之日起采用权益法进行追溯调整。分类为持有待售期间的财务报表应当作相应调整。

【解析 2-14】对联营企业或合营企业的权益性投资

对联营企业或合营企业的权益性投资的重分类要根据本准则具体规定进行处理。

第十七条　处置长期股权投资，其账面价值与实际取得价款之间的差额，应当计入当期损益。采用权益法核算的长期股权投资，在处置该项投资时，采用与被投资单位直接处置相关资产或负债相同的基础，按相应比例对原计入其他综合收益的部分进行会计处理。

【例 2-20】长期股权投资的处置

A 企业原持有 B 企业 40% 的股权，20×6 年 12 月 20 日，A 企业决定出售 10% 的 B 企业股权，出售时 A 企业账面上对 B 企业长期股权投资的构成为：投资成本 1 800 万元，损益调整 480 万元，可转入损益的其他综合收益 100 万元，其他权益变动 200 万元。出售取得价款

705 万元。

（1）A 企业确认处置损益的账务处理如下。

借：银行存款　　7 050 000

　　贷：长期股权投资　　[（1 800+480+100+200）÷40%×10%] 6 450 000

　　　　投资收益　　600 000

（2）除应将实际取得价款与出售长期股权投资的账面价值进行结转，确认出售损益以外，还应将原计入其他综合收益或资本公积的部分按比例转入当期损益。

借：资本公积——其他资本公积　　500 000

　　其他综合收益　　250 000

　　贷：投资收益　　750 000

第十八条　投资方应当关注长期股权投资的账面价值是否大于享有被投资单位所有者权益账面价值的份额等类似情况。出现类似情况时，投资方应当按照《企业会计准则第 8 号——资产减值》对长期股权投资进行减值测试，可收回金额低于长期股权投资账面价值的，应当计提减值准备。

【解析 2-15】长期股权投资计提减值准备

长期股权投资减值准备的会计处理如下。

1. 本科目核算企业长期股权投资的减值准备。

2. 本科目可按被投资单位进行明细核算。

3. 资产负债表日，长期股权投资发生减值的，按应减记的金额，借记“资产减值损失”科目，贷记本科目。

处置长期股权投资时，应同时结转已计提的长期股权投资减值准备。

4. 本科目期末贷方余额，反映企业已计提但尚未转销的长期股权投资减值准备。

5. 长期股权投资减值准备一经计提减值准备在以后期间不得转回。

值得注意的是，现行准则在对该项目的会计处理上充分体现了谨慎性原则，企业今后无法再通过转回资产减值准备来操纵利润，至少在这方面使得利润操纵空间变得越来越小，在一定程度上保证了财务报告更加真实。

第四章　衔接规定

第十九条　在本准则施行日之前已经执行企业会计准则的企业，应当按照本准则进行追溯调整，追溯调整不切实可行的除外。

【解析 2-16】准则的追溯调整

追溯调整法是指对某项交易或事项变更会计政策，视同该项交易或事项初次发生时即采用变更后的会计政策，并以此对财务报表相关项目进行调整的方法。采用追溯调整法时，将会计政策变更累积影响数调整列报前期最早期初留存收益，其他相关项目的期初余额和列报前期披露的其他比较数据也应当一并调整。

第五章　附则

第二十条　本准则自 2014 年 7 月 1 日起施行。

企业会计准则第 3 号——投资性房地产

《企业会计准则第 3 号——投资性房地产》于 2006 年 2 月 15 日由财会〔2006〕3 号公布，自 2007 年 1 月 1 日起施行。

第一章　总则

第一条　为了规范投资性房地产的确认、计量和相关信息的披露，根据《企业会计准则——基本准则》，制定本准则。

【解析 3-1】《企业会计准则——基本准则》

《企业会计准则——基本准则》是制定会计准则应当遵循的基本法则。

第二条　投资性房地产，是指为赚取租金或资本增值，或两者兼有而持有的房地产。

投资性房地产应当能够单独计量和出售。

【解析 3-2】投资性房地产的特征

房地产是土地和房屋及其权属的总称。在我国，土地归国家或集体所有，企业只能取得土地使用权。因此，房地产中的土地是指土地使用权，房屋是指土地上的房屋等建筑物及构筑物。

投资性房地产是指为赚取租金或资本增值，或者两者兼有而持有的房地产。从定义可以看出，投资性房地产有别于企业自用的房地产和房地产开发企业作为存货的房地产。企业自用的房地产是企业自用的厂房、办公楼等生产经营场所，企业应当将其作为固定资产或无形资产处理。作为存货的房地产是房地产开发企业销售的或为销售而正在开发的商品房和土地，是房地产企业的开发产品，应当作为存货处理。与自用房地产和作为存货的房地产相比，投资性房地产要么是让渡房地产使用权以赚取使用费收入，要么是持有并准备增值赚取增值收益，这使得投资性房地产在一定程度上具备了金融资产的属性，所以需要作为一项单独的资产予以确认、计量和列报。也正因为如此，投资性房地产的计量模式有别于固定资产和存货的计量模式，企业可以选择成本模式或公允价值模式对投资性房地产进行后续计量，其中，公允价值模式的处理原则与交易性金融资产的处理原则基本一致。

在实务中，存在某项房地产部分自用或作为存货出售、部分用于赚取租金或资本增值的情形。如某项投资性房地产不同用途的部分能够单独计量和出售的，应当分别确认为固定资产、无形资产、存货和投资性房地产。例如，甲房地产开发商建造了一栋商住两用楼盘，一层出租给一家大型超市，已签订租赁合同；其余楼层均为普通住宅，正在公开销售中。这种情况下，如果一层商铺能够单独计量和出售，应当确认为甲企业的投资性房地产，其余楼层为甲企业的存货，即开发产品。

【解析 3-3】投资性房地产的概念

根据准则第二条和第三条规定，投资性房地产是指为赚取租金或资本增值，或两者兼有而持有的房地产，包括已出租的土地使用权、持有并准备增值后转让的土地使用权、已出租的建筑物。

第三条 本准则规范下列投资性房地产：

（一）已出租的土地使用权。

（二）持有并准备增值后转让的土地使用权。

（三）已出租的建筑物。

【解析 3-4】投资性房地产的范围 1

（一）已出租的土地使用权

已出租的土地使用权，是指企业通过出让或转让方式取得的、以经营租赁方式出租的土地使用权。企业取得的土地使用权通常包括在一级市场上以交纳土地出让金的方式取得的土地使用权，也包括在二级市场上接受其他单位转让的土地使用权。

（二）持有并准备增值后转让的土地使用权

持有并准备增值后转让的土地使用权，是指企业取得的、准备增值后转让的土地使用权。土地使用权在我国属于稀缺资源，国家严格限制与之相关的投机行为，因此在我国实务中，持有并准备增值后转让的土地使用权这种情况较少。

（三）已出租的建筑物

已出租的建筑物是指企业以经营租赁方式出租的建筑物，主要包括自行建造或开发活动完成后用于出租的建筑物以及正在建造或开发过程中将来用于出租的建筑物。这是基于房地产状态或目的的判断。用于出租的建筑物是企业拥有产权的建筑物，以经营租赁方式租入再转租的建筑物不属于投资性房地产。已出租的建筑物是企业已经与其他方签订了租赁协议，约定以经营租赁方式出租的建筑物。对企业持有以备经营出租的空置建筑物或在建建筑物，如董事会或类似机构作出书面决议，明确表明将其用于经营出租且持有意图短期内不再发生变化的，即使尚未签订租赁协议，也应视为投资性房地产。

企业将建筑物出租，按租赁协议向承租人提供的相关辅助服务在整个协议中不重大的，应当将该建筑物确认为投资性房地产。例如，企业将其办公楼出租，同时向承租人提供维护、保安等日常辅助服务，企业应当将其确认为投资性房地产。

【解析 3-5】投资性房地产的范围 2

准则第二条和第三条规定，投资性房地产是指为赚取租金或资本增值，或者两者兼有而持有的房地产，主要包括已出租的建筑物、已出租的土地使用权、持有并准备增值后转让的土地使用权。

1. 已出租的建筑物和已出租的土地使用权，是指以经营租赁（不含融资租赁）方式出租的建筑物和土地使用权，包括自行建造或开发完成后用于出租的房地产。其中，用于出租的建筑物是指企业拥有产权的建筑物；用于出租的土地使用权是指企业通过受让方式取得的土地使用权。

已出租的投资性房地产租赁期满，因暂时空置但继续用于出租的，仍作为投资性房地产。

2. 持有并准备增值后转让的土地使用权，是指企业通过受让方式取得的、准备增值后转让的土地使用权。

闲置土地不属于持有并准备增值的土地使用权。根据《闲置土地处置办法》（中华人民共和国国土资源部令第 53 号）的规定，闲置土地是指土地使用者依法取得土地使用权后，未经原批准用地的人民政府同意，超过规定的期限未动工开发建设的建设用地。

具有下列情形之一的，也可以认定为闲置土地。

（1）国有土地有偿使用合同或者建设用地批准书未规定动工开发建设日期，自国有土地有偿使用合同生效或者土地行政主管部门建设用地批准书颁发之日起满 1 年未动工开发建设的。

（2）已动工开发建设但开发建设的面积占应动工开发建设总面积不足三分之一或者已投资额占总投资额不足 25%，且未经批准中止开发建设连续满 1 年的。

（3）法律、行政法规规定的其他情形。

3. 一项房地产，部分用于赚取租金或资本增值，部分用于生产商品、提供劳务或经营管理，用于赚取租金或资本增值的部分能够单独计量和出售的，可以确认为投资性房地产；否则，不能作为投资性房地产。

4. 企业将建筑物出租并按出租协议向承租人提供保安和维修等其他服务，所提供的其他服务在整个协议中不重大的，可以将该建筑物确认为投资性房地产；所提供的其他服务在整个协议中如为重大的，该建筑物应视为企业的经营场所，应当确认为自用房地产。

5. 关联企业之间租赁房地产的，出租方应将出租的房地产确认为投资性房地产。

母公司以经营租赁的方式向子公司出租房地产，该项房地产应当确认为母公司的投资性房地产，但在编制合并报表时，作为企业集团的自用房地产。

6. 企业拥有并自行经营的旅馆、饭店，其经营目的是通过向客户提供客房服务取得服务收入，该业务不具有租赁性质，不属于投资性房地产；将其拥有的旅馆、饭店部分或全部出租，且出租的部分能够单独计量和出售的，出租的部分可以确认为投资性房地产。

7. 自用房地产，是指为生产商品、提供劳务或者经营管理而持有的房地产，如企业的厂房和办公楼，企业生产经营用的土地使用权等。

企业出租给本企业职工居住的宿舍，即使按照市场价格收取租金，也不属于投资性房地产。这部分房产间接为企业自身的生产经营服务，具有自用房地产的性质。

8. 作为存货的房地产，是指房地产开发企业销售的或为销售而正在开发的商品房和土地。这部分房地产属于房地产开发企业的存货。

第四条 下列各项不属于投资性房地产：

（一）自用房地产，即为生产商品、提供劳务或者经营管理而持有的房地产。

（二）作为存货的房地产。

【解析 3-6】非投资性房地产

企业自用的房地产是企业自用的厂房、办公楼等生产经营场所，企业应当将其作为固定资产或无形资产处理。作为存货的房地产是房地产开发企业销售的或为销售而正在开发的商品房和土地，是房地产企业的开发产品，应当作为存货处理。

第五条 下列各项适用其他相关会计准则：

（一）企业代建的房地产，适用《企业会计准则第 15 号——建造合同》。

（二）投资性房地产的租金收入和售后租回，适用《企业会计准则第 21 号——租赁》。

【解析 3-7】适用其他相关会计准则的情况

企业代建的房地产和投资性房地产的租金收入和售后租回不适用本准则。

第二章 确认和初始计量

第六条 投资性房地产同时满足下列条件的，才能予以确认：

（一）与该投资性房地产有关的经济利益很可能流入企业；

（二）该投资性房地产的成本能够可靠地计量。

【解析 3-8】投资性房地产的确认条件

投资性房地产满足确认条件的，要及时对其进行确认。

第七条 投资性房地产应当按照成本进行初始计量。

（一）外购投资性房地产的成本，包括购买价款、相关税费和可直接归属于该资产的其他支出。

（二）自行建造投资性房地产的成本，由建造该项资产达到预定可使用状态前所发生的必要支出构成。

（三）以其他方式取得的投资性房地产的成本，按照相关会计准则的规定确定。

【解析 3-9】投资性房地产的初始计量

（一）外购投资性房地产的确认和初始计量

企业外购的房地产，只有在购入的同时开始对外出租或用于资本增值，才能作为投资性房地产加以确认。

企业购入房地产，自用一段时间之后再改为出租或用于资本增值的，应当先将外购的房地产确认为固定资产或无形资产，自租赁期开始日或用于资本增值之日起，才能从固定资产或无形资产转换为投资性房地产。

企业外购投资性房地产时，应当按照取得时的实际成本进行初始计量。取得时的实际成本，包括购买价款、相关税费和可直接归属于该资产的其他支出。采用成本模式进行后续计量的，企业应当在购入投资性房地产时，借记“投资性房地产”科目，贷记“银行存款”等科目；采用公允价值模式进行后续计量的，企业应当在购入投资性房地产时，借记“投资性房地产——成本”科目，贷记“银行存款”等科目。

【例 3-1】成本计量模式

2×18 年 3 月，甲企业计划购入一栋写字楼用于对外出租。3 月 15 日，甲企业与乙企业签订了经营租赁合同，约定自写字楼购买日起将这栋写字楼出租给乙企业，为期5年。4月5日，甲企业实际购入写字楼，支付价款共计1 200万元（假设不考虑其他因素，甲企业采用成本模式进行后续计量）。

甲企业的账务处理如下。

借：投资性房地产——写字楼　　12 000 000

　　贷：银行存款　　12 000 000

【例3-2】公允价值计量模式1

沿用【例3-1】，假设甲企业拥有的投资性房地产符合采用公允价值计量模式的条件，采用公允价值模式进行后续计量。

甲企业的账务处理如下。

借：投资性房地产——成本（写字楼）　　12 000 000

　　贷：银行存款　　12 000 000

（二）自行建造投资性房地产的确认和初始计量

企业自行建造房地产达到预定可使用状态后一段时间才对外出租或用于资本增值的，应当先将自行建造的房地产确认为固定资产、无形资产或存货，自租赁期开始日或用于资本增值之日开始，从固定资产、无形资产或存货转换为投资性房地产。

自行建造投资性房地产，其成本由建造该项资产达到预定可使用状态前发生的必要支出构成，包括土地开发费、建筑成本、安装成本、应予以资本化的借款费用、支付的其他费用和分摊的间接费用等。采用成本模式进行后续计量的，应按照确定的自行建造投资性房地产成本，借记“投资性房地产”科目，贷记“在建工程”或“开发产品”科目。采用公允价值模式进行后续计量的，应按照确定的自行建造投资性房地产成本，借记“投资性房地产——成本”科目，贷记“在建工程”或“开发产品”科目。

【例3-3】自行建造投资性房地产会计处理

2×18年2月，甲公司从其他单位购入一块使用期限为50年的土地，并在这块土地上开始自行建造两栋厂房。2×18年11月，甲公司预计厂房即将完工，与乙公司签订了经营租赁合同，将其中一栋厂房租赁给乙公司使用。租赁合同约定，该厂房于完工时开始起租。2×18年12月5日，两栋厂房同时完工。该块土地使用权的成本为9 000 000元，至2×18年12月5日，土地使用权已摊销165 000元；两栋厂房的实际造价均为12 000 000元，能够单独出售。为简化处理，假设两栋厂房分别占用这块土地的一半面积，并且以占用的土地面积作为土地使用权划分依据。假设甲公司采用成本模式进行后续计量。

甲公司的账务处理如下。

甲公司在购入的土地上建造的两栋厂房中，其中一栋厂房用于出租，因此应当将土地使用权中的对应部分同时转换为投资性房地产。

9 000 000÷2=4 500 000（元）

借：固定资产——厂房　　12 000 000

　　投资性房地产——厂房　　12 000 000

贷：在建工程——厂房　　24 000 000
借：投资性房地产——已出租土地使用权　　4 500 000
累计摊销　　82 500
贷：无形资产——土地使用权　　（9 000 000÷2）4 500 000
投资性房地产累计摊销　　（165 000÷2）82 500

（三）非投资性房地产转换为投资性房地产的确认和初始计量

非投资性房地产转换为投资性房地产，实质上是因房地产用途发生改变而对房地产进行的重新分类。如果投资性房地产采用成本模式计量，则按照该项房地产在转换日的账面价值入账；如果投资性房地产采用公允价值模式计量，则按该项房地产在转换日的公允价值入账。

第八条　与投资性房地产有关的后续支出，满足本准则第六条规定的确认条件的，应当计入投资性房地产成本；不满足本准则第六条规定的确认条件的，应当在发生时计入当期损益。

【例 3-4】成本计量模式资本化后续支出

2×18 年 3 月，甲企业与乙企业的一项厂房经营租赁合同即将到期。该厂房按照成本模式进行后续计量，原价为 2 000 万元，已计提折旧 600 万元。为了提高厂房的租金收入，甲企业决定在租赁期满后对厂房进行改扩建，并与丙企业签订了经营租赁合同，约定自改扩建完工时将厂房出租给丙企业。3 月 15 日，与乙企业的租赁合同到期，厂房随即进入改扩建工程。12 月 10 日，厂房改扩建工程完工，共发生支出 150 万元，即日按照租赁合同出租给丙企业。假设甲企业采用成本模式进行后续计量。

本例中，改扩建支出属于资本化的后续支出，应当计入投资性房地产的成本。

甲企业的账务处理如下。

（1）2×18 年 3 月 15 日，投资性房地产转入改扩建工程。

借：投资性房地产——厂房（在建）　　14 000 000
投资性房地产累计折旧　　6 000 000
贷：投资性房地产——厂房　　20 000 000

（2）2×18 年 3 月 15 日至 12 月 10 日。

借：投资性房地产——厂房（在建）　　1 500 000
贷：银行存款等　　1 500 000

（3）2×18 年 12 月 10 日，改扩建工程完工。

借：投资性房地产——厂房　　15 500 000
贷：投资性房地产——厂房（在建）　　15 500 000

【例 3-5】公允价值计量模式 2

2×18 年 3 月，甲企业与乙企业的一项厂房经营租赁合同即将到期。甲企业决定在租赁期满后对厂房进行改扩建，并与丙企业签订了经营租赁合同，约定自改扩建完工时将厂房出租给丙企业。3 月 15 日，与乙企业的租赁合同到期，厂房随即进入改扩建工程。11 月 10 日，厂房改扩建工程完工，共发生支出 150 万元，即日起按照租赁合同出租给丙企业。3 月

15 日，厂房账面余额为 1 200 万元，其中成本为 1 000 万元，累计公允价值变动为 200 万元。假设甲企业采用公允价值模式进行后续计量。

甲企业的账务处理如下。

（1）2×18 年 3 月 15 日，投资性房地产转入改扩建工程。

借：投资性房地产——厂房（在建）　　12 000 000

　　贷：投资性房地产——成本　　10 000 000

　　　　　　　　　　——公允价值变动　　2 000 000

（2）2×18 年 3 月 15 日至 11 月 10 日。

借：投资性房地产——厂房（在建）　　1 500 000

　　贷：银行存款等　　1 500 000

（3）2×18 年 11 月 10，改扩建工程完工。

借：投资性房地产——成本　　13 500 000

　　贷：投资性房地产——厂房（在建）　　13 500 000

【例 3-6】费用化后续支出

甲企业对其某项投资性房地产进行日常维修，发生维修支出 1.5 万元。本例中，日常维修支出属于费用化的后续支出，应当计入当期损益。

甲企业的账务处理如下。

借：其他业务成本　　15 000

　　贷：银行存款等　　15 000

第三章　后续计量

第九条　企业应当在资产负债表日采用成本模式对投资性房地产进行后续计量，但本准则第十条规定的除外。

采用成本模式计量的建筑物的后续计量，适用《企业会计准则第 4 号——固定资产》。

采用成本模式计量的土地使用权的后续计量，适用《企业会计准则第 6 号——无形资产》。

【例 3-7】投资性房地产的成本模式下的后续支出计量

甲企业的一栋办公楼出租给乙企业使用，已确认为投资性房地产，采用成本模式进行后续计量。假设这栋办公楼的成本为 1 800 万元，按照直线法计提折旧，使用寿命为 20 年，预计净残值为零。按照经营租赁合同约定，乙企业每月支付甲企业租金 8 万元。当年 12 月，这栋办公楼发生减值迹象，经减值测试，其可回收金额为 1 200 万元，此时办公楼的账面价值为 1 500 万元，以前未计提减值准备。

甲企业的账务处理如下。

（1）计提折旧。

每月计提的折旧 =1 800÷20÷12=7.5（万元）

借：其他业务成本　　75 000

　　贷：投资性房地产累计折旧　　75 000

（2）确认租金。

借：银行存款（或其他应收款）　　80 000

　　贷：其他业务收入　　80 000

（3）计提减值准备。

借：资产减值损失　　3 000 000

　　贷：投资性房地产减值准备　　3 000 000

【解析 3-10】投资性房地产的后续计量 1

在成本模式下，应当按照《企业会计准则第 4 号——固定资产》和《企业会计准则第 6 号——无形资产》对已出租的建筑物或土地使用权进行计量，并计提折旧或摊销；如果存在减值迹象的，应当按照《企业会计准则第 8 号——资产减值》进行减值测试，计提相应的减值准备。投资性房地产的计量模式一经确定，不得随意变更，只有存在确凿证据表明其公允价值能够持续可靠取得的，才允许采用公允价值计量模式。

第十条　有确凿证据表明投资性房地产的公允价值能够持续可靠取得的，可以对投资性房地产采用公允价值模式进行后续计量。采用公允价值模式计量的，应当同时满足下列条件：

（一）投资性房地产所在地有活跃的房地产交易市场；

（二）企业能够从房地产交易市场上取得同类或类似房地产的市场价格及其他相关信息，从而对投资性房地产的公允价值作出合理的估计。

【例 3-8】投资性房地产的公允价值模式下的后续支出计量

甲公司为从事房地产经营开发的企业。2×18 年 8 月，甲公司与乙公司签订租赁协议，约定将甲公司开发的一栋精装修的写字楼于开发完成的同时开始租赁给乙公司使用，租赁期为 10 年。当年 10 月 1 日，该写字楼开发完成并开始起租，写字楼的造价为 9 000 万元。2×18 年 12 月 31 日，该写字楼的公允价值为 9 200 万元。假设甲公司采用公允价值计量模式。

甲企业的账务处理如下。

（1）2×18 年 10 月 1 日，甲公司开发完成写字楼并出租。

借：投资性房地产——成本　　90 000 000

　　贷：开发成本　　90 000 000

（2）2×18 年 12 月 31 日，按照公允价值为基础调整其账面价值；公允价值与原账面价值之间的差额计入当期损益。

借：投资性房地产——公允价值变动　　2 000 000

　　贷：公允价值变动损益　　2 000 000

【解析 3-11】投资性房地产的后续计量 2

根据准则第十条规定，采用公允价值模式计量的投资性房地产，应当同时满足以下条件。

1. 投资性房地产所在地有活跃的房地产交易市场，意味着投资性房地产可以在房地产交易市场中直接交易。

所在地，通常是指投资性房地产所在的城市。对于大中城市，应当具体化为投资性房地产所在的城区。

活跃市场，是指同时具有下列特征的市场：（1）市场内交易对象具有同质性；（2）可随时找到自愿交易的买方和卖方；（3）市场价格信息是公开的。

2. 企业能够从房地产交易市场上取得同类或类似房地产的市场价格及其他相关信息，从而对投资性房地产的公允价值作出合理的估计。

同类或类似的房地产，对建筑物而言，是指所处地理位置和地理环境相同、性质相同、结构类型相同或相近、新旧程度相同或相近、可使用状况相同或相近的建筑物；对于土地使用权而言，是指同一城区、同一位置区域、所处地理环境相同或相近、可使用状况相同或相近的土地。

第十一条 采用公允价值模式计量的，不对投资性房地产计提折旧或进行摊销，应当以资产负债表日投资性房地产的公允价值为基础调整其账面价值，公允价值与原账面价值之间的差额计入当期损益。

【解析 3-12】公允价值模式下投资性房地产的后续计量

企业有确凿证据表明其投资性房地产的公允价值能够持续可靠取得的，可以对投资性房地产采用公允价值模式进行后续计量。相关的账务处理如下。（1）资产负债表日，投资性房地产的公允价值高于其账面余额，按其差额借记"投资性房地产——公允价值变动"科目，贷记"公允价值变动损益"科目。（2）资产负债表日，投资性房地产的公允价值低于其账面余额，按其余额做相反的分录，借记"公允价值变动损益"科目，贷记"投资性房地产——公允价值变动"科目。

第十二条 企业对投资性房地产的计量模式一经确定，不得随意变更。成本模式转为公允价值模式的，应当作为会计政策变更，按照《企业会计准则第 28 号——会计政策、会计估计变更和差错更正》处理。

已采用公允价值模式计量的投资性房地产，不得从公允价值模式转为成本模式。

【例 3-9】投资性房地产后续支出计量方式的变更

2×17 年，甲企业将一栋写字楼对外出租，采用成本模式进行后续计量。2×19 年 2 月 1 日，假设甲企业持有的投资性房地产满足采用公允价值模式进行计量的条件，甲企业决定采用公允价值模式对该写字楼进行后续计量。2×19 年 2 月 1 日，该写字楼的原价为 9 000 万元，已计提折旧 270 万元，账面价值为 8 730 万元，公允价值为 9 500 万元。甲企业按净利润的 10% 计提盈余公积。假定除上述对外出租的写字楼外，甲企业无其他的投资性房地产。

甲企业的账务处理如下。

借：投资性房地产——成本　　　　95 000 000

投资性房地产累计折旧	2 700 000
贷：投资性房地产	90 000 000
利润分配——未分配利润	6 930 000
盈余公积	770 000

【解析 3-13】转换日的确定

1. 投资性房地产开始自用，是指投资性房地产转为自用房地产。其转换日为房地产达到自用状态，企业开始将房地产用于生产商品、提供劳务或者经营管理的日期。

2. 作为存货的房地产改为出租，或者自用建筑物、自用土地使用权停止自用改为出租，其转换日为租赁期开始日。

第四章　转换

第十三条　企业有确凿证据表明房地产用途发生改变，满足下列条件之一的，应当将投资性房地产转换为其他资产或者将其他资产转换为投资性房地产：

（一）投资性房地产开始自用。

（二）作为存货的房地产，改为出租。

（三）自用土地使用权停止自用，用于赚取租金或资本增值。

（四）自用建筑物停止自用，改为出租。

【解析 3-14】投资性房地产与非投资性房地产之间的转换

投资性房地产的转换形式有以下几种。

（1）投资性房地产开始自用，相应地由投资性房地产转换为固定资产或无形资产。投资性房地产开始自用是指企业将原来用于赚取租金或资本增值的房地产改为用于生产商品、提供劳务或者经营管理，如企业将出租的厂房收回，用于生产产品。

（2）作为存货的房地产改为出租，通常指房地产开发企业将其持有的开发产品以经营租赁的方式出租，相应地由存货转换为投资性房地产。

（3）自用土地使用权停止自用，用于赚取租金或资本增值，相应地由无形资产转换为投资性房地产。

（4）自用建筑物停止自用，改为出租，相应地由固定资产转换为投资性房地产。投资性房地产转换日的确定关系到资产的确认时点和入账价值，因此非常重要。转换日是指房地产的用途发生改变、状态相应发生改变的日期。

第十四条　在成本模式下，应当将房地产转换前的账面价值作为转换后的入账价值。

【例 3-10】成本模式下投资性房地产转为非投资性房地产的会计处理

2×18 年 8 月 1 日，甲企业将出租在外的厂房收回，开始用于本企业生产商品。该项房地产账面价值为 3 765 万元，其中，原价为 5 000 万元，累计已提折旧 1 235 万元。假设甲企业采用成本模式计量。

甲企业的账务处理如下。

借：固定资产　　50 000 000

　投资性房地产累计折旧　　12 350 000

　贷：投资性房地产　　50 000 000

　　累计折旧　　12 350 000

第十五条　采用公允价值模式计量的投资性房地产转换为自用房地产时，应当以其转换当日的公允价值作为自用房地产的账面价值，公允价值与原账面价值的差额计入当期损益。

【例 3-11】公允价值模式下投资性房地产转为非投资性房地产的会计处理

2×18 年 10 月 15 日，甲企业因租赁期满，将出租的写字楼收回，开始作为办公楼用于本企业的行政管理。2×18 年 10 月 15 日，该写字楼的公允价值为 4 800 万元。该项房地产在转换前采用公允价值模式计量，原账面价值为 4 750 万元，其中，成本为 4 500 万元，公允价值变动为增值 250 万元。

甲企业的账务处理如下。

借：固定资产　　48 000 000

　贷：投资性房地产——成本　　45 000 000

　　　　——公允价值变动　　2 500 000

　　公允价值变动损益　　500 000

第十六条　自用房地产或存货转换为采用公允价值模式计量的投资性房地产时，投资性房地产按照转换当日的公允价值计价，转换当日的公允价值小于原账面价值的，其差额计入当期损益；转换当日的公允价值大于原账面价值的，其差额计入所有者权益。

【解析 3-15】自用房地产或存货转换为采用公允价值模式计量的投资性房地产

自用房地产或存货转换为采用公允价值模式计量的投资性房地产，该项投资性房地产应当按照转换日的公允价值计量。

转换日的公允价值小于原账面价值的，其差额计入当期损益。

转换日的公允价值大于原账面价值的，其差额作为资本公积（其他资本公积），计入所有者权益。处置该项投资性房地产时，原计入所有者权益的部分应当转入处置当期损益。

【例 3-12】非投资性房地产转换为采用公允价值进行后续计量的投资性房地产

20×8 年 3 月 10 日，甲房地产开发企业与乙企业签订了租赁协议，将其开发的一栋写字楼出租给乙企业。租赁期开始日为 20×8 年 4 月 15 日。20×8 年 4 月 15 日，该写字楼的账面余额为 45 000 万元，公允价值为 47 000 万元。20×8 年 12 月 31 日，该项投资性房地产的公允价值为 48 000 万元。

甲企业的账务处理如下。

（1）20×8 年 4 月 15 日。

借：投资性房地产——成本　　470 000 000

　贷：开发产品　　450 000 000

其他综合收益　20 000 000

（2）20×8 年 12 月 31 日。

借：投资性房地产——公允价值变动　10 000 000

贷：公允价值变动损益　10 000 000

第五章　处置

第十七条　当投资性房地产被处置，或者永久退出使用且预计不能从其处置中取得经济利益时，应当终止确认该项投资性房地产。

第十八条　企业出售、转让、报废投资性房地产或者发生投资性房地产毁损，应当将处置收入扣除其账面价值和相关税费后的金额计入当期损益。

【例 3-13】采用成本模式计量的投资性房地产的处置

甲公司将其出租的一栋写字楼确认为投资性房地产，采用成本模式计量。租赁期届满后，甲公司将该栋写字楼出售给乙公司，合同价款为 30 000 万元，乙公司已用银行存款付清。出售时，该栋写字楼的成本为 28 000 万元，已计提折旧 3 000 万元。假设不考虑相关税费。

甲公司的账务处理如下。

借：银行存款　300 000 000

贷：其他业务收入　300 000 000

借：其他业务成本　250 000 000

投资性房地产累计折旧　30 000 000

贷：投资性房地产——写字楼　280 000 000

【例 3-14】采用公允价值模式计量的投资性房地产的处置

甲企业为一家房地产开发企业，20×7 年 3 月 10 日，甲企业与乙企业签订了租赁协议，将其开发的一栋写字楼出租给乙企业使用，租赁期开始日为 20×7 年 4 月 15 日。20×7 年 4 月 15 日，该写字楼的账面余额为 45 000 万元，公允价值为 47 000 万元。20×7 年 12 月 31 日，该项投资性房地产的公允价值为 48 000 万元。20×8 年 6 月租赁期届满，甲企业收回该项投资性房地产，并以 55 000 万元出售，出售款项已收讫。甲企业采用公允价值模式计量，不考虑相关税费。

甲企业的账务处理如下。

（1）20×7 年 4 月 15 日，存货转换为投资性房地产。

借：投资性房地产——成本　470 000 000

贷：开发产品　450 000 000

其他综合收益　20 000 000

（2）20×7 年 12 月 31 日，公允价值变动时。

借：投资性房地产——公允价值变动　10 000 000

贷：公允价值变动损益　10 000 000

（3）20×8 年 6 月，出售投资性房地产。

借：银行存款	550 000 000	
公允价值变动损益	10 000 000	
其他综合收益	20 000 000	
其他业务成本	450 000 000	
贷：投资性房地产——成本		470 000 000
——公允价值变动		10 000 000
其他业务收入		550 000 000

第六章　披露

第十九条　企业应当在附注中披露与投资性房地产有关的下列信息：

（一）投资性房地产的种类、金额和计量模式。

（二）采用成本模式的，投资性房地产的折旧或摊销，以及减值准备的计提情况。

（三）采用公允价值模式的，公允价值的确定依据和方法，以及公允价值变动对损益的影响。

（四）房地产转换情况、理由，以及对损益或所有者权益的影响。

（五）当期处置的投资性房地产及其对损益的影响。

【解析 3-16】投资性房地产的披露

为了提高企业财务报告与管理信息的真实性、可靠性与完整性，保障资产的安全、完整和企业经营的合法合规，企业必须按照本准则要求进行会计信息披露与监管。

企业会计准则第 4 号——固定资产

《企业会计准则第 4 号——固定资产》于 2006 年 2 月 15 日由财会〔2006〕3 号公布，自 2007 年 1 月 1 日起施行。

第一章　总则

第一条　为了规范固定资产的确认、计量和相关信息的披露，根据《企业会计准则——基本准则》，制定本准则。

【解析 4-1】《企业会计准则——基本准则》

《企业会计准则——基本准则》是制定会计准则应当遵循的基本法则。

第二条　下列各项适用其他相关会计准则：

（一）作为投资性房地产的建筑物，适用《企业会计准则第 3 号——投资性房地产》。

（二）生产性生物资产，适用《企业会计准则第 5 号——生物资产》。

【解析 4-2】适用其他会计准则的情况

作为投资性房地产的建筑物和生产性生物资产不适用本准则。

第二章　确认

第三条　固定资产，是指同时具有下列特征的有形资产：

（一）为生产商品、提供劳务、出租或经营管理而持有的；

（二）使用寿命超过一个会计年度。

使用寿命，是指企业使用固定资产的预计期间，或者该固定资产所能生产产品或提供劳务的数量。

【解析 4-3】固定资产的概念与特征

固定资产，是指同时具有下列特征的有形资产：（1）为生产商品、提供劳务、出租或经营管理而持有的；（2）使用寿命超过一个会计年度。

首先，企业持有固定资产的目的是用于生产商品、提供劳务、出租或经营管理，而不是直接用于出售。出租是指以经营租赁方式出租的机器设备等。

其次，固定资产的使用寿命超过一个会计年度。该特征使固定资产明显区别于流动资产。使用寿命超过一个会计年度，意味着固定资产属于长期资产。固定资产的使用寿命，是指企业使用固定资产的预计期间，或者该固定资产所能生产产品或提供劳务的数量。通常情况下，固定资产的使用寿命是指使用固定资产的预计使用期间，某些机器设备或运输设备等固定资产的使用寿命，也可以以该固定资产所能生产产品或提供劳务的数量来表示，如发电设备可按其预计发电量估计使用寿命。

最后，固定资产必须是有形资产。该特征将固定资产与无形资产区别开来。有些无形资产可能具备固定资产的某些特征，如无形资产是为生产商品、提供劳务而持有，使用寿命超过一个会计年度，但由于其没有实物形态，不属于固定资产。

第四条 固定资产同时满足下列条件的，才能予以确认：

（一）与该固定资产有关的经济利益很可能流入企业；

（二）该固定资产的成本能够可靠地计量。

【解析 4-4】固定资产的确认条件 1

一项资产如要作为固定资产加以确认，首先需要符合固定资产的定义，其次还要符合固定资产的确认条件，即与该固定资产有关的经济利益很可能流入企业，同时，该固定资产的成本能够可靠地计量。

1. 与该固定资产有关的经济利益很可能流入企业。

企业在确认固定资产时，需要判断与该项固定资产有关的经济利益是否很可能流入企业。实务中，主要是通过判断与该固定资产所有权相关的风险和报酬是否转移到了企业来确定。

2. 该固定资产的成本能够可靠地计量。

成本能够可靠地计量是资产确认的一项基本条件。要确认固定资产，企业取得该固定资产所发生的支出必须能够可靠地计量。企业在确定固定资产成本时，有时需要根据所获得的最新资料，对固定资产的成本进行合理估计。如果企业能够合理地估计出固定资产的成本，则视同固定资产的成本能够可靠地计量。

固定资产确认条件的具体运用如下。

1. 企业由于安全或环保的要求购入设备等，虽然不能直接给企业带来未来经济利益，但有助于企业从其他相关资产的使用中获得未来经济利益或者获得更多的未来经济利益，也应确认为固定资产。如为净化环境或者满足国家有关排污标准的需要购置的环保设备，这些设备的使用虽然不会为企业带来直接的经济利益，但有助于企业提高对废水、废气、废渣的处理能力，有利于净化环境，企业为此将减少未来由于污染环境而需支付的环境治理费或者罚款，应将这些设备确认为固定资产。

2. 固定资产的各组成部分，如果具有不同使用寿命或者以不同方式为企业提供经济利益，表明这些组成部分实际上是以独立的方式为企业提供经济利益，企业应当将各组成部分确认为单项固定资产。如飞机的引擎，如果其与飞机机身具有不同的使用寿命，则企业应当将其单独确认为一项固定资产。

3. 对于工业企业所持有的工具、用具、备品备件、维修设备等资产，施工企业所持有的模板、挡板、架料等周转材料，以及地质勘探企业所持有的管材等资产，尽管该类资产具有固定资产的某些特征，如使用期限超过一年，也能够带来经济利益，但由于数量多、单价低，考虑到成本效益原则，在实务中通常确认为存货。但符合固定资产定义和确认条件的，比如企业（民用航空运输）的高价周转件等，应当确认为固定资产。

【解析 4–5】固定资产的确认条件 2

准则第三、四条规定了固定资产的特征和确认条件，符合固定资产特征和确认条件的有形资产，应当确认为固定资产；不符合的确认为存货。

其中“出租”，不包括作为投资性房地产的以经营租赁方式租出的建筑物。备品备件和维修设备通常确认为存货，但某些备品备件和维修设备需要与相关固定资产组合发挥效用，比如民用航空运输企业的高价周转件，应当确认为固定资产。

企业应当根据本准则，结合本单位的实际情况，制定固定资产目录，包括每类或每项固定资产的使用寿命、预计净残值、折旧方法等并编制成册，经股东大会或董事会、经理（厂长）会议或类似机构批准，按照法律、行政法规等的规定报送有关各方备案。

固定资产目录一经确定不得随意变更。如需变更，仍应履行上述程序，并按《企业会计准则第 28 号——会计政策、会计估计变更和差错更正》处理。

第五条　固定资产的各组成部分具有不同使用寿命或者以不同方式为企业提供经济利益，适用不同折旧率或折旧方法的，应当分别将各组成部分确认为单项固定资产。

【解析 4–6】固定资产组成部分的确认

固定资产的各组成部分，如果具有不同使用寿命或者以不同方式为企业提供经济利益，表明这些组成部分实际上是以独立的方式为企业提供经济利益，企业应当将各组成部分确认为单项固定资产。如飞机的引擎，如果其与飞机机身具有不同的使用寿命，则企业应当将其单独确认为一项固定资产。

第六条　与固定资产有关的后续支出，符合本准则第四条规定的确认条件的，应当计入固定资产成本；不符合本准则第四条规定的确认条件的，应当在发生时计入当期损益。

【解析 4–7】固定资产的后续支出

固定资产的后续支出通常包括固定资产在使用过程中发生的日常修理费用、大修理费用、更新改造支出、房屋的装修费用等。固定资产发生的更新改造支出、房屋装修费用等，符合本准则第四条规定的确认条件的，应当计入固定资产成本，同时将被替换部分的账面价值扣除；不符合本准则第四条规定的确认条件的，应当在发生时计入当期管理费用。

固定资产的大修理费用和日常修理费用，通常不符合本准则第四条规定的确认条件，应当在发生时计入当期管理费用，不得采用预提或待摊方式处理。

【例 4–1】资本化的后续支出

某航空公司 2×10 年 12 月购入一架飞机，总计花费 8 000 万元（含发动机），发动机当时的购价为 500 万元。公司未将发动机作为一项单独的固定资产进行核算。2×19 年年初，公司开辟新航线，航程增加。为延长飞机的空中飞行时间，公司决定更换一部性能更为先进的发动机。新发动机购价 700 万元，另需支付安装费用 51 000 元。假定飞机的年折旧率为 3%，不考虑相关税费的影响，公司的账务处理如下。

（1）2×19 年年初，飞机的累计折旧金额为 80 000 000×3%×8=19 200 000（元），固

定资产转入在建工程。

借：在建工程——×× 飞机　60 800 000

　　累计折旧　19 200 000

　贷：固定资产——×× 飞机　80 000 000

（2）安装新发动机。

借：在建工程——×× 飞机　7 051 000

　贷：工程物资——×× 发动机　7 000 000

　　　银行存款　51 000

（3）2×19 年年初老发动机的账面价值为 5 000 000−5 000 000×3%×8=3 800 000（元），终止确认老发动机的账面价值。假定报废处理，无残值。

借：营业外支出　3 800 000

　贷：在建工程——×× 飞机　3 800 000

（4）发动机安装完毕，投入使用。固定资产的入账价值为 60 800 000+7 051 000−3 800 000=64 051 000（元）。

借：固定资产——×× 飞机　64 051 000

　贷：在建工程——×× 飞机　64 051 000

【例 4-2】费用化的后续支出

2×17 年 1 月 3 日，甲公司对现有的一台生产用机器设备进行日常维护，维护过程中领用本公司原材料一批，价值为 94 000 元，应支付维护人员的工资为 28 000 元；不考虑其他相关税费。

本例中，对机器设备的维护，仅仅是为了维护固定资产的正常使用而发生的，不产生未来的经济利益，因此应在其发生时确认为费用。甲公司的账务处理如下。

借：管理费用　122 000

　贷：原材料　94 000

　　　应付职工薪酬　28 000

第三章　初始计量

第七条　固定资产应当按照成本进行初始计量。

【解析 4-8】固定资产成本

固定资产的成本，是指企业购建某项固定资产达到预定可使用状态前所发生的一切合理、必要的支出。这些支出包括直接发生的价款、相关税费、运杂费、包装费和安装成本等，也包括间接发生的，如应承担的借款利息、外币借款折算差额以及应分摊的其他间接费用。

相关税费不包括允许抵扣的增值税进项税额。

第八条　外购固定资产的成本，包括购买价款、相关税费、使固定资产达到预定可使用状态前所发生的可归属于该项资产的运输费、装卸费、安装费和专业人员服务费等。

以一笔款项购入多项没有单独标价的固定资产，应当按照各项固定资产公允价值比例对总成本进行分配，分别确定各项固定资产的成本。

购买固定资产的价款超过正常信用条件延期支付，实质上具有融资性质的，固定资产的成本以购买价款的现值为基础确定。实际支付的价款与购买价款的现值之间的差额，除按照《企业会计准则第 17 号——借款费用》应予资本化的以外，应当在信用期间内计入当期损益。

【例 4-3】分期付款外购固定资产

2×17 年 1 月 1 日，甲公司与乙公司签订一项购货合同，甲公司从乙公司购入一台需要安装的特大型设备。合同约定，甲公司采用分期付款方式支付价款。该设备价款共计 900 万元（不考虑增值税），在 2×17 年至 2×21 年的 5 年内每半年支付 90 万元，每年的付款日期为分别为当年 6 月 30 日和 12 月 31 日。

2×17 年 1 月 1 日，设备如期运抵甲公司并开始安装。2×17 年 12 月 31 日，设备达到预定可使用状态，发生安装费 398 530.60 元，已用银行存款付讫。

假定甲公司适用的 6 个月折现率为 10%。

（1）购买价款的现值。

900 000×（*P* / *A*，10%，10）=900 000×6.144 6=5 530 140（元）

2×17 年 1 月 1 日甲公司的账务处理如下。

借：在建工程——×× 设备　　5 530 140

　　未确认融资费用　　3 469 860

　　贷：长期应付款——乙公司　　9 000 000

（2）确定信用期间未确认融资费用的分摊额，如表 4-1 所示。

表 4-1　未确认融资费用的分摊额

单位：元

日期 ①	分期付款额 ②	确认的融资费用 ③= 期初 ⑤ × 10%	应付本金减少额 ④=②-③	应付本金余额 期末 ⑤= 期初 ⑤-④
2×17-01-01				5 530 140.00
2×17-06-30	900 000	553 014.00	346 986.00	5 183 154.00
2×17-12-31	900 000	518 315.40	381 684.60	4 801 469.40
2×18-06-30	900 000	480 146.94	419 853.06	4 381 616.34
2×18-12-31	900 000	438 161.63	461 838.37	3 919 777.97
2×19-06-30	900 000	391 977.80	508 022.20	3 411 755.77
2×19-12-31	900 000	341 175.58	558 824.42	2 852 931.35
2×20-06-30	900 000	285 293.14	614 706.86	2 238 224.49
2×20-12-31	900 000	223 822.45	676 177.55	1 562 046.94
2×21-06-30	900 000	156 204.69	743 795.31	818 251.63

续表

日期 ①	分期付款额 ②	确认的融资费用 ③= 期初 ⑤ × 10%	应付本金减少额 ④=②–③	应付本金余额 期末 ⑤= 期初 ⑤–④
2 × 21–12–31	900 000	81 748.37*	818 251.63	0
合计	9 000 000	3 469 860	5 530 140	0

注：* 尾数调整：81 748.37=900 000–818 251.63，818 251.63 为最后一期应付本金减少额。

（3）2×17 年 1 月 1 日至 2×17 年 12 月 31 日为设备的安装期间，未确认融资费用的分摊额符合资本化条件，计入固定资产成本。

2×17 年 6 月 30 日甲公司的账务处理如下。

借：在建工程——×× 设备　　553 014

　贷：未确认融资费用　　553 014

借：长期应付款——乙公司　　900 000

　贷：银行存款　　900 000

2×17 年 12 月 31 日，甲公司的账务处理如下。

借：在建工程——×× 设备　　518 315.40

　贷：未确认融资费用　　518 315.40

借：长期应付款——乙公司　　900 000

　贷：银行存款　　900 000

借：在建工程——×× 设备　　398 530.60

　贷：银行存款等　　398 530.60

借：固定资产——×× 设备　　7 000 000

　贷：在建工程——×× 设备　　7 000 000

固定资产的成本 =5 530 140+553 014+518 315.40+398 530.60=7 000 000（元）

（4）2×18 年 1 月 1 日至 2×21 年 12 月 31 日，该设备已经达到预定可使用状态，未确认融资费用的分摊额不再符合资本化条件，应计入当期损益。

2×18 年 6 月 30 日甲公司的账务处理如下。

借：财务费用　　480 146.94

　贷：未确认融资费用　　480 146.94

借：长期应付款——乙公司　　900 000

　贷：银行存款　　900 000

以后期间的账务处理与 2×18 年 6 月 30 日相同，此处略。

第九条　自行建造固定资产的成本，由建造该项资产达到预定可使用状态前所发生的必要支出构成。

【解析 4–9】自行建造固定资产

自行建造的固定资产，其成本由建造该项资产达到预定可使用状态前所发生的必要支出构成，包括工程用物资成本、人工成本、缴纳的相关税费、应予资本化的借款费用以及应分摊的间接费用等。企业为建造固定资产通过出让方式取得土地使用权而支付的土地出让金不计入在建工程成本，应确认为无形资产（土地使用权）。企业自行建造固定资产包括自营建造和出包建造两种方式。

1. 自营方式建造固定资产。

企业以自营方式建造固定资产，是指企业自行组织工程物资采购、自行组织施工人员从事工程施工完成固定资产建造，其成本应当按照实际发生的材料、人工、机械施工费等计量。企业为建造固定资产准备的各种物资，包括工程用材料、尚未安装的设备以及为生产准备的工器具等，通过“工程物资”科目进行核算。工程物资应当按照实际支付的买价、运输费、保险费等相关税费作为实际成本，并按照各种专项物资的种类进行明细核算。建造固定资产领用工程物资、原材料或库存商品，应按其实际成本转入所建工程成本。自营方式建造固定资产应负担的职工薪酬、辅助生产部门为之提供的水、电、修理、运输等劳务，以及其他必要支出等也应计入所建工程项目的成本。工程完工后，剩余的工程物资转为本企业存货的，按其实际成本或计划成本进行结转。盘盈、盘亏、报废、毁损的工程物资，减去残料价值以及保险公司、过失人等赔款后的差额，计入当期损益。

建造的固定资产已达到预定可使用状态，但尚未办理竣工结算的，应当自达到预定可使用状态之日起，根据工程预算、造价或者工程实际成本等，按暂估价值转入固定资产，并按有关计提固定资产折旧的规定，计提固定资产折旧。待办理竣工决算手续后再调整原来的暂估价值，但不需要调整原已计提的折旧额。

2. 出包方式建造固定资产。

采用出包方式建造固定资产，企业要与建造承包商签订建造合同。企业的新建、改建、扩建等建设项目，通常均采用出包方式。

企业以出包方式建造固定资产，其成本由建造该项固定资产达到预定可使用状态前所发生的必要支出构成，包括发生的建筑工程支出、安装工程支出，以及需分摊计入的待摊支出。待摊支出，是指在建设期间发生的、不能直接计入某项固定资产价值，而应由所建造固定资产共同负担的相关费用，包括为建造工程发生的管理费、可行性研究费、临时设施费、公证费、监理费、应负担的税金、符合资本化条件的借款费用、建设期间发生的工程物资盘亏、报废及毁损净损失，以及负荷联合试车费等。

以出包方式建造固定资产的具体支出，由建造承包商核算，“在建工程”科目实际成为企业与建造承包商的结算科目，企业将与建造承包商结算的工程价款作为工程成本，统一通过“在建工程”科目进行核算。

企业采用出包方式建造固定资产发生的支出，需分摊计入固定资产价值的待摊支出，应按下列公式进行分摊。

待摊支出分摊率 = 累计发生的待摊支出 ÷（建筑工程支出 + 安装工程支出）×100%

某工程应分摊的待摊支出 =（该工程的建筑工程支出 + 该工程的安装工程支出）× 待摊支出分摊率

【例 4-4】自行建造固定资产

甲公司是一家化工企业，2×19 年 5 月经批准启动硅酸钠项目建设工程，整个工程包括建造新厂房、冷却循环系统以及安装生产设备 3 个单项工程。2×19 年 6 月 1 日，甲公司与乙公司签订合同，将该项目出包给乙公司承建。根据双方签订的合同，建造新厂房的价款为 6 000 000 元，建造冷却循环系统的价款为 4 000 000 元，安装生产设备需支付安装费用 500 000 元，上述价款中均不含增值税。建造期间发生的有关经济业务如下。

（1）2×19 年 6 月 10 日，甲公司按合同约定向乙公司预付 10% 备料款 1 000 000 元，其中厂房 600 000 元，冷却循环系统 400 000 元。

（2）2×19 年 11 月 2 日，建造厂房和冷却循环系统的工程进度达到 50%，甲公司与乙公司办理工程价款结算 5 000 000 元，其中厂房 3 000 000 元，冷却循环系统 2 000 000 元。乙公司开具的增值税专用发票上注明的价款为 5 000 000 元，增值税税额为 450 000 元。甲公司抵扣了预付备料款后，将余款通过银行转账付讫。

（3）2×19 年 12 月 8 日，甲公司购入需安装的设备，取得的增值税专用发票上注明的价款为 4 500 000 元，增值税税额为 585 000 元，已通过银行转账支付。

（4）2×20 年 3 月 10 日，建筑工程主体已完工，甲公司与乙公司办理工程价款结算 5 000 000 元，其中，厂房 3 000 000 元，冷却循环系统 2 000 000 元。乙公司开具的增值税专用发票上注明的价款为 5 000 000 元，增值税税额为 450 000 元。甲公司通过银行转账支付了上述款项。

（5）2×20 年 4 月 1 日，甲公司将生产设备运抵现场，交乙公司安装。

（6）2×20 年 5 月 10 日，生产设备安装到位，甲公司与乙公司办理设备安装价款结算。乙公司开具的增值税专用发票上注明的价款为 500 000 元，增值税税额为 45 000 元。甲公司通过银行转账支付上述款项。

（7）整个工程项目发生管理费、可行性研究费、监理费共计 300 000 元，未取得增值税专用发票，款项已通过银行转账支付。

（8）2×20 年 6 月 1 日，完成验收，各项指标达到设计要求。

假定不考虑其他相关税费和其他因素，甲公司的账务处理如下。

（1）2×19 年 6 月 10 日，预付备料款。

借：预付账款——乙公司	1 000 000	
贷：银行存款		1 000 000

（2）2×19 年 11 月 2 日，办理工程价款结算。

借：在建工程——乙公司——建筑工程——厂房	3 000 000	
——冷却循环系统	2 000 000	
应交税费——应交增值税（进项税额）	450 000	
贷：银行存款		4 450 000
预付账款——乙公司		1 000 000

（3）2×19 年 12 月 8 日，购入设备。

借：工程物资——×× 设备	4 500 000	
应交税费——应交增值税（进项税额）	585 000	
贷：银行存款		5 085 000

（4）2×20 年 3 月 10 日，办理建筑工程价款结算。

借：在建工程——乙公司——建筑工程——厂房　　3 000 000

　　　　　　　　　　　　　　　　——冷却循环系统　　2 000 000

　　应交税费——应交增值税（进项税额）　　450 000

　　贷：银行存款　　5 450 000

（5）2×20 年 4 月 1 日，将设备交乙公司安装。

借：在建工程——乙公司——安装工程——×× 设备　　4 500 000

　　贷：工程物资——×× 设备　　4 500 000

（6）2×20 年 5 月 10 日，办理安装工程价款结算。

借：在建工程——乙公司——安装工程——×× 设备　　500 000

　　应交税费——应交增值税（进项税额）　　45 000

　　贷：银行存款　　545 000

（7）支付工程发生的管理费、可行性研究费、监理费。

借：在建工程——乙公司——待摊支出　　300 000

　　贷：银行存款　　300 000

（8）结转固定资产。

① 计算分摊待摊支出。

待摊支出分摊率 =300 000÷（6 000 000+4 000 000+4 500 000+500 000）×100%=2%

厂房应分摊的待摊支出 =6 000 000×2%=120 000（元）

冷却循环系统应分摊的待摊支出 =4 000 000×2%=80 000（元）

安装工程应分摊的待摊支出 =（4 500 000+500 000）×2%=100 000（元）

借：在建工程——乙公司——建筑工程——厂房　　120 000

　　　　　　　　　　　　　　　　——冷却循环系统　　80 000

　　　　　　　　　　　——安装工程——×× 设备　　100 000

　　贷：在建工程——乙公司——待摊支出　　300 000

② 计算完工固定资产的成本。

厂房的成本 =6 000 000+120 000=6 120 000（元）

冷却循环系统的成本 =4 000 000+80 000=4 080 000（元）

生产设备的成本 =（4 500 000+500 000）+100 000=5 100 000（元）

借：固定资产——厂房　　6 120 000

　　　　　　——冷却循环系统　　4 080 000

　　　　　　——×× 设备　　5 100 000

　　贷：在建工程——乙公司——建筑工程——厂房　　6 120 000

　　　　　　　　　　　　　　　　　　——冷却循环系统　　4 080 000

　　　　　　　　　　　　——安装工程——×× 设备　　5 100 000

第十条　应计入固定资产成本的借款费用，按照《企业会计准则第 17 号——借款费用》处理。

【解析 4-10】应计入固定资产成本的借款费用

为购买固定资产而发生的专门借款的费用，应该资本化的金额计入存货成本。

第十一条 投资者投入固定资产的成本，应当按照投资合同或协议约定的价值确定，但合同或协议约定价值不公允的除外。

【解析 4-11】投资者投入固定资产的成本

投资者投入固定资产的成本首先判断其价格是否公允，若公允，则按照投资合同或协议约定的价值确定；若不公允，则采用其他方法确定投入资产的成本。

第十二条 非货币性资产交换、债务重组、企业合并和融资租赁取得的固定资产的成本，应当分别按照《企业会计准则第 7 号——非货币性资产交换》《企业会计准则第 12 号——债务重组》《企业会计准则第 20 号——企业合并》和《企业会计准则第 21 号——租赁》确定。

【解析 4-12】其他方式取得固定资产

1. 接受固定资产投资的企业，在办理了固定资产移交手续之后，应按投资合同或协议约定的价值加上应支付的相关税费作为固定资产的入账价值，但合同或协议约定价值不公允的除外。

2. 非货币性资产交换、债务重组等方式取得的固定资产的成本，应当按照《企业会计准则第 7 号——非货币性资产交换》《企业会计准则第 12 号——债务重组》的有关规定进行会计处理。

第十三条 确定固定资产成本时，应当考虑预计弃置费用因素。

【解析 4-13】固定资产弃置费用 1

特殊行业的特定固定资产，对其进行初始计量时，还应当考虑弃置费用。弃置费用通常是指根据国家法律和行政法规、国际公约等规定，企业承担的环境保护和生态恢复等义务所确定的支出，如油气资产、核电站核设施等的弃置和恢复环境义务。对此，企业应当将弃置费用的现值计入相关固定资产的成本，同时确认相应的预计负债。在固定资产的使用寿命内，按照预计负债的摊余成本和实际利率计算确定的利息费用，应当在发生时计入财务费用。由于技术进步、法律要求或市场环境变化等，特定固定资产的履行弃置义务可能会发生支出金额、预计弃置时点、折现率等的变动，从而引起原确认的预计负债的变动。此时，应按照以下原则调整该固定资产的成本。

1. 对于预计负债的减少，以该固定资产账面价值为限扣减固定资产成本。如果预计负债的减少额超过该固定资产账面价值，超出部分确认为当期损益。

2. 对于预计负债的增加，增加该固定资产的成本。

按照上述原则调整的固定资产，在资产剩余使用年限内计提折旧。一旦该固定资产的使用寿命结束，预计负债的所有后续变动应在发生时确认为损益。

一般工商企业的固定资产发生的报废清理费用不属于弃置费用，应当在发生时作为固定资产处置费用处理。

【解析 4–14】固定资产弃置费用 2

弃置费用仅适用于特定行业的特定固定资产，比如，石油天然气企业油气水井及相关设施的弃置、核电站核废料的处置等。一般企业固定资产成本不应预计弃置费用。

弃置费用的义务通常有国家法律和行政法规、国际公约等有关规定约束，比如，国家法律、行政法规要求企业有环境保护和生态环境恢复的义务等。弃置费用的金额通常较大。企业应当根据《企业会计准则第 13 号——或有事项》，按照现值计算确定应计入固定资产原价的金额和相应的预计负债。

一般企业固定资产的报废清理费，应在实际发生时作为固定资产清理费用处理，不属于本准则规范的弃置费用。

第四章　后续计量

第十四条　企业应当对所有固定资产计提折旧。但是，已提足折旧仍继续使用的固定资产和单独计价入账的土地除外。

折旧，是指在固定资产使用寿命内，按照确定的方法对应计折旧额进行系统分摊。

应计折旧额，是指应当计提折旧的固定资产的原价扣除其预计净残值后的金额。已计提减值准备的固定资产，还应当扣除已计提的固定资产减值准备累计金额。

预计净残值，是指假定固定资产预计使用寿命已满并处于使用寿命终了时的预期状态，企业目前从该项资产处置中获得的扣除预计处置费用后的金额。

【解析 4–15】固定资产的折旧范围

提足折旧，是指已经提足该项固定资产的应计折旧额。固定资产提足折旧后，不论能否继续使用，均不再计提折旧。提前报废的固定资产也不再补提折旧。已达到预定可使用状态但尚未办理竣工决算的固定资产，应当按照估计价值确定其成本，并计提折旧；待办理竣工决算后再按实际成本调整原来的暂估价值，但不需要调整原已计提的折旧额。

处于更新改造过程停止使用的固定资产，应将其账面价值转入在建工程，不再计提折旧。更新改造项目达到预定可使用状态转为固定资产后，再按照重新确定的使用寿命、预计净残值和折旧方法计提折旧。

第十五条　企业应当根据固定资产的性质和使用情况，合理确定固定资产的使用寿命和预计净残值。

固定资产的使用寿命、预计净残值一经确定，不得随意变更。但是，符合本准则第十九条规定的除外。

【解析 4–16】固定资产的使用寿命、预计净残值

固定资产的使用寿命、预计净残值要根据企业资产使用的实际情况进行判断。

第十六条　企业确定固定资产使用寿命，应当考虑下列因素：

（一）预计生产能力或实物产量；

（二）预计有形损耗和无形损耗；

（三）法律或者类似规定对资产使用的限制。

【解析 4-17】固定资产使用寿命影响因素

企业确定固定资产使用寿命时，应当考虑下列因素：

（1）该项资产预计生产能力或实物产量；

（2）该项资产预计有形损耗，指固定资产在使用过程中，由于正常使用和自然力的作用而引起的使用价值和价值的损失，如设备使用中发生磨损、房屋建筑物受到自然侵蚀等；

（3）该项资产预计无形损耗，指由于科学技术的进步和劳动生产率的提高而带来的固定资产价值上的损失，如因新技术的出现而使现有的资产技术水平相对陈旧、市场需求变化使其所生产的产品过时等；

（4）法律或者类似规定对该项资产使用的限制。某些固定资产的使用寿命可能受法律或类似规定的约束。如对于融资租赁的固定资产，根据《企业会计准则第 21 号——租赁》规定，能够合理确定租赁期届满时将会取得租赁资产所有权的，应当在租赁资产使用寿命内计提折旧；如果无法合理确定租赁期届满时能够取得租赁资产所有权的，应当在租赁期与租赁资产使用寿命两者中选择较短的期间计提折旧。

第十七条 企业应当根据与固定资产有关的经济利益的预期实现方式，合理选择固定资产折旧方法。

可选用的折旧方法包括年限平均法、工作量法、双倍余额递减法和年数总和法等。

固定资产的折旧方法一经确定，不得随意变更。但是，符合本准则第十九条规定的除外。

【解析 4-18】固定资产折旧方法 1

企业应当根据与固定资产有关的经济利益的预期消耗方式，合理选择折旧方法。固定资产折旧方法包括年限平均法、工作量法、双倍余额递减法和年数总和法等。需要注意的是，企业不能以包括使用固定资产在内的经济活动所产生的收入为基础进行折旧。因为收入可能受到投入、生产过程、销售等因素的影响，这些因素与固定资产有关经济利益的预期消耗方式无关。企业选用不同的固定资产折旧方法，将影响固定资产使用寿命期间内不同时期的折旧费用，固定资产的折旧方法一经确定，不得随意变更。

1. 年限平均法。

年限平均法，又称直线法，是指将固定资产的应计折旧额均衡地分摊到固定资产预计使用寿命内的一种方法。采用这种方法计算的每期折旧额相等。计算公式如下。

年折旧率 =（1- 预计净残值率）÷ 预计使用寿命（年）×100%

月折旧率 = 年折旧率 ÷12

月折旧额 = 固定资产原价 × 月折旧率

【例 4-5】年限平均法 1

甲公司有一幢厂房，原价为 5 000 000 元，预计可使用 20 年，预计报废时的净残值率为 2%。该厂房的折旧率和折旧额的计算如下。

月折旧额 =5 000 000×（1-2%）÷20÷12=20 500（元）

【例 4-6】年限平均法 2

某企业采用年限平均法对固定资产计提折旧。2×17 年 1 月根据“固定资产折旧计算表”，确定的各车间及厂部管理部门应分配的折旧额为：一车间 1 500 000 元，二车间 2 400 000 元，三车间 3 000 000 元，厂部管理部门 600 000 元。该企业应编制如下会计分录。

借：制造费用——一车间	1 500 000	
——二车间	2 400 000	
——三车间	3 000 000	
管理费用	600 000	
贷：累计折旧		7 500 000

上例采用的是年限平均法计提固定资产折旧，其特点是将固定资产的应计折旧额均衡地分摊到固定资产预计使用寿命内，采用这种方法计算的每期折旧额是相等的。

2. 工作量法。

工作量法是根据实际工作量计算每期应计提折旧额的一种方法。计算公式如下。

单位工作量折旧额 = 固定资产原价 ×（1− 预计净残值率）÷ 预计总工作量

某项固定资产月折旧额 = 该项固定资产当月工作量 × 单位工作量折旧额

【例 4-7】工作量法

某企业的一辆运货卡车的原价为 600 000 元，预计总行驶里程为 500 000 公里，预计报废时的净残值率为 5%，本月行驶 4 000 公里。该辆汽车的月折旧额计算如下。

本月折旧额 =600 000×（1−5%）÷500 000×4 000=4 560（元）

本例采用工作量法计提固定资产折旧，工作量法是指根据实际工作量计算每期应提折旧额的一种方法。

3. 双倍余额递减法。

双倍余额递减法，是指在不考虑固定资产预计净残值的情况下，根据每期期初固定资产原价减去累计折旧后的金额和双倍的直线法折旧率计算固定资产折旧的一种方法。应用这种方法计算折旧额时，由于每年初固定资产净值没有扣除预计净残值，所以在计算固定资产折旧额时，应在其折旧年限到期前两年内，将固定资产净值扣除预计净残值后的余额平均摊销。计算公式如下。

年折旧率 =2÷ 预计使用寿命（年）×100%

月折旧率 = 年折旧率 ÷12

月折旧额 =（固定资产原价 − 累计折旧）× 月折旧率

【例 4-8】双倍余额递减法

甲公司某项设备原价为 120 万元，预计使用寿命为 5 年，预计净残值率为 4%；假设甲公司没有对该机器设备计提减值准备。

甲公司按双倍余额递减法计提折旧，每年折旧额计算如下。

年折旧率 =2÷5×100%=40%

第一年应提的折旧额 =120×40%=48（万元）

第二年应提的折旧额 =（120−48）×40%=28.8（万元）

第三年应提的折旧额 =（120−48−28.8）×40%=17.28（万元）

从第四年起改按年限平均法（直线法）计提折旧。

第四年、第五年应提折旧额 =（120−48−28.8−17.28−120×4%）÷2=10.56（万元）

4.年数总和法。

年数总和法，又称年限合计法，是指将固定资产的原价减去预计净残值后的余额，乘以一个以固定资产尚可使用寿命为分子、以预计使用寿命逐年数字之和为分母的逐年递减的分数计算每年的折旧额。计算公式如下。

年折旧率 = 尚可使用寿命 ÷ 预计使用寿命的年数总和 ×100%

月折旧率 = 年折旧率 ÷12

月折旧额 =（固定资产原价 − 预计净残值）× 月折旧率

【例 4-9】年数总和法

沿用【例 4-7】的资料，采用年数总和法计算的各年折旧额如表 4-2 所示。

表 4-2　折旧额的计算

单位：元

年份	尚可使用寿命（年）	原价 − 预计净残值	年折旧率	每年折旧额	累计折旧
第一年	5	1 152 000	5/15	384 000	384 000
第二年	4	1 152 000	4/15	307 200	691 200
第三年	3	1 152 000	3/15	230 400	921 600
第四年	2	1 152 000	2/15	153 600	1 075 200
第五年	1	1 152 000	1/15	76 800	1 152 000

企业应当按月计提固定资产折旧，当月增加的固定资产，当月不计提折旧，从下月起计提折旧；当月减少的固定资产，当月仍计提折旧，从下月起不计提折旧。

企业计提的固定资产折旧，应当根据用途计入相关资产的成本或者当期损益。基本生产车间使用的固定资产，其计提的折旧应计入制造费用；管理部门使用的固定资产，计提的折旧应计入管理费用；销售部门使用的固定资产，计提的折旧应计入销售费用；未使用固定资产，其计提的折旧应计入管理费用等。

【解析 4-19】固定资产折旧方法 2

企业在按照《企业会计准则第 4 号——固定资产》的规定选择固定资产折旧方法时，应当根据与固定资产有关的经济利益的预期消耗方式做出决定。收入可能受到投入、生产过程、销售等因素的影响，这些因素与固定资产有关经济利益的预期消耗方式无关，因此，企业不应以包括使用固定资产在内的经济活动所产生的收入为基础进行折旧。

第十八条　固定资产应当按月计提折旧，并根据用途计入相关资产的成本或者当期损益。

【解析 4-20】固定资产计提折旧

1.固定资产应当按月计提折旧，当月增加的固定资产，当月不计提折旧，从下月起计提折旧；当月减少的固定资产，当月仍计提折旧，从下月起不计提折旧。

固定资产提足折旧后，不论能否继续使用，均不再计提折旧；提前报废的固定资产，也不再补提折旧。提足折旧，是指已经提足该项固定资产的应计折旧额。应计折旧额，是指应当计提折旧的固定资产的原价扣除其预计净残值后的金额。已计提减值准备的固定资产，还应当扣除已计提的固定资产减值准备累计金额。

2. 已达到预定可使用状态但尚未办理竣工决算的固定资产，应当按照估计价值确定其成本，并计提折旧；待办理竣工决算后，再按实际成本调整原来的暂估价值，但不需要调整原已计提的折旧额。

第十九条 企业至少应当于每年年度终了，对固定资产的使用寿命、预计净残值和折旧方法进行复核。

使用寿命预计数与原先估计数有差异的，应当调整固定资产使用寿命。

预计净残值预计数与原先估计数有差异的，应当调整预计净残值。

与固定资产有关的经济利益预期实现方式有重大改变的，应当改变固定资产折旧方法。

固定资产使用寿命、预计净残值和折旧方法的改变应当作为会计估计变更。

【解析 4-21】固定资产使用寿命、预计净残值和折旧方法的复核

在固定资产使用过程中，其所处的经济环境、技术环境以及其他环境有可能对固定资产使用寿命和预计净残值产生较大影响。如固定资产使用强度比正常情况大大加强，致使固定资产使用寿命大大缩短；替代该项固定资产的新产品的出现致使其实际使用寿命缩短，预计净残值减少等。此时，如果不对固定资产使用寿命和预计净残值进行调整，必然不能准确反映其实际情况，也不能真实反映其为企业提供经济利益的期间及每期实际的资产消耗。

企业至少应当于每年年度终了，对固定资产使用寿命和预计净残值进行复核。如有确凿证据表明固定资产使用寿命预计数与原先估计数有差异的，应当调整固定资产使用寿命；固定资产预计净残值预计数与原先估计数有差异的，应当调整预计净残值。

在固定资产使用过程中，与其有关的经济利益预期消耗方式也可能发生重大变化。在这种情况下，企业也应相应改变固定资产折旧方法。

固定资产使用寿命、预计净残值和折旧方法的改变按照会计估计变更的有关规定进行处理。需要特别注意的是，企业应当根据与固定资产有关的经济利益的预期消耗方式等实际情况合理确定固定资产折旧方法、预计净残值和使用寿命，除非有确凿证据表明经济利益的预期消耗方式发生了重大变化，或者取得了新的信息、积累了更多的经验，能够更准确地反映企业的财务状况和经营成果，否则不得随意变更。

第二十条 固定资产的减值，应当按照《企业会计准则第 8 号——资产减值》处理。

【解析 4-22】固定资产减值

固定资产发生损坏、技术陈旧或者其他经济原因，导致其可收回金额低于其账面价值，这种情况被称为固定资产减值。如果固定资产的可收回金额低于其账面价值，应当按可收回金额低于其账面价值的差额计提减值准备，并计入当期损益。

第五章　处置

第二十一条　固定资产满足下列条件之一的，应当予以终止确认：

（一）该固定资产处于处置状态。

（二）该固定资产预期通过使用或处置不能产生经济利益。

【解析 4-23】固定资产终止确认的条件

固定资产满足终止确认条件的，要及时对其终止确认。

第二十二条　企业持有待售的固定资产，应当对其预计净残值进行调整。

【解析 4-24】企业持有待售的固定资产

持有待售的固定资产包括单项资产和处置组，金额等于“持有待售非流动资产”科目期末余额减去“持有待售资产减值准备”科目期末余额。处置组是指作为整体出售或其他方式一并处置的一组资产。如果处置组是一个资产组，并且按照《企业会计准则第 8 号——资产减值》的规定将企业合并中取得的商誉分摊至该资产组，或者该处置组是这种资产组中的一项经营，那么在处置时，应将商誉一并冲掉。

第二十三条　企业出售、转让、报废固定资产或发生固定资产毁损，应当将处置收入扣除账面价值和相关税费后的金额计入当期损益。固定资产的账面价值是固定资产成本扣减累计折旧和累计减值准备后的金额。

固定资产盘亏造成的损失，应当计入当期损益。

【解析 4-25】固定资产的处置

“处置”包括固定资产的出售、转让、报废和毁损、对外投资、非货币性资产交换、债务重组等。

持有待售的固定资产，是指在当前状况下仅根据出售同类固定资产的惯例就可以直接出售且极可能出售的固定资产，如已经与买主签订了不可撤销的销售协议等。企业对于持有待售的固定资产，应当调整该项固定资产的预计净残值，使该项固定资产的预计净残值能够反映其公允价值减去处置费用后的金额，但不得超过符合持有待售条件时该项固定资产的原账面价值；原账面价值高于预计净残值的差额，应作为资产减值损失计入当期损益。

持有待售的固定资产从划归为持有待售之日起停止计提折旧和减值测试。

【例 4-10】固定资产的处置

乙公司有一台设备，因使用期满经批准报废。该设备原价为 186 400 元，累计已计提折旧 177 080 元、减值准备 2 300 元。在清理过程中，以银行存款支付清理费用 4 000 元，收到残料变卖收入 5 400 元，应支付相关税费 270 元。有关账务处理如下。

（1）固定资产转入清理。

借：固定资产清理——×× 设备	7 020	
累计折旧	177 080	
固定资产减值准备——×× 设备	2 300	
贷：固定资产——×× 设备		186 400

（2）发生清理费用和相关税费。

借：固定资产清理——×× 设备　　4 270

　　贷：银行存款　　4 000

　　　　应交税费　　270

（3）收到残料变价收入。

借：银行存款　　5 400

　　贷：固定资产清理——×× 设备　　5 400

（4）结转固定资产净损益。

借：营业外支出——处置非流动资产损失　　5 890

　　贷：固定资产清理——×× 设备　　5 890

第二十四条　企业根据本准则第六条的规定，将发生的固定资产后续支出计入固定资产成本的，应当终止确认被替换部分的账面价值。

【解析 4-26】固定资产终止确认被替换部分的账面价值

固定资产进行修理等，发生部件的替换，应该将被替换部分的账面价值予以终止确认。

第六章　披露

第二十五条　企业应当在附注中披露与固定资产有关的下列信息：

（一）固定资产的确认条件、分类、计量基础和折旧方法。

（二）各类固定资产的使用寿命、预计净残值和折旧率。

（三）各类固定资产的期初和期末原价、累计折旧额及固定资产减值准备累计金额。

（四）当期确认的折旧费用。

（五）对固定资产所有权的限制及其金额和用于担保的固定资产账面价值。

（六）准备处置的固定资产名称、账面价值、公允价值、预计处置费用和预计处置时间等。

【解析 4-27】固定资产的披露

为了提高企业财务报告与管理信息的真实性、可靠性与完整性，保障资产的安全完整和企业经营的合法合规，企业必须按照本准则要求进行会计信息披露与监管。

企业会计准则第 5 号——生物资产

《企业会计准则第 5 号——生物资产》于 2006 年 2 月 15 日由财会〔2006〕3 号公布，自 2007 年 1 月 1 日起施行。

第一章　总则

第一条　为了规范与农业生产相关的生物资产的确认、计量和相关信息的披露，根据《企业会计准则——基本准则》，制定本准则。

【解析 5-1】农业生产与生物资产的关系

该准则所称“农业”是广义的范畴，即“农林牧副渔”，包括种植业、畜牧养殖业、林业和水产业等行业。企业从事农业生产就是要增强生物转化能力，最终获得更多的符合市场需要的农产品。农业生产管理的对象包括如下两部分。

（1）将生物资产转化为农产品的活动。这主要是指通过消耗性生物资产的生产和收获而获得农产品的活动过程，以及利用生产性生物资产产出农产品的活动过程。例如，种植业作物的生长和收获而获得稻谷、小麦等农产品的活动过程；畜牧养殖业试验和收获而获得仔猪、肉猪、鸡蛋、牛奶等畜产品的活动过程；林业中用材林的生产和管理而获得林产品、经济林木的生产和管理获得水果等的活动过程；水产业中的养殖获得水产品的活动过程等，都属于将生物资产转化为农产品的活动。

（2）其他生物资产的生物转化活动。这主要是指除（1）之外的生物资产的生长和管理。例如，经济林木在达到预定生产经营目的前的生产和管理，奶牛在第一次产奶前的饲养等管理活动。

农业生产与收获时点的农产品相关，但与对收获后的农产品进行加工的活动（以下简称“加工活动”）必须严格加以区分。农业生产活动针对的是有生命的生物资产，而加工活动针对的是收获后的农产品，例如将绵羊产出的羊毛加工成毛毯、将收获的甘蔗加工成蔗糖、将奶牛产出的牛奶加工成奶酪、将从果树采摘的水果加工成水果罐头、将用材林采伐下的原木用于盖厂房等。因此，加工活动并不包含在生物资产准则所指的农业生产范畴之内。

第二条　生物资产，是指有生命的动物和植物。

【解析 5-2】生物资产的内涵 1

有生命的动物和植物具有能够进行生物转化的能力。这种能力导致生物资产质量或数量发生变化，通常表现为生长、蜕化、生产和繁殖等。生物资产的形态、价值以及产生经济利益的方式，随其出生、成长、衰老、死亡等自然规律和生产经营活动不断变化。企业从事农业生产的目的，就是增强生物资产的生物转化能力，最终获得更多的符合市场需要的农产品。

农产品与生物资产密不可分，当其附在生物资产上时，构成生物资产的一部分。根据本准则第二十三、二十四条规定，收获时点的农产品的成本，应当采用规定的方法，从消耗性或生产性生物资产生产成本中转出，确认为收获时农产品的成本。

收获的农产品从生物资产这一母体分离开始，不再具有生命和生物转化能力，应当作为存货处理，如奶牛产出的牛奶、绵羊产出的羊毛、肉猪宰杀后的猪肉、收获后的蔬菜、从果树采摘的水果，等等。

摘录于《〈企业会计准则第 5 号——生物资产〉解释》

【解析 5-3】生物资产的内涵 2

生长是指动物或植物体积、重量的增加或质量的提高，例如农作物从种植开始到收获前的过程；蜕化是指动物或植物产出量的减少或质量的退化，例如奶牛产奶能力的不断下降；生产是指动物或植物本身产出农产品，例如蛋鸡产蛋、奶牛产奶、果树产水果等；繁殖是指产生新的动物或植物，例如奶牛产牛犊、母猪生小猪等。

这种生物转化能力是其他通常意义上的资产（如存货、固定资产、无形资产等）所不具有的。这也正是生物资产的特性。因此，生物资产的形态、价值以及产生经济利益的方式，都会随着自身的出生、成长、衰老、死亡等自然规律和生产经营活动不断变化。尽管其在所处生命周期中的不同阶段而具有类似于不同资产类别（存货或固定资产）的特点，但是其会计处理与存货、固定资产等常规资产有所不同，因此有必要对生物资产的确认、计量和披露等会计处理进行单独规范，以更准确地反映企业的生物资产信息。

第三条 生物资产分为消耗性生物资产、生产性生物资产和公益性生物资产。

消耗性生物资产，是指为出售而持有的、或在将来收获为农产品的生物资产，包括生长中的大田作物、蔬菜、用材林以及存栏待售的牲畜等。

生产性生物资产，是指为产出农产品、提供劳务或出租等目的而持有的生物资产，包括经济林、薪炭林、产畜和役畜等。

公益性生物资产，是指以防护、环境保护为主要目的的生物资产，包括防风固沙林、水土保持林和水源涵养林等。

【解析 5-4】各种生物资产的特点

（一）消耗性生物资产

一般而言，消耗性生物资产要经过培育、长成、处置等阶段，如用材林就要经过培植、郁闭成林和采伐处置等阶段。根据《企业会计准则讲解》的说明，消耗性生物资产通常是一次性消耗且在消耗的同时，其服务能力或未来经济利益也终止了，因此，其在一定程度上具有存货的特征，应当作为存货在资产负债表中列报。

（二）生产性生物资产

与消耗性生物资产相比较，生产性生物资产的最大不同在于，生产性生物资产具有能够在生产经营中长期、反复使用，从而不断产出农产品或者长期役用的特征。消耗性生物资产收获农产品之后，该资产就不复存在了；生产性生物资产产出农产品之后，该资产仍然保留，并可以在未来期间继续产出农产品，如薪炭林收获柴薪但仍保留树干等。因此，通常认为生产性生物资产在一定程度上具有固定资产的特征，例如果树每年产出水果、奶牛每年产奶等。

（三）公益性生物资产

从目的上来看，公益性生物资产与消耗性生物资产、生产性生物资产有本质不同。企业使用后两者的目的是直接产生经济利益，而企业使用公益性生物资产主要是出于防护、环境保护等目的，尽管其不能直接给企业带来经济利益，但具有服务潜能，有助于企业从相关资产获得经济利益，如防风固沙林和水土保持林具有防风固沙、保持水土的效能，风景林具有美化环境、休息游览的效能等，因此其应当确认为生物资产，应当单独核算。

第四条 下列各项适用其他相关会计准则：

（一）收获后的农产品，适用《企业会计准则第 1 号——存货》。

（二）与生物资产相关的政府补助，适用《企业会计准则第 16 号——政府补助》。

【解析 5-5】适用其他会计准则的原因

将生物资产定义为“有生命的动物和植物”，意味着一旦原有动植物停止其生命活动就不再是“生物资产”。这一界限对生物资产和农产品进行了本质的区分。农产品与生物资产密不可分，当其附着在生物资产上时，作为生物资产的一部分，不需要单独进行会计处理，而当其从生物资产上收获时开始，其离开生物资产这一母体，一般具有鲜活、易腐的特点，因此，其应当区别于工业企业一般意义上的产成品单独核算。基于此，《企业会计准则第 5 号——生物资产》对收获时点的农产品的会计处理进行了规范，即应当采用规定的方法，将其从消耗性生物资产或生产性生物资产的生产成本中转出，确认为收获时点的农产品的成本；而收获时点之后的农产品的加工、销售等会计处理，应当适用《企业会计准则第 1 号——存货》。

第二章 确认和初始计量

第五条 生物资产同时满足下列条件的，才能予以确认：

（一）企业因过去的交易或者事项而拥有或者控制该生物资产；

（二）与该生物资产有关的经济利益或服务潜能很可能流入企业；

（三）该生物资产的成本能够可靠地计量。

【解析 5-6】生物资产的确认条件

在具体确认时，还需要考虑：

（1）明确生物资源的所有权是由企业所拥有或者被企业控制的。在农业活动中，控制可以通过一定的证据来表明，如牲畜的法定所有权、牲畜购买、出生、断奶时的标志牌或戳印等；

（2）明确生物资源将给企业带来预期经济利益，这是资产的最基本的性质或特征。生物资产的未来经济利益可以通过测定一些重要的物理特征加以估算；

（3）生物资产的形成应当由过去的交易或事项而不是未来交易或事项所形成；

（4）生物资产的成本或公允价值能够可靠地计量。目前大多数生物资产可以计量，但较特殊的森林资产特别是天然林从未计价，也无成本资料，如果能够很好地确定其公允价值，那么该类资产符合可计量性特征，可以确认为生物资产。

第六条 生物资产应当按照成本进行初始计量。

【解析 5-7】生物资产的初始计量原则

生物资产的初始计量按照取得成本来进行处理。外购的生物资产的成本包括购买价款、相关税费、运输费、保险费以及可直接归属于购买该资产的其他支出。其中，可直接归属于购买该资产的其他支出包括场地整理费、装卸费、栽植费、专业人员服务费等。企业自行营造的生物资产，应当按照不同的种类核算，分别按照消耗性生物资产、生产性生物资产和公益性生物资产确定其取得的成本，并分别借记“消耗性生物资产”“生产性生物资产”或“公益性生物资产”科目，贷记“银行存款”等科目。

第七条 外购生物资产的成本，包括购买价款、相关税费、运输费、保险费以及可直接归属于购买该资产的其他支出。

【解析 5-8】其他支出及相关会计处理

可直接归属于购买该资产的其他支出包括场地整理费、装卸费、栽植费、专业人员服务费等。

企业外购的生物资产，按应计入生物资产成本的金额，借记“消耗性生物资产”“生产性生物资产”或“公益性生物资产”科目，贷记“银行存款”“应付账款”“应付票据”等科目。企业以一笔款项一次性购入多项生物资产时，购买过程中发生的相关税费、运输费、保险费等可直接归属于购买该资产的其他支出，应当按照各项生物资产的价款比例进行分配，分别确定各项生物资产的成本。

【例 5-1】外购生物资产成本的确定

20×7 年 2 月，甲农业企业从市场上一次性购买了 6 头种牛、15 头种猪和 600 头猪苗，单价分别为 4 000 元、1 400 元和 250 元，支付的价款共计 195 000 元。此外，甲农业企业发生的运输费为 4 500 元，保险费为 3 000 元，装卸费为 2 250 元，款项全部以银行存款支付。

（1）确定应分摊的运输费、保险费和装卸费。

分摊比例 =（4 500+3 000+2 250）÷195 000×100%=5%

因此，6 头种牛应分摊 =6×4 000×5%=1 200（元）

15 头种猪应分摊 =15×1 400×5%=1 050（元）

600 头猪苗应分摊 =600×250×5%=7 500（元）

（2）确定种牛、种猪和猪苗的入账价值。

6 头种牛的入账价值 =6×4 000+1 200=25 200（元）

15 头种猪的入账价值 =15×1 400+1 050=22 050（元）

600 头猪苗的入账价值 =600×250+7 500=157 500（元）

甲农业企业的账务处理如下。

借：生产性生物资产——种牛　　　　25 200

　　　　　　　　　——种猪　　　　22 050

消耗性生物资产——猪苗　　157 500

贷：银行存款　　204 750

第八条　自行栽培、营造、繁殖或养殖的消耗性生物资产的成本，应当按照下列规定确定：

（一）自行栽培的大田作物和蔬菜的成本，包括在收获前耗用的种子、肥料、农药等材料费、人工费和应分摊的间接费用等必要支出。

（二）自行营造的林木类消耗性生物资产的成本，包括郁闭前发生的造林费、抚育费、营林设施费、良种试验费、调查设计费和应分摊的间接费用等必要支出。

（三）自行繁殖的育肥畜的成本，包括出售前发生的饲料费、人工费和应分摊的间接费用等必要支出。

（四）水产养殖的动物和植物的成本，包括在出售或入库前耗用的苗种、饲料、肥料等材料费、人工费和应分摊的间接费用等必要支出。

【解析 5-9】郁闭定义

郁闭通常指林木类消耗性生物资产的郁闭度达 0.20 以上（含 0.20）。郁闭度是指森林中乔木树冠遮蔽地面的程度，它是反映林分密度的指标，以林地树冠垂直投影面积与林地面积之比表示，完全覆盖地面为 1。根据联合国粮食及农业组织规定，郁闭度达 0.20 以上（含 0.20）的为郁闭林（其中一般以 0.20~0.69 为中度郁闭，0.70 以上为密郁闭）；0.20 以下（不含 0.20）的为疏林（即未郁闭林）。

不同林种、不同林分等对郁闭度指标的要求有所不同，比如，以降低雨水冲刷为主要目标的水土保持林要求郁闭度相对较高；以培育珍贵大径材为主要目标的林木要求郁闭度相对较低。企业应当结合历史经验数据和自身实际情况，确定林木类消耗性生物资产的郁闭度及是否达到郁闭。

摘录于《〈企业会计准则第 5 号——生物资产〉解释》

【例 5-2】关于生物资产初始计量的案例

阿克苏地区奶牛场 2×18 年 6 月从市场上一次性购买了 50 头奶牛、20 头育肥菜牛。单价分别为 5 000 元和 1 000 元，共支付买价 270 000 元，其中奶牛 250 000 元，菜牛 20 000 元。此外还发生运费 4 800 元、保险费 3 100 元、运输途中饲料费及其他费用 2 900 元。以上款项均以银行存款支付。

菜牛与奶牛进入产奶期前的饲养期间从仓库领用饲料 50 000 元，发生人工费用 12 000 元，用银行存款支付其他防疫费等其他费用 8 000 元。

奶牛进入产奶期后发生饲料费 30 000 元，菜牛发生饲料费 8 000 元，人工费用 14 000 元。奶牛预计产奶期为 5 年，产奶期前共发生的成本为 310 000 元，预计产奶期后转为育肥畜的价值为 70 000 元，该养殖场采用年限平均法计提奶牛的折旧。饲养期间发生的饲养费按奶牛与菜牛的数量比例分摊。

案例分析如下。

1. 企业可以通过外购、自行繁殖与营造等方式取得生物资产。企业取得的生物资产应当按成本进行初始计量。外购的生物资产的初始成本包括买价、相关税费、运杂费以及可直接归属于购买该生物资产的其他支出。购进生物资产所发生的买价能直接认定的应作为可归属成本直接计入各生物资产的成本；一次性购入多种生物资产时发生的相关税费应当按一定标准分配计入各生物资产的成本，同类生物资产一般可按买价比例分摊。

2. 该养殖场购进的奶牛属于生产性生物资产。生产性生物资产达到预定生产经营目的以前发生的成本应计入生物资产的成本。因此，奶牛进入产奶期以前发生的生产费用，应计入奶牛的成本。生产性生物资产达到预定生产经营目的后，应按期计提折旧。奶牛进入产奶期后发生的饲养费用、折旧费等，应计入当期损益。

3. 菜牛属于消耗性生物资产，消耗性生物资产养殖成本应计入生物资产的成本，因此菜牛饲养期间发生的饲养费用应计入菜牛的成本。

会计处理如下。

（1）将购进的相关费用按奶牛和菜牛的买价比例分摊。

费用分配率 =（4 800+3 100+2 900）÷270 000=4%

奶牛应负担费用 =250 000×4%=10 000（元）

菜牛应负担费用 =20 000×4%=800（元）

借：生产性生物资产——未成熟奶牛　　260 000

　　消耗性生物资产——菜牛　　20 800

　　贷：银行存款　　280 800

（2）奶牛进入产奶期前与菜牛的饲养期间发生饲养费时。

费用分配率 =（50 000+12 000+8 000）÷（50+20）=1 000

奶牛应负担费用 =50×1 000=50 000（元）

菜牛应负担费用 =20×1 000=20 000（元）

借：生产性生物资产——未成熟奶牛　　50 000

　　消耗性生物资产——菜牛　　20 000

　　贷：银行存款　　8 000

　　　　应付职工薪酬　　12 000

　　　　原材料　　50 000

（3）奶牛进入产奶期后转为成熟奶牛时。

奶牛总成本 =260 000+50 000=310 000（元）

借：生产性生物资产——已成熟奶牛　　310 000

　　贷：生产性生物资产——未成熟奶牛　　310 000

（4）奶牛进入产奶期后与菜牛的饲养期间发生饲养费时。

人工费用分配率 =14 000÷（50+20）=200

奶牛应负担人工费用 =50×200=10 000（元）

菜牛应负担人工费用 =20×200=4 000（元）

奶牛的月折旧额 =（310 000−70 000）÷（5×12）=4 000（元）

奶牛本月共计生产成本 =30 000+10 000+4 000=44 000（元）

借：生产成本——奶产品成本　　44 000

　　消耗性生物资产——菜牛　　12 000

　　贷：原材料　　38 000

　　　　应付职工薪酬　　14 000

　　　　累计折旧　　4 000

第九条　自行营造或繁殖的生产性生物资产的成本，应当按照下列规定确定：

（一）自行营造的林木类生产性生物资产的成本，包括达到预定生产经营目的前发生的造林费、抚育费、营林设施费、良种试验费、调查设计费和应分摊的间接费用等必要支出。

（二）自行繁殖的产畜和役畜的成本，包括达到预定生产经营目的（成龄）前发生的饲料费、人工费和应分摊的间接费用等必要支出。

达到预定生产经营目的，是指生产性生物资产进入正常生产期，可以多年连续稳定产出农产品、提供劳务或出租。

【解析 5-10】达到预定生产经营目的的意义及确定

达到预定生产经营目的是区分生产性生物资产成熟和未成熟的分界点，也是判断其相关费用停止资本化的时点，还是区分其是否具备生产能力、是否对其计提折旧的分界点。企业应当根据具体情况，结合正常生产期的确定，对生产性生物资产是否达到预定生产经营目的进行判断。例如，一般就海南橡胶园而言，同林段内离地 100 厘米处、树围 50 厘米以上的芽接胶树，占林段总株数的 50% 以上时，该橡胶园就属于进入正常生产期，即达到预定生产经营目的。生产性生物资产在达到预定生产经营目的之前，其用途一般是已经确定的，如尚未开始挂果的果树、未开始产奶的奶牛等；但是，如果该生产性生物资产的未来用途不确定，则应当作为消耗性生物资产核算和管理，待确定用途后，再按照用途转换进行处理。

第十条　自行营造的公益性生物资产的成本，应当按照郁闭前发生的造林费、抚育费、森林保护费、营林设施费、良种试验费、调查设计费和应分摊的间接费用等必要支出确定。

【解析 5-11】公益性生物资产的成本的会计处理

这时，企业应按照实际发生额，借记“公益性生物资产”科目，贷记“应付职工薪酬”“库存现金”“银行存款”等相关科目。

第十一条　应计入生物资产成本的借款费用，按照《企业会计准则第 17 号——借款费用》处理。消耗性林木类生物资产发生的借款费用，应当在郁闭时停止资本化。

【解析 5-12】与郁闭有关的会计处理

消耗性生物资产郁闭前的相关支出应予资本化，郁闭后的相关支出计入当期费用。

郁闭是判断消耗性生物资产相关支出（包括借款费用）资本化或者费用化的时点。

郁闭之前的林木类消耗性生物资产处在培植阶段，需要发生较多的造林费、抚育费、营林设施费、良种试验费、调查设计费相关支出，这些支出应当予以资本化计入林木成本；郁闭之后的林木类消耗性生物资产基本上可以比较稳定地成活，一般只需要发生较少的管护费用，应当计入当期费用。

因择伐、间伐或抚育更新性质采伐而进行补植所发生的支出，应予以资本化。

摘录于《〈企业会计准则第 5 号——生物资产〉解释》

第十二条 投资者投入生物资产的成本，应当按照投资合同或协议约定的价值确定，但合同或协议约定价值不公允的除外。

【解析 5-13】投资者投入生物资产的成本的确认

确认投资者投入生物资产的成本首先判断其价格是否公允，如公允，则按照投资合同或协议约定的价值确定；若不公允，则采用其他方法确定投入资产的成本。

第十三条 天然起源的生物资产的成本，应当按照名义金额确定。

【解析 5-14】对法规的相关理解

对于天然起源的生物资产，企业通常几乎没有投入，因此，对于其成本，企业难以按照外购、自行营造方式下发生的必要支出，或者是非货币性资产交换、债务重组和企业合并方式下确定的对价来确定。若以公允价值作为天然起源的生物资产的成本，在我国当前生物资产市场还不发达的情况下，天然起源生物资产公允价值的取得相当困难。

名义金额为 1 元人民币，借记"消耗性生物资产""生产性生物资产"或"公益性生物资产"科目，贷记"营业外收入"科目。

第十四条 非货币性资产交换、债务重组和企业合并取得的生物资产的成本，应当分别按照《企业会计准则第 7 号——非货币性资产交换》《企业会计准则第 12 号——债务重组》和《企业会计准则第 20 号——企业合并》确定。

【解析 5-15】其他形式取得的生物资产成本的确认

非货币性资产交换、债务重组和企业合并取得的生物资产的成本不适用本准则。

第十五条 因择伐、间伐或抚育更新性质采伐而补植林木类生物资产发生的后续支出，应当计入林木类生物资产的成本。

生物资产在郁闭或达到预定生产经营目的后发生的管护、饲养费用等后续支出，应当计入当期损益。

【解析 5-16】林木类生物资产补植的会计处理

在林木类生物资产的生长过程中，为了使其更好地生长，往往需要进行择伐、间伐或抚育更新性质采伐（这些采伐并不影响林木的郁闭状态），并且在采伐之后进行相应的补植。企业应当将在这种情况下发生的后续支出资本化，计入林木类生物资产的成本，借记"消耗性生物资产""生产性生物资产"或"公益性生物资产"科目，贷记"库存现金""银行存款""其他应付款"等科目。

【解析 5-17】生物资产郁闭或达到预定生产经营目的后的管护费用的会计处理

生物资产在郁闭或达到预定生产经营目的之前，经过培植或饲养，其价值能够继续增加，因此，饲养、管护费用应资本化并计入生物资产成本；而生物资产在郁闭或达到预定生产经营目的后，为了维护或提高其使用效能，需要对其进行管护、饲养等，但此时的生物资产能够产出农产品，带来现实的经济利益，因此，企业应当将这类后续支出费用化，计入当期损益，借记“管理费用”科目，贷记“银行存款”等科目。

管护费用是指为了维持郁闭后的消耗性林木资产或公益性生物资产的正常存在或为了维持已经达到预定生产经营目的的成熟生产性生物资产进行正常生产而发生的有关费用，例如为果树剪枝发生的费用、为果树灭虫发生的人工和药物费用、对产奶奶牛的饲养管理费用等。

第三章　后续计量

第十六条　企业应当按照本准则第十七条至第二十一条的规定对生物资产进行后续计量，但本准则第二十二条规定的除外。

【解析 5-18】进行后续计量的原则

企业对达到预定生产经营目的的生物资产，应当按照本准则的规定进行相应处理。

第十七条　企业对达到预定生产经营目的的生产性生物资产，应当按期计提折旧，并根据用途分别计入相关资产的成本或当期损益。

【解析 5-19】折旧的会计处理

企业按照生产性生物资产的使用用途，将其计提的折旧进行相关会计处理。

第十八条　企业应当根据生产性生物资产的性质、使用情况和有关经济利益的预期实现方式，合理确定其使用寿命、预计净残值和折旧方法。可选用的折旧方法包括年限平均法、工作量法、产量法等。

生产性生物资产的使用寿命、预计净残值和折旧方法一经确定，不得随意变更。但是，符合本准则第二十条规定的除外。

【解析 5-20】计提折旧的原则及最低年限

企业应当自生物资产投入使用月份的次月开始计提折旧；停止使用的生物资产，应当自停止使用月份的次月起停止计提折旧。

生产性生物资产计提折旧的最低年限如下：

（1）林木类生产性生物资产，为 10 年；

（2）畜类生产性生物资产，为 3 年。

第十九条　企业确定生产性生物资产的使用寿命，应当考虑下列因素：

（一）该资产的预计产出能力或实物产量；

（二）该资产的预计有形损耗，如产畜和役畜衰老、经济林老化等；

（三）该资产的预计无形损耗，如因新品种的出现而使现有的生产性生物资产的产出能力和产出农产品的质量等方面相对下降、市场需求的变化使生产性生物资产产出的农产品相对过时等。

第二十条　企业至少应当于每年年度终了对生产性生物资产的使用寿命、预计净残值和折旧方法进行复核。

使用寿命或预计净残值的预期数与原先估计数有差异的，或者有关经济利益预期实现方式有重大改变的，应当作为会计估计变更，按照《企业会计准则第 28 号——会计政策、会计估计变更和差错更正》处理，调整生产性生物资产的使用寿命或预计净残值或者改变折旧方法。

【解析 5-21】使用寿命、预计净残值和折旧方法复核的原则

企业至少应当于每年年度终了进行复核。

第二十一条 企业至少应当于每年年度终了对消耗性生物资产和生产性生物资产进行检查，有确凿证据表明由于遭受自然灾害、病虫害、动物疫病侵袭或市场需求变化等原因，使消耗性生物资产的可变现净值或生产性生物资产的可收回金额低于其账面价值的，应当按照可变现净值或可收回金额低于账面价值的差额，计提生物资产跌价准备或减值准备，并计入当期损益。上述可变现净值和可收回金额，应当分别按照《企业会计准则第 1 号——存货》和《企业会计准则第 8 号——资产减值》确定。

消耗性生物资产减值的影响因素已经消失的，减记金额应当予以恢复，并在原已计提的跌价准备金额内转回，转回的金额计入当期损益。

生产性生物资产减值准备一经计提，不得转回。

公益性生物资产不计提减值准备。

【解析 5-22】消耗性和生产性生物资产的减值迹象

本准则第二十一条规定，企业至少应当于每年年度终了对消耗性和生产性生物资产进行检查，有确凿证据表明上述生物资产发生减值的，应当计提消耗性生物资产跌价准备或生产性生物资产减值准备。

（一）上述生物资产存在下列情形之一的，通常表明该生物资产可变现净值或可收回金额低于其账面价值：

1. 遭受旱灾、水灾、冻灾、台风、冰雹等自然灾害等原因，造成消耗性或生产性生物资产发生实体损坏，影响该资产的进一步生长或生产，从而降低其产生未来经济利益的能力；

2. 遭受病虫害或者疯牛病、禽流感、口蹄疫等动物疫病侵袭等原因，造成消耗性或生产性生物资产的市场价格大幅度持续下跌，并且在可预见的将来无回升的希望；

3. 因消费者偏好改变而使企业的消耗性或生产性生物资产收获的农产品的市场需求发生变化，导致市场价格逐渐下跌；

4. 因企业所处经营环境，如动植物检验检疫标准等发生重大变化，从而对企业产生不利影响，导致消耗性生物资产或生产性生物资产的市场价格逐渐下跌；

5. 其他足以证明消耗性或生产性生物资产实质上已经发生减值的情形。

（二）上述生物资产存在下列情形之一的，通常表明该生物资产的可变现净值或可收回金额为零：

1. 因遭受自然灾害、病虫害、动物疫病侵袭等原因，造成死亡或即将死亡、且无转让价值的消耗性或生产性生物资产；

2. 动植物检验检疫标准等发生重大改变，禁止转让的消耗性或生产性生物资产，如发生禽流感等动物疫病而禁止转让禽类动物等；

3. 其他足以证明已无实用价值和转让价值的消耗性或生产性生物资产。

摘录于《〈企业会计准则第 5 号——生物资产〉解释》

【解析 5-23】生物资产减值的会计处理

1. 消耗性生物资产减值会计处理。

期末，企业应按照消耗性生物资产的可变现净值低于账面价值的差额，借记“资产减值损失——计提的消耗性生物资产跌价准备”科目，贷记“消耗性生物资产跌价准备”科目。如果资产减值的影响因素已经消失，则企业应将减记金额予以恢复，在原已计提的跌价准备金额内转回，做相反分录。消耗性生物资产的可变现净值参照《企业会计准则第 1 号——存货》确定。在具体确定时，企业应当考虑该资产的持有目的：如果是为出售而持有的消耗性生物资产，应当按照该资产的估计售价减去估计的销售费用和相关税费后的金额，确定其可变现净值；如果是在将来收获为农产品的消耗性生物资产，应当以所收获的农产品的估计售价减去至收获时估计将要发生的成本、销售费用和相关税费后的金额，确定其可变现净值。

2. 生产性生物资产减值的会计处理。

期末，企业应当按照生产性生物资产的可收回金额低于账面价值的差额，借记“资产减值损失——计提的生产性生物资产减值准备”科目，贷记“生产性生物资产减值准备”科目。生产性生物资产减值准备一经计提，不得转回。可收回金额参照《企业会计准则第 8 号——资产减值》确定，即可收回金额应当根据资产的公允价值减去处置费用后的净额与资产预计未来现金流量的现值两者之间较高者确定。企业在确定资产公允价值减去处置费用后的净额时，公平交易中存在销售协议价格的，应当根据公平交易中销售协议价格减去可直接归属于该资产处置费用的金额确定；不存在销售协议但存在资产活跃市场的，应当按照该资产的市场价格减去处置费用后的金额确定，资产的市场价格通常应当根据资产的买方出价确定；不存在销售协议和资产活跃市场的，应当以可获取的最佳信息为基础，估计资产的公允价值减去处置费用后的净额，该净额可以参考同行业类似资产的最近交易价格或者结果进行估计；另外，企业如果按照上述规定仍然无法可靠估计资产的公允价值减去处置费用后的净额，应当以该资产预计未来现金流量的现值作为其可收回金额。

第二十二条　有确凿证据表明生物资产的公允价值能够持续可靠取得的，应当对生物资产采用公允价值计量。

采用公允价值计量的，应当同时满足下列条件：

（一）生物资产有活跃的交易市场；

（二）能够从交易市场上取得同类或类似生物资产的市场价格及其他相关信息，从而对生物资产的公允价值作出合理估计。

【解析 5-24】公允价值计量生物资产的条件

一是生物资产有活跃的交易市场，该生物资产能够在交易市场中直接交易。

活跃的交易市场，是指同时具有以下特征的市场：（1）市场内交易的对象具有同质性；（2）可以随时找到自愿交易的买方和卖方；（3）市场价格的信息是公开的。

二是能够从交易市场上取得同类或类似生物资产的市场价格及其他相关信息，从而对生物资产的公允价值作出科学合理的估计。

同类或类似的生物资产，是指品种相同、质量等级相同或类似、生长时间相同或类似、所处气候和地理环境相同或类似的有生命的动物和植物。

摘录于《〈企业会计准则第 5 号——生物资产〉解释》

第四章　收获与处置

第二十三条　对于消耗性生物资产，应当在收获或出售时，按照其账面价值结转成本。结转成本的方法包括加权平均法、个别计价法、蓄积量比例法、轮伐期年限法等。

【解析 5-25】收获的定义

收获是指消耗性生物资产生长过程的结束，如收割小麦、采伐用材林等，以及农产品从生产性生物资产上分离，如从苹果树上采摘下苹果、奶牛产出牛奶、绵羊产出羊毛等。

【解析 5-26】收获农产品成本核算的一般要求

农产品按照所处行业，一般可以分为种植业产品（如小麦、水稻、玉米、棉花、糖料、叶等）、畜牧养殖业产品（如牛奶、羊毛、肉类、禽蛋等）、林产品（如苗木、原木、水果等）和水产品（如鱼、虾、贝类等）。企业应当按照成本核算对象（消耗性生物资产、生产性生物资产、公益性生物资产和农产品）设置明细账，并按成本项目设置专栏，进行明细分类核算。

从收获农产品成本核算的截止时点来看，种植业产品和林产品一般具有季节性强、生产周期长、经济再生产与自然再生产相交织的特点，成本计算期会因不同产品的特点而异。因此，企业在确定收获农产品的成本时，应特别注意成本计算的截止时点，而在收获时点之后，企业对农产品的核算应当适用《企业会计准则第 1 号——存货》，按照成本与可变现净值孰低计量。例如，粮豆的成本算至入库或能够销售；棉花的成本算至皮棉；纤维作物、香料作物、人参、啤酒花等的成本算至初级产品；草成本算至干草；不入库的鲜活产品的成本算至销售；入库的鲜活产品的成本算至入库；年底尚未脱粒的作物，其产品成本算至预提脱粒费用等。再如，育苗的成本算至出圃；采割阶段，林木采伐的成本算至原木产品；橡胶的成本算至加工成干胶或浓缩胶乳；茶的成本算至各种毛茶；水果等其他收获活动的成本计算至产品能够销售等。

【解析 5-27】收获农产品的会计处理

1. 消耗性生物资产上收获农产品后的会计处理。从消耗性生物资产上收获农产品后，消耗性生物资产自身完全转为农产品而不复存在，如宰杀肉猪后的猪肉、收获后的蔬菜、采伐用材林后的木材等。企业应当将收获时点消耗性生物资产的账面价值结转为农产品的成本，借记“农产品”科目，贷记“消耗性生物资产”科目；已计提跌价准备的，还应同时结转跌价准备，借记“存货跌价准备——消耗性生物资产”科目；对于不入库直接销售的鲜活产品等，按实际成本，借记“主营业务成本”科目。

2. 生产性生物资产收获农产品的会计处理。生产性生物资产具备自我生长性，能够在生产经营中长期、反复使用，从而不断产出农产品。从生产性生物资产上收获农产品后，生产性生物资产这一母体仍然存在，如奶牛产出牛奶、从果树上采摘水果等。农业生产过程中发生的各项生产费用，按照经济用途可以分为直接材料、直接人工等直接费用以及间接费用，企业应当按照以下规则区别处理。

（1）农产品收获过程中发生的直接材料、直接人工等直接费用，直接计入相关成本核算对象，借记“农业生产成本——农产品”科目，贷记“库存现金”“银行存款”“原材料”“应付职工薪酬”“生产性生物资产累计折旧”等科目。

（2）农产品收获过程中发生的间接费用，如材料费、人工费、生产性生物资产的折旧费等应分摊的共同费用，应当在生产成本中归集，借记“农业生产成本——共同费用”科目，贷记“库存现金”“银行存款”“原材料”“应付职工薪酬”“生产性生物资产累计折旧”等科目；在会计期末按一定的分配标准，分配计入有关的成本核算对象，借记“农业生产成本——农产品”科目，贷记“农业生产成本——共同费用”科目。

实务中，常用的间接费用分配方法通常以直接费用或直接人工为基础，直接费用比例法以生物资产或农产品相关的直接费用为分配标准，直接人工比例法以直接从事生产的工人工资为分配标准，相关公式如下。

间接费用分配率 = 间接费用总额 ÷ 分配标准（即直接费用总额或直接人工总额）×100%

某项生物资产或农产品应分配的间接费用额 = 该项资产相关的直接费用或直接人工 × 间接费用分配率

除此之外，直接材料、生产工时等也可作为分配基础，企业可以根据实际情况加以选用。例如，蔬菜的温床费用分配计算公式如下。

蔬菜应分配的温床（温室）费用 =[温床（温室）费用总数 ÷ 实际使用的格日（平方米日）总数]× 该种蔬菜占用的格日（平方米日）数

其中，温床格日数是指某种蔬菜占用温床格数和在温床生产日数的乘积，温室平方米日数是指某种蔬菜占用位的平方米数和在温室生长日数的乘积。

【例 5-3】消耗性生物资产收获农产品的会计处理

甲种植企业 2×18 年 6 月入库小麦 20 吨，成本为 12 000 元。甲企业的账务处理如下。

借：农产品——小麦　　12 000

　　贷：消耗性生物资产——小麦　　12 000

第二十四条　生产性生物资产收获的农产品成本，按照产出或采收过程中发生的材料费、人工费和应分摊的间接费用等必要支出计算确定，并采用加权平均法、个别计价法、蓄积量比例法、轮伐期年限法等方法，将其账面价值结转为农产品成本。

收获之后的农产品，应当按照《企业会计准则第 1 号——存货》处理。

【解析 5-28】计算方法介绍

（一）蓄积量比例法

蓄积量比例法以达到经济成熟可供采伐的林木为“完工”标志，将包括已成熟和未成熟的所有林木按照完工程度（林龄、林木培育程度、费用发生程度等）折算为达到经济成熟可供采伐的林木总体蓄积量，然后，按照当期采伐林木的蓄积量占折算的林木总体蓄积量的比例，确定应该结转的林木资产成本。该方法主要适用于择伐方式和林木资产由于择伐更新使其价值处于不断变动的情况。计算公式如下。

某期应结转的林木资产成本 =（当期采伐林木的蓄积量 ÷ 林木总体蓄积量）× 期初林木资产账面总值

（二）轮伐期年限法

轮伐期年限法将林木原始价值按照可持续经营的要求，在其轮伐期的年份内平均摊销，并结转林木资产成本。轮伐期是指将一块林地上的林木均衡分批、轮流采伐一次所需要的时间（通常以年为单位计算）。计算公式如下。

某期应结转的林木资产成本 = 林木资产原值 ÷ 轮伐期

【例 5-4】生产性生物资产收获农产品的会计处理

甲奶牛养殖企业 2×18 年 1 月发生奶牛（已进入产奶期）的饲养费用如下：领用饲料 5 000 千克，共计 1 200 元，应付饲养人员工资 3 000 元，以现金支付防疫费 500 元。甲企业的账务处理如下。

借：生产成本——农业生产成本（牛奶）	4 700	
贷：原材料		1 200
应付职工薪酬		3 000
库存现金		500

第二十五条　生物资产改变用途后的成本，应当按照改变用途时的账面价值确定。

【解析 5-29】生物资产转换的种类

（1）产畜或役畜淘汰转为育肥畜，或者林木类生产性生物资产转为林木类消耗性生物资产时，企业应按转群或转变用途时的账面价值，借记“消耗性生物资产”科目；按已计提的累计折旧，借记“生产性生物资产累计折旧”科目；按其账面余额，贷记“生产性生物资产”科目。已计提减值准备的，企业还应同时结转已计提的减值准备。

育肥畜转为产畜或役畜，或者林木类消耗性生物资产转为林木类生产性生物资产时，企业应按其账面余额，借记“生产性生物资产”科目，贷记“消耗性生物资产”科目。已计提跌价准备的，企业还应同时结转跌价准备。

（2）消耗性生物资产、生产性生物资产转为公益性生物资产时，企业应当按照相关准则规定，考虑其是否发生减值。发生减值时，企业应首先计提减值准备，并以计提减值准备后的账面价值作为公益性生物资产的入账价值。转换后，企业应按生物资产扣除减值准备后的账面价值，借记“公益性生物资产”科目；按已计提的生产性生物资产累计折旧，借记“生产性生物资产累计折旧”科目；按已计提的减值准备，借记“存货跌价准备”“生产性生物资产减值准备”科目；按账面余额，贷记“消耗性生物资产”“生产性生物资产”科目。

（3）公益性生物资产转为消耗性生物资产或生产性生物资产时，企业应按其账面余额，借记“消耗性生物资产”或“生产性生物资产”科目，贷记“公益性生物资产”科目。

【例 5-5】生物资产的处理

甲畜牧养殖企业于2×18年2月将育成的40头仔猪出售给乙食品加工厂，价款总额为20 000元，货款尚未收到。出售时仔猪的账面余额为12 000元，未计提跌价准备。

甲企业的账务处理如下。

借：应收账款——乙食品加工厂　　20 000

　　贷：主营业务收入　　20 000

借：主营业务成本　　12 000

　　贷：消耗性生物资产——仔猪　　12 000

第二十六条　生物资产出售、盘亏或死亡、毁损时，应当将处置收入扣除其账面价值和相关税费后的余额计入当期损益。

【解析 5-30】生物资产出售、盘亏或死亡、毁损时的相关会计处理

（一）生物资产出售

生物资产出售时，企业应按实际收到的金额，借记“银行存款”等科目，贷记“主营业务收入”等科目；应按其账面余额，借记“主营业务成本”等科目，贷记“生产性生物资产”“消耗性生物资产”等科目；已计提跌价或减值准备或折旧的，还应同时结转跌价或减值准备或累计折旧。

（二）生物资产盘亏或死亡、毁损

生物资产盘亏或死亡、毁损时，企业应当将处置收入扣除其账面价值和相关税费后的余额先记入“待处理财产损溢”科目；待查明原因后，根据企业的管理权限，经股东大会、董事会、经理（场长）会议或类似机构批准后，在期末结账前处理完毕。生物资产因盘亏或死亡、毁损造成的损失，在减去过失人或者保险公司等的赔款和残余价值之后，计入当期管理费用；属于自然灾害等非常损失的，计入营业外支出。

【例 5-6】生物资产的转换

2×18年9月，甲林业有限责任公司（以下简称甲公司）根据所属区域的林业发展规划相关政策调整，将以马尾松为主的800万平方米防风固沙林，全部转为以采脂为目的的商林，该马尾松的账面价值为2 000 000元。其中，已经具备采脂条件的为600万平方米，账面价值为160 000元，其余的尚不具备采脂条件。2×18年11月，甲公司根据国家政策规定，将乙林班100万平方米作为防风固沙林的杨树转为作为造纸原料的商品林，该杨树账面余额为180 000元。

甲公司的账务处理如下。

（1）2×18年9月。

借：生产性生物资产——成熟生产性生物资产（马尾松）　　1 600 000

　　生产性生物资产——未成熟生产性生物资产（马尾松）　　400 000

　　贷：公益性生物资产——防风固沙林（马尾松）　　2 000 000

（2）2×18年11月。

借：消耗性生物资产——造纸原料林（杨树）　　180 000

贷：公益性生物资产——防风固沙林（杨树）　　180 000

第五章　披露

第二十七条　企业应当在附注中披露与生物资产有关的下列信息：

（一）生物资产的类别以及各类生物资产的实物数量和账面价值。

（二）各类消耗性生物资产的跌价准备累计金额，以及各类生产性生物资产的使用寿命、预计净残值、折旧方法、累计折旧和减值准备累计金额。

（三）天然起源生物资产的类别、取得方式和实物数量。

（四）用于担保的生物资产的账面价值。

（五）与生物资产相关的风险情况与管理措施。

【解析 5-31】与生物资产有关的信息的披露

为了提高企业财务报告与管理信息的真实性、可靠性与完整性，保障资产的安全完整和企业经营的合法合规，企业必须按照本准则要求进行会计信息披露与监管。

第二十八条　企业应当在附注中披露与生物资产增减变动有关的下列信息：

（一）因购买而增加的生物资产；

（二）因自行培育而增加的生物资产；

（三）因出售而减少的生物资产；

（四）因盘亏或死亡、毁损而减少的生物资产；

（五）计提的折旧及计提的跌价准备或减值准备；

（六）其他变动。

企业会计准则第6号——无形资产

《企业会计准则第6号——无形资产》于2006年2月15日由财会〔2006〕3号公布，自2007年1月1日起施行。

第一章　总则

第一条　为了规范无形资产的确认、计量和相关信息的披露，根据《企业会计准则——基本准则》，制定本准则。

【解析6-1】《企业会计准则——基本准则》

《企业会计准则——基本准则》是制定会计准则应当遵循的基本法则。

第二条　下列各项适用其他相关会计准则：

（一）作为投资性房地产的土地使用权，适用《企业会计准则第3号——投资性房地产》。

（二）企业合并中形成的商誉，适用《企业会计准则第8号——资产减值》和《企业会计准则第20号——企业合并》。

（三）石油天然气矿区权益，适用《企业会计准则第27号——石油天然气开采》。

【解析6-2】适用其他会计准则的情形

作为投资性房地产的土地使用权、企业合并中形成的商誉、石油天然气矿区权益不适用本准则。

第二章　确认

第三条　无形资产，是指企业拥有或者控制的没有实物形态的可辨认非货币性资产。

资产满足下列条件之一的，符合无形资产定义中的可辨认性标准：

（一）能够从企业中分离或者划分出来，并能单独或者与相关合同、资产或负债一起，用于出售、转移、授予许可、租赁或者交换。

（二）源自合同性权利或其他法定权利，无论这些权利是否可以从企业或其他权利和义务中转移或者分离。

【解析6-3】无形资产的内涵

（一）由企业拥有或者控制并能为其带来未来经济利益的资源

预计能为企业带来未来经济利益是作为一项资产的本质特征，无形资产也不例外。通常情况下，企业拥有或者控制的无形资产，是指企业拥有该项无形资产的所有权，且该项无形资产能够为企业带来未来经济利益。但在某些情况下并不需要企业拥有其所有权，如果企业有权获得某项无形资产产生的经济利益，同时又能约束其他人获得这些经济利益，则说明企业控制了该无形资产，或者说控制了该无形资产产生的经济利益，并受法律的保护。比如，企业自行研制的技术通过申请依法取得专利权后，在一定期限内拥有了该专利技术的法定所有权；又比如，企业与其他企业签订合约转让商标权，由于合约的签订，使商标使用权转让方的相关权利受到法律的保护。

（二）无形资产不具有实物形态

无形资产通常表现为某种权利、某项技术或是某种获取超额利润的综合能力。它们不具有实物形态，看不见，摸不着，如土地使用权、非专利技术等。无形资产为企业带来经济利益的方式与固定资产不同，固定资产是通过实物价值的磨损和转移来为企业带来未来经济利益，而无形资产很大程度上是通过自身所具有的技术等优势为企业带来未来经济利益。不具有实物形态是无形资产区别于其他资产的特征之一。

需要指出的是，某些无形资产的存在有赖于实物载体。比如，计算机软件需要存储在介质中，但这并不改变无形资产本身不具有实物形态的特性。在确定一项包含无形和有形要素的资产是属于固定资产还是属于无形资产时，需要通过判断来加以确定，通常以哪个要素更重要作为判断的依据。例如，计算机控制的机械工具没有特定计算机软件就不能运行时，则说明该软件是构成相关硬件不可缺少的组成部分，该软件应作为固定资产处理；如果计算机软件不是相关硬件不可缺少的组成部分，则该软件应作为无形资产核算。

（三）无形资产属于非货币性资产

非货币性资产，是指企业持有的货币资金和将以固定或可确定的金额收取的资产以外的其他资产。无形资产由于没有活跃的交易市场，一般不容易转化成现金，在持有过程中为企业带来未来经济利益的情况不确定，不属于以固定或可确定的金额收取的资产，属于非货币性资产。货币性资产主要有现金、银行存款、应收账款、应收票据和短期有价证券等，它们的共同特点是直接表现为固定的货币数额，或在将来收到一定货币数额的权利。应收款项等资产也没有实物形态，其与无形资产的区别在于无形资产属于非货币性资产，而应收款项等资产则不属于非货币性资产。另外，虽然固定资产也属于非货币性资产，但其为企业带来经济利益的方式与无形资产不同，固定资产是通过实物价值的磨损和转移来为企业带来未来经济利益，而无形资产很大程度上是通过某些权利、技术等优势为企业带来未来经济利益。

【解析6-4】无形资产的内容

无形资产通常包括专利权、非专利技术、商标权、著作权、特许权、土地使用权等。

（一）专利权

专利权是指国家专利主管机关依法授予发明创造专利申请人，对其发明创造在法定期限内所享有的专有权利，包括发明专利权、实用新型专利权和外观设计专利权。发明专利权的期限为20年，实用新型专利权和外观设计专利权的期限为10年，均自申请日起计算。

（二）非专利技术

非专利技术也称专有技术。它是指不为外界所知、在生产经营活动中已采用了的、不享有法律保护的、可以带来经济效益的各种技术和诀窍。非专利技术一般包括工业专有技术、商业贸易专有技术、管理专有技术等。非专利技术并不是专利法的保护对象，非专利技术用自我保密的方式来维持其独占性，具有经济性、机密性和动态性等特点。

（三）商标权

商标是用来辨认特定的商品或劳务的标记。商标权指专门在某类指定的商品或产品上使用特定的名称或图案的权利。经国家知识产权局商标局核准注册的商标为注册商标，包括商品商标、服务商标和集体商标、证明商标；商标注册人享有商标专用权，受法律保护。注册商标的有效期为10年，自核准注册之日起计算。注册商标有效期满，需要继续使用的，应当在期满前6个月内申请续展注册；在此期间未能提出申请的，可以给予6个月的宽展期。宽展期满仍未提出申请的，注销其注册商标。每次续展注册的有效期为10年。

（四）著作权

著作权又称版权，指作者对其创作的文学、科学和艺术作品依法享有的某些特殊权利。著作权包括作品署名权、发表权、修改权和保护作品完整权，还包括复制权、发行权、出租权、展览权、表演权、放映权、广播权、信息网络传播权、摄制权、改编权、翻译权、汇编权以及应当由著作权人享有的其他权利。著作权人包括作者和其他依法享有著作权的公民、法人或者其他组织。著作权属于作者，创作作品的公民是作者。由法人或者其他组织主持，代表法人或者其他组织意志创作，并由法人或者其他组织承担责任的作品，法人或者其他组织视为作者。作者的署名权、修改权、保护作品完整权的保护期不受限制。公民的作品，其发表权、复制权、发行权、出租权、展览权、表演权、放映权、广播权、信息网络传播权、摄制权、改编权、翻译权、汇编权以及应当由著作权人享有的其他权利的保护期，为作者终生及其死亡后50年，截止于作者死亡后第50年的12月31日；如果是合作作品，截止于最后死亡的作者死亡后第50年的12月31日。

（五）特许权

特许权又称经营特许权、专营权，指企业在某一地区经营或销售某种特定商品的权利或是一家企业接受另一家企业使用其商标、商号、技术秘密等的权利。通常有两种形式，一种是由政府机构授权，准许企业使用或在一定地区享有经营某种业务的特权，如水、电、邮电通信等专营权和烟草专卖权等；另一种指企业间依照签订的合同，有限期或无限期使用另一家企业的某些权利，如连锁店分店使用总店的名称等。通常在特许权转让合同中规定了特许权转让的期限、转让人和受让人的权利和义务。转让人一般要向受让人提供商标、商号等使用权，传授专有技术，并负责培训营业人员，提供经营所必需的设备和特殊原料。受让人则需要向转让人支付取得特许权的费用，开业后则按营业收入的一定比例或其他计算方法支付享用特许权的费用。

（六）土地使用权

土地使用权指国家准许某企业在一定期间内对国有土地享有开发、利用、经营的权利。根据《中华人民共和国土地管理法》的规定，我国土地实行公有制，任何单位和个人不得侵占、买卖或者以其他形式非法转让土地。企业取得土地使用权的方式大致有行政划拨取得、外购取得（例如以缴纳土地出让金方式取得）及投资者投资取得几种。通常情况下，作为投资性房地产或者作为固定资产核算的土地，按照投资性房地产或者固定资产核算；以缴纳土地出让金等方式外购的土地使用权、投资者投入等方式取得的土地使用权，作为无形资产核算。

第四条 无形资产同时满足下列条件的，才能予以确认：

（一）与该无形资产有关的经济利益很可能流入企业；

（二）该无形资产的成本能够可靠地计量。

【解析 6-5】无形资产的确认条件

（一）与该资产有关的经济利益很可能流入企业

作为无形资产确认的项目，必须具备产生的经济利益很可能流入企业。通常情况下，无形资产产生的未来经济利益可能包括在销售商品、提供劳务的收入中，或者企业使用该项无形资产而减少或节约的成本中，或体现在获得的其他利益中。例如，生产加工企业在生产工序中使用了某种知识产权，使其降低了未来生产成本，而不是增加未来收入。在实施这种判断时，需要对无形资产在预计使用寿命内可能存在的各种经济因素作出合理估计，并且应当有明确的证据支持。

（二）该无形资产的成本能够可靠地计量

成本能够可靠地计量是资产确认的一项基本条件。比如，企业内部产生的品牌、报刊名等，因其成本无法可靠计量，不作为无形资产确认。又比如，一些高新科技企业的科技人才，假定其与企业签订了服务合同，且合同规定其在一定期限内不能为其他企业提供服务。在这种情况下，虽然这些科技人才的知识在规定的期限内预期能够为企业创造经济利益，但由于这些技术人才的知识难以辨认，且形成这些知识所发生的支出难以计量，不能作为企业的无形资产加以确认。

第五条 企业在判断无形资产产生的经济利益是否很可能流入时，应当对无形资产在预计使用寿命内可能存在的各种经济因素作出合理估计，并且应当有明确证据支持。

【解析 6-6】经济因素的考虑

企业是否有足够的人力资源、高素质的管理队伍、相关的硬件设备、相关的原材料等来配合无形资产为企业创造经济利益。同时，更为重要的是关注一些外界因素的影响，比如是否存在相关的新技术、新产品冲击与无形资产相关的技术或据其生产的产品的市场等。在实施判断时，企业的管理当局应对无形资产的预计使用寿命内存在的各种因素作出最稳健的估计。

第六条 企业无形项目的支出，除下列情形外，均应于发生时计入当期损益：

（一）符合本准则规定的确认条件、构成无形资产成本的部分；

（二）非同一控制下企业合并中取得的、不能单独确认为无形资产、构成购买日确认的商誉的部分。

【解析 6-7】无形项目的支出不计入当期损益的情形

企业对于无形项目的支出要进行区分，以进行正确的会计处理。

第七条 企业内部研究开发项目的支出，应当区分研究阶段支出与开发阶段支出。

研究是指为获取并理解新的科学或技术知识而进行的独创性的有计划调查。

开发是指在进行商业性生产或使用前，将研究成果或其他知识应用于某项计划或设计，以生产出新的或具有实质性改进的材料、装置、产品等。

【解析 6-8】研究阶段与开发阶段的区分

（一）研究阶段

本准则对于企业自行进行的研究开发项目，区分为研究阶段与开发阶段。

研究阶段，是指为获取新的技术和知识等进行的有计划的调查，其特点在于研究阶段是探索性的，为进一步的开发活动进行资料及相关方面的准备，从已经进行的研究活动看，将来是否会转入开发、开发后是否会形成无形资产等具有较大的不确定性。

有关研究活动的举例为：意于获取知识而进行的活动；研究成果或其他知识的应用研究、评价和最终选择；材料、设备、产品、工序、系统或服务替代品的研究；新的或经改进的材料、设备、产品、工序、系统或服务的可能替代品的配制、设计、评价和最终选择等。

（二）开发阶段

开发阶段相对研究阶段而言，应当是完成了研究阶段的工作，在很大程度上形成一项新产品或新技术的基本条件已经具备。

有关开发活动的举例为：生产前或使用前的原型和模型的设计、建造和测试；含新技术的工具、夹具、模具和冲模的设计；不具有商业性生产经济规模的试生产设施的设计、建造和运营；新的或经改造的材料、设备、产品、工序、系统或服务所选定的替代品的设计、建造和测试等。

摘录于《〈企业会计准则第 6 号——无形资产〉解释》

【解析 6-9】研究阶段与开发阶段的特点

研究阶段的特点如下。

（1）计划性。研究阶段是建立在有计划的调研基础上，即研发项目已经董事会或者相关管理层的批准，并着手收集相关资料、进行市场调查等。例如，某药品公司为研究开发某药品，经董事会或者相关管理层的批准，进行有计划地收集相关资料、市场调查、比较市场中相关药品的药性、效用等活动。

（2）探索性。研究阶段基本上是探索性的，为进一步的开发活动进行资料及相关方面的准备，在这一阶段不会形成阶段性成果。

开发阶段的特点如下。

（1）具有针对性。开发阶段是建立在研究阶段基础上，因而，对项目的开发具有针对性。

（2）形成成果的可能性较大。进入开发阶段的研发项目往往形成成果的可能性较大。

由于开发阶段相对于研究阶段更进一步，相对于研究阶段来讲，进入开发阶段，则很大程度上形成一项新产品或新技术的基本条件已经具备，此时如果企业能够证明满足无形资产的定义及相关确认条件，所发生的开发支出可资本化，确认为无形资产的成本。

【解析 6-10】研究阶段与开发阶段的不同点

（1）目标不同。研究阶段的一般目标不具体、不具有针对性；而开发阶段多是针对具体目标、产品、工艺等。

（2）对象不同。研究阶段一般很难具体化到特定项目上；而开发阶段往往形成对象化的成果。

（3）风险不同。研究阶段的成功率很难判断，一般成功率很低，风险比较大；而开发阶段的成功率较高、风险相对较小。

（4）结果不同。研究阶段的结果多是研究报告等基础性成果；而开发阶段的结果则多是具体的新技术、新产品等。

第八条 企业内部研究开发项目研究阶段的支出，应当于发生时计入当期损益。

【解析 6-11】研究支出计入当期损益的原因

从研究的特点看，其具有计划性和探索性，其研究是否能在未来形成成果，即通过开发后是否会形成无形资产均具有很大的不确定性，企业也无法证明其能够带来未来经济利益的无形资产的存在，因此，研究阶段的有关支出在发生时，应当予以费用化计入当期损益。

第九条 企业内部研究开发项目开发阶段的支出，同时满足下列条件的，才能确认为无形资产：

（一）完成该无形资产以使其能够使用或出售在技术上具有可行性；

（二）具有完成该无形资产并使用或出售的意图；

（三）无形资产产生经济利益的方式，包括能够证明运用该无形资产生产的产品存在市场或无形资产自身存在市场，无形资产将在内部使用的，应当证明其有用性；

（四）有足够的技术、财务资源和其他资源支持，以完成该无形资产的开发，并有能力使用或出售该无形资产；

（五）归属于该无形资产开发阶段的支出能够可靠地计量。

【解析 6-12】确认为无形资产的条件

1. 完成该无形资产以使其能够使用或出售在技术上具有可行性。

企业在判断是否满足该条件时，应以目前阶段的成果为基础，说明在此基础上进一步进行开发所需的技术条件等已经具备，基本上不存在技术上的障碍或其他不确定性。企业在判断时，应提供相关的证据和材料。

2. 具有完成该无形资产并使用或出售的意图。

开发某项产品或专利技术产品等，是使用或出售通常是根据管理当局决定该项研发活动的目的或者意图所决定，即研发项目形成成果以后，是为出售，还是为自己使用并从使用中获得经济利益，应当以管理当局意图而定。因此，企业的管理当局应能够说明其持有拟开发无形资产的目的，并具有完成该项无形资产开发并使其能够使用或出售的可能性。

3. 无形资产产生经济利益的方式，包括能够证明运用该无形资产生产的产品存在市场或无形资产自身存在市场，无形资产将在内部使用的，应当证明其有用性。

作为无形资产确认，其基本条件是能够为企业带来未来经济利益。就其能够为企业带来未来经济利益的方式来讲，如果有关的无形资产在形成以后，主要是用于形成新产品或新工艺的，企业应对运用该无形资产生产的产品市场情况进行估计，应能够证明所生产的产品存在市场，并能够带来经济利益的流入；如果有关的无形资产开发以后主要是用于对外出售的，则企业应能够证明市场上存在对该类无形资产的需求，开发以后存在外在的市场可以出售无形资产并带来经济利益的流入；如果无形资产开发以后，不是用于生产产品，也不是用于对外出售，而是在企业内部使用的，则企业应能够证明无形资产在企业内部使用时对企业的有用性。

4. 有足够的技术、财务资源和其他资源支持，以完成该无形资产的开发，并有能力使用或出售该无形资产。

这一条件主要包括以下 3 点。（1）为完成该项无形资产开发具有技术上的可靠性。开发的无形资产并使其形成成果在技术上的可靠性，是继续开发活动的关键。因此，必须有确凿证据证明企业继续开发该项无形资产有足够的技术支持和技术能力。（2）财务资源和其他资源支持。财务和其他资源支持是能够完成该项无形资产开发的经济基础，因此，企业必须能够证明为完成该项无形资产的开发所需的财务和其他资源，是否能够支持完成该项无形资产的开发。（3）能够证明企业在开发过程中所需的技术、财务和其他资源，以及企业获得这些资源的相关计划等。如在企业自有资金不足以提供支持的情况下，是否存在外部其他方面的资金支持，如银行等金融机构愿意为该无形资产的开发提供所需资金的声明等来证实，并有能力使用或出售该无形资产。

5. 归属于该无形资产开发阶段的支出能够可靠地计量。

企业对于开发活动发生的支出应单独核算，如发生的开发人员的工资、材料费等。在企业同时从事多项开发活动的情况下，所发生的支出同时用于支持多项开发活动的，应按照一定的标准在各项开发活动之间进行分配；无法明确分配的，应予费用化计入当期损益，不计入开发活动的成本。

第十条 企业取得的已作为无形资产确认的正在进行中的研究开发项目，在取得后发生的支出应当按照本准则第七条至第九条的规定处理。

【解析 6-13】企业取得的已作为无形资产确认的正在进行中的研究开发项目，在取得后发生的支出的处理原则

企业取得的已作为无形资产确认的正在进行中的研究开发项目，在取得后发生的支出的处理原则按照本准则规定进行相关处理。

第十一条 企业自创商誉以及内部产生的品牌、报刊名等，不应确认为无形资产。

【解析 6-14】企业自创商誉以及内部产生的品牌、报刊名不确认为无形资产的原因

内部产生的品牌、报刊名、刊头、客户名单和实质上类似项目的支出不能与整个业务开发成本区分开来。因此，这类项目也不应确认为无形资产。成本能够可靠地计量是资产确认的一项基本条件。企业内部产生的品牌、报刊名等，因其成本无法可靠计量，不作为无形资产确认。

第三章　初始计量

第十二条　无形资产应当按照成本进行初始计量。

外购无形资产的成本，包括购买价款、相关税费以及直接归属于使该项资产达到预定用途所发生的其他支出。

购买无形资产的价款超过正常信用条件延期支付，实质上具有融资性质的，无形资产的成本以购买价款的现值为基础确定。实际支付的价款与购买价款的现值之间的差额，除按照《企业会计准则第 17 号——借款费用》应予资本化的以外，应当在信用期间内计入当期损益。

【解析 6-15】外购无形资产成本中的其他支出

直接归属于使该项资产达到预定用途所发生的其他支出包括使无形资产达到预定用途所发生的专业服务费用、测试无形资产是否能够正常发挥作用的费用等。

【解析 6-16】下列各项不包括在无形资产的初始成本中

（1）为引入新产品进行宣传发生的广告费、管理费用及其他间接费用。

（2）无形资产已经达到预定用途以后发生的费用。例如，在形成预定经济规模之前发生的初始运行损失，以及在无形资产达到预定用途之前发生的其他经营活动的支出，如果该经营活动并非是无形资产达到预定用途必不可少的，则有关经营活动的损益应于发生时计入当期损益，而不构成无形资产的成本。

【例 6-1】关于分期付款方式外购无形资产的案例

2×15 年 1 月 8 日，甲公司从乙公司购买一项商标权，由于甲公司资金周转比较紧张，经与乙公司协议采用分期付款方式支付款项。合同规定，该项商标权总计 1 000 万元，每年末付款 200 万元，5 年付清。假定银行同期贷款利率为 5%。为了简化核算，假定不考虑其他有关税费（已知 5 年期年利率为 5%，其年金现值系数为 4.329 5）。

甲公司的账务处理如下（见表 6-1）。

表 6-1　甲公司的账务处理

年份	融资余额（万元）	利率	本年利息（万元）= 融资余额 × 利率	付款（万元）	上年余额 = 付款 − 利息（万元）	未确认融资费用（万元）= 上年余额 − 本年利息
年初	865.90					134.10
第 1 年年末	709.20	5%	43.30	200	156.7	90.80
第 2 年年末	544.66	5%	35.46	200	164.54	55.34
第 3 年年末	371.89	5%	27.23	200	172.77	28.11
第 4 年年末	190.48	5%	18.59	200	181.41	9.52
第 5 年年末	0	5%	9.52	200	190.48	0
合计			134.10	1 000	865.90	

无形资产现值 =1 000÷5×4.329 5=865.9（万元）

未确认的融资费用 =1 000−865.9=134.1（万元）

（1）取得商标权时。

借：无形资产——商标权　　8 659 000

　　未确认融资费用　　1 341 000

　　贷：长期应付款　　10 000 000

（2）2×15 年年底付款时。

借：长期应付款　　2 000 000

　　贷：银行存款　　2 000 000

借：财务费用　　433 000

　　贷：未确认融资费　　433 000

（3）2×16 年年底付款时。

借：长期应付款　　2 000 000

　　贷：银行存款　　2 000 000

借：财务费用　　354 600

　　贷：未确认融资费用　　354 600

（4）2×17 年年底付款时。

借：长期应付款　　2 000 000

　　贷：银行存款　　2 000 000

借：财务费用　　272 300

　　贷：未确认融资费用　　272 300

（5）2×18 年年底付款时。

借：长期应付款　　2 000 000

　　贷：银行存款　　2 000 000

借：财务费用　　185 900

　　贷：未确认融资费用　　185 900

（6）2×19 年年底付款时。

借：长期应付款　　2 000 000

　　贷：银行存款　　2 000 000

借：财务费用　　95 200

　　贷：未确认融资费用　　95 200

第十三条　自行开发的无形资产，其成本包括自满足本准则第四条和第九条规定后至达到预定用途前所发生的支出总额，但是对于以前期间已经费用化的支出不再调整。

【解析 6-17】自行开发的无形资产成本构成

自行开发的无形资产成本，由可直接归属于该资产的创造、生产并使该资产能够以管理层预定的方式运行的所有必要支出组成。可直接归属成本包括：开发该无形资产时耗费的材料、劳务成本、注册费，在开发该无形资产过程中使用的其他专利权和特许权的摊销，以及按照借款费用的处理原则可资本化的利息支出。在开发无形资产过程中发生的除上述可直接归属于无形资产开发活动的其他销售费用、管理费用等间接费用，无形资产达到预定用途前发生的可辨认的无效和初始运行损失，为运行该无形资产发生的培训支出等不构成无形资产的开发成本。

内部开发无形资产的成本仅包括在满足资本化条件的时点至无形资产达到预定用途前发生的支出总和，对于同一项无形资产在开发过程中达到资本化条件之前已经费用化计入当期损益的支出不再进行调整。

【例 6–2】关于内部研发支出的案例

2×17 年 1 月 1 日，甲公司经董事会批准研发某项新产品专利技术。该公司董事会认为，研发该项目具有可靠的技术和财务等资源的支持，并且一旦研发成功将降低该公司生产产品的生产成本。该公司在研究开发过程中发生材料费 5 000 万元、人工工资 1 000 万元，以及其他费用 4 000 万元，总计 10 000 万元，其中，符合资本化条件的支出为 6 000 万元。2×17 年 12 月 31 日，该专利技术已经达到预定用途。

分析：首先，甲公司经董事会批准研发某项新产品专利技术，并认为完成该项新型技术无论从技术上，还是财务等方面能够得到可靠的资源支持，并且一旦研发成功将降低公司的生产成本，因此，符合条件的开发费用可以资本化。其次，甲公司在开发该项新型技术时，累计发生 10 000 万元的研究与开发支出，其中符合资本化条件的开发支出为 6 000 万元，其符合“归属于该无形资产开发阶段的支出能够可靠地计量”的条件。

甲公司的账务处理如下。

（1）发生研发支出。

借：研发支出——费用化支出	40 000 000	
——资本化支出	60 000 000	
贷：原材料		50 000 000
应付职工薪酬		10 000 000
银行存款		40 000 000

（2）2×17 年 12 月 31 日，该专利技术已经达到预定用途。

借：管理费用	40 000 000	
无形资产	60 000 000	
贷：研发支出——费用化支出		40 000 000
——资本化支出		60 000 000

第十四条 投资者投入无形资产的成本，应当按照投资合同或协议约定的价值确定，但合同或协议约定价值不公允的除外。

【解析 6–18】投资者投入的无形资产的成本

如果投资合同或协议约定价值不公允的，应按无形资产的公允价值作为无形资产初始成本入账。

第十五条 非货币性资产交换、债务重组、政府补助和企业合并取得的无形资产的成本，应当分别按照《企业会计准则第 7 号——非货币性资产交换》、《企业会计准则第 12 号——债务重组》、《企业会计准则第 16 号——政府补助》和《企业会计准则第 20 号——企业合并》确定。

【解析 6-19】企业合并取得的无形资产

企业合并取得的无形资产，其公允价值能够可靠计量的，应当单独确认为无形资产。

企业合并取得的无形资产，通常按照合同或法律规定产生的权利加以确认；某些并非合同或法律规定的权利，但能够与被购买企业的其他资产区分并单独出售或转让的，应当确认为无形资产。

企业合并中取得的无形资产，按照企业合并的分类，分别处理。

1. 同一控制下吸收合并，按照被合并企业无形资产的账面价值确认为取得时的初始成本；同一控制下控股合并，合并方在合并日编制合并报表时，应当按照被合并方无形资产的账面价值作为合并基础。

2. 非同一控制下的企业合并中，购买方取得的无形资产应以其在购买日的公允价值计量，包括：

（1）被购买企业原已确认的无形资产；

（2）被购买企业原未确认的无形资产，但其公允价值能够可靠计量，购买方就应在购买日将其独立于商誉确认为一项无形资产。例如，被购买方正在进行中的一个研究开发项目，符合无形资产的定义且其公允价值能够可靠计量，则购买方应将其独立于商誉确认为一项无形资产。

在企业合并中，如果取得的无形资产本身可以单独辨认，但其计量或处置必须与有形的或其他无形的资产一并作价，如天然矿泉水的商标可能与特定的泉眼有关，但不能独立于该泉眼出售，在这种情况下，如果该无形资产及与其相关的资产各自的公允价值不能可靠计量，则应将该资产组（即将无形资产与其相关的有形资产合并）独立于商誉确认为单项资产。

【解析 6-20】通过政府补助取得的无形资产成本

通过政府补助取得的无形资产成本，应当按照公允价值计量；公允价值不能可靠取得的，按照名义金额计量。

第四章　后续计量

第十六条　企业应当于取得无形资产时分析判断其使用寿命。

无形资产的使用寿命为有限的，应当估计该使用寿命的年限或者构成使用寿命的产量等类似计量单位数量；无法预见无形资产为企业带来经济利益期限的，应当视为使用寿命不确定的无形资产。

【解析 6-21】估计无形资产使用寿命应当考虑的相关因素

根据本准则第十七条规定，使用寿命有限的无形资产应当摊销，使用寿命不确定的无形资产不予摊销。

（一）企业持有的无形资产，通常来源于合同性权利或是其他法定权利，而且合同规定或法律规定有明确的使用年限。来源于合同性权利或其他法定权利的无形资产，其使用寿命不应超过合同性权利或其他法定权利的期限；如果合同性权利或其他法定权利能够在到期时因续约等延续，且有证据表明企业续约不需要付出大额成本，续约期应当计入使用寿命。

合同或法律没有规定使用寿命的，企业应当综合各方面情况，聘请相关专家进行论证或与同行业的情况进行比较，以及参考历史经验等，确定无形资产为企业带来未来经济的期限。

经过上述努力仍无法合理确定无形资产为企业带来经济利益期限的，才能将其作为使用寿命不确定的无形资产。

（二）企业确定无形资产的使用寿命，应当考虑以下因素：

1. 该资产通常的产品寿命周期、可获得的类似资产使用寿命的信息；

2. 技术、工艺等方面的现实情况及对未来发展的估计；

3. 以该资产生产的产品或服务的市场需求情况；

4. 现在或潜在的竞争者预期采取的行动；

5. 为维持该资产产生未来经济利益的能力预期的维护支出，以及企业预计支付有关支出的能力；

6. 对该资产的控制期限，使用的法律或类似限制，如特许使用期间、租赁期间等；

7. 与企业持有的其他资产使用寿命的关联性等。

例如，企业以支付土地出让金方式取得一块土地50年的使用权，如果企业准备持续持有，在50年期间内没有计划出售，则该项土地使用权预期为企业带来未来经济利益的期间为50年。

摘录于《〈企业会计准则第6号——无形资产〉解释》

【解析6-22】无形资产使用寿命的确定

某些无形资产的取得源自合同性权利或其他法定权利，其使用寿命不应超过合同性权利或其他法定权利的期限。但如果企业预期使用资产的期限短于合同性权利或其他法定权利规定的期限，则应当按照企业预期使用的期限确定其使用寿命。例如，企业取得一项专利技术，法律保护期间为20年，企业预计运用该专利生产的产品在未来15年内会为企业带来经济利益。就该项专利技术，第三方向企业承诺在5年内以其取得之日公允价值的60%购买该专利权，从企业管理层目前的持有计划来看，准备在5年内将其出售给第三方。为此，该项专利权的实际使用寿命为5年。

如果合同性权利或其他法定权利能够在到期时因续约等延续，则仅当有证据表明企业续约不需要付出重大成本时，续约期才能够包括在使用寿命的估计中。下列情况下，一般说明企业无须付出重大成本即可延续合同性权利或其他法定权利：有证据表明合同性权利或法定权利将被重新延续，如果在延续之前需要第三方同意，则还需有第三方将会同意的证据；有证据表明为获得重新延续所必需的所有条件将被满足，以及企业为延续持有无形资产付出的成本相对于预期从重新延续中流入企业的未来经济利益相比不具有重要性。如果企业为延续无形资产持有期间而付出的成本与预期从重新延续中流入企业的未来经济利益相比具有重要性，则从本质上来看是企业获得的一项新的无形资产。

没有明确的合同或法律规定无形资产的使用寿命的，企业应当综合各方面情况，例如企业经过努力，聘请相关专家进行论证、与同行业的情况进行比较以及参考企业的历史经验等，来确定无形资产为企业带来未来经济利益的期限。如果经过这些努力，仍确实无法合理确定无形资产为企业带来经济利益的期限的，才能将该无形资产作为使用寿命不确定的无形资产。例如，企业取得了一项在过去几年市场份额领先的畅销产品的商标。该商标按照法律规定还有 5 年的使用寿命，但是在保护期届满时，企业可每 10 年即以较低的手续费申请延期，同时有证据表明企业有能力申请延期。此外，有关的调查表明，根据产品生命周期、市场竞争等方面情况综合判断，该品牌将在不确定的期间内为企业产生现金流量。综合各方面情况，该商标可视为使用寿命不确定的无形资产。又如，企业通过公开拍卖取得一项出租车运营许可，按照所在地规定，以现有出租运营许可为限，不再授予新的运营许可，而且在旧的出租车报废以后，有关的运营许可可用于新的出租车。企业估计在有限的未来，其将持续经营出租车行业。对于该运营许可，其为企业带来未来经济利益的期限从目前情况看，无法可靠估计。因此，应视其为使用寿命不确定的无形资产。

第十七条 使用寿命有限的无形资产，其应摊销金额应当在使用寿命内系统合理摊销。

企业摊销无形资产，应当自无形资产可供使用时起，至不再作为无形资产确认时止。

企业选择的无形资产摊销方法，应当反映与该项无形资产有关的经济利益的预期实现方式。无法可靠确定预期实现方式的，应当采用直线法摊销。

无形资产的摊销金额一般应当计入当期损益，其他会计准则另有规定的除外。

【解析 6-23】摊销期和摊销方法

无形资产的摊销期自其可供使用（即其达到预定用途）时起至终止确认时止，即无形资产摊销的起始和停止日期为：当月增加的无形资产，当月开始摊销；当月减少的无形资产，当月不再摊销。

在无形资产的使用寿命内系统地分摊其应摊销金额，存在多种方法。这些方法包括直线法、产量法等。企业选择的无形资产摊销方法，应当能够反映与该项无形资产有关的经济利益的预期消耗方式，并一致地运用于不同会计期间。例如，受技术陈旧因素影响较大的专利权和专有技术等无形资产，可采用类似固定资产加速折旧的方法进行摊销；有特定产量限制的特许经营权或专利权，应采用产量法进行摊销；无法可靠确定其预期消耗方式的，应当采用直线法进行摊销。

无形资产的摊销一般应计入当期损益，但如果某项无形资产是专门用于生产某种产品或者其他资产，其所包含的经济利益是通过转入所生产的产品或其他资产中实现的，则无形资产的摊销费用应当计入相关资产的成本。例如，某项专门用于生产过程中的专利技术，其摊销费用应构成所生产产品成本的一部分，计入制造该产品的制造费用。

持有待售的无形资产不进行摊销，按照账面价值与公允价值减去处置费用后的净额孰低进行计量。

企业在选择无形资产摊销方法时，应根据与无形资产有关的经济利益的预期消耗方式作出决定。收入可能受到投入、生产过程和销售等因素的影响，这些因素与无形资产有关经济利益的预期消耗方式无关，因此，企业通常不应以包括使用无形资产在内的经济活动所产生的收入为基础进行摊销，但是，下列极其有限的情况除外。

（1）企业根据合同约定确定无形资产固有的根本性限制条款（如无形资产的使用时间、使用无形资产生产产品的数量或因使用无形资产而应取得固定的收入总额）的，当该条款为因使用无形资产而应取得的固定的收入总额时，取得的收入可以成为摊销的合理基础，如企业获得勘探、开采黄金的特许权，且合同明确规定该特许权在销售黄金的收入总额达到某固定的金额时失效。

（2）有确凿的证据表明收入的金额和无形资产经济利益的消耗是高度相关的。

企业采用车流量法对高速公路经营权进行摊销的，不属于以包括使用无形资产在内的经济活动产生的收入为基础的摊销方法。

【例6-3】使用寿命有限的无形资产的摊销

2×16年1月1日，A公司从外单位购得一项非专利技术，支付价款5 000万元，款项已支付，估计该项非专利技术的使用寿命为10年，该项非专利技术用于产品生产；同时，购入一项商标权，支付价款3 000万元，款项已支付，估计该商标权的使用寿命为15年。假定这两项无形资产的净残值均为零，并按直线法摊销。

本例中，A公司外购的非专利技术的估计使用寿命为10年，表明该项无形资产是使用寿命有限的无形资产，且该项无形资产用于产品生产，因此，应当将其摊销金额计入相关产品的制造成本。A公司外购的商标权的估计使用寿命为15年，表明该项无形资产同样也是使用寿命有限的无形资产，而商标权的摊销金额通常直接计入当期管理费用。

A公司的账务处理如下。

（1）取得无形资产时。

借：无形资产——非专利技术	50 000 000	
——商标权	30 000 000	
贷：银行存款		80 000 000

（2）按年摊销时。

借：制造费用——非专利技术	5 000 000	
管理费用——商标权	2 000 000	
贷：累计摊销		7 000 000

如果A公司2×17年12月31日根据科学技术发展的趋势判断，2×16年购入的该项非专利技术在4年后将被淘汰，不能再为企业带来经济利益，决定对其再使用4年后不再使用。为此，A公司应当在2×17年12月31日据此变更该项非专利技术的估计使用寿命，并按会计估计变更进行处理。

2×17年12月31日该项无形资产累计摊销金额为1 000万元（500×2），2×18年该项无形资产的摊销金额为1 000万元[（5 000−1 000）÷4]。A公司2×18年对该项非专利技术按年摊销的账务处理如下。

借：制造费用——非专利技术　　10 000 000

　　贷：累计摊销　　10 000 000

第十八条　无形资产的应摊销金额为其成本扣除预计残值后的金额。已计提减值准备的无形资产，还应扣除已计提的无形资产减值准备累计金额。使用寿命有限的无形资产，其残值应当视为零，但下列情况除外：

（一）有第三方承诺在无形资产使用寿命结束时购买该无形资产。

（二）可以根据活跃市场得到预计残值信息，并且该市场在无形资产使用寿命结束时很可能存在。

【解析6-24】有关无形资产残值的理解

无形资产的残值，意味着在其经济寿命结束之前企业预计将会处置该无形资产，并且从该处置中取得利益。估计无形资产的残值应以资产处置时的可收回金额为基础，此时的可收回金额是指在预计出售日，出售一项使用寿命已满且处于类似使用状况下，同类无形资产预计的处置价格（扣除相关税费）。残值确定以后，在持有无形资产期间，至少应于每年年末进行复核，预计其残值与原估计金额不同的，应按照会计估计变更进行处理。如果无形资产的残值重新估计以后高于其账面价值的，则无形资产不再摊销，直至残值降至低于账面价值时再恢复摊销。

第十九条　使用寿命不确定的无形资产不应摊销。

【解析6-25】使用寿命不确定的无形资产的会计处理

根据可获得的相关信息判断，如果无法合理估计某项无形资产的使用寿命，应将其作为使用寿命不确定的无形资产进行核算。对于使用寿命不确定的无形资产，在持有期间内不需要摊销，但应当在每个会计期间进行减值测试。其减值测试的方法按照资产减值的原则进行处理，如经减值测试表明已发生减值，则需要计提相应的减值准备，其相关的账务处理为借记“资产减值损失”科目，贷记“无形资产减值准备”科目。

【例6-4】使用寿命不确定的无形资产的摊销

2×16年1月1日，A公司购入一项市场领先的畅销产品的商标，其成本为6 000万元，该商标按照法律规定还有5年的使用寿命，但是在保护期届满时，A公司可每10年以较低的手续费申请延期，同时，A公司有充分的证据表明其有能力申请延期。此外，有关的调查表明，根据产品生命周期、市场竞争等方面情况综合判断，该商标将在不确定的期间内为企业带来现金流量。

根据上述情况，该商标可视为使用寿命不确定的无形资产，在持有期间内不需要进行摊销。

2×17年年底，A公司对该商标按照资产减值的原则进行减值测试，经测试表明该商标已发生减值。2×17年年底，该商标的公允价值为4 000万元。

A公司的账务处理如下。

（1）2×16年购入商标时。

借：无形资产——商标权　60 000 000
　　贷：银行存款　60 000 000

（2）2×17 年发生减值时。

借：资产减值损失　（60 000 000−40 000 000）20 000 000
　　贷：无形资产减值准备——商标权　20 000 000

第二十条　无形资产的减值，应当按照《企业会计准则第 8 号——资产减值》处理。

【解析 6-26】无形资产的减值的处理原则

无形资产的减值按照本准则规定进行相关处理。

第二十一条　企业至少应当于每年年度终了，对使用寿命有限的无形资产的使用寿命及摊销方法进行复核。无形资产的使用寿命及摊销方法与以前估计不同的，应当改变摊销期限和摊销方法。

企业应当在每个会计期间对使用寿命不确定的无形资产的使用寿命进行复核。如果有证据表明无形资产的使用寿命是有限的，应当估计其使用寿命，并按本准则规定处理。

【解析 6-27】使用寿命及摊销方法的复核

企业至少应当于每年年度终了，对无形资产的使用寿命及摊销方法进行复核，如果有证据表明无形资产的使用寿命及摊销方法不同于以前的估计，如由于合同的续约或无形资产应用条件的改善，延长了无形资产的使用寿命，则对于使用寿命有限的无形资产，应改变其摊销年限及摊销方法，并按照会计估计变更进行处理。例如，企业使用的某项非专利技术，原预计使用寿命为 5 年，使用至第 2 年年末，该企业计划再使用 2 年即不再使用，为此，企业应当在第 2 年年末变更该项无形资产的使用寿命，并作为会计估计变更进行处理。又如，某项无形资产计提了减值准备，这可能表明企业原估计的摊销期限需要作出变更。

对于使用寿命不确定的无形资产，如果有证据表明其使用寿命是有限的，则应视为会计估计变更，应当估计其使用寿命并按照使用寿命有限的无形资产的处理原则进行处理。

第五章　处置和报废

第二十二条　企业出售无形资产，应当将取得的价款与该无形资产账面价值的差额计入当期损益。

【例 6-5】无形资产的出售

20×7 年 1 月 1 日，B 公司拥有某项专利技术的成本为 1 000 万元，已摊销金额为 500 万元，已计提的减值准备为 20 万元。该公司于 20×7 年将该项专利技术出售给 C 公司，取得出售收入 600 万元，应缴纳的增值税等相关税费为 36 万元。

B 公司的账务处理如下。

借：银行存款　6 000 000
　　累计摊销　5 000 000

无形资产减值准备　　200 000
贷：无形资产　　10 000 000
应交税费——应交增值税　　360 000
营业外收入——处置非流动资产利得　　840 000

如果该公司转让该项专利技术取得的收入为 4 000 000 元，应缴纳的增值税等相关税费为 240 000 元。B 公司的账务处理如下。

借：银行存款　　4 000 000
累计摊销　　5 000 000
无形资产减值准备　　200 000
营业外支出——处置非流动资产损失　　1 040 000
贷：无形资产　　10 000 000
应交税费——应交增值税　　240 000

第二十三条　无形资产预期不能为企业带来经济利益的，应当将该无形资产的账面价值予以转销。

【解析 6-28】无形资产账面价值转销的相关会计处理

如果无形资产预期不能为企业带来未来经济利益，例如，该无形资产已被其他新技术所替代或超过法律保护期，不能再为企业带来经济利益的，则不再符合无形资产的定义，应将其报废并予以转销，其账面价值转作当期损益。转销时，应按已计提的累计摊销，借记“累计摊销”科目；按其账面余额，贷记“无形资产”科目；按其差额，借记“营业外支出”科目。已计提减值准备的，还应同时结转减值准备。

第六章　披露

第二十四条　企业应当按照无形资产的类别在附注中披露与无形资产有关的下列信息：

（一）无形资产的期初和期末账面余额、累计摊销额及减值准备累计金额。

（二）使用寿命有限的无形资产，其使用寿命的估计情况；使用寿命不确定的无形资产，其使用寿命不确定的判断依据。

（三）无形资产的摊销方法。

（四）用于担保的无形资产账面价值、当期摊销额等情况。

（五）计入当期损益和确认为无形资产的研究开发支出金额。

【解析 6-29】企业应当按照无形资产的类别在附注中披露的信息

为了提高企业财务报告与管理信息的真实性、可靠性与完整性，保障资产的安全完整和企业经营的合法合规，企业必须按照本准则要求对无形资产的类别在附注中进行会计信息披露与监管。

第二十五条　企业应当披露当期确认为费用的研究开发支出总额。

【解析 6–30】企业应当披露当期确认为费用的研究开发支出总额

为了提高企业财务报告与管理信息的真实性、可靠性与完整性，保障资产的安全完整和企业经营的合法合规，企业必须按照本准则要求对当期确认为费用的研究开发支出总额进行会计信息披露与监管。

企业会计准则第7号——非货币性资产交换

《企业会计准则第7号——非货币性资产交换》于2019年5月9日由财会〔2019〕8号公布，自2019年6月10日起施行。

第一章　总则

第一条　为了规范非货币性资产交换的确认、计量和相关信息的披露，根据《企业会计准则——基本准则》，制定本准则。

【解析7-1】《企业会计准则——基本准则》

《企业会计准则——基本准则》是制定会计准则应当遵循的基本法则。

第二条　非货币性资产交换，是指企业主要以固定资产、无形资产、投资性房地产和长期股权投资等非货币性资产进行的交换。该交换不涉及或只涉及少量的货币性资产（即补价）。

货币性资产，是指企业持有的货币资金和收取固定或可确定金额的货币资金的权利。

非货币性资产，是指货币性资产以外的资产。

【解析7-2】关于非货币性资产交换的定义

非货币性资产交换，是指企业主要以固定资产、无形资产、投资性房地产和长期股权投资等非货币性资产进行的交换。该交换不涉及或只涉及少量的货币性资产（即补价）。

非货币性资产是相对于货币性资产而言的。货币性资产，是指企业持有的货币资金和收取固定或可确定金额的货币资金的权利，包括库存现金、银行存款、应收账款和应收票据等。非货币性资产，是指货币性资产以外的资产，如存货（原材料、包装物、低值易耗品、库存商品等）、固定资产、在建工程、生产性生物资产、无形资产、投资性房地产、长期股权投资等。

摘录于《〈企业会计准则第7号——非货币性资产交换〉应用指南2019年》

【解析7-3】非货币性资产与货币性资产的区别

非货币性资产有别于货币性资产的最基本特征是其在将来为企业带来的经济利益（即货币金额）是不固定的或不可确定的。如果资产在将来为企业带来的经济利益（即货币金额）是固定的或可确定的，则该资产是货币性资产；反之，如果资产在将来为企业带来的经济利益（即货币金额）是不固定的或不确定的，则该资产是非货币性资产。例如，企业持有固定资产的主要目的是用于生产经营，通过折旧方式将其磨损价值转移到产品成本或服务中，然后通过产品销售或提供服务获利。固定资产在将来为企业带来的经济利益（即货币金额）是不固定的或不可确定的，因此，固定资产属于非货币性资产。

【解析 7-4】非货币性资产交换的特征

第一，非货币性资产交换的交易对象主要是非货币性资产。企业用货币性资产（如现金、银行存款）来交换非货币性资产（如存货、固定资产等）的交易最为普遍；但是在有些情况下，企业为了满足各自生产经营的需要，同时减少货币性资产的流入和流出，而进行非货币性资产交换交易。比如，A 企业需要 B 企业闲置的生产设备，B 企业需要 A 企业闲置的办公楼，双方在货币性资产短缺的情况下，可能会出现非货币性资产交换的交易行为。

第二，非货币性资产交换是以非货币性资产进行交换的行为。交换，通常是指一个企业和另一个企业之间的互惠转让，通过转让，企业以让渡其他资产或劳务或者承担其他义务而取得资产或劳务（或偿还负债）。非互惠的非货币性资产转让不属于本部分所述的非货币性资产交换，如企业捐赠非货币性资产等。

第三，非货币性资产交换一般不涉及货币性资产，但有时也可能涉及少量的货币性资产。

通常情况下，交易双方对于某项交易是否为非货币性资产交换的判断是一致的。需要注意的是，对非货币性资产交换进行判断，企业应从自身的角度，根据交易的实质判断相关交易是否属于本部分定义的非货币性资产交换，不应基于交易双方的情况进行判断。例如，投资方以一项固定资产出资取得对被投资方的权益性投资，对投资方来说，换出资产为固定资产，换入资产为长期股权投资，属于非货币性资产交换；对于被投资方来说，则是接受换入的实物资产，属于接受权益性投资，不属于非货币性资产交换。

【解析 7-5】非货币性资产交换的认定

非货币性资产交换一般不涉及货币性资产，或只涉及少量货币性资产即补价。根据非货币性资产交换相关规定，认定涉及少量货币性资产的交换为非货币性资产交换，通常以补价占整个资产交换金额的比例是否低于 25% 作为参考比例。具体来说：从收到补价的企业来看，收到的补价的公允价值占换出资产公允价值（或占换入资产公允价值和收到的货币性资产之和）的比例低于 25% 的，视为非货币性资产交换；从支付补价的企业来看，支付的货币性资产占换出资产公允价值与支付的补价的公允价值之和（或占换入资产公允价值）的比例低于 25% 的，视为非货币性资产交换；如果上述比例高于 25%（含 25%）的，则视为货币性资产交换，适用《企业会计准则第 14 号——收入》等相关准则的规定。

第三条 本准则适用于所有非货币性资产交换，但下列各项适用其他相关会计准则：

（一）企业以存货换取客户的非货币性资产的，适用《企业会计准则第 14 号——收入》。

（二）非货币性资产交换中涉及企业合并的，适用《企业会计准则第 20 号——企业合并》《企业会计准则第 2 号——长期股权投资》和《企业会计准则第 33 号——合并财务报表》。

（三）非货币性资产交换中涉及由《企业会计准则第 22 号——金融工具确认和计量》规范的金融资产的，金融资产的确认、终止确认和计量适用《企业会计准则第 22 号——金融工具确认和计量》和《企业会计准则第 23 号——金融资产转移》。

（四）非货币性资产交换中涉及由《企业会计准则第 21 号——租赁》规范的使用权资产

或应收融资租赁款等的，相关资产的确认、终止确认和计量适用《企业会计准则第 21 号——租赁》。

（五）非货币性资产交换的一方直接或间接对另一方持股且以股东身份进行交易的，或者非货币性资产交换的双方均受同一方或相同的多方最终控制，且该非货币性资产交换的交易实质是交换的一方向另一方进行了权益性分配或交换的一方接受了另一方权益性投入的，适用权益性交易的有关会计处理规定。

【解析 7–6】关于准则适用范围的理解

例如，集团重组中发生的非货币性资产划拨、划转行为，在股东或最终控制方的安排下，企业无代价或以明显不公平的代价将非货币性资产转让给其他企业或接受其他企业的非货币性资产，该类转让的实质是企业进行了权益性分配或接受了权益性投入，不适用本准则，应当适用权益性交易会计处理的有关规定。

摘录于《〈企业会计准则第 7 号——非货币性资产交换〉应用指南 2019 年》

【解析 7–7】涉及非货币性资产但不属于本准则规范范围的情形

实务中，某些交易和事项虽涉及非货币性资产，但不属于本准则规范的非货币性资产交换，适用其他相关会计准则的规定，包括但不限于以下情形。

1. 企业从政府无偿取得非货币性资产（比如，企业从政府无偿取得土地使用权等）的，适用《企业会计准则第 16 号——政府补助》。

2. 企业将非流动资产或处置组分配给所有者的，适用《企业会计准则第 42 号——持有待售的非流动资产、处置组和终止经营》。

3. 企业以非货币性资产向职工发放非货币性福利的，适用《企业会计准则第 9 号——职工薪酬》。

4. 企业以发行股票方式取得非货币性资产的，相当于以权益工具结算买入非货币性资产，适用其他相关会计准则。

5. 企业用于交换的资产目前尚不存在或尚不属于本企业的，适用其他相关会计准则。根据本准则的规定，企业用于非货币性资产交换的非货币性资产应当符合资产的定义并满足资产的确认条件，且作为资产列报于企业的资产负债表上。企业用于交换的资产目前尚不存在或尚不属于本企业的情形，不属于本准则规范的非货币性资产交换。例如，甲企业从乙企业取得一项土地使用权，承诺未来 3 年内在该地块上建造写字楼，并待写字楼建造完成后向乙企业交付一幢写字楼，在这种情形下，由于甲企业用于交换的建筑物尚不存在，因此无论对甲企业还是乙企业而言，该交易不属于本准则规范的非货币性资产交换。

摘录于《〈企业会计准则第 7 号——非货币性资产交换〉应用指南 2019 年》

第二章　确认

第四条　企业应当分别按照下列原则对非货币性资产交换中的换入资产进行确认，对换出资产终止确认：

（一）对于换入资产，企业应当在换入资产符合资产定义并满足资产确认条件时予以确认；

（二）对于换出资产，企业应当在换出资产满足资产终止确认条件时终止确认。

【解析 7-8】货币性资产交换中的换入资产或换出资产均为固定资产的时点的确认

例如，某企业在非货币性资产交换中的换入资产或换出资产均为固定资产，按照《企业会计准则第 4 号——固定资产》和《企业会计准则第 14 号——收入》的规定，换入的固定资产应当在与该固定资产有关的经济利益很可能流入企业，且成本能够可靠地计量时确认；换出的固定资产应当以换入企业取得该固定资产控制权时点作为处置时点终止确认。

第五条 换入资产的确认时点与换出资产的终止确认时点存在不一致的，企业在资产负债表日应当按照下列原则进行处理：

（一）换入资产满足资产确认条件，换出资产尚未满足终止确认条件的，在确认换入资产的同时将交付换出资产的义务确认为一项负债。

（二）换入资产尚未满足资产确认条件，换出资产满足终止确认条件的，在终止确认换出资产的同时将取得换入资产的权利确认为一项资产。

【解析 7-9】确认时点

非货币性资产交换中的资产应当符合资产的定义并满足资产的确认条件，且作为资产列报于企业的资产负债表上。因此，通常情况下，换入资产的确认时点与换出资产的终止确认时点应当相同或相近。

第三章　以公允价值为基础计量

第六条 非货币性资产交换同时满足下列条件的，应当以公允价值为基础计量：

（一）该项交换具有商业实质；

（二）换入资产或换出资产的公允价值能够可靠地计量。

换入资产和换出资产的公允价值均能够可靠计量的，应当以换出资产的公允价值为基础计量，但有确凿证据表明换入资产的公允价值更加可靠的除外。

【解析 7-10】公允价值的确定

实务中，企业在进行非货币性资产交换时，相关换入资产或换出资产的公允价值通常会在合同中约定；对于合同中没有约定的，应当按照合同开始日（合同生效日）的公允价值确定。

一般来说，取得资产的成本应当按照所放弃资产的对价来确定，在非货币性资产交换中，换出资产就是放弃的对价，如果其公允价值能够可靠确定，应当优先考虑按照换出资产的公允价值作为确定换入资产成本的基础；如果有确凿证据表明换入资产的公允价值更加可靠的，应当以换入资产公允价值为基础确定换入资产的成本。

对于非货币资产交换中换入资产和换出资产的公允价值均能够可靠计量的情形，企业在判断是否有确凿证据表明换入资产的公允价值更加可靠时，应当考虑确定公允价值所使用的输入值层次，企业可以参考以下情况：第一层次输入值为公允价值提供了最可靠的证据，第二层次直接或间接可观察的输入值比第三层次不可观察输入值为公允价值提供更确凿的证据。实务中，在考虑了补价因素的调整后，正常交易中换入资产的公允价值和换出资产的公允价值通常是一致的。

摘录于《〈企业会计准则第 7 号——非货币性资产交换〉应用指南 2019 年》

第七条 满足下列条件之一的非货币性资产交换具有商业实质：

（一）换入资产的未来现金流量在风险、时间分布或金额方面与换出资产显著不同。

（二）使用换入资产所产生的预计未来现金流量现值与继续使用换出资产不同，且其差额与换入资产和换出资产的公允价值相比是重大的。

【解析 7-11】商业实质的判断

1. 企业应当对比考虑换入资产与换出资产的未来现金流量在风险、时间分布或金额的 3 个方面，对非货币性资产交换是否具有商业实质进行综合判断。通常情况下，只要换入资产和换出资产的未来现金流量在其中某个方面存在显著不同，即表明满足商业实质的判断条件。

例如，某企业以对联营企业的投资换入一项设备，对联营企业的投资与设备两者产生现金流量的时间相差较大，则可以判断上述对联营企业投资与固定资产的未来现金流量显著不同，因而该两项资产的交换具有商业实质。又如，A 企业以其用于经营出租的一幢公寓楼，与 B 企业同样用于经营出租的一幢公寓楼进行交换，两幢公寓楼的租期、每期租金总额均相同，但是 A 企业是租给一家财务及信用状况良好的企业（该企业租用该公寓是给其单身职工居住），B 企业的客户则都是单个租户，相比较而言，A 企业取得租金的风险较小，B 企业租户为散户，租金的取得依赖于各单个租户的财务和信用状况。因此，两者现金流量流入的风险或不确定性程度存在明显差异，则两幢公寓楼的未来现金流量显著不同，进而可判断该两项资产的交换具有商业实质。

2. 企业如按照上述第一个条件难以判断某项非货币性资产交换是否具有商业实质，即可根据第二个条件，通过计算换入资产和换出资产的预计未来现金流量现值，进行比较后判断。资产预计未来现金流量现值，应当按照资产在持续使用过程和最终处置时预计产生的税后未来现金流量，根据企业自身而不是市场参与者对资产特定风险的评价，选择恰当的折现率对预计未来现金流量折现后的金额加以确定，即国际财务报告准则所称的“主体特定价值”。

从市场参与者的角度分析，换入资产和换出资产预计未来现金流量在风险、时间分布或金额方面可能相同或相似。但是，鉴于换入资产的性质和换入企业经营活动的特征等因素，换入资产与换入企业其他现有资产相结合，能够比换出资产产生更大的作用，使换入企业受该换入资产影响的经营活动部分产生的现金流量，与换出资产明显不同，即换入资产对换入企业的使用价值与换出资产对该企业的使用价值明显不同，使换入资产预计未来现金流量现值与换出资产发生明显差异，因而表明该两项资产的交换具有商业实质。

例如，某企业以一项专利权换入另一企业拥有的长期股权投资，假定从市场参与者来看，该项专利权与该项长期股权投资的公允价值相同，两项资产未来现金流量的风险、时间分布或金额亦相同。但是，对换入企业来讲，换入该项长期股权投资使该企业对被投资方由重大影响变为控制关系，从而对换入企业产生的预计未来现金流量现值与换出的专利权有较大差异；另一企业换入的专利权能够解决生产中的技术难题，从而对换入企业产生的预计未来现金流量现值与换出的长期股权投资有明显差异，因而该两项资产的交换具有商业实质。

3. 交换涉及的资产类别与商业实质的关系。

企业在判断非货币性资产交换是否具有商业实质时，还可以从资产是否属于同一类别进行分析，因为不同类非货币性资产因其产生经济利益的方式不同，一般来说，其产生的未来现金流量风险、时间分布或金额也不相同，因而不同类非货币性资产之间的交换是否具有商业实质，通常较易判断。不同类非货币性资产是指在资产负债表中列示的不同大类的非货币性资产，比如固定资产、投资性房地产、生物资产、长期股权投资、无形资产等都是不同类别的资产。例如，企业以一项用于出租的投资性房地产交换一项固定资产自用，属于不同类非货币性资产交换，在这种情况下，企业就将未来现金流量由每期产生的租金流，转化为该项资产独立产生或包括该项资产的资产组协同产生的现金流。通常情况下，由定期租金带来的现金流量与用于生产经营的固定资产产生的现金流量在风险、时间分布或金额方面有所差异，因此，该两项资产的交换应当视为具有商业实质。

同类非货币性资产交换是否具有商业实质，通常较难判断，需要根据上述判断条件综合判断。企业应当重点关注的是换入资产和换出资产为同类资产的情况，同类资产产生的未来现金流量既可能相同，也可能显著不同，其之间的交换可能具有商业实质，也可能不具有商业实质。比如，A 企业将自己拥有的一幢建筑物，与 B 企业拥有的在同一地点的另一幢建筑物相交换，两幢建筑物的建造时间、建造成本等均相同，但两者未来现金流量的风险、时间分布或金额可能不同。

第八条 以公允价值为基础计量的非货币性资产交换，对于换入资产，应当以换出资产的公允价值和应支付的相关税费作为换入资产的成本进行初始计量；对于换出资产，应当在终止确认时，将换出资产的公允价值与其账面价值之间的差额计入当期损益。

有确凿证据表明换入资产的公允价值更加可靠的，对于换入资产，应当以换入资产的公允价值和应支付的相关税费作为换入资产的初始计量金额；对于换出资产，应当在终止确认时，将换入资产的公允价值与换出资产账面价值之间的差额计入当期损益。

【解析 7-12】会计处理原则

计入换入资产的应支付的相关税费应当符合相关会计准则对资产初始计量成本的规定。例如，换入资产为存货的，包括相关税费和使该资产达到目前场所和状态所发生的运输费、装卸费、保险费以及可归属于该资产的其他成本；换入资产为长期股权投资的，包括与取得该资产直接相关的费用、税金和其他必要支出；换入资产为投资性房地产的，包括相关税费和可直接归属于该资产的其他支出；换入资产为固定资产的，包括相关税费和使该资产达到预定可使用状态前所发生的可归属于该资产的运输费、装卸费、安装费和专业人员服务费等；换入资产为生产性生物资产的，包括相关税费、运输费、保险费以及可直接归属于该资产的其他支出；换入资产为无形资产的，包括相关税费以及直接归属于使该资产达到预定用途所发生的其他支出。上述税费均不包括准予从增值税销项税额中抵扣的进项税额。

计入当期损益的会计处理视换出资产类别的不同而有所区别：（1）换出资产为固定资产、在建工程、生产性生物资产和无形资产的，计入当期损益的部分通过“资产处置损益”科目核算，在利润表“资产处置收益”项目中列示；（2）换出资产为投资性房地产的，按换出资产公允价值或换入资产公允价值确认其他业务收入，按换出资产账面价值结转其他业务成本，二者之间的差额计入当期损益，二者分别在利润表“营业收入”和“营业成本”项目中列示；（3）换出资产为长期股权投资的，计入当期损益的部分通过“投资收益”科目核算，在利润表“投资收益”项目中列示。

摘录于《〈企业会计准则第 7 号——非货币性资产交换〉应用指南 2019 年》

【解析 7-13】关于换入资产的初始计量

现行准则体系中，以其他方式取得的存货、固定资产、无形资产、投资性房地产和长期股权投资等金融资产以外的非货币性资产一般以成本计量。与其他准则的原则保持一致，本准则规定，以公允价值为基础计量的非货币性资产交换，换入资产以换出资产的公允价值为基础进行计量（即换入资产的成本），但有确凿证据表明换入资产的公允价值更加可靠的除外。

由于实务中可能存在有确凿证据表明换入资产的公允价值更加可靠的情形，本准则同时规范了以换入资产的公允价值为基础进行会计处理的原则。

摘录于《〈企业会计准则第 7 号——非货币性资产交换〉应用指南 2019 年》

【解析 7-14】关于相关损益的计量

为保持准则体系的内在协调，参照《企业会计准则第 14 号——收入》对存货销售取得非现金对价的处理原则，换出资产应当按照对价的公允价值计量处置损益，即以换入资产（收到对价）的公允价值作为计量处置损益的基础；若换入资产的公允价值不能合理估计的，则以换出资产的公允价值作为计量处置损益的基础。

按照上述原则，换入资产以换出资产的公允价值为基础计量，换入资产公允价值与换出资产账面价值之间的差额为换出资产的处置损益。当换出资产公允价值和换入资产公允价值之间存在差额时，该差额即为因交换资产而产生的损益。实务中，公平交易中的换入资产和换出资产的公允价值应当相等，通常即便不等也差异不大（即，因交换资产而产生的损益通常不重大），但若要单独区分出因交换资产而产生的损益，则企业为此须花费较大成本去同时获取换入资产和换出资产两项公允价值。考虑到因交换资产而产生的损益通常不重大，且和换出资产的处置损益最终都将反映在利润表中，即使企业花费较大成本将两项损益进行区分，报表使用者从该信息中获得的收益也极为有限，因此，为了简化实务操作，本准则不要求区分换出资产的处置损益和因交换资产而产生的损益，而是将二者合并作为换出资产的处置损益处理。即，企业以换出资产的公允价值作为换入资产初始计量基础的同时，将换出资产的公允价值与其账面价值之间的差额计入当期损益。

摘录于《〈企业会计准则第 7 号——非货币性资产交换〉应用指南 2019 年》

【例7-1】基于公允价值的非货币性资产交换

2×19年9月，A公司以生产经营过程中使用的一台设备交换B打印机公司（以下简称B公司）生产的一批打印机，换入的打印机作为固定资产管理。A、B公司均为增值税一般纳税人，适用的增值税税率为13%。设备的账面原价为150万元，在交换日的累计折旧为45万元，公允价值为90万元。打印机的账面价值为110万元，在交换日的市场价格为90万元，计税价格等于市场价格。B公司换入A公司的设备是生产打印机过程中需要使用的设备。

假设A公司此前没有为该项设备计提资产减值准备，整个交易过程中，除支付运杂费15 000元外，没有发生其他相关税费。假设B公司此前也没有为库存打印机计提存货跌价准备，其在整个交易过程中没有发生除增值税以外的其他税费。

分析：整个资产交换过程没有涉及收付货币性资产，因此该项交换属于非货币性资产交换。本例是以存货换入固定资产，对A公司来讲，换入的打印机是经营过程中必需的资产，对B公司来讲，换入的设备是生产打印机过程中必须使用的机器，两项资产交换后对换入企业的特定价值显著不同，两项资产的交换具有商业实质；同时，两项资产的公允价值都能够可靠地计量，符合以公允价值计量的两个条件，因此A公司和B公司均应当以换出资产的公允价值为基础，确定换入资产的成本，并确认产生的损益。

A公司的账务处理如下。

A公司换入资产的增值税进项税额=900 000×13%=117 000（元）

换出设备的增值税销项税额=900 000×13%=117 000（元）

借：固定资产清理	1 050 000	
累计折旧	450 000	
贷：固定资产——设备		1 500 000
借：固定资产清理	15 000	
贷：银行存款		15 000
借：固定资产——打印机	900 000	
应交税费——应交增值税（进项税额）	117 000	
资产处置损益	165 000	
贷：固定资产清理		1 065 000
应交税费——应交增值税（销项税额）		117 000

B公司的账务处理如下。

根据增值税的有关规定，企业以库存商品换入其他资产，视同销售行为发生，应计算增值税销项税额，缴纳增值税。

换出打印机的增值税销项税额=900 000×13%=117 000（元）

换入设备的增值税进项税额=900 000×13%=117 000（元）

借：固定资产——设备	900 000	
应交税费——应交增值税（进项税额）	117 000	
贷：主营业务收入		900 000

应交税费——应交增值税（销项税额）　　117 000

借：主营业务成本　　1 100 000

贷：库存商品——打印机　　1 100 000

第九条　以公允价值为基础计量的非货币性资产交换，涉及补价的，应当按照下列规定进行处理：

（一）支付补价的，以换出资产的公允价值，加上支付补价的公允价值和应支付的相关税费，作为换入资产的成本，换出资产的公允价值与其账面价值之间的差额计入当期损益。

有确凿证据表明换入资产的公允价值更加可靠的，以换入资产的公允价值和应支付的相关税费作为换入资产的初始计量金额，换入资产的公允价值减去支付补价的公允价值，与换出资产账面价值之间的差额计入当期损益。

（二）收到补价的，以换出资产的公允价值，减去收到补价的公允价值，加上应支付的相关税费，作为换入资产的成本，换出资产的公允价值与其账面价值之间的差额计入当期损益。

有确凿证据表明换入资产的公允价值更加可靠的，以换入资产的公允价值和应支付的相关税费作为换入资产的初始计量金额，换入资产的公允价值加上收到补价的公允价值，与换出资产账面价值之间的差额计入当期损益。

【解析 7-15】关于补价的计量

非货币性资产交换中的补价是货币性资产，应以公允价值计量。根据本准则的规定，收到补价的，无论交易是否具有商业实质，补价都应当以公允价值计量；支付补价的，在没有商业实质的交易中，补价应当和其他换出资产的处理原则一致。

摘录于《〈企业会计准则第 7 号——非货币性资产交换〉应用指南 2019 年》

【解析 7-16】补价

在涉及补价的情况下，对于支付补价方而言，作为补价的货币性资产构成换入资产所放弃对价的一部分；对于收到补价方而言，作为补价的货币性资产构成换入资产的一部分。

第十条　以公允价值为基础计量的非货币性资产交换，同时换入或换出多项资产的，应当按照下列规定进行处理：

（一）对于同时换入的多项资产，按照换入的金融资产以外的各项换入资产公允价值相对比例，将换出资产公允价值总额（涉及补价的，加上支付补价的公允价值或减去收到补价的公允价值）扣除换入金融资产公允价值后的净额进行分摊，以分摊至各项换入资产的金额，加上应支付的相关税费，作为各项换入资产的成本进行初始计量。

有确凿证据表明换入资产的公允价值更加可靠的，以各项换入资产的公允价值和应支付的相关税费作为各项换入资产的初始计量金额。

（二）对于同时换出的多项资产，将各项换出资产的公允价值与其账面价值之间的差额，在各项换出资产终止确认时计入当期损益。

有确凿证据表明换入资产的公允价值更加可靠的，按照各项换出资产的公允价值的相对比例，将换入资产的公允价值总额（涉及补价的，减去支付补价的公允价值或加上收到补价的公允价值）分摊至各项换出资产，分摊至各项换出资产的金额与各项换出资产账面价值之间的差额，在各项换出资产终止确认时计入当期损益。

【例 7-2】以公允价值为基础计量的非货币性资产交换，涉及补价的会计处理

甲公司和乙公司均为增值税一般纳税人。经协商，甲公司和乙公司于 2×20 年 1 月 25 日签订资产交换合同，当日生效。合同约定，甲公司用于交换的资产包括：一间生产用厂房，公允价值为 110 万元；一幢自购入时就全部用于经营出租的公寓楼，公允价值为 390 万元。乙公司用于交换的资产包括：一块土地的使用权，公允价值为 240 万元；经营过程中使用的 10 辆货车，公允价值为 300 万元。甲公司以银行存款向乙公司支付补价 40 万元。双方于 2×20 年 2 月 1 日完成了资产交换手续。

交换当日，甲公司的厂房的账面价值为 120 万元（其中账面原价为 150 万元，已计提折旧 30 万元），作为采用成本模式计量的投资性房地产的公寓楼的账面价值为 360 万元（其中账面原价为 420 万元，已计提折旧 60 万元）；乙公司的土地使用权的账面价值为 210 万元（其中成本 220 万元，累计摊销额为 10 万元），10 辆货车的账面价值为 320 万元（其中账面原价为 400 万元，已计提折旧 80 万元）。甲公司开具两张增值税专用发票，分别注明厂房的计税价格 110 万元，增值税税额 9.9 万元；公寓楼的计税价格 390 万元，增值税税额 35.1 万元。乙公司开具两张增值税专用发票，分别注明土地使用权的计税价格 240 万元，增值税税额 21.6 万元；10 辆货车的计税价格 300 万元，增值税税额 39 万元。甲公司以银行存款向乙公司支付增值税差额 15.6 万元。交易过程中，甲公司用银行存款支付了土地使用权的契税及过户费用 5 万元，乙公司用银行存款分别支付了厂房和公寓楼的契税及过户费用 3 万元和 10 万元。

假设甲公司和乙公司此前均未对上述资产计提减值准备，上述资产交换后的用途不发生改变。不考虑其他税费。

分析：本例中，涉及收付货币性资产，应当计算货币性资产占整个资产交换的比例。补价 40 万元占整个资产交换金额 540 万元的比例为 7.41% ＜ 25%，属于非货币性资产交换。

本例中用于交换的厂房是通过在厂房使用寿命内与其他资产协同生产产品并对外销售而产生现金流量，公寓楼是通过经营出租并定期收取租金而产生稳定均衡的现金流量，土地使用权是通过在其上建造房屋后与房屋共同产生现金流量，货车是通过使用或提供服务而产生独立的现金流量，各项资产的未来现金流量在风险、时间和金额方面均明显不同，因而交换具有商业实质。同时，各项资产的公允价值都能够可靠地计量，符合以公允价值为基础计量的条件。假设均没有确凿证据表明换入资产的公允价值更加可靠，甲公司和乙公司均以换出资产的公允价值为基础确定各项换入资产的成本，并确认各项换出资产产生的损益。

甲公司的会计处理如下。

（1）确定各项换入资产的初始计量金额，如表 7-1 所示。

表 7-1　甲公司各项换入资产初始计量金额的确定

单位：元

换入资产	公允价值	换出资产公允价值总额 + 补价	分摊额	相关税费	初始计量金额
无形资产——土地使用权	2 400 000	不适用	2 400 000	50 000	2 450 000
固定资产——货车	3 000 000	不适用	3 000 000	0	3 000 000
合计	5 400 000	5 400 000	5 400 000	50 000	5 450 000

（2）确定各项换出资产终止确认的相关损益，如表 7-2 所示。

表 7-2　甲公司各项换出资产终止确认的相关损益的确定

单位：元

换出资产	账面价值	公允价值	处置损益
固定资产——厂房	1 200 000	1 100 000	-100 000
投资性房地产	3 600 000	3 900 000	300 000
合计	4 800 000	5 000 000	200 000

（3）甲公司的账务处理如下。

① 终止确认换出的厂房，转入固定资产清理。

借：固定资产清理　　1 299 000
　　累计折旧——厂房　　300 000
　　贷：固定资产——厂房　　1 500 000
　　　　应交税费——应交增值税（销项税额）　　99 000

② 确认换入的土地使用权和货车，同时确认换出资产相关损益。

借：无形资产——土地使用权　　2 400 000
　　固定资产——货车　　3 000 000
　　应交税费——应交增值税（进项税额）　　606 000
　　资产处置损益　　100 000
　　贷：固定资产清理　　1 299 000
　　　　其他业务收入　　3 900 000
　　　　应交税费——应交增值税（销项税额）　　351 000
　　　　银行存款　　556 000

③ 确认换入的土地使用权的相关税费。

借：无形资产——土地使用权　　50 000
　　贷：银行存款　　50 000

④ 终止确认换出的投资性房地产，结转其他业务成本。

借：其他业务成本　　3 600 000
　　投资性房地产累计折旧　　600 000
　　贷：投资性房地产　　4 200 000

乙公司的会计处理如下。

（1）确定各项换入资产的初始计量金额，如表 7-3 所示。

表 7-3　乙公司各项换入资产初始计量金额的确定

单位：元

换入资产	公允价值	换出资产公允价总额 – 补价	分摊额	相关税费	初始计量金额
固定资产——厂房	1 100 000	不适用	1 100 000	30 000	1 130 000
投资性房地产	3 900 000	不适用	3 900 000	100 000	4 000 000
合计	5 000 000	5 000 000	5 000 000	130 000	5 130 000

（2）确定各项换出资产终止确认的相关损益，如表 7-4 所示。

表 7-4　乙公司各项换出资产终止确认的相关损益的确定

单位：元

换出资产	账面价值	公允价值	处置损益
无形资产——土地使用权	2 100 000	2 400 000	300 000
固定资产——货车	3 200 000	3 000 000	–200 000
合计	5 300 000	5 400 000	100 000

（3）乙公司的账务处理如下。

① 终止确认换出的 10 辆货车，转入固定资产清理。

借：固定资产清理　　3 590 000
　　累计折旧——货车　　800 000
　　贷：固定资产——货车　　4 000 000
　　　　应交税费——应交增值税（销项税额）　　390 000

② 确认换入的厂房和公寓楼，同时确认换出资产相关损益。

借：固定资产——厂房　　1 100 000
　　投资性房地产　　3 900 000
　　应交税费——应交增值税（进项税额）　　450 000
　　银行存款　　556 000
　　累计摊销　　100 000
　　贷：无形资产——土地使用权　　2 200 000
　　　　应交税费——应交增值税（销项税额）　　216 000
　　　　资产处置损益　　100 000
　　　　固定资产清理　　3 590 000

③ 确认换入的厂房和公寓楼的相关税费。

借：固定资产——厂房　　30 000
　　投资性房地产　　100 000
　　贷：银行存款　　130 000

【例 7-3】包含股票资产的资产互换的会计处理

沿用【例 7-2】，假设其他条件不变，合同约定甲公司用于交换的资产还包括一项对 P 公司的股票投资，甲公司将该投资作为交易性金融资产核算。该股票投资在 2×20 年 1 月 25 日的公允价值为 30 万元，账面价值为 25 万元。由于该股票有较好的前景，按合同约定甲公司向乙公司支付补价 8 万元。

分析：本例中，沿用【例 7-2】的分析，甲公司和乙公司均以换出资产的公允价值为基础确定各项换入资产的成本，并确认各项换出资产产生的损益。另外，甲公司和乙公司用于交换的非货币性资产中包含交易性金融资产，属于由《企业会计准则第 22 号——金融工具确认和计量》规范的金融资产。甲公司和乙公司应按照《企业会计准则第 22 号——金融工具确认和计量》和《企业会计准则第 23 号——金融资产转移》的规定分别对换出和换入的交易性金融资产进行会计处理。

甲公司的会计处理如下。

（1）确定各项换入资产的初始计量金额，如表 7-5 所示。

表 7-5　甲公司各项换入资产的初始计量金额的确定

单位：元

换入资产	公允价值	换出资产公允价值总额 + 补价	分摊金额	相关税费	初始计量金额
无形资产——土地使用权	2 400 000	不适用	2 391 100	50 000	2 441 100
固定资产——货车	3 000 000	不适用	2 988 900	0	2 988 900
合计	5 400 000	5 380 000	5 380 000	50 000	5 430 000

（2）确定各项换出资产终止确认的相关损益，如表 7-6 所示。

表 7-6　甲公司各项换出资产终止确认的相关损益的确定

单位：元

换出资产	账面价值	公允价值	处置损益
交易性金融资产——P 公司股票 *	250 000	300 000	50 000
固定资产——厂房	1 200 000	1 100 000	-100 000
投资性房地产	3 600 000	3 900 000	300 000
合计	5 050 000	5 300 000	250 000

注：* 假定根据《企业会计准则第 22 号——金融工具确认和计量》和《企业会计准则第 23 号——金融资产转移》的相关规定，换出的“交易性金融资产——P 公司股票”满足整体终止确认的条件，甲公司应当按照上述准则的规定对终止确认进行会计处理。

（3）甲公司的账务处理：略。

乙公司的会计处理如下。

（1）确定各项换入资产的初始计量金额。

乙公司换入的多项资产中包含由《企业会计准则第 22 号——金融工具确认和计量》规范

的交易性金融资产，应当按照《企业会计准则第22号——金融工具确认和计量》的规定进行会计处理。乙公司在确定换入的其他多项资产的初始计量金额时，应当将该金融资产公允价值从换出资产公允价值总额（涉及补价的，加上支付补价的公允价值或减去收到补价的公允价值）中扣除。

用于分摊的金额计算如下。

换出资产的公允价值	无形资产——土地使用权	2 400 000
	固定资产——货车	3 000 000
换出资产的公允价值总额		5 400 000
减：收到的补价		−80 000
		5 320 000
减：换入的金融资产的公允价值		−300 000
用于分摊的金额		5 020 000

分摊的计算过程如表7-7所示。

表7-7　乙公司各项换入资产的初始计量金额的确定

单位：元

换入资产	公允价值	用于分摊的金额	分摊金额	相关税费	初始计量金额
固定资产——厂房	1 100 000	不适用	1 104 400	30 000	1 134 400
投资性房地产	3 900 000	不适用	3 915 600	100 000	4 015 600
合计	5 000 000	5 020 000	5 020 000	130 000	5 150 000
交易性金融资产——P公司股票	300 000	不适用	不适用	0	300 000

（2）确定各项换出资产终止确认的相关损益。

同【例7-2】，此处略。

（3）乙公司的账务处理：略。

第四章　以账面价值为基础计量

第十一条　不满足本准则第六条规定条件的非货币性资产交换，应当以账面价值为基础计量。对于换入资产，企业应当以换出资产的账面价值和应支付的相关税费作为换入资产的初始计量金额；对于换出资产，终止确认时不确认损益。

【解析7-17】关于以账面价值为基础计量的情形

当非货币性资产交换不满足本准则规定的以公允价值为基础计量的条件时，即非货币性资产交换不具有商业实质，或者虽然具有商业实质但换入资产和换出资产的公允价值均不能可靠计量的，企业应当以账面价值为基础计量。

摘录于《〈企业会计准则第7号——非货币性资产交换〉应用指南2019年》

【例 7-4】以账面价值为基础计量的会计处理

甲公司是一家制药公司，因经营战略发生重大转变，将专注于疫苗的生产和销售，其拥有的一项生产抗生素的专利权难以满足新的经营战略。乙公司也是一家制药公司，正在开展一系列抗生素方面的新业务。

2×20 年 3 月 30 日，甲公司和乙公司协商后决定，甲公司将其抗生素的专利权转让给乙公司，作为交换，乙公司将其刚申请专利的一项传染病疫苗配方转让给甲公司，由其进行生产推广。

当日，甲公司换出的抗生素专利权的账面价值为 45 万元（其中账面原价为 60 万元，累计摊销额为 15 万元）；乙公司刚申请专利的传染病疫苗已转为无形资产核算，账面价值为 50 万元，尚未进行摊销。假设两项专利权的公允价值不能可靠计量。

假设整个交易过程中没有发生相关税费。双方取得专利权后仍分别作为无形资产核算。

分析：本例中，整个资产交换过程没有涉及收付货币性资产，交换的资产为无形资产，属于非货币性资产交换。用于交换的两项药物专利权的公允价值不能可靠地计量，因此甲公司和乙公司均应当以换出资产的账面价值为基础确定换入资产的初始计量金额，换出资产不确认损益。

甲公司的账务处理如下。

借：无形资产——传染病疫苗专利权	450 000	
累计摊销——抗生素专利权	150 000	
贷：无形资产——抗生素专利权		600 000

乙公司的账务处理如下。

借：无形资产——抗生素专利权	500 000	
贷：无形资产——传染病疫苗专利权		500 000

第十二条 以账面价值为基础计量的非货币性资产交换，涉及补价的，应当按照下列规定进行处理：

（一）支付补价的，以换出资产的账面价值，加上支付补价的账面价值和应支付的相关税费，作为换入资产的初始计量金额，不确认损益。

（二）收到补价的，以换出资产的账面价值，减去收到补价的公允价值，加上应支付的相关税费，作为换入资产的初始计量金额，不确认损益。

【例 7-5】基于账面价值的非货币性资产交换

丙公司拥有一台专有设备，该设备账面原价 450 万元，已计提折旧 330 万元，丁公司拥有一项长期股权投资，账面价值 90 万元，两项资产均未计提减值准备。丙公司决定以其专有设备交换丁公司的长期股权投资，该专有设备是生产某种产品必需的设备。由于专有设备系当时专门制造、性质特殊，其公允价值不能可靠计量；丁公司拥有的长期股权投资的公允价值也不能可靠计量。经双方商定，丁公司支付了 20 万元补价。假定交易不考虑相关税费。

分析：该项资产交换涉及收付货币性资产，即补价 20 万元。对丙公司而言，收到的补价 20 万元 ÷ 换出资产账面价值 120 万元 =16.7% < 25%。因此，该项交换属于非货币性资产交

换，丁公司的情况也类似。两项资产的公允价值不能可靠计量，因此，丙、丁公司换入资产的成本均应当按照换出资产的账面价值确定。

丙公司的账务处理如下。

借：固定资产清理　　1 200 000

　　累计折旧　　3 300 000

　　贷：固定资产——专有设备　　4 500 000

借：长期股权投资　　1 000 000

　　银行存款　　200 000

　　贷：固定资产清理　　1 200 000

丁公司的账务处理如下。

借：固定资产——专有设备　　1 100 000

　　贷：长期股权投资　　900 000

　　　　银行存款　　200 000

从上例可以看出，尽管丁公司支付了 20 万元补价，但由于整个非货币性资产交换是以账面价值为基础计量的，支付补价方和收到补价方均不确认损益。对丙公司而言，换入资产是长期股权投资和银行存款 20 万元，换出资产专有设备的账面价值为 120 万元（450−330），因此，长期股权投资的成本就是换出设备的账面价值减去货币性资产补价的差额，即 100 万元（120−20）。对丁公司而言，换出资产是长期股权投资和银行存款 20 万元，换入资产专有设备的成本等于换出资产的账面价值，即 110 万元（90+20）。由此可见，在以账面价值计量的情况下，发生的补价是用来调整换入资产的成本的，不涉及确认损益问题。

第十三条　以账面价值为基础计量的非货币性资产交换，同时换入或换出多项资产的，应当按照下列规定进行处理：

（一）对于同时换入的多项资产，按照各项换入资产的公允价值的相对比例，将换出资产的账面价值总额（涉及补价的，加上支付补价的账面价值或减去收到补价的公允价值）分摊至各项换入资产，加上应支付的相关税费，作为各项换入资产的初始计量金额。换入资产的公允价值不能够可靠计量的，可以按照各项换入资产的原账面价值的相对比例或其他合理的比例对换出资产的账面价值进行分摊。

（二）对于同时换出的多项资产，各项换出资产终止确认时均不确认损益。

【例 7-6】同时换入换出多项资产的资产互换的会计处理

沿用【例 7-4】假设其他条件不变，甲公司和乙公司进行专利权交换的同时，甲公司还将一套抗生素生产专用设备转移给乙公司，乙公司将一套专门用于传染病疫苗存储的设备转移给甲公司。2×20 年 3 月 30 日，甲公司换出的专用设备的账面价值为 420 万元（其中账面原价为 500 万元，已计提折旧 80 万元），乙公司换出的疫苗存储设备账面价值为 400 万元（其中账面原价为 700 万元，已计提折旧 300 万元）。假设两项设备均为自行研究制造的专用设备，其公允价值不能可靠计量。

分析：本例中，用于交换的两项药物专利和两套设备的公允价值均不能可靠地计量，因此甲公司和乙公司均应当以换出资产的账面价值为基础确定换入资产的初始计量金额，换出资产不确认损益。对于同时换入的多项资产，由于换入资产的公允价值不能可靠地计量，甲公司和乙公司均按照各项换入资产的原账面价值的相对比例，将换出资产的账面价值总额分摊至各项换入资产，作为各项换入资产的初始计量金额。对于同时换出的多项资产，终止确认时按照账面价值转销，不确认损益。

甲公司的会计处理如下。

（1）确定各项换入资产的初始计量金额，如表 7-8 所示。

表 7-8　甲公司各项换入资产的初始计量金额的确定

单位：元

换入资产	在换出方的原账面价值	换出资产账面价值	初始计量金额
无形资产——传染病疫苗专利权	500 000	不适用	516 667
固定资产——疫苗存储设备	4 000 000	不适用	4 133 333
合计	4 500 000	4 650 000	4 650 000

（2）对于同时换出的多项资产，终止确认时按照账面价值转销，不确认损益。

（3）甲公司的账务处理如下。

借：固定资产清理　4 200 000

　　累计折旧——抗生素生产专用设备　800 000

　　贷：固定资产——抗生素生产专用设备　5 000 000

借：无形资产——传染病疫苗专利权　516 667

　　固定资产——疫苗存储设备　4 133 333

　　累计摊销——抗生素专利权　150 000

　　贷：无形资产——抗生素专利权　600 000

　　　　固定资产清理　4 200 000

乙公司的会计处理如下。

（1）确定各项换入资产的初始计量金额，如表 7-9 所示。

表 7-9　乙公司各项换入资产的初始计量金额的确定

单位：元

换入资产	在换出方的原账面价值	换出资产账面价值	初始计量金额
无形资产——抗生素专利权	450 000	不适用	435 484
固定资产——抗生素生产专用设备	4 200 000	不适用	4 064 516
合计	4 650 000	4 500 000	4 500 000

（2）对于同时换出的多项资产，终止确认时按照账面价值转销，不确认损益。

（3）乙公司的账务处理如下。

借：固定资产清理　4 000 000

　　累计折旧——疫苗存储设备　3 000 000

贷：固定资产——疫苗存储设备　7 000 000
借：无形资产——抗生素专利权　435 484
固定资产——抗生素生产专用设备　4 064 516
贷：无形资产——传染病疫苗专利权　500 000
固定资产清理　4 000 000

第五章　披露

第十四条　企业应当在附注中披露与非货币性资产交换有关的下列信息：

（一）非货币性资产交换是否具有商业实质及其原因。

（二）换入资产、换出资产的类别。

（三）换入资产初始计量金额的确定方式。

（四）换入资产、换出资产的公允价值以及换出资产的账面价值。

（五）非货币性资产交换确认的损益。

【解析 7–18】关于非货币性资产交换的披露

在披露非货币性资产交换是否具有商业实质的原因时，如果能够通过定性分析即可得出结论认定换入资产的未来现金流量在风险、时间或金额方面与换出资产显著不同，交换因而具有商业实质，则应当披露定性分析中所考虑的相关因素和相关结论。在这种情况下，不需要进一步披露使用换入资产和继续使用换出资产所产生的预计未来现金流量现值，以及通过计算进行的定量分析。如果难以通过定性分析直接得出结论认定非货币性资产交换具有商业实质，则应当披露使用换入资产进行相关经营的预计未来现金流量现值和继续使用换出资产进行相关经营的预计未来现金流量现值，以及相关的定量分析和结论。

摘录于《〈企业会计准则第 7 号——非货币性资产交换〉应用指南 2019 年》

第六章　衔接规定

第十五条　企业对 2019 年 1 月 1 日至本准则施行日之间发生的非货币性资产交换，应根据本准则进行调整。企业对 2019 年 1 月 1 日之前发生的非货币性资产交换，不需要按照本准则的规定进行追溯调整。

【解析 7–19】关于非货币性资产交换的衔接规定

非货币性资产交换的衔接规定按照本准则进行相关会计处理。

第七章　附则

第十六条　本准则自 2019 年 6 月 10 日起施行。

第十七条　2006 年 2 月 15 日财政部印发的《财政部关于印发〈企业会计准则第 1 号——

存货〉等 38 项具体准则的通知》（财会〔2006〕3 号）中的《企业会计准则第 7 号——非货币性资产交换》同时废止。财政部此前发布的有关非货币性资产交换会计处理规定与本准则不一致的，以本准则为准。

企业会计准则第 8 号——资产减值

《企业会计准则第 8 号——资产减值》于 2006 年 2 月 15 日由财会〔2006〕3 号公布，自 2007 年 1 月 1 日起施行。

第一章　总则

第一条　为了规范资产减值的确认、计量和相关信息的披露，根据《企业会计准则——基本准则》，制定本准则。

【解析 8-1】《企业会计准则——基本准则》

《企业会计准则——基本准则》是制定会计准则应当遵循的基本法则。

第二条　资产减值，是指资产的可收回金额低于其账面价值。

本准则中的资产，除了特别规定外，包括单项资产和资产组。

资产组，是指企业可以认定的最小资产组合，其产生的现金流入应当基本上独立于其他资产或者资产组产生的现金流入。

【解析 8-2】资产减值处理的必要性

资产的主要特征之一是它必须能够为企业带来经济利益的流入，如果资产不能够为企业带来经济利益或者带来的经济利益低于其账面价值，那么，该资产就不能再予以确认，或者不能再以原账面价值予以确认，否则不符合资产的定义，也无法反映资产的实际价值，其结果会导致企业资产虚增和利润虚增。因此，当企业资产的可收回金额低于其账面价值时，即表明资产发生了减值，企业应当确认资产减值损失，并把资产的账面价值减记至可收回金额。

第三条　下列各项适用其他相关会计准则：

（一）存货的减值，适用《企业会计准则第 1 号——存货》。

（二）采用公允价值模式计量的投资性房地产的减值，适用《企业会计准则第 3 号——投资性房地产》。

（三）消耗性生物资产的减值，适用《企业会计准则第 5 号——生物资产》。

（四）递延所得税资产的减值，适用《企业会计准则第 18 号——所得税》。

（五）融资租赁中出租人未担保余值的减值，适用《企业会计准则第 21 号——租赁》。

（六）《企业会计准则第 22 号——金融工具确认和计量》规范的金融资产的减值，适用《企业会计准则第 22 号——金融工具确认和计量》。

（七）未探明石油天然气矿区权益的减值，适用《企业会计准则第 27 号——石油天然气开采》。

【例 8-1】关于存货跌价准备的案例

2×17 年 12 月 31 日，甲公司 W7 型机器的账面成本为 500 万元，但由于 W7 型机器的市场价格下跌，预计可变现净值为 400 万元，计提存货跌价准备 100 万元。

假定：（1）2×18 年 6 月 30 日，W7 型机器的账面成本仍为 500 万元，但由于 W7 型机器市场价格有所上升，W7 型机器的预计可变现净值变为 475 万元。

（2）2×18 年 12 月 31 日，W7 型机器的账面成本仍为 500 万元，由于 W7 型机器的市场价格进一步上升，预计 W7 型机器的可变现净值为 555 万元。

本例中：（1）2×18 年 6 月 30 日，由于 W7 型机器市场价格上升，W7 型机器的可变现净值有所恢复，应计提的存货跌价准备为 25 万元（500-475），则当期应冲减已计提的存货跌价准备 75 万元（100-25），且小于已计提的存货跌价准备（100 万元），应转回的存货跌价准备为 75 万元。

会计分录如下。

借：存货跌价准备　　750 000

　　贷：资产减值损失——存货减值损失　　750 000

（2）2×18 年 12 月 31 日，W7 型机器的可变现净值又有所恢复，应冲减存货跌价准备为 55 万元（500-555），但是对 W7 型机器已计提的存货跌价准备的余额为 25 万元，因此，当期应转回的存货跌价准备为 25 万元而不是 55 万元（即以将对 W7 型机器已计提的“存货跌价准备”余额冲减至零为限）。

会计分录如下。

借：存货跌价准备　　250 000

　　贷：资产减值损失——存货减值损失　　250 000

【例 8-2】关于金融资产减值准备的案例

2×15 年 1 月 1 日，ABC 公司按面值从债券二级市场购入 MNO 公司发行的债券 10 000 张，每张面值 100 元，票面年利率为 3%，划分为可供出售金融资产。

2×15 年 12 月 31 日，该债券的市场价格为每张 100 元。

2×16 年，MNO 公司因投资决策失误，发生严重财务困难，但仍可支付该债券当年的票面利息。2×16 年 12 月 31 日，该债券的公允价值下降为每张 80 元。ABC 公司预计，如 MNO 公司不采取措施，该债券的公允价值预计会持续下跌。

2×17 年，MNO 公司调整产品结构并整合其他资源，致使财务状况大为好转。2×17 年 12 月 31 日，该债券的公允价值已上升至每张 95 元。

假定 ABC 公司初始确认该债券时计算确定的债券实际年利率为 3%，且不考虑其他因素，则 ABC 公司有关的账务处理如下。

（1）2×15 年 1 月 1 日确认债券成本。

借：可供出售金融资产——成本　　1 000 000

　　贷：银行存款　　1 000 000

（2）2×15 年 12 月 31 日确认利息、公允价值变动。

借：应收利息　　30 000

　贷：投资收益　　30 000

借：银行存款　　30 000

　贷：应收利息　　30 000

债券的公允价值变动为零，故不进行账务处理。

（3）2×16 年 12 月 31 日确认利息收入及减值损失。

借：应收利息　　30 000

　贷：投资收益　　30 000

借：银行存款　　30 000

　贷：应收利息　　30 000

借：资产减值损失　　200 000

　贷：可供出售金融资产——公允价值变动　　200 000

由于该债券的公允价值预计会持续下跌，ABC 公司应确认减值损失。

（4）2×17 年 12 月 31 日确认利息收入及减值损失转回。

应确认的利息收入 =（期初摊余成本 1 000 000- 发生的减值损失 200 000）x3%=24 000（元）

借：应收利息　　30 000

　贷：投资收益　　24 000

　　可供出售金融资产——利息调整　　6 000

借：银行存款　　30 000

　贷：应收利息　　30 000

减值损失转回前，该债券的摊余成本 =1 000 000-200 000-6 000=794 000（元）。

2×17 年 12 月 31 日，该债券的公允价值 =950 000（元）。

应转回的金额 =950 000-794 000=156 000（元）

借：可供出售金融资产——公允价值变动　　156 000

　贷：资产减值损失　　156 000

第二章　可能发生减值资产的认定

第四条　企业应当在资产负债表日判断资产是否存在可能发生减值的迹象。

因企业合并所形成的商誉和使用寿命不确定的无形资产，无论是否存在减值迹象，每年都应当进行减值测试。

【解析 8-3】对商誉和使用寿命不确定的无形资产进行减值测试的原因

企业合并形成的商誉和使用寿命不确定的无形资产，对于这些资产，无论是否存在减值迹象，都应当至少于每年年度终了进行减值测试。其原因是，因企业合并所形成的商誉和使用寿命不确定的无形资产在后续计量中不再进行摊销，但是考虑到这些资产的价值和产生的未来经济利益有较大的不确定性，为了避免资产价值被高估，及时确认商誉和使用寿命不确定的无形资产的减值损失，如实反映企业财务状况和经营成果，对于这些资产，企业至少应当于每年年度终了进行减值测试。另外，对于尚未达到可使用状态的无形资产，由于其价值具有较大的不确定性，也应当每年进行减值测试。

第五条 存在下列迹象的，表明资产可能发生了减值：

（一）资产的市价当期大幅度下跌，其跌幅明显高于因时间的推移或者正常使用而预计的下跌。

（二）企业经营所处的经济、技术或者法律等环境以及资产所处的市场在当期或者将在近期发生重大变化，从而对企业产生不利影响。

（三）市场利率或者其他市场投资报酬率在当期已经提高，从而影响企业计算资产预计未来现金流量现值的折现率，导致资产可收回金额大幅度降低。

（四）有证据表明资产已经陈旧过时或者其实体已经损坏。

（五）资产已经或者将被闲置、终止使用或者计划提前处置。

（六）企业内部报告的证据表明资产的经济绩效已经低于或者将低于预期，如资产所创造的净现金流量或者实现的营业利润（或者亏损）远远低于（或者高于）预计金额等。

（七）其他表明资产可能已经发生减值的迹象。

【解析8-4】资产发生减值迹象的判断

企业在资产负债表日应当判断资产是否存在可能发生减值的迹象，主要可从外部信息来源和内部信息来源两方面加以判断：企业外部信息来源包括第五条（一）、（二）、（三）、（四）所列示的迹象，内部信息来源包括第五条（五）和（六）。需要说明的是，上述列举的资产减值迹象并不能穷尽所有的减值迹象，企业应当根据实际情况来认定资产可能发生减值的迹象。

第三章 资产可收回金额的计量

第六条 资产存在减值迹象的，应当估计其可收回金额。

可收回金额应当根据资产的公允价值减去处置费用后的净额与资产预计未来现金流量的现值两者之间较高者确定。

处置费用包括与资产处置有关的法律费用、相关税费、搬运费以及为使资产达到可销售状态所发生的直接费用等。

【解析8-5】估计资产可收回金额应当遵循重要性原则

企业应当在资产负债表日判断资产是否存在减值的迹象。有确凿证据表明资产存在减值迹象的，应当进行减值测试，估计资产的可收回金额。在估计资产可收回金额时，应当遵循重要性原则。根据这一原则，资产存在下列情况的，可以不估计其可收回金额。

1.以前报告期间的计算结果表明，资产可收回金额远高于其账面价值，之后又没有消除这一差异的交易或者事项，资产负债表日可以不重新估计该资产的可收回金额。

2. 以前报告期间的计算与分析表明，资产可收回金额相对于本准则列示的减值迹象反应不敏感，在本报告期间又发生了该减值迹象的，比如，当期市场利率或市场投资报酬率上升，该上升对计算资产未来现金流量现值采用的折现率影响不大的，可以不因上述减值迹象的出现而重新估计该资产的可收回金额。

摘录于《〈企业会计准则第 8 号——资产减值〉解释》

【解析 8-6】预计资产未来现金流量的方法及其应当考虑的因素

（一）预计资产未来现金流量的方法

预计资产未来现金流量，通常应当根据资产未来每期最有可能产生的现金流量进行预测。采用期望现金流量法更为合理的，应当采用期望现金流量法预计资产未来现金流量。

采用期望现金流量法，资产未来现金流量应当根据每期现金流量期望值进行预计，每期现金流量期望值，按照各种可能情况下的现金流量乘以相应的发生概率加总计算。

（二）预计资产未来现金流量应当考虑的因素

1. 预计未来现金流量和折现率，应当在一致的基础上考虑因一般通货膨胀而导致物价上涨因素的影响。如果折现率考虑了这一影响因素，资产预计未来现金流量也应当考虑；折现率没有考虑这一影响因素的，预计未来现金流量也不应考虑。

2. 预计资产未来现金流量，应当分析以前期间现金流量预计数与实际数差异的情况，以评判预计当期现金流量依据假设的合理性。通常应当确保当期预计现金流量依据的假设与前期实际结果相一致。

3. 预计资产未来现金流量应当以资产的当前状况为基础，不应包括与将来可能会发生的、尚未作出承诺的重组事项或者与资产改良有关的预计未来现金流量。但未来发生的现金流出是为了维持资产正常运转或者资产原定正常产出水平所必需的，预计资产未来现金流量时应当将其考虑在内。

4. 预计在建工程、开发过程中的无形资产等资产的未来现金流量，应当包括预期为使该类资产达到预定可使用或可销售状态而发生的全部现金流出。

5. 资产的未来现金流量受内部转移价格影响的，应当采用在公平交易的前提下，企业管理层能够达成的最佳的未来价格估计数进行预计。

摘录于《〈企业会计准则第 8 号——资产减值〉解释》

第七条 资产的公允价值减去处置费用后的净额与资产预计未来现金流量的现值，只要有一项超过了资产的账面价值，就表明资产没有发生减值，不需再估计另一项金额。

【解析 8-7】关于确定资产是否发生减值的解释

资产可以为企业带来经济利益的流入，并且无论以哪种形式其为企业带来的经济利益高于其账面价值，那么，资产仍可以以原来的价值进行确认，无须计提减值。所以只要有一种方式可以确定资产可以为企业带来必要的经济利益就无须核算另一种形式。

【解析 8-8】资产的公允价值减去处置费用后的净额

资产的公允价值减去处置费用后的净额，通常反映的是资产如果被出售或者处置时可以收回的净现金收入。其中，资产的公允价值是指市场参与者在计量日发生的有序交易中，出售一项资产所能收到或者转移一项负债所需支付的价格；处置费用是指可以直接归属于资产处置的增量成本，包括与资产处置有关的法律费用、相关税费、搬运费以及为使资产达到可销售状态所发生的直接费用等，但是，财务费用和所得税费用等不包括在内。

第八条 资产的公允价值减去处置费用后的净额，应当根据公平交易中销售协议价格减去可直接归属于该资产处置费用的金额确定。

不存在销售协议但存在资产活跃市场的，应当按照该资产的市场价格减去处置费用后的金额确定。资产的市场价格通常应当根据资产的买方出价确定。

在不存在销售协议和资产活跃市场的情况下，应当以可获取的最佳信息为基础，估计资产的公允价值减去处置费用后的净额，该净额可以参考同行业类似资产的最近交易价格或者结果进行估计。

企业按照上述规定仍然无法可靠估计资产的公允价值减去处置费用后的净额的，应当以该资产预计未来现金流量的现值作为其可收回金额。

【解析 8-9】资产的公允价值减去处置费用后的净额的确定

首先，应当根据公平交易中资产的销售协议价格减去可直接归属于该资产处置费用的金额确定资产的公允价值减去处置费用后的净额。这是估计资产的公允价值减去处置费用后的净额的最佳方法，企业应当优先采用这一方法。但是，在实务中，企业的资产往往都是内部持续使用的，取得资产的销售协议价格并不容易，为此，需要采用其他方法估计资产的公允价值减去处置费用后的净额。

其次，在资产不存在销售协议但存在活跃市场的情况下，应当根据该资产的市场价格减去处置费用后的金额确定。资产的市场价格通常应当按照资产的买方出价确定。但是，如果难以获得资产在估计日的买方出价，企业可以以资产最近的交易价格作为其公允价值减去处置费用后的净额的估计基础，其前提是资产的交易日和估计日之间，有关经济、市场环境等没有发生重大变化。

最后，在既不存在资产销售协议又不存在资产活跃市场的情况下，企业应当以可获取的最佳信息为基础，根据在资产负债表日如果处置资产的话，熟悉情况的交易双方自愿进行公平交易愿意提供的交易价格减去资产处置费用后的金额，估计资产的公允价值减去处置费用后的净额。在实务中，该金额可以参考同行业类似资产的最近交易价格或者结果进行估计。

第九条 资产预计未来现金流量的现值，应当按照资产在持续使用过程中和最终处置时所产生的预计未来现金流量，选择恰当的折现率对其进行折现后的金额加以确定。

预计资产未来现金流量的现值，应当综合考虑资产的预计未来现金流量、使用寿命和折现率等因素。

【解析 8-10】资产预计未来现金流量现值的计算

资产未来现金流量的现值，应当根据该资产预计的未来现金流量和折现率在资产剩余使用寿命内予以折现后的金额确定。

计算公式如下。

资产预计未来现金流量的现值 = ∑（第 t 年预计资产未来现金流量 /（1+ 折现率）t）

摘录于《〈企业会计准则第 8 号——资产减值〉解释》

【例 8-3】资产预计未来现金流量的计算

某运输公司 2×10 年年末对一艘远洋运输船只进行减值测试。该船舶原值为 30 000 万元，累计折旧 14 000 万元，2×10 年年末账面价值为 16 000 万元，预计尚可使用 8 年。假定该船舶的公允价值减去处置费用后的净额难以确定，该公司通过计算其未来现金流量的现值确定可收回金额。

公司在考虑了与该船舶资产有关的货币时间价值和特定风险因素后，确定 10% 为该资产的最低必要报酬率，并将其作为计算未来现金流量现值时使用的折现率。

公司根据有关部门提供的该船舶历史营运记录、船舶性能状况和未来每年运量发展趋势，预计未来每年营运收入和相关人工费用、燃料费用、安全费用、港口码头费用以及日常维护费用等支出，在此基础上估计该船舶在 2×11 年至 2×18 年每年预计未来现金流量分别为 2 500 万元、2 460 万元、2 380 万元、2 360 万元、2 390 万元、2 470 万元、2 500 万元和 2 510 万元。

根据上述预计未来现金流量和折现率，公司计算船舶预计未来现金流量的现值为 13 038 万元，计算过程如表 8-1 所示。

表 8-1　公司预计未来现金流量现值的确定

年度	预计未来现金流量（万元）	现值系数（折现率为 10%）（可根据公式计算或者直接查复利现值系数表取得）	预计未来现金流量的现值（万元）
2×11	2 500	0.909 1	2 273
2×12	2 460	0.826 4	2 033
2×13	2 380	0.751 3	1 788
2×14	2 360	0.683 0	1 612
2×15	2 390	0.620 9	1 484
2×16	2 470	0.564 5	1 394
2×17	2 500	0.513 2	1 283
2×18	2 510	0.466 5	1 171
合计			13 038

由于船舶的账面价值为 16 000 万元，可收回金额为 13 038 万元，其账面价值高于可收回金额 2 962 万元（16 000-13 038）。公司 2×10 年年末应将账面价值高于可收回金额的差额确认为当期资产减值损失，并计提相应的减值准备。

第十条　预计的资产未来现金流量应当包括下列各项：

（一）资产持续使用过程中预计产生的现金流入。

（二）为实现资产持续使用过程中产生的现金流入所必需的预计现金流出（包括为使资产达到预定可使用状态所发生的现金流出）。该现金流出应当是可直接归属于或者可通过合理和一致的基础分配到资产中的现金流出。

（三）资产使用寿命结束时，处置资产所收到或者支付的净现金流量。该现金流量应当是在公平交易中，熟悉情况的交易双方自愿进行交易时，企业预期可从资产的处置中获取或者支付的、减去预计处置费用后的金额。

【解析 8-11】预计的资产未来现金流量的内容

预计的资产未来现金流量要考虑时间、折现率、现金流量的金额三大要素。

第十一条 预计资产未来现金流量时，企业管理层应当在合理和有依据的基础上对资产剩余使用寿命内整个经济状况进行最佳估计。

预计资产的未来现金流量，应当以经企业管理层批准的最近财务预算或者预测数据，以及该预算或者预测期之后年份稳定的或者递减的增长率为基础。企业管理层如能证明递增的增长率是合理的，可以以递增的增长率为基础。

建立在预算或者预测基础上的预计现金流量最多涵盖 5 年，企业管理层如能证明更长的期间是合理的，可以涵盖更长的期间。

在对预算或者预测期之后年份的现金流量进行预计时，所使用的增长率除了企业能够证明更高的增长率是合理的之外，不应当超过企业经营的产品、市场、所处的行业或者所在国家或者地区的长期平均增长率，或者该资产所处市场的长期平均增长率。

第十二条 预计资产的未来现金流量，应当以资产的当前状况为基础，不应当包括与将来可能会发生的、尚未作出承诺的重组事项或者与资产改良有关的预计未来现金流量。

预计资产的未来现金流量也不应当包括筹资活动产生的现金流入或者流出以及与所得税收付有关的现金流量。

企业已经承诺重组的，在确定资产的未来现金流量的现值时，预计的未来现金流入和流出数，应当反映重组所能节约的费用和由重组所带来的其他利益，以及因重组所导致的估计未来现金流出数。其中重组所能节约的费用和由重组所带来的其他利益，通常应当根据企业管理层批准的最近财务预算或者预测数据进行估计；因重组所导致的估计未来现金流出数应当根据《企业会计准则第 13 号——或有事项》所确认的因重组所发生的预计负债金额进行估计。

【解析 8-12】有关以资产的当前状况为基础预计资产未来现金流量的解释

以资产的当前状况为基础预计资产未来现金流量。企业资产在使用过程中有时会因为修理、改良、重组等原因而发生变化，在预计资产未来现金流量时，企业应当以资产的当前状况为基础，不应当包括与将来可能会发生的、尚未作出承诺的重组事项或者与资产改良有关的预计未来现金流量。具体包括以下几层意思。

重组通常会对资产的未来现金流量产生影响，有时还会产生较大影响，因此，对于重组的界定就显得十分重要。这里所指的重组，专指企业制定和控制的，将显著改变企业组织方式、经营范围或者经营方式的计划实施行为。关于重组的具体界定和对已作出承诺的重组事项的判断标准，企业应当依据《企业会计准则第 13 号——或有事项》有关规定加以判断。

企业在发生与资产改良（包括提高资产的营运绩效）有关的现金流出之前，预计的资产未来现金流量仍然应当以资产的当前状况为基础，不应当包括因与该现金流出相关的未来经济利益增加而导致的预计未来现金流入金额。

企业未来发生的现金流出如果是为了维持资产正常运转或者资产正常产出水平而必要的支出或者属于资产维护支出，应当在预计资产未来现金流量时将其考虑在内。

预计资产未来现金流量不应当包括筹资活动和所得税收付产生的现金流量。企业预计的资产未来现金流量，不应当包括筹资活动产生的现金流入或者流出以及与所得税收付有关的现金流量。其原因：一是所筹集资金的货币时间价值已经通过折现因素予以考虑，二是折现率要求是以税前基础计算确定的。因此，现金流量的预计也必须建立在税前基础之上，这样可以有效避免在资产未来现金流量现值的计算过程中可能出现的重复计算等问题，以保证现值计算的正确性。

第十三条　折现率是反映当前市场货币时间价值和资产特定风险的税前利率。该折现率是企业在购置或者投资资产时所要求的必要报酬率。

在预计资产的未来现金流量时已经对资产特定风险的影响作了调整的，估计折现率不需要考虑这些特定风险。如果用于估计折现率的基础是税后的，应当将其调整为税前的折现率。

【解析 8-13】折现率的确定方法

折现率的确定通常应当以该资产的市场利率为依据。该资产的利率无法从市场获得的，可以使用替代利率估计折现率。

替代利率可以根据加权平均资金成本、增量借款利率或者其他相关市场借款利率做适当调整后确定。调整时，应当考虑与资产预计现金流量有关的特定风险以及其他有关政治风险、货币风险和价格风险等。

估计资产未来现金流量现值，通常应当使用单一的折现率。资产未来现金流量的现值对未来不同期间的风险差异或者利率的期间结构反应敏感的，应当在未来各不同期间采用不同的折现率。

摘录于《〈企业会计准则第 8 号——资产减值〉解释》

【解析 8-14】有关预计资产未来现金流量的说明

出于数据可靠性和便于操作等方面的考虑，建立在该预算或者预测基础上的预计现金流量最多涵盖 5 年，企业管理层如能证明更长的期间是合理的，可以涵盖更长的期间。其原因是，在通常情况下，要对期限超过 5 年的未来现金流量进行较为可靠的预测比较困难，即使企业管理层可以以超过 5 年的财务预算或者预测为基础对未来现金流量进行预计，企业管理层应当确保这些预计的可靠性，并提供相应的证明，比如根据过去的经验和实践，企业有能力而且能够对超过 5 年的期间作出较为准确的预测。

在对预算或者预测期之后年份的现金流量进行预计时，在恰当、合理的情况下，该增长率可以是零或者负数。

需要说明的是，经济环境随时都在变化，资产的实际现金流量往往会与预计数有出入，而且预计资产未来现金流量时的假设也有可能发生变化，因此，企业管理层在每次预计资产未来现金流量时，应当首先分析以前期间现金流量预计数与现金流量实际数出现差异的情况，以评判当期现金流量预计所依据的假设的合理性。通常情况下，企业管理层应当确保当期现金流量预计所依据的假设与前期实际结果相一致。

【解析 8-15】估计替代利率

在估计替代利率时，企业应当充分考虑资产剩余寿命期间的货币时间价值和其他相关因素，比如资产未来现金流量金额及其时间的预计离异程度、资产内在不确定性的定价等，如果资产预计未来现金流量已经对这些因素作了有关调整的，应当予以剔除。

在估计替代利率时，可以根据企业加权平均资金成本、增量借款利率或者其他相关市场借款利率做适当调整后确定。调整时，应当考虑与资产预计现金流量有关的特定风险以及其他有关政治风险、货币风险和价格风险等。

估计资产未来现金流量现值，通常应当使用单一的折现率。但是，如果资产未来现金流量的现值对未来不同期间的风险差异或者利率的期间结构反应敏感的，企业应当在未来各不同期间采用不同的折现率。

第十四条　预计资产的未来现金流量涉及外币的，应当以该资产所产生的未来现金流量的结算货币为基础，按照该货币适用的折现率计算资产的现值；然后将该外币现值按照计算资产未来现金流量现值当日的即期汇率进行折算。

【解析 8-16】涉及外币的预计未来现金流量现值的计算

涉及外币的预计未来现金流量现值的计算分两步处理：先将未来现金流折算为外币，再将外币按汇率折算为本币。

第四章　资产减值损失的确定

第十五条　可收回金额的计量结果表明，资产的可收回金额低于其账面价值的，应当将资产的账面价值减记至可收回金额，减记的金额确认为资产减值损失，计入当期损益，同时计提相应的资产减值准备。

【解析 8-17】确定减值损失的原因

资产减值损失一经确认，在以后会计期间不得转回，消除了一些企业通过计提秘密准备来调节利润的可能，限制了利润的人为波动。这样，企业当期确认的减值损失应当反映在其利润表中，而计提的资产减值准备应当作为相关资产的备抵项目，反映于资产负债表中，从而夯实企业资产价值，避免利润虚增，如实反映企业的财务状况和经营成果。

第十六条　资产减值损失确认后，减值资产的折旧或者摊销费用应当在未来期间作相应调整，以使该资产在剩余使用寿命内，系统地分摊调整后的资产账面价值（扣除预计净残值）。

【解析 8-18】减值资产的折旧或者摊销费用应当在未来期间作相应调整的原则

固定资产计提了减值准备后，固定资产账面价值将根据计提的减值准备相应抵减，因此，固定资产在未来计提折旧时，应当以新的固定资产账面价值为基础计提每期折旧。

第十七条 资产减值损失一经确认，在以后会计期间不得转回。

【解析 8-19】不允许转回的原因

考虑到固定资产、无形资产、商誉等资产发生减值后，一方面价值回升的可能性比较小，通常属于永久性减值；另一方面从会计信息稳健性要求考虑，为了避免确认资产重估增值和操纵利润，资产减值损失一经确认，在以后会计期间不得转回。以前期间计提的资产减值准备，需要等到资产处置时才可转出。

第五章 资产组的认定及减值处理

第十八条 有迹象表明一项资产可能发生减值的，企业应当以单项资产为基础估计其可收回金额。企业难以对单项资产的可收回金额进行估计的，应当以该资产所属的资产组为基础确定资产组的可收回金额。

资产组的认定，应当以资产组产生的主要现金流入是否独立于其他资产或者资产组的现金流入为依据。同时，在认定资产组时，应当考虑企业管理层管理生产经营活动的方式（如是按照生产线、业务种类还是按照地区或者区域等）和对资产的持续使用或者处置的决策方式等。

几项资产的组合生产的产品（或者其他产出）存在活跃市场的，即使部分或者所有这些产品（或者其他产出）均供内部使用，也应当在符合前款规定的情况下，将这几项资产的组合认定为一个资产组。如果该资产组的现金流入受内部转移价格的影响，应当按照企业管理层在公平交易中对未来价格的最佳估计数来确定资产组的未来现金流量。

资产组一经确定，各个会计期间应当保持一致，不得随意变更。如需变更，企业管理层应当证明该变更是合理的，并根据本准则第二十七条的规定在附注中作相应说明。

【解析 8-20】资产组的认定

资产组是企业可以认定的最小资产组合，其产生的现金流入应当基本上独立于其他资产或者资产组。资产组应当由创造现金流入相关的资产组成。

1. 认定资产组最关键因素是该资产组能否独立产生现金流入。企业的某一生产线、营业网点、业务部门等，如果能够独立于其他部门或者单位等创造收入、产生现金流，或者其创造的收入和现金流入绝大部分独立于其他部门或者单位的，并且属于可认定的最小的资产组合的，通常应将该生产线、营业网点、业务部门等认定为一个资产组。

几项资产的组合生产的产品（或者其他产出）存在活跃市场的，无论这些产品或者其他产出是用于对外出售还是仅供企业内部使用，均表明这几项资产的组合能够独立创造现金流入，应当将这些资产的组合认定为资产组。

2. 企业对生产经营活动的管理或者监控方式以及对资产使用或者处置的决策方式等，也是认定资产组应考虑的重要因素。

比如，某服装企业有童装、西装、衬衫 3 个工厂，每个工厂在核算、考核和管理等方面都相对独立，在这种情况下，每个工厂通常为一个资产组。

某家具制造商有 A 车间和 B 车间，A 车间专门生产家具部件，生产完后由 B 车间负责组装，该企业对 A 车间和 B 车间资产的使用和处置等决策是一体的，在这种情况下，A 车间和 B 车间通常应当认定为一个资产组。

摘录于《〈企业会计准则第 8 号——资产减值〉解释》

【解析 8-21】资产组的变更

资产组一经确定后，在各个会计期间应当保持一致，不得随意变更，即资产组的各项资产构成通常不能随意变更。比如，甲设备在 20×6 年归属于 A 资产组，在无特殊情况下，该设备在 20×7 年仍然应当归属于 A 资产组，而不能随意将其变更至其他资产组。

但是，如果企业重组、变更资产用途等原因，导致资产组构成确需变更的，企业可以进行变更，但企业管理层应当证明该变更是合理的，并应当在附注中作相应说明。

【例 8-4】关于资产组减值的案例 1

XYZ 公司有一条甲生产线，该生产线生产光学器材，由 A、B、C3 部机器构成，成本分别为 400 000 元、600 000 元、1 000 000 元，使用年限为 10 年，净残值为零，以年限平均法计提折旧。各机器均无法单独产生现金流量，但整条生产线构成完整的产销单位，属于一个资产组。2×18 年甲生产线所生产的光学产品有替代产品上市，到年底，公司光学产品的销量锐减 40%，因此，对甲生产线进行减值测试。

2×18 年 12 月 31 日，A、B、C3 部机器的账面价值分别为 200 000 元、300 000 元、500 000 元。估计 A 机器的公允价值减去处置费用后的净额为 150 000 元，B、C 机器都无法合理估计其公允价值减去处置费用后的净额以及未来现金流量的现值。

整条生产线预计尚可使用 5 年。经估计其未来 5 年的现金流量及其恰当的折现率后，得到该生产线预计未来现金流量的现值为 600 000 元。由于公司无法合理估计生产线的公允价值减去处置费用后的净额，公司以该生产线预计未来现金流量的现值为其可收回金额。

鉴于在 2×18 年 12 月 31 日该生产线的账面价值为 1 000 000 元，而其可收回金额为 600 000 元，生产线的账面价值高于其可收回金额，因此，该生产线已经发生了减值，公司应当确认减值损失 400 000 元，并将该减值损失分摊到构成生产线的 3 部机器中。A 机器的公允价值减去处置费用后的净额为 150 000 元，因此，A 机器分摊了减值损失后的账面价值不应低于 150 000 元。具体分摊过程如表 8-2 所示。

表 8-2　资产组减值损失分摊

项目	A 机器	B 机器	C 机器	整条生产线（资产组）
账面价值（元）	200 000	300 000	500 000	1 000 000
可收回金额（元）				600 000
减值损失（元）				400 000
减值损失分摊比例	20%	30%	50%	
分摊减值损失（元）	50 000*	120 000	200 000	370 000
分摊后账面价值（元）	150 000	180 000	300 000	
尚未分摊的减值损失（元）				30 000

续表

项目	A 机器	B 机器	C 机器	整条生产线（资产组）
二次分摊比例		37.50%	62.50%	
二次分摊减值损失（元）		11 250	18 750	30 000
二次分摊后应确认减值损失总额（元）		131 250	218 750	
二次分摊后账面价值（元）	150 000	168 750	281 250	600 000

注：* 按照分摊比例，A 机器应当分摊减值损失 80 000 元（400 000×20%），但由于 A 机器的公允价值减去处置费用后的净额为 150 000 元，A 机器最多只能确认减值损失 50 000 元（200 000−150 000），未能分摊的减值损失 30 000 元（80 000−50 000），应当在 B 机器和 C 机器之间进行再分摊。

根据上述计算和分摊结果，构成甲生产线的 A 机器、B 机器和 C 机器应当分别确认减值损失 50 000 元、131 250 元和 218 750 元，账务处理如下。

借：资产减值损失——A 机器　　50 000

——B 机器　　131 250

——C 机器　　218 750

贷：固定资产减值准备——A 机器　　50 000

——B 机器　　131 250

——C 机器　　218 750

第十九条 资产组账面价值的确定基础应当与其可收回金额的确定方式相一致。

资产组的账面价值包括可直接归属于资产组与可以合理和一致地分摊至资产组的资产账面价值，通常不应当包括已确认负债的账面价值，但如不考虑该负债金额就无法确定资产组可收回金额的除外。

资产组的可收回金额应当按照该资产组的公允价值减去处置费用后的净额与其预计未来现金流量的现值两者之间较高者确定。

资产组在处置时如要求购买者承担一项负债（如环境恢复负债等）、该负债金额已经确认并计入相关资产账面价值，而且企业只能取得包括上述资产和负债在内的单一公允价值减去处置费用后的净额的，为了比较资产组的账面价值和可收回金额，在确定资产组的账面价值及其预计未来现金流量的现值时，应当将已确认的负债金额从中扣除。

【例 8–5】关于资产组减值的案例 2

MN 公司在某山区经营一座有色金属矿山，根据规定，公司在矿山完成开采后应当将该地区恢复原貌。恢复费用主要为山体表层复原费用（比如恢复植被等），因为山体表层必须在矿山开发前挖走。企业在山体表层挖走后，就应当确认一项预计负债，并计入矿山成本，假定其金额为 500 万元。

20×7 年 12 月 31 日，随着开采进展，公司发现矿山中的有色金属储量远低于预期，因此，公司对该矿山进行了减值测试。考虑到矿山的现金流量状况，整座矿山被认定为一个资产组。该资产组在 20×7 年年末的账面价值为 1 000 万元（包括确认的恢复山体原貌的预计负债）。

矿山（资产组）如于 20×7 年 12 月 31 日对外出售，买方愿意出价 820 万元（包括恢复山体原貌成本，即已经扣减这一成本因素），预计处置费用为 20 万元，因此，该矿山的公允价值减去处置费用后的净额为 800 万元。

矿山的预计未来现金流量的现值为 1 200 万元，不包括恢复费用。

根据上述资料，为了比较资产组的账面价值和可收回金额，在确定资产组的账面价值及其预计未来现金流量的现值时，应当将已确认的负债金额从中扣除。

在本例中，资产组的公允价值减去处置费用后的净额为 800 万元，该金额已经考虑了恢复费用。该资产组预计未来现金流量的现值在考虑了恢复费用后为 700 万元（1 200−500），因此，该资产组的可收回金额为 800 万元。资产组的账面价值在扣除了已确认的恢复原貌预计负债后的金额为 500 万元（1 000−500）。这样，资产组的可收回金额大于其账面价值，所以，资产组没有发生减值，不必确认减值损失。

第二十条　企业总部资产包括企业集团或其事业部的办公楼、电子数据处理设备等资产。总部资产的显著特征是难以脱离其他资产或者资产组产生独立的现金流入，而且其账面价值难以完全归属于某一资产组。

有迹象表明某项总部资产可能发生减值的，企业应当计算确定该总部资产所归属的资产组或者资产组组合的可收回金额，然后将其与相应的账面价值相比较，据以判断是否需要确认减值损失。

资产组组合，是指由若干个资产组组成的最小资产组组合，包括资产组或者资产组组合，以及按合理方法分摊的总部资产部分。

【解析 8-22】企业总部资产减值的会计处理

企业总部资产减值依托其他资产进行相关会计处理。

第二十一条　企业对某一资产组进行减值测试，应当先认定所有与该资产组相关的总部资产，再根据相关总部资产能否按照合理和一致的基础分摊至该资产组分别下列情况处理。

（一）对于相关总部资产能够按照合理和一致的基础分摊至该资产组的部分，应当将该部分总部资产的账面价值分摊至该资产组，再据以比较该资产组的账面价值（包括已分摊的总部资产的账面价值部分）和可收回金额，并按照本准则第二十二条的规定处理。

（二）对于相关总部资产中有部分资产难以按照合理和一致的基础分摊至该资产组的，应当按照下列步骤处理：

首先，在不考虑相关总部资产的情况下，估计和比较资产组的账面价值和可收回金额，并按照本准则第二十二条的规定处理。

其次，认定由若干个资产组组成的最小的资产组组合，该资产组组合应当包括所测试的资产组与可以按照合理和一致的基础将该部分总部资产的账面价值分摊其上的部分。

最后，比较所认定的资产组组合的账面价值（包括已分摊的总部资产的账面价值部分）和可收回金额，并按照本准则第二十二条的规定处理。

【例 8-6】关于总部资产减值的案例

ABC 高科技公司（以下简称 ABC 公司）拥有 A、B 和 C3 个资产组，在 2×10 年年末，这

3 个资产组的账面价值分别为 200 万元、300 万元和 400 万元，没有商誉。这 3 个资产组为 3 条生产线，预计剩余使用寿命分别为 10 年、20 年和 20 年，采用直线法计提折旧。由于 ABC 公司的竞争对手通过技术创新推出了更高技术含量的产品，并且受到市场欢迎，对 ABC 公司产品产生了重大不利影响，为此，ABC 公司于 2×10 年年末对各资产组进行了减值测试。

在对资产组进行减值测试时，首先应当认定与其相关的总部资产。ABC 公司的经营管理活动由总部负责，总部资产包括一栋办公大楼和一个研发中心，其中办公大楼的账面价值为 300 万元，研发中心的账面价值为 100 万元。办公大楼的账面价值可以在合理和一致的基础上分摊至各资产组，但是，研发中心的账面价值难以在合理和一致的基础上分摊至各相关资产组。对于办公大楼的账面价值，企业根据各资产组的账面价值和剩余使用寿命加权平均计算的账面价值分摊比例进行分摊，如表 8-3 所示。

表 8-3　各资产组账面价值

项目	资产组 A	资产组 B	资产组 C	合计
各资产组账面价值（万元）	200	300	400	900
各资产组剩余使用寿命（年）	10	20	20	
按使用寿命计算的权重	1	2	2	
加权计算后的账面价值（万元）	200	600	800	1 600
办公大楼分摊比例（各资产组加权计算后的账面价值 ÷ 各资产组加权平均计算后的账面价值合计）	12.5%	37.5%	50%	100%
办公大楼账面价值分摊到各资产组的金额（万元）	37.5	112.5	150	300
包括分摊的办公大楼账面价值部分的各资产组账面价值（万元）	237.5	412.5	550	1 200

企业随后应当确定各资产组的可收回金额，并将其与账面价值（包括已分摊的办公大楼的账面价值部分）相比较，以确定相应的减值损失。考虑到研发中心的账面价值难以按照合理和一致的基础分摊至资产组，因此，确定由 A、B、C 3 个资产组组成最小资产组组合（即为 ABC 整个公司），通过计算该资产组组合的可收回金额，并将其与账面价值（包括已分摊的办公大楼账面价值和研发中心的账面价值）相比较，以确定相应的减值损失。假定各资产组和资产组组合的公允价值减去处置费用后的净额难以确定，企业根据它们的预计未来现金流量的现值来计算其可收回金额，计算现值所用的折现率为 15%，计算过程如表 8-4 所示。

表 8-4　各资产组的未来现金流量和现值

单位：万元

年份	资产组 A		资产组 B		资产组 C		包括研发中心在内的最小资产组组合（ABC 公司）	
	未来现金流量	现值	未来现金流量	现值	未来现金流量	现值	未来现金流量	现值
2×11	36	32	18	16	20	18	78	68
2×12	62	46	32	24	40	30	144	108
2×13	74	48	48	32	68	44	210	138
2×14	84	48	58	34	88	50	256	146
2×15	94	48	64	32	102	50	286	142

续表

年份	资产组 A		资产组 B		资产组 C		包括研发中心在内的最小资产组组合（ABC 公司）	
	未来现金流量	现值	未来现金流量	现值	未来现金流量	现值	未来现金流量	现值
2×16	104	44	66	28	112	48	310	134
2×17	110	42	68	26	120	44	324	122
2×18	110	36	70	22	126	42	332	108
2×19	106	30	70	20	130	36	334	96
2×10	96	24	70	18	132	32	338	84
2×11			72	16	132	28	264	56
2×12			70	14	132	24	262	50
2×13			70	12	132	22	262	42
2×14			66	10	130	18	256	36
2×15			60	8	124	16	244	30
2×16			52	6	120	12	230	24
2×17			44	4	114	10	216	20
2×18			36	2	102	8	194	16
2×19			28	2	86	6	170	12
2×20			20	2	70	4	142	8
现值合计		398		328		542		1 440

根据上述资料，资产组 A、B、C 的可收回金额分别为 398 万元、328 万元和 542 万元，相应的账面价值（包括分摊的办公大楼账面价值）分别为 237.5 万元、412.5 万元和 550 万元，资产组 B 和 C 的可收回金额均低于其账面价值，应当分别确认 84.5 万元和 8 万元减值损失，并将该减值损失在办公大楼和资产组之间进行分摊。根据分摊结果，因资产组 B 发生减值损失 84.5 万元而导致办公大楼减值 23.05 万元（84.5×112.5÷412.5），导致资产组 B 中所包括资产发生减值 61.45 万元（84.5×300÷412.5）；因资产组 C 发生减值损失 8 万元而导致办公大楼减值 2.18 万元（8×150÷550），导致资产组 C 中所包括资产发生减值 5.82 万元（8×400÷550）。

经过上述减值测试后，资产组 A、B、C 和办公大楼的账面价值分别为 200 万元、238.55 万元、394.18 万元和 274.77 万元，研发中心的账面价值仍为 100 万元，由此包括研发中心在内的最小资产组组合（即 ABC 公司）的账面价值总额为 1 207.50 万元（200+238.55+394.18+274.77+100），但其可收回金额为 1 440 万元，高于其账面价值，因此，公司不必再进一步确认减值损失（包括研发中心的减值损失）。

第二十二条 资产组或者资产组组合的可收回金额低于其账面价值的（总部资产和商誉分摊至某资产组或者资产组组合的，该资产组或者资产组组合的账面价值应当包括相关总部资产和商誉的分摊额），应当确认相应的减值损失。减值损失金额应当先抵减分摊至资产组或者资产组组合中商誉的账面价值，再根据资产组或者资产组组合中除商誉之外的其他各项资产的账面价值所占比重，按比例抵减其他各项资产的账面价值。

以上资产账面价值的抵减，应当作为各单项资产（包括商誉）的减值损失处理，计入当期损益。抵减后的各资产的账面价值不得低于以下三者之中最高者：该资产的公允价值减去处置费用后的净额（如可确定的）、该资产预计未来现金流量的现值（如可确定的）和零。因此而导致的未能分摊的减值损失金额，应当按照相关资产组或者资产组组合中其他各项资产的账面价值所占比重进行分摊。

【解析 8-23】资产组或者资产组组合的减值处理

资产组或者资产组组合的减值处理首先对整体进行减值测试，再将减值金额在资产组内部资产之间进行分摊。

第六章　商誉减值的处理

第二十三条　企业合并所形成的商誉，至少应当在每年年度终了进行减值测试。商誉应当结合与其相关的资产组或者资产组组合进行减值测试。

相关的资产组或者资产组组合应当是能够从企业合并的协同效应中受益的资产组或者资产组组合，不应当大于按照《企业会计准则第 35 号——分部报告》所确定的报告分部。

【解析 8-24】商誉应当结合与其相关的资产组或者资产组组合进行减值测试的原因

由于商誉难以独立产生现金流量，商誉应当结合与其相关的资产组或者资产组组合进行减值测试。

第二十四条　企业进行资产减值测试，对于因企业合并形成的商誉的账面价值，应当自购买日起按照合理的方法分摊至相关的资产组；难以分摊至相关的资产组的，应当将其分摊至相关的资产组组合。

在将商誉的账面价值分摊至相关的资产组或者资产组组合时，应当按照各资产组或者资产组组合的公允价值占相关资产组或者资产组组合公允价值总额的比例进行分摊。公允价值难以可靠计量的，按照各资产组或者资产组组合的账面价值占相关资产组或者资产组组合账面价值总额的比例进行分摊。

企业因重组等原因改变了其报告结构，从而影响到已分摊商誉的一个或者若干个资产组或者资产组组合构成的，应当按照与本条前款规定相似的分摊方法，将商誉重新分摊至受影响的资产组或者资产组组合。

【例 8-7】关于商誉减值的案例

甲企业在 2×17 年 1 月 1 日以 1 600 万元的价格收购了乙企业 80% 股权。在收购日，乙企业可辨认资产的公允价值为 1 500 万元，没有负债和或有负债。因此，甲企业在其合并财务报表中确认商誉 400 万元（1 600−1 500×80%），乙企业可辨认净资产 1 500 万元和少数股东权益 300 万元（1 500×20%）。

假定乙企业的所有资产被认定为一个资产组，该资产组包括商誉，因此，它至少应当于每年年度终了进行减值测试。在 2×17 年年末，甲企业确定该资产组的可收回金额为 1 000 万元，可辨认净资产的账面价值为 1 350 万元。乙企业作为一个单独的资产组的可收回金额 1 000 万元中，包括归属于少数股东权益在商誉价值中享有的部分。因此，出于减值测试的目的，在与资产组的可收回金额进行比较之前，必须对资产组的账面价值进行调整，使其包括归属于少数股东权益的商誉价值 100 万元 [（1 600÷80%-1 500）×20%]。然后，再据以比较该资产组的账面价值和可收回金额，确定是否发生了减值损失。其测试过程如表 8-5 所示。

表 8-5　商誉减值测试过程

单位：万元

2×17 年年末	商誉	可辨认资产	合计
账面价值	400	1 350	1 750
未确认归属于少数股东权益的商誉价值	100		100
调整后的账面价值	500	1 350	1 850
可收回金额			1 000
减值损失			850

以上计算出的减值损失 850 万元应当首先冲减商誉的账面价值，然后，再将剩余部分分摊至资产组中的其他资产。在本例中，850 万元减值损失中有 500 万元应当属于商誉减值损失，其中，确认的商誉仅限于甲企业持有乙企业 80% 股权部分，因此，甲企业只需要在合并财务报表中确认归属于甲企业的商誉减值损失，即 500 万元商誉减值损失的 80%，即 400 万元。剩余的 350 万元（850-500）减值损失应当冲减乙企业可辨认资产的账面价值，作为乙企业可辨认资产的减值损失。商誉减值损失的分摊过程如表 8-6 所示。

表 8-6　商誉减值损失的分摊过程

单位：万元

2×17 年年末	商誉	可辨认资产	合计
账面价值	400	1 350	1 750
确认的减值损失	-400	-350	-750
确认减值损失后的账面价值		1 000	1 000

第二十五条　在对包含商誉的相关资产组或者资产组组合进行减值测试时，如与商誉相关的资产组或者资产组组合存在减值迹象的，应当先对不包含商誉的资产组或者资产组组合进行减值测试，计算可收回金额，并与相关账面价值相比较，确认相应的减值损失。再对包含商誉的资产组或者资产组组合进行减值测试，比较这些相关资产组或者资产组组合的账面价值（包括所分摊的商誉的账面价值部分）与其可收回金额，如相关资产组或者资产组组合的可收回金额低于其账面价值的，应当确认商誉的减值损失，按照本准则第二十二条的规定处理。

【例8-8】包含商誉的资产组进行减值测试的会计核算

甲公司在2×19年12月20日，以1 120万元的价格吸收合并了乙公司。在购买日，乙公司可辨认资产的公允价值为3 000万元，负债的公允价值为2 000万元（应付账款），甲公司确认了商誉120万元。乙公司的全部资产为一条生产线（包括有A、B、C三台设备）生产线的公允价值为3 000万元（其中：A设备为800万元、B设备1 000万元、C设备为1 200万元），甲公司在合并乙公司后，将该条生产线认定为一个资产组。该条生产线的各台设备预计尚可使用年限均为5年，预计净残值均为0，采用直线法计提折旧。

借：固定资产——A设备	800	
——B设备	1 000	
——C设备	1 200	
商誉	120	
贷：应付账款		2 000
银行存款		1 120

2×20年，甲公司于年末进行减值测试。2×20年年末，甲公司无法合理估计生产线公允价值减去处置费用后的净额，经估计生产线未来4年现金流量及其折现率，计算确定的生产线的现值为2 000万元。甲公司无法合理估计A、B、C三台设备公允价值减去处置费用后的净额以及未来现金流量的现值。

资产组不包含商誉的账面价值=3 000-3 000/5=2 400（万元）

其中：A设备的账面价值=800-800/5=640（万元）

B设备的账面价值=1 000-1 000/5=800（万元）

C设备的账面价值=1 200-1 200/5=960（万元）

2020年年末，进行减值测试。

① 对不包含商誉的资产组进行减值测试，计算减值损失。

不包含商誉的账面价值　　2 400万元

资产组的可收回金额为　　2 000万元

应确认资产减值损失=2 400-2 000=400（万元）

【解析】说明可辨认资产需要计提减值400万元。

② 对包含商誉的资产组进行减值测试，计算减值损失。

资产组包含商誉的账面价值=2 400+120=2 520（万元）

资产组的可收回金额为2 000万元

应确认资产减值损失=2 520-2 000=520（万元），应先抵减分摊到资产组的商誉。

商誉减值准备=520-400=120（万元）

借：资产减值损失	120	
贷：商誉减值准备		120

其余减值损失400万元再在A、B、C三台设备之间按账面价值的比例进行分摊。

A设备应分摊的减值损失=400×640/2 400=106.67（万元）

B设备应分摊的减值损失=400×800/2 400=133.33（万元）

C 设备应分摊的减值损失 =400×960/2 400=160（万元）

借：资产减值损失　　400

　　贷：固定资产减值准备——A 设备　　106.67

　　　　　　　　　　　——B 设备　　133.33

　　　　　　　　　　　——C 设备　　160

【拓展】若资产组的可收回金额为 2 500 万元。

①对不包含商誉的资产组进行减值测试，计算减值损失。

不包含商誉的账面价值　　2 400 万元

资产组的可收回金额为　　2 500 万元

应确认的资产减值损失为 0。

【解析】说明可辨认资产不需要计提减值准备。

②对包含商誉的资产组进行减值测试，计算减值损失。

资产组包含商誉的账面价值 =2 400+120=2 520（万元）

资产组的可收回金额为　　2 500 万元

应确认资产减值损失 =2 520−2 500=20（万元）

减值损失 20 万元应先抵减分摊到资产组的商誉的账面价值 120 万元。

借：资产减值损失　　20

　　贷：商誉减值准备　　20

第七章　披露

第二十六条　企业应当在附注中披露与资产减值有关的下列信息：

（一）当期确认的各项资产减值损失金额。

（二）计提的各项资产减值准备累计金额。

（三）提供分部报告信息的，应当披露每个报告分部当期确认的减值损失金额。

【解析 8-25】相关披露

为了提高企业财务报告与管理信息的真实性、可靠性与完整性，保障资产的安全完整和企业经营的合法合规，企业必须按照本准则要求进行会计信息披露与监管。

第二十七条　发生重大资产减值损失的，应当在附注中披露导致每项重大资产减值损失的原因和当期确认的重大资产减值损失的金额。

（一）发生重大减值损失的资产是单项资产的，应当披露该单项资产的性质。提供分部报告信息的，还应披露该项资产所属的主要报告分部。

（二）发生重大减值损失的资产是资产组（或者资产组组合，下同）的，应当披露：

1. 资产组的基本情况。

2. 资产组中所包括的各项资产于当期确认的减值损失金额。

3. 资产组的组成与前期相比发生变化的，应当披露变化的原因以及前期和当期资产组组成情况。

【解析 8-26】发生重大资产减值损失的原因和金额的披露

为了提高企业财务报告与管理信息的真实性、可靠性与完整性，保障资产的安全完整和企业经营的合法合规，企业必须按照本准则要求对发生重大资产减值损失的原因和金额披露进行会计信息披露与监管。

第二十八条 对于重大资产减值，应当在附注中披露资产（或者资产组，下同）可收回金额的确定方法。

（一）可收回金额按资产的公允价值减去处置费用后的净额确定的，还应当披露公允价值减去处置费用后的净额的估计基础。

（二）可收回金额按资产预计未来现金流量的现值确定的，还应当披露估计其现值时所采用的折现率，以及该资产前期可收回金额也按照其预计未来现金流量的现值确定的情况下，前期所采用的折现率。

【解析 8-27】发生重大资产减值的可收回金额的确定方法的披露

为了提高企业财务报告与管理信息的真实性、可靠性与完整性，保障资产的安全完整和企业经营的合法合规，企业必须按照本准则要求对发生重大资产减值的可收回金额的确定方法进行会计信息披露与监管。

第二十九条 第二十六条（一）、（二）和第二十七条（二）第 2 项信息应当按照资产类别予以披露。资产类别应当以资产在企业生产经营活动中的性质或者功能是否相同或者相似为基础确定。

第三十条 分摊到某资产组的商誉（或者使用寿命不确定的无形资产，下同）的账面价值占商誉账面价值总额的比例重大的，应当在附注中披露下列信息：

（一）分摊到该资产组的商誉的账面价值。

（二）该资产组可收回金额的确定方法。

1. 可收回金额按照资产组公允价值减去处置费用后的净额确定的，还应当披露确定公允价值减去处置费用后的净额的方法。资产组的公允价值减去处置费用后的净额不是按照市场价格确定的，应当披露：

（1）企业管理层在确定公允价值减去处置费用后的净额时所采用的各关键假设及其依据。

（2）企业管理层在确定各关键假设相关的价值时，是否与企业历史经验或者外部信息来源相一致；如不一致，应当说明理由。

2. 可收回金额按照资产组预计未来现金流量的现值确定的，应当披露：

（1）企业管理层预计未来现金流量的各关键假设及其依据。

（2）企业管理层在确定各关键假设相关的价值时，是否与企业历史经验或者外部信息来源相一致；如不一致，应当说明理由。

（3）估计现值时所采用的折现率。

第三十一条 商誉的全部或者部分账面价值分摊到多个资产组、且分摊到每个资产组的商誉的账面价值占商誉账面价值总额的比例不重大的，企业应当在附注中说明这一情况以及分摊到上述资产组的商誉合计金额。

商誉账面价值按照相同的关键假设分摊到上述多个资产组、且分摊的商誉合计金额占商誉账面价值总额的比例重大的，企业应当在附注中说明这一情况，并披露下列信息：

（一）分摊到上述资产组的商誉的账面价值合计。

（二）采用的关键假设及其依据。

（三）企业管理层在确定各关键假设相关的价值时，是否与企业历史经验或者外部信息来源相一致；如不一致，应当说明理由。

企业会计准则第9号——职工薪酬

为了进一步规范我国企业会计准则中关于职工薪酬的相关会计处理规定，并保持我国企业会计准则与国际财务报告准则的持续趋同，根据《企业会计准则——基本准则》，财政部对《企业会计准则第9号——职工薪酬》进行了修订，自2014年7月1日起在所有执行企业会计准则的企业范围内施行，鼓励在境外上市的企业提前执行。财政部于2006年2月15日发布的《财政部关于印发〈企业会计准则第1号——存货〉等38项具体准则的通知》（财会〔2006〕3号）中的《企业会计准则第9号——职工薪酬》同时废止。

第一章　总则

第一条　为了规范职工薪酬的确认、计量和相关信息的披露，根据《企业会计准则——基本准则》，制定本准则。

【解析9-1】《企业会计准则——基本准则》

《企业会计准则——基本准则》是制定会计准则应当遵循的基本法则。

第二条　职工薪酬，是指企业为获得职工提供的服务或解除劳动关系而给予的各种形式的报酬或补偿。职工薪酬包括短期薪酬、离职后福利、辞退福利和其他长期职工福利。企业提供给职工配偶、子女、受赡养人、已故员工遗属及其他受益人等的福利，也属于职工薪酬。

【解析9-2】职工薪酬的相关概念

企业因职工提供服务而产生的义务，全部纳入职工薪酬的范围。对职工的股份支付本质上也属于职工薪酬，但其具有期权性质，股份支付的确认和计量，由相关准则进行规范。

摘录于《〈企业会计准则第9号——职工薪酬〉解释》

短期薪酬，是指企业在职工提供相关服务的年度报告期间结束后十二个月内需要全部予以支付的职工薪酬，因解除与职工的劳动关系给予的补偿除外。短期薪酬具体包括：职工工资、奖金、津贴和补贴，职工福利费，医疗保险费、工伤保险费和生育保险费等社会保险费，住房公积金，工会经费和职工教育经费，短期带薪缺勤，短期利润分享计划，非货币性福利以及其他短期薪酬。

【解析9-3】职工工资、奖金、津贴和补贴的概念

职工工资、奖金、津贴和补贴是指按照构成工资总额的计时工资、计件工资、支付给职工的超额劳动报酬等的劳动报酬、为补偿职工特殊或额外的劳动消耗和因其他特殊原因支付给职工的津贴，以及为了保证职工工资水平不受物价影响支付给职工的物价补贴等。企业的短期奖金计划属于短期薪酬，长期奖金计划属于其他长期职工福利。

【解析 9-4】职工福利费的概念

职工福利费是指企业为职工提供的除职工工资、奖金、津贴和补贴、职工教育经费、社会保险费及住房公积金等以外的福利待遇支出，包括发放给职工或为职工支付的以下各项现金补贴和非货币性集体福利金：一是为职工卫生保健、生活等发放或支付的各项现金补贴和非货币性福利，包括职工因公外地就医费用、职工疗养费用、防暑降温费等；二是企业尚未分离的内设集体福利部门所发生的设备、设施和人员费用；三是发放给在职职工的生活困难补助以及按规定发生的其他职工福利支出，如丧葬补助费、抚恤费、职工异地安家费、独生子女费等。

【解析 9-5】社会保险费的概念

医疗保险费、工伤保险费和生育保险费等社会保险费是指企业按照国家规定的基准和比例计算，向社会保险经办机构缴纳的医疗保险费、工伤保险费和生育保险费。

【解析 9-6】住房公积金的概念

住房公积金是指企业按照国家规定的基准和比例计算的，向住房公积金管理机构缴存的住房公积金。

【解析 9-7】工会经费和职工教育经费的概念

工会经费和职工教育经费是指企业为了改善职工文化生活、为职工学习先进技术和提高文化水平和业务素质，用于开展工会活动和职工教育及职工技能培养等相关支出。

【解析 9-8】短期带薪缺勤的概念

短期带薪缺勤是指企业支付工资或提供补偿的职工缺勤，包括年休假、病假、短期伤残、婚假、产假、丧假、探亲假等。

【解析 9-9】利润分享计划的概念

短期利润分享计划是指因职工提供服务而与职工达成的基于利润或其他经营成果提供薪酬的协议。长期利润分享计划属于其他长期职工福利。

【解析 9-10】非货币性福利的概念

非货币性福利是指企业以自己的产品或外购商品发放给职工作为福利，企业提供给职工无偿使用自己拥有的资产或租赁资产供职工无偿使用等。

【解析 9-11】其他短期薪酬的概念

其他短期薪酬是指除上述薪酬以外的其他为获得职工提供的服务而给予的短期薪酬。

带薪缺勤，是指企业支付工资或提供补偿的职工缺勤，包括年休假、病假、短期伤残、婚假、产假、丧假、探亲假等。利润分享计划，是指因职工提供服务而与职工达成的基于利润或其他经营成果提供薪酬的协议。

离职后福利，是指企业为获得职工提供的服务而在职工退休或与企业解除劳动关系后，提供的各种形式的报酬和福利，短期薪酬和辞退福利除外。

辞退福利，是指企业在职工劳动合同到期之前解除与职工的劳动关系，或者为鼓励职工自愿接受裁减而给予职工的补偿。

其他长期职工福利，是指除短期薪酬、离职后福利、辞退福利之外所有的职工薪酬，包括长期带薪缺勤、长期残疾福利、长期利润分享计划等。

第三条 本准则所称职工，是指与企业订立劳动合同的所有人员，含全职、兼职和临时职工，也包括虽未与企业订立劳动合同但由企业正式任命的人员。

未与企业订立劳动合同或未由其正式任命，但向企业所提供服务与职工所提供服务类似的人员，也属于职工的范畴，包括通过企业与劳务中介公司签订用工合同而向企业提供服务的人员。

【解析 9-12】职工的概念

职工，是指与企业订立劳动合同的所有人员，含全职、兼职和临时职工，也包括虽未与企业订立劳动合同但由企业正式任命的人员。

第四条 下列各项适用其他相关会计准则：

（一）企业年金基金，适用《企业会计准则第 10 号——企业年金基金》。

（二）以股份为基础的薪酬，适用《企业会计准则第 11 号——股份支付》。

【解析 9-13】其他相关会计准则

企业年金基金和以股份为基础的薪酬不适用本准则。

第二章 短期薪酬

第五条 企业应当在职工为其提供服务的会计期间，将实际发生的短期薪酬确认为负债，并计入当期损益，其他会计准则要求或允许计入资产成本的除外。

【解析 9-14】短期薪酬的账务处理

根据职工提供服务情况和工资标准计算应计入职工薪酬的工资总量，按照受益对象计入当期损益或相关资产成本，借记“生产成本”“制造费用”“管理费用”等科目，贷记“应付职工薪酬”科目；发放时，借记“应付职工薪酬”科目，贷记“银行存款”等科目。

第六条 企业发生的职工福利费，应当在实际发生时根据实际发生额计入当期损益或相关资产成本。职工福利费为非货币性福利的，应当按照公允价值计量。

【例 9-1】职工福利费的会计核算

2×18 年 6 月，安吉公司当月应发工资 2 000 万元，其中：生产部门直接生产人员工资 1 000 万元；生产部门管理人员工资 200 万元；公司管理部门人员工资 360 万元；公司专设产品销售机构人员工资 100 万元；建造厂房人员工资 220 万元；内部开发存货管理系统人员工资 120 万元。

根据所在地政府规定，公司分别按照职工工资总额的 10%、12%、2% 和 10.5% 计提医疗保险费、养老保险费、失业保险费和住房公积金，缴纳给当地社会保险经办机构和住房公积金管理机构。公司内设医务室，根据 2×17 年实际发生的职工福利费情况，公司预计 2×18

年应承担的职工福利费义务金额为职工工资总额的2%，职工福利的受益对象为上述所有人员。公司分别按照职工工资总额的2%和1.5%计提工会经费和职工教育经费。假定公司存货管理系统已处于开发阶段并符合《企业会计准则第6号——无形资产》资本化为无形资产的条件。

应计入生产成本的职工薪酬金额=1 000+1 000×（10%+12%+2%+10.5%+2%+2%+1.5%）=1 400（万元）

应计入制造费用的职工薪酬金额=200+200×（10%+12%+2%+10.5%+2%+2%+1.5%）=280（万元）

应计入管理费用的职工薪酬金额=360+360×（10%+12%+2%+10.5%+2%+2%+1.5%）=504（万元）

应计入销售费用的职工薪酬金额=100+100×（10%+12%+2%+10.5%+2%+2%+1.5%）=140（万元）

应计入在建工程成本的职工薪酬金额=220+220×（10%+12%+2%+10.5%+2%+2%+1.5%）=308（万元）

应计入无形资产成本的职工薪酬金额=120+120×（10%+12%+2%+1.5%+2%+2%+1.5%）=168（万元）

公司在分配工资、职工福利费、各种社会保险费、住房公积金、工会经费和职工教育经费等职工薪酬时，应进行如下账务处理。

借：生产成本	14 000 000	
制造费用	2 800 000	
管理费用	5 040 000	
销售费用	1 400 000	
在建工程	3 080 000	
研发支出——资本化支出	1 680 000	
贷：应付职工薪酬——工资		20 000 000
——职工福利		400 000
——社会保险费		4 800 000
——住房公积金		2 100 000
——工会经费		400 000
——职工教育经费		300 000

第七条 企业为职工缴纳的医疗保险费、工伤保险费、生育保险费等社会保险费和住房公积金，以及按规定提取的工会经费和职工教育经费，应当在职工为其提供服务的会计期间，根据规定的计提基础和计提比例计算确定相应的职工薪酬金额，并确认相应负债，计入当期损益或相关资产成本。

【解析9-15】职工福利费的计算

对于医疗保险费、工伤保险费、生育保险费和住房公积金，企业应当按照国家规定的标准，计量应付职工薪酬义务和应相应计入成本费用的薪酬金额。

对于工会经费和职工教育经费，企业应当按照国家相关规定，按照职工工资总额的 2% 计量应付职工薪酬（工会经费）义务金额；从业人员技术要求高、培训任务重、经济效益好的企业，可根据国家相关规定，按照职工工资总额的 2.5% 计量应计入成本费用的职工教育经费。按照明确标准计算确定应承担的职工薪酬义务后，再根据受益对象计入当期损益或相关资本成本。

第八条 带薪缺勤分为累积带薪缺勤和非累积带薪缺勤。企业应当在职工提供服务从而增加了其未来享有的带薪缺勤权利时，确认与累积带薪缺勤相关的职工薪酬，并以累积未行使权利而增加的预期支付金额计量。企业应当在职工实际发生缺勤的会计期间确认与非累积带薪缺勤相关的职工薪酬。

累积带薪缺勤，是指带薪缺勤权利可以结转下期的带薪缺勤，本期尚未用完的带薪缺勤权利可以在未来期间使用。

非累积带薪缺勤，是指带薪缺勤权利不能结转下期的带薪缺勤，本期尚未用完的带薪缺勤权利将予以取消，并且职工离开企业时也无权获得现金支付。

【解析 9-16】职工离开企业时累积带薪缺勤的处理

有些累积带薪缺勤在职工离开企业时，对未行使的权利职工有权获得现金支付。如果职工在离开企业时能够获得现金支付，企业就应当确认企业必须支付的、职工全部累积未使用权利的金额。如果职工在离开企业时不能获得现金支付，则企业应当根据资产负债表日因累积未使用权利而导致的预期支付的追加金额，作为累积带薪缺勤费用进行预计。

【解析 9-17】非累积带薪缺勤

我国企业职工休婚假、产假、丧假、探亲假、病假期间的工资通常属于非累积带薪缺勤。由于职工提供服务本身不能增加其能够享受的福利金额，企业在职工未缺勤时不应当计提相关费用和负债；企业应在职工缺勤时确认职工享有的带薪权利，即视同职工出勤确认的相关资产成本或当期费用。企业应当在缺勤期间计提应付工资时一并处理。

【例 9-2】累积带薪缺勤会计核算

乙公司共有 1 000 名职工，自 2×15 年 1 月 1 日起，该公司实行累积带薪缺勤制度。该制度规定，每个职工每年可享受 5 个工作日带薪年休假，未使用的年休假只能向后结转 1 个日历年度，超过 1 年未使用的权利作废，不能在职工离开公司时获得现金支付；职工休年休假是以后进先出为基础，即首先从当年可享受的权利中扣除，再从上年结转的带薪年休假余额中扣除；职工离开公司时，公司对职工未使用的累积带薪年休假不支付现金。

2×15 年 12 月 31 日，每个职工当年平均未使用带薪年休假为 2 天。根据过去的经验并预期该经验将继续适用，乙公司预计 2×16 年有 950 名职工将享受不超过 5 天的带薪年休假，剩余 50 名职工每人将平均享受 6 天半年休假，假定这 50 名职工全部为总部各部门经理，该公司平均每名职工每个工作日工资为 300 元。

分析：乙公司在 2×15 年 12 月 31 日应当预计由于职工累积未使用的带薪年休假权利而

导致预期将支付的工资负债，即相当于75天（50×1.5）的年休假工资22 500元（75×300），并进行如下账务处理。

借：管理费用　　22 500

　　贷：应付职工薪酬——累积带薪缺勤　　22 500

2×16年，如果50名职工均未享受累积未使用的带薪年休假，则冲回上年度确认的费用。

借：应付职工薪酬——累积带薪缺勤　　22 500

　　贷：管理费用　　22 500

2×16年，如果50名职工均享受了累积未使用的带薪年休假，则2×16年确认的工资费用应扣除上年度已确认的累积带薪费用。

第九条　利润分享计划同时满足下列条件的，企业应当确认相关的应付职工薪酬：

（一）企业因过去事项导致现在具有支付职工薪酬的法定义务或推定义务；

（二）因利润分享计划所产生的应付职工薪酬义务金额能够可靠估计。属于下列三种情形之一的，视为义务金额能够可靠估计：

1. 在财务报告批准报出之前企业已确定应支付的薪酬金额。

2. 该短期利润分享计划的正式条款中包括确定薪酬金额的方式。

3. 过去的惯例为企业确定推定义务金额提供了明显证据。

【例9-3】利润分享计划的会计核算

丙公司有一项利润分享计划，要求丙公司将其2×15年12月31日止会计年度的税前利润的指定比例支付给在2×15年7月1日至2×16年6月30日为丙公司提供服务的职工。该奖金于2×16年6月30日支付。2×15年12月31日止财务年度的税前利润为1 000万元人民币。如果丙公司在2×15年7月1日至2×16年6月30日期间没有职工离职，则当年的利润分享支付总额为税前利润的3%。丙公司估计职工离职将使支付额降低至税前利润的2.5%（其中，直接参加生产的职工享有1%，总部管理人员享有1.5%），不考虑个人所得税影响。

分析：尽管支付额是按照截至2×15年12月31日财务年度的税前利润的3%计量，但是业绩却是基于职工在2×15年7月1日至2×16年6月30日期间提供的服务。因此，丙公司在2×15年12月31日应按照税前利润的50%的2.5%确认负债和成本及费用，金额为125 000元（10 000 000×50%×2.5%）。余下的利润分享金额，连同针对估计金额与实际支付金额之间的差额作出的调整额，在2×16年予以确认。

2×15年12月31日的账务处理如下。

借：生产成本　　50 000

　　管理费用　　75 000

　　贷：应付职工薪酬——利润分享计划　　125 000

2×16年6月30日，丙公司的职工离职使其支付的利润分享金额为2×15年度税前利润的2.8%（直接参加生产的职工享有1.1%，总部管理人员享有1.7%），在2×16年确认余下的利润分享金额，连同针对估计金额与实际支付金额之间的差额作出的调整额合计为 155 000 元（10 000 000×2.8%-125 000）。其中，计入生产成本的利润分享计划金额为 60 000 元（10 000 000×1.1%-50 000），计入管理费用的利润分享计划金额为 95 000 元（10 000 000×1.7%-75 000）。

2×16 年 6 月 30 日的账务处理如下。

借：生产成本　　60 000

　　管理费用　　95 000

　　贷：应付职工薪酬——利润分享计划　　155 000

第十条　职工只有在企业工作一段特定期间才能分享利润的，企业在计量利润分享计划产生的应付职工薪酬时，应当反映职工因离职而无法享受利润分享计划福利的可能性。

如果企业在职工为其提供相关服务的年度报告期间结束后十二个月内，不需要全部支付利润分享计划产生的应付职工薪酬，该利润分享计划应当适用本准则其他长期职工福利的有关规定。

【解析 9-18】职工分享利润

职工分享利润要根据企业自身规定和本规则进行相关处理。

第三章　离职后福利

第十一条　企业应当将离职后福利计划分类为设定提存计划和设定受益计划。

离职后福利计划，是指企业与职工就离职后福利达成的协议，或者企业为向职工提供离职后福利制定的规章或办法等。其中，设定提存计划，是指向独立的基金缴存固定费用后，企业不再承担进一步支付义务的离职后福利计划；设定受益计划，是指除设定提存计划以外的离职后福利计划。

【解析 9-19】离职后福利计划

离职后福利计划要根据企业的具体规定进行相关会计处理。

第十二条　企业应当在职工为其提供服务的会计期间，将根据设定提存计划计算的应缴存金额确认为负债，并计入当期损益或相关资产成本。

根据设定提存计划，预期不会在职工提供相关服务的年度报告期结束后十二个月内支付全部应缴存金额的，企业应当参照本准则第十五条规定的折现率，将全部应缴存金额以折现后的金额计量应付职工薪酬。

【解析 9-20】设定提存计划的会计处理

设定提存计划，是指向独立的基金缴存固定费用后，企业不再承担进一步支付义务的离职后福利计划。

设定提存计划的会计处理比较简单，因为企业在每一期间的义务取决于该期间将要提存的金额。在计量义务或费用时不需要精算假设，通常也不存在精算利得或损失。

企业应在资产负债表日确认为换取职工在会计期间内为企业提供的服务而应付给设定提

存计划的提存金，并作为一项费用计入当期损益或相关资产成本。

【例 9-4】设定提存计划的会计核算

甲企业为管理人员设立了一项企业年金：每月该企业按照每个管理人员工资的5%向独立于甲企业的年金基金缴存企业年金，年金基金将其计入该管理人员个人账户并负责资金的运行。该管理人员退休时可以一次性获得其个人账户的累积额，包括企业历年来的缴存额以及相应的投资收益。企业除了按照约定向年金基金缴存之外不再负有其他义务，既不享有缴存资金产生的收益，也不承担投资风险。因此，该福利计划为设定提存计划。2×15年，按照计划安排，该企业向年金基金缴存的金额为 1 000 万元。账务处理如下。

借：管理费用	10 000 000	
贷：应付职工薪酬		10 000 000
借：应付职工薪酬	10 000 000	
贷：银行存款		10 000 000

第十三条　企业对设定受益计划的会计处理通常包括下列四个步骤：

（一）根据预期累计福利单位法，采用无偏且相互一致的精算假设对有关人口统计变量和财务变量等做出估计，计量设定受益计划所产生的义务，并确定相关义务的归属期间。企业应当按照本准则第十五条规定的折现率将设定受益计划所产生的义务予以折现，以确定设定受益计划义务的现值和当期服务成本。

（二）设定受益计划存在资产的，企业应当将设定受益计划义务现值减去设定受益计划资产公允价值所形成的赤字或盈余确认为一项设定受益计划净负债或净资产。

设定受益计划存在盈余的，企业应当以设定受益计划的盈余和资产上限两项的孰低者计量设定受益计划净资产。其中，资产上限，是指企业可从设定受益计划退款或减少未来对设定受益计划缴存资金而获得的经济利益的现值。

（三）根据本准则第十六条的有关规定，确定应当计入当期损益的金额。

（四）根据本准则第十六条和第十七条的有关规定，确定应当计入其他综合收益的金额。

在预期累计福利单位法下，每一服务期间会增加一个单位的福利权利，并且需对每一个单位单独计量，以形成最终义务。企业应当将福利归属于提供设定受益计划的义务发生的期间。这一期间是指从职工提供服务以获取企业在未来报告期间预计支付的设定受益计划福利开始，至职工的继续服务不会导致这一福利金额显著增加之日为止。

【解析 9-21】设定受益计划

设定受益计划是指除设定提存计划以外的离职后福利计划。两者的区分在于计划的主要条款和条件所包含的经济实质。在设定提存计划下，企业的法定义务是以企业同意向基金的缴存额为限，职工所取得的离职后福利金额取决于向离职后福利计划或保险公司支付的提存金金额，以及提存金所产生的投资回报，从而精算风险（即福利将少于预期）和投资风险（即投资的资产将不足以支付预期的福利）实质上要由职工来承担。在设定受益计划下，企业的义务是为现在及以前的职工提供约定的福利，并且精算风险和投资风险实质上由企业来承担，因此，如果精算或者投资的实际结果比预期差，则企业的义务可能会增加。

当企业通过以下方式负有法定义务时，该计划就是一项设定受益计划。

（1）计划福利公式不仅仅与提存金金额相关，且要求企业在资产不足以满足该公式的福利时提供进一步的提存金。

（2）通过计划间接地或直接地对提存金的特定回报作出担保。

设定受益计划可能是不注入资金的，或者可能全部或部分的、企业（有时由其职工）向法律上独立于报告主体的企业或者基金，以缴纳提存金形式注入资金，并由其向职工支付福利。到期时已注资福利的支付不仅取决于基金的财务状况和投资业绩，而且取决于企业补偿基金资产短缺的能力和意愿。企业实质上承担着与计划相关的精算风险和投资风险。因此，设定受益计划所确认的费用并不一定是本期应付的提存金金额。

【例 9-5】设定受益计划的会计核算

甲企业在 2×14 年 1 月 1 日建立一项福利计划向其未来退休的管理员工提供退休补贴，退休补贴根据工龄有不同的层次，该计划于当日开始实施。该福利计划为一项设定受益计划。假设管理人员退休时企业将每年向其支付退休补贴直至其去世。通常企业应当根据生命周期表对死亡率进行精算（为阐述方便，本例中测算表格中的演算，忽略死亡率），并考虑退休补贴的增长率等因素，将退休后补贴折现到退休时点，然后按照预期累积福利单位法在职工的服务期间进行分配。

假设一位 55 岁管理人员于 2×14 年年初入职，年折现率为 10%，预计该职工将在服务 5 年后即 2×19 年年初退休，表 9-1 列示了企业如何按照预期累计福利单位法确定其设定受益义务现值和当期服务成本，假定精算假设不变。

表 9-1 设定受益义务现值和当期服务成本的确定

单位：元

年度	2×14 年	2×15 年	2×16 年	2×17 年	2×18 年
福利归属于以前年度	0	1 310	2 620	3 930	5 240
福利归属于当年	1 310	1 310	1 310	1 310	1 310
当前和以前年度合计	1 310	2 620	3 930	5 240	6 550
期初义务	0	890	1 960	3 240	4 760
年利率为 10% 的利息	0	89=890×10%	196=1 960×10%	324=3 240×10%	476=4 760×10%
当期服务成本	890=1 310÷（1+10%）^{4}	980=1 310÷（1+10%）^{3}	1 080=1 310÷（1+10%）^{2}	1 190=1 310÷（1+10%）	1 310
期末义务	890	1 959=890+89+980	3 236=1 960+196+1 080	4 754=3 240+324+1 190	6 546=4 760+476+1 310

注（1）期初义务是归属于以前年度的设定受益义务的现值；（2）当期服务成本是归属于当年的设定受益义务的现值；（3）期末义务是归属于当年和以前年度的设定受益义务的现值。

本例中，假设该职工退休后直至去世企业将为其支付的累计退休福利在其退休时点的折现额约为 6 550 元，则该管理人员为企业服务的 5 年中每年所赚取的当期福利为这一金额的 1/5 即 1 310 元。当期服务成本即为归属于当年福利的现值。因此，在 2×14 年，当期服务成本为 $1\,310 \div 1.1^{4}$，其他各年依次类推。

2×14年年末，企业的会计处理如下。

借：管理费用（当期服务成本） 890

　　贷：应付职工薪酬 890

同理，2×15年年末，企业的会计处理如下。

借：管理费用（当期服务成本） 980

　　贷：应付职工薪酬 980

借：财务费用 89

　　贷：应付职工薪酬 89

以后各年，依次类推。

第十四条　企业应当根据预期累计福利单位法确定的公式将设定受益计划产生的福利义务归属于职工提供服务的期间，并计入当期损益或相关资产成本。

当职工后续年度的服务将导致其享有的设定受益计划福利水平显著高于以前年度时，企业应当按照直线法将累计设定受益计划义务分摊确认于职工提供服务而导致企业第一次产生设定受益计划福利义务至职工提供服务不再导致该福利义务显著增加的期间。在确定该归属期间时，不应考虑仅因未来工资水平提高而导致设定受益计划义务显著增加的情况。

【解析 9-22】设定受益计划的会计处理

企业对设定受益计划的会计处理通常包括下列4个步骤。

（1）根据预期累计福利单位法，采用无偏且相互一致的精算假设对有关人口统计变量和财务变量等做出估计，计量设定受益计划所产生的义务，并确定相关义务的归属期间。

（2）设定受益计划存在资产的，企业应当将设定受益计划义务现值减去设定受益计划资产公允价值所形成的赤字或盈余确认为一项设定受益计划净负债或净资产。

（3）根据设定受益计划产生的职工薪酬成本，确定应当计入当期损益的金额。

（4）根据设定受益计划产生的职工薪酬成本以及重新计量设定受益计划净负债或净资产所产生的变动，确定应当计入其他综合收益的金额。

第十五条　企业应当对所有设定受益计划义务予以折现，包括预期在职工提供服务的年度报告期间结束后的十二个月内支付的义务。折现时所采用的折现率应当根据资产负债表日与设定受益计划义务期限和币种相匹配的国债或活跃市场上的高质量公司债券的市场收益率确定。

【解析 9-23】受益计划折现

受益计划折现要考虑折现金额、期限及折现率，具体可以参照本准则的规定。

第十六条　报告期末，企业应当将设定受益计划产生的职工薪酬成本确认为下列组成部分：

（一）服务成本，包括当期服务成本、过去服务成本和结算利得或损失。其中，当期服务成本，是指职工当期提供服务所导致的设定受益计划义务现值的增加额；过去服务成本，是指设定受益计划修改所导致的与以前期间职工服务相关的设定受益计划义务现值的增加或减少。

（二）设定受益计划净负债或净资产的利息净额，包括计划资产的利息收益、设定受益计划义务的利息费用以及资产上限影响的利息。

（三）重新计量设定受益计划净负债或净资产所产生的变动。

除非其他会计准则要求或允许职工福利成本计入资产成本，上述第（一）项和第（二）项应计入当期损益；第（三）项应计入其他综合收益，并且在后续会计期间不允许转回至损益，但企业可以在权益范围内转移这些在其他综合收益中确认的金额。

【解析 9-24】过去服务成本的概念

过去服务成本，是指设定受益计划修改所导致的与以前期间职工服务相关的设定受益计划义务现值的增加或减少。

当企业引入或取消一项设定受益计划或是改变现有设定受益计划下的应付福利时，就发生了计划修改。当企业显著减少计划涵盖的职工数量时，就发生了计划缩减。缩减可能源于某单一事件，比如关闭某个厂房、终止一项经营、暂停或终止一项计划。过去服务成本是指由于计划修改或缩减所导致职工前期服务的设定受益义务现值的变化。虽然过去服务成本的定义区分由于计划修改产生的过去服务成本和由于缩减产生的过去服务成本，但该区分对财务报表几乎不构成影响，因为所有过去服务成本均在其发生的当期计入损益。

在修改或缩减与重组费用或者辞退福利无关的情况下，企业应当在修改或缩减发生时确认相关的过去服务成本。

在确定过去服务成本或结算利得或损失之前，企业应采用计划资产的当前公允价值和当前精算假设（包括当前市场利率和其他当前市场价格）重新计量设定受益负债（资产）净额，当前精算假设应反映计划在修改、缩减或结算之前提供的福利。

企业随后须辨别由计划修改、缩减或结算导致的设定受益义务的现值变化。企业并不是在所有情况下都要单独辨别每个组成部分。在同时发生的情况下，企业无须区分由于计划修改产生的过去服务成本和由于缩减和结算利得或损失产生的过去服务成本。然而，如果计划被一项实质上提供同样福利的新计划所取代，则计划的终止并不是结算。在某些情况下，计划修改发生在结算之前，比如当企业改变计划福利，并随后结算修改后的福利。在这些情况下，企业应在结算利得或损失之前确认过去服务成本。

过去服务成本可以是正的（在福利引入或发生变化从而导致设定受益义务的现值增加时）或负的（在福利被取消或发生变化从而导致设定受益义务的现值减少时）。如果企业减少现有设定受益计划下的应付福利，并同时增加在该计划下针对相同职工的其他应付福利，则企业应将变动的净额作为单项变动处理。

过去服务成本不包括：以前假定的薪金增长额与实际发生额之间的差额对支付以前年度服务产生的福利义务的影响（因为精算假设允许预计薪金增长，所以不会产生过去服务成本）；当企业具有支付养老金增长的推定义务时，对可自行决定的养老金增加的高估和低估（因为精算假设允许这种增长，所以不会产生过去服务成本）；财务报表中已确认的精算利得或计划资产回报导致的福利改进的估计，如果企业由于计划的正式条款或由于法律规定，有责任将该计划的盈余用于计划参与者的福利，即使该福利的增加并没有正式给予（由于所导致的义务的增加是一项精算损失，所以不会产生过去服务成本）；以及在没有新的福利或福利改进的情况下，职工达到了既定要求以后既定福利（即并不取决于未来雇佣的福利）的增加（由于企业在服务提供的当期将估计福利费用确认为当期服务成本，所以不会产生过去服务成本）。

第十七条 重新计量设定受益计划净负债或净资产所产生的变动包括下列部分：

（一）精算利得或损失，即由于精算假设和经验调整导致之前所计量的设定受益计划义务现值的增加或减少。

（二）计划资产回报，扣除包括在设定受益计划净负债或净资产的利息净额中的金额。

（三）资产上限影响的变动，扣除包括在设定受益计划净负债或净资产的利息净额中的金额。

【解析 9-25】精算利得和损失产生的原因

产生精算利得和损失的原因包括：未预计的过高或过低的职工流动率、提前退休率或死亡率，或是过高或过低的薪金、福利（如果计划的正式或推定条款规定，在通货膨胀下增加福利）或医疗费用的增长；关于福利支付选择权假设变动的影响；对未来职工流动、提前退休或死亡，或薪金、福利（如果计划的正式或推定条款规定，在通货膨胀下增加福利）或医疗费用的增长等估计因素变化的影响；折现率变化的影响。

精算利得和损失不包括因引入、修改、缩减或结算设定受益计划所导致的设定受益义务现值的变动，或者设定受益计划下应付福利的变动。这些变动产生了过去服务成本或结算利得或损失。

第十八条 在设定受益计划下，企业应当在下列日期孰早日将过去服务成本确认为当期费用：

（一）修改设定受益计划时。

（二）企业确认相关重组费用或辞退福利时。

【解析 9-26】服务成本的会计处理

在设定受益计划下，企业将过去服务成本确认为当期费用要根据本准则规定判断确认日期。

第十九条 企业应当在设定受益计划结算时，确认一项结算利得或损失。

设定受益计划结算，是指企业为了消除设定受益计划所产生的部分或所有未来义务进行的交易，而不是根据计划条款和所包含的精算假设向职工支付福利。设定受益计划结算利得或损失是下列两项的差额：

（一）在结算日确定的设定受益计划义务现值。

（二）结算价格，包括转移的计划资产的公允价值和企业直接发生的与结算相关的支付。

【解析 9-27】结算假设

结算是未在计划条款中规定的福利的支付，未纳入精算假设中，因此结算利得或损失应当计入当期损益。而在计划条款中规定的福利的支付（包括可选择福利支付性质的情况）不属于结算，已纳入精算假设中，在支付此类福利时产生利得或损失，则属于精算利得或损失，应作为重新计量的一部分计入其他综合收益。

第四章 辞退福利

第二十条 企业向职工提供辞退福利的，应当在下列两者孰早日确认辞退福利产生的职工薪酬负债，并计入当期损益：

（一）企业不能单方面撤回因解除劳动关系计划或裁减建议所提供的辞退福利时。

（二）企业确认与涉及支付辞退福利的重组相关的成本或费用时。

【解析 9-28】企业重组义务

同时存在下列情况时，表明企业承担了重组义务。

（1）有详细、正式的重组计划，包括重组涉及的业务、主要地点、需要补偿的员工人数及其岗位性质、预计重组支出、计划实施时间等。

（2）该重组计划已对外公告。

由于被辞退的职工不再为企业带来未来经济利益，对于所有辞退福利，均应当于辞退计划满足负债确认条件的当期一次计入费用，不计入资产成本。

在确认辞退福利时，需要注意以下两个方面。

（1）对于分期或分阶段实施的解除劳动关系计划或自愿裁减建议，企业应当将整个计划看作由各单项解除劳动关系计划或自愿裁减建议组成，在每期或每阶段计划符合预计负债确认条件时，将该期或该阶段计划中由提供辞退福利产生的预计负债予以确认，计入该部分计划满足预计负债确认条件的当期管理费用，不能等全部计划都符合确认条件时再予以确认。

（2）对于企业实施的职工内部退休计划，由于这部分职工不再为企业带来经济利益，企业应当比照辞退福利处理。具体来说，在内退计划符合本准则规定的确认条件时，按照内退计划规定，将自职工停止提供服务日至正常退休日期间、企业拟支付的内退人员工资和缴纳的社会保险费等，确认为预计负债，一次计入当期管理费用，不能在职工内退后各期分期确认因支付内退职工工资和为其缴纳社会保险费而产生的义务。

辞退福利的计量因辞退计划中职工有无选择权而有所不同。

（1）对于职工没有选择权的辞退计划，应当根据计划条款规定拟解除劳动关系的职工数量、每一职位的辞退补偿等计提应付职工薪酬。

（2）对于自愿接受裁减的建议，因接受裁减的职工数量不确定，企业应当根据《企业会计准则第 13 号——或有事项》规定，预计将会接受裁减建议的职工数量，根据预计的职工数量和每一职位的辞退补偿等计提应付职工薪酬。

第二十一条 企业应当按照辞退计划条款的规定，合理预计并确认辞退福利产生的应付职工薪酬。辞退福利预期在其确认的年度报告期结束后十二个月内完全支付的，应当适用短期薪酬的相关规定；辞退福利预期在年度报告期结束后十二个月内不能完全支付的，应当适用本准则关于其他长期职工福利的有关规定。

【例9-6】辞退计划的会计核算

甲公司为一家空调制造企业，2×15年9月，为了能够在下一年度顺利实施转产，甲公司管理层制订了一项辞退计划。计划规定：自2×16年1月1日起，公司将以职工自愿方式，辞退其柜式空调生产车间的职工。辞退计划的详细内容，包括拟辞退的职工所在部门、数量、各级别职工能够获得的补偿以及计划大体实施的时间等均已与职工沟通，并达成一致意见，辞退计划已于当年12月10日经董事会正式批准，辞退计划将于下一个年度内实施完毕。该项辞退计划的详细内容如表9-2所示。

表9-2　辞退计划

所属部门	职位	辞退数量（人）	工龄（年）	每人补偿额（万元）
空调车间	车间主任、副主任	10	1~10（不含10）	10
			10~20（不含20）	20
			20~30（不含30）	30
	高级技工	50	1~10（不含10）	8
			10~20（不含20）	18
			20~30（不含30）	28
	一般技工	100	1~10（不含10）	5
			10~20（不含20）	15
			20~30（不含30）	25
合计		160		

2×15年12月31日，公司预计各级别职工拟接受辞退职工数量的最佳估计数（最可能发生数）及其应支付的补偿如表9-3所示。

表9-3　预计计划实施情况

所属部门	职位	辞退数量	工龄（年）	接受数量（人）	每人补偿额（万元）	总补偿金额（万元）
空调车间	车间主任、副主任	10	1~10	5	10	50
			10~20	2	20	40
			20~30	1	30	30
	高级技工	50	1~10	20	8	160
			10~20	10	18	180
			20~30	5	28	140
	一般技工	100	1~10	50	5	250
			10~20	20	15	300
			20~30	10	25	250
合计		160		123		1 400

按照《企业会计准则第13号——或有事项》有关计算最佳估计数的方法，预计接受辞退的职工数量可以根据最可能发生的数量确定。根据表9-3，愿意接受辞退职工的最可能数

量为 123 名，预计补偿总额为 1 400 万元，则甲公司在 2×15 年（辞退计划在 2×15 年 12 月 10 日由董事会批准）应进行如下账务处理。

借：管理费用　　14 000 000

　　贷：应付职工薪酬——辞退福利　　14 000 000

第五章　其他长期职工福利

第二十二条　企业向职工提供的其他长期职工福利，符合设定提存计划条件的，应当适用本准则第十二条关于设定提存计划的有关规定进行处理。

【解析 9-29】其他长期职工福利

符合设定提存计划的其他长期职工福利要按照本准则规定进行相应的会计处理。

第二十三条　除上述第二十二条规定的情形外，企业应当适用本准则关于设定受益计划的有关规定，确认和计量其他长期职工福利净负债或净资产。在报告期末，企业应当将其他长期职工福利产生的职工薪酬成本确认为下列组成部分：

（一）服务成本。

（二）其他长期职工福利净负债或净资产的利息净额。

（三）重新计量其他长期职工福利净负债或净资产所产生的变动。

为简化相关会计处理，上述项目的总净额应计入当期损益或相关资产成本。

【解析 9-30】其他情形

除符合设定提存计划的其他长期职工福利外，对其他设定受益计划要确认和计量其他长期职工福利净负债或净资产。

第二十四条　长期残疾福利水平取决于职工提供服务期间长短的，企业应当在职工提供服务的期间确认应付长期残疾福利义务，计量时应当考虑长期残疾福利支付的可能性和预期支付的期限；长期残疾福利与职工提供服务期间长短无关的，企业应当在导致职工长期残疾的事件发生的当期确认应付长期残疾福利义务。

【解析 9-31】递延酬劳账务处理

递延酬劳包括按比例分期支付或者经常性定额支付的递延奖金等。这类福利应当按照奖金计划的福利公式来对费用进行确认，或者按照直线法在相应的服务期间分摊确认。如果一个企业内部为其长期奖金计划或者递延酬劳设立一个账户，则这样的其他长期职工福利不符合设定提存计划的条件。

【例 9-7】递延酬劳的会计核算

2×15 年年初甲企业为其管理人员设立了一项递延奖金计划：将当年利润的 5% 提成作为奖金，但要两年后即 2×16 年年末才向仍然在职的员工分发。假设 2×15 年当年利润为 1 亿元，且该计划条款中明确规定：员工必须在这两年内持续为公司服务，如果提前离开将拿不到奖金。具体会计处理如下。

步骤一：根据预期累计福利单位法，采用无偏且相互一致的精算假设对有关人口统计变量和财务变量等作出估计，计量设定受益计划所产生的义务，并按照同久期同币种的国债收益率将设定受益计划所产生的义务予以折现，以确定设定受益计划义务的现值和当期服务成本。

假设不考虑死亡率和离职率等因素，2×15 年年初预计两年后企业为此计划的现金流支出为 500 万元，按照预期累计福利单位法归属于 2×15 年的福利为 500÷2=250（万元），选取同久期同币种的国债收益率作为折现率（5%）进行折现，则 2×15 年的当期服务成本为 2 500 000÷（1+5%）=2 380 952（元）。假定 2×15 年年末折现率变为 3%，则 2×15 年年末的设定受益义务现值即设定受益计划负债为 2 500 000÷（1+3%）=2 427 184（元）。

步骤二：核实设定受益计划有无计划资产，假设在本例中，该项设定受益计划没有计划资产，2×15 年年末的设定受益计划净负债即设定受益计划负债为 2 427 184 元。

步骤三：确定应当计入当期损益的金额，如步骤一所示，本例中发生利润从而导致负债的当年，即 2×15 年的当期服务成本为 2 380 952 元。由于期初负债为 0，2×15 年年末，设定受益计划净负债的利息费用为 0。

步骤四：确定重新计量设定受益计划净负债或净资产所产生的变动，包括精算利得或损失、计划资产回报和资产上限影响的变动 3 个部分，计入当期损益。由于假设本例中没有计划资产，重新计量设定受益计划净负债或净资产所产生的变动仅包括精算利得或损失。

由步骤一可知，2×15 年年末的精算损失为 46 232 元。

2×15 年年末，上述递延奖金计划的会计处理如下。

借：管理费用——当期服务成本	2 380 952	
——精算损失	46 232	
贷：应付职工薪酬——递延奖金计划		2 427 184

同理，2×16 年年末，假设折现率仍为 3%，甲企业当期服务成本为 250 万元，设定受益计划净负债的利息费用 =2 427 184×3%=72 816（元）。甲企业 2×16 年年末的会计处理如下。

借：管理费用	2 500 000	
财务费用	72 816	
贷：应付职工薪酬——递延奖金计划		2 572 816

实际支付该项递延奖金时，会计处理如下。

借：应付职工薪酬——递延奖金计划	5 000 000	
贷：银行存款		5 000 000

第六章　披露

第二十五条　企业应当在附注中披露与短期职工薪酬有关的下列信息：

（一）应当支付给职工的工资、奖金、津贴和补贴及其期末应付未付金额。

（二）应当为职工缴纳的医疗保险费、工伤保险费和生育保险费等社会保险费及其期末应付未付金额。

（三）应当为职工缴存的住房公积金及其期末应付未付金额。

（四）为职工提供的非货币性福利及其计算依据。

（五）依据短期利润分享计划提供的职工薪酬金额及其计算依据。

（六）其他短期薪酬。

【解析 9-32】披露或有负债

因自愿接受裁减建议的职工数量、补偿标准等不确定而产生的或有负债，应当按照《企业会计准则第 13 号——或有事项》披露。

第二十六条　企业应当披露所设立或参与的设定提存计划的性质、计算缴费金额的公式或依据，当期缴费金额以及期末应付未付金额。

【解析 9-33】披露或有事项

为了提高企业财务报告与管理信息的真实性、可靠性与完整性，保障资产的安全完整和企业经营的合法合规，企业必须按照本准则要求对或有事项进行会计信息披露与监管。

第二十七条　企业应当披露与设定受益计划有关的下列信息：

（一）设定受益计划的特征及与之相关的风险。

（二）设定受益计划在财务报表中确认的金额及其变动。

（三）设定受益计划对企业未来现金流量金额、时间和不确定性的影响。

（四）设定受益计划义务现值所依赖的重大精算假设及有关敏感性分析的结果。

【解析 9-34】披露设定受益计划

为了提高企业财务报告与管理信息的真实性、可靠性与完整性，保障资产的安全完整和企业经营的合法合规，企业必须按照本准则要求对设定受益计划进行会计信息披露与监管。

第二十八条　企业应当披露支付的因解除劳动关系所提供辞退福利及其期末应付未付金额。

【解析 9-35】披露辞退福利

为了提高企业财务报告与管理信息的真实性、可靠性与完整性，保障资产的安全完整和企业经营的合法合规，企业必须按照本准则要求对因解除劳动关系所提供辞退福利及其期末应付未付金额进行会计信息披露与监管。

第二十九条　企业应当披露提供的其他长期职工福利的性质、金额及其计算依据。

【解析 9-36】披露其他信息

为了提高企业财务报告与管理信息的真实性、可靠性与完整性，保障资产的安全完整和企业经营的合法合规，企业必须按照本准则要求对其他长期职工福利的性质、金额及其计算依据等进行会计信息披露与监管。

第七章　衔接规定

第三十条　对于本准则施行日存在的离职后福利计划、辞退福利、其他长期职工福利，除本准则三十一条规定外，应当按照《企业会计准则第 28 号——会计政策、会计估计变更和差错更正》的规定采用追溯调整法处理。

第三十一条 企业比较财务报表中披露的本准则施行之前的信息与本准则要求不一致的，不需要按照本准则的规定进行调整。

【解析 9–37】或有负债的衔接规定

或有负债的衔接规定按照本准则进行会计处理。

第八章 附则

第三十二条 本准则自 2014 年 7 月 1 日起施行。

企业会计准则第10号——企业年金基金

《企业会计准则第10号——企业年金基金》于2006年2月15日由财会〔2006〕3号公布，自2007年1月1日起施行。

第一章　总则

第一条　为了规范企业年金基金的确认、计量和财务报表列报，根据《企业会计准则——基本准则》，制定本准则。

【解析10-1】《企业会计准则——基本准则》

《企业会计准则——基本准则》是制定会计准则应当遵循的基本法则。

第二条　企业年金基金，是指根据依法制定的企业年金计划筹集的资金及其投资运营收益形成的企业补充养老保险基金。

【解析10-2】企业年金的概念

企业年金是指企业及其职工在依法参加基本养老保险的基础上，自愿建立的补充养老保险制度，是社会保障体系的重要组成部分，与基本养老保险、个人储蓄性养老金一起构成"多支柱"养老保障体系。企业年金采取自愿原则，国家给予税收政策支持，实行完全积累制，采用个人账户管理和市场化运行，其费用由企业和职工个人共同缴纳。

《中华人民共和国劳动法》规定，国家鼓励用人单位根据本单位实际情况，为劳动者建立补充保险。国务院印发的《国务院关于完善城镇社会保障体系试点方案的通知》（国发〔2000〕42号）中将补充养老保险统一称为企业年金。企业年金不仅是一种企业福利、激励制度，也是一种社会制度，对调动企业职工的劳动积极性，增强企业的凝聚力和竞争力，完善国家多层次养老保障体系，提高和改善企业职工退休后的养老待遇水平，适应人口老龄化的需要，推动金融市场发展，促进社会和谐发展等具有积极的促进作用。

根据《企业会计准则第10号——企业年金基金》的规定，企业年金基金是指根据依法制定的企业年金计划筹集的资金及其投资运营收益形成的企业补充养老保险基金。由此可以看出，企业年金基金由两部分组成：一是企业和职工依照企业年金计划规定的缴费，即企业年金基金本金；二是企业年金基金投资运营而形成的收益。

我国企业年金采用信托型管理模式，实行以信托关系为核心，以委托代理关系为补充的治理结构。企业和职工作为委托人将企业年金基金财产委托给受托人管理运作，是一种信托行为。企业年金基金作为一种信托财产，独立于委托人、受托人、账户管理人、托管人、投资管理人和其他为企业年金基金提供服务的自然人、法人或其他组织的固有财产及其管理的其他财产，应当作为独立的会计主体，进行确认、计量和披露。

企业年金基金具有以下特征：一是企业年金基金具有长期性、安全性、稳定性，以及追求长期稳定的投资回报；二是企业年金基金只能用于履行企业补充养老保险的义务，不能支付给企业自己的债权人，也不能返还给企业；三是企业年金基金必须存入企业年金专户，企业年金基金的管理、运用或其他情形取得的财产和收益，应当归入企业年金基金；四是企业年金基金不属于委托人等各管理当事人的清算财产；五是企业年金基金不得与各管理当事人自身债务相抵销。

第三条 企业年金基金应当作为独立的会计主体进行确认、计量和列报。

委托人、受托人、托管人、账户管理人、投资管理人和其他为企业年金基金管理提供服务的主体，应当将企业年金基金与其固有资产和其他资产严格区分，确保企业年金基金的安全。

【解析10-3】企业年金基金的当事人

（一）企业年金基金委托人

企业年金基金委托人是指设立企业年金基金的企业及其职工。企业和职工是企业年金计划参与者，按规定缴纳企业年金供款，并作为委托人与受托人签订书面合同，将企业年金基金财产委托给受托人管理运作。

（二）企业年金基金受托人

企业年金基金受托人是指受托管理企业年金基金的企业年金理事会或符合国家规定的养老金管理公司等法人受托机构，是编制企业年金基金财务报表的法定责任人。

受托人主要职责有：选择、监督、更换账户管理人、托管人、投资管理人以及中介服务机构；制定企业年金基金投资策略；编制企业年金基金管理和财务会计报告；根据合同对企业年金管理进行监督；根据合同收取企业和职工缴费，并向受益人支付企业年金待遇；接受委托人、受益人查询，定期向委托人、受益人和有关监管部门提供企业年金基金管理报告等。

（三）企业年金基金账户管理人

企业年金基金账户管理人是指受托管理企业年金基金账户的专业机构。

账户管理人主要职责有：建立企业年金基金企业账户和个人账户；记录企业、职工缴费以及企业年金基金投资收益；及时与托管人核对缴费数据以及企业年金基金账户财产变化状况；计算企业年金待遇；提供企业年金基金企业账户和个人账户信息查询服务；定期向受托人和有关监管部门提交企业年金基金账户管理报告等。

（四）企业年金基金托管人

企业年金基金托管人是指受托提供保管企业年金基金财产等服务的商业银行或专业机构。

托管人主要职责有：安全保管企业年金基金财产；以企业年金基金名义开设资金账户和证券账户；根据受托人指令，向投资管理人分配企业年金基金财产；根据投资管理人投资指令，及时办理清算、交割事宜；负责企业年金基金会计核算和估值，复核、审查投资管理人计算的基金财产净值；及时与账户管理人、投资管理人核对有关数据，按照规定监督投资管理人的投资运作；定期向受托人提交企业年金基金托管报告和财务会计报告；定期向有关监管部门提交企业年金基金托管报告；保存企业年金基金托管业务活动记录、账册、报表和其他资料等。

（五）企业年金基金投资管理人

企业年金基金投资管理人是指受托管理企业年金基金投资的专业机构。

投资管理人主要职责有：对企业年金基金财产进行投资；及时与托管人核对企业年金基金会计核算和估值结果；建立企业年金基金投资管理风险准备金；定期向受托人和有关监管部门提交投资管理报告；保存企业年金基金会计凭证、会计账簿、年度财务会计报告和投资记录等。

（六）中介服务机构

企业年金基金中介服务机构是指为企业年金基金管理提供服务的投资顾问公司、信用评估公司、精算咨询公司、会计师事务所、律师事务所等专业机构。

第二章　确认和计量

第四条　企业年金基金应当分别资产、负债、收入、费用和净资产进行确认和计量。

【解析 10-4】企业年金基金的缴纳

企业年金基金由企业缴费、职工个人缴费和企业年金基金投资运营而形成的收益组成。现行法规制度规定，企业缴费每年不超过上年度工资总额的 1/12，企业和职工个人缴费合计一般不超过上年度工资总额的 1/6。企业可以根据自身的经济效益情况和目标，在国家统一规定的范围内，自主决定企业缴费的具体比例，并按照企业年金计划约定的参保范围、企业年金种类和缴费方式，定期进行缴费。对企业来说，企业按照企业年金计划进行的缴费，属于企业职工薪酬范围，其确认、计量及报告适用《企业会计准则第 9 号——职工薪酬》。

企业年金基金缴费（供款）的一般流程如下。

（1）企业年金计划开始时，委托人将相关职工缴费总额及明细情况通知受托人，受托人将相关信息提供给账户管理人。账户管理人据此进行系统设置和信息录入。

（2）缴费日前，账户管理人计算缴费总额及明细情况，生成企业缴费和职工个人缴费账单，报受托人确认。

（3）受托人在收到账户管理人提供的缴费账单后，与委托人核对确认，核对无误后，将签字确认的缴费账单反馈给账户管理人。

（4）缴费日，受托人向委托人下达缴费指令，委托人向托管人划转缴费账单所列缴款总额，并通知受托人。

（5）受托人向托管人送达收账通知及企业缴费总额账单。托管人收到款项后，核对实收金额与受托人提供的缴费总额账单，并向受托人和账户管理人送达缴费到账通知单。

（6）受托人在核对托管人转来的数据后，通知账户管理人进行缴费的财务处理。账户管理人将缴费明细数据和托管人通知的缴费总额核对无误后，根据企业年金计划的约定在已建立的个人账户之间进行分配。

第五条　企业年金基金缴费及其运营形成的各项资产包括：货币资金、应收证券清算款、应收利息、买入返售证券、其他应收款、债券投资、基金投资、股票投资、其他投资等。

【解析10-5】企业年金基金的核算

为了核算企业年金基金收到缴费等业务，企业年金基金应当设置“企业年金基金”“银行存款”等科目。“企业年金基金”科目核算企业年金基金资产的来源和运用，应按个人账户结余、企业账户结余、净收益、个人账户转入、个人账户转出，以及支付受益人待遇等设置相应明细科目。“企业年金基金”科目期末贷方余额，反映企业年金基金净值。企业年金基金银行账户主要有资金账户、证券账户等。资金账户包括银行存款账户、结算备付金账户等，其中，银行存款账户又包括受托财产托管账户、委托投资资产托管账户；证券账户包括证券交易所证券账户和全国银行间市场债券托管账户等。

收到企业及职工个人缴费时，企业年金基金应按实际收到的金额，借记“银行存款”科目，贷记“企业年金基金——个人账户结余”“企业年金基金——企业账户结余”科目。

企业年金基金收到缴费后，如需账户管理人核对后确认，可先通过“其他应付款——企业年金基金供款”科目核算，确认后再转入“企业年金基金”科目。

【例10-1】企业年金基金缴费的会计核算

2×17年1月5日，某企业年金基金收到缴费350万元，其中企业缴费200万元、职工个人缴费150万元，存入企业年金账户，实收金额与提供的缴费总额账单核对无误。按该企业年金计划约定，企业缴费200万元中，归属个人账户金额为110万元，另外90万元的权益归属条件尚未实现。

该企业年金基金账务处理如下。

借：银行存款	3 500 000	
贷：企业年金基金——个人账户结余（个人缴费）		1 500 000
——个人账户结余（企业缴费）		1 100 000
——企业账户结余（企业缴费）		900 000

企业年金基金收到缴费后，如需账户管理人核对后确认，可先通过“其他应付款——企业年金基金供款”科目核算，确认后再转入“企业年金基金”科目。

第六条　企业年金基金在运营中根据国家规定的投资范围取得的国债、信用等级在投资级以上的金融债和企业债、可转换债、投资性保险产品、证券投资基金、股票等具有良好流动性的金融产品，其初始取得和后续估值应当以公允价值计量：

（一）初始取得投资时，应当以交易日支付的成交价款作为其公允价值。发生的交易费用直接计入当期损益。

（二）估值日对投资进行估值时，应当以其公允价值调整原账面价值，公允价值与原账面价值的差额计入当期损益。

投资公允价值的确定，适用《企业会计准则第22号——金融工具确认和计量》。

【解析 10-6】企业年金基金的投资的合法性规定

为了确保企业年金基金投资运营的安全性和流动性，《企业年金基金管理办法》规定，企业年金基金的投资，按市场价计算应当符合下列规定。

（1）投资银行活期存款、中央银行票据、债券回购等流动性产品及货币市场基金的比例，不低于基金净资产的 5%。

（2）投资银行定期存款、协议存款、国债、金融债、企业债等固定收益类产品及可转换债、债券基金、投资连接保险产品（股票投资比例不高于 30%）的比例，不高于基金净资产的 95%。

（3）投资股票等权益类产品及投资性保险产品、股票基金、投资连接产品（股票投资比例不高于 30%）的比例，不高于基金净资产的 30%。

企业年金基金有关监管部门将根据金融市场变化和投资运营情况，适时对企业年金基金投资产品和比例等进行调整。

【解析 10-7】企业年金基金的科目设置和账务处理

企业年金基金一般需要设置“交易性金融资产”“公允价值变动损益”“证券清算款”“结算备付金”“交易保证金”“投资收益”“交易费用”“应收利息”“应收股利”“应收红利”“本期收益”等科目来对投资运营进行核算。

“证券清算款”科目核算企业年金基金在投资运营中因买卖债券、基金、股票等业务而发生的，应与证券登记结算机构办理资金清算的款项。“证券清算款”科目应按不同证券登记结算机构设置明细账，其所属明细科目期末借方余额反映尚未收回的证券清算款，贷方余额反映尚未支付的证券清算款。“投资收益”科目核算企业年金基金投资持有期间，收到被投资单位发放的现金股利、基金红利，或资产负债表日按债券票面利率计算的利息收入，以及投资处置收益等。“投资收益”科目按投资项目进行明细核算；期末，将该科目余额转入“本期收益”科目。“交易费用”科目核算企业年金基金投资运营中发生的支付给代理机构、券商的手续费、佣金以及相关税费等。

企业年金基金在初始取得投资的交易日，以支付的价款（不含支付的价款中所包含的、已到付息期但尚未领取的利息或已宣告但尚未发放的现金股利、基金红利）计入投资的成本，借记“交易性金融资产——成本”科目；按发生的交易费用及相关税费直接计入当期损益，借记“交易费用”科目；按支付的价款中所包含的已到付息期但尚未领取的利息或已宣告但尚未发放的现金股利、红利，借记“应收利息”“应收股利”“应收红利”科目，贷记“证券清算款”“银行存款”等科目。

资金交收日，企业年金基金按实际清算的金额，借记“证券清算款”科目，贷记“结算备付金”“银行存款”等科目。

【解析 10-8】企业年金基金投资估值

根据《企业会计准则第 10 号——企业年金基金》的规定，企业年金基金的投资应当按日进行估值，或至少按周进行估值。也就是说，每个工作日结束时，或者每周四或周五工作日结束时为估值日。

估值日对投资进行估值时，应当以估值日的公允价值计量。公允价值与上一估值日公允价值的差额，计入当期损益，并以此调整原账面价值，借记或贷记“交易性金融资产——公允价值变动”科目，贷记或借记“公允价值变动损益”科目。

【例 10-2】企业年金基金投资的会计核算

2×17 年 4 月 1 日，某企业年金基金通过证券交易所以 10.3 元的价格购入 A 企业 10 万股股票（其中每股含已经宣告但尚未发放的现金股利 0.3 元），成交金额为 103 万元，另发生券商佣金、印花税等 2 万元。

该企业年金基金账务处理如下。

（1）交易日（T 日，即 4 月 1 日）与证券登记结算机构清算应付证券款时。

借：交易性金融资产——成本（A 股票）	1 000 000	
应收股利——A 股票	30 000	
交易费用	20 000	
贷：证券清算款		1 050 000

（2）资金交收（T+1 日，即 4 月 2 日）与证券登记结算机构交收资金时。

借：证券清算款	1 050 000	
贷：结算备付金		1 050 000

【例 10-3】沿用【例 10-2】投资持有期间的会计核算

2×17 年 4 月 5 日，企业年金基金收到购买 A 企业股票时已宣告的现金股利，该上市公司发放股票的现金股利每股 0.3 元，合计 3 万元。

该企业年金基金账务处理如下。

借：结算备付金	30 000	
贷：应收股利		30 000

【例 10-4】沿用【例 10-3】企业年金基金投资的会计核算

2×17 年 4 月 12 日，企业年金基金持有的 A 企业股票的证券交易所收盘价为每股 11 元。在估值日和资产负债表日，企业年金基金持有的上市流通的债券、基金、股票等交易性金融资产，以其估值日在证券交易所挂牌的市价（平均价或收盘价）估值；估值日无交易的以最近交易日的市价估值。

估值日公允价值与上一估值日公允价值的差额 =（11−10）×100 000=100 000（元）

该企业年金基金账务处理如下。

借：交易性金融资产——公允价值变动（A 企业股票）	100 000	
贷：公允价值变动损益		100 000

【例 10-5】沿用【例 10-4】投资处置时的会计核算

2×17 年 5 月 30 日，该企业年金基金出售 A 企业股票 5 万股，每股市价 13 元，成交总额为 65 万元，另发生券商佣金、印花税等 1 800 元。

本例中，成交总额扣减佣金、印花税等为应收证券清算款，共计金额 648 200 元

(650 000－1 800)。

该企业年金基金账务处理如下。

(1)交易日(T 日，即 5 月 30 日)与证券登记结算机构清算应收证券款时。

借：证券清算款　　648 200

　　交易费用　　1 800

　　贷：交易性金融资产——成本(A 企业股票)　　500 000

　　　　　　　　　　——公允价值变动(A 企业股票)　　50 000

　　　　投资收益　　100 000

借：公允价值变动损益　　50 000

　　贷：投资收益　　50 000

(2)资金交收日(T+1 日，即 5 月 31 日)与证券登记结算机构交收资金时。

借：结算备付金　　648 200

　　贷：证券清算款　　648 200

第七条　企业年金基金运营形成的各项负债包括：应付证券清算款、应付受益人待遇、应付受托人管理费、应付托管人管理费、应付投资管理人管理费、应交税金、卖出回购证券款、应付利息、应付佣金和其他应付款等。

【解析 10-9】企业年金基金运营形成的负债

企业年金基金运营形成的负债具体分类内容参照本准则的相关规定。

第八条　企业年金基金运营形成的各项收入包括：存款利息收入、买入返售证券收入、公允价值变动收益、投资处置收益和其他收入。

【解析 10-10】企业年金基金收入的概念

企业年金基金收入是指企业年金基金在投资营运中所形成的经济利益的流入。企业年金基金收入能够带来企业年金基金资产的增加，也可能使企业年金基金负债减少，或二者兼而有之。企业年金基金应于每日或每周计算、确认基金收入，并进行账务处理。

第九条　收入应当按照下列规定确认和计量：

(一)存款利息收入，按照本金和适用的利率确定。

(二)买入返售证券收入，在融券期限内按照买入返售证券价款和协议约定的利率确定。

(三)公允价值变动收益，在估值日按照当日投资公允价值与原账面价值(即上一估值日投资公允价值)的差额确定。

(四)投资处置收益，在交易日按照卖出投资所取得的价款与其账面价值的差额确定。

(五)风险准备金补亏等其他收入，按照实际发生的金额确定。

【解析 10-11】存款利息收入的概念及科目设置

存款利息收入包括活期存款、定期存款、结算备付金、交易保证金等利息收入。根据《企业会计准则第 10 号——企业年金基金》及其应用指南的规定，企业年金基金应按日或至少按周确认存款利息收入，并按存款本金和适用利率计提的金额入账。

企业年金基金按日或按周计提银行存款、结算备付金存款等利息时，借记“应收利息”科目，贷记“存款利息收入”科目。

【解析 10-12】买入返售证券业务的账务处理

买入返售证券业务是指企业年金基金与其他企业以合同或协议的方式，按一定价格买入证券，到期日再按合同规定的价格将该批证券返售给其他企业，以获取利息收入的证券业务。根据《企业会计准则第 10 号——企业年金基金》及其应用指南的规定，企业年金基金应于买入证券时，按实际支付的价款将证券确认为一项资产，在融券期限内按照买入返售证券价款和协议约定的利率逐日或每周计提的利息确认买入返售证券收入。

企业年金基金应设置“买入返售证券”“买入返售证券收入”等科目，对买入返售证券业务进行账务处理：买入证券付款时，按实际支付的款项，借记“买入返售证券——××证券”科目，贷记“结算备付金”科目；计提利息时，借记“应收利息”科目，贷记“买入返售证券收入”科目。

买入返售证券到期时，按实际收到的金额，借记“结算备付金”科目；按买入时的价款，贷记“买入返售证券”科目；按已计未收利息，贷记“应收利息”科目；按本期应计利息，贷记“买入返售证券收入”科目。

期末将“买入返售证券收入”科目余额转入“本期收益”科目。

【解析 10-13】处置企业年金基金投资的账务处理

处置企业年金基金的投资时，企业年金基金应在交易日按照卖出投资所取得的价款与其账面价值（买入价）的差额，确定为投资损益。

出售债券、基金、股票等证券时，应按出售成交日确认投资处置收益。卖出股票成交日，企业年金基金按应收金额，借记“证券清算款”科目；按买入时原账面价值（初始买价），贷记“交易性金融资产——成本”科目；按出售股票成交价总额与原账面价值（初始买价）的差额，作为投资处置收益金额，贷记或借记“投资收益”科目；同时，将原计入该投资的公允价值变动转出，借记或贷记“公允价值变动损益”科目，贷记或借记“投资收益”科目。

因债券、基金、股票的交易比较频繁，出售债券、基金、股票等证券时，相应的投资成本应一并结转。出售证券成本的计算可采用加权平均法、移动加权平均法、先进先出法等方法，成本计算方法一经确定，不得随意变更。

【解析 10-14】其他收入的概念及处理

在企业年金基金核算中，其他收入是指除上述收入以外的收入，如风险准备金补亏等。根据《企业年金基金管理办法》的规定，投资管理人应当按当期收取的管理费，提取 20% 企业年金基金投资管理风险准备金，作为专项用于弥补企业年金基金当期委托投资资产的投资亏损。

企业年金基金取得投资管理风险准备金用于补亏时，应当按照实际收到金额计入其他收入。

【例 10-6】企业年金基金的账务处理

2×17 年 9 月 1 日，某企业年金基金在商业银行的存款本金为 1 500 000 元，假设一年按 365 天计算，银行存款年利率为 1.98%，每季末结息，该企业年金基金逐日估值。

每日银行存款应计利息 = 存款本金 × 年利率 ÷365=1 500 000×1.98%÷365=81.37（元）

该企业年金基金账务处理如下。

（1）每日计提存款利息时。

借：应收利息　　81.37

　　贷：存款利息收入　　81.37

（2）每季收到存款利息时（假设每季收息 7 425 元）。

借：银行存款　　7 425

　　贷：应收利息　　7 425

第十条　企业年金基金运营发生的各项费用包括：交易费用、受托人管理费、托管人管理费、投资管理人管理费、卖出回购证券支出和其他费用。

第十一条　费用应当按照下列规定确认和计量：

（一）交易费用，包括支付给代理机构、咨询机构、券商的手续费和佣金及其他必要支出，按照实际发生的金额确定。

（二）受托人管理费、托管人管理费和投资管理人管理费，根据相关规定按实际计提的金额确定。

（三）卖出回购证券支出，在融资期限内按照卖出回购证券价款和协议约定的利率确定。

（四）其他费用，按照实际发生的金额确定。

【解析 10-15】企业年金基金费用的概念

企业年金基金费用是指企业年金基金在投资营运等日常活动中所发生的经济利益的流出。企业年金基金费用可能表现为企业年金基金资产的减少，或企业年金基金负债的增加，或二者兼而有之。企业年金基金每日或每周确认、计算基金费用，并进行相应的账务处理。

企业年金基金费用由以下项目构成：交易费用、受托人管理费、托管人管理费、投资管理人管理费、卖出回购证券支出和其他费用。

企业年金基金费用的开支范围受到法规制度的严格约束。如《企业年金基金管理办法》规定，受托人、托管人提取的管理费均不得高于企业年金基金净值的 0.2%，投资管理人提取的管理费不得高于企业年金基金净值的 12%。但账户管理费（每户每月不超过 5 元）不属于企业年金基金费用，由企业另行缴纳。

【解析 10-16】受托人管理费、托管人管理费和投资管理人管理费核算

受托人管理费、托管人管理费和投资管理人管理费是指根据企业年金计划或合同文件规定的比例，提取的相应管理费。企业年金基金应当设置“受托人管理费”“托管人管理费”“投资管理人管理费”“应付受托人管理费”“应付托管人管理费”“应付投资管理人管理费”等科目，对发生的上述管理费，分别进行账务处理。

企业年金基金在计提相关费用时，应当按照应付的实际金额，借记“受托人管理费”“托管人管理费”“投资管理人管理费”科目，同时确认为负债，贷记“应付受托人管理费”“应付托管人管理费”“应付投资管理人管理费”科目。支付相关管理费用时，借记“受托人管理费”“托管人管理费”“投资管理人管理费”科目，贷记“银行存款”等科目。期末，将“受托人管理费”“托管人管理费”“投资管理人管理费”科目的借方余额全部转入“本期收益”科目。

【解析10-17】卖出回购证券业务的概念及核算

卖出回购证券业务是指企业年金基金与其他企业以合同或协议的方式，按照一定价格卖出证券，到期日再按合同约定的价格买回该批证券，以获得一定时期内资金的使用权的证券业务。

根据企业年金基金准则及其应用指南的规定，企业年金基金应在融资期限内，按照卖出回购证券价款和协议约定的利率每日或每周确认、计算卖出回购证券支出。

企业年金基金应设置“卖出回购证券支出”“卖出回购证券款”等科目，对卖出回购证券业务进行账务处理。

卖出证券收到款时，按实际收到的价款，借记“结算备付金”科目，同时确认一笔负债，贷记“卖出回购证券款——××证券”科目。证券持有期内计提利息时，按计提的金额，借记“卖出回购证券支出”科目，贷记“应付利息”科目。到期回购时，按卖出证券时实际收款金额，借记“卖出回购证券款——××证券”科目；按应计提未到期的卖出回购证券利息，借记“应付利息”科目；按借贷方差额，借记“卖出回购证券支出”科目；按实际支付的款项，贷记“结算备付金”科目。期末将“卖出证券支出”科目余额转入“本年收益”科目。

【解析10-18】其他费用的类型及账务处理

其他费用是指除第十一条（一）（二）（三）费用以外的其他各项费用，包括注册登记费、上市年费、信息披露费、审计费用、律师费用等。

根据现行法律制度的规定，基金管理各方当事人因未履行义务导致的费用支出或资产的损失以及处理与基金运作无关的事项发生的费用不得列入企业年金基金费用。

企业年金基金应当设置“其他费用”等科目，按费用种类设置明细账，对发生的其他费用进行账务处理。

发生其他费用时，企业年金基金应按实际发生的金额，借记“其他费用”科目，贷记“银行存款”等科目。如发生的其他费用金额较大，如大于基金净值十万分之一，也可以采用待摊或预提的方法，待摊或预提计入基金损益，但方法一经采用，不得随意变更，且年末一般无余额，具体如下。

（1）采用待摊方法的，发生时，借记“待摊费用”科目，贷记“银行存款”科目；摊销时，借记“其他费用”科目，贷记“待摊费用”科目。

（2）采用预提方法的，预提时，借记“其他费用”科目，贷记“预提费用”科目；支付费用时，借记“预提费用”科目，贷记“银行存款”科目。

期末，“其他费用”科目的借方余额应全部转入“本期收益”科目。

【例10-7】年金基金的费用会计核算

2×17年4月1日，某企业年金基金市值为10 000 000元。受托管理合同和托管合同中均约定：受托人管理费和托管人管理费年费率均为基金净值（市值）的0.2%；假设一年按365天计算，按日估值。

当日应计提的受托人管理费＝基金净值×年费率÷当年天数

=10 000 000×0.2%÷365

=54.79（元）

当日应计提的托管人管理费＝基金净值×年费率÷当年天数

=10 000 000×0.2%÷365

=54.79（元）

该企业年金基金账务处理如下。

借：受托人管理费——××受托人　　54.79

　　贷：应付受托人管理费　　54.79

借：托管人管理费——××托管人　　54.79

　　贷：应付托管人管理费　　54.79

第十二条　企业年金基金的净资产，是指企业年金基金的资产减去负债后的余额。资产负债表日，应当将当期各项收入和费用结转至净资产。

净资产应当分别企业和职工个人设置账户，根据企业年金计划按期将运营收益分配计入各账户。

【解析10-19】企业年金基金净资产的计算

企业年金基金净资产又称年金基金净值，是指企业年金基金受益人在企业年金基金财产中享有的经济利益，其金额等于企业年金基金资产减去基金负债后的余额，计算公式如下。

企业年金基金净资产＝期初净资产＋本期净收益＋收取企业缴费＋收取职工个人缴费＋个人账户转入－支付受益人待遇－个人账户转出

企业年金基金净收益是指企业年金基金在一定会计期间已实现的经营成果，其金额等于本期收入减本期费用的余额，其中，本期收入包括存款利息收入、买入返售证券收入、公允价值变动收益、投资收益、其他收入等；本期费用包括交易费用、受托人管理费、投资管理人管理费、卖出回购证券支出、其他费用等。企业年金基金净收益直接影响基金净值的变动。

需要说明的是，企业年金基金资产不仅包括委托给投资管理人管理的资产，还包括未委托给投资管理人管理的其他现金资产。

企业年金基金净值增长率，是当期基金净值与前期企业年金基金净值的差额除以前期基金财产净值的比例。计算公式如下。

企业年金基金净值增长率＝（当期基金净资产－前期基金净资产）÷前期基金净资产×100%

企业年金基金账户管理人根据企业年金基金净值和净值增长率，按日或按周足额计入企业年金基金企业账户和个人账户。在收益登记日，账户管理人根据托管人提供的、经受托人复核的企业年金基金净值和净值增长率，并根据企业账户和职工个人账户前期余额，计算本期各账户应登记的投资运营收益。计算公式如下。

个人账户本期余额＝个人账户前期余额×（1+企业年金基金净值增长率）

企业账户本期余额＝企业账户前期余额×（1+企业年金基金净值增长率）

根据《企业会计准则第10号——企业年金基金》的规定，资产负债表日，企业年金基金应当将当期企业年金基金各项收入和费用结转至净资产，并根据企业年金计划按期将运营收益分配计入企业和职工个人账户。

企业年金基金应设置“本期收益”等科目。“本期收益”科目核算本期实现的基金净收益（或净亏损）。期末，结转企业年金基金净收益时，企业年金基金应将“存款利息收入”“买入返售证券收入”“公允价值变动收益”“投资收益”“其他收入”等科目的余额转入“本期收益”科目贷方；将“交易费用”“受托人管理费”“托管人管理费”“投资管理人管理费”“卖出回购证券支出”“其他费用”等科目的余额转入“本期收益”科目借方。“本期收益”科目余额，即为企业年金基金净收益（或净亏损）。企业年金基金在净收益转入企业年金基金时，借记“本期收益”科目，贷记“企业年金基金——净收益”科目；如为净亏损，做相反分录。企业年金基金在将净收益按企业年金计划约定的比例转入个人和企业账户时，借记“企业年金基金——净收益”科目，贷记“企业年金基金——个人账户结余”“企业年金基金——企业账户结余”科目。

【解析10-20】企业年金待遇及给付流程

企业年金待遇是指企业年金计划受益人符合退休年龄等法定条件时，应当享受的企业年金养老待遇。企业年金计划受益人是指参加企业年金计划并享有受益权的职工及其继承人。企业年金养老待遇支付水平受到缴费金额、缴费时间、投资运营收益情况等因素影响。企业年金待遇给付方式，由企业年金计划约定，分次或一次支付。

企业年金待遇给付的一般流程如下。

（1）委托人向受托人发送企业年金待遇支付或转移的通知。

（2）受托人通知账户管理人计算支付企业年金待遇。

（3）账户管理人将计算支付企业年金待遇结果反馈受托人，并与受托人核对。

（4）受托人核对后通知托管人和投资管理人进行份额赎回。

（5）受托人根据账户管理人提供的待遇支付表，通知托管人支付或转移金额，托管人将相应资金划入受托人指定专用账户，并向受托人和账户管理人报告。

（6）受托人指令账户管理人进行待遇支付的账户处理，账户管理人与托管人提供的支付结果核对，扣减个人账户资产，并向受益人提供年金基金的最终账户数据或向新年金计划移交账户资料。企业年金基金应设置“企业年金基金——支付受益人待遇”“应付受益人待遇”等科目，按受益人设置明细账进行账务处理：给付企业年金待遇时，按应付金额，借记“企业年金基金——支付受益人待遇”科目，贷记“应付受益人待遇”科目；支付款项时，借记“应付受益人待遇”科目，贷记“银行存款”科目。

此外，根据《企业会计准则第 10 号——企业年金基金》的规定，因职工调离企业而发生的个人账户转出金额时，企业年金基金应相应减少基金净资产。因职工调入企业而发生的个人账户转入金额，相应增加基金净资产。企业年金基金应设置“企业年金基金——个人账户转入”“企业年金基金——个人账户转出”等科目，按受益人设置明细账进行账务处理。

【例 10-8】给付企业年金待遇的会计核算

2×17 年 11 月 5 日，某企业年金基金根据企业年金计划和委托人指令，支付退休人员企业年金待遇，金额共计 70 000 元。该企业年金基金账务处理如下。

（1）计算、确认给付企业年金待遇时。

借：企业年金基金——支付受益人待遇	70 000	
贷：应付受益人待遇		70 000

（2）支付受益人待遇时。

借：应付受益人待遇	70 000	
贷：银行存款		70 000

第十三条 净资产应当按照下列规定确认和计量：

（一）向企业和职工个人收取的缴费，按照收到的金额增加净资产。

（二）向受益人支付的待遇，按照应付的金额减少净资产。

（三）因职工调入企业而发生的个人账户转入金额，增加净资产。

（四）因职工调离企业而发生的个人账户转出金额，减少净资产。

【解析 10-21】净资产的确认和计量

净资产的确认和计量首先对净资产进行类型划分，根据其业务性质进行相关会计处理。

第三章 列报

第十四条 企业年金基金的财务报表包括资产负债表、净资产变动表和附注。

【解析 10-22】年金基金列报

企业年金基金列报需要编制资产负债表、净资产变动表及附注。

第十五条 资产负债表反映企业年金基金在某一特定日期的财务状况，应当按照资产、负债和净资产分类列示。

【解析 10-23】年金基金资产负债表列报

年金基金资产负债表要根据资产、负债、净资产进行分类分别列示。

第十六条 资产类项目至少应当列示下列信息：

（一）货币资金；

（二）应收证券清算款；

（三）应收利息；

（四）买入返售证券；

（五）其他应收款；

（六）债券投资；

（七）基金投资；

（八）股票投资；

（九）其他投资；

（十）其他资产。

【解析 10-24】年金基金资产类项目列示

年金基金资产类项目要分别对具体科目进行列示。

第十七条 负债类项目至少应当列示下列信息：

（一）应付证券清算款；

（二）应付受益人待遇；

（三）应付受托人管理费；

（四）应付托管人管理费；

（五）应付投资管理人管理费；

（六）应交税金；

（七）卖出回购证券款；

（八）应付利息；

（九）应付佣金；

（十）其他应付款。

【解析 10-25】年金基金负债类项目列示

年金基金负债类项目要分别对具体科目进行列示。

第十八条 净资产类项目列示企业年金基金净值。

【解析 10-26】净资产类项目列示

年金基金净资产类项目要对企业年金基金净值科目进行列示。

第十九条 净资产变动表反映企业年金基金在一定会计期间的净资产增减变动情况，应当列示下列信息：

（一）期初净资产。

（二）本期净资产增加数，包括本期收入、收取企业缴费、收取职工个人缴费、个人账户转入。

（三）本期净资产减少数，包括本期费用、支付受益人待遇、个人账户转出。

（四）期末净资产。

【解析 10-27】净资产变动列示

企业年金净资产的变动需要列示其期初额、本期增加额、本期减少额、期末额。

第二十条 附注应当披露下列信息：

（一）企业年金计划的主要内容及重大变化。

（二）投资种类、金额及公允价值的确定方法。

（三）各类投资占投资总额的比例。

（四）可能使投资价值受到重大影响的其他事项。

【解析10-28】净资产附注披露

为了提高企业财务报告与管理信息的真实性、可靠性与完整性，保障资产的安全、完整和企业经营的合法合规，企业必须按照本准则要求进行会计信息披露与监管。

企业会计准则第 11 号——股份支付

《企业会计准则第 11 号——股份支付》于 2006 年 2 月 15 日由财会〔2006〕3 号公布，自 2007 年 1 月 1 日起施行。

第一章　总则

第一条　为了规范股份支付的确认、计量和相关信息的披露，根据《企业会计准则——基本准则》，制定本准则。

【解析 11-1】《企业会计准则——基本准则》

《企业会计准则——基本准则》是制定会计准则应当遵循的基本法则。

第二条　股份支付，是指企业为获取职工和其他方提供服务而授予权益工具或者承担以权益工具为基础确定的负债的交易。

股份支付分为以权益结算的股份支付和以现金结算的股份支付。

以权益结算的股份支付，是指企业为获取服务以股份或其他权益工具作为对价进行结算的交易。

以现金结算的股份支付，是指企业为获取服务承担以股份或其他权益工具为基础计算确定的交付现金或其他资产义务的交易。

本准则所指的权益工具是企业自身权益工具。

【解析 11-2】股份支付的特征

股份支付具有以下特征。一是股份支付是企业与职工或其他方之间发生的交易。以股份为基础的支付可能发生在企业与股东之间、合并交易中的合并方与被合并方之间或者企业与其职工之间，只有发生在企业与其职工或向企业提供服务的其他方之间的交易，才可能符合股份支付的定义。二是股份支付是以获取职工或其他方服务为目的的交易。企业在股份支付交易中旨在获取其职工或其他方提供的服务（费用）或取得这些服务的权利（资产）。企业获取这些服务或权利的目的是用于其正常生产经营，不是转手获利等。三是股份支付交易的对价或其定价与企业自身权益工具未来的价值密切相关。股份支付交易与企业与其职工间其他类型交易的最大不同，是交易对价或其定价与企业自身权益工具未来的价值密切相关。在股份支付中，企业要么向职工支付其自身权益工具，要么向职工支付一笔现金，而其金额高低取决于结算时企业自身权益工具的公允价值。对价的特殊性可以说是股份支付定义中最突出的特征。企业自身权益工具包括会计主体本身、母公司和同一集团内的其他会计主体的权益工具。

【解析 11-3】股份支付的基本情况

本准则第二条规定，股份支付是指企业为获取职工和其他方提供服务而授予权益工具或者承担以权益工具为基础确定的负债的交易。

《中华人民共和国证券法》《中华人民共和国公司法》和《上市公司股权激励管理办法》等规定，企业可以通过股票期权等权益工具对职工实行激励的办法，已完成股权分置改革的上市公司，允许建立股权激励机制。本准则以上述法律规定为依据，规范了此类激励办法的确认、计量和列报。

企业授予职工股票期权、认股权证等衍生工具或其他权益工具以换取职工提供的服务，从而实现对职工的激励或补偿，实质上属于职工薪酬的组成部分。由于股份支付是以权益工具的公允价值为计量基础，《企业会计准则第9号——职工薪酬》规定，以股份为基础的薪酬适用本准则。

【解析 11-4】等待期内每个资产负债表日的处理

股份支付的确认和计量，应当以完整、有效的股份支付协议为基础。

（一）授予日通常不做会计处理

除了立即可行权的股份支付外，无论权益结算的股份支付或者现金结算的股份支付，企业在授予日均不做会计处理。本准则第五条、第十一条规定了对授予日后立即可行权的股份支付的处理，授予日后立即可行权的情况在实务中较为少见。

授予日是股份支付协议获得批准的日期。其中“获得批准”，是指企业与职工（或其他方）双方就股份支付交易的协议条款和条件已达成一致，该协议获得股东大会或类似机构的批准。

（二）等待期内每个资产负债表日的处理

股份支付在授予后通常不能立即行权，而是必须履行一定服务年限或达到一定业绩条件才可行权。

业绩条件分为市场条件和非市场条件。市场条件是指行权价格、可行权状况以及可行使性与权益工具的市场价格相关的业绩条件，如股份支付协议中关于股价至少上升至何种水平才可行权的规定。非市场条件是指除市场条件之外的其他业绩条件，如股份支付协议中关于达到最低盈利目标或销售目标后才可行权的规定。

1. 等待期内每个资产负债表日，企业应将取得的职工或其他方提供的服务计入成本费用，除权益结算的对其他方股份支付外，计入成本费用的金额应当按照权益工具的公允价值计量。

对于权益结算的涉及职工的股份支付，应按授予日权益工具的公允价值计量，确定成本费用和相应的资本公积，不确认其后续公允价值变动；对于现金结算的涉及职工的股份支付，应按当日权益工具的公允价值重新计量，确认成本费用和相应的应付职工薪酬，在可行权日之后的公允价值变动计入当期损益（公允价值变动损益）。

本准则第四条规定，股份支付交易中权益工具的公允价值应按照《企业会计准则第22号——金融工具确认和计量》确定。对于授予的股份期权等权益工具的公允价值，应当按照其市场价格计量；没有市场价格的，应当参照具有相同交易条款的期权的市场价格计量；以上两者均无法获取的，应采用期权定价模型估计，选用的期权定价模型至少应当考虑以下因素：（1）期权的行权价格；（2）期权的有效期；（3）标的股份的现行价格；（4）股价预计波动率；（5）股份的预计股利；（6）期权有效期内的无风险利率。

2. 等待期内每个资产负债表日，企业应当根据最新取得的可行权职工人数变动等后续信息作出最佳估计，修正预计可行权的权益性工具数量。在可行权日，最终预计可行权权益工具的数量应当与实际可行权数量一致。

根据预计可行权的权益工具数量和上述权益工具的公允价值，计算截至当期累计应确认的成本费用金额，再减去前期累计已确认金额，作为当期应确认的成本费用金额。

（三）可行权日之后的处理

对于权益结算的股份支付，在可行权日之后不再对已确认的成本费用和所有者权益总额进行调整。

企业应在行权日根据行权情况，确认股本和资本溢价，同时结转等待期内确认的资本公积（其他资本公积）。如果全部或部分权益工具未被行权而失效或作废，应在行权有效期截止日将其从资本公积（其他资本公积）转入未分配利润，不冲减成本费用。

【解析 11-5】回购股票进行职工期权激励

《中华人民共和国公司法》第 142 条规定，企业可回购本公司股份奖励给本公司职工，用于收购的资金应当从公司的税后利润中支付。这属于权益结算的股份支付，应当进行以下处理。

（一）按照《中华人民共和国公司法》规定预留未分配利润

企业实行职工期权激励所需资金，应控制在当期可供投资者分配的利润数额之内。预留回购股份的全部支出应当通过备查簿入账，借记“利润分配”（未分配利润）科目，贷记“资本公积”科目。

（二）回购股份

企业实际回购股份时，应当按照回购股份的全部支出，借记“库存股”科目，同时贷记“银行存款”科目。

（三）确认成本费用

按照本准则关于权益结算股份支付换取职工服务的规定，企业应当在等待期内每个资产负债表日，将取得的职工或其他方提供的服务计入成本费用，同时增加资本公积。

（四）职工行权

职工在行权日应按照期权激励办法规定的价格，行使购买企业股份的权利。

企业应按职工行权时购买本企业股票收到的价款，借记“银行存款”等科目；同时转销等待期内在其他资本公积中累计确认的金额，借记“资本公积——其他资本公积”科目；按回购的库存股成本，贷记“库存股”科目；按照上述借贷方差额，贷记“资本公积——资本溢价”科目。

摘录于《〈企业会计准则第 11 号——股份支付〉解释》

【解析 11-6】授予限制性股票的股权激励计划

（一）授予限制性股票的会计处理

上市公司实施限制性股票的股权激励安排中，常见做法是上市公司以非公开发行的方式向激励对象授予一定数量的公司股票，并规定锁定期和解锁期，在锁定期和解锁期内，不得上市流通及转让。达到解锁条件，可以解锁；如果全部或部分股票未被解锁而失效或作废，通常由上市公司按照事先约定的价格立即进行回购。

对于此类授予限制性股票的股权激励计划，向职工发行的限制性股票按有关规定履行了注册登记等增资手续的，上市公司应当根据收到职工缴纳的认股款确认股本和资本公积（股本溢价），按照职工缴纳的认股款，借记“银行存款”等科目，按照股本金额，贷记“股本”科目，按照其差额，贷记“资本公积——股本溢价”科目；同时，就回购义务确认负债（作收购库存股处理），按照发行限制性股票的数量以及相应的回购价格计算确定的金额，借记“库存股”科目，贷记“其他应付款——限制性股票回购义务”（包括未满足条件而需立即回购的部分）等科目。

上市公司应当综合考虑限制性股票锁定期和解锁期等相关条款，按照《企业会计准则第11号——股份支付》相关规定判断等待期，进行与股份支付相关的会计处理。对于因回购产生的义务确认的负债，应当按照《企业会计准则第22号——金融工具确认和计量》相关规定进行会计处理。上市公司未达到限制性股票解锁条件而需回购的股票，按照应支付的金额，借记“其他应付款——限制性股票回购义务”等科目，贷记“银行存款”等科目；同时，按照注销的限制性股票数量相对应的股本金额，借记“股本”科目，按照注销的限制性股票数量相对应的库存股的账面价值，贷记“库存股”科目，按其差额，借记“资本公积——股本溢价”科目。上市公司达到限制性股票解锁条件而无须回购的股票，按照解锁股票相对应的负债的账面价值，借记“其他应付款——限制性股票回购义务”等科目，按照解锁股票相对应的库存股的账面价值，贷记“库存股”科目，如有差额，则将差额借记或贷记“资本公积——股本溢价”科目。

（二）等待期内发放现金股利的会计处理和基本每股收益的计算

上市公司在等待期内发放现金股利的会计处理及基本每股收益的计算，应视其发放的现金股利是否可撤销采取不同的方法。

1. 现金股利可撤销，即一旦未达到解锁条件，被回购限制性股票的持有者将无法获得（或需要退回）其在等待期内应收（或已收）的现金股利。

等待期内，上市公司在核算应分配给限制性股票持有者的现金股利时，应合理估计未来解锁条件的满足情况，该估计与进行股份支付会计处理时在等待期内每个资产负债表日对可行权权益工具数量进行的估计应当保持一致。对于预计未来可解锁限制性股票持有者，上市公司应分配给限制性股票持有者的现金股利应当作为利润分配进行会计处理，借记“利润分配——应付现金股利或利润”科目，贷记“应付股利——限制性股票股利”科目；同时，按分配的现金股利金额，借记“其他应付款——限制性股票回购义务”等科目，贷记“库存股”科目；实际支付时，借记“应付股利——限制性股票股利”科目，贷记“银行存款”等科目。对于预计未来不可解锁限制性股票持有者，上市公司应分配给限制性股票持有者的现金股利应当冲减相关的负债，借记“其他应付款——限制性股票回购义务”等科目，贷记“应付股利——限制性股票股利”科目；实际支付时，借记“应付股利——限制性股票股利”科目，贷记“银行存款”等科目。后续信息表明不可解锁限制性股票的数量与以前估计不同的，应当作为会计估计变更处理，直到解锁日预计不可解锁限制性股票的数量与实际未解锁限制性股票的数量一致。

等待期内计算基本每股收益时，分子应扣除当期分配给预计未来可解锁限制性股票持有者的现金股利；分母不应包含限制性股票的股数。

2. 现金股利不可撤销，即不论是否达到解锁条件，限制性股票持有者仍有权获得（或不得被要求退回）其在等待期内应收（或已收）的现金股利。

等待期内，上市公司在核算应分配给限制性股票持有者的现金股利时，应合理估计未来解锁条件的满足情况，该估计与进行股份支付会计处理时在等待期内每个资产负债表日对可行权权益工具数量进行的估计应当保持一致。对于预计未来可解锁限制性股票持有者，上市公司应分配给限制性股票持有者的现金股利应当作为利润分配进行会计处理，借记“利润分配——应付现金股利或利润”科目，贷记“应付股利——限制性股票股利”科目；实际支付时，借记“应付股利——限制性股票股利”科目，贷记“银行存款”等科目。对于预计未来不可解锁限制性股票持有者，上市公司应分配给限制性股票持有者的现金股利应当计入当期成本费用，借记“管理费用”等科目，贷记“应付股利——应付限制性股票股利”科目；实际支付时，借记“应付股利——限制性股票股利”科目，贷记“银行存款”等科目。后续信息表明不可解锁限制性股票的数量与以前估计不同的，应当作为会计估计变更处理，直到解锁日预计不可解锁限制性股票的数量与实际未解锁限制性股票的数量一致。

等待期内计算基本每股收益时，应当将预计未来可解锁限制性股票作为同普通股一起参加剩余利润分配的其他权益工具处理，分子应扣除归属于预计未来可解锁限制性股票的净利润；分母不应包含限制性股票的股数。

（三）等待期内稀释每股收益的计算

等待期内计算稀释每股收益时，应视解锁条件不同采取不同的方法。

1. 解锁条件仅为服务期限条件的，企业应假设资产负债表日尚未解锁的限制性股票已于当期期初（或晚于期初的授予日）全部解锁，并参照《企业会计准则第 34 号——每股收益》中股份期权的有关规定考虑限制性股票的稀释性。其中，行权价格为限制性股票的发行价格加上资产负债表日尚未取得的职工服务按《企业会计准则第 11 号——股份支付》有关规定计算确定的公允价值。锁定期内计算稀释每股收益时，分子应加回计算基本每股收益分子时已扣除的当期分配给预计未来可解锁限制性股票持有者的现金股利或归属于预计未来可解锁限制性股票的净利润。

2. 解锁条件包含业绩条件的，企业应假设资产负债表日即为解锁日并据以判断资产负债表日的实际业绩情况是否满足解锁要求的业绩条件。若满足业绩条件的，应当参照上述解锁条件仅为服务期限条件的有关规定计算稀释性每股收益；若不满足业绩条件的，计算稀释性每股收益时不必考虑此限制性股票的影响。

本解释发布前限制性股票未按照上述规定处理的，应当追溯调整，并重新计算各列报期间的每股收益，追溯调整不切实可行的除外。

摘录于《企业会计准则解释第 7 号》

第三条 下列各项适用其他相关会计准则：

（一）企业合并中发行权益工具取得其他企业净资产的交易，适用《企业会计准则第 20 号——企业合并》。

（二）以权益工具作为对价取得其他金融工具等交易，适用《企业会计准则第 22 号——金融工具确认和计量》。

【解析 11-7】其他相关会计准则

企业合并中发行权益工具取得其他企业净资产的交易和以权益工具作为对价取得其他金融工具等交易不适用本准则。

第二章 以权益结算的股份支付

第四条 以权益结算的股份支付换取职工提供服务的，应当以授予职工权益工具的公允价值计量。

权益工具的公允价值，应当按照《企业会计准则第 22 号——金融工具确认和计量》确定。

【例 11-1】附服务年限条件的权益结算股份支付

A 公司为一上市公司。2×16 年 1 月 1 日，公司向其 200 名管理人员每人授予 100 股股票期权，这些职员从 2×16 年 1 月 1 日起在该公司连续服务 3 年，即可以 5 元每股购买 100 股 A 公司股票，从而获益。公司估计该期权在授予日的公允价值为 18 元。

第 1 年有 20 名职员离开 A 公司，A 公司估计 3 年中离开的职员的比例将达到 20%；第 2 年又有 10 名职员离开公司，公司将估计的职员离开比例修正为 15%；第 3 年又有 15 名职员离开。

A 公司费用和资本公积计算过程如表 11-1 所示。

表 11-1 A 公司费用和资本公积计算过程

年份	计算	当期费用（元）	累计费用（元）
2×16	200×100×（1-20%）×18×1/3	96 000	96 000
2×17	200×100×（1-15%）×18×2/3-96 000	108 000	204 000
2×18	155×100×18-204 000	75 000	279 000

账务处理如下。

（1）2×16 年 1 月 1 日。

授予日不做账务处理。

（2）2×16 年 12 月 31 日。

借：管理费用　　96 000

　贷：资本公积——其他资本公积　　96 000

（3）2×17年12月31日。

借：管理费用　108 000

　贷：资本公积——其他资本公积　108 000

（4）2×18年12月31日。

借：管理费用　75 000

　贷：资本公积——其他资本公积　75 000

（5）假设全部155名职员都在2×19年12月31日行权，A公司股票面值为1元。

借：银行存款　77 500

　资本公积——其他资本公积　279 000

　贷：股本　15 500

　　资本公积——资本溢价　341 000

【例11-2】附非市场业绩条件的权益结算股份支付

2×17年1月1日，A企业为其100名管理人员每人授予100份股票期权：第1年年末的可行权条件为企业净利润增长率达到20%；第2年年末的可行权条件为企业净利润两年平均增长15%；第3年年末的可行权条件为企业净利润3年平均增长10%。每份期权在2×17年1月1日的公允价值为24元。

2×17年12月31日，权益净利润增长了18%，同时有8名管理人员离开，企业预计2×18年将以同样速度增长，因此预计将于2×18年12月31日可行权。另外，企业预计2×18年12月31日又将有8名管理人员离开企业。

2×18年12月31日，企业净利润仅增长了10%，因此无法达到可行权状态。另外，实际有10名管理人员离开，预计第3年将有12名管理人员离开企业。

2×19年12月31日，企业净利润增长了8%，3年平均增长率为12%，因此达到可行权状态。当年有8名管理人员离开。

分析：按照《企业会计准则第11号——股份支付》，本例中的可行权条件是一项非市场业绩条件。

第1年年末，虽然没能实现净利润增长20%的要求，但企业预计下年将以同样速度增长，因此能实现两年平均年增长15%的要求。所以企业将其预计等待期调整为2年。由于有8名管理人员离开，企业同时调整了期满（两年）后预计可行权期权的数量（100-8-8）。

第2年年末，虽然两年实现增长15%的目标再次落空，但企业仍然估计能够在第3年取得较理想的业绩，从而实现3年平均增长10%的目标。所以企业将其预计等待期调整为3年。由于第2年有10名管理人员离开，高于预计数字，因此企业相应调整了第3年预计可行权期权的数量（100-8-10-12）。

第3年年末，目标实现，实际离开人数为8人。企业根据实际情况确定累计费用，并据此确认了第3年费用。

A企业费用和资本公积计算过程如表11-2所示。

表 11–2　A 企业费用和资本公积计算过程

年份	计算	当期费用（元）	累计费用（元）
2×17	（100–8–8）×100×24×1/2	100 800	100 800
2×18	（100–8–10–12）×100×24×2/3–100 800	11 200	112 000
2×19	（100–8–10–8）×100×24–112 000	65 600	177 600

会计处理同【例 11–1】，略。

第五条　授予后立即可行权的换取职工服务的以权益结算的股份支付，应当在授予日按照权益工具的公允价值计入相关成本或费用，相应增加资本公积。

授予日，是指股份支付协议获得批准的日期。

【解析 11–8】授予日的概念

授予日是指股份支付协议获得批准的日期。其中“获得批准”，是指企业与职工或其他方就股份支付的协议条款和条件已达成一致，该协议获得股东大会或类似机构的批准。这里的“达成一致”是指，在双方对该计划或协议内容充分形成一致理解的基础上，均接受其条款和条件。如果按照相关法规的规定，在提交股东大会或类似机构之前存在必要程序或要求，则应履行该程序或满足该要求。

第六条　完成等待期内的服务或达到规定业绩条件才可行权的换取职工服务的以权益结算的股份支付，在等待期内的每个资产负债表日，应当以对可行权权益工具数量的最佳估计为基础，按照权益工具授予日的公允价值，将当期取得的服务计入相关成本或费用和资本公积。

在资产负债表日，后续信息表明可行权权益工具的数量与以前估计不同的，应当进行调整，并在可行权日调整至实际可行权的权益工具数量。

等待期，是指可行权条件得到满足的期间。

对于可行权条件为规定服务期间的股份支付，等待期为授予日至可行权日的期间；对于可行权条件为规定业绩的股份支付，应当在授予日根据最可能的业绩结果预计等待期的长度。

可行权日，是指可行权条件得到满足、职工和其他方具有从企业取得权益工具或现金的权利的日期。

【解析 11–9】可行权日的概念

可行权日是指可行权条件得到满足、职工或其他方具有从企业取得权益工具或现金权利的日期。有的股份支付协议是一次性可行权，有的则是分批可行权。只有已经可行权的股票期权，才是职工真正拥有的“财产”，才能去择机行权。从授予日至可行权日的时段，是可行权条件得到满足的期间，因此称为“等待期”，又称“行权限制期”。

第七条　企业在可行权日之后不再对已确认的相关成本或费用和所有者权益总额进行调整。

【解析 11-10】可行权日后已确认数额不可调整

在可行权日之后，企业在此之前确认的成本、费用、所有者权益等不进行相关调整。

第八条 以权益结算的股份支付换取其他方服务的，应当分别下列情况处理：

（一）其他方服务的公允价值能够可靠计量的，应当按照其他方服务在取得日的公允价值，计入相关成本或费用，相应增加所有者权益。

（二）其他方服务的公允价值不能可靠计量但权益工具公允价值能够可靠计量的，应当按照权益工具在服务取得日的公允价值，计入相关成本或费用，相应增加所有者权益。

【解析 11-11】股份支付换取其他服务的处理

股份支付换取其他服务时，首先要对其他方服务的公允价值是否能够可靠计量进行判断，然后进行相应的会计处理。

第九条 在行权日，企业根据实际行权的权益工具数量，计算确定应转入实收资本或股本的金额，将其转入实收资本或股本。

行权日，是指职工和其他方行使权利、获取现金或权益工具的日期。

【解析 11-12】行权日

企业在行权日对实际行权金额进行确认、计量。

第三章　以现金结算的股份支付

第十条 以现金结算的股份支付，应当按照企业承担的以股份或其他权益工具为基础计算确定的负债的公允价值计量。

【例 11-3】关于现金结算股份支付的案例

2×15 年年初，A 公司为其 200 名中层以上职员每人授予 100 份现金股票增值权，这些职员从 2×15 年 1 月 1 日起在该公司连续服务 3 年，即可按照当时股价的增长幅度获得现金。该股票增值权应在 2×19 年 12 月 31 日之前行使。A 公司估计，该股票增值权在负债结算之前每一个资产负债表日以及结算日的公允价值和可行权后的每份股票增值权现金支出额如表 11-3 所示。

表 11-3　该股票增值权的公允价值和支付现金

年份	公允价值（元）	支付现金（元）
2×15	14	
2×16	15	
2×17	18	16
2×18	21	20
2×19		25

第 1 年有 20 名职员离开 A 公司，公司估计 3 年中还将有 15 名职员离开；第 2 年又有 10 名职员离开公司，公司估计还将有 10 名职员离开；第 3 年又有 15 名职员离开。第 3 年

年末，有 70 名职员行使股份增值权取得了现金。第 4 年年末，有 50 名职员行使了股份增值权。第 5 年年末，剩余 35 名职员也行使了股份增值权。

费用和应付职工薪酬计算过程见表 11-4。

表 11-4 股份支付金额的确定

年份	负债计算 ①	支付现金计算 ②	负债（元） ③	支付现金（元） ④	当期费用（元） ⑤
2×15	（200-35）×100×14×1/3		77 000		77 000
2×16	（200-40）×100×15×2/3		160 000		83 000
2×17	（200-45-70）×100×18	70×100×16	153 000	112 000	105 000
2×18	（200-45-70-50）×100×21	50×100×20	73 500	100 000	20 500
2×19	73 500-73 500	35×100×25	0	87 500	14 000
总额				299 500	299 500

其中：① 计算得 ③，② 计算得 ④；当期 ③- 前一期 ③+ 当期 ④= 当期 ⑤。

会计处理如下。

（1）2×15 年 12 月 31 日。

借：管理费用　77 000

　　贷：应付职工薪酬——股份支付　77 000

（2）2×16 年 12 月 31 日。

借：管理费用　83 000

　　贷：应付职工薪酬——股份支付　83 000

（3）2×17 年 12 月 31 日。

借：管理费用　105 000

　　贷：应付职工薪酬——股份支付　105 000

借：应付职工薪酬——股份支付　112 000

　　贷：银行存款　112 000

（4）2×18 年 12 月 31 日。

借：公允价值变动损益　20 500

　　贷：应付职工薪酬——股份支付　20 500

借：应付职工薪酬——股份支付　100 000

　　贷：银行存款　100 000

（5）2×19 年 12 月 31 日。

借：公允价值变动损益　14 000

　　贷：应付职工薪酬——股份支付　14 000

借：应付职工薪酬——股份支付　87 500

　　贷：银行存款　87 500

第十一条　授予后立即可行权的以现金结算的股份支付，应当在授予日以企业承担负债的公允价值计入相关成本或费用，相应增加负债。

【解析 11-13】授予后股份支付

企业根据授予后是否可立即行权对以现金结算的股份支付进行相应的会计处理。

第十二条 完成等待期内的服务或达到规定业绩条件以后才可行权的以现金结算的股份支付，在等待期内的每个资产负债表日，应当以对可行权情况的最佳估计为基础，按照企业承担负债的公允价值金额，将当期取得的服务计入成本或费用和相应的负债。

在资产负债表日，后续信息表明企业当期承担债务的公允价值与以前估计不同的，应当进行调整，并在可行权日调整至实际可行权水平。

【解析 11-14】等待期内股份支付

企业在股份支付的等待期内的每个资产负债表日对可行权情况进行估计，然后进行相关会计处理。

第十三条 企业应当在相关负债结算前的每个资产负债表日以及结算日，对负债的公允价值重新计量，其变动计入当期损益。

【解析 11-15】公允价值变动

企业应当对公允价值变动进行相应会计处理。

第四章 披露

第十四条 企业应当在附注中披露与股份支付有关的下列信息：

（一）当期授予、行权和失效的各项权益工具总额。

（二）期末发行在外的股份期权或其他权益工具行权价格的范围和合同剩余期限。

（三）当期行权的股份期权或其他权益工具以其行权日价格计算的加权平均价格。

（四）权益工具公允价值的确定方法。

企业对性质相似的股份支付信息可以合并披露。

【解析 11-16】股份支付的披露

为了提高企业财务报告与管理信息的真实性、可靠性与完整性，保障资产的安全、完整和企业经营的合法合规，企业必须按照本准则要求对股份支付进行会计信息披露与监管。

第十五条 企业应当在附注中披露股份支付交易对当期财务状况和经营成果的影响，至少包括下列信息：

（一）当期因以权益结算的股份支付而确认的费用总额。

（二）当期因以现金结算的股份支付而确认的费用总额。

（三）当期以股份支付换取的职工服务总额及其他方服务总额。

【解析 11-17】股份支付附注的披露

为了提高企业财务报告与管理信息的真实性、可靠性与完整性，保障资产的安全、完整和企业经营的合法合规，企业必须按照本准则要求在附注中对股份支付进行会计信息披露与监管。

企业会计准则第12号——债务重组

《企业会计准则第12号——债务重组》于2019年5月16日由财会〔2019〕9号公布，自2019年6月17日起施行。

第一章　总则

第一条　为了规范债务重组的确认、计量和相关信息的披露，根据《企业会计准则——基本准则》，制定本准则。

【解析12-1】《企业会计准则——基本准则》

《企业会计准则——基本准则》是制定会计准则应当遵循的基本法则。

第二条　债务重组，是指在不改变交易对手方的情况下，经债权人和债务人协定或法院裁定，就清偿债务的时间、金额或方式等重新达成协议的交易。

本准则中的债务重组涉及的债权和债务是指《企业会计准则第22号——金融工具确认和计量》规范的金融工具。

【解析12-2】债务重组的定义

债务重组涉及债权人和债务人，对债权人而言为"债权重组"，对债务人而言为"债务重组"，为便于表述统称为"债务重组"。债务重组，是指在不改变交易对手方的情况下，经债权人和债务人协定或法院裁定，就清偿债务的时间、金额或方式等重新达成协议的交易。

1. 关于交易对手方。

债务重组是在不改变交易对手方的情况下进行的交易。实务中经常出现第三方参与相关交易的情形，例如，某公司以不同于原合同条款的方式代债务人向债权人偿债；又如，新组建的公司承接原债务人的债务，与债权人进行债务重组；再如，资产管理公司从债权人处购得债权，再与债务人进行债务重组。在上述情形下，企业应当首先考虑债权和债务是否发生终止确认，适用《企业会计准则第22号——金融工具确认和计量》和《企业会计准则第23号——金融资产转移》等准则，再就债务重组交易适用《企业会计准则第12号——债务重组》。

债务重组不强调在债务人发生财务困难的背景下进行，也不论债权人是否作出让步。也就是说，无论何种原因导致债务人未按原定条件偿还债务，也无论双方是否同意债务人以低于债务的金额偿还债务，只要债权人和债务人就债务条款重新达成了协议，就符合债务重组的定义。例如，债权人在减免债务人部分债务本金的同时提高剩余债务的利息，或者债权人同意债务人用等值库存商品抵偿到期债务等，均属于债务重组。

2. 关于债权和债务的范围。

债务重组涉及的债权和债务，是指《企业会计准则第22号——金融工具确认和计量》

规范的债权和债务，不包括合同资产、合同负债、预计负债，但包括租赁应收款和租赁应付款。债务重组中涉及的债权、重组债权、债务、重组债务和其他金融工具的确认、计量和列报，适用《企业会计准则第 22 号——金融工具确认和计量》和《企业会计准则第 37 号——金融工具列报》等金融工具相关准则。

3. 关于债务重组的范围。

通过债务重组形成企业合并的，适用《企业会计准则第 20 号——企业合并》。债务人以股权投资清偿债务或者将债务转为权益工具，可能对应导致债权人取得被投资单位或债务人控制权，在合并财务报表层面，债权人取得资产和负债的确认和计量适用《企业会计准则第 20 号——企业合并》的有关规定。

债务重组构成权益性交易的，应当适用权益性交易的有关会计处理规定，债权人和债务人不确认构成权益性交易的债务重组相关损益。债务重组构成权益性交易的情形包括：（1）债权人直接或间接对债务人持股，或者债务人直接或间接对债权人持股，且持股方以股东身份进行债务重组；（2）债权人与债务人在债务重组前后均受同一方或相同的多方最终控制，且该债务重组的交易实质是债权人或债务人进行了权益性分配或接受了权益性投入。

例如，甲公司是乙公司股东，为了弥补乙公司临时性经营现金流短缺，甲公司向乙公司提供 1 000 万元无息借款，并约定于 6 个月后收回。借款期满时，尽管乙公司具有充足的现金流，甲公司仍然决定免除乙公司部分本金还款义务，仅收回 200 万元借款。在此项交易中，如果甲公司不以股东身份而是以市场交易者身份参与交易，在乙公司具有足够偿债能力的情况下不会免除其部分本金。因此，甲公司和乙公司应当将该交易作为权益性交易，不确认债务重组相关损益。

债务重组中不属于权益性交易的部分仍然应当确认债务重组相关损益。例如，假设前例中债务人乙公司确实出现财务困难，其他债权人对其债务普遍进行了减半的豁免，那么甲公司作为股东比其他债务人多豁免 300 万元债务的交易应当作为权益性交易，正常豁免 500 万元债务的交易应当确认债务重组相关损益。

企业在判断债务重组是否构成权益性交易时，应当遵循实质重于形式原则。例如，假设债权人对债务人的权益性投资通过其他人代持，债权人不具有股东身份，但实质上以股东身份进行债务重组，债权人和债务人应当认为该债务重组构成权益性交易。

第三条 债务重组一般包括下列方式，或下列一种以上方式的组合：

（一）债务人以资产清偿债务；

（二）债务人将债务转为权益工具；

（三）除本条第一项和第二项以外，采用调整债务本金、改变债务利息、变更还款期限等方式修改债权和债务的其他条款，形成重组债权和重组债务。

【解析 12-3】债务重组的方式

债务重组的方式主要包括：债务人以资产清偿债务、将债务转为权益工具、修改其他条款，以及前述一种以上方式的组合。这些债务重组方式都是通过债权人和债务人重新协定或者法院裁定达成的，与原来约定的偿债方式不同。

1.债务人以资产清偿债务。

债务人以资产清偿债务，是债务人转让其资产给债权人以清偿债务的债务重组方式。债务人用于偿债的资产通常是已经在资产负债表中确认的资产，例如，现金、应收账款、长期股权投资、投资性房地产、固定资产、在建工程、生物资产、无形资产等。债务人以日常活动产出的商品或服务清偿债务的，用于偿债的资产可能体现为存货等资产。

在受让上述资产后，按照相关会计准则要求及本企业会计核算要求，债权人核算相关受让资产的类别可能与债务人不同。例如，债务人以作为固定资产核算的房产清偿债务，债权人可能将受让的房产作为投资性房地产核算；债务人以部分长期股权投资清偿债务，债权人可能将受让的投资作为金融资产核算；债务人以存货清偿债务，债权人可能将受让的资产作为固定资产核算等。

除上述已经在资产负债表中确认的资产外，债务人也可能以不符合确认条件而未予确认的资产清偿债务。例如，债务人以未确认的内部产生品牌清偿债务，债权人在获得的商标权符合无形资产确认条件的前提下作为无形资产核算。在少数情况下，债务人还可能以处置组（即一组资产和与这些资产直接相关的负债）清偿债务。

2.债务人将债务转为权益工具。

债务人将债务转为权益工具，这里的权益工具，是指根据《企业会计准则第37号——金融工具列报》分类为“权益工具”的金融工具，会计处理上体现为股本、实收资本、资本公积等科目。

实务中，有些债务重组名义上采用“债转股”的方式，但同时附加相关条款，如约定债务人在未来某个时点有义务以某一金额回购股权，或债权人持有的股份享有强制分红权等。对于债务人，这些“股权”可能并不是根据《企业会计准则第37号——金融工具列报》分类为权益工具的金融工具，从而不属于债务人将债务转为权益工具的债务重组方式。债权人和债务人还可能协议以一项同时包含金融负债成分和权益工具成分的复合金融工具替换原债权债务，这类交易也不属于债务人将债务转为权益工具的债务重组方式。

3.修改其他条款。

修改债权和债务的其他条款，是债务人不以资产清偿债务，也不将债务转为权益工具，而是改变债权和债务的其他条款的债务重组方式，如调整债务本金、改变债务利息、变更还款期限等。经修改其他条款的债权和债务分别形成重组债权和重组债务。

4.组合方式。

组合方式，是采用债务人以资产清偿债务、债务人将债务转为权益工具、修改其他条款3种方式中一种以上方式的组合清偿债务的债务重组方式。例如，债权人和债务人约定，由债务人以机器设备清偿部分债务，将另一部分债务转为权益工具，调减剩余债务的本金，但利率和还款期限不变；再如，债务人以现金清偿部分债务，同时将剩余债务展期等。

第四条　本准则适用于所有债务重组，但下列各项适用其他相关会计准则：

（一）债务重组中涉及的债权、重组债权、债务、重组债务和其他金融工具的确认、计量和列报，分别适用《企业会计准则第22号——金融工具确认和计量》和《企业会计准则第37号——金融工具列报》。

（二）通过债务重组形成企业合并的，适用《企业会计准则第 20 号——企业合并》。

（三）债权人或债务人中的一方直接或间接对另一方持股且以股东身份进行债务重组的，或者债权人与债务人在债务重组前后均受同一方或相同的多方最终控制，且该债务重组的交易实质是债权人或债务人进行了权益性分配或接受了权益性投入的，适用权益性交易的有关会计处理规定。

【解析 12-4】适用其他会计准则

债务重组中涉及的债权、重组债权、债务、重组债务和其他金融工具的确认、计量和列报、通过债务重组形成企业合并的以及债权人或债务人中的一方直接或间接对另一方持股且以股东身份进行债务重组的，或者债权人与债务人在债务重组前后均受同一方或相同的多方最终控制，且该债务重组的交易实质是债权人或债务人进行了权益性分配或接受了权益性投入的不适用本准则。

第二章　债权人的会计处理

第五条　以资产清偿债务或者将债务转为权益工具方式进行债务重组的，债权人应当在相关资产符合其定义和确认条件时予以确认。

【解析 12-5】债权和债务的终止确认

债务重组中涉及的债权和债务的终止确认，应当遵循《企业会计准则第 22 号——金融工具确认和计量》和《企业会计准则第 23 号——金融资产转移》有关金融资产和金融负债终止确认的规定。债权人在收取债权现金流量的合同权利终止时终止确认债权，债务人在债务的现时义务解除时终止确认债务。

由于债权人与债务人之间进行的债务重组涉及债权和债务的认定，以及清偿方式和期限等的协商，通常需要经历较长时间，例如破产重整中进行的债务重组。只有在符合上述终止确认条件时才能终止确认相关债权和债务，并确认债务重组相关损益。对于在报告期间已经开始协商、但在报告期资产负债表日后的债务重组，不属于资产负债表日后调整事项。

对于终止确认的债权，债权人应当结转已计提的减值准备中对应该债权终止确认部分的金额。对于终止确认的分类为以公允价值计量且其变动计入其他综合收益的债权，之前计入其他综合收益的累计利得或损失应当从其他综合收益中转出，记入“投资收益”科目。

（一）以资产清偿债务或将债务转为权益工具

对于以资产清偿债务或者将债务转为权益工具方式进行的债务重组，由于债权人在拥有或控制相关资产时，通常其收取债权现金流量的合同权利也同时终止，债权人一般可以终止确认该债权。同样地，由于债务人通过交付资产或权益工具解除了其清偿债务的现时义务，债务人一般可以终止确认该债务。

（二）修改其他条款

对于债权人，债务重组通过调整债务本金、改变债务利息、变更还款期限等修改合同条款方式进行的，合同修改前后的交易对手方没有发生改变，合同涉及的本金、利息等现金流量很难在本息之间及债务重组前后做出明确分割，即很难单独识别合同的特定可辨认现金流量。因此通常情况下，应当整体考虑是否对全部债权的合同条款做出了实质性修改。如果做出实质性修改，或者债权人与债务人之间签订协议，以获取实质上不同的新金融资产方式替换债权，应当终止确认原债权，并按照修改后的条款或新协议确认新金融资产。

对于债务人，如果对债务或部分债务的合同条款做出"实质性修改"形成重组债务，或者债权人与债务人之间签订协议，以承担"实质上不同"的重组债务方式替换债务，债务人应当终止确认原债务，同时按照修改后的条款确认一项新金融负债。其中，如果重组债务未来现金流量（包括支付和收取的某些费用）现值与原债务的剩余期间现金流量现值之间的差异超过10%，则意味着新的合同条款进行了"实质性修改"或者重组债务是"实质上不同"的，有关现值的计算均采用原债务的实际利率。

（三）组合方式

对于债权人，与上述"修改其他条款"部分的分析类似，通常情况下应当整体考虑是否终止确认全部债权。由于组合方式涉及多种债务重组方式，一般可以认为对全部债权的合同条款做出了实质性修改，从而终止确认全部债权，并按照修改后的条款确认新金融资产。

对于债务人，组合中以资产清偿债务或者将债务转为权益工具方式进行的债务重组，如果债务人清偿该部分债务的现时义务已经解除，应当终止确认该部分债务。组合中以修改其他条款方式进行的债务重组，需要根据具体情况，判断对应的部分债务是否满足终止确认条件。

第六条　以资产清偿债务方式进行债务重组的，债权人初始确认受让的金融资产以外的资产时，应当按照下列原则以成本计量：

存货的成本，包括放弃债权的公允价值和使该资产达到当前位置和状态所发生的可直接归属于该资产的税金、运输费、装卸费、保险费等其他成本。

对联营企业或合营企业投资的成本，包括放弃债权的公允价值和可直接归属于该资产的税金等其他成本。

投资性房地产的成本，包括放弃债权的公允价值和可直接归属于该资产的税金等其他成本。

固定资产的成本，包括放弃债权的公允价值和使该资产达到预定可使用状态前所发生的可直接归属于该资产的税金、运输费、装卸费、安装费、专业人员服务费等其他成本。

生物资产的成本，包括放弃债权的公允价值和可直接归属于该资产的税金、运输费、保险费等其他成本。

无形资产的成本，包括放弃债权的公允价值和可直接归属于使该资产达到预定用途所发生的税金等其他成本。

放弃债权的公允价值与账面价值之间的差额，应当计入当期损益。

【解析 12-6】以资产清偿债务或将债务转为权益工具债权人的会计处理

债务重组采用以资产清偿债务或者将债务转为权益工具方式进行的，债权人应当在受让的相关资产符合其定义和确认条件时予以确认。

1.债权人受让金融资产。

债权人受让包括现金在内的单项或多项金融资产的，应当按照《企业会计准则第22号——金融工具确认和计量》的规定进行确认和计量。金融资产初始确认时应当以其公允价值计量，金融资产确认金额与债权终止确认日账面价值之间的差额，记入“投资收益”科目。但是，收取的金融资产的公允价值与交易价格（即放弃债权的公允价值）存在差异的，应当按照《企业会计准则第22号——金融工具确认和计量》第三十四条的规定处理。

2.债权人受让非金融资产。

债权人初始确认受让的金融资产以外的资产时，应当按照下列原则以成本计量。（1）存货的成本，包括放弃债权的公允价值，以及使该资产达到当前位置和状态所发生的可直接归属于该资产的税金、运输费、装卸费、保险费等其他成本。（2）对联营企业或合营企业投资的成本，包括放弃债权的公允价值，以及可直接归属于该资产的税金等其他成本。（3）投资性房地产的成本，包括放弃债权的公允价值，以及可直接归属于该资产的税金等其他成本。（4）固定资产的成本，包括放弃债权的公允价值，以及使该资产达到预定可使用状态前所发生的可直接归属于该资产的税金、运输费、装卸费、安装费、专业人员服务费等其他成本。确定固定资产成本时，应当考虑预计弃置费用因素。（5）生物资产的成本，包括放弃债权的公允价值，以及可直接归属于该资产的税金、运输费、保险费等其他成本。（6）无形资产的成本，包括放弃债权的公允价值，以及可直接归属于使该资产达到预定用途所发生的税金等其他成本。放弃债权的公允价值与账面价值之间的差额，记入“投资收益”科目。

3.债权人受让多项资产。

债权人受让多项非金融资产，或者包括金融资产、非金融资产在内的多项资产的，应当按照《企业会计准则第22号——金融工具确认和计量》的规定确认和计量受让的金融资产；按照受让的金融资产以外的各项资产在债务重组合同生效日的公允价值比例，对放弃债权在合同生效日的公允价值扣除受让金融资产当日公允价值后的净额进行分配，并以此为基础分别确定各项资产的成本。放弃债权的公允价值与账面价值之间的差额，记入“投资收益”科目。

4.债权人受让处置组。

债务人以处置组清偿债务的，债权人应当分别按照《企业会计准则第22号——金融工具确认和计量》和其他相关准则的规定，对处置组中的金融资产和负债进行初始计量，然后按照金融资产以外的各项资产在债务重组合同生效日的公允价值比例，对放弃债权在合同生效日的公允价值以及承担的处置组中负债的确认金额之和，扣除受让金融资产当日公允价值后的净额进行分配，并以此为基础分别确定各项资产的成本。放弃债权的公允价值与账面价值之间的差额，记入“投资收益”科目。

5.债权人将受让的资产或处置组划分为持有待售类别。

债务人以资产或处置组清偿债务，且债权人在取得日未将受让的相关资产或处置组作为非流动资产和非流动负债核算，而是将其划分为持有待售类别的，债权人应当在初始计量时，比较假定其不划分为持有待售类别情况下的初始计量金额和公允价值减去出售费用后的净额，以两者孰低计量。

第七条 将债务转为权益工具方式进行债务重组导致债权人将债权转为对联营企业或合营企业的权益性投资的，债权人应当按照本准则第六条的规定计量其初始投资成本。放弃债权的公允价值与账面价值之间的差额，应当计入当期损益。

【解析 12-7】将债务转为权益工具

企业将债务转为权益工具的，债权人要对权益工具的初始投资成本进行计量确认。

第八条 采用修改其他条款方式进行债务重组的，债权人应当按照《企业会计准则第 22 号——金融工具确认和计量》的规定，确认和计量重组债权。

【解析 12-8】采用修改其他条款方式进行债务重组的会计处理

债务重组采用以修改其他条款方式进行的，如果修改其他条款导致全部债权终止确认，债权人应当按照修改后的条款以公允价值初始计量新的金融资产，新金融资产的确认金额与债权终止确认日账面价值之间的差额，记入"投资收益"科目。

如果修改其他条款未导致债权终止确认，债权人应当根据其分类，继续以摊余成本、以公允价值计量且其变动计入其他综合收益，或者以公允价值计量且其变动计入当期损益进行后续计量。对于以摊余成本计量的债权，债权人应当根据重新议定合同的现金流量变化情况，重新计算该重组债权的账面余额，并将相关利得或损失记入"投资收益"科目。重新计算的该重组债权的账面余额，应当根据将重新议定或修改的合同现金流量按债权原实际利率折现的现值确定，购买或源生的已发生信用减值的重组债权，应按经信用调整的实际利率折现。对于修改或重新议定合同所产生的成本或费用，债权人应当调整修改后的重组债权的账面价值，并在修改后重组债权的剩余期限内摊销。

第九条 以多项资产清偿债务或者组合方式进行债务重组的，债权人应当首先按照《企业会计准则第 22 号——金融工具确认和计量》的规定确认和计量受让的金融资产和重组债权，然后按照受让的金融资产以外的各项资产的公允价值比例，对放弃债权的公允价值扣除受让金融资产和重组债权确认金额后的净额进行分配，并以此为基础按照本准则第六条的规定分别确定各项资产的成本。放弃债权的公允价值与账面价值之间的差额，应当计入当期损益。

【解析 12-9】采用组合方式进行债务重组的会计处理

债务重组采用组合方式进行的，一般可以认为对全部债权的合同条款做出了实质性修改，债权人应当按照修改后的条款，以公允价值初始计量新的金融资产和受让的新金融资产，按照受让的金融资产以外的各项资产在债务重组合同生效日的公允价值比例，对放弃债权在合同生效日的公允价值扣除受让金融资产和重组债权当日公允价值后的净额进行分配，并以此为基础分别确定各项资产的成本。放弃债权的公允价值与账面价值之间的差额，记入"投资收益"科目。

第三章 债务人的会计处理

第十条 以资产清偿债务方式进行债务重组的，债务人应当在相关资产和所清偿债务符合终止确认条件时予以终止确认，所清偿债务账面价值与转让资产账面价值之间的差额计入当期损益。

【解析12-10】债务人以资产清偿债务的会计处理

债务重组采用以资产清偿债务方式进行的，债务人应当将所清偿债务账面价值与转让资产账面价值之间的差额计入当期损益。

1. 债务人以金融资产清偿债务。

债务人以单项或多项金融资产清偿债务的，债务的账面价值与偿债金融资产账面价值的差额，记入“投资收益”科目。偿债金融资产已计提减值准备的，应结转已计提的减值准备。对于已分类为以公允价值计量且其变动计入其他综合收益的债务工具投资清偿债务的，之前计入其他综合收益的累计利得或损失应当从其他综合收益中转出，记入“投资收益”科目。对于已指定为以公允价值计量且其变动计入其他综合收益的非交易性权益工具投资清偿债务的，之前计入其他综合收益的累计利得或损失应当从其他综合收益中转出，记入“盈余公积”“利润分配——未分配利润”等科目。

2. 债务人以非金融资产清偿债务。

债务人以单项或多项非金融资产清偿债务，或者以包括金融资产和非金融资产在内的多项资产清偿债务的，不需要区分资产处置损益和债务重组损益，也不需要区分不同资产的处置损益，而应将所清偿债务账面价值与转让资产账面价值之间的差额，记入“其他收益——债务重组收益”科目。偿债资产已计提减值准备的，应结转已计提的减值准备。

债务人以包含非金融资产的处置组清偿债务的，应当将所清偿债务和处置组中负债的账面价值之和，与处置组中资产的账面价值之间的差额，记入“其他收益——债务重组收益”科目。处置组所属的资产组或资产组组合按照《企业会计准则第8号——资产减值》分摊了企业合并中取得的商誉的，该处置组应当包含分摊至处置组的商誉。处置组中的资产已计提减值准备的，应结转已计提的减值准备。

债务人以日常活动产出的商品或服务清偿债务的，应当将所清偿债务账面价值与存货等相关资产账面价值之间的差额，记入“其他收益——债务重组收益”科目。

第十一条　将债务转为权益工具方式进行债务重组的，债务人应当在所清偿债务符合终止确认条件时予以终止确认。债务人初始确认权益工具时应当按照权益工具的公允价值计量，权益工具的公允价值不能可靠计量的，应当按照所清偿债务的公允价值计量。所清偿债务账面价值与权益工具确认金额之间的差额，应当计入当期损益。

【解析12-11】终止确认

在所清偿债务符合终止确认条件时，企业要及时对其终止确认。

第十二条　采用修改其他条款方式进行债务重组的，债务人应当按照《企业会计准则第22号——金融工具确认和计量》和《企业会计准则第37号——金融工具列报》的规定，确认和计量重组债务。

【解析 12-12】债务人修改其他条款方式进行债务重组的会计处理

债务重组采用修改其他条款方式进行的，如果修改其他条款导致债务终止确认，债务人应当按照公允价值计量重组债务，终止确认的债务账面价值与重组债务确认金额之间的差额，记入“投资收益”科目。

如果修改其他条款未导致债务终止确认，或者仅导致部分债务终止确认，对于未终止确认的部分债务，债务人应当根据其分类，继续以摊余成本、公允价值计量且其变动计入当期损益或其他适当方法进行后续计量。对于以摊余成本计量的债务，债务人应当根据重新议定合同的现金流量变化情况，重新计算该重组债务的账面价值，并将相关利得或损失记入“投资收益”科目。重新计算的该重组债务的账面价值，应当根据将重新议定或修改的合同现金流量按债务的原实际利率或按《企业会计准则第 24 号——套期会计》第二十三条规定的重新计算的实际利率（如适用）折现的现值确定。对于修改或重新议定合同所产生的成本或费用，债务人应当调整修改后的重组债务的账面价值，并在修改后重组债务的剩余期限内摊销。

第十三条 以多项资产清偿债务或者组合方式进行债务重组的，债务人应当按照本准则第十一条和第十二条的规定确认和计量权益工具和重组债务，所清偿债务的账面价值与转让资产的账面价值以及权益工具和重组债务的确认金额之和的差额，应当计入当期损益。

【例 12-1】债务重组的会计处理 1

2×20 年 6 月 18 日，甲公司向乙公司销售商品一批，应收乙公司款项的入账金额为 95 万元。甲公司将该应收款项分类为以摊余成本计量的金融资产。乙公司将该应付账款分类为以摊余成本计量的金融负债。2×20 年 10 月 18 日，双方签订债务重组合同，乙公司以一项作为无形资产核算的非专利技术偿还该欠款。该无形资产的账面余额为 100 万元，累计摊销额为 10 万元，已计提减值准备 2 万元。10 月 22 日，双方办理完成该无形资产转让手续，甲公司支付评估费用 4 万元。当日，甲公司应收款项的公允价值为 87 万元，已计提坏账准备 7 万元，乙公司应付款项的账面价值仍为 95 万元。假设不考虑相关税费。

（1）债权人的会计处理。

2×20 年 10 月 22 日，债权人甲公司取得该无形资产的成本为债权公允价值 87 万元与评估费用 4 万元的合计 91 万元。甲公司的账务处理如下。

借：无形资产	910 000	
坏账准备	70 000	
投资收益	10 000	
贷：应收账款		950 000
银行存款		40 000

（2）债务人的会计处理。

乙公司 10 月 22 日的账务处理如下。

借：应付账款	950 000	
累计摊销	100 000	
无形资产减值准备	20 000	

贷：无形资产　　1 000 000

其他收益——债务重组收益　　70 000

承【例 12-1】，假设甲公司管理层决议，受让该非专利技术后将在半年内将其出售，当日无形资产的公允价值为 87 万元，预计未来出售该非专利技术时将发生 1 万元的出售费用，该非专利技术满足持有待售资产确认条件。

分析：10 月 22 日，甲公司对该非专利技术进行初始确认时，按照无形资产入账 91 万元与公允价值减出售费用 87−1=86（万元）孰低计量。债权人甲公司的账务处理如下。

借：持有待售资产——无形资产　　860 000

坏账准备　　70 000

资产减值损失　　60 000

贷：应收账款　　950 000

银行存款　　40 000

【例 12-2】债务重组的会计处理 2

2×19 年 2 月 10 日，甲公司从乙公司购买一批材料，约定 6 个月后甲公司应结清款项 100 万元（假定无重大融资成分）。乙公司将该应收款项分类为以公允价值计量且其变动计入当期损益的金融资产；甲公司将该应付款项分类为以摊余成本计量的金融负债。2×19 年 8 月 12 日，甲公司因无法支付货款与乙公司协商进行债务重组，双方商定乙公司将该债权转为对甲公司的股权投资。10 月 20 日，乙公司办结了对甲公司的增资手续，甲公司和乙公司分别支付手续费等相关费用 1.5 万元和 1.2 万元。债转股后甲公司总股本为 100 万元，乙公司持有的抵债股权占甲公司总股本的 25%，对甲公司具有重大影响，甲公司股权公允价值不能可靠计量。甲公司应付款项的账面价值仍为 100 万元。

2×19 年 6 月 30 日，应收款项和应付款项的公允价值均为 85 万元。

2×19 年 8 月 12 日，应收款项和应付款项的公允价值均为 76 万元。

2×19 年 10 月 20 日，应收款项和应付款项的公允价值仍为 76 万元。

假定不考虑其他相关税费。

（1）债权人的会计处理。

乙公司的账务处理如下。

① 6 月 30 日。

借：公允价值变动损益　　150 000

贷：交易性金融资产——公允价值变动　　150 000

② 8 月 12 日。

借：公允价值变动损益　　90 000

贷：交易性金融资产——公允价值变动　　90 000

③ 10 月 20 日，乙公司对甲公司长期股权投资的成本为应收款项公允价值 76 万元与相关税费 1.2 万元的合计 77.2 万元。

借：长期股权投资——甲公司　　772 000

交易性金融资产——公允价值变动	240 000	
贷：交易性金融资产——成本		1 000 000
银行存款		12 000

（2）债务人的会计处理。

10 月 20 日，由于甲公司股权的公允价值不能可靠计量，初始确认权益工具公允价值时应当按照所清偿债务的公允价值 76 万元计量，并扣除因发行权益工具支出的相关税费 1.5 万元。甲公司的账务处理如下。

借：应付账款	1 000 000	
贷：实收资本		250 000
资本公积——资本溢价		495 000
银行存款		15 000
投资收益		240 000

【例 12-3】债务重组的会计处理 3

2×19 年 11 月 5 日，甲公司向乙公司赊购一批材料，含税价为 234 万元。2×20 年 9 月 10 日，甲公司因发生财务困难，无法按合同约定偿还债务，双方协商进行债务重组。乙公司同意甲公司用其生产的商品、作为固定资产管理的机器设备和一项债券投资抵偿欠款。当日，该债权的公允价值为 210 万元；甲公司用于抵债的商品市价（不含增值税）为 90 万元，抵债设备的公允价值为 75 万元，用于抵债的债券投资市价为 23.55 万元。

抵债资产于 2×20 年 9 月 20 日转让完毕，甲公司发生设备运输费用 0.65 万元，乙公司发生设备安装费用 1.5 万元。

乙公司以摊余成本计量该项债权。2×20 年 9 月 20 日，乙公司对该债权已计提坏账准备 19 万元，债券投资市价为 21 万元。乙公司将受让的商品、设备和债券投资分别作为低值易耗品、固定资产和以公允价值计量且其变动计入当期损益的金融资产核算。

甲公司以摊余成本计量该项债务。2×20 年 9 月 20 日，甲公司用于抵债的商品成本为 70 万元；抵债设备的账面原价为 150 万元，累计折旧为 40 万元，已计提减值准备 18 万元；甲公司以摊余成本计量用于抵债的债券投资，债券票面价值总额为 15 万元，票面利率与实际利率一致，按年付息。当日，该项债务的账面价值仍为 234 万元。

甲、乙公司均为增值税一般纳税人，适用增值税税率为 13%，经税务机关核定，该项交易中商品和设备的计税价格分别为 90 万元和 75 万元。不考虑其他相关税费。

（1）债权人的会计处理。

低值易耗品可抵扣增值税 =90×13%=11.7（万元）

设备可抵扣增值税 =75×13%=9.75（万元）

低值易耗品和固定资产的成本应当以其公允价值比例（90：75）对放弃债权公允价值扣除受让金融资产公允价值后的净额进行分配后的金额为基础确定。

低值易耗品的成本 =90÷（90+75）×（210−23.55−11.7−9.75）=90（万元）

固定资产的成本 =75÷（90+75）×（210−23.55−11.7−9.75）=75（万元）

2×20 年 9 月 20 日，乙公司的账务处理如下。

① 结转债务重组相关损益。

借：低值易耗品	900 000	
在建工程——在安装设备	750 000	
应交税费——应交增值税（进项税额）	214 500	
交易性金融资产	210 000	
坏账准备	190 000	
投资收益	75 500	
贷：应收账款——甲公司		2 340 000

② 支付安装成本。

借：在建工程——在安装设备	15 000	
贷：银行存款		15 000

③ 安装完毕达到可使用状态。

借：固定资产——×× 设备	765 000	
贷：在建工程——在安装设备		765 000

（2）债务人的会计处理。

甲公司 9 月 20 日的账务处理如下。

借：固定资产清理	920 000	
累计折旧	400 000	
固定资产减值准备	180 000	
贷：固定资产		1 500 000
借：固定资产清理	6 500	
贷：银行存款		6 500
借：应付账款	2 340 000	
贷：固定资产清理		926 500
库存商品		700 000
应交税费——应交增值税（销项税额）		214 500
债权投资——成本		150 000
其他收益——债务重组收益		349 000

【例 12-4】债务重组的会计处理 4

A 公司为上市公司，2×16 年 1 月 1 日，A 公司取得 B 银行贷款 5 000 万元，约定贷款期限为 4 年（即 2×19 年 12 月 31 日到期），年利率为 6%，按年付息，A 公司已按时支付所有利息。2×19 年 12 月 31 日，A 公司出现严重资金周转问题，多项债务违约，信用风险增加，无法偿还贷款本金。2×20 年 1 月 10 日，B 银行同意与 A 公司就该项贷款重新达成协议，新协议约定：（1）A 公司将一项作为固定资产核算的房产转让给 B 银行，用于抵偿债务本金 1 000 万元，该房产账面原值 1 200 万元，累计折旧 400 万元，未计提减值准备；（2）A 公司向B银行增发股票500万股，面值1元/股，占A公司股份总额的1%，用于抵偿债务本金2 000万元，A公司股票于2×20年1月10日的收盘价为4元/股；（3）在A公司履行上述偿债义务后，B银行免除A公司500万元债务本金，并将尚未偿还的债务本金1 500万元展期至2×20年12月31日，年利率为8%；（4）如果A公司未能履行（1）、（2）所述偿债义务，B银行有权终止债务重组协议，尚未履行的债权调整承诺随之失效。

B银行以摊余成本计量该贷款，已计提贷款损失准备300万元。该贷款于2×20年1月10日的公允价值为4 600万元，予以展期的贷款的公允价值为1 500万元。2×20年3月2日，双方办理完成房产转让手续，B银行将该房产作为投资性房地产核算。2×20年3月31日，B银行为该笔贷款补提了100万元的损失准备。2×20年5月9日，双方办理完成股权转让手续，B银行将该股权投资分类为以公允价值计量且其变动计入当期损益的金融资产，A公司股票当日收盘价为4.02元/股。

A公司以摊余成本计量该贷款，截至2×20年1月10日，该贷款的账面价值为5 000万元。不考虑相关税费。

（1）债权人的会计处理。

A公司与B银行以组合方式进行债务重组，同时涉及以资产清偿债务、将债务转为权益工具、包括债务豁免的修改其他条款等方式，可以认为对全部债权的合同条款做出了实质性修改，债权人在收取债权现金流量的合同权利终止时应当终止确认全部债权，即在2×20年5月9日该债务重组协议的执行过程和结果不确定性消除时，可以确认债务重组相关损益，并按照修改后的条款确认新金融资产。

债权人B银行的账务处理如下。

①3月2日。

投资性房地产成本＝放弃债权公允价值－受让股权公允价值－重组债权公允价值=4 600-2 000-1 500=1 100（万元）

借：投资性房地产	11 000 000	
贷：贷款——本金		11 000 000

②3月31日。

借：信用减值损失	1 000 000	
贷：贷款损失准备		1 000 000

③5月9日。

受让股权的公允价值=4.02×500=2 010（万元）

借：交易性金融资产	20 100 000	
贷款——本金	15 000 000	
贷款损失准备	4 000 000	
贷：贷款——本金		39 000 000
投资收益		100 000

（2）债务人的会计处理。

该债务重组协议的执行过程和结果不确定性于2×20年5月9日消除时，债务人清偿该部分债务的现时义务已经解除，可以确认债务重组相关损益，并按照修改后的条款确认新金融负债。

债务人 A 公司的账务处理如下。

①3 月 2 日。

借：固定资产清理	8 000 000	
累计折旧	4 000 000	
贷：固定资产		12 000 000
借：长期借款——本金	8 000 000	
贷：固定资产清理		8 000 000

②5 月 9 日。

借款的新现金流量 =1 500×（1+8%）÷（1+6%）=1 528.3（万元）

现金流变化 =（1 528.3-1 500）÷1 500=1.9% ＜ 10%

因此针对 1 500 万本金部分的合同条款的修改不构成实质性修改，不终止确认该部分负债。

借：长期借款——本金	42 000 000	
贷：股本		5 000 000
资本公积		15 100 000
长期借款——本金		15 283 000
其他收益——债务重组收益		6 617 000

本例中，即使没有“A 公司未能履行（1）、（2）所述偿债义务，B 银行有权终止债务重组协议，尚未履行的债权调整承诺随之失效”的条款，债务人仍然应当谨慎处理，考虑在债务的现时义务解除时终止确认原债务。

第四章　披露

第十四条　债权人应当在附注中披露与债务重组有关的下列信息：

（一）根据债务重组方式，分组披露债权账面价值和债务重组相关损益。

（二）债务重组导致的对联营企业或合营企业的权益性投资增加额，以及该投资占联营企业或合营企业股份总额的比例。

【解析 12-13】债务重组的披露

为了提高企业财务报告与管理信息的真实性、可靠性与完整性，保障资产的安全完整和企业经营的合法合规，企业必须按照本准则要求对债务重组进行会计信息披露与监管。

第十五条　债务人应当在附注中披露与债务重组有关的下列信息：

（一）根据债务重组方式，分组披露债务账面价值和债务重组相关损益。

（二）债务重组导致的股本等所有者权益的增加额。

【解析 12–14】债务重组附注的披露

为了提高企业财务报告与管理信息的真实性、可靠性与完整性，保障资产的安全完整和企业经营的合法合规，企业必须按照本准则要求在附注中对债务重组进行会计信息披露与监管。

第五章　衔接规定

第十六条　企业对 2019 年 1 月 1 日至本准则施行日之间发生的债务重组，应根据本准则进行调整。企业对 2019 年 1 月 1 日之前发生的债务重组，不需要按照本准则的规定进行追溯调整。

第六章　附则

第十七条　本准则自 2019 年 6 月 17 日起施行。

第十八条　2006 年 2 月 15 日财政部印发的《财政部关于印发〈企业会计准则第 1 号——存货〉等 38 项具体准则的通知》（财会〔2006〕3 号）中的《企业会计准则第 12 号——债务重组》同时废止。

财政部此前发布的有关债务重组会计处理规定与本准则不一致的，以本准则为准。

企业会计准则第13号——或有事项

《企业会计第13号——或有事项》于2006年2月15日由财会〔2006〕3号公布，自2007年1月1日起施行。

第一章　总则

第一条　为了规范或有事项的确认、计量和相关信息的披露，根据《企业会计准则——基本准则》，制定本准则。

【解析13-1】《企业会计准则——基本准则》

《企业会计准则——基本准则》是制定会计准则应当遵循的基本法则。

第二条　或有事项，是指过去的交易或者事项形成的，其结果须由某些未来事项的发生或不发生才能决定的不确定事项。

【解析13-2】或有事项的概念

企业在经营活动中有时会面临一些具有较大不确定性的经济事项，这些不确定事项对企业的财务状况和经营成果可能会产生较大的影响，其最终结果须由某些未来事项的发生或不发生加以决定。比如，企业售出一批商品并对商品提供售后担保，承诺在商品发生质量问题时由企业无偿提供修理服务。销售商品并提供售后担保是企业过去发生的交易，由此形成的未来修理服务构成一项不确定事项，修理服务的费用是否会发生以及发生金额是多少将取决于未来是否发生修理请求以及修理工作量、费用等的大小。按照权责发生制原则，企业不能等到客户提出修理请求时，才确认因提供担保而发生的义务，而应当在资产负债表日对这一不确定事项作出判断，以决定是否在当期确认承担的修理义务。这种不确定事项在会计上被称为或有事项。

或有事项，是指过去的交易或者事项形成的，其结果须由某些未来事项的发生或不发生才能决定的不确定事项。常见的或有事项包括：未决诉讼或未决仲裁、债务担保、产品质量保证（含产品安全保证）、亏损合同、重组义务、承诺、环境污染整治等。

【解析13-3】或有事项的特征

本准则第二条规定，或有事项是指过去的交易或者事项形成的，其结果须由某些未来事项的发生或不发生才能决定的不确定事项。

（一）由过去交易或事项形成，是指或有事项的现存状况是过去交易或事项引起的客观存在。

比如，未决诉讼虽然是正在进行中的诉讼，但该诉讼是企业因过去的经济行为导致起诉其他单位或被其他单位起诉。这是现存的一种状况而不是未来将要发生的事项。未来可能发生的自然灾害、交通事故、经营亏损等，不属于或有事项。

（二）结果具有不确定性，是指或有事项的结果是否发生具有不确定性，或者或有事项的结果预计将会发生，但发生的具体时间或金额具有不确定性。

比如，债务担保事项的担保方到期是否承担和履行连带责任，需要根据债务到期时被担保方能否按时还款加以确定。这一事项的结果在担保协议达成时具有不确定性。

（三）由未来事项决定，是指或有事项的结果只能由未来不确定事项的发生或不发生才能决定。

比如，债务担保事项只有在被担保方到期无力还款时企业（担保方）才履行连带责任。

常见的或有事项主要包括：未决诉讼或仲裁、债务担保、产品质量保证（含产品安全保证）、承诺、亏损合同、重组义务、环境污染整治等。

摘录于《〈企业会计准则第13号——或有事项〉应用指南》

第三条 职工薪酬、建造合同、所得税、企业合并、租赁、原保险合同和再保险合同等形成的或有事项，适用其他相关会计准则。

【解析13-4】适用其他相关会计准则

职工薪酬、建造合同、所得税、企业合并、租赁、原保险合同和再保险合同等形成的或有事项不适用本准则。

第二章 确认和计量

第四条 与或有事项相关的义务同时满足下列条件的，应当确认为预计负债：

（一）该义务是企业承担的现时义务；

（二）履行该义务很可能导致经济利益流出企业；

（三）该义务的金额能够可靠地计量。

【解析13-5】或有事项相关义务确认为预计负债的条件

（一）该义务是企业承担的现时义务，是指与或有事项相关的义务是在企业当前条件下已承担的义务。企业没有其他现实的选择，只能履行该现时义务，如法律要求企业履行、有关各方形成企业将履行现时义务的合理预期等。

（二）履行该义务很可能导致经济利益流出企业，是指履行与或有事项相关的现时义务时，导致经济利益流出企业的可能性超过50%但尚未达到基本确定的程度。

履行或有事项相关义务导致经济利益流出企业的可能性，通常应当结合下列情况加以判断，如表13-1所示。

表13-1 判断履行或有事项相关义务的可能性

结果的可能性	对应的概率区间
基本确定	大于95%但小于100%
很可能	大于50%但小于或等于95%
可能	大于5%但小于或等于50%
极小可能	大于0但小于或等于5%

（三）该义务的金额能够可靠地计量，是指与或有事项相关的现时义务的金额能够合理地估计。估计或有事项相关现时义务的金额，应当考虑下列因素。

1. 企业应当充分考虑与或有事项有关的风险和不确定性，并在低估和高估预计负债金额之间寻找平衡点。

2. 相关现时义务的金额通常应当等于未来应支付的金额。未来应支付金额与其现值相差较大的，如油井或核电站的弃置费用等，应当按照未来应支付金额的现值确定。

3. 企业应当考虑可能影响履行现时义务所需金额的相关未来事项，如未来技术进步、相关法规出台等。

4. 企业不应考虑预期处置相关资产的利得。

摘录于《〈企业会计准则第 13 号——或有事项〉解释》

第五条 预计负债应当按照履行相关现时义务所需支出的最佳估计数进行初始计量。

所需支出存在一个连续范围，且该范围内各种结果发生的可能性相同的，最佳估计数应当按照该范围内的中间值确定。

在其他情况下，最佳估计数应当分别下列情况处理：

（一）或有事项涉及单个项目的，按照最可能发生金额确定。

（二）或有事项涉及多个项目的，按照各种可能结果及相关概率计算确定。

【解析 13-6】最佳估计数的情况

预计负债的最佳估计数要区分单个项目或多个项目及其时间特征情况进行相应会计处理。

第六条 企业在确定最佳估计数时，应当综合考虑与或有事项有关的风险、不确定性和货币时间价值等因素。

货币时间价值影响重大的，应当通过对相关未来现金流出进行折现后确定最佳估计数。

【解析 13-7】确定最佳估计数时考虑的因素

确定最佳估计数时应考虑与其金额有关的风险、不确定性、货币时间价值等，还要考虑是否需要进行折现等。

第七条 企业清偿预计负债所需支出全部或部分预期由第三方补偿的，补偿金额只有在基本确定能够收到时才能作为资产单独确认。确认的补偿金额不应当超过预计负债的账面价值。

【解析 13-8】预计负债的计量

当与或有事项有关的义务符合确认为负债的条件时应当将其确认为预计负债，预计负债应当按照履行相关现时义务所需支出的最佳估计数进行初始计量。此外，企业清偿预计负债所需支出还可能从第三方或其他方获得补偿。因此，或有事项的计量主要涉及 3 个问题：一是最佳估计数的确定；二是预期可获得补偿的处理；三是预计负债的计量需要考虑的其他因素。

（一）最佳估计数的确定

预计负债应当按照履行相关现时义务所需支出的最佳估计数进行初始计量。最佳估计数的确定应当分别两种情况处理。

第一，所需支出存在一个连续范围（或区间，下同），且该范围内各种结果发生的可能性相同，则最佳估计数应当按照该范围内的中间值，即上下限金额的平均数确定。

第二，所需支出不存在一个连续范围，或者虽然存在一个连续范围，但该范围内各种结果发生的可能性不相同，那么，如果或有事项涉及单个项目，最佳估计数按照最可能发生金额确定；如果或有事项涉及多个项目，最佳估计数按照各种可能结果及相关概率计算确定。“涉及单个项目”指或有事项涉及的项目只有一个，如一项未决诉讼、一项未决仲裁或一项债务担保等。“涉及多个项目”指或有事项涉及的项目不止一个，如产品质量保证。在产品质量保证中，提出产品保修要求的可能有许多客户，相应地，企业对这些客户负有保修义务。

【例 13-1】预计负债金额的确定

甲股份有限公司是生产并销售 A 产品的企业，20×8 年第 1 季度，共销售 A 产品 60 000 件，销售收入为 360 000 000 元。根据公司的产品质量保证条款，该产品售出后一年内，如发生正常质量问题，公司将负责免费维修。根据以前年度的维修记录，如果发生较小的质量问题，发生的维修费用为销售收入的 1%；如果发生较大的质量问题，发生的维修费用为销售收入的 2%。根据公司技术部门的预测，本季度销售的产品中，80% 不会发生质量问题；15% 可能发生较小质量问题；5% 可能发生较大质量问题。据此，20×8 年第 1 季度末，甲股份有限公司应在资产负债表中确认的预计负债金额为：

360 000 000×（0×80%+1%×15%+2%×5%）=90 000 000（元）

（二）预期可获得补偿的处理

如果企业清偿因或有事项而确认的负债所需支出全部或部分预期由第三方或其他方补偿，则此补偿金额只有在基本确定能收到时，才能作为资产单独确认，确认的补偿金额不能超过所确认负债的账面价值。预期可能获得补偿的情况通常有：发生交通事故等情况时，企业通常可从保险公司获得合理的赔偿；在某些索赔诉讼中，企业可对索赔人或第三方另行提出赔偿要求；在债务担保业务中，企业在履行担保义务的同时，通常可向被担保企业提出追偿要求。

企业预期从第三方获得的补偿，是一种潜在资产，其最终是否真的会转化为企业真正的资产（即，企业是否能够收到这项补偿）具有较大的不确定性，企业只能在基本确定能够收到补偿时才能对其进行确认。根据资产和负债不能随意抵销的原则，预期可获得的补偿在基本确定能够收到时应当确认为一项资产，而不能作为预计负债金额的扣减。

【例 13-2】预期可获得补偿的确定

20×8 年 12 月 31 日，乙股份有限公司因或有事项而确认了一笔金额为 1 000 000 元的负债；同时，公司因该或有事项，基本确定可从甲股份有限公司获得 400 000 元的赔偿。

本例中，乙股份有限公司应分别确认一项金额为 1 000 000 元的负债和一项金额为 400 000 元的资产，而不能只确认一项金额为 600 000 元（1 000 000−400 000）的负债。同时，乙股份有限公司所确认的补偿金额 400 000 元不能超过所确认的负债的账面价值 1 000 000 元。

（三）预计负债的计量需要考虑的其他因素

企业在确定最佳估计数时，应当综合考虑与或有事项有关的风险、不确定性、货币时间价值和未来事项等因素。

1.风险和不确定性。

风险是对交易或事项结果的变化可能性的一种描述。企业在不确定的情况下进行判断需要谨慎，使得收益或资产不会被高估，费用或负债不会被低估。企业应当充分考虑与或有事项有关的风险和不确定性，既不能忽略风险和不确定性对或有事项计量的影响，也需要避免对风险和不确定性进行重复调整，从而在低估和高估预计负债金额之间寻找平衡点。

2.货币时间价值。

预计负债的金额通常应当等于未来应支付的金额。但是，因货币时间价值的影响，资产负债表日后不久发生的现金流出，要比一段时间之后发生的同样金额的现金流出负有更大的义务。所以，如果预计负债的确认时点距离实际清偿有较长的时间跨度，货币时间价值的影响重大，那么在确定预计负债的确认金额时，应考虑采用现值计量，即通过对相关未来现金流出进行折现后确定最佳估计数。

将未来现金流出折算为现值时，需要注意以下3点。

（1）用来计算现值的折现率，应当是反映货币时间价值的当前市场估计和相关负债特有风险的税前利率。

（2）风险和不确定性既可以在计量未来现金流出时作为调整因素，也可以在确定折现率时予以考虑，但不能重复反映。

（3）随着时间的推移，即使在未来现金流出和折现率均不改变的情况下，预计负债的现值将逐渐增长。企业应当在资产负债表日，对预计负债的现值进行重新计量。

3.未来事项。

企业应当考虑可能影响履行现时义务所需金额的相关未来事项。也就是说，对于这些未来事项，如果有足够的客观证据表明它们将发生，如未来技术进步、相关法规出台等，则应当在预计负债计量中考虑相关未来事项的影响，但不应考虑预期处置相关资产形成的利得。

预期的未来事项可能对预计负债的计量较为重要。例如，某核电企业预计，在生产结束时清理核废料的费用将因未来技术的变化而显著降低。那么，该企业因此确认的预计负债金额应当反映有关专家对技术发展以及清理费用减少作出的合理预测。但是，这种预计需要取得相当客观的证据予以支持。

第八条 待执行合同变成亏损合同的，该亏损合同产生的义务满足本准则第四条规定的，应当确认为预计负债。

待执行合同，是指合同各方尚未履行任何合同义务，或部分地履行了同等义务的合同。

亏损合同，是指履行合同义务不可避免会发生的成本超过预期经济利益的合同。

【解析13-9】亏损合同的相关义务确认为预计负债

待执行合同变成亏损合同的，该亏损合同产生的义务满足规定条件的，应当确认为预计负债。

企业与其他企业签订的商品销售合同、劳务提供合同、让渡资产使用权合同、租赁合同等，均属于待执行合同。待执行合同不属于本准则规范的内容。待执行合同变为亏损合同的，应当作为本准则规范的或有事项。

企业在履行合同义务过程中发生的成本可能出现超过预期经济利益的情况时，待执行合同即变成了亏损合同，此时，如果与该合同相关的义务不需支付任何补偿即可撤销，通常不存在现时义务，不应确认预计负债。如果与该合同相关的义务不可撤销，企业就存在了现时义务，同时满足该义务很可能导致经济利益流出企业和金额能够可靠地计量的，通常应当确认预计负债。

例如，某公司20×7年1月采用经营租赁方式租入生产线生产产品，租赁期3年，生产的产品预计每年均可获利。20×8年12月，市政规划要求公司迁址，加之宏观政策调整该公司决定停产上述产品，原经营租赁合同为不可撤销合同，还要持续1年，生产线无法转租给其他单位。此时，该公司执行原经营租赁合同发生的费用很可能超过预期获得的经济利益，该租赁合同变为亏损合同，应当在20×8年12月31日根据未来期间（20×9年）应支付的租金确认预计负债。

待执行合同变为亏损合同时，合同存在标的资产的，应当对标的资产进行减值测试并按规定确认减值损失，通常不确认预计负债；合同不存在标的资产的，亏损合同相关义务满足规定条件时，应当确认预计负债。

例如，商品销售合同属于待执行合同。在其售价低于成本时，该合同即变为亏损合同，属于本准则规范的或有事项。该合同存在标的资产（存货）的，应当确认减值损失和存货跌价准备，不确认预计负债；如果合同不存在标的资产（存货），企业应在满足确认条件时确认预计负债。

摘录于《〈企业会计准则第13号——或有事项〉解释》

第九条 企业不应当就未来经营亏损确认预计负债。

【解析13-10】不应就未来经营亏损确认预计负债

与或有事项相关的义务同时满足下列条件的，应当确认为预计负债：（1）该义务是企业承担的现时义务；（2）履行该义务很可能导致经济利益流出企业；（3）该义务的金额能够可靠计量。未来经营亏损不符合上述条件，不能确认为预计负债。

第十条 企业承担的重组义务满足本准则第四条规定的，应当确认预计负债。同时存在下列情况时，表明企业承担了重组义务：

（一）有详细、正式的重组计划，包括重组涉及的业务、主要地点、需要补偿的职工人数及其岗位性质、预计重组支出、计划实施时间等；

（二）该重组计划已对外公告。

重组，是指企业制定和控制的，将显著改变企业组织形式、经营范围或经营方式的计划实施行为。

【解析13-11】重组义务确认预计负债1

重组义务满足相应确认条件时，应确认为预计负债。

第十一条 企业应当按照与重组有关的直接支出确定预计负债金额。

直接支出不包括留用职工岗前培训、市场推广、新系统和营销网络投入等支出。

【解析 13-12】重组义务确认预计负债 2

本准则第十条规定，企业承担的重组义务满足规定条件的，应当确认为预计负债。

（一）重组事项

重组是指企业制定和控制的，将显著改变企业组织形式、经营范围或经营方式的计划实施行为。属于重组的事项主要包括：

1. 出售或终止企业的部分业务；

2. 对企业的组织结构进行较大调整；

3. 关闭企业的部分营业场所，或将营业活动由一个国家或地区迁移到其他国家或地区。

（二）重组与企业合并和债务重组的区别

重组通常是企业内部资源的调整和组合，谋求现有资产效能的最大化；企业合并是在不同企业之间的资本重组和规模扩张；债务重组是债权人对债务人作出让步，债务人减轻债务负担，债权人尽可能减少损失。

例如，某公司董事会决定关闭一个事业部。如果有关决定尚未传达到受影响的各方，也未采取任何措施实施该项决定，表明该公司没有承担重组义务，不应确认预计负债；如果有关决定已经传达到受影响的各方，各方预期公司将关闭该事业部，通常表明公司开始承担重组义务，同时满足预计负债确认条件的，应当确认预计负债。

摘录于《〈企业会计准则第 13 号——或有事项〉解释》

第十二条 企业应当在资产负债表日对预计负债的账面价值进行复核。有确凿证据表明该账面价值不能真实反映当前最佳估计数的，应当按照当前最佳估计数对该账面价值进行调整。

【解析 13-13】对预计负债账面价值的复核

企业应当在资产负债表日对预计负债的账面价值进行复核。有确凿证据表明该账面价值不能真实反映当前最佳估计数的，应当按照当前最佳估计数对该账面价值进行调整。

例如，某化工企业对环境造成了污染，按照当时的法律规定，只需要对污染进行清理。随着国家对环境保护越来越重视，按照现在的法律规定，该企业不但需要对污染进行清理，还很可能要对居民进行赔偿。这种法律要求的变化，会对企业预计负债的计量产生影响。企业应当在资产负债表日对为此确认的预计负债金额进行复核，相关因素发生变化表明预计负债金额不再能反映真实情况时，需要按照当前情况下企业清理和赔偿支出的最佳估计数对预计负债的账面价值进行相应的调整。

第十三条 企业不应当确认或有负债和或有资产。

或有负债，是指过去的交易或者事项形成的潜在义务，其存在须通过未来不确定事项的发生或不发生予以证实；或过去的交易或者事项形成的现时义务，履行该义务不是很可能导致经济利益流出企业或该义务的金额不能可靠计量。

或有资产，是指过去的交易或者事项形成的潜在资产，其存在须通过未来不确定事项的发生或不发生予以证实。

【解析 13-14】或有负债和或有资产的概念

或有负债，是指过去的交易或事项形成的潜在义务，其存在须通过未来不确定事项的发生或不发生予以证实；或过去的交易或事项形成的现时义务，履行该义务不是很可能导致经济利益流出企业或该义务的金额不能可靠计量。

或有负债涉及两类义务：一类是潜在义务；另一类是现时义务。其中，潜在义务是指结果取决于不确定未来事项的可能义务。也就是说，潜在义务最终是否转变为现时义务，由某些未来不确定事项的发生或不发生才能决定。现时义务是指企业在现行条件下已承担的义务，该现时义务的履行不是很可能导致经济利益流出企业，或者该现时义务的金额不能可靠地计量。例如，甲公司涉及一桩诉讼案，根据以往的审判案例推断，甲公司很可能要败诉。但法院尚未判决，甲公司无法根据经验判断未来将要承担多少赔偿金额，因此该现时义务的金额不能可靠地计量，该诉讼案件即形成一项甲公司的或有负债。

履行或有事项相关义务导致经济利益流出的可能性，通常按照一定的概率区间加以判断。一般情况下，发生的概率分为以下几个层次：基本确定、很可能、可能、极小可能。其中，“基本确定”是指，发生的可能性大于95%但小于100%；“很可能”是指，发生的可能性大于50%但小于或等于95%；“可能”是指，发生的可能性大于5%但小于或等于50%；“极小可能”是指，发生的可能性大于0但小于或等于5%。

或有资产，是指过去的交易或者事项形成的潜在资产，其存在须通过未来不确定事项的发生或不发生予以证实。或有资产作为一种潜在资产，其结果具有较大的不确定性，只有随着经济情况的变化，通过某些未来不确定事项的发生或不发生才能证实其是否会形成企业真正的资产。例如，甲企业向法院起诉乙企业侵犯了其专利权。法院尚未对该案件进行公开审理，甲企业是否胜诉尚难判断。对于甲企业而言，将来可能胜诉而获得的赔偿属于一项或有资产，但这项或有资产是否会转化为真正的资产，要由法院的判决结果确定。如果终审判决结果是甲企业胜诉，那么这项或有资产就转化为甲企业的一项资产。如果终审判决结果是甲企业败诉，那么或有资产就消失了，更不可能形成甲企业的资产。

或有负债和或有资产不符合负债或资产的定义和确认条件，企业不应当确认或有负债和或有资产，而应当进行相应的披露。但是，影响或有负债和或有资产的多种因素处于不断变化之中，企业应当持续地对这些因素予以关注。随着时间的推移和事态的进展，或有负债对应的潜在义务可能转化为现时义务，原本不是很可能导致经济利益流出的现时义务也可能被证实将很可能导致经济利益流出企业，并且现时义务的金额也能够可靠计量。这时或有负债就转化为企业的负债，应当予以确认。或有资产也是一样，其对应的潜在资产最终是否能够流入企业会逐渐变得明确，如果某一时点企业基本确定能够收到这项潜在资产并且其金额能够可靠计量，则应当将其确认为企业的资产。

第三章　披露

第十四条　企业应当在附注中披露与或有事项有关的下列信息：

（一）预计负债。

1. 预计负债的种类、形成原因以及经济利益流出不确定性的说明。

2. 各类预计负债的期初、期末余额和本期变动情况。

3. 与预计负债有关的预期补偿金额和本期已确认的预期补偿金额。

【解析 13-15】预计负债的列报

在资产负债表中，因或有事项而确认的负债（预计负债）应与其他负债项目区别开来，单独反映。如果企业因多项或有事项确认了预计负债，在资产负债表上一般只需通过“预计负债”项目进行总括反映。在将或有事项确认为负债的同时，应确认一项支出或费用。这项费用或支出在利润表中不应单列项目反映，而应与其他费用或支出项目（如“销售费用”“管理费用”“营业外支出”等）合并反映。比如，企业因产品质量保证确认负债时所确认的费用，在利润表中应作为“销售费用”的组成部分予以反映；又如，企业因对其他单位提供债务担保确认负债时所确认的费用，在利润表中应作为“营业外支出”的组成部分予以反映。

同时，为了使会计报表使用者获得充分、详细的有关或有事项的信息，企业应在会计报表附注中披露以下内容。

第一，预计负债的种类、形成原因以及经济利益流出不确定性的说明。

第二，各类预计负债的期初、期末余额和本期变动情况。

第三，与预计负债有关的预期补偿金额和本期已确认的预期补偿金额。

（二）或有负债（不包括极小可能导致经济利益流出企业的或有负债）。

1. 或有负债的种类及其形成原因，包括已贴现商业承兑汇票、未决诉讼、未决仲裁、对外提供担保等形成的或有负债。

2. 经济利益流出不确定性的说明。

3. 或有负债预计产生的财务影响，以及获得补偿的可能性；无法预计的，应当说明原因。

（三）企业通常不应当披露或有资产。但或有资产很可能会给企业带来经济利益的，应当披露其形成的原因、预计产生的财务影响等。

第十五条 在涉及未决诉讼、未决仲裁的情况下，按照本准则第十四条披露全部或部分信息预期对企业造成重大不利影响的，企业无须披露这些信息，但应当披露该未决诉讼、未决仲裁的性质，以及没有披露这些信息的事实和原因。

【解析 13-16】或有负债和或有资产的披露

或有负债无论作为潜在义务还是现时义务，均不符合负债的确认条件，因而不予确认。但是，除非或有负债极小可能导致经济利益流出企业，否则企业应当在附注中披露有关信息，具体包括以下内容。

第一，或有负债的种类及其形成原因，包括已贴现商业承兑汇票、未决诉讼、未决仲裁、对外提供担保等形成的或有负债。

第二，经济利益流出不确定性的说明。

第三，或有负债预计产生的财务影响，以及获得补偿的可能性；无法预计的，应当说明原因。

需要注意的是，在涉及未决诉讼、未决仲裁的情况下，如果披露全部或部分信息预期会对企业造成重大不利影响，企业无须披露这些信息，但应当披露该未决诉讼、未决仲裁的性质，以及没有披露这些信息的事实和原因。

或有资产作为一种潜在资产，不符合资产确认的条件，因而不予确认。企业通常不应当披露或有资产，但或有资产很可能会给企业带来经济利益的，应当披露其形成的原因、预计产生的财务影响等。

企业会计准则第14号——收入

为了适应社会主义市场经济发展需要，规范收入的会计处理，提高会计信息质量，根据《企业会计准则——基本准则》，财政部对《企业会计准则第14号——收入》进行了修订。在境内外同时上市的企业以及在境外上市并采用国际财务报告准则或企业会计准则编制财务报表的企业，自2018年1月1日起施行；其他境内上市企业，自2020年1月1日起施行；执行企业会计准则的非上市企业，自2021年1月1日起施行。同时，允许企业提前执行。执行本准则的企业，不再执行财政部于2006年2月15日印发的《财政部关于印发〈企业会计准则第1号——存货〉等38项具体准则的通知》（财会〔2006〕3号）中的《企业会计准则第14号——收入》和《企业会计准则第15号——建造合同》，以及财政部于2006年10月30日印发的《财政部关于印发〈企业会计准则——应用指南〉的通知》（财会〔2006〕18号）中的《〈企业会计准则第14号——收入〉应用指南》。

第一章　总则

第一条　为了规范收入的确认、计量和相关信息的披露，根据《企业会计准则——基本准则》，制定本准则。

【解析14-1】《企业会计准则——基本准则》

《企业会计准则——基本准则》是制定会计准则应当遵循的基本法则。

第二条　收入，是指企业在日常活动中形成的、会导致所有者权益增加的、与所有者投入资本无关的经济利益的总流入。

【解析14-2】收入的定义及其分类

收入是指企业在日常活动中形成的、会导致所有者权益增加的、与所有者投入资本无关的经济利益的总流入。其中，日常活动是指企业为完成其经营目标所从事的经常性活动以及与之相关的其他活动。工业企业制造并销售产品、商品流通企业销售商品、咨询公司提供咨询服务、软件公司为客户开发软件、安装公司提供安装服务、建筑企业提供建造服务等，均属于企业的日常活动。企业按照本准则确认收入的方式应当反映其向客户转让商品（或提供服务，以下简称转让商品）的模式，收入的金额应当反映企业因转让这些商品（或服务，以下简称商品）而预期有权收取的对价金额。

本准则不涉及企业对外出租资产收取的租金、进行债权投资收取的利息、进行股权投资取得的现金股利、保险合同取得的保费收入等。企业以存货换取客户的存货、固定资产、无形资产以及长期股权投资等，按照本准则进行会计处理；其他非货币性资产交换，按照非货币性资产交换的规定进行会计处理。企业处置固定资产、无形资产等的，在确定处置时点以及计量处置损益时，按照本准则的有关规定进行处理。

第三条 本准则适用于所有与客户之间的合同，但下列各项除外：

（一）由《企业会计准则第 2 号——长期股权投资》《企业会计准则第 22 号——金融工具确认和计量》《企业会计准则第 23 号——金融资产转移》《企业会计准则第 24 号——套期会计》《企业会计准则第 33 号——合并财务报表》及《企业会计准则第 40 号——合营安排》规范的金融工具及其他合同权利和义务，分别适用《企业会计准则第 2 号——长期股权投资》《企业会计准则第 22 号——金融工具确认和计量》《企业会计准则第 23 号——金融资产转移》《企业会计准则第 24 号——套期会计》《企业会计准则第 33 号——合并财务报表》及《企业会计准则第 40 号——合营安排》。

（二）由《企业会计准则第 21 号——租赁》规范的租赁合同，适用《企业会计准则第 21 号——租赁》。

（三）由保险合同相关会计准则规范的保险合同，适用保险合同相关会计准则。

本准则所称客户，是指与企业订立合同以向该企业购买其日常活动产出的商品或服务（以下简称“商品”）并支付对价的一方。

本准则所称合同，是指双方或多方之间订立有法律约束力的权利义务的协议。合同有书面形式、口头形式以及其他形式。

【解析 14-3】收入准则的适用范围

本准则适用于所有与客户之间的合同，但下列各项除外：一是由《企业会计准则第 2 号——长期股权投资》《企业会计准则第 22 号——金融工具确认和计量》《企业会计准则第 23 号——金融资产转移》《企业会计准则第 24 号——套期会计》《企业会计准则第 33 号——合并财务报表》以及《企业会计准则第 40 号——合营安排》规范的金融工具及其他合同权利和义务，分别适用上述相应准则；二是由《企业会计准则第 21 号——租赁》规范的租赁合同，适用《企业会计准则第 21 号——租赁》；三是由保险合同相关会计准则规范的保险合同，适用保险合同相关会计准则。根据上述规定，企业对外出租资产收取的租金、进行债权投资收取的利息、进行股权投资取得的现金股利等，不适用本准则。企业以存货换取客户的存货、固定资产、无形资产等，按照本准则的规定进行会计处理；其他非货币性资产交换，按照《企业会计准则第 7 号——非货币性资产交换》的规定进行会计处理。企业处置固定资产、无形资产等，在确定处置时点以及计量处置损益时，按照本准则的有关规定进行处理。

本准则所称客户，是指与企业订立合同以向该企业购买其日常活动产出的商品并支付对价的一方。如果合同对方与企业订立合同的目的是共同参与一项活动（如合作开发一项资产），合同对方和企业一起分担（或分享）该活动产生的风险（或收益），而不是获取企业日常活动产出的商品，则该合同对方不是企业的客户，企业与其签订的该份合同也不属于本准则规范范围。

此外，当企业与客户之间的合同部分属于本准则规范范围，而其他部分属于上述其他企业会计准则规范范围时，如果上述其他企业会计准则明确规定了如何对合同中的一个或多个组成部分进行区分或初始计量，企业应当首先按照这些规定进行处理，并将按照上述其他准则进行初始计量的合同组成部分的金额排除在本准则规定的交易价格之外；否则，企业应当按照本准则对合同中的一个或多个组成部分进行区分和初始计量。

摘录于《〈企业会计准则第 14 号——收入〉应用指南》

第二章 确认

第四条 企业应当在履行了合同中的履约义务，即在客户取得相关商品控制权时确认收入。

取得相关商品控制权，是指能够主导该商品的使用并从中获得几乎全部的经济利益。

【解析 14-4】商品控制权的取得

企业在判断是否形成收入时，首先要对客户是否取得相关商品控制权进行判断，否则，不能确认收入。

第五条 当企业与客户之间的合同同时满足下列条件时，企业应当在客户取得相关商品控制权时确认收入：

（一）合同各方已批准该合同并承诺将履行各自义务；

（二）该合同明确了合同各方与所转让商品或提供劳务（以下简称“转让商品”）相关的权利和义务；

（三）该合同有明确的与所转让商品相关的支付条款；

（四）该合同具有商业实质，即履行该合同将改变企业未来现金流量的风险、时间分布或金额；

（五）企业因向客户转让商品而有权取得的对价很可能收回。

在合同开始日即满足前款条件的合同，企业在后续期间无需对其进行重新评估，除非有迹象表明相关事实和情况发生重大变化。合同开始日通常是指合同生效日。

【解析 14-5】收入确认的原则

企业应当在履行了合同中的履约义务，即在客户取得相关商品控制权时确认收入。取得相关商品控制权，是指能够主导该商品的使用并从中获得几乎全部的经济利益，也包括有能力阻止其他方主导该商品的使用并从中获得经济利益。取得商品控制权包括以下 3 个要素。

一是能力，即客户必须拥有现时权利，能够主导该商品的使用并从中获得几乎全部经济利益。如果客户只能在未来的某一期间主导该商品的使用并从中获益，则表明其尚未取得该商品的控制权。

二是主导该商品的使用。客户有能力主导该商品的使用，是指客户有权使用该商品，或者能够允许或阻止其他方使用该商品。

三是能够获得几乎全部的经济利益。商品的经济利益，是指该商品的潜在现金流量，既包括现金流入的增加，也包括现金流出的减少。客户可以通过很多方式直接或间接地获得商品的经济利益，例如使用、消耗、出售或持有该商品、使用该商品提升其他资产的价值，以及将该商品用于清偿债务、支付费用或抵押等。

【解析 14-6】收入确认的前提条件

企业与客户之间的合同同时满足下列条件的，企业应当在客户取得相关商品控制权时确认收入：（1）合同各方已批准该合同并承诺将履行各自义务；（2）该合同明确了合同各方与所转让的商品（或提供的服务，以下简称转让的商品）相关的权利和义务；（3）该合同有明确的与所转让的商品相关的支付条款；（4）该合同具有商业实质，即履行该合同将改变企业未来现金流量的风险、时间分布或金额；（5）企业因向客户转让商品而有权取得的对价很可能收回。在进行上述判断时，需要注意以下 3 点。

一是合同约定的权利和义务是否具有法律约束力，需要根据企业所处的法律环境和实务操作进行判断，包括合同订立的方式和流程、具有法律约束力的权利和义务的时间等。对于合同各方均有权单方面终止完全未执行的合同，且无需对合同其他方作出补偿的，企业应当视为该合同不存在。其中，完全未执行的合同，是指企业尚未向客户转让任何合同中承诺的商品，也尚未收取且尚未有权收取已承诺商品的任何对价的合同。

二是合同具有商业实质，是指履行该合同将改变企业未来现金流量的风险、时间分布或金额。关于商业实质，应按照非货币性资产交换中有关商业实质说明进行判断。

三是企业在评估其因向客户转让商品而有权取得的对价是否很可能收回时，仅应考虑客户到期时支付对价的能力和意图（即客户的信用风险）。企业在进行判断时，应当考虑是否存在价格折让。存在价格折让的，应当在估计交易价格时进行考虑。企业预期很可能无法收回全部合同对价时，应当判断其原因是客户的信用风险还是企业向客户提供了价格折让所致。

实务中，企业可能存在一组类似的合同，企业在对该组合同中的每一份合同进行评估时，均认为其合同对价很可能收回，但是根据历史经验，企业预计可能无法收回该组合同的全部对价。在这种情况下，企业应当认为这些合同满足“因向客户转让商品而有权取得的对价很可能收回”这一条件，并以此为基础估计交易价格。与此同时，企业应当考虑这些合同下确认的合同资产或应收款项是否存在减值。

【例 14-1】收入确认的条件

甲房地产开发公司（以下简称“甲公司”）与乙公司签订合同，向其销售一栋建筑物，合同价款为 100 万元。该建筑物的成本为 60 万元，乙公司在合同开始日即取得了该建筑物的控制权。根据合同约定，乙公司在合同开始日支付了 5% 的保证金 5 万元，并就剩余 95% 的价款与甲公司签订了不附追索权的长期融资协议，如果乙公司违约，甲公司可重新拥有该建筑物，即使收回的建筑物不能涵盖所欠款项的总额，甲公司也不能向乙公司索取进一步的赔偿。乙公司计划在该建筑物内开设一家餐馆。在该建筑物所在的地区，餐饮行业有着激烈的竞争，但乙公司缺乏餐饮行业的经营经验。

本例中，乙公司计划以该餐馆产生的收益偿还甲公司的欠款，除此之外并无其他的经济来源，乙公司也未对该笔欠款设定任何担保。如果乙公司违约，甲公司虽然可重新拥有该建筑物，但即使收回的建筑物不能涵盖所欠款项的总额，甲公司也不能向乙公司索取进一步的赔偿。因此，甲公司对乙公司还款的能力和意图存在疑虑，认为该合同不满足合同价款很可能收回的条件。甲公司应当将收到的 5 万元确认为一项负债。

对于不能同时满足上述收入确认的 5 个条件的合同，企业只有在不再负有向客户转让商品的剩余义务（例如，合同已完成或取消），且已向客户收取的对价（包括全部或部分对价）无须退回时，才能将已收取的对价确认为收入；否则，应当将已收取的对价作为负债进行会计处理。其中，企业向客户收取无须退回的对价的，应当在已经将该部分对价所对应的商品的控制权转移给客户，并且已不再向客户转让额外的商品且不再负有此类义务时，将该部分对价确认为收入；或者，在相关合同已经终止时，将该部分对价确认为收入。

对于在合同开始日即满足上述收入确认条件的合同，企业在后续期间无须对其进行重新评估，除非有迹象表明相关事实和情况发生重大变化。对于不满足上述收入确认条件的合同，企业应当在后续期间对其进行持续评估，以判断其能否满足这些条件。企业如果在合同满足相关条件之前已经向客户转移了部分商品，当该合同在后续期间满足相关条件时，企业应当将在此之前已经转移的商品所分摊的交易价格确认为收入。通常情况下，合同开始日，是指合同开始赋予合同各方具有法律约束力的权利和义务的日期，即合同生效日。

需要说明的是，没有商业实质的非货币性资产交换，无论何时，均不应确认收入。从事相同业务经营的企业之间，为便于向客户或潜在客户销售而进行的非货币性资产交换（例如，两家石油公司之间相互交换石油，以便及时满足各自不同地点客户的需求），不应确认收入。

【例 14-2】收入确认的前提

甲公司与乙公司签订合同，将一项专利技术授权给乙公司使用，并按其使用情况收取特许权使用费。甲公司评估认为，该合同在合同开始日满足合同确认收入的 5 个条件。该专利技术在合同开始日即授权给乙公司使用。在合同开始日后的第 1 年内，乙公司每季度向甲公司提供该专利技术的使用情况报告，并在约定的期间内支付特许权使用费。在合同开始日后的第 2 年内，乙公司继续使用该专利技术，但是乙公司的财务状况下滑，融资能力下降，可用现金不足，因此，乙公司仅按合同支付了当年第 1 季度的特许权使用费，而后 3 个季度仅按名义金额付款。在合同开始日后的第 3 年内，乙公司继续使用甲公司的专利技术，但是，甲公司得知，乙公司已经完全丧失了融资能力，且流失了大部分客户，因此，乙公司的付款能力进一步恶化，信用风险显著升高。

本例中，该合同在合同开始日满足收入确认的前提条件，因此，甲公司在乙公司使用该专利技术的行为发生时，按照约定的特许权使用费确认收入。合同开始日后的第 2 年，由于乙公司的信用风险升高，甲公司在确认收入的同时，按照金融资产减值的要求对乙公司的应收款项进行减值测试。合同开始日后的第 3 年，乙公司的财务状况恶化，信用风险显著升高，甲公司对该合同进行了重新评估，认为“企业因向客户转让商品而有权取得的对价很可能收回”这一条件不再满足，因此，甲公司不再确认特许权使用费收入，同时对现有应收款项是否发生减值继续进行评估。

本准则有关企业与客户之间合同的会计处理是以单个合同为基础，为了便于实务操作，企业可以将本准则要求应用于具有类似特征的合同组合，前提是企业能够合理预计，在该组合层面或者在该组合中的每一个合同层面应用本准则进行会计处理，将不会对企业的财务报表产生显著不同的影响。对于具有类似特征的合同组合，企业也可以在确定退货率、坏账率、合同存续期间等方面运用组合法进行估计。

企业与同一客户（或该客户的关联方）同时订立或在相近时间内先后订立的两份或多份合同，在满足下列条件之一时，应当合并为一份合同进行会计处理：（1）该两份或多份合同基于同一商业目的而订立并构成一揽子交易，如一份合同在不考虑另一份合同的对价的情况下将会发生亏损；（2）该两份或多份合同中的一份合同的对价金额取决于其他合同的定价或履行情况，如一份合同如果发生违约，将会影响另一份合同的对价金额；（3）该两份或多份合同中所承诺的商品（或每份合同中所承诺的部分商品）构成本准则后文所述的单项履约义务。两份或多份合同合并为一份合同进行会计处理的，仍然需要区分该一份合同中包含的各单项履约义务。

【解析 14–7】合同的含义

本准则所称合同，是指双方或多方之间订立有法律约束力的权利义务的协议。合同的形式包括书面形式、口头形式以及其他形式（如隐含于商业惯例或企业以往的习惯做法中等）。企业与客户之间的合同同时满足下列 5 项条件的，企业应当在履行了合同中的履约义务，即在客户取得相关商品控制权时确认收入：一是合同各方已批准该合同并承诺将履行各自义务；二是该合同明确了合同各方与所转让商品相关的权利和义务；三是该合同有明确的与所转让商品相关的支付条款；四是该合同具有商业实质，即履行该合同将改变企业未来现金流量的风险、时间分布或金额；五是企业因向客户转让商品而有权取得的对价很可能收回。企业在进行上述判断时，需要注意下列 3 点。

① 合同约定的权利和义务是否具有法律约束力，需要根据企业所处的法律环境和实务操作进行判断。不同的企业可能采取不同的方式和流程与客户订立合同，同一企业在与客户订立合同时，对于不同类别的客户以及不同性质的商品也可能采取不同的方式和流程。企业在判断其与客户之间的合同是否具有法律约束力，以及这些具有法律约束力的权利和义务在何时设立时，应当考虑上述因素的影响。合同各方均有权单方面终止完全未执行的合同，且无需对合同其他方作出补偿的，在应用本准则时，该合同应当被视为不存在。其中，完全未执行的合同，是指企业尚未向客户转让任何合同中承诺的商品，也尚未收取且尚未有权收取已承诺商品的任何对价的合同。

② 合同具有商业实质，是指履行该合同将改变企业未来现金流量的风险、时间分布或金额。关于商业实质，应按照《企业会计准则第 7 号——非货币性资产交换》的有关规定进行判断。

③ 企业在评估其因向客户转让商品而有权取得的对价是否很可能收回时，仅应考虑客户到期时支付对价的能力和意图（即客户的信用风险）。当对价是可变对价时，由于企业可能会向客户提供价格折让，企业有权收取的对价金额可能会低于合同标价。企业向客户提供价格折让的，应当在估计交易价格时进行考虑。

实务中，企业在对合同组合中的每一份合同进行评估时，均认为其合同对价很可能收回，但是，根据历史经验，企业预计可能无法收回该合同组合中的全部对价。此时，企业应当认为这些合同满足"因向客户转让商品而有权取得的对价很可能收回"这一条件，并以此为基础估计交易价格。同时，企业应当考虑这些合同下确认的合同资产或应收款项是否存在减值。

对于不符合本准则第五条规定的5项条件的合同，企业只有在不再负有向客户转让商品的剩余义务（例如，合同已完成或取消），且已向客户收取的对价（包括全部或部分对价）无需退回时，才能将已收取的对价确认为收入；否则，应当将已收取的对价作为负债进行会计处理，该负债代表了企业在未来向客户转让商品或者支付退款的义务。其中，企业向客户收取无需退回的对价的，应当在已经将该部分对价所对应的商品的控制权转移给客户，并且已经停止向客户转让额外的商品，也不再负有此类义务时；或者，相关合同已经终止时，将该部分对价确认为收入。

需要说明的是，没有商业实质的非货币性资产交换，无论何时，均不应确认收入。从事相同业务经营的企业之间，为便于向客户或潜在客户销售而进行的非货币性资产交换（例如，两家石油公司之间相互交换石油，以便及时满足各自不同地点客户的需求），不应当确认收入。

摘录于《〈企业会计准则第14号——收入〉应用指南》

第六条 在合同开始日不符合本准则第五条规定的合同，企业应当对其进行持续评估，并在其满足本准则第五条规定时按照该条的规定进行会计处理。

对于不符合本准则第五条规定的合同，企业只有在不再负有向客户转让商品的剩余义务，且已向客户收取的对价无需退回时，才能将已收取的对价确认为收入；否则，应当将已收取的对价作为负债进行会计处理。没有商业实质的非货币性资产交换，不确认收入。

【解析14-8】合同的持续评估

企业与客户之间的合同，在合同开始日即满足本准则第五条规定的五项条件的，企业在后续期间无须对其进行重新评估，除非有迹象表明相关事实和情况发生重大变化。合同开始日，是指合同开始赋予合同各方具有法律约束力的权利和义务的日期，通常是指合同生效日。例如，企业与客户签订一份合同，在合同开始日，企业认为该合同满足本准则第五条规定的5项条件。但是，在后续期间，客户的信用风险显著升高，企业需要评估其在未来向客户转让剩余商品而有权取得的对价是否很可能收回。如果不能满足很可能收回的条件，则该合同自此开始不再满足本准则第五条规定的相关条件，应当停止确认收入，并且只有当后续合同条件再度满足时或者当企业不再负有向客户转让商品的剩余义务，且已向客户收取的对价无须退回时，才能将已收取的对价确认为收入，但是，不应当调整在此之前已经确认的收入。

企业与客户之间的合同，不符合本准则第五条规定的5项条件的，企业应当在后续期间对其进行持续评估，判断其能否满足本准则规定的5项条件。如果企业在此之前已经向客户转移了部分商品，当该合同在后续期间满足5项条件时，企业应当将在此之前已经转移的商品所分摊的交易价格确认为收入。

摘录于《〈企业会计准则第 14 号——收入〉应用指南》

【解析 14-9】合同存续期间的确定

合同存续期间是合同各方拥有现时可执行的具有法律约束力的权利和义务的期间。实务中，有些合同可能有固定的期间，有些合同则可能没有（如无固定期间且合同各方可随时要求终止或变更的合同、定期自动续约的合同等）。企业应当确定合同存续期间，并在该期间内按照本准则规定对合同进行会计处理。

在确定合同存续期间时，无论该合同是否有明确约定的合同期间，该合同的存续期间都不会超过已经提供的商品所涵盖的期间；当合同约定任何一方在某一特定期间之后才可以随时无代价地终止合同时，该合同的存续期间不会超过该特定期间；当合同约定任何一方均可以提前终止合同，但要求终止合同的一方需要向另一方支付重大的违约金时，合同存续期间很可能与合同约定的期间一致，这是因为该重大的违约金实质上使得合同双方在合同约定的整个期间内均具有法律约束力的权利和义务；当只有客户拥有无条件终止合同的权利时，客户的该项权利才会被视为客户拥有的一项续约选择权，重大的续约选择权应当作为单项履约义务进行会计处理。

摘录于《〈企业会计准则第 14 号——收入〉应用指南》

第七条 企业与同一客户（或该客户的关联方）同时订立或在相近时间内先后订立的两份或多份合同，在满足下列条件之一时，应当合并为一份合同进行会计处理：

（一）该两份或多份合同基于同一商业目的而订立并构成一揽子交易。

（二）该两份或多份合同中的一份合同的对价金额取决于其他合同的定价或履行情况。

（三）该两份或多份合同中所承诺的商品（或每份合同中所承诺的部分商品）构成本准则第九条规定的单项履约义务。

【解析 14-10】合同合并的概念

企业与同一客户（或该客户的关联方）同时订立或在相近时间内先后订立的两份或多份合同，在满足下列条件之一时，应当合并为一份合同进行会计处理：（1）该两份或多份合同基于同一商业目的而订立并构成一揽子交易，如一份合同在不考虑另一份合同的对价的情况下将会发生亏损；（2）该两份或多份合同中的一份合同的对价金额取决于其他合同的定价或履行情况，如一份合同如果发生违约，将会影响另一份合同的对价金额；（3）该两份或多份合同中所承诺的商品（或每份合同中所承诺的部分商品）构成本准则第九条规定的单项履约义务。两份或多份合同合并为一份合同进行会计处理的，仍然需要区分该一份合同中包含的各单项履约义务。

摘录于《〈企业会计准则第 14 号——收入〉应用指南》

第八条 企业应当区分下列三种情形对合同变更分别进行会计处理：

（一）合同变更增加了可明确区分的商品及合同价款，且新增合同价款反映了新增商品单独售价的，应当将该合同变更部分作为一份单独的合同进行会计处理。

（二）合同变更不属于本条（一）规定的情形，且在合同变更日已转让的商品或已提供的服务（以下简称“已转让的商品”）与未转让的商品或未提供的服务（以下简称“未转让的商品”）之间可明确区分的，应当视为原合同终止，同时，将原合同未履约部分与合同变更部分合并为新合同进行会计处理。

（三）合同变更不属于本条（一）规定的情形，且在合同变更日已转让的商品与未转让的商品之间不可明确区分的，应当将该合同变更部分作为原合同的组成部分进行会计处理，由此产生的对已确认收入的影响，应当在合同变更日调整当期收入。

本准则所称合同变更，是指经合同各方批准对原合同范围或价格作出的变更。

【解析 14-11】合同变更

合同变更是指经合同各方批准对原合同范围或价格作出的变更。合同变更既可能形成新的具有法律约束力的权利和义务，也可能是变更了合同各方现有的具有法律约束力的权利和义务。与合同初始订立时相同，合同各方可能以书面形式、口头形式或其他形式（如隐含于企业以往的习惯做法中）批准合同变更。

某些情况下，合同各方对于合同范围或价格的变更还存在争议，或者合同各方已批准合同范围的变更，但尚未确定相应的价格变动，企业应当考虑包括合同条款及其他证据在内的所有相关事实和情况，以确定该变更是否形成了新的有法律约束力的权利和义务，或者变更了现有的有法律约束力的权利和义务。合同各方已批准合同范围变更，但尚未确定相应价格变动的，企业应当按照本准则有关可变对价的规定对合同变更所导致的交易价格变动进行估计。

企业应当区分下列 3 种情形对合同变更分别进行会计处理。

（1）合同变更部分作为单独合同。合同变更增加了可明确区分的商品及合同价款，且新增合同价款反映了新增商品单独售价的，应当将该合同变更部分作为一份单独的合同进行会计处理。此类合同变更不影响原合同的会计处理。

判断新增合同价款是否反映了新增商品的单独售价时，应当考虑为反映该特定合同的具体情况而对新增商品价格所做的适当调整。例如，在合同变更时，企业由于无须发生为发展新客户等所需发生的相关销售费用，可能会向客户提供一定的折扣，从而适当调整新增商品的单独售价，该调整不影响新增商品单独售价的判断。

（2）合同变更作为原合同终止及新合同订立。合同变更不属于上述第（1）种情形，且在合同变更日已转让的商品或已提供的服务（以下简称“已转让的商品”）与未转让的商品或未提供的服务（以下简称“未转让的商品”）之间可明确区分的，应当视为原合同终止，同时，将原合同未履约部分与合同变更部分合并为新合同进行会计处理。

未转让的商品既包括原合同中尚未转让的商品，也包括合同变更新增的商品。新合同的交易价格应当为下列两项金额之和：一是原合同交易价格中尚未确认为收入的部分（包括已向客户收取的金额）；二是合同变更中客户已承诺的对价金额。

【例 14-3】合同变更的处理

A 公司与客户签订合同，每周为客户的办公楼提供保洁服务，合同期限为 3 年，客户每年向 A 公司支付服务费 10 万元（假定该价格反映了合同开始日该项服务的单独售价）。在第 2 年年末，合同双方对合同进行了变更，将第 3 年的服务费调整为 8 万元（假定该价格反映了合同变更日该项服务的单独售价），同时以 20 万元的价格将合同期限延长 3 年（假定该价格不反映合同变更日该 3 年服务的单独售价），即每年的服务费为 6.67 万元，于每年年初支付。上述价格均不包含增值税。

本例中，在合同开始日，A 公司认为其每周为客户提供的保洁服务是可明确区分的，但 A 公司向客户转让的是一系列实质相同且转让模式相同的、可明确区分的服务，因此将其作为单项履约义务（见后文所述）。在合同开始的前两年，即合同变更之前，A 公司每年确认收入 10 万元。在合同变更日，由于新增的 3 年保洁服务的价格不能反映该项服务在合同变更时的单独售价，该合同变更不能作为单独的合同进行会计处理，由于在剩余合同期间需提供的服务与已提供的服务是可明确区分的，A 公司应当将该合同变更作为原合同终止，同时，将原合同中未履约的部分与合同变更合并为一份新合同进行会计处理。该新合同的合同期限为 4 年，对价为 28 万元，即原合同下尚未确认收入的对价 8 万元与新增的 3 年服务合同相应的对价 20 万元之和，新合同中 A 公司每年确认的收入为 7 万元（28÷4）。

（3）合同变更部分作为原合同的组成部分。合同变更不属于上述第（1）种情形，且在合同变更日已转让的商品与未转让的商品之间不可明确区分的，应当将该合同变更部分作为原合同的组成部分，在合同变更日重新计算履约进度，并调整当期收入和相应成本等。

如果在合同变更日未转让的商品为上述第（2）种和第（3）种情形的组合，企业应当分别相应按照上述第（2）种或第（3）种情形的方式对合同变更后尚未转让（或部分未转让）的商品进行会计处理。

综上所述，判断合同变更的会计处理步骤如图 14-1 所示。

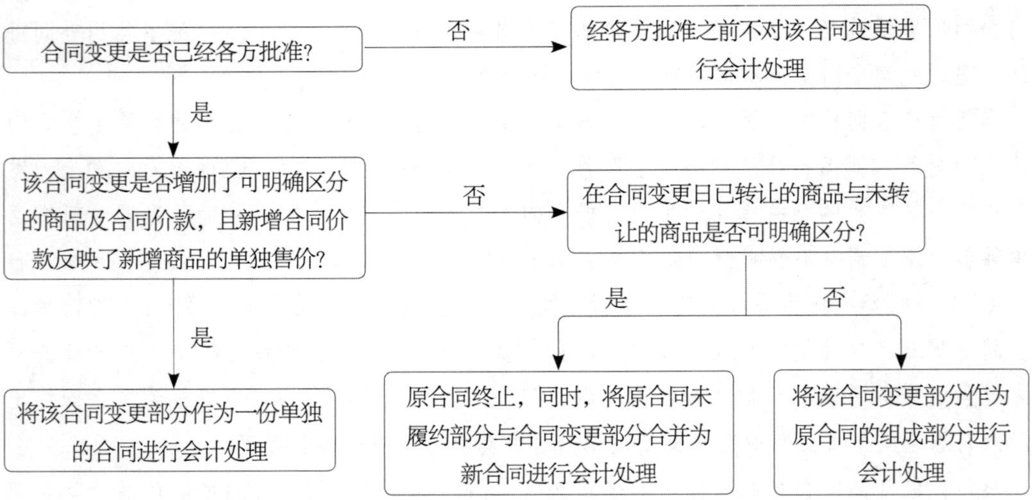

图 14-1　判断合同变更的会计处理步骤

【例 14-4】合同变更的会计处理

20×7 年 1 月 15 日，乙建筑公司（以下简称乙公司）和客户签订了一项总金额为 1 000 万元的固定造价合同，在客户自有土地上建造一幢办公楼，预计合同总成本为 700 万元。假定该建造服务属于在某一时段内履行的履约义务，并根据累计发生的合同成本占合同预计总成本的比例确定履约进度。

截至 20×7 年年末，乙公司累计已发生成本 420 万元，履约进度为 60%（420÷700）。因此，乙公司在 20×7 年确认收入 600 万元（1 000×60%）。

20×8 年初，合同双方同意更改该办公楼屋顶的设计，合同价格和预计总成本因此分别增加 200 万元和 120 万元。

在本例中，合同变更后拟提供的剩余服务与在合同变更日或之前已提供的服务不可明确区分（即该合同仍为单项履约义务），因此，乙公司应当将合同变更作为原合同的组成部分进行会计处理。合同变更后的交易价格为 1 200 万元（1 000+200），乙公司重新估计的履约进度为 51.2%[420÷（700+120）]，乙公司在合同变更日应额外确认收入 14.4 万元（51.2%×1 200-600）。

如果在合同变更日未转让商品为上述第（2）种和第（3）种情形的组合，企业应当按照上述第（2）种或第（3）种情形中更为恰当的一种方式对合同变更后尚未转让（或部分未转让）商品进行会计处理。

摘录于《〈企业会计准则第 14 号——收入〉应用指南》

第九条　合同开始日，企业应当对合同进行评估，识别该合同所包含的各单项履约义务，并确定各单项履约义务是在某一时段内履行，还是在某一时点履行，然后，在履行了各单项履约义务时分别确认收入。

履约义务，是指合同中企业向客户转让可明确区分商品的承诺。履约义务既包括合同中明确的承诺，也包括由于企业已公开宣布的政策、特定声明或以往的习惯做法等导致合同订立时客户合理预期企业将履行的承诺。企业为履行合同而应开展的初始活动，通常不构成履约义务，除非该活动向客户转让了承诺的商品。

企业向客户转让一系列实质相同且转让模式相同的、可明确区分商品的承诺，也应当作为单项履约义务。

转让模式相同，是指每一项可明确区分商品均满足本准则第十一条规定的、在某一时段内履行履约义务的条件，且采用相同方法确定其履约进度。

【解析 14-12】单项履约义务的定义

履约义务，是指合同中企业向客户转让可明确区分商品的承诺。

企业为履行合同而应开展的初始活动，通常不构成履约义务，除非该活动向客户转让了承诺的商品。

第十条　企业向客户承诺的商品同时满足下列条件的，应当作为可明确区分商品：

（一）客户能够从该商品本身或从该商品与其他易于获得资源一起使用中受益；

（二）企业向客户转让该商品的承诺与合同中其他承诺可单独区分。

下列情形通常表明企业向客户转让该商品的承诺与合同中其他承诺不可单独区分：

1. 企业需提供重大的服务以将该商品与合同中承诺的其他商品整合成合同约定的组合产出转让给客户。

2. 该商品将对合同中承诺的其他商品予以重大修改或定制。

3. 该商品与合同中承诺的其他商品具有高度关联性。

【解析 14-13】合同中的单项履约义务的识别

合同开始日，企业应当对合同进行评估，识别该合同所包含的各单项履约义务，并确定各单项履约义务是在某一时段内履行，还是在某一时点履行，然后，在履行了各单项履约义务时分别确认收入。履约义务，是指合同中企业向客户转让可明确区分商品的承诺。下列情况下，企业应当将向客户转让商品的承诺作为单项履约义务：一是企业向客户转让可明确区分商品（或者商品的组合）的承诺；二是企业向客户转让一系列实质相同且转让模式相同的、可明确区分商品的承诺。

企业承诺向客户转让的商品通常会在合同中明确约定，然而，在某些情况下，虽然合同中没有明确约定，但是企业已公开宣布的政策、特定声明或以往的习惯做法等可能隐含了企业将向客户转让额外商品的承诺。这些隐含的承诺不一定具有法律约束力，但是，如果在合同订立时，客户根据这些隐含的承诺能够对企业将向其转让某项商品形成合理的预期，则企业在识别合同中所包含的单项履约义务时，应当考虑此类隐含的承诺。例如，企业向客户销售商品，虽然合同没有约定，但是，企业在其宣传广告中宣称，对于购买该商品的客户，企业将为其提供为期 5 年的免费保养服务，如果该广告使客户对于企业提供的保养服务形成合理预期，企业应当考虑该项服务是否构成单项履约义务；又如，企业向客户销售软件，根据企业以往的习惯做法，企业会向客户提供免费的升级服务，如果该习惯做法使得客户对于企业提供的软件升级服务形成合理预期，则企业应当考虑该项服务是否构成单项履约义务。这里的客户既包括直接购买本企业商品的客户，也包括向客户购买本企业商品的第三方，即“客户的客户”，也就是说，企业需要评估其对于客户的客户所做的承诺是否构成单项履约义务，并进行相应的会计处理。

企业为履行合同而应开展的初始活动，通常不构成履约义务，除非该活动向客户转让了承诺的商品。实务中，企业可能会为订立合同而开展一些行政管理性质的准备工作，这些准备工作并未向客户转让任何承诺的商品，因此，不构成单项履约义务。例如，某俱乐部为注册会员建立档案，该活动并未向会员转让承诺的商品，因此不构成单项履约义务。

在识别合同中的单项履约义务时，如果合同承诺的某项商品不可明确区分，企业应当将该商品与合同中承诺的其他商品进行组合，直到该组合满足可明确区分的条件。某些情况下，合同中承诺的所有商品组合在一起构成单项履约义务。

1. 可明确区分的商品。

实务中，企业向客户承诺的商品可能包括企业为销售而生产的产品、为转售而购进的商品或使用某商品的权利（如机票等）、向客户提供的各种服务、随时准备向客户提供商品或提供随时可供客户使用的服务（如随时准备为客户提供软件更新服务等）、安排他人向客户提供商品、授权使用许可、可购买额外商品的选择权等。其中，企业随时准备向客户提供商品，是指企业保证客户在其需要时能够随时取得相关商品，而不一定是所提供的每一件具体商品或每一次具体服务本身。例如，健身俱乐部随时可供会员健身，其提供的是随时准备在会员需要时向其提供健身服务的承诺，而并非每一次具体的健身服务。企业向客户承诺的商品同时满足下列两项条件的，应当作为可明确区分的商品。

（1）客户能够从该商品本身或从该商品与其他易于获得资源一起使用中受益，即该商品本身能够明确区分。当客户能够使用、消耗或以高于残值的价格出售商品，或者以能够产生经济利益的其他方式持有商品时，表明客户能够从该商品本身获益。对于某些商品而言，客户可以从该商品本身获益，而对于另一些商品而言，客户可能需要将其与其他易于获得的资源一起使用才能从中获益。其他易于获得的资源，是指企业（或其他企业）单独销售的商品，或者客户已经从企业获得的资源（包括企业按照合同将会转让给客户的商品）或从其他交易或事项中获得的资源。表明客户能够从某项商品本身或者将其与其他易于获得的资源一起使用获益的因素有很多，例如，企业通常会单独销售该商品等。

需要特别指出的是，在评估某项商品是否能够明确区分时，应当基于该商品自身的特征，而与客户可能使用该商品的方式无关。因此，企业无须考虑合同中可能存在的阻止客户从其他来源取得相关资源的限制性条款。

（2）企业向客户转让该商品的承诺与合同中其他承诺可单独区分，即转让该商品的承诺在合同中是可明确区分的。企业确定了商品本身能够明确区分后，还应当在合同层面继续评估转让该商品的承诺是否与合同中其他承诺彼此之间可明确区分。这一评估的目的在于确定承诺的性质，即根据合同约定，企业承诺转让的究竟是每一单项商品，还是由这些商品组成的一个或多个组合产出。很多情况下，组合产出的价值应当高于或者显著不同于各单项商品的价值总和。

在确定企业转让商品的承诺是否可单独区分时，需要运用判断并综合考虑所有事实和情况。下列情形通常表明企业向客户转让商品的承诺与合同中的其他承诺不可单独区分。

一是企业需提供重大的服务以将该商品与合同中承诺的其他商品进行整合，形成合同约定的某个或某些组合产出转让给客户。换言之，企业以该商品作为投入，生产或向客户交付其所要求的组合产出。因此，企业应当评估其在合同中承诺的每一单项商品本身就是合同约定的各项产出，还是仅为一个或多个组合产出的投入。

二是该商品将对合同中承诺的其他商品予以重大修改或定制。如果某项商品将对合同中的其他商品作出重大修改或定制，实质上每一项商品将被整合在一起（即作为投入）以生产合同约定的组合产出。例如，企业承诺向客户提供其开发的一款现有软件，并提供安装服务，虽然该软件无须更新或技术支持也可直接使用，但是企业在安装过程中需要在该软件现有基础上对其进行定制化的重大修改，为该软件增加重要的新功能，以使其能够与客户现有的信息系统相兼容。在这种情况下，转让软件的承诺与提供定制化重大修改的承诺在合同层面是不可明确区分的。

三是该商品与合同中承诺的其他商品具有高度关联性。也就是说，合同中承诺的每一单项商品均受到合同中其他商品的重大影响。合同中包含多项商品时，如果企业无法通过单独交付其中的某一单项商品而履行其合同承诺，可能表明合同中的这些商品会受到彼此的重大影响。例如，企业承诺为客户设计一种实验性的新产品并负责生产10个样品，企业在生产和测试样品的过程中需要对产品的设计进行不断的修正，导致已生产的样品均可能需要进行不同程度的返工。当企业预计由于设计的不断修正，大部分或全部拟生产的样品均可能需要进行一些返工时，在不对生产造成重大影响的情况下，由于提供设计服务与提供样品生产服务产生的风险不可分割，客户没有办法选择仅购买设计服务或者仅购买样品生产服务，因此，企业提供的设计服务和生产样品的服务是不断交替反复进行的，两者高度关联，在合同层面是不可明确区分的。

需要说明的是，在企业向客户销售商品的同时，约定企业需要将商品运送至客户指定的地点的情况下，企业需要根据相关商品的控制权转移时点判断该运输活动是否构成单项履约义务。通常情况下，控制权转移给客户之前发生的运输活动不构成单项履约义务，而只是企业为了履行合同而从事的活动，相关成本应当作为合同履约成本；相反，控制权转移给客户之后发生的运输活动则可能表明企业向客户提供了一项运输服务，企业应当考虑该项服务是否构成单项履约义务。

2. 一系列实质相同且转让模式相同的、可明确区分的商品。

当企业向客户连续转让某项承诺的商品时，如每天提供类似劳务的长期劳务合同等，如果这些商品属于实质相同且转让模式相同的一系列商品，企业应当将这一系列商品作为单项履约义务。其中，转让模式相同，是指每一项可明确区分的商品均满足本准则第十一条规定的在某一时段内履行履约义务的条件，且采用相同方法确定其履约进度。

企业在判断所转让的一系列商品是否实质相同时，应当考虑合同中承诺的性质，当企业承诺的是提供确定数量的商品时，需要考虑这些商品本身是否实质相同。例如，企业与客户签订2年的合同，每月向客户提供工资核算服务，共计24次，由于企业提供服务的次数是确定的，在判断每月的服务是否实质相同时，应当考虑每次提供的具体服务是否相同，由于同一家企业的员工结构、工资构成以及核算流程等相对稳定，企业每月提供的该项服务很可能符合“实质相同”的条件。当企业承诺的是在某一期间内随时向客户提供某项服务时，需要考虑企业在该期间内的各个时间段（如每天或每小时）的承诺是否相同，而并非具体的服务行为本身。例如，企业向客户提供2年的酒店管理服务，具体包括保洁、维修、安保等，但没有具体的服务次数或时间的要求，尽管企业每天提供的具体服务不一定相同，但是企业每天对于客户的承诺都是相同的，即按照约定的酒店管理标准，随时准备根据需要为其提供相关服务，因此，企业每天提供的该酒店管理服务符合“实质相同”的条件。

摘录于《〈企业会计准则第14号——收入〉应用指南》

第十一条 满足下列条件之一的，属于在某一时段内履行履约义务；否则，属于在某一时点履行履约义务：

（一）客户在企业履约的同时即取得并消耗企业履约所带来的经济利益。

（二）客户能够控制企业履约过程中在建的商品。

（三）企业履约过程中所产出的商品具有不可替代用途，且该企业在整个合同期间内有权就累计至今已完成的履约部分收取款项。

具有不可替代用途，是指因合同限制或实际可行性限制，企业不能轻易地将商品用于其他用途。

有权就累计至今已完成的履约部分收取款项，是指在由于客户或其他方原因终止合同的情况下，企业有权就累计至今已完成的履约部分收取能够补偿其已发生成本和合理利润的款项，并且该权利具有法律约束力。

【解析 14-14】某一时段内履约义务的收入确认

对于在某一时段内履行的履约义务，企业应当在该段时间内按照履约进度确认收入，履约进度不能合理确定的除外。

第十二条 对于在某一时段内履行的履约义务，企业应当在该段时间内按照履约进度确认收入，但是，履约进度不能合理确定的除外。企业应当考虑商品的性质，采用产出法或投入法确定恰当的履约进度。其中，产出法是根据已转移给客户的商品对于客户的价值确定履约进度；投入法是根据企业为履行履约义务的投入确定履约进度。对于类似情况下的类似履约义务，企业应当采用相同的方法确定履约进度。

当履约进度不能合理确定时，企业已经发生的成本预计能够得到补偿的，应当按照已经发生的成本金额确认收入，直到履约进度能够合理确定为止。

【解析 14-15】在某一时段内履行的履约义务的确认与计量

（1）在某一时段内履行履约义务的条件。满足下列条件之一的，属于在某一时段内履行履约义务，相关收入应当在该履约义务履行的期间内确认。

① 客户在企业履约的同时即取得并消耗企业履约所带来的经济利益。企业在履约过程中是持续地向客户转移企业履约所带来的经济利益的，该履约义务属于在某一时段内履行的履约义务，企业应当在履行履约义务的期间确认收入。对于例如保洁服务的一些服务类的合同而言，可以通过直观的判断获知，企业在履行履约义务（即提供保洁服务）的同时，客户即取得并消耗了企业履约所带来的经济利益。对于难以通过直观判断获知结论的情形，企业在进行判断时，可以假定在企业履约的过程中更换为其他企业继续履行剩余履约义务，当该继续履行合同的企业实质上无须重新执行企业累计至今已经完成的工作时，表明客户在企业履约的同时即取得并消耗了企业履约所带来的经济利益。例如，甲企业承诺将客户的一批货物从 A 市运送到 B 市，假定该批货物在途经 C 市时，由乙运输公司接替甲企业继续提供该运输服务，由于 A 市到 C 市之间的运输服务是无须重新执行的，表明客户在甲企业履约的同时即取得并消耗了甲企业履约所带来的经济利益，因此，甲企业提供的运输服务属于在某一时段内履行的履约义务。

企业在判断其他企业是否实质上无须重新执行企业累计至今已经完成的工作时，应当基于下列两个前提：一是不考虑可能会使企业无法将剩余履约义务转移给其他企业的潜在限制，包括合同限制或实际可行性限制，在上述甲企业提供运输服务的例子中，甲企业为客户提供运输服务时，双方可能会在合同中约定，合同双方均不得解除合同，在进行上述判断时不需要考虑这一约定；二是假设继续履行剩余履约义务的其他企业将不会享有企业目前已控制的，且在剩余履约义务转移给其他企业后仍然控制的任何资产的利益。

② 客户能够控制企业履约过程中在建的商品。企业在履约过程中在建的商品包括在产品、在建工程、尚未完成的研发项目、正在进行的服务等，由于客户控制了在建的商品，客户在企业提供商品的过程中获得其利益，因此，该履约义务属于在某一时段内履行的履约义务，应当在该履约义务履行的期间内确认收入。

【例 14-5】企业履约过程中在建的商品收入的确认

企业与客户签订合同，在客户拥有的土地上按照客户的设计要求为其建造厂房。在建造过程中客户有权修改厂房设计，并与企业重新协商设计变更后的合同价款。客户每月末按当月工程进度向企业支付工程款。如果客户终止合同，已完成建造部分的厂房归客户所有。

本例中，企业为客户建造厂房，该厂房位于客户的土地上，客户终止合同时，已建造的厂房归客户所有。这些均表明客户在该厂房建造的过程中就能够控制该在建的厂房。因此，企业提供的该建造服务属于在某一时段内履行的履约义务，企业应当在提供该服务的期间内确认收入。

③ 企业履约过程中所产出的商品具有不可替代用途，且该企业在整个合同期间内有权就累计至今已完成的履约部分收取款项。

一是商品具有不可替代用途。具有不可替代用途，是指因合同限制或实际可行性限制，企业不能轻易地将商品用于其他用途。当企业产出的商品只能提供给某特定客户，而不能被轻易地用于其他用途（例如销售给其他客户）时，该商品就具有不可替代用途。在判断商品是否具有不可替代用途时，企业既应当考虑合同限制，也应当考虑实际可行性限制，但无须考虑合同被终止的可能性。企业在判断商品是否具有不可替代用途时，需要注意下列 4 点。

第一，判断时点是合同开始日。企业应当在合同开始日判断所承诺的商品是否具有不可替代用途，此后，除非发生合同变更，且该变更显著改变了原合同约定的履约义务，否则，企业无须重新进行判断。

第二，考虑合同限制。当合同中存在实质性的限制条款，导致企业不能将合同约定的商品用于其他用途时，该商品满足具有不可替代用途的条件。在判断限制条款是否具有实质性时，应当考虑企业试图把合同中约定的商品用于其他用途时，客户是否可以根据这些限制条款，主张其对该特定商品的权利，如果是，那么这些限制条款就是实质性的；相反，如果合同中约定的商品和企业的其他商品在很大程度上能够互相替换（例如企业生产的标准化产品），而不会导致企业违约，也无须发生重大的成本，则表明该限制条款不具有实质性。此外，如果合同中的限制条款仅为保护性条款，也不应考虑。例如，企业与客户约定，当企业清算时，不能向第三方转让代客户销售的某商品，该限制条款的目的是在企业清算时为客户提供保护，因此，应作为保护性条款，在判断该商品是否具有可替代用途时不应考虑。

第三，考虑实际可行性限制。虽然合同中没有限制条款，但是，当企业将合同中约定的商品用作其他用途，将导致企业遭受重大的经济损失时，企业将该商品用作其他用途的能力实际上受到了限制。企业遭受重大经济损失的原因可能是需要发生重大的返工成本，也可能是只能在承担重大损失的情况下才能将这些商品销售给其他客户。例如，企业根据某客户的要求，为其专门设计并生产了一套专用设备，该设备是定制化产品，企业如果将其销售给其他客户，需要发生重大的改造成本，表明企业将该产品用于其他用途的能力受到实际可行性的限制，因此，该产品满足“具有不可替代用途”的条件。

第四，基于最终转移给客户的商品的特征判断。当商品在生产的前若干个生产步骤是标准化的，只是从某一时点（或者某一流程）才进入定制化的生产时，企业应当根据最终转移给客户时该商品的特征来判断其是否满足“具有不可替代用途”的条件。例如，某汽车零部件生产企业，为客户提供定制零部件的生产，该生产通常需要经过 4 道工序，前两道工序是标准工序，后两道工序是特殊工序，处于前两道工序的在产品，可以用于任一客户的需要，但是，进入第 3 道工序后的产品只能销售给某特定客户。在企业与该特定客户之间的有关最终产品的合同下，最终产品符合“具有不可替代用途”的条件。

二是企业在整个合同期间内有权就累计至今已完成的履约部分收取款项。有权就累计至今已完成的履约部分收取款项，是指在由于客户或其他方原因终止合同的情况下，企业有权就累计至今已完成的履约部分收取能够补偿其已发生成本和合理利润的款项，并且该权利具有法律约束力。需要强调的是，合同终止必须是由于客户或其他方而非企业自身所致，在整个合同期间内的任一时点，企业均应当拥有此项权利。企业在进行判断时，需要注意下列 5 点。

第一，企业有权收取的该款项应当大致相当于累计至今已经转移给客户的商品的售价，即该金额应当能够补偿企业已经发生的成本和合理利润。企业有权收取的款项为保证金或仅是补偿企业已经发生的成本或可能损失的利润的，不满足这一条件。补偿企业的合理利润并不意味着补偿金额一定要等于该合同的整体毛利水平。下列两种情形都属于补偿企业的合理利润：一是根据合同终止前的履约进度对该合同的毛利水平进行调整后确定的金额作为补偿金额；二是如果该合同的毛利水平高于企业同类合同的毛利水平，以企业从同类合同中能够获取的合理资本回报或者经营毛利作为利润补偿。此外，当客户先行支付的合同价款金额足够重大（通常指全额预付合同价款），以致能够在整个合同期间内任一时点补偿企业已经发生的成本和合理利润时，如果客户要求提前终止合同，企业有权保留该款项并无须返还，且有相关法律法规支持的，则表明企业能够满足在整个合同期间内有权就累计至今已完成的履约部分收取款项的条件。

第二，该规定并不意味着企业拥有现时可行使的无条件收款权。企业通常会在与客户的合同中约定，只有在达到某一重要时点、某重要事项完成后或者整个合同完成之后，企业才拥有无条件的收取相应款项的权利。在这种情况下，企业在判断其是否有权就累计至今已完成的履约部分收取款项时，应当考虑，假设在发生由于客户或其他方原因导致合同在该重要时点、重要事项完成前或合同完成前终止时，企业是否有权主张该收款权利，即是否有权要求客户补偿其累计至今已完成的履约部分应收取的款项。

第三，当客户只有在某些特定时点才有权终止合同，或者根本无权终止合同时，客户终止了合同（包括客户没有按照合同约定履行其义务），但是，合同条款或法律法规要求，企业应继续向客户转移合同中承诺的商品并因此有权要求客户支付对价，此种情况也符合“企业有权就累计至今已完成的履约部分收取款项”的要求。

第四，企业在进行判断时，既要考虑合同条款的约定，还应当充分考虑适用的法律法规、补充或者凌驾于合同条款之上的以往司法实践以及类似案例的结果等。例如，即使在合同没有明确约定的情况下，相关的法律法规等是否支持企业主张相关的收款权利；以往的司法实践是否表明合同中的某些条款没有法律约束力；在以往的类似合同中，企业虽然拥有此类权利，却在考虑了各种因素之后没有行使该权利，这是否会导致企业主张该权利的要求在当前的法律环境下不被支持等。

第五，企业和客户之间在合同中约定的付款时间进度表，不一定就表明企业有权就累计至今已完成的履约部分收取款项，这是因为合同约定的付款进度和企业的履约进度可能并不匹配。此种情况下，企业仍需要证据对其是否有该收款权进行判断。

【例 14-6】某一时段内履行的履约义务收入的判定

甲公司是一家造船企业，与乙公司签订了一份船舶建造合同，按照乙公司的具体要求设计和建造船舶。甲公司在自己的厂区内完成该船舶的建造，乙公司无法控制在建过程中的船舶。甲公司如果想把该船舶出售给其他客户，需要发生重大的改造成本。双方约定，如果乙公司单方面解约，乙公司需向甲公司支付相当于合同总价 30% 的违约金，且建造中的船舶归甲公司所有。假定该合同仅包含一项履约义务，即设计和建造船舶。

本例中，船舶是按照乙公司的具体要求进行设计和建造的，甲公司需要发生重大的改造成本将该船舶改造之后才能将其出售给其他客户，因此，该船舶具有不可替代用途。然而，如果乙公司单方面解约，仅需向甲公司支付相当于合同总价 30% 的违约金，表明甲公司无法在整个合同期间内都有权就累计至今已完成的履约部分收取能够补偿其已发生成本和合理利润的款项。因此，甲公司为乙公司设计和建造船舶不属于在某一时段内履行的履约义务。

综上所述，商品具有不可替代用途和企业在整个合同期间内有权就累计至今已完成的履约部分收取款项这两个要素，在判断是否满足在某一时段履行的履约义务的第③种情况时缺一不可，且均与控制权的判断有关联。这是因为，当企业无法轻易地将产出的商品用于其他用途时，企业实际上是按照客户的要求生产商品。在这种情况下，如果合同约定，由于客户或其他方的原因导致合同被终止时，客户必须就企业累计至今已完成的履约部分支付款项，且该款项能够补偿企业已经发生的成本和合理利润，那么企业将因此而防止终止合同时企业未保留该商品或只保留几乎无价值的商品的风险。这与商品购销交易中，客户通常只有在取得对商品的控制权时才有义务支付相应的合同价款是一致的。因此，客户有义务（或无法避免）就企业已经完成的履约部分支付相应款项的情况表明，客户已获得企业履约所带来的经济利益。

（2）在某一时段内履行的履约义务的收入确认。对于在某一时段内履行的履约义务，企业应当在该段时间内按照履约进度确认收入，但是，履约进度不能合理确定的除外。企业应当考虑商品的性质，采用产出法或投入法确定恰当的履约进度，并且在确定履约进度时，应当扣除那些控制权尚未转移给客户的商品和服务。企业按照履约进度确认收入时，通常应当在资产负债表日按照合同的交易价格总额乘以履约进度扣除以前会计期间累计已确认的收入后的金额，确认为当期收入。

①产出法。产出法是根据已转移给客户的商品对于客户的价值确定履约进度的方法，通常可采用实际测量的完工进度、评估已实现的结果、已达到的里程碑、时间进度、已完工或交付的产品等产出指标确定履约进度。企业在评估是否采用产出法确定履约进度时，应当考虑具体的事实和情况，并选择能够如实反映企业履约进度和向客户转移商品控制权的产出指标。当选择的产出指标无法计量控制权已转移给客户的商品时，不应采用产出法。例如，当

处于生产过程中的在产品在其完工或交付前已属于客户时，如果该在产品对本合同或财务报表具有重要性，则在确定履约进度时不应使用已完工或已交付的产品作为产出指标，这是因为处于生产过程中的在产品的控制权也已经转移给了客户，而这些在产品并没有包括在产出指标的计量中，该指标并未如实反映已向客户转移商品的进度。又如，如果企业在合同约定的各个里程碑之间向客户转移了重大的商品控制权，则很可能表明基于已达到的里程碑确定履约进度的方法是不恰当的。实务中，为便于操作，当企业向客户开具发票的对价金额与向客户转让增量商品价值相一致时，如企业按照固定的费率以及发生的工时向客户开具账单，企业直接按照发票对价金额确认收入也是一种恰当的产出法。

【例 14-7】产出法确认收入的会计处理

甲公司与客户签订合同，为该客户拥有的一条铁路更换 100 根铁轨，合同价格为 10 万元（不含税价）。截至 20×7 年 12 月 31 日，甲公司共更换铁轨 60 根，剩余部分预计在 20×8 年 3 月 31 日之前完成。该合同仅包含一项履约义务，且该履约义务满足在某一时段内履行的条件。假定不考虑其他情况。

本例中，甲公司提供的更换铁轨的服务属于在某一时段内履行的履约义务，甲公司按照已完成的工作量确定履约进度。因此，截至 20×7 年 12 月 31 日，该合同的履约进度为 60%（60÷100），甲公司应确认的收入为 6 万元（10×60%）。

产出法是根据能够代表向客户转移商品控制权的产出指标直接计算履约进度的，因此通常能够客观地反映履约进度。但是，产出法下有关产出指标的信息有时可能无法直接观察获得，企业为获得这些信息需要花费很高的成本，这就可能需要采用投入法来确定履约进度。

② 投入法。投入法是根据企业履行履约义务的投入确定履约进度的方法，通常可采用投入的材料数量、花费的人工工时或机器工时、发生的成本和时间进度等投入指标确定履约进度。当企业从事的工作或发生的投入是在整个履约期间内平均发生时，企业也可以按照直线法确认收入。

投入法所需要的投入指标虽然易于获得，但是，投入指标与企业向客户转移商品的控制权之间未必存在直接的对应关系。因此，企业在采用投入法确定履约进度时，应当扣除那些虽然已经发生、但是未导致向客户转移商品的投入。例如，企业为履行合同应开展一些初始活动，如果这些活动并没有向客户转移企业承诺的服务，则企业在使用投入法确定履约进度时，不应将为开展这些活动发生的相关投入包括在内。

实务中，通常按照累计实际发生的成本占预计总成本的比例（即成本法）确定履约进度。累计实际发生的成本包括企业向客户转移商品过程中所发生的直接成本和间接成本，如直接人工、直接材料、分包成本以及其他与合同相关的成本。在下列情形下，企业在采用成本法确定履约进度时，可能需要对已发生的成本进行适当调整。

一是已发生的成本并未反映企业履行履约义务的进度。例如，因企业生产效率低下等而导致的非正常消耗，包括非正常消耗的直接材料、直接人工及制造费用等，不应包括在累计实际发生的成本中，这是因为这些非正常消耗并没有为合同进度做出贡献。但是，企业和客户在订立合同时已经预见会发生这些成本并将其包括在合同价款中的除外。

二是已发生的成本与企业履行履约义务的进度不成比例。当企业已发生的成本与履约进度不成比例，企业在采用成本法确定履约进度时需要进行适当调整，通常仅以其已发生的成本为限确认收入。对于施工中尚未安装、使用或耗用的商品（本段的商品不包括服务）或材料成本等，当企业在合同开始日就预期将能够满足下列所有条件时，应在采用成本法确定履约进度时不包括这些成本：第一，该商品或材料不可明确区分，即不构成单项履约义务；第二，客户先取得该商品或材料的控制权，之后才接受与之相关的服务；第三，该商品或材料的成本相对于预计总成本而言是重大的；第四，企业自第三方采购该商品或材料，且未深入参与其设计和制造，对于包含该商品的履约义务而言，企业是主要责任人。

【例14-8】投入法确认收入的会计处理

20×8年10月，甲公司与客户签订合同，为客户装修一栋办公楼并安装一部电梯，合同总金额为100万元。甲公司预计的合同总成本为80万元，其中包括电梯的采购成本30万元。

20×8年12月，甲公司将电梯运达施工现场并经过客户验收，客户已取得对电梯的控制权，但是根据装修进度，预计到20×9年2月才会安装该电梯。截至20×8年12月，甲公司累计发生成本40万元，其中包括支付给电梯供应商的采购成本30万元以及因采购电梯发生的运输和人工等相关成本5万元。

假定该装修服务（包括安装电梯）构成单项履约义务，并属于在某一时段内履行的履约义务，甲公司是主要责任人，但不参与电梯的设计和制造。甲公司采用成本法确定履约进度。上述金额均不含增值税。

本例中，截至20×8年12月，甲公司发生成本40万元（包括电梯采购成本30万元以及因采购电梯发生的运输和人工等相关成本5万元），甲公司认为其已发生的成本和履约进度不成比例，因此需要对履约进度的计算进行调整，将电梯的采购成本排除在已发生成本和预计总成本之外。在该合同中，该电梯不构成单项履约义务，其成本相对于预计总成本而言是重大的，甲公司是主要责任人，但是未参与该电梯的设计和制造，客户先取得了电梯的控制权，随后才接受与之相关的安装服务。因此，甲公司在客户取得该电梯控制权时，按照该电梯采购成本的金额确认转让电梯产生的收入。

因此，20×8年12月，该合同的履约进度为20%[（40−30）÷（80−30）]，应确认的收入和成本金额分别为44万元[（100−30）×20%+30]和40万元[（80−30）×20%+30]。

对于每一项履约义务，企业只能采用一种方法来确定其履约进度，并加以一贯运用。对于类似情况下的类似履约义务，企业应当采用相同的方法确定履约进度。

企业为履行属于在某一时段内履行的单项履约义务而发生的支出并非均衡发生的，在采用某种方法（如成本法）确定履约进度时，可能会导致企业对于较早生产的产品确认更多的收入和成本。例如，企业承诺向客户交付一定数量的商品，且该承诺构成单项履约义务，在履约的前期，由于经验不足、技术不成熟、操作不熟练等，企业可能会发生较高的成本，而随着经验的不断累积，企业的生产效率逐步提高，导致企业的履约成本逐步下降。这一结果是合理的，因为这表明企业在合同早期的履约情况具有更高的价值，正如企业只销售一件产品的售价可能会高于销售多件产品时的平均价格。如果该单项履约义务属于在某一时点履行的履约义务，企业则需要按照其他相关会计准则对相关支出进行会计处理（例如，按照《企业会计准则第 1 号——存货》，生产商品的成本将作为存货进行累计，企业应选择适当方法计量存货）；不属于其他相关企业会计准则规范范围的，应当按照本准则第二十六条和第二十七条的规定判断将其确认为一项资产还是计入当期损益。

每一资产负债表日，企业应当对履约进度进行重新估计。当客观环境发生变化时，企业也需要重新评估履约进度是否发生变化，以确保履约进度能够反映履约情况的变化，该变化应当作为会计估计变更进行会计处理。对于每一项履约义务，企业只能采用一种方法来确定其履约进度，并加以一贯运用。对于类似情况下的类似履约义务，企业应当采用相同的方法（例如成本法）确定履约进度。

对于在某一时段内履行的履约义务，只有当其履约进度能够合理确定时，才应当按照履约进度确认收入。企业如果无法获得确定履约进度所需的可靠信息，则无法合理地确定其履行履约义务的进度。当履约进度不能合理确定时，企业已经发生的成本预计能够得到补偿的，应当按照已经发生的成本金额确认收入，直到履约进度能够合理确定为止。

摘录于《〈企业会计准则第 14 号——收入〉应用指南》

第十三条 对于在某一时点履行的履约义务，企业应当在客户取得相关商品控制权时点确认收入。在判断客户是否已取得商品控制权时，企业应当考虑下列迹象：

（一）企业就该商品享有现时收款权利，即客户就该商品负有现时付款义务。

（二）企业已将该商品的法定所有权转移给客户，即客户已拥有该商品的法定所有权。

（三）企业已将该商品实物转移给客户，即客户已实物占有该商品。

（四）企业已将该商品所有权上的主要风险和报酬转移给客户，即客户已取得该商品所有权上的主要风险和报酬。

（五）客户已接受该商品。

（六）其他表明客户已取得商品控制权的迹象。

【解析 14-16】在某一时点履行的履约义务的确认和计量

对于不属于在某一时段内履行的履约义务，应当属于在某一时点履行的履约义务，企业应当在客户取得相关商品控制权时点确认收入。在判断客户是否已取得商品控制权（即客户是否能够主导该商品的使用并从中获得几乎全部的经济利益）时，企业应当考虑下列 5 个迹象。

（1）企业就该商品享有现时收款权利，即客户就该商品负有现时付款义务。当企业就该商品享有现时收款权利时，可能表明客户已经有能力主导该商品的使用并从中获得几乎全部的经济利益。

（2）企业已将该商品的法定所有权转移给客户，即客户已拥有该商品的法定所有权。当客户取得了商品的法定所有权时，可能表明其已经有能力主导该商品的使用并从中获得几乎全部的经济利益，或者能够阻止其他企业获得这些经济利益，即客户已取得对该商品的控制权。如果企业仅仅是为了确保到期收回货款而保留商品的法定所有权，那么该权利通常不会对客户取得对该商品的控制权构成障碍。

（3）企业已将该商品实物转移给客户，即客户已占有该商品实物。客户如果已经占有商品实物，则可能表明其有能力主导该商品的使用并从中获得其几乎全部的经济利益，或者使其他企业无法获得这些利益。需要说明的是，客户占有了某项商品实物并不意味着其就一定取得了该商品的控制权，反之亦然。

① 委托代销安排。这一安排是指委托方和受托方签订代销合同或协议，委托受托方向终端客户销售商品。在这种安排下，企业应当评估受托方在企业向其转让商品时是否已获得对该商品的控制权，如果没有，企业不应在此时确认收入，通常应当在受托方售出商品时确认销售商品收入；受托方应当在商品销售后，按合同或协议约定的方法计算确定的手续费确认收入。表明一项安排是委托代销安排的迹象包括但不限于：一是在特定事件发生之前（例如，向最终客户出售商品或指定期间到期之前），企业拥有对商品的控制权；二是企业能够要求将委托代销的商品退回或者将其销售给其他方（如其他经销商）；三是尽管受托方可能被要求向企业支付一定金额的押金，但是，其并没有承担对这些商品无条件付款的义务。

② 售后代管商品安排。售后代管商品是指根据企业与客户签订的合同，已经就销售的商品向客户收款或取得了收款权利，但是直到在未来某一时点将该商品交付给客户之前，仍然继续持有该商品实物的安排。实务中，客户可能会因为缺乏足够的仓储空间或生产进度延迟而要求与销售方订立此类合同。在这种情况下，尽管企业仍然持有商品的实物，但是，当客户已经取得了对该商品的控制权时，即使客户决定暂不行使实物占有的权利，其依然有能力主导该商品的使用并从中获得几乎全部的经济利益。因此，企业不再控制该商品，而只是向客户提供了代管服务。

在售后代管商品安排下，除了应当考虑客户是否取得商品控制权的迹象之外，还应当同时满足下列 4 项条件，才表明客户取得了该商品的控制权：一是该安排必须具有商业实质，例如，该安排是应客户的要求而订立的；二是属于客户的商品必须能够单独识别，例如，将属于客户的商品单独存放在指定地点；三是该商品可以随时交付给客户；四是企业不能自行使用该商品或将该商品提供给其他客户。实务中，越是通用的、可以和其他商品互相替换的商品，越有可能难以满足上述条件。

需要注意的是，如果在满足上述条件的情况下，企业对尚未发货的商品确认了收入，则企业应当考虑是否还承担了其他的履约义务，例如，向客户提供保管服务等，从而应当将部分交易价格分摊至该履约义务。

【例 14-9】售后代管商品确认收入的会计处理

20×8 年 1 月 1 日，甲公司与乙公司签订合同，向其销售一台设备和专用零部件。该设备和零部件的制造期为两年。甲公司在完成设备和零部件的生产之后，能够证明其符合合同约定的规格。假定企业向客户转让设备和零部件为两个单项履约义务，且都属于在某一时点履行的履约义务。

20×9 年 12 月 31 日，乙公司支付了该设备和零部件的合同价款，并对其进行了验收。乙公司运走了设备，但是考虑到其自身的仓储能力有限，且其工厂紧邻甲公司的仓库，于是要求将零部件存放于甲公司的仓库中，并且要求甲公司按照其指令随时安排发货。乙公司已拥有零部件的法定所有权，且这些零部件可明确识别为属于乙公司的物品。甲公司在其仓库内的单独区域内存放这些零部件，并且应乙公司的要求可随时发货，甲公司不能使用这些零部件，也不能将其提供给其他客户使用。

本例中，20×9 年 12 月 31 日，该设备的控制权转移给乙公司；对于零部件而言，甲公司已经收取合同价款，但是应乙公司的要求尚未发货，乙公司已拥有零部件的法定所有权并且对其进行了验收，虽然这些零部件实物尚由甲公司持有，但是其满足在“售后代管商品”的安排下客户取得商品控制权的条件，这些零部件的控制权也已经转移给了乙公司。因此，甲公司应当确认销售设备和零部件的相关收入。除销售设备和零部件之外，甲公司还为乙公司提供了仓储保管服务，该服务与设备和零部件可明确区分，构成单项履约义务，甲公司需要将部分交易价格分摊至该项服务，并在提供该项服务的期间确认收入。

【例 14-10】售后代管商品确认收入的判定

A 公司生产并销售笔记本电脑。20×7 年，A 公司与零售商 B 公司签订销售合同，向其销售 1 万台电脑。由于 B 公司的仓储能力有限，无法在 20×7 年年底之前接收该批电脑，双方约定 A 公司在 20×8 年按照 B 公司的指令按时发货，并将电脑运送至 B 公司指定的地点。20×7 年 12 月 31 日，A 公司共有上述电脑库存 1.2 万台，其中包括 1 万台将要销售给 B 公司的电脑。然而，这 1 万台电脑和其余 2 000 台电脑一起存放并统一管理，并且彼此之间可以互相替换。

本例中，尽管是由于 B 公司没有足够的仓储空间才要求 A 公司暂不发货，并按照其指定的时间发货，但是由于这 1 万台电脑与 A 公司的其他产品可以互相替换，且未单独存放保管，A 公司在向 B 公司交付这些电脑之前，能够将其提供给其他客户或者自行使用。所以，这 1 万台电脑在 20×7 年 12 月 31 日不满足“售后代管商品”安排下确认收入的条件。

（4）企业已将该商品所有权上的主要风险和报酬转移给客户，即客户已取得该商品所有权上的主要风险和报酬。企业向客户转移了商品所有权上的主要风险和报酬，可能表明客户已经取得了主导该商品的使用并从中获得其几乎全部经济利益的能力。但是，在评估商品所有权上的主要风险和报酬是否转移时，不应考虑导致企业在除所转让商品之外产生其他单项履约义务的风险。例如，企业将产品销售给客户，并承诺提供后续维护服务的安排中，销售产品和提供维护服务均构成单项履约义务，企业将产品销售给客户之后，虽然仍然保留了与后续维护服务相关的风险，但是，由于维护服务构成单项履约义务，所以该保留的风险并不影响企业已将产品所有权上的主要风险和报酬转移给客户的判断。

（5）客户已接受该商品。如果客户已经接受企业提供的商品，例如，企业销售给客户的商品通过了客户的验收，可能表明客户已经取得该商品的控制权。合同中有关客户验收的条款，可能允许客户在商品不符合约定规格的情况下解除合同或要求企业采取补救措施。因此，企业在评估是否已经将商品的控制权转移给客户时，应当考虑此类条款。当企业能够客观地确定其已经按照合同约定的标准和条件将商品的控制权转移给客户时，客户验收只是一项例行程序，并不影响企业判断客户取得该商品控制权的时点。例如，企业向客户销售一批必须满足规定尺寸和重量的产品，合同约定，客户收到该产品时，将对此进行验收。由于该验收条件是一个客观标准，企业在客户验收前就能够确定其是否满足约定的标准，客户验收可能只是一项例行程序。实务中，企业应当根据过去执行类似合同积累的经验以及客户验收的结果取得相应证据。当在客户验收之前确认收入时，企业还应当考虑是否还存在剩余的履约义务，例如设备安装等，并且评估是否应当对其单独进行会计处理。

相反，当企业无法客观地确定其向客户转让的商品是否符合合同规定的条件时，在客户验收之前，企业不能认为已经将该商品的控制权转移给了客户。这是因为，在这种情况下，企业无法确定客户是否能够主导该商品的使用并从中获得其几乎全部的经济利益。例如，客户主要基于主观判断进行验收时，该验收往往不能被视为仅仅是一项例行程序，在验收完成之前，企业无法确定其商品是否能够满足客户的主观标准，因此，企业应当在客户完成验收并接受该商品时才能确认收入。实务中，定制化程度越高的商品，越难以证明客户验收仅仅是一项例行程序。

此外，如果企业将商品发送给客户供其试用或者测评，且客户并未承诺在试用期结束前支付任何对价，则在客户接受该商品或者在试用期结束之前，该商品的控制权并未转移给客户。

需要强调的是，在上述5个迹象中，并没有哪一个或哪几个迹象是决定性的，企业应当根据合同条款和交易实质进行分析，综合判断其是否将商品的控制权转移给客户以及何时转移的，从而确定收入确认的时点。此外，企业应当从客户的角度进行评估，而不应当仅考虑企业自身的看法。

摘录于《〈企业会计准则第14号——收入〉应用指南》

第三章　计量

第十四条　企业应当按照分摊至各单项履约义务的交易价格计量收入。

交易价格，是指企业因向客户转让商品而预期有权收取的对价金额。企业代第三方收取的款项以及企业预期将退还给客户的款项，应当作为负债进行会计处理，不计入交易价格。

【解析14-17】交易价格

预期有权收取的金额指预期将收取的金额，而并非以企业预计最终收回的金额为基础。即收入应针对折扣及类似项目进行调整，但不应针对预期的坏账进行扣减。

第十五条　企业应当根据合同条款，并结合其以往的习惯做法确定交易价格。在确定交易价格时，企业应当考虑可变对价、合同中存在的重大融资成分、非现金对价、应付客户对价等因素的影响。

【解析14-18】交易价格的概念

交易价格，是指企业因向客户转让商品而预期有权收取的对价金额。企业代第三方收取的款项（例如增值税）以及企业预期将退还给客户的款项，应当作为负债进行会计处理，不计入交易价格。合同标价并不一定代表交易价格，企业应当根据合同条款，并结合以往的习惯做法确定交易价格。在确定交易价格时，企业应当考虑可变对价、合同中存在的重大融资成分、非现金对价以及应付客户对价等因素的影响，并应当假定将按照现有合同的约定向客户转移商品，且该合同不会被取消、续约或变更。

摘录于《〈企业会计准则第 14 号——收入〉应用指南》

第十六条 合同中存在可变对价的，企业应当按照期望值或最可能发生金额确定可变对价的最佳估计数，但包含可变对价的交易价格，应当不超过在相关不确定性消除时累计已确认收入极可能不会发生重大转回的金额。企业在评估累计已确认收入是否极可能不会发生重大转回时，应当同时考虑收入转回的可能性及其比重。

每一资产负债表日，企业应当重新估计应计入交易价格的可变对价金额。可变对价金额发生变动的，按照本准则第二十四条和第二十五条规定进行会计处理。

【解析 14-19】可变对价的概念与确定

企业与客户的合同中约定的对价金额可能会因折扣、价格折让、返利、退款、奖励积分、激励措施、业绩奖金、索赔等因素而变化。此外，根据一项或多项或有事项的发生而收取不同对价金额的合同，也属于可变对价的情形。企业在判断合同中是否存在可变对价时，不仅应当考虑合同条款的约定，还应当考虑下列情况：一是根据企业已公开宣布的政策、特定声明或者以往的习惯做法等，客户能够合理预期企业将会接受低于合同约定的对价金额，即企业会以折扣、返利等形式提供价格折让；二是其他相关事实和情况表明企业在与客户签订合同时即意图向客户提供价格折让。合同中存在可变对价的，企业应当对计入交易价格的可变对价进行估计。

（1）可变对价最佳估计数的确定。企业应当按照期望值或最可能发生金额确定可变对价的最佳估计数。企业所选择的方法应当能够更好地预测其有权收取的对价金额，并且对于类似的合同，应当采用相同的方法进行估计。对于某一事项的不确定性对可变对价金额的影响，企业应当在整个合同期间一致地采用同一种方法进行估计。但是，当存在多个不确定性事项均会影响可变对价金额时，企业可以采用不同的方法对其进行估计。期望值是按照各种可能发生的对价金额及相关概率计算确定的金额。如果企业拥有大量具有类似特征的合同，并估计可能产生多个结果时，通常按照期望值估计可变对价金额。最可能发生金额是一系列可能发生的对价金额中最可能发生的单一金额，即合同最可能产生的单一结果。当合同仅有两个可能结果时，通常按照最可能发生金额估计可变对价金额。

（2）计入交易价格的可变对价金额的限制。企业按照期望值或最可能发生金额确定可变对价金额之后，计入交易价格的可变对价金额还应该满足限制条件，即包含可变对价的交易价格，应当不超过在相关不确定性消除时，累计已确认的收入极可能不会发生重大转回的金额。企业在评估是否极可能不会发生重大转回时，应当同时考虑收入转回的可能性及其比重。其中，“极可能”发生的概率应远高于“很可能（即可能性超过 50%）”，但不要求达到“基本确定（即可能性超过 95%）”，其目的是避免因为一些不确定性因素的发生导致之前已经确认的收入发生转回。在评估收入转回金额的比重时，应同时考虑合同中包含的固定对价和可变对价，即可能发生的收入转回金额相对于合同总对价（包括固定对价和可变对价）的比重。企业应当将满足上述限制条件的可变对价的金额，计入交易价格。需要说明的是，将可变对价计入交易价格的限制条件不适用于企业向客户授予知识产权许可并约定按客户实际销售或使用情况收取特许权使用费的情况。

每一资产负债表日，企业应当重新估计应计入交易价格的可变对价金额，包括重新评估将估计的可变对价计入交易价格是否受到限制，以如实反映报告期末存在的情况以及报告期内发生的情况变化。

【例 14-11】可变对价金额的确定

20×8 年 10 月 1 日，甲公司与客户签订合同，为一只股票型基金提供资产管理服务，合同期限为 3 年。甲公司所能获得的报酬包括两部分：一是每季度按照季度末该基金净值的 1% 收取管理费，该管理费不会因基金净值的后续变化而调整或被要求退回；二是该基金在 3 年内的累计回报如果超过 10%，则甲公司可以获得超额回报部分的 20% 作为业绩奖励。在 20×8 年 12 月 31 日，该基金的净值为 5 亿元。假定不考虑相关税费影响。

本例中，甲公司在该项合同中收取的管理费和业绩奖励均为可变对价，其金额极易受到股票价格波动的影响，这是在甲公司影响范围之外的，虽然甲公司过往有类似合同的经验，但是该经验在确定未来市场表现方面并不具有预测价值。因此，在合同开始日，甲公司无法对其能够收取的管理费和业绩奖励进行估计，不满足累计已确认的收入金额极可能不会发生重大转回的条件。

20×8 年 12 月 31 日，甲公司重新估计该合同的交易价格时，影响该季度管理费收入金额的不确定性已经消除，甲公司确认管理费收入 500 万元（50 000×1%）。甲公司未确认业绩奖励收入，这是因为，该业绩奖励仍然会受到基金未来累计回报的影响，有关将可变对价计入交易价格的限制条件仍然没有得到满足。甲公司应当在后续的每一资产负债表日，估计业绩奖励是否满足上述条件，以确定其收入金额。

第十七条 合同中存在重大融资成分的，企业应当按照假定客户在取得商品控制权时即以现金支付的应付金额确定交易价格。该交易价格与合同对价之间的差额，应当在合同期间内采用实际利率法摊销。

合同开始日，企业预计客户取得商品控制权与客户支付价款间隔不超过一年的，可以不考虑合同中存在的重大融资成分。

【解析 14-20】合同中的重大融资成分

当合同各方以在合同中（或者以隐含的方式）约定的付款时间为客户或企业就该交易提供了重大融资利益时，合同中即包含了重大融资成分。例如企业以赊销的方式销售商品等。合同中存在重大融资成分的，企业应当按照假定客户在取得商品控制权时即以现金支付的应付金额（即现销价格）确定交易价格。在评估合同中是否存在融资成分以及该融资成分对于该合同而言是否重大时，企业应当考虑所有相关的事实和情况，包括：（1）已承诺的对价金额与已承诺商品的现销价格之间的差额；（2）下列两项的共同影响：一是企业将承诺的商品转让给客户与客户支付相关款项之间的预计时间间隔，二是相关市场的现行利率。

表明企业与客户之间的合同未包含重大融资成分的情形有：一是客户就商品支付了预付

款，且可以自行决定这些商品的转让时间（例如，企业向客户出售其发行的储值卡，客户可随时到该企业持卡购物；企业向客户授予奖励积分，客户可随时到该企业兑换这些积分等）；二是客户承诺支付的对价中有相当大的部分是可变的，该对价金额或付款时间取决于某一未来事项是否发生，且该事项实质上不受客户或企业控制（例如，按照实际销量收取的特许权使用费）；三是合同承诺的对价金额与现销价格之间的差额是向客户或企业提供融资利益以外的其他原因所导致的，且这一差额与产生该差额的原因是相称的（例如，合同约定的支付条款目的是向企业或客户提供保护，以防止另一方未能依照合同充分履行其部分或全部义务）。

需要说明的是，企业应当在单个合同层面考虑融资成分是否重大，而不应在合同组合层面考虑。合同中存在重大融资成分的，企业在确定该重大融资成分的金额时，应使用将合同对价的名义金额折现为商品的现销价格的折现率。该折现率一经确定，不得因后续市场利率或客户信用风险等情况的变化而变更。企业确定的交易价格与合同承诺的对价金额之间的差额，应当在合同期间内采用实际利率法摊销。

为简化实务操作，如果在合同开始日，企业预计客户取得商品控制权与客户支付价款间隔不超过一年的，可以不考虑合同中存在的重大融资成分。企业应当对类似情形下的类似合同一致地应用这一简化处理方法。

第十八条 客户支付非现金对价的，企业应当按照非现金对价的公允价值确定交易价格。非现金对价的公允价值不能合理估计的，企业应当参照其承诺向客户转让商品的单独售价间接确定交易价格。非现金对价的公允价值因对价形式以外的原因而发生变动的，应当作为可变对价，按照本准则第十六条规定进行会计处理。

单独售价，是指企业向客户单独销售商品的价格。

【解析 14-21】非现金对价的概念

非现金对价包括实物资产、无形资产、股权、客户提供的广告服务等。客户支付非现金对价的，通常情况下，企业应当按照非现金对价在合同开始日的公允价值确定交易价格。非现金对价公允价值不能合理估计的，企业应当参照其承诺向客户转让商品的单独售价间接确定交易价格。

非现金对价的公允价值可能会因对价的形式而发生变动（例如，企业有权向客户收取的对价是股票，股票本身的价格会发生变动），也可能会因为其形式以外的原因而发生变动。合同开始日后，非现金对价的公允价值因对价形式以外的原因而发生变动的，应当作为可变对价，按照与计入交易价格的可变对价金额的限制条件相关的规定进行处理；合同开始日后，非现金对价的公允价值因对价形式而发生变动的，该变动金额不应计入交易价格。

第十九条 企业应付客户（或向客户购买本企业商品的第三方，本条下同）对价的，应当将该应付对价冲减交易价格，并在确认相关收入与支付（或承诺支付）客户对价二者孰晚的时点冲减当期收入，但应付客户对价是为了向客户取得其他可明确区分商品的除外。

企业应付客户对价是为了向客户取得其他可明确区分商品的，应当采用与本企业其他采购相一致的方式确认所购买的商品。企业应付客户对价超过向客户取得可明确区分商品公允价值的，超过金额应当冲减交易价格。向客户取得的可明确区分商品公允价值不能合理估计的，企业应当将应付客户对价全额冲减交易价格。

【解析 14-22】应付客户对价的概念

企业存在应付客户对价的，应当将该应付对价冲减交易价格，但应付客户对价是为了自客户取得其他可明确区分商品的除外。企业应付客户对价是为了向客户取得其他可明确区分商品的，应当采用与企业其他采购相一致的方式确认所购买的商品。企业应付客户对价超过向客户取得可明确区分商品公允价值的，超过金额应当冲减交易价格。向客户取得的可明确区分商品公允价值不能合理估计的，企业应当将应付客户对价全额冲减交易价格。在将应付客户对价冲减交易价格处理时，企业应当在确认相关收入与支付（或承诺支付）客户对价二者孰晚的时点冲减当期收入。

第二十条 合同中包含两项或多项履约义务的，企业应当在合同开始日，按照各单项履约义务所承诺商品的单独售价的相对比例，将交易价格分摊至各单项履约义务。企业不得因合同开始日之后单独售价的变动而重新分摊交易价格。

【解析 14-23】交易价格的分摊

当合同中包含两项或多项履约义务时，为了使企业分摊至每一单项履约义务的交易价格能够反映其因向客户转让已承诺的相关商品（或提供已承诺的相关服务）而预期有权收取的对价金额，企业应当在合同开始日，按照各单项履约义务所承诺商品的单独售价的相对比例，将交易价格分摊至各单项履约义务。

第二十一条 企业在类似环境下向类似客户单独销售商品的价格，应作为确定该商品单独售价的最佳证据。单独售价无法直接观察的，企业应当综合考虑其能够合理取得的全部相关信息，采用市场调整法、成本加成法、余值法等方法合理估计单独售价。在估计单独售价时，企业应当最大限度地采用可观察的输入值，并对类似的情况采用一致的估计方法。

市场调整法，是指企业根据某商品或类似商品的市场售价考虑本企业的成本和毛利等进行适当调整后，确定其单独售价的方法。

成本加成法，是指企业根据某商品的预计成本加上其合理毛利后的价格，确定其单独售价的方法。

余值法，是指企业根据合同交易价格减去合同中其他商品可观察的单独售价后的余值，确定某商品单独售价的方法。

【解析 14-24】单独售价的估计方法

企业估计单独售价时，首先判断单独售价是否可观察，然后再根据本准则进行相应会计处理。

第二十二条 企业在商品近期售价波动幅度巨大，或者因未定价且未曾单独销售而使售价无法可靠确定时，可采用余值法估计其单独售价。

【解析 14-25】单独售价的概念

单独售价，是指企业向客户单独销售商品的价格。单独售价无法直接观察的，企业应当综合考虑其能够合理取得的全部相关信息，采用市场调整法、成本加成法、余值法等方法合理估计单独售价。市场调整法，是指企业根据某商品或类似商品的市场售价，考虑本企业的成本和毛利等进行适当调整后，确定其单独售价的方法。成本加成法，是指企业根据某商品的预计成本加上其合理毛利后的价格，确定其单独售价的方法。余值法，是指企业根据合同交易价格减去合同中其他商品可观察的单独售价后的余值，确定某商品单独售价的方法。企业应当最大限度地采用可观察的输入值，并对类似的情况采用一致的估计方法。

企业在商品近期售价波动幅度巨大，或者因未定价且未曾单独销售而使售价无法可靠确定时，可采用余值法估计其单独售价。

【例 14-12】余值法计量单独售价

20×7 年 3 月 1 日，甲公司与客户签订合同，向其销售 A、B 两项商品，A 商品的单独售价为 6 000 元，B 商品的单独售价为 24 000 元，合同价款为 25 000 元。合同约定，A 商品于合同开始日交付，B 商品在一个月之后交付，只有当两项商品全部交付之后，甲公司才有权收取 25 000 元的合同对价。假定 A 商品和 B 商品分别构成单项履约义务，其控制权在交付时转移给客户。上述价格均不包含增值税，且假定不考虑相关税费影响。

本例中，分摊至 A 商品的合同价款为 5 000 元 [6 000÷（6 000+24 000）×25 000]，分摊至 B 商品的合同价款为 20 000 元 [24 000÷（6 000+24 000）×25 000]。甲公司的账务处理如下。

（1）交付 A 商品时。

借：合同资产	5 000	
贷：主营业务收入		5 000

（2）交付 B 商品时。

借：应收账款	25 000	
贷：合同资产		5 000
主营业务收入		20 000

【解析 14-26】合同资产的概念

合同资产，是指企业已向客户转让商品而有权收取对价的权利，且该权利取决于时间流逝之外的其他因素。应收款项是企业无条件收取合同对价的权利，该权利应当作为应收款项单独列示。二者的区别在于，应收款项代表的是无条件收取合同对价的权利，即企业仅仅随着时间的流逝即可收款，而合同资产并不是一项无条件收款权，该权利除了时间流逝之外，还取决于其他条件（例如，履行合同中的其他履约义务）才能收取相应的合同对价。因此，与合同资产和应收款项相关的风险是不同的，应收款项仅承担信用风险，而合同资产除信用风险之外，还可能承担其他风险，如履约风险等。合同资产减值的计量、列报和披露应当按照相关金融工具准则的要求进行会计处理。

第二十三条　对于合同折扣，企业应当在各单项履约义务之间按比例分摊。

有确凿证据表明合同折扣仅与合同中一项或多项（而非全部）履约义务相关的，企业应当将该合同折扣分摊至相关一项或多项履约义务。

合同折扣仅与合同中一项或多项（而非全部）履约义务相关，且企业采用余值法估计单独售价的，应当首先按照前款规定在该一项或多项（而非全部）履约义务之间分摊合同折扣，然后采用余值法估计单独售价。

合同折扣，是指合同中各单项履约义务所承诺商品的单独售价之和高于合同交易价格的金额。

【解析 14-27】合同折扣的分摊

合同折扣，是指合同中各单项履约义务所承诺商品的单独售价之和高于合同交易价格的金额。对于合同折扣，企业应当在各单项履约义务之间按比例分摊。有确凿证据表明合同折扣仅与合同中一项或多项（而非全部）履约义务相关的，企业应当将该合同折扣分摊至相关一项或多项履约义务。

同时满足下列条件时，企业应当将合同折扣全部分摊至合同中的一项或多项（而非全部）履约义务：（1）企业经常将该合同中的各项可明确区分的商品单独销售或者以组合的方式单独销售；（2）企业也经常将其中部分可明确区分的商品以组合的方式按折扣价格单独销售；（3）上述第（2）项中的折扣与该合同中的折扣基本相同，且针对每一组合中的商品的分析为将该合同的全部折扣归属于某一项或多项履约义务提供了可观察的证据。有确凿证据表明合同折扣仅与合同中的一项或多项（而非全部）履约义务相关，且企业采用余值法估计单独售价的，企业应当首先在一项或多项（而非全部）履约义务之间分摊合同折扣，然后再采用余值法估计单独售价。

【例 14-13】合同折扣分摊的会计处理

甲公司与客户签订合同，向其销售 A、B、C3 种产品，合同总价款为 120 万元，这 3 种产品构成 3 个单项履约义务。甲公司经常单独出售 A 产品，其可直接观察的单独售价为 50 万元；B 产品和 C 产品的单独售价不可直接观察，甲公司采用市场调整法估计 B 产品的单独售价为 25 万元，采用成本加成法估计 C 产品的单独售价为 75 万元。甲公司经常以 50 万元的价格单独销售 A 产品，并且经常将 B 产品和 C 产品组合在一起以 70 万元的价格销售。假定上述价格均不包含增值税。

本例中，这 3 种产品的单独售价合计为 150 万元，而该合同的价格为 120 万元，因此该合同的折扣为 30 万元。由于甲公司经常将 B 产品和 C 产品组合在一起以 70 万元的价格销售，该价格与其单独售价的差额为 30 万元，与该合同的折扣一致，而 A 产品单独销售的价格与其单独售价一致，证明该合同的折扣仅应归属于 B 产品和 C 产品。因此，在该合同下，分摊至 A 产品的交易价格为 50 万元，分摊至 B 产品和 C 产品的交易价格合计为 70 万元，甲公司应当进一步按照 B 产品和 C 产品的单独售价的相对比例将该价格在二者之间进行分摊。因此，各产品分摊的交易价格分别为：A 产品为 50 万元，B 产品为 17.5 万元（25÷100×70），C 产品为 52.5 万元（75÷100×70）。

第二十四条　对于可变对价及可变对价的后续变动额，企业应当按照本准则第二十条至第二十三条规定，将其分摊至与之相关的一项或多项履约义务，或者分摊至构成单项履约义务的一系列可明确区分商品中的一项或多项商品。

对于已履行的履约义务，其分摊的可变对价后续变动额应当调整变动当期的收入。

【解析 14-28】可变对价的分摊

合同中包含可变对价的，该可变对价可能与整个合同相关，也可能仅与合同中的某一特定组成部分有关，后者包括两种情形：一是可变对价可能与合同中的一项或多项（而非全部）履约义务有关；二是可变对价可能与企业向客户转让的构成单项履约义务的一系列可明确区分商品中的一项或多项（而非全部）商品有关。

同时满足下列条件的，企业应当将可变对价及可变对价的后续变动额全部分摊至与之相关的某项履约义务，或者构成单项履约义务的一系列可明确区分商品中的某项商品：（1）可变对价的条款专门针对企业为履行该项履约义务或转让该项可明确区分商品所做的努力（或者是履行该项履约义务或转让该项可明确区分商品所导致的特定结果）；（2）企业在考虑了合同中的全部履约义务及支付条款后，将合同对价中的可变金额全部分摊至该项履约义务或该项可明确区分商品符合分摊交易价格的目标。对于不满足上述条件的可变对价及可变对价的后续变动额，以及可变对价及其后续变动额中未满足上述条件的剩余部分，企业应当按照分摊交易价格的一般原则，将其分摊至合同中的各单项履约义务。对于已履行的履约义务，其分摊的可变对价后续变动额应当调整变动当期的收入。

【例 14-14】可变对价分摊的会计处理

甲公司与乙公司签订合同，将其拥有的两项专利技术X和Y授权给乙公司使用。假定两项授权均构成单项履约义务，且都属于在某一时点履行的履约义务。合同约定，授权使用X的价格为80万元，授权使用Y的价格为乙公司使用该专利技术所生产的产品销售额的3%。X和Y的单独售价分别为80万元和100万元。甲公司估计其就授权使用Y而有权收取的特许权使用费为100万元。假定上述价格均不包含增值税。

本例中，该合同中包含固定对价和可变对价，其中，授权使用X的价格为固定对价，且与其单独售价一致；授权使用Y的价格为乙公司使用该专利技术所生产的产品销售额的3%，属于可变对价，该可变对价全部与授权使用Y能够收取的对价有关，且甲公司估计基于实际销售情况收取的特许权使用费的金额接近Y的单独售价。因此，甲公司将可变对价部分的特许权使用费金额全部由Y承担符合交易价格的分摊目标。

第二十五条 合同变更之后发生可变对价后续变动的，企业应当区分下列三种情形分别进行会计处理：

（一）合同变更属于本准则第八条（一）规定情形的，企业应当判断可变对价后续变动与哪一项合同相关，并按照本准则第二十四条规定进行会计处理。

（二）合同变更属于本准则第八条（二）规定情形，且可变对价后续变动与合同变更前已承诺可变对价相关的，企业应当首先将该可变对价后续变动额以原合同开始日确定的基础进行分摊，然后再将分摊至合同变更日尚未履行履约义务的该可变对价后续变动额以新合同开始日确定的基础进行二次分摊。

（三）合同变更之后发生除本条（一）、（二）规定情形以外的可变对价后续变动的，企业应当将该可变对价后续变动额分摊至合同变更日尚未履行的履约义务。

【解析 14-29】交易价格后续变动的情形

交易价格发生后续变动的，企业应当按照在合同开始日所采用的基础将该后续变动金额分摊至合同中的履约义务。企业不得因合同开始日之后单独售价的变动而重新分摊交易价格。对于合同变更导致的交易价格后续变动，应当按照本准则有关合同变更的要求进行会计处理。合同变更之后发生可变对价后续变动的，企业应当区分上文 3 种情形分别进行会计处理。

【例 14-15】交易价格后续变动的会计处理

20×8 年 9 月 1 日，甲公司与乙公司签订合同，向其销售 A 产品和 B 产品。A 产品和 B 产品均为可明确区分商品，其单独售价相同，且均属于在某一时点履行的履约义务。合同约定，A 产品和 B 产品分别于 20×8 年 11 月 1 日和 20×9 年 3 月 31 日交付给乙公司。合同约定的对价包括 1 000 元的固定对价和估计金额为 200 元的可变对价。假定甲公司将 200 元的可变对价计入交易价格，满足本准则有关将可变对价金额计入交易价格的限制条件。因此，该合同的交易价格为 1 200 元。假定上述价格均不包含增值税。

20×8 年 12 月 1 日，双方对合同范围进行了变更，乙公司向甲公司额外采购 C 产品，合同价格增加 300 元，C 产品与 A、B 两种产品可明确区分，但该增加的价格不反映 C 产品的单独售价。C 产品的单独售价与 A 产品和 B 产品相同。C 产品将于 20×9 年 6 月 30 日交付给乙公司。

20×8 年 12 月 31 日，企业预计有权收取的可变对价的估计金额由 200 元变更为 240 元，该金额符合计入交易价格的条件。因此，合同的交易价格增加了 40 元，且甲公司认为该增加额与合同变更前已承诺的可变对价相关。

假定上述 3 种产品的控制权均随产品交付而转移给乙公司。

本例中，在合同开始日，该合同包含两个单项履约义务，甲公司应当将估计的交易价格分摊至这两项履约义务。两种产品的单独售价相同，且可变对价不符合分摊至其中一项履约义务的条件，因此，甲公司将交易价格 1 200 元平均分摊至 A 产品和 B 产品，即 A 产品和 B 产品各自分摊的交易价格均为 600 元。

20×8 年 11 月 1 日，当交付 A 产品给乙公司时，甲公司相应确认收入 600 元。

20×8 年 12 月 1 日，双方进行了合同变更。该合同变更属于本准则合同变更的第八条（二）规定的情形，因此该合同变更应当作为原合同终止，并将原合同的未履约部分与合同变更部分合并为新合同进行会计处理。在该新合同下，合同的交易价格为 900 元（600+300），由于 B 产品和 C 产品的单独售价相同，分摊至 B 产品和 C 产品的交易价格的金额均为 450 元。

20×8 年 12 月 31 日，甲公司重新估计可变对价，增加了交易价格 40 元。该增加额与合同变更前已承诺的可变对价相关，因此应首先将该增加额分摊给 A 产品和 B 产品，之后再将分摊给 B 产品的部分在 B 产品和 C 产品形成的新合同中进行二次分摊。在本例中，由于 A、B 和 C 产品的单独售价相同，在将 40 元的可变对价后续变动分摊至 A 产品和 B 产品时，各自分摊的金额为 20 元。由于甲公司已经交付了 A 产品，在交易价格发生变动的当期即应将分摊至 A 产品的 20 元确认为收入。之后，甲公司将分摊至 B 产品的 20 元平均分摊至 B 产品和 C 产品，即各自分摊的金额为 10 元，经过上述分摊后，B 产品和 C 产品的交易价格金额均为 460 元（450+10）。因此，甲公司分别在 B 产品和 C 产品控制权转移时确认收入 460 元。

第四章　合同成本

第二十六条　企业为履行合同发生的成本，不属于其他企业会计准则规范范围且同时满足下列条件的，应当作为合同履约成本确认为一项资产：

（一）该成本与一份当前或预期取得的合同直接相关，包括直接人工、直接材料、制造费用（或类似费用）、明确由客户承担的成本以及仅因该合同而发生的其他成本；

（二）该成本增加了企业未来用于履行履约义务的资源；

（三）该成本预期能够收回。

【解析 14-30】合同履约成本的概念

企业为履行合同可能会发生各种成本，企业应当对这些成本进行分析，属于其他企业会计准则（例如《企业会计准则第 1 号——存货》《企业会计准则第 4 号——固定资产》及《企业会计准则第 6 号——无形资产》等）规范范围的，应当按照相关企业会计准则进行会计处理；不属于其他企业会计准则规范范围且同时满足下列条件的，应当作为合同履约成本确认为一项资产。

1. 该成本与一份当前或预期取得的合同直接相关。

预期取得的合同应当是企业能够明确识别的合同，例如，现有合同续约后的合同、尚未获得批准的特定合同等。与合同直接相关的成本包括直接人工（例如，支付给直接为客户提供所承诺服务的人员的工资、奖金等）、直接材料（例如，为履行合同耗用的原材料、辅助材料、构配件、零件、半成品的成本和周转材料的摊销及租赁费用等）、制造费用（或类似费用，例如，组织和管理相关生产、施工、服务等活动发生的费用，包括管理人员的职工薪酬、劳动保护费、固定资产折旧费及修理费、物料消耗、取暖费、水电费、办公费、差旅费、财产保险费、工程保修费、排污费、临时设施摊销费等）、明确由客户承担的成本以及仅因该合同而发生的其他成本（例如，支付给分包商的成本、机械使用费、设计和技术援助费用、施工现场二次搬运费、生产工具和用具使用费、检验试验费、工程定位复测费、工程点交费用、场地清理费等）。

2. 该成本增加了企业未来用于履行（包括持续履行）履约义务的资源。

3. 该成本预期能够收回。

企业应当在下列支出发生时，将其计入当期损益：一是管理费用，除非这些费用明确由客户承担；二是非正常消耗的直接材料、直接人工和制造费用（或类似费用），这些支出为履行合同发生，但未反映在合同价格中；三是与履约义务中已履行（包括已全部履行或部分履行）部分相关的支出，即该支出与企业过去的履约活动相关；四是无法在尚未履行的与已履行（或已部分履行）的履约义务之间区分的相关支出。

【例 14-16】合同履约成本的确认

甲公司与乙公司签订合同，为其信息中心提供管理服务，合同期限为 5 年。在向乙公司提供服务之前，甲公司设计并搭建了一个信息技术平台供其内部使用，该信息技术平台由相关的硬件和软件组成。甲公司需要提供设计方案，将该信息技术平台与乙公司现有的信息系统对接，并进行相关测试。该平台并不会转让给乙公司，但是将用于向乙公司提供服务。甲公司为该平台的设计、购买硬件和软件以及信息中心的测试发生了成本。除此之外，甲公司专门指派两名员工，负责向乙公司提供服务。

本例中，甲公司为履行合同发生的上述成本中，购买硬件和软件的成本应当分别按照固定资产和无形资产进行会计处理；设计服务成本和信息中心的测试成本不属于其他准则的规范范围，但是这些成本与履行该合同直接相关，并且增加了甲公司未来用于履行履约义务（即提供管理服务）的资源，如果甲公司预期该成本可通过未来提供服务收取的对价收回，则甲公司应当将这些成本确认为一项资产。甲公司向两名负责该项目的员工支付的工资费用，虽然与向乙公司提供服务有关，但是由于其并未增加企业未来用于履行履约义务的资源，因此，应当于发生时计入当期损益。

摘录于《〈企业会计准则第 14 号——收入〉应用指南》

第二十七条　企业应当在下列支出发生时，将其计入当期损益：

（一）管理费用。

（二）非正常消耗的直接材料、直接人工和制造费用（或类似费用），这些支出为履行合同发生，但未反映在合同价格中。

（三）与履约义务中已履行部分相关的支出。

（四）无法在尚未履行的与已履行的履约义务之间区分的相关支出。

【解析 14-31】计入当期损益的支出

企业在发生相关支出时，判断其支出类型，对于符合条件的支出计入当期损益。

第二十八条　企业为取得合同发生的增量成本预期能够收回的，应当作为合同取得成本确认为一项资产；但是，该资产摊销期限不超过一年的，可以在发生时计入当期损益。

增量成本，是指企业不取得合同就不会发生的成本（如销售佣金等）。

企业为取得合同发生的、除预期能够收回的增量成本之外的其他支出（如无论是否取得合同均会发生的差旅费等），应当在发生时计入当期损益，但是，明确由客户承担的除外。

【解析 14-32】合同取得成本的概念

企业为取得合同发生的增量成本预期能够收回的，应当作为合同取得成本确认为一项资产。增量成本，是指企业不取得合同就不会发生的成本，如销售佣金等。为简化实务操作，该资产摊销期限不超过一年的，可以在发生时计入当期损益。企业采用该简化处理方法的，应当对所有类似合同一致采用。

企业为取得合同发生的、除预期能够收回的增量成本之外的其他支出，例如，无论是否取得合同均会发生的差旅费、投标费、为准备投标资料发生的相关费用等，应当在发生时计入当期损益，除非这些支出明确由客户承担。

企业因现有合同续约或发生合同变更需要支付的额外佣金，也属于为取得合同发生的增量成本。实务中，当涉及合同取得成本的安排比较复杂时，企业需要运用判断，对发生的合同取得成本进行恰当的会计处理，例如，合同续约或合同变更时需要支付额外的佣金、企业支付的佣金金额取决于客户未来的履约情况或者取决于累计取得的合同数量或金额等。

为取得合同需要支付的佣金在履行合同的过程中分期支付、且客户违约时企业无须支付剩余佣金的，如果该合同在合同开始日即满足本准则第五条规定的 5 项条件，该佣金预期能够从客户支付的对价中获得补偿，且取得合同后，收取佣金的一方不再为企业提供任何相关服务，则企业应当将应支付的佣金全额作为合同取得成本确认为一项资产。后续期间，如果客户的履约情况发生变化，企业应当评估该合同是否仍然满足本准则第五条规定的 5 项条件以及确认为资产的合同取得成本是否发生减值，并进行相应的会计处理。这一处理也同样适用于客户违约可能导致企业收回已经支付的佣金的情况。当企业发生的合同取得成本与多份合同相关（例如，企业支付的佣金取决于累计取得的合同数量或金额）时，情况可能更为复杂，企业应当根据实际情况进行判断，并进行相应的会计处理。

摘录于《〈企业会计准则第 14 号——收入〉应用指南》

【例 14-17】合同取得成本的确认 1

甲公司是一家咨询公司，其通过竞标赢得一个新客户，为取得和该客户的合同，甲公司发生下列支出：（1）聘请外部律师进行尽职调查的支出为 15 000 元；（2）因投标发生的差旅费为 10 000 元；（3）销售人员佣金为 5 000 元。甲公司预期这些支出未来能够收回。此外，甲公司根据其年度销售目标、整体盈利情况及个人业绩等，向销售部门经理支付年度奖金 10 000 元。

本例中，甲公司向销售人员支付的佣金属于为取得合同发生的增量成本，应当将其作为合同取得成本确认为一项资产。甲公司聘请外部律师进行尽职调查发生的支出、因投标发生的差旅费，无论是否取得合同都会发生，不属于增量成本，因此，应当于发生时直接计入当期损益。甲公司向销售部门经理支付的年度奖金也不是为取得合同发生的增量成本，这是因为该奖金发放与否以及发放金额还取决于其他因素（包括公司的盈利情况和个人业绩），其并不能直接归属于可识别的合同。

实务中，涉及合同取得成本的安排可能会比较复杂，例如，合同续约或合同变更时需要支付额外的佣金、企业支付的佣金金额取决于客户未来的履约情况或者取决于累计取得的合同数量或金额等，企业需要运用判断，对发生的合同取得成本进行恰当的会计处理。企业因现有合同续约或发生合同变更需要支付的额外佣金，也属于为取得合同发生的增量成本。

【例 14-18】合同取得成本的确认 2

甲公司相关政策规定，销售部门的员工每取得一份新的合同，可以获得提成 100 元，现有合同每续约一次，员工可以获得提成 60 元。甲公司预期上述提成均能够收回。

本例中，甲公司为取得新合同支付给员工的提成 100 元，属于为取得合同发生的增量成本，且预期能够收回，因此，应当确认为一项资产。同样地，甲公司为现有合同续约支付给员工的提成 60 元，也属于为取得合同发生的增量成本，这是因为如果不发生合同续约，就不会支付相应的提成，由于该提成预期能够收回，甲公司应当在每次续约时将应支付的相关提成确认为一项资产。

除上述规定外，甲公司相关政策规定，当合同变更时，如果客户在原合同的基础上，向甲公司支付额外的对价以购买额外的商品，甲公司需根据该新增的合同金额向销售人员支付一定的提成，此时，无论相关合同变更属于合同变更的哪一种情形，甲公司均应当将应支付的提成视同为取得合同（变更后的合同）发生的增量成本进行会计处理。

第二十九条 按照本准则第二十六条和第二十八条规定确认的资产（以下简称“与合同成本有关的资产”），应当采用与该资产相关的商品收入确认相同的基础进行摊销，计入当期损益。

第三十条 与合同成本有关的资产，其账面价值高于下列两项的差额的，超出部分应当计提减值准备，并确认为资产减值损失：

（一）企业因转让与该资产相关的商品预期能够取得的剩余对价；

（二）为转让该相关商品估计将要发生的成本。

以前期间减值的因素之后发生变化，使得前款（一）减（二）的差额高于该资产账面价值的，应当转回原已计提的资产减值准备，并计入当期损益，但转回后的资产账面价值不应超过假定不计提减值准备情况下该资产在转回日的账面价值。

【解析 14-33】与合同成本有关的资产减值损失的计量

本准则第三十条（一）减（二）等于合同履约成本和合同取得成本的公允处置净额。

第三十一条 在确定与合同成本有关的资产的减值损失时，企业应当首先对按照其他相关企业会计准则确认的、与合同有关的其他资产确定减值损失；然后，按照本准则第三十条规定确定与合同成本有关的资产的减值损失。

企业按照《企业会计准则第 8 号——资产减值》测试相关资产组的减值情况时，应当将按照前款规定确定与合同成本有关的资产减值后的新账面价值计入相关资产组的账面价值。

【解析 14-34】合同成本的摊销和减值

1. 摊销。

根据上述确认的与合同履约成本和合同取得成本有关的企业资产（以下简称“与合同成本有关的资产”），应当采用与该资产相关的商品收入确认相同的基础（即，在履约义务履行的时点或按照履约义务的履约进度）进行摊销，计入当期损益。

在确定与合同成本有关的资产的摊销期限和方式时，如果该资产与一份预期将要取得的合同（如续约后的合同）相关，则在确定相关摊销期限和方式时，应当考虑该将要取得的合同的影响。但是，对于合同取得成本而言，如果合同续约时，企业仍需要支付与取得原合同相当的佣金，这表明取得原合同时支付的佣金与未来预期取得的合同无关，该佣金只能在原合同的期限内进行摊销。企业为合同续约仍需支付的佣金是否与原合同相当，需要根据具体情况进行判断。例如，如果两份合同的佣金按照各自合同金额的相同比例计算，通常表明这两份合同的佣金水平是相当的。但是，实务中，与取得原合同相比，现有合同续约的难度可能较低，因此，即使合同续约时应支付的佣金低于取得原合同的佣金，也可能表明这两份合同的佣金水平是相当的。

某些情况下，企业将为取得某份合同发生的增量成本确认为一项资产，但是该合同中包含多项履约义务，且这些履约义务在不同的时点或时段内履行。在确定该项资产的摊销方式时，企业可以基于各项履约义务分摊的交易价格的相对比例，将该项资产分摊至各项履约义务，再以与该履约义务（可明确区分的商品）的收入确认相同的基础进行摊销；或者，企业可以考虑合同中包含的所有履约义务，采用恰当的方法确定合同的完成情况，即，应当最能反映该资产随相关商品的转移而被“耗用”的情况，并以此为基础对该资产进行摊销。通常情况下，上述两种方法的结果可能是近似的，但是，后者无须将合同取得成本特别分摊至合同中的各项履约义务。

企业应当根据向客户转让与上述资产相关的商品的预期时间变化，对资产的摊销情况进行复核并更新，以反映该预期时间的重大变化。此类变化应当作为会计估计变更，按照《企业会计准则第 28 号——会计政策、会计估计变更和差错更正》进行会计处理。

2. 减值。

与合同成本有关的资产，其账面价值高于下列第一项减去第二项的差额的，超出部分应当计提减值准备，并确认为资产减值损失：一是企业因转让与该资产相关的商品预期能够取得的剩余对价；二是为转让该相关商品估计将要发生的成本。这里，企业应当按照确定交易价格的原则（关于可变对价估计的限制要求除外）预计其能够取得的剩余对价。估计将要发生的成本主要包括直接人工、直接材料、制造费用（或类似费用）、明确由客户承担的成本以及仅因该合同而发生的其他成本等。以前期间减值的因素之后发生变化，使得企业上述第一项减去第二项后的差额高于该资产账面价值的，应当转回原已计提的资产减值准备，并计入当期损益，但转回后的资产账面价值不应超过假定不计提减值准备情况下该资产在转回日的账面价值。

在确定与合同成本有关的资产的减值损失时，企业应当首先对按照其他相关企业会计准则确认的、与合同有关的其他资产确定减值损失；然后，按照上一段的要求确定与合同成本有关的资产的减值损失。企业按照《企业会计准则第 8 号——资产减值》测试相关资产组的减值情况时，应当将按照上述要求确定上述资产减值后的新账面价值计入相关资产组的账面价值。

摘录于《〈企业会计准则第 14 号——收入〉应用指南》

第五章　特定交易的会计处理

第三十二条　对于附有销售退回条款的销售，企业应当在客户取得相关商品控制权时，按照因向客户转让商品而预期有权收取的对价金额（即，不包含预期因销售退回将退还的金额）确认收入，按照预期因销售退回将退还的金额确认负债；同时，按照预期将退回商品转让时的账面价值，扣除收回该商品预计发生的成本（包括退回商品的价值减损）后的余额，确认为一项资产，按照所转让商品转让时的账面价值，扣除上述资产成本的净额结转成本。

每一资产负债表日，企业应当重新估计未来销售退回情况，如有变化，应当作为会计估计变更进行会计处理。

【例 14-19】附有销售退回条款交易的会计处理

甲公司是一家健身器材销售公司。20×7 年 11 月 1 日，甲公司向乙公司销售 5 000 件健身器材，单位销售价格为 500 元，单位成本为 400 元，开出的增值税专用发票上注明的销售价格为 250 万元，增值税税额为 32.5 万元。健身器材已经发出，但款项尚未收到。根据协议约定，乙公司应于 20×7 年 12 月 31 日之前支付货款，在 20×8 年 3 月 31 日之前有权退还健身器材。甲公司根据过去的经验，估计该批健身器材的退货率约为 20%。在 20×7 年 12 月 31 日，甲公司对退货率进行了重新评估，认为只有 10% 的健身器材会被退回。甲公司为增值税一般纳税人，健身器材发出时纳税义务已经发生，实际发生退回时取得税务机关开具的红字增值税专用发票。假定健身器材发出时控制权转移给乙公司。甲公司的账务处理如下。

（1）20×7 年 11 月 1 日发出健身器材时。

借：应收账款	2 925 000	
贷：主营业务收入		2 000 000
预计负债——应付退货款		500 000
应交税费——应交增值税（销项税额）		325 000
借：主营业务成本	1 600 000	
应收退货成本	400 000	
贷：库存商品		2 000 000

（2）20×7 年 12 月 31 日前收到货款时。

借：银行存款	2 925 000	
贷：应收账款		2 925 000

（3）20×7 年 12 月 31 日，甲公司对退货率进行重新评估。

借：预计负债——应付退货款	250 000	
贷：主营业务收入		250 000
借：主营业务成本	200 000	
贷：应收退货成本		200 000

（4）20×8 年 3 月 31 日发生销售退回，实际退货量为 400 件，退货款项已经支付。

借：库存商品	160 000	
应交税费——应交增值税（销项税额）	26 000	
预计负债——应付退货款	250 000	
贷：应收退货成本		160 000
主营业务收入		50 000
银行存款		234 000
借：主营业务成本	40 000	
贷：应收退货成本		40 000

第三十三条　对于附有质量保证条款的销售，企业应当评估该质量保证是否在向客户保

证所销售商品符合既定标准之外提供了一项单独的服务。企业提供额外服务的，应当作为单项履约义务，按照本准则规定进行会计处理；否则，质量保证责任应当按照《企业会计准则第 13 号——或有事项》规定进行会计处理。在评估质量保证是否在向客户保证所销售商品符合既定标准之外提供了一项单独的服务时，企业应当考虑该质量保证是否为法定要求、质量保证期限以及企业承诺履行任务的性质等因素。客户能够选择单独购买质量保证的，该质量保证构成单项履约义务。

【解析 14-35】附有质量保证条款的销售

企业在评估一项质量保证是否在向客户保证所销售的商品符合既定标准之外提供了一项单独的服务时，应当考虑的因素包括如下。

1. 该质量保证是否为法定要求。当法律要求企业提供质量保证时，该法律规定通常表明企业承诺提供的质量保证不是单项履约义务，这是因为，这些法律规定通常是为了保护客户，以免其购买瑕疵或缺陷商品，而并非为客户提供一项单独的服务。

2. 质量保证期限。企业提供质量保证的期限越长，越有可能表明企业向客户提供了保证商品符合既定标准之外的服务。因此，企业承诺提供的质量保证越有可能构成单项履约义务。

3. 企业承诺履行任务的性质。如果企业必须履行某些特定的任务以保证所销售的商品符合既定标准（例如，企业负责运输被客户退回的瑕疵商品），则这些特定的任务可能不构成单项履约义务。

【例 14-20】附有质量保证条款交易的会计处理

甲公司与客户签订合同，销售一部手机。该手机自售出起一年内如果发生质量问题，甲公司负责提供质量保证服务。此外，在此期间内，由于客户使用不当（例如手机进水）等造成的产品故障，甲公司也免费提供维修服务。该维修服务不能单独购买。

本例中，甲公司的承诺包括：销售手机、提供质量保证服务以及维修服务。甲公司针对产品的质量问题提供的质量保证服务是为了向客户保证所销售商品符合既定标准，因此不构成单项履约义务；甲公司对由于客户使用不当而导致的产品故障提供的免费维修服务，属于在向客户保证所销售商品符合既定标准之外提供的单独服务，尽管其没有单独销售，该服务与手机可明确区分，应该作为单项履约义务。因此，在该合同下，甲公司的履约义务有两项：销售手机和提供维修服务，甲公司应当按照其各自单独售价的相对比例，将交易价格分摊至这两项履约义务，并在各项履约义务履行时分别确认收入。

第三十四条 企业应当根据其在向客户转让商品前是否拥有对该商品的控制权，来判断其从事交易时的身份是主要责任人还是代理人。企业在向客户转让商品前能够控制该商品的，该企业为主要责任人，应当按照已收或应收对价总额确认收入；否则，该企业为代理人，应当按照预期有权收取的佣金或手续费的金额确认收入，该金额应当按照已收或应收对价总额扣除应支付给其他相关方的价款后的净额，或者按照既定的佣金金额或比例等确定。

企业向客户转让商品前能够控制该商品的情形包括：

（一）企业自第三方取得商品或其他资产控制权后，再转让给客户。

（二）企业能够主导第三方代表本企业向客户提供服务。

（三）企业自第三方取得商品控制权后，通过提供重大的服务将该商品与其他商品整合成某组合产出转让给客户。

在具体判断向客户转让商品前是否拥有对该商品的控制权时，企业不应仅局限于合同的法律形式，而应当综合考虑所有相关事实和情况，这些事实和情况包括：

（一）企业承担向客户转让商品的主要责任。

（二）企业在转让商品之前或之后承担了该商品的存货风险。

（三）企业有权自主决定所交易商品的价格。

（四）其他相关事实和情况。

【解析 14-36】主要责任人和代理人的概念

企业应当根据其在向客户转让商品前是否拥有对该商品的控制权，来判断其从事交易时的身份是主要责任人还是代理人。企业在向客户转让商品前能够控制该商品的，该企业为主要责任人，应当按照已收或应收对价总额确认收入；否则，该企业为代理人，应当按照预期有权收取的佣金或手续费的金额确认收入，该金额应当按照已收或应收对价总额扣除应支付给其他相关方的价款后的净额，或者按照既定的佣金金额或比例等确定。企业与客户订立的包含多项可明确区分商品的合同中，企业需要分别判断其在这不同履约义务中的身份是主要责任人还是代理人。

当存在第三方参与企业向客户提供商品时，企业向客户转让特定商品之前能够控制该商品，从而应当作为主要责任人的情形包括以下三种。一是企业自该第三方取得商品或其他资产控制权后，再转让给客户。此时，企业应当考虑该权利是仅在转让给客户时才产生，还是在转让给客户之前就已经存在，且企业一直能够主导其使用。如果该权利在转让给客户之前并不存在，表明企业实质上并不能在该权利转让给客户之前控制该权利。二是企业能够主导该第三方代表本企业向客户提供服务，说明企业在相关服务提供给客户之前能够控制该相关服务。三是企业自该第三方取得商品控制权后，通过提供重大的服务将该商品与其他商品整合成合同约定的某组合产出转让给客户。此时，企业承诺提供的特定商品就是合同约定的组合产出，企业应首先获得为生产该组合产出所需要的投入的控制权，然后才能够将这些投入加工整合为合同约定的组合产出。

如果企业仅仅是在特定商品的法定所有权转移给客户之前，暂时性地获得该特定商品的法定所有权，这并不意味着企业一定控制了该商品。实务中，企业在判断其在向客户转让特定商品之前是否已经拥有对该商品的控制权时，不应仅局限于合同的法律形式，而应当综合考虑所有相关事实和情况进行判断，这些事实和情况包括以下几点。

（1）企业承担向客户转让商品的主要责任。企业在判断其是否承担向客户转让商品的主要责任时，应当从客户的角度进行评估，即客户认为哪一方承担了主要责任，例如客户认为谁对商品的质量或性能负责、谁负责提供售后服务、谁负责解决客户投诉等。

（2）企业在转让商品之前或之后承担了该商品的存货风险。其中，存货风险主要是指存货可能发生减值、毁损或灭失等形成的损失。例如，如果企业在与客户订立合同之前已经购买或者承诺将自行购买特定商品，这可能表明企业在将该特定商品转让给客户之前，承担了该特定商品的存货风险，企业有能力主导特定商品的使用并从中取得几乎全部的经济利益；又如，在附有销售退回条款的销售中，企业将商品销售给客户之后，客户有权要求向该企业退货，这可能表明企业在转让商品之后仍然承担了该商品的存货风险。

（3）企业有权自主决定所交易商品的价格。企业有权决定客户为取得特定商品所需支付的价格，可能表明企业有能力主导有关商品的使用并从中获得几乎全部的经济利益。然而，在某些情况下，代理人可能在一定程度上也拥有定价权（例如，在主要责任人规定的某一价格范围内决定价格），以便其在代表主要责任人向客户提供商品时，能够吸引更多的客户，从而赚取更多的收入。此时，即使代理人有一定的定价能力，也并不表明在与最终客户的交易中其身份是主要责任人，代理人只是放弃了一部分自己应当赚取的佣金或手续费而已。

（4）其他相关事实和情况。需要强调的是，企业在判断其是主要责任人还是代理人时，应当以该企业在特定商品转让给客户之前是否能够控制这些商品为原则。上述相关事实和情况不能凌驾于控制权的判断之上，也不构成一项单独或额外的评估，而只是帮助企业在难以评估特定商品转让给客户之前是否能够控制这些商品的情况下进行相关判断。此外，这些事实和情况并无权重之分，也不能被孤立地用于支持某一结论。企业应当根据相关商品的性质、合同条款的约定以及其他具体情况，综合进行判断。

【例14-21】主要责任人和代理人的判定

20×7年1月，甲旅行社从A航空公司购买了一定数量的折扣机票，并对外销售。甲旅行社向旅客销售机票时，可自行决定机票的价格等，未售出的机票不能退还给A航空公司。

本例中，甲旅行社向客户提供的特定商品为机票，并在确定特定客户之前已经预先从A航空公司购买了机票，因此，该权利在转让给客户之前已经存在。甲旅行社从A航空公司购入机票后，可以自行决定该机票的价格、向哪些客户销售等，甲旅行社有能力主导该机票的使用并且能够获得其几乎全部的经济利益。因此，甲旅行社在将机票销售给客户之前，能够控制该机票，甲旅行社的身份是主要责任人。

【例14-22】主要责任人和代理人身份的确定

甲公司经营购物网站，在该网站购物的消费者可以明确获知在该网站上销售的商品均为其他零售商直接销售的商品，这些零售商负责发货以及售后服务等。甲公司与零售商签订的合同约定，该网站所售商品的采购、定价、发货以及售后服务等均由零售商自行负责，甲公司仅负责协助零售商和消费者结算货款，并按照每笔交易的实际销售额收取5%的佣金。

本例中，甲公司经营的购物网站是一个购物平台，零售商在该平台发布所销售商品信息，消费者可以从该平台购买零售商销售的商品。消费者在该网站购物时，向其提供的特定商品为零售商在网站上销售的商品，除此之外，甲公司并未提供任何其他的商品或服务。这些特定商品在转移给消费者之前，甲公司从未有能力主导这些商品的使用，例如，甲公司不能将这些商品提供给购买该商品的消费者之外的其他方，也不能阻止零售商向该消费者转移这些商品，甲公司不能控制零售商用于完成该网站订单的相关存货。因此，消费者在该网站购物时，在相关商品转移给消费者之前，甲公司并未控制这些商品，甲公司的履约义务是安排零售商向消费者提供相关商品，而并未自行提供这些商品，甲公司在该交易中的身份是代理人。

第三十五条 对于附有客户额外购买选择权的销售，企业应当评估该选择权是否向客户提供了一项重大权利。企业提供重大权利的，应当作为单项履约义务，按照本准则第二十条至第二十四条规定将交易价格分摊至该履约义务，在客户未来行使购买选择权取得相关商品控制权时，或者该选择权失效时，确认相应的收入。客户额外购买选择权的单独售价无法直接观察的，企业应当综合考虑客户行使和不行使该选择权所能获得的折扣的差异、客户行使该选择权的可能性等全部相关信息后，予以合理估计。

客户虽然有额外购买商品选择权，但客户行使该选择权购买商品时的价格反映了这些商品单独售价的，不应被视为企业向该客户提供了一项重大权利。

【解析14–37】附有客户额外购买选择权的销售的判定

对于附有客户额外购买选择权的销售，企业应当评估该选择权是否向客户提供了一项重大权利。企业提供重大权利的，应当作为单项履约义务，按照本准则有关交易价格分摊的要求将交易价格分摊至该履约义务，在客户未来行使购买选择权取得相关商品控制权时，或者该选择权失效时，确认相应的收入。客户额外购买选择权的单独售价无法直接观察的，企业应当综合考虑客户行使和不行使该选择权所能获得的折扣的差异、客户行使该选择权的可能性等全部相关信息后，予以合理估计。

额外购买选择权的情况包括销售激励、客户奖励积分、未来购买商品的折扣券以及合同续约选择权等。对于附有客户额外购买选择权的销售，企业应当评估该选择权是否向客户提供了一项重大权利。如果客户只有在订立了一项合同的前提下才取得了额外购买选择权，并且客户行使该选择权购买额外商品时，能够享受到超过该地区或该市场中其他同类客户所能够享有的折扣，则通常认为该选择权向客户提供了一项重大权利。该选择权向客户提供了重大权利的，应当作为单项履约义务。在考虑授予客户的该项权利是否重大时，应根据其金额和性质综合进行判断。

客户虽然有额外购买商品选择权，但客户行使该选择权购买商品时的价格反映了这些商品单独售价的，不应被视为企业向该客户提供了一项重大权利。为简化实务操作，当客户行使该权利购买的额外商品与原合同下购买的商品类似，且企业将按照原合同条款提供该额外的商品时，例如，企业向客户提供续约选择权，企业可以无须估计该选择权的单独售价，而是直接把其预计将提供的额外商品的数量以及预计将收取的相应对价金额纳入原合同，并进行相应的会计处理。

【例14–23】附有客户额外购买选择权的销售会计处理

20×7年1月1日，甲公司开始推行一项奖励积分计划。根据该计划，客户在甲公司每消费10元可获得1个积分，每个积分从次月开始在购物时可以抵减1元。截至20×7年1月31日，客户共消费100 000元，可获得10 000个积分，根据历史经验，甲公司估计该积分的兑换率为95%。假定上述金额均不包含增值税等的影响。

本例中，甲公司认为其授予客户的积分为客户提供了一项重大权利，应当作为一项单独的履约义务。客户购买商品的单独售价合计为 100 000 元，考虑积分的兑换率，甲公司估计积分的单独售价为 9 500 元（1×10 000×95%）。甲公司按照商品和积分单独售价的相对比例对交易价格进行分摊，具体如下：

分摊至商品的交易价格 =[100 000÷（100 000+9 500）]×100 000=91 324（元）

分摊至积分的交易价格 =[9 500÷（100 000+9 500）]×100 000=8 676（元）

因此，甲公司应当在商品的控制权转移时确认收入 91 324 元，同时确认合同负债 8 676 元。

借：银行存款　　100 000

　　贷：主营业务收入　　91 324

　　　　合同负债　　8 676

截至 20×7 年 12 月 31 日，客户共兑换了 4 500 个积分，甲公司对该积分的兑换率进行了重新估计，仍然预计客户总共将会兑换 9 500 个积分。因此，甲公司以客户兑换的积分数占预期将兑换的积分总数的比例为基础确认收入。

积分应当确认的收入 =4 500÷9 500×8 676=4 110（元）；剩余未兑换的积分的交易价格 =8 676−4 110=4 566（元），仍然作为合同负债。

借：合同负债　　4 110

　　贷：主营业务收入　　4 110

截至 20×8 年 12 月 31 日，客户累计兑换了 8 500 个积分。甲公司对该积分的兑换率进行了重新估计，预计客户总共将会兑换 9 700 个积分。

积分应当确认的收入 =8 500÷9 700×8 676−4 110=3 493（元）；剩余未兑换的积分的交易价格 =8 676−4 110−3 493=1 073（元），仍然作为合同负债。

企业在向客户转让商品之前，如果客户已经支付了合同对价或企业已经取得了无条件收取合同对价的权利，则企业应当在客户实际支付款项与到期应支付款项孰早时点，将该已收或应收的款项列示为合同负债。合同负债，是指企业已收或应收客户对价而应向客户转让商品的义务。合同资产和合同负债应当在资产负债表中单独列示，并按流动性分别列示为“合同资产”或“其他非流动资产”以及“合同负债”或“其他非流动负债”。同一合同下的合同资产和合同负债应当以净额列示，不同合同下的合同资产和合同负债不能互相抵销。

第三十六条　企业向客户授予知识产权许可的，应当按照本准则第九条和第十条规定评估该知识产权许可是否构成单项履约义务，构成单项履约义务的，应当进一步确定其是在某一时段内履行还是在某一时点履行。

企业向客户授予知识产权许可，同时满足下列条件时，应当作为在某一时段内履行的履约义务确认相关收入；否则，应当作为在某一时点履行的履约义务确认相关收入：

（一）合同要求或客户能够合理预期企业将从事对该项知识产权有重大影响的活动；

（二）该活动对客户将产生有利或不利影响；

（三）该活动不会导致向客户转让某项商品。

【解析 14-38】授予知识产权许可的条件

企业授予知识产权许可的，首先判断其是否构成单项履约义务，然后再判断其是某一时间点还是某一时间段内的履约义务进行相关会计处理。

第三十七条 企业向客户授予知识产权许可，并约定按客户实际销售或使用情况收取特许权使用费的，应当在下列两项孰晚的时点确认收入：

（一）客户后续销售或使用行为实际发生；

（二）企业履行相关履约义务。

【解析 14-39】授予知识产权许可的概念以及相关收入的确认

企业向客户授予的知识产权，常见的包括软件和技术、影视和音乐等的版权、特许经营权以及专利权、商标权和其他版权等。企业向客户授予知识产权许可的，应当按照本准则要求评估该知识产权许可是否构成单项履约义务。对于不构成单项履约义务的，企业应当将该知识产权许可和其他商品一起作为一项履约义务进行会计处理。授予知识产权许可不构成单项履约义务的情形包括：一是该知识产权许可构成有形商品的组成部分并且对于该商品的正常使用不可或缺，例如，企业向客户销售设备和相关软件，该软件内嵌于设备之中，该设备必须安装了该软件之后才能正常使用；二是客户只有将该知识产权许可和相关服务一起使用才能够从中获益，例如，客户取得授权许可，但是只有通过企业提供的在线服务才能访问相关内容。对于构成单项履约义务的，应当进一步确定其是在某一时段内履行还是在某一时点履行，同时满足下列条件时，应当作为在某一时段内履行的履约义务确认相关收入；否则，应当作为在某一时点履行的履约义务确认相关收入。

（1）合同要求或客户能够合理预期企业将从事对该项知识产权有重大影响的活动。企业从事的下列活动均会对该项知识产权有重大影响：一是这些活动预期将显著改变该项知识产权的形式或者功能（例如知识产权的设计、内容、功能性等）；二是客户从该项知识产权中获益的能力在很大程度上来源于或者取决于这些活动，即这些活动会改变该项知识产权的价值，例如，企业向客户授权使用其品牌，客户从该品牌获益的能力取决于该品牌价值，而企业所从事的活动为维护或提升其品牌价值提供了支持。如果该项知识产权具有重大的独立功能，且该项知识产权绝大部分的经济利益来源于该项功能，客户从该项知识产权中获益的能力则可能不会受到企业从事的相关活动的重大影响，除非这些活动显著改变了该项知识产权的形式或者功能。具有重大独立功能的知识产权主要包括软件、生物合成物或药物配方以及已完成的媒体内容（例如电影、电视节目及音乐录音）版权等。

（2）该活动对客户将产生有利或不利影响。当企业从事的后续活动并不影响授予客户的知识产权许可时，企业的后续活动只是在改变其自己拥有的资产。

（3）该活动不会导致向客户转让商品。当企业从事的后续活动本身构成单项履约义务时，企业在评估授予知识产权许可是否属于在某一时段履行的履约义务时应当不予考虑。

企业向客户授予知识产权许可不能同时满足上述条件的，则属于在某一时点履行的履约义务，并在该时点确认收入。在客户能够使用某项知识产权许可并开始从中获益之前，企业不能对此类知识产权许可确认收入。例如，企业授权客户在一定期间内使用软件，但是在企业向客户提供该软件的密钥之前，客户都无法使用该软件，不应确认收入。值得注意的是，在判断某项知识产权许可是属于在某一时段内履行的履约义务还是在某一时点履行的履约义务时，企业不应考虑下列因素：一是该许可在时间、地域或使用方面的限制；二是企业就其拥有的知识产权的有效性以及防止未经授权使用该知识产权许可所提供的保证。

【例 14-24】授予知识产权许可的相关收入确认 1

甲公司是一家设计制作连环漫画的公司。甲公司授权乙公司可在 4 年内使用其 3 部连环漫画中的角色形象和名称。甲公司的每部连环漫画都有相应的主要角色。但是，甲公司会定期创造新的角色，且角色的形象也会随时演变。乙公司是一家大型游轮的运营商，乙公司可以以不同的方式（例如，展览或演出）使用这些漫画中的角色。合同要求乙公司必须使用最新的角色形象。在授权期内，甲公司每年向乙公司收取 1 000 万元。

本例中，甲公司除了授予知识产权许可外不存在其他履约义务。也就是说，与知识产权许可相关的额外活动并未向客户提供其他商品或服务，因为这些活动是企业授予知识产权许可承诺的一部分，且实际上改变了客户享有知识产权许可的内容。

甲公司需要评估该知识产权许可相关的收入应当在某一时段内确认还是在某一时点确认。甲公司考虑了下列因素：一是乙公司合理预期（根据甲公司以往的习惯做法），甲公司将实施对该知识产权许可产生重大影响的活动，包括创作角色及出版包含这些角色的连环漫画等；二是这些活动直接对乙公司产生的有利或不利影响，这是因为合同要求乙公司必须使用甲公司创作的最新角色，这些角色塑造得成功与否，会直接对乙公司产生影响；三是尽管乙公司可以通过该知识产权许可从这些活动中获益，但在这些活动发生时并没有导致向乙公司转让任何商品或服务。因此，甲公司授予该知识产权许可的相关收入应当在某一时段内确认。

合同规定乙公司在一段固定期间内可无限制地使用其取得授权许可的角色，因此，甲公司按照时间进度确定履约进度可能是最恰当的方法。

企业向客户授予知识产权许可，并约定按客户实际销售或使用情况收取特许权使用费的，应当在下列两项孰晚的时点确认收入：一是客户后续销售或使用行为实际发生；二是企业履行相关履约义务。这是估计可变对价的例外规定，该例外规定只有在下列两种情形下才能使用：一是特许权使用费仅与知识产权许可相关；二是特许权使用费可能与合同中的知识产权许可和其他商品都相关，但是与知识产权许可相关的部分占有主导地位。企业使用该例外规定时，应当对特许权使用费整体采用该规定，而不应当将特许权使用费进行分拆。如果与授予知识产权许可相关的对价同时包含固定金额和按客户实际销售或使用情况收取的变动金额两部分，则只有后者能采用该例外规定，而前者应当在相关履约义务履行的时点或期间内确认收入。对于不适用该例外规定的特许权使用费，应当按照估计可变对价的一般原则进行处理。

【例 14-25】授予知识产权许可的相关收入确认 2

甲公司是一家著名的足球俱乐部。甲公司授权乙公司在其设计生产的服装、帽子、水杯以及毛巾等产品上使用甲公司球队的名称和图标，授权期间为 2 年。合同约定，甲公司收取的合同对价由两部分组成：一是200万元固定金额的使用费，二是按照乙公司销售上述商品所取得销售额的5%计算的提成。乙公司预期甲公司会继续参加当地项级联赛，并取得优异的成绩。

本例中，该合同仅包括一项履约义务，即授予使用权许可，甲公司继续参加比赛并取得优异成绩等活动是该许可的组成部分，而并未向客户转让任何可明确区分的商品或服务。乙公司能够合理预期甲公司将继续参加比赛，甲公司的成绩将会对其品牌（包括名称和图标等）的价值产生重大影响，而该品牌价值可能会进一步影响乙公司产品的销量，甲公司从事的上述活动并未向乙公司转让任何可明确区分的商品，因此，甲公司授予的该使用权许可，属于在某一时段内履行的履约义务。甲公司收取的200万元固定金额的使用费应当在2年内平均确认收入，按照乙公司销售相关商品所取得销售额的5%计算的提成应当在乙公司的销售实际完成时确认收入。

第三十八条 对于售后回购交易，企业应当区分下列两种情形分别进行会计处理：

（一）企业因存在与客户的远期安排而负有回购义务或企业享有回购权利的，表明客户在销售时点并未取得相关商品控制权，企业应当作为租赁交易或融资交易进行相应的会计处理。其中，回购价格低于原售价的，应当视为租赁交易，按照《企业会计准则第21号——租赁》的相关规定进行会计处理；回购价格不低于原售价的，应当视为融资交易，在收到客户款项时确认金融负债，并将该款项和回购价格的差额在回购期间内确认为利息费用等。企业到期未行使回购权利的，应当在该回购权利到期时终止确认金融负债，同时确认收入。

（二）企业负有应客户要求回购商品义务的，应当在合同开始日评估客户是否具有行使该要求权的重大经济动因。客户具有行使该要求权重大经济动因的，企业应当将售后回购作为租赁交易或融资交易，按照本条（一）规定进行会计处理；否则，企业应当将其作为附有销售退回条款的销售交易，按照本准则第三十二条规定进行会计处理。

售后回购，是指企业销售商品的同时承诺或有权选择日后再将该商品（包括相同或几乎相同的商品，或以该商品作为组成部分的商品）购回的销售方式。

【解析14-40】售后回购的会计处理

售后回购，是指企业销售商品的同时承诺或有权选择日后再将该商品（包括相同或几乎相同的商品，或以该商品作为组成部分的商品）购回的销售方式。对于不同类型的售后回购交易，企业应当区分下列两种情形分别进行会计处理。

（1）企业因存在与客户的远期安排而负有回购义务或企业享有回购权利的，表明客户在销售时点并未取得相关商品控制权，企业应当作为租赁交易或融资交易进行相应的会计处理。其中，回购价格低于原售价的，应当视为租赁交易，按照《企业会计准则第21号——租赁》的相关规定进行会计处理；回购价格不低于原售价的，应当视为融资交易，在收到客户款项时确认金融负债，并将该款项和回购价格的差额在回购期间内确认为利息费用等。企业到期未行使回购权利的，应当在该回购权利到期时终止确认金融负债，同时确认收入。

【例14-26】售后回购的会计处理1

甲公司向乙公司销售一台设备，销售价格为200万元，同时双方约定两年之后，甲公司将以 120 万元的价格回购该设备。假定不考虑货币时间价值等其他因素影响。

本例中，根据合同有关甲公司在两年后回购该设备的确定，乙公司并未取得该设备的控制权。不考虑货币时间价值等影响，该交易的实质是乙公司支付了 80 万元（200-120）的对价取得了该设备 2 年的使用权。因此，甲公司应当将该交易作为租赁交易进行会计处理。

（2）企业负有应客户要求回购商品义务的，应当在合同开始日评估客户是否具有行使该要求权的重大经济动因。客户具有行使该要求权重大经济动因的，企业应当将售后回购作为租赁交易或融资交易，按照上述第（1）种情形进行会计处理；否则，企业应当将其作为附有销售退回条款的销售交易进行会计处理。在判断客户是否具有行权的重大经济动因时，企业应当综合考虑各种相关因素，包括回购价格与预计回购时市场价格之间的比较，以及权利的到期日等。例如，如果回购价格明显高于该资产回购时的市场价值，则表明客户有行权的重大经济动因。

【例 14-27】售后回购的会计处理 2

甲公司向乙公司销售其生产的一台设备，销售价格为 2 000 万元，双方约定，乙公司在 5 年后有权要求甲公司以 1 500 万元的价格回购该设备。甲公司预计该设备在回购时的市场价值将远低于 1 500 万元。

本例中，假定不考虑时间价值的影响，甲公司的回购价格低于原售价，但远高于该设备在回购时的市场价值，甲公司判断乙公司有重大的经济动因行使其权利要求甲公司回购该设备。因此，甲公司应当将该交易作为租赁交易进行会计处理。

第三十九条 企业向客户预收销售商品款项的，应当首先将该款项确认为负债，待履行了相关履约义务时再转为收入。当企业预收款项无需退回，且客户可能会放弃其全部或部分合同权利时，企业预期将有权获得与客户所放弃的合同权利相关的金额的，应当按照客户行使合同权利的模式按比例将上述金额确认为收入；否则，企业只有在客户要求其履行剩余履约义务的可能性极低时，才能将上述负债的相关余额转为收入。

【解析 14-41】预收销售商品款项的处理

企业向客户预收销售商品款项的，等到满足收入确认条件时，才可以计入收入。

第四十条 企业在合同开始（或接近合同开始）日向客户收取的无需退回的初始费（如俱乐部的入会费等）应当计入交易价格。企业应当评估该初始费是否与向客户转让已承诺的商品相关。该初始费与向客户转让已承诺的商品相关，并且该商品构成单项履约义务的，企业应当在转让该商品时，按照分摊至该商品的交易价格确认收入；该初始费与向客户转让已承诺的商品相关，但该商品不构成单项履约义务的，企业应当在包含该商品的单项履约义务履行时，按照分摊至该单项履约义务的交易价格确认收入；该初始费与向客户转让已承诺的商品不相关的，该初始费应当作为未来将转让商品的预收款，在未来转让该商品时确认为收入。

企业收取了无需退回的初始费且为履行合同应开展初始活动，但这些活动本身并没有向客户转让已承诺的商品的，该初始费与未来将转让的已承诺商品相关，应当在未来转让该商品时确认为收入，企业在确定履约进度时不应考虑这些初始活动；企业为该初始活动发生的支出应当按照本准则第二十六条和第二十七条规定确认为一项资产或计入当期损益。

【解析 14-42】无需退回的初始费的会计处理

企业在合同开始（或接近合同开始）日向客户收取的无需退回的初始费（如俱乐部的人会费等）应当计入交易价格。企业应当评估该初始费是否与向客户转让已承诺的商品相关。该初始费与向客户转让已承诺的商品相关，并且该商品构成单项履约义务的，企业应当在转让该商品时，按照分摊至该商品的交易价格确认收入；该初始费与向客户转让已承诺的商品相关，但该商品不构成单项履约义务的，企业应当在包含该商品的单项履约义务履行时，按照分摊至该单项履约义务的交易价格确认收入；该初始费与向客户转让已承诺的商品不相关的，该初始费应当作为未来将转让商品的预收款，在未来转让该商品时确认为收入。

企业收取了无需退回的初始费且为履行合同应开展初始活动，但这些活动本身并没有向客户转让已承诺的商品的，例如，企业为履行会员健身合同开展了一些行政管理性质的准备工作，该初始费与未来将转让的已承诺商品相关，应当在未来转让该商品时确认为收入，企业在确定履约进度时不应考虑这些初始活动；企业为该初始活动发生的支出应当按照本准则合同成本部分的要求确认为一项资产或计入当期损益。

【例 14-28】无需退回的初始费的会计处理

甲公司经营一家会员制健身俱乐部。甲公司与客户签订了为期 2 年的合同，客户入会之后可以随时在该俱乐部健身。除俱乐部的年费 2 000 元之外，甲公司还向客户收取了 50 元的入会费，用于补偿俱乐部为客户进行注册登记、准备会籍资料以及制作会员卡等初始活动所花费的成本。甲公司收取的入会费和年费均无需返还。

本例中，甲公司承诺的服务是向客户提供健身服务，而甲公司为会员入会所进行的初始活动并未向客户提供其所承诺的服务，而只是一些内部行政管理性质的工作。因此，甲公司虽然为补偿这些初始活动向客户收取了 50 元入会费，但是该入会费实质上是客户为健身服务所支付的对价的一部分，故应当作为健身服务的预收款，与收取的年费一起在 2 年内分摊确认为收入。

第六章　列报

第四十一条　企业应当根据本企业履行履约义务与客户付款之间的关系在资产负债表中列示合同资产或合同负债。企业拥有的、无条件（即，仅取决于时间流逝）向客户收取对价的权利应当作为应收款项单独列示。

合同资产，是指企业已向客户转让商品而有权收取对价的权利，且该权利取决于时间流逝之外的其他因素。如企业向客户销售两项可明确区分的商品，企业因已交付其中一项商品而有权收取款项，但收取该款项还取决于企业交付另一项商品的，企业应当将该收款权利作为合同资产。

合同负债，是指企业已收或应收客户对价而应向客户转让商品的义务。如企业在转让承诺的商品之前已收取的款项。

按照本准则确认的合同资产的减值的计量和列报应当按照《企业会计准则第 22 号——金融工具确认和计量》和《企业会计准则第 37 号——金融工具列报》的规定进行会计处理。

【解析 14-43】合同资产和合同负债的列报

合同一方已经履约的，即企业依据合同履行履约义务或客户依据合同支付合同对价，企业应当根据其履行履约义务与客户付款之间的关系，在资产负债表中列示合同资产或合同负债。企业拥有的、无条件（即仅取决于时间流逝）向客户收取对价的权利应当作为应收款项单独列示。

企业在向客户转让商品之前，如果客户已经支付了合同对价或企业已经取得了无条件收取合同对价的权利，则企业应当在客户实际支付款项与到期应支付款项孰早时点，将该已收或应收的款项列示为合同负债。合同负债，是指企业已收或应收客户对价而应向客户转让商品的义务。例如，企业与客户签订不可撤销的合同，向客户销售其生产的产品，合同开始日，企业收到客户支付的合同价款 1 000 元，相关产品将在 2 个月之后交付给客户，这种情况下，企业应当将该 1 000 元作为合同负债进行处理。

相反，在客户实际支付合同对价或在该对价到期应付之前，企业如果已经向客户转让了商品，则应当将因已转让商品而有权收取对价的权利列示为合同资产，但不包括应收款项。合同资产，是指企业已向客户转让商品而有权收取对价的权利，且该权利取决于时间流逝之外的其他因素。企业应当按照《企业会计准则第 22 号——金融工具确认和计量》评估合同资产的减值，该减值的计量、列报和披露应当按照《企业会计准则第 22 号——金融工具确认和计量》和《企业会计准则第 37 号——金融工具列报》的规定进行会计处理。

应收款项是企业无条件收取合同对价的权利。只有在合同对价到期支付之前仅仅随着时间的流逝即可收款的权利，才是无条件的收款权。有时，企业有可能需要在未来返还全部或部分的合同对价（例如，企业在附有销售退回条款的合同下收取的合同对价），但是，企业仍然拥有无条件收取合同对价的权利，未来返还合同对价的潜在义务并不会影响企业收取对价总额的现时权利，因此，企业仍应当确认一项应收款项，同时将预计未来需要返还的部分确认为一项负债。需要说明的是，合同资产和应收款项都是企业拥有的有权收取对价的合同权利，二者的区别在于，应收款项代表的是无条件收取合同对价的权利，即企业仅仅随着时间的流逝即可收款；而合同资产并不是一项无条件收款权，该权利除了时间流逝之外，还取决于其他条件（例如，履行合同中的其他履约义务）才能收取相应的合同对价。因此，与合同资产和应收款项相关的风险是不同的，应收款项仅承担信用风险，而合同资产除信用风险之外，还可能承担其他风险，如履约风险等。

合同资产和合同负债应当在资产负债表中单独列示。同一合同下的合同资产和合同负债应当以净额列示，不同合同下的合同资产和合同负债不能互相抵销。

通常情况下，企业对其已向客户转让商品而有权收取的对价金额应当确认为合同资产或应收账款；对于其已收或应收客户对价而应向客户转让商品的义务，应当按照已收或应收的金额确认合同负债。由于同一合同下的合同资产和合同负债应当以净额列示，企业也可以设置“合同结算”科目（或其他类似科目），以核算同一合同下属于在某一时段内履行履约义务涉及与客户结算对价的合同资产或合同负债，并在此科目下设置“合同结算——价款结算”科目反映定期与客户进行结算的金额，设置“合同结算——收入结转”科目反映按履约进度结转的收入金额。资产负债表日，“合同结算”科目的期末余额在借方的，根据其流动性，在资产负债表中分别列示为“合同资产”或“其他非流动资产”项目；期末余额在贷方的，根据其流动性，在资产负债表中分别列示为“合同负债”或“其他非流动负债”项目。

摘录于《〈企业会计准则第 14 号——收入〉应用指南》

第四十二条 企业应当在附注中披露与收入有关的下列信息：

（一）收入确认和计量所采用的会计政策、对于确定收入确认的时点和金额具有重大影响的判断以及这些判断的变更，包括确定履约进度的方法及采用该方法的原因、评估客户取得所转让商品控制权时点的相关判断，在确定交易价格、估计计入交易价格的可变对价、分摊交易价格以及计量预期将退还给客户的款项等类似义务时所采用的方法、输入值和假设等。

（二）与合同相关的下列信息：

1. 与本期确认收入相关的信息，包括与客户之间的合同产生的收入、该收入按主要类别（如商品类型、经营地区、市场或客户类型、合同类型、商品转让的时间、合同期限、销售渠道等）分解的信息以及该分解信息与每一报告分部的收入之间的关系等。

2. 与应收款项、合同资产和合同负债的账面价值相关的信息，包括与客户之间的合同产生的应收款项、合同资产和合同负债的期初和期末账面价值、对上述应收款项和合同资产确认的减值损失、在本期确认的包括在合同负债期初账面价值中的收入、前期已经履行（或部分履行）的履约义务在本期调整的收入、履行履约义务的时间与通常的付款时间之间的关系以及此类因素对合同资产和合同负债账面价值的影响的定量或定性信息、合同资产和合同负债的账面价值在本期内发生的重大变动情况等。

3. 与履约义务相关的信息，包括履约义务通常的履行时间、重要的支付条款、企业承诺转让的商品的性质（包括说明企业是否作为代理人）、企业承担的预期将退还给客户的款项等类似义务、质量保证的类型及相关义务等。

4. 与分摊至剩余履约义务的交易价格相关的信息，包括分摊至本期末尚未履行（或部分未履行）履约义务的交易价格总额、上述金额确认为收入的预计时间的定量或定性信息、未包括在交易价格的对价金额（如可变对价）等。

（三）与合同成本有关的资产相关的信息，包括确定该资产金额所做的判断、该资产的摊销方法、按该资产主要类别（如为取得合同发生的成本、为履行合同开展的初始活动发生的成本等）披露的期末账面价值以及本期确认的摊销及减值损失金额等。

（四）企业根据本准则第十七条规定因预计客户取得商品控制权与客户支付价款间隔未超过一年而未考虑合同中存在的重大融资成分，或者根据本准则第二十八条规定因合同取得成本的摊销期限未超过一年而将其在发生时计入当期损益的，应当披露该事实。

【解析 14-44】与收入有关的信息的披露

企业应当在财务报表附注中充分披露与收入有关的下列定性和定量信息，以使财务报表使用者能够了解与客户之间的合同产生的收入及现金流量的性质、金额、时间分布和不确定性等相关信息。

1. 收入确认和计量所采用的会计政策，对于确定收入确认的时点和金额具有重大影响的判断以及这些判断的变更。在披露这些判断及其变更时，企业应当披露下列信息。

（1）履约义务履行的时点。对于在某一时段内履行的履约义务，企业应当披露确认收入所采用的方法（例如，企业是按照产出法还是投入法确认收入，企业如何运用该方法确认收入等），以及该方法为何能够如实地反映商品的转让的说明性信息。对于在某一时点履行的履约义务，企业应当披露在评估客户取得所承诺商品控制权时点时所做出的重大判断。

（2）交易价格以及分摊至各单项履约义务的金额。企业应当披露在确定交易价格（包括但不限于估计可变对价、调整货币时间价值的影响以及计量非现金对价等）、估计计入交易价格的可变对价、分摊交易价格（包括估计所承诺商品的单独售价、将合同折扣以及可变对价分摊至合同中的某一特定部分等）以及计量预期将退还给客户的款项等类似义务时所采用的方法、输入值以及各项假设等信息。

2. 与合同相关的信息。

企业应当单独披露与客户的合同相关的下列信息，除非这些信息已经在利润表中单独列报：一是按照本准则确认的收入，且该收入应当区别于企业其他的收入来源而单独披露；二是企业已经就与客户之间的合同相关的任何应收款项或合同资产确认的减值损失，且该减值损失也应当区别于针对其他合同确认的减值损失而单独披露。

（1）本期确认的收入。企业应当将本期确认的收入按照不同的类别进行分解，这些类别应当反映经济因素如何影响收入及现金流量的性质、金额、时间分布和不确定性。此外，企业应当充分披露上述信息，以便财务报表使用者能够理解上述将收入按不同类别进行分解的信息与企业在分部信息中披露的每一报告分部的收入之间的关系。

在确定对收入进行分解的类别时，企业应当考虑其在下列情况下是如何列报和披露与收入有关的信息：① 在财务报表之外披露的信息，例如，在企业的业绩公告、年报或向投资者报送的相关资料中披露的收入信息；② 管理层为评价经营分部的财务业绩所定期复核的信息；③ 企业或企业的财务报表使用者在评价企业的财务业绩或作出资源分配决策时，所使用的类似于上述 ① 和 ② 的信息类型的其他信息。

企业在对收入信息进行分解时，可以采用的类别包括但不限于：商品类型、经营地区、市场或客户类型、合同类型（例如，固定造价合同、成本加成合同等）、商品转让的时间（例如，在某一时点转让或在某一时段内转让）、合同期限（例如，长期合同、短期合同等）、销售渠道（例如，直接销售或通过经销商销售等）等。

（2）应收款项、合同资产和合同负债的账面价值。企业应当披露与应收款项、合同资产和合同负债的账面价值有关的下列信息：① 应收款项、合同资产和合同负债的期初和期末账面价值；② 对上述应收款项和合同资产确认的减值损失；③ 在本期确认的包括在合同负债期初账面价值中的收入；④ 前期已经履行（或部分履行）的履约义务在本期确认的收入（例如，交易价格的变动）。

企业应当说明其履行履约义务的时间与通常的付款时间之间的关系，以及此类因素对合同资产和合同负债账面价值的影响的定量或定性信息。企业还应当以定性和定量信息的形式说明合同资产和合同负债的账面价值在本期内发生的重大变动。合同资产和合同负债的账面价值发生变动的情形包括：①企业合并导致的变动；②对收入进行累积追加调整导致的相关合同资产和合同负债的变动，此类调整可能源于估计履约进度的变化、估计交易价格的变化（包括对于可变对价是否受到限制的评估发生变化）或者合同变更；③合同资产发生减值；④对合同对价的权利成为无条件权利（即合同资产重分类为应收款项）的时间安排发生变化；⑤履行履约义务（即从合同负债转为收入）的时间安排发生变化。

（3）履约义务。企业应当披露与履约义务相关的信息包括：①企业通常在何时履行履约义务，包括在售后代管商品的安排中履行履约义务的时间，例如，发货时、交付时、服务提供时或服务完成时等；②重要的支付条款，例如，合同价款通常何时到期、合同是否存在重大融资成分、合同对价是否为可变金额，以及对可变对价的估计是否通常受到限制等；③企业承诺转让的商品的性质，如有企业为代理人的情形，需要着重说明；④企业承担的预期将退还给客户的款项等类似义务；⑤质量保证的类型及相关义务。

（4）分摊至剩余履约义务的交易价格。企业应当披露与剩余履约义务有关的下列信息：①分摊至本期末尚未履行（或部分未履行）履约义务的交易价格总额；②上述金额确认为收入的预计时间，企业可以按照对于剩余履约义务的期间而言最恰当的时间段为基础提供有关预计时间的定量信息，或者使用定性信息进行说明。

为简化实务操作，当满足下列条件之一时，企业无须针对某项履约义务披露上述信息：一是该项履约义务是原预计合同期限不超过一年的合同中的一部分；二是企业有权对该履约义务下已转让的商品向客户发出账单，且账单金额能够代表企业累计至今已履约部分转移给客户的价值。

企业应当提供定性信息以说明其是否采用了上述简化操作方法，以及是否存在任何对价金额未纳入交易价格，从而未纳入对于分摊至剩余履约义务的交易价格所需披露的信息之中，例如，由于将可变对价计入交易价格的限制要求而未计入交易价格的可变对价。

3. 与合同成本有关的资产相关的信息。

企业应当披露与合同成本有关的资产相关的下列信息：（1）在确定该资产的金额时所运用的判断；（2）该资产的摊销方法；（3）按该资产的主要类别（如为取得合同发生的成本、为履行合同开展的初始活动发生的成本等）披露合同取得成本或合同履约成本的期末账面价值；（4）本期确认的摊销以及减值损失的金额等。

4. 有关简化处理方法的披露。

如果企业选择对于合同中存在的重大融资成分或为取得合同发生的增量成本采取简化的处理方法，即企业根据本准则第十七条规定因预计客户取得商品控制权与客户支付价款间隔未超过一年而未考虑合同中存在的重大融资成分，或者根据本准则第二十八条规定因与合同取得成本有关的资产的摊销期限未超过一年而将其在发生时计入当期损益的，企业应当对这一事实进行披露。

摘录于《〈企业会计准则第14号——收入〉应用指南》

第七章　衔接规定

第四十三条　首次执行本准则的企业，应当根据首次执行本准则的累积影响数，调整首次执行本准则当年年初留存收益及财务报表其他相关项目金额，对可比期间信息不予调整。企业可以仅对在首次执行日尚未完成的合同的累积影响数进行调整。同时，企业应当在附注中披露，与收入相关会计准则制度的原规定相比，执行本准则对当期财务报表相关项目的影响金额，如有重大影响的，还需披露其原因。

已完成的合同，是指企业按照与收入相关会计准则制度的原规定已完成合同中全部商品的转让的合同。尚未完成的合同，是指除已完成的合同之外的其他合同。

第四十四条　对于最早可比期间期初之前或首次执行本准则当年年初之前发生的合同变更，企业可予以简化处理，即无需按照本准则第八条规定进行追溯调整，而是根据合同变更的最终安排，识别已履行的和尚未履行的履约义务、确定交易价格以及在已履行的和尚未履行的履约义务之间分摊交易价格。

企业采用该简化处理方法的，应当对所有合同一致采用，并且在附注中披露该事实以及在合理范围内对采用该简化处理方法的影响所作的定性分析。

【解析 14-45】衔接规定

既实现我国企业之间的财务报表信息可比，又避免追溯调整给企业带来的负担和影响。

第八章　附则

第四十五条　本准则自 2018 年 1 月 1 日起施行。

企业会计准则第 16 号——政府补助

为了适应社会主义市场经济发展需要，规范政府补助的会计处理，提高会计信息质量，根据《企业会计准则——基本准则》，财政部对《企业会计准则第 16 号——政府补助》进行了修订，在所有执行企业会计准则的企业范围内施行。本准则自 2017 年 6 月 12 日起施行。2006 年 2 月 15 日财政部印发的《财政部关于印发〈企业会计准则第 1 号——存货〉等 38 项具体准则的通知》（财会〔2006〕3 号）中的《企业会计准则第 16 号——政府补助》废止。

第一章　总则

第一条　为了规范政府补助的确认、计量和列报，根据《企业会计准则——基本准则》，制定本准则。

【解析 16-1】《企业会计准则——基本准则》

《企业会计准则——基本准则》是制定会计准则应当遵循的基本法则。

第二条　本准则中的政府补助，是指企业从政府无偿取得货币性资产或非货币性资产。

第三条　政府补助具有下列特征：

（一）来源于政府的经济资源。对于企业收到的来源于其他方的补助，有确凿证据表明政府是补助的实际拨付者，其他方只起到代收代付作用的，该项补助也属于来源于政府的经济资源。

（二）无偿性。即企业取得来源于政府的经济资源，不需要向政府交付商品或服务等对价。

【解析 16-2】政府补助的特征

根据本准则的规定，政府补助具有下列特征。

1. 政府补助是来源于政府的经济资源。这里的政府主要是指行政事业单位及类似机构。对于企业收到的来源于其他方的补助，有确凿证据表明政府是补助的实际拨付者，其他方只起到代收代付作用的，该项补助也属于来源于政府的经济资源。例如，某集团公司母公司收到一笔政府补助款，有确凿证据表明该补助款实际的补助对象为该母公司下属子公司，母公司只是起到代收代付作用，在这种情况下，该补助款属于对子公司的政府补助。

2. 政府补助是无偿的。即企业取得来源于政府的经济资源，不需要向政府交付商品或服务等对价。无偿性是政府补助的基本特征，这一特征将政府补助与政府以投资者身份向企业投入资本、政府购买服务等政府与企业之间的互惠性交易区别开来。需要说明的是，政府补助通常附有一定条件，这与政府补助的无偿性并不矛盾，只是政府为了推行其宏观经济政策，对企业使用政府补助的时间、使用范围和方向进行了限制。

第四条 政府补助分为与资产相关的政府补助和与收益相关的政府补助。

与资产相关的政府补助，是指企业取得的、用于购建或以其他方式形成长期资产的政府补助。

与收益相关的政府补助，是指除与资产相关的政府补助之外的政府补助。

【解析16-3】政府补助的定义

本准则规定，政府补助是指企业从政府无偿取得货币性资产或非货币性资产。政府补助主要形式包括政府对企业的无偿拨款、税收返还、财政贴息，以及无偿给予非货币性资产等。通常情况下，直接减征、免征、增加计税抵扣额、抵免部分税额等不涉及资产直接转移的经济资源，不适用本准则。

需要说明的是，增值税出口退税不属于政府补助。根据税法规定，在对出口货物取得的收入免征增值税的同时，退付出口货物前道环节发生的进项税额，增值税出口退税实际上是政府退回企业事先垫付的进项税，不属于政府补助。

摘录于《〈企业会计准则第16号——政府补助〉应用指南》

【解析16-4】政府补助的分类

确定了来源于政府的经济利益属于政府补助后，还应当对其进行恰当的分类。根据本准则规定，政府补助应当划分为与资产相关的政府补助和与收益相关的政府补助，这是因为两类政府补助给企业带来经济利益或者弥补相关成本或费用的形式不同，从而在具体账务处理上存在差别。

1. 与资产相关的政府补助。与资产相关的政府补助，是指企业取得的、用于购建或以其他方式形成长期资产的政府补助。通常情况下，相关补助文件会要求企业将补助资金用于取得长期资产。长期资产将在较长的期间内给企业带来经济利益，会计上有两种处理方法可供选择：一是将与资产相关的政府补助确认为递延收益，随着资产的使用而逐步结转入损益；二是将补助冲减资产的账面价值，以反映长期资产的实际取得成本。

2. 与收益相关的政府补助。与收益相关的政府补助，是指除与资产相关的政府补助之外的政府补助。此类补助主要是用于补偿企业已发生或即将发生的费用或损失。受益期相对较短，所以通常在满足补助所附条件时计入当期损益或冲减相关成本。

【例16-1】政府补助的判定

甲企业是一家生产和销售高效照明产品的企业。国家为了支持高效照明产品的推广使用，通过统一招标的形式确定中标企业、高效照明产品及其中标协议供货价格。甲企业作为中标企业，需以中标协议供货价格减去财政补贴资金后的价格将高效照明产品销售给终端用户，并按照高效照明产品实际安装数量、中标供货协议价格、补贴标准，申请财政补贴资金。2×15年度，甲企业因销售高效照明产品获得财政资金5 000万元。

此例中，甲企业虽然取得财政补贴资金，但最终受益人是从甲企业购买高效照明产品的大宗用户和城乡居民，相当于政府以中标协议供货价格从甲企业购买了高效照明产品，再以中标协议供货价格减去财政补贴资金后的价格将产品销售给终端用户。实际操作时，政府并没有直接从事高效照明产品的购销，但以补贴资金的形式通过甲企业的销售行为实现了政府推广使用高效照明产品的目标。对甲企业而言，销售高效照明产品是其日常经营活动，甲企业仍按照中标协议供货价格销售了产品，其销售收入由两部分构成：一是终端用户支付的购买价款，二是财政补贴资金，财政补贴资金是甲企业产品对价的组成部分。可见，甲企业收到的补贴资金 5 000 万元应当按照《企业会计准则第 14 号——收入》的规定进行会计处理。

第五条 下列各项适用其他相关会计准则。

（一）企业从政府取得的经济资源，如果与企业销售商品或提供服务等活动密切相关，且是企业商品或服务的对价或者是对价的组成部分，适用《企业会计准则 14 号——收入》等相关会计准则。

（二）所得税减免，适用《企业会计准则 18 号——所得税》。

政府以投资者身份向企业投入资本，享有相应的所有者权益，不适用本准则。

【解析 16-5】适用其他相关会计准则的情况

企业从政府取得的经济资源，如果与企业销售商品或提供服务等活动密切相关，且是企业商品或服务的对价或者是对价的组成部分以及所得税减免等情况，不适用本准则。

第二章 确认和计量

第六条 政府补助同时满足下列条件的，才能予以确认：

（一）企业能够满足政府补助所附条件；

（二）企业能够收到政府补助。

【解析 16-6】政府补助的确认条件

政府补助通常附有一定的条件。一是企业只有符合政府补助政策的规定，才有资格申请政府补助；二是企业已获批准取得政府补助的，应当按照政府规定的用途使用。企业只有满足政府补助所附条件，才能确认政府补助。

第七条 政府补助为货币性资产的，应当按照收到或应收的金额计量。政府补助为非货币性资产的，应当按照公允价值计量；公允价值不能可靠取得的，按照名义金额计量。

【解析 16-7】政府补助的计量

（一）货币性资产形式的政府补助

企业取得的各种政府补助为货币性资产的，如通过银行转账等方式拨付的补助，通常按照实际收到的金额计量；存在确凿证据表明该项补助是按照固定的定额标准拨付的，如按照实际销量或储备量与单位补贴定额计算的补助等，可以按照应收的金额计量。

（二）非货币性资产形式的政府补助

政府补助为非货币性资产的，应当按照公允价值计量；公允价值不能可靠取得的，按照名义金额计量。

政府补助为非货币性资产的，如该资产附带有关文件、协议、发票、报关单等凭证注明的价值与公允价值差异不大的，应当以有关凭证中注明的价值作为公允价值；如没有注明价值或注明价值与公允价值差异较大，但有活跃市场的，应当根据有确凿证据表明的同类或类似资产市场价格作为公允价值；如没有注明价值，且没有活跃市场、不能可靠取得公允价值的，应当按照名义金额计量，名义金额为 1 元。

第八条 与资产相关的政府补助，应当冲减相关资产的账面价值或确认为递延收益。与资产相关的政府补助确认为递延收益的，应当在相关资产使用寿命内按照合理、系统的方法分期计入损益。按照名义金额计量的政府补助，直接计入当期损益。

相关资产在使用寿命结束前被出售、转让、报废或发生毁损的，应当将尚未分配的相关递延收益余额转入资产处置当期的损益。

【解析 16-8】与资产相关的政府补助的确认与计量

实务中，企业通常先收到补助资金，再按照政府要求将补助资金用于购建固定资产或无形资产等长期资产。企业在取得与资产相关的政府补助时，应当选择采用总额法或净额法进行会计处理。

总额法下，企业在取得与资产相关的政府补助时应当按照补助资金的金额，借记“银行存款”等科目，贷记“递延收益”科目；然后在相关资产使用寿命内按合理、系统的方法分期计入损益。如果企业先取得与资产相关的政府补助，再确认所购建的长期资产，总额法下应当在开始对相关资产计提折旧或进行摊销时按照合理、系统的方法将递延收益分期计入当期收益；如果相关长期资产投入使用后企业再取得与资产相关的政府补助，总额法下应当在相关资产的剩余使用寿命内按照合理、系统的方法将递延收益分期计入当期收益。需要说明的是，采用总额法的，如果对应的长期资产在持有期间发生减值损失，递延收益的摊销仍保持不变，不受减值因素的影响。企业对与资产相关的政府补助选择总额法的，应当将递延收益分期转入其他收益或营业外收入，借记“递延收益”科目，贷记“其他收益”或“营业外收入”科目。相关资产在使用寿命结束时或结束前被处置（出售、报废、转让、发生毁损等），尚未分配的相关递延收益余额应当转入资产处置当期的损益，不再予以递延。对相关资产划分为持有待售类别的，先将尚未分配的递延收益余额冲减相关资产的账面价值，再按照《企业会计准则第 42 号——持有待售的非流动资产、处置组和终止经营》的要求进行会计处理。

净额法下，企业在取得政府补助时应当按照补助资金的金额冲减相关资产的账面价值。如果企业先取得与资产相关的政府补助，再确认所购建的长期资产，净额法下应当将取得的政府补助先确认为递延收益，在相关资产达到预定可使用状态或预定用途时将递延收益冲减资产账面价值；如果相关长期资产投入使用后企业再取得与资产相关的政府补助，净额法下应当在取得补助时冲减相关资产的账面价值，并按照冲减后的账面价值和相关资产的剩余使用寿命计提折旧或进行摊销。

实务中存在政府无偿给予企业长期非货币性资产的情况，如无偿给予土地使用权、天然起源的天然林等。企业取得的政府补助为非货币性资产的，应当按照公允价值计量；公允价值不能可靠取得的，按照名义金额（1 元）计量。企业在收到非货币性资产的政府补助时，应当借记有关资产科目，贷记“递延收益”科目；然后在相关资产使用寿命内按合理、系统的方法分期计入损益，借记“递延收益”科目，贷记“其他收益”或“营业外收入”科目。但是，对以名义金额计量的政府补助，在取得时计入当期损益。

摘录于《〈企业会计准则第 16 号——政府补助〉应用指南》

【例 16-2】与资产相关的政府补助的案例

按照国家有关政策，企业购置环保设备可以申请补贴以补贴其环保支出。丁企业于 2×18 年 1 月向政府有关部门提交了 210 万元的补助申请，作为对其购置环保设备的补贴。2×18 年 3 月 15 日，丁企业收到了政府补贴款 210 万元。2×18 年 4 月 20 日，丁企业购入不需安装环保设备，实际成本为 480 万元，使用寿命 10 年，采用直线法计提折旧（不考虑净残值）。2×26 年 4 月，丁企业的这台设备发生毁损。本例中不考虑相关税费。

丁企业的账务处理如下。

方法一：丁企业选择总额法对此类补助进行会计处理。

（1）2×18 年 3 月 15 日实际收到财政拨款，确认递延收益。

借：银行存款　　2 100 000

　　贷：递延收益　　2 100 000

（2）2×18 年 4 月 20 日购入设备。

借：固定资产　　4 800 000

　　贷：银行存款　　4 800 000

（3）自 2×18 年 5 月起每个资产负债表日（月末）计提折旧，同时分摊递延收益。

① 计提折旧（假设该设备用于污染物排放测试，折旧费用计入制造费用）。

借：制造费用　　40 000

　　贷：累计折旧　　40 000

② 分摊递延收益（月末）。

借：递延收益　　17 500

　　贷：其他收益　　17 500

（4）2×26 年 4 月设备毁损，同时转销递延收益余额。

① 设备毁损。

借：固定资产清理　　960 000

　　累计折旧　　3 840 000

　　贷：固定资产　　4 800 000

② 转销递延收益余额。

借：递延收益　　420 000

　　贷：固定资产清理　　420 000

借：营业外支出　　540 000

　　贷：固定资产清理　　540 000

方法二：丁企业选择净额法对此类补助进行会计处理。

（1）2×18年3月15日实际收到财政拨款，确认递延收益。

借：银行存款　　2 100 000

　　贷：递延收益　　2 100 000

（2）2×18年4月20日购入设备。

借：固定资产　　4 800 000

　　贷：银行存款　　4 800 000

借：递延收益　　210 000

　　贷：固定资产　　210 000

（3）自2×18年5月起每个资产负债表日（月末）计提折旧。

借：制造费用　　22 500

　　贷：累计折旧　　22 500

（4）2×26年4月设备毁损。

借：固定资产清理　　540 000

　　累计折旧　　2 160 000

　　贷：固定资产　　2 700 000

借：营业外支出　　540 000

　　贷：固定资产清理　　540 000

第九条　与收益相关的政府补助，应当分情况按照以下规定进行会计处理：

（一）用于补偿企业以后期间的相关成本费用或损失的，确认为递延收益，并在确认相关成本费用或损失的期间，计入当期损益或冲减相关成本；

（二）用于补偿企业已发生的相关成本费用或损失的，直接计入当期损益或冲减相关成本。

【解析16-9】与收益相关的政府补助的会计处理

与收益相关的政府补助的会计处理。（1）用于补偿企业已发生的相关费用或损失的，取得时直接计入当期损益，借记“银行存款”“其他应收款”等科目，贷记“营业外收入”科目。（2）用于补偿企业以后期间的相关费用或损失的，取得时确认为一项负债，借记“银行存款”等科目，贷记“递延收益”科目；在确认相关费用的期间内，计入当期损益，借记“递延收益”科目，贷记“营业外收入”科目。

第十条　对于同时包含与资产相关部分和与收益相关部分的政府补助，应当区分不同部分分别进行会计处理；难以区分的，应当整体归类为与收益相关的政府补助。

【解析16-10】与收益相关的政府补助的确认与计量

本准则规定，与收益相关的政府补助，应当分情况按照以下规定进行会计处理：用于补偿企业以后期间的相关成本费用或损失的，确认为递延收益，并在确认相关成本费用或损失的期间，计入当期损益或冲减相关成本；用于补偿企业已发生的相关成本费用或损失的，直接计入当期损益或冲减相关成本。对与收益相关的政府补助，企业同样可以选择采用总额法或净额法进行会计处理：选择总额法的，应当计入其他收益或营业外收入；选择净额法的，应当冲减相关成本费用或营业外支出。

1.与收益相关的政府补助如果用于补偿企业以后期间的相关成本费用或损失，企业在取得时应当先判断企业能否满足政府补助所附条件。根据本准则规定，只有满足政府补助确认条件的才能予以确认，而客观情况通常表明企业能够满足政府补助所附条件，企业应当将其确认为递延收益，并在确认相关成本费用或损失的期间，计入当期损益或冲减相关成本。

2.用于补偿企业已发生的相关成本费用或损失的，直接计入当期损益或冲减相关成本。这类补助通常与企业已经发生的行为有关，是对企业已发生的成本费用或损失的补偿，或是对企业过去行为的奖励。

摘录于《〈企业会计准则第16号——政府补助〉应用指南》

【例16-3】与收益相关的政府补助的案例

甲企业于2×14年3月15日与企业所在地地方政府等订合作协议，根据协议的约定，当地政府将向甲企业提供1 000万元奖励金，用于企业的人才激励和人才引进奖励，甲企业必须按年向当地政府报送详细的资金使用计划并按规定用途使用资金。协议同时还约定，甲企业自获得奖励起10年内注册地址不迁离本地区，否则政府有权追回奖励资金。甲企业于2×14年4月10日收到1 000万元补助资金，分别在2×14年12月、2×15年12月、2×16年12月使用了400万元、300万元和300万元，用于发放给总裁级高管年度奖金。

本例中，甲企业应当在实际收到补助资金时先判断是否满足政府补助的确认条件。如果客观情况表明甲企业在未来10年内离开该地区的可能性很小，比如通过成本效益分析认为甲企业迁离该地区的成本远高于收益，则甲企业在收到补助资金时应当记入“递延收益”科目，实际按规定用途使用补助资金时，再计入当期损益。

甲企业选择净额法对此类补助进行会计处理，其账务处理如下。

（1）2×14年4月10日甲企业实际收到补助资金。

借：银行存款	10 000 000	
贷：递延收益		10 000 000

（2）2×14年12月、2×15年12月、2×16年12月甲企业将补助资金用于发放高管奖金时，相应结转递延收益。

①2×14年12月。

借：递延收益	4 000 000	
贷：管理费用		4 000 000

②2×15年12月。

借：递延收益	3 000 000	
贷：管理费用		3 000 000

③2×16年12月。

借：递延收益	3 000 000	
贷：管理费用		3 000 000

如果甲企业在收到补助资金时暂时无法确定能否满足政府补助所附条件（即在未来10

年内不得迁离该地区），则应当将收到的补助资金先记入“其他应付款”科目，待客观情况表明企业能够满足政府补助所附条件后再转入“递延收益”科目。

第十一条 与企业日常活动相关的政府补助，应当按照经济业务实质，计入其他收益或冲减相关成本费用。与企业日常活动无关的政府补助，应当计入营业外收支。

【解析 16-11】政府补助的分类确认

政府补助可以根据是否与企业日常活动相关来予以分类。

第十二条 企业取得政策性优惠贷款贴息的，应当区分财政将贴息资金拨付给贷款银行和财政将贴息资金直接拨付给企业两种情况，分别按照本准则第十三条和第十四条进行会计处理。

【解析 16-12】特定业务的会计处理

（一）综合性项目政府补助的会计处理

对于同时包含与资产相关部分和与收益相关部分的政府补助，企业应当将其进行分解，区分不同部分分别进行会计处理；难以区分的，企业应当将其整体归类为与收益相关的政府补助进行会计处理。

（二）政策性优惠贷款贴息的会计处理

政策性优惠贷款贴息是政府为支持特定领域或区域发展，根据国家宏观经济形势和政策目标，对承贷企业的银行借款利息给予的补贴。企业取得政策性优惠贷款贴息的，应当区分财政将贴息资金拨付给贷款银行和财政将贴息资金直接拨付给企业两种情况，分别进行会计处理。

1. 财政将贴息资金拨付给贷款银行。

在财政将贴息资金拨付给贷款银行的情况下，由贷款银行以政策性优惠利率向企业提供贷款。这种方式下，受益企业按照优惠利率向贷款银行支付利息，并没有直接从政府取得利息补助，企业可以选择下列方法之一进行会计处理。一是以实际收到的借款金额作为借款的入账价值，按照借款本金和该政策性优惠利率计算相关借款费用。通常情况下，实际收到的金额即为借款本金。二是以借款的公允价值作为借款的入账价值并按照实际利率法计算借款费用，实际收到的金额与借款公允价值之间的差额确认为递延收益。递延收益在借款存续期内采用实际利率法摊销，冲减相关借款费用。企业选择了上述两种方法之一后，应当一致地运用，不得随意变更。

在这种情况下，向企业发放贷款的银行并不是受益主体，其仍然按照市场利率收取利息，只是一部分利息来自企业，另一部分利息来自财政贴息。所以贷款银行发挥的是中介作用，并不需要确认与贷款相关的递延收益。

2. 财政将贴息资金直接拨付给企业。

财政将贴息资金直接拨付给受益企业，企业先按照同类贷款市场利率向银行支付利息，财政部门定期与企业结算贴息。在这种方式下，由于企业先按照同类贷款市场利率向银行支付利息，所以实际收到的借款金额通常就是借款的公允价值，企业应当将对应的贴息冲减相关借款费用。

摘录于《〈企业会计准则第 16 号——政府补助〉应用指南》

【例 16-4】综合性项目政府补助的案例

2×18 年 6 月 15 日，某市科技创新委员会与乙企业签订了科技计划项目合同书，拟对乙企业的新药临床研究项目提供研究补助资金。该项目总预算为 600 万元，其中，市科技创新委员会资助 200 万元，乙企业自筹 400 万元。市科技创新委员会资助的 200 万元用于补助设备费 60 万元、材料费 15 万元、测试化验加工费 95 万元、差旅费 10 万元、会议费 5 万元、专家咨询费 8 万元、管理费用 7 万元，本例中除设备费外的其他各项费用都计入研究支出。市科技创新委员会应当在合同签订之日起 30 日内将资金拨付给乙企业。根据双方约定，乙企业应当按合同规定的开支范围，对市科技创新委员会资助的经费实行专款专用。项目实施期限为自合同签订之日起 30 个月，期满后乙企业如未通过验收，在该项目实施期满后 3 年内不得再向市政府申请科技补贴资金。乙企业于 2×18 年 7 月 10 日收到补助资金，在项目期内按照合同约定的用途使用了补助资金，其中，乙企业于 2×18 年 7 月 25 日按项目合同书的约定购置了相关设备，设备成本 150 万元，其中使用补助资金 60 万元，该设备使用年限为 10 年，采用直线法计提折旧（不考虑净残值）。假设本例中不考虑相关税费。

本例中，乙企业收到的政府补助是综合性项目政府补助，需要区分与资产相关的政府补助和与收益相关的政府补助并分别进行处理。假设乙企业对收到的与资产相关的政府补助选择净额法进行会计处理。乙企业的账务处理如下。

（1）2×18 年 7 月 10 日乙企业实际收到补助资金时。

借：银行存款	2 000 000	
贷：递延收益		2 000 000

（2）2×18 年 7 月 25 日购入设备。

借：固定资产	1 500 000	
贷：银行存款		1 500 000
借：递延收益	600 000	
贷：固定资产		600 000

（3）自 2×18 年 8 月起每个资产负债表日（月末）计提折旧，折旧费用计入研发支出。

借：研发支出	7 500	
贷：累计折旧		7 500

（4）对其他与收益相关的政府补助，乙企业应当按照相关经济业务的实质确定是计入其他收益还是冲减相关成本费用，在企业按规定用途实际使用补助资金时计入损益，或者在实际使用的当期期末根据当期累计使用的金额计入损益，借记“递延收益”科目，贷记有关损益科目。

【例 16-5】政策性优惠贷款贴息的会计处理

2×15 年 1 月 1 日，丙企业向银行贷款 100 万元，期限为 2 年，按月计息，按季度付息，到期一次还本。由于这笔贷款资金将被用于国家扶持产业，符合财政贴息的条件，所以贷款利率显著低于丙企业取得同类贷款的市场利率。假设丙企业取得同类贷款的年市场利率为 9%，丙企业与银行签订的贷款合同约定的年利率为 3%，丙企业按季度向银行支付贷款利息，财政按年向银行拨付贴息资金。贴息后实际支付的年利息率为 3%，贷款期间的利息费用满足资本化条件，计入相关在建工程的成本。相关借款费用的测算和递延收益的摊销如表 16-1 所示。

表 16-1　相关借款费用的测算和递延收益的摊销

月度	实际支付银行的利息（元）	财政贴息（元）	实际现金流（元）	实际现金流折现（元）	长期借款各期实际利息（元）	递延收益摊销金额（元）	长期借款的期末账面价值（元）
0							890 554
1	7 500	5 000	2 500	2 481	6 679	4 179	894 733
2	7 500	5 000	2 500	2 463	6 711	4 211	898 944
3	7 500	5 000	2 500	2 445	6 742	4 242	903 186
4	7 500	5 000	2 500	2 426	6 774	4 274	907 460
5	7 500	5 000	2 500	2 408	6 806	4 306	911 766
6	7 500	5 000	2 500	2 390	6 838	4 338	916 104
7	7 500	5 000	2 500	2 373	6 871	4 371	920 475
8	7 500	5 000	2 500	2 355	6 904	4 404	924 878
9	7 500	5 000	2 500	2 337	6 937	4 437	929 315
10	7 500	5 000	2 500	2 320	6 970	4 470	933 785
11	7 500	5 000	2 500	2 303	7 003	4 503	938 288
12	7 500	5 000	2 500	2 286	7 037	4 537	942 825
13	7 500	5 000	2 500	2 269	7 071	4 571	947 397
14	7 500	5 000	2 500	2 252	7 105	4 605	952 002
15	7 500	5 000	2 500	2 235	7 140	4 640	956 642
16	7 500	5 000	2 500	2 218	7 175	4 675	961 317
17	7 500	5 000	2 500	2 202	7 210	4 710	966 027
18	7 500	5 000	2 500	2 185	7 245	4 745	970 772
19	7 500	5 000	2 500	2 169	7 281	4 781	975 553
20	7 500	5 000	2 500	2 153	7 317	4 817	980 369
21	7 500	5 000	2 500	2 137	7 353	4 853	985 222
22	7 500	5 000	2 500	2 121	7 389	4 889	990 111
23	7 500	5 000	2 500	2 105	7 426	4 926	995 037
24	7 500	5 000	1 002 500	837 921	7 463	4 963	1 000 000
合计				890 554		109 446	

注：（1）表 16-1 中实际现金流折现为各月实际现金流 2 500 元按照月市场利率 0.75%（9% ÷ 12）折现的金额。例如，第 1 个月实际现金流折现 =2 500 ÷（1+0.75%）=2 481（元），第 2 个月实际现金流折现 =2 500 ÷（1+0.75%）^{2}=2 463（元）。

（2）长期借款各期实际利息为各月长期借款账面价值与月市场利率 0.75% 的乘积。例如，第 1 个月长期借款实际利息 = 本月初长期借款账面价值 × 月市场利率 =890 554×0.75%=6 679（元），第 2 个月长期借款实际利息 = 本月初长期借款账面价值 × 月市场利率 =894 733×0.75%=6 711（元）。

（3）摊销金额是长期借款各期实际利息扣减每月实际利息支出 2 500 元后的金额。例如，第 1 个月摊销金额 = 当月长期借款实际利息 - 当月实际支付的利息 =6 679-2 500=4 179（元），第 2 个月摊销金额 = 当月长期借款实际利息 - 当月实际支付的利息 =6 711-2 500=4 211（元）。

按方法一的账务处理如下。

（1）2×15 年 1 月 1 日，丙企业取得银行贷款 100 万元。

借：银行存款　　1 000 000

　　贷：长期借款——本金　　1 000 000

（2）2×15 年 1 月 31 日起每月月末，丙企业按月计提利息，企业实际承担的利息支出为 1 000 000×3%÷12=2 500（元）。

借：在建工程　　2 500

　　贷：应付利息　　2 500

按方法二的账务处理如下。

（1）2×15 年 1 月 1 日，丙企业取得银行贷款 100 万元。

借：银行存款　　1 000 000

　　长期借款——利息调整　　109 446

　　贷：长期借款——本金　　1 000 000

　　　　递延收益　　109 446

（2）2×15 年 1 月 31 日，丙企业按月计提利息。

借：在建工程　　6 679

　　贷：应付利息　　2 500

　　　　长期借款——利息调整　　4 179

同时，摊销递延收益。

借：递延收益　　4 179

　　贷：在建工程　　4 179

在这两种方法下，丙企业每月计入在建工程的利息支出是一致的，均为 2 500 元。不同的是，方法一，银行贷款在资产负债表中反映账面价值为 1 000 000 元；方法二，银行贷款的入账价值为 890 554 元，递延收益为 109 446 元，各月需要按照实际利率法进行摊销。

【例 16-6】财政贴息的会计处理

接【例 16-5】，丙企业与银行签订的贷款合同约定的年利率为 9%，丙企业按月计提利息，按季度向银行支付贷款利息，以付息凭证向财政申请贴息资金，财政按年与丙企业结算贴息资金。丙企业的账务处理如下。

（1）2×15 年 1 月 1 日，丙企业取得银行贷款 100 万元。

借：银行存款　　1 000 000

　　贷：长期借款——本金　　1 000 000

（2）2×15 年 1 月 31 日起每月月末，丙企业按月计提利息，应向银行支付的利息金额为 1 000 000×9%÷12=7 500（元），企业实际承担的利息支出为 1 000 000×3%÷12=2 500（元），应收政府贴息为 5 000 元。

借：在建工程　　7 500

　　贷：应付利息　　7 500

借：其他应收款　　5 000

　　贷：在建工程　　5 000

第十三条　财政将贴息资金拨付给贷款银行，由贷款银行以政策性优惠利率向企业提供贷款的，企业可以选择下列方法之一进行会计处理：

（一）以实际收到的借款金额作为借款的入账价值，按照借款本金和该政策性优惠利率计算相关借款费用。

（二）以借款的公允价值作为借款的入账价值并按照实际利率法计算借款费用，实际收到的金额与借款公允价值之间的差额确认为递延收益。递延收益在借款存续期内采用实际利率法摊销，冲减相关借款费用。

企业选择了上述两种方法之一后，应当一致地运用，不得随意变更。

【解析 16-13】财政贴息的会计处理

对于财政贴息的会计处理，企业可以根据自身情况进行选择使用相关会计规定，但是一旦采用，不得随意改变。

第十四条　财政将贴息资金直接拨付给企业，企业应当将对应的贴息冲减相关借款费用。

【解析 16-14】财政贴息的直接拨付

财政将贴息资金直接拨付给受益企业，企业先按照同类贷款市场利率向银行支付利息，财政部门定期与企业结算贴息，在这种方式下，由于企业将按照同类贷款市场利率向银行支付利息，所以实际收到的借款金额，通常是借款的公允价值，企业应当将对应的贴息冲减相应借款费用。

第十五条　已确认的政府补助需要退回的，应当在需要退回的当期分情况按照以下规定进行会计处理：

（一）初始确认时冲减相关资产账面价值的，调整资产账面价值；

（二）存在相关递延收益的，冲减相关递延收益账面余额，超出部分计入当期损益；

（三）属于其他情况的，直接计入当期损益。

【解析 16-15】政府补助的退回

本准则规定，已确认的政府补助需要退回的，应当在需要退回的当期分情况按照以下规定进行会计处理：（1）初始确认时冲减相关资产账面价值的，调整资产账面价值；（2）存在相关递延收益的，冲减相关递延收益账面余额，超出部分计入当期损益；（3）属于其他情况的，直接计入当期损益。

此外，对于属于前期差错的政府补助退回，应当按照《企业会计准则第28号——会计政策、会计估计变更和差错更正》作为前期差错更正进行追溯调整。

摘录于《〈企业会计准则第16号——政府补助〉应用指南》

【例16-7】政府补助退回的案例

甲企业于2×14年11月与某开发区政府签订合作协议，在开发区内投资设立生产基地。协议约定，开发区政府自协议签订之日起6个月内向甲企业提供300万元产业补助资金用于奖励该企业在开发区内投资，甲企业自获得补助起5年内注册地址不迁离本区。如果甲企业在此期限内提前搬离开发区，开发区政府允许甲企业按照实际留在本区的时间保留部分补助，并按剩余时间追回补助资金。甲企业于2×15年1月3日收到补助资金。

假设甲企业在实际收到补助资金时，客观情况表明甲企业在未来5年内搬离开发区的可能性很小，甲企业应当在收到补助资金时计入"递延收益"科目。由于协议约定如果甲企业提前搬离开发区，开发区政府有权追回部分补助，说明企业每留在开发区内一年，就有权取得与这一年相关的补助，与这一年补助有关的不确定性基本消除，补助收益得以实现，所以甲企业应当将该补助在5年内平均摊销结转计入损益。

甲企业的账务处理如下。

（1）2×15年1月3日，甲企业实际收到补助资金。

借：银行存款　　3 000 000

　　贷：递延收益　　3 000 000

（2）2×15年12月31日及以后年度，甲企业分期将递延收益结转入当期损益。

借：递延收益　　600 000

　　贷：其他收益　　600 000

假设2×17年1月，因甲企业重大战略调整，搬离开发区，开发区政府根据协议要求甲企业退回补助180万元。

借：递延收益　　1 800 000

　　贷：其他应付款　　1 800 000

第三章　列报

第十六条　企业应当在利润表中的"营业利润"项目之上单独列报"其他收益"项目，计入其他收益的政府补助在该项目中反映。

【解析16-16】政府补助在利润表上的列示

企业应当在利润表中的"营业利润"项目之上单独列报"其他收益"项目，计入其他收益的政府补助在该项目中反映。冲减相关成本费用的政府补助，在相关成本费用项目中反映。与企业日常经营活动无关的政府补助，在利润表的营业外收支项目中列报（见表16-2）。

表 16-2　其他收益项目在利润表中的列报格式

项目	本期金额	上期金额
一、营业收入		
减：营业成本		
税金及附加		
销售费用		
管理费用		
研发费用		
财务费用		
其中：利息费用		
利息收入		
加：其他收益		
投资收益（损失以“—”号填列）		
其中：对联营企业和合营企业的投资收益		
以摊余成本计量的金融资产终止确认收益（损失以“—”号填列）		
净敞口套期收益（损失以“—”号填列）		
公允价值变动收益（损失以“—”号填列）		
信用减值损失		
资产减值损失		
资产处置收益（损失以“—”号填列）		
二、营业利润（亏损以“—”号填列）		

第十七条　企业应当在附注中单独披露与政府补助有关的下列信息：

（一）政府补助的种类、金额和列报项目；

（二）计入当期损益的政府补助金额；

（三）本期退回的政府补助金额及原因。

【解析 16-17】政府补助的附注的披露

企业应当在附注中披露与政府补助有关的下列信息：政府补助的种类、金额和列报项目；计入当期损益的政府补助金额；本期退回的政府补助金额及原因。

因政府补助涉及递延收益、其他收益、营业外收入以及成本费用等多个报表项目，为了全面反映政府补助情况，企业应当在附注中单设项目披露政府补助的相关信息。参考披露格式如表 16-3、表 16-4 所示。

表 16-3　计入递延收益的政府补助明细表

补助项目	种类	期初余额	本期新增金额	本期结转计入损益或冲减相关成本的金额	期末余额	本期结转计入损益或冲减相关成本的列报项目
科技项目经费	财政拨款					
……						

表 16-4　计入当期损益或冲减相关成本的政府补助明细表

补助项目	种类	本期计入损益或冲减相关成本的金额	本期计入损益或冲减相关成本的列报项目
科技项目经费	财政拨款		
……			

第四章　衔接规定

第十八条　企业对 2017 年 1 月 1 日存在的政府补助采用未来适用法处理，对 2017 年 1 月 1 日至本准则施行日之间新增的政府补助根据本准则进行调整。

【解析 16-18】新旧准则的衔接规定

本准则规定，2006 年 2 月 15 日财政部印发的《财政部关于印发〈企业会计准则第 1 号——存货〉等 38 项具体准则的通知》（财会〔2006〕3 号）中的《企业会计准则第 16 号——政府补助》同时废止。企业对 2017 年 1 月 1 日存在的政府补助采用未来适用法处理，对 2017 年 1 月 1 日至本准则施行日之间新增的政府补助根据本准则进行调整。财政部此前发布的有关政府补助会计处理规定与本准则不一致的，以本准则为准。

2017 年 1 月 1 日存在的政府补助主要指当日仍存在尚未分摊计入损益的与政府补助有关的递延收益。因采用未来适用法，企业不需调整 2016 年 12 月 31 日有关科目的期末余额，在编制 2017 年年报时也不需调整可比期间的比较数据。2017 年 1 月 1 日至本准则施行日之间新增的政府补助，主要指在这一期间内新取得的政府补助。企业对 2017 年 1 月 1 日存在的和 2017 年 1 月 1 日至本准则施行日之间新增的政府补助应当视同从 2017 年 1 月 1 日起按照本准则进行会计处理，以确保在 2017 年度对政府补助业务采用的会计处理方法保持一致。

摘录于《〈企业会计准则第 16 号——政府补助〉应用指南》

第五章　附则

第十九条　本准则自 2017 年 6 月 12 日起施行。

第二十条　2006 年 2 月 15 日财政部印发的《财政部关于印发〈企业会计准则第 1 号——存货〉等 38 项具体准则的通知》（财会〔2006〕3 号）中的《企业会计准则第 16 号——政府补助》同时废止。

财政部此前发布的有关政府补助会计处理规定与本准则不一致的，以本准则为准。

企业会计准则第 17 号——借款费用

《企业会计准则第 17 号——借款费用》于 2006 年 2 月 15 日由财会〔2006〕3 号公布，自 2007 年 1 月 1 日起施行。

第一章 总则

第一条 为了规范借款费用的确认、计量和相关信息的披露，根据《企业会计准则——基本准则》，制定本准则。

第二条 借款费用，是指企业因借款而发生的利息及其他相关成本。

借款费用包括借款利息、折价或者溢价的摊销、辅助费用以及因外币借款而发生的汇兑差额等。

【解析 17-1】借款费用的范围

借款费用是企业因借入资金所付出的代价，它包括借款利息费用（包括借款折价或者溢价的摊销和相关辅助费用）以及因外币借款而发生的汇兑差额等。对于企业发生的权益性融资费用，不应包括在借款费用中。承租人根据《企业会计准则第 21 号——租赁》所确认的融资租赁发生的融资费用属于借款费用。

（一）因借款而发生的利息

因借款而发生的利息，包括企业向银行或者其他金融机构等借入资金发生的利息、发行公司债券发生的利息以及为购建或者生产符合资本化条件的资产而发生的带息债务所承担的利息等。

（二）因借款而发生的折价或溢价的摊销

因借款而发生的折价或者溢价主要是指发行债券等所发生的折价或者溢价，发行债券中的折价或者溢价，其实质是对债券票面利息的调整（即将债券票面利率调整为实际利率），属于借款费用的范畴。例如，XYZ 公司发行公司债券，每张公司债券票面价值为 1 000 元，票面年利率为 6%，期限为 4 年，而同期市场利率为年利率 8%，由于公司债券的票面利率低于市场利率，为成功发行公司债券，XYZ 公司采取了折价发行的方式，折价金额在实质上是用于补偿投资者在购入债券后所收到的名义利息上的损失，应当作为以后各期利息费用的调整额。

（三）因外币借款而发生的汇兑差额

因外币借款而发生的汇兑差额，是指由于汇率变动导致市场汇率与账面汇率出现差异，从而对外币借款本金及其利息的记账本位币金额所产生的影响金额。汇率的变化往往和利率的变化相联动，它是企业外币借款所需承担的风险，因此，因外币借款相关汇率变化所导致的汇兑差额属于借款费用的有机组成部分。

（四）因借款而发生的辅助费用

因借款而发生的辅助费用，是指企业在借款过程中发生的诸如手续费、佣金、印刷费等费用，由于这些费用是因安排借款而发生的，也属于借入资金所付出的代价，是借款费用的组成部分。

第三条 与融资租赁有关的融资费用，适用《企业会计准则第 21 号——租赁》。

第二章 确认和计量

第四条 企业发生的借款费用，可直接归属于符合资本化条件的资产的购建或者生产的，应当予以资本化，计入相关资产成本；其他借款费用，应当在发生时根据其发生额确认为费用，计入当期损益。

符合资本化条件的资产，是指需要经过相当长时间的购建或者生产活动才能达到预定可使用或者可销售状态的固定资产、投资性房地产和存货等资产。

【解析 17-2】符合资本化条件的资产的概念

符合资本化条件的资产是指需要经过相当长时间的购建或者生产活动才能达到预定可使用或者可销售状态的固定资产、投资性房地产和存货等资产。建造合同成本、确认为无形资产的开发支出等在符合条件的情况下，也可以认定为符合资本化条件的资产。

符合资本化条件的存货，主要包括房地产开发企业开发的用于对外出售的房地产开发产品、企业制造的用于对外出售的大型机械设备等，这类存货通常需要经过相当长时间的建造或者生产过程，才能达到预定可销售状态。其中，“相当长时间”应当是指为资产的购建或者生产所必要的时间，通常为 1 年以上（含 1 年）。

在实务中，如果人为或者故意等非正常因素导致资产的购建或者生产时间相当长的，该资产不属于符合资本化条件的资产。购入即可使用的资产，或者购入后需要安装但所需安装时间较短的资产，或者需要建造或者生产但所需建造或者生产时间较短的资产，均不属于符合资本化条件的资产。

第五条 借款费用同时满足下列条件的，才能开始资本化：

（一）资产支出已经发生，资产支出包括为购建或者生产符合资本化条件的资产而以支付现金、转移非现金资产或者承担带息债务形式发生的支出；

（二）借款费用已经发生；

（三）为使资产达到预定可使用或者可销售状态所必要的购建或者生产活动已经开始。

【解析 17-3】借款费用开始资本化的时点

借款费用允许开始资本化必须同时满足 3 个条件，即资产支出已经发生、借款费用已经发生、为使资产达到预定可使用或者可销售状态所必要的购建或者生产活动已经开始。

（一）“资产支出已经发生”的界定

“资产支出已经发生”，是指企业已经发生了支付现金、转移非现金资产或者承担带息债务。

（1）支付现金，是指用货币资金支付符合资本化条件的资产的购建或者生产支出。

（2）转移非现金资产，是指企业将自己的非现金资产直接用于符合资本化条件的资产的购建或者生产。

（3）承担带息债务，是指企业为了购建或者生产符合资本化条件的资产所需用物资等而承担的带息应付款项（如带息应付票据）。企业以赊购方式购买这些物资所产生的债务可能带息，也可能不带息。如果企业赊购这些物资承担的是不带息债务，就不应当将购买价款计入资产支出，因为该债务在偿付前不需要承担利息，也没有占用借款资金。企业只有等到实际偿付债务，发生了资源流出时，才能将其作为资产支出。如果企业赊购物资承担的是带息债务，则企业要为这笔债务付出代价，支付利息，与企业向银行借入款项用以支付资产支出在性质上是一致的。所以，企业为购建或者生产符合资本化条件的资产而承担的带息债务应当作为资产支出，当该带息债务发生时，视同资产支出已经发生。

（二）"借款费用已经发生"的界定

"借款费用已经发生"，是指企业已经发生了因购建或者生产符合资本化条件的资产而专门借入款项的借款费用或者所占用的一般借款的借款费用。

（三）"为使资产达到预定可使用或者可销售状态所必要的购建或者生产活动已经开始"的界定

"为使资产达到预定可使用或者可销售状态所必要的购建或者生产活动已经开始"，是指符合资本化条件的资产的实体建造或者生产工作已经开始，例如主体设备的安装、厂房的实际开工建造等。它不包括仅仅持有资产、但没有发生为改变资产形态而进行的实质上的建造或者生产活动。

企业只有在上述 3 个条件同时满足的情况下，有关借款费用才可开始资本化，只要其中有一个条件没有满足，借款费用就不能开始资本化。

第六条 在资本化期间内，每一会计期间的利息（包括折价或溢价的摊销）资本化金额，应当按照下列规定确定：

（一）为购建或者生产符合资本化条件的资产而借入专门借款的，应当以专门借款当期实际发生的利息费用，减去将尚未动用的借款资金存入银行取得的利息收入或进行暂时性投资取得的投资收益后的金额确定。

专门借款，是指为购建或者生产符合资本化条件的资产而专门借入的款项。

（二）为购建或者生产符合资本化条件的资产而占用了一般借款的，企业应当根据累计资产支出超过专门借款部分的资产支出加权平均数乘以所占用一般借款的资本化率，计算确定一般借款应予资本化的利息金额。资本化率应当根据一般借款加权平均利率计算确定。

资本化期间，是指从借款费用开始资本化时点到停止资本化时点的期间，借款费用暂停资本化的期间不包括在内。

【解析 17-4】借款利息费用资本化金额的确定

（一）专门借款利息费用的资本化金额

本准则第六条（一）规定，为购建或者生产符合资本化条件的资产而借入专门借款的，应当以专门借款当期实际发生的利息费用，减去将尚未动用的借款金额存入银行取得的利息收入或者进行暂时性投资取得的投资收益后的金额确定。

专门借款发生的利息费用，在资本化期间内，应当全部计入符合资本化条件的资产成本，不计算借款资本化率。

专门借款应当有明确的专门用途，即为购建或者生产某项符合资本化条件的资产而专门借入的款项。通常签订有标明该用途的借款合同。

（二）一般借款利息费用的资本化金额

本准则第六条（二）规定，在借款费用资本化期间内，为购建或者生产符合资本化条件的资产占用了一般借款的，应当根据累计资产支出超过专门借款部分的资产支出加权平均数乘以所占用一般借款的资本化率，计算确定一般借款应予资本化的利息金额。一般借款是指除专门借款以外的其他借款。

一般借款加权平均利率 = 所占用一般借款当期实际发生的利息之和 ÷ 所占用一般借款本金加权平均数

例如，某公司于20×7年1月1日动工兴建一幢办公楼，工期为1年，工程采用出包方式，分别于20×7年1月1日、7月1日和10月1日支付工程进度款1 500万元、3 000万元和1 000万元。办公楼于20×7年12月31日完工，达到预定可使用状态。

公司为建造办公楼发生了两笔专门借款，分别为：（1）20×7年1月1日专门借款2 000万元，借款期限为3年，年利率为8%，利息按年支付；（2）20×7年7月1日专门借款2 000万元，借款期限为5年，年利率为10%，利息按年支付。闲置专门借款资金均用于固定收益债券短期投资，假定该短期投资月收益率为0.5%。

公司为建造办公楼的支出总额5 500万元（1 500+3 000+1 000）超过了专门借款总额4 000万元（2 000+2 000），占用了一般借款1 500万元。假定所占用一般借款有两笔，分别为：（1）向A银行长期借款2 000万元，期限为20×6年12月1日至20×9年12月1日，年利率为6%，按年支付利息；（2）发行公司债券10 000万元，于20×6年1月1日发行，期限为5年，年利率为8%，按年支付利息。

根据上述资料，计算公司建造办公楼应予资本化的利息费用金额如下。

1. 计算专门借款利息费用资本化金额。

专门借款利息资本化金额 = 专门借款当期实际发生的利息费用 − 将闲置借款金额短期投资取得的投资收益。为简化计算，假定全年按360天计算。据此，专门借款利息费用的资本化金额为：2 000×8%+2 000×10%×180÷360−500×0.5%×6=245（万元）。

2. 计算一般借款利息费用资本化金额。

一般借款利息费用资本化金额 = 累计资产支出超过专门借款部分的资产支出加权平均数 × 所占用一般借款的资本化率。其中：累计资产支出超过专门借款部分的资产支出加权平均数 =（4 500−4 000）×180÷360+ 1 000×90÷360=500（万元）。

一般借款资本化率 =（2 000×6%+10 000×8%）÷（2 000+10 000）=7.67%。

一般借款利息费用资本化金额 =500×7.67%=38.35（万元）。

3. 计算建造办公楼应予资本化的利息费用金额。

该公司建造办公楼应予资本化的利息费用金额 283.35 万元，即专门借款利息费用资本化金额 245 万元和一般借款利息费用资本化金额 38.35 万元之和。

摘录于《〈企业会计准则第 17 号——借款费用〉解释》

【例 17-1】专门借款利息的处理

ABC 公司于 2×17 年 1 月 1 日正式动工兴建一幢办公楼，工期预计为 1 年零 6 个月，工程采用出包方式，分别于 2×17 年 1 月 1 日、2×17 年 7 月 1 日和 2×18 年 1 月 1 日支付工程进度款。

公司为建造办公楼于 2×17 年 1 月 1 日专门借款 2 000 万元，借款期限为 3 年，年利率为 6%。另外在 2×17 年 7 月 1 日又专门借款 4 000 万元，借款期限为 5 年，年利率为 7%。借款利息按年支付。（如无特别说明，本章例题中名义利率与实际利率均相同）

闲置借款资金均用于固定收益债券短期投资，该短期投资月收益率为 0.5%。

办公楼于 2×18 年 6 月 30 日完工，达到预定可使用状态。

公司为建造该办公楼的支出金额如表 17-1 所示。

表 17-1　建造办公楼的资金支出表

单位：万元

日　期	每期资产支出金额	累计资产支出金额	闲置借款资金用于短期投资金额
2×17 年 1 月 1 日	1 500	1 500	500
2×17 年 7 月 1 日	2 500	4 000	2 000
2×18 年 1 月 1 日	1 500	5 500	500
总　计	5 500		3 000

ABC 公司使用了专门借款建造办公楼，而且办公楼建造支出没有超过专门借款金额，因此公司 2×17 年、2×18 年为建造办公楼应予资本化的利息金额计算如下。

（1）确定借款费用资本化期间为 2×17 年 1 月 1 日至 2×18 年 6 月 30 日。

（2）计算在资本化期间内专门借款实际发生的利息金额。

2×17 年专门借款发生的利息金额 =2 000×6%+4 000×7%×6÷12=260（万元）

2×18 年 1 月 1 日—6 月 30 日专门借款发生的利息金额 =2 000×6%×6÷12+4 000×7%×6÷12=200（万元）

（3）计算在资本化期间内利用闲置的专门借款资金进行短期投资的收益。

2×17 年短期投资收益 =500×0.5%×6+2 000×0.5%×6=75（万元）

2×18 年 1 月 1 日—6 月 30 日短期投资收益 =500×0.5%×6=15（万元）

（4）在资本化期间内，专门借款利息费用的资本化金额应当以其实际发生的利息费用减去将闲置的借款资金进行短期投资取得的投资收益后的金额确定，因此：

公司 2×17 年的利息资本化金额 =260−75=185（万元）

公司 2×18 年的利息资本化金额 =200−15=185（万元）

有关账务处理如下。

2×17 年 12 月 31 日。

借：在建工程　　1 850 000
　　应收利息（或银行存款）　　750 000
　　贷：应付利息　　2 600 000

2×18 年 6 月 30 日。

借：在建工程　　1 850 000
　　应收利息（或银行存款）　　150 000
　　贷：应付利息　　2 000 000

【例 17-2】一般借款利息的处理

沿用【例 17-1】，假定 ABC 公司建造办公楼没有专门借款，占用的都是一般借款。

ABC 公司为建造办公楼占用的一般借款有两笔，具体如下。

（1）向 A 银行长期贷款 2 000 万元，期限为 2×16 年 12 月 1 日至 2×19 年 12 月 1 日，年利率为 6%，按年支付利息。

（2）发行公司债券 1 亿元，于 2×16 年 1 月 1 日发行，期限为 5 年，年利率为 8%，按年支付利息。

假定这两笔一般借款除了用于办公楼建设外，没有用于其他符合资本化条件的资产的购建或者生产活动。

假定全年按 360 天计算，其他资料沿用【例 17-1】。

鉴于 ABC 公司建造办公楼没有占用专门借款，而占用了一般借款，因此，公司应当首先计算所占用一般借款的加权平均利率作为资本化率，然后计算建造办公楼的累计资产支出加权平均数，将其与资本化率相乘，计算求得当期应予资本化的借款利息金额。具体如下。

（1）计算所占用一般借款资本化率。

一般借款资本化率（年）=（2 000×6%+10 000×8%）÷（2 000+10 000）=7.67%

（2）计算累计资产支出加权平均数。

2×17 年累计资产支出加权平均数 =1 500×360÷360+2 500×180÷360=2 750（万元）

2×18 年累计资产支出加权平均数 =（4 000+1 500）×180/360=2 750（万元）

（3）计算每期利息资本化金额。

2×17 年为建造办公楼的利息资本化金额 =2 750×7.67%=210.93（万元）

2×17 年实际发生的一般借款利息费用 =2 000×6%+10 000×8%=920（万元）

2×18 年为建造办公楼的利息资本化金额 =2 750×7.67%=210.93（万元）

2×18 年 1 月 1 日—6 月 30 日实际发生的一般借款利息费用 =（2 000×6%+10 000×8%）×180÷360=460（万元）

上述计算的利息资本化金额没有超过两笔一般借款实际发生的利息费用，可以资本化。

（4）根据上述计算结果，账务处理如下。

2×17 年 12 月 31 日。

借：在建工程　　2 109 300
　　财务费用　　7 090 700

贷：应付利息　　9 200 000

2×18 年 6 月 30 日。

借：在建工程　　2 109 300

财务费用　　2 490 700

贷：应付利息　　4 600 000

【例 17-3】一般借款与专门借款利息的处理

沿用【例 17-1】和【例 17-2】，假定 ABC 公司为建造办公楼于 2×17 年 1 月 1 日专门借款 2 000 万元，借款期限为 3 年，年利率为 6%。除此之外，没有其他专门借款。在办公楼建造过程中所占用的一般借款仍为两笔，一般借款有关资料沿用【例 17-2】。其他相关资料均同【例 17-1】和【例 17-2】。

在这种情况下，公司应当首先计算专门借款利息的资本化金额，然后计算所占用一般借款利息的资本化金额。具体如下。

（1）计算专门借款利息资本化金额。

2×17 年专门借款利息资本化金额 =2 000×6%−500×0.5%×6=105（万元）

2×18 年专门借款利息资本化金额 =2 000×6%×180÷360=60（万元）

（2）计算一般借款资本化金额。

在建造办公楼过程中，自 2×17 年 7 月 1 日起已经有 2 000 万元占用了一般借款，另外，2×18 年 1 月 1 日支出的 1 500 万元也占用了一般借款。计算这两笔资产支出的加权平均数如下。

2×17 年占用了一般借款的资产支出加权平均数 =2 000×180÷360=1 000（万元）

由于一般借款利息资本化率与【例 17-2】相同，即为 7.67%。所以：

2×17 年应予资本化的一般借款利息金额 =1 000×7.67%=76.70（万元）

2×18 年占用了一般借款的资产支出平均数 =（2 000+1 500）×180÷360=1 750（万元）

2×18 年应予资本化的一般借款利息金额 =1 750×7.67%=134.23（万元）

（3）根据上述计算结果，公司建造办公楼应予资本化的利息金额如下。

2×17 年利息资本化金额 =105+76.70=181.70（万元）

2×18 年利息资本化金额 =60+134.23=194.23（万元）

（4）有关账务处理如下。

2×17 年 12 月 31 日。

借：在建工程　　1 817 000

财务费用　　8 433 000

应收利息（或银行存款）　　150 000

贷：应付利息　　10 400 000

注：2×17 年实际借款利息 =2 000×6%+2 000×6%+10 000×8%=1 040（万元）。

2×18 年 6 月 30 日。

借：在建工程　　1 942 300

财务费用　　3 257 700
　贷：应付利息　　5 200 000

注：2×18 年 1 月 1 日至 6 月 30 日的实际借款利息 =1 040÷2=520（万元）。

第七条　借款存在折价或者溢价的，应当按照实际利率法确定每一会计期间应摊销的折价或者溢价金额，调整每期利息金额。

【解析 17-5】借款溢价或者折价的摊销采用实际利率法

本准则第七条规定，借款存在折价或者溢价的，应当按照实际利率法确定每一会计期间应摊销的折价或者溢价金额。

在实际利率法下，企业应当按照期初借款余额乘以实际利率计算确定每期借款利息费用。实际利率是企业在借款期限内未来应支付的利息和本金折现为借款当前账面价值的利率。

例如，A 公司于 20×0 年 1 月 1 日折价发行了面值为 1 250 万元公司债券，发行价格为 1 000 万元，票面利率为 4.72%，每年年末支付利息（即 1 250 万元 ×4.72%=59 万元），期限为 5 年，到期一次还本。据此，计算该公司债券实际利率 r。

由于 $1\,000=59\times(1+r)^{-1}+59\times(1+r)^{-2}+59\times(1+r)^{-3}+59\times(1+r)^{-4}+(59+1\,250)\times(1+r)^{-5}$，由此计算得出 r=10%。债券相关计算如表 17-2 所示。

表 17-2　债券相关计算

单位：万元

年份	期初公司债券余额 (a)	实际利息费 (b) （按 10% 计算）	每年支付现金 (c)	期末公司债券摊余成本 (d=a+b−c)
20×0	1 000	100	59	1 041
20×1	1 041	104	59	1 086
20×2	1 086	109	59	1 136
20×3	1 136	113	59	1 190
20×4	1 190	119	1 250+59	0

假定 A 公司发行公司债券募集的资金专门用于建造一条生产线，生产线从 20×0 年 1 月 1 日开始建设，于 20×2 年年底完工，达到预定可使用状态。公司在 20×0 年至 20×2 年间每年应予资本化的利息费用为 100 万元、104 万元和 109 万元，20×3 年和 20×4 年发生的 113 万元和 119 万元利息费用应当计入当期损益，不应再予资本化。

除公司债券外，其他借款也应当按照上述实际利率法确定每期利息费用。如果按照名义（合同）利率和实际利率计算的每期利息费用相差不大的，可以按照名义利率计算确定每期借款利息。

摘录于《〈企业会计准则第 17 号——借款费用〉解释》

第八条　在资本化期间内，每一会计期间的利息资本化金额不应当超过当期相关借款实际发生的利息金额。

第九条　在资本化期间内，外币专门借款本金及利息的汇兑差额，应当予以资本化，计入符合资本化条件的资产的成本。

【解析 17-6】外币专门借款汇兑差额资本化金额的确定

当企业为购建或者生产符合资本化条件的资产所借入的专门借款为外币借款时，由于企业取得外币借款日、使用外币借款日和会计结算日往往并不一致，而外汇汇率又在随时发生变化，外币借款会产生汇兑差额。相应地，在借款费用资本化期间内，为购建固定资产而专门借入的外币借款所产生的汇兑差额，是购建固定资产的一项代价，应当予以资本化，计入固定资产成本。出于简化核算的考虑，在资本化期间内，外币专门借款本金及其利息的汇兑差额，应当予以资本化，计入符合资本化条件的资产的成本。而除外币专门借款之外的其他外币借款本金及其利息所产生的汇兑差额应当作为财务费用，计入当期损益。

【例 17-4】外币专门借款汇兑差额资本化金额的确定

甲公司于 20×1 年 1 月 1 日，为建造某工程项目专门发行美元公司债券 1 000 万元，年利率为 8%，期限为 3 年，假定不考虑与发行债券有关的辅助费用、未支出专门借款的利息收入或投资收益。合同约定，每年 1 月 1 日支付上年利息，到期还本。

工程于 20×1 年 1 月 1 日开始实体建造，20×2 年 6 月 30 日完工，达到预定可使用状态，期间发生的资产支出如下。

20×1 年 1 月 1 日，支出 200 万美元。

20×1 年 7 月 1 日，支出 500 万美元。

20×2 年 1 月 1 日，支出 300 万美元。

公司的记账本位币为人民币，外币业务采用外币业务发生时当日的市场汇率折算。相关汇率如下。

20×1 年 1 月 1 日，市场汇率为 1 美元 =7.70 元人民币。

20×1 年 12 月 31 日，市场汇率为 1 美元 =7.75 元人民币。

20×2 年 1 月 1 日，市场汇率为 1 美元 =7.77 元人民币。

20×2 年 6 月 30 日，市场汇率为 1 美元 =7.80 元人民币。

本例中，公司计算外币借款汇兑差额资本化金额如下（会计分录中金额单位：元）。

（1）计算 20×1 年汇兑差额资本化金额。

① 债券应付利息 =1 000×8%×7.75=80×7.75=620（万元）

账务处理如下。

借：在建工程　　　　6 200 000

　　贷：应付利息　　　　6 200 000

② 外币债券本金及利息汇兑差额 =1 000×（7.75−7.70）+80×（7.75−7.75）=50（万元）

账务处理如下。

借：在建工程　　　　500 000

　　贷：应付债券　　　　500 000

（2）20×2 年 1 月 1 日实际支付利息时，应当支付 80 万美元，折算成人民币为 621.60 万元。该金额与原账面金额之间的差额 1.60 万元应当继续予以资本化，计入在建工程成本。账务处理如下。

借：应付利息　　　　6 200 000

　　在建工程　　　　16 000

　　贷：银行存款　　　　6 216 000

（3）计算 20×2 年 6 月 30 日时的汇兑差额资本化金额。

① 债券应付利息 =1 000×8%×1/2×7.80=40×7.80=312（万元）

账务处理如下。

借：在建工程　　　　3 120 000

　　贷：应付利息　　　　3 120 000

② 外币债券本金及利息汇兑差额 =1 000×（7.80−7.75）+40×（7.80−7.80）=50（万元）

账务处理如下。

借：在建工程　　　　500 000

　　贷：应付债券　　　　500 000

第十条　专门借款发生的辅助费用，在所购建或者生产的符合资本化条件的资产达到预定可使用或者可销售状态之前发生的，应当在发生时根据其发生额予以资本化，计入符合资本化条件的资产的成本；在所购建或者生产的符合资本化条件的资产达到预定可使用或者可销售状态之后发生的，应当在发生时根据其发生额确认为费用，计入当期损益。

一般借款发生的辅助费用，应当在发生时根据其发生额确认为费用，计入当期损益。

第十一条　符合资本化条件的资产在购建或者生产过程中发生非正常中断、且中断时间连续超过 3 个月的，应当暂停借款费用的资本化。在中断期间发生的借款费用应当确认为费用，计入当期损益，直至资产的购建或者生产活动重新开始。如果中断是所购建或者生产的符合资本化条件的资产达到预定可使用或者可销售状态必要的程序，借款费用的资本化应当继续进行。

【解析 17-7】借款费用资本化的暂停

根据本准则第十一条规定，符合资本化条件的资产在购建或者生产过程中发生非正常中断且中断时间连续超过 3 个月的，应当暂停借款费用的资本化。正常中断期间的借款费用应当继续资本化。

非正常中断，通常是企业管理决策上的原因或者其他不可预见的原因等所导致的中断。比如，企业因与施工方发生了质量纠纷，或者工程、生产用料没有及时供应，或者资金周转发生了困难，或者施工、生产发生了安全事故，或者发生了与资产购建、生产有关的劳动纠纷等原因，导致资产购建或者生产活动发生中断，均属于非正常中断。

非正常中断与正常中断显著不同。正常中断通常仅限于因购建或者生产符合资本化条件的资产达到预定可使用或者可销售状态所必要的程序，或者事先可预见的不可抗力因素导致的中断。比如，某些工程建造到一定阶段必须暂停下来进行质量或者安全检查，检查通过后才可继续下一阶段的建造工作，这类中断是在施工前可以预见的，而且是工程建造必须经过的程序，属于正常中断。

某些地区的工程在建造过程中，由于可预见的不可抗力因素（如雨季或冰冻季节等）导致施工出现停顿，也属于正常中断。比如，某企业在北方某地建造某工程期间，正遇冰冻季节，工程施工因此中断，待冰冻季节过后方能继续施工。该地区在施工期间出现较长时间的冰冻为正常情况，由此导致的施工中断是可预见的不可抗力因素导致的中断，属于正常中断。

摘录于《〈企业会计准则第 17 号——借款费用〉应用指南》

第十二条 购建或者生产符合资本化条件的资产达到预定可使用或者可销售状态时，借款费用应当停止资本化。在符合资本化条件的资产达到预定可使用或者可销售状态之后所发生的借款费用，应当在发生时根据其发生额确认为费用，计入当期损益。

第十三条 购建或者生产符合资本化条件的资产达到预定可使用或者可销售状态，可从下列几个方面进行判断：

（一）符合资本化条件的资产的实体建造（包括安装）或者生产工作已经全部完成或者实质上已经完成。

（二）所购建或者生产的符合资本化条件的资产与设计要求、合同规定或者生产要求相符或者基本相符，即使有极个别与设计、合同或者生产要求不相符的地方，也不影响其正常使用或者销售。

（三）继续发生在所购建或生产的符合资本化条件的资产上的支出金额很少或者几乎不再发生。

购建或者生产符合资本化条件的资产需要试生产或者试运行的，在试生产结果表明资产能够正常生产出合格产品、或者试运行结果表明资产能够正常运转或者营业时，应当认为该资产已经达到预定可使用或者可销售状态。

第十四条 购建或者生产的符合资本化条件的资产的各部分分别完工，且每部分在其他部分继续建造过程中可供使用或者可对外销售，且为使该部分资产达到预定可使用或可销售状态所必要的购建或者生产活动实质上已经完成的，应当停止与该部分资产相关的借款费用的资本化。

购建或者生产的资产的各部分分别完工，但必须等到整体完工后才可使用或者可对外销售的，应当在该资产整体完工时停止借款费用的资本化。

第三章 披露

第十五条 企业应当在附注中披露与借款费用有关的下列信息：

（一）当期资本化的借款费用金额。

（二）当期用于计算确定借款费用资本化金额的资本化率。

企业会计准则第 18 号——所得税

《企业会计准则第 18 号——所得税》于 2006 年 2 月 15 日由财会〔2006〕3 号公布，自 2007 年 1 月 1 日起施行。

第一章 总则

第一条 为了规范企业所得税的确认、计量和相关信息的列报，根据《企业会计准则——基本准则》，制定本准则。

第二条 本准则所称所得税包括企业以应纳税所得额为基础的各种境内和境外税额。

第三条 本准则不涉及政府补助的确认和计量，但因政府补助产生暂时性差异的所得税影响，应当按照本准则进行确认和计量。

【解析 18-1】所得税会计的基本要求

（一）递延所得税资产、递延所得税负债的确认

所得税会计是以企业的资产负债表及其附注为依据，结合相关账簿资料，分析计算各项资产、负债的计税基础，通过比较资产、负债的账面价值与其计税基础之间的差异，确定应纳税暂时性差异和可抵扣暂时性差异。

资产的账面价值大于其计税基础或者负债的账面价值小于其计税基础，产生应纳税暂时性差异；资产的账面价值小于其计税基础或者负债的账面价值大于其计税基础，产生可抵扣暂时性差异。按照税法规定允许抵减以后年度利润的可抵扣亏损，视同可抵扣暂时性差异。

按照暂时性差异与适用所得税税率计算的结果，确定递延所得税资产、递延所得税负债以及相应的递延所得税费用。其中，确认由可抵扣暂时性差异产生的递延所得税资产，应当以未来期间很可能取得用来抵扣可抵扣暂时性差异的应纳税所得额为限，该应纳税所得额为未来期间企业正常生产经营活动实现的应纳税所得额，以及因应纳税暂时性差异在未来期间转回相应增加的应税所得，并应提供相关的证据。

（二）递延所得税资产、递延所得税负债的转回

递延所得税负债和递延所得税资产确认后，相关的应纳税暂时性差异或可抵扣暂时性差异于以后期间转回的，应当调整原已确认的递延所得税资产、递延所得税负债以及相应的递延所得税费用。

（三）所得税费用在利润表中的列示

利润表中应当单独列示所得税费用。所得税费用由两部分内容构成：一是按照税法规定计算的当期所得税费用（当期应交所得税）；二是按照上述规定计算的递延所得税费用，但不包括直接计入所有者权益项目的交易和事项，以及企业合并的所得税影响。

所得税会计的关键在于确定资产、负债的计税基础，资产、负债的计税基础一经确定，

即可计算暂时性差异并在此基础上确认递延所得税资产、递延所得税负债以及递延所得税费用。

摘录于《〈企业会计准则第 18 号——所得税〉解释》

【解析 18-2】所得税会计的一般程序

在采用资产负债表债务法核算所得税的情况下，企业一般应于每一资产负债表日进行所得税的核算。企业合并等特殊交易或事项发生时，在确认因交易或事项取得的资产、负债时即应同时确认相关的所得税影响。企业进行所得税核算一般应遵循以下程序。

1. 按照相关会计准则规定确定资产负债表中除递延所得税资产和递延所得税负债以外的其他资产和负债项目的账面价值。资产、负债的账面价值，是指企业按照相关会计准则的规定进行核算后在资产负债表中列示的金额。对于计提了减值准备的各项资产，是指其账面余额减去已计提的减值准备后的金额。例如，企业持有的应收账款账面余额为 1 000 万元，企业对该应收账款计提了 50 万元的坏账准备，其账面价值为 950 万元。

2. 按照会计准则中对于资产和负债计税基础的确定方法，以适用的税收法规为基础，确定资产负债表中有关资产、负债项目的计税基础。

3. 比较资产、负债的账面价值与其计税基础，对于两者之间存在差异的，分析其性质，除准则中规定的特殊情况外，分别应纳税暂时性差异与可抵扣暂时性差异，确定资产负债表日递延所得税负债和递延所得税资产的应有金额，并与期初递延所得税资产和递延所得税负债的余额相比，确定当期应予进一步确认的递延所得税资产和递延所得税负债金额或应予转销的金额，作为递延所得税。

4. 就企业当期发生的交易或事项，按照适用的税法规定计算确定当期应纳税所得额，将应纳税所得额与适用的所得税税率计算的结果确认为当期应交所得税，作为当期所得税。

5. 确定利润表中的所得税费用。利润表中的所得税费用包括当期所得税（当期应交所得税）和递延所得税两个组成部分，企业在计算确定了当期所得税和递延所得税后，两者之和（或之差），是利润表中的所得税费用。

第二章　计税基础

第四条　企业在取得资产、负债时，应当确定其计税基础。资产、负债的账面价值与其计税基础存在差异的，应当按照本准则规定确认所产生的递延所得税资产或递延所得税负债。

第五条　资产的计税基础，是指企业收回资产账面价值过程中，计算应纳税所得额时按照税法规定可以自应税经济利益中抵扣的金额。

【解析 18-3】资产的计税基础

资产的计税基础，是指企业收回资产账面价值过程中，计算应纳税所得额时按照税法规定可以自应税经济利益中抵扣的金额，即某一项资产在未来期间计税时按照税法规定可以税前扣除的总金额。

资产在初始确认时，其计税基础一般为取得成本，即企业为取得某项资产支付的成本在未来期间准予税前扣除。在资产持续持有的过程中，其计税基础是指资产的取得成本减去以前期间按照税法规定已经税前扣除的金额后的余额。如固定资产、无形资产等长期资产在某一资产负债表日的计税基础是指其成本扣除按照税法规定已在以前期间税前扣除的累计折旧额或累计摊销额后的金额。

现举例说明部分资产项目计税基础的确定。

（一）固定资产

以各种方式取得的固定资产，初始确认时按照会计准则规定确定的入账价值基本上是被税法认可的，即取得时其账面价值一般等于计税基础。

固定资产在持有期间进行后续计量时，由于会计与税法规定就折旧方法、折旧年限以及固定资产减值准备的提取等处理的不同，可能造成固定资产的账面价值与计税基础的差异。

1. 折旧方法、折旧年限的差异。会计准则规定，企业应当根据与固定资产有关的经济利益的预期实现方式合理选择折旧方法，如可以按年限平均法计提折旧，也可以按照双倍余额递减法、年数总和法等计提折旧，前提是企业选用的有关折旧方法反映相关固定资产包含经济利益的实现方式。税法中除某些按照规定可以加速折旧的情况外，基本上可以税前扣除的是按照年限平均法计提的折旧；另外，税法还就每一类固定资产的最低折旧年限作出了规定，而会计准则规定折旧年限是由企业根据固定资产的性质和使用情况合理确定的。如企业进行会计处理时确定的折旧年限与税法规定不同，也会因每一期间折旧额的差异产生固定资产在资产负债表日账面价值与计税基础的差异。

2. 因计提固定资产减值准备产生的差异。持有固定资产的期间内，在对固定资产计提了减值准备以后，因税法规定企业计提的资产减值准备在发生实质性损失前不允许税前扣除，在有关减值准备转变为实质性损失前，也会造成固定资产的账面价值与计税基础的差异。

【例 18-1】固定资产的计税基础

甲公司于 2×14 年 12 月 20 日取得某设备，成本为 16 000 000 元，预计使用 10 年，预计净残值为 0，采用年限平均法计提折旧。2×17 年 12 月 31 日，根据该设备生产产品的市场占有情况，甲公司估计其可收回金额为 9 200 000 元。假定税法规定的折旧方法、折旧年限与会计准则相同，企业的资产在发生实质性损失时可予税前扣除。

解析：因计提固定资产减值准备产生的差异。持有固定资产的期间内，在对固定资产计提了减值准备以后，因所计提的减值准备在计提当期不允许税前扣除，也会造成固定资产的账面价值与计税基础的差异。

2×17 年 12 月 31 日，甲公司该设备的账面价值 =16 000 000−1 600 000×3=11 200 000（元），可收回金额为 9 200 000 元，应当计提 2 000 000 元固定资产减值准备。计提该减值准备后，固定资产的账面价值为 9 200 000 元。

该设备的计税基础 =16 000 000−1 600 000×3=11 200 000（元）

资产的账面价值 9 200 000 元小于其计税基础 11 200 000 元，产生可抵扣暂时性差异。

（二）无形资产

除内部研究开发形成的无形资产以外，其他方式取得的无形资产，初始确认时按照会计准则规定确定的入账价值与按照税法规定确定的计税基础之间一般不存在差异。无形资产的差异主要产生于内部研究开发形成的无形资产以及使用寿命不确定的无形资产。

（1）内部研究开发形成的无形资产，其成本为开发阶段符合资本化条件以后至达到预定用途前发生的支出，除此之外，研究开发过程中发生的其他支出应予费用化计入损益；税法规定，自行开发的无形资产，以开发过程中该资产符合资本化条件后至达到预定用途前发生的支出为计税基础。另外，对于研究开发费用的加计扣除，假定税法中规定企业为开发新技术、新产品、新工艺发生的研究开发费用，未形成无形资产计入当期损益的，在按照规定据实扣除的基础上，按照研究开发费用的 50% 加计扣除；形成无形资产的，按照无形资产成本的 150% 摊销。

另外，会计准则中规定有例外条款，即如该无形资产的确认不是产生于企业合并交易，同时在确认时既不影响会计利润也不影响应纳税所得额，则不确认该暂时性差异的所得税影响。该种情况下，无形资产在初始确认时，对于会计与税收规定之间存在的暂时性差异不予确认，持续持有过程中，在初始未予确认暂时性差异的所得税影响范围内的摊销额等的差异亦不予确认。

【例 18-2】无形资产暂时性差异的计量

A 企业当期为开发新技术发生研究开发支出共计 2 000 万元，其中研究阶段支出 400 万元，开发阶段符合资本化条件前发生的支出为 400 万元，符合资本化条件后至达到预定用途前发生的支出为 1 200 万元。假定税法规定，企业为开发新技术、新产品、新工艺发生的研究开发费用，未形成无形资产计入当期损益的，按照研究开发费用的 50% 加计扣除；形成无形资产的，按照无形资产成本的 150% 摊销。假定开发形成的无形资产在当期期末已达到预定用途（尚未开始摊销）。

A 企业当期发生的研究开发支出中，按照会计准则规定应予费用化的金额为 800 万元，形成无形资产的成本为 1 200 万元，即期末形成无形资产的账面价值为 1 200 万元。

A 企业当期发生的 2 000 万元研究开发支出，按照税法规定可在当期税前扣除的金额为 1 200 万元。所形成无形资产在未来期间可予税前扣除的金额为 1 800 万元，其计税基础为 1 800 万元，形成暂时性差异 600 万元。

应予说明的是，上述 600 万元暂时性差异因产生于无形资产的初始确认，该无形资产并非产生于企业合并，且该无形资产在初始确认时既未影响会计利润，也未影响应纳税所得额，因此，该 600 万元暂时性差异的所得税影响不予确认。

（2）无形资产在后续计量时，会计与税法的差异主要产生于是否需要摊销、摊销方法和年限的差异及无形资产减值准备的提取。

会计准则规定，企业应根据无形资产的使用寿命情况，将其分为使用寿命有限的无形资产与使用寿命不确定的无形资产。对于使用寿命不确定的无形资产，不要求摊销，但持有期间每年应进行减值测试。税法规定，企业取得的无形资产成本（外购商誉除外），应在一定期限内摊销。对于使用寿命不确定的无形资产，会计处理时不予摊销，但计税时按照税法规定确定的摊销额允许税前扣除，造成该类无形资产账面价值与计税基础的差异。

在对无形资产计提减值准备的情况下，因税法规定计提的无形资产减值准备在转变为实质性损失前不允许税前扣除，即在提取无形资产减值准备的期间，无形资产的计税基础不会随减值准备的提取发生变化，从而造成无形资产的账面价值与计税基础的差异。

【例 18-3】无形资产计税基础的计量

乙企业于 20×7 年 1 月 1 日取得的某项无形资产，取得成本为 1 500 万元，取得该项无形资产后，根据各方面情况判断，乙企业无法合理预计其使用期限，将其作为使用寿命不确定的无形资产。20×7 年 12 月 31 日，对该项无形资产进行减值测试表明其未发生减值。企业在计税时，对该项无形资产按照 10 年的期限采用直线法摊销，摊销金额允许税前扣除。

分析如下。

会计上将该项无形资产作为使用寿命不确定的无形资产，因未发生减值，其在 20×7 年 12 月 31 日的账面价值为取得成本 1 500 万元。

该项无形资产在 20×7 年 12 月 31 日的计税基础为 1 350 万元（成本 1 500- 按照税法规定可予税前扣除的摊销额 150）。

该项无形资产的账面价值 1 500 万元与其计税基础 1 350 万元之间的差额 150 万元，将计入未来期间企业的应纳税所得额，或者可以理解为因为该 150 万元已经在当期计算应纳税所得额时税前扣除，从而减少了当期应交所得税，未来期间不会再予扣除，当企业于未来期间产生相关的经济利益流入时即应交税。

（三）以公允价值计量且其变动计入当期损益的金融资产

按照《企业会计准则第 22 号——金融工具确认和计量》的规定，以公允价值计量且其变动计入当期损益的金融资产于某一会计期末的账面价值为其公允价值。税法规定，企业以公允价值计量的金融资产、金融负债以及投资性房地产等，持有期间公允价值的变动不计入应纳税所得额，在实际处置或结算时，处置取得的价款扣除其历史成本后的差额应计入处置或结算期间的应纳税所得额。按照该规定，以公允价值计量的金融资产在持有期间市价的波动在计税时不予考虑，有关金融资产在某一会计期末的计税基础为其取得成本，从而造成在公允价值变动的情况下，对以公允价值计量的金融资产账面价值与计税基础之间的差异。

企业持有的以公允价值计量且其变动计入其他综合收益的金融资产，其计税基础的确定，与以公允价值计量且其变动计入当期损益的金融资产类似，可比照处理。

【例 18-4】以公允价值计量且其变动计入当期损益的金融资产计税基础的计量

20×7 年 10 月 20 日，甲公司自公开市场取得一项权益性投资，支付价款 2 000 万元，作为交易性金融资产核算。20×7 年 12 月 31 日，该投资的市价为 2 200 万元。

分析如下。

该项交易性金融资产的期末市价为 2 200 万元，其按照会计准则规定进行核算的、在 20×7 年资产负债表日的账面价值为 2 200 万元。

因税法规定以公允价值计量的金融资产在持有期间公允价值的变动不计入应纳税所得

额，其在 20×7 年资产负债表日的计税基础应维持原取得成本不变，为 2 000 万元。

该交易性金融资产的账面价值 2 200 万元与其计税基础 2 000 万元之间产生了 200 万元的暂时性差异，该暂时性差异在未来期间转回时会增加未来期间的应纳税所得额。

（四）其他资产

因会计准则规定与税法规定不同，企业持有的其他资产，可能造成其账面价值与计税基础之间存在差异。

（1）投资性房地产，企业持有的投资性房地产进行后续计量时，会计准则规定可以采用两种模式：一种是成本模式，采用该种模式计量的投资性房地产，其账面价值与计税基础的确定与固定资产、无形资产相同；另一种是在符合规定条件的情况下，可以采用公允价值模式对投资性房地产进行后续计量。对于采用公允价值模式进行后续计量的投资性房地产，其账面价值的确定类似于以公允价值计量的金融资产，因税法中没有投资性房地产的概念及专门的税收处理规定，其计税基础的确定类似于固定资产或无形资产的计税基础。

【例 18-5】投资性房地产计税基础的计量

A 公司于 20×7 年 1 月 1 日将其自用房屋用于对外出租，该房屋的成本为 750 万元，预计使用年限为 20 年。转为投资性房地产之前，已使用 4 年，企业按照年限平均法计提折旧，预计净残值为零。转为投资性房地产核算后，预计能够持续可靠取得该投资性房地产的公允价值，A 公司采用公允价值模式对该投资性房地产进行后续计量。假定税法规定的折旧方法、折旧年限及净残值与会计规定相同。同时，税法规定资产在持有期间公允价值的变动不计入应纳税所得额，待处置时一并计算确定应计入应纳税所得额的金额。该项投资性房地产在 20×7 年 12 月 31 日的公允价值为 900 万元。

分析如下。

该投资性房地产在 20×7 年 12 月 31 日的账面价值为其公允价值 900 万元，其计税基础为取得成本扣除按照税法规定允许税前扣除的折旧额后的金额，即其计税基础 =750−750÷20×5=562.5（万元）。

该项投资性房地产的账面价值 900 万元与其计税基础 562.5 万元之间产生了 337.5 万元的暂时性差异，在其未来期间预期能够产生 900 万元的经济利益流入，而按照税法规定仅能够扣除 565.5 万元的情况下，该差异会增加企业在未来期间的应纳税所得额。

（2）其他计提了资产减值准备的各项资产。有关资产计提了减值准备后，其账面价值会随之下降，而税法规定资产在发生实质性损失之前，预计的减值损失不允许税前扣除，即其计税基础不会因减值准备的提取而变化，造成在计提资产减值准备以后，资产的账面价值与计税基础之间的差异。

【例 18-6】其他计提了资产减值准备的资产的计税基础

A 公司 20×7 年购入原材料成本为 5 000 万元，因部分生产线停工，当年未领用任何原材料，20×7 年资产负债表日估计该原材料的可变现净值为 4 000 万元。假定该原材料在 20×7 年的期初余额为零。

分析如下。

该项原材料因期末可变现净值低于成本，应计提的存货跌价准备 =5 000−4 000=1 000（万元）。计提该存货跌价准备后，该项原材料的账面价值为 4 000 万元。

该项原材料的计税基础不会因存货跌价准备的提取而发生变化，其计税基础为 5 000 万元不变。

该存货的账面价值 4 000 万元与其计税基础 5 000 万元之间产生了 1 000 万元的暂时性差异，该差异会减少企业在未来期间的应纳税所得额。

第六条 负债的计税基础，是指负债的账面价值减去未来期间计算应纳税所得额时按照税法规定可予抵扣的金额。

【解析 18-4】负债的计税基础

负债的计税基础，是指负债的账面价值减去未来期间计算应纳税所得额时按照税法规定可予抵扣的金额。用公式表示为：

负债的计税基础 = 账面价值 − 未来期间按照税法规定可予税前扣除的金额

负债的确认与偿还一般不会影响企业的损益，也不会影响其应纳税所得额，未来期间计算应纳税所得额时按照税法规定可予抵扣的金额为零，计税基础即账面价值。但是，某些情况下，负债的确认可能会影响企业的损益，进而影响不同期间的应纳税所得额，使得其计税基础与账面价值之间产生差额，如按照会计规定确认的某些预计负债。

（一）企业因销售商品提供售后服务等原因确认的预计负债

按照《企业会计准则第 13 号——或有事项》规定，企业对于预计提供售后服务将发生的支出在满足有关确认条件时，销售当期即应确认为费用，同时确认预计负债。如果税法规定，与销售产品相关的支出应于实际发生时税前扣除。因该类事项产生的预计负债在期末的计税基础为其账面价值与未来期间可税前扣除的金额之间的差额，即为零。

其他交易或事项中确认的预计负债，应按照税法规定的计税原则确定其计税基础。某些情况下，因有些事项确认的预计负债，税法规定其支出无论是否实际发生均不允许税前扣除，即未来期间按照税法规定可予抵扣的金额为零，账面价值等于计税基础。

【例 18-7】预计负债计税基础的计量

甲企业 20×7 年因销售产品承诺提供 3 年的保修服务，在当年度利润表中确认了 500 万元的销售费用，同时确认为预计负债，当年度未发生任何保修支出。假定按照税法规定，与产品售后服务相关的费用在实际发生时允许税前扣除。

分析如下。

该项预计负债在甲企业 20×7 年 12 月 31 日资产负债表中的账面价值为 500 万元。

该项预计负债的计税基础 = 账面价值 − 未来期间计算应纳税所得额时按照税法规定可予抵扣的金额 =500−500=0

该项负债的账面价值 500 万元与其计税基础 0 之间的暂时性差异可以理解为：未来期间企业实际发生 500 万元的经济利益流出用以履行产品保修义务时，税法规定允许税前扣除，即减少未来实际发生期间的应纳税所得额。

（二）预收账款

企业在收到客户预付的款项时，因不符合收入确认条件，会计上将其确认为负债。税法中对于收入的确认原则一般与会计规定相同，即会计上未确认收入时，计税时一般亦不计入应纳税所得额，该部分经济利益在未来期间计税时可予税前扣除的金额为零，计税基础等于账面价值。

某些情况下，因不符合会计准则规定的收入确认条件，未确认为收入的预收款项，按照税法规定应计入当期应纳税所得额时，有关预收账款的计税基础为零，即因其产生时已经计算交纳所得税，未来期间可全额税前扣除。

【例 18-8】预收账款计税基础的计量

A 公司于 20×7 年 12 月 20 日自客户收到一笔合同预付款，金额为 2 500 万元，作为预收账款核算。按照适用税法规定，该款项应计入取得当期应纳税所得额计算缴纳所得税。

分析如下。

该预收账款在 A 公司 20×7 年 12 月 31 日资产负债表中的账面价值为 2 500 万元。

该预收账款的计税基础 = 账面价值 − 未来期间计算应纳税所得额时按照税法规定可予抵扣的金额 =2 500−2 500=0

该项负债的账面价值 2 500 万元与其计税基础 0 之间产生的 2 500 万元暂时性差异，该项暂时性差异的含义为在未来期间企业按照会计规定确认收入，产生经济利益流入时，因其在产生期间已经计算缴纳了所得税，未来期间则不再计入应纳税所得额，从而会减少企业于未来期间的所得税税款流出。

（三）应付职工薪酬

会计准则规定，企业为获得职工提供的服务给予的各种形式的报酬以及其他相关支出均应作为企业的成本费用，在未支付之前确认为负债。税法中对于合理的职工薪酬基本允许税前扣除，但税法中如果规定了税前扣除标准的，按照会计准则规定计入成本费用支出的金额超过规定标准部分，应进行纳税调整。因超过部分在发生当期不允许税前扣除，在以后期间也不允许税前扣除，即该部分差额对未来期间计税不产生影响，所产生应付职工薪酬负债的账面价值等于计税基础。

【例 18-9】应付职工薪酬的计税基础的计量

甲企业 20×7 年 12 月计入成本费用的职工工资总额为 4 000 万元，至 20×7 年 12 月 31 日尚未支付。按照适用税法规定，当期计入成本费用的 4 000 万元工资支出中，可予税前扣除的合理部分为 3 000 万元。

分析如下。

该项应付职工薪酬负债于 20×7 年 12 月 31 日的账面价值为 4 000 万元。

该项应付职工薪酬负债于 20×7 年 12 月 31 日的计税基础 = 账面价值 − 未来期间计算应纳税所得额时按照税法规定可予抵扣的金额 =4 000−0=4 000（万元）

该项负债的账面价值 4 000 万元与其计税基础 4 000 万元相同，不形成暂时性差异。该事项的会计处理与税收处理存在差异，但之所以不形成暂时性差异的原因是两者之间的 1 000

万元差异在产生当期不能税前扣除，在未来期间亦不能税前扣除，从而构成一项永久性差异，其不会对企业未来期间的计税产生影响。

（四）其他负债

其他负债如企业应交的罚款和滞纳金等，在尚未支付之前按照会计规定确认为费用，同时作为负债反映。税法规定，罚款和滞纳金不能税前扣除，即该部分费用无论是在发生当期还是在以后期间均不允许税前扣除，其计税基础为账面价值减去未来期间计税时可予税前扣除的金额0之间的差额，即计税基础等于账面价值。

其他交易或事项产生的负债，其计税基础的确定应当遵从适用税法的相关规定。

【例 18-10】其他负债计税基础的计量

A公司20×7年12月因违反当地有关环保法规的规定，接到环保部门的处罚通知，要求其支付罚款500万元。税法规定，企业因违反国家有关法律法规支付的罚款和滞纳金，计算应纳税所得额时不允许税前扣除。至20×7年12月31日，该项罚款尚未支付。

分析如下。

应支付罚款产生的负债账面价值为500万元。

该项负债的计税基础＝账面价值－未来期间计算应纳税所得额时按照税法规定可予抵扣的金额=500-0=500（万元）

该项负债的账面价值500万元与其计税基础500万元相同，不形成暂时性差异，不会对未来期间的计税产生影响。

第三章　暂时性差异

第七条　暂时性差异，是指资产或负债的账面价值与其计税基础之间的差额；未作为资产和负债确认的项目，按照税法规定可以确定其计税基础的，该计税基础与其账面价值之间的差额也属于暂时性差异。

按照暂时性差异对未来期间应税金额的影响，分为应纳税暂时性差异和可抵扣暂时性差异。

【解析 18-5】暂时性差异的概念

暂时性差异是指资产、负债的账面价值与其计税基础不同产生的差额。因资产、负债的账面价值与其计税基础不同，产生了在未来收回资产或清偿负债的期间内，应纳税所得额增加或减少并导致未来期间应交所得税增加或减少的情况，形成企业的资产或负债。在有关暂时性差异发生当期，符合确认条件的情况下，应当确认相关的递延所得税负债或递延所得税资产。

第八条　应纳税暂时性差异，是指在确定未来收回资产或清偿负债期间的应纳税所得额时，将导致产生应税金额的暂时性差异。

【解析 18-6】应纳税暂时性差异的概念

应纳税暂时性差异，是指在确定未来收回资产或清偿负债期间的应纳税所得额时，将导致产生应税金额的暂时性差异，即在未来期间不考虑该事项影响的应纳税所得额的基础上，由于该暂时性差异的转回，会进一步增加转回期间的应纳税所得额和应交所得税金额，在其产生当期应当确认相关的递延所得税负债。

应纳税暂时性差异通常产生于以下情况。

（一）资产的账面价值大于其计税基础

资产的账面价值代表的是企业在持续使用及最终出售该项资产时将取得的经济利益的总额，而计税基础代表的是资产在未来期间可予税前扣除的总金额。资产的账面价值大于其计税基础，该项资产未来期间产生的经济利益不能全部税前抵扣，两者之间的差额需要缴税，产生应纳税暂时性差异。例如，一项资产的账面价值为 500 万元，计税基础如为 375 万元，两者之间的差额会造成未来期间应纳税所得额和应交所得税的增加，在其产生当期，应确认相关的递延所得税负债。

（二）负债的账面价值小于其计税基础

负债的账面价值为企业预计在未来期间清偿该项负债时的经济利益流出，而其计税基础代表的是账面价值在扣除税法规定未来期间允许税前扣除的金额之后的差额。负债的账面价值与其计税基础不同产生的暂时性差异，实质上是税法规定就该项负债在未来期间可以税前扣除的金额（即与该项负债相关的费用支出在未来期间可予税前扣除的金额）。负债的账面价值小于其计税基础，则意味着就该项负债在未来期间可以税前抵扣的金额为负数，即应在未来期间应纳税所得额的基础上调增，增加未来期间的应纳税所得额和应交所得税金额，产生应纳税暂时性差异，应确认相关的递延所得税负债。

【例 18-11】应纳税暂时性差异的计量

A 企业于 20×6 年 12 月 20 日取得的某项固定资产，原价为 750 万元，使用年限为 10 年，会计上采用年限平均法计提折旧，净残值为零。税法规定该类（由于技术进步、产品更新换代较快的）固定资产采用加速折旧法计提的折旧可予税前扣除，该企业在计税时采用双倍余额递减法计提折旧，净残值为零。20×8 年 12 月 31 日，企业估计该项固定资产的可收回金额为 550 万元。

分析如下。

20×8 年 12 月 31 日，该项固定资产的账面余额 =750−75×2=600（万元），该账面余额大于其可收回金额 550 万元，两者之间的差额应计提 50 万元的固定资产减值准备。

20×8 年 12 月 31 日，该项固定资产的账面价值 =750−75×2−50=550（万元），其计税基础 =750−750×20%−600×20%=480（万元）。

该项固定资产的账面价值 550 万元与其计税基础 480 万元之间的 70 万元差额，将于未来期间计入企业的应纳税所得额。

第九条 可抵扣暂时性差异，是指在确定未来收回资产或清偿负债期间的应纳税所得额时，将导致产生可抵扣金额的暂时性差异。

【解析 18-7】可抵扣暂时性差异的概念

可抵扣暂时性差异是指在确定未来收回资产或清偿负债期间的应纳税所得额时，将导致产生可抵扣金额的暂时性差异。该差异在未来期间转回时会减少转回期间的应纳税所得额，减少未来期间的应交所得税。在可抵扣暂时性差异产生当期，符合确认条件时，应当确认相关的递延所得税资产。

可抵扣暂时性差异一般产生于以下情况。

1. 资产的账面价值小于其计税基础，意味着资产在未来期间产生的经济利益少，按照税法规定允许税前扣除的金额多，两者之间的差额可以减少企业在未来期间的应纳税所得额并减少应交所得税，符合有关条件时，应当确认相关的递延所得税资产。例如，一项资产的账面价值为 500 万元，计税基础为 650 万元，则企业在未来期间就该项资产可以在其自身取得经济利益的基础上多扣除 150 万元，未来期间应纳税所得额会减少，应交所得税也会减少，形成可抵扣暂时性差异。

2. 负债的账面价值大于其计税基础，负债产生的暂时性差异实质上是税法规定就该项负债可以在未来期间税前扣除的金额。即：

负债产生的暂时性差异 = 账面价值 − 计税基础

= 账面价值 −（账面价值 − 未来期间计税时按照税法规定可予税前扣除的金额）

= 未来期间计税时按照税法规定可予税前扣除的金额

负债的账面价值大于其计税基础，意味着未来期间按照税法规定与负债相关的全部或部分支出可以自未来应税经济利益中扣除，减少未来期间的应纳税所得额和应交所得税。符合有关确认条件时，应确认相关的递延所得税资产。

【例 18-12】可抵扣暂时性差异的计量

B 企业于 20×6 年年末以 750 万元购入一项生产用固定资产，按照该项固定资产的预计使用情况，B 企业在会计核算时估计其使用寿命为 5 年。计税时，按照适用税法规定，其最低折旧年限为 10 年，该企业计税时按照 10 年计算确定可税前扣除的折旧额。假定会计与税法规定均按年限平均法计提折旧，净残值均为零。20×7 年该项固定资产按照 12 个月计提折旧。本例中假定固定资产未发生减值。

分析如下。

该项固定资产在 20×7 年 12 月 31 日的账面价值 =750−750 ÷ 5=600（万元）

该项固定资产在 20×7 年 12 月 31 日的计税基础 =750−750 ÷ 10=675（万元）

该项固定资产的账面价值 600 万元与其计税基础 675 万元之间产生的 75 万元差额，在未来期间会减少企业的应纳税所得额。

第四章　确认

第十条　企业应当将当期和以前期间应交未交的所得税确认为负债，将已支付的所得税超过应支付的部分确认为资产。

存在应纳税暂时性差异或可抵扣暂时性差异的，应当按照本准则规定确认递延所得税负债或递延所得税资产。

第十一条 除下列交易中产生的递延所得税负债以外，企业应当确认所有应纳税暂时性差异产生的递延所得税负债：

（一）商誉的初始确认。

（二）同时具有下列特征的交易中产生的资产或负债的初始确认：

1. 该项交易不是企业合并；

2. 交易发生时既不影响会计利润也不影响应纳税所得额（或可抵扣亏损）。

与子公司、联营企业及合营企业的投资相关的应纳税暂时性差异产生的递延所得税负债，应当按照本准则第十二条的规定确认。

第十二条 企业对与子公司、联营企业及合营企业投资相关的应纳税暂时性差异，应当确认相应的递延所得税负债。但是，同时满足下列条件的除外：

（一）投资企业能够控制暂时性差异转回的时间；

（二）该暂时性差异在可预见的未来很可能不会转回。

【解析18-8】递延所得税负债的确认

企业在确认因应纳税暂时性差异产生的递延所得税负债时，应遵循以下原则。

1. 除《企业会计准则第18号——所得税》中明确规定可不确认递延所得税负债的情况以外，企业对于所有的应纳税暂时性差异均应确认相关的递延所得税负债。除与直接计入所有者权益的交易或事项以及企业合并中取得资产、负债相关的以外，在确认递延所得税负债的同时，应增加利润表中的所得税费用。与应纳税暂时性差异相关的递延所得税负债的确认，体现了会计上的谨慎性原则，即企业进行会计核算时不应高估资产、不应低估负债。

【例18-13】递延所得税负债的确认

A企业于20×7年12月6日购入某项设备，取得成本为500万元，会计上采用年限平均法计提折旧，使用年限为10年，净残值为零，因该资产常年处于强震动状态，计税时按双倍余额递减法计提折旧，使用年限及净残值与会计上的相同。A企业适用的所得税税率为25%。假定该企业不存在其他会计与税收处理的差异。

分析如下。

20×8年资产负债表日，该项固定资产按照会计规定计提的折旧额为50万元，计税时允许扣除的折旧额为100万元，则该固定资产的账面价值450万元与其计税基础400万元的差额构成应纳税暂时性差异，企业应确认相关的递延所得税负债。

2. 不确认递延所得税负债的特殊情况。有些情况下，虽然资产、负债的账面价值与其计税基础不同，产生了应纳税暂时性差异，但出于各方面考虑，《企业会计准则第18号——所得税》中规定不确认相应的递延所得税负债，主要包括以下3种情况。

（1）商誉的初始确认。非同一控制下的企业合并中，企业合并成本大于合并中取得的被购买方可辨认净资产公允价值份额的差额，按照会计准则规定应确认为商誉。因会计与税收的划分标准不同，会计上作为非同一控制下的企业合并，但如果按照税法规定计税时作为免税合并的情况下，商誉的计税基础为零，其账面价值与计税基础形成应纳税暂时性差异，准则中规定不确认与其相关的递延所得税负债。

【例 18-14】商誉计税基础的确认

A 企业以增发市场价值为 15 000 万元的自身普通股为对价购入 B 企业 100% 的净资产，对 B 企业进行吸收合并，合并前 A 企业与 B 企业不存在任何关联方关系。假定该项合并符合税法规定的免税合并条件，交易各方选择进行免税处理，购买日 B 企业各项可辨认资产、负债的公允价值及其计税基础如表 18-1 所示。

表 18-1　购买日 B 企业各项可辨认资产、负债表

单位：万元

项目	公允价值	计税基础	暂时性差异
固定资产	6 750	3 875	2 875
应收账款	5 250	5 250	
存货	4 350	3 100	1 250
其他应付款	–750	0	–750
应付账款	–3 000	–3 000	0
不包括递延所得税的可辨认资产、负债的公允价值	12 600	9 225	3 375

B 企业适用的所得税税率为 25%，预期在未来期间不会发生变化，该项交易中应确认递延所得税负债及商誉的金额计算如下（单位：万元）。

可辨认净资产公允价值	12 600
递延所得税资产	（750×25%）187.5
递延所得税负债	（4 125×25%）1 031.25
考虑递延所得税后	
可辨认资产、负债的公允价值	11 756.25
企业合并成本	15 000
商誉	3 243.75

因该项合并符合税法规定的免税合并条件，当事各方选择进行免税处理的情况下，购买方在免税合并中取得的被购买方有关资产、负债应维持其原计税基础不变。被购买方原账面上未确认商誉，即商誉的计税基础为零。

该项合并中所确认的商誉金额 3 243.75 万元与其计税基础零之间产生的应纳税暂时性差异，按照准则中规定，不再进一步确认相关的所得税影响。

应予说明的是，按照会计准则规定在非同一控制下企业合并中确认了商誉，并且按照所得税法规的规定商誉在初始确认时计税基础等于账面价值的，该商誉在后续计量过程中因会计准则与税法规定不同产生暂时性差异的，应当确认相关的所得税影响。

（2）除企业合并以外的其他交易或事项中，如果该项交易或事项发生时既不影响会计利润，也不影响应纳税所得额，则所产生的资产、负债的初始确认金额与其计税基础不同，形成应纳税暂时性差异的，交易或事项发生时不确认相应的递延所得税负债。该规定主要是考虑到由于交易发生时既不影响会计利润，也不影响应纳税所得额，确认递延所得税负债的直接结果是增加有关资产的账面价值或是降低所确认负债的账面价值，使得资产、负债在初始确认时，违背历史成本原则，影响会计信息的可靠性。

（3）与子公司、联营企业、合营企业投资等相关的应纳税暂时性差异，一般应确认相应的递延所得税负债，但同时满足以下两个条件的除外：一是投资企业能够控制暂时性差异转回的时间；二是该暂时性差异在可预见的未来很可能不会转回。满足上述条件时，投资企业可以运用自身的影响力决定暂时性差异的转回，如果不希望其转回，则在可预见的未来期间，该项暂时性差异即不会转回，对未来期间计税不产生影响，从而无需确认相应的递延所得税负债。

对于采用权益法核算的长期股权投资，其账面价值与计税基础产生的有关暂时性差异是否应确认相关的所得税影响，应当考虑该项投资的持有意图。

如果企业拟长期持有，则因初始投资成本的调整产生的暂时性差异预计未来期间不会转回，对未来期间没有所得税影响；因确认投资损益产生的暂时性差异，如果在未来期间逐期分回现金股利或利润时免税（我国税法规定，居民企业间的股息、红利免税），也不存在对未来期间的所得税影响；因确认应享有被投资单位其他权益变动而产生的暂时性差异，在长期持有的情况下预计未来期间也不会转回。因此，在准备长期持有的情况下，对于采用权益法核算的长期股权投资账面价值与计税基础之间的差异，投资企业一般不确认相关的所得税影响。

如果投资企业改变持有意图拟对外出售的情况下，按照税法规定，企业在转让或者处置投资资产时，投资资产的成本准予扣除。在持有意图由长期持有转变为拟近期出售的情况下，因长期股权投资的账面价值与计税基础不同产生的有关暂时性差异，均应确认相关的所得税影响。

第十三条 企业应当以很可能取得用来抵扣可抵扣暂时性差异的应纳税所得额为限，确认由可抵扣暂时性差异产生的递延所得税资产。但是，同时具有下列特征的交易中因资产或负债的初始确认所产生的递延所得税资产不予确认：

（一）该项交易不是企业合并；

（二）交易发生时既不影响会计利润也不影响应纳税所得额（或可抵扣亏损）。

资产负债表日，有确凿证据表明未来期间很可能获得足够的应纳税所得额用来抵扣可抵扣暂时性差异的，应当确认以前期间未确认的递延所得税资产。

第十四条 企业对与子公司、联营企业及合营企业投资相关的可抵扣暂时性差异，同时满足下列条件的，应当确认相应的递延所得税资产：

（一）暂时性差异在可预见的未来很可能转回；

（二）未来很可能获得用来抵扣可抵扣暂时性差异的应纳税所得额。

第十五条 企业对于能够结转以后年度的可抵扣亏损和税款抵减，应当以很可能获得用来抵扣可抵扣亏损和税款抵减的未来应纳税所得额为限，确认相应的递延所得税资产。

【解析 18-9】递延所得税资产的确认

1. 确认的一般原则。递延所得税资产产生于可抵扣暂时性差异。确认因可抵扣暂时性差异产生的递延所得税资产应以未来期间可能取得的应纳税所得额为限。在可抵扣暂时性差异预期转回的未来期间内，企业无法产生足够的应纳税所得额用以利用可抵扣暂时性差异的影响，使得与可抵扣暂时性差异相关的经济利益无法实现的，不应确认递延所得税资产；企业有明确的证据表明其于可抵扣暂时性差异转回的未来期间能够产生足够的应纳税所得额，进而利用可抵扣暂时性差异的，则应以可能取得的应纳税所得额为限，确认相关的递延所得税资产。

在判断企业于可抵扣暂时性差异转回的未来期间是否能够产生足够的应纳税所得额时，应考虑企业在未来期间通过正常的生产经营活动能够实现的应纳税所得额以及以前期间产生的应纳税暂时性差异在未来期间转回时将增加的应纳税所得额。

（1）对与子公司、联营企业、合营企业的投资相关的可抵扣暂时性差异，同时满足下列条件的，应当确认相关的递延所得税资产：一是暂时性差异在可预见的未来很可能转回；二是未来很可能获得用来抵扣可抵扣暂时性差异的应纳税所得额。

对联营企业和合营企业等的投资产生的可抵扣暂时性差异，主要产生于权益法下被投资单位发生亏损时，投资企业按照持股比例确认应予承担的部分相应减少长期股权投资的账面价值，但税法规定长期股权投资的成本在持有期间不发生变化，造成长期股权投资的账面价值小于其计税基础，产生可抵扣暂时性差异。

投资企业对有关投资计提减值准备的情况下，也会产生可抵扣暂时性差异。

（2）对于按照税法规定可以结转以后年度的未弥补亏损和税款抵减，应视同可抵扣暂时性差异处理。在有关的亏损或税款抵减金额得到税务部门的认可或预计能够得到税务部门的认可且预计可利用未弥补亏损或税款抵减的未来期间内能够取得足够的应纳税所得额时，除准则中规定不予确认的情况外，应当以很可能取得的应纳税所得额为限，确认相应的递延所得税资产，同时减少确认当期的所得税费用。

2. 不确认递延所得税资产的情况。某些情况下，企业发生的某项交易或事项不属于企业合并，并且交易发生时既不影响会计利润也不影响应纳税所得额，且该项交易中产生的资产、负债的初始确认金额与其计税基础不同，产生可抵扣暂时性差异的，《企业会计准则第 18 号——所得税》中规定在交易或事项发生时不确认相应的递延所得税资产。

【例 18–15】不确认递延所得税资产的情况

A 企业进行内部研究开发所形成的无形资产成本为 1 200 万元，因按照税法规定可于未来期间税前扣除的金额为 1 800 万元，其计税基础为 1 800 万元。

该项无形资产并非产生于企业合并，同时在初始确认时既不影响会计利润也不影响应纳税所得额，确认其账面价值与计税基础之间产生暂时性差异的所得税影响需要调整该项资产的历史成本，准则规定该种情况下不确认相关的递延所得税资产。

第五章 计量

第十六条 资产负债表日，对于当期和以前期间形成的当期所得税负债（或资产），应当按照税法规定计算的预期应交纳（或返还）的所得税金额计量。

第十七条 资产负债表日，对于递延所得税资产和递延所得税负债，应当根据税法规定，按照预期收回该资产或清偿该负债期间的适用税率计量。

适用税率发生变化的，应对已确认的递延所得税资产和递延所得税负债进行重新计量，除直接在所有者权益中确认的交易或者事项产生的递延所得税资产和递延所得税负债以外，应当将其影响数计入变化当期的所得税费用。

第十八条 递延所得税资产和递延所得税负债的计量，应当反映资产负债表日企业预期收回资产或清偿负债方式的所得税影响，即在计量递延所得税资产和递延所得税负债时，应当采用与收回资产或清偿债务的预期方式相一致的税率和计税基础。

第十九条 企业不应当对递延所得税资产和递延所得税负债进行折现。

【解析 18–10】递延所得税负债的计量

本准则规定，资产负债表日对于递延所得税负债，应当根据适用税法规定，按照预期收回该资产或清偿该负债期间的适用税率计量。即递延所得税负债应以相关应纳税暂时性差异转回期间按照税法规定适用的所得税税率计量。无论应纳税暂时性差异的转回期间如何，相关的递延所得税负债不要求折现。

【例 18–16】递延所得税负债的计量

甲公司于 2×12 年 12 月底购入一台机器设备，成本为 525 000 元，预计使用年限为 6 年，预计净残值为零。会计上按直线法计提折旧，因该设备符合税法规定的税收优惠条件，计税时可采用年数总和法计提折旧，假定税法规定的使用年限及净残值均与会计上的相同。本例中假定该公司各会计期间均未对固定资产计提减值准备，除该项固定资产产生的会计与税法之间的差异外，不存在其他会计与税收的差异。

该公司每年因固定资产账面价值与计税基础不同应予确认的递延所得税情况如表 18–2 所示。

表 18–2 递延所得税计算表

项目	2×13 年	2×14 年	2×15 年	2×16 年	2×17 年	2×18 年
实际成本（元）	525 000	525 000	525 000	525 000	525 000	525 000
累计会计折旧（元）	87 500	175 000	262 500	350 000	437 500	525 000
账面价值（元）	437 500	350 000	262 500	175 000	87 500	0
累计计税折旧（元）	150 000	275 000	375 000	450 000	500 000	525 000
计税基础（元）	375 000	250 000	150 000	75 000	25 000	0
暂时性差异（元）	62 500	100 000	112 500	100 000	62 500	0
适用税率	25%	25%	25%	25%	25%	25%
递延所得税负债余额（元）	15 625	25 000	28 125	25 000	15 625	0

分析如下。

该项固定资产各年度账面价值与计税基础确定如下。

（1）2×13年资产负债表日。

账面价值＝实际成本－会计折旧=525 000-87 500=437 500（元）

计税基础＝实际成本－税前扣除的折旧额=525 000-150 000=375 000（元）

因资产的账面价值437 500元大于其计税基础375 000元，两者之间产生的62 500元差异会增加未来期间的应纳税所得额和应交所得税，属于应纳税暂时性差异，应确认与其相关的递延所得税负债15 625元（62 500×25%），账务处理如下。

借：所得税费用　15 625

　贷：递延所得税负债　15 625

（2）2×14年资产负债表日。

账面价值=525 000-87 500-87 500=350 000（元）

计税基础＝实际成本－累计已税前扣除的折旧额=525 000－275 000=250 000（元）

因资产的账面价值350 000元大于其计税基础250 000元，两者之间产生的100 000元差异为应纳税暂时性差异，应确认与其相关的递延所得税负债25 000元，但递延所得税负债的期初余额为15 625元，当期应进一步确认递延所得税负债9 375元，账务处理如下。

借：所得税费用　9 375

　贷：递延所得税负债　9 375

（3）2×15年资产负债表日。

账面价值=525 000-262 500=262 500（元）

计税基础=525 000-375 000=150 000（元）

因资产的账面价值262 500元大于其计税基础150 000元，两者之间产生的112 500元差异为应纳税暂时性差异，应确认与其相关的递延所得税负债28 125元，但递延所得税负债的期初余额为25 000元，当期应进一步确认递延所得税负债3 125元，账务处理如下。

借：所得税费用　3 125

　贷：递延所得税负债　3 125

（4）2×16年资产负债表日。

账面价值=525 000-350 000=175 000（元）

计税基础=525 000-450 000=75 000（元）

因资产的账面价值175 000元大于其计税基础75 000元，两者之间产生的100 000元差异为应纳税暂时性差异，应确认与其相关的递延所得税负债25 000元，但递延所得税负债的期初余额为28 125元，当期应转回原已确认的递延所得税负债3 125元，账务处理如下。

借：递延所得税负债　3 125

　贷：所得税费用　3 125

（5）2×17年资产负债表日。

账面价值=525 000-437 500=87 500（元）

计税基础=525 000-500 000=25 000（元）

因资产的账面价值87 500元大于其计税基础25 000元，两者之间产生的62 500元差异为应纳税暂时性差异，应确认与其相关的递延所得税负债15 625元，但递延所得税负债的期初余额为 25 000 元，当期应转回递延所得税负债 9 375 元，账务处理如下。

借：递延所得税负债　　9 375

　　贷：所得税费用　　9 375

（6）2×18 年资产负债表日。

该项固定资产的账面价值及计税基础均为零，两者之间不存在暂时性差异，前期已确认的与该项资产相关的递延所得税负债应予全额转回，账务处理如下。

借：递延所得税负债　　15 625

　　贷：所得税费用　　15 625

【解析 18-11】递延所得税资产的计量

同递延所得税负债的计量原则相一致，确认递延所得税资产时，应当以预期收回该资产期间的适用所得税税率为基础计算确定。无论相关的可抵扣暂时性差异转回期间如何，递延所得税资产均不要求折现。

企业在确认了递延所得税资产以后，资产负债表日应当对递延所得税资产的账面价值进行复核。如果未来期间很可能无法取得足够的应纳税所得额用以利用可抵扣暂时性差异带来的利益，应当减记递延所得税资产的账面价值。减记的递延所得税资产，除原确认时计入所有者权益的，其减记金额亦应计入所有者权益外，其他的情况均应增加当期的所得税费用。

因无法取得足够的应纳税所得额利用可抵扣暂时性差异减记递延所得税资产账面价值的，以后期间根据新的环境和情况判断能够产生足够的应纳税所得额利用可抵扣暂时性差异，使得递延所得税资产包含的经济利益能够实现的，应相应恢复递延所得税资产的账面价值。

另外，无论是递延所得税资产还是递延所得税负债的计量，均应考虑资产负债表日企业预期收回资产或清偿负债方式的所得税影响，在计量递延所得税资产和递延所得税负债时，应当采用与收回资产或清偿债务的预期方式相一致的税率和计税基础。例如，企业持有的某项固定资产，一般情况下是为企业的正常生产经营活动提供必要的生产条件，但在某一时点上，企业决定将该固定资产对外出售，实现其为企业带来的未来经济利益，且假定税法规定长期资产处置时适用的所得税税率与一般情况不同的，则企业在计量因该资产产生的应纳税暂时性差异或可抵扣暂时性差异的所得税影响时，应考虑该资产带来的经济利益预期实现方式的影响。

第二十条　资产负债表日，企业应当对递延所得税资产的账面价值进行复核。如果未来期间很可能无法获得足够的应纳税所得额用以抵扣递延所得税资产的利益，应当减记递延所得税资产的账面价值。

在很可能获得足够的应纳税所得额时，减记的金额应当转回。

【例 18-17】所得税费用的计量

A 公司 2×17 年度利润表中利润总额为 3 000 万元，该公司适用的所得税税率为 25%。递延所得税资产及递延所得税负债不存在期初余额。与所得税核算有关的情况如下。

2×17 年发生的有关交易和事项中，会计处理与税收处理存在差别的有以下几点。

（1）2×17 年 1 月开始计提折旧的一项固定资产，成本为 1 500 万元，使用年限为 10 年，净残值为 0。会计处理按双倍余额递减法计提折旧，税收处理按直线法计提折旧。假定税法规定的使用年限及净残值与会计规定的相同。

（2）向关联企业捐赠现金 500 万元。假定按照税法规定，企业向关联方的捐赠不允许税前扣除。

（3）当期取得作为交易性金融资产核算的股票投资成本为 800 万元，2×17 年 12 月 31 日的公允价值为 1 200 万元。税法规定，以公允价值计量的金融资产持有期间市价变动不计入应纳税所得额。

（4）违反环保法规定应支付罚款 250 万元。

（5）期末对持有的存货计提了 75 万元的存货跌价准备。

分析如下。

（1）2×17 年度当期应交所得税。

应纳税所得额 =3 000+150+500−400+250+75=3 575（万元）

应交所得税 =3 575×25%=893.75（万元）

（2）2×17 年度递延所得税。

递延所得税资产 =225×25%=56.25（万元）

递延所得税负债 =400×25%=100（万元）

递延所得税 =100−56.25=43.75（万元）

（3）利润表中应确认的所得税费用。

所得税费用 =893.75+43.75=937.50（万元），确认所得税费用的账务处理如下。

借：所得税费用	9 375 000	
递延所得税资产	562 500	
贷：应交税费——应交所得税		8 937 500
递延所得税负债		1 000 000

该公司 2×17 年资产负债表相关项目金额及其计税基础如表 18-3 所示。

表 18-3　该公司 2×17 年资产负债表

单位：万元

项目	账面价值	计税基础	差异	
			应纳税暂时性差异	可抵扣暂时性差异
存货	2 000	2 075		75
固定资产：				
固定资产原价	1 500	1 500		
减：累计折旧	300	150		
减：固定资产减值准备	0	0		
固定资产账面价值	1 200	1 350		150
以公允价值计量且其变动计入当期损益的金融资产	1 200	800	400	

续表

项目	账面价值	计税基础	差异	
			应纳税暂时性差异	可抵扣暂时性差异
其他应付款	250	250		
总计			400	225

【例 18–18】所得税费用的计算

沿用【例 18–17】中有关资料，假定 A 公司 2×18 年当期应交所得税为 1 155 万元。资产负债表中有关资产、负债的账面价值与其计税基础相关资料如表 18–4 所示，除所列项目外，其他资产、负债项目不存在会计和税收的差异。

表 18–4　递延所得税计算表

单位：万元

项目	账面价值	计税基础	差异	
			应纳税暂时性差异	可抵扣暂时性差异
存货	4 000	4 200		200
固定资产：				
固定资产原价	1 500	1 500		
减：累计折旧	540	300		
减：固定资产减值准备	50	0		
固定资产账面价值	910	1 200		290
以公允价值计量且其变动计入当期损益的金融资产	1 675	1 000	675	
预计负债	250	0		250
总计			675	740

分析如下。

（1）当期所得税 = 当期应缴纳所得税 =1 155（万元）

（2）递延所得税（单位：万元）。

① 期末递延所得税负债	（675×25%）168.75
期初递延所得税负债	100
递延所得税负债增加	68.75
② 期末递延所得税资产	（740×25%）185
期初递延所得税资产	56.25
递延所得税资产增加	128.75

递延所得税 =68.75−128.75=−60（万元）（收益）

（3）确认所得税费用。

所得税费用 =1 155−60=1 095（万元），确认所得税费用的账务处理如下。

借：所得税费用　　10 950 000

递延所得税资产　　1 287 500

　贷：递延所得税负债　　687 500

　　应交税费——应交所得税　　11 550 000

第二十一条　企业当期所得税和递延所得税应当作为所得税费用或收益计入当期损益，但不包括下列情况产生的所得税：

（一）企业合并。

（二）直接在所有者权益中确认的交易或者事项。

第二十二条　与直接计入所有者权益的交易或者事项相关的当期所得税和递延所得税，应当计入所有者权益。

【解析 18-12】特殊交易或事项中涉及递延所得税的确认和计量

（一）与直接计入所有者权益的交易或事项相关的所得税

与当期及以前期间直接计入所有者权益的交易或事项相关的当期所得税及递延所得税应当计入所有者权益。直接计入所有者权益的交易或事项主要有：会计政策变更采用追溯调整法或对前期差错更正采用追溯重述法调整期初留存收益、以公允价值计量且其变动计入其他综合收益的金融资产公允价值的变动金额、同时包含负债及权益成分的金融工具在初始确认时计入所有者权益、自用房地产转为采用公允价值模式计量的投资性房地产时公允价值大于原账面价值的差额计入其他综合收益等。

（二）与企业合并相关的递延所得税

在企业合并中，购买方取得的可抵扣暂时性差异，比如，购买日取得的被购买方在以前期间发生的未弥补亏损等可抵扣暂时性差异，按照税法规定可以用于抵减以后年度应纳税所得额，但在购买日不符合递延所得税资产确认条件而不予以确认。购买日后 12 个月内，如取得新的或进一步的信息表明购买日的相关情况已经存在，预期被购买方在购买日可抵扣暂时性差异带来的经济利益能够实现的，应当确认相关的递延所得税资产，同时减少商誉，商誉不足冲减的，差额部分确认为当期损益；除上述情况以外，确认与企业合并相关的递延所得税资产，应当计入当期损益。

【例 18-19】与企业合并相关的递延所得税的计量

甲公司于 20×8 年 1 月 1 日购买乙公司 80% 股权，形成非同一控制下企业合并。因会计准则规定与适用税法规定的处理方法不同，在购买日产生可抵扣暂时性差异 300 万元。假定购买日及未来期间企业适用的所得税税率为 25%。

购买日，因预计未来期间无法取得足够的应纳税所得额，未确认与可抵扣暂时性差异相关的递延所得税资产 75 万元。购买日确认的商誉为 50 万元。

在购买日后 6 个月，甲公司预计能够产生足够的应纳税所得额用以抵扣企业合并时产生的可抵扣暂时性差异 300 万元，且该事实于购买日已经存在，则甲公司会计处理如下。

借：递延所得税资产　　750 000

　贷：商誉　　500 000

　　所得税费用　　250 000

假定，在购买日后 6 个月，甲公司根据新的事实预计能够产生足够的应纳税所得额用以抵扣企业合并时产生的可抵扣暂时性差异 300 万元，且该新的事实于购买日并不存在，则甲公司应作会计处理如下。

借：递延所得税资产　　750 000

　　贷：所得税费用　　750 000

（三）与股份支付相关的当期及递延所得税

与股份支付相关的支出在按照会计准则规定确认为成本费用时，其相关的所得税影响应区别于税法的规定进行处理：如果税法规定与股份支付相关的支出不允许税前扣除，则不形成暂时性差异；如果税法规定与股份支付相关的支出允许税前扣除，在按照会计准则规定确认成本费用的期间内，企业应当根据会计期末取得的信息估计可税前扣除的金额计算确定其计税基础及由此产生的暂时性差异，符合确认条件的情况下，应当确认相关的递延所得税。

（四）适用税率变化对已确认递延所得税资产和递延所得税负债的影响

因税收法规的变化，导致企业在某一会计期间适用的所得税税率发生变化的，企业应对已确认的递延所得税资产和递延所得税负债按照新的税率进行重新计量。递延所得税资产和递延所得税负债的金额代表的是有关可抵扣暂时性差异或应纳税暂时性差异于未来期间转回时，导致企业应交所得税金额的减少或增加的情况。适用税率变动的情况下，应对原已确认的递延所得税资产及递延所得税负债的金额进行调整，反映税率变化带来的影响。

除直接计入所有者权益的交易或事项产生的递延所得税资产及递延所得税负债，相关的调整金额应计入所有者权益以外，其他情况下因税率变化产生的调整金额应确认为税率变化当期的所得税费用（或收益）。

【解析 18-13】所得税费用的确认和计量

所得税会计的主要目的之一是确定当期应交所得税以及利润表中的所得税费用。在按照资产负债表债务法核算所得税的情况下，利润表中的所得税费用包括当期所得税和递延所得税两个部分。

（一）当期所得税

当期所得税是指企业按照税法规定计算确定的针对当期发生的交易和事项，应缴纳给税务部门的所得税金额，即当期应交所得税。

企业在确定当期应交所得税时，对于当期发生的交易或事项，会计处理与税法处理不同的，应在会计利润的基础上，按照适用税收法规的规定进行调整，计算出当期应纳税所得额，按照应纳税所得额与适用所得税税率计算确定当期应交所得税。一般情况下，应纳税所得额可在会计利润的基础上，考虑会计与税收法规之间的差异，公式为：

应纳税所得额 = 会计利润 + 按照会计准则规定计入利润表但计税时不允许税前扣除的费用 ± 计入利润表的费用与按照税法规定可予税前抵扣的金额之间的差额 ± 计入利润表的收入与按照税法规定应计入应纳税所得额的收入之间的差额 − 税法规定的不征税收入 ± 其他需要调整的因素

（二）递延所得税

递延所得税是指按照本准则规定当期应予确认的递延所得税资产和递延所得税负债金

额，即递延所得税资产及递延所得税负债当期发生额的综合结果，但不包括计入所有者权益的交易或事项的所得税影响。用公式表示为：

递延所得税 =（递延所得税负债的期末余额 - 递延所得税负债的期初余额）-（递延所得税资产的期末余额 - 递延所得税资产的期初余额）

应予说明的是，企业因确认递延所得税资产和递延所得税负债产生的递延所得税，一般应当计入所得税费用，但以下两种情况除外。

一是某项交易或事项按照会计准则规定应计入所有者权益的，由该交易或事项产生的递延所得税资产或递延所得税负债及其变化亦应计入所有者权益，不构成利润表中的递延所得税费用（或收益）。

【例18-20】递延所得税的计量

甲企业持有的某项以公允价值计量且其变动计入其他综合收益的其他债权投资，成本为500万元，会计期末，其公允价值为600万元，该企业适用的所得税税率为25%。除该事项外，该企业不存在其他会计与税收法规之间的差异，且递延所得税资产和递延所得税负债不存在期初余额。

会计期末在确认100万元的公允价值变动时，账务处理如下。

借：其他债权投资　　1 000 000

　　贷：其他综合收益　　1 000 000

确认应纳税暂时性差异的所得税影响时，账务处理如下。

借：其他综合收益　　250 000

　　贷：递延所得税负债　　250 000

二是企业合并中取得的资产、负债，其账面价值与计税基础不同，应确认相关递延所得税的，该递延所得税的确认影响合并中产生的商誉或是计入当期损益的金额，不影响所得税费用。

（三）所得税费用

计算确定了当期所得税及递延所得税以后，利润表中应予确认的所得税费用为两者之和，即：所得税费用 = 当期所得税 + 递延所得税。

【例18-21】所得税费用的计算

甲公司2×19年度利润表中利润总额为12 000 000元，适用的所得税税率为25%，预计未来期间适用的所得税税率不会发生变化，未来期间能够产生足够的应纳税所得额用以抵扣可抵扣暂时性差异。递延所得税资产及递延所得税负债不存在期初余额。

解析：计算确定了当期应交所得税及递延所得税费用（或收益）以后，利润表中应予确认的所得税费用为两者之和，即：

所得税费用 = 当期所得税 + 递延所得税费用（或收益）

该公司2×19年发生的有关交易和事项中，会计处理与税收处理存在差别的有：

（1）2×18年12月31日取得的一项固定资产，成本为6 000 000元，使用年限为10年，预计净残值为0，会计处理按双倍余额递减法计提折旧，税收处理按直线法计提折旧。

假定税法规定的使用年限及预计净残值与会计规定相同。

（2）向关联企业捐赠现金 2 000 000 元。

（3）当年度发生研究开发支出 5 000 000 元，较上年度增长 20%。其中 3 000 000 元予以资本化；截至 2×19 年 12 月 31 日，该研发资产仍在开发过程中。税法规定，企业费用化的研究开发支出按 175% 税前扣除，资本化的研究开发支出按资本化金额的 175% 确定应予摊销的金额。

（4）应付违反环保法规定罚款 1 000 000 元。

（5）期末对持有的存货计提了 300 000 元的存货跌价准备。

解析：

（1）2×19 年度当期应交所得税。

应纳税所得额 =12 000 000+（6 000 000÷10×2−6 000 000÷10）+2 000 000−（5 000 000−3 000 000）×75%+1 000 000+300 000=14 400 000（元）

应交所得税 =14 400 000×25%=3 600 000（元）

（2）2×19 年度递延所得税。

该公司 2×19 年 12 月 31 日有关资产、负债的账面价值、计税基础及相应的暂时性差异如表 18-5 所示。

表 18-5　可抵扣暂时性差异的计算

单位：元

项目	账面价值	计税基础	差异	
			应纳税暂时性差异	可抵扣暂时性差异
存货	8 000 000	8 300 000		300 000
固定资产	25 400 000	26 000 000		600 000
开发支出	3 000 000	5 250 000		2 250 000
其他应付款	1 000 000	1 000 000		
合计				3 150 000

本例中，由于存货、固定资产的账面价值和其计税基础不同，产生可抵扣暂时性差异 900 000 元，确认了递延所得税收益 225 000 元；对于资本化的开发支出 3 000 000 元，其计税基础为 5 250 000 元（3 000 000×175%），该开发支出及所形成无形资产在初始确认时其账面价值与计税基础即存在差异，因该差异并非产生于企业合并，同时在产生时既不影响会计利润也不影响应纳税所得额，按照《企业会计准则第 18 号——所得税》规定，不确认与该暂时性差异相关的所得税影响。所以，递延所得税收益 =900 000 ×25%=225 000（元）。

（3）利润表中应确认的所得税费用。

所得税费用 =3 600 000−225 000=3 375 000（元）

借：所得税费用　　3 375 000

　　递延所得税资产　　225 000

　　贷：应交税费——应交所得税　　3 600 000

第六章　列报

第二十三条　递延所得税资产和递延所得税负债应当分别作为非流动资产和非流动负债在资产负债表中列示。

第二十四条　所得税费用应当在利润表中单独列示。

【解析 18-14】所得税列报的基本原则

企业对所得税的核算结果，除利润表中列示的所得税费用以外，在资产负债表中形成的应交税费（应交所得税）以及递延所得税资产和递延所得税负债应当遵循准则规定列报。其中，递延所得税资产和递延所得税负债一般应当分别作为非流动资产和非流动负债在资产负债表中列示，所得税费用应当在利润表中单独列示，同时还应在附注中披露与所得税有关的信息。

一般情况下，在个别财务报表中，当期所得税资产与负债及递延所得税资产及递延所得税负债可以以抵销后的净额列示。在合并财务报表中，纳入合并范围的企业中，一方的当期所得税资产或递延所得税资产与另一方的当期所得税负债或递延所得税负债一般不能予以抵销，除非所涉及的企业具有以净额结算的法定权利并且意图以净额结算。

第二十五条　企业应当在附注中披露与所得税有关的下列信息：

（一）所得税费用（收益）的主要组成部分。

（二）所得税费用（收益）与会计利润关系的说明。

（三）未确认递延所得税资产的可抵扣暂时性差异、可抵扣亏损的金额（如果存在到期日，还应披露到期日）。

（四）对每一类暂时性差异和可抵扣亏损，在列报期间确认的递延所得税资产或递延所得税负债的金额，确认递延所得税资产的依据。

（五）未确认递延所得税负债的，与对子公司、联营企业及合营企业投资相关的暂时性差异金额。

【解析 18-15】所得税费用（或收益）与会计利润关系的说明

会计准则要求企业在会计报表附注中就所得税费用（或收益）与会计利润的关系进行说明，该说明意在于在利润表中已列示所得税费用的基础上，对当期以会计利润为起点，考虑会计与税收规定之间的差异，计算得到所得税费用的调节过程。自会计利润到所得税费用之间的调整包括两个方面：一是未包括在利润总额的计算中，但包含在当期或递延所得税计算中的项目；二是未包括在当期或递延所得税计算中，但包含在利润总额中的项目。具体调整项目一般包括：（1）与税率相关的调整；（2）税法规定的非应税收入、不得税前扣除的成本费用和损失等永久性差异；（3）本期未确认递延所得税资产的可抵扣暂时性差异或可抵扣亏损的影响、使用前期未确认递延所得税资产的可抵扣亏损影响；（4）对以前期间所得税进行汇算清缴的结果与以前期间确认金额不同调整报告期间所得税费用等。

企业会计准则第 19 号——外币折算

《企业会计第 19 号——外币折算》于 2006 年 2 月 15 日由财会〔2006〕3 号公布，自 2007 年 1 月 1 日起施行。

第一章 总则

第一条 为了规范外币交易的会计处理、外币财务报表的折算和相关信息的披露，根据《企业会计准则——基本准则》，制定本准则。

第二条 外币交易，是指以外币计价或者结算的交易。外币是企业记账本位币以外的货币。外币交易包括：

（一）买入或者卖出以外币计价的商品或者劳务；

（二）借入或者借出外币资金；

（三）其他以外币计价或者结算的交易。

第三条 下列各项适用其他相关会计准则：

（一）与购建或生产符合资本化条件的资产相关的外币借款产生的汇兑差额，适用《企业会计准则第 17 号——借款费用》。

（二）外币项目的套期，适用《企业会计准则第 24 号——套期保值》。

（三）现金流量表中的外币折算，适用《企业会计准则第 31 号——现金流量表》。

第二章 记账本位币的确定

第四条 记账本位币，是指企业经营所处的主要经济环境中的货币。

企业通常应选择人民币作为记账本位币。业务收支以人民币以外的货币为主的企业，可以按照本准则第五条规定选定其中一种货币作为记账本位币。但是，编报的财务报表应当折算为人民币。

第五条 企业选定记账本位币，应当考虑下列因素：

（一）该货币主要影响商品和劳务的销售价格，通常以该货币进行商品和劳务的计价和结算；

（二）该货币主要影响商品和劳务所需人工、材料和其他费用，通常以该货币进行上述费用的计价和结算；

（三）融资活动获得的货币以及保存从经营活动中收取款项所使用的货币。

【解析 19-1】记账本位币的确定

记账本位币是指企业经营所处的主要经济环境中的货币。主要经济环境，通常是指企业主要产生和支出现金的环境，使用该环境中的货币最能反映企业主要交易的经济结果。例如，我国大多数企业主要产生和支出现金的环境在国内，因此，一般以人民币作为记账本位币。

我国《中华人民共和国会计法》规定，业务收支以人民币以外的货币为主的单位，可以选定其中一种货币作为记账本位币，但是编报的财务会计报告应当折算为人民币。企业记账本位币的选定，应当考虑下列因素。

一是从日常活动收入的角度看，所选择的货币能够对企业商品和劳务销售价格起主要作用，通常以该货币进行商品和劳务销售价格的计价和结算。

二是从日常活动支出的角度看，所选择的货币能够对商品和劳务所需人工、材料和其他费用产生主要影响，通常以该货币进行这些费用的计价和结算。

三是融资活动获得的资金以及保存从经营活动中收取款项时所使用的货币。即视融资活动获得的资金在其生产经营活动中的重要性，或者企业通常留存销售收入的货币而定。

【例 19-1】确定记账本位币

国内 A 外商投资企业（以下简称 A 企业）超过 80% 的营业收入来自向各国的出口，其商品销售价格一般以美元结算，主要受美元的影响，因此，从影响商品和劳务销售价格的角度看，A 企业应选择美元作为记账本位币。

如果 A 企业除厂房设施，25% 的人工成本在国内以人民币采购，生产所需原材料、机器设备及 75% 以上的人工成本都来自美国投资者以美元在国际市场的采购，则可进一步确定 A 企业的记账本位币是美元。

如果 A 企业的人工成本、原材料及相应的厂房设施、机器设备等 95% 以上在国内采购并以人民币计价，则难以确定 A 企业的记账本位币，需要考虑第 3 项因素。如果 A 企业取得的美元营业收入在汇回国内时可随时换成人民币存款，且 A 企业对所有以美元结算的资金往来的外币风险都进行了套期保值，则 A 企业应当选定人民币为其记账本位币。

在确定企业的记账本位币时，上述因素的重要程度因企业具体情况不同而不同，需要企业管理当局根据实际情况进行判断。一般情况下，综合考虑前两项即可确定企业的记账本位币，第 3 项为参考因素，视其对企业收支现金的影响程度而定。在综合考虑前两项因素仍不能确定企业记账本位币的情况下，第 3 项因素对企业记账本位币的确定起重要作用。

需要强调的是，企业管理当局根据实际情况确定的记账本位币只有一种，该货币一经确定，不得改变，除非与确定记账本位币相关的企业经营所处的主要经济环境发生重大变化。

第六条 企业选定境外经营的记账本位币，还应当考虑下列因素：

（一）境外经营对其所从事的活动是否拥有很强的自主性；

（二）境外经营活动中与企业的交易是否在境外经营活动中占有较大比重；

（三）境外经营活动产生的现金流量是否直接影响企业的现金流量、是否可以随时汇回；

（四）境外经营活动产生的现金流量是否足以偿还其现有债务和可预期的债务。

第七条 境外经营，是指企业在境外的子公司、合营企业、联营企业、分支机构。

在境内的子公司、合营企业、联营企业、分支机构，采用不同于企业记账本位币的，也视同境外经营。

【解析 19-2】境外经营记账本位币的确定

（一）境外经营的含义

境外经营通常是指企业在境外的子公司、合营企业、联营企业、分支机构。当企业在境内的子公司、联营企业、合营企业或者分支机构选定的记账本位币不同于企业的记账本位币时，也应当视同境外经营。

区分某实体是否为该企业的境外经营的关键有两项：一是该实体与企业的关系，是否为企业的子公司、合营企业、联营企业、分支机构；二是该实体的记账本位币是否与企业记账本位币相同，而不是以该实体是否在企业所在地的境外作为标准。

（二）境外经营记账本位币的确定

境外经营也是一个企业，在确定其记账本位币时也应当考虑企业选择确定记账本位币需要考虑的上述因素。同时，境外经营是企业的子公司、联营企业、合营企业或者分支机构，因此，境外经营记账本位币的选择还应当考虑该境外经营与企业的关系。

1. 境外经营对其所从事的活动是否拥有很强的自主性。如果境外经营所从事的活动是视同企业经营活动的延伸，该境外经营应当选择与企业记账本位币相同的货币作为记账本位币；如果境外经营所从事的活动拥有极大的自主性，应根据所处的主要经济环境选择记账本位币。

2. 境外经营活动中与企业的交易是否在境外经营活动中占有较大比重。如果境外经营与企业的交易在境外经营活动中所占的比例较高，境外经营应当选择与企业记账本位币相同的货币作为记账本位币；反之，应根据所处的主要经济环境选择记账本位币。

3. 境外经营活动产生的现金流量是否直接影响企业的现金流量、是否可以随时汇回。如果境外经营活动产生的现金流量直接影响企业的现金流量，并可随时汇回，境外经营应当选择与企业记账本位币相同的货币作为记账本位币；反之，应根据所处的主要经济环境选择记账本位币。

4. 境外经营活动产生的现金流量是否足以偿还其现有债务和可预期的债务。如果境外经营活动产生的现金流量在企业不提供资金的情况下，难以偿还其现有债务和正常情况下可预期的债务，境外经营应当选择与企业记账本位币相同的货币作为记账本位币；反之，应根据所处的主要经济环境选择记账本位币。

第八条 企业记账本位币一经确定，不得随意变更，除非企业经营所处的主要经济环境发生重大变化。

企业因经营所处的主要经济环境发生重大变化，确需变更记账本位币的，应当采用变更当日的即期汇率将所有项目折算为变更后的记账本位币。

【解析 19-3】记账本位币变更的会计处理

企业因经营所处的主要经济环境发生重大变化，确需变更记账本位币的，应当采用变更当日的即期汇率将所有项目折算为变更后的记账本位币，折算后的金额作为新的记账本位币的历史成本。采用同一即期汇率进行折算，因此，不会产生汇兑差额。当然，企业需要提供确凿的证据证明企业经营所处的主要经济环境确实发生了重大变化，并应当在附注中披露变更的理由。

企业记账本位币发生变更的，其比较财务报表应当以可比当日的即期汇率折算所有资产负债表和利润表项目。

第三章　外币交易的会计处理

第九条　企业对于发生的外币交易，应当将外币金额折算为记账本位币金额。

第十条　外币交易应当在初始确认时，采用交易发生日的即期汇率将外币金额折算为记账本位币金额；也可以采用按照系统合理的方法确定的、与交易发生日即期汇率近似的汇率折算。

【解析 19-4】即期汇率和即期汇率近似汇率的概念

本准则第十条规定，外币交易应当在初始确认时，采用交易发生日的即期汇率将外币金额折算为记账本位币金额；也可以采用按照系统合理的方法确定的、与交易发生日即期汇率近似的汇率折算。本准则其他相关条款也使用了即期汇率、即期汇率近似汇率。

"即期汇率"通常是指当日中国人民银行公布的人民币外汇牌价的中间价。企业发生的外币兑换业务或涉及外币兑换的交易事项，应当以交易实际采用的汇率，即银行买入价或卖出价折算。

即期汇率近似汇率是"按照系统合理的方法确定的、与交易发生日即期汇率近似的汇率"，通常是指当期平均汇率或加权平均汇率等。

通常情况下，企业应当采用即期汇率进行折算。汇率波动不大的，也可以采用按照系统合理的方法确定的、与交易发生日即期汇率近似的汇率折算，但前后各期应当采用相同的方法确定当期的近似汇率。

摘录于《〈企业会计准则第 19 号——外币折算〉解释》

第十一条　企业在资产负债表日，应当按照下列规定对外币货币性项目和外币非货币性项目进行处理：

（一）外币货币性项目，采用资产负债表日即期汇率折算。因资产负债表日即期汇率与初始确认时或者前一资产负债表日即期汇率不同而产生的汇兑差额，计入当期损益。

（二）以历史成本计量的外币非货币性项目，仍采用交易发生日的即期汇率折算，不改变其记账本位币金额。

货币性项目，是指企业持有的货币资金和将以固定或可确定的金额收取的资产或者偿付的负债。

非货币性项目，是指货币性项目以外的项目。

【解析 19-5】外币交易的会计处理

外币是企业记账本位币以外的货币。外币交易是指企业发生以外币计价或者结算的交易。（1）买入或者卖出以外币计价的商品或者劳务，例如，以人民币为记账本位币的国内 A

公司向国外 B 公司销售商品，货款以美元结算；A 公司购买 S 公司发行的 H 股股票，A 公司从境外以美元购买固定资产或生产用原材料等。（2）借入或者借出外币资金，例如，以人民币为记账本位币的甲公司从中国银行借入欧元、经批准向海外发行美元债券等。（3）其他以外币计价或者结算的交易，指除上述（1）、（2）外，以记账本位币以外的货币计价或结算的其他交易。例如，接受外币现金捐赠等。

（一）初始确认

企业发生外币交易的，应在初始确认时采用交易日的即期汇率或即期汇率的近似汇率将外币金额折算为记账本位币金额。这里的即期汇率可以是外汇牌价的买入价或卖出价，也可以是中间价，在与银行不进行货币兑换的情况下，一般以中间价作为即期汇率。

【例 19-2】外币交易的初始确认

乙股份有限公司（以下简称乙公司）的记账本位币为人民币，对外币交易采用交易日的即期汇率折算。2×15 年 3 月 3 日，从境外丙公司购入不需要安装的设备一台，设备价款为 250 000 美元，购入该设备当日的即期汇率为 1 美元 =6.5 元人民币，适用的增值税税率为 13%，款项尚未支付，增值税以银行存款支付。乙公司有关会计分录如下。

借：固定资产——机器设备　　（250 000×6.5）1 625 000

　　应交税费——应交增值税（进项税额）　　211 250

　　贷：应付账款——丙公司（美元）　　1 625 000

　　　　银行存款　　211 250

企业收到投资者以外币投入的资本，无论是否有合同约定汇率，均不采用合同约定汇率和即期汇率的近似汇率折算，而是采用交易日即期汇率折算，这样，外币投入资本与相应的货币性项目的记账本位币金额相等，不产生外币资本折算差额。

【例 19-3】外币交易的会计处理

乙有限责任公司（以下简称乙公司）以人民币为记账本位币，2×15 年 6 月 1 日，乙公司与美国甲公司签订投资合同，甲公司将向乙公司出资 2 000 000 美元，占乙公司注册资本的 23%；甲公司的出资款将在合同签订后一年内分两次汇到乙公司账上；合同约定汇率为 1 美元 =6.5 元人民币。当日的即期汇率为 1 美元 =6.45 元人民币。

2×15 年 9 月 10 日，乙公司收到甲公司汇来的第 1 期出资款，当日的即期汇率为 1 美元 =6.35 元人民币。乙公司有关会计分录如下。

借：银行存款——美元　　（1 000 000×6.35）6 350 000

　　贷：实收资本　　6 350 000

2×16 年 5 月 25 日，乙公司收到甲公司汇来的第 2 期出资款，当日的即期汇率为 1 美元 =6.4 元人民币。乙公司有关会计分录如下。

借：银行存款——美元　　（1 000 000×6.4）6 400 000

　　贷：实收资本　　6 400 000

【例19-4】外币交易汇兑差额的处理

乙股份有限公司（以下简称乙公司）以人民币为记账本位币，对外币交易采用交易日的即期汇率折算。2×15年6月1日，乙公司到银行将50 000美元兑换为人民币，银行当日的美元买入价为1美元=6.55元人民币，中间价为1美元=6.60元人民币。

本例中，乙公司与银行发生货币兑换，兑换所用汇率为银行的买入价，而通常记账所用的即期汇率为中间价，由于汇率变动而产生的汇兑差额计入当期财务费用。有关会计分录如下。

借：银行存款——人民币　　（50 000×6.55）327 500

财务费用——汇兑差额　　2 500

贷：银行存款——美元　　（50 000×6.6）330 000

（二）期末调整或结算

期末，企业应当分别外币货币性项目和外币非货币性项目进行处理。

1.货币性项目。货币性项目是企业持有的货币和将以固定或可确定金额的货币收取的资产或者偿付的负债。货币性项目分为货币性资产和货币性负债。货币性资产包括现金、银行存款、应收账款、其他应收款、长期应收款等，货币性负债包括应付账款、其他应付款、短期借款、应付债券、长期借款、长期应付款等。期末或结算货币性项目时，应以当日即期汇率折算外币货币性项目，该项目因当日即期汇率不同于该项目初始入账时或前一期末即期汇率而产生的汇兑差额计入当期损益。

企业为购建或生产符合资本化条件的资产而借入的专门借款为外币借款时，在借款费用资本化期间内，由于外币借款在取得日、使用日及结算日的汇率不同而产生的汇兑差额，应当予以资本化，计入固定资产成本。

【例19-5】外币交易的期末调整或结算

国内甲公司的记账本位币为人民币。2×15年1月1日，为建造某固定资产专门借入长期借款20 000美元，期限为2年，年利率为5%，每年年初支付利息，到期还本。2×15年1月1日的即期汇率为1美元=6.45元人民币，2×15年12月31日的即期汇率为1美元=6.2元人民币。假定不考虑相关税费的影响。

2×15年12月31日，该公司计提当年利息应做以下会计分录。

借：在建工程　　（20 000×5%×6.2）6 200

贷：应付利息——美元　　6 200

2×15年12月31日，该公司美元借款本金由于汇率变动产生的汇兑差额，应做以下会计分录。

借：长期借款——美元　　[20 000×（6.45−6.2）] 5 000

贷：在建工程　　5 000

2×16年1月1日，该公司支付2×15年利息，该利息由于汇率变动产生的汇兑差额应当予以资本化，计入在建工程成本。2×16年1月1日的即期汇率为1美元=6.22元人民币，相应的会计分录如下。

借：应付利息——美元　　6 200

　　在建工程　　[20 000×5%×（6.22−6.2）] 20

　　贷：银行存款　　6 220

2. 非货币性项目。非货币性项目是货币性项目以外的项目，如预付账款、预收账款、存货、长期股权投资、交易性金融资产（股票、基金）、固定资产、无形资产等。

（1）对于以历史成本计量的外币非货币性项目，已在交易发生日按当日即期汇率折算，资产负债表日不应改变其原记账本位币金额，不产生汇兑差额。

（2）对于以成本与可变现净值孰低计量的存货，如果其可变现净值以外币确定，则在确定存货的期末价值时，应先将可变现净值折算为记账本位币，再与以记账本位币反映的存货成本进行比较。

【例 19-6】以历史成本计量的非货币性项目外币交易的会计处理

P 上市公司以人民币为记账本位币。2×15 年 11 月 2 日，从英国 W 公司采购国内市场尚无的 A 商品 10 000 件，每件价格为 1 000 英镑，当日即期汇率为 1 英镑 =10 元人民币。2×15 年 12 月 31 日，尚有 1 000 件 A 商品未销售出去，国内市场仍无 A 商品供应，A 商品在国际市场的价格降至 900 英镑。12 月 31 日的即期汇率是 1 英镑 =9.7 元人民币。假定不考虑相关税费。

本例中，存货在资产负债表日采用成本与可变现净值孰低计量，因此，在以外币购入存货并且该存货在资产负债表日确定的可变现净值以外币反映时，计提存货跌价准备应当考虑汇率变动的影响。因此，该公司应做会计分录如下。

11 月 2 日，购入 A 商品。

借：库存商品——A　　（10 000×1 000×10）100 000 000

　　贷：银行存款——英镑　　100 000 000

12 月 31 日，计提存货跌价准备。

借：资产减值损失　　（1 000×1 000×10−1 000×900×9.7）1 270 000

　　贷：存货跌价准备　　1 270 000

（3）对于以公允价值计量的股票、基金等非货币性项目，如果期末的公允价值以外币反映，则应当先将该外币按照公允价值确定当日的即期汇率折算为记账本位币金额，再与原记账本位币金额进行比较，其差额作为公允价值变动损益，计入当期损益。

【例 19-7】以公允价值计量的非货币性项目外币交易的会计处理

国内甲公司的记账本位币为人民币。2×15 年 9 月 10 日以每股 1.5 美元的价格购入乙公司 B 股 10 000 股作为交易性金融资产，当日汇率为 1 美元 =6.3 元人民币，款项已付。2×15 年 12 月 31 日，由于市价变动，购入的乙公司 B 股的市价变为每股 1 美元，当日汇率为 1 美元 =6.2 元人民币。假定不考虑相关税费的影响。

2×15 年 9 月 10 日，该公司对上述交易应做以下会计分录。

借：交易性金融资产　　（1.5×10 000×6.3）94 500

　　贷：银行存款——美元　　94 500

根据《企业会计准则第22号——金融工具确认和计量》，交易性金融资产以公允价值计量。由于该项交易性金融资产是以外币计价，在资产负债表日，不仅应考虑股票市价的变动，还应一并考虑美元与人民币之间汇率变动的影响，上述交易性金融资产在资产负债表日的人民币金额为62 000元（1×10 000×6.2），与原账面价值94 500元的差额为32 500元人民币，计入公允价值变动损益。相应的会计分录如下。

借：公允价值变动损益　　　　32 500

　　贷：交易性金融资产　　　　32 500

32 500元人民币既包含甲公司所购乙公司B股股票公允价值变动的影响，又包含人民币与美元之间汇率变动的影响。

2×16年1月10日，甲公司将所购乙公司B股股票按当日市价每股1.2美元全部售出，所得价款为12 000美元，按当日汇率1美元=6.25元人民币折算为人民币金额为75 000元，与其原账面价值人民币金额62 000元的差额为13 000元人民币，对于汇率的变动和股票市价的变动不进行区分，均作为投资收益进行处理。因此，售出当日，甲公司应做会计分录如下。

借：银行存款——美元　　　　（1.2×10 000×6.25）75 000

　　贷：交易性金融资产　　　　（94 500−32 500）62 000

　　　　投资收益　　　　13 000

（4）以公允价值计量且其变动计入其他综合收益的外币货币性金融资产形成的汇兑差额，应当计入当期损益；外币非货币性金融资产形成的汇兑差额，与其公允价值变动一并计入其他综合收益。但是，采用实际利率法计算的金融资产的外币利息产生的汇兑差额，应当计入当期损益；非交易性权益工具投资的外币现金股利产生的汇兑差额，应当计入当期损益。

【例19-8】以公允价值计量且其变动计入其他综合收益的外币货币性金融资产折算的相关会计处理

国内甲公司的记账本位币为人民币，2×15年2月10日以每股15港元的价格购入乙公司H股10 000股，指定为以公允价值计量且其变动计入其他综合收益的金融资产，当日汇率为1港元=0.9元人民币，款项已付。2×15年12月31日，由于市价变动，购入的乙公司H股的市价变为每股18港元，当日汇率为1港元=0.85元人民币。假定不考虑相关税费的影响。

2×15年2月10日，该公司对上述交易应做以下会计分录。

借：其他权益工具投资　　　　（15×10 000×0.9）135 000

　　贷：银行存款——港元　　　　135 000

根据《企业会计准则第22号——金融工具确认和计量》，指定以公允价值计量且其变动计入其他综合收益非交易性权益工具投资，除了获得的股利收入（作为投资成本部分收回的股利收入除外）计入当期损益，其他相关的利得和损失（包括汇兑损益）均计入其他综合收益，且后续不得转入损益。由于该项金融资产是以外币计价，在资产负债表日，不仅应考虑股票市价的变动，还应一并考虑港元与人民币之间汇率变动的影响，上述金融资产在资产负债表日的人民币金额为153 000元（18×10 000×0.85），与原账面价值135 000元的差额为

18 000 元人民币，计入其他综合收益。相应的会计分录如下。

借：其他权益工具投资　　18 000

　　贷：其他综合收益　　18 000

18 000 元人民币既包含甲公司所购乙公司 H 股股票公允价值变动的影响，又包含人民币与港元之间汇率变动的影响。

第四章　外币财务报表的折算

第十二条　企业对境外经营的财务报表进行折算时，应当遵循下列规定：

（一）资产负债表中的资产和负债项目，采用资产负债表日的即期汇率折算，所有者权益项目除“未分配利润”项目外，其他项目采用发生时的即期汇率折算。

（二）利润表中的收入和费用项目，采用交易发生日的即期汇率折算；也可以采用按照系统合理的方法确定的、与交易发生日即期汇率近似的汇率折算。

按照上述（一）、（二）折算产生的外币财务报表折算差额，在资产负债表中所有者权益项目下单独列示。比较财务报表的折算比照上述规定处理。

【解析 19-6】境外经营财务报表折算的方法和计量

（一）对外币报表的折算

对外币报表的折算，常见的方法一般有 4 种：流动和非流动法、货币性与非货币性法、时态法以及现时汇率法。

1. 流动和非流动法，即：境外经营的资产负债表中的流动资产和流动负债项目按资产负债表日的现时汇率折算，非流动资产和非流动负债及实收资本等项目按取得时的历史汇率折算，留存收益项目依资产负债表的平衡原理轧差计算而得。利润表上折旧与摊销费用按相应资产取得时的历史汇率折算，其他收入和费用项目按报告期的平均汇率折算，销货成本根据“期初存货 + 本期购货 − 期末存货”的关系确定。形成的折算损失，计入报告企业的合并损益中；形成的折算收益，已实现部分予以确认，未实现部分，须予以递延，抵销以后期间形成的损失。本方法的优点在于能够反映境外经营的营运资金的报告货币等值，不改变境外经营的流动性。本方法的缺点：一是流动性与非流动性的划分与汇率的变动无关；二是对折算结果的处理，掩盖了汇率变动对合并净收益的影响，平滑了各期收益，与实际情况不符。

2. 货币性与非货币性法，即：货币性资产和负债按期末现时汇率折算，非货币性资产和负债按历史汇率折算。本方法的优点在于货币性与非货币性的分类恰当地考虑了汇率变动对资产和负债的影响，改正了流动和非流动法的缺点。本方法的缺点在于仍然是用分类来解决外币报表的折算，而没有考虑会计计量的问题，结果使得有些项目分类未必与所选的汇率相关，如存货项目，属非货币性项目，应采用历史汇率折算，但当存货采用成本与市价孰低计量时，对以市价计量的存货用历史汇率折算显然不合适。

3. 时态法，即：资产负债表各项目以过去价值计量的，采用历史汇率，以现在价值计量的，采用现时汇率，产生的折算损益应计入当年的合并净收益。利润表各项目的折算与流动和非流动法下利润表的折算相同。本方法不仅考虑了会计计量基础，而且改正了上述货币性与非货币性法的缺点。但是，该方法是从报告企业的角度考虑问题，境外的子公司、分支机构等均被认为是报告企业经营活动在境外的延伸，与报告企业本身的外币交易原则相一致（有人将这一观点称为母公司货币观），这样实际上却忽视了境外经营作为相对独立的实体（即境外实体）的情况。另外，按此方法对外币报表进行折算，由于各项目使用的折算汇率不同，产生的折算结果不可能保持外币报表在折算前的原有比率关系。

4. 现时汇率法，即：资产和负债项目均应按现时汇率折算，实收资本按历史汇率折算，利润表各项目按当期（年）平均汇率折算，产生的折算损益作为所有者权益的一个单独项目予以列示。这一折算方法考虑了境外经营作为相对独立的实体的情况（有人将这一观点称为子公司货币观），着重于汇率变动对报告企业在境外经营的投资净额的影响，折算的结果使境外经营的会计报表中原有的财务关系不因折算而改变，所改变的仅是其表现方式。该方法改正了时态法的缺点，但产生了另外的问题——对所有的资产和负债均以现时汇率折算，如对以历史成本计价的固定资产等按现时汇率折算将显得不伦不类。

（二）我国会计准则采用的折算方法

为与我国《企业会计准则第33号——合并财务报表》所采用的实体理论保持一致，我国外币折算准则基本采用现时汇率法。

在对企业境外经营财务报表进行折算前，应当调整境外经营的会计期间和会计政策，使之与企业会计期间和会计政策相一致，根据调整后会计政策及会计期间编制相应货币（记账本位币以外的货币）的财务报表，再按照以下方法对境外经营财务报表进行折算。

1. 资产负债表中的资产和负债项目，采用资产负债表日的即期汇率折算，所有者权益项目除“未分配利润”项目外，其他项目采用发生时的即期汇率折算。

2. 利润表中的收入和费用项目，采用交易发生日的即期汇率或即期汇率的近似汇率折算。

3. 产生的外币财务报表折算差额，在编制合并财务报表时，应在合并资产负债表中“其他综合收益”项目列示。

比较财务报表的折算比照上述规定处理。

【例19-9】其他综合收益的计量

国内甲公司的记账本位币为人民币，该公司在境外有一家子公司乙公司，乙公司的记账本位币为美元。根据合同约定，甲公司拥有乙公司70%的股权，并能够控制乙公司。甲公司采用当期平均汇率折算乙公司利润表项目。乙公司的有关资料如下。

2×15年12月31日的汇率为1美元=6.2元人民币，2×15年的平均汇率为1美元=6.4元人民币，实收资本、资本公积发生日的即期汇率为1美元=7元人民币。2×15年12月31日的股本为500万美元，折算为人民币为3 500万元；累计盈余公积为50万美元，折算为人民币为345万元；累计未分配利润为120万美元，折算为人民币为835万元。甲、乙公司均在年末提取盈余公积，乙公司当年提取的盈余公积为70万美元。

报表折算见表19-1、表19-2和表19-3。

表 19-1 利润表

2×15年度

项目	期末数（万美元）	折算汇率	折算为人民币金额（万元）
一、营业收入	2 000	6.4	12 800
减：营业成本	1 500	6.4	9 600
税金及附加	40	6.4	256
管理费用	100	6.4	640
财务费用	10	6.4	64
加：投资收益	30	6.4	192
二、营业利润	380	—	2 432
加：营业外收入	40	6.4	256
减：营业外支出	20	6.4	128
三、利润总额	400	—	2 560
减：所得税费用	120	6.4	768
四、净利润	280	—	1 792
五、其他综合收益的税后净额			
六、综合收益总额			
七、每股收益			

表 19-2 所有者权益变动表

2×15年度

项目	实收资本			盈余公积			未分配利润		其他综合	股东权益合计
	美元（万美元）	折算汇率	人民币（万元）	美元（万美元）	折算汇率	人民币（万元）	美元（万美元）	人民币（万元）	收益（万元人民币）	人民币（万元）
一、本年年初余额	500	7	3 500	50		345	120	835		4 680
二、本年增减变动金额										
（一）净利润							280	1 792		1 792
（二）其他综合收益										–582
其中：外币报表折算差额									–582	–582
（三）利润分配										
提取盈余公积				70	6.2	434	–70	–434		0
三、本年年末余额	500	7	3 500	120		779	330	2 193	–582	5 890

当期计提的盈余公积采用当期平均汇率折算，期初盈余公积为以前年度计提的盈余公积按相应年度平均汇率折算后金额的累计，期初未分配利润记账本位币金额为以前年度未分配利润记账本位币金额的累计。

表 19-3 资产负债表

2×15年12月31日

资产	期末数（万美元）	折算汇率	折算为人民币金额（万元）	负债和所有者权益（或股东权益）	期末数（万美元）	折算汇率	折算为人民币金额（万元）
流动资产：				流动负债：			
货币资金	190	6.2	1 178	短期借款	45	6.2	279
应收账款	190	6.2	1 178	应付账款	285	6.2	1 767
存货	240	6.2	1 488	其他流动负债	110	6.2	682
其他流动资产	200	6.2	1 240	流动负债合计	440	—	2 728
流动资产合计	820		5 084	非流动负债：			
非流动资产：				长期借款	140	6.2	868
长期应收款	120	6.2	744	应付债券	80	6.2	496
固定资产	550	6.2	3 410	其他非流动负债	90	6.2	558
在建工程	80	6.2	496	非流动负债合计	310	—	1 922
无形资产	100	6.2	620	负债合计	750		4 650
其他非流动资产	30	6.2	186	股东权益：			
非流动资产合计	880		5 456	股本	500	7	3 500
				盈余公积	120		779
				未分配利润	330		2 193
				外币报表折算差额			–582
				股东权益合计	950		5 890
资产总计	1 700		10 540	负债和股东权益总计	1 700		10 540

外币报表折算差额为以记账本位币反映的净资产减去以记账本位币反映的实收资本、资本公积、累计盈余公积及累计未分配利润后的余额。

（三）特殊项目的处理

1. 少数股东应分担的外币报表折算差额。在企业境外经营为其子公司的情况下，企业在编制合并财务报表时，应按少数股东在境外经营所有者权益中所享有的份额计算少数股东应分担的外币报表折算差额，并入少数股东权益列示于合并资产负债表。

2. 实质上构成对境外经营净投资的外币货币性项目产生的汇兑差额的处理。母公司含有实质上构成对子公司（境外经营）净投资的外币货币性项目的情况下，在编制合并财务报表时，应分别以下两种情况编制抵销分录。

（1）实质上构成对子公司净投资的外币货币性项目以母公司或子公司的记账本位币反映，则应在抵销长期应收应付项目的同时，将其产生的汇兑差额转入“其他综合收益”项目。即借记或贷记“财务费用——汇兑差额”项目，贷记或借记“其他综合收益”项目。

（2）实质上构成对子公司净投资的外币货币性项目以母、子公司的记账本位币以外的货币反映，则应将母、子公司此项外币货币性项目产生的汇兑差额相互抵销，差额转入“其他综合收益”项目。

如果合并财务报表中各子公司之间也存在实质上构成对另一子公司（境外经营）净投资的外币货币性项目，在编制合并财务报表时应比照上述方法编制相应的抵销分录。

第十三条 企业对处于恶性通货膨胀经济中的境外经营的财务报表，应当按照下列规定进行折算：

对资产负债表项目运用一般物价指数予以重述，对利润表项目运用一般物价指数变动予以重述，再按照最近资产负债表日的即期汇率进行折算。

在境外经营不再处于恶性通货膨胀经济中时，应当停止重述，按照停止之日的价格水平重述的财务报表进行折算。

【解析 19-7】处于恶性通货膨胀经济中的境外经营财务报表的折算

处于恶性通货膨胀经济中境外经营财务报表的折算，应当遵循本准则第十三条的规定。“恶性通货膨胀经济”，通常按照以下特征进行判断：

（一）3 年累计通货膨胀率接近或超过 100%；

（二）利率、工资和物价与物价指数挂钩；

（三）一般公众不是以当地货币而是以相对稳定的外币为单位作为衡量货币金额的基础；

（四）一般公众倾向于以非货币性资产或相对稳定的外币来保存自己的财富，持有的当地货币立即用于投资以保持购买力；

（五）即使信用期限很短，赊销、赊购交易仍按补偿信用期预计购买力损失的价格成交。

摘录于《〈企业会计准则第 19 号——外币折算〉解释》

第十四条 企业在处置境外经营时，应当将资产负债表中所有者权益项目下列示的、与该境外经营相关的外币财务报表折算差额，自所有者权益项目转入处置当期损益；部分处置境外经营的，应当按处置的比例计算处置部分的外币财务报表折算差额，转入处置当期损益。

第十五条 企业选定的记账本位币不是人民币的，应当按照本准则第十二条规定将其财务报表折算为人民币财务报表。

第五章　披露

第十六条 企业应当在附注中披露与外币折算有关的下列信息：

（一）企业及其境外经营选定的记账本位币及选定的原因，记账本位币发生变更的，说明变更理由。

（二）采用近似汇率的，近似汇率的确定方法。

（三）计入当期损益的汇兑差额。

（四）处置境外经营对外币财务报表折算差额的影响。

企业会计准则第 20 号——企业合并

《企业会计准则第 20 号——企业合并》于 2006 年 2 月 15 日由财会〔2006〕3 号公布，自 2007 年 1 月 1 日起施行。

第一章　总则

第一条　为了规范企业合并的确认、计量和相关信息的披露，根据《企业会计准则——基本准则》，制定本准则。

第二条　企业合并，是指将两个或者两个以上单独的企业合并形成一个报告主体的交易或事项。企业合并分为同一控制下的企业合并和非同一控制下的企业合并。

第三条　涉及业务的合并比照本准则规定处理。

第四条　本准则不涉及下列企业合并：

（一）两方或者两方以上形成合营企业的企业合并。

（二）仅通过合同而不是所有权份额将两个或者两个以上单独的企业合并形成一个报告主体的企业合并。

第二章　同一控制下的企业合并

第五条　参与合并的企业在合并前后均受同一方或相同的多方最终控制且该控制并非暂时性的，为同一控制下的企业合并。

同一控制下的企业合并，在合并日取得对其他参与合并企业控制权的一方为合并方，参与合并的其他企业为被合并方。

合并日，是指合并方实际取得对被合并方控制权的日期。

【解析 20-1】同一控制与非同一控制的判断

（一）同一控制下的企业合并

本准则第五条规定，参与合并的企业在合并前后均受同一方或相同的多方最终控制且该控制并非暂时性的，为同一控制下的企业合并。

实施最终控制的一方，通常是指企业集团中的母公司或者有关主管单位。实施最终控制的一方为有关主管单位的，企业合并是指在某一主管单位主导下进行的合并，但如果有关主管单位并未参与企业合并过程中具体商业条款的制定，如并未参与合并定价、合并方式及其他涉及企业合并的具体安排等，不属于同一控制下的企业合并。

相同的多方，是指根据投资者之间的协议约定，为扩大其中某一投资者对被投资单位股份的控制比例，或者巩固某一投资者对被投资单位的控制地位，在对被投资单位的生产经营决策行使表决权时发表相同意见的两个或两个以上的法人或其他组织。

控制并非暂时性，是指参与合并各方在合并前后较长的时间内受同一方或多方控制，控制时间通常在 1 年以上（含 1 年）。

一方或相同的多方控制下的企业合并，合并双方的合并行为不完全是自愿进行和完成的，这种企业合并不属于交易行为，而是参与合并各方资产和负债的重新组合。

（二）非同一控制下的企业合并

本准则第十条规定，参与合并的各方在合并前后不受同一方或相同的多方最终控制的，为非同一控制下的企业合并。

相对于同一控制下的企业合并而言，非同一控制下的企业合并是合并各方自愿进行的交易行为，作为一种公平的交易，应当以公允价值为基础进行计量。

摘录于《〈企业会计准则第 20 号——企业合并〉解释》

【解析 20-2】合并日或购买日的确定

企业应当在合并日或购买日确认因企业合并取得的资产、负债。按照本准则第五条和第十条规定，合并日或购买日是指合并方或购买方实际取得对被合并方或被购买方控制权的日期，即被合并方或被购买方的净资产或生产经营决策的控制权转移给合并方或购买方的日期。同时满足下列条件的，通常可认为实现了控制权的转移。

（一）企业合并合同或协议已获股东大会等通过。

（二）企业合并事项需要经过国家有关主管部门审批的，已获得批准。

（三）参与合并各方已办理了必要的财产权转移手续。

（四）合并方或购买方已支付了合并价款的大部分（一般应超过 50%），并且有能力、有计划支付剩余款项。

（五）合并方或购买方实际上已经控制了被合并方或被购买方的财务和经营政策，并享有相应的利益、承担相应的风险。

摘录于《〈企业会计准则第 20 号——企业合并〉应用指南》

第六条 合并方在企业合并中取得的资产和负债，应当按照合并日在被合并方的账面价值计量。合并方取得的净资产账面价值与支付的合并对价账面价值（或发行股份面值总额）的差额，应当调整资本公积；资本公积不足冲减的，调整留存收益。

第七条 同一控制下的企业合并中，被合并方采用的会计政策与合并方不一致的，合并方在合并日应当按照本企业会计政策对被合并方的财务报表相关项目进行调整，在此基础上按照本准则规定确认。

【例 20-1】同一控制下的控股合并

A、B 公司分别为 P 公司控制下的两家子公司。A 公司于 2×17 年 3 月 10 日自母公司 P 处取得 B 公司 100% 的股权，合并后 B 公司仍维持其独立法人资格继续经营。为进行该项企业合并，A 公司发行了 1 500 万股本公司普通股（每股面值 1 元）作为对价。假定 A、B 公司采用的会计政策相同。合并日，A 公司及 B 公司的所有者权益构成如表 20-1 所示。

表20–1 所有者权益构成情况

单位：万元

A公司		B公司	
项目	金额	项目	金额
股本	9 000	股本	1 500
资本公积	2 500	资本公积	500
盈余公积	2 000	盈余公积	1 000
未分配利润	5 000	未分配利润	2 000
合计	18 500	合计	5 000

A公司在合并日应进行的账务处理如下。

借：长期股权投资 50 000 000

　贷：股本 15 000 000

　　资本公积 35 000 000

进行上述处理后，A公司在合并日编制合并资产负债表时，对于企业合并前B公司实现的留存收益中归属于合并方的部分（3 000万元）应自资本公积（资本溢价或股本溢价）转入留存收益。本例中A公司在确认对B公司的长期股权投资以后，其资本公积的账面余额为6 000万元（2 500+3 500），假定其中资本溢价或股本溢价的金额为4 500万元。在合并工作底稿中，应编制以下调整分录。

借：资本公积 30 000 000

　贷：盈余公积 10 000 000

　　未分配利润 20 000 000

【例20–2】同一控制下的吸收合并

2×17年6月30日，P公司向S公司的股东定向增发1 000万股普通股（每股面值为1元，市价为10.85元）对S公司进行吸收合并，并于当日取得S公司净资产。不考虑相关税费及其他因素。当日，P公司、S公司资产、负债情况如表20–2所示。

表20–2 资产负债表（简表）

2×17年6月30日　　单位：万元

项目	P公司		S公司	
	账面价值		账面价值	公允价值
资产：				
货币资金	4 312.50		450	450
存货	6 200		255	450
应收账款	3 000		2 000	2 000
长期股权投资	5 000		2 150	3 800
固定资产：				

续表

项目	P 公司		S 公司	
	账面价值		账面价值	公允价值
固定资产原价	10 000		4 000	5 500
减：累计折旧	3 000		1 000	
固定资产净值	7 000		3 000	
无形资产	4 500		500	1 500
商誉	0		0	0
资产总计	30 012.50		8 355	13 700
负债和所有者权益：				
短期借款	2 500		2 250	2 250
应付账款	3 750		300	300
其他负债	375		300	300
负债合计	6 625		2 850	2 850
实收资本（股本）	7 500		2 500	
资本公积	5 000		1 500	
盈余公积	5 000		500	
未分配利润	5 887.50		1 005	
所有者权益合计	23 387.50		5 505	10 850
负债和所有者权益总计	30 012.50		8 355	

本例中假定 P 公司和 S 公司为同一集团内两家全资子公司，合并前其共同的母公司为 A 公司。该项合并中参与合并的企业在合并前及合并后均为 A 公司最终控制，为同一控制下的企业合并。自 6 月 30 日开始，P 公司能够对 S 公司净资产实施控制，该日即为合并日。

因合并后 S 公司失去其法人资格，P 公司应确认合并中取得的 S 公司的各项资产和负债，假定 P 公司与 S 公司在合并前采用的会计政策相同。P 公司对该项合并应进行的账务处理如下。

借：货币资金　　4 500 000

　　库存商品（存货）　　2 550 000

　　应收账款　　20 000 000

　　长期股权投资　　21 500 000

　　固定资产　　30 000 000

　　无形资产　　5 000 000

　　贷：短期借款　　22 500 000

　　　　应付账款　　3 000 000

　　　　其他应付款（其他负债）　　3 000 000

　　　　股本　　10 000 000

　　　　资本公积　　45 050 000

第八条 合并方为进行企业合并发生的各项直接相关费用，包括为进行企业合并而支付的审计费用、评估费用、法律服务费用等，应当于发生时计入当期损益。

为企业合并发行的债券或承担其他债务支付的手续费、佣金等，应当计入所发行债券及其他债务的初始计量金额。企业合并中发行权益性证券发生的手续费、佣金等费用，应当抵减权益性证券溢价收入，溢价收入不足冲减的，冲减留存收益。

【解析 20-3】同一控制下企业合并的处理

同一控制下的企业合并，是指参与合并的企业在合并前后均受同一方或相同的多方最终控制且该控制并非暂时性的。

1. 能够对参与合并各方在合并前后均实施最终控制的一方通常指企业集团的母公司。

同一控制下的企业合并一般发生于企业集团内部，如集团内母子公司之间、子公司与子公司之间等。因为该类合并从本质上是集团内部企业之间的资产或权益的转移，不涉及自集团外购入子公司或是向集团外其他企业出售子公司的情况，能够对参与合并企业在合并前后均实施最终控制的一方为集团的母公司。

2. 能够对参与合并的企业在合并前后均实施最终控制的相同多方，是指根据合同或协议的约定，拥有最终决定参与合并企业的财务和经营政策，并从中获取利益的投资者群体。

3. 实施控制的时间性要求，是指参与合并各方在合并前后较长时间内为最终控制方所控制。具体是指在企业合并之前（即合并日之前），参与合并各方在最终控制方的控制时间一般在 1 年以上（含 1 年），企业合并后所形成的报告主体在最终控制方的控制时间也应达到 1 年以上（含 1 年）。

4. 企业之间的合并是否属于同一控制下的企业合并，应综合构成企业合并交易的各方面情况，按照实质重于形式的原则进行判断。通常情况下，同一控制下的企业合并是指发生在同一企业集团内部企业之间的合并。同受国家控制的企业之间发生的合并，不应仅仅因为参与合并各方在合并前后均受国家控制而将其作为同一控制下的企业合并。

第九条 企业合并形成母子公司关系的，母公司应当编制合并日的合并资产负债表、合并利润表和合并现金流量表。

合并资产负债表中被合并方的各项资产、负债，应当按其账面价值计量。因被合并方采用的会计政策与合并方不一致，按照本准则规定进行调整的，应当以调整后的账面价值计量。

合并利润表应当包括参与合并各方自合并当期期初至合并日所发生的收入、费用和利润。被合并方在合并前实现的净利润，应当在合并利润表中单列项目反映。

合并现金流量表应当包括参与合并各方自合并当期期初至合并日的现金流量。

编制合并财务报表时，参与合并各方的内部交易等，应当按照《企业会计准则第 33 号——合并财务报表》处理。

第三章　非同一控制下的企业合并

第十条　参与合并的各方在合并前后不受同一方或相同的多方最终控制的，为非同一控制下的企业合并。

非同一控制下的企业合并，在购买日取得对其他参与合并企业控制权的一方为购买方，参与合并的其他企业为被购买方。

购买日，是指购买方实际取得对被购买方控制权的日期。

第十一条　购买方应当区别下列情况确定合并成本：

（一）一次交换交易实现的企业合并，合并成本为购买方在购买日为取得对被购买方的控制权而付出的资产、发生或承担的负债以及发行的权益性证券的公允价值。

（二）通过多次交换交易分步实现的企业合并，合并成本为每一单项交易成本之和。

（三）购买方为进行企业合并发生的各项直接相关费用也应当计入企业合并成本。

（四）在合并合同或协议中对可能影响合并成本的未来事项作出约定的，购买日如果估计未来事项很可能发生并且对合并成本的影响金额能够可靠计量的，购买方应当将其计入合并成本。

【例 20-3】非同一控制下的控股合并

沿用【例 20-2】的有关资料，P 公司在该项合并中发行 1 000 万股普通股（每股面值 1 元，市场价格为 8.75 元），取得了 S 公司 70% 的股权。不考虑所得税影响，编制购买方于购买日的合并资产负债表。

（1）确认长期股权投资。（单位：万元）

借：长期股权投资	8 750	
贷：股本		1 000
资本公积——股本溢价		7 750

（2）计算确定商誉。

假定 S 公司除已确认资产外，不存在其他需要确认的资产及负债，则 P 公司首先计算合并中应确认的合并商誉：

合并商誉 = 企业合并成本 − 合并中取得被购买方可辨认净资产公允价值份额

=8 750−10 850×70%=1 155（万元）

（3）编制调整及抵销分录。（单位：万元）

借：存货	195	
长期股权投资	1 650	
固定资产	2 500	
无形资产	1 000	
贷：资本公积		5 345
借：实收资本	2 500	
资本公积	6 845	
盈余公积	500	

未分配利润　　　　　　　　　　　　　　　　　　1 005

商誉　　　　　　　　　　　　　　　　　　　　　1 155

贷：长期股权投资　　　　　　　　　　　　　　　　　8 750

少数股东权益　　　　　　　　　　　　　　　　3 255

（4）编制合并资产负债表如表 20-3 所示。

表 20-3　合并资产负债表（简表）

2×17 年 6 月 30 日　　　　　　　　　　　　　　　　单位：万元

项目	P 公司	S 公司	抵销分录		合并金额
			借方	贷方	
资产：					
货币资金	4 312.50	450			4 762.50
存货	6 200	255	195		6 650
应收账款	3 000	2 000			5 000
长期股权投资	13 750	2 150	1 650	8 750	8 800
固定资产：					
固定资产原价	10 000	4 000	2 500		16 500
减：累计折旧	3 000	1 000			4 000
无形资产	4 500	500	1 000		6 000
商誉	0	0	1 155		1 155
资产总计	38 762.50	8 355			44 867.50
负债和所有者权益：					
短期借款	2 500	2 250			4 750
应付账款	3 750	300			4 050
其他负债	375	300			675
负债合计	6 625	2 850			9 475
实收资本（股本）	8 500	2 500	2 500		8 500
资本公积	12 750	1 500	6 845	5 345	12 750
盈余公积	5 000	500	500		5 000
未分配利润	5 887.50	1 005	1 005		5 887.50
少数股东权益				3 255	3 255
所有者权益合计	32 137.50	5 505			35 392.50
负债和所有者权益总计	38 762.50	8 355			44 867.50

【例 20-4】非同一控制下的吸收合并

A 公司 2×18 年 12 月 31 日以银行存款 330 000 元、250 000 股面值 1 元的股票以及账面价值 100 000 元、公允价值 200 000 元的土地使用权吸收合并 B 公司（此合并为非同一控制下的吸收合并）。

B 公司当时的资产负债表如表 20-4 所示。

表 20-4 资产负债表（简表）

2×18 年 12 月 31 日　　　　单位：元

项目	账面价值	公允价值	项目	账面价值	公允价值
流动资产：			负债：		
应收账款	30 000	30 000	应付账款	96 000	97 400
存货	60 000	72 000	股东权益：		
固定资产：			股本	120 000	
通用设备（净）	252 000	180 000	资本公积	192 000	
专用设备（净）	48 000	52 600	盈余公积	294 000	
建筑物（净）	312 000	331 400			
资产合计	702 000		负债和股东权益合计	702 000	

A 公司的会计分录如下。

借：应收账款　30 000
　　库存商品　72 000
　　固定资产——通用设备　180 000
　　固定资产——专用设备　52 600
　　固定资产——建筑物　331 400
　　商誉　211 400
　　贷：应付账款　97 400
　　　　银行存款　330 000
　　　　无形资产——土地使用权　200 000
　　　　股本　250 000

对于无形资产账面价值与公允价值之间的差额应当确认为当期损益，做如下分录。

借：无形资产——土地使用权　100 000
　　贷：营业外收入　100 000

第十二条　购买方在购买日对作为企业合并对价付出的资产、发生或承担的负债应当按照公允价值计量，公允价值与其账面价值的差额，计入当期损益。

第十三条　购买方在购买日应当对合并成本进行分配，按照本准则第十四条的规定确认所取得的被购买方各项可辨认资产、负债及或有负债。

（一）购买方对合并成本大于合并中取得的被购买方可辨认净资产公允价值份额的差额，应当确认为商誉。

初始确认后的商誉，应当以其成本扣除累计减值准备后的金额计量。商誉的减值应当按照《企业会计准则第 8 号——资产减值》处理。

（二）购买方对合并成本小于合并中取得的被购买方可辨认净资产公允价值份额的差额，应当按照下列规定处理：

1. 对取得的被购买方各项可辨认资产、负债及或有负债的公允价值以及合并成本的计量进行复核；

2. 经复核后合并成本仍小于合并中取得的被购买方可辨认净资产公允价值份额的，其差额应当计入当期损益。

第十四条 被购买方可辨认净资产公允价值，是指合并中取得的被购买方可辨认资产的公允价值减去负债及或有负债公允价值后的余额。被购买方各项可辨认资产、负债及或有负债，符合下列条件的，应当单独予以确认：

（一）合并中取得的被购买方除无形资产以外的其他各项资产（不仅限于被购买方原已确认的资产），其所带来的经济利益很可能流入企业且公允价值能够可靠地计量的，应当单独予以确认并按照公允价值计量。

合并中取得的无形资产，其公允价值能够可靠地计量的，应当单独确认为无形资产并按照公允价值计量。

（二）合并中取得的被购买方除或有负债以外的其他各项负债，履行有关的义务很可能导致经济利益流出企业且公允价值能够可靠地计量的，应当单独予以确认并按照公允价值计量。

（三）合并中取得的被购买方或有负债，其公允价值能够可靠地计量的，应当单独确认为负债并按照公允价值计量。或有负债在初始确认后，应当按照下列两者孰高进行后续计量：

1. 按照《企业会计准则第13号——或有事项》应予确认的金额；

2. 初始确认金额减去按照《企业会计准则第14号——收入》的原则确认的累计摊销额后的余额。

第十五条 企业合并形成母子公司关系的，母公司应当设置备查簿，记录企业合并中取得的子公司各项可辨认资产、负债及或有负债等在购买日的公允价值。编制合并财务报表时，应当以购买日确定的各项可辨认资产、负债及或有负债的公允价值为基础对子公司的财务报表进行调整。

第十六条 企业合并发生当期的期末，因合并中取得的各项可辨认资产、负债及或有负债的公允价值或企业合并成本只能暂时确定的，购买方应当以所确定的暂时价值为基础对企业合并进行确认和计量。

购买日后12个月内对确认的暂时价值进行调整的，视为在购买日确认和计量。

【解析20-4】非同一控制下的企业合并处理的不同情况

（一）非同一控制下的吸收合并，购买方在购买日应当按照合并中取得的被购买方各项可辨认资产、负债的公允价值确定其入账价值，确定的企业合并成本与取得被购买方可辨认净资产公允价值的差额，应确认为商誉或计入当期损益。

（二）非同一控制下的控股合并，母公司在购买日编制合并资产负债表时，对于被购买方可辨认资产、负债应当按照合并中确定的公允价值列示，企业合并成本大于合并中取得的被购买方可辨认净资产公允价值份额的差额，确认为合并资产负债表中的商誉。企业合并成本小于合并中取得的被购买方可辨认净资产公允价值份额的差额，在购买日合并资产负债表中调整盈余公积和未分配利润。

非同一控制下的企业合并形成母子公司关系的，母公司应自购买日起设置备查簿，登记其在购买日取得的被购买方可辨认资产、负债的公允价值，为以后期间编制合并财务报表提供基础资料。

（三）分步实现的企业合并。根据本准则第十一条（二）规定，通过多次交换交易分步实现的企业合并，合并成本为每一单项交易成本之和。购买方在购买日，应当按照以下步骤进行处理。

1. 将原持有的对被购买方的投资账面价值调整恢复至最初取得成本，相应调整留存收益等所有者权益项目。

2. 比较每一单项交易的成本与交易时应享有被投资单位可辨认净资产公允价值的份额，确定每一单项交易中应予确认的商誉金额（或应予确认损益的金额）。

3. 购买方在购买日确认的商誉（或计入损益的金额）应为每一单项交易产生的商誉（或应予确认损益的金额）之和。

4. 被购买方在购买日与原交易日之间可辨认净资产公允价值的变动相对于原持股比例的部分，属于被购买方在交易日至购买日之间实现留存收益的，相应调整留存收益，差额调整资本公积。

（四）购买方应当按照以下规定确定合并中取得的被购买方各项可辨认资产、负债及或有负债的公允价值。

1. 货币资金，按照购买日被购买方的账面余额确定。

2. 有活跃市场的股票、债券、基金等金融工具，按照购买日活跃市场中的市场价格确定。

3. 应收款项，其中的短期应收款项，一般按照应收取的金额作为其公允价值；长期应收款项，应按适当的利率折现后的现值确定其公允价值。在确定应收款项的公允价值时，应考虑发生坏账的可能性及相关收款费用。

4. 存货，对其中的产成品和商品按其估计售价减去估计的销售费用、相关税费以及购买方出售类似产成品或商品估计可能实现的利润确定；在产品按完工产品的估计售价减去至完工仍将发生的成本、估计的销售费用、相关税费以及基于同类或类似产成品的基础上估计出售可能实现的利润确定；原材料按现行重置成本确定。

5. 不存在活跃市场的金融工具如权益性投资等，应当参照《企业会计准则第22号——金融工具确认和计量》的规定，采用估值技术确定其公允价值。

6. 房屋建筑物、机器设备、无形资产，存在活跃市场的，应以购买日的市场价格为基础确定其公允价值；不存在活跃市场，但同类或类似资产存在活跃市场的，应参照同类或类似资产的市场价格确定其公允价值；同类或类似资产也不存在活跃市场的，应采用估值技术确定其公允价值。

7. 应付账款、应付票据、应付职工薪酬、应付债券、长期应付款，其中的短期负债，一般按照应支付的金额确定其公允价值；长期负债，应按适当的折现率折现后的现值作为其公允价值。

8. 取得的被购买方的或有负债，其公允价值在购买日能够可靠计量的，应确认为预计负债。此项负债应当按照假定第三方愿意代购买方承担，就其所承担义务需要购买方支付的金额作为其公允价值。

9. 递延所得税资产和递延所得税负债，取得的被购买方各项可辨认资产、负债及或有负债的公允价值与其计税基础之间存在差额的，应当按照《企业会计准则第 18 号——所得税》的规定确认相应的递延所得税资产或递延所得税负债，所确认的递延所得税资产或递延所得税负债的金额不应折现。

摘录于《〈企业会计准则第 20 号——企业合并〉应用指南》

【解析 20-5】非同一控制下的企业合并的处理

（一）非同一控制下的吸收合并，购买方在购买日应当按照合并中取得的被购买方各项可辨认资产、负债的公允价值确定其入账价值，确定的企业合并成本与取得被购买方可辨认净资产公允价值的差额，应确认为商誉或计入当期损益。

（二）非同一控制下的控股合并，母公司在购买日编制合并资产负债表时，对于被购买方可辨认资产、负债应当按照合并中确定的公允价值列示，企业合并成本大于合并中取得的被购买方可辨认净资产公允价值份额的差额，确认为合并资产负债表中的商誉。企业合并成本小于合并中取得的被购买方可辨认净资产公允价值份额的差额，在购买日合并资产负债表中调整盈余公积和未分配利润。非同一控制下的企业合并形成母子公司关系的，母公司应自购买日起设置备查簿，登记其在购买日取得的被购买方可辨认资产、负债的公允价值，为以后期间编制合并财务报表提供基础资料。

（三）分步实现的企业合并。根据本准则第十一条（二）规定，通过多次交换交易分步实现的企业合并，合并成本为每一单项交易成本之和。购买方在购买日，应当按照以下步骤进行处理：

1. 将原持有的对被购买方的投资账面价值调整恢复至最初取得成本，相应调整留存收益等所有者权益项目。

2. 比较每一单项交易的成本与交易时应享有被投资单位可辨认净资产公允价值的份额，确定每一单项交易中应予确认的商誉金额（或应予确认损益的金额）。

3. 购买方在购买日确认的商誉（或计入损益的金额）应为每一单项交易产生的商誉（或应予确认损益的金额）之和。

4. 被购买方在购买日与原交易日之间可辨认净资产公允价值的变动相对于原持股比例的部分，属于被购买方在交易日至购买日之间实现留存收益的，相应调整留存收益，差额调整资本公积。

（四）购买方应当按照以下规定确定合并中取得的被购买方各项可辨认资产、负债及或有负债的公允价值：

1. 货币资金，按照购买日被购买方的账面余额确定。

2. 有活跃市场的股票、债券、基金等金融工具，按照购买日活跃市场中的市场价格确定。

3.应收款项，其中的短期应收款项，一般按照应收取的金额作为其公允价值；长期应收款项，应按适当的利率折现后的现值确定其公允价值。在确定应收款项的公允价值时，应考虑发生坏账的可能性及相关收款费用。

4.存货，对其中的产成品和商品按其估计售价减去估计的销售费用、相关税费以及购买方出售类似产成品或商品估计可能实现的利润确定；在产品按完工产品的估计售价减去至完工仍将发生的成本、估计的销售费用、相关税费以及基于同类或类似产成品的基础上估计出售可能实现的利润确定；原材料按现行重置成本确定。

5.不存在活跃市场的金融工具如权益性投资等，应当参照《企业会计准则第22号——金融工具确认和计量》的规定，采用估值技术确定其公允价值。

6.房屋建筑物、机器设备、无形资产，存在活跃市场的，应以购买日的市场价格为基础确定其公允价值；不存在活跃市场，但同类或类似资产存在活跃市场的，应参照同类或类似资产的市场价格确定其公允价值；同类或类似资产也不存在活跃市场的，应采用估值技术确定其公允价值。

7.应付账款、应付票据、应付职工薪酬、应付债券、长期应付款，其中的短期负债，一般按照应支付的金额确定其公允价值；长期负债，应按适当的折现率折现后的现值作为其公允价值。

8.取得的被购买方的或有负债，其公允价值在购买日能够可靠计量的，应确认为预计负债。此项负债应当按照假定第三方愿意代购买方承担，就其所承担义务需要购买方支付的金额作为其公允价值。

9.递延所得税资产和递延所得税负债，取得的被购买方各项可辨认资产、负债及或有负债的公允价值与其计税基础之间存在差额的，应当按照《企业会计准则第18号——所得税》的规定确认相应的递延所得税资产或递延所得税负债，所确认的递延所得税资产或递延所得税负债的金额不应折现。

【例20-5】非同一控制下的企业合并的判断

甲公司为某省国资委控制的国有企业，2×13年10月，因该省国资系统出于整合同类业务的需要，由甲公司通过定向发行其普通股的方式给乙公司部分股东，取得对乙公司控制权。该项交易前，乙公司的股权由该省国资委下属丙投资公司持有并控制。双方签订的协议约定如下。

（1）以2×13年9月30日为评估基准日，根据独立的评估机构评估确定的乙公司全部股权的公允价值4.02亿元为基础确定甲公司应支付的对价。

（2）甲公司普通股作价5元/股，该项交易中甲公司向丙投资公司发行3 700万公司普通股取得乙公司46%股权。

（3）甲公司在本次交易中定向发行的3 700万股向丙投资公司发行后，即有权力调整和更换乙公司董事会成员，该事项不受本次交易中股东名册变更及乙公司有关工商注册变更的影响。

2×13年12月10日，甲公司向丙投资公司定向发行了3 700万股并于当日对乙公司董事会进行改选。

问题：甲公司对乙公司的合并应当属于哪一类型？

分析：本案例中合并方甲公司与被合并方乙公司在合并前为独立的市场主体，其特殊性在于甲公司在合并前直接被当地国资委控制，乙公司是当地国资委通过下属投资公司间接控制。判断本项交易的合并类型关键在于找到是否存在于合并交易发生前后对参与合并各方均能够实施控制的一个最终控制方，本案例中，即当地国资委。虽然该项交易是国资委出于整合同类业务的需要，安排甲公司、乙公司的原控股股东丙投资公司进行的，但交易中作价是完全按照市场价格确定的，同时《企业会计准则第 20 号——企业合并》中明确规定，同受国家控制的两个企业进行合并，不能仅因为其为国有企业即作为同一控制下企业合并。

该项合并应当作为非同一控制下企业合并处理。

【例 20-6】非同一控制下的企业合并的会计处理

甲公司 2×14 年 2 月通过公开市场购入乙公司 600 万股股票，占乙公司公开发行在外股份的 2%，该部分股份取得以后，甲公司将其作为以公允价值计量且其变动计入当期损益的金融资产核算。2×15 年，甲公司与乙公司签订以下协议：

（1）甲公司向乙公司捐赠其 100% 持股的 3 家公司股权，按照双方确定的评估基准日 2×15 年 6 月 30 日，3 家公司股权的评估价值合计为 65 000 万元；

（2）双方应于 2×15 年 7 月 31 日前办妥上述 3 家公司股权过户手续；

（3）乙公司应于 2×15 年 8 月 31 日前通过股东大会决议，以公积金转增股本的方式向甲公司发行股份 16 250 万股（4 元 / 股）。

2×15 年 8 月 10 日，乙公司股东大会通过以公积金转增股本的方式向甲公司发行 16 250 万股本公司股票。

该股份发行后，甲公司向乙公司董事会派出 4 名成员（乙公司董事会由 7 人组成），日常财务和生产经营决策由董事会决定，所有董事会表决事项均需半数以上董事同意方可表决通过；甲公司持有乙公司发行在外股份为 36.43%，除甲公司所持股份外，乙公司其他股东持有其股份的情况如表 20-5 所示。

表 20-5　乙公司其他股东持有其股份的情况

股东	持有乙公司股权比例
A	10%
B	8%
C	7%
D	6%
E	5%
F	4.5%
其他社会公众股（持股较为分散，最高持有不到 1%）	23.07%

问题：甲公司合并乙公司的类型为哪一种？

分析：2×14 年，甲公司自公开市场取得乙公司 2% 股份，因未以任何方式参与乙公司生产经营决策，不能施加重大影响，该项股权投资作为交易性金融资产核算。

2×15 年，甲公司通过先向乙公司捐赠，乙公司再以等量资本公积金转增股本的方式向甲公司定向发行本公司股份，该次发行完成后，甲公司持有乙公司 36.43% 的股份。通过分析乙公司股权结构、甲公司对乙公司董事会的影响可知，该项股份发行后，甲公司能够控制乙公司，从而构成企业合并。

在本次交易发生前，甲公司虽然持有乙公司 2% 的股份，但不构成控制。交易完成后，甲公司控制乙公司，乙公司持有甲公司原 3 家子公司 100% 股权，并能够对这 3 家公司实施控制。该项交易前后，找不到一个最终控制方能够控制所有参与合并的企业（乙公司、甲公司及其原持有的 3 家全资子公司），不属于同一控制下企业合并，应当按照非同一控制下企业合并处理。

应予说明的是，企业合并发生的当期期末，因合并中取得的各项可辨认资产、负债及或有负债的公允价值或企业合并成本只能暂时确定的，购买方应当以所确定的暂时价值为基础对企业合并进行确认和计量。购买日后 12 个月内对确认的暂时价值进行调整的，视为在购买日确认和计量。

第十七条　企业合并形成母子公司关系的，母公司应当编制购买日的合并资产负债表，因企业合并取得的被购买方各项可辨认资产、负债及或有负债应当以公允价值列示。母公司的合并成本与取得的子公司可辨认净资产公允价值份额的差额，以按照本准则规定处理的结果列示。

第四章　披露

第十八条　企业合并发生当期的期末，合并方应当在附注中披露与同一控制下企业合并有关的下列信息：

（一）参与合并企业的基本情况。

（二）属于同一控制下企业合并的判断依据。

（三）合并日的确定依据。

（四）以支付现金、转让非现金资产以及承担债务作为合并对价的，所支付对价在合并日的账面价值；以发行权益性证券作为合并对价的，合并中发行权益性证券的数量及定价原则，以及参与合并各方交换有表决权股份的比例。

（五）被合并方的资产、负债在上一会计期间资产负债表日及合并日的账面价值；被合并方自合并当期期初至合并日的收入、净利润、现金流量等情况。

（六）合并合同或协议约定将承担被合并方或有负债的情况。

（七）被合并方采用的会计政策与合并方不一致所作调整情况的说明。

（八）合并后已处置或准备处置被合并方资产、负债的账面价值、处置价格等。

【解析 20-6】企业合并涉及的或有对价的会计处理

同一控制下企业合并形成的控股合并，在确认长期股权投资初始投资成本时，应按照

《企业会计准则第 13 号——或有事项》的规定，判断是否应就或有对价确认预计负债或者确认资产，以及应确认的金额；确认预计负债或资产的，该预计负债或资产金额与后续或有对价结算金额的差额不影响当期损益，而应当调整资本公积（资本溢价或股本溢价），资本公积（资本溢价或股本溢价）不足冲减的，调整留存收益。

非同一控制下企业合并涉及或有对价时长期股权投资成本的计量。某些情况下，企业合并各方可能在合并协议中约定，根据未来一项或多项或有事项的发生，购买方通过发行额外证券、支付额外现金或其他资产等方式追加合并对价，或者要求返还之前已经支付的对价，这将导致产生企业合并的或有对价问题。会计准则规定，购买方应当将合并协议约定的或有对价作为企业合并转移对价的一部分，按照其在购买日的公允价值计入企业合并成本。或有对价符合权益工具和金融负债定义的，购买方应当将支付或有对价的义务确认为一项权益或负债；符合资产定义并满足资产确认条件的，购买方应当将符合合并协议约定条件的、可收回的部分已支付合并对价的权利确认为一项资产。同时规定，购买日 12 个月内出现对购买日已存在情况的新的或进一步证据需要调整或有对价的，应当予以确认并对原计入合并商誉的金额进行调整。其他情况下发生的或有对价变化或调整，应当区分情况进行会计处理：或有对价为权益性质的，不进行会计处理；或有对价为资产或负债性质的，如果属于会计准则规定的金融工具，应当按照以公允价值计量且其变动计入当期损益进行会计处理，不得指定为以公允价值计量且其变动计入其他综合收益的金融资产。

上述关于或有对价的规定，主要侧重两个方面：一是在购买日应当合理估计或有对价并将其计入企业合并成本，购买日后 12 个月内取得新的或进一步证据表明购买日已存在状况，从而需要对企业合并成本进行调整的，可以据以调整企业合并成本；二是无论是购买日后 12 个月内还是其他时点，如果是由于出现新的情况导致对原估计或有对价进行调整的，则不能再对企业合并成本进行调整，相关或有对价属于金融工具的，应以公允价值计量，公允价值变动计入当期损益。上述会计处理的出发点在于，对企业合并交易原则上确认和计量时点应限定为购买日，购买日以后视新的情况对原购买成本进行调整的，不能视为购买日的状况，因此也就不能据以对企业合并成本进行调整。

【例 20-7】企业合并涉及或有对价的会计处理

A 上市公司 2×09 年 1 月 2 日以现金 3 亿元自 B 公司购买其持有的 C 公司 100% 股权，并于当日向 C 公司董事会派出成员，主导其财务和生产经营决策。股权转让协议约定，B 公司就 C 公司在收购完成后的经营业绩向 A 上市公司作出承诺：C 公司 2×09 年、2×10 年、2×11 年度经审计扣除非经常性损益后归属于母公司股东的净利润分别不低于 2 000 万元、3 000 万元和 4 000 万元。如果 C 公司未达到承诺业绩，B 公司将在 C 公司每一相应年度的审计报告出具后 30 日内，按 C 公司实际实现的净利润与承诺利润的差额，以现金方式对 A 上市公司进行补偿。

购买日，A 上市公司根据 C 公司所处市场状况及行业竞争力等情况判断，预计 C 公司能够完成承诺期利润。

2×09 年，C 公司实现净利润 2 200 万元。2×10 年，由于整体宏观经济形势变化，C 公司实现净利润2 400万元，且预期2×11年该趋势将持续，预计能够实现净利润约2 600万元。

分析如下。

本案例中，A上市公司与B公司在交易前不存在关联关系，该项企业合并应为非同一控制下企业合并。

购买日为2×09年1月2日，当日A上市公司支付了有关价款3亿元，同时估计C公司能够实现承诺利润，或有对价估计为0。A上市公司应当确认对C公司长期股权投资成本为3亿元。

借：长期股权投资　　300 000 000

　　贷：银行存款　　300 000 000

2×09年C公司实现了预期利润，A上市公司无须进行会计处理。

2×10年C公司未实现预期利润，且预计2×11年也无法实现，则A上市公司需要估计该或有对价的公允价值并予以确认。因该预期利润未实现的情况是在购买日后新发生的，在购买日后超过12个月且不属于对购买日已存在状况的进一步证据，应于资产负债表日将该或有对价公允价值的变动计入当期损益。B公司对有关利润差额的补偿将以现金支付，该或有对价属于金融工具，应当按照金融工具的原则进行处理。2×10年年末A上市公司估计该或有对价的公允价值为2 000万元，并进行如下会计处理。

借：交易性金融资产　　20 000 000

　　贷：公允价值变动损益　　20 000 000

本例中有关或有对价的公允价值调整在个别财务报表中不作为对长期股权投资成本的调整，相应地，在合并财务报表中，亦不能调整购买日原已确认商誉金额。但由于C公司未实现预期利润，可能表明购买日原已确认商誉已发生减值，A上市公司应当对商誉及相关长期资产进行减值测试。

第十九条　企业合并发生当期的期末，购买方应当在附注中披露与非同一控制下企业合并有关的下列信息：

（一）参与合并企业的基本情况。

（二）购买日的确定依据。

（三）合并成本的构成及其账面价值、公允价值及公允价值的确定方法。

（四）被购买方各项可辨认资产、负债在上一会计期间资产负债表日及购买日的账面价值和公允价值。

（五）合并合同或协议约定将承担被购买方或有负债的情况。

（六）被购买方自购买日起至报告期期末的收入、净利润和现金流量等情况。

（七）商誉的金额及其确定方法。

（八）因合并成本小于合并中取得的被购买方可辨认净资产公允价值的份额计入当期损益的金额。

（九）合并后已处置或准备处置被购买方资产、负债的账面价值、处置价格等。

企业会计准则第21号——租赁

《企业会计准则第21号——租赁》于2018年12月7日由财政部令第35号公布，在境内外同时上市的企业以及在境外上市并采用国际财务报告准则或企业会计准则编制财务报表的企业，自2019年1月1日起施行；其他执行企业会计准则的企业自2021年1月1日起施行。

第一章　总则

第一条　为了规范租赁的确认、计量和相关信息的列报，根据《企业会计准则——基本准则》，制定本准则。

第二条　租赁，是指在一定期间内，出租人将资产的使用权让与承租人以获取对价的合同。

【解析21-1】租赁合同的识别

一项合同被分类为租赁，必须满足三要素：一是存在一定期间；二是存在已识别资产；三是资产供应方向客户转移对已识别资产使用权的控制。

在合同中，“一定期间”也可以表述为已识别资产的使用量，例如，某项设备的产出量。如果客户有权在部分合同期内控制已识别资产的使用，则合同包含一项在该部分合同期间的租赁。

企业应当就合同进行评估，判断其是否为租赁或包含租赁。本准则规定，同时符合下列条件的，使用已识别资产的权利构成一项单独租赁：（1）承租人可从单独使用该资产或将其与易于获得的其他资源一起使用中获利；（2）该资产与合同中的其他资产不存在高度依赖或高度关联关系。

另外，接受商品或服务的合同可能由合营安排约定或合营安排的代表签订（合营安排的定义参见《企业会计准则第40号——合营安排》）。在这种情况下，企业评估合同是否包含一项租赁时，应将整个合营安排视为该合同中的客户，评估该合营安排是否在使用期间有权控制已识别资产的使用。

除非合同条款或条件发生变化，企业无须重新评估合同是否为租赁或者是否包含租赁。

第三条　本准则适用于所有租赁，但下列各项除外：

（一）承租人通过许可使用协议取得的电影、录像、剧本、文稿等版权、专利等项目的权利，以出让、划拨或转让方式取得的土地使用权，适用《企业会计准则第6号——无形资产》。

（二）出租人授予的知识产权许可，适用《企业会计准则第14号——收入》。

勘探或使用矿产、石油、天然气及类似不可再生资源的租赁，承租人承租生物资产，采用建设经营移交等方式参与公共基础设施建设、运营的特许经营权合同，不适用本准则。

【解析 21-2】本准则的适用范围

本准则适用于所有租赁，但下列各项除外：一是承租人通过许可使用协议取得的电影、录像、剧本、文稿等版权、专利等项目的权利，以及以出让、划拨或转让方式取得的土地使用权，适用《企业会计准则第 6 号——无形资产》；二是出租人授予的知识产权许可，适用《企业会计准则第 14 号——收入》；三是勘探或使用矿产、石油、天然气及类似不可再生资源的租赁，适用其他相关准则；四是承租人承租生物资产，适用其他相关准则；五是采用建设经营移交等方式参与公共基础设施建设、运营的特许经营权合同，适用其他相关准则和规定。

第二章　租赁的识别、分拆和合并

第一节　租赁的识别

第四条　在合同开始日，企业应当评估合同是否为租赁或者包含租赁。如果合同中一方让渡了在一定期间内控制一项或多项已识别资产使用的权利以换取对价，则该合同为租赁或者包含租赁。

除非合同条款和条件发生变化，企业无需重新评估合同是否为租赁或者包含租赁。

第五条　为确定合同是否让渡了在一定期间内控制已识别资产使用的权利，企业应当评估合同中的客户是否有权获得在使用期间内因使用已识别资产所产生的几乎全部经济利益，并有权在该使用期间主导已识别资产的使用。

第六条　已识别资产通常由合同明确指定，也可以在资产可供客户使用时隐性指定。但是，即使合同已对资产进行指定，如果资产的供应方在整个使用期间拥有对该资产的实质性替换权，则该资产不属于已识别资产。

同时符合下列条件时，表明供应方拥有资产的实质性替换权：

（一）资产供应方拥有在整个使用期间替换资产的实际能力；

（二）资产供应方通过行使替换资产的权利将获得经济利益。

企业难以确定供应方是否拥有对该资产的实质性替换权的，应当视为供应方没有对该资产的实质性替换权。

如果资产的某部分产能或其他部分在物理上不可区分，则该部分不属于已识别资产，除非其实质上代表该资产的全部产能，从而使客户获得因使用该资产所产生的几乎全部经济利益。

【例 21-1】已识别资产的隐性指定

甲公司（客户）与乙公司（供应方）签订了使用乙公司一节火车车厢的 5 年期合同。该车厢专为用于运输甲公司生产过程中使用的特殊材料而设计，未经重大改造不适合其他客户使用。合同中没有明确指定轨道车辆（例如，通过序列号），但是乙公司仅拥有一节适合客户甲公司使用的火车车厢。如果车厢不能正常工作，合同要求乙公司修理或更换车厢。

分析：具体哪节火车车厢虽未在合同中明确指定，但是被隐含指定，因为乙公司仅拥有一节适合客户甲公司使用的火车车厢，必须使用其来履行合同，乙公司无法自由替换该车厢。因此，火车车厢是一项已识别资产。

【解析 21-3】物理上可区分

如果资产的部分产能在物理上可区分（例如，建筑物的一层），则该部分产能属于已识别资产。如果资产的某部分产能与其他部分在物理上不可区分（例如，光缆的部分容量），则该部分不属于已识别资产，除非其实质上代表该资产的全部产能，从而使客户获得因使用该资产所产生的几乎全部经济利益的权利。

情形 1：甲公司（客户）与乙公司（公用设施公司）签订了一份为期 15 年的合同，以取得连接 A、B 城市光缆中 3 条指定的物理上可区分的光纤使用权。若光纤损坏，乙公司应负责修理和维护。乙公司拥有额外的光纤，但仅可因修理、维护或故障等原因替换指定给甲公司使用的光纤。

情形 2：甲公司与乙公司签订了一份为期 15 年的合同，以取得连接 A、B 城市光缆中约定带宽的光纤使用权。甲公司约定的带宽相当于使用光缆中 3 条光纤的全部传输容量（乙公司光缆包含 15 条传输容量相近的光纤）。

分析：情形 1 下，合同明确指定了 3 条光纤，并且这些光纤与光缆中的其他光纤在物理上可区分，乙公司不可因修理、维护或故障以外的原因替换光纤，因此情形 1 中存在 3 条已识别光纤。

情形 2 下，甲公司仅使用光缆的部分传输容量，提供给甲公司使用的光纤与其余光纤在物理上不可区分，且不代表光缆的几乎全部传输容量，因此情形 2 中不存在已识别资产。

第七条 在评估是否有权获得因使用已识别资产所产生的几乎全部经济利益时，企业应当在约定的客户可使用资产的权利范围内考虑其所产生的经济利益。

在评估客户是否有权获得因使用已识别资产所产生的几乎全部经济利益时，企业应当在约定的客户权利范围内考虑其所产生的经济利益。

【解析 21-4】在约定的客户权利范围内考虑其所产生的经济利益 1

为了控制已识别资产的使用，客户应当有权获得整个使用期间使用该资产所产生的几乎全部经济利益（例如，在整个使用期间独家使用该资产）。客户可以通过多种方式直接或间接获得使用资产所产生的经济利益，例如，通过使用、持有或转租资产。使用资产所产生的经济利益包括资产的主要产出和副产品（包括来源于这些项目的潜在现金流量）以及通过与第三方之间的商业交易实现的其他经济利益。

如果合同规定客户应向资产供应方或另一方支付因使用资产所产生的部分现金流量作为对价，该现金流量仍应视为客户因使用资产而获得的经济利益的一部分。例如，如果客户因使用零售区域需向供应方支付零售收入的一定比例作为对价，该条款本身并不妨碍客户拥有获得使用零售区域所产生的几乎全部经济利益的权利。因为零售收入所产生的现金流量是客户使用零售区域而获得的经济利益，而客户支付给零售区域供应方的部分现金流量是使用零售区域的权利的对价。

【解析 21-5】在约定的客户权利范围内考虑其所产生的经济利益 2

（1）如果合同规定汽车在使用期间仅限在某一特定区域使用，则企业应当仅考虑在该区域内使用汽车所产生的经济利益，而不包括在该区域外使用汽车所产生的经济利益；（2）如果合同规定客户在使用期间仅能在特定里程范围内驾驶汽车，则企业应当仅考虑在允许的里程范围内使用汽车所产生的经济利益，而不包括超出该里程范围使用汽车所产生的经济利益。

第八条 存在下列情况之一的，可视为客户有权主导对已识别资产在整个使用期间内的使用：

（一）客户有权在整个使用期间主导已识别资产的使用目的和使用方式。

（二）已识别资产的使用目的和使用方式在使用期开始前已预先确定，并且客户有权在整个使用期间自行或主导他人按照其确定的方式运营该资产，或者客户设计了已识别资产并在设计时已预先确定了该资产在整个使用期间的使用目的和使用方式。

【解析 21-6】客户有权主导已识别资产

关于上述第（一）种情况，如果客户有权在整个使用期间在合同界定的使用权范围内改变资产的使用目的和使用方式，则视为客户有权在该使用期间主导资产的使用目的和使用方式。在判断客户是否有权在整个使用期间主导已识别资产的使用目的和使用方式时，企业应当考虑在该使用期间与改变资产的使用目的和使用方式最为相关的决策权。相关决策权是指对使用资产所产生的经济利益产生影响的决策权。最为相关的决策权可能因资产性质、合同条款和条件的不同而不同。此类例子包括：（1）变更资产产出类型的权利，例如，决定将集装箱用于运输商品还是储存商品，或者决定在零售区域销售的产品组合；（2）变更资产的产出时间的权利，例如，决定机器或发电厂的运行时间；（3）变更资产的产出地点的权利，例如，决定卡车或船舶的目的地，或者决定设备的使用地点；（4）变更资产是否产出以及产出数量的权利，例如，决定是否使用发电厂发电以及发电量的多少。

某些决策权并未授予客户改变资产的使用目的和使用方式的权利，例如，在资产的使用目的和使用方式未预先确定的情况下，客户仅拥有运行或维护资产的权利。这些决策权对于资产的高效使用通常是必要的，但它们往往取决于有关资产的使用目的和使用方式，而并非主导资产的使用目的和使用方式的权利。

关于上述第（二）种情况，与资产使用目的和使用方式相关的决策可以通过很多方式预先确定，例如，通过设计资产或在合同中对资产的使用做出限制来预先确定相关决策。

第二节　租赁的分拆和合并

第九条 合同中同时包含多项单独租赁的，承租人和出租人应当将合同予以分拆，并分别各项单独租赁进行会计处理。

合同中同时包含租赁和非租赁部分的，承租人和出租人应当将租赁和非租赁部分进行分拆，除非企业适用本准则第十二条的规定进行会计处理，租赁部分应当分别按照本准则进行会计处理，非租赁部分应当按照其他适用的企业会计准则进行会计处理。

第十条 同时符合下列条件的，使用已识别资产的权利构成合同中的一项单独租赁：

（一）承租人可从单独使用该资产或将其与易于获得的其他资源一起使用中获利；

（二）该资产与合同中的其他资产不存在高度依赖或高度关联关系。

第十一条 在分拆合同包含的租赁和非租赁部分时，承租人应当按照各租赁部分单独价格及非租赁部分的单独价格之和的相对比例分摊合同对价，出租人应当根据《企业会计准则第 14 号——收入》关于交易价格分摊的规定分摊合同对价。

第十二条 为简化处理，承租人可以按照租赁资产的类别选择是否分拆合同包含的租赁和非租赁部分。承租人选择不分拆的，应当将各租赁部分及与其相关的非租赁部分分别合并为租赁，按照本准则进行会计处理。但是，对于按照《企业会计准则第 22 号——金融工具确认和计量》应分拆的嵌入衍生工具，承租人不应将其与租赁部分合并进行会计处理。

第十三条 企业与同一交易方或其关联方在同一时间或相近时间订立的两份或多份包含租赁的合同，在符合下列条件之一时，应当合并为一份合同进行会计处理：

（一）该两份或多份合同基于总体商业目的而订立并构成一揽子交易，若不作为整体考虑则无法理解其总体商业目的。

（二）该两份或多份合同中的某份合同的对价金额取决于其他合同的定价或履行情况。

（三）该两份或多份合同让渡的资产使用权合起来构成一项单独租赁。

【解析 21-7】简化处理

为简化处理，承租人可以按照租赁资产的类别选择是否分拆合同包含的租赁和非租赁部分。承租人选择不分拆的，应当将各租赁部分及与其相关的非租赁部分分别合并为租赁，按照本准则进行会计处理。但是，对于按照《企业会计准则第 22 号——金融工具确认和计量》应分拆的嵌入衍生工具，承租人不应将其与租赁部分合并进行会计处理。

【例 21-2】租赁的分拆

甲公司从乙公司租赁一台推土机、一辆卡车和一台长臂挖掘机用于采矿业务，租赁期为 4 年。乙公司同意在整个租赁期内维护各项设备。合同固定对价为 3 000 000 元，按年分期支付，每年支付 750 000 元。合同对价包含了各项设备的维护费用。

分析：甲公司未采用简化处理，而是将非租赁部分（维护服务）与租入的各项设备分别进行会计处理。甲公司认为租入的推土机、卡车和长臂挖掘机分别属于单独租赁，原因如下：（1）甲公司可从单独使用这 3 项设备中的每一项，或将其与易于获得的其他资源一起在使用中获利（例如，甲公司易于租入或购买其他卡车或挖掘机用于其采矿业务）；（2）尽管甲公司租入这 3 项设备只有一个目的（即从事采矿业务），但这些设备不存在高度依赖或高度关联关系。因此，甲公司得出结论，合同中存在 3 个租赁部分和对应的 3 个非租赁部分（维护服务）。甲公司将合同对价分摊至 3 个租赁部分和非租赁部分。

市场上有多家供应方提供类似推土机和卡车的维护服务，因此这两项租入设备的维护服务存在可观察的单独价格。假设其他供应方的支付条款与甲、乙公司签订的合同条款相似，甲公司能够确定推土机和卡车维护服务的可观察单独价格分别为 160 000 元和 80 000 元。长臂挖掘机是高度专业化机械，其他供应方不出租类似挖掘机或为其提供维护服务。乙公司对从本公司购买相似长臂挖掘机的客户提供 4 年的维护服务，可观察对价为固定金额 280 000 元，分 4 年支付。因此，甲公司估计长臂挖掘机维护服务的单独价格为 280 000 元。甲公司观察到乙公司在市场上单独出租租赁期为 4 年的推土机、卡车和长臂挖掘机的价格分别为 900 000 元、580 000 元和 1 200 000 元。

甲公司将合同固定对价 3 000 000 元分摊至租赁和非租赁部分的情况如表 21–1 所示。

表 21–1　固定对价的分摊

单位：元

<table>
<tr><td colspan="2"></td><td>推土机</td><td>卡车</td><td>长臂挖掘机</td><td>合计</td></tr>
<tr><td rowspan="3">可观察的单独价格</td><td>租赁</td><td>900 000</td><td>580 000</td><td>1 200 000</td><td>2 680 000</td></tr>
<tr><td colspan="4">非租赁</td><td>520 000（注 1）</td></tr>
<tr><td colspan="4">合计</td><td>3 200 000</td></tr>
<tr><td colspan="5">固定对价总额</td><td>3 000 000</td></tr>
<tr><td colspan="5">分摊率（注 2）</td><td>93.75%</td></tr>
</table>

注 1:160 000+80 000+280 000=520 000（元）。

注 2：按照规定，承租人按照推土机、卡车、长臂挖掘机这 3 个租赁部分单独价格 900 000 元、580 000 元、1 200 000 元和非租赁部分的单独价格之和 520 000 元的相对比例，来分摊合同对价。分拆后，推土机、卡车和长臂挖掘机的租赁付款额（折现前）分别为 843 750 元、543 750 元和 1 125 000 元。

第三章　承租人的会计处理

第一节　确认和初始计量

第十四条　在租赁期开始日，承租人应当对租赁确认使用权资产和租赁负债，应用本准则第三章第三节进行简化处理的短期租赁和低价值资产租赁除外。

使用权资产，是指承租人可在租赁期内使用租赁资产的权利。

租赁期开始日，是指出租人提供租赁资产使其可供承租人使用的起始日期。

第十五条　租赁期，是指承租人有权使用租赁资产且不可撤销的期间。

承租人有续租选择权，即有权选择续租该资产，且合理确定将行使该选择权的，租赁期还应当包含续租选择权涵盖的期间。

承租人有终止租赁选择权，即有权选择终止租赁该资产，但合理确定将不会行使该选择权的，租赁期应当包含终止租赁选择权涵盖的期间。

发生承租人可控范围内的重大事件或变化，且影响承租人是否合理确定将行使相应选择权的，承租人应当对其是否合理确定将行使续租选择权、购买选择权或不行使终止租赁选择权进行重新评估。

第十六条　使用权资产应当按照成本进行初始计量。该成本包括：

（一）租赁负债的初始计量金额；

（二）在租赁期开始日或之前支付的租赁付款额，存在租赁激励的，扣除已享受的租赁激励相关金额；

（三）承租人发生的初始直接费用；

（四）承租人为拆卸及移除租赁资产、复原租赁资产所在场地或将租赁资产恢复至租赁条款约定状态预计将发生的成本。前述成本属于为生产存货而发生的，适用《企业会计准则第 1 号——存货》。

承租人应当按照《企业会计准则第 13 号——或有事项》对本条第（四）项所述成本进行确认和计量。

租赁激励，是指出租人为达成租赁向承租人提供的优惠，包括出租人向承租人支付的与租赁有关的款项、出租人为承租人偿付或承担的成本等。

初始直接费用，是指为达成租赁所发生的增量成本。增量成本是指若企业不取得该租赁，则不会发生的成本。

第十七条 租赁负债应当按照租赁期开始日尚未支付的租赁付款额的现值进行初始计量。

在计算租赁付款额的现值时，承租人应当采用租赁内含利率作为折现率；无法确定租赁内含利率的，应当采用承租人增量借款利率作为折现率。

租赁内含利率，是指使出租人的租赁收款额的现值与未担保余值的现值之和等于租赁资产公允价值与出租人的初始直接费用之和的利率。

承租人增量借款利率，是指承租人在类似经济环境下为获得与使用权资产价值接近的资产，在类似期间以类似抵押条件借入资金须支付的利率。

【解析 21-8】增量借款利率的确定

承租人增量借款利率，是指承租人在类似经济环境下为获得与使用权资产价值接近的资产，在类似期间以类似抵押条件借入资金须支付的利率。该利率与下列事项相关：（1）承租人自身情况，即承租人的偿债能力和信用状况；（2）“借款”的期限，即租赁期；（3）“借入”资金的金额，即租赁负债的金额；（4）“抵押条件”，即租赁资产的性质和质量；（5）经济环境，包括承租人所处的司法管辖区、计价货币、合同签订时间等。

在具体操作时，承租人可以先根据所处经济环境，以可观察的利率作为确定增量借款利率的参考基础，然后根据承租人自身情况、标的资产情况、租赁期和租赁负债金额等租赁业务具体情况对参考基础进行调整，得出适用的承租人增量借款利率。企业应当对确定承租人增量借款利率的依据和过程做好记录。

【例 21-3】租赁内含利率的计算

承租人甲公司与出租人乙公司签订了一份车辆租赁合同，租赁期为 5 年。在租赁开始日，该车辆的公允价值为 100 000 元，乙公司预计在租赁结束时其公允价值（即未担保余值）将为 10 000 元。租赁付款额为每年 23 000 元，于年末支付。乙公司发生的初始直接费用为 5 000 元。乙公司计算租赁内含利率 r 的方法如下。

$23\,000\times(P/A, r, 5)+10\,000\times(P/F, r, 5)=100\,000+5\,000$

本例中，计算得出的租赁内含利率 r 为 5.79%。

第十八条 租赁付款额，是指承租人向出租人支付的与在租赁期内使用租赁资产的权利相关的款项，包括：

（一）固定付款额及实质固定付款额，存在租赁激励的，扣除与租赁激励相关的金额；

（二）取决于指数或比率的可变租赁付款额，该款项在初始计量时根据租赁期开始日的指数或比率确定；

（三）购买选择权的行权价格，前提是承租人合理确定将行使该选择权；

（四）行使终止租赁选择权需支付的款项，前提是租赁期反映出承租人将行使终止租赁选择权；

（五）根据承租人提供的担保余值预计应支付的款项。

实质固定付款额，是指在形式上可能包含变量但实质上无法避免的付款额。

可变租赁付款额，是指承租人为取得在租赁期内使用租赁资产的权利，向出租人支付的因租赁期开始日后的事实或情况发生变化（而非时间推移）而变动的款项。取决于指数或比率的可变租赁付款额包括与消费者价格指数挂钩的款项、与基准利率挂钩的款项和为反映市场租金费率变化而变动的款项等。

【解析 21-9】租赁付款额的具体内容

（1）固定付款额及实质固定付款额，存在租赁激励的，扣除与租赁激励相关的金额。

租赁业务中的实质固定付款额是指在形式上可能包含变量但实质上无法避免的付款额。

① 付款额设定为可变租赁付款额，但该可变条款几乎不可能发生，没有真正的经济实质。例如，付款额仅需在租赁资产经证实能够在租赁期间正常运行时支付，或者仅需在不可能不发生的事件发生时支付。又如，付款额初始设定为与租赁资产使用情况相关的可变付款额，但其潜在可变性将于租赁期开始日之后的某个时点消除，在可变性消除时，该类付款额成为实质固定付款额。

② 承租人有多套付款额方案，但其中仅有一套是可行的。在此情况下，承租人应采用该可行的付款额方案作为租赁付款额。

③ 承租人有多套可行的付款额方案，但必须选择其中一套。在此情况下，承租人应采用总折现金额最低的一套作为租赁付款额。

租赁激励，是指出租人为达成租赁向承租人提供的优惠，包括出租人向承租人支付的与租赁有关的款项、出租人为承租人偿付或承担的成本等。存在租赁激励的，承租人在确定租赁付款额时，应扣除与租赁激励相关的金额。

（2）取决于指数或比率的可变租赁付款额。

可变租赁付款额，是指承租人为取得在租赁期内使用租赁资产的权利，而向出租人支付的因租赁期开始日后的事实或情况发生变化（而非时间推移）而变动的款项。可变租赁付款额可能与下列各项指标或情况挂钩。

① 由于市场比率或指数数值变动导致的价格变动。例如，基准利率或消费者价格指数变动可能导致租赁付款额调整。

② 承租人源自租赁资产的绩效。例如，零售业不动产租赁可能会要求基于使用该不动产取得的销售收入的一定比例确定租赁付款额。

③ 租赁资产的使用。例如，车辆租赁可能要求承租人在超过特定里程数时支付额外的租赁付款额。

需要注意的是，可变租赁付款额中，仅取决于指数或比率的可变租赁付款额纳入租赁负债的初始计量中，包括与消费者价格指数挂钩的款项、与基准利率挂钩的款项和为反映市场租金费率变化而变动的款项等。此类可变租赁付款额应当根据租赁期开始日的指数或比率确定。除了取决于指数或比率的可变租赁付款额之外，其他可变租赁付款额均不纳入租赁负债的初始计量中。

（3）购买选择权的行权价格，前提是承租人合理确定将行使该选择权。

在租赁期开始日，承租人应评估是否合理确定将行使购买标的资产的选择权。在评估时，承租人应考虑对其行使或不行使购买选择权产生经济激励的所有相关事实和情况。如果承租人合理确定将行使购买标的资产的选择权，则租赁付款额中应包含购买选择权的行权价格。

（4）行使终止租赁选择权需支付的款项，前提是租赁期反映出承租人将行使终止租赁选择权。

在租赁期开始日，承租人应评估是否合理确定将行使终止租赁的选择权。在评估时，承租人应考虑对其行使或不行使终止租赁选择权产生经济激励的所有相关事实和情况。如果承租人合理确定将行使终止租赁选择权，则租赁付款额中应包含行使终止租赁选择权需支付的款项，并且租赁期不应包含终止租赁选择权涵盖的期间。

（5）根据承租人提供的担保余值预计应支付的款项。

担保余值，是指与出租人无关的一方向出租人提供担保，保证在租赁结束时租赁资产的价值至少为某指定的金额。如果承租人提供了对余值的担保，则租赁付款额应包含该担保下预计应支付的款项，它反映了承租人预计将支付的金额，而不是承租人担保余值下的最大敞口。

第十九条　担保余值，是指与出租人无关的一方向出租人提供担保，保证在租赁结束时租赁资产的价值至少为某指定的金额。

未担保余值，是指租赁资产余值中，出租人无法保证能够实现或仅由与出租人有关的一方予以担保的部分。

【例21-4】使用权资产的初始计量

承租人甲公司就某栋建筑物的某一层楼与出租人乙公司签订了为期10年的租赁协议，并拥有5年的续租选择权。有关资料如下：（1）初始租赁期内的不含税租金为每年50 000元，续租期间为每年55 000元，所有款项应于每年年初支付；（2）为获得该项租赁，甲公司发生的初始直接费用为20 000元，其中，15 000元为向该楼层前任租户支付的款项，5 000元为向促成此租赁交易的房地产中介支付的佣金；（3）作为对甲公司的激励，乙公司同意补偿甲公司5 000元的佣金；（4）在租赁期开始日，甲公司评估后认为，不能合理确定将行使续租选择权，因此，将租赁期确定为 10 年；（5）甲公司无法确定租赁内含利率，其增量借款利率为每年 5%，该利率反映的是甲公司以类似抵押条件借入期限为 10 年、与使用权资产等值的相同币种的借款而必须支付的利率。

为简化处理，假设不考虑相关税费影响。

分析：承租人甲公司的会计处理如下。

第 1 步，计算租赁期开始日租赁付款额的现值，并确认租赁负债和使用权资产。

在租赁期开始日，甲公司支付第 1 年的租金 50 000 元，并以剩余 9 年租金（每年 50 000 元）按 5% 的年利率折现后的现值计量租赁负债。计算租赁付款额现值的过程和相关会计处理如下。

剩余 9 期租赁付款额 =50 000×9=450 000（元）

租赁负债 = 剩余 9 期租赁付款额的现值 =50 000×（*P/A*，5%，9）=355 391（元）

未确认融资费用 = 剩余 9 期租赁付款额 − 剩余 9 期租赁付款额的现值 =450 000−355 391=94 609（元）

借：使用权资产	405 391	
租赁负债——未确认融资费用	94 609	
贷：租赁负债——租赁付款额		450 000
银行存款（第 1 年的租赁付款额）		50 000

第 2 步，将初始直接费用计入使用权资产的初始成本。

借：使用权资产	20 000	
贷：银行存款		20 000

第 3 步，将已收的与租赁激励相关的金额从使用权资产入账价值中扣除。

借：银行存款	5 000	
贷：使用权资产		5 000

综上，甲公司使用权资产的初始成本为：405 391+20 000−5 000=420 391（元）。

第二节　后续计量

第二十条　在租赁期开始日后，承租人应当按照本准则第二十一条、第二十二条、第二十七条及第二十九条的规定，采用成本模式对使用权资产进行后续计量。

第二十一条　承租人应当参照《企业会计准则第 4 号——固定资产》有关折旧规定，对使用权资产计提折旧。

承租人能够合理确定租赁期届满时取得租赁资产所有权的，应当在租赁资产剩余使用寿命内计提折旧。无法合理确定租赁期届满时能够取得租赁资产所有权的，应当在租赁期与租赁资产剩余使用寿命两者孰短的期间内计提折旧。

第二十二条　承租人应当按照《企业会计准则第 8 号——资产减值》的规定，确定使用权资产是否发生减值，并对已识别的减值损失进行会计处理。

第二十三条　承租人应当按照固定的周期性利率计算租赁负债在租赁期内各期间的利息

费用，并计入当期损益。按照《企业会计准则第 17 号——借款费用》等其他准则规定应当计入相关资产成本的，从其规定。

该周期性利率，是按照本准则第十七条规定所采用的折现率，或者按照本准则第二十五条、二十六条和二十九条规定所采用的修订后的折现率。

第二十四条 未纳入租赁负债计量的可变租赁付款额应当在实际发生时计入当期损益。按照《企业会计准则第 1 号——存货》等其他准则规定应当计入相关资产成本的，从其规定。

第二十五条 在租赁期开始日后，发生下列情形的，承租人应当重新确定租赁付款额，并按变动后租赁付款额和修订后的折现率计算的现值重新计量租赁负债：

（一）因依据本准则第十五条第四款规定，续租选择权或终止租赁选择权的评估结果发生变化，或者前述选择权的实际行使情况与原评估结果不一致等导致租赁期变化的，应当根据新的租赁期重新确定租赁付款额；

（二）因依据本准则第十五条第四款规定，购买选择权的评估结果发生变化的，应当根据新的评估结果重新确定租赁付款额。

在计算变动后租赁付款额的现值时，承租人应当采用剩余租赁期间的租赁内含利率作为修订后的折现率；无法确定剩余租赁期间的租赁内含利率的，应当采用重估日的承租人增量借款利率作为修订后的折现率。

第二十六条 在租赁期开始日后，根据担保余值预计的应付金额发生变动，或者因用于确定租赁付款额的指数或比率变动而导致未来租赁付款额发生变动的，承租人应当按照变动后租赁付款额的现值重新计量租赁负债。在这些情形下，承租人采用的折现率不变；但是，租赁付款额的变动源自浮动利率变动的，使用修订后的折现率。

第二十七条 承租人在根据本准则第二十五条、第二十六条或因实质固定付款额变动重新计量租赁负债时，应当相应调整使用权资产的账面价值。使用权资产的账面价值已调减至零，但租赁负债仍需进一步调减的，承租人应当将剩余金额计入当期损益。

第二十八条 租赁发生变更且同时符合下列条件的，承租人应当将该租赁变更作为一项单独租赁进行会计处理：

（一）该租赁变更通过增加一项或多项租赁资产的使用权而扩大了租赁范围；

（二）增加的对价与租赁范围扩大部分的单独价格按该合同情况调整后的金额相当。

租赁变更，是指原合同条款之外的租赁范围、租赁对价、租赁期限的变更，包括增加或终止一项或多项租赁资产的使用权，延长或缩短合同规定的租赁期等。

第二十九条 租赁变更未作为一项单独租赁进行会计处理的，在租赁变更生效日，承租人应当按照本准则第九条至第十二条的规定分摊变更后合同的对价，按照本准则第十五条的规定重新确定租赁期，并按照变更后租赁付款额和修订后的折现率计算的现值重新计量租赁负债。

在计算变更后租赁付款额的现值时，承租人应当采用剩余租赁期间的租赁内含利率作为修订后的折现率；无法确定剩余租赁期间的租赁内含利率的，应当采用租赁变更生效日的承租人增量借款利率作为修订后的折现率。租赁变更生效日，是指双方就租赁变更达成一致的日期。

租赁变更导致租赁范围缩小或租赁期缩短的，承租人应当相应调减使用权资产的账面价值，并将部分终止或完全终止租赁的相关利得或损失计入当期损益。其他租赁变更导致租赁负债重新计量的，承租人应当相应调整使用权资产的账面价值。

【例 21-5】租赁变更的会计处理

承租人就某套机器设备与出租人签订了一项为期 5 年的租赁合同，构成融资租赁。合同规定，每年年末承租人向出租人支付租金 10 000 元，租赁期开始日，出租资产公允价值为 37 908 元。按照公式 10 000×（*P/A*，*r*，5）=37 908（元），计算得出租赁内含利率为 10%，租赁收款额为 50 000 元，未确认融资收益为 12 092 元。在第 2 年年初，承租人和出租人同意对原租赁进行修改，缩短租赁期限到第 3 年末，每年支付租金时点不变，租金总额从 50 000 元变更到 33 000 元。假设本例中不涉及未担保余值、担保余值、终止租赁罚款等。

分析：本例中，如果原租赁期限设定为 3 年，在租赁开始日，租赁类别被分类为经营租赁，那么，在租赁变更生效日，即第 2 年年初，出租人将租赁投资净额余额 31 699 元（37 908+37 908×10%-10 000）作为该套机器设备的入账价值，并从第 2 年年初开始，作为一项新的经营租赁（2 年租赁期，每年年末收取租金 11 500 元）进行会计处理。

出租人第 2 年年初会计分录如下。

借：固定资产　　31 699

　　应收融资租赁款——未确认融资收益　　（12 092-37 908×10%）8 301

　　贷：应收融资租赁款——租赁收款额　　（50 000-10 000）40 000

第三节　短期租赁和低价值资产租赁

第三十条　短期租赁，是指在租赁期开始日，租赁期不超过 12 个月的租赁。

包含购买选择权的租赁不属于短期租赁。

第三十一条　低价值资产租赁，是指单项租赁资产为全新资产时价值较低的租赁。

低价值资产租赁的判定仅与资产的绝对价值有关，不受承租人规模、性质或其他情况影响。低价值资产租赁还应当符合本准则第十条的规定。

承租人转租或预期转租租赁资产的，原租赁不属于低价值资产租赁。

第三十二条　对于短期租赁和低价值资产租赁，承租人可以选择不确认使用权资产和租赁负债。

作出该选择的，承租人应当将短期租赁和低价值资产租赁的租赁付款额，在租赁期内各个期间按照直线法或其他系统合理的方法计入相关资产成本或当期损益。其他系统合理的方法能够更好地反映承租人的受益模式的，承租人应当采用该方法。

第三十三条　对于短期租赁，承租人应当按照租赁资产的类别作出本准则第三十二条所述的会计处理选择。

对于低价值资产租赁，承租人可根据每项租赁的具体情况作出本准则第三十二条所述的会计处理选择。

【解析 21-10】低价值资产租赁

承租人在判断某项租赁是否是低价值资产租赁时，应基于租赁资产的全新状态下的价值进行评估，不应考虑资产已被使用的年限。

对于低价值资产租赁，承租人可根据每项租赁的具体情况作出简化会计处理选择。低价值资产同时还应满足以下条件：只有承租人能够从单独使用该低价值资产或将其与承租人易于获得的其他资源一起使用中获利，且该项资产与其他租赁资产没有高度依赖或高度关联关系时，才能对该资产租赁选择进行简化会计处理。

低价值资产租赁的标准应该是一个绝对金额，即仅与资产全新状态下的绝对价值有关，不受承租人规模、性质等影响，也不考虑该资产对于承租人或相关租赁交易的重要性。常见的低价值资产的例子包括平板电脑、普通办公家具、电话等小型资产。但是，如果承租人已经或者预期要把相关资产进行转租赁，则不能将原租赁按照低价值资产租赁进行简化会计处理。值得注意的是，符合低价值资产租赁的，也并不代表承租人若采取购入方式取得该资产时该资产不符合固定资产确认条件。

第三十四条 按照本准则第三十二条进行简化处理的短期租赁发生租赁变更或者因租赁变更之外的原因导致租赁期发生变化的，承租人应当将其视为一项新租赁进行会计处理。

第四章 出租人的会计处理

第一节 出租人的租赁分类

第三十五条 出租人应当在租赁开始日将租赁分为融资租赁和经营租赁。

租赁开始日，是指租赁合同签署日与租赁各方就主要租赁条款作出承诺日中的较早者。

融资租赁，是指实质上转移了与租赁资产所有权有关的几乎全部风险和报酬的租赁。其所有权最终可能转移，也可能不转移。

经营租赁，是指除融资租赁以外的其他租赁。

在租赁开始日后，出租人无需对租赁的分类进行重新评估，除非发生租赁变更。租赁资产预计使用寿命、预计余值等会计估计变更或发生承租人违约等情况变化的，出租人不对租赁的分类进行重新评估。

第三十六条 一项租赁属于融资租赁还是经营租赁取决于交易的实质，而不是合同的形式。如果一项租赁实质上转移了与租赁资产所有权有关的几乎全部风险和报酬，出租人应当将该项租赁分类为融资租赁。

一项租赁存在下列一种或多种情形的，通常分类为融资租赁：

（一）在租赁期届满时，租赁资产的所有权转移给承租人。

（二）承租人有购买租赁资产的选择权，所订立的购买价款与预计行使选择权时租赁资产的公允价值相比足够低，因而在租赁开始日就可以合理确定承租人将行使该选择权。

（三）资产的所有权虽然不转移，但租赁期占租赁资产使用寿命的大部分。

（四）在租赁开始日，租赁收款额的现值几乎相当于租赁资产的公允价值。

（五）租赁资产性质特殊，如果不作较大改造，只有承租人才能使用。

一项租赁存在下列一项或多项迹象的，也可能分类为融资租赁：

（一）若承租人撤销租赁，撤销租赁对出租人造成的损失由承租人承担。

（二）资产余值的公允价值波动所产生的利得或损失归属于承租人。

（三）承租人有能力以远低于市场水平的租金继续租赁至下一期间。

【解析 21-11】符合融资租赁情形的补充说明

（1）资产的所有权虽然不转移，但租赁期占租赁资产使用寿命的大部分。实务中，这里的“大部分”一般指租赁期占租赁开始日租赁资产使用寿命的 75% 以上（含 75%）。需要说明的是，这里的量化标准只是指导性标准，企业在具体运用时，必须以准则规定的相关条件进行综合判断。这条标准强调的是租赁期占租赁资产使用寿命的比例，而非租赁期占该项资产全部可使用年限的比例。如果租赁资产是旧资产，在租赁前已使用年限超过资产自全新时起算可使用年限的 75% 以上时，则这条判断标准不适用，不能使用这条标准确定租赁的分类。

（2）在租赁开始日，租赁收款额的现值几乎相当于租赁资产的公允价值。实务中，这里的“几乎相当于”，通常掌握在 90% 以上。需要说明的是，这里的量化标准只是指导性标准，企业在具体运用时，必须以准则规定的相关条件进行综合判断。

第三十七条 转租出租人应当基于原租赁产生的使用权资产，而不是原租赁的标的资产，对转租赁进行分类。

但是，原租赁为短期租赁，且转租出租人应用本准则第三十二条对原租赁进行简化处理的，转租出租人应当将该转租赁分类为经营租赁。

第二节 出租人对融资租赁的会计处理

第三十八条 在租赁期开始日，出租人应当对融资租赁确认应收融资租赁款，并终止确认融资租赁资产。

出租人对应收融资租赁款进行初始计量时，应当以租赁投资净额作为应收融资租赁款的入账价值。

租赁投资净额为未担保余值和租赁期开始日尚未收到的租赁收款额按照租赁内含利率折现的现值之和。

租赁收款额，是指出租人因让渡在租赁期内使用租赁资产的权利而应向承租人收取的款项，包括：

（一）承租人需支付的固定付款额及实质固定付款额，存在租赁激励的，扣除与租赁激励相关的金额；

（二）取决于指数或比率的可变租赁付款额，该款项在初始计量时根据租赁期开始日的指数或比率确定；

（三）购买选择权的行权价格，前提是合理确定承租人将行使该选择权；

（四）承租人行使终止租赁选择权需支付的款项，前提是租赁期反映出承租人将行使终止租赁选择权；

（五）由承租人、与承租人有关的一方以及有经济能力履行担保义务的独立第三方向出租人提供的担保余值。

在转租的情况下，若转租的租赁内含利率无法确定，转租出租人可采用原租赁的折现率（根据与转租有关的初始直接费用进行调整）计量转租投资净额。

第三十九条 出租人应当按照固定的周期性利率计算并确认租赁期内各个期间的利息收入。该周期性利率，是按照本准则第三十八条规定所采用的折现率，或者按照本准则第四十四条规定所采用的修订后的折现率。

第四十条 出租人应当按照《企业会计准则第 22 号——金融工具确认和计量》和《企业会计准则第 23 号——金融资产转移》的规定，对应收融资租赁款的终止确认和减值进行会计处理。

出租人将应收融资租赁款或其所在的处置组划分为持有待售类别的，应当按照《企业会计准则第 42 号——持有待售的非流动资产、处置组和终止经营》进行会计处理。

第四十一条 出租人取得的未纳入租赁投资净额计量的可变租赁付款额应当在实际发生时计入当期损益。

第四十二条 生产商或经销商作为出租人的融资租赁，在租赁期开始日，该出租人应当按照租赁资产公允价值与租赁收款额按市场利率折现的现值两者孰低确认收入，并按照租赁资产账面价值扣除未担保余值的现值后的余额结转销售成本。

生产商或经销商出租人为取得融资租赁发生的成本，应当在租赁期开始日计入当期损益。

第四十三条 融资租赁发生变更且同时符合下列条件的，出租人应当将该变更作为一项单独租赁进行会计处理：

（一）该变更通过增加一项或多项租赁资产的使用权而扩大了租赁范围；

（二）增加的对价与租赁范围扩大部分的单独价格按该合同情况调整后的金额相当。

第四十四条 融资租赁的变更未作为一项单独租赁进行会计处理的，出租人应当分别下列情形对变更后的租赁进行处理：

（一）假如变更在租赁开始日生效，该租赁会被分类为经营租赁的，出租人应当自租赁变更生效日开始将其作为一项新租赁进行会计处理，并以租赁变更生效日前的租赁投资净额作为租赁资产的账面价值；

（二）假如变更在租赁开始日生效，该租赁会被分类为融资租赁的，出租人应当按照《企业会计准则第 22 号——金融工具确认和计量》关于修改或重新议定合同的规定进行会计处理。

【例 21-6】出租人对融资租赁的会计处理

2×19 年 12 月 1 日，甲公司与乙公司签订了一份租赁合同，从乙公司租入塑钢机一台。租赁合同主要条款如下。

（1）租赁资产：全新塑钢机。

（2）租赁期开始日：2×20 年 1 月 1 日。

（3）租赁期：2×20 年 1 月 1 日— 2×25 年 12 月 31 日，共 72 个月。

（4）固定租金支付：自 2×20 年 1 月 1 日，每年年末支付租金 160 000 元。如果甲公司能够在每年年末的最后一天及时付款，则给予减少租金 10 000 元的奖励。

（5）取决于指数或比率的可变租赁付款额：租赁期限内，如遇中国人民银行贷款基准利率调整时，出租人将对租赁利率作出同方向、同幅度的调整。基准利率调整日之前各期和调整日当期租金不变，从下一期租金开始按调整后的租金金额收取。

（6）租赁开始日租赁资产的公允价值：该机器在 2×19 年 12 月 31 日的公允价值为 700 000 元，账面价值为 600 000 元。

（7）初始直接费用：签订租赁合同过程中乙公司发生可归属于租赁项目的手续费、佣金 10 000 元。

（8）承租人的购买选择权：租赁期届满时，甲公司享有优惠购买该机器的选择权，购买价为 20 000 元，估计该日租赁资产的公允价值为 80 000 元。

（9）取决于租赁资产绩效的可变租赁付款额：2×21 年和 2×22 年两年，甲公司每年按该机器所生产的产品——塑钢窗户的年销售收入的 5% 向乙公司支付。

（10）承租人的终止租赁选择权：甲公司享有终止租赁选择权。在租赁期间，如果甲公司终止租赁，需支付的款项为剩余租赁期间的固定租金支付金额。

（11）担保余值和未担保余值均为 0。

（12）全新塑钢机的使用寿命为 7 年。

1. 初始计量。

分析：出租人乙公司的会计处理如下。

第 1 步，判断租赁类型。

本例存在优惠购买选择权，优惠购买价 20 000 元远低于行使选择权日租赁资产的公允价值 80 000 元，因此在 2×19 年 12 月 31 日就可合理确定甲公司将会行使这种选择权。另外，在本例中，租赁期 6 年，占租赁开始日租赁资产使用寿命的 86%（占租赁资产使用寿命的大部分）。同时，乙公司综合考虑其他各种情形和迹象，认为该租赁实质上转移了与该项设备所有权有关的几乎全部风险和报酬，因此将这项租赁认定为融资租赁。

第 2 步，确定租赁收款额。

（1）承租人的固定付款额为考虑扣除租赁激励后的金额。

（160 000−10 000）×6=900 000（元）

（2）取决于指数或比率的可变租赁付款额。

该款项在初始计量时根据租赁期开始日的指数或比率确定，因此本例题在租赁期开始日不做考虑。

（3）承租人购买选择权的行权价格。

租赁期届满时，甲公司享有优惠购买该机器的选择权，购买价为 20 000 元，估计该日租赁资产的公允价值为 80 000 元。优惠购买价 20 000 元远低于行使选择权日租赁资产的公允价值，因此在 2×19 年 12 月 31 日就可合理确定甲公司将会行使这种选择权。

结论：租赁付款额中应包括承租人购买选择权的行权价格 20 000 元。

（4）终止租赁的罚款。

虽然甲公司享有终止租赁选择权，但若终止租赁，甲公司需支付的款项为剩余租赁期间的固定租金支付金额。

结论：根据上述条款，可以合理确定甲公司不会行使终止租赁选择权。

（5）由承租人向出租人提供的担保余值：甲公司向乙公司提供的担保余值为0元。

综上所述租赁收款额为：900 000+20 000=920 000（元）。

第3步，确认租赁投资总额。

租赁投资总额＝在融资租赁下出租人应收的租赁收款额＋未担保余值

本例中租赁投资总额 =920 000+0=920 000（元）

第4步，确认租赁投资净额的金额和未实现融资收益。

租赁投资净额在金额上等于租赁资产在租赁期开始日公允价值＋出租人发生的租赁初始直接费用 =700 000+10 000=710 000（元）。

未实现融资收益＝租赁投资总额－租赁投资净额 =920 000−710 000=210 000（元）

第5步，计算租赁内含利率。

租赁内含利率是使租赁投资总额的现值（即租赁投资净额）等于租赁资产在租赁开始日的公允价值与出租人的初始直接费用之和的利率。

本例中列出公式 150 000×（*P/A*，*r*，6）+20 000×（*P/F*，*r*，6）=710 000，计算得到租赁的内含利率为 7.82%。

第6步，账务处理。

2×20年1月1日。

借：应收融资租赁款——租赁收款额	920 000	
贷：银行存款		10 000
融资租赁资产		600 000
资产处置损益		100 000
应收融资租赁款——未实现融资收益		210 000

若某融资租赁合同必须以收到租赁保证金为生效条件，出租人收到承租人交来的租赁保证金，借记“银行存款”科目，贷记“其他应收款——租赁保证金”科目。承租人到期不交租金，以保证金抵作租金时，借记“其他应收款——租赁保证金”科目，贷记“应收融资租赁款”科目。承租人违约，按租赁合同或协议规定没收保证金时，借记“其他应收款——租赁保证金”科目，贷记“营业外收入”等科目。

2. 后续计量。

分析如下。

第1步，计算租赁期内各期的利息收入，如表21-2所示。

表 21-2　租赁期内各期的利息收入

单位：元

日期 ①	租金 ②	确认的利息收入 ③= 期初 ④ × 7.82%	租赁投资净额余额 期末 ④= 期初 ④-②+③
2×20 年 1 月 1 日			710 000
2×20 年 12 月 31 日	150 000	55 522	615 522
2×21 年 12 月 31 日	150 000	48 134	513 656
2×22 年 12 月 31 日	150 000	40 168	403 824
2×23 年 12 月 31 日	150 000	31 579	285 403
2×24 年 12 月 31 日	150 000	22 319	157 722
2×25 年 12 月 31 日	150 000	12 278*	20 000
2×25 年 12 月 31 日	20 000		
合计	920 000	210 000	

注：* 尾数调整 12 278=150 000+20 000−157 722。

第 2 步，会计分录如下。

2×20 年 12 月 31 日收到第 1 期租金时。

借：银行存款　　150 000

　　贷：应收融资租赁款——租赁收款额　　150 000

借：应收融资租赁款——未实现融资收益　　55 522

　　贷：租赁收入　　55 522

2×21 年 12 月 31 日收到第 2 期租金时。

借：银行存款　　150 000

　　贷：应收融资租赁款——租赁收款额　　150 000

借：应收融资租赁款——未实现融资收益　　48 134

　　贷：租赁收入　　48 134

（其他年份会计处理同上）

纳入出租人租赁投资净额的可变租赁付款额只包含取决于指数或比率的可变租赁付款额。在初始计量时，应当采用租赁期开始日的指数或比率进行初始计量。出租人应定期复核计算租赁投资总额时所使用的未担保余值。若预计未担保余值降低，出租人应修改租赁期内的收益分配，并立即确认预计的减少额。

出租人取得的未纳入租赁投资净额计量的可变租赁付款额，如与资产的未来绩效或使用情况挂钩的可变租赁付款额，应当在实际发生时计入当期损益。

第三节　出租人对经营租赁的会计处理

第四十五条　在租赁期内各个期间，出租人应当采用直线法或其他系统合理的方法，将经营租赁的租赁收款额确认为租金收入。其他系统合理的方法能够更好地反映因使用租赁资产所产生经济利益的消耗模式的，出租人应当采用该方法。

第四十六条　出租人发生的与经营租赁有关的初始直接费用应当资本化，在租赁期内按照与租金收入确认相同的基础进行分摊，分期计入当期损益。

第四十七条　对于经营租赁资产中的固定资产，出租人应当采用类似资产的折旧政策计提折旧；对于其他经营租赁资产，应当根据该资产适用的企业会计准则，采用系统合理的方法进行摊销。

出租人应当按照《企业会计准则第 8 号——资产减值》的规定，确定经营租赁资产是否发生减值，并进行相应会计处理。

第四十八条　出租人取得的与经营租赁有关的未计入租赁收款额的可变租赁付款额，应当在实际发生时计入当期损益。

第四十九条　经营租赁发生变更的，出租人应当自变更生效日起将其作为一项新租赁进行会计处理，与变更前租赁有关的预收或应收租赁收款额应当视为新租赁的收款额。

第五章　售后租回交易

第五十条　承租人和出租人应当按照《企业会计准则第 14 号——收入》的规定，评估确定售后租回交易中的资产转让是否属于销售。

第五十一条　售后租回交易中的资产转让属于销售的，承租人应当按原资产账面价值中与租回获得的使用权有关的部分，计量售后租回所形成的使用权资产，并仅就转让至出租人的权利确认相关利得或损失；出租人应当根据其他适用的企业会计准则对资产购买进行会计处理，并根据本准则对资产出租进行会计处理。

如果销售对价的公允价值与资产的公允价值不同，或者出租人未按市场价格收取租金，则企业应当将销售对价低于市场价格的款项作为预付租金进行会计处理，将高于市场价格的款项作为出租人向承租人提供的额外融资进行会计处理；同时，承租人按照公允价值调整相关销售利得或损失，出租人按市场价格调整租金收入。

在进行上述调整时，企业应当基于以下两者中更易于确定的项目：销售对价的公允价值与资产公允价值之间的差额、租赁合同中付款额的现值与按租赁市价计算的付款额现值之间的差额。

第五十二条　售后租回交易中的资产转让不属于销售的，承租人应当继续确认被转让资产，同时确认一项与转让收入等额的金融负债，并按照《企业会计准则第 22 号——金融工具确认和计量》对该金融负债进行会计处理；出租人不确认被转让资产，但应当确认一项与转让收入等额的金融资产，并按照《企业会计准则第 22 号——金融工具确认和计量》对该金融资产进行会计处理。

【例 21-7】售后租回交易中的资产转让属于销售

甲公司（卖方兼承租人）以货币资金 40 000 000 元的价格向乙公司（买方兼出租人）出售一栋建筑物，交易前该建筑物的账面原值是 24 000 000 元，累计折旧 4 000 000 元。与此同时，甲公司与乙公司签订了合同，取得了该建筑物 18 年的使用权（全部剩余使用年限为 40 年），年租金为 2 400 000 元，于每年年末支付。根据交易的条款和条件，甲公司转让建筑物符合《企业会计准则第 14 号——收入》中关于销售成立的条件。假设不考虑初始直接费用和各项税费的影响。该建筑物在销售当日的公允价值为 36 000 000 元。

分析：由于该建筑物的销售对价并非公允价值，甲公司和乙公司分别进行了调整，以按照公允价值计量销售收益和租赁应收款。超额售价 4 000 000 元（40 000 000−36 000 000）作为乙公司向甲公司提供的额外融资进行确认。

甲、乙公司均确定租赁内含年利率为 4.5%。年付款额现值为 29 183 980 元（年付款额为 2 400 000 元，共 18 期，按每年 4.5% 进行折现），其中 4 000 000 元与额外融资相关，25 183 980 元与租赁相关（分别对应年付款额 328 948 元和 2 071 052 元），具体计算过程如下：年付款额现值 =2 400 000×（*P/A*，4.5%，18）=29 183 980（元），额外融资年付款额 =4 000 000÷29 183 980×2 400 000=328 948（元），租赁相关年付款额 =2 400 000−328 948=2 071 052（元）。

1. 在租赁期开始日，甲公司对该交易的会计处理如下。

第 1 步，按与租回获得的使用权部分占该建筑物的原账面金额的比例计算售后租回所形成的使用权资产。

使用权资产 =（24 000 000−4 000 000）（注 1）×[25 183 980（注 2）÷36 000 000（注 3）]=13 991 100（元）

注 1：该建筑物的账面价值。

注 2：18 年使用权资产的租赁付款额现值。

注 3：该建筑物的公允价值。

第 2 步，计算与转让至乙公司的权利相关的利得。

出售该建筑物的全部利得 =36 000 000−20 000 000=16 000 000（元），其中：

（1）与该建筑物使用权相关的利得 =16 000 000×（25 183 980÷36 000 000）=11 192 880（元）；

（2）与转让至乙公司的权利相关的利得 =16 000 000−11 192 880= 4 807 120（元）。

第 3 步，会计分录如下。

（1）与额外融资相关。

借：货币资金	4 000 000	
贷：长期应付款		4 000 000

（2）与租赁相关。

借：货币资金	36 000 000	
使用权资产	13 991 100	
固定资产——建筑物——累计折旧	4 000 000	
租赁负债——未确认融资费用	12 094 956	
贷：固定资产——建筑物——原值		24 000 000
租赁负债——租赁付款额（注）		37 278 936

资产处置损益　　4 807 120

注：该金额为甲公司年付款 2 400 000 元中的 2 071 052 元 ×18。

后续甲公司支付的年付款额 2 400 000 元中 2 071 052 元作为租赁付款额处理。328 948 元作为以下两项进行会计处理：（1）结算金融负债 4 000 000 元而支付的款项；（2）利息费用。以第 1 年年末为例。

借：租赁负债——租赁付款额　　2 071 052

长期应付款（注 1）　　148 948

利息费用（注 2）　　1 313 279

贷：租赁负债——未确认融资费用（注）　　1 133 279

银行存款　　2 400 000

注 1：长期应付款减少额 =328 948−180 000=148 948（元）。

注 2：利息费用 =25 183 980 × 4.5%+4 000 000 × 4.5%=1 133 279+180 000=1 313 279（元）。

2. 综合考虑租期占该建筑物剩余使用年限的比例等因素，乙公司将该建筑物的租赁分类为经营租赁。

在租赁期开始日，乙公司对该交易的会计处理如下。

借：固定资产——建筑物　　36 000 000

长期应收款　　4 000 000

贷：货币资金　　40 000 000

租赁期开始日之后，乙公司将从甲公司处年收款额 2 400 000 元中的 2 071 052 元作为租赁收款额进行会计处理。从甲公司处年收款额中的其余 328 948 元作为以下两项进行会计处理：（1）结算金融资产 4 000 000 元而收到的款项；（2）利息收入。以第 1 年年末为例。

借：银行存款　　2 400 000

贷：租赁收入　　2 071 052

利息收入　　180 000

长期应收款　　148 948

【例 21-8】售后租回交易中的资产转让不属于销售

甲公司（卖方兼承租人）以货币资金 24 000 000 元的价格向乙公司（买方兼出租人）出售一栋建筑物，交易前该建筑物的账面原值是 24 000 000 元，累计折旧 4 000 000 元。与此同时，甲公司与乙公司签订了合同，取得了该建筑物 18 年的使用权（全部剩余使用年限为 40 年），年租金为 2 000 000 元，于每年年末支付，租赁期满时，甲公司将以 100 元购买该建筑物。根据交易的条款和条件，甲公司转让建筑物不满足《企业会计准则第 14 号——收入》中关于销售成立的条件。假设不考虑初始直接费用和各项税费的影响。该建筑物在销售当日的公允价值为 36 000 000 元。

分析：在租赁期开始日，甲公司对该交易的会计处理如下。

借：货币资金　　24 000 000

贷：长期应付款　　24 000 000

在租赁期开始日，乙公司对该交易的会计处理如下。

借：长期应收款　　24 000 000

　　贷：货币资金　　24 000 000

第六章　列报

第一节　承租人的列报

第五十三条　承租人应当在资产负债表中单独列示使用权资产和租赁负债。其中，租赁负债通常分别非流动负债和一年内到期的非流动负债列示。

在利润表中，承租人应当分别列示租赁负债的利息费用与使用权资产的折旧费用。租赁负债的利息费用在财务费用项目列示。

在现金流量表中，偿还租赁负债本金和利息所支付的现金应当计入筹资活动现金流出，支付的按本准则第三十二条简化处理的短期租赁付款额和低价值资产租赁付款额以及未纳入租赁负债计量的可变租赁付款额应当计入经营活动现金流出。

第五十四条　承租人应当在附注中披露与租赁有关的下列信息：

（一）各类使用权资产的期初余额、本期增加额、期末余额以及累计折旧额和减值金额；

（二）租赁负债的利息费用；

（三）计入当期损益的按本准则第三十二条简化处理的短期租赁费用和低价值资产租赁费用；

（四）未纳入租赁负债计量的可变租赁付款额；

（五）转租使用权资产取得的收入；

（六）与租赁相关的总现金流出；

（七）售后租回交易产生的相关损益；

（八）其他按照《企业会计准则第 37 号——金融工具列报》应当披露的有关租赁负债的信息。

承租人应用本准则第三十二条对短期租赁和低价值资产租赁进行简化处理的，应当披露这一事实。

第五十五条　承租人应当根据理解财务报表的需要，披露有关租赁活动的其他定性和定量信息。此类信息包括：

（一）租赁活动的性质，如对租赁活动基本情况的描述；

（二）未纳入租赁负债计量的未来潜在现金流出；

（三）租赁导致的限制或承诺；

（四）售后租回交易除第五十四条第（七）项之外的其他信息；

（五）其他相关信息。

第二节 出租人的列报

第五十六条 出租人应当根据资产的性质，在资产负债表中列示经营租赁资产。

第五十七条 出租人应当在附注中披露与融资租赁有关的下列信息：

（一）销售损益、租赁投资净额的融资收益以及与未纳入租赁投资净额的可变租赁付款额相关的收入；

（二）资产负债表日后连续五个会计年度每年将收到的未折现租赁收款额，以及剩余年度将收到的未折现租赁收款额总额；

（三）未折现租赁收款额与租赁投资净额的调节表。

第五十八条 出租人应当在附注中披露与经营租赁有关的下列信息：

（一）租赁收入，并单独披露与未计入租赁收款额的可变租赁付款额相关的收入；

（二）将经营租赁固定资产与出租人持有自用的固定资产分开，并按经营租赁固定资产的类别提供《企业会计准则第 4 号——固定资产》要求披露的信息；

（三）资产负债表日后连续五个会计年度每年将收到的未折现租赁收款额，以及剩余年度将收到的未折现租赁收款额总额。

第五十九条 出租人应当根据理解财务报表的需要，披露有关租赁活动的其他定性和定量信息。此类信息包括：

（一）租赁活动的性质，如对租赁活动基本情况的描述；

（二）对其在租赁资产中保留的权利进行风险管理的情况；

（三）其他相关信息。

第七章 衔接规定

第六十条 对于首次执行日前已存在的合同，企业在首次执行日可以选择不重新评估其是否为租赁或者包含租赁。选择不重新评估的，企业应当在财务报表附注中披露这一事实，并一致应用于前述所有合同。

第六十一条 承租人应当选择下列方法之一对租赁进行衔接会计处理，并一致应用于其作为承租人的所有租赁：

（一）按照《企业会计准则第 28 号——会计政策、会计估计变更和差错更正》的规定采用追溯调整法处理。

（二）根据首次执行本准则的累积影响数，调整首次执行本准则当年年初留存收益及财务报表其他相关项目金额，不调整可比期间信息。采用该方法时，应当按照下列规定进行衔接处理：

1. 对于首次执行日前的融资租赁，承租人在首次执行日应当按照融资租入资产和应付融资租赁款的原账面价值，分别计量使用权资产和租赁负债。

2. 对于首次执行日前的经营租赁，承租人在首次执行日应当根据剩余租赁付款额按首次执行日承租人增量借款利率折现的现值计量租赁负债，并根据每项租赁选择按照下列两者之一计量使用权资产：

（1）假设自租赁期开始日即采用本准则的账面价值（采用首次执行日的承租人增量借款利率作为折现率）；

（2）与租赁负债相等的金额，并根据预付租金进行必要调整。

3. 在首次执行日，承租人应当按照《企业会计准则第 8 号——资产减值》的规定，对使用权资产进行减值测试并进行相应会计处理。

第六十二条 首次执行日前的经营租赁中，租赁资产属于低价值资产且根据本准则第三十二条的规定选择不确认使用权资产和租赁负债的，承租人无需对该经营租赁按照衔接规定进行调整，应当自首次执行日起按照本准则进行会计处理。

第六十三条 承租人采用本准则第六十一条第（二）项进行衔接会计处理时，对于首次执行日前的经营租赁，可根据每项租赁采用下列一项或多项简化处理：

1. 将于首次执行日后 12 个月内完成的租赁，可作为短期租赁处理。

2. 计量租赁负债时，具有相似特征的租赁可采用同一折现率；使用权资产的计量可不包含初始直接费用。

3. 存在续租选择权或终止租赁选择权的，承租人可根据首次执行日前选择权的实际行使及其他最新情况确定租赁期，无需对首次执行日前各期间是否合理确定行使续租选择权或终止租赁选择权进行估计。

4. 作为使用权资产减值测试的替代，承租人可根据《企业会计准则第 13 号——或有事项》评估包含租赁的合同在首次执行日前是否为亏损合同，并根据首次执行日前计入资产负债表的亏损准备金额调整使用权资产。

5. 首次执行本准则当年年初之前发生租赁变更的，承租人无需按照本准则第二十八条、第二十九条的规定对租赁变更进行追溯调整，而是根据租赁变更的最终安排，按照本准则进行会计处理。

第六十四条 承租人采用本准则第六十三条规定的简化处理方法的，应当在财务报表附注中披露所采用的简化处理方法以及在合理可能的范围内对采用每项简化处理方法的估计影响所作的定性分析。

第六十五条 对于首次执行日前划分为经营租赁且在首次执行日后仍存续的转租赁，转租出租人在首次执行日应当基于原租赁和转租赁的剩余合同期限和条款进行重新评估，并按照本准则的规定进行分类。按照本准则重分类为融资租赁的，应当将其作为一项新的融资租赁进行会计处理。

除前款所述情形外，出租人无需对其作为出租人的租赁按照衔接规定进行调整，而应当自首次执行日起按照本准则进行会计处理。

第六十六条 对于首次执行日前已存在的售后租回交易，企业在首次执行日不重新评估资产转让是否符合《企业会计准则第 14 号——收入》作为销售进行会计处理的规定。

对于首次执行日前应当作为销售和融资租赁进行会计处理的售后租回交易，卖方（承租人）应当按照与首次执行日存在的其他融资租赁相同的方法对租回进行会计处理，并继续在租赁期内摊销相关递延收益或损失。

对于首次执行日前应当作为销售和经营租赁进行会计处理的售后租回交易，卖方（承租人）应当按照与首次执行日存在的其他经营租赁相同的方法对租回进行会计处理，并根据首次执行日前计入资产负债表的相关递延收益或损失调整使用权资产。

第六十七条 承租人选择按照本准则第六十一条第（二）项规定对租赁进行衔接会计处理的，还应当在首次执行日披露以下信息：

（一）首次执行日计入资产负债表的租赁负债所采用的承租人增量借款利率的加权平均值；

（二）首次执行日前一年度报告期末披露的重大经营租赁的尚未支付的最低租赁付款额按首次执行日承租人增量借款利率折现的现值，与计入首次执行日资产负债表的租赁负债的差额。

第八章 附则

第六十八条 本准则自 2019 年 1 月 1 日起施行。

企业会计准则第 22 号——金融工具确认和计量

为了适应社会主义市场经济发展需要，规范金融工具的会计处理，提高会计信息质量，根据《企业会计准则——基本准则》，财政部对《企业会计准则第 22 号——金融工具确认和计量》进行了修订。在境内外同时上市的企业以及在境外上市并采用国际财务报告准则或企业会计准则编制财务报告的企业，自 2018 年 1 月 1 日起施行；其他境内上市企业自 2019 年 1 月 1 日起施行；执行企业会计准则的非上市企业自 2021 年 1 月 1 日起施行。同时，鼓励企业提前执行。执行本准则的企业，不再执行财政部于 2006 年 2 月 15 日印发的《财政部关于印发〈企业会计准则第 1 号——存货〉等 38 项具体准则的通知》（财会〔2006〕3 号）中的《企业会计准则第 22 号——金融工具确认和计量》。

执行本准则的企业，应当同时执行财政部 2017 年修订印发的《企业会计准则第 23 号——金融资产转移》（财会〔2017〕8 号）和《企业会计准则第 24 号——套期会计》（财会〔2017〕9 号）。

第一章　总则

第一条　为了规范金融工具的确认和计量，根据《企业会计准则——基本准则》，制定本准则。

第二条　金融工具，是指形成一方的金融资产并形成其他方的金融负债或权益工具的合同。

【解析 22-1】金融工具的定义

金融工具合同的形式多种多样，可以采用书面形式，也可以不采用书面形式。实务中的金融工具合同通常采用书面形式。非合同的资产和负债不属于金融工具。例如，应交所得税是企业按照税收法规规定承担的义务，不是以合同为基础的义务，因此不符合金融工具定义。一般来说，金融工具包括金融资产、金融负债和权益工具，也可能包括一些尚未确认的项目。

摘录于《〈企业会计准则第 22 号——金融工具确认和计量〉应用指南》

第三条　金融资产，是指企业持有的现金、其他方的权益工具以及符合下列条件之一的资产：

（一）从其他方收取现金或其他金融资产的合同权利。

（二）在潜在有利条件下，与其他方交换金融资产或金融负债的合同权利。

（三）将来须用或可用企业自身权益工具进行结算的非衍生工具合同，且企业根据该合同将收到可变数量的自身权益工具。

（四）将来须用或可用企业自身权益工具进行结算的衍生工具合同，但以固定数量的自身权益工具交换固定金额的现金或其他金融资产的衍生工具合同除外。其中，企业自身权益工具不包括应当按照《企业会计准则第 37 号——金融工具列报》分类为权益工具的可回售工具或发行方仅在清算时才有义务向另一方按比例交付其净资产的金融工具，也不包括本身就要求在未来收取或交付企业自身权益工具的合同。

第四条 金融负债，是指企业符合下列条件之一的负债：

（一）向其他方交付现金或其他金融资产的合同义务。

（二）在潜在不利条件下，与其他方交换金融资产或金融负债的合同义务。

（三）将来须用或可用企业自身权益工具进行结算的非衍生工具合同，且企业根据该合同将交付可变数量的自身权益工具。

（四）将来须用或可用企业自身权益工具进行结算的衍生工具合同，但以固定数量的自身权益工具交换固定金额的现金或其他金融资产的衍生工具合同除外。企业对全部现有同类别非衍生自身权益工具的持有方同比例发行配股权、期权或认股权证，使之有权按比例以固定金额的任何货币换取固定数量的该企业自身权益工具的，该类配股权、期权或认股权证应当分类为权益工具。其中，企业自身权益工具不包括应当按照《企业会计准则第 37 号——金融工具列报》分类为权益工具的可回售工具或发行方仅在清算时才有义务向另一方按比例交付其净资产的金融工具，也不包括本身就要求在未来收取或交付企业自身权益工具的合同。

【解析 22-2】金融负债和权益工具的区分

（一）金融负债和权益工具区分的总体要求

企业发行金融工具，应当按照该金融工具的合同条款及其所反映的经济实质而非法律形式，以及金融资产、金融负债和权益工具的定义，在初始确认时将该金融工具或其组成部分分类为金融资产、金融负债或权益工具。

区分金融负债和权益工具需考虑以下因素。

（1）合同所反映的经济实质。在判断一项金融工具是否应划分为金融负债或权益工具时，应当以相关合同条款及其所反映的经济实质而非仅以法律形式为依据，运用金融负债和权益工具区分的原则，正确地确定该金融工具或其组成部分的会计分类。对金融工具合同所反映经济实质的评估应基于合同的具体条款。企业不应仅依据监管规定或工具名称进行划分。

（2）工具的特征。有些金融工具（如企业发行的某些优先股）可能既有权益工具的特征，又有金融负债的特征。因此，企业应当全面细致地分析此类金融工具各组成部分的合同条款，以确定其显示的是金融负债还是权益工具的特征，并进行整体评估，以判定整个工具应划分为金融负债或权益工具，还是既包括金融负债成分又包括权益工具成分的复合金融工具。

（二）金融负债和权益工具区分的基本原则

金融负债和权益工具区分的基本原则为是否存在无条件地避免交付现金或其他金融资产的合同义务。

（1）如果企业不能无条件地避免以交付现金或其他金融资产来履行一项合同义务，则该合同义务符合金融负债的定义。实务中，常见的该类合同义务情形包括以下两种情形。

①不能无条件避免的赎回，即金融工具发行方不能无条件地避免赎回此金融工具。如果一项合同（分类为权益工具的特殊金融工具除外）使发行方承担了以现金或其他金融资产回购自身权益工具的义务，即使发行方的回购义务取决于合同对手方是否行使回售权，发行方应当在初始确认时将该义务确认为一项金融负债，其金额等于回购所需支付金额的现值（如远期回购价格的现值、期权行权价格的现值或其他回售金额的现值）。如果发行方最终无需以现金或其他金融资产回购自身权益工具，应当在合同对手方回售权到期时将该项金融负债按照账面价值重分类为权益工具。

②强制付息，即金融工具发行方被要求强制支付利息。例如，一项以面值人民币 1 亿元发行的优先股要求每年按 6% 的股息率支付优先股股息，则发行方承担了未来每年支付 6% 股息的合同义务，应当就该强制付息的合同义务确认金融负债。又如，企业发行的一项永续债，无固定还款期限且不可赎回，每年按 8% 的利率强制付息。尽管该项工具的期限永续且不可赎回，但由于企业承担了以利息形式永续支付现金的合同义务，因此符合金融负债的定义。

需要说明的是，对企业履行交付现金或其他金融资产的合同义务能力的限制（如无法获得外币、需要得到有关监管部门的批准才能支付或其他法律法规的限制等），并不能解除企业就该金融工具所承担的合同义务，也不能表明该企业无须承担该金融工具的合同义务。

（2）如果企业能够无条件地避免交付现金或其他金融资产，例如能够根据相应的议事机制自主决定是否支付股息（即无支付股息的义务），同时所发行的金融工具没有到期日且合同对手方没有回售权，或虽有固定期限但发行方有权无限期递延（即无支付本金的义务），则此类交付现金或其他金融资产的结算条款不构成金融负债。如果发放股利由发行方根据相应的议事机制自主决定，则股利是累积股利还是非累积股利本身均不会影响该金融工具被分类为权益工具。

实务中，优先股等金融工具发行时还可能会附有与普通股股利支付相联结的合同条款。这类工具常见的联结条款包括“股利制动机制”“股利推动机制”等。“股利制动机制”的合同条款要求企业如果不宣派或支付（视具体合同条款而定，下同）优先股等金融工具的股利，则其也不能宣派或支付普通股股利。“股利推动机制”的合同条款要求企业如果宣派或支付普通股股利，则其也须宣派或支付优先股等金融工具的股利。如果优先股等金融工具所联结的是诸如普通股的股利，发行方根据相应的议事机制能够自主决定普通股股利的支付，则“股利制动机制”及“股利推动机制”本身均不会导致相关金融工具被分类为金融负债。

（3）判断一项金融工具是划分为权益工具还是金融负债，不受下列因素的影响。

①以前实施分配的情况；②未来实施分配的意向；③相关金融工具如果没有发放股利对发行方普通股的价格可能产生的负面影响；④发行方的未分配利润等可供分配权益的金额；⑤发行方对一段期间内损益的预期；⑥发行方是否有能力影响其当期损益。

（4）有些金融工具虽然没有明确地包含交付现金或其他金融资产义务的条款和条件，但有可能通过其他条款和条件间接地形成合同义务。例如，企业可能在显著不利的条件下选择交付现金或其他金融资产，而不是选择履行非金融合同义务，或选择交付自身权益工具。在实务中，相关合同可能包含利率跳升等特征，往往可能构成发行方交付现金或其他金融资产的间接义务。企业须借助合同条款和相关信息全面分析判断。例如，对于【例 22-1】中存在的“票息递增”条款，考虑到其只有一次利率跳升机会，且跳升幅度为3%（300基点），尚不构成间接义务。

【例22-1】金融负债与权益工具的区分

甲公司发行了一项年利率为8%、无固定还款期限、可自主决定是否支付利息的不可累积永续债，其他合同条款如下。

（1）该永续债嵌入了一项看涨期权，允许甲公司在发行第5年及之后以面值回购该永续债。

（2）如果甲公司在第5年末没有回购该永续债，则之后的票息率增加至11%（通常称为“票息递增”特征）。

（3）该永续债票息在甲公司向其普通股股东支付股利时必须支付（即“股利推动机制”）。

甲公司根据相应的议事机制能够自主决定普通股股利的支付，该公司发行该永续债之前多年来均支付普通股股利。

本例中，尽管甲公司多年来均支付普通股股利，但由于甲公司能够根据相应的议事机制自主决定普通股股利的支付，并进而影响永续债利息的支付，对甲公司而言，该永续债利息并未形成支付现金或其他金融资产的合同义务；尽管甲公司有可能在第5年末行使其回购权，但是甲公司并没有回购的合同义务。如果没有其他情形导致该工具被分类为金融负债，则该永续债应整体被分类为权益工具。同时，虽然合同中存在利率跳升安排，但该安排也不构成企业无法避免的支付义务。

第五条　衍生工具，是指属于本准则范围并同时具备下列特征的金融工具或其他合同：

（一）其价值随特定利率、金融工具价格、商品价格、汇率、价格指数、费率指数、信用等级、信用指数或其他变量的变动而变动，变量为非金融变量的，该变量不应与合同的任何一方存在特定关系。

【解析22-3】衍生工具的价值变动

衍生工具的价值变动取决于标的变量的变化。例如，甲国内金融企业与乙境外金融企业签订了一份1年期利率互换合约，每半年末甲企业向乙企业支付美元固定利息，从乙企业收取以6个月美元LIBOR（浮动利率）计算确定的浮动利息，合约名义金额为1亿美元。合约签订时，其公允价值为零。假定合约签订半年后，浮动利率（6个月美元LIBOR）与合约签订时不同，甲企业将根据未来可收取的浮动利息现值扣除将支付的固定利息现值确定该合约的公允价值。这里的合约的公允价值因浮动利率的变化而改变。

摘录于《〈企业会计准则第22号——金融工具确认和计量〉应用指南》

（二）不要求初始净投资，或者与对市场因素变化预期有类似反应的其他合同相比，要求较少的初始净投资。

【解析22-4】企业从事衍生工具交易对初始净投资的要求

企业从事衍生工具交易不要求初始净投资，通常指签订某项衍生工具合同时不需要支付现金。例如，某企业与其他企业签订一项将来买入债券的远期合同，就不需要在签订合同时支付将来购买债券所需的现金。但是，不要求初始净投资，并不排除企业按照约定的交易惯例或规则相应缴纳一笔保证金，比如企业进行期货交易时要求缴纳一定的保证金。缴纳保证金不构成一项企业解除负债的现时支付，因为保证金仅具有“保证”性质。

在某些情况下，企业从事衍生工具交易也会遇到要求进行现金支付的情况，但该现金支付只是相对很少的初始净投资。例如，从市场上购入备兑认股权证，就需要先支付一笔款项。但相对于行权时购入相应股份所需支付的款项，此项支付往往是很小的。又如，企业进行货币互换时，通常需要在合同签订时支付某种货币计价的一笔款项，但同时也会收到以另一种货币计价的“等值”的一笔款项，无论是从该企业的角度，还是从其对手（合同的另一方）看，初始净投资均为零。

摘录于《〈企业会计准则第 22 号——金融工具确认和计量〉应用指南》

（三）在未来某一日期结算。

常见的衍生工具包括远期合同、期货合同、互换合同和期权合同等。

【解析 22-5】衍生工具在未来结算的说明

衍生工具在未来某一日期结算，表明衍生工具结算需要经历一段特定期间。衍生工具通常在未来某一特定日期结算，也可能在未来多个日期结算。例如，利率互换可能涉及合同到期前多个结算日期。另外，有些期权可能由于是价外期权而到期不行权，也是在未来日期结算的一种方式。

远期合同是常见的衍生金融工具。例如，某项 6 个月后结算的远期合同。根据该合同，合同一方（买方）承诺支付 100 万元现金，以换取面值为 100 万元固定利率债券；合同的另一方（卖方）承诺交付面值 100 万元的固定利率债券以换取 100 万元现金。在这 6 个月的期间内，双方均有交换现金或金融资产的合同权利或义务。如果债券的市价超过 100 万元，情况对买方有利，而对卖方不利；如果市价低于 100 万元，结果正好相反。可见，买方既有与所持有看涨期权下类似的合同权利（金融资产），也有与所签出看跌期权下类似的合同义务（金融负债）；卖方既有与所持有看跌期权下类似的合同权利（金融资产），也有与所签出看涨期权下类似的合同义务（金融负债）。与期权相同，这些合同权利和合同义务构成的金融资产和金融负债与合同中的基础金融工具（被交换的债券和现金）有明显的区别。远期合同的双方都有义务在约定时间执行合同，而期权合同仅当期权持有方选择行使权利的情况下才会被执行。

摘录于《〈企业会计准则第 22 号——金融工具确认和计量〉应用指南》

第六条 除下列各项外，本准则适用于所有企业各种类型的金融工具：

（一）由《企业会计准则第 2 号——长期股权投资》规范的对子公司、合营企业和联营企业的投资，适用《企业会计准则第 2 号——长期股权投资》，但是企业根据《企业会计准则第 2 号——长期股权投资》对上述投资按照本准则相关规定进行会计处理的，适用本准则。企业持有的与在子公司、合营企业或联营企业中的权益相联系的衍生工具，适用本准则；该衍生工具符合《企业会计准则第 37 号——金融工具列报》规定的权益工具定义的，适用《企业会计准则第 37 号——金融工具列报》。

（二）由《企业会计准则第 9 号——职工薪酬》规范的职工薪酬计划形成的企业的权利

和义务，适用《企业会计准则第 9 号——职工薪酬》。

（三）由《企业会计准则第 11 号——股份支付》规范的股份支付，适用《企业会计准则第 11 号——股份支付》。但是，股份支付中属于本准则第八条范围的买入或卖出非金融项目的合同，适用本准则。

（四）由《企业会计准则第 12 号——债务重组》规范的债务重组，适用《企业会计准则第 12 号——债务重组》。

（五）因清偿按照《企业会计准则第 13 号——或有事项》所确认的预计负债而获得补偿的权利，适用《企业会计准则第 13 号——或有事项》。

（六）由《企业会计准则第 14 号——收入》规范的属于金融工具的合同权利和义务，适用《企业会计准则第 14 号——收入》，但该准则要求在确认和计量相关合同权利的减值损失和利得时应当按照本准则规定进行会计处理的，适用本准则有关减值的规定。

（七）购买方（或合并方）与出售方之间签订的，将在未来购买日（或合并日）形成《企业会计准则第 20 号——企业合并》规范的企业合并且其期限不超过企业合并获得批准并完成交易所必须的合理期限的远期合同，不适用本准则。

（八）由《企业会计准则第 21 号——租赁》规范的租赁的权利和义务，适用《企业会计准则第 21 号——租赁》。但是，租赁应收款的减值、终止确认，租赁应付款的终止确认，以及租赁中嵌入的衍生工具，适用本准则。

（九）金融资产转移，适用《企业会计准则第 23 号——金融资产转移》。

（十）套期会计，适用《企业会计准则第 24 号——套期会计》。

（十一）由保险合同相关会计准则规范的保险合同所产生的权利和义务，适用保险合同相关会计准则。因具有相机分红特征而由保险合同相关会计准则规范的合同所产生的权利和义务，适用保险合同相关会计准则。但对于嵌入保险合同的衍生工具，该嵌入衍生工具本身不是保险合同的，适用本准则。

对于财务担保合同，发行方之前明确表明将此类合同视作保险合同，并且已按照保险合同相关会计准则进行会计处理的，可以选择适用本准则或保险合同相关会计准则。该选择可以基于单项合同，但选择一经做出，不得撤销。否则，相关财务担保合同适用本准则。

财务担保合同，是指当特定债务人到期不能按照最初或修改后的债务工具条款偿付债务时，要求发行方向蒙受损失的合同持有人赔付特定金额的合同。

（十二）企业发行的按照《企业会计准则第 37 号——金融工具列报》规定应当分类为权益工具的金融工具，适用《企业会计准则第 37 号——金融工具列报》。

【解析 22-6】属于本准则范围的买卖非金融项目的合同

对于能够以现金或其他金融工具净额结算（即不交付非金融项目本身，而是根据双方合同权利义务的价值差以现金或其他金融工具结算），或者通过交换金融工具结算的买入或卖出非金融项目的合同，企业应当将该合同视同金融工具，适用本准则。但企业按照预定的购买、销售或使用要求签订并持有旨在收取或交付非金融项目的合同除外。

以现金或其他金融工具净额结算，或者通过交换金融工具结算的买入或卖出非金融项目的合同可能有以下情况。

（1）合同条款允许合同一方以现金或其他金融工具进行净额结算或通过交换金融工具结算。

（2）合同条款没有明确规定，但是企业具有对类似合同以现金或其他金融工具进行净额结算或通过交换金融工具进行结算的惯例。

（3）企业具有收到合同标的（如贵金属）之后在短期内将其再次出售以从短期波动中获取利润的惯例。

（4）作为合同标的的非金融项目易于转换为现金。

符合上述（2）或（3）所述条件的合同并非企业按照预定的购买、出售或使用要求签订并持有、旨在收取或交付非金融项目的合同，因此属于本准则的范围。对于符合上述（1）或（4）所述条件的合同，企业应进行评估以确定其是否为按照预定的购买、出售或使用要求签订并持有、旨在收取或交付非金融项目的合同。

对于能够以现金或其他金融工具净额结算，或者通过交换金融工具结算的买入或卖出非金融项目的合同，即使企业按照预定的购买、销售或使用要求签订并持有旨在收取或交付非金融项目的合同的，企业也可以将该合同指定为以公允价值计量且其变动计入当期损益的金融资产或金融负债。企业只能在合同开始时做出该指定，并且必须能够通过该指定消除或显著减少会计错配。该指定一经做出，不得撤销。例如，某些公共事业企业通常会有大量需要进行交割的能源合同，这些合同属于企业按照预定的购买、销售或使用要求签订并持有旨在收取或交付非金融项目的合同。企业通常使用能源衍生工具对此类合同进行套期。通过选择将实物交割合同指定为以公允价值计量且其变动计入当期损益的金融资产或金融负债，将能够消除会计错配，从而无须采用套期会计。

摘录于《〈企业会计准则第 22 号——金融工具确认和计量〉应用指南》

第七条 本准则适用于下列贷款承诺：

（一）企业指定为以公允价值计量且其变动计入当期损益的金融负债的贷款承诺。如果按照以往惯例，企业在贷款承诺产生后不久即出售其所产生资产，则同一类别的所有贷款承诺均应当适用本准则。

（二）能够以现金或者通过交付或发行其他金融工具净额结算的贷款承诺。此类贷款承诺属于衍生工具。企业不得仅仅因为相关贷款将分期拨付（如按工程进度分期拨付的按揭建造贷款）而将该贷款承诺视为以净额结算。

（三）以低于市场利率贷款的贷款承诺。

所有贷款承诺均适用本准则关于终止确认的规定。企业作为贷款承诺发行方的，还适用本准则关于减值的规定。

贷款承诺，是指按照预先规定的条款和条件提供信用的确定性承诺。

第八条 对于能够以现金或其他金融工具净额结算，或者通过交换金融工具结算的买入或卖出非金融项目的合同，除了企业按照预定的购买、销售或使用要求签订并持有旨在收取或交付非金融项目的合同适用其他相关会计准则外，企业应当将该合同视同金融工具，适用本准则。

对于能够以现金或其他金融工具净额结算，或者通过交换金融工具结算的买入或卖出非金融项目的合同，即使企业按照预定的购买、销售或使用要求签订并持有旨在收取或交付非金融项目的合同的，企业也可以将该合同指定为以公允价值计量且其变动计入当期损益的金融资产或金融负债。企业只能在合同开始时做出该指定，并且必须能够通过该指定消除或显著减少会计错配。该指定一经做出，不得撤销。

会计错配，是指当企业以不同的会计确认方法和计量属性对在经济上相关的资产和负债进行确认或计量而产生利得或损失时，可能导致的会计确认和计量上的不一致。

【解析22-7】关于应设置的会计科目

企业应当按照本准则的规定对金融资产和金融负债进行会计处理，全面反映金融工具对其财务报告的影响。企业在不违反会计准则中确认、计量和报告规定的前提下，可以根据实际情况自行增设、分拆、合并或简化会计科目。企业按照本准则规定进行会计处理，可以根据需要设置以下主要科目（有关账务处理参见后文举例）。

1.“银行存款”。本科目核算以摊余成本计量的、企业存入银行或其他金融机构的各种款项。

2.“其他货币资金”。本科目核算以摊余成本计量的、企业的银行汇票存款、银行本票存款、信用卡存款、信用证保证金存款、存出投资款、外埠存款等其他货币资金。

3.“交易性金融资产”。本科目核算企业分类为以公允价值计量且其变动计入当期损益的金融资产。本科目可按金融资产的类别和品种，分别“成本”“公允价值变动”等进行明细核算。企业持有的指定为以公允价值计量且其变动计入当期损益的金融资产可在本科目下单设“指定类”明细科目核算。衍生金融资产在“衍生工具”科目核算。

4.“买入返售金融资产”。本科目核算以摊余成本计量的、企业（金融）按返售协议约定先买入再按固定价格返售给卖出方的票据、证券、贷款等金融资产所融出的资金。

5.“应收票据”。本科目核算以摊余成本计量的、企业因销售商品、提供劳务等而收到的商业汇票，包括银行承兑汇票和商业承兑汇票。

6.“应收账款”。本科目核算以摊余成本计量的、企业因销售商品、提供劳务等日常活动应收取的款项。

7.“应收利息”。本科目核算企业发放的贷款、各类债权投资、存放中央银行款项、拆出资金、买入返售金融资产等应收取的利息。企业购入的一次还本付息的债权投资持有期间取得的利息，在“债权投资”科目核算。

8.“其他应收款”。本科目核算分类为以摊余成本计量的、企业除存出保证金、买入返售金融资产、应收票据、应收账款、预付账款、应收股利、应收利息、应收代位追偿款、应收分保账款、应收分保未到期责任准备金、应收分保保险责任准备金、长期应收款等经营活动以外的其他各种应收、暂付的款项。

9.“坏账准备”。本科目核算企业以摊余成本计量的应收款项等金融资产以预期信用损失为基础计提的损失准备。

10.“贷款”。本科目核算以摊余成本计量的、企业（银行）按规定发放的各种客户贷款，包括质押贷款、抵押贷款、保证贷款、信用贷款等。

11.“贷款损失准备”。本科目核算企业（银行）以摊余成本计量的贷款以预期信用损失为基础计提的损失准备。计提贷款损失准备的资产包括客户贷款、拆出资金、贴现资产、银团贷款、贸易融资、协议透支、信用卡透支、转贷款和垫款等。

企业（保险）的保户质押贷款计提的减值准备，也在本科目核算。

企业（典当）的质押贷款、抵押贷款计提的减值准备，也在本科目核算。

12.将“1501持有至到期投资”科目改为“1501债权投资”。本科目核算企业以摊余成本计量的债权投资的账面余额。本科目可按债权投资的类别和品种，分别“面值”“利息调整”“应计利息”等进行明细核算。

13.将“1502持有至到期投资减值准备”科目改为“1502债权投资减值准备”。本科目核算企业以摊余成本计量的债权投资以预期信用损失为基础计提的损失准备。

14.“1503其他债权投资”。本科目核算企业按照本准则第十八条分类为以公允价值计量且其变动计入其他综合收益的金融资产。本科目可按金融资产类别和品种，分别“成本”“利息调整”“公允价值变动”等进行明细核算。

15.“1504其他权益工具投资”。本科目核算企业指定为以公允价值计量且其变动计入其他综合收益的非交易性权益工具投资。本科目可按其他权益工具投资的类别和品种，分别“成本”“公允价值变动”等进行明细核算。

16.“交易性金融负债”。本科目核算企业承担的交易性金融负债。本科目可按金融负债类别，分别“本金”“公允价值变动”等进行明细核算。企业持有的指定为以公允价值计量且其变动计入当期损益的金融负债可在本科目下单设“指定类”明细科目核算。衍生金融负债在“衍生工具”科目核算。

17.“应付票据”。本科目核算企业以摊余成本计量的购买材料、商品和接受劳务供应等而开出、承兑的商业汇票，包括银行承兑汇票和商业承兑汇票。

18.“应付账款”。本科目核算企业以摊余成本计量的因购买材料、商品和接受劳务供应等经营活动应支付的款项。企业（金融）应支付但尚未支付的手续费和佣金，可将本科目改为“应付手续费及佣金”科目，并按照对方单位（或个人）进行明细核算。企业（保险）应支付但尚未支付的赔付款项，可将本科目改为“应付赔付款”科目，并按照保险受益人进行明细核算。

19.“长期借款”。本科目核算企业以摊余成本计量的向银行或其他金融机构借入的期限在1年以上（不含1年）的各项借款。本科目可按贷款单位和贷款种类，分别“本金”“利息调整”“应计利息”等进行明细核算。

20.“应付债券”。本科目核算企业以摊余成本计量的为筹集资金而发行的债券本金和利息。本科目可按“面值”“利息调整”“应计利息”等进行明细核算。

21.“应付利息”。本科目核算企业按照合同约定应支付的利息，包括吸收存款、分期付息到期还本的长期借款、企业债券等应支付的利息。本科目可按存款人或债权人进行明细核算。

22.“衍生工具”。本科目核算企业衍生工具的公允价值及其变动形成的衍生金融资产或衍生金融负债。作为套期工具的衍生工具不在本科目核算。

23.“6702 信用减值损失”。本科目核算企业计提本准则要求的各项金融工具减值准备所形成的预期信用损失。

24.“其他综合收益——信用减值准备”。本明细科目核算企业按照本准则第十八条分类为以公允价值计量且其变动计入其他综合收益的金融资产以预期信用损失为基础计提的损失准备。

摘录于《〈企业会计准则第 22 号——金融工具确认和计量〉应用指南》

第二章　金融工具的确认和终止确认

第九条　企业成为金融工具合同的一方时，应当确认一项金融资产或金融负债。

【解析 22-8】企业确认金融资产或金融负债的常见情形

1. 当企业成为金融工具合同的一方，并因此拥有收取现金的权利或承担支付现金的义务时，应将无条件的应收款项或应付款项确认为金融资产或金融负债。

2. 因买卖商品或劳务的确定承诺而将获得的资产或将承担的负债，通常直到至少合同一方履约才予以确认。例如，收到订单的企业通常不在承诺时确认一项资产（发出订单的企业也不在承诺时确认一项负债），而是直到所订购的商品或劳务已装运、交付或提供时才予以确认。若买卖非金融项目的确定承诺适用本准则，则该承诺的公允价值净额（若不为零）应在承诺日确认为一项资产或负债。此外，如果以前未确认的确定承诺被指定为公允价值套期中的被套期项目，在套期开始之后，归属于被套期风险的公允价值变动应当确认为一项资产或负债。

3. 适用本准则的远期合同，企业应在成为远期合同的一方时（承诺日而不是结算日），确认一项金融资产或金融负债。当企业成为远期合同的一方时，权利和义务的公允价值通常相等，因此该远期合同的公允价值净额为零。如果权利和义务的公允价值净额不为零，则该合同应被确认为一项金融资产或金融负债。

4. 适用本准则的期权合同，企业应在成为该期权合同的一方时，确认一项金融资产或金融负债。

此外，当企业尚未成为合同一方时，即使企业已有计划在未来交易，不管其发生的可能性有多大，都不是企业的金融资产或金融负债。

摘录于《〈企业会计准则第 22 号——金融工具确认和计量〉应用指南》

第十条　对于以常规方式购买或出售金融资产的，企业应当在交易日确认将收到的资产和为此将承担的负债，或者在交易日终止确认已出售的资产，同时确认处置利得或损失以及应向买方收取的应收款项。

以常规方式购买或出售金融资产，是指企业按照合同规定购买或出售金融资产，并且该合同条款规定，企业应当根据通常由法规或市场惯例所确定的时间安排来交付金融资产。

【解析 22-9】以常规方式购买或出售金融资产的补充

以常规方式购买或出售金融资产，是指企业按照合同规定购买或出售金融资产，并且该合同条款规定，企业应当根据通常由法规或市场惯例所确定的时间安排来交付金融资产。如果合同规定或允许对合同价值变动进行净额结算，该合同通常不是以常规方式购买或出售的合同，企业应将其作为衍生工具处理。证券交易所、银行间市场、外汇交易中心等市场发生的证券、外汇买卖交易，通常采用常规方式。

以常规方式买卖金融资产，应当按交易日会计进行确认和终止确认。交易日是指企业承诺买入或者卖出金融资产的日期。交易日会计的处理原则包括：（1）在交易日确认将于结算日取得的资产及承担的负债；（2）在交易日终止确认将于结算日交付的金融资产并确认处置利得或损失，同时确认将于结算日向买方收取的款项。上述交易形成资产和负债的相关利息，通常应于结算日所有权转移后开始计提并确认。

摘录于《〈企业会计准则第 22 号——金融工具确认和计量〉应用指南》

第十一条 金融资产满足下列条件之一的，应当终止确认：

（一）收取该金融资产现金流量的合同权利终止。

（二）该金融资产已转移，且该转移满足《企业会计准则第 23 号——金融资产转移》关于金融资产终止确认的规定。

本准则所称金融资产或金融负债终止确认，是指企业将之前确认的金融资产或金融负债从其资产负债表中予以转出。

【解析 22-10】导致金融资产终止确认的其他情形

1. 合同的实质性修改。企业与交易对手方修改或者重新议定合同而且构成实质性修改的，将导致企业终止确认原金融资产，同时按照修改后的条款确认一项新金融资产。

2. 核销。本准则第四十三条规定，当企业合理预期不再能够全部或部分收回金融资产合同现金流量时，应当直接减记该金融资产的账面余额。这种减记构成相关金融资产的终止确认。

摘录于《〈企业会计准则第 22 号——金融工具确认和计量〉应用指南》

第十二条 金融负债（或其一部分）的现时义务已经解除的，企业应当终止确认该金融负债（或该部分金融负债）。

【解析 22-11】判断金融负债现时义务解除时应注意的情形

1. 企业将用于偿付金融负债的资产转入某个机构或设立信托，偿付债务的义务仍存在的，不应当终止确认该金融负债，也不能终止确认转出的资产。也就是说，虽然企业已为金融负债设立了“偿债基金”，但金融负债对应的债权人仍然拥有全额追索的权利时，不能认为企业的相关现时义务已解除，从而不能终止确认金融负债。

2. 企业（借入方）与借出方之间签订协议，以承担新金融负债方式替换原金融负债（或其一部分），且合同条款实质上不同的，企业应当终止确认原金融负债（或其一部分），同时确认一项新金融负债。其中，“实质上不同”是指按照新的合同条款，金融负债未来现金流量（包括支付和收取的任何费用）现值与原金融负债的剩余期间现金流量现值之间的差异至少相差 10%。有关现值的计算均采用原金融负债的实际利率。

3. 如果一项债务工具的发行人回购了该工具，即使该发行人是该工具的做市商或打算在近期将其再次出售，企业（发行人）应当终止确认该债务工具。

摘录于《〈企业会计准则第 22 号——金融工具确认和计量〉应用指南》

第十三条 企业（借入方）与借出方之间签订协议，以承担新金融负债方式替换原金融负债，且新金融负债与原金融负债的合同条款实质上不同的，企业应当终止确认原金融负债，同时确认一项新金融负债。

企业对原金融负债（或其一部分）的合同条款做出实质性修改的，应当终止确认原金融负债，同时按照修改后的条款确认一项新金融负债。

第十四条 金融负债（或其一部分）终止确认的，企业应当将其账面价值与支付的对价（包括转出的非现金资产或承担的负债）之间的差额，计入当期损益。

第十五条 企业回购金融负债一部分的，应当按照继续确认部分和终止确认部分在回购日各自的公允价值占整体公允价值的比例，对该金融负债整体的账面价值进行分配。分配给终止确认部分的账面价值与支付的对价（包括转出的非现金资产或承担的负债）之间的差额，应当计入当期损益。

第三章 金融资产的分类

第十六条 企业应当根据其管理金融资产的业务模式和金融资产的合同现金流量特征，将金融资产划分为以下三类：

（一）以摊余成本计量的金融资产。

（二）以公允价值计量且其变动计入其他综合收益的金融资产。

（三）以公允价值计量且其变动计入当期损益的金融资产。

企业管理金融资产的业务模式，是指企业如何管理其金融资产以产生现金流量。业务模式决定企业所管理金融资产现金流量的来源是收取合同现金流量、出售金融资产还是两者兼有。企业管理金融资产的业务模式，应当以企业关键管理人员决定的对金融资产进行管理的特定业务目标为基础确定。企业确定管理金融资产的业务模式，应当以客观事实为依据，不得以按照合理预期不会发生的情形为基础确定。

金融资产的合同现金流量特征，是指金融工具合同约定的、反映相关金融资产经济特征的现金流量属性。企业分类为本准则第十七条和第十八条规范的金融资产，其合同现金流量特征，应当与基本借贷安排相一致。即相关金融资产在特定日期产生的合同现金流量仅为对本金和以未偿付本金金额为基础的利息的支付，其中，本金是指金融资产在初始确认时的公允价值，本金金额可能因提前还款等原因在金融资产的存续期内发生变动；利息包括对货币时间价值、与特定时期未偿付本金金额相关的信用风险、以及其他基本借贷风险、成本和利润的对价。其中，货币时间价值是利息要素中仅因为时间流逝而提供对价的部分，不包括为所持有金融资产的其他风险或成本提供的对价，但货币时间价值要素有时可能存在修正。在货币时间价值要素存在修正的情况下，企业应当对相关修正进行评估，以确定其是否满足上述合同现金流量特征的要求。此外，金融资产包含可能导致其合同现金流量的时间分布或金额发生变更的合同条款（如包含提前还款特征）的，企业应当对相关条款进行评估（如评估提前还款特征的公允价值是否非常小），以确定其是否满足上述合同现金流量特征的要求。

【解析 22-12】关于企业管理金融资产的业务模式与合同现金流量特征

（一）关于企业管理金融资产的业务模式

1. 业务模式评估。

企业管理金融资产的业务模式，是指企业如何管理其金融资产以产生现金流量。业务模式决定企业所管理金融资产现金流量的来源是收取合同现金流量、出售金融资产还是两者兼有。

企业确定其管理金融资产的业务模式时，应当注意以下方面。

（1）企业应当在金融资产组合的层次上确定管理金融资产的业务模式，而不必按照单个金融资产逐项确定业务模式。金融资产组合的层次应当反映企业管理该金融资产的层次。有些情况下，企业可能将金融资产组合分拆为更小的组合，以合理反映企业管理该金融资产的层次。例如，企业购买一个抵押贷款组合，以收取合同现金流量为目标管理该组合中的一部分贷款，以出售为目标管理该组合中的其他贷款。

（2）一个企业可能会采用多个业务模式管理其金融资产。例如，企业持有一组以收取合同现金流量为目标的投资组合，同时还持有另一组既以收取合同现金流量为目标又以出售该金融资产为目标的投资组合。

（3）企业应当以企业关键管理人员决定的对金融资产进行管理的特定业务目标为基础，确定管理金融资产的业务模式。其中，“关键管理人员”是指《企业会计准则第 36 号——关联方披露》中定义的关键管理人员。

（4）企业的业务模式并非企业自愿指定，而是一种客观事实，通常可以从企业为实现其目标而开展的特定活动中得以反映。企业应当考虑在业务模式评估日可获得的所有相关证据，包括企业评价和向关键管理人员报告金融资产业绩的方式、影响金融资产业绩的风险及其管理方式以及相关业务管理人员获得报酬的方式（例如报酬是基于所管理资产的公允价值还是所收取的合同现金流量）等。

（5）企业不得以按照合理预期不会发生的情形为基础确定管理金融资产的业务模式。例如，对于某金融资产组合，如果企业预期仅会在压力情形下将其出售，且企业合理预期该压力情形不会发生，则该压力情形不得影响企业对该类金融资产的业务模式的评估。

此外，如果金融资产实际现金流量的实现方式不同于评估业务模式时的预期，只要企业在评估业务模式时已经考虑了当时所有可获得的相关信息，这一差异不构成企业财务报表的前期差错，也不改变企业在该业务模式下持有的剩余金融资产的分类。但是，企业在评估新的金融资产的业务模式时，应当考虑这些信息。

2. 以收取合同现金流量为目标的业务模式。

在以收取合同现金流量为目标的业务模式下，企业管理金融资产旨在通过在金融资产存续期内收取合同付款来实现现金流量，而不是通过持有并出售金融资产产生整体回报。尽管企业持有金融资产是以收取合同现金流量为目标，但是企业无需将所有此类金融资产持有至到期。因此，即使企业出售金融资产或者预计未来会出售金融资产，此类金融资产的业务模式仍然可能是以收取合同现金流量为目标。企业在评估金融资产是否属于该业务模式时，应当考虑此前出售此类资产的原因、时间、频率和出售的价值，以及对未来出售的预期。但是，此前出售资产的事实只是为企业提供相关依据，而不能决定业务模式。

在以收取合同现金流量为目标的业务模式下，金融资产的信用质量影响着企业收取合同现金流量的能力。为减少因信用恶化所导致的潜在信用损失而进行的风险管理活动与以收取合同现金流量为目标的业务模式并不矛盾。因此，即使企业在金融资产的信用风险增加时为减少信用损失而将其出售，金融资产的业务模式仍然可能是以收取合同现金流量为目标的业务模式。

如果企业在金融资产到期日前出售金融资产，即使与信用风险管理活动无关，在出售只是偶然发生（即使价值重大），或者单独及汇总而言出售的价值非常小（即使频繁发生）的情况下，金融资产的业务模式仍然可能是以收取合同现金流量为目标。如果企业能够解释出售的原因并且证明出售并不反映业务模式的改变，出售频率或者出售价值在特定时期内增加不一定与以收取合同现金流量为目标的业务模式相矛盾。此外，如果出售发生在金融资产临近到期时，且出售所得接近待收取的剩余合同现金流量，金融资产的业务模式仍然可能是以收取合同现金流量为目标。

3. 以收取合同现金流量和出售金融资产为目标的业务模式。

在同时以收取合同现金流量和出售金融资产为目标的业务模式下，企业的关键管理人员认为收取合同现金流量和出售金融资产对于实现其管理目标而言都是不可或缺的。例如，企业的目标是管理日常流动性需求同时维持特定的收益率，或将金融资产的存续期与相关负债的存续期进行匹配。

与以收取合同现金流量为目标的业务模式相比，此业务模式涉及的出售通常频率更高、金额更大。因为出售金融资产是此业务模式的目标之一，在该业务模式下不存在出售金融资产的频率或者价值的明确界限。

4. 其他业务模式。

如果企业管理金融资产的业务模式不是以收取合同现金流量为目标，也不是以收取合同现金流量和出售金融资产为目标，则该企业管理金融资产的业务模式是其他业务模式。例如，企业持有金融资产的目的是交易性的或者基于金融资产的公允价值作出决策并对其进行管理。在这种情况下，企业管理金融资产的目标是通过出售金融资产以实现现金流量。即使企业在持有金融资产的过程中会收取合同现金流量，企业管理金融资产的业务模式也不是以收取合同现金流量和出售金融资产为目标，因为收取合同现金流量对实现该业务模式目标来说只是附带性质的活动。

同样，对于本准则第二十二条（二）“以公允价值基础对金融负债组合或金融资产和金融负债组合进行管理和业绩评价”中涉及的金融资产，企业重点关注其公允价值信息，利用公允价值信息来评估相关金融资产的业绩并进行决策。企业管理这些金融资产的业务模式，不是以收取合同现金流量为目标，也不是以收取合同现金流量和出售金融资产为目标。

（二）关于金融资产的合同现金流量特征

金融资产的合同现金流量特征，是指金融工具合同约定的、反映相关金融资产经济特征的现金流量属性。分类为本准则第十七条和第十八条规范的金融资产，其合同现金流量特征应当与基本借贷安排相一致，即相关金融资产在特定日期产生的合同现金流量仅为对本金和以未偿付本金金额为基础的利息的支付（以下简称“本金加利息的合同现金流量特征”）。无论金融资产的法律形式是否为一项贷款，都可能是一项基本借贷安排。

1.金融资产本金和利息的含义。

本金是指金融资产在初始确认时的公允价值，本金金额可能因提前还款等原因在金融资产的存续期内发生变动；利息包括对货币时间价值、与特定时期未偿付本金金额相关的信用风险，以及其他基本借贷风险、成本和利润的对价。企业应当使用金融资产的计价货币来评估金融资产的合同现金流量特征。此外，如果一项贷款具有完全追索权并有抵押品作为担保，该事实并不影响企业对其合同现金流量特征的评估。

在基本借贷安排中，利息的构成要素中最重要的通常是货币时间价值和信用风险的对价。例如，甲银行有一项支付逆向浮动利率（即贷款利率与市场利率呈负相关关系）的贷款，则该贷款的利息金额不是以未偿付本金金额为基础的货币时间价值的对价，所以其不符合本金加利息的合同现金流量特征。又如，甲企业持有一项具有固定到期日的美元债券，债券本金和利息的支付与美国的通胀指数挂钩。该债权投资未利用杠杆，而且对合同的本金进行保护。利息的支付与非杠杆的通胀指数挂钩，实质上将货币时间价值重设为当前水平，债券的利率反映的是考虑通胀影响的真实利率。因此，利息金额是以未偿付本金金额为基础的货币时间价值的对价。

利息还可包括与特定时期内持有的金融资产相关的其他基本借贷风险（如流动性风险）和成本（如管理费用）的对价。此外，利息也可包括与基本借贷安排相一致的利润率。在某些极端经济环境下，利息可能是负值。例如，金融资产的持有人在特定期间内为保证资金安全而支付费用，且支付的费用超过了持有人按照货币时间价值、信用风险及其他基本借贷风险和成本所收取的对价。

但是，如果金融资产合同中包含与基本借贷安排无关的合同现金流量风险敞口或波动性敞口（例如权益价格或商品价格变动敞口）的条款，则此类合同不符合本金加利息的合同现金流量特征。例如，甲企业持有一项可转换成固定数量的发行人权益工具的债券，则该债券不符合本金加利息的合同现金流量特征，因为其回报与发行人的权益价值挂钩。又如，如果贷款的利息支付金额与涉及债务人业绩的一些变量（如债务人的净收益）挂钩或者与权益指数挂钩，则该贷款不符合本金加利息的合同现金流量特征。

2.修正的货币时间价值。

货币时间价值是利息要素中仅因为时间流逝而提供对价的部分，不包括为所持有金融资产的其他风险或成本提供的对价，但货币时间价值要素有时可能存在修正。在货币时间价值要素存在修正的情况下，企业应当对相关修正进行评估，以确定金融资产是否符合本金加利息的合同现金流量特征。企业可以通过定性或者定量的方式进行评估并做出判断。如果企业经过简单分析即可清晰评估并做出判断，则企业可以通过定性方式进行评估而无须进行详细的定量分析。

修正的货币时间价值要素评估的目标，是确定未折现合同现金流量与假如未对货币时间价值要素进行修正的情形下未折现的合同现金流量（基准现金流量）之间的差异。例如合同约定金融资产的利率定期重设，但重设的频率与利率的期限并不匹配。假设一项金融资产包含每月重设为1年期利率的浮动利率条款，则企业每月应收的利息实际上反映了未来12个月货币时间价值的平均数，而非当月的货币时间价值（例如，如果在之后11个月的期间合同利率逐月提高，则各月货币时间价值的平均数将高于当月的货币时间价值）。也就是说，按合同计算的利息是对实际货币时间价值的修正。这种情况下企业可将该金融资产与具有相同合同条款和相同信用风险的、但浮动利率为每月重设为1个月利率的金融工具的合同现金流量（基准现金流量）进行比较。如果两个现金流量存在显著差异，那么该金融资产不符合本金加利息的合同现金流量特征。在进行上述评估时，企业必须考虑修正的货币时间价值在每一报告期间的影响以及在金融工具整个存续期内的累积影响。

在评估修正的货币时间价值时，企业应当考虑可能影响未来合同现金流量的因素。例如，企业持有一项5年期债券，该债券的浮动利率每6个月重设为5年期利率。企业评估当时的利率曲线发现5年期利率与6个月利率之间不存在显著差异，企业不得简单地得出结论认为其符合本金加利息的合同现金流量特征。企业应当同时考虑5年期利率与6个月利率之间的关系在债券存续期内会如何变化，是否可能导致债券存续期内未折现合同现金流量与未折现基准现金流量存在显著差异。但是，企业仅需要考虑合理的可能发生的情形，而无需考虑所有可能的情形。

有时，出于宏观经济管理或产业政策考虑等原因，政府监管部门设定某些利率或利率调整等浮动区间。在此情形下，货币时间价值要素虽然有可能不单纯是时间流逝的对价，但如果利率所提供的对价与时间流逝大致相符且并未导致与基本借贷安排不一致的合同现金流量风险敞口或波动性敞口，那么具有该利率的金融资产应当视为符合本金加利息的合同现金流量特征。

3. 导致合同现金流量的时间分布或金额变更的合同条款。

金融资产包含可能导致其合同现金流量的时间分布或金额变更的合同条款的（如包含可提前还款或者可展期特征），企业应当对相关条款进行评估（如评估提前还款特征的公允价值是否非常小），以确定该金融资产是否符合本金加利息的合同现金流量特征。

在进行上述评估时，企业应当同时评估变更之前和之后可能产生的合同现金流量。企业还可评估导致合同现金流量的时间分布或金额变更的所有或有事项（即触发事件）的性质。例如，合同规定当债务人拖欠的款项达到特定金额时，利率将重设为较高利率；或者当指定的权益指数达到特定水平时，利率将重设为较高利率。在对上述两种金融资产的合同现金流量特征进行评估和比较时，考虑或有事项的性质可在一定程度上为评估其合同现金流量特征提供参考。考虑到根据累计拖欠的金额调整利率可能是为了反映信用风险的增加，而指定的权益指数变化与基本借贷安排无关，因此债务人拖欠的款项达到特定金额时利率上浮的情形更有可能符合本金加利息的合同现金流量特征。

通常情况下，下列涉及合同现金流量的时间分布或金额变更的合同条款，符合本金加利息的合同现金流量特征。

（1）浮动利率包含对货币时间价值、与特定时期未偿付本金金额相关的信用风险（对信用风险的对价可能仅在初始确认时确定，因此可能是固定的）、其他基本借贷风险、成本和利润的对价。

（2）合同条款允许发行人（即债务人）在到期前提前偿付债务，或者允许持有人（即债权人）在到期前将债务工具卖回给发行人，而且这些提前偿付的金额实质上反映了尚未支付的本金及以未偿付本金金额为基础的利息，其中可能包括因提前终止合同而支付或收取的合理补偿。

（3）合同条款允许发行人或持有人延长债务工具的合同期限（即展期选择权），并且展期选择权条款导致展期期间的合同现金流量仅为对本金及以未偿付本金金额为基础的利息的支付，其中可能包含为合同展期而支付的合理的额外补偿。

对于企业以溢价或折价购入或源生的、且具有提前偿付特征的债务工具，如果同时满足下列条件，则其符合本金加利息的合同现金流量特征。

（1）提前偿付金额实质上反映了合同面值和已计提但尚未支付的合同利息，其中可能包括因提前终止合同而支付或收取的合理补偿。

（2）在企业初始确认该金融资产时，提前偿付特征的公允价值非常小。

4.合同挂钩工具。

在一些交易中，发行人可利用多个合同挂钩工具来安排向金融资产持有人付款的优先劣后顺序（分级）。对于某一分级的金融资产持有人来说，仅当发行人取得足够的现金流量以满足更优先级的支付时，此类工具的持有人才有权取得对本金和未偿付本金的利息的偿付。当同时符合下列条件时，企业持有的某一分级的金融资产才符合本金加利息的合同现金流量特征。

（1）分级的合同条款（在未穿透基础资产的情况下），产生的现金流量仅为对本金和以未偿付本金金额为基础的利息的支付（例如该分级的利率未与商品价格指数挂钩）。

（2）基础资产包含一个或多个符合本金加利息的合同现金流量特征的工具（以下称基础工具）。这里的基础资产，是指穿透到最底层的、源生现金流量而非过手现金流量的资产。

（3）该分级所承担的基础资产的信用风险，等于或小于基础资产本身的信用风险。例如，分级的信用评级等于或高于假设发行单一工具（不分级），该工具所得到的信用评级。

基础资产中除基础工具外，还可以有满足以下条件的其他工具。

（1）可以降低基础资产中基础工具现金流量波动性，并且当与基础工具相结合时，能够产生仅为对本金和以未偿付本金金额为基础的利息的支付的现金流量（例如，利率上限或下限，或者降低部分或全部基础工具的信用风险的合同）。

（2）可以协调各分级的合同现金流量与基础工具的现金流量，以解决两者在利率（例如，分级的合同现金流量基于固定利率，而基础工具现金流量基于浮动利率）、计价货币（包括通货膨胀因素）以及现金流量的时间分布上的差异。

在执行上述评估时，企业可能无需针对基础资产中的具体每一项工具进行详尽分析。但是，企业必须运用判断并进行充分的分析，以确定基础资产中的工具是否满足上述条件（同时参照下文关于仅构成极其微小影响的合同现金流量特征的指引）。

如果某一分级的金融资产持有人在初始确认时无法按照上述条件进行评估，那么分级的金融资产应当分类为以公允价值计量且其变动计入当期损益的金融资产。如果在初始确认后基础资产可能发生变化，导致基础资产不满足上述条件的，那么分级的金融资产应当分类为以公允价值计量且其变动计入当期损益的金融资产。如果基础资产包含了有抵押物的工具，但抵押物不满足上述对基础资产的要求条件，企业不应当考虑该抵押物的影响，除非企业购买分级金融资产的目的是控制抵押物。

5. 合同现金流量评估的其他特殊情形。

（1）某些金融资产的合同现金流量特征中包含杠杆因素，杠杆导致合同现金流量的变动性增加，不符合利息的经济特征。例如，期权、远期合同和互换合同等，均属于这种情况。因此，此类合同不符合本金加利息的合同现金流量特征。

（2）某些金融资产合同中使用本金和利息描述合同现金流量，但此类合同可能并不符合本金加利息的合同现金流量特征。如果金融资产代表对特定资产或现金流量的投资，则可能属于这种情况。

例如，借款合同规定，随着使用特定收费公路的车辆数目增多，借款合同的利息将增加，此合同产生了与基本借贷安排无关的合同现金流量风险敞口，因此该金融资产不符合本金加利息的合同现金流量特征。

又如，某些合同使用本金和利息描述合同现金流量，但债权人的索偿要求仅限于债务人的特定资产或产生于特定资产的现金流量，此类合同可能不符合本金加利息的合同现金流量特征。然而，债权人的索偿要求仅限于债务人的特定资产或基于特定资产的现金流量并不一定会导致金融资产不符合本金加利息的合同现金流量特征。企业需要对特定的基础资产或其现金流量进行评估（即穿透），以确定待分类的金融资产是否符合本金加利息的合同现金流量特征。如果金融资产的合同条款产生了其他现金流量，或者以一种与代表本金和利息的支付不一致的方式限制了现金流量，则该金融资产不符合本金加利息的合同现金流量特征。

无论基础资产为金融资产或非金融资产，均不会影响合同现金流量评估。在某些情况下，企业可能无法了解基础资产的具体情况（如投资的具体组成、期限、条款等），因而无法对特定的基础资产或其现金流量进行评估，则企业无法确定待分类的金融资产是否符合本金加利息的合同现金流量特征。

（3）在一般的借款合同中，通常都会规定债权人持有的金融工具相对于债务人的其他债权人持有的工具的优先劣后顺序。对于劣后于其他工具的工具，如果债务人不付款构成违约，并且即使在债务人破产的情况下债权人也拥有收取本金及以未偿付本金金额为基础的利息的合同权利，则该工具可能符合本金加利息的合同现金流量特征。反之，如果次级特征以任何方式限制了合同现金流量或产生了任何形式的其他现金流量，则该工具不符合本金加利息的合同现金流量特征。例如，某企业持有一笔被列为普通债权的应收账款。如果其债务人还有一笔贷款，且该贷款存在抵押物，从而使得债务人破产时其贷款方可优先于普通债权人索偿（但并不影响一般债权人收取尚未支付的本金和其他应付金额的合同权利），则该应收账款也可能符合本金加利息的合同现金流量特征。

（4）如果合同现金流量特征仅对金融资产的合同现金流量构成极其微小的影响，则不会影响金融资产的分类。要作出此判断，企业必须考虑合同现金流量特征在每一会计期间的潜在影响以及在金融工具整个存续期内的累积影响。此外，如果合同现金流量特征（无论某一会计期间还是整个存续期）对合同现金流量的影响超过了极其微小的程度，企业应当进一步判断该现金流量特征是否是不现实的。如果现金流量特征仅在极端罕见、显著异常且几乎不可能的事件发生时才影响该工具的合同现金流量，那么该现金流量特征是不现实的。如果该现金流量特征不现实，则不影响金融资产的分类。

摘录于《〈企业会计准则第 22 号——金融工具确认和计量〉应用指南》

第十七条 金融资产同时符合下列条件的，应当分类为以摊余成本计量的金融资产：

（一）企业管理该金融资产的业务模式是以收取合同现金流量为目标。

（二）该金融资产的合同条款规定，在特定日期产生的现金流量，仅为对本金和以未偿付本金金额为基础的利息的支付。

【解析 22-13】以摊余成本计量的金融资产分类举例

银行向企业客户发放的固定利率贷款，在没有其他特殊安排的情况下，贷款通常可能符合本金加利息的合同现金流量特征。如果银行管理该贷款的业务模式是以收取合同现金流量为目标，则该贷款可以分类为以摊余成本计量的金融资产。再如，普通债券的合同现金流量是到期收回本金及按约定利率在合同期间按时收取固定或浮动利息。在没有其他特殊安排的情况下，普通债券通常可能符合本金加利息的合同现金流量特征。如果企业管理该债券的业务模式是以收取合同现金流量为目标，则该债券可以分类为以摊余成本计量的金融资产。又如，企业正常商业往来形成的具有一定信用期限的应收账款，如果企业拟根据应收账款的合同现金流量收取现金，且不打算提前处置应收账款，则该应收账款可以分类为以摊余成本计量的金融资产。

摘录于《〈企业会计准则第 22 号——金融工具确认和计量〉应用指南》

第十八条 金融资产同时符合下列条件的，应当分类为以公允价值计量且其变动计入其他综合收益的金融资产：

（一）企业管理该金融资产的业务模式既以收取合同现金流量为目标又以出售该金融资产为目标。

（二）该金融资产的合同条款规定，在特定日期产生的现金流量，仅为对本金和以未偿付本金金额为基础的利息的支付。

第十九条 按照本准则第十七条分类为以摊余成本计量的金融资产和按照本准则第十八条分类为以公允价值计量且其变动计入其他综合收益的金融资产之外的金融资产，企业应当将其分类为以公允价值计量且其变动计入当期损益的金融资产。

在初始确认时，企业可以将非交易性权益工具投资指定为以公允价值计量且其变动计入其他综合收益的金融资产，并按照本准则第六十五条规定确认股利收入。该指定一经做出，不得撤销。企业在非同一控制下的企业合并中确认的或有对价构成金融资产的，该金融资产应当分类为以公允价值计量且其变动计入当期损益的金融资产，不得指定为以公允价值计量且其变动计入其他综合收益的金融资产。

金融资产或金融负债满足下列条件之一的，表明企业持有该金融资产或承担该金融负债的目的是交易性的：

（一）取得相关金融资产或承担相关金融负债的目的，主要是为了近期出售或回购。

（二）相关金融资产或金融负债在初始确认时属于集中管理的可辨认金融工具组合的一部分，且有客观证据表明近期实际存在短期获利模式。

（三）相关金融资产或金融负债属于衍生工具。但符合财务担保合同定义的衍生工具以及被指定为有效套期工具的衍生工具除外。

【解析 22-14】以公允价值计量且其变动计入当期损益的金融资产分类举例

企业常见的下列投资产品通常应当分类为以公允价值计量且其变动计入当期损益的金融资产。

（1）股票。股票的合同现金流量源自收取被投资企业未来股利分配以及其清算时获得剩余收益的权利。由于股利及获得剩余收益的权利均不符合本准则关于本金和利息的定义，因此股票不符合本金加利息的合同现金流量特征。在不考虑本准则第十九条特殊指定的情况下，企业持有的股票应当分类为以公允价值计量且其变动计入当期损益的金融资产。

（2）基金。常见的股票型基金、债券型基金、货币基金或混合基金，通常投资于动态管理的资产组合，投资者从该类投资中所取得的现金流量既包括投资期间基础资产产生的合同现金流量，也包括处置基础资产的现金流量。基金一般情况下不符合本金加利息的合同现金流量特征。企业持有的基金通常应当分类为以公允价值计量且其变动计入当期损益的金融资产。

（3）可转换债券。可转换债券除按一般债权类投资的特性到期收回本金、获取约定利息或收益外，还嵌入了一项转股权。通过嵌入衍生工具，企业获得的收益在基本借贷安排的基础上，会产生基于其他因素变动的不确定性。根据本准则规定，企业持有的可转换债券不再将转股权单独分拆，而是将可转换债券作为一个整体进行评估，由于可转换债券不符合本金加利息的合同现金流量特征，企业持有的可转换债券投资应当分类为以公允价值计量且其变动计入当期损益的金融资产。

摘录于《〈企业会计准则第 22 号——金融工具确认和计量〉应用指南》

第二十条 在初始确认时，如果能够消除或显著减少会计错配，企业可以将金融资产指定为以公允价值计量且其变动计入当期损益的金融资产。该指定一经做出，不得撤销。

【解析 22-15】金融资产分类的特殊规定

权益工具投资一般不符合本金加利息的合同现金流量特征，因此应当分类为以公允价值计量且其变动计入当期损益的金融资产。然而在初始确认时，企业可以将非交易性权益工具投资指定为以公允价值计量且其变动计入其他综合收益的金融资产，并按照本准则第六十五条规定确认股利收入。该指定一经作出，不得撤销。企业投资其他上市公司股票或者非上市公司股权的，都可能属于这种情形。

1. 关于“非交易性”和“权益工具投资”的界定。

金融资产或金融负债满足下列条件之一的，表明企业持有该金融资产或承担该金融负债的目的是交易性的。

（1）取得相关金融资产或承担相关金融负债的目的，主要是近期出售或回购。例如，企业以赚取差价为目的从二级市场购入的股票、债券和基金等，或者发行人根据债务工具的公允价值变动计划在近期回购的、有公开市场报价的债务工具。

（2）相关金融资产或金融负债在初始确认时属于集中管理的可辨认金融工具组合的一部分，且有客观证据表明近期实际存在短期获利模式。在这种情况下，即使组合中有某个组成项目持有的期限稍长也不受影响。其中，“金融工具组合”指金融资产组合或金融负债组合。

（3）相关金融资产或金融负债属于衍生工具。但符合财务担保合同定义的衍生工具以及被指定为有效套期工具的衍生工具除外。例如，未作为套期工具的利率互换或外汇期权。

只有不符合上述条件的非交易性权益工具投资才可以进行该指定。

此处权益工具投资中的“权益工具”，是指对于工具发行方来说，满足《企业会计准则第 37 号——金融工具列报》（以下简称“金融工具列报准则”）中权益工具定义的工具。例如，普通股对于发行方而言，满足权益工具定义；对于投资方而言，属于权益工具投资。

符合金融负债定义但是被分类为权益工具的特殊金融工具（包括可回售工具和发行方仅在清算时才有义务向另一方按比例交付其净资产的金融工具）本身并不符合权益工具的定义，因此从投资方的角度也就不符合指定为以公允价值计量且其变动计入其他综合收益的金融资产的条件。例如某些开放式基金，基金持有人可将基金份额回售给基金，该基金发行的基金份额并不符合权益工具的定义，只是按照金融工具列报准则符合列报为权益工具条件的可回售工具。这种情况下，投资人持有的该基金份额，不能指定为以公允价值计量且其变动计入其他综合收益的金融资产。

2. 基本会计处理原则。

初始确认时，企业可基于单项非交易性权益工具投资，将其指定为以公允价值计量且其变动计入其他综合收益的金融资产，其公允价值的后续变动计入其他综合收益，不需计提减值准备。除了获得的股利收入（明确作为投资成本部分收回的股利收入除外）计入当期损益外，其他相关的利得和损失（包括汇兑损益）均应当计入其他综合收益，且后续不得转入损益。当金融资产终止确认时，之前计入其他综合收益的累计利得或损失应当从其他综合收益中转出，计入留存收益。

需要注意的是，企业在非同一控制下的企业合并中确认的或有对价构成金融资产的，该金融资产应当分类为以公允价值计量且其变动计入当期损益的金融资产，不得指定为以公允价值计量且其变动计入其他综合收益的金融资产。

摘录于《〈企业会计准则第 22 号——金融工具确认和计量〉应用指南》

第四章　金融负债的分类

第二十一条　除下列各项外，企业应当将金融负债分类为以摊余成本计量的金融负债：

（一）以公允价值计量且其变动计入当期损益的金融负债，包括交易性金融负债（含属于金融负债的衍生工具）和指定为以公允价值计量且其变动计入当期损益的金融负债。

（二）金融资产转移不符合终止确认条件或继续涉入被转移金融资产所形成的金融负债。对此类金融负债，企业应当按照《企业会计准则第 23 号——金融资产转移》相关规定进行计量。

（三）不属于本条（一）或（二）情形的财务担保合同，以及不属于本条（一）情形的以低于市场利率贷款的贷款承诺。企业作为此类金融负债发行方的，应当在初始确认后按照依据本准则第八章所确定的损失准备金额以及初始确认金额扣除依据《企业会计准则第 14 号——收入》相关规定所确定的累计摊销额后的余额孰高进行计量。

在非同一控制下的企业合并中，企业作为购买方确认的或有对价形成金融负债的，该金融负债应当按照以公允价值计量且其变动计入当期损益进行会计处理。

第二十二条 在初始确认时，为了提供更相关的会计信息，企业可以将金融负债指定为以公允价值计量且其变动计入当期损益的金融负债，但该指定应当满足下列条件之一：

（一）能够消除或显著减少会计错配。

（二）根据正式书面文件载明的企业风险管理或投资策略，以公允价值为基础对金融负债组合或金融资产和金融负债组合进行管理和业绩评价，并在企业内部以此为基础向关键管理人员报告。

该指定一经做出，不得撤销。

【解析 22-16】公允价值选择权

在初始确认时，为了提供更相关的会计信息，企业可以将一项金融资产、一项金融负债或者一组金融工具（金融资产、金融负债或者金融资产及负债）指定为以公允价值计量且其变动计入当期损益，但该指定应当满足下列条件之一。

1. 该指定能够消除或显著减少会计错配。例如，根据本准则规定，有些金融资产被分类为以公允价值计量且其变动计入当期损益，但与之直接相关的金融负债却被分类为以摊余成本计量，从而导致会计错配。如果将以上金融负债直接指定为以公允价值计量且其变动计入当期损益，那么这种会计错配就能够消除。

再如，企业拥有某些金融资产且承担某些金融负债，该金融资产和金融负债承担某种相同的风险（例如利率风险），且各自的公允价值变动方向相反、趋于相互抵销。但是，其中只有部分金融资产或金融负债（如交易性）以公允价值计量且其变动计入当期损益，此时会出现会计错配。套期会计有效性难以达到要求时，也会出现类似问题。在这些情况下，如果将所有这些资产和负债均进行公允价值指定，可以消除或显著减少会计错配现象。

又如，企业拥有某些金融资产且承担某些金融负债，该金融资产和金融负债承担某种相同的风险，且各自的公允价值变动方向相反，趋于相互抵销。但是，因为这些金融资产或金融负债中没有一项是以公允价值计量且其变动计入当期损益的，不满足被指定为套期工具的条件，从而使企业不具备运用套期会计方法的条件，出现相关利得或损失在确认方面的重大不一致。例如，某银行通过发行上市债券为一组特定贷款提供融资，且债券与贷款的公允价值变动可相互抵销。如果银行定期发行和回购该债券但是很少买卖该贷款，则同时采用以公允价值计量且其变动计入当期损益的方式计量该贷款和债券，将消除两者均以摊余成本计量且每次回购债券时确认一项利得或损失所导致的利得和损失确认时间的不一致。

需要指出的是，对于上述情况，实务中企业可能难以做到将所涉及的金融资产和金融负债在同一时间进行公允价值指定。如果企业能够将每项相关交易在初始确认时予以公允价值指定，且预期剩下的交易将会发生，那么可以有合理的延迟。此外，公允价值选择权只能应用于一项金融工具整体，不能是某一组成部分。

2.根据正式书面文件载明的企业风险管理或投资策略，企业以公允价值为基础对金融负债组合或金融资产和金融负债组合进行管理和业绩评价，并在内部以此为基础向关键管理人员报告。以公允价值为基础进行管理的金融资产组合，由于其按照本准则规定已经被分类为以公允价值计量且其变动计入当期损益，不再将公允价值选择权应用于此类金融资产。此项条件强调的是企业日常管理和评价业绩的方式，而不是关注金融工具组合中各组成部分的性质。

企业将一项金融资产、一项金融负债或者一组金融工具（金融资产、金融负债或者金融资产及负债）指定为以公允价值计量且其变动计入当期损益的，一经作出不得撤销。即使造成会计错配的金融工具被终止确认，也不得撤销这一指定。

摘录于《〈企业会计准则第 22 号——金融工具确认和计量〉应用指南》

第五章　嵌入衍生工具

第二十三条　嵌入衍生工具，是指嵌入到非衍生工具（即主合同）中的衍生工具。嵌入衍生工具与主合同构成混合合同。该嵌入衍生工具对混合合同的现金流量产生影响的方式，应当与单独存在的衍生工具类似，且该混合合同的全部或部分现金流量随特定利率、金融工具价格、商品价格、汇率、价格指数、费率指数、信用等级、信用指数或其他变量变动而变动，变量为非金融变量的，该变量不应与合同的任何一方存在特定关系。

衍生工具如果附属于一项金融工具但根据合同规定可以独立于该金融工具进行转让，或者具有与该金融工具不同的交易对手方，则该衍生工具不是嵌入衍生工具，应当作为一项单独存在的衍生工具处理。

【解析 22-17】嵌入衍生工具与主合同以及混合合同的关系

1.主合同通常包括租赁合同、保险合同、服务合同、特许权合同、债务工具合同、合营合同等。

2.在混合合同中，嵌入衍生工具通常以具体合同条款体现。例如，甲公司签订了按一般物价指数调整租金的 3 年期租赁合同。根据该合同，第 1 年的租金先约定，从第 2 年开始，租金按前 1 年的一般物价指数调整。此例中，主合同是租赁合同，嵌入衍生工具体现为一般物价指数调整条款。以下为常见的、可体现嵌入衍生工具的合同条款：可转换公司债券中嵌入的股份转换选择权条款、与权益工具挂钩的本金或利息支付条款、与商品或其他非金融项目挂钩的本金或利息支付条款、看涨期权条款、看跌期权条款、提前还款权条款、信用违约支付条款等。

3. 衍生工具如果附属于一项金融工具但根据合同规定可以独立于该金融工具进行转让，或者具有与该金融工具不同的交易对手方，则该衍生工具不是嵌入衍生工具，应当作为一项单独存在的衍生工具处理。例如，某贷款合同可能附有一项相关的利率互换。如该互换能够单独转让，那么该互换是一项独立存在的衍生工具，而不是嵌入衍生工具，即使该互换与主合同（贷款合同）的交易对手（借款人）是同一方。同样，如果某工具是衍生工具与其他非衍生工具“合成”或“拼成”的，那么其中的衍生工具也不能视为嵌入衍生工具，而应作为单独存在的衍生工具处理。例如，某公司有一项 5 年期浮动利率债务工具投资和一项 5 年期支付浮动利率、收取固定利率的利率互换合同，两者放在一起创造了一项“合成”的 5 年期固定利率债务工具投资。在这种情况下，“合成”工具中的利率互换不应作为嵌入衍生工具处理。

摘录于《〈企业会计准则第 22 号——金融工具确认和计量〉应用指南》

第二十四条　混合合同包含的主合同属于本准则规范的资产的，企业不应从该混合合同中分拆嵌入衍生工具，而应当将该混合合同作为一个整体适用本准则关于金融资产分类的相关规定。

【解析 22-18】嵌入衍生工具与主合同的关系

嵌入衍生工具的核算有两种模式，从混合合同中分拆或不分拆。混合合同包含的主合同属于本准则规范的资产的，企业不应从该混合合同中分拆嵌入衍生工具，而应当将该混合合同作为一个整体适用本准则关于金融资产分类的相关规定。如果主合同并非本准则范围的资产，企业对嵌入衍生工具进行会计处理时，应当合理地判断其与主合同的关系，根据其经济特征和风险是否与主合同的经济特征和风险紧密相关，并结合其他条件决定是否分拆。

企业判断嵌入衍生工具的经济特征和风险是否与主合同的经济特征和风险紧密相关时，应当重点关注嵌入衍生工具与主合同的风险敞口是否相似，以及嵌入衍生工具是否可能会对混合合同的现金流量产生重大改变。除本准则特殊规定外，一般情况下，如果嵌入衍生工具与主合同的风险敞口不同或者嵌入衍生工具可能对混合合同的现金流量产生重大改变，则嵌入衍生工具的经济特征和风险与主合同的经济特征和风险很可能不紧密相关。

通常情况下，企业应当首先明确主合同的经济特征和风险。如果主合同没有明确的或事先确定的到期日，且代表了在某一企业净资产中的剩余利益，那么该主合同的经济特征和风险即为权益工具的经济特征和风险，而且嵌入衍生工具需要拥有和同一企业相关的权益特征才能视为与主合同紧密相关；如果主合同不是一项权益工具但符合金融工具的定义，那么该主合同的经济特征和风险即为债务工具的经济特征和风险。

其次，嵌入的非期权衍生工具（如嵌入的远期合同或互换合同），应基于标明或暗含的实质性条款将其从主合同中分拆，其在初始确认时的公允价值为零。以期权为基础的嵌入衍生工具（如嵌入的看跌期权、看涨期权、利率上限、利率下限或互换期权），应基于标明的期权特征的条款将其从主合同中分拆，主合同的初始账面金额即为分拆出嵌入衍生工具后的剩余金额。

再者，一项混合合同中的多项嵌入衍生工具通常应视同为一项工具处理。但是，归类为权益的嵌入衍生工具应与归类为资产或负债的嵌入衍生工具分开核算。此外，如果某混合合同嵌入了多项衍生工具而这些衍生工具又与不同的风险敞口相关，且这些嵌入衍生工具易于分离并相互独立，则这些嵌入衍生工具应分别进行核算。

摘录于《〈企业会计准则第 22 号——金融工具确认和计量〉应用指南》

第二十五条　混合合同包含的主合同不属于本准则规范的资产，且同时符合下列条件的，企业应当从混合合同中分拆嵌入衍生工具，将其作为单独存在的衍生工具处理：

（一）嵌入衍生工具的经济特征和风险与主合同的经济特征和风险不紧密相关。

（二）与嵌入衍生工具具有相同条款的单独工具符合衍生工具的定义。

（三）该混合合同不是以公允价值计量且其变动计入当期损益进行会计处理。

嵌入衍生工具从混合合同中分拆的，企业应当按照适用的会计准则规定，对混合合同的主合同进行会计处理。企业无法根据嵌入衍生工具的条款和条件对嵌入衍生工具的公允价值进行可靠计量的，该嵌入衍生工具的公允价值应当根据混合合同公允价值和主合同公允价值之间的差额确定。使用了上述方法后，该嵌入衍生工具在取得日或后续资产负债表日的公允价值仍然无法单独计量的，企业应当将该混合合同整体指定为以公允价值计量且其变动计入当期损益的金融工具。

【解析 22-19】嵌入衍生工具的经济特征和风险不与主合同紧密相关的情况

下列情况下，嵌入衍生工具的经济特征和风险不与主合同紧密相关。

（1）主债务工具中嵌入看跌期权，使得持有人有权要求发行人以一定金额的现金或其他资产回购这项工具，其中现金或其他资产的金额随着某一权益工具或商品价格或指数的变动而变动，该看跌期权不与主债务工具紧密相关。

（2）债务工具剩余期限展期的选择权或自动展期条款不与主债务工具紧密相关，除非在展期的同时将利率调整至与当前市场利率大致相当的水平。企业发行了一项债务工具，且该债务工具的持有人向第三方签出针对该债务工具的看涨期权时，如果该期权行使后发行人可能被要求参与或协助债务工具的重新流通，则发行人应将此看涨期权视为债务工具的展期。

（3）嵌入在主债务工具或保险合同中且与权益挂钩的利息或本金支付额（即利息或本金金额与权益工具价值挂钩），不与主合同工具紧密相关，因为内含在主合同工具的风险与嵌入衍生工具中的风险不同。

（4）嵌入在主债务工具或保险合同中且与商品价格挂钩的利息或本金支付额（即利息或本金金额与商品价格挂钩），不与主合同工具紧密相关，因为内含在主合同工具的风险与嵌入衍生工具中的风险不同。

（5）嵌入在主债务工具或保险合同中的看涨期权、看跌期权或提前偿付选择权不与主合同工具紧密相关，除非在每一行权日，该期权的行权价大致等于主债务工具的摊余成本或主保险合同的账面价值，或者提前偿付选择权的行权价格包含了对债权人的补偿，且该补偿不应超过相当于主合同剩余存续期内的利息损失的现值。利息损失按提前偿付的本金乘以利率差计算。这里的利率差是指，如果债权人将提前偿付的本金再投资于与主合同相类似剩余期限和条件的工具，该工具的实际利率低于主合同实际利率的差。企业应当在按照金融工具列报准则分拆可转换债务工具的权益要素前，评估看涨期权或看跌期权是否与主债务工具紧密相关。

（6）嵌入在主债务工具中，允许一方（受益人）将特定标的资产的信用风险（受益人可能不实际拥有该项资产）转移给另一方（保证人）的信用衍生工具，不与主债务工具紧密相关。这种信用衍生工具让保证人在不直接拥有标的资产的情况下承担标的资产的相关信用风险。

摘录于《〈企业会计准则第 22 号——金融工具确认和计量〉应用指南》

【解析 22-20】嵌入衍生工具的经济特征和风险与主合同紧密相关的情况

下列情况下，嵌入衍生工具的经济特征和风险与主合同的经济特征和风险紧密相关。

（1）以利率或利率指数为标的，且能改变带息主债务合同或保险合同须支付或收取的利息额的嵌入衍生工具，与主合同紧密相关，除非混合合同的结算可能造成持有人不能收回几乎所有已确认投资，或者嵌入衍生工具可能使持有人在主合同上的初始报酬率至少加倍，并能够使回报率至少达到与主合同条款相同的合同的市场报酬率的两倍。

（2）嵌入利率下限或利率上限的债务合同或保险合同发行时，若该利率上限等于或高于市场利率，而利率下限等于或低于市场利率，并且该利率上限或下限与主合同之间不存在杠杆关系，那么该利率上限或下限与主合同紧密相关。同样，一项购买或出售某一资产（如某商品）的合同，如果设定了为该资产将支付或收取的价格上限和下限的条款，并且在开始时该价格上限和下限均为价外且与主合同之间没有杠杆关系，则该条款与主合同紧密相关。

（3）嵌入主债务工具（如双重货币债券）中的外币衍生工具使发行人以外币支付本金或利息，该嵌入外币衍生工具与主债务工具紧密相关。

（4）嵌入在属于保险合同或非金融工具合同的主合同中的外币衍生工具（例如购买或出售非金融项目的合同以外币标价），如果与主合同没有杠杆关系且不具有期权特征，并且规定以下述任何一种货币支付，则该外币衍生工具与主合同紧密相关：① 合同任一主要方的记账本位币；② 国际商业交往中通常用以对所获得或交付的相关商品或劳务进行标价的货币（例如对原油交易进行标价的美元）；③ 在交易所处的经济环境中，买卖非金融项目的合同通常使用的货币（例如在当地的商业交易或对外贸易中使用的相对稳定以及流动性较好的货币）。

（5）如果利息剥离或本金剥离最初是通过分离收取金融工具合约现金流量的权利形成的，而该金融工具本身不包括嵌入衍生工具，且不包含任何未在原主债务合同中列示的条款，则嵌入在利息剥离或本金剥离中的提前偿付选择权与主合同紧密相关。

（6）主租赁合同的嵌入衍生工具，如果是下述三者之一，则该嵌入衍生工具与主合同紧密相关：① 与通货膨胀有关的指数（例如消费品物价指数）挂钩的租赁付款额指数（假设该租赁不是杠杆租赁，且该指数与企业自身经济环境中的通货膨胀有关）；② 基于相关销售额的或有租金；③ 基于变动利率的或有租金。

（7）嵌入在主金融工具或主保险合同中的投资连结特征（属于嵌入衍生工具），如果其以单位计价的付款额是以反映基金资产公允价值的当前单位价值计量的，则该投资连结特征与主金融工具或主保险合同紧密相关。投资连结特征是一项要求付款额以内部或外部的投资基金单位计价的合同条款。

（8）嵌入在主保险合同中的衍生工具，如果与主保险合同互相依赖，使得企业无法单独计量该嵌入衍生工具，则该嵌入衍生工具与主保险合同紧密相关。

实务中企业可能持有或发行可回售工具（属于混合合同）。该金融工具的特征在于，持有人拥有将该金融工具回售给发行人以换取一定金额现金或其他金融资产的权利，其中，相关现金或其他金融资产的金额随着可能发生增减变动的权益指数或商品指数的变动而变动。除非发行人在初始确认时将该可回售工具指定为以公允价值计量且其变动计入当期损益的金融负债，否则，发行人应按本准则的要求分拆嵌入衍生工具（即与权益工具或商品指数挂钩的本金支付），因为该嵌入衍生工具与主合同（债务工具）不紧密相关。但是，对于可随时回售以换取与企业净资产价值一定比例份额等值的现金的可回售工具（比如，开放式共同基金份额或某些投资联结产品），分拆嵌入衍生工具并对其各组成部分进行核算的结果是，发行人在报告期末以应付的赎回金额来计量混合合同，因此可以不分拆。

摘录于《〈企业会计准则第 22 号——金融工具确认和计量〉应用指南》

第二十六条 混合合同包含一项或多项嵌入衍生工具，且其主合同不属于本准则规范的资产的，企业可以将其整体指定为以公允价值计量且其变动计入当期损益的金融工具。但下列情况除外：

（一）嵌入衍生工具不会对混合合同的现金流量产生重大改变。

（二）在初次确定类似的混合合同是否需要分拆时，几乎不需分析就能明确其包含的嵌入衍生工具不应分拆。如嵌入贷款的提前还款权，允许持有人以接近摊余成本的金额提前偿还贷款，该提前还款权不需要分拆。

【解析 22-21】嵌入衍生工具的会计处理

当企业在成为混合合同的一方时，即应评价嵌入衍生工具是否应分拆出来作为单独的衍生工具处理。随后，除非混合合同条款的变化将对原混合合同现金流量产生重大影响，否则企业不应对是否分拆重新进行评估。混合合同条款的变化导致原混合合同现金流量发生重大改变的，应重新评估嵌入衍生工具是否应分拆。企业在确定现金流量调整是否重大时，应当分析判断与嵌入衍生工具、主合同或两者相关的预计未来现金流量发生改变的程度，以及相对于合同以前预计现金流量是否有重大的改变。但是，在同一控制和非同一控制下的企业合并以及合营企业成立中，企业在并购日或成立日可能需要重新评估购入的合同中嵌入衍生工具是否需要分拆。

嵌入衍生工具从混合合同中分拆的，企业应当按照适用的会计准则规定，对混合合同的主合同进行会计处理。根据本准则规定，单独存在的衍生工具，通常应采用公允价值进行初始计量和后续计量。

当企业成为混合合同的一方，而主合同不属于本准则规范的资产且包含一项或多项嵌入衍生工具时，本准则要求企业识别所有此类嵌入衍生工具，评估其是否需要与主合同分拆，并且对于需与主合同分拆的嵌入衍生工具，应以公允价值进行初始确认和后续计量。与整项金融工具均以公允价值计量且其变动计入当期损益相比，上述要求可能更为复杂或导致可靠性更差。为此，本准则允许企业将整项混合合同指定为以公允价值计量且其变动计入当期损益。

但下列情况除外：

（1）嵌入衍生工具不会对混合合同的现金流量产生重大改变。

（2）在初次确定类似的混合合同是否需要分拆时，几乎不需分析就能明确其包含的嵌入衍生工具不应分拆。如嵌入贷款的提前还款权，允许持有人以接近摊余成本的金额提前偿还贷款，该提前还款权不需要分拆。

此外，企业无法根据嵌入衍生工具的条款和条件对嵌入衍生工具的公允价值进行可靠计量的，该嵌入衍生工具的公允价值应当根据混合合同公允价值和主合同公允价值之间的差额确定。使用了上述方法后，该嵌入衍生工具在取得日或后续资产负债表日的公允价值仍然无法单独计量的，企业应当将该混合合同整体指定为以公允价值计量且其变动计入当期损益的金融工具。

摘录于《〈企业会计准则第 22 号——金融工具确认和计量〉应用指南》

第六章　金融工具的重分类

第二十七条　企业改变其管理金融资产的业务模式时，应当按照本准则的规定对所有受影响的相关金融资产进行重分类。

企业对所有金融负债均不得进行重分类。

【解析 22-22】企业对金融资产进行重分类的原则

企业对金融资产进行重分类，应当自重分类日起采用未来适用法进行相关会计处理，不得对以前已经确认的利得、损失（包括减值损失或利得）或利息进行追溯调整。重分类日，是指导致企业对金融资产进行重分类的业务模式发生变更后的首个报告期间的第一天。例如，甲上市公司决定于 2×17 年 3 月 22 日改变其管理某金融资产的业务模式，则重分类日为 2×17 年 4 月 1 日（即下一个季度会计期间的期初）；乙上市公司决定于 2×17 年 10 月 15 日改变其管理某金融资产的业务模式，则重分类日为 2×18 年 1 月 1 日。

第二十八条　企业发生下列情况的，不属于金融资产或金融负债的重分类：

（一）按照《企业会计准则第 24 号——套期会计》相关规定，某金融工具以前被指定并成为现金流量套期或境外经营净投资套期中的有效套期工具，但目前已不再满足运用该套期会计方法的条件。

（二）按照《企业会计准则第 24 号——套期会计》相关规定，某金融工具被指定并成为现金流量套期或境外经营净投资套期中的有效套期工具。

（三）按照《企业会计准则第 24 号——套期会计》相关规定，运用信用风险敞口公允价值选择权所引起的计量变动。

第二十九条 企业对金融资产进行重分类，应当自重分类日起采用未来适用法进行相关会计处理，不得对以前已经确认的利得、损失（包括减值损失或利得）或利息进行追溯调整。

重分类日，是指导致企业对金融资产进行重分类的业务模式发生变更后的首个报告期间的第一天。

【解析 22-23】企业管理金融资产业务模式的变更

企业管理金融资产业务模式的变更是一种极其少见的情形。该变更源自外部或内部的变化，必须由企业的高级管理层进行决策，且其必须对企业的经营非常重要，并能够向外部各方证实。因此，只有当企业开始或终止某项对其经营影响重大的活动时（例如当企业收购、处置或终止某一业务线时），其管理金融资产的业务模式才会发生变更。例如，某银行决定终止其零售抵押贷款业务，该业务线不再接受新业务，并且该银行正在积极寻求出售其抵押贷款组合，则该银行管理其零售抵押贷款的业务模式发生了变更。需要注意的是，企业业务模式的变更必须在重分类日之前生效。例如，银行决定于 2×17 年 10 月 15 日终止其零售抵押贷款业务，并在 2×18 年 1 月 1 日对所有受影响的金融资产进行重分类。在 2×17 年 10 月 15 日之后，其不应开展新的零售抵押贷款业务，或另外从事与之前零售抵押贷款业务模式相同的活动。

以下情形不属于业务模式变更。

1. 企业持有特定金融资产的意图改变。企业即使在市场状况发生重大变化的情况下改变对特定资产的持有意图，也不属于业务模式变更。

2. 金融资产特定市场暂时性消失从而暂时影响金融资产出售。

3. 金融资产在企业具有不同业务模式的各部门之间转移。

需要注意的是，如果企业管理金融资产的业务模式没有发生变更，而金融资产的条款发生变更但未导致终止确认的，不允许重分类。如果金融资产条款发生变更导致金融资产终止确认的，不涉及重分类问题，企业应当终止确认原金融资产，同时按照变更后的条款确认一项新金融资产。

摘录于《〈企业会计准则第 22 号——金融工具确认和计量〉应用指南》

第三十条 企业将一项以摊余成本计量的金融资产重分类为以公允价值计量且其变动计入当期损益的金融资产的，应当按照该资产在重分类日的公允价值进行计量。原账面价值与公允价值之间的差额计入当期损益。

企业将一项以摊余成本计量的金融资产重分类为以公允价值计量且其变动计入其他综合收益的金融资产的，应当按照该金融资产在重分类日的公允价值进行计量。原账面价值与公允价值之间的差额计入其他综合收益。该金融资产重分类不影响其实际利率和预期信用损失的计量。

【例 22-2】以摊余成本计量的金融资产的重分类

2×16 年 10 月 15 日，甲银行以公允价值 500 000 元购入一项债券投资，并按规定将其分类为以摊余成本计量的金融资产，该债券的账面余额为 500 000 元。2×17 年 10 月 15 日，甲银行变更了其管理债券投资组合的业务模式，其变更符合重分类的要求，因此，甲银行于2×18年1月1日将该债券从以摊余成本计量重分类为以公允价值计量且其变动计入当期损益。2×18年1月1日，该债券的公允价值为490 000元，已确认的减值准备为6 000元。假设不考虑该债券的利息收入。

甲银行的会计处理如下。

借：交易性金融资产　　490 000

　　债权投资减值准备　　6 000

　　公允价值变动损益　　4 000

　　贷：债权投资　　500 000

第三十一条　企业将一项以公允价值计量且其变动计入其他综合收益的金融资产重分类为以摊余成本计量的金融资产的，应当将之前计入其他综合收益的累计利得或损失转出，调整该金融资产在重分类日的公允价值，并以调整后的金额作为新的账面价值，即视同该金融资产一直以摊余成本计量。该金融资产重分类不影响其实际利率和预期信用损失的计量。

企业将一项以公允价值计量且其变动计入其他综合收益的金融资产重分类为以公允价值计量且其变动计入当期损益的金融资产的，应当继续以公允价值计量该金融资产。同时，企业应当将之前计入其他综合收益的累计利得或损失从其他综合收益转入当期损益。

【例22-3】以公允价值计量且其变动计入其他综合收益的金融资产的重分类

2×16年9月15日，甲银行以公允价值500 000元购入一项债券投资，并按规定将其分类为以公允价值计量且其变动计入其他综合收益的金融资产，该债券的账面余额为500 000元。2×17年10月15日，甲银行变更了其管理债券投资组合的业务模式，其变更符合重分类的要求，因此，甲银行于2×18年1月1日将该债券从以公允价值计量且其变动计入其他综合收益的金融资产重分类为以摊余成本计量的金融资产。2×18年1月1日，该债券的公允价值为490 000元，已确认的减值准备为6 000元。假设不考虑利息收入。

甲银行的会计处理如下。

借：债权投资　　500 000

　　其他债权投资——公允价值变动　　10 000

　　其他综合收益——信用减值准备　　6 000

　　贷：其他债权投资——成本　　500 000

　　　　其他综合收益——其他债权投资公允价值变动　　10 000

　　　　债权投资减值准备　　6 000

第三十二条　企业将一项以公允价值计量且其变动计入当期损益的金融资产重分类为以摊余成本计量的金融资产的，应当以其在重分类日的公允价值作为新的账面余额。

企业将一项以公允价值计量且其变动计入当期损益的金融资产重分类为以公允价值计量且其变动计入其他综合收益的金融资产的，应当继续以公允价值计量该金融资产。

按照本条规定对金融资产重分类进行处理的，企业应当根据该金融资产在重分类日的公允价值确定其实际利率。同时，企业应当自重分类日起对该金融资产适用本准则关于金融资产减值的相关规定，并将重分类日视为初始确认日。

第七章　金融工具的计量

第三十三条　企业初始确认金融资产或金融负债，应当按照公允价值计量。对于以公允价值计量且其变动计入当期损益的金融资产和金融负债，相关交易费用应当直接计入当期损益；对于其他类别的金融资产或金融负债，相关交易费用应当计入初始确认金额。但是，企业初始确认的应收账款未包含《企业会计准则第 14 号——收入》所定义的重大融资成分或根据《企业会计准则第 14 号——收入》规定不考虑不超过一年的合同中的融资成分的，应当按照该准则定义的交易价格进行初始计量。

交易费用，是指可直接归属于购买、发行或处置金融工具的增量费用。增量费用是指企业没有发生购买、发行或处置相关金融工具的情形就不会发生的费用，包括支付给代理机构、咨询公司、券商、证券交易所、政府有关部门等的手续费、佣金、相关税费以及其他必要支出，不包括债券溢价、折价、融资费用、内部管理成本和持有成本等与交易不直接相关的费用。

【解析 22-24】利用估值技术估计金融工具公允价值的情况

金融工具初始确认时的公允价值通常指交易价格（即所收到或支付对价的公允价值），但是，如果收到或支付的对价的一部分并非针对该金融工具，该金融工具的公允价值应根据估值技术进行估计。例如，一项不带息的长期贷款或应收款项公允价值的估计数是以信用等级相当的类似金融工具（计价的币种、条款、利率类型和其他因素相类似）的当前市场利率，对所有未来现金收款额折现所得出的现值。任何额外支付的金额应作为一项费用或收益的抵减项处理，除非其符合确认为其他类型资产的条件。此外，还应注意，如果企业按低于市场利率发放一项贷款（例如，类似贷款市场利率为 8% 时，该贷款的利率为 5%），并且直接收到一项费用作为补偿，该企业应以公允价值确认这项贷款，即以发放的本金减去收到的费用作为初始确认金额。之后，企业应采用实际利率法将相关折价计入损益。

摘录于《〈企业会计准则第 22 号——金融工具确认和计量〉应用指南》

第三十四条　企业应当根据《企业会计准则第 39 号——公允价值计量》的规定，确定金融资产和金融负债在初始确认时的公允价值。公允价值通常为相关金融资产或金融负债的交易价格。金融资产或金融负债公允价值与交易价格存在差异的，企业应当区别下列情况进行处理：

（一）在初始确认时，金融资产或金融负债的公允价值依据相同资产或负债在活跃市场上的报价或者以仅使用可观察市场数据的估值技术确定的，企业应当将该公允价值与交易价格之间的差额确认为一项利得或损失。

（二）在初始确认时，金融资产或金融负债的公允价值以其他方式确定的，企业应当将该公允价值与交易价格之间的差额递延。初始确认后，企业应当根据某一因素在相应会计期间的变动程度将该递延差额确认为相应会计期间的利得或损失。该因素应当仅限于市场参与者对该金融工具定价时将予考虑的因素，包括时间等。

【解析 22-25】金融资产和金融负债的初始计量

企业初始确认金融资产或金融负债，应当按照公允价值计量。对于以公允价值计量且其变动计入当期损益的金融资产和金融负债，相关交易费用应当直接计入当期损益；对于其他类别的金融资产或金融负债，相关交易费用应当计入初始确认金额。但是，企业初始确认的应收账款未包含《企业会计准则第 14 号——收入》所定义的重大融资成分或根据《企业会计准则第 14 号——收入》规定不考虑不超过一年的合同中的融资成分的，应当按照其定义的交易价格进行初始计量。

交易费用，是指可直接归属于购买、发行或处置金融工具的增量费用。增量费用是指企业没有发生购买、发行或处置相关金融工具的情形就不会发生的费用，包括支付给代理机构、咨询公司、券商、证券交易所、政府有关部门等的手续费、佣金、相关税费以及其他必要支出，不包括债券溢价、折价、融资费用、内部管理成本和持有成本等与交易不直接相关的费用。

企业应当根据《企业会计准则第 39 号——公允价值计量》的规定，确定金融资产和金融负债在初始确认时的公允价值。公允价值通常为相关金融资产或金融负债的交易价格。金融资产或金融负债公允价值与交易价格存在差异的，企业应当区别下列情况进行处理。

1. 在初始确认时，金融资产或金融负债的公允价值依据相同资产或负债在活跃市场上的报价或者以仅使用可观察市场数据的估值技术确定的，企业应当将该公允价值与交易价格之间的差额确认为一项利得或损失。

2. 在初始确认时，金融资产或金融负债的公允价值以其他方式确定的，企业应当将该公允价值与交易价格之间的差额递延。初始确认后，企业应当根据某一因素在相应会计期间的变动程度将该递延差额确认为相应会计期间的利得或损失。该因素应当仅限于市场参与者对该金融工具定价时将予考虑的因素，包括时间等。

企业取得金融资产所支付的价款中包含的已宣告但尚未发放的债券利息或现金股利，应当单独确认为应收项目进行处理。

第三十五条 初始确认后，企业应当对不同类别的金融资产，分别以摊余成本、以公允价值计量且其变动计入其他综合收益或以公允价值计量且其变动计入当期损益进行后续计量。

【解析 22-26】金融资产的后续计量

1. 金融资产后续计量原则。

金融资产的后续计量与金融资产的分类密切相关。企业应当对不同类别的金融资产，分别以摊余成本、以公允价值计量且其变动计入其他综合收益或以公允价值计量且其变动计入当期损益进行后续计量。

需要注意的是，企业在对金融资产进行后续计量时，如果一项金融工具以前被确认为一项金融资产并以公允价值计量，而现在它的公允价值低于零，企业应将其确认为一项负债。但对于主合同为资产的混合合同，即使整体公允价值可能低于零，企业应当始终将混合合同整体作为一项金融资产进行分类和计量。

2. 以摊余成本计量的金融资产的会计处理。

（1）实际利率。

实际利率，是指将金融资产或金融负债在预计存续期的估计未来现金流量折现为该金融资产账面余额（不考虑减值）或该金融负债摊余成本所使用的利率。在确定实际利率时，应当在考虑金融资产或金融负债所有合同条款（如提前还款、展期、看涨期权或其他类似期权等）的基础上估计预期现金流量，但不应当考虑预期信用损失。

经信用调整的实际利率，是指将购入或源生的已发生信用减值的金融资产在预计存续期的估计未来现金流量，折现为该金融资产摊余成本的利率。在确定经信用调整的实际利率时，应当在考虑金融资产的所有合同条款（例如提前还款、展期、看涨期权或其他类似期权等）以及初始预期信用损失的基础上估计预期现金流量。

企业通常能够可靠估计金融工具（或一组类似金融工具）的现金流量和预计存续期。在极少数情况下，金融工具（或一组金融工具）的估计未来现金流量或预计存续期无法可靠估计的，企业在计算确定其实际利率（或经信用调整的实际利率）时，应当基于该金融工具在整个合同期内的合同现金流量。

合同各方之间支付或收取的、属于实际利率或经信用调整的实际利率组成部分的各项费用及溢价或折价等，应当在确定实际利率或经信用调整的实际利率时予以考虑。

（2）构成实际利率组成部分的各项费用。

构成金融工具实际利率组成部分的各项费用包括：① 企业形成或取得某项金融资产而收取的必不可少的费用。例如评估借款人财务状况，评估并记录各类担保、担保物和其他担保安排，议定金融工具的合同条款，编制和处理相关文件，达成交易等相关活动而收取的补偿。② 企业收取的发放贷款的承诺费用。若贷款承诺不以公允价值计量，且企业很可能签订相关借款协议，此费用可视为企业持续涉入取得金融工具的过程而获得的补偿。如果该贷款承诺到期前未发放相关贷款，企业应当在到期日将承诺费用确认为收入。③ 企业发行以摊余成本计量的金融负债而支付的必不可少的费用。企业应当区分构成相关金融负债实际利率组成部分的必不可少的费用和涉及提供服务（如投资管理服务）的交易费用。

不构成金融工具实际利率组成部分的各项费用包括：① 企业为贷款提供服务而收取的费用；② 企业收取的发放贷款承诺的费用。前提是贷款承诺不以公允价值计量，且企业签订相关借款协议的可能性较小；③ 企业因组织银团贷款而收取的费用，且企业自身不保留该贷款的任何一部分（或者虽然保留该贷款的一部分但采用与其他贷款参与者针对类似风险使用的实际利率相同的实际利率）。企业对于不构成金融工具实际利率组成部分的各项费用，应当按照《企业会计准则第14号——收入》进行会计处理。

企业通常应当在金融工具的预计存续期内，对实际利率计算中包括的各项费用、支付或收取的贴息、交易费用及溢价或折价进行摊销。但如果上述各项涉及更短的期间，企业应当在这一更短期间内进行摊销。在某些情况下，如果与上述各项相关的变量在该金融工具预计到期日前按市场利率重新定价，那么摊销期间应为截至下一个重新定价日的期间。例如，如果某浮动利率金融工具的折溢价反映了该金融工具自上一个付息日起应计的利息，或自浮动利率重设为市场利率起所发生的变化，那么该折溢价应当在截至下一个利率重设日的期间内进行摊销。因为在利率重设日，该折溢价所涉及的变量（即利率）将按市场利率重定价，该折溢价与截至下一个利率重设日的期间相关。但是，如果该折溢价源自对该金融工具浮动利率中信用利差的变化，或无须重设为市场利率的其他变量，该折溢价应当在该金融工具的预计存续期内摊销。

（3）摊余成本。

金融资产或金融负债的摊余成本，应当以该金融资产或金融负债的初始确认金额经下列调整确定。

① 扣除已偿还的本金。

② 加上或减去采用实际利率法将该初始确认金额与到期日金额之间的差额进行摊销形成的累计摊销额。

③ 扣除计提的累计信用减值准备（仅适用于金融资产）。

实际利率法，是指计算金融资产或金融负债的摊余成本以及将利息收入或利息费用分摊计入各会计期间的方法。

对于浮动利率金融资产或浮动利率金融负债，以反映市场利率波动而对现金流量的定期重估将改变实际利率。如果浮动利率金融资产或浮动利率金融负债的初始确认金额等于到期日应收或应付本金的金额，则未来利息付款额的重估通常不会对该资产或负债的账面价值产生重大影响。

企业与交易对手方修改或重新议定合同，未导致金融资产终止确认，但导致合同现金流量发生变化的，或者企业修正了对合同现金流量的估计的，应当重新计算该金融资产的账面余额，并将相关利得或损失计入当期损益。重新计算的该金融资产的账面余额，应当根据将重新议定或修改的合同现金流量按金融资产的原实际利率（或者购买或源生的已发生信用减值的金融资产应按经信用调整的实际利率）折现的现值确定。对于修改或重新议定合同所产生的所有成本或费用，企业应当调整修改后的金融资产账面价值，并在修改后金融资产的剩余期限内摊销。

以摊余成本计量且不属于任何套期关系的金融资产所产生的利得或损失，应当在终止确认、按照本准则规定重分类、按照实际利率法摊销或按照本准则规定确认减值时，计入当期损益。

3. 以公允价值进行后续计量的金融资产的会计处理。

（1）对于以公允价值进行后续计量的金融资产，其公允价值变动形成的利得或损失，除与套期会计有关外，应当按照下列规定处理。

① 以公允价值计量且其变动计入当期损益的金融资产的利得或损失，应当计入当期损益。

② 按照本准则第十八条分类为以公允价值计量且其变动计入其他综合收益的金融资产所产生的利得或损失，除减值损失或利得和汇兑损益外，均应当计入其他综合收益，直至该金融资产终止确认或被重分类。但是，采用实际利率法计算的该金融资产的利息应当计入当期损益。该类金融资产计入各期损益的金额应当与视同其一直按摊余成本计量而计入各期损益

的金额相等。

该类金融资产终止确认时，之前计入其他综合收益的累计利得或损失应当从其他综合收益中转出，计入当期损益。

③ 对于指定为以公允价值计量且其变动计入其他综合收益的非交易性权益工具投资，除了获得的股利（属于投资成本收回部分的除外）计入当期损益外，其他相关的利得和损失（包括汇兑损益）均应计入其他综合收益，且后续不得转入当期损益。当其终止确认时，之前计入其他综合收益的累计利得或损失应当从其他综合收益中转出，计入留存收益。

（2）企业只有在同时符合下列条件时，才能确认股利收入并计入当期损益。

① 企业收取股利的权利已经确立。

② 与股利相关的经济利益很可能流入企业。

③ 股利的金额能够可靠计量。

【例 22-4】以摊余成本计量的金融资产

2×13 年 1 月 1 日，甲公司支付价款 1 000 万元（含交易费用）从上海证券交易所购入乙公司同日发行的 5 年期公司债券 12 500 份，债券票面价值总额为 1 250 万元，票面年利率为 4.72%，于年末支付本年度债券利息（即每年利息为 59 万元），本金在债券到期时一次性偿还。合同约定，该债券的发行方在遇到特定情况时可以将债券赎回，且不需要为提前赎回支付额外款项。甲公司在购买该债券时，预计发行方不会提前赎回。甲公司根据其管理该债券的业务模式和该债券的合同现金流量特征，将该债券分类为以摊余成本计量的金融资产。

假定不考虑所得税、减值损失等因素，计算该债券的实际利率 r。

$59\times(1+r)^{-1}+59\times(1+r)^{-2}+59\times(1+r)^{-3}+59\times(1+r)^{-4}+(59+1\ 250)\times(1+r)^{-5}=1\ 000$（万元）

采用插值法，计算得出 $r=10\%$。

情形 1：根据表 22-1 中的数据，甲公司的有关账务处理如下。

表 22-1　期末摊余成本计算表

单位：万元

年份	期初摊余成本（*A*）	实际利息收入（*B*=*A*×10%）	现金流入（*C*）	期末摊余成本（*D*=*A*+*B*−*C*）
2×13	1 000	100	59	1 041
2×14	1 041	104	59	1 086
2×15	1 086	109	59	1 136
2×16	1 136	114	59	1 191
2×17	1 191	118*	1 309	0

注：* 尾数调整 1 250+59−1 191=118（万元）。

（1）2×13 年 1 月 1 日，购入乙公司债券。

借：债权投资——成本　　12 500 000

　　贷：银行存款　　10 000 000

债权投资——利息调整　　2 500 000

(2) 2×13年12月31日，确认乙公司债券实际利息收入、收到债券利息。

借：应收利息　　590 000

　　债权投资——利息调整　　410 000

　　贷：投资收益　　1 000 000

借：银行存款　　590 000

　　贷：应收利息　　590 000

(3) 2×14年12月31日，确认乙公司债券实际利息收入、收到债券利息。

借：应收利息　　590 000

　　债权投资——利息调整　　450 000

　　贷：投资收益　　1 040 000

借：银行存款　　590 000

　　贷：应收利息　　590 000

(4) 2×15年12月31日，确认乙公司债券实际利息收入、收到债券利息。

借：应收利息　　590 000

　　债权投资——利息调整　　500 000

　　贷：投资收益　　1 090 000

借：银行存款　　590 000

　　贷：应收利息　　590 000

(5) 2×16年12月31日，确认乙公司债券实际利息收入、收到债券利息。

借：应收利息　　590 000

　　债权投资——利息调整　　550 000

　　贷：投资收益　　1 140 000

借：银行存款　　590 000

　　贷：应收利息　　590 000

(6) 2×17年12月31日，确认乙公司债券实际利息收入、收到债券利息和本金。

借：应收利息　　590 000

　　债权投资——利息调整　　590 000

　　贷：投资收益　　1 180 000

借：银行存款　　590 000

　　贷：应收利息　　590 000

借：银行存款　　12 500 000

　　贷：债权投资——成本　　12 500 000

情形2：假定在2×15年1月1日，甲公司预计本金的一半（即625万元）将会在该年末收回，而其余的一半本金将于2×17年年末付清。则甲公司应当调整2×15年年初的摊余成本，计入当期损益；调整时采用最初确定的实际利率。据此，调整上述表中相关数据后如表22-2所示。

表 22-2 期末摊余成本计算表

单位：万元

年份	期初摊余成本（A）	实际利息收入（B=A×10%）	现金流入（C）	期末摊余成本（D=A+B-C）
2×13	1 000	100	59	1 041
2×14	1 041	104	59	1 086
2×15	1 139*	114	684	569
2×16	569	57	30**	596
2×17	596	59***	655	0

注：*（625+59）×（1+10%）$^{-1}$+30×（1+10%）$^{-2}$+（625+30）×（1+10%）$^{-3}$=1 139（万元）（四舍五入）。

**625×4.72%=30（万元）（四舍五入）。

***625+30-596=59（万元）（尾数调整）。

根据上述调整，甲公司的账务处理如下。

（1）2×15 年 1 月 1 日，调整期初账面余额。

借：债权投资——利息调整　　530 000

　贷：投资收益　　530 000

（2）2×15 年 12 月 31 日，确认实际利息、收回本金等。

借：应收利息　　590 000

　债权投资——利息调整　　550 000

　贷：投资收益　　1 140 000

借：银行存款　　590 000

　贷：应收利息　　590 000

借：银行存款　　6 250 000

　贷：债权投资——成本　　6 250 000

（3）2×16 年 12 月 31 日，确认实际利息等。

借：应收利息　　300 000

　债权投资——利息调整　　270 000

　贷：投资收益　　570 000

借：银行存款　　300 000

　贷：应收利息　　300 000

（4）2×17 年 12 月 31 日，确认实际利息、收回本金等。

借：应收利息　　300 000

　债权投资——利息调整　　290 000

　贷：投资收益　　590 000

借：银行存款　　300 000

　贷：应收利息　　300 000

借：银行存款　　6 250 000

　　贷：债权投资——成本　　6 250 000

情形3：假定甲公司购买的乙公司债券不是分次付息，而是到期一次还本付息，且利息不以复利计算。此时，甲公司所购买乙公司债券的实际利率 r 计算如下。

$(59+59+59+59+59+1\,250)\times(1+r)^{-5}=1\,000$（万元）

由此计算得出 $r\approx 9.05\%$。

据此，调整表22-2中相关数据后如表22-3所示。

表22-3　期末摊余成本计算表

单位：万元

年份	期初摊余成本（A）	实际利息收入（$B=A\times 9.05\%$）	现金流入（C）	期末摊余成本（$D=A+B-C$）
2×13	1 000	90.5	0	1 090.5
2×14	1 090.5	98.69	0	1 189.19
2×15	1 189.19	107.62	0	1 296.81
2×16	1 296.81	117.36	0	1 414.17
2×17	1 414.17	130.83*	1 545	0

注：* 尾数调整 1 250+295−1 414.17=130.83（万元）。

根据表22-3中的数据，甲公司的有关账务处理如下。

（1）2×13年1月1日，购入乙公司债券。

借：债权投资——成本　　12 500 000

　　贷：银行存款　　10 000 000

　　　　债权投资——利息调整　　2 500 000

（2）2×13年12月31日，确认乙公司债券实际利息收入。

借：债权投资——应计利息　　590 000

　　　　　　——利息调整　　315 000

　　贷：投资收益　　905 000

（3）2×14年12月31日，确认乙公司债券实际利息收入。

借：债权投资——应计利息　　590 000

　　　　　　——利息调整　　396 900

　　贷：投资收益　　986 900

（4）2×15年12月31日，确认乙公司债券实际利息收入。

借：债权投资——应计利息　　590 000

　　　　　　——利息调整　　486 200

　　贷：投资收益　　1 076 200

（5）2×16年12月31日，确认乙公司债券实际利息收入。

借：债权投资——应计利息　　590 000

　　　　　　——利息调整　　583 600

贷：投资收益　　1 173 600

（6）2×17 年 12 月 31 日，确认乙公司债券实际利息收入、收回债券本金和票面利息。

借：债权投资——应计利息　　590 000

　　　　　——利息调整　　718 300

　贷：投资收益　　1 308 300

借：银行存款　　15 450 000

　贷：债权投资——成本　　12 500 000

　　　　　　——应计利息　　2 950 000

【例 22-5】以公允价值计量且其变动计入其他综合收益的金融资产

2×13 年 1 月 1 日，甲公司支付价款 1 000 万元（含交易费用）从上海证券交易所购入乙公司同日发行的 5 年期公司债券 12 500 份，债券票面价值总额为 1 250 万元，票面年利率为 4.72%，于年末支付本年度债券利息（即每年利息为 59 万元），本金在债券到期时一次性偿还。合同约定，该债券的发行方在遇到特定情况时可以将债券赎回，且不需要为提前赎回支付额外款项。甲公司在购买该债券时，预计发行方不会提前赎回。甲公司根据其管理该债券的业务模式和该债券的合同现金流量特征，将该债券分类为以公允价值计量且其变动计入其他综合收益的金融资产。

其他资料如下。

（1）2×13 年 12 月 31 日，乙公司债券的公允价值为 1 200 万元（不含利息）。

（2）2×14 年 12 月 31 日，乙公司债券的公允价值为 1 300 万元（不含利息）。

（3）2×15 年 12 月 31 日，乙公司债券的公允价值为 1 250 万元（不含利息）。

（4）2×16 年 12 月 31 日，乙公司债券的公允价值为 1 200 万元（不含利息）。

（5）2×17 年 1 月 20 日，通过上海证券交易所出售了乙公司债券 12 500 份，取得价款 1 260 万元。

假定不考虑所得税、减值等因素，计算该债券的实际利率 r。

$59\times(1+r)^{-1}+59\times(1+r)^{-2}+59\times(1+r)^{-3}+59\times(1+r)^{-4}+(59+1\ 250)\times(1+r)^{-5}=1\ 000$（万元）

采用插值法，计算得出 $r=10\%$。

甲公司的有关账务处理如下（具体计算见表 22-4）。

表 22-4　公允价值累计变动金额计算表

单位：万元

日期	现金流入（A）	实际利息收入（B= 期初 $D\times10\%$）	已收回的本金（$C=A-B$）	摊余成本余额（D= 期初 $D-C$）	公允价值（E）	公允价值变动额（$F=E-D-$期初 G）	公允价值变动累计金额（G= 期初 $G+F$）
2×13 年 1 月 1 日				1 000	1 000	0	0
2×13 年 12 月 31 日	59	100	–41	1 041	1 200	159	159

续表

日期	现金流入（A）	实际利息收入（B= 期初 D×10%）	已收回的本金（C=A−B）	摊余成本余额（D= 期初 D−C）	公允价值（E）	公允价值变动额（F=E−D−期初 G）	公允价值变动累计金额（G= 期初 G+F）
2×14 年 12 月 31 日	59	104	−45	1 086	1 300	55	214
2×15 年 12 月 31 日	59	109	−50	1 136	1 250	−100	114
2×16 年 12 月 31 日	59	113	−54	1 190	1 200	−104	10

（1）2×13 年 1 月 1 日，购入乙公司债券。

借：其他债权投资——成本　　12 500 000

　贷：银行存款　　10 000 000

　　其他债权投资——利息调整　　2 500 000

（2）2×13 年 12 月 31 日，确认乙公司债券实际利息收入、公允价值变动，收到债券利息。

借：应收利息　　590 000

　其他债权投资——利息调整　　410 000

　贷：投资收益　　1 000 000

借：银行存款　　590 000

　贷：应收利息　　590 000

借：其他债权投资——公允价值变动　　1 590 000

　贷：其他综合收益——其他债权投资公允价值变动　　1 590 000

（3）2×14 年 12 月 31 日，确认乙公司债券实际利息收入、公允价值变动，收到债券利息。

借：应收利息　　590 000

　其他债权投资——利息调整　　450 000

　贷：投资收益　　1 040 000

借：银行存款　　590 000

　贷：应收利息　　590 000

借：其他债权投资——公允价值变动　　550 000

　贷：其他综合收益——其他债权投资公允价值变动　　550 000

（4）2×15 年 12 月 31 日，确认乙公司债券实际利息收入、公允价值变动，收到债券利息。

借：应收利息　　590 000

　其他债权投资——利息调整　　500 000

　贷：投资收益　　1 090 000

借：银行存款　　590 000

　贷：应收利息　　590 000

借：其他综合收益——其他债权投资公允价值变动　　1 000 000
　贷：其他债权投资——公允价值变动　　1 000 000

（5）2×16年12月31日，确认乙公司债券实际利息收入、公允价值变动，收到债券利息。

借：应收利息　　590 000
　其他债权投资——利息调整　　540 000
　贷：投资收益　　1 130 000

借：银行存款　　590 000
　贷：应收利息　　590 000

借：其他综合收益——其他债权投资公允价值变动　　1 040 000
　贷：其他债权投资——公允价值变动　　1 040 000

（6）2×17年1月20日，确认出售乙公司债券实现的损益。

借：银行存款　　12 600 000
　其他综合收益——其他债权投资公允价值变动　　100 000
　其他债权投资——利息调整　　600 000
　贷：其他债权投资——成本　　12 500 000
　　　　——公允价值变动　　100 000
　　投资收益　　700 000

【例22-6】以公允价值计量且其变动计入当期损益的金融资产

2×16年1月1日，甲公司从二级市场购入丙公司债券，支付价款合计1 020 000元（含已到付息期但尚未领取的利息20 000元），另发生交易费用20 000元。该债券面值1 000 000元，剩余期限为2年，票面年利率为4%，每半年付息一次，其合同现金流量特征满足仅为对本金和以未偿付本金金额为基础的利息的支付。甲公司根据其管理该债券的业务模式和该债券的合同现金流量特征，将该债券分类为以公允价值计量且其变动计入当期损益的金融资产。其他资料如下。

（1）2×16年1月5日，收到丙公司债券2×15年下半年利息20 000元。

（2）2×16年6月30日，丙公司债券的公允价值为1 150 000元（不含利息）。

（3）2×16年7月5日，收到丙公司债券2×16年上半年利息。

（4）2×16年12月31日，丙公司债券的公允价值为1 100 000元（不含利息）。

（5）2×17年1月5日，收到丙公司债券2×16年下半年利息。

（6）2×17年6月20日，通过二级市场出售丙公司债券，取得价款1 180 000元（含1季度利息10 000元）。

假定不考虑其他因素，甲公司的账务处理如下。

（1）2×16年1月1日，从二级市场购入丙公司债券。

借：交易性金融资产——成本　　1 000 000
　应收利息　　20 000

投资收益	20 000	
贷：银行存款		1 040 000

（2）2×16 年 1 月 5 日，收到该债券 2×15 年下半年利息 20 000 元。

借：银行存款	20 000	
贷：应收利息		20 000

（3）2×16 年 6 月 30 日，确认丙公司债券公允价值变动和投资收益。

借：交易性金融资产——公允价值变动	150 000	
贷：公允价值变动损益		150 000
借：应收利息	20 000	
贷：投资收益		20 000

（4）2×16 年 7 月 5 日，收到丙公司债券 2×16 年上半年利息。

借：银行存款	20 000	
贷：应收利息		20 000

（5）2×16 年 12 月 31 日，确认丙公司债券公允价值变动和投资收益。

借：公允价值变动损益	50 000	
贷：交易性金融资产——公允价值变动		50 000
借：应收利息	20 000	
贷：投资收益		20 000

（6）2×17 年 1 月 5 日，收到丙公司债券 2×16 年下半年利息。

借：银行存款	20 000	
贷：应收利息		20 000

（7）2×17 年 6 月 20 日，通过二级市场出售丙公司债券。

借：银行存款	1 180 000	
贷：交易性金融资产——成本		1 000 000
——公允价值变动		100 000
投资收益		80 000

【例 22-7】以公允价值计量且其变动计入其他综合收益的非交易性权益工具投资

2×16 年 5 月 6 日，甲公司支付价款 1 016 万元（含交易费用 1 万元和已宣告发放现金股利 15 万元），购入乙公司发行的股票 200 万股，占乙公司有表决权股份的 0.5%。甲公司将其指定为以公允价值计量且其变动计入其他综合收益的非交易性权益工具投资。

2×16 年 5 月 10 日，甲公司收到乙公司发放的现金股利 15 万元。

2×16 年 6 月 30 日，该股票市价为每股 5.2 元。

2×16 年 12 月 31 日，甲公司仍持有该股票；当日，该股票市价为每股 5 元。

2×17 年 5 月 9 日，乙公司宣告发放股利 4 000 万元。

2×17 年 5 月 13 日，甲公司收到乙公司发放的现金股利。

2×17 年 5 月 20 日，甲公司由于某特殊原因，以每股 4.9 元的价格将股票全部转让。

假定不考虑其他因素，甲公司的账务处理如下。

（1）2×16年5月6日，购入股票。

借：应收股利　　150 000

　　其他权益工具投资——成本　　10 010 000

　　贷：银行存款　　10 160 000

（2）2×16年5月10日，收到现金股利。

借：银行存款　　150 000

　　贷：应收股利　　150 000

（3）2×16年6月30日，确认股票价格变动。

借：其他权益工具投资——公允价值变动　　390 000

　　贷：其他综合收益——其他权益工具投资公允价值变动　　390 000

（4）2×16年12月31日，确认股票价格变动。

借：其他综合收益——其他权益工具投资公允价值变动　　400 000

　　贷：其他权益工具投资——公允价值变动　　400 000

（5）2×17年5月9日，确认应收现金股利。

借：应收股利　　200 000

　　贷：投资收益　　200 000

（6）2×17年5月13日，收到现金股利。

借：银行存款　　200 000

　　贷：应收股利　　200 000

（7）2×17年5月20日，出售股票。

借：盈余公积——法定盈余公积　　1 000

　　利润分配——未分配利润　　9 000

　　贷：其他综合收益——其他权益工具投资公允价值变动　　10 000

借：银行存款　　9 800 000

　　其他权益工具投资——公允价值变动　　10 000

　　盈余公积——法定盈余公积　　20 000

　　利润分配——未分配利润　　180 000

　　贷：其他权益工具投资——成本　　10 010 000

如果甲公司根据其管理乙公司股票的业务模式和乙公司股票的合同现金流量特征，将乙公司股票分类为以公允价值计量且其变动计入当期损益的金融资产，且2×16年12月31日乙公司股票市价为每股4.8元，其他资料不变，则甲公司应进行如下账务处理。

（1）2×16年5月6日，购入股票。

借：应收股利　　150 000

　　交易性金融资产——成本　　10 000 000

　　投资收益　　10 000

　　贷：银行存款　　10 160 000

（2）2×16年5月10日，收到现金股利。

借：银行存款　　150 000

　　贷：应收股利　　150 000

（3）2×16年6月30日，确认股票价格变动。

借：交易性金融资产——公允价值变动　　400 000

　　贷：公允价值变动损益　　400 000

（4）2×16年12月31日，确认股票价格变动。

借：公允价值变动损益　　800 000

　　贷：交易性金融资产——公允价值变动　　800 000

注：公允价值变动损益=200×（4.8-5.2）=-80（万元）。

（5）2×17年5月9日，确认应收现金股利。

借：应收股利　　200 000

　　贷：投资收益　　200 000

（6）2×17年5月13日，收到现金股利。

借：银行存款　　200 000

　　贷：应收股利　　200 000

（7）2×17年5月20日，出售股票。

借：银行存款　　9 800 000

　　交易性金融资产——公允价值变动　　400 000

　　贷：交易性金融资产——成本　　10 000 000

　　　　投资收益　　200 000

第三十六条　初始确认后，企业应当对不同类别的金融负债，分别以摊余成本、以公允价值计量且其变动计入当期损益或以本准则第二十一条规定的其他适当方法进行后续计量。

【解析22-27】金融负债的后续计量

1.金融负债后续计量原则。

企业应当按照以下原则对金融负债进行后续计量。

（1）以公允价值计量且其变动计入当期损益的金融负债，应当按照公允价值进行后续计量。

（2）金融资产转移不符合终止确认条件或继续涉入被转移金融资产所形成的金融负债。对此类金融负债，企业应当按照《企业会计准则第23号——金融资产转移》相关规定进行计量。

（3）不属于指定为以公允价值计量且其变动计入当期损益的金融负债的财务担保合同或没有指定为以公允价值计量且其变动计入当期损益并将以低于市场利率贷款的贷款承诺，企业作为此类金融负债发行方的，应当在初始确认后按照依据本准则第八章所确定的损失准备金额以及初始确认金额扣除依据《企业会计准则第14号——收入》相关规定所确定的累计摊销额后的余额孰高进行计量。

（4）上述金融负债以外的金融负债，应当按摊余成本进行后续计量。

2. 金融负债后续计量的会计处理。

（1）对于以公允价值进行后续计量的金融负债，其公允价值变动形成利得或损失，除与套期会计有关外，应当计入当期损益。

（2）以摊余成本计量且不属于任何套期关系一部分的金融负债所产生的利得或损失，应当在终止确认时计入当期损益或在按照实际利率法摊销时计入相关期间损益。企业与交易对手方修改或重新议定合同，未导致金融负债终止确认，但导致合同现金流量发生变化的，应当重新计算该金融负债的账面价值，并将相关利得或损失计入当期损益。重新计算的该金融负债的账面价值，应当根据将重新议定或修改的合同现金流量按金融负债的原实际利率或按《企业会计准则第 24 号——套期会计》第二十三条规定的重新计算的实际利率（如适用）折现的现值确定。对于修改或重新议定合同所产生的所有成本或费用，企业应当调整修改后的金融负债账面价值，并在修改后金融负债的剩余期限内进行摊销。

3. 指定为公允价值计量的金融负债自身信用风险变动的会计处理。

（1）信用风险的含义。

信用风险，是指金融工具的一方不履行义务，造成另一方发生财务损失的风险。金融负债信用风险引起的公允价值变动与金融负债发行人未能履行特定金融负债义务的风险相关。这一风险未必与发行人的特定信用状况相关。例如，企业发行一项担保负债和一项无担保负债（假定这两项负债的其他条件完全相同），虽然上述两项负债是由同一个企业发行的，但其信用风险也不同。担保负债的信用风险低于无担保负债的信用风险且有可能几乎为零。

需要注意的是，信用风险不同于与特定资产相关的业绩风险。特定资产相关的业绩风险与企业未能履行特定义务的风险无关，而是与单项或一组金融资产的业绩较差或完全不履约的风险有关。例如，以下两种情况与特定资产的业绩风险有关。

① 具有投资连结特征的负债，合同规定应付给投资者的金额将基于特定资产的业绩情况确定。该投资连结特征对负债公允价值的影响即为与特定资产相关的业绩风险，而非信用风险。

② 具有以下特征的结构化主体所发行的负债：该结构化主体在法律上是独立的，其资产受破产隔离的保护，唯一的受益者是投资者；该主体未发生任何其他交易，且该主体的资产也无法用作抵押；仅当受破产隔离保护的资产产生现金流量时，该主体才承担向其投资者支付一定金额的义务。这种情况下，负债的公允价值变动主要反映资产的公允价值变动。此类资产的业绩情况对负债公允价值的影响即为与特定资产相关的业绩风险，而不是信用风险。

（2）信用风险变化影响的确定。

一般情况下，企业应当从金融负债的公允价值变动金额中扣除由于市场风险因素引起的市场风险变化所导致的公允价值变动金额，来确定由信用风险引起的公允价值变动金额。市场风险因素包括基准利率变动、其他企业（或结构化主体）的金融工具价格变动、商品价格变动、外汇汇率变动，以及价格指数或利率指数变动等。如果企业认为有其他方法能够更公允地计量由信用风险引起的公允价值变动金额，可使用其他方法。

如果计量上述市场风险的唯一变量是可观察基准利率，对于信用风险变动引起的金融负债的公允价值变动金额，企业可以按下列步骤估计。

首先，运用该金融负债的期初公允价值和期初合同现金流量计算出内含报酬率。从该内含报酬率中减去期初可观察基准利率，得到与该金融负债特定相关的部分。

其次，计算出该金融负债期末合同现金流量的现值。使用的折现率为以下两者之和：①期末可观察基准利率；②内含报酬率中与该金融负债特定相关的利率部分。该现值代表企业信用风险不变情况下，该负债期末应当具有的公允价值。

最后，该金融负债的期末公允价值与上述计算出的金融负债期末合同现金流量的现值之间的差额，即为信用风险变动引起的金融负债的公允价值变动金额。

在运用以上方法时，假设除信用风险和利率风险之外的因素所导致的该金融负债公允价值变动金额不重大。如果金融负债中包含嵌入衍生工具，则在计算信用风险变动引起的金融负债的公允价值变动金额时，应扣除嵌入衍生工具的公允价值变动金额。

此外，与所有公允价值计量一样，企业用于确定由金融负债信用风险变动引起的金融负债公允价值变动的计量方法，必须最大限度地使用相关的可观察输入值，尽可能少使用不可观察输入值。

（3）金融负债自身信用风险变动的会计处理原则。

企业根据本准则规定将金融负债指定为以公允价值计量且其变动计入当期损益的金融负债的，该金融负债所产生的利得或损失应当按照下列规定进行处理。

①由企业自身信用风险变动引起的该金融负债公允价值的变动金额，应当计入其他综合收益。

②该金融负债的其他公允价值变动计入当期损益。

该金融负债终止确认时，之前计入其他综合收益的累计利得或损失应当从其他综合收益中转出，计入留存收益。

按照上述①的规定对该金融负债的自身信用风险变动的影响进行处理会造成或扩大损益中的会计错配的，企业应当将该金融负债的全部利得或损失（包括企业自身信用风险变动的影响金额）计入当期损益。

为确定将金融负债自身信用风险变动的影响计入其他综合收益是否会造成或扩大损益中的会计错配，企业必须评估金融负债信用风险变动的影响预期是否会被损益中另一项以公允价值计量且其变动计入当期损益的金融工具的公允价值变动所抵销。企业做出上述评估，应当以该金融负债的特征与另一金融工具的特征之间的经济关系为基础。企业应当在金融负债初始确认时做出上述评估，且不得重新评估。一般情况下，企业对类似的经济关系应当保持一致的评估方法。

实务中，企业无须在同一时点确认产生会计错配的所有资产和负债。只要其余的交易预期会发生，允许有合理的递延。

摘录于《〈企业会计准则第 22 号——金融工具确认和计量〉应用指南》

【例 22-8】金融负债后续计量的会计处理

2×16 年 7 月 1 日，甲公司经批准在全国银行间债券市场公开发行 10 亿元人民币短期融资券，期限为 1 年，票面年利率 5.58%，每张面值为 100 元，到期一次还本付息。所募集资金主要用于公司购买生产经营所需的原材料及配套件等。公司将该短期融资券指定为以公允价值计量且其变动计入当期损益的金融负债。假定不考虑发行短期融资券相关的交易费用以及企业自身信用风险变动。

2×16 年 12 月 31 日，该短期融资券市场价格为每张 120 元（不含利息）；2×17 年 6 月 30 日，该短期融资券到期兑付完成。

据此，甲公司账务处理如下（金额单位：万元）。

（1）2×16 年 7 月 1 日，发行短期融资券。

借：银行存款　　100 000

　贷：交易性金融负债　　100 000

（2）2×16 年 12 月 31 日，年末确认公允价值变动和利息费用。

借：公允价值变动损益　　20 000

　贷：交易性金融负债　　20 000

借：财务费用　　2 790

　贷：应付利息　　2 790

（3）2×17 年 6 月 30 日，短期融资券到期。

借：财务费用　　2 790

　贷：应付利息　　2 790

借：交易性金融负债　　120 000

　应付利息　　5 580

　贷：银行存款　　105 580

　　公允价值变动损益　　20 000

第三十七条　金融资产或金融负债被指定为被套期项目的，企业应当根据《企业会计准则第 24 号——套期会计》规定进行后续计量。

第三十八条　金融资产或金融负债的摊余成本，应当以该金融资产或金融负债的初始确认金额经下列调整后的结果确定：

（一）扣除已偿还的本金。

（二）加上或减去采用实际利率法将该初始确认金额与到期日金额之间的差额进行摊销形成的累计摊销额。

（三）扣除累计计提的损失准备（仅适用于金融资产）。

实际利率法，是指计算金融资产或金融负债的摊余成本以及将利息收入或利息费用分摊计入各会计期间的方法。

实际利率，是指将金融资产或金融负债在预计存续期的估计未来现金流量，折现为该金融资产账面余额或该金融负债摊余成本所使用的利率。在确定实际利率时，应当在考虑金融资产或金融负债所有合同条款（如提前还款、展期、看涨期权或其他类似期权等）的基础上估计预期现金流量，但不应当考虑预期信用损失。

【解析 22-28】实际利率的确定

经信用调整的实际利率，是指将购入或源生的已发生信用减值的金融资产在预计存续期的估计未来现金流量，折现为该金融资产摊余成本的利率。在确定经信用调整的实际利率时，应当在考虑金融资产的所有合同条款（例如提前还款、展期、看涨期权或其他类似期权等）以及初始预期信用损失的基础上估计预期现金流量。

企业通常能够可靠估计金融工具（或一组类似金融工具）的现金流量和预计存续期。在极少数情况下，金融工具（或一组金融工具）的估计未来现金流量或预计存续期无法可靠估计的，企业在计算确定其实际利率（或经信用调整的实际利率）时，应当基于该金融工具在整个合同期内的合同现金流量。

合同各方之间支付或收取的、属于实际利率或经信用调整的实际利率组成部分的各项费用及溢价或折价等，应当在确定实际利率或经信用调整的实际利率时予以考虑。

摘录于《〈企业会计准则第 22 号——金融工具确认和计量〉应用指南》

第三十九条　企业应当按照实际利率法确认利息收入。利息收入应当根据金融资产账面余额乘以实际利率计算确定，但下列情况除外：

（一）对于购入或源生的已发生信用减值的金融资产，企业应当自初始确认起，按照该金融资产的摊余成本和经信用调整的实际利率计算确定其利息收入。

（二）对于购入或源生的未发生信用减值、但在后续期间成为已发生信用减值的金融资产，企业应当在后续期间，按照该金融资产的摊余成本和实际利率计算确定其利息收入。企业按照上述规定对金融资产的摊余成本运用实际利率法计算利息收入的，若该金融工具在后续期间因其信用风险有所改善而不再存在信用减值，并且这一改善在客观上可与应用上述规定之后发生的某一事件相联系（如债务人的信用评级被上调），企业应当转按实际利率乘以该金融资产账面余额来计算确定利息收入。

经信用调整的实际利率，是指将购入或源生的已发生信用减值的金融资产在预计存续期的估计未来现金流量，折现为该金融资产摊余成本的利率。在确定经信用调整的实际利率时，应当在考虑金融资产的所有合同条款（例如提前还款、展期、看涨期权或其他类似期权等）以及初始预期信用损失的基础上估计预期现金流量。

第四十条　当对金融资产预期未来现金流量具有不利影响的一项或多项事件发生时，该金融资产成为已发生信用减值的金融资产。金融资产已发生信用减值的证据包括下列可观察信息：

（一）发行方或债务人发生重大财务困难；

（二）债务人违反合同，如偿付利息或本金违约或逾期等；

（三）债权人出于与债务人财务困难有关的经济或合同考虑，给予债务人在任何其他情况下都不会做出的让步；

（四）债务人很可能破产或进行其他财务重组；

（五）发行方或债务人财务困难导致该金融资产的活跃市场消失；

（六）以大幅折扣购买或源生一项金融资产，该折扣反映了发生信用损失的事实。

金融资产发生信用减值，有可能是多个事件的共同作用所致，未必是可单独识别的事件所致。

第四十一条 合同各方之间支付或收取的、属于实际利率或经信用调整的实际利率组成部分的各项费用、交易费用及溢价或折价等，应当在确定实际利率或经信用调整的实际利率时予以考虑。

企业通常能够可靠估计金融工具（或一组类似金融工具）的现金流量和预计存续期。在极少数情况下，金融工具（或一组金融工具）的估计未来现金流量或预计存续期无法可靠估计的，企业在计算确定其实际利率（或经信用调整的实际利率）时，应当基于该金融工具在整个合同期内的合同现金流量。

【解析 22-29】构成实际利率组成部分的各项费用

构成金融工具实际利率组成部分的各项费用包括，（1）企业形成或取得某项金融资产而收取的必不可少的费用。例如评估借款人财务状况，评估并记录各类担保、担保物和其他担保安排，议定金融工具的合同条款，编制和处理相关文件，达成交易等相关活动而收取的补偿。（2）企业收取的发放贷款的承诺费用。若贷款承诺不以公允价值计量，且企业很可能签订相关借款协议，此费用可视为企业持续涉入取得金融工具的过程而获得的补偿。如果该贷款承诺到期前未发放相关贷款，企业应当在到期日将承诺费用确认为收入。（3）企业发行以摊余成本计量的金融负债而支付的必不可少的费用。企业应当区分构成相关金融负债实际利率组成部分的必不可少的费用和涉及提供服务（如投资管理服务）的交易费用。

不构成金融工具实际利率组成部分的各项费用包括：（1）企业为贷款提供服务而收取的费用；（2）企业收取的发放贷款承诺的费用，前提是贷款承诺不以公允价值计量，且企业签订相关借款协议的可能性较小；（3）企业因组织银团贷款而收取的费用，且企业自身不保留该贷款的任何一部分（或者虽然保留该贷款的一部分但采用与其他贷款参与者针对类似风险使用的实际利率相同的实际利率）。企业对于不构成金融工具实际利率组成部分的各项费用，应当按照《企业会计准则第 14 号——收入》进行会计处理。

企业通常应当在金融工具的预计存续期内，对实际利率计算中包括的各项费用、支付或收取的贴息、交易费用及溢价或折价进行摊销。但如果上述各项涉及更短的期间，企业应当在这一更短期间内进行摊销。在某些情况下，如果与上述各项相关的变量在该金融工具预计到期日前按市场利率重新定价，那么摊销期间应为截至下一个重新定价日的期间。例如，如果某浮动利率金融工具的折溢价反映了该金融工具自上一个付息日起应计的利息，或自浮动利率重设为市场利率起所发生的变化，那么该折溢价应当在截至下一个利率重设日的期间内进行摊销。因为在利率重设日，该折溢价所涉及的变量（即利率）将按市场利率重定价，该折溢价与截至下一个利率重设日的期间相关。但是，如果该折溢价源自对该金融工具浮动利率中信用利差的变化，或无须重设为市场利率的其他变量，该折溢价应当在该金融工具的预计存续期内摊销。

摘录于《〈企业会计准则第 22 号——金融工具确认和计量〉应用指南》

第四十二条 企业与交易对手方修改或重新议定合同，未导致金融资产终止确认，但导致合同现金流量发生变化的，应当重新计算该金融资产的账面余额，并将相关利得或损失计入当期损益。重新计算的该金融资产的账面余额，应当根据将重新议定或修改的合同现金流量按金融资产的原实际利率（或者购买或源生的已发生信用减值的金融资产的经信用调整的实际利率）或按《企业会计准则第 24 号——套期会计》第二十三条规定的重新计算的实际利率（如适用）折现的现值确定。对于修改或重新议定合同所产生的所有成本或费用，企业应当调整修改后的金融资产账面价值，并在修改后金融资产的剩余期限内进行摊销。

【解析 22-30】以摊余成本计量的金融资产产生的利得或损失

以摊余成本计量且不属于任何套期关系的金融资产所产生的利得或损失，应当在终止确认、按照本准则规定重分类、按照实际利率法摊销或按照本准则规定确认减值时，计入当期损益。

摘录于《〈企业会计准则第 22 号——金融工具确认和计量〉应用指南》

第四十三条 企业不再合理预期金融资产合同现金流量能够全部或部分收回的，应当直接减记该金融资产的账面余额。这种减记构成相关金融资产的终止确认。

第四十四条 企业对权益工具的投资和与此类投资相联系的合同应当以公允价值计量。但在有限情况下，如果用以确定公允价值的近期信息不足，或者公允价值的可能估计金额分布范围很广，而成本代表了该范围内对公允价值的最佳估计的，该成本可代表其在该分布范围内对公允价值的恰当估计。

企业应当利用初始确认日后可获得的关于被投资方业绩和经营的所有信息，判断成本能否代表公允价值。存在下列情形（包含但不限于）之一的，可能表明成本不代表相关金融资产的公允价值，企业应当对其公允价值进行估值：

（一）与预算、计划或阶段性目标相比，被投资方业绩发生重大变化。

（二）对被投资方技术产品实现阶段性目标的预期发生变化。

（三）被投资方的权益、产品或潜在产品的市场发生重大变化。

（四）全球经济或被投资方经营所处的经济环境发生重大变化。

（五）被投资方可比企业的业绩或整体市场所显示的估值结果发生重大变化。

（六）被投资方的内部问题，如欺诈、商业纠纷、诉讼、管理或战略变化。

（七）被投资方权益发生了外部交易并有客观证据，包括发行新股等被投资方发生的交易和第三方之间转让被投资方权益工具的交易等。

【解析 22-31】以公允价值进行后续计量的金融资产的会计处理

（1）对于以公允价值进行后续计量的金融资产，其公允价值变动形成的利得或损失，除与套期会计有关外，应当按照下列规定处理。

① 以公允价值计量且其变动计入当期损益的金融资产的利得或损失，应当计入当期损益。

② 按照本准则第十八条分类为以公允价值计量且其变动计入其他综合收益的金融资产所产生的利得或损失，除减值损失或利得和汇兑损益外，均应当计入其他综合收益，直至该金融资产终止确认或被重分类。但是，采用实际利率法计算的该金融资产的利息应当计入当期损益。该类金融资产计入各期损益的金额应当与视同其一直按摊余成本计量而计入各期损益

的金额相等。

该类金融资产终止确认时，之前计入其他综合收益的累计利得或损失应当从其他综合收益中转出，计入当期损益。

③ 对于指定为以公允价值计量且其变动计入其他综合收益的非交易性权益工具投资，除了获得的股利（属于投资成本收回部分的除外）计入当期损益外，其他相关的利得和损失（包括汇兑损益）均应计入其他综合收益，且后续不得转入当期损益。当其终止确认时，之前计入其他综合收益的累计利得或损失应当从其他综合收益中转出，计入留存收益。

（2）企业只有在同时符合下列条件时，才能确认股利收入并计入当期损益：

① 企业收取股利的权利已经确立；

② 与股利相关的经济利益很可能流入企业；

③ 股利的金额能够可靠计量。

摘录于《〈企业会计准则第 22 号——金融工具确认和计量〉应用指南》

第四十五条 权益工具投资或合同存在报价的，企业不应当将成本作为对其公允价值的最佳估计。

第八章 金融工具的减值

第四十六条 企业应当按照本准则规定，以预期信用损失为基础，对下列项目进行减值会计处理并确认损失准备：

（一）按照本准则第十七条分类为以摊余成本计量的金融资产和按照本准则第十八条分类为以公允价值计量且其变动计入其他综合收益的金融资产。

（二）租赁应收款。

（三）合同资产。合同资产是指《企业会计准则第 14 号——收入》定义的合同资产。

（四）企业发行的分类为以公允价值计量且其变动计入当期损益的金融负债以外的贷款承诺和适用本准则第二十一条（三）规定的财务担保合同。

损失准备，是指针对按照本准则第十七条计量的金融资产、租赁应收款和合同资产的预期信用损失计提的准备，按照本准则第十八条计量的金融资产的累计减值金额以及针对贷款承诺和财务担保合同的预期信用损失计提的准备。

第四十七条 预期信用损失，是指以发生违约的风险为权重的金融工具信用损失的加权平均值。

信用损失，是指企业按照原实际利率折现的、根据合同应收的所有合同现金流量与预期收取的所有现金流量之间的差额，即全部现金短缺的现值。其中，对于企业购买或源生的已发生信用减值的金融资产，应按照该金融资产经信用调整的实际利率折现。由于预期信用损失考虑付款的金额和时间分布，因此即使企业预计可以全额收款但收款时间晚于合同规定的到期期限，也会产生信用损失。

在估计现金流量时，企业应当考虑金融工具在整个预计存续期的所有合同条款（如提前还款、展期、看涨期权或其他类似期权等）。企业所考虑的现金流量应当包括出售所持担保品获得的现金流量，以及属于合同条款组成部分的其他信用增级所产生的现金流量。

企业通常能够可靠估计金融工具的预计存续期。在极少数情况下，金融工具预计存续期无法可靠估计的，企业在计算确定预期信用损失时，应当基于该金融工具的剩余合同期间。

【解析22-32】预期信用损失法

本准则对金融工具减值的规定通常称为"预期信用损失法"。该方法与过去规定的、根据实际已发生减值损失确认减值准备的方法有着根本性不同。在预期信用损失法下，减值准备的计提不以减值的实际发生为前提，而是以未来可能的违约事件造成的损失的期望值来计量当前（资产负债表日）应当确认的减值准备。

摘录于《〈企业会计准则第22号——金融工具确认和计量〉应用指南》

第四十八条 除了按照本准则第五十七条和第六十三条的相关规定计量金融工具损失准备的情形以外，企业应当在每个资产负债表日评估相关金融工具的信用风险自初始确认后是否已显著增加，并按照下列情形分别计量其损失准备、确认预期信用损失及其变动：

（一）如果该金融工具的信用风险自初始确认后已显著增加，企业应当按照相当于该金融工具整个存续期内预期信用损失的金额计量其损失准备。无论企业评估信用损失的基础是单项金融工具还是金融工具组合，由此形成的损失准备的增加或转回金额，应当作为减值损失或利得计入当期损益。

（二）如果该金融工具的信用风险自初始确认后并未显著增加，企业应当按照相当于该金融工具未来12个月内预期信用损失的金额计量其损失准备，无论企业评估信用损失的基础是单项金融工具还是金融工具组合，由此形成的损失准备的增加或转回金额，应当作为减值损失或利得计入当期损益。

未来12个月内预期信用损失，是指因资产负债表日后12个月内（若金融工具的预计存续期少于12个月，则为预计存续期）可能发生的金融工具违约事件而导致的预期信用损失，是整个存续期预期信用损失的一部分。

企业在进行相关评估时，应当考虑所有合理且有依据的信息，包括前瞻性信息。为确保自金融工具初始确认后信用风险显著增加即确认整个存续期预期信用损失，企业在一些情况下应当以组合为基础考虑评估信用风险是否显著增加。整个存续期预期信用损失，是指因金融工具整个预计存续期内所有可能发生的违约事件而导致的预期信用损失。

【解析22-33】对信用风险显著增加评估的一般原则

企业应当在资产负债表日评估金融工具信用风险自初始确认后是否已显著增加。这里的信用风险，是指发生违约的概率。

企业应当通过比较金融工具在初始确认时所确定的预计存续期内的违约概率和该工具在资产负债表日所确定的预计存续期内的违约概率，来判定金融工具信用风险是否显著增加。

企业需要注意以下几点。

①这里的违约概率，是指在某一时点上所确定的未来期间发生违约的概率，而不是在该时点发生违约的概率。企业应当以此口径理解本准则第五十二条所说的"资产负债表日发生违约的风险"和"初始确认日发生违约的风险"。

② 对于贷款承诺和财务担保合同，由于其在资产负债表日可能尚未在资产负债表中确认，或者在确认前已经对企业形成信用风险敞口，其初始确认日的定义不同于其他金融工具，而应当是该企业做出的不可撤销承诺的生效日。注意这里的初始确认日不一定是承诺日，因为企业做出承诺后，该承诺可能需要履行一定的程序或者满足一定的条件才能生效。

③ 因为预计存续期与违约风险之间的复杂关系，企业在对信用风险的变化进行评估时，不能简单地比较违约风险随时间推移的绝对变化。例如，如果一项预计存续期为 10 年的金融工具在初始确认时确定的违约概率，与后来预计存续期仅剩 5 年时确定的违约概率相同，则可能表明其信用风险已经增加。因为一般而言，在信用风险不变的情况下，金融工具的存续期越长，则违约概率越高。随着存续期的消减，违约概率一般也逐渐降低（对于仅在临近到期日才具有重大付款义务的金融工具而言，发生违约的概率不一定随时间的推移而降低）。

实务中，企业可以用未来 12 个月内发生违约风险的变化作为整个存续期内发生违约风险变化的合理估计，以确定自初始确认后信用风险是否已显著增加。但是，在某些情形下可能并不适合使用未来 12 个月内发生违约风险的变化来确定是否应当确认整个存续期预期信用损失。例如，合同现金流在预计存续期内不均匀分布，其在未来 12 个月内没有现金流；或者未来 12 个月的违约风险不能充分反映相关的宏观经济因素或其他信用因素的变化。

④ 对于自初始确认后信用风险变化的显著性，应当在与初始确认时确定的违约概率相比较的基础上进行考虑。假如违约概率变化的绝对值一定，则初始确认时违约概率较低的金融工具与初始确认时违约概率较高的金融工具相比，其信用风险变化更为显著。

摘录于《〈企业会计准则第 22 号——金融工具确认和计量〉应用指南》

第四十九条 对于按照本准则第十八条分类为以公允价值计量且其变动计入其他综合收益的金融资产，企业应当在其他综合收益中确认其损失准备，并将减值损失或利得计入当期损益，且不应减少该金融资产在资产负债表中列示的账面价值。

第五十条 企业在前一会计期间已经按照相当于金融工具整个存续期内预期信用损失的金额计量了损失准备，但在当期资产负债表日，该金融工具已不再属于自初始确认后信用风险显著增加的情形的，企业应当在当期资产负债表日按照相当于未来 12 个月内预期信用损失的金额计量该金融工具的损失准备，由此形成的损失准备的转回金额应当作为减值利得计入当期损益。

第五十一条 对于贷款承诺和财务担保合同，企业在应用金融工具减值规定时，应当将本企业成为做出不可撤销承诺的一方之日作为初始确认日。

【解析 22-34】贷款承诺和财务担保合同

对于贷款承诺和财务担保合同，由于其在资产负债表日可能尚未在资产负债表中确认，或者在确认前已经对企业形成信用风险敞口，其初始确认日的定义不同于其他金融工具，而应当是该企业做出的不可撤销承诺的生效日。注意这里的初始确认日不一定是承诺日，因为企业做出承诺后，该承诺可能需要履行一定的程序或者满足一定的条件才能生效。

摘录于《〈企业会计准则第 22 号——金融工具确认和计量〉应用指南》

第五十二条 企业在评估金融工具的信用风险自初始确认后是否已显著增加时，应当考虑金融工具预计存续期内发生违约风险的变化，而不是预期信用损失金额的变化。企业应当通过比较金融工具在资产负债表日发生违约的风险与在初始确认日发生违约的风险，以确定金融工具预计存续期内发生违约风险的变化情况。

在为确定是否发生违约风险而对违约进行界定时，企业所采用的界定标准，应当与其内部针对相关金融工具的信用风险管理目标保持一致，并考虑财务限制条款等其他定性指标。

【解析 22-35】评估信用风险变化所考虑的因素

在确定金融工具的信用风险水平时，企业应当考虑以合理成本即可获得的、可能影响金融工具信用风险的、合理且有依据的信息。合理成本即无需付出不必要的额外成本或努力。

企业在评估中可能需要考虑以下因素：

① 信用风险变化所导致的内部价格指标的显著变化。例如，同一金融工具或具有相同条款及相同交易对手的类似金融工具，在最近期间发行时的信用利差相对于过去发行时的变化。

② 若现有金融工具在报告日作为新金融工具源生或发行，该金融工具的利率或其他条款将发生的显著变化（如更严格的合同条款、增加抵押品或担保物或者更高的收益率等）。

③ 同一金融工具或具有相同预计存续期的类似金融工具的信用风险的外部市场指标的显著变化。这些指标包括：信用利差；针对借款人的信用违约互换价格；金融资产的公允价值小于其摊余成本的时间长短和程度；与借款人相关的其他市场信息（如借款人的债务工具或权益工具的价格变动）。

④ 金融工具外部信用评级实际或预期的显著变化。

⑤ 对借款人实际或预期的内部信用评级下调。如果内部信用评级可与外部评级相对应或可通过违约调查予以证实，则更为可靠。

⑥ 预期将导致借款人履行其偿债义务的能力发生显著变化的业务、财务或外部经济状况的不利变化。例如，实际或预期的利率上升，实际或预期的失业率显著上升。

⑦ 借款人经营成果实际或预期的显著变化。例如，借款人收入或毛利率下降、经营风险增加、营运资金短缺、资产质量下降、杠杆率上升、流动比率下降、管理出现问题、业务范围或组织结构变更（例如某些业务分部终止经营）。

⑧ 同一借款人发行的其他金融工具的信用风险显著增加。

⑨ 借款人所处的监管、经济或技术环境的显著不利变化。例如，技术变革导致对借款人产品的需求下降。

⑩ 作为债务抵押的担保物价值或第三方提供的担保或信用增级质量的显著变化。这些变化预期将降低借款人按合同规定期限还款的经济动机或者影响违约概率。例如，如果房价下降导致担保物价值下跌，则借款人可能会有更大动机拖欠抵押贷款。

⑪ 预期将降低借款人按合同约定期限还款的经济动机的显著变化。例如，母公司或其他关联公司能够提供的财务支持减少，或者信用增级质量的显著变化。关于信用增级的质量变化，企业应当考虑担保人的财务状况，次级权益预计能否吸收预期信用损失等。

⑫ 借款合同的预期变更，包括预计违反合同的行为可能导致的合同义务的免除或修订、给予免息期、利率跳升、要求追加抵押品或担保或者对金融工具的合同框架做出其他变更。

⑬ 借款人预期表现和还款行为的显著变化。例如，一组贷款资产中延期还款的数量或金额增加、接近授信额度或每月最低还款额的信用卡持有人的预期数量增加。

⑭ 企业对金融工具信用管理方法的变化。例如，企业信用风险管理实务预计将变得更为积极或者对该金融工具更加侧重，包括更密切地监控或更紧密地控制有关金融工具、对借款人实施特别干预。

⑮ 逾期信息。

在某些情形下，企业通过获得的定性和非统计定量信息，而无需统计模型或信用评级流程处理有关信息，就可以确定金融工具的信用风险是否已显著增加。但在另一些情形下，企业可能需要考虑源自统计模型或信用评级流程的信息。

摘录于《〈企业会计准则第 22 号——金融工具确认和计量〉应用指南》

第五十三条 企业通常应当在金融工具逾期前确认该工具整个存续期预期信用损失。企业在确定信用风险自初始确认后是否显著增加时，企业无须付出不必要的额外成本或努力即可获得合理且有依据的前瞻性信息的，不得仅依赖逾期信息来确定信用风险自初始确认后是否显著增加；企业必须付出不必要的额外成本或努力才可获得合理且有依据的逾期信息以外的单独或汇总的前瞻性信息的，可以采用逾期信息来确定信用风险自初始确认后是否显著增加。

无论企业采用何种方式评估信用风险是否显著增加，通常情况下，如果逾期超过 30 日，则表明金融工具的信用风险已经显著增加。除非企业在无须付出不必要的额外成本或努力的情况下即可获得合理且有依据的信息，证明即使逾期超过 30 日，信用风险自初始确认后仍未显著增加。如果企业在合同付款逾期超过 30 日前已确定信用风险显著增加，则应当按照整个存续期的预期信用损失确认损失准备。

如果交易对手方未按合同规定时间支付约定的款项，则表明该金融资产发生逾期。

【解析 22-36】逾期与信用风险显著增加

金融资产发生逾期，是指交易对手未按合同规定时间支付约定的款项，既包括本金不能按时足额支付的情况，也包括利息不能按时足额支付的情况。

逾期是金融工具信用风险显著增加的常见结果。因此，逾期可能被作为信用风险显著增加的标志。但是，信用风险显著增加作为逾期的主要原因，通常先于逾期发生。企业只有在难于获得前瞻性信息，从而无法在逾期发生前确定信用风险显著增加的情况下，才能以逾期的发生来确定信用风险的显著增加。换言之，企业应尽可能在逾期发生前确定信用风险的显著增加。

如果以合理成本即可获得合理且有依据的前瞻性信息，企业在确定信用风险是否显著增加时，不得仅依赖逾期信息。然而，如果以合理成本无法获得逾期信息以外的前瞻性信息，企业可采用逾期信息来确定信用风险是否显著增加。

无论企业采用何种方式评估信用风险是否显著增加，如果合同付款逾期超过（含）30 日，则通常可以推定金融资产的信用风险显著增加，除非企业以合理成本即可获得合理且有依据的信息，证明即使逾期超过 30 日，信用风险仍未显著增加。例如，如果未能及时付款是由于管理上的疏忽而并非借款人本身的财务困难所致。再如，企业能够获得的历史统计数据表明，发生违约的风险显著增加与逾期超过 30 日之间不存在相关性。

企业通常应当在金融工具逾期前确认整个存续期内的预期信用损失，因此，如果企业在逾期超过 30 日前可以确定信用风险显著增加，那么不得适用上述推定。

类似地，企业也不得将相关金融资产发生信用减值的时点作为其信用风险显著增加并确认整个存续期预期信用损失的时点，不得将企业内部标准构成违约的时点作为信用风险显著增加并确认整个存续期预期信用损失的时点。总之，企业确定信用风险显著增加的时点应当早于实际发生减值的时点，这是“预期信用损失法”的应有之义。

摘录于《〈企业会计准则第 22 号——金融工具确认和计量〉应用指南》

第五十四条 企业在评估金融工具的信用风险自初始确认后是否已显著增加时，应当考虑违约风险的相对变化，而非违约风险变动的绝对值。在同一后续资产负债表日，对于违约风险变动的绝对值相同的两项金融资产，初始确认时违约风险较低的金融工具比初始确认时违约风险较高的金融工具的信用风险变化更为显著。

【解析 22-37】信用风险的相对性

金融工具不能仅因其担保物的价值较高而被视为具有较低的信用风险，也不能仅因为其与其他金融工具相比违约风险较低，或者相对于企业所处的地区的信用风险水平而言风险相对较低而被视为具有较低的信用风险。

如果一项金融工具具有“投资级”以上的外部信用评级，则该工具可能被视为具有较低信用风险。当然，金融工具并非一定要具有外部评级才能被视为具有较低的信用风险。但是，企业应当始终从市场参与者（参见《企业会计准则第 39 号——公允价值计量》对“市场参与者”的定义）角度而非自身角度，结合金融工具的所有条款来考虑和确定金融工具是否具有较低的信用风险。

如果某项金融工具在上一资产负债表日被视为具有较低信用风险而在当前资产负债表日不被视为具有较低信用风险，企业不能仅因为这一事实就判定其信用风险显著增加，而仍应当通过比较该工具初始确认时的信用风险和当前资产负债表日的信用风险做出判定。

摘录于《〈企业会计准则第 22 号——金融工具确认和计量〉应用指南》

第五十五条 企业确定金融工具在资产负债表日只具有较低的信用风险的，可以假设该金融工具的信用风险自初始确认后并未显著增加。

如果金融工具的违约风险较低，借款人在短期内履行其合同现金流量义务的能力很强，并且即便较长时期内经济形势和经营环境存在不利变化但未必一定降低借款人履行其合同现金流量义务的能力，该金融工具被视为具有较低的信用风险。

【解析 22-38】具有较低信用风险的金融工具

如果企业确定金融工具的违约风险较低，借款人在短期内履行其支付合同现金流量义务的能力很强，并且即使较长时期内经济形势和经营环境存在不利变化，也不一定会降低借款人履行其支付合同现金流量义务的能力，那么该金融工具可被视为具有较低的信用风险。例如，企业在具有较高信用评级的商业银行的定期存款可能被视为具有较低的信用风险。

对于在资产负债表日具有较低信用风险的金融工具，企业可以不用与其初始确认时的信用风险进行比较，而直接做出该工具的信用风险自初始确认后未显著增加的假定（企业对这种简化处理有选择权）。

摘录于《〈企业会计准则第 22 号——金融工具确认和计量〉应用指南》

第五十六条 企业与交易对手方修改或重新议定合同，未导致金融资产终止确认，但导致合同现金流量发生变化的，企业在评估相关金融工具的信用风险是否已经显著增加时，应当将基于变更后的合同条款在资产负债表日发生违约的风险与基于原合同条款在初始确认时发生违约的风险进行比较。

第五十七条 对于购买或源生的已发生信用减值的金融资产，企业应当在资产负债表日仅将自初始确认后整个存续期内预期信用损失的累计变动确认为损失准备。在每个资产负债表日，企业应当将整个存续期内预期信用损失的变动金额作为减值损失或利得计入当期损益。即使该资产负债表日确定的整个存续期内预期信用损失小于初始确认时估计现金流量所反映的预期信用损失的金额，企业也应当将预期信用损失的有利变动确认为减值利得。

第五十八条 企业计量金融工具预期信用损失的方法应当反映下列各项要素：

（一）通过评价一系列可能的结果而确定的无偏概率加权平均金额。

（二）货币时间价值。

（三）在资产负债表日无须付出不必要的额外成本或努力即可获得的有关过去事项、当前状况以及未来经济状况预测的合理且有依据的信息。

【解析 22-39】计量中采集和使用的信息

根据本准则第五十八条第（三）项，企业对金融工具预期信用损失的计量方法应当反映能够以合理成本即可获取的、合理且有依据的、关于过去事项、当前状况以及未来经济状况预测的信息。换言之，企业应当采集上述信息，作为金融工具预期信用损失计量的依据。

企业所采集和使用的信息应当既包含与借款人特定因素相关的信息，又包含反映总体经济状况和趋势的信息。企业可同时使用内部和外部的各种数据来源，包括：关于信用损失的企业内部历史经验、企业内部评级、其他企业的信用损失经验、外部评级、外部报告和外部统计数据等。如果企业没有关于特定金融工具的数据来源或此类来源的数据不够充分，那么企业可以使用同行业内对类似金融工具（或一组类似金融工具）的经验数据。

历史信息是企业计量预期信用损失的重要基准。某些情形下，未经调整的历史信息可能是最佳的合理且有依据的信息。而其他情形下，企业可能需要使用当期数据对历史数据进行调整，以反映当前状况和未来预测的影响，并剔除与未来现金流量不相关的历史因素的影响。

摘录于《〈企业会计准则第 22 号——金融工具确认和计量〉应用指南》

第五十九条 对于适用本准则有关金融工具减值规定的各类金融工具，企业应当按照下列方法确定其信用损失：

（一）对于金融资产，信用损失应为企业应收取的合同现金流量与预期收取的现金流量之间差额的现值。

（二）对于租赁应收款项，信用损失应为企业应收取的合同现金流量与预期收取的现金流量之间差额的现值。其中，用于确定预期信用损失的现金流量，应与按照《企业会计准则第 21 号——租赁》用于计量租赁应收款项的现金流量保持一致。

（三）对于未提用的贷款承诺，信用损失应为在贷款承诺持有人提用相应贷款的情况下，企业应收取的合同现金流量与预期收取的现金流量之间差额的现值。企业对贷款承诺预期信用损失的估计，应当与其对该贷款承诺提用情况的预期保持一致。

（四）对于财务担保合同，信用损失应为企业就该合同持有人发生的信用损失向其做出赔付的预计付款额，减去企业预期向该合同持有人、债务人或任何其他方收取的金额之间差额的现值。

（五）对于资产负债表日已发生信用减值但并非购买或源生已发生信用减值的金融资产，信用损失应为该金融资产账面余额与按原实际利率折现的估计未来现金流量的现值之间的差额。

【解析 22-40】计量预期信用损失时运用简便方法

在不违反本准则第五十八条规定（金融工具预期信用损失计量方法应反映的要素）的前提下，企业可在计量预期信用损失时运用简便方法。例如，对于应收账款的预期信用损失，企业可参照历史信用损失经验，编制应收账款逾期天数与固定准备率对照表[例如，若未逾期为 1%；若逾期不到 30 日为 2%；若逾期天数为 30~90（不含）日，为 3%；若逾期天数为 90~180（不含）日，为 20% 等]，以此为基础计算预期信用损失。

如果企业的历史经验表明不同细分客户群体发生损失的情况存在显著差异，那么企业应当对客户群体进行恰当的分组，在分组基础上运用上述简便方法。企业可用于对资产进行分组的标准可能包括：地理区域、产品类型、客户评级、担保物以及客户类型（如批发和零售客户）。

摘录于《〈企业会计准则第 22 号——金融工具确认和计量〉应用指南》

第六十条 企业应当以概率加权平均为基础对预期信用损失进行计量。企业对预期信用损失的计量应当反映发生信用损失的各种可能性，但不必识别所有可能的情形。

【解析 22-41】预期信用损失的概率加权属性

根据本准则对预期信用损失的定义以及第五十八条第（一）项和第六十条规定，企业对预期信用损失的估计，是概率加权的结果，应当始终反映发生信用损失的可能性以及不发生信用损失的可能性（即便最可能发生的结果是不存在任何信用损失），而不是仅对最坏或最好的情形做出估计。

实务中，这一要求可能并不需要企业开展复杂的分析。在某些情形下，运用相对简单的模型可能足以满足上述要求，而不需要使用大量具体的情景模拟。例如，一个较大的具有共同风险特征的金融工具组合（如小额贷款）的平均信用损失，可能是概率加权金额的合理估计值。而在其他情形下，企业可能需要识别关于现金流量金额、时间分布以及各种结果估计概率的具体数值。在这种情形下，预期信用损失应当至少反映发生信用损失和不发生信用损失两种可能性（即企业需要估计发生信用损失的概率和金额）。

企业对预期信用损失的估计，应当反映相关可观察数据的变化并与其保持方向一致（例如，就业率、房价、商品价格的变化可能导致一项或一组金融工具信用损失的变化）。如果存在关于特定金融工具或类似金融工具信用风险的可观察的市场信息（例如针对特定主体的信用风险违约掉期的市场价格），企业应当在预期信用损失计量中予以考虑。企业还应当定期复核用于估计预期信用损失的可观察数据，以减少估计值与实际信用损失之间的差异。

在考虑前瞻性信息时，并不要求企业对金融工具整个预计存续期内的情况做出预测。企业在估计预期信用损失时需要运用的判断程度的高低，取决于具体信息的可获取性。预测的时间跨度越大，具体信息的可获取性越低，则企业在估计预期信用损失时必须运用判断的程度就越高。本准则并不要求企业对很远的未来做出详细估计，企业只需根据现有资料对未来情况进行推断。

摘录于《〈企业会计准则第 22 号——金融工具确认和计量〉应用指南》

第六十一条 在计量预期信用损失时，企业需考虑的最长期限为企业面临信用风险的最长合同期限（包括考虑续约选择权），而不是更长期间，即使该期间与业务实践相一致。

【解析 22-42】估计预期信用损失的期间

估计预期信用损失的期间，是指相关金融工具可能发生的现金流缺口所属的期间。根据本准则第六十一条，企业计量预期信用损失的最长期限应当为企业面临信用风险的最长合同期限（包括由于续约选择权可能延续的合同期限）。对于贷款承诺和财务担保合同，计量预期信用损失的最长期限应当为企业承担提供信贷或财务担保的现时义务的最长合同期限。

需要注意的是，估计信用损失的期间，与金融工具是否按整个存续期内预期信用损失金额计量损失准备是两个不同概念。本准则所说的 12 个月内预期信用损失，是指因资产负债表日后 12 个月内（若金融工具的预计存续期少于 12 个月则为更短的存续期间）可能发生的违约事件而导致的金融工具在整个存续期内现金流缺口的加权平均现值，而非发生在 12 个月内的现金流缺口的加权平均现值。例如，企业预计一项剩余存续期为 3 年的债务工具在未来 12 个月内将发生债务重组，重组将对该工具整个存续期内的合同现金流量进行调整，则所有合同现金流量的调整（无论归属在哪个期间）都属于计算 12 个月内预期信用损失的考虑范围。

摘录于《〈企业会计准则第 22 号——金融工具确认和计量〉应用指南》

第六十二条 如果金融工具同时包含贷款和未提用的承诺，且企业根据合同规定要求还款或取消未提用承诺的能力并未将企业面临信用损失的期间限定在合同通知期内的，企业对于此类金融工具（仅限于此类金融工具）确认预期信用损失的期间，应当为其面临信用风险且无法用信用风险管理措施予以缓释的期间，即使该期间超过了最长合同期限。

【解析 22-43】包含贷款和未提用的贷款承诺的金融工具

某些金融工具可能同时包含贷款和未提用的贷款承诺，企业根据合同规定有通知借款人还款和取消未提用信用额度的能力，但这种能力未将企业所面临信用损失的期间限定在通知期之内，则企业对于此类金融工具确认预期信用损失的期间，应当为其面临信用风险且无法用信用风险管理措施予以缓释的期间，即使该期间超过了最长合同期限（通知期）。

例如，对于信用卡持卡人，银行可以最短提前 1 天通知撤销循环信用额度；但在实务中，银行只有当持卡人出现违约后才会撤销授信额度，而此时对于阻止全部或部分预期信用损失的发生而言可能已经太迟。因此银行不可能以1天的通知期作为估计预期信用损失的期间。

这类金融工具由于其性质、管理方式以及关于信用风险显著增加的信息的可获得性，通常同时具备下列特征：

（1）不具有固定的存续期或还款结构，且通常具有较短的合同取消期；

（2）出借方依照合同规定取消该合同的能力，无法在该金融工具的一般日常管理中实施，而只有当企业（出借方）已获悉在授信额度层面的信用风险增加后，才可能取消该合同；

（3）企业在组合基础上对该金融工具进行管理。

摘录于《〈企业会计准则第22号——金融工具确认和计量〉应用指南》

第六十三条 对于下列各项目，企业应当始终按照相当于整个存续期内预期信用损失的金额计量其损失准备：

（一）由《企业会计准则第14号——收入》规范的交易形成的应收款项或合同资产，且符合下列条件之一：

1. 该项目未包含《企业会计准则第14号——收入》所定义的重大融资成分，或企业根据《企业会计准则第14号——收入》规定不考虑不超过一年的合同中的融资成分。

2. 该项目包含《企业会计准则第14号——收入》所定义的重大融资成分，同时企业做出会计政策选择，按照相当于整个存续期内预期信用损失的金额计量损失准备。企业应当将该会计政策选择适用于所有此类应收款项和合同资产，但可对应收款项类和合同资产类分别做出会计政策选择。

（二）由《企业会计准则第21号——租赁》规范的交易形成的租赁应收款，同时企业做出会计政策选择，按照相当于整个存续期内预期信用损失的金额计量损失准备。企业应当将该会计政策选择适用于所有租赁应收款，但可对应收融资租赁款和应收经营租赁款分别做出会计政策选择。

在适用本条规定时，企业可对应收款项、合同资产和租赁应收款分别选择减值会计政策。

第九章　利得和损失

第六十四条 企业应当将以公允价值计量的金融资产或金融负债的利得或损失计入当期损益，除非该金融资产或金融负债属于下列情形之一：

（一）属于《企业会计准则第24号——套期会计》规定的套期关系的一部分。

（二）是一项对非交易性权益工具的投资，且企业已按照本准则第十九条规定将其指定为以公允价值计量且其变动计入其他综合收益的金融资产。

（三）是一项被指定为以公允价值计量且其变动计入当期损益的金融负债，且按照本准则第六十八条规定，该负债由企业自身信用风险变动引起的其公允价值变动应当计入其他综合收益。

（四）是一项按照本准则第十八条分类为以公允价值计量且其变动计入其他综合收益的

金融资产，且企业根据本准则第七十一条规定，其减值损失或利得和汇兑损益之外的公允价值变动计入其他综合收益。

第六十五条 企业只有在同时符合下列条件时，才能确认股利收入并计入当期损益：

（一）企业收取股利的权利已经确立；

（二）与股利相关的经济利益很可能流入企业；

（三）股利的金额能够可靠计量。

第六十六条 以摊余成本计量且不属于任何套期关系的一部分的金融资产所产生的利得或损失，应当在终止确认、按照本准则规定重分类、按照实际利率法摊销或按照本准则规定确认减值时，计入当期损益。如果企业将以摊余成本计量的金融资产重分类为其他类别，应当根据本准则第三十条规定处理其利得或损失。

以摊余成本计量且不属于任何套期关系的一部分的金融负债所产生的利得或损失，应当在终止确认时计入当期损益或在按照实际利率法摊销时计入相关期间损益。

第六十七条 属于套期关系中被套期项目的金融资产或金融负债所产生的利得或损失，应当按照《企业会计准则第 24 号——套期会计》相关规定进行处理。

第六十八条 企业根据本准则第二十二条和第二十六条规定将金融负债指定为以公允价值计量且其变动计入当期损益的金融负债的，该金融负债所产生的利得或损失应当按照下列规定进行处理：

（一）由企业自身信用风险变动引起的该金融负债公允价值的变动金额，应当计入其他综合收益；

（二）该金融负债的其他公允价值变动计入当期损益。

按照本条（一）规定对该金融负债的自身信用风险变动的影响进行处理会造成或扩大损益中的会计错配的，企业应当将该金融负债的全部利得或损失（包括企业自身信用风险变动的影响金额）计入当期损益。

该金融负债终止确认时，之前计入其他综合收益的累计利得或损失应当从其他综合收益中转出，计入留存收益。

第六十九条 企业根据本准则第十九条规定将非交易性权益工具投资指定为以公允价值计量且其变动计入其他综合收益的金融资产的，当该金融资产终止确认时，之前计入其他综合收益的累计利得或损失应当从其他综合收益中转出，计入留存收益。

第七十条 指定为以公允价值计量且其变动计入当期损益的金融负债的财务担保合同和不可撤销贷款承诺所产生的全部利得或损失，应当计入当期损益。

第七十一条 按照本准则第十八条分类为以公允价值计量且其变动计入其他综合收益的金融资产所产生的所有利得或损失，除减值损失或利得和汇兑损益之外，均应当计入其他综合收益，直至该金融资产终止确认或被重分类。但是，采用实际利率法计算的该金融资产的利息应当计入当期损益。该金融资产计入各期损益的金额应当与视同其一直按摊余成本计量而计入各期损益的金额相等。

该金融资产终止确认时，之前计入其他综合收益的累计利得或损失应当从其他综合收益中转出，计入当期损益。

企业将该金融资产重分类为其他类别金融资产的，应当根据本准则第三十一条规定，对之前计入其他综合收益的累计利得或损失进行相应处理。

第十章　衔接规定

第七十二条　本准则施行日之前的金融工具确认和计量与本准则要求不一致的，企业应当追溯调整，但本准则第七十三条至第八十三条另有规定的除外。在本准则施行日已经终止确认的项目不适用本准则。

第七十三条　在本准则施行日，企业应当按照本准则的规定对金融工具进行分类和计量（含减值），涉及前期比较财务报表数据与本准则要求不一致的，无需调整。金融工具原账面价值和在本准则施行日的新账面价值之间的差额，应当计入本准则施行日所在年度报告期间的期初留存收益或其他综合收益。同时，企业应当按照《企业会计准则第 37 号——金融工具列报》的相关规定在附注中进行披露。

企业如果调整前期比较财务报表数据，应当能够以前期的事实和情况为依据，且比较数据应当反映本准则的所有要求。

第七十四条　在本准则施行日，企业应当以该日的既有事实和情况为基础，根据本准则第十七条（一）或第十八条（一）的相关规定评估其管理金融资产的业务模式是以收取合同现金流量为目标，还是以既收取合同现金流量又出售金融资产为目标，并据此确定金融资产的分类，进行追溯调整，无须考虑企业之前的业务模式。

第七十五条　在本准则施行日，企业在考虑具有本准则第十六条所述修正的货币时间价值要素的金融资产的合同现金流量特征时，需要对特定货币时间价值要素修正进行评估的，该评估应当以该金融资产初始确认时存在的事实和情况为基础。该评估不切实可行的，企业不应考虑本准则关于货币时间价值要素修正的规定。

第七十六条　在本准则施行日，企业在考虑具有本准则第十六条所述提前还款特征的金融资产的合同现金流量特征时，需要对该提前还款特征的公允价值是否非常小进行评估的，该评估应当以该金融资产初始确认时存在的事实和情况为基础。该评估不切实可行的，企业不应考虑本准则关于提前还款特征例外情形的规定。

第七十七条　在本准则施行日，企业存在根据本准则相关规定应当以公允价值计量的混合合同但之前未以公允价值计量的，该混合合同在前期比较财务报表期末的公允价值应当等于其各组成部分在前期比较财务报表期末公允价值之和。在本准则施行日，企业应当将整个混合合同在该日的公允价值与该混合合同各组成部分在该日的公允价值之和之间的差额，计入本准则施行日所在报告期间的期初留存收益或其他综合收益。

第七十八条　在本准则施行日，企业应当以该日的既有事实和情况为基础，根据本准则的相关规定，对相关金融资产进行指定或撤销指定，并追溯调整：

（一）在本准则施行日，企业可以根据本准则第二十条规定，将满足条件的金融资产指定为以公允价值计量且其变动计入当期损益的金融资产。但企业之前指定为以公允价值计量且其变动计入当期损益的金融资产，不满足本准则第二十条规定的指定条件的，应当解除之前做出的指定；之前指定为以公允价值计量且其变动计入当期损益的金融资产继续满足本准则第二十条规定的指定条件的，企业可以选择继续指定或撤销之前的指定。

（二）在本准则施行日，企业可以根据本准则第十九条规定，将非交易性权益工具投资指定为以公允价值计量且其变动计入其他综合收益的金融资产。

第七十九条 在本准则施行日，企业应当以该日的既有事实和情况为基础，根据本准则的相关规定，对相关金融负债进行指定或撤销指定，并追溯调整：

（一）在本准则施行日，为了消除或显著减少会计错配，企业可以根据本准则第二十二条（一）的规定，将金融负债指定为以公允价值计量且其变动计入当期损益的金融负债。

（二）企业之前初始确认金融负债时，为了消除或显著减少会计错配，已将该金融负债指定为以公允价值计量且其变动计入当期损益的金融负债，但在本准则施行日不再满足本准则规定的指定条件的，企业应当撤销之前的指定；该金融负债在本准则施行日仍然满足本准则规定的指定条件的，企业可以选择继续指定或撤销之前的指定。

第八十条 在本准则施行日，企业按照本准则规定对相关金融资产或金融负债以摊余成本进行计量、应用实际利率法追溯调整不切实可行的，应当按照以下原则进行处理：

（一）以金融资产或金融负债在前期比较财务报表期末的公允价值，作为企业调整前期比较财务报表数据时该金融资产的账面余额或该金融负债的摊余成本；

（二）以金融资产或金融负债在本准则施行日的公允价值，作为该金融资产在本准则施行日的新账面余额或该金融负债的新摊余成本。

第八十一条 在本准则施行日，对于之前以成本计量的、在活跃市场中没有报价且其公允价值不能可靠计量的权益工具投资或与该权益工具挂钩并须通过交付该工具进行结算的衍生金融资产，企业应当以其在本准则施行日的公允价值计量。原账面价值与公允价值之间的差额，应当计入本准则施行日所在报告期间的期初留存收益或其他综合收益。

在本准则施行日，对于之前以成本计量的、与在活跃市场中没有报价的权益工具挂钩并须通过交付该权益工具进行结算的衍生金融负债，企业应当以其在本准则施行日的公允价值计量。原账面价值与公允价值之间的差额，应当计入本准则施行日所在报告期间的期初留存收益。

第八十二条 在本准则施行日，企业存在根据本准则第二十二条规定将金融负债指定为以公允价值计量且其变动计入当期损益的金融负债，并且按照本准则第六十八条（一）规定将由企业自身信用风险变动引起的该金融负债公允价值的变动金额计入其他综合收益的，企业应当以该日的既有事实和情况为基础，判断按照上述规定处理是否会造成或扩大损益的会计错配，进而确定是否应当将该金融负债的全部利得或损失（包括企业自身信用风险变动的影响金额）计入当期损益，并按照上述结果追溯调整。

第八十三条 在本准则施行日，企业按照本准则计量金融工具减值的，应当使用无须付出不必要的额外成本或努力即可获得的合理且有依据的信息，确定金融工具在初始确认日的信用风险，并将该信用风险与本准则施行日的信用风险进行比较。

在确定自初始确认后信用风险是否显著增加时，企业可以应用本准则第五十五条的规定根据其是否具有较低的信用风险进行判断，或者应用本准则第五十三条第二段的规定根据相关金融资产逾期是否超过 30 日进行判断。企业在本准则施行日必须付出不必要的额外成本或努力才可获得合理且有依据的信息的，企业在该金融工具终止确认前的所有资产负债表日的损失准备应当等于其整个存续期的预期信用损失。

第十一章　附则

第八十四条　本准则自 2018 年 1 月 1 日起施行。

企业会计准则第 23 号——金融资产转移

为了适应社会主义市场经济发展需要，规范金融工具的会计处理，提高会计信息质量，根据《企业会计准则——基本准则》，财政部对《企业会计准则第 23 号——金融资产转移》进行了修订。在境内外同时上市的企业以及在境外上市并采用国际财务报告准则或企业会计准则编制财务报告的企业，自 2018 年 1 月 1 日起施行；其他境内上市企业自 2019 年 1 月 1 日起施行；执行企业会计准则的非上市企业自 2021 年 1 月 1 日起施行。同时，鼓励企业提前执行。执行本准则的企业，不再执行财政部于 2006 年 2 月 15 日印发的《财政部关于印发〈企业会计准则第 1 号——存货〉等 38 项具体准则的通知》（财会〔2006〕3 号）中的《企业会计准则第 23 号——金融资产转移》。

执行本准则的企业，应当同时执行财政部于 2017 年修订印发的《企业会计准则第 22 号——金融工具确认和计量》（财会〔2017〕7 号）和《企业会计准则第 24 号——套期会计》（财会〔2017〕9 号）。

第一章　总则

第一条　为了规范金融资产（包括单项或一组类似金融资产）转移和终止确认的会计处理，根据《企业会计准则——基本准则》，制定本准则。

【解析 23-1】企业会计准则第 23 号——金融资产转移

《企业会计准则第 23 号——金融资产转移》明确了金融资产转移的认定以及金融资产转移是否导致金融资产终止确认的判断原则，规范了金融资产转移和终止确认的相关会计处理。

第二条　金融资产转移，是指企业（转出方）将金融资产（或其现金流量）让与或交付给该金融资产发行方之外的另一方（转入方）。

金融资产终止确认，是指企业将之前确认的金融资产从其资产负债表中予以转出。

【解析 23-2】金融资产转移的认定以及终止确认的判断原则

企业应当在收取金融资产现金流量的合同权利终止时终止确认该金融资产。如果该合同权利尚未终止，只有在金融资产已转移，且该转移满足终止确认条件的规定时才能终止确认。因此，本准则规定的金融资产转移仅包含两种情形。

1. 企业将收取金融资产现金流量的合同权利转移给其他方。

2. 企业保留了收取金融资产现金流量的合同权利，但承担了将收取的该现金流量支付给一个或多个最终收款方的合同义务，且同时满足本准则第六条第（二）项的 3 个条件。

对于符合本准则规定的金融资产转移的两种情形，企业可根据本准则的规定进一步进行风险报酬以及控制的判断；对于除此之外的情形，企业应当继续确认该金融资产。

企业在判断金融资产转移是否导致金融资产终止确认时，应当评估其在多大程度上保留了金融资产所有权上的风险和报酬。企业转移了金融资产所有权上几乎所有风险和报酬的，应当终止确认该金融资产，并将转移中产生或保留的权利和义务单独确认为资产或负债；企业保留了金融资产所有权上几乎所有风险和报酬的，应当继续确认该金融资产；企业既没有转移也没有保留金融资产所有权上几乎所有风险和报酬的，应当进一步判断其是否保留了对金融资产的控制。企业未保留对该金融资产控制的，应当终止确认该金融资产，并将转移中产生或保留的权利和义务单独确认为资产或负债；企业保留了对该金融资产控制的，应当按照其继续涉入被转移金融资产的程度确认有关金融资产，并相应确认相关负债。

企业应当在金融资产转移整体满足终止确认条件时，将被转移金融资产在终止确认日的账面价值与因转移金融资产而收到的对价（包含取得的新资产减去承担的新负债）和原直接计入其他综合收益的公允价值变动累计额中对应终止确认部分的金额（涉及转移的金融资产为根据《企业会计准则第22号——金融工具确认和计量》第十八条分类为以公允价值计量且其变动计入其他综合收益的金融资产的情形）之和的差额计入当期损益。

企业对于保留了被转移金融资产所有权上几乎所有风险和报酬而不满足终止确认条件的金融资产转移，应当继续确认被转移金融资产整体，并将收到的对价确认为一项金融负债，所涉及的金融资产与所确认的相关金融负债应当分别确认和计量，不得相互抵销。

企业既没有转移也没有保留金融资产所有权上几乎所有风险和报酬，且保留了对该金融资产控制的，应当按照其继续涉入被转移金融资产的程度确认相关金融资产，并相应确认相关负债。被转移金融资产和相关负债的计量应当充分反映企业所保留的权利和承担的义务。

摘录于《〈企业会计准则第23号——金融资产转移〉应用指南》

【解析23-3】应设置的会计科目

企业存在对已转移金融资产继续涉入情况的，应当设置相应会计科目核算继续涉入资产和继续涉入负债。以下给出了相关会计科目设置的建议，企业可以根据实际情况自行设置会计科目。

（一）“1518继续涉入资产”

本科目核算企业（转出方）由于对转出金融资产提供信用增级（如提供担保，持有次级权益）而继续涉入被转移金融资产时，企业所承担的最大可能损失金额（即企业继续涉入被转移金融资产的程度）。企业可以按金融资产转移业务的类别、继续涉入的性质或者被转移金融资产的类别设置本科目的明细科目。

（二）“2504继续涉入负债”

本科目核算企业在金融资产转移中因继续涉入被转移资产而产生的义务。企业可以按金融资产转移业务的类别、被转移金融资产的类别或者交易对手设置本科目的明细科目。

摘录于《〈企业会计准则第23号——金融资产转移〉应用指南》

第三条　企业对金融资产转入方具有控制权的，除在该企业个别财务报表基础上应用本准则外，在编制合并财务报表时，还应当按照《企业会计准则第33号——合并财务报表》的规定合并所有纳入合并范围的子公司（含结构化主体），并在合并财务报表层面应用本准则。

第二章 金融资产终止确认的一般原则

第四条 金融资产的一部分满足下列条件之一的，企业应当将终止确认的规定适用于该金融资产部分，除此之外，企业应当将终止确认的规定适用于该金融资产整体：

（一）该金融资产部分仅包括金融资产所产生的特定可辨认现金流量。如企业就某债务工具与转入方签订一项利息剥离合同，合同规定转入方有权获得该债务工具利息现金流量，但无权获得该债务工具本金现金流量，终止确认的规定适用于该债务工具的利息现金流量。

（二）该金融资产部分仅包括与该金融资产所产生的全部现金流量完全成比例的现金流量部分。如企业就某债务工具与转入方签订转让合同，合同规定转入方拥有获得该债务工具全部现金流量一定比例的权利，终止确认的规定适用于该债务工具全部现金流量一定比例的部分。

（三）该金融资产部分仅包括与该金融资产所产生的特定可辨认现金流量完全成比例的现金流量部分。如企业就某债务工具与转入方签订转让合同，合同规定转入方拥有获得该债务工具利息现金流量一定比例的权利，终止确认的规定适用于该债务工具利息现金流量一定比例的部分。

企业发生满足本条（二）或（三）条件的金融资产转移，且存在一个以上转入方的，只要企业转移的份额与金融资产全部现金流量或特定可辨认现金流量完全成比例即可，不要求每个转入方均持有成比例的份额。

【解析 23-4】金融资产终止确认的定义

金融资产转移中通常需要判断是否应终止确认所转移的金融资产。如果企业转移金融资产后不再保留任何与被转移金融资产相关的权利或义务，这种情况下终止确认被转移金融资产的结论通常比较明确。另一种情况是企业在转移金融资产后承担无条件以转让价格回购被转移金融资产的义务，且在回购之前需要支付利息，这种情况下企业承担的被转移金融资产的风险与自身持有的相同金融资产的风险没有实质区别，则不能终止确认被转移金融资产。如果金融资产的转移介于上述两种极端之间，企业在转移金融资产后保留了与被转移金融资产相关的某些权利或义务，则是否能够终止确认被转移金融资产就需要进行更加详细的分析，必须严格按照本准则规定的金融资产终止确认流程进行判断。票据背书转让、商业票据贴现、应收账款保理、资产证券化、债券买断式回购、融资融券等业务中都涉及金融资产转移和终止确认的判断和相应会计处理。

摘录于《〈企业会计准则第 23 号——金融资产转移〉应用指南》

第五条 金融资产满足下列条件之一的，应当终止确认：

（一）收取该金融资产现金流量的合同权利终止。

（二）该金融资产已转移，且该转移满足本准则关于终止确认的规定。

【解析 23-5】金融资产终止确认的条件

本准则规定，金融资产终止确认，是指企业将之前确认的金融资产从其资产负债表中予以转出。金融资产满足下列条件之一的，应当终止确认。

1. 收取该金融资产现金流量的合同权利终止。

2. 该金融资产已转移，且该转移满足本准则关于终止确认的规定。

在第一个条件下，企业收取金融资产现金流量的合同权利终止，如因合同到期而使合同权利终止，金融资产不能再为企业带来经济利益，应当终止确认该金融资产。在第二个条件下，企业收取一项金融资产现金流量的合同权利并未终止，但若企业转移了该项金融资产，同时该转移满足本准则关于终止确认的规定，在这种情况下，企业也应当终止确认被转移的金融资产。

摘录于《〈企业会计准则第23号——金融资产转移〉应用指南》

【解析23-6】金融资产终止确认的判断流程

本准则关于终止确认的相关规定，适用于所有金融资产的终止确认。根据本准则的规定，企业在判断金融资产是否应当终止确认以及在多大程度上终止确认时，应当遵循以下步骤。

（一）确定适用金融资产终止确认规定的报告主体层面

本准则规定，企业（转出方）对金融资产转入方具有控制权的，除在该企业个别财务报表基础上应用本准则外，在编制合并财务报表时，还应当按照《企业会计准则第33号——合并财务报表》的规定合并所有纳入合并范围的子公司（含结构化主体），并在合并财务报表层面应用本准则。

在资产证券化实务中，企业通常设立"信托计划""专项支持计划"等结构化主体作为结构化融资的载体，由结构化主体向第三方发行证券并向企业自身购买金融资产。在这种情况下，从法律角度看企业可能已将金融资产转移到结构化主体，两者之间实现了风险隔离。但在进行金融资产终止确认判断时，企业应首先确定报告主体，即是编制合并财务报表还是个别财务报表。如果是合并财务报表，企业应当首先按照有关规定合并所有子公司（含结构化主体），然后将本准则的规定应用于合并财务报表，即在合并财务报表层面进行金融资产转移及终止确认分析。

（二）确定金融资产是部分还是整体适用终止确认原则

本准则中的金融资产既可能指一项金融资产或其部分，也可能指一组类似金融资产或其部分。一组类似金融资产通常指金融资产的合同现金流量在金额和时间分布上相似并且具有相似的风险特征，如合同条款类似、到期期限接近的一组住房抵押贷款等。

本准则规定，当且仅当金融资产（或一组金融资产，下同）的一部分满足下列3个条件之一时，终止确认的相关规定适用于该金融资产部分，否则，适用于该金融资产整体。

1. 该金融资产部分仅包括金融资产所产生的特定可辨认现金流量。如企业就某债务工具与转入方签订一项利息剥离合同，合同规定转入方拥有获得该债务工具利息现金流量的权利，但无权获得该债务工具本金现金流量，则终止确认的规定适用于该债务工具的利息现金流量。

2. 该金融资产部分仅包括与该金融资产所产生的全部现金流量完全成比例的现金流量部分。如企业就某债务工具与转入方签订转让合同，合同规定转入方拥有获得该债务工具全部现金流量90%份额的权利，则终止确认的规定适用于这些现金流量的90%。如果转入方不止一个，只要转出方所转移的份额与金融资产的现金流量完全成比例即可，不要求每一转入方均持有成比例的现金流量份额。

3. 该金融资产部分仅包括与该金融资产所产生的特定可辨认现金流量完全成比例的现金流量部分。如企业就某债务工具与转入方签订转让合同，合同规定转入方拥有获得该债务工具利息现金流量90%份额的权利，则终止确认的规定适用于该债务工具利息现金流量90%部分。如果转入方不止一个，只要转出方所转移的份额与金融资产的特定可辨认现金流量完全成比例即可，不要求每一转入方均持有成比例的现金流量份额。

在除上述情况外的其他所有情况下，有关金融资产终止确认的相关规定适用于金融资产的整体。例如，企业转移了公允价值为100万元人民币的一组类似的固定期限贷款组合，约定向转入方支付贷款组合预期所产生的现金流量的前90万元人民币，企业保留了取得剩余现金流量的次级权益。因为最初90万元人民币的现金流量既可能来自贷款本金也可能来自利息，且无法辨认来自贷款组合中的哪些贷款，所以不是特定可辨认的现金流量，也不是该金融资产所产生的全部或部分现金流量的完全成比例的份额。在这种情况下，企业不能将终止确认的相关规定适用于该金融资产90万元人民币的部分，而应当适用于该金融资产的整体。

又如，企业转移了一组应收款项产生的现金流量90%的权利，同时提供了一项担保以补偿转入方可能遭受的信用损失，最高担保额为应收款项本金金额的8%。在这种情况下，由于存在担保，在发生信用损失的情况下，企业可能需要向转入方支付部分已经收到的企业自留的10%的现金流量，以补偿对方就90%现金流所遭受的损失，导致该组应收款项下实际合同现金流量的分类并非完全按90%及10%完全成比例分配，终止确认的相关规定适用于该组金融资产的整体。

（三）确定收取金融资产现金流量的合同权利是否终止

企业在确定适用金融资产终止确认规定的报告主体层面（合并财务报表层面或个别财务报表层面）以及对象（金融资产整体或部分）后，即可开始判断是否对金融资产进行终止确认。收取金融资产现金流量的合同权利已经终止的，企业应当终止确认该金融资产。如一项应收账款的债务人在约定期限内支付了全部款项，或者在期权合同到期时期权持有人未行使期权权利，导致收取金融资产现金流量的合同权利终止，企业应终止确认金融资产。

若收取金融资产的现金流量的合同权利没有终止，企业应当判断是否转移了金融资产，并根据以下有关金融资产转移的相关判断标准确定是否应当终止确认被转移金融资产。

（四）判断企业是否已转移金融资产

企业在判断是否已转移金融资产时，应分以下两种情形做进一步的判断。

1. 企业将收取金融资产现金流量的合同权利转移给其他方。

企业将收取金融资产现金流量的合同权利转移给其他方，表明该项金融资产发生了转移，通常表现为金融资产的合法出售或者金融资产现金流量权利的合法转移。例如，实务中常见的票据背书转让、商业票据贴现等，均属于这一种金融资产转移的情形。在这种情形下，转入方拥有了获取被转移金融资产所有未来现金流量的权利，转出方应进一步判断金融资产风险和报酬转移情况来确定是否应当终止确认被转移金融资产。

2. 企业保留了收取金融资产现金流量的合同权利，但承担了将收取的该现金流量支付给一个或多个最终收款方的合同义务。

这种金融资产转移的情形通常被称为“过手安排”。在某些金融资产转移交易中，转出方在出售金融资产后，会继续作为收款服务方或收款代理人等收取金融资产的现金流量，再转交给转入方或最终收款方。这种金融资产转移情形常见于资产证券化业务。例如，在某些情况下，银行可能负责收取所转移贷款的本金和利息并最终支付给收益权持有者，同时收取相应服务费。当企业保留了收取金融资产现金流量的合同权利，但承担了将收取的该现金流量支付给一个或多个最终收款方的合同义务时，当且仅当同时符合以下 3 个条件时，转出方才能按照金融资产转移的情形进行后续分析及处理，否则，被转移金融资产应予以继续确认。

（1）企业（转出方）只有从该金融资产收到对等的现金流量时，才有义务将其支付给最终收款方。

在有的资产证券化等业务中，如发生由于被转移金融资产的实际收款日期与向最终收款方付款的日期不同而导致款项缺口的情况，转出方需要提供短期垫付款项。在这种情况下，当且仅当转出方有权全额收回该短期垫付款并按照市场利率就该垫款计收利息，方能视同满足这一条件。在有转出方短期垫付安排的资产证券化业务中，如果转出方收回该垫款的权利仅优先于次级资产支持证券持有人，但劣后于优先级资产支持证券持有人，或者转出方不计收利息的，均不能满足这一条件。

例如，在一项资产证券化交易中，按照交易协议规定，转出方在设立结构化主体时需要向结构化主体提供现金或其他资产以建立流动性储备，确保在收取基础资产款项发生延误时能够向资产证券化产品的持有者按协议规定付款，被动用的流动性储备只能通过提留基础资产后续产生的现金流的方式收回。假设转出方合并该结构化主体，在该种情况下，由于转出方出资设立了流动性储备（即提供了垫付款项），在发生收款延误时，转出方有义务向最终收款方支付尚未从基础资产收取的款项，且如果出现基础资产后续产生的现金流量不足的情况转出方没有收回权，导致该交易不满足上述“转出方只有从该金融资产收到对等的现金流量时，才有义务将其支付给最终收款方”的条件。类似地，如果资产证券化协议规定转出方承担或转出方实际承担了在需要时向结构化主体提供现金借款的确定承诺，且该借款只能通过提留基础资产后续产生的现金流的方式收回，则该资产证券化交易也不满足本条件。

如果结构化主体的流动性储备不是由转出方预提或承诺提供的，而是来自基础资产产生的现金流量或者由资产支持证券的第三方次级权益持有者提供，且转出方不控制（即不需合并）该结构化主体，由于转出方没有向结构化主体（即转入方）支付从被转移金融资产取得的现金流量以外的其他现金流量，这种流动性储备安排满足本条件的情形。

（2）转让合同规定禁止企业（转出方）出售或抵押该金融资产，但企业可以将其作为向最终收款方支付现金流量义务的保证。

企业不能出售该项金融资产，也不能以该项金融资产作为质押品对外进行担保，意味着转出方不再拥有出售或处置被转移金融资产的权利。但是，由于企业负有向最终收款方支付该项金融资产所产生的现金流量的义务，该项金融资产可以作为企业如期向最终收款方支付现金流量的保证。

（3）企业（转出方）有义务将代表最终收款方收取的所有现金流量及时划转给最终收款方，且无重大延误。企业无权将该现金流量进行再投资。但是，如果企业在收款日和最终收款方要求的划转日之间的短暂结算期内将代为收取的现金流量进行现金或现金等价物投资，并且按照合同约定将此类投资的收益支付给最终收款方，则视同满足本条件。

这一条件不仅对转出方在收款日至向最终收款方支付日的短暂结算期间内将收取的现金流量再投资作出了限制，而且将转出方为了最终收款人利益而进行的投资严格地限定为现金或现金等价物投资。在这种情况下，现金和现金等价物应当符合《企业会计准则第31号——现金流量表》中的定义，而且不允许转出方在这些现金或现金等价物投资中保留任何投资收益，所有的投资收益必须支付给最终收款方。例如，如果按照某过手安排，合同条款允许企业将代最终收款方收取的现金流量投资于不满足现金和现金等价物定义的某些理财产品或货币市场基金等产品，则该过手安排不满足本条件，进而不能按照金融资产转移进行后续判断和会计处理。此外，在通常情况下，如果根据合同条款，企业自代为收取现金流量之日起至最终划转给最终收款方的期间超过3个月，则视为有重大延误，进而该过手安排不满足本条件，因此不构成金融资产转移。

【例23-1】关于符合金融资产终止确认的案例

2×17年3月15日，甲公司销售一批商品给乙公司，开出的增值税专用发票上注明的销售价款为300 000元，增值税销项税额为39 000元，款项尚未收到。双方约定，乙公司应于2×17年10月31日付款。2×17年6月4日，经与中国银行协商后约定：甲公司将应收乙公司的货款出售给中国银行，价款为263 250元；在应收乙公司货款到期无法收回时，中国银行不能向甲公司追偿。甲公司根据以往经验，预计该批商品将发生的销售退回金额为22 600元，其中，增值税销项税额为2 600元，成本为13 000元，实际发生的销售退回由甲公司承担。2×17年8月3日，甲公司收到乙公司退回的商品，价款为22 600元。假定不考虑其他因素。

甲公司与应收债权出售有关的账务处理如下。

（1）2×17年6月4日出售应收债权。

借：银行存款	263 250	
财务费用	53 150	
其他应收款	22 600	
贷：应收账款		339 000

（2）2×17年8月3日收到退回的商品。

借：主营业务收入	20 000	
应交税费——应交增值税（销项税额）	2 600	
贷：其他应收款		22 600
借：库存商品	13 000	
贷：主营业务成本		13 000

本例涉及企业将应收债权不附追索权予以出售（处置）。应收债权的出售通常分为不附

追索权的出售和附追索权出售。不附追索权应收债权出售，其含义是：企业将其按照销售商品、提供劳务的销售合同所产生的应收债权出售给银行等金融机构，根据企业、债务人及银行等金融机构之间的协议，在所售应收债权到期无法收回时，银行等金融机构不能够向出售应收债权的企业进行追偿。在这种情况下，企业应将所售应收债权予以转销，结转计提的相关坏账准备，确认按协议的约定预计将发生的销售退回、销售折让、现金折扣等，确认出售损益。

【例 23-2】关于不符合金融资产终止确认的案例

甲企业销售一批商品给乙企业，货已发出，增值税专用发票上注明的商品价款为 200 000 元，增值税销项税额为 26 000 元。当日收到乙企业签发的不带息商业承兑汇票一张，该票据的期限为 3 个月。相关销售商品收入符合收入确认条件。

甲企业的账务处理如下。

（1）销售实现时。

借：应收票据	226 000	
贷：主营业务收入		200 000
应交税费——应交增值税（销项税额）		26 000

（2）3 个月后，应收票据到期，甲企业收回款项 226 000 元，存入银行。

借：银行存款	226 000	
贷：应收票据		226 000

（3）如果甲企业在该票据到期前向银行贴现，且银行拥有追索权，则表明甲企业的应收票据贴现不符合金融资产终止确认条件，应将贴现所得确认为一项金融负债（短期借款）。假定甲企业贴现获得现金净额 231 660 元，则甲企业有关账务处理如下。

借：银行存款	223 740	
短期借款——利息调整	2 260	
贷：短期借款——成本		226 000

贴现息 2 340 元应在票据贴现期间采用实际利率法确认为利息费用。

第三章　金融资产转移的情形及其终止确认

第六条　金融资产转移，包括下列两种情形：

（一）企业将收取金融资产现金流量的合同权利转移给其他方。

（二）企业保留了收取金融资产现金流量的合同权利，但承担了将收取的该现金流量支付给一个或多个最终收款方的合同义务，且同时满足下列条件：

1. 企业只有从该金融资产收到对等的现金流量时，才有义务将其支付给最终收款方。企业提供短期垫付款，但有权全额收回该垫付款并按照市场利率计收利息的，视同满足本条件。

2. 转让合同规定禁止企业出售或抵押该金融资产，但企业可以将其作为向最终收款方支付现金流量义务的保证。

3. 企业有义务将代表最终收款方收取的所有现金流量及时划转给最终收款方，且无重大延误。企业无权将该现金流量进行再投资，但在收款日和最终收款方要求的划转日之间的短暂结算期内，将所收到的现金流量进行现金或现金等价物投资，并且按照合同约定将此类投资的收益支付给最终收款方的，视同满足本条件。

第七条 企业在发生金融资产转移时，应当评估其保留金融资产所有权上的风险和报酬的程度，并分别下列情形处理：

（一）企业转移了金融资产所有权上几乎所有风险和报酬的，应当终止确认该金融资产，并将转移中产生或保留的权利和义务单独确认为资产或负债。

（二）企业保留了金融资产所有权上几乎所有风险和报酬的，应当继续确认该金融资产。

（三）企业既没有转移也没有保留金融资产所有权上几乎所有风险和报酬的（即除本条（一）、（二）之外的其他情形），应当根据其是否保留了对金融资产的控制，分别下列情形处理：

1. 企业未保留对该金融资产控制的，应当终止确认该金融资产，并将转移中产生或保留的权利和义务单独确认为资产或负债。

2. 企业保留了对该金融资产控制的，应当按照其继续涉入被转移金融资产的程度继续确认有关金融资产，并相应确认相关负债。

继续涉入被转移金融资产的程度，是指企业承担的被转移金融资产价值变动风险或报酬的程度。

【解析 23-7】分析所转移金融资产的风险和报酬转移情况

企业转移收取现金流量的合同权利或者通过符合条件的过手安排方式转移金融资产的，应根据本准则规定进一步对被转移金融资产进行风险和报酬转移分析，以判断是否应终止确认被转移金融资产。

本准则规定，企业在判断金融资产转移是否导致金融资产终止确认时，应当评估其在多大程度上保留了金融资产所有权上的风险和报酬，即比较其在转移前后所承担的、该金融资产未来净现金流量金额及其时间分布变动的风险，并分别以下情形进行处理。

1. 企业转移了金融资产所有权上几乎所有风险和报酬的，应当终止确认该金融资产，并将转移中产生或保留的权利和义务单独确认为资产或负债。

关于这里所指的“几乎所有风险和报酬”，企业应当根据金融资产的具体特征做出判断。需要考虑的风险类型通常包括利率风险、信用风险、外汇风险、逾期未付风险、提前偿付风险（或报酬）、权益价格风险等。

在通常情况下，通过分析金融资产转移协议中的条款，企业就可以比较容易地确定是否转移或保留了金融资产所有权上几乎所有的风险和报酬，而不需要通过计算确定。以下情形表明企业已将金融资产所有权上几乎所有的风险和报酬转移给了转入方。

（1）企业无条件出售金融资产。企业出售金融资产时，如果根据与购买方之间的协议约定，在任何时候（包括所出售金融资产的现金流量逾期未收回时）购买方均不能够向企业进行追偿，企业也不承担任何未来损失，此时，企业可以认定几乎所有的风险和报酬已经转移，应当终止确认该金融资产。

例如，某银行向某资产管理公司出售了一组贷款，双方约定，在出售后银行不再承担该组贷款的任何风险，该组贷款发生的所有损失均由资产管理公司承担，资产管理公司不能因该组已出售贷款的包括逾期未付在内的任何未来损失向银行要求补偿。在这种情况下，银行已经将该组贷款上几乎所有的风险和报酬转移，可以终止确认该组贷款。

（2）企业出售金融资产，同时约定按回购日该金融资产的公允价值回购。企业通过与购买方签订协议，按一定价格向购买方出售了一项金融资产，同时约定到期日企业再将该金融资产购回，回购价为到期日该金融资产的公允价值。此时，该项金融资产如果发生公允价值变动，其公允价值变动由购买方承担，因此可以认定企业已经转移了该项金融资产所有权上几乎所有的风险和报酬，应当终止确认该金融资产。同样，企业在金融资产转移以后只保留了优先按照回购日公允价值回购该金融资产的权利的，也应当终止确认所转移的金融资产。

（3）企业出售金融资产，同时与转入方签订看跌或看涨期权合约，且该看跌或看涨期权为深度价外期权（即到期日之前不大可能变为价内期权），此时可以认定企业已经转移了该项金融资产所有权上几乎所有的风险和报酬，应当终止确认该金融资产。

企业需要通过计算判断是否转移或保留了金融资产所有权上几乎所有风险和报酬的，在计算金融资产未来现金流量净现值时，应考虑所有合理、可能的现金流量变动，采用适当的市场利率作为折现率，并采用概率加权平均方法。

2.企业保留了金融资产所有权上几乎所有风险和报酬的，应当继续确认该金融资产。

本准则规定，企业保留了金融资产所有权上几乎所有风险和报酬的，不应当终止确认该金融资产。

与企业转移了金融资产所有权上几乎所有风险和报酬的判断方法相似，企业在判断是否保留了金融资产所有权上几乎所有的风险和报酬时，应当比较其在转移前后面临的该金融资产未来净现金流量金额及其时间分布变动的风险。企业承担的风险没有因金融资产转移发生显著改变的，表明企业仍保留了金融资产所有权上几乎所有的风险和报酬。

以下情形通常表明企业保留了金融资产所有权上几乎所有的风险和报酬。

（1）企业出售金融资产并与转入方签订回购协议，协议规定企业将按照固定价格或是按照原售价加上合理的资金成本向转入方回购原被转移金融资产，或者与售出的金融资产相同或实质上相同的金融资产。例如，采用买断式回购、质押式回购交易卖出债券等。

（2）企业融出证券或进行证券出借。例如，证券公司将自身持有的证券借给客户，合同约定借出期限和出借费率，到期客户需归还相同数量的同种证券，并向证券公司支付出借费用。证券公司保留了融出证券所有权上几乎所有的风险和报酬。因此，证券公司应当继续确认融出的证券。

（3）企业出售金融资产并附有将市场风险敞口转回给企业的总回报互换。在附总回报互换的金融资产出售中，企业出售了一项金融资产，并与转入方达成一项总回报互换协议，如转入方将该资产实际产生的现金流量支付给企业以换取固定付款额或浮动利率付款额，该项资产公允价值的所有增减变动由企业（转出方）承担，从而使企业保留了该金融资产所有权上几乎所有的风险和报酬。在这种情况下，企业应当继续确认所出售的金融资产。

（4）企业出售短期应收款项或信贷资产，并且全额补偿转入方可能因被转移金融资产发生的信用损失。企业将短期应收款项或信贷资产整体出售，符合金融资产转移的条件。但由于企业出售金融资产时做出承诺，当已转移的金融资产将来发生信用损失时，由企业（出售方）进行全额补偿。在这种情况下，企业保留了该金融资产所有权上几乎所有的风险和报酬，因此不应当终止确认所出售的金融资产。这种情形经常出现在资产证券化实务中。例如，企业通过持有次级权益或承诺对特定现金流量担保，实现了对证券化资产的信用增级。如果通过这种信用增级，企业保留了被转移资产所有权上几乎所有的风险和报酬，那么企业就不应当终止确认该金融资产。

（5）企业出售金融资产，同时与转入方签订看跌或看涨期权合约，且该看跌期权或看涨期权为一项价内期权。例如，企业出售某金融资产但同时持有深度价内的看涨期权（即到期日之前不大可能变为价外期权），或者企业出售金融资产而转入方有权通过同时签订的深度价内看跌期权在以后将该金融资产回售给企业。在这两种情况下，由于企业都保留了该项金融资产所有权上几乎所有的风险和报酬，因此不应当终止确认该金融资产。

（6）采用附追索权方式出售金融资产。企业出售金融资产时，如果根据与购买方之间的协议约定，在所出售金融资产的现金流量无法收回时，购买方能够向企业进行追偿，企业也应承担未来损失。此时，可以认定企业保留了该金融资产所有权上几乎所有的风险和报酬，不应当终止确认该金融资产。

3. 企业既没有转移也没有保留金融资产所有权上几乎所有的风险和报酬的，应当判断其是否保留了对金融资产的控制，根据是否保留了控制分别进行处理。

实务中，可通过分析金融资产转移协议中的条款和现金流量分布实际情况（例如将超额服务费等纳入考虑），计算确定金融资产转移前后所承担的未来现金流量现值变动情况，且实践中存在多种可行的计算方法，企业可以根据具体情况选用合适的计算方法并在附注中进行说明，计算方法一经确定，不得随意变更。

摘录于《〈企业会计准则第 23 号——金融资产转移〉应用指南》

第八条 企业在评估金融资产所有权上风险和报酬的转移程度时，应当比较转移前后其所承担的该金融资产未来净现金流量金额及其时间分布变动的风险。

企业承担的金融资产未来净现金流量现值变动的风险没有因转移而发生显著变化的，表明该企业仍保留了金融资产所有权上几乎所有风险和报酬。如将贷款整体转移并对该贷款可能发生的所有损失进行全额补偿，或者出售一项金融资产但约定以固定价格或者售价加上出借人回报的价格回购。

企业承担的金融资产未来净现金流量现值变动的风险相对于金融资产的未来净现金流量现值的全部变动风险不再显著的，表明该企业已经转移了金融资产所有权上几乎所有风险和报酬。如无条件出售金融资产，或者出售金融资产且仅保留以其在回购时的公允价值进行回购的选择权。企业通常不需要通过计算即可判断其是否转移或保留了金融资产所有权上几乎所有风险和报酬。在其他情况下，企业需要通过计算评估是否已经转移了金融资产所有权上几乎所有风险和报酬的，在计算和比较金融资产未来现金流量净现值的变动时，应当考虑所有合理、可能的现金流量变动，对于更可能发生的结果赋予更高的权重，并采用适当的市场利率作为折现率。

【解析 23-8】企业已转移金融资产所有权上几乎所有风险和报酬的情形

金融资产转移后，企业承担的金融资产未来净现金流量现值变动的风险与转移前金融资产的未来净现金流量现值变动的风险相比不再显著的，表明该企业已经转移了金融资产所有权上几乎所有风险和报酬。

需要注意的是，金融资产转移后企业承担的未来净现金流量现值变动的风险占转移前变动风险的比例，并不等同于企业保留的现金流量金额占全部现金流量的比例。例如，在一项资产证券化交易中，次级资产支持证券的份额占全部资产支持证券的 5%，转出方持有全部次级资产支持证券，这并不意味着转出方仅保留金融资产 5% 的风险和报酬。实际上，次级资产支持证券向优先级资产支持证券提供了信用增级，而使得基础资产未来现金流量在优先级和次级之间不再是完全成比例分配，因此，转移后企业承担的次级资产支持证券对应的未来净现金流量现值变动的风险则可能远大于转移前全部变动风险的 5%。

第九条 企业在判断是否保留了对被转移金融资产的控制时，应当根据转入方是否具有出售被转移金融资产的实际能力而确定。转入方能够单方面将被转移金融资产整体出售给不相关的第三方，且没有额外条件对此项出售加以限制的，表明转入方有出售被转移金融资产的实际能力，从而表明企业未保留对被转移金融资产的控制；在其他情形下，表明企业保留了对被转移金融资产的控制。

在判断转入方是否具有出售被转移金融资产的实际能力时，企业考虑的关键应当是转入方实际上能够采取的行动。被转移金融资产不存在市场或转入方不能单方面自由地处置被转移金融资产的，通常表明转入方不具有出售被转移金融资产的实际能力。

转入方不大可能出售被转移金融资产并不意味着企业（转出方）保留了对被转移金融资产的控制。但存在看跌期权或担保而限制转入方出售被转移金融资产的，转出方实际上保留了对被转移金融资产的控制。如存在看跌期权或担保且很有价值，导致转入方实际上不能在不附加类似期权或其他限制条件的情形下将该被转移金融资产出售给第三方，从而限制了转入方出售被转移金融资产的能力，转入方将持有被转移金融资产以获取看跌期权或担保下相应付款的，企业保留了对被转移金融资产的控制。

【解析 23-9】分析企业是否保留了控制

若企业既没有转移也没有保留金融资产所有权上几乎所有的风险和报酬，按照本准则规定，应当判断企业是否保留了对该金融资产的控制。如果没有保留对该金融资产的控制的，应当终止确认该金融资产。

本准则此处所述的“控制”概念，与《企业会计准则第 33 号——合并财务报表》中的“控制”概念相比，在适用场景和判断条件上都有所不同。《企业会计准则第 33 号——合并财务报表》中的控制是指投资方拥有对被投资方的权力，通过参与被投资方的相关活动而享有可变回报，并且有能力运用对被投资方的权力影响其回报金额。按照本准则规定，企业在判断是否保留了对被转移金融资产的控制时，应当重点关注转入方出售被转移金融资产的实际能力。如果转入方有实际能力单方面决定将转入的金融资产整体出售给与其不相关的第三方，且没有额外条件对此项出售加以限制，则表明企业作为转出方未保留对被转移金融资产的控制；在除此之外的其他情况下，则应视为企业保留了对金融资产的控制。

摘录于《〈企业会计准则第 23 号——金融资产转移〉应用指南》

第十条 企业认定金融资产所有权上几乎所有风险和报酬已经转移的，除企业在新的交易中重新获得被转移金融资产外，不应当在未来期间再次确认该金融资产。

第十一条 在金融资产转移不满足终止确认条件的情况下，如果同时确认衍生工具和被转移金融资产或转移产生的负债会导致对同一权利或义务的重复确认，则企业（转出方）与转移有关的合同权利或义务不应当作为衍生工具进行单独会计处理。

第十二条 在金融资产转移不满足终止确认条件的情况下，转入方不应当将被转移金融资产全部或部分确认为自己的资产。转入方应当终止确认所支付的现金或其他对价，同时确认一项应收转出方的款项。企业（转出方）同时拥有以固定金额重新控制整个被转移金融资产的权利和义务的（如以固定金额回购被转移金融资产），在满足《企业会计准则第 22 号——金融工具确认和计量》关于摊余成本计量规定的情况下，转入方可以将其应收款项以摊余成本计量。

第十三条 企业在判断金融资产转移是否满足本准则规定的金融资产终止确认条件时，应当注重金融资产转移的实质。

（一）企业转移了金融资产所有权上几乎所有风险和报酬，应当终止确认被转移金融资产的常见情形有：

1. 企业无条件出售金融资产。

2. 企业出售金融资产，同时约定按回购日该金融资产的公允价值回购。

3. 企业出售金融资产，同时与转入方签订看跌期权合同（即转入方有权将该金融资产返售给企业）或看涨期权合同（即转出方有权回购该金融资产），且根据合同条款判断，该看跌期权或看涨期权为一项重大价外期权（即期权合约的条款设计，使得金融资产的转入方或转出方极小可能会行权）。

（二）企业保留了金融资产所有权上几乎所有风险和报酬，应当继续确认被转移金融资产的常见情形有：

1. 企业出售金融资产并与转入方签订回购协议，协议规定企业将回购原被转移金融资产，或者将予回购的金融资产与售出的金融资产相同或实质上相同、回购价格固定或原售价加上回报。

2. 企业融出证券或进行证券出借。

3. 企业出售金融资产并附有将市场风险敞口转回给企业的总回报互换。

4. 企业出售短期应收款项或信贷资产，并且全额补偿转入方可能因被转移金融资产发生的信用损失。

5. 企业出售金融资产，同时与转入方签订看跌期权合同或看涨期权合同，且根据合同条款判断，该看跌期权或看涨期权为一项重大价内期权（即期权合约的条款设计，使得金融资产的转入方或转出方很可能会行权）。

（三）企业应当按照其继续涉入被转移金融资产的程度继续确认被转移金融资产的常见情形有：

1. 企业转移金融资产，并采用保留次级权益或提供信用担保等方式进行信用增级，企业只转移了被转移金融资产所有权上的部分（非几乎所有）风险和报酬，且保留了对被转移金融资产的控制。

2. 企业转移金融资产，并附有既非重大价内也非重大价外的看涨期权或看跌期权，导致企业既没有转移也没有保留所有权上几乎所有风险和报酬，且保留了对被转移金融资产的控制。

【解析 23-10】判断终止确认条件时，注重金融资产转移的实质

在判断转入方是否具有将转入的金融资产不受额外条件限制地整体出售给与其不相关的第三方的实际能力时，应当关注转入方实际上能够采取的行动。即转入方实际上能够做什么，而不是合同规定转入方可以做什么或不可以做什么。企业在运用上述原则进行判断时，应当遵循以下要求。

1. 如果不存在被转移资产的市场，则处置被转移资产的合同权利几乎没有实际作用。

2. 如果转入方不能自由地处置被转移金融资产，则处置该资产的能力几乎没有实际作用。这意味着转入方处置被转移资产的能力必须独立于其他人的行为，是一种可单方面行动的能力，并且转入方应当在没有任何限制条件或约束（例如规定如何为被转移资产提供服务或赋予转入方回购该资产的选择权）的情况下即能够处置被转移资产。

根据上述要求，在评估转入方处置被转移金融资产的实际能力时，企业（转出方）应当关注被转移金融资产的市场。如果被转移金融资产可以在活跃市场交易，通常表明转入方有出售被转移资产的实际能力，因为当转入方需要将被转移金融资产交还给企业时，它能够在市场上回购该被转移金融资产。例如，企业转让了一项上市公司股票，该转让附带有允许企业在未来某个日期从转入方回购该公司股票的期权。假设该股票存在活跃市场，则转入方可以自行向第三方出售该股票，当企业行使期权时，转入方可以方便地在市场上买回该股票履行义务。相应地，如果不存在被转移金融资产的市场，即使合同约定转入方有权处置被转移金融资产，由于该处置权不具有实际作用，因此不能判断为转出方未保留对被转移金融资产的控制。再如，一般认为，在我国现行法规环境下不良信贷资产转入方可能没有实际能力在市场上方便地处置被转移不良信贷资产。

虽然转入方不大可能出售被转移资产并不意味着企业（转出方）保留了对被转移资产的控制，但是若在金融资产转移时附有一项限制了转入方处置该金融资产的看跌期权或者担保，则意味着企业保留了对被转移资产的控制。例如，企业转移金融资产时附有一项深度价内看跌期权，这意味着该资产当前的市场价格显著低于行权价，转入方不可能放弃行权而以市场价格将资产出售给第三方。若转入方以不低于行权价的价格将资产出售，则第三方将会要求转入方签发类似的看跌期权。

上述情况下，转入方实际上无法在不附加类似看跌期权或其他限制性条款的情况下出售该金融资产，因此，企业保留了对该金融资产的控制。

企业既没有转移也没有保留金融资产所有权上几乎所有的风险和报酬，且未放弃对该金融资产控制的，应当按照其继续涉入被转移金融资产的程度确认有关金融资产，并相应确认有关负债。在这种情况下确认的有关金融资产和有关负债反映了企业所承担的被转移金融资产价值变动风险或报酬的程度。导致转出方对被转移金融资产形成继续涉入的常见方式有：具有追索权，享有继续服务权，签订回购协议，签发或持有期权或提供担保等。

如果企业对金融资产的继续涉入仅限于金融资产的一部分，例如，企业持有回购一部分被转移金融资产的看涨期权，或者企业保留了某项剩余权益但并未导致企业保留所有权上几乎所有的风险和报酬，且企业保留了控制权，则企业应当按照转移日因继续涉入而继续确认部分和不再确认部分的相对公允价值，在两者之间分配金融资产的原账面价值，并按其继续涉入被转移金融资产的部分确认有关金融资产，并相应确认有关负债。

摘录于《〈企业会计准则第 23 号——金融资产转移〉应用指南》

第四章　满足终止确认条件的金融资产转移的会计处理

第十四条　金融资产转移整体满足终止确认条件的，应当将下列两项金额的差额计入当期损益：

（一）被转移金融资产在终止确认日的账面价值。

（二）因转移金融资产而收到的对价，与原直接计入其他综合收益的公允价值变动累计额中对应终止确认部分的金额（涉及转移的金融资产为根据《企业会计准则第 22 号——金融工具确认和计量》第十八条分类为以公允价值计量且其变动计入其他综合收益的金融资产的情形）之和。企业保留了向该金融资产提供相关收费服务的权利（包括收取该金融资产的现金流量，并将所收取的现金流量划转给指定的资金保管机构等），应当就该服务合同确认一项服务资产或服务负债。如果企业将收取的费用预计超过对服务的充分补偿的，应当将该服务权利作为继续确认部分确认为一项服务资产，并按照本准则第十五条的规定确定该服务资产的金额。如果将收取的费用预计不能充分补偿企业所提供服务的，则应当将由此形成的服务义务确认一项服务负债，并以公允价值进行初始计量。

企业因金融资产转移导致整体终止确认金融资产，同时获得了新金融资产或承担了新金融负债或服务负债的，应当在转移日确认该金融资产、金融负债（包括看涨期权、看跌期权、担保负债、远期合同、互换等）或服务负债，并以公允价值进行初始计量。该金融资产扣除金融负债和服务负债后的净额应当作为上述对价的组成部分。

【解析 23-11】金融资产整体转移的会计处理

当企业在转移贷款及应收款项等金融资产时，有时会对被转移的金融资产继续提供管理服务。例如，商业银行在进行资产证券化业务而将信贷资产转移给结构化的信托时，常常与对方签订服务合同，担任贷款服务机构。作为贷款服务商，该商业银行可能收取一定的服务费并发生一定的成本。如果企业在符合终止确认条件的转移中转移了一项金融资产整体，但保留了向该金融资产提供收费服务的权利，则企业应当就该服务合同确认一项服务资产或一项服务负债。如果企业将收取的费用预计不能充分补偿企业所提供的服务，则应当按公允价值确认该服务义务形成的一项服务负债。如果将收取的费用预计超过对服务的充分补偿，则应当将该服务权利确认为一项服务资产，确认的金额应根据本准则第十五条的规定确定，即将保留的服务资产视同继续确认的部分，将该金融资产的原账面价值按照转移日继续确认部分和终止确认部分的相对公允价值分配给继续确认部分。

企业可能保留了收取被转移资产部分利息的权利，作为对其提供服务的补偿。企业在服务合同终止或转移时所放弃的那部分利息，应分配计入服务资产或服务负债。企业未放弃的那部分利息相当于一项仅含利息的剥离应收款。例如，如果企业在服务合同终止或转移时不放弃任何利息，那么整个息差就是一项仅含利息的剥离应收款。当企业将应收款项账面价值在终止确认部分和继续确认部分之间进行分配时，应考虑上述服务资产的公允价值和仅含利息的剥离应收款的公允价值。

具体计算公式如下：

金融资产整体转移形成的损益 = 因转移收到的对价 − 所转移金融资产账面价值 +/− 原直接计入其他综合收益的公允价值变动累计利得（或损失）

因转移收到的对价 = 因转移交易实际收到的价款 + 新获得金融资产的公允价值 + 因转移获得的服务资产的公允价值 − 新承担金融负债的公允价值 − 因转移承担的服务负债的公允价值

对于按照《企业会计准则第 22 号——金融工具确认和计量》第十八条分类为以公允价值计量且其变动计入其他综合收益的金融资产（债务工具投资）整体转移满足终止确认条件的，企业在计量该项转移形成的损益时，应当将原计入其他综合收益的公允价值变动累计利得或损失转出（注意不适用于根据该准则第十九条指定为以公允价值计量且其变动计入其他综合收益的非交易性权益工具投资）。

因金融资产转移获得了新金融资产或服务资产，或承担了新金融负债或服务负债的，应当在转移日按照公允价值确认该新金融资产或服务资产、金融负债或服务负债，并将该新金融资产和服务资产扣除新金融负债及服务负债后的净额作为对价的组成部分。新获得的金融资产或新承担的金融负债，通常包括看涨期权、看跌期权、担保负债、远期合同、互换等。

摘录于《〈企业会计准则第 23 号——金融资产转移〉应用指南》

【例 23-3】金融资产整体转移的会计处理

2×17 年 1 月 1 日，甲公司将持有的乙公司发行的 10 年期公司债券出售给丙公司，经协商出售价格为 311 万元，2×16 年 12 月 31 日该债券公允价值为 310 万元。该债券于 2×16 年 1 月 1 日发行，甲公司持有该债券时将其分类为以公允价值计量且其变动计入其他综合收益的金融资产，面值（取得成本）为 300 万元。

本例中，假设甲公司和丙公司在出售协议中约定，出售后该公司债券发生的所有损失均由丙公司自行承担，甲公司已将债券所有权上的几乎所有风险和报酬转移给丙公司，因此，应当终止确认该金融资产。

根据上述资料，首先应确定出售日该笔债券的账面价值。由于资产负债表日（即 2×16

年 12 月 31 日）该债券的公允价值为 310 万元，而且该债券属于以公允价值计量且其变动计入其他综合收益的金融资产，出售日该债券账面价值为 310 万元。

其次，应确定已计入其他综合收益的公允价值累计变动额。2×16 年 12 月 31 日甲公司计入其他综合收益的利得为 10 万元（310-300）。

最后，确定甲公司出售该债券形成的损益。按照金融资产整体转移形成的损益的计算公式计算，出售该债券形成的收益为 11 万元（311-310+10）（包含因终止确认而从其他综合收益中转出至当期损益的 10 万元）。

甲公司出售该公司债券业务应进行如下账务处理。

借：银行存款　　3 110 000

　　贷：其他债权投资　　3 100 000

　　　　投资收益　　10 000

同时，将原计入其他综合收益的公允价值变动转出。

借：其他综合收益——公允价值变动　　100 000

　　贷：投资收益　　100 000

第十五条　企业转移了金融资产的一部分，且该被转移部分整体满足终止确认条件的，应当将转移前金融资产整体的账面价值，在终止确认部分和继续确认部分（在此种情形下，所保留的服务资产应当视同继续确认金融资产的一部分）之间，按照转移日各自的相对公允价值进行分摊，并将下列两项金额的差额计入当期损益：

（一）终止确认部分在终止确认日的账面价值。

（二）终止确认部分收到的对价，与原计入其他综合收益的公允价值变动累计额中对应终止确认部分的金额（涉及转移的金融资产为根据《企业会计准则第 22 号——金融工具确认和计量》第十八条分类为以公允价值计量且其变动计入其他综合收益的金融资产的情形）之和。对价包括获得的所有新资产减去承担的所有新负债后的金额。

原计入其他综合收益的公允价值变动累计额中对应终止确认部分的金额，应当按照金融资产终止确认部分和继续确认部分的相对公允价值，对该累计额进行分摊后确定。

第十六条　根据本准则第十五条的规定，企业将转移前金融资产整体的账面价值按相对公允价值在终止确认部分和继续确认部分之间进行分摊时，应当按照下列规定确定继续确认部分的公允价值：

（一）企业出售过与继续确认部分类似的金融资产，或继续确认部分存在其他市场交易的，近期实际交易价格可作为其公允价值的最佳估计。

（二）继续确认部分没有报价或近期没有市场交易的，其公允价值的最佳估计为转移前金融资产整体的公允价值扣除终止确认部分的对价后的差额。

第五章　继续确认被转移金融资产的会计处理

第十七条　企业保留了被转移金融资产所有权上几乎所有风险和报酬而不满足终止确认条件的，应当继续确认被转移金融资产整体，并将收到的对价确认为一项金融负债。

第十八条 在继续确认被转移金融资产的情形下，金融资产转移所涉及的金融资产与所确认的相关金融负债不得相互抵销。在后续会计期间，企业应当继续确认该金融资产产生的收入（或利得）和该金融负债产生的费用（或损失），不得相互抵销。

【例 23-4】继续确认被转移金融资产的会计处理

2×18 年 4 月 1 日，甲公司将其持有的一笔国债出售给丙公司，售价为 20 万元。同时，甲公司与丙公司签订了一项回购协议，3 个月后由甲公司将该笔国债购回，回购价为 20.175 万元。2×18 年 7 月 1 日，甲公司将该笔国债购回。不考虑其他因素，甲公司应进行如下账务处理。

（1）判断是否终止确认。

此项出售属于附回购协议的金融资产出售，到期后甲公司应按固定价格将该笔国债购回，因此可以判断，甲公司保留了该笔国债几乎所有的风险和报酬，不应终止确认，该笔国债应按转移前的计量方法继续进行后续计量。

（2）2×18 年 4 月 1 日，甲公司出售该笔国债时。

借：银行存款　　200 000

　　贷：卖出回购金融资产款　　200 000

（3）2×18 年 6 月 30 日，甲公司应按根据未来回购价款计算的该卖出回购金融资产款的实际利率计算并确认有关利息费用，计算得出该卖出回购金融资产的实际利率为 3.5%。

卖出回购国债的利息费用 =200 000×3.5%×3÷12=1 750（元）

借：利息支出　　1 750

　　贷：卖出回购金融资产款　　1 750

（4）2×18 年 7 月 1 日，甲公司回购该笔国债时。

借：卖出回购金融资产款　　201 750

　　贷：银行存款　　201 750

该笔国债与该笔卖出回购金融资产款在资产负债表上不应抵销；该笔国债确认的收益，与该笔卖出回购金融资产款产生的利息支出在利润表中不应抵销。

第六章　继续涉入被转移金融资产的会计处理

第十九条 企业既没有转移也没有保留金融资产所有权上几乎所有风险和报酬，且保留了对该金融资产控制的，应当按照其继续涉入被转移金融资产的程度继续确认该被转移金融资产，并相应确认相关负债。被转移金融资产和相关负债应当在充分反映企业因金融资产转移所保留的权利和承担的义务的基础上进行计量。企业应当按照下列规定对相关负债进行计量：

（一）被转移金融资产以摊余成本计量的，相关负债的账面价值等于继续涉入被转移金融资产的账面价值减去企业保留的权利（如果企业因金融资产转移保留了相关权利）的摊余成本并加上企业承担的义务（如果企业因金融资产转移承担了相关义务）的摊余成本；相关负债不得指定为以公允价值计量且其变动计入当期损益的金融负债。

（二）被转移金融资产以公允价值计量的，相关负债的账面价值等于继续涉入被转移金融资产的账面价值减去企业保留的权利（如果企业因金融资产转移保留了相关权利）的公允价值并加上企业承担的义务（如果企业因金融资产转移承担了相关义务）的公允价值，该权利和义务的公允价值应为按独立基础计量时的公允价值。

第二十条 企业通过对被转移金融资产提供担保方式继续涉入的，应当在转移日按照金融资产的账面价值和担保金额两者的较低者，继续确认被转移金融资产，同时按照担保金额和担保合同的公允价值（通常是提供担保收到的对价）之和确认相关负债。担保金额，是指企业所收到的对价中，可被要求偿还的最高金额。

在后续会计期间，担保合同的初始确认金额应当随担保义务的履行进行摊销，计入当期损益。被转移金融资产发生减值的，计提的损失准备应从被转移金融资产的账面价值中抵减。

第二十一条 企业因持有看涨期权或签出看跌期权而继续涉入被转移金融资产，且该金融资产以摊余成本计量的，应当按照其可能回购的被转移金融资产的金额继续确认被转移金融资产，在转移日按照收到的对价确认相关负债。

被转移金融资产在期权到期日的摊余成本和相关负债初始确认金额之间的差额，应当采用实际利率法摊销，计入当期损益，同时调整相关负债的账面价值。相关期权行权的，应当在行权时，将相关负债的账面价值与行权价格之间的差额计入当期损益。

第二十二条 企业因持有看涨期权或签出看跌期权（或两者兼有，即上下限期权）而继续涉入被转移金融资产，且以公允价值计量该金融资产的，应当分别以下情形进行处理：

（一）企业因持有看涨期权而继续涉入被转移金融资产的，应当继续按照公允价值计量被转移金融资产，同时按照下列规定计量相关负债：

1. 该期权是价内或平价期权的，应当按照期权的行权价格扣除期权的时间价值后的金额，计量相关负债。

2. 该期权是价外期权的，应当按照被转移金融资产的公允价值扣除期权的时间价值后的金额，计量相关负债。

（二）企业因签出看跌期权形成的义务而继续涉入被转移金融资产的，应当按照该金融资产的公允价值和该期权行权价格两者的较低者，计量继续涉入形成的资产；同时，按照该期权的行权价格与时间价值之和，计量相关负债。

（三）企业因持有看涨期权和签出看跌期权（即上下限期权）而继续涉入被转移金融资产的，应当继续按照公允价值计量被转移金融资产，同时按照下列规定计量相关负债：

1. 该看涨期权是价内或平价期权的，应当按照看涨期权的行权价格和看跌期权的公允价值之和，扣除看涨期权的时间价值后的金额，计量相关负债。

2. 该看涨期权是价外期权的，应当按照被转移金融资产的公允价值和看跌期权的公允价值之和，扣除看涨期权的时间价值后的金额，计量相关负债。

第二十三条 企业采用基于被转移金融资产的现金结算期权或类似条款的形式继续涉入的，其会计处理方法与本准则第二十一条和第二十二条中规定的以非现金结算期权形式继续涉入的会计处理方法相同。

第二十四条 企业按继续涉入程度继续确认的被转移金融资产以及确认的相关负债不应当相互抵销。企业应当对继续确认的被转移金融资产确认所产生的收入（或利得），对相关负债确认所产生的费用（或损失），两者不得相互抵销。继续确认的被转移金融资产以公允价值计量的，在后续计量时对其公允价值变动应根据《企业会计准则第 22 号——金融工具确认和计量》第六十四条的规定进行确认，同时相关负债公允价值变动的确认应当与之保持一致，且两者不得相互抵销。

第二十五条 企业对金融资产的继续涉入仅限于金融资产一部分的，企业应当根据本准则第十六条的规定，按照转移日因继续涉入而继续确认部分和不再确认部分的相对公允价值，在两者之间分配金融资产的账面价值，并将下列两项金额的差额计入当期损益：

（一）分配至不再确认部分的账面金额（以转移日计量的为准）；

（二）不再确认部分所收到的对价。

如果涉及转移的金融资产为根据《企业会计准则第 22 号——金融工具确认和计量》第十八条分类为以公允价值计量且其变动计入其他综合收益的金融资产的，不再确认部分的金额对应的原计入其他综合收益的公允价值变动累计额计入当期损益。

【例 23-5】继续涉入被转移金融资产的会计处理

甲银行持有一组住房抵押贷款，借款方可提前偿付。2×17 年 1 月 1 日，该组贷款的本金和摊余成本均为 100 000 000 元，票面年利率和实际年利率均为 10%。经批准，甲银行拟将该组贷款转移给某信托机构（以下简称受让方）进行证券化。有关资料如下。

2×17 年 1 月 1 日，甲银行与受让方签订协议，将该组贷款转移给受让方，并办理有关手续。甲银行收到款项 91 150 000 元，同时保留以下权利：（1）收取本金 10 000 000 元以及这部分本金按 10% 的利率所计算确定利息的权利；（2）收取以 90 000 000 元为本金、以 0.5% 为利率所计算确定利息（超额利差）的权利。受让人取得收取该组贷款本金中的 90 000 000 元以及这部分本金按 9.5% 的利率收取利息的权利。根据双方签订的协议，如果该组贷款被提前偿付，则偿付金额按 1:9 的比例在甲银行和受让人之间进行分配。但是，如该组贷款发生违约，则违约金额从甲银行拥有的 10 000 000 元贷款本金中扣除，直到扣完为止。

2×17 年 1 月 1 日，该组贷款的公允价值为 101 000 000 元，0.5% 的超额利差的公允价值为 400 000 元。甲银行的分析及会计处理如下。

（1）甲银行转移了该组贷款所有权相关的部分重大风险和报酬（如重大提前偿付风险），但由于设立了次级权益（即内部信用增级），也保留了所有权相关的部分重大风险和报酬，并且能够对留存的该部分权益实施控制。根据《企业会计准则第 23 号——金融资产转移》，甲银行应采用继续涉入法对该金融资产转移交易进行会计处理。

（2）甲银行收到的 91 150 000 元对价，由两部分构成：一部分是转移的 90% 贷款及相关利息的对价，即 90 900 000 元（101 000 000×90%）；另一部分是因为使保留的权利次级化所取得的对价 250 000 元。此外，由于超额利差的公允价值为 400 000 元，从而甲银行的该项金融资产转移交易的信用增级相关的对价为 650 000 元。

假定甲银行无法取得所转移该组贷款的 90% 和 10% 部分各自的公允价值，则甲银行所转移该组贷款的 90% 部分形成的利得或损失计算如表 23-1 所示。

表 23-1　利得或损失计算表

单位：元

项目	估计公允价值	百分比	分摊后的账面价值
已转移部分	90 900 000	90%	90 000 000
未转移部分	10 100 000	10%	10 000 000
合计	101 000 000	100%	100 000 000

甲银行该项金融资产转移形成的利得 =90 900 000-90 000 000=900 000（元）

（3）甲银行仍保留贷款部分的账面价值为 10 000 000 元。

（4）甲银行因继续涉入而确认金融资产的金额，按双方协议约定的、因信用增级使甲银行不能收到的现金流入最大值为 10 000 000 元；另外，超额利差形成的资产 400 000 元本质上也是继续涉入形成的资产。

因继续涉入而确认负债的金额，按因信用增级使甲银行不能收到的现金流入最大值 10 000 000 元和信用增级的公允价值总额 650 000 元，两项合计为 10 650 000 元。

据此，甲银行在金融资产转移日应进行如下账务处理。

借：存放同业　91 150 000
　　继续涉入资产——次级权益　10 000 000
　　　　　　　　——超额账户　400 000
　贷：贷款　90 000 000
　　　继续涉入负债　10 065 000
　　　其他业务收入　900 000

（5）金融资产转移后，甲银行应根据收入确认原则，用实际利率法将信用增级取得的对价 650 000 元分期予以确认。此外，还应在资产负债表日对已确认资产确认可能发生的减值损失。比如，在 2×17 年 12 月 31 日，已转移贷款发生信用损失 3 000 000 元，则甲银行应进行如下账务处理。

借：资产减值损失　3 000 000
　贷：贷款损失准备——次级权益　3 000 000
借：继续涉入负债　3 000 000
　贷：继续涉入资产——次级权益　3 000 000

第七章　向转入方提供非现金担保物的会计处理

第二十六条　企业向金融资产转入方提供了非现金担保物（如债务工具或权益工具投资等）的，企业（转出方）和转入方应当按照下列规定进行处理：

（一）转入方按照合同或惯例有权出售该担保物或将其再作为担保物的，企业应当将该非现金担保物在财务报表中单独列报。

（二）转入方已将该担保物出售的，转入方应当就归还担保物的义务，按照公允价值确认一项负债。

（三）除因违约丧失赎回担保物权利外，企业应当继续将担保物确认为一项资产。

企业因违约丧失赎回担保物权利的，应当终止确认该担保物；转入方应当将该担保物确认为一项资产，并以公允价值计量。转入方已出售该担保物的，应当终止确认归还担保物的义务。

第八章　衔接规定

第二十七条　在本准则施行日，企业仍继续涉入被转移金融资产的，应当按照《企业会计准则第 22 号——金融工具确认和计量》及本准则关于被转移金融资产确认和计量的相关规定进行追溯调整，再按照本准则的规定对其所确认的相关负债进行重新计量，并将相关影响按照与被转移金融资产一致的方式在本准则施行日进行调整。追溯调整不切实可行的除外。

第九章　附则

第二十八条　本准则自 2018 年 1 月 1 日起施行。

企业会计准则第 24 号——套期会计

为了适应社会主义市场经济发展需要，规范金融工具的会计处理，提高会计信息质量，根据《企业会计准则——基本准则》，财政部对《企业会计准则第 24 号——套期保值》进行了修订。在境内外同时上市的企业以及在境外上市并采用国际财务报告准则或企业会计准则编制财务报告的企业，自 2018 年 1 月 1 日起施行；其他境内上市企业自 2019 年 1 月 1 日起施行；执行企业会计准则的非上市企业自 2021 年 1 月 1 日起施行。同时，鼓励企业提前执行。执行本准则的企业，不再执行财政部于 2006 年 2 月 15 日印发的《财政部关于印发〈企业会计准则第 1 号——存货〉等 38 项具体准则的通知》（财会〔2006〕3 号）中的《企业会计准则第 24 号——套期保值》，以及财政部于 2015 年 11 月 26 日印发的《商品期货套期业务会计处理暂行规定》（财会〔2015〕18 号）。

执行本准则的企业，应当同时执行财政部于 2017 年修订印发的《企业会计准则第 22 号——金融工具确认和计量》（财会〔2017〕7 号）和《企业会计准则第 23 号——金融资产转移》（财会〔2017〕8 号）。

第一章　总则

第一条　为了规范套期会计处理，根据《企业会计准则——基本准则》，制定本准则。

第二条　套期，是指企业为管理外汇风险、利率风险、价格风险、信用风险等特定风险引起的风险敞口，指定金融工具为套期工具，以使套期工具的公允价值或现金流量变动，预期抵销被套期项目全部或部分公允价值或现金流量变动的风险管理活动。

【解析 24-1】套期概述

企业在经营活动中会面临各类风险，其中涉及外汇风险、利率风险、价格风险、信用风险等。对于此类风险敞口，企业可能会选择通过利用金融工具产生反向的风险敞口（即开展套期业务）来进行风险管理活动。套期会计的目标是在财务报告中反映企业采用金融工具管理因特定风险引起的风险敞口的风险管理活动的影响。

本准则所称套期，是指企业为管理外汇风险、利率风险、价格风险、信用风险等特定风险引起的风险敞口，指定金融工具为套期工具，以使套期工具的公允价值或现金流量变动，预期抵销被套期项目全部或部分公允价值或现金流量变动的风险管理活动。例如，企业运用商品期货进行套期时，其套期策略通常是，买入（卖出）与现货市场数量相当、交易方向相反的期货合同，以期在未来某一时间通过期货合同的公允价值变动来补偿现货市场价格变动所带来的价格风险。又如，某企业为规避外汇风险，与某金融机构签订外币期权合同对现存数额较大的美元敞口进行外汇风险套期。

第三条　套期分为公允价值套期、现金流量套期和境外经营净投资套期。

公允价值套期，是指对已确认资产或负债、尚未确认的确定承诺，或上述项目组成部分的公允价值变动风险敞口进行的套期。该公允价值变动源于特定风险，且将影响企业的损益或其他综合收益。其中，影响其他综合收益的情形，仅限于企业对指定为以公允价值计量且其变动计入其他综合收益的非交易性权益工具投资的公允价值变动风险敞口进行的套期。

现金流量套期，是指对现金流量变动风险敞口进行的套期。该现金流量变动源于与已确认资产或负债、极可能发生的预期交易，或与上述项目组成部分有关的特定风险，且将影响企业的损益。境外经营净投资套期，是指对境外经营净投资外汇风险敞口进行的套期。境外经营净投资，是指企业在境外经营净资产中的权益份额。

对确定承诺的外汇风险进行的套期，企业可以将其作为公允价值套期或现金流量套期处理。

【解析 24-2】套期分类的举例

1. 公允价值套期的例子。

（1）某企业签订一项以固定利率换浮动利率的利率互换合约，对其承担的固定利率负债的利率风险引起的公允价值变动风险敞口进行套期。

（2）某石油公司签订一项 6 个月后以固定价格购买原油的合同（尚未确认的确定承诺），为规避原油价格风险，该公司签订一项未来卖出原油的期货合约，对该确定承诺的价格风险引起的公允价值变动风险敞口进行套期。

（3）某企业购买一项看跌期权合同，对持有的选择以公允价值计量且其变动计入其他综合收益的非交易性权益工具投资的证券价格风险引起的公允价值变动风险敞口进行套期。

2. 现金流量套期的例子。

（1）某企业签订一项以浮动利率换固定利率的利率互换合约，对其承担的浮动利率债务的利率风险引起的现金流量变动风险敞口进行套期。

（2）某橡胶制品公司签订一项未来买入橡胶的远期合同，对 3 个月后预期极可能发生的与购买橡胶相关的价格风险引起的现金流量变动风险敞口进行套期。

（3）某企业签订一项购入外币的外汇远期合同，对以固定外币价格买入原材料的极可能发生的预期交易的外汇风险引起的现金流量变动风险敞口进行套期。

3. 境外经营净投资套期。

境外经营净投资套期中的被套期风险是指境外经营的记账本位币与母公司的记账本位币之间的折算差额。此外，企业对确定承诺的外汇风险进行套期的，可以将其作为现金流量套期或公允价值套期处理。例如，某航空公司签订一项 3 个月后以固定外币金额购买飞机的合同（尚未确认的确定承诺），为规避外汇风险，签订一项外汇远期合同，对该确定承诺的外汇风险引起的公允价值变动或者现金流量变动风险敞口进行套期。

第四条　对于满足本准则第二章和第三章规定条件的套期，企业可以运用套期会计方法进行处理。

套期会计方法，是指企业将套期工具和被套期项目产生的利得或损失在相同会计期间计入当期损益（或其他综合收益）以反映风险管理活动影响的方法。

【解析 24-3】套期会计方法

企业开展套期业务以进行风险管理，但是如果按照常规的会计处理方法，可能会导致损益更大的波动，这是因为企业被套期的风险敞口和对风险敞口进行套期的金融工具的确认和计量基础不一定相同。

例如，企业使用衍生工具对某项极可能发生的预期交易的价格风险进行套期，按照常规的会计处理方法，该衍生工具应当以公允价值计量且其变动计入当期损益，而预期交易则需到交易发生时才能予以确认，这样，企业利润表反映的损益就会产生较大的波动。

再如，企业使用衍生工具对其持有的存货的价格风险进行套期，按照常规的会计处理方法，该衍生工具应当以公允价值计量且其变动计入当期损益，而存货则以成本与可变现净值孰低计量，这同样会导致企业利润表反映的损益产生较大的波动。企业使用金融工具进行风险管理的目的是对冲风险，减少企业损益的波动，而由于常规的会计处理方法中有关会计确认和计量基础不一致，在一定会计期间不仅可能无法如实反映企业的风险管理活动，反而可能会在财务报表上"扩大风险"。

因此，尽管从长期来看，被套期项目和套期工具实现了风险的对冲，但是在套期存续期所涵盖的各个会计报告期间内，在常规会计处理方法下有可能会产生会计错配和损益波动。套期会计方法基于企业风险管理活动，将套期工具和被套期项目产生的利得或损失在相同会计期间计入当期损益（或其他综合收益），有助于处理被套期项目和套期工具在确认和计量方面存在的上述差异，并在企业财务报告中如实反映企业进行风险管理活动的影响。

第二章　套期工具和被套期项目

第五条　套期工具，是指企业为进行套期而指定的、其公允价值或现金流量变动预期可抵销被套期项目的公允价值或现金流量变动的金融工具，包括：

（一）以公允价值计量且其变动计入当期损益的衍生工具，但签出期权除外。企业只有在对购入期权（包括嵌入在混合合同中的购入期权）进行套期时，签出期权才可以作为套期工具。嵌入在混合合同中但未分拆的衍生工具不能作为单独的套期工具。

（二）以公允价值计量且其变动计入当期损益的非衍生金融资产或非衍生金融负债，但指定为以公允价值计量且其变动计入当期损益、且其自身信用风险变动引起的公允价值变动计入其他综合收益的金融负债除外。

企业自身权益工具不属于企业的金融资产或金融负债，不能作为套期工具。

【解析 24-4】衍生工具作为套期工具

衍生工具通常可以作为套期工具。衍生工具包括远期合同、期货合同、互换和期权，以及具有远期合同、期货合同、互换和期权中一种或一种以上特征的工具等。例如，某企业为规避库存铜价格下跌的风险，可以卖出一定数量铜期货合同。其中，铜期货合同即是套期工具。

衍生工具无法有效地对冲被套期项目风险的，不能作为套期工具。企业的签出期权（除非该签出期权指定用于抵销购入期权）不能作为套期工具，因为该期权的潜在损失可能大大超过被套期项目的潜在利得，从而不能有效地对冲被套期项目的风险。而购入期权的一方可能承担的损失最多就是期权费，可能拥有的利得通常等于或大大超过被套期项目的潜在损失，可被用来有效对冲被套期项目的风险，因此购入期权的一方可以将购入的期权作为套期工具。

摘录于《〈企业会计准则第 24 号——套期会计〉应用指南》

第六条 对于外汇风险套期，企业可以将非衍生金融资产（选择以公允价值计量且其变动计入其他综合收益的非交易性权益工具投资除外）或非衍生金融负债的外汇风险成分指定为套期工具。

第七条 在确立套期关系时，企业应当将符合条件的金融工具整体指定为套期工具，但下列情形除外：

（一）对于期权，企业可以将期权的内在价值和时间价值分开，只将期权的内在价值变动指定为套期工具。

（二）对于远期合同，企业可以将远期合同的远期要素和即期要素分开，只将即期要素的价值变动指定为套期工具。

（三）对于金融工具，企业可以将金融工具的外汇基差单独分拆，只将排除外汇基差后的金融工具指定为套期工具。

（四）企业可以将套期工具的一定比例指定为套期工具，但不可以将套期工具剩余期限内某一时段的公允价值变动部分指定为套期工具。

【解析 24-5】对套期工具的指定

（1）企业在确立套期关系时，应当将前述符合条件的金融工具整体（或外汇风险套期中的非衍生金融资产或非衍生金融负债的外汇风险成分）指定为套期工具。因为企业对套期工具进行计量时，通常以该金融工具整体为对象，采用单一的公允价值基础对其进行计量。但是，由于期权的时间价值、远期合同的远期要素和金融工具的外汇基差通常具备套期成本的特征且可以单独计量，为便于提高某些套期关系的有效性，本准则允许企业在对套期工具进行指定时，做出以下例外处理。

① 对于期权，企业可以将期权的内在价值和时间价值分开，只将期权的内在价值变动指定为套期工具。期权的价值包括内在价值（立即执行期权时现货价格与行权价格之差所带来的收益）和时间价值（期权的价格与内在价值之差）。随着期权临近到期，期权的时间价值不断减少直至为零。当企业仅指定期权的内在价值变动为套期工具时，与期权的时间价值相关的公允价值变动被排除在套期有效性评估之外，从而能够提高套期的有效性。

② 对于远期合同，企业可以将远期合同的远期要素和即期要素分开，只将即期要素的价值变动指定为套期工具。远期合同的即期要素反映了基础项目远期价格和现货价格的差异，而远期要素的特征取决于不同的基础项目。当企业仅指定远期合同的即期要素的价值变动为套期工具时，能够提高套期的有效性。

③ 对于金融工具，企业可以将金融工具的外汇基差单独分拆，只将排除外汇基差后的

金融工具指定为套期工具。外汇基差反映了货币主权信用差异、市场供求等因素所带来的成本。将外汇基差分拆，只将排除外汇基差后的金融工具指定为套期工具，能够提高套期的有效性。

（2）企业可以将套期工具的一定比例指定为套期工具，但不可以将套期工具剩余期限内某一时段的公允价值变动部分指定为套期工具。

（3）企业可以将两项或两项以上金融工具（或其一定比例）的组合指定为套期工具（包括组合内的金融工具形成风险头寸相互抵销的情形）。

对于一项由签出期权和购入期权组成的期权（如利率上下限期权），或对于两项或两项以上金融工具（或其一定比例）的组合，其在指定日实质上相当于一项净签出期权的，不能将其指定为套期工具。只有在对购入期权（包括嵌入在混合合同中的购入期权）进行套期时，净签出期权才可以作为套期工具。

对于一项由签出期权和购入期权组成的期权，当同时满足以下条件时，实质上不是一项净签出期权，可以将其指定为套期工具：

① 企业在期权组合开始时以及整个期间未收取净期权费；

② 除了行权价格，签出期权组成部分和购入期权组成部分的关键条款是相同的（包括基础变量、计价货币及到期日）；

③ 签出期权的名义金额不大于购入期权的名义金额。

摘录于《〈企业会计准则第 24 号——套期会计〉应用指南》

第八条 企业可以将两项或两项以上金融工具（或其一定比例）的组合指定为套期工具（包括组合内的金融工具形成风险头寸相互抵销的情形）。

对于一项由签出期权和购入期权组成的期权（如利率上下限期权），或对于两项或两项以上金融工具（或其一定比例）的组合，其在指定日实质上相当于一项净签出期权的，不能将其指定为套期工具。只有在对购入期权（包括嵌入在混合合同中的购入期权）进行套期时，净签出期权才可以作为套期工具。

【解析 24-6】使用单一套期工具对多种风险进行套期

企业通常将单项套期工具指定为对一种风险进行套期。但是，如果套期工具与被套期项目的不同风险敞口之间有具体对应关系，则一项套期工具可以被指定为对一种以上的风险进行套期。

摘录于《〈企业会计准则第 24 号——套期会计〉应用指南》

第九条 被套期项目，是指使企业面临公允价值或现金流量变动风险，且被指定为被套期对象的、能够可靠计量的项目。企业可以将下列单个项目、项目组合或其组成部分指定为被套期项目：

（一）已确认资产或负债。

（二）尚未确认的确定承诺。确定承诺，是指在未来某特定日期或期间，以约定价格交换特定数量资源、具有法律约束力的协议。

（三）极可能发生的预期交易。预期交易，是指尚未承诺但预期会发生的交易。

（四）境外经营净投资。

上述项目组成部分是指小于项目整体公允价值或现金流量变动的部分，企业只能将下列项目组成部分或其组合指定为被套期项目：

（一）项目整体公允价值或现金流量变动中仅由某一个或多个特定风险引起的公允价值或现金流量变动部分（风险成分）。根据在特定市场环境下的评估，该风险成分应当能够单独识别并可靠计量。风险成分也包括被套期项目公允价值或现金流量的变动仅高于或仅低于特定价格或其他变量的部分。

（二）一项或多项选定的合同现金流量。

（三）项目名义金额的组成部分，即项目整体金额或数量的特定部分，其可以是项目整体的一定比例部分，也可以是项目整体的某一层级部分。若某一层级部分包含提前还款权，且该提前还款权的公允价值受被套期风险变化影响的，企业不得将该层级指定为公允价值套期的被套期项目，但企业在计量被套期项目的公允价值时已包含该提前还款权影响的情况除外。

【解析 24–7】评估预期交易发生的可能性

评估预期交易发生的可能性不能仅依靠企业管理人员的意图，而应当基于可观察的事实和相关因素。在评估预期交易发生的可能性时，企业应当考虑以下因素：

（1）类似交易之前发生的频率；

（2）企业在财务和经营上从事此项交易的能力；

（3）企业有充分的资源（例如，在短期内仅能用于生产某一类型商品的设备）能够完成此项交易；

（4）交易不发生时可能对经营带来的损失和破坏程度；

（5）为达到相同的业务目标，企业可能会使用在实质上不同的交易的可能性（例如，计划筹集资金的企业可以通过获取银行贷款或者发行股票等方式筹集资金）；

（6）企业的业务计划。

此外，企业还应当考虑预期交易发生时点距离当前的时间跨度和预期交易的数量或价值占企业相同性质交易的数量或价值的比例。在其他因素相同的情况下，预期交易发生的时间越远或预期交易的数量或价值占企业相同性质交易的数量或价值的比例越高，预期交易发生的可能性就越小，就越需要有更强有力的证据来支持“极可能发生”的判断。例如，企业预计将在 3 年后发生的交易比预计将在 3 个月后发生的交易的可能性小，判断前者“极可能发生”时需要更多的证据支持；企业预计将在 1 个月内销售 1 000 件商品（假设在过去 3 个月平均每月的销售量为 1 000 件）比预计将在 1 个月内销售 200 件商品的可能性小，判断前者“极可能发生”时需要更多的证据支持。

企业应当明确区分预期交易与确定承诺。

摘录于《〈企业会计准则第 24 号——套期会计〉应用指南》

第十条 企业可以将符合被套期项目条件的风险敞口与衍生工具组合形成的汇总风险敞口指定为被套期项目。

【解析 24-8】汇总风险敞口作为被套期项目的规定和要求

本准则规定，企业可以将符合被套期项目条件的风险敞口与衍生工具组合形成的汇总风险敞口指定为被套期项目。在指定此类被套期项目时，企业应当评估该汇总风险敞口是否是由风险敞口与衍生工具相结合，从而产生了不同于该风险敞口的另一个风险敞口，并将其作为针对某项（或几项）特定风险的一个风险敞口进行管理。在这种情况下，企业可基于该汇总风险敞口指定被套期项目。

企业基于汇总风险敞口指定被套期项目时，应当在评估套期有效性和计量套期无效部分时考虑构成该汇总风险敞口的所有项目的综合影响。但是，构成该汇总风险敞口的项目仍须单独进行会计处理。

摘录于《〈企业会计准则第 24 号——套期会计〉应用指南》

第十一条 当企业出于风险管理目的对一组项目进行组合管理、且组合中的每一个项目（包括其组成部分）单独都属于符合条件的被套期项目时，可以将该项目组合指定为被套期项目。

在现金流量套期中，企业对一组项目的风险净敞口（存在风险头寸相互抵销的项目）进行套期时，仅可以将外汇风险净敞口指定为被套期项目，并且应当在套期指定中明确预期交易预计影响损益的报告期间，以及预期交易的性质和数量。

【解析 24-9】构成汇总风险敞口的项目进行会计处理的要求

（1）作为汇总风险敞口组成部分的衍生工具应当单独确认为以公允价值计量的资产或负债。

（2）如果在构成汇总风险敞口的各项目之间指定套期关系，则衍生工具作为汇总风险敞口组成部分的方式应当与该衍生工具在此汇总风险敞口层面上被指定为套期工具的方式保持一致。例如，对于构成汇总风险敞口的各项目之间的套期关系，如果企业在指定套期工具时将衍生工具的远期要素排除在外，则企业在将该衍生工具作为汇总风险敞口的组成部分指定为被套期项目时也应当将远期要素予以排除。

摘录于《〈企业会计准则第 24 号——套期会计〉应用指南》

第十二条 企业将一组项目名义金额的组成部分指定为被套期项目时，应当分别满足下列条件：

（一）企业将一组项目的一定比例指定为被套期项目时，该指定应当与该企业的风险管理目标相一致。

（二）企业将一组项目的某一层级部分指定为被套期项目时，应当同时满足下列条件：

1. 该层级能够单独识别并可靠计量。

2. 企业的风险管理目标是对该层级进行套期。

3. 该层级所在的整体项目组合中的所有项目均面临相同的被套期风险。

4. 对于已经存在的项目（如已确认资产或负债、尚未确认的确定承诺）进行的套期，被套期层级所在的整体项目组合可识别并可追踪。

5. 该层级包含提前还款权的，应当符合本准则第九条项目名义金额的组成部分中的相关要求。

本准则所称风险管理目标，是指企业在某一特定套期关系层面上，确定如何指定套期工具和被套期项目，以及如何运用指定的套期工具对指定为被套期项目的特定风险敞口进行套期。

【解析 24-10】项目组成部分作为被套期项目的规定和要求

按照本准则的规定，企业可以将上述已确认资产或负债、尚未确认的确定承诺、极可能发生的预期交易以及境外经营净投资等单个项目整体或者项目组合指定为被套期项目，企业也可以将上述单个项目或者项目组合的一部分（项目组成部分）指定为被套期项目。

项目组成部分是指小于项目整体公允价值或现金流量变动的部分，它仅反映其所属项目整体面临的某些风险，或仅反映一定程度的风险（例如对某项目的一定比例进行指定时）。按照本准则的规定，企业只能将下列项目组成部分或其组合指定为被套期项目。

（1）项目整体公允价值或现金流量变动中仅由某一个或多个特定风险引起的公允价值或现金流量变动部分（风险成分）。

在风险管理实务中，企业经常不是为了对被套期项目整体公允价值或现金流量变动进行套期，而仅为了对特定风险成分进行套期。允许对风险成分进行指定使企业能够更灵活地识别被套期风险。按照本准则的规定，在将风险成分指定为被套期项目时，该风险成分应当能够单独识别并可靠计量。

在识别可被指定为被套期项目的风险成分时，企业应当基于该等风险及相关套期活动所发生的特定市场环境进行评估，并考虑因风险和市场而异的相关事实和情况（例如相关风险成分是否都有市场报价从而能够可靠计量）。同时，企业应当考虑该风险成分是合同明确的风险成分，还是非合同明确的风险成分。非合同明确的风险成分存在于两种情况：①不构成合同的项目（例如极可能发生的预期交易）；②未明确该风险成分的合同（例如确定承诺中仅包含一项单一价格，并未列明基于不同基础变量的定价公式）。

在企业风险管理活动中，有时企业只对被套期项目的单边风险进行套期，即对被套期项目公允价值或现金流量变动中仅高于或仅低于特定价格或其他变量的部分进行套期。按照本准则规定，该套期的部分风险也可被视为风险成分，可以被指定为被套期项目。例如，某企业预期将购买一批商品，为了管理该批商品未来价格上涨风险，企业可以将因该批商品未来价格上涨而导致的未来现金流量变动风险指定为被套期项目。在这种情况下，企业仅对商品高于特定价格所导致的现金流量损失部分进行指定。企业在风险管理活动中，通常会使用期权作为套期工具进行单边风险的套期。一项购入期权的内在价值，而非时间价值，反映的就是被套期项目的单边风险。

通货膨胀风险一般无法单独识别和可靠计量，因此不能被指定为金融工具的风险成分，除非该通货膨胀风险是合同明确的。但是，在个别情况下，由于通货膨胀环境和相关债务市场的特定因素，企业有可能可以把能够单独识别和可靠计量的通货膨胀风险指定为金融工具的风险成分。例如，企业在某市场环境中发行债券，通货膨胀挂钩债券的交易量和完整的利率期限结构使得该债券市场是一个具有充分流动性的市场，从而能够构造一个零息债券真实利率期限结构。这意味着对相应的货币而言，通货膨胀是市场应予以单独考虑的一项相关因素。在这种情况下，可通过使用零息债券真实利率期限结构将被套期债务工具的现金流量进行折现，来确定通货膨胀风险成分（即类似于无风险利率组成部分的确定方式）。反之，在大多数情况下，通货膨胀风险成分无法单独识别和可靠计量。例如，企业发行仅具有名义利率的债券，而在发行该债券的市场中，通货膨胀挂钩债券的流动性不足以构造零息债券真实利率期限结构。在这种情况下，对市场结构以及相关事实和情况的分析将无法得出通货膨胀是市场予以单独考虑的因素的结论，因此，通货膨胀风险成分不符合指定为被套期项目的条件。在实务中，无论企业实际上使用何种通货膨胀套期工具，上述结论均适用。需要强调的是，已确认的通货膨胀挂钩债券的现金流量中属于合同列明的通货膨胀风险成分（假定不要求对嵌入衍生工具进行单独会计处理）的，该通货膨胀风险能够单独识别和可靠计量，但前提是该工具的其他现金流量不会受到通货膨胀风险成分的影响。

（2）一项或多项选定的合同现金流量。

在企业风险管理活动中，企业有时会对一项或多项选定的合同现金流量进行套期。例如，企业有一笔期限为 10 年、年利率 8%、按年付息的长期银行借款，企业出于风险管理需要，对该笔借款所产生的前 5 年应支付利息进行套期。按照本准则规定，一项或多项选定的合同现金流量可以被指定为被套期项目。

（3）项目名义金额的组成部分。

项目名义金额的组成部分，是指项目整体金额或数量的特定部分，其可以是项目整体的一定比例部分，也可以是项目整体的某一层级部分。不同的组成部分类型产生不同的会计处理结果。因此，企业在指定名义金额组成部分时应当与其风险管理目标保持一致。

项目名义金额的组成部分包括项目整体的一定比例部分（如一项贷款的合同现金流量的 50% 部分）和项目整体的某一层级部分。其中，项目某一层级部分可以从已设定但开放式的总体中指定一个层级，也可以从已设定的名义金额中指定一个层级。例如，下列各项均属于项目某一层级部分。

① 货币性交易量的一部分。例如，甲公司 2×17 年 1 月实现首笔 20 万美元的出口销售之后，下一笔金额为 20 万美元的出口销售所产生的现金流量，可以作为指定的被套期项目。

② 实物数量的一部分。例如，甲公司储藏在某地的 500 万立方米的底层天然气，可以作为指定的被套期项目。

③ 实物或其他交易量的一部分。例如，甲炼化公司 2×17 年 6 月购入的前 1 000 桶石油，乙发电企业 2×17 年 6 月售出的前 100 兆瓦小时的电力等，均可以作为指定的被套期项目。

④ 被套期项目的名义金额的某一层。例如，金额为 1 亿元的确定承诺的最后 8 000 万元部分；金额为 1 亿元的固定利率债券的底层 2 000 万元部分；可按公允价值提前偿付的总金额为 1 亿元（设定的名义金额为 1 亿元）的固定利率债务的顶层 3 000 万元部分。

如果某一层级部分在公允价值套期中被指定为被套期项目，则企业应从设定的名义金额中对其进行指定。企业应根据公允价值变动重新计量被套期项目（即根据归属于被套期风险的公允价值变动重新计量相关项目），以满足公允价值套期的要求。公允价值套期调整必须在损益中确认，且确认时间不得迟于该项目终止确认的时点。因此，企业应当对所设定的名义金额进行跟踪。例如，必须对上述设定的总名义金额 1 亿元的固定利率债券进行跟踪，以跟踪底层的 2 000 万元或顶层的 3 000 万元部分。

如果项目整体的某一层级部分包含提前还款权，且该提前还款权的公允价值受被套期风险变化影响的，企业不得将该层级指定为公允价值套期的被套期项目，但企业在计量被套期项目的公允价值时已包含该提前还款权影响的情况除外。

摘录于《〈企业会计准则第 24 号——套期会计〉应用指南》

第十三条 如果被套期项目是净敞口为零的项目组合（即各项目之间的风险完全相互抵销），同时满足下列条件时，企业可以将该组项目指定在不含套期工具的套期关系中：

（一）该套期是风险净敞口滚动套期策略的一部分，在该策略下，企业定期对同类型的新的净敞口进行套期；

（二）在风险净敞口滚动套期策略整个过程中，被套期净敞口的规模会发生变化，当其不为零时，企业使用符合条件的套期工具对净敞口进行套期，并通常采用套期会计方法；

（三）如果企业不对净敞口为零的项目组合运用套期会计，将导致不一致的会计结果，因为不运用套期会计方法将不会确认在净敞口套期下确认的相互抵销的风险敞口。

【解析 24-11】被套期项目的组合

当企业出于风险管理目的对一组项目进行组合管理，且组合中的每一个项目（包括其组成部分）单独都属于符合条件的被套期项目时，可以将该项目组合指定为被套期项目。一组风险相互抵销的项目形成风险净敞口，一组风险不存在相互抵销的项目形成风险总敞口。只有当企业出于风险管理目的以净额为基础进行套期时，风险净敞口才符合运用套期会计的条件。判断企业是否以净额为基础进行套期应当基于事实，而不仅仅是声明或文件记录。因此，如果仅仅为了达到特定的会计结果却无法反映企业的风险管理策略和风险管理目标，企业不得运用以净额为基础的套期会计。净敞口套期必须是既定风险管理策略的组成部分，通常应当获得企业关键管理人员的批准。

当企业将形成风险净敞口的一组项目指定为被套期项目时，应当将构成该净敞口的所有项目的项目组合整体指定为被套期项目，不应当将不明确的净敞口抽象金额指定为被套期项目。例如，某公司拥有一组在 9 个月后履约的金额为 100 万美元的确定销售承诺，以及一组在 18 个月后履约的金额为 120 万美元的确定购买承诺。在这种情况下，该公司不能将一个最大金额为 20 万美元的抽象金额的净头寸进行指定，而必须对形成该被套期净头寸的购买总额和销售总额进行指定。

风险净敞口并非在任何情况下都符合运用套期会计的条件。在现金流量套期中，企业仅可以将外汇风险净敞口指定为被套期项目，并且应当在套期指定中明确预期交易预计影响损益的报告期间，以及预期交易的性质和数量。

摘录于《〈企业会计准则第 24 号——套期会计〉应用指南》

第十四条 运用套期会计时，在合并财务报表层面，只有与企业集团之外的对手方之间交易形成的资产、负债、尚未确认的确定承诺或极可能发生的预期交易才能被指定为被套期项目；在合并财务报表层面，只有与企业集团之外的对手方签订的合同才能被指定为套期工具。对于同一企业集团内的主体之间的交易，在企业个别财务报表层面可以运用套期会计，在企业集团合并财务报表层面不得运用套期会计，但下列情形除外：

（一）在合并财务报表层面，符合《企业会计准则第 33 号——合并财务报表》规定的投资性主体与其以公允价值计量且其变动计入当期损益的子公司之间的交易，可以运用套期会计。

（二）企业集团内部交易形成的货币性项目的汇兑收益或损失，不能在合并财务报表中全额抵销的，企业可以在合并财务报表层面将该货币性项目的外汇风险指定为被套期项目。

（三）企业集团内部极可能发生的预期交易，按照进行此项交易的主体的记账本位币以外的货币标价，且相关的外汇风险将影响合并损益的，企业可以在合并财务报表层面将该外汇风险指定为被套期项目。

【例 24-1】关于确定被套期项目的案例 1

甲公司为我国境内机器生产企业，采用人民币作为记账本位币。甲公司与境外某公司签订了一项设备购买合同，约定 6 个月后按固定的外币价格购入设备，即甲公司与境外公司达成了一项确定承诺。同时，甲公司签订了一份外币远期合同，以对该项确定承诺产生的外汇风险进行套期。

在本例中，该确定承诺可以被指定为被套期项目，外币远期合同可以被指定为公允价值套期或现金流量套期中的套期工具。

【例 24-2】关于确定被套期项目的案例 2

甲公司与乙公司订立了一项以合同指定公式进行定价的长期天然气供应合同，该公式主要参考商品价格（例如柴油、燃油等）和其他因素（例如运输费等）对长期天然气进行定价。为了管理长期天然气供应合同涉及的长期天然气价格风险，甲公司利用柴油远期合同对该供应合同定价中的柴油组成部分进行套期，柴油组成部分的价格风险敞口属于合同明确的风险成分。

根据长期天然气供应合同定价公式，柴油组成部分的价格风险敞口能够单独识别；市场上存在可交易的柴油远期合同，柴油组成部分的价格风险敞口能够可靠计量。因此，甲公司的长期天然气供应合同定价中的柴油组成部分的价格风险敞口（风险成分）可以作为符合条件的被套期项目。

第三章　套期关系评估

第十五条　公允价值套期、现金流量套期或境外经营净投资套期同时满足下列条件的，才能运用本准则规定的套期会计方法进行处理：

（一）套期关系仅由符合条件的套期工具和被套期项目组成。

（二）在套期开始时，企业正式指定了套期工具和被套期项目，并准备了关于套期关系和企业从事套期的风险管理策略和风险管理目标的书面文件。该文件至少载明了套期工具、被套期项目、被套期风险的性质以及套期有效性评估方法（包括套期无效部分产生的原因分析以及套期比率确定方法）等内容。

（三）套期关系符合套期有效性要求。

套期有效性，是指套期工具的公允价值或现金流量变动能够抵销被套期风险引起的被套期项目公允价值或现金流量变动的程度。套期工具的公允价值或现金流量变动大于或小于被套期项目的公允价值或现金流量变动的部分为套期无效部分。

【解析 24-12】风险管理策略和风险管理目标

企业应当区分风险管理策略和风险管理目标。风险管理策略由企业风险管理最高决策机构制定，一般在企业有关纲领性文件中阐述，并通过含有具体指引的政策性文件在企业范围内贯彻落实。风险管理策略通常应当识别企业面临的各类风险并明确企业如何应对这些风险，风险管理策略一般适用于较长时期的风险管理活动，并且包含一定的灵活性以适应策略实施期间内环境的变化（例如，不同利率或商品价格水平导致不同程度的套期）。而风险管理目标是指企业在某一特定套期关系层面上，确定如何指定套期工具和被套期项目，以及如何运用指定的套期工具对指定为被套期项目的特定风险敞口进行套期。因此，风险管理策略可以涵盖许多不同的套期关系，而这些套期关系的风险管理目标旨在落实整体的风险管理策略。

摘录于《〈企业会计准则第24号——套期会计〉应用指南》

第十六条 套期同时满足下列条件的，企业应当认定套期关系符合套期有效性要求。

（一）被套期项目和套期工具之间存在经济关系。该经济关系使得套期工具和被套期项目的价值因面临相同的被套期风险而发生方向相反的变动。

（二）被套期项目和套期工具经济关系产生的价值变动中，信用风险的影响不占主导地位。

（三）套期关系的套期比率，应当等于企业实际套期的被套期项目数量与对其进行套期的套期工具实际数量之比，但不应当反映被套期项目和套期工具相对权重的失衡，这种失衡会导致套期无效，并可能产生与套期会计目标不一致的会计结果。例如，企业确定拟采用的套期比率是为了避免确认现金流量套期的套期无效部分，或是为了创造更多的被套期项目进行公允价值调整以达到增加使用公允价值会计的目的，可能会产生与套期会计目标不一致的会计结果。

【解析 24-13】套期有效性要求

套期同时满足下列条件的，企业应当认定套期关系符合套期有效性要求。

（1）被套期项目和套期工具之间存在经济关系。该经济关系使得套期工具和被套期项目的价值因面临相同的被套期风险而发生方向相反的变动。

如果被套期项目和套期工具之间存在经济关系，则套期工具的价值与被套期项目的价值预期将产生系统性变动，以反映同一基础变量或一组因采用类似的方式来应对被套期风险而存在经济关系的基础变量产生的变动。

如果基础变量不同但在经济上相关，则有可能发生套期工具的价值和被套期项目的价值呈同向变动的情况，例如，两个相关的基础变量之间的价差产生了变动，而这两个基础变量本身却未发生显著变动。即便如此，当基础变量发生变动的同时，套期工具的价值与被套期项目的价值预期在通常情况下仍将沿着相反方向变动的，套期工具与被套期项目之间仍然存在经济关系。

当对净头寸进行套期时，企业应当考虑净头寸中各项目的价值变动以及套期工具的公允价值变动。例如，甲公司为境内企业，记账本位币为人民币，拥有一组在9个月后履约的金额为100万美元的确定销售承诺，以及一组在18个月后履约的金额为120万美元的确定购买承诺。甲公司可利用未来购入金额为20万美元的外汇远期合同对其未来需支付20万美元的净头寸的外汇风险进行套期。在确定该套期关系是否符合套期有效性的要求时，企业应当考虑下列两者之间的关系：① 外汇远期合同的公允价值变动及确定销售承诺与外汇风险相关的价值变动；② 确定购买承诺与外汇风险相关的价值变动。

与此类似，如果在上述例子中企业持有一个净头寸为零的组合，则企业在确定该套期关系是否符合套期有效性的要求时，应当考虑确定销售承诺与外汇风险相关的价值变动和确定购买承诺与外汇风险相关的价值变动之间的关系。

（2）被套期项目和套期工具经济关系产生的价值变动中，信用风险的影响不占主导地位。

套期会计方法建立在套期工具和被套期项目所产生的利得和损失能够相互抵销这一基本概念之上，因此套期有效性不仅取决于套期工具和被套期项目之间的经济关系，还取决于信用风险对套期工具和被套期项目价值的影响。信用风险的影响意味着，即使套期工具与被套期项目之间存在经济关系，两者之间相互抵销的程度仍可能变得不规律。这可能是由于套期工具或被套期项目的信用风险的变化所致，而且此类信用风险的变化可能会达到一定程度，使信用风险将主导价值变动。例如，企业使用无担保的衍生工具对商品价格风险敞口进行套期。如果该衍生工具交易对手方的信用状况严重恶化，则与商品价格的变动相比，该交易对手方信用状况的变化对套期工具公允价值所产生的影响可能更大，而被套期项目的价值变动则主要取决于商品价格的变动。

如果由信用风险引起的损失或利得将干扰基础变量的变动对套期工具或被套期项目价值的影响，则信用风险的变化程度导致了信用风险在价值变动中起主导作用。反之，如果基础变量在特定期间内发生很小的变动，即使与信用风险相关的很小的价值变动可能会超过基础变量变动所引起的价值变动，信用风险的变化也未必形成主导作用。

（3）套期关系的套期比率，应当等于企业实际套期的被套期项目数量与对其进行套期的套期工具实际数量之比。

被套期项目和套期工具的数量可根据其性质采用多种方式进行计量。作为一般原则，套期关系的套期比率应当与从风险管理角度而设定的套期比率相同。在某些情况下，套期比率可能为1:1，因为被套期项目的关键条款将与套期工具的关键条款相匹配；然而在实务中的很多情况下，由于多种原因，实际套期比率可能并非1:1。如果企业对某一项目不足100%的风险敞口（例如，85%）进行套期，则其用来指定套期关系的套期比率应当与上述85%的风险敞口以及企业用于对上述85%的风险敞口进行套期的套期工具实际数量所形成的套期比率相一致。与此类似，如果企业使用名义金额为40个单位的金融工具对某个风险敞口进行套期，则其用来指定套期关系的套期比率应当与上述40个单位（即企业不能使用其所持有的总数中更多的数量单位或更少的数量单位来确定套期比率），以及实际被套期项目的数量所形成的套期比率相一致。

套期比率不应当反映被套期项目和套期工具相对权重的失衡，这种失衡会导致套期无效，并可能产生与套期会计目标不一致的会计结果。因此，在指定套期关系时，企业必须调整由其实际使用的被套期项目数量和套期工具数量形成的套期比率，以避免这种失衡。

如果被套期项目和套期工具的特定权重将导致套期无效部分，企业应当确定该套期无效部分是否具有商业理由。例如，企业使用标准咖啡期货合同对100吨咖啡采购进行套期，每份期货合同的标准数量为37 500磅（1磅=0.453 6千克）。企业只能使用5份或6份合同（分别相当于85.0吨和102.1吨）对100吨的咖啡采购进行套期。在这种情况下，企业应当采用由其实际使用的咖啡期货合同数量形成的套期比率来指定套期关系，因为由被套期项目和套期工具的权重不匹配导致的套期无效部分不会产生与套期会计目标不一致的会计结果。

企业不得为避免确认现金流量套期的无效部分而改变现金流量套期比率，也不得为创造更多的被套期项目公允价值调整而改变公允价值套期比率。这种会计结果不符合套期会计的目标。

摘录于《〈企业会计准则第24号——套期会计〉应用指南》

第十七条 企业应当在套期开始日及以后期间持续地对套期关系是否符合套期有效性要求进行评估，尤其应当分析在套期剩余期限内预期将影响套期关系的套期无效部分产生的原因。企业至少应当在资产负债表日及相关情形发生重大变化将影响套期有效性要求时对套期关系进行评估。

【解析24-14】套期有效性评价方法

企业应当在套期开始日及以后期间持续地对套期关系是否符合套期有效性要求进行评估，尤其应当分析在套期剩余期限内预期将影响套期关系的套期无效部分产生的原因。企业至少应当在资产负债表日及相关情形发生重大变化将影响套期有效性要求时对套期关系进行评估。

一般情况下，套期工具和被套期项目的公允价值或现金流量变动难以实现完全抵销，因而会出现套期无效部分。套期工具的公允价值或现金流量变动大于或小于被套期项目的公允价值或现金流量变动的部分为套期无效部分。在计量套期无效部分时，企业应当考虑货币的时间价值。套期无效部分的形成源于多方面的因素。这些因素通常包括：（1）套期工具和被套期项目以不同的货币表示；（2）套期工具和被套期项目有不同的到期期限；（3）套期工具和被套期项目内含不同的利率或权益指数变量；（4）套期工具和被套期项目使用不同市场的商品价格标价；（5）套期工具和被套期项目对应不同的交易对手；（6）套期工具在套期开始时的公允价值不等于零等。

为计算被套期项目的价值变动，企业可使用其条款与被套期项目的主要条款相匹配的衍生工具（通常称为“虚拟衍生工具”）。在使用虚拟衍生工具估计被套期项目的价值时，不能使用仅存在于套期工具中而被套期项目不具备的特征。例如，对于以外币计价的债务（无论固定利率还是浮动利率），企业在使用虚拟衍生工具计算该债务的价值变动或其现金流量累计变动的现值时，即便实际的衍生工具的不同货币汇兑可能包括汇兑费用，虚拟衍生工具也不能简单地直接反映这种费用，因为被套期项目中可能不包含这项费用。

在评估被套期项目和套期工具之间是否存在经济关系时，企业可以采用定性或定量的方法。如果套期工具和被套期项目的主要条款（例如名义金额、到期期限和基础变量）均匹配或大致相符，企业可以根据此类主要条款进行定性评估。如果套期工具和被套期项目的主要条款并非基本匹配，企业可能需要进行定量评估（例如通过比较被套期风险引起的套期工具和被套期项目公允价值或现金流量变动的比率，或通过采用回归分析方法分析套期工具和被套期项目价值变动的相关性），但两个变量之间仅仅存在某种统计相关性的事实本身不足以有效证明套期工具与被套期项目之间存在经济关系。

企业的风险管理策略是评估套期关系是否符合套期有效性要求的主要信息来源。这意味着，用于决策目的的管理分析信息可作为评估套期关系是否符合套期有效性要求的依据。因此，套期有效性评价方法应当与企业的风险管理策略相吻合，并在套期开始时就在风险管理有关的正式文件中详细加以说明。如果相关情况发生变化从而影响套期有效性，企业可能需要改变评估套期关系是否符合套期有效性要求的方法，以确保该评估仍能够考虑套期关系的相关特征（包括套期无效部分的来源）。当评估套期有效性的方法发生改变时，应当对套期关系书面文件进行相应更新。

摘录于《〈企业会计准则第 24 号——套期会计〉应用指南》

第十八条 套期关系由于套期比率的原因而不再符合套期有效性要求，但指定该套期关系的风险管理目标没有改变的，企业应当进行套期关系再平衡。

本准则所称套期关系再平衡，是指对已经存在的套期关系中被套期项目或套期工具的数量进行调整，以使套期比率重新符合套期有效性要求。基于其他目的对被套期项目或套期工具所指定的数量进行变动，不构成本准则所称的套期关系再平衡。

企业在套期关系再平衡时，应当首先确认套期关系调整前的套期无效部分，并更新在套期剩余期限内预期将影响套期关系的套期无效部分产生原因的分析，同时相应更新套期关系的书面文件。

【解析 24-15】套期关系再平衡

调整套期比率使得企业可以应对由于基础变量或风险变量而引起的套期工具和被套期项目之间关系的变动。例如，当套期关系中的套期工具和被套期项目具有不同但是相关的基础变量（如不同但相关的指数、比率或价格）时，套期关系会随着这两个基础变量之间关系的变动而发生变化。当套期工具和被套期项目之间关系发生的变动能通过调整套期比率得以弥补时，再平衡将可以使得套期关系得到延续。但是，在套期工具与被套期项目之间的关系变动不能通过调整套期比率来弥补的情况下，再平衡并不能促使套期关系得到延续。

并非所有套期工具的公允价值变动和被套期项目的公允价值或现金流量变动之间抵销程度的变化，均会导致套期工具与被套期项目之间的套期关系的变化。企业应当分析预期将在存续期内影响套期关系的套期无效部分的来源，并评估抵销程度的变化属于下列哪一种情形：

1. 抵销程度的变化属于围绕套期比率的正常波动（即能够继续适当反映套期工具与被套期项目之间的关系）；

2. 抵销程度的变化表明套期比率不再能够恰当反映套期工具与被套期项目之间的关系。

为应对每一特定结果而调整套期比率的做法，并不能减少围绕某个固定套期比率的上下波动及由此产生的套期无效部分。在该情况下，只需对套期无效部分进行确认和计量，而无须作出再平衡。

与此相反，如果抵销程度的变化表明该波动围绕着一个套期比率，而该套期比率不同于当前针对该套期关系所使用的套期比率，或存在偏离目前采用的套期比率的趋势，企业可以通过调整套期比率来降低套期无效部分，而保留原套期比率将显著增加套期的无效部分。在该情况下，企业必须评价套期关系是否反映出被套期项目与套期工具之间权重的失衡，这种失衡可能产生套期无效（无论确认与否），并可能产生与套期会计目标不一致的会计结果。如果套期比率被调整，则会同时影响套期无效部分的确认和计量。

通常，再平衡中对被套期项目或套期工具数量的调整应当反映企业实际使用的套期工具和被套期项目的数量调整。但是，如果出现下列情况，则企业必须调整根据实际使用的被套期项目或套期工具的数量而得出的套期比率：

1. 由企业的套期工具或被套期项目的实际数量变动所产生的套期比率反映出某种失衡，这种失衡可能导致套期无效，并可能产生与套期会计目标不一致的会计结果；

2. 企业维持套期工具和被套期项目的实际数量而得出的套期比率在新的情况下反映出某种失衡，这种失衡可能导致套期无效，并可能产生与套期会计目标不一致的会计结果。

企业对套期关系作出再平衡，可以通过增加或减少被套期项目或套期工具数量的方式调整套期比率。但是，数量的减少并不一定意味着那些项目或交易不再存在，或预计不再发生，而是表明其不再是套期关系的一部分。例如，企业减少套期工具的数量，但仍然保留某项衍生工具，该衍生工具仅有一部分将继续作为套期关系中的套期工具。

摘录于《〈企业会计准则第24号——套期会计〉应用指南》

第十九条 企业发生下列情形之一的，应当终止运用套期会计：

（一）因风险管理目标发生变化，导致套期关系不再满足风险管理目标。

（二）套期工具已到期、被出售、合同终止或已行使。

（三）被套期项目与套期工具之间不再存在经济关系，或者被套期项目和套期工具经济关系产生的价值变动中，信用风险的影响开始占主导地位。

（四）套期关系不再满足本准则所规定的运用套期会计方法的其他条件。在适用套期关系再平衡的情况下，企业应当首先考虑套期关系再平衡，然后评估套期关系是否满足本准则所规定的运用套期会计方法的条件。

终止套期会计可能会影响套期关系的整体或其中一部分，在仅影响其中一部分时，剩余未受影响的部分仍适用套期会计。

【解析 24-16】套期关系的终止

企业不得撤销指定并终止一项继续满足套期风险管理目标并在再平衡之后继续符合套期会计条件的套期关系。但是，如果套期关系不再满足套期风险管理目标或在再平衡之后不符合套期会计条件等本准则规定情形的，则企业必须终止套期关系。

企业应当采用未来适用法，自不再满足套期会计条件或风险管理目标之日起终止运用套期会计。

当只有部分套期关系不再满足运用套期会计的条件时，套期关系将部分终止，其余部分将继续适用套期会计。例如，当对套期关系作出再平衡时，对套期比率进行的调整可能使得部分被套期项目的数量不再构成套期关系的一部分。因此，仅针对不再构成套期关系一部分的被套期项目的数量终止运用套期会计；或者当作为被套期项目的预期交易的部分数量不再极可能发生时，仅对不再极可能发生的被套期项目的数量终止运用套期会计。然而，如果企业曾将预期交易指定为被套期项目，并在后续期间确定该预期交易预计不再会发生，则企业在预测类似的预期交易时，其准确预测预期交易的能力将受到质疑，这将影响对于类似的预期交易是否极可能发生的评估，并进而影响到这些类似的预期交易是否符合被套期项目的评估。

摘录于《〈企业会计准则第 24 号——套期会计〉应用指南》

第二十条 套期关系同时满足下列条件的，企业不得撤销套期关系的指定并由此终止套期关系：

（一）套期关系仍然满足风险管理目标；

（二）套期关系仍然满足本准则运用套期会计方法的其他条件。在适用套期关系再平衡的情况下，企业应当首先考虑套期关系再平衡，然后评估套期关系是否满足本准则所规定的运用套期会计方法的条件。

第二十一条 企业发生下列情形之一的，不作为套期工具已到期或合同终止处理：

（一）套期工具展期或被另一项套期工具替换，而且该展期或替换是企业书面文件所载明的风险管理目标的组成部分。

（二）由于法律法规或其他相关规定的要求，套期工具的原交易对手方变更为一个或多个清算交易对手方（例如清算机构或其他主体），以最终达成由同一中央交易对手方进行清算的目的。如果存在套期工具其他变更的，该变更应当仅限于达成此类替换交易对手方所必须的变更。

【解析 24-17】不作为套期关系终止处理的情形

企业发生下列情形之一的，不作为套期工具已到期或合同终止处理：

（1）套期工具展期或被另一项套期工具替换，而且该展期或替换是企业书面文件所载明的风险管理目标的组成部分。

（2）由于法律法规或其他相关规定的要求，套期工具的原交易对手方变更为一个或多个清算交易对手方（例如清算机构或其他主体），以最终达成由同一中央交易对手方进行清算的目的。如果存在套期工具其他变更的，该变更应当仅限于替换交易对手方所必须的变更。

在将原交易对手方更换为清算交易对手方并确认相应变更的影响时，应当将该影响反映在套期工具的计量中，进而纳入对套期有效性的评估和计量。

例如，对于套期关系中被指定为套期工具的衍生工具，由于新的法律法规要求变更为中央交易对手方，且该变更仅涉及替换交易对手方所必须的变更，则企业应当将原有衍生工具终止确认，并新确认变更交易对手方后的衍生工具，但是变更前的套期关系将作为持续的套期关系进行会计处理，企业无须对套期关系终止运用套期会计。

（3）被套期项目与套期工具之间不再存在经济关系，或者被套期项目和套期工具经济关系产生的价值变动中，信用风险的影响开始占主导地位。

（4）套期关系不再满足本准则所规定的运用套期会计方法的其他条件。例如，套期工具或被套期项目不再符合条件。在适用套期关系再平衡的情况下，企业应当首先考虑套期关系再平衡，然后评估套期关系是否满足本准则所规定的运用套期会计方法的条件。

当部分或整体终止运用套期会计时，企业可以对原套期关系中套期工具或被套期项目指定新的套期关系，这种情况并不构成套期关系的延续，而是重新开始一项套期关系。例如，某一套期工具出现严重信用恶化，企业以新的套期工具将其取代，这意味着原套期关系未能实现风险管理目标，因此被整体终止。新的套期工具被指定为对先前被套期的相同风险敞口进行的套期，并形成新的套期关系。在这种情况下，被套期项目的公允价值或现金流量变动的计量起始日应当是新套期关系的指定日，而非原套期关系的指定日。

摘录于《〈企业会计准则第 24 号——套期会计〉应用指南》

第四章　确认和计量

第二十二条　公允价值套期满足运用套期会计方法条件的，应当按照下列规定处理：

（一）套期工具产生的利得或损失应当计入当期损益。如果套期工具是对选择以公允价值计量且其变动计入其他综合收益的非交易性权益工具投资（或其组成部分）进行套期的，套期工具产生的利得或损失应当计入其他综合收益。

（二）被套期项目因被套期风险敞口形成的利得或损失应当计入当期损益，同时调整未以公允价值计量的已确认被套期项目的账面价值。被套期项目为按照《企业会计准则第 22 号——金融工具确认和计量》第十八条分类为以公允价值计量且其变动计入其他综合收益的金融资产（或其组成部分）的，其因被套期风险敞口形成的利得或损失应当计入当期损益，其账面价值已经按公允价值计量，不需要调整；被套期项目为企业选择以公允价值计量且其变动计入其他综合收益的非交易性权益工具投资（或其组成部分）的，其因被套期风险敞口形成的利得或损失应当计入其他综合收益，其账面价值已经按公允价值计量，不需要调整。

被套期项目为尚未确认的确定承诺（或其组成部分）的，其在套期关系指定后因被套期风险引起的公允价值累计变动额应当确认为一项资产或负债，相关的利得或损失应当计入各相关期间损益。当履行确定承诺而取得资产或承担负债时，应当调整该资产或负债的初始确认金额，以包括已确认的被套期项目的公允价值累计变动额。

【例 24-3】关于公允价值套期计量的案例

2×17 年 1 月 1 日，甲公司为规避所持有铜存货公允价值变动风险与某金融机构签订了一项铜期货合同，并将其指定为对 2×17 年前两个月铜存货的商品价格变化引起的公允价值变动风险的套期工具。铜期货合同的标的资产与被套期项目铜存货在数量、质次、价格变动和产地方面相同。假设套期工具与被套期项目因铜价变化引起的公允价值变动一致，且不考虑期货市场中每日无负债结算制度的影响。

2×17 年 1 月 1 日，铜期货合同的公允价值为 0，被套期项目（铜存货）的账面价值和成本均为 1 000 000 元，公允价值为 1 100 000 元。2×17 年 1 月 31 日，铜期货合同公允价值上涨了 25 000 元，铜存货的公允价值下降了 25 000 元。2×17 年 2 月 28 日，铜期货合同公价值下降了 15 000 元，铜存货的公允价值上升了 15 000 元。当日，甲公司将铜存货以 11 000 000 元的价格出售，并将铜期货合同结算。

甲公司通过分析发现，铜存货与铜期货合同存在经济关系，且经济关系产生的价值变动中信用风险不占主导地位，套期比率也反映了套期的实际数量，符合套期有效性要求。

假定不考虑商品销售相关的增值税及其他因素，甲公司的账务处理如下。

（1）2×17 年 1 月 1 日，指定铜存货为被套期项目。

借：被套期项目——库存商品铜　　1 000 000

　　贷：库存商品——铜　　1 000 000

2×17 年 1 月 1 日，被指定为套期工具的铜期货合同的公允价值为 0，因此无账务处理。

（2）2×17 年 1 月 31 日，确认套期工具公允价值变动。

借：套期工具——铜期货合同　　25 000

　　贷：套期损益　　25 000

确认套期项目公允价值变动。

借：套期损益　　25 000

　　贷：被套期项目——库存商品铜　　25 000

（3）2×17 年 2 月 28 日，确认套期工具公允价值变动。

借：套期损益　　15 000

　　贷：套期工具——铜期货合同　　15 000

确认被套期项目公允价值变动。

借：被套期项目——库存商品铜　　15 000

　　贷：套期损益　　15 000

确认铜存货销售收入。

借：应收账款或银行存款　　1 090 000

　　贷：主营业务收入　　1 090 000

结转铜存货销售成本。

借：主营业务成本　　990 000

　　贷：被套期项目——库存商品铜　　990 000

结算铜期货合同。

借：银行存款　　10 000

　　贷：套期工具——铜期货合同　　10 000

注：由于甲公司采用套期进行风险管理，规避了铜存货公允价值变动风险，其铜存货公允价值下降没有对预期毛利 100 000 元（1 100 000−1 000 000）产生不利影响。同时，甲公司运用公允价值套期会计将套期工具与被套期项目的公允价值变动计入相同会计期间的损益，消除了因企业风险管理活动可能导致的损益波动。

第二十三条　公允价值套期中，被套期项目为以摊余成本计量的金融工具（或其组成部分）的，企业对被套期项目账面价值所作的调整应当按照开始摊销日重新计算的实际利率进行摊销，并计入当期损益。该摊销可以自调整日开始，但不应当晚于对被套期项目终止进行套期利得和损失调整的时点。被套期项目为按照《企业会计准则第 22 号——金融工具确认和计量》第十八条分类为以公允价值计量且其变动计入其他综合收益的金融资产（或其组成部分）的，企业应当按照相同的方式对累计已确认的套期利得或损失进行摊销，并计入当期损益，但不调整金融资产（或其组成部分）的账面价值。

第二十四条　现金流量套期满足运用套期会计方法条件的，应当按照下列规定处理：

（一）套期工具产生的利得或损失中属于套期有效的部分，作为现金流量套期储备，应当计入其他综合收益。现金流量套期储备的金额，应当按照下列两项的绝对额中较低者确定：

1. 套期工具自套期开始的累计利得或损失；

2. 被套期项目自套期开始的预计未来现金流量现值的累计变动额。

每期计入其他综合收益的现金流量套期储备的金额应当为当期现金流量套期储备的变动额。

（二）套期工具产生的利得或损失中属于套期无效的部分（即扣除计入其他综合收益后的其他利得或损失），应当计入当期损益。

第二十五条　现金流量套期储备的金额，应当按照下列规定处理：

（一）被套期项目为预期交易，且该预期交易使企业随后确认一项非金融资产或非金融负债的，或者非金融资产或非金融负债的预期交易形成一项适用于公允价值套期会计的确定承诺时，企业应当将原在其他综合收益中确认的现金流量套期储备金额转出，计入该资产或负债的初始确认金额。

（二）对于不属于本条（一）涉及的现金流量套期，企业应当在被套期的预期现金流量影响损益的相同期间，将原在其他综合收益中确认的现金流量套期储备金额转出，计入当期损益。

（三）如果在其他综合收益中确认的现金流量套期储备金额是一项损失，且该损失全部或部分预计在未来会计期间不能弥补的，企业应当在预计不能弥补时，将预计不能弥补的部分从其他综合收益中转出，计入当期损益。

第二十六条　当企业对现金流量套期终止运用套期会计时，在其他综合收益中确认的累计现金流量套期储备金额，应当按照下列规定进行处理：

（一）被套期的未来现金流量预期仍然会发生的，累计现金流量套期储备的金额应当予以保留，并按照本准则第二十五条的规定进行会计处理。

（二）被套期的未来现金流量预期不再发生的，累计现金流量套期储备的金额应当从其他综合收益中转出，计入当期损益。被套期的未来现金流量预期不再极可能发生但可能预期仍然会发生，在预期仍然会发生的情况下，累计现金流量套期储备的金额应当予以保留，并按照本准则第二十五条的规定进行会计处理。

【例 24-4】关于现金流量套期计量的案例

2×17 年 1 月 1 日，DEF 公司预期在 2×17 年 2 月 28 日销售一批商品 X，数量为 100 吨，预期售价为 1 100 000 元。为规避该预期销售中与商品价格有关的现金流量变动风险，DEF 公司于 2×17 年 1 月 1 日与某金融机构签订了一项商品期货合同 Y，将于 2×17 年 2 月 28 日以总价 1 100 000 元的价格销售 100 吨商品 X，且将其指定为对预期商品销售的套期工具。商品期货合同 Y 的标的资产与被套期预期销售商品在数量、质次、价格变动和产地等方面相同，并且商品期货合同 Y 的结算日和预期商品销售日均为 2×17 年 2 月 28 日。

2×17 年 1 月 1 日，商品期货合同 Y 的公允价值为零。2×17 年 1 月 31 日，商品期货合同 Y 的公允价值上涨了 25 000 元，预期销售价格下降了 25 000 元。2×17 年 2 月 28 日，商品期货合同 Y 的公允价值上涨了 10 000 元，商品销售价格下降了 10 000 元。当日，DEF 公司将商品 X 出售，并结算了商品期货合同 Y。

DEF 公司认为该套期符合套期有效性的条件。假定不考虑商品销售相关的增值税及其他因素，且商品期货合约自套期开始的累计利得或损失与被套期项目自套期开始因商品价格变动引起未来现金流量现值的累计变动额一致。同时，假定不考虑期货市场每日无负债结算制度的影响。DEF 公司的账务处理如下。

（1）2×17 年 1 月 1 日，DEF 公司不进行账务处理。

（2）2×17 年 1 月 31 日，确认现金流量套期储备。

借：套期工具——商品期货合同 Y　　25 000

　　贷：其他综合收益——套期储备　　25 000

（3）2×17 年 2 月 28 日，确认现金流量套期储备。

借：套期工具——商品期货合同 Y　　10 000

　　贷：其他综合收益——套期储备　　10 000

套期工具自套期开始的累计利得或损失与被套期项目自套期开始的预计未来现金流量现值的累计变动额一致，因此将套期工具公允价值变动作为现金流量套期储备计入其他综合收益。

确认商品 X 的销售收入。

借：应收账款或银行存款　　1 065 000

　　贷：主营业务收入　　1 065 000

确认衍生工具 Y 的结算。

借：银行存款　　35 000

　　贷：套期工具——商品期货合同 Y　　35 000

将现金流量套期储备金额转出，计入当期收入。

借：其他综合收益——套期储备　　35 000

　　贷：主营业务收入　　35 000

第二十七条 对境外经营净投资的套期，包括对作为净投资的一部分进行会计处理的货币性项目的套期，应当按照类似于现金流量套期会计的规定处理。

（一）套期工具形成的利得或损失中属于套期有效的部分，应当计入其他综合收益。

全部或部分处置境外经营时，上述计入其他综合收益的套期工具利得或损失应当相应转出，计入当期损益。

（二）套期工具形成的利得或损失中属于套期无效的部分，应当计入当期损益。

【解析 24-18】多个母公司进行的套期

在一项由境外经营净投资产生的外汇风险的套期中，被套期项目的金额可以等于或小于母公司合并财务报表中该境外经营净资产账面价值。企业可以将被套期风险指定为境外经营的记账本位币与其任何母公司（直接的、中间的或最终的母公司）的记账本位币之间产生的外汇风险敞口。通过中间母公司持有净投资不影响最终母公司所面临外汇风险的性质。但是，境外经营净投资产生的外汇风险敞口只有在合并财务报表中才可能符合套期会计的条件。如果同一境外经营净资产的同一风险被集团内部一家以上的母公司（例如，直接和间接母公司）分别进行套期，则在最终母公司合并财务报表中只有一项套期关系符合套期会计的条件。

如果一项套期关系由较低层次间接母公司在其合并财务报表中进行了指定，那么在更高层次的母公司合并财务报表中可以决定保留该套期关系或重新指定。如果较高层次的母公司决定不保留该套期关系而是重新指定，那么，在较高层次母公司的合并财务报表中必须先转回较低层次母公司所运用的套期会计，再按照重新指定的套期关系运用套期会计。相反地，套期会计可以在较高层次母公司的合并财务报表中直接指定，不必在较低层次间接母公司的合并财务报表中进行指定。

摘录于《〈企业会计准则第 24 号——套期会计〉应用指南》

【解析 24-19】集团内可以持有套期工具的企业

一项衍生或非衍生金融工具（或衍生和非衍生金融工具的组合）可以被指定为境外经营净投资套期工具。只要满足本准则对境外经营净投资套期的指定、文件记录和有效性要求，套期工具就可由集团内部的任一家或几家企业持有。

如果持有套期工具的企业的记账本位币与投资于境外经营的母公司的记账本位币相同，就较容易进行套期有效性评估，因为在评估套期有效性时，可以假设持有境外经营的母公司也同时持有套期工具。如果持有套期工具的企业的记账本位币与投资于境外经营的母公司的记账本位币不同，评估套期有效性会较为复杂。这种情况下，套期有效性不仅要反映持有套期工具的企业的利得或损失（如果不使用套期会计，应计入合并损益），还应当反映对套期工具重新折算为母公司记账本位币的影响（如果不使用套期会计，应在合并其他综合收益中确认）。有效性的评估并不受套期工具是否是衍生工具的影响，也不受合并方法的影响。

摘录于《〈企业会计准则第 24 号——套期会计〉应用指南》

第二十八条 企业根据本准则第十八条规定对套期关系作出再平衡的，应当在调整套期关系之前确定套期关系的套期无效部分，并将相关利得或损失计入当期损益。

套期关系再平衡可能会导致企业增加或减少指定套期关系中被套期项目或套期工具的数量。企业增加了指定的被套期项目或套期工具的，增加部分自指定增加之日起作为套期关系的一部分进行处理；企业减少了指定的被套期项目或套期工具的，减少部分自指定减少之日起不再作为套期关系的一部分，作为套期关系终止处理。

第二十九条 对于被套期项目为风险净敞口的套期，被套期风险影响利润表不同列报项目的，企业应当将相关套期利得或损失单独列报，不应当影响利润表中与被套期项目相关的损益列报项目金额（如营业收入或营业成本）。

对于被套期项目为风险净敞口的公允价值套期，涉及调整被套期各组成项目账面价值的，企业应当对各项资产和负债的账面价值做相应调整。

【解析 24-20】风险净敞口套期的会计处理

例如，某公司有一笔由 100 万美元的预期外币销售收入和 80 万美元的预期外币费用构成的外汇风险净头寸，该公司利用金额为 20 万美元的外汇远期合同对该外汇风险净头寸进行套期。当该外汇风险净头寸影响损益时，该外汇远期合同产生的现金流量套期储备重分类至损益的利得或损失应当与被套期的销售收入和费用区分开来并单独列示。如果销售收入产生的期间早于费用发生的期间，则销售收入仍应当按照即期汇率计量。相关的套期利得或损失应当单独列示，从而在损益中反映出净头寸套期的影响，并相应调整现金流量套期储备。如果被套期的费用将影响以后期间的损益（例如该费用将分期摊销），则之前对费用确认的套期利得或损失应在以后期间重分类至损益，且在利润表中与包含被套期费用的项目区分开单独列示。

再如，企业通过利率互换合同对固定利率债务工具的利率风险进行套期。企业的套期目标旨在将固定利率现金流量转换成浮动利率现金流量。在对净头寸（例如，一项固定利率资产和一项固定利率负债构成的净头寸）进行套期时，套期工具的应计净利息应当单独列示，以避免将单个套期工具产生的利得或损失净额以相互抵销的总额形式在不同的报表项目中分别列示（即，不得将单项利率互换合同产生的净利息收入列示为利息收入总额和利息支出总额）。

因此，企业开展净敞口套期业务的，应当在利润表中增设“净敞口套期收益”项目，将“净敞口套期损益”科目的当期发生额在该项目中列示。

摘录于《〈企业会计准则第 24 号——套期会计〉应用指南》

第三十条 除本准则第二十九条规定外，对于被套期项目为一组项目的公允价值套期，企业在套期关系存续期间，应当针对被套期项目组合中各组成项目，分别确认公允价值变动所引起的相关利得或损失，按照本准则第二十二条的规定进行相应处理，计入当期损益或其他综合收益。涉及调整被套期各组成项目账面价值的，企业应当对各项资产和负债的账面价值做相应调整。

除本准则第二十九条规定外，对于被套期项目为一组项目的现金流量套期，企业在将其他综合收益中确认的相关现金流量套期储备转出时，应当按照系统、合理的方法将转出金额在被套期各组成项目中分摊，并按照本准则第二十五条的规定进行相应处理。

第三十一条 企业根据本准则第七条规定将期权的内在价值和时间价值分开，只将期权的内在价值变动指定为套期工具时，应当区分被套期项目的性质是与交易相关还是与时间段相关。被套期项目与交易相关的，对其进行套期的期权时间价值具备交易成本的特征；被套期项目与时间段相关的，对其进行套期的期权时间价值具备为保护企业在特定时间段内规避风险所需支付成本的特征。企业应当根据被套期项目的性质分别进行以下会计处理：

（一）对于与交易相关的被套期项目，企业应当按照本准则第三十二条的规定，将期权时间价值的公允价值变动中与被套期项目相关的部分计入其他综合收益。对于在其他综合收益中确认的期权时间价值的公允价值累计变动额，应当按照本准则第二十五条规定的与现金流量套期储备金额相同的会计处理方法进行处理。

（二）对于与时间段相关的被套期项目，企业应当按照本准则第三十二条的规定，将期权时间价值的公允价值变动中与被套期项目相关的部分计入其他综合收益。同时，企业应当按照系统、合理的方法，将期权被指定为套期工具当日的时间价值中与被套期项目相关的部分，在套期关系影响损益或其他综合收益（仅限于企业对指定为以公允价值计量且其变动计入其他综合收益的非交易性权益工具投资的公允价值变动风险敞口进行的套期）的期间内摊销，摊销金额从其他综合收益中转出，计入当期损益。若企业终止运用套期会计，则其他综合收益中剩余的相关金额应当转出，计入当期损益。

期权的主要条款（如名义金额、期限和标的）与被套期项目相一致的，期权的实际时间价值与被套期项目相关；期权的主要条款与被套期项目不完全一致的，企业应当通过对主要条款与被套期项目完全一致的期权进行估值确定校准时间价值，并确认期权的实际时间价值中与被套期项目相关的部分。

【解析 24-21】与交易相关的被套期项目

被套期项目与交易相关的，对其进行套期的期权的时间价值具备该项交易成本的特征。如果该被套期项目导致确认一项初始计量包含交易成本的项目（如企业对预期交易或确定承诺涉及的商品价格风险进行套期，并将交易成本纳入存货的初始计量），则期权的时间价值应纳入特定的被套期项目的初始计量。与此类似，对构成预期交易或确定承诺商品销售的商品价格风险进行套期的企业，应当将期权的时间价值作为销售成本的一部分，在被套期的销售确认收入的相同期间计入损益。具体而言，企业应当将期权时间价值的公允价值变动中与被套期项目相关的部分计入其他综合收益，并按照与现金流量套期储备相同的会计处理方法进行处理。

摘录于《〈企业会计准则第 24 号——套期会计〉应用指南》

【解析 24-22】与时间段相关的被套期项目

被套期项目与时间段相关的，对其进行套期的期权时间价值具备为保护企业在特定时间段内规避风险所需支付成本的特征。例如，如果使用期限为 6 个月的期权对企业的存货在该 6 个月中的价格风险进行套期，期权的时间价值应在这 6 个月期间内采用系统、合理的方法进行摊销计入损益。又如，在使用外汇期权对境外经营净投资进行为期 18 个月的套期时，期权的时间价值将在这 18 个月期间内进行分摊。

当期权被用于对与时间段相关的被套期项目进行套期时，被套期项目的特征（包括被套期项目影响损益的方式和时间）同时会影响期权时间价值的摊销期间，这与运用套期会计时期权内在价值影响损益的期间相一致。例如，如果使用某一利率期权（利率上限）来防止浮动利率债券利息费用增加，则利率上限的时间价值摊销计入损益的期间与利率上限的内在价值影响损益的期间相同，即：如果使用利率上限对 5 年期浮动利率债券的前 3 年的利率上升风险进行套期，则利率上限的时间价值在前 3 年摊销计入损益；或者如果利率上限是远期起始期权，用于对 5 年期的浮动利率债券的第 2 年至第 3 年的利率上升风险进行套期，则利率上限的时间价值应在第 2 年和第 3 年进行摊销计入损益。

具体而言，企业应当将期权时间价值的公允价值变动中与被套期项目相关的部分计入其他综合收益。同时，企业应当按照系统、合理的方法，将期权被指定为套期工具当日的时间价值中与被套期项目相关的部分，在套期关系影响损益或其他综合收益（仅限于企业对指定为以公允价值计量且其变动计入其他综合收益的非交易性权益工具投资的公允价值套期）的期间内摊销，摊销金额从其他综合收益中转出，计入当期损益。期权的时间价值在期权到期时将归零，因此在期权存续期内的累计时间价值的公允价值变动等于指定套期时的时间价值。时间价值变动计入其他综合收益的金额应当根据变动的实际情况确定，但从其他综合收益转入当期损益（即摊销）的金额应当按照系统、合理的方法确定。转入和转出的金额最终是一致的，即指定套期时的时间价值。若企业终止运用套期会计，则其他综合收益中剩余的相关金额应当转出，计入当期损益。

摘录于《〈企业会计准则第 24 号——套期会计〉应用指南》

第三十二条 在套期关系开始时，期权的实际时间价值高于校准时间价值的，企业应当以校准时间价值为基础，将其累计公允价值变动计入其他综合收益，并将这两个时间价值的公允价值变动差额计入当期损益；在套期关系开始时，期权的实际时间价值低于校准时间价值的，企业应当将两个时间价值中累计公允价值变动的较低者计入其他综合收益，如果实际时间价值的累计公允价值变动扣减累计计入其他综合收益金额后尚有剩余的，应当计入当期损益。

【解析 24-23】由购入期权和签出期权组成的组合期权

本准则对期权时间价值的会计处理同样适用于由购入期权和签出期权组成的组合期权，该组合期权在被指定为套期工具之日的净时间价值为零（通常被称为“零成本上下限期权”）。在这种情况下，即使在套期关系的整个期间内时间价值的累计变动为零，企业也应当将各期间时间价值的变动计入其他综合收益。如果期权的时间价值涉及与交易相关的被套期项目，在套期关系结束时调整被套期项目或是重分类至损益的时间价值为零；如果期权的时间价值涉及与时间段相关的被套期项目，在套期关系结束时期权时间价值相关摊销金额为零。

摘录于《〈企业会计准则第 24 号——套期会计〉应用指南》

第三十三条 企业根据本准则第七条规定将远期合同的远期要素和即期要素分开、只将即期要素的价值变动指定为套期工具的，或者将金融工具的外汇基差单独分拆、只将排除外汇基差后的金融工具指定为套期工具的，可以按照与前述期权时间价值相同的处理方式对远期合同的远期要素或金融工具的外汇基差进行会计处理。

第五章 信用风险敞口的公允价值选择权

第三十四条 企业使用以公允价值计量且其变动计入当期损益的信用衍生工具管理金融工具（或其组成部分）的信用风险敞口时，可以在该金融工具（或其组成部分）初始确认时、后续计量中或尚未确认时，将其指定为以公允价值计量且其变动计入当期损益的金融工具，并同时作出书面记录，但应当同时满足下列条件：

（一）金融工具信用风险敞口的主体（如借款人或贷款承诺持有人）与信用衍生工具涉及的主体相一致；

（二）金融工具的偿付级次与根据信用衍生工具条款须交付的工具的偿付级次相一致。

上述金融工具（或其组成部分）被指定为以公允价值计量且其变动计入当期损益的金融工具的，企业应当在指定时将其账面价值（如有）与其公允价值之间的差额计入当期损益。如该金融工具是按照《企业会计准则第 22 号——金融工具确认和计量》第十八条分类为以公允价值计量且其变动计入其他综合收益的金融资产的，企业应当将之前计入其他综合收益的累计利得或损失转出，计入当期损益。

【解析 24-24】关于信用风险敞口的公允价值选择权

许多金融机构通过信用衍生工具管理借贷活动产生的信用风险敞口。例如，金融机构运用信用衍生工具对信用风险敞口进行套期以将其贷款或贷款承诺的信用损失风险转移至第三方。但是根据《企业会计准则第 22 号——金融工具确认和计量》的相关规定，企业的信用衍生工具应当以公允价值计量且其变动计入当期损益，而贷款等并不一定以公允价值计量且其变动计入当期损益（如按摊余成本计量或尚未确认）。因此，在被套期风险敞口未按与信用衍生工具相同的基础进行计量的情况下，将会产生会计错配。

金融项目的信用风险通常无法单独识别，不属于符合条件的被套期项目，因此使用信用衍生工具对信用风险敞口进行套期的企业将无法运用套期会计。

为解决这一问题，并允许企业在一定程度上反映其信用风险管理活动，本准则允许企业可以选择采用以公允价值计量且其变动计入当期损益的方式计量被套期风险敞口的方法替代套期会计。

需要说明的是，与《企业会计准则第 22 号——金融工具确认和计量》规定的公允价值选择权不同，本准则规定的对采用信用衍生工具管理信用风险敞口的金融工具的公允价值选择权，有以下灵活性：一是可以在金融工具初始确认后进行指定；二是可以对金融工具的一部分作出指定，而非仅限于金融工具全部；三是可以在一定条件下终止指定。

第三十五条 同时满足下列条件的，企业应当对按照本准则第三十四条规定的金融工具

（或其一定比例）终止以公允价值计量且其变动计入当期损益：

（一）本准则第三十四条规定的条件不再适用，例如信用衍生工具或金融工具（或其一定比例）已到期、被出售、合同终止或已行使，或企业的风险管理目标发生变化，不再通过信用衍生工具进行风险管理。

（二）金融工具（或其一定比例）按照《企业会计准则第 22 号——金融工具确认和计量》的规定，仍然不满足以公允价值计量且其变动计入当期损益的金融工具的条件。

当企业对金融工具（或其一定比例）终止以公允价值计量且其变动计入当期损益时，该金融工具（或其一定比例）在终止时的公允价值应当作为其新的账面价值。同时，企业应当采用与该金融工具被指定为以公允价值计量且其变动计入当期损益之前相同的方法进行计量。

第六章　衔接规定

第三十六条　本准则施行日之前套期会计处理与本准则要求不一致的，企业不作追溯调整，但本准则第三十七条所规定的情况除外。

在本准则施行日，企业应当按照本准则的规定对所存在的套期关系进行评估。在符合本准则规定的情况下可以进行再平衡，再平衡后仍然符合本准则规定的运用套期会计方法条件的，将其视为持续的套期关系，并将再平衡所产生的相关利得或损失计入当期损益。

第三十七条　下列情况下，企业应当按照本准则的规定，对在比较财务报表期间最早的期初已经存在的、以及在此之后被指定的套期关系进行追溯调整：

（一）企业将期权的内在价值和时间价值分开，只将期权的内在价值变动指定为套期工具。

（二）本准则第二十一条（二）规定的情形。

此外，企业将远期合同的远期要素和即期要素分开、只将即期要素的价值变动指定为套期工具的，或者将金融工具的外汇基差单独分拆、只将排除外汇基差后的金融工具指定为套期工具的，可以按照与本准则关于期权时间价值相同的处理方式对远期合同的远期要素和金融工具的外汇基差的会计处理进行追溯调整。如果选择追溯调整，企业应当对所有满足该选择条件的套期关系进行追溯调整。

第七章　附则

第三十八条　本准则自 2018 年 1 月 1 日起施行。

企业会计准则第 25 号——保险合同

《企业会计准则第 25 号——保险合同》（以下简称“本准则”）于 2020 年 12 月 19 日由财会〔2020〕20 号宣布修订。

在境内外同时上市的企业以及在境外上市并采用国际财务报告准则或企业会计准则编制财务报表的企业，自 2023 年 1 月 1 日起执行；其他执行企业会计准则的企业自 2026 年 1 月 1 日起执行。同时，允许企业提前执行。

执行本准则的企业，不再执行 2006 年 2 月印发的《财政部关于印发〈企业会计准则第 1 号——存货〉等 38 项具体准则的通知》（财会〔2006〕3 号）中的《企业会计准则第 25 号——原保险合同》和《企业会计准则第 26 号——再保险合同》，以及我部于 2009 年 12 月印发的《保险合同相关会计处理规定》（财会〔2009〕15 号）。

第一章　总则

第一条　为了规范保险合同的确认、计量和相关信息的列报，根据《企业会计准则——基本准则》，制定本准则。

第二条　保险合同，是指企业（合同签发人）与保单持有人约定，在特定保险事项对保单持有人产生不利影响时给予其赔偿，并因此承担源于保单持有人重大保险风险的合同。

保险事项，是指保险合同所承保的、产生保险风险的不确定未来事项。

保险风险，是指从保单持有人转移至合同签发人的除金融风险之外的风险。

【解析 25-1】保险合同的定义说明

新准则完善了保险合同的定义，明确保险合同必须在特定保险事项对保单持有人产生“不利影响”且转移了“重大保险风险”时，才符合保险合同的定义。

第三条　本准则适用于下列保险合同：

（一）企业签发的保险合同（含分入的再保险合同）；

（二）企业分出的再保险合同；

（三）企业在合同转让或非同一控制下企业合并中取得的上述保险合同。

签发保险合同的企业所签发的具有相机参与分红特征的投资合同适用本准则。

再保险合同，是指再保险分入人（再保险合同签发人）与再保险分出人约定，对再保险分出人由对应的保险合同所引起的赔付等进行补偿的保险合同。

具有相机参与分红特征的投资合同，是指赋予特定投资者合同权利以收取保证金额和附加金额的金融工具。附加金额由企业（合同签发人）基于特定项目回报相机决定，且预计构成合同利益的重要部分。

【解析 25-2】再保险合同的特征

一般来说，再保险合同具有以下的特征：

（1）再保险合同是保险人与保险人之间签订的合同，一方为再保险分出人，另一方为再保险分入人。再保险分出人是根据再保险合同，有义务向再保险分入人支付一定保费，同时有权利就其由原保险合同所引起的赔付成本及其他相关费用从再保险分入人获得补偿的保险人；再保险分入人是根据再保险合同，有权利向再保险分出人收取一定保费，同时有义务对再保险分出人由原保险合同所引起的赔付成本及其他相关费用进行补偿的保险人。

（2）再保险合同是补偿性合同。不论原保险合同是寿险合同还是非寿险合同，再保险合同的标的都是再保险分出人所承担的保险责任。再保险合同不具有直接对原保险合同标的进行赔偿或给付的性质，而是以补偿再保险分出人对原保险合同所承担的保险责任为目的，即对于原保险合同标的发生保险事故所产生的损失，先由再保险分出人全额进行赔偿或给付，再将应由再保险分入人承担的部分摊回，由再保险分入人向再保险分出人进行补偿。

（3）再保险合同独立于原保险合同，这主要体现在再保险合同与原保险合同在法律上没有任何承继关系。一方面，再保险合同的再保险分入人与原保险合同的投保人和保险受益人之间不发生任何法律或业务关系，再保险合同的再保险分入人无权向原保险合同的投保人收取保费，原保险合同的保险受益人无权直接向再保险合同的再保险分入人提出索赔要求；另一方面，原保险合同的保险人（再保险合同的再保险分出人）也不得以再保险分入人不对其履行补偿义务为借口而拒绝、减少或延迟履行其对保险受益人的赔偿或给付义务。

【解析 25-3】相机参与分红特征

相机参与分红特征，是指获得附加利益的合同权力，该附加利益是对担保利益的补充：

（1）很可能是所有合同利益的重要组成部分；

（2）按照合同，其金额或时间由保险人相机决择；

（3）按照合同，该附加利益基于特定合同组合或特定类型合同的业绩、保险人持有的特定资产组合的已实现或未实现投资收益，或签发该合同的公司、基金或其他主体的损益。

第四条 下列各项适用其他相关会计准则：

（一）由《企业会计准则第 6 号——无形资产》、《企业会计准则第 14 号——收入》和《企业会计准则第 21 号——租赁》规范的基于非金融项目未来使用情况等形成的合同权利或义务，分别适用《企业会计准则第 6 号——无形资产》、《企业会计准则第 14 号——收入》和《企业会计准则第 21 号——租赁》。

（二）由《企业会计准则第 9 号——职工薪酬》和《企业会计准则第 11 号——股份支付》规范的职工薪酬计划、股份支付等形成的权利或义务，分别适用《企业会计准则第 9 号——职工薪酬》和《企业会计准则第 11 号——股份支付》。

（三）由《企业会计准则第 14 号——收入》规范的附有质量保证条款的销售，适用《企业会计准则第 14 号——收入》。

（四）生产商、经销商和零售商提供的余值担保，以及租赁合同中由承租方提供的余值担保，分别适用《企业会计准则第 14 号——收入》和《企业会计准则第 21 号——租赁》。

（五）企业合并中的或有对价，适用《企业会计准则第 20 号——企业合并》。

（六）财务担保合同，适用《企业会计准则第 22 号——金融工 3 具确认和计量》、《企业会计准则第 23 号——金融资产转移》、《企业会计准则第 24 号——套期会计》和《企业会计准则第 37 号——金融工具列报》（以下统称金融工具相关会计准则）。企业明确表明将此类合同视作保险合同，并且已按照保险合同相关会计准则进行会计处理的，应当基于单项合同选择适用本准则或金融工具相关会计准则。选择一经作出，不得撤销。

（七）符合保险合同定义的信用卡合同或类似合同，如果定价时未单独评估和反映单一保单持有人的保险风险，合同条款中除保险保障服务以外的部分，适用金融工具相关会计准则或其他相关会计准则。

第五条 符合保险合同定义但主要以固定收费方式提供服务的合同，同时符合下列条件的，企业可以选择适用《企业会计准则第 14 号——收入》或本准则：

（一）合同定价不反映对单个保单持有人的风险评估；

（二）合同通过提供服务而非支付现金补偿保单持有人；

（三）合同转移的保险风险主要源于保单持有人对服务的使用而非服务成本的不确定性。

该选择应当基于单项合同，一经作出，不得撤销。

第六条 符合保险合同定义但对保险事项的赔偿金额仅限于清算保单持有人因该合同而产生的支付义务的合同（如包含死亡豁免条款的贷款合同），企业可以选择适用金融工具相关会计准则或本准则。该选择应当基于保险合同组合，一经作出，不得撤销。

第二章 保险合同的识别、合并和分拆

第七条 企业应当评估各单项合同的保险风险是否重大，据此判断该合同是否为保险合同。对于合同开始日经评估符合保险合同定义的合同，后续不再重新评估。

第八条 企业基于整体商业目的而与同一或相关联的多个合同对方订立的多份保险合同，应当合并为一份合同进行会计处理，以反映其商业实质。

第九条 保险合同中包含多个组成部分的，企业应当将下列组成部分予以分拆，并分别适用相关会计准则：

（一）符合《企业会计准则第 22 号——金融工具确认和计量》分拆条件的嵌入衍生工具，适用金融工具相关会计准则。

（二）可明确区分的投资成分，适用金融工具相关会计准则，但与投资成分相关的合同条款符合具有相机参与分红特征的投资合同定义的，应当适用本准则。

（三）可明确区分的商品或非保险合同服务的承诺，适用《企业会计准则第 14 号——收入》。

保险合同经上述分拆后的剩余组成部分，适用本准则。

投资成分，是指无论保险事项是否发生均须偿还给保单持有人的金额。

保险合同服务，是指企业为保险事项提供的保险保障服务、为不具有直接参与分红特征

的保险合同持有人提供的投资回报服务，以及代具有直接参与分红特征的保险合同持有人管理基础项目的投资相关服务。

第十条 企业应当根据保险合同分拆情况分摊合同现金流量。

合同现金流量扣除已分拆嵌入衍生工具和可明确区分的投资成分的现金流量后，在保险成分（含未分拆嵌入衍生工具、不可明确区分的投资成分和不可明确区分的商品或非保险合同服务的承诺，下同）和可明确区分的商品或非保险合同服务的承诺之间进行分摊，分摊至保险成分的现金流量适用本准则。

【解析25-4】原准则与新准则的对比分析（见表25-1）

表25-1 原准则与新准则的对比分析

原准则	新准则
对于保险人与投保人签订的合同，使保险人既承担保险风险又承担其他风险的，且能够区分并能够单独计量的，应将保险风险部分和其他风险部分进行分拆，即“先分拆后进行重大保险风险测试”	新准则对于分拆投资成分、商品或非保险服务成分的判断标准是“可明确区分”。因此，我国绝大多数含有投资账户的保险产品可能均不符合“可明确区分”的定义，在新准则下合同负债计量时将不会分拆
例如，对于万能险和投资连结保险的计量，目前我国保险业的会计实践是将万能险的投资账户负债和投资连结保险的独立账户负债分拆出来并分别按照摊余成本法和公允价值法进行计量	因此，我国绝大多数含有投资账户的保险产品可能均不符合“可明确区分”的定义，在新准则下合同负债计量时将不会分拆

第三章 保险合同的分组

第十一条 企业应当将具有相似风险且统一管理的保险合同归为同一保险合同组合。

【解析25-5】保险合同组的引入（见表25-2）

表25-2 引入保险合同组的明细表

项目	内容
引入原因	原准则对保险合同的计量单元未作明确要求，实务中保险公司采取的计量单元大小不一，可能导致利润分摊不合理、损失确认不及时等问题
引入目的	为更好地反映保险合同风险及盈亏水平等相关信息；为更好地体现保险服务业绩
具体要求	新准则引入了保险合同组合和合同组的概念，要求保险公司将具有相似风险且统一管理的保险合同归类为一个保险合同组合，并以盈利水平等为基础，将合同组合细分为合同组，确认和计量均以合同组为基础单元

第十二条 企业应当将同一合同组合至少分为下列合同组：

（一）初始确认时存在亏损的合同组；

（二）初始确认时无显著可能性在未来发生亏损的合同组；

（三）该组合中剩余合同组成的合同组。

企业不得将签发时间间隔超过一年的合同归入同一合同组。

第十三条 企业可以按照获利水平、亏损程度或初始确认后在未来发生亏损的可能性等，对合同组作进一步细分。

第十四条 企业应当以合同组合中单项合同为基础，逐项评估其归属的合同组。但有合理可靠的信息表明多项合同属于同一合同组的，企业可以多项合同为基础评估其归属的合同组。

第十五条 企业针对不同特征保单持有人设定不同价格或承诺不同利益水平的实际能力因法律法规或监管要求而受到限制，并将因此限制而导致合同组合中的合同被归入不同合同组的，企业可以不考虑相关限制的影响，将这些合同归入同一合同组。

第四章 确认

第十六条 企业应当在下列时点中的最早时点确认其签发的合同组：

（一）责任期开始日；

（二）保单持有人首付款到期日，或者未约定首付款到期日时企业实际收到首付款日；

（三）发生亏损时。

合同组合中的合同符合上述时点要求时，企业应当根据本准则第三章相关规定评估其归属的合同组，后续不再重新评估。

责任期，是指企业向保单持有人提供保险合同服务的期间。

【解析 25-6】调整保险服务收入确认原则

原准则规定只有保险与非保险部分能够区分且可单独计量时，才能对保险合同进行分拆，否则在通过重大保险风险测试的情形下，应当将该合同整体作为保险合同处理，对应的保费计入保险服务收入。上述规定导致保险公司确认的收入中包含了无论保险事项是否发生均须偿还给保单持有人的金额，即具有保户储蓄性质的投资成分，与新收入准则下确认收入的原则不符。新准则要求，保险公司必须分拆保险合同中可明确区分的投资成分和其他非保险服务成分，对于不可分拆的投资成分，其对应的保费也不得计入保险服务收入。新准则关于保险服务收入确认原则的调整将更真实反映保险公司的经营成果，更好地体现“保险姓保”，同时也与银行等其他金融机构确认收入的原则保持一致。

第十七条 企业应当将合同组确认前已付或应付的、系统合理分摊至相关合同组的保险获取现金流量，确认为保险获取现金流量资产。

保险获取现金流量，是指因销售、核保和承保已签发或预计签发的合同组而产生的，可直接归属于其对应合同组合的现金流量。

第十八条 合同组合中的合同归入其所属合同组时，企业应当终止确认该合同对应的保险获取现金流量资产。

第十九条 资产负债表日，如果事实和情况表明保险获取现金流量资产可能存在减值迹象，企业应当估计其可收回金额。保险获取现金流量资产的可收回金额低于其账面价值的，企业应当计提资产减值准备，确认减值损失，计入当期损益。导致以前期间减值因素已经消失的，应当转回原已计提的资产减值准备，计入当期损益。

【解析 25-7】保险服务收入的主要内容

在现行的保险合同会计准则下，保险合同的收入以保险公司当期收到或应收的保险费为基础确认，相比其他行业按照收入准则中有关“销售商品或提供服务”确认收入的原则有所不同。收入确认期间（交费期）与保险服务期间或赔付支出确认期间（保障期）不匹配。

新保险合同准则的收入确认原则解决了这一问题。当保险公司收到客户支付的保险费时，服务尚未开始，保险公司不能立即确认收入，而只能确认为一项保险合同负债；后续期间保险公司履行合同义务、提供保险服务，在提供服务的期间内逐期确认保险服务收入。如此也使保险行业收入确认的原则与其他行业的收入确认原则相统一。

在新准则下，保险服务收入主要包含如下项目：

（1）期初预计当期发生的保险服务费用；

（2）非金融风险调整的变动；

（3）合同服务边际的摊销；

（4）其他金额（如与当期服务或过去服务相关的保费经验调整）；

（5）保险获取费用的摊销。

从保险服务收入的构成可以看出，新准则下的保险服务收入将与保险业务负债的计量结果和精算模型对于未来现金流量的预期产生关联，而不再基于收到及应收的保险费。

同时，预计当期发生的保险服务费用中，应排除其中的投资成分，即无论保险事项是否发生均须偿还给保单持有人的金额。目前我国保险市场的寿险产品，投资成分较高，即保险公司收到的保险费中很大一部分需要返还给投保人。在新准则下，这部分保险费将不会被计入保险服务收入，这使得保险服务收入相比原准则下的保费收入大幅下降。根据前期行业领先公司的测算，寿险公司保险服务收入降幅可能在 60%–70%，甚至更多；产险公司的产品由于都是短期保障性产品，保险服务收入基本不受剔除投资成分的影响。新准则对保险公司收入确认原则的调整，合理挤出了保费收入中含有的较大“水分”，将有效抑制保险公司盲目扩大收入规模的短期冲动，有助于保险公司重新聚焦可带来长期收益的保障型保险产品，更加谨慎地研发具有合理利润率的投资型保险产品，促进保险行业高质量发展。

第五章　计量

第一节　一般规定

第二十条　企业应当以合同组作为计量单元。

企业应当在合同组初始确认时按照履约现金流量与合同服务边际之和对保险合同负债进行初始计量。

合同服务边际，是指企业因在未来提供保险合同服务而将于未来确认的未赚利润。

本准则第六章对分出的再保险合同组确认和计量另有规定的，从其规定。

【解析 25-8】保险合同计量单元的确认（见表 25-3）

表 25-3　原准则与新准则对保险合同计量单元的确认

原准则	新准则
原准则允许将单项合同或一组风险同质的合同作为计量单元。实务中，公司往往根据保险合同的风险特征(如产品特征、账户管理方式、保险期限、缴费期限)以及保险生效年度等确定计量单元	修订后的保险合同会计准则提出了保险合同组合和保险合同组的概念，并明确指出，企业应当以保险合同组作为计量单元。 企业应首先将具有相似风险且统一管理的保险合同归为同一合同组合，并基于盈利能力将同一合同组合至少分为下列合同组： （1）初始确认时存在亏损的合同组； （2）初始确认时无显著可能性在未来发生亏损的合同组； （3）该组合中剩余合同组成的合同组。 同时，企业不得将签发时间间隔超过一年的合同归入同一合同组
一般而言，单项合同是会计的计量单元，比如金融工具准则和收入准则。保险会计准则规定了高于单项保险合同的计量单元，反映了保险业务的复杂性和风险聚合的特性。不同的保单分组方案将影响履约现金流量变动对合同服务边际进行调整的部分以及合同服务边际的释放，即直接影响保险服务收入和利润的确认。一般而言分组越精细，利润的波动会增加。另外，在滚动计算期末的合同服务边际余额时，系统需要存储各个合同组初始确认日的折现率曲线信息；实际赔付支出和投资成分支出等需要在合同组层面进行拆分，因此精细的分组，会增加会计信息数据量	

【解析 25-9】合同服务边际计量的改变（见表 25-4）

表 25-4　原准则与新准则合同服务边际计量的对比

原准则	原准则未明确合同服务边际在初始确认后如何反映未来提供服务的变化，实务中绝大多数保险公司将当期作出的有利精算假设调整确认为当期利润，导致当期利润确认不合理，甚至存在通过滥用调整假设操纵利润的风险
新准则	新准则要求保险公司在保险合同组初始确认时确定合同服务边际，且合同服务边际应在每个资产负债表日根据未来提供服务的变化进行调整，在后续提供服务的期间内摊销。新准则的这一改进将更真实地反映合同服务边际在后续期间的变化，有利于降低利润操纵的空间，为财务报表使用者提供决策有用信息

第二十一条　履约现金流量包括下列各项：

（一）与履行保险合同直接相关的未来现金流量的估计；

（二）货币时间价值及金融风险调整；

（三）非金融风险调整。

非金融风险调整，是指企业在履行保险合同时，因承担非金融风险导致的未来现金流量在金额和时间方面的不确定性而要求得到的补偿。

履约现金流量的估计不考虑企业自身的不履约风险。

第二十二条　企业可以在高于合同组或合同组合的汇总层面估计履约现金流量，并采用系统合理的方法分摊至合同组。

第二十三条　未来现金流量的估计应当符合下列要求：

（一）未来现金流量估计值为无偏的概率加权平均值；

（二）有关市场变量的估计应当与可观察市场数据一致；

（三）以当前可获得的信息为基础，反映计量时存在的情况和假设；

（四）与货币时间价值及金融风险调整分别估计，估计技术适合合并估计的除外。

第二十四条 企业估计未来现金流量时应当考虑合同组内各单项合同边界内的现金流量，不得将合同边界外的未来现金流量用于合同组的计量。

企业有权要求保单持有人支付保费或者有实质性义务向保单持有人提供保险合同服务的，该权利或义务所产生的现金流量在保险合同边界内。

存在下列情形之一的，表明企业无实质性义务向保单持有人提供保险合同服务：

（一）企业有实际能力重新评估该保单持有人的风险，并据此可重新设定价格或承诺利益水平以充分反映该风险。

（二）企业有实际能力重新评估该合同所属合同组合的风险，并据此可重新设定价格或承诺利益水平以充分反映该风险，且重新评估日前对应保费在定价时未考虑重新评估日后的风险。

第二十五条 企业应当采用适当的折现率对履约现金流量进行货币时间价值及金融风险调整，以反映货币时间价值及未包含在未来现金流量估计中的有关金融风险。适当的折现率应当同时符合下列要求：

（一）反映货币时间价值、保险合同现金流量特征以及流动性特征；

（二）基于与保险合同具有一致现金流量特征的金融工具当前可观察市场数据确定，且不考虑与保险合同现金流量无关但影响可观察市场数据的其他因素。

第二十六条 企业在估计履约现金流量时应当考虑非金融风险调整，以反映非金融风险对履约现金流量的影响。

企业应当单独估计非金融风险调整，不得在未来现金流量和折现率的估计中隐含非金融风险调整。

第二十七条 企业应当在合同组初始确认时计算下列各项之和：

（一）履约现金流量；

（二）在该日终止确认保险获取现金流量资产以及其他相关资产或负债对应的现金流量；

（三）合同组内合同在该日产生的现金流量。

上述各项之和反映为现金净流入的，企业应当将其确认为合同服务边际；反映为现金净流出的，企业应当将其作为首日亏损计入当期损益。

第二十八条 企业应当在资产负债表日按照未到期责任负债与已发生赔款负债之和对保险合同负债进行后续计量。

未到期责任负债包括资产负债表日分摊至保险合同组的、与未到期责任有关的履约现金流量和当日该合同组的合同服务边际。

已发生赔款负债包括资产负债表日分摊至保险合同组的、与已发生赔案及其他相关费用有关的履约现金流量。

第二十九条 对于不具有直接参与分红特征的保险合同组，资产负债表日合同组的合同服务边际账面价值应当以期初账面价值为基础，经下列各项调整后予以确定：

（一）当期归入该合同组的合同对合同服务边际的影响金额；

（二）合同服务边际在当期计提的利息，计息利率为该合同组内合同确认时、不随基础项目回报变动的现金流量所适用的加权平均利率；

（三）与未来服务相关的履约现金流量的变动金额，但履约现金流量增加额超过合同服务边际账面价值所导致的亏损部分，以及履约现金流量减少额抵销的未到期责任负债的亏损部分除外；

（四）合同服务边际在当期产生的汇兑差额；

（五）合同服务边际在当期的摊销金额。

第三十条 企业应当按照提供保险合同服务的模式，合理确定合同组在责任期内各个期间的责任单元，并据此对根据本准则第二十九条（一）至（四）调整后的合同服务边际账面价值进行摊销，计入当期及以后期间保险服务收入。

第三十一条 企业因当期提供保险合同服务导致未到期责任负债账面价值的减少额，应当确认为保险服务收入；因当期发生赔案及其他相关费用导致已发生赔款负债账面价值的增加额，以及与之相关的履约现金流量的后续变动额，应当确认为保险服务费用。

企业在确认保险服务收入和保险服务费用时，不得包含保险合同中的投资成分。

第三十二条 企业应当将合同组内的保险获取现金流量，随时间流逝进行系统摊销，计入责任期内各个期间的保险服务费用，同时确认为保险服务收入，以反映该类现金流量所对应的保费的收回。

第三十三条 企业应当将货币时间价值及金融风险的影响导致的未到期责任负债和已发生赔款负债账面价值变动额，作为保险合同金融变动额。

企业可以选择将货币时间价值及金融风险的影响导致的非金融风险调整变动额不作为保险合同金融变动额。

第三十四条 企业应当考虑持有的相关资产及其会计处理，在合同组合层面对保险合同金融变动额的会计处理做出下列会计政策选择：

（一）将保险合同金融变动额全额计入当期保险财务损益。

（二）将保险合同金融变动额分解计入当期保险财务损益和其他综合收益。选择该会计政策的，企业应当在合同组剩余期限内，采用系统合理的方法确定计入各个期间保险财务损益的金额，其与保险合同金融变动额的差额计入其他综合收益。

保险财务损益，是指计入当期及以后期间损益的保险合同金融变动额。保险财务损益包括企业签发的保险合同的承保财务损益和分出的再保险合同的分出再保险财务损益。

【解析 25-10】金融风险的影响

与现行保险会计准则规定不同，作为一项会计政策选择，新准则允许企业在保险合同组合层面选择将保险合同金融变动额（如折现率及其他与金融风险相关假设变动）分解计入当期保险财务损益和其他综合收益。新准则在保险负债端引入其他综合收益选择权为保险公司减小损益波动提供了一种会计解决方案。例如，如果保险公司持有的金融资产以摊余成本计量或以公允价值计量且其变动计入其他综合收益，则在保险负债端选择其他综合收益的这一会计政策将能够减小损益波动。

第三十五条 企业应当将非金融风险调整账面价值变动中除保险合同金融变动额以外的金额计入当期及以后期间损益。

第三十六条 对于本准则适用范围内的具有相机参与分红特征的投资合同，企业应当按照本准则有关保险合同的规定进行会计处理，但下列各项特殊规定除外：

（一）初始确认的时点为企业成为合同一方的日期。

（二）企业有支付现金的实质性义务的，该义务所产生的现金流量在合同边界内。企业有实际能力对其支付现金的承诺进行重新定价以充分反映其承诺支付现金的金额及相关风险的，表明企业无支付现金的实质性义务。

（三）企业应当按照投资服务的提供模式，在合同组期限内采用系统合理的方法对合同服务边际进行摊销，计入当期及以后期间损益。

第三十七条 对于中期财务报表中根据本准则作出的相关会计估计处理结果，企业应当就是否在本年度以后中期财务报表和年度财务报表中进行调整做出会计政策选择，并一致应用于本准则适用范围内的合同组。

第三十八条 企业对产生外币现金流量的合同组进行计量时，应当将保险合同负债视为货币性项目，根据《企业会计准则第 19 号——外币折算》有关规定处理。

资产负债表日，产生外币现金流量的合同组的汇兑差额应当计入当期损益。企业根据本准则第三十四条规定选择将保险合同金融变动额分解计入当期保险财务损益和其他综合收益的，与计入其他综合收益的金额相关的汇兑差额，应当计入其他综合收益。

【解析 25-11】新准则负债计量模型的变化（见表 25-5）

表 25-5 保险合同负债的计量

<table>
<tr><td rowspan="3">新准则保险合同负债的计量的三个方法</td><td colspan="3">一般规定（“一般模型”）</td></tr>
<tr><td colspan="3">具有直接参与分红特征的保险合同组计量的特殊规定（“浮动收费法”）</td></tr>
<tr><td colspan="3">计量的简化处理规定（“保费分配法”）</td></tr>
<tr><td rowspan="4">保险合同负债计量的两个组成部分</td><td rowspan="3">履约现金流量</td><td>未来现金流量的估计</td><td rowspan="3">新准则对保险合同负债中的履约现金流量采用当前计量的原则，即在各报告期对履约现金流估计进行重新计量，与原准则的原则规定相一致</td></tr>
<tr><td>货币时间价值</td></tr>
<tr><td>金融风险调整以及非金融风险调整</td></tr>
<tr><td>合同服务边际</td><td>企业在未来提供服务而将于未来确认的未赚利润</td><td>合同服务边际与原准则的剩余边际在概念上较为类似，但在具体的确认与计量等会计处理上有所区别</td></tr>
</table>

【解析 25-12】保险合同负债计量的一般规定的原准则与新准则对比（见表 25-6）

表 25-6 保险合同负债计量的对比

总体变化	新准则有关保险合同负债计量的一般规定，与原准则下的保险合同负债计量要求在整体思路上有一定的相似性，但也有所改进

续表

变化一	新准则下，合同服务边际的后续计量中，会先吸收履约现金流中与未来服务有关的变化，之后再进行摊销，即使用滚动计算的方式。具体而言，期初的合同服务边际余额，加上当期归入合同组内合同的合同服务边际影响、合同服务边际当期计提的利息、与未来服务相关的履约现金流量的变化金额（例如非经济假设变更引起的履约现金流量的变动）、汇兑差额以及当期摊销金额，计算得到期末的合同服务边际余额。其中，合同服务边际的摊销载体是责任单元
变化二	与原准则相比，在新准则下，与未来服务相关的履约现金流量的变动（例如非经济假设变更而引起的变动）会先调整合同服务边际，进而通过合同服务边际的摊销计入当期及以后期间损益。经验和假设变更引起的履约现金流的变化对当期损益的影响大幅下降，从而减少利润的波动。同时，由于新准则规定摊销载体是责任单元，与现行实务中使用的摊销因子存在差异，因此每期确认的摊销金额也会存在差异

第二节　具有直接参与分红特征的保险合同组计量的特殊规定

第三十九条　企业应当在合同开始日评估一项合同是否为具有直接参与分红特征的保险合同，后续不再重新评估。

【解析 25-13】新增具有直接参与分红特征的保险合同计量方法（见表 25-7）

表 25-7　新增具有直接参与分红特征的保险合同计量方法

原准则	原准则对具有直接参与分红特征的保险合同的计量未作特别规定，导致现行会计实务未能适当体现此类保险合同的特征
新准则	新准则规定，对于具有直接参与分红特征的保险合同，因投资收益率变动等金融假设变化引起的与未来服务相关的浮动收费现金流量变动额，应当调整合同服务边际
评价	这一特殊计量要求不同于新准则对不具有直接参与分红特征的保险合同的相关会计处理规定，更能体现具有直接参与分红特征的保险合同的实质，避免此类合同因金融假设变动导致保险公司当期利润和净资产的大幅波动

第四十条　具有直接参与分红特征的保险合同，是指在合同开始日同时符合下列条件的保险合同：

（一）合同条款规定保单持有人参与分享清晰可辨认的基础项目；

（二）企业预计将基础项目公允价值变动回报中的相当大部分支付给保单持有人；

（三）预计应付保单持有人金额变动中的相当大部分将随基础项目公允价值的变动而变动。

第四十一条　企业应当按照基础项目公允价值扣除浮动收费的差额，估计具有直接参与分红特征的保险合同组的履约现金流量。

浮动收费，是指企业因代保单持有人管理基础项目并提供投资相关服务而取得的对价，等于基础项目公允价值中企业享有份额减去不随基础项目回报变动的履约现金流量。

第四十二条　对于具有直接参与分红特征的保险合同组，资产负债表日合同组的合同服务边际账面价值应当以期初账面价值为基础，经下列调整后予以确定：

（一）当期归入该合同组的合同对合同服务边际的影响金额。

（二）基础项目公允价值中企业享有份额的变动金额，但以下情形除外：

1. 企业使用衍生工具或分出再保险合同管理与该金额变动相关金融风险时，对符合本准则规定条件的，可以选择将该金额变动中由货币时间价值及金融风险的影响导致的部分计入当期保险财务损益。但企业将分出再保险合同的保险合同金融变动额分解计入当期保险财务损益和其他综合收益的，该金额变动中的相应部分也应予以分解。

2. 基础项目公允价值中企业享有份额的减少额超过合同服务边际账面价值所导致的亏损部分。

3. 基础项目公允价值中企业享有份额的增加额抵销的未到期责任负债的亏损部分。

（三）与未来服务相关且不随基础项目回报变动的履约现金流量的变动金额，但以下情形除外：

1. 企业使用衍生工具、分出再保险合同或以公允价值计量且其变动计入当期损益的非衍生金融工具管理与该履约现金流量变动相关金融风险时，对符合本准则规定条件的，可以选择将该履约现金流量变动中由货币时间价值及金融风险的影响导致的部分计入当期保险财务损益。但企业将分出再保险合同的保险合同金融变动额分解计入当期保险财务损益和其他综合收益的，该履约现金流量变动中的相应部分也应予以分解。

2. 该履约现金流量的增加额超过合同服务边际账面价值所导致的亏损部分。

3. 该履约现金流量的减少额抵销的未到期责任负债的亏损部分。

（四）合同服务边际在当期产生的汇兑差额。

（五）合同服务边际在当期的摊销金额。企业应当按照提供保险合同服务的模式，合理确定合同组在责任期内各个期间的责任单元，并据此对根据本条（一）至（四）调整后的合同服务边际账面价值进行摊销，计入当期及以后期间保险服务收入。

企业可以对本条（二）和（三）中的变动金额进行合并调整。

第四十三条 企业采用风险管理措施对具有直接参与分红特征的保险合同产生的金融风险予以缓释时，同时符合下列条件的，对于本准则第四十二条（二）和（三）相关金额变动中由货币时间价值及金融风险的影响导致的部分，可以选择不调整合同服务边际：

（一）企业制定了关于风险管理目标和策略的书面文件；

（二）保险合同与用于风险管理的衍生工具、分出再保险合同或以公允价值计量且其变动计入当期损益的非衍生金融工具之间存在经济抵销关系；

（三）经济抵销关系产生的价值变动中，信用风险的影响不占主导地位。

企业不再符合上述条件时，应当自不符合之日起，将本准则第四十二条（二）和（三）相关金额变动中由货币时间价值及金融风险的影响导致的部分调整合同服务边际，之前已经计入保险财务损益的金额不予调整。

第四十四条 对于企业不持有基础项目的具有直接参与分红特征的保险合同组，企业应当根据本准则第三十四条规定，对保险合同金额变动额进行会计处理。

对于企业持有基础项目的具有直接参与分红特征的保险合同组，企业根据本准则第三十四条规定，选择将保险合同金融变动额分解计入当期保险财务损益和其他综合收益的，计入当期保险财务损益的金额应当等于其持有的基础项目按照相关会计准则规定计入当期损益的金额。

本准则第四十二条对保险合同金融变动额的会计处理另有规定的，从其规定。

第四十五条 分入和分出的再保险合同不适用本节规定。

【解析 25-14】具有直接参与分红特征的保险合同组计量的特殊规定的改变（见表 25-8）

表 25-8 具有直接参与分红特征的保险合同组计量的特殊规定的改变

项目	内容
总体变化	浮动收费法是新准则下针对具有直接参与分红特征的保险合同组计量所作的特殊规定。特殊规定与一般规定的差异，体现了保险公司经营中所提供的“服务”的差异。新准则认为，具有直接参与分红特征的保险合同，例如投资连结保险和分红保险，资产和保单义务是直接关联的，保险公司主要提供的是投资相关服务。保险公司对保单持有人的义务应理解为基础项目公允价值扣除浮动收费的差额
变化一	浮动收费法下，基础项目公允价值中企业享有份额的变动金额应当调整合同服务边际，而非在当期损益中确认。浮动收费法下金融风险的变化对损益波动的影响将低于一般模型。这反映出了此类合同基础项目和保单义务在经济意义上的关联性，也体现出准则制定特殊规定降低会计错配的初衷
变化二	新准则对于具有直接参与分红特征的保险合同具有严格的定义：（1）合同条款规定保单持有人参与分享清晰可辨认的基础项目；（2）企业预计将基础项目公允价值变动回报中的相当大部分支付给保单持有人；（3）预计应付保单持有人金额变动中的相当大部分将随基础项目公允价值的变动而变动。对于符合条件的保险合同，企业应该按照浮动收费法进行保险合同准备金的计量，而非一种选择
特别注意	基于国内目前的实务，分红险、投连险等产品有机会能够满足上述定义，从而适用特别规定。特别需要提出的是，对于分红险而言，公司需要对账户的管理、资金划拨机制、分红政策等环节进行全面梳理，据以判断是否满足直接参与分红特征的条件。例如，持续超分的分红业务，其保单义务可能与基础项目并没有直接关联。因此，公司需要进一步分析论证该类业务是否满足新准则对具有直接参与分红特征的要求

第三节 亏损保险合同组计量的特殊规定

第四十六条 合同组在初始确认时发生首日亏损的，或合同组合中的合同归入其所属亏损合同组而新增亏损的，企业应当确认亏损并计入当期保险服务费用，同时将该亏损部分增加未到期责任负债账面价值。

初始确认时，亏损合同组的保险合同负债账面价值等于其履约现金流量。

第四十七条 发生下列情形之一导致合同组在后续计量时发生亏损的，企业应当确认亏损并计入当期保险服务费用，同时将该亏损部分增加未到期责任负债账面价值：

（一）因与未来服务相关的未来现金流量或非金融风险调整的估计发生变更，导致履约现金流量增加额超过合同服务边际账面价值。

（二）对于具有直接参与分红特征的保险合同组，其基础项目公允价值中企业享有份额的减少额超过合同服务边际账面价值。

第四十八条 企业在确认合同组的亏损后，应当将未到期责任负债账面价值的下列变动额，采用系统合理的方法分摊至未到期责任负债中的亏损部分和其他部分：

（一）因发生保险服务费用而减少的未来现金流量的现值；

（二）因相关风险释放而计入当期损益的非金融风险调整的变动金额；

（三）保险合同金融变动额。

分摊至亏损部分的金额不得计入当期保险服务收入。

第四十九条 企业在确认合同组的亏损后，应当按照下列规定进行后续计量：

（一）将因与未来服务相关的未来现金流量或非金融风险调整的估计变更所导致的履约现金流量增加额，以及具有直接参与分红特征的保险合同组的基础项目公允价值中企业享有份额的减少额，确认为新增亏损并计入当期保险服务费用，同时将该亏损部分增加未到期责任负债账面价值。

（二）将因与未来服务相关的未来现金流量或非金融风险调整的估计变更所导致的履约现金流量减少额，以及具有直接参与分红特征的保险合同组的基础项目公允价值中企业享有份额的增加额，减少未到期责任负债的亏损部分，冲减当期保险服务费用；超出亏损部分的金额，确认为合同服务边际。

第四节 保险合同组计量的简化处理规定

第五十条 符合下列条件之一的，企业可以采用保费分配法简化合同组的计量：

（一）企业能够合理预计采用本节简化处理规定与根据本准则前述章节规定计量合同组未到期责任负债的结果无重大差异。企业预计履约现金流量在赔案发生前将发生重大变化的，表明该合同组不符合本条件。

（二）该合同组内各项合同的责任期不超过一年。

第五十一条 企业对其签发的保险合同采用保费分配法时，应当假设初始确认时该合同所属合同组合内不存在亏损合同，该假设与相关事实和情况不符的除外。

第五十二条 企业采用保费分配法时，合同组内各项合同初始确认时的责任期均不超过一年的，可以选择在保险获取现金流量发生时将其确认为费用，计入当期损益。

第五十三条 企业采用保费分配法计量合同组时，初始确认时未到期责任负债账面价值等于已收保费减去初始确认时发生的保险获取现金流量（根据本准则第五十二条规定选择在发生时计入当期损益的除外），减去（或加上）在合同组初始确认时终止确认的保险获取现金流量资产以及其他相关资产或负债的金额。

资产负债表日未到期责任负债账面价值等于期初账面价值加上当期已收保费，减去当期发生的保险获取现金流量（根据本准则第五十二条规定选择在发生时计入当期损益的除外），加上当期确认为保险服务费用的保险获取现金流量摊销金额和针对融资成分的调整金额，减去因当期提供保险合同服务而确认为保险服务收入的金额和当期已付或转入已发生赔款负债中的投资成分。

第五十四条 合同组内的合同中存在重大融资成分的，企业应当按照合同组初始确认时确定的折现率，对未到期责任负债账面价值进行调整，以反映货币时间价值及金融风险的影响。合同组初始确认时，如果企业预计提供保险合同服务每一部分服务的时点与相关保费到期日之间的间隔不超过一年，可以不考虑合同中存在的重大融资成分。

第五十五条 相关事实和情况表明合同组在责任期内存在亏损时，企业应当将该日与未到期责任相关的履约现金流量超过按照本准则第五十三条确定的未到期责任负债账面价值的金额，计入当期保险服务费用，同时增加未到期责任负债账面价值。

第五十六条 企业应当根据与已发生赔案及其他相关费用有关的履约现金流量计量已发生赔款负债。相关履约现金流量预计在赔案发生后一年内支付或收取的，企业可以不考虑货币时间价值及金融风险的影响，且一致应用于本准则第五十五条规定的相关履约现金流量的计算。

第五十七条 企业应当将已收和预计收取的保费，在扣除投资成分并根据本准则第五十四条规定对重大融资成分进行调整后，分摊至当期的金额确认为保险服务收入。企业应当随时间流逝在责任期内分摊经调整的已收和预计收取的保费；保险合同的风险在责任期内不随时间流逝为主释放的，应当以保险服务费用预计发生时间为基础进行分摊。

【解析 25-15】保费分配法

保费分配法，是一般规定的简化处理。针对期限短（通常在一年以内）、与一般模型计量结果无重大差异的短期业务，准则允许采用简化处理，即将收到保费未赚取的部分作为负债，不再区分履约现金流量和合同服务边际，类似于原准则下的未赚保费法。简化处理规定将大大降低主要经营短期业务的保险公司（如财产险保险公司）实施新准则的成本。

第六章 分出的再保险合同组的确认和计量

第五十八条 企业对分出的再保险合同组进行确认和计量，除本章另有规定外，应当按照本准则有关保险合同的其他相关规定进行处理，但本准则第五章关于亏损合同组计量的相关规定不适用于分出的再保险合同组。

第五十九条 企业应当将同一分出的再保险合同组合至少分为下列合同组：

（一）初始确认时存在净利得的合同组；

（二）初始确认时无显著可能性在未来产生净利得的合同组；

（三）该组合中剩余合同组成的合同组。

企业可以按照净成本或净利得水平以及初始确认后在未来产生净利得的可能性等，对分出的再保险合同组作进一步细分。

企业不得将分出时间间隔超过一年的合同归入同一分出的再保险合同组。

第六十条 企业应当在下列时点中的最早时点确认其分出的再保险合同组：

（一）分出的再保险合同组责任期开始日；

（二）分出的再保险合同组所对应的保险合同组确认为亏损合同组时。

第六十一条 分出的再保险合同组分出成比例责任的，企业应当在下列时点中的最早时点确认该合同组：

（一）分出的再保险合同组责任期开始日和任一对应的保险合同初始确认时点中较晚的时点；

（二）分出的再保险合同组所对应的保险合同组确认为亏损合同组时。

第六十二条 企业在初始确认其分出的再保险合同组时，应当按照履约现金流量与合同服务边际之和对分出再保险合同资产进行初始计量。

分出再保险合同组的合同服务边际，是指企业为在未来获得再保险分入人提供的保险合同服务而产生的净成本或净利得。

第六十三条 企业在估计分出的再保险合同组的未来现金流量现值时，采用的相关假设应当与计量所对应的保险合同组保持一致，并考虑再保险分入人的不履约风险。

第六十四条 企业应当根据分出的再保险合同组转移给再保险分入人的风险，估计非金融风险调整。

第六十五条 企业应当在分出的再保险合同组初始确认时计算下列各项之和：

（一）履约现金流量；

（二）在该日终止确认的相关资产或负债对应的现金流量；

（三）分出再保险合同组内合同在该日产生的现金流量；

（四）分保摊回未到期责任资产亏损摊回部分的金额。

企业应当将上述各项之和所反映的净成本或净利得，确认为合同服务边际。净成本与分出前发生的事项相关的，企业应当将其确认为费用并计入当期损益。

第六十六条 企业应当在资产负债表日按照分保摊回未到期责任资产与分保摊回已发生赔款资产之和对分出再保险合同资产进行后续计量。

分保摊回未到期责任资产包括资产负债表日分摊至分出的再保险合同组的、与未到期责任有关的履约现金流量和当日该合同组的合同服务边际。

分保摊回已发生赔款资产包括资产负债表日分摊至分出的再保险合同组的、与已发生赔款及其他相关费用的摊回有关的履约现金流量。

第六十七条 对于订立时点不晚于对应的保险合同确认时点的分出的再保险合同，企业在初始确认对应的亏损合同组或者将对应的亏损保险合同归入合同组而确认亏损时，应当根据下列两项的乘积确定分出再保险合同组分保摊回未到期责任资产亏损摊回部分的金额：

（一）对应的保险合同确认的亏损；

（二）预计从分出再保险合同组摊回的对应的保险合同赔付的比例。

企业应当按照上述亏损摊回部分的金额调整分出再保险合同组的合同服务边际，同时确认为摊回保险服务费用，计入当期损益。

企业在对分出的再保险合同组进行后续计量时，应当调整亏损摊回部分的金额以反映对应的保险合同亏损部分的变化，调整后的亏损摊回部分的金额不应超过企业预计从分出再保险合同组摊回的对应的保险合同亏损部分的相应金额。

第六十八条 资产负债表日分出的再保险合同组的合同服务边际账面价值应当以期初账面价值为基础，经下列各项调整后予以确定：

（一）当期归入该合同组的合同对合同服务边际的影响金额；

（二）合同服务边际在当期计提的利息，计息利率为该合同组内合同确认时、不随基础项目回报变动的现金流量所适用的加权平均利率；

（三）根据本准则第六十七条第一款计算的分保摊回未到期责任资产亏损摊回部分的金额，以及与分出再保险合同组的履约现金流量变动无关的分保摊回未到期责任资产亏损摊回部分的转回；

（四）与未来服务相关的履约现金流量的变动金额，但分摊至对应的保险合同组且不调整其合同服务边际的履约现金流量变动而导致的变动，以及对应的保险合同组采用保费分配法计量时因确认或转回亏损而导致的变动除外；

（五）合同服务边际在当期产生的汇兑差额；

（六）合同服务边际在当期的摊销金额。企业应当按照取得保险合同服务的模式，合理确定分出再保险合同组在责任期内各个期间的责任单元，并据此对根据本条（一）至（五）调整后的合同服务边际账面价值进行摊销，计入当期及以后期间损益。

第六十九条 再保险分入人不履约风险导致的履约现金流量变动金额与未来服务无关，企业不应当因此调整分出再保险合同组的合同服务边际。

第七十条 企业因当期取得再保险分入人提供的保险合同服务而导致分保摊回未到期责任资产账面价值的减少额，应当确认为分出保费的分摊；因当期发生赔款及其他相关费用的摊回导致分保摊回已发生赔款资产账面价值的增加额，以及与之相关的履约现金流量的后续变动额，应当确认为摊回保险服务费用。

企业应当将预计从再保险分入人收到的不取决于对应的保险合同赔付的金额，作为分出保费的分摊的减项。企业在确认分出保费的分摊和摊回保险服务费用时，不得包含分出再保险合同中的投资成分。

第七十一条 符合下列条件之一的，企业可以采用保费分配法简化分出的再保险合同组的计量：

（一）企业能够合理预计采用保费分配法与不采用保费分配法计量分出再保险合同组的结果无重大差异。企业预计履约现金流量在赔案发生前将发生重大变化的，表明该合同组不符合本条件。

（二）该分出的再保险合同组内各项合同的责任期不超过一年。

第七十二条 企业采用保费分配法计量分出的再保险合同组时，根据本准则第六十七条第一款计算的亏损摊回部分的金额应当调整分出再保险合同组的分保摊回未到期责任资产账面价值，同时确认为摊回保险服务费用，计入当期损益。

第七章 合同转让或非同一控制下企业合并中取得的保险合同的确认和计量

第七十三条 企业对合同转让或非同一控制下企业合并中取得的保险合同进行确认和计量，除本章另有规定外，应当适用本准则其他相关规定。

第七十四条 企业在合同转让或非同一控制下企业合并中取得的保险合同，应当视为在转让日（或购买日）订立该合同，并根据本准则相关规定将该合同归入其所属合同组。

第七十五条 企业在合同转让或非同一控制下企业合并中为取得保险合同而收到或支付的对价，应当视为收取或支付的保费。

第七十六条 企业在合同转让或非同一控制下企业合并中取得保险合同的会计处理适用《企业会计准则第 20 号——企业合并》等其他会计准则的，应当根据相关会计准则进行处理。

第八章　保险合同的修改和终止确认

第七十七条　保险合同条款的修改符合下列条件之一的，企业应当终止确认原合同，并按照修改后的合同条款确认一项新合同：

（一）假设修改后的合同条款自合同开始日适用，出现下列情形之一的：

1. 修改后的合同不属于本准则的适用范围。

2. 修改后的合同应当予以分拆且分拆后适用本准则的组成部分发生变化。

3. 修改后的合同的合同边界发生实质性变化。

4. 修改后的合同归属于不同的合同组。

（二）原合同与修改后的合同仅有其一符合具有直接参与分红特征的保险合同的定义。

（三）原合同采用保费分配法，修改后的合同不符合采用保费分配法的条件。

保险合同条款的修改不符合上述条件的，企业应当将合同条款修改导致的现金流量变动作为履约现金流量的估计变更进行处理。

第七十八条　保险合同约定的义务因履行、取消或到期而解除的，企业应当终止确认保险合同。

第七十九条　企业终止确认一项保险合同，应当按照下列规定进行处理：

（一）调整该保险合同所属合同组的履约现金流量，扣除与终止确认的权利义务相关的未来现金流量现值和非金融风险调整。

（二）调整合同组的合同服务边际。

（三）调整合同组在当期及以后期间的责任单元。

第八十条　企业修改原合同并确认新合同时，应当按照下列两项的差额调整原合同所属合同组的合同服务边际：

（一）因终止确认原合同所导致的合同组履约现金流量变动金额；

（二）修改日订立与新合同条款相同的合同预计将收取的保费减去因修改原合同而收取的额外保费后的保费净额。

企业在计量新合同所属合同组时，应当假设于修改日收到本条（二）中的保费净额。

第八十一条　企业因合同转让而终止确认一项保险合同的，应当按照因终止确认该合同所导致的合同组履约现金流量变动金额与受让方收取的保费之间的差额，调整该合同所属合同组的合同服务边际。

第八十二条　企业因合同修改或转让而终止确认一项保险合同时，应当将与该合同相关的、由于会计政策选择而在以前期间确认为其他综合收益的余额转入当期损益；但对于企业持有基础项目的具有直接参与分红特征的保险合同，企业不得仅因终止确认该保险合同而进行上述会计处理。

第九章 列报

第一节 资产负债表和利润表相关项目的列示及披露

第八十三条 企业应当根据自身实际情况，合理确定列报保险合同的详细程度，避免列报大量不重要信息或不恰当汇总实质性不同信息。

企业可以按照合同类型、地理区域或报告分部等对保险合同的信息披露进行恰当汇总。

第八十四条 企业应当在资产负债表中分别列示与保险合同有关的下列项目：

（一）保险合同资产；

（二）保险合同负债；

（三）分出再保险合同资产；

（四）分出再保险合同负债。

企业签发的保险合同组合账面价值为借方余额的，列示为保险合同资产；分出的再保险合同组合账面价值为贷方余额的，列示为分出再保险合同负债。

保险获取现金流量资产于资产负债表日的账面价值应当计入保险合同组合账面价值。

第八十五条 企业应当在利润表中分别列示与保险合同有关的下列项目：

（一）保险服务收入；

（二）保险服务费用；

（三）分出保费的分摊；

（四）摊回保险服务费用；

（五）承保财务损益；

（六）分出再保险财务损益。

第八十六条 企业应当在附注中分别就签发的保险合同和分出的再保险合同，单独披露未到期责任负债（或分保摊回未到期责任资产）和已发生赔款负债（或分保摊回已发生赔款资产）余额调节表，以反映与保险合同账面价值变动有关的下列信息：

（一）保险合同负债和保险合同资产（或分出再保险合同资产和分出再保险合同负债）的期初和期末余额及净额，及净额调节情况；

（二）未到期责任负债（或分保摊回未到期责任资产）当期变动情况，亏损部分（或亏损摊回部分）应单独披露；

（三）已发生赔款负债（或分保摊回已发生赔款资产）当期变动情况，采用保费分配法的保险合同应分别披露未来现金流量现值和非金融风险调整；

（四）当期保险服务收入；

（五）当期保险服务费用，包括当期发生赔款及其他相关费用、保险获取现金流量的摊销、亏损部分的确认及转回和已发生赔款负债相关履约现金流量变动；

（六）当期分出保费的分摊；

（七）当期摊回保险服务费用，包括摊回当期发生赔款及其他相关费用、亏损摊回部分的确认及转回和分保摊回已发生赔款资产相关履约现金流量变动；

（八）不计入当期损益的投资成分，保费返还可以在此项合并披露；

（九）与当期服务无关但影响保险合同账面价值的金额，包括当期现金流量、再保险分入人不履约风险变动额、保险合同金融变动额、其他与保险合同账面价值变动有关的金额。当期现金流量应分别披露收到保费（或支付分出保费）、支付保险获取现金流量、支付赔款及其他相关费用（或收到摊回赔款及其他相关费用）。

第八十七条 对于未采用保费分配法的保险合同，企业应当在附注中分别就签发的保险合同和分出的再保险合同，单独披露履约现金流量和合同服务边际余额调节表，以反映与保险合同账面价值变动有关的下列信息：

（一）保险合同负债和保险合同资产（或分出再保险合同资产和分出再保险合同负债）的期初和期末余额及净额，及净额调节情况；

（二）未来现金流量现值当期变动情况；

（三）非金融风险调整当期变动情况；

（四）合同服务边际当期变动情况；

（五）与当期服务相关的变动情况，包括合同服务边际的摊销、非金融风险调整的变动、当期经验调整；

（六）与未来服务相关的变动情况，包括当期初始确认的保险合同影响金额、调整合同服务边际的估计变更、不调整合同服务边际的估计变更；

（七）与过去服务相关的变动情况，包括已发生赔款负债（或分保摊回已发生赔款资产）相关履约现金流量变动；

（八）与当期服务无关但影响保险合同账面价值的金额，包括当期现金流量、再保险分入人不履约风险变动额、保险合同金融变动额、其他与保险合同账面价值变动有关的金额。当期现金流量应分别披露收到保费（或支付分出保费）、支付保险获取现金流量、支付赔款及其他相关费用（或收到摊回赔款及其他相关费用）。

第八十八条 企业应当在附注中披露关于保险获取现金流量资产的下列定量信息：

（一）保险获取现金流量资产的期初和期末余额及其调节情况；

（二）保险获取现金流量资产减值准备当期计提和当期转回情况；

（三）期末保险获取现金流量资产预计在未来按适当的时间段终止确认的相关信息。

第八十九条 对于未采用保费分配法的保险合同，企业应当在附注中分别就签发的保险合同和分出的再保险合同，披露当期初始确认的保险合同对资产负债表影响的下列信息：

（一）未来现金流出现值，保险获取现金流量的金额应单独披露；

（二）未来现金流入现值；

（三）非金融风险调整；

（四）合同服务边际。

对于当期初始确认的亏损合同组以及在合同转让或非同一控制下企业合并中取得的保险合同，企业应当分别披露其对资产负债表影响的上述信息。

第九十条 对于未采用保费分配法的签发的保险合同，企业应当在附注中披露与本期确认保险服务收入相关的下列定量信息：

（一）与未到期责任负债变动相关的保险服务收入，分别披露期初预计当期发生的保险服务费用、非金融风险调整的变动、合同服务边际的摊销、其他金额（如与当期服务或过去服务相关的保费经验调整）；

（二）保险获取现金流量的摊销。

第九十一条 对于未采用保费分配法的保险合同，企业应当在附注中分别就签发的保险合同和分出的再保险合同，披露期末合同服务边际在剩余期限内按适当的时间段摊销计入利润表的定量信息。

第九十二条 企业应当披露当期保险合同金融变动额的定量信息及其解释性说明，包括对保险合同金融变动额与相关资产投资回报关系的说明。

第九十三条 企业应当披露与具有直接参与分红特征的保险合同相关的下列信息：

（一）基础项目及其公允价值；

（二）根据本准则第四十二条和第四十三条规定，将货币时间价值及金融风险的影响金额计入当期保险财务损益或其他综合收益对当期合同服务边际的影响。

第九十四条 对于具有直接参与分红特征的保险合同组，企业选择将保险合同金融变动额分解计入当期保险财务损益和其他综合收益的，根据本准则第四十四条规定，因是否持有基础项目的情况发生变动导致计入当期保险财务损益的计量方法发生变更的，应当披露变更原因和对财务报表项目的影响金额，以及相关合同组在变更日的账面价值。

【解析 25-16】保险合同的列示及披露（见表 25-9）

表 25-9　保险合同的列示及披露

资产负债表	新准则下的资产负债表的变化相对利润表的变化不大。主要变化体现为在保险合同组合的层面，要求区分保险合同与再保险的负债或资产；与保单相关的往来科目，如应收保费或应付赔付款等会计科目，都体现为保险合同负债或资产，不再单独列示
利润表	新准则下利润表采用了全新的表现形式，会计科目的定义也发生重大变化。公司需分别列示保险服务业绩和投资表现，同时，保险服务业绩中的保险业务收入和保险业务支出需分别列示其具体构成，更清晰地展现保险公司的利润构成
其他	新准则还要求公司披露源于保险合同的金额、判断及风险等关键信息，披露要求较原准则更为广泛且更加详细。例如，准备金变动分析、非金融风险调整的置信水平、合同服务边际等披露要求会是保险公司所要面临的挑战

第二节　与保险合同计量相关的披露

第九十五条 企业应当披露与保险合同计量所采用的方法、输入值和假设等相关的下列信息：

（一）保险合同计量所采用的方法以及估计相关输入值的程序。企业应当披露相关输入值的定量信息，不切实可行的除外。

（二）本条（一）中所述方法和程序的变更及其原因，以及受影响的合同类型。

（三）与保险合同计量有关的下列信息：

1. 对于不具有直接参与分红特征的保险合同，区分相机抉择与其他因素导致未来现金流量估计变更的方法；

2. 确定非金融风险调整的计量方法及计量结果所对应的置信水平，以及非金融风险调整变动额根据本准则第三十三条在利润表中的列示方法；

3. 确定折现率的方法，以及用于不随基础项目回报变动的现金流量折现的收益率曲线（或收益率曲线范围）；

4. 确定投资成分的方法；

5. 确定责任单元组成部分及相对权重的方法。

第九十六条 企业选择将保险合同金融变动额分解计入当期保险财务损益和其他综合收益的，应当披露确定保险财务损益金额的方法及其说明。

第九十七条 对于采用保费分配法计量的保险合同组，企业应当披露下列信息：

（一）合同组适用保费分配法的判断依据；

（二）未到期责任负债（或分保摊回未到期责任资产）和已发生赔款负债（或分保摊回已发生赔款资产）的计量是否反映货币时间价值及金融风险的影响；

（三）是否在保险获取现金流量发生时将其确认为费用。

第三节 与风险相关的披露

第九十八条 企业应当披露与保险合同产生的保险风险和金融风险等相关的定性和定量信息。金融风险包括市场风险、信用风险、流动性风险等。

第九十九条 对于保险合同产生的各类风险，企业应当按类别披露下列信息：

（一）风险敞口及其形成原因，以及在本期发生的变化。

（二）风险管理的目标、政策和程序以及计量风险的方法及其在本期发生的变化。

（三）期末风险敞口的汇总数据。该数据应当以向内部关键管理人员提供的相关信息为基础。期末风险敞口不能反映企业本期风险敞口变动情况的，企业应当进一步提供相关信息。

（四）风险集中度信息，包括企业确定风险集中度的说明和参考因素（如保险事项类型、行业特征、地理区域、货币种类等）。

第一百条 企业应当披露相关监管要求（如最低资本要求、保证利率等）对本准则适用范围内的合同的影响。保险合同分组时应用本准则第十五条规定的，企业应当披露这一事实。

第一百零一条 企业应当对保险风险和市场风险进行敏感性分析并披露下列信息：

（一）资产负债表日保险风险变量和各类市场风险变量发生合理、可能的变动时，将对企业损益和所有者权益产生的影响。

对于保险风险，敏感性分析应当反映对企业签发的保险合同及其经分出的再保险合同进行风险缓释后的影响。

对于各类市场风险，敏感性分析应当反映保险合同所产生的风险变量与企业持有的金融资产所产生的风险变量之间的关联性。

（二）本期进行敏感性分析所使用的方法和假设，以及在本期发生的变化及其原因。

第一百零二条 企业为管理保险合同所产生的风险，采用不同于本准则第一百零一条中所述方法进行敏感性分析的，应当披露下列信息：

（一）用于敏感性分析的方法、选用的主要参数和假设；

（二）所用方法的目的，以及该方法提供信息的局限性。

第一百零三条 企业应当披露索赔进展情况，以反映已发生赔款的实际赔付金额与未经折现的预计赔付金额的比较信息，及其与资产负债表日已发生赔款负债账面价值的调节情况。

索赔进展情况的披露应当从赔付时间和金额在资产负债表日仍存在不确定性的重大赔付最早发生期间开始，但最长披露期限可不超过十年。赔付时间和金额的不确定性在未来一年内将消除的索赔进展信息可以不披露。

第一百零四条 企业应当披露与保险合同所产生的信用风险相关的下列信息：

（一）签发的保险合同和分出的再保险合同分别于资产负债表日的最大信用风险敞口；

（二）与分出再保险合同资产的信用质量相关的信息。

第一百零五条 企业应当披露与保险合同所产生的流动性风险相关的下列信息：

（一）对管理流动性风险的说明。

（二）对资产负债表日保险合同负债和分出再保险合同负债的到期期限分析。

到期期限分析应当基于合同组合，所使用的时间段至少应当为资产负债表日后一年以内、一年至两年以内、两年至三年以内、三年至四年以内、四年至五年以内、五年以上。列入各时间段内的金额可以是未来现金流量现值或者未经折现的合同剩余净现金流量。

到期期限分析可以不包括采用保费分配法计量的保险合同负债和分出再保险合同负债中与未到期责任相关的部分。

（三）保单持有人可随时要求偿还的金额。企业应当说明该金额与相关保险合同组合账面价值之间的关联性。

第十章 衔接规定

第一百零六条 首次执行日之前的保险合同会计处理与本准则规定不一致的，企业应当按照《企业会计准则第 28 号——会计政策、会计估计变更和差错更正》的规定采用追溯调整法处理，但本准则另有规定的除外。

企业进行追溯调整的，无须披露当期和各个列报前期财务报表受影响项目和每股收益的调整金额。

第一百零七条 企业采用追溯调整法时，应当在过渡日按照下列规定进行衔接处理：

（一）假设一直按照本准则要求识别、确认和计量保险合同组；

（二）假设一直按照本准则要求识别、确认和计量保险获取现金流量资产，但无须估计该资产于过渡日前的可收回金额；

（三）确认追溯调整对所有者权益的累积影响数；

（四）不得在过渡日前运用本准则第四十三条规定的风险管理缓释选择权。

过渡日是指本准则首次执行日前最近一个会计年度的期初，企业列报经调整的更早期间的比较信息的，过渡日是更早比较期间的期初。

第一百零八条 对合同组采用追溯调整法不切实可行的，企业应当采用修正追溯调整法或公允价值法。对合同组采用修正追溯调整法也不切实可行的，企业应当采用公允价值法。

修正追溯调整法，是指企业在对本章所涉及相关事项采用追溯调整法不切实可行时，使用在过渡日无须付出不必要的额外成本或努力即可获得的合理可靠的信息，以获得接近追溯调整法结果为目标，在衔接处理上按本准则规定进行简化的方法。

公允价值法，是指以过渡日合同组公允价值与履约现金流量的差额确定合同组在该日的合同服务边际或未到期责任负债亏损部分，以及在衔接处理上按本准则规定进行简化的方法。

企业在过渡日前符合本准则第四十三条规定条件，使用衍生工具、分出的再保险合同或以公允价值计量且其变动计入当期损益的非衍生金融工具管理合同组产生的金融风险，并自过渡日起采用未来适用法运用风险管理缓释选择权进行会计处理的，企业可以对该合同组采用公允价值法进行衔接处理。

第一百零九条 企业采用修正追溯调整法时，应当在过渡日根据本准则规定识别下列事项并进行衔接处理：

（一）保险合同组，但在按照本准则规定进行保险合同分组时无法获得合理可靠的信息的，企业可以将签发或分出时间间隔超过一年的合同归入同一合同组；

（二）具有直接参与分红特征的保险合同；

（三）不具有直接参与分红特征的保险合同中的相机抉择现金流量；

（四）具有相机参与分红特征的投资合同。

企业采用修正追溯调整法时，对于在合同转让或非同一控制下企业合并中取得的保险合同，应当将该类合同在转让日或购买日前已发生的赔付义务确认为已发生赔款负债。

第一百一十条 对不具有直接参与分红特征的保险合同组在过渡日的合同服务边际或未到期责任负债亏损部分采用修正追溯调整法时，企业应当按照下列规定进行衔接处理：

（一）以过渡日或更早日期（如适用）估计的未来现金流量为基础，根据合同组初始确认时至过渡日或更早日期（如适用）发生的现金流量进行调整，确定合同组在初始确认时的未来现金流量；

（二）基于过渡日前最近至少三个会计年度可观察数据，考虑该数据与本准则第二十五条规定的折现率的相似性或差异，采用适当方法确定合同组在初始确认时或以后的折现率；

（三）以过渡日估计的非金融风险调整金额为基础，根据在过渡日签发或分出的类似保险合同的相关风险释放方式，估计过渡日之前合同组非金融风险调整的变动金额，确定合同组在初始确认时的非金融风险调整金额；

（四）采用与过渡日后一致的方法将过渡日前已付或应付的保险获取现金流量系统合理地分摊至过渡日确认和预计将于过渡日后确认的合同组，分别调整过渡日合同服务边际和确认为保险获取现金流量资产。企业无法获得合理可靠的信息进行上述处理的，则不应调整合同服务边际或确认保险获取现金流量资产；

（五）合同组在初始确认时根据本条（一）至（四）确认合同服务边际的，应当按照本条（二）确定的初始确认时折现率计提利息，并基于过渡日合同组中的剩余责任单元和该日前的责任单元，确定过渡日前计入损益的合同服务边际；

（六）合同组在初始确认时根据本条（一）至（四）确认未到期责任负债亏损部分的，应当采用系统合理的方法，确定分摊至过渡日前的亏损部分；

（七）对于订立时点不晚于对应的亏损保险合同确认时点的分出的再保险合同，应当根据过渡日对应的亏损保险合同的未到期责任负债亏损部分乘以预计从分出的再保险合同组摊回的对应的保险合同赔付的比例，计算分出再保险合同组分保摊回未到期责任资产在过渡日的亏损摊回部分金额，企业无法获得合理可靠的信息确定该亏损摊回部分金额的，则不应确认亏损摊回部分。

第一百一十一条 对具有直接参与分红特征的保险合同组在过渡日的合同服务边际或未到期责任负债亏损部分采用修正追溯调整法时，企业应当按照下列规定进行衔接处理：

（一）以过渡日基础项目公允价值减去该日履约现金流量的金额为基础，根据过渡日前相关现金流量以及非金融风险调整的变动进行恰当调整；

（二）采用与过渡日后一致的方法将过渡日前已付或应付的保险获取现金流量系统合理地分摊至过渡日确认和预计将于过渡日后确认的合同组，分别调整过渡日合同服务边际和确认为保险获取现金流量资产。企业无法获得合理可靠的信息进行上述处理的，则不应调整合同服务边际或确认保险获取现金流量资产；

（三）合同组根据本条（一）和（二）确认合同服务边际的，应当基于过渡日合同组中的剩余责任单元和该日前的责任单元，确定过渡日前计入损益的合同服务边际；

（四）合同组根据本条（一）和（二）确认未到期责任负债亏损部分的，应当将该亏损部分调整为零，同时将该亏损部分增加过渡日未到期责任负债账面价值。

第一百一十二条 企业对过渡日保险合同金融变动额采用修正追溯调整法时，应当按照下列规定进行衔接处理：

（一）根据本准则第一百零九条（一）规定将签发或分出时间相隔超过一年的合同归入同一合同组的，可以在过渡日确定合同组初始确认时或以后适用的折现率。企业根据本准则第三十四条选择将保险合同金融变动额分解计入保险财务损益和其他综合收益的，应当采用适当方法确定过渡日计入其他综合收益的累计金额。

（二）未将签发或分出时间相隔超过一年的合同归入同一合同组的，应当按照本准则第一百一十条（二）估计合同组初始确认时或以后适用的折现率。企业根据本准则第三十四条选择将保险合同金融变动额分解计入保险财务损益和计入其他综合收益的，应当采用适当方法确定过渡日计入其他综合收益的累计金额。

第一百一十三条 企业根据本准则第三十七条规定选择不调整中期财务报表有关会计估计处理结果的会计政策的，应当在过渡日对该会计政策采用追溯调整法处理。采用追溯调整法不切实可行的，企业可以采用修正追溯调整法，对保险合同金融变动额和不具有直接参与分红特征的保险合同的合同服务边际或未到期责任负债亏损部分进行衔接处理时，视同过渡日前未编制中期财务报表。

第一百一十四条 企业采用公允价值法时，可以使用在合同开始日或初始确认时根据合同条款和市场状况可确定的合理可靠的信息，或使用在过渡日可获得的合理可靠的信息，根据本准则规定识别下列事项并进行衔接处理：

（一）保险合同组，企业可以将签发或分出时间间隔超过一年的合同归入同一合同组；

（二）具有直接参与分红特征的保险合同；

（三）不具有直接参与分红特征的保险合同中的相机抉择现金流量；

（四）具有相机参与分红特征的投资合同。

企业采用公允价值法时，对于在合同转让或非同一控制下企业合并中取得的保险合同，可以将该类合同在转让日或购买日前已发生的赔付义务确认为已发生赔款负债。

第一百一十五条 企业采用公允价值法时，按照下列规定进行衔接处理：

（一）企业可以在过渡日确定合同组初始确认时或以后适用的折现率；

（二）对于分出的再保险合同组对应亏损保险合同的，应当根据过渡日对应的亏损保险合同的未到期责任负债亏损部分乘以预计从分出的再保险合同组摊回的对应的保险合同赔付的比例，计算分出再保险合同组分保摊回未到期责任资产在过渡日的亏损摊回部分金额；

（三）企业根据本准则第三十四条选择将保险合同金融变动额分解计入保险财务损益和其他综合收益的，应当采用适当方法确定过渡日计入其他综合收益的累计金额；

（四）对保险获取现金流量资产采用追溯调整法不切实可行时，企业应当采用适当方法确定过渡日的保险获取现金流量资产。

第一百一十六条 企业应当在附注中披露与衔接处理相关的下列信息：

（一）在采用修正追溯调整法和公允价值法的保险合同的存续期间，说明该类保险合同在过渡日的衔接处理；

（二）在本准则第八十六条和第八十七条规定的调节表中，分别就过渡日采用修正追溯调整法和公允价值法的保险合同，在该类保险合同存续期间单独披露其对保险服务收入和合同服务边际的影响；

（三）企业根据本准则第一百一十二条和第一百一十五条（三）的规定，采用修正追溯调整法或公允价值法确定过渡日计入其他综合收益的累计金额的，在该金额减计为零之前的期间，应当披露以公允价值计量且其变动计入其他综合收益的相关金融资产计入其他综合收益的累计金额自期初至期末的调节情况。

第一百一十七条 企业无须披露比首次执行日前最近一个会计年度更早期间的信息。企业选择披露未经调整的更早期间的比较信息的，应当列示该类信息并说明其编制基础。

企业可以选择不披露未公开的、比首次执行日前四个会计年度更早期间发生的索赔进展情况，但应当披露这一选择。

第一百一十八条 企业在本准则首次执行日前执行金融工具相关会计准则的，应当在本准则首次执行日对金融资产进行下列处理：

（一）企业可以对管理金融资产的业务模式进行重新评估并确定金融资产分类，但为了与本准则适用范围内合同无关的活动而持有的金融资产除外；

（二）在首次执行日前被指定为以公允价值计量且其变动计入当期损益的金融资产，因企业执行本准则而不再符合指定条件时，应当撤销之前的指定；

（三）金融资产因企业执行本准则而符合指定条件的，可以指定为以公允价值计量且其变动计入当期损益的金融资产；

（四）企业可以将非交易性权益工具投资指定为以公允价值计量且其变动计入其他综合收益的金融资产或撤销之前的指定。

企业应当以本准则首次执行日的事实和情况为基础进行上述处理，并追溯调整首次执行本准则当年年初留存收益或权益的其他部分。企业无须调整可比期间信息。企业选择调整可比期间信息的，应当以前期事实和情况为基础，以反映金融工具相关会计准则的要求。

第一百一十九条 企业根据本准则第一百一十八条规定进行处理的，应当披露下列信息：

（一）根据本准则第一百一十八条（一）对管理相关金融资产的业务模式进行重新评估并确定金融资产分类的标准；

（二）相关金融资产列报类型和账面价值的变化；

（三）撤销之前指定为以公允价值计量且其变动计入当期损益的金融资产的期末账面价值；

（四）指定或撤销指定以公允价值计量且其变动计入当期损益的相关金融资产的原因。

【解析 25-17】修正追溯调整法的使用（见表 25-10）

表 25-10 修正追溯调整法的使用要求明细表

项目	内容
使用说明	在采用修正追溯调整法时，公司使用在无须付出不当成本或努力的情况下可获得的合理及可支持的信息，从一系列可使用的简化处理方法中选择，从而得出与追溯法最为接近的结果
合理可支持的信息可能包括	过去每保险合同组实际现金流、锁定折现率或者锁定折现率的近似、浮动收费法下基础项目的公允价值以及历史股东分红等
可选简化处理方法包括	应在初始确认时点进行的评估与判定、过渡日合同服务边际与亏损部分的结果估计，以及保险财务损益的评估
特殊说明	在采用公允价值法时，过渡时点的保险合同组负债与该负债的公允价值相一致，因此过渡时点的合同服务边际等于保险合同组于该时点的公允价值减去履约现金流的金额
	对于在过渡日的保险合同组，采用不同的过渡方法可能导致其于未来期间所确认的利润出现差异
	对于已经执行了新金融工具准则的保险公司，考虑到与资产端会计处理的协调，新准则还增加了与新金融工具准则的互动衔接规定，允许公司在首次执行新保险合同准则时重新评估金融资产的分类，使得资产端与负债端的处理相协调

第十一章 附则

第一百二十条 本准则自 2023 年 1 月 1 日起施行。

企业会计准则第 27 号——石油天然气开采

《企业会计准则第 27 号——石油天然气开采》于 2006 年 2 月 15 日由财政部令第 3 号公布，自 2007 年 1 月 1 日起施行。

第一章　总则

第一条　为了规范石油天然气（以下简称油气）开采活动的会计处理和相关信息的披露，根据《企业会计准则——基本准则》，制定本准则。

第二条　油气开采活动包括矿区权益的取得以及油气的勘探、开发和生产等阶段。

第三条　油气开采活动以外的油气储存、集输、加工和销售等业务的会计处理，适用其他相关会计准则。

【解析 27-1】石油天然气开采的核算范围

石油天然气开采包括矿区的取得、油气勘探、油气开发和油气生产 4 个主要环节。因此，油气开采活动中发生的支出可以分为矿区取得支出、油气勘探支出、油气开发支出和油气生产支出 4 类。

1. 矿区取得支出。

矿区取得支出是指为了取得一个矿区的探矿权和采矿权（包括未探明和已探明）而发生的购买、租赁支出，包括探矿权价款、采矿权价款、土地使用权、签字费、租赁定金、购买支出、咨询顾问费、审计费以及与获得矿区有关的其他支出。

2. 油气勘探支出。

勘探支出是指为了识别可以进行勘查的区域和对特定区域探明或进一步探明油气储量而发生的地质调查、地球物理勘探、钻探探井和勘探型详探井、评价井和资料井以及维持未开发储量而发生的支出。勘探支出可能发生在取得有关矿区之前，也可能发生在取得矿区之后。

3. 油气开发支出。

开发支出是指为了获得探明储量和建造或更新用于采集、处理和现场储存油气的设施而发生的支出，包括开采探明储量的开发井的成本和生产设施的支出，这些生产设施诸如矿区输油管、分离器、处理器、加热器、储罐、提高采收率系统和附近的天然气加工设施。

4. 油气生产成本（操作成本）。

生产成本是指在油田把油气提升到地面，并对其进行收集、拉运、现场处理加工和储存的活动成本。这里所指的“生产成本”，并非取得、勘探、开发和生产过程中的所有成本，而是在井上进行作业和井的维护中所发生的相关成本。生产成本包括在井和设施上进行作业的人工费用、修理和维护费用、消耗的材料和供应品、相关税费等。

【解析27-2】油气勘探的定义解释

油气勘探是指为了识别勘探区域或探明油气储量而进行的地质调查、地球物理勘探、钻探活动以及其他相关活动。油气勘探支出包括钻井勘探支出和非钻井勘探支出。钻井勘探支出主要包括钻探区域探井、勘探型详探井、评价井和资料井等活动发生的支出；非钻井勘探支出主要包括进行地质调查、地球物理勘探等活动发生的支出。

【解析27-3】油气生产的定义解释

油气生产，是指将油气从油气藏提取到地表以及在矿区内收集、拉运、处理、现场储存和矿区管理等活动。

【解析27-4】石油天然气开采会计核算概述

油气资产的会计核算是石油天然气会计的重要组成部分。从事油气开采的企业所拥有或控制的井及相关设施和矿区权益统称油气资产。油气资产是一种递耗资产，反映了企业在油气开采活动中取得的油气储量以及利用这些储量生产原油或天然气的设施的价值。油气开采企业通过计提折耗，将油气资产的价值随着开采工作的开展逐渐转移到所开采的产品成本中。油气资产折耗是油气资源实体上的直接耗减，折耗费用是产品成本的直接组成部分。油气资产的内容应包括取得探明经济可采储量的成本、暂时资本化的未探明经济可采储量的成本、全部油气开发支出以及预计的弃置成本。油气资产是油气生产企业最重要的资产，其价值在企业总资产中所占的份额相当大。为了开采油气，企业往往要增置一些附属的辅助设备和设施，如增设房屋、机器等。按照《企业会计准则第27号——石油天然气开采》的规定，这类固定资产应计提折旧，而不是计提折耗。

第二章　矿区权益的会计处理

第四条　矿区权益，是指企业取得的在矿区内勘探、开发和生产油气的权利。

矿区权益分为探明矿区权益和未探明矿区权益。探明矿区，是指已发现探明经济可采储量的矿区；未探明矿区，是指未发现探明经济可采储量的矿区。

探明经济可采储量，是指在现有技术和经济条件下，根据地质和工程分析，可合理确定的能够从已知油气藏中开采的油气数量。

【解析27-5】矿区的定义和划分

矿区是指企业进行油气开采活动所划分的区域或独立的开发单元。矿区的划分是计提油气资产折耗、进行减值测试等的基础。矿区的划分应当遵循以下原则：

1. 一个油气藏可作为一个矿区；
2. 若干相临且地质构造或储层条件相同或相近的油气藏可作为一个矿区；
3. 一个独立集输计量系统为一个矿区；
4. 一个大的油气藏分为几个独立集输系统并分别进行计量的，可分为几个矿区；
5. 采用重大新型采油技术并实行工业化推广的区域可作为一个矿区；

6. 在同一地理区域内不得将分属不同国家的作业区划分在同一个矿区或矿区组内。

在油气开采活动中，与某一或某几个油气藏相关的单项资产，例如单井，能够单独产生可计量现金流量的情况极为少见。通常情况下，特定矿区在勘探、开发和生产期间所发生的所有资本化成本都是作为一个整体来产生现金流的，因此计提折耗和减值测试均应以矿区作为成本中心。

摘录于《〈企业会计准则第 27 号——石油天然气开采〉解释》

【解析 27-6】矿区权益的定义解释

矿区权益是指企业取得的在矿区内勘探、开发和生产油气的权利。矿区权益分为探明矿区权益和未探明矿区权益。探明矿区，是指已发现探明经济可采储量的矿区；未探明矿区，是指未发现探明经济可采储量的矿区。探明经济可采储量，是指在现有技术和经济条件下，根据地质和工程分析，可合理确定的能够从已知油气藏中开采的油气数量。

第五条 为取得矿区权益而发生的成本应当在发生时予以资本化。企业取得的矿区权益，应当按照取得时的成本进行初始计量：

（一）申请取得矿区权益的成本包括探矿权使用费、采矿权使用费、土地或海域使用权支出、中介费以及可直接归属于矿区权益的其他申请取得支出。

（二）购买取得矿区权益的成本包括购买价款、中介费以及可直接归属于矿区权益的其他购买取得支出。

矿区权益取得后发生的探矿权使用费、采矿权使用费和租金等维持矿区权益的支出，应当计入当期损益。

第六条 企业应当采用产量法或年限平均法对探明矿区权益计提折耗。采用产量法计提折耗的，折耗额可按照单个矿区计算，也可按照若干具有相同或类似地质构造特征或储层条件的相邻矿区所组成的矿区组计算。计算公式如下：

探明矿区权益折耗额 = 探明矿区权益账面价值 × 探明矿区权益折耗率

探明矿区权益折耗率 = 探明矿区当期产量 ÷（探明矿区期末探明经济可采储量 + 探明矿区当期产量）

第七条 企业对于矿区权益的减值，应当分别不同情况确认减值损失：

（一）探明矿区权益的减值，按照《企业会计准则第 8 号——资产减值》处理。

（二）对于未探明矿区权益，应当至少每年进行一次减值测试。单个矿区取得成本较大的，应当以单个矿区为基础进行减值测试，并确定未探明矿区权益减值金额。单个矿区取得成本较小且与其他相邻矿区具有相同或类似地质构造特征或储层条件的，可按照若干具有相同或类似地质构造特征或储层条件的相邻矿区所组成的矿区组进行减值测试。

未探明矿区权益公允价值低于账面价值的差额，应当确认为减值损失，计入当期损益。未探明矿区权益减值损失一经确认，不得转回。

【解析 27-7】未探明矿区权益减值注意事项

未探明矿区权益应当至少每年进行一次减值测试。按照单个矿区进行减值测试的，其公允价值低于账面价值的，应当将其账面价值减记至公允价值，减记的金额确认为油气资产减值损失；按照矿区组进行减值测试并计提减值准备的，确认的减值损失不分摊至单个矿区权益的账面价值。

第八条 企业转让矿区权益的，应当按照下列规定进行处理：

（一）转让全部探明矿区权益的，将转让所得与矿区权益账面价值的差额计入当期损益。

转让部分探明矿区权益的，按照转让权益和保留权益的公允价值比例，计算确定已转让部分矿区权益账面价值，转让所得与已转让矿区权益账面价值的差额计入当期损益。

（二）转让单独计提减值准备的全部未探明矿区权益的，转让所得与未探明矿区权益账面价值的差额，计入当期损益。

转让单独计提减值准备的部分未探明矿区权益的，如果转让所得大于矿区权益账面价值，将其差额计入当期损益；如果转让所得小于矿区权益账面价值，以转让所得冲减矿区权益账面价值，不确认损益。

（三）转让以矿区组为基础计提减值准备的未探明矿区权益的，如果转让所得大于矿区权益账面原值，将其差额计入当期损益；如果转让所得小于矿区权益账面原值，以转让所得冲减矿区权益账面原值，不确认损益。

转让该矿区组最后一个未探明矿区的剩余矿区权益时，转让所得与未探明矿区权益账面价值的差额，计入当期损益。

第九条 未探明矿区（组）内发现探明经济可采储量而将未探明矿区（组）转为探明矿区（组）的，应当按照其账面价值转为探明矿区权益。

【例 27-1】转让全部探明矿区权益

× 石油公司转让了其拥有的矿区 A，其账面原值为 1 000 万元，已计提减值准备 200 万元，目前账面价值为 800 万元，转让所得为 900 万元。

× 石油公司应当将转让所得大于矿区权益账面价值的差额确认为收益。相关账务处理如下。

借：油气资产减值准备	2 000 000	
银行存款	9 000 000	
贷：矿区权益		10 000 000
营业外收入		1 000 000

如果转让所得为 700 万元，× 石油公司应当将转让所得小于矿区权益账面价值的差额确认为损失。相关账务处理如下。

借：油气资产减值准备	2 000 000	
银行存款	7 000 000	
营业外支出	1 000 000	
贷：矿区权益		10 000 000

【例 27-2】转让部分探明矿区权益

× 石油公司转让了其拥有的矿区 B 中的 $20km^2$，转让部分的公允价值为 400 万元，转让所得为 500 万元。整个矿区 B 的面积为 $50km^2$，账面原值为 1 000 万元，已计提减值准备 200

万元，目前账面价值为 800 万元，公允价值为 900 万元。

× 石油公司转让部分矿区权益，且剩余矿区权益成本的收回不存在较大不确定性，因此应按照转让权益和保留权益的公允价值比例，计算确定已转让部分矿区权益账面价值：

400 ÷ 900 × 1 000=445（万元）

随转让部分矿区转出的油气资产减值准备：

400 ÷ 900 × 200=89（万元）

相关账务处理如下。

借：油气资产减值准备　　890 000
　　银行存款　　5 000 000
　　贷：矿区权益　　4 450 000
　　　　营业外收入　　1 440 000

如果转让所得为 300 万元，相关会计处理如下。

借：油气资产减值准备　　890 000
　　银行存款　　3 000 000
　　营业外支出　　560 000
　　贷：矿区权益　　4 450 000

【例 27-3】转让全部未探明矿区权益，且该矿区权益单独计提减值准备

× 石油公司转让未探明矿区 C，其账面原值为 1 000 万元，已计提减值准备 200 万元，目前账面价值为 800 万元，转让所得为 900 万元。

× 石油公司转让全部未探明矿区权益 C，应当将转让所得大于矿区权益账面价值的差额确认为收益。相关账务处理如下。

借：油气资产减值准备　　2 000 000
　　银行存款　　9 000 000
　　贷：矿区权益　　10 000 000
　　　　营业外收入　　1 000 000

如果转让所得为 700 万元，× 石油公司应当将转让所得小于矿区权益账面价值的差额确认为损失。相关账务处理如下。

借：油气资产减值准备　　2 000 000
　　银行存款　　7 000 000
　　营业外支出　　1 000 000
　　贷：矿区权益　　10 000 000

【例 27-4】转让全部未探明矿区权益，且该矿区权益以矿区组为基础计提减值准备

× 石油公司拥有的未探明矿区 D1 和 D2 在进行减值测试时构成一个矿区组。其中 D1 矿区权益账面原值为 1 000 万元，D2 矿区权益账面原值为 2 000 万元，矿区组已计提减值准备 600 万元，目前矿区组账面价值为 2 400 万元。现 × 石油公司转让 D1 矿区，转让所得为 1 100 万元。

转让所得大于未探明 D1 矿区权益的账面原值，× 石油公司应将其差额确认为收益。相关账务处理如下。

借：银行存款　　11 000 000

　　贷：矿区权益　　10 000 000

　　　　营业外收入　　1 000 000

如果转让所得为 900 万元，转让所得小于未探明 D1 矿区权益的账面原值，× 石油公司应将转让所得冲减矿区组权益的账面价值。相关账务处理如下。

借：银行存款　　9 000 000

　　贷：矿区权益　　9 000 000

【例 27-5】转让部分未探明矿区权益，且该矿区权益单独计提减值准备

× 石油公司拥有的未探明矿区 E，面积 50km^2，其账面原值为 1 000 万元，已计提减值准备 200 万元，目前账面价值为 800 万元。

（1）× 石油公司转让 E 矿区中的 20km^2，转让所得为 200 万元。

因转让所得小于 E 矿区的账面价值（800 万元），故 × 石油公司应将转让所得冲减被转让矿区权益账面价值。相关账务处理如下。

借：银行存款　　2 000 000

　　贷：矿区权益　　2 000 000

（2）× 石油公司再次转让 E 矿区中的 10km^2，转让所得为 500 万元。

因转让所得小于其账面价值（600 万元），故 × 石油公司应将转让所得冲减被转让矿区权益账面价值。相关账务处理如下。

借：银行存款　　5 000 000

　　贷：矿区权益　　5 000 000

（3）如果 × 石油公司转让 E 矿区剩下的 20km^2，转让所得为 400 万元。

× 石油公司转让部分 E 矿区的所得大于该未探明矿区权益的账面价值（100 万元），应将其差额计入收益。相关账务处理如下。

借：油气资产减值准备　　2 000 000

　　银行存款　　4 000 000

　　贷：矿区权益　　3 000 000

　　　　营业外收入　　3 000 000

（4）如果 × 石油公司转让 E 矿区剩余 20km^2，转让所得为 50 万元。

× 石油公司转让 E 矿区的所得小于该未探明矿区权益的账面价值，应继续将转让所得冲减被转让矿区权益账面价值，冲减至零为止。

借：银行存款　　500 000

　　贷：矿区权益　　500 000

根据本准则规定，× 石油公司期末应对 E 矿区权益的剩余账面价值全额计提减值准备。计算减值损失为（1 000−200）−200−500−50=50（万元）。账务处理如下。

借：减值损失　　500 000

　　贷：油气资产减值准备　　500 000

【例 27-6】转让部分未探明矿区权益，且该矿区权益以矿区组为基础计提减值准备

×石油公司拥有的未探明矿区 F1 和 F2 在进行减值测试时构成一个矿区组。其中矿区 F1 账面原值为 1 000 万元，矿区 F2 账面原值为 2 000 万元，矿区组已经计提减值准备 600 万元，矿区组账面价值为 2 400 万元。2×18 年 4 月和 10 月分别转让矿区 F1 的一部分，10 月将整个矿区 F1 转让完毕。

（1）4 月，转让所得为 500 万元。

转让所得小于矿区 F1 的账面原值，×石油公司应将转让所得冲减矿区组的账面价值。相关账务处理如下。

借：银行存款　　5 000 000

　　贷：矿区权益　　5 000 000

（2）10 月，如果转让所得为 600 万元。

转让所得已经大于矿区 F1 的账面原值，×石油公司应将其差额计入收益。

借：银行存款　　6 000 000

　　贷：矿区权益　　5 000 000

　　　　营业外收入　　1 000 000

（3）10 月，如果转让所得为 400 万元。

累计转让所得小于矿区 F1 的账面原值，×石油公司应将转让所得继续冲减矿区组的账面价值。相关账务处理如下。

借：银行存款　　4 000 000

　　贷：矿区权益　　4 000 000

第十条　未探明矿区因最终未能发现探明经济可采储量而放弃的，应当按照放弃时的账面价值转销未探明矿区权益并计入当期损益。因未完成义务工作量等因素导致发生的放弃成本，计入当期损益。

第三章　油气勘探的会计处理

第十一条　油气勘探，是指为了识别勘探区域或探明油气储量而进行的地质调查、地球物理勘探、钻探活动以及其他相关活动。

第十二条　油气勘探支出包括钻井勘探支出和非钻井勘探支出。

钻井勘探支出主要包括钻探区域探井、勘探型详探井、评价井和资料井等活动发生的支出；非钻井勘探支出主要包括进行地质调查、地球物理勘探等活动发生的支出。

第十三条　钻井勘探支出在完井后，确定该井发现了探明经济可采储量的，应当将钻探该井的支出结转为井及相关设施成本。

确定该井未发现探明经济可采储量的，应当将钻探该井的支出扣除净残值后计入当期损益。

确定部分井段发现了探明经济可采储量的，应当将发现探明经济可采储量的有效井段的钻井勘探支出结转为井及相关设施成本，无效井段钻井勘探累计支出转入当期损益。

未能确定该探井是否发现探明经济可采储量的，应当在完井后一年内将钻探该井的支出予以暂时资本化。

第十四条 在完井一年时仍未能确定该探井是否发现探明经济可采储量，同时满足下列条件的，应当将钻探该井的资本化支出继续暂时资本化，否则应当计入当期损益：

（一）该井已发现足够数量的储量，但要确定其是否属于探明经济可采储量，还需要实施进一步的勘探活动；

（二）进一步的勘探活动已在实施中或已有明确计划并即将实施。

钻井勘探支出已费用化的探井又发现了探明经济可采储量的，已费用化的钻井勘探支出不作调整，重新钻探和完井发生的支出应当予以资本化。

第十五条 非钻井勘探支出于发生时计入当期损益。

【解析27-8】钻井勘探支出的处理采用成果法

钻井勘探支出的资本化，国际同行业有成果法和全部成本法两种。

按照成果法，只有发现了探明经济可采储量的钻井勘探支出才能资本化，结转为井及相关设施成本；否则计入当期损益。全部成本法要求全部钻井勘探支出均应资本化。

本准则的规定类似“成果法”，具体按照第十三条和第十四条规定进行处理。其中，第十四条（二）规定的“已有明确计划”，是指企业管理层已通过了该计划并已开始组织实施，如已拨付资金、已制定出明确的时间表或已将相关计划任务落实给相关部门和人员。

摘录于《〈企业会计准则第27号——石油天然气开采〉解释》

【解析27-9】成果法与全部成本法的主要差异

根据《企业会计准则第27号——石油天然气开采》解释文件的说明，钻井勘探支出的资本化，国际同行业有成果法和全部成本法两种。

按照成果法，只有发现了探明经济可采储量的钻井勘探支出才能资本化，结转为井及相关设施成本；否则计入当期损益。全部成本法要求全部钻井勘探支出均应资本化。

我国企业会计准则的规定类似“成果法”。其中，“已有明确计划”，是指企业管理层已通过了该计划并已开始组织实施，如已拨付资金、已制定出明确的时间表或已将相关计划任务落实给相关部门和人员。

根据《企业会计准则讲解》的解释说明，采用成果法对钻井勘探支出进行资本化，是指以矿区为成本归集和计算中心，只有与发现探明经济可采储量相关的钻井勘探支出才能资本化；如不能确定钻井勘探支出是否发现了探明经济可采储量，应在一年内对其暂时资本化；与发现探明经济可采储量不直接相关的支出，作为当期费用处理。

采用全部成本法对钻井勘探支出进行资本化，是指对勘探活动中发生的全部支出都加以资本化的一种方法，不论这些支出的发生是否导致了探明经济可采储量的发现。

两种方法的主要差异如表27-1所示。

表 27-1　成果法与全部成本法的主要差异

项目	成果法下的处理	全部成本法下的处理
地质 / 地理研究支出	当期费用	资本化
矿区权益取得支出	暂时资本化，根据评估结果进行处理	资本化
钻井勘探支出	暂时资本化，根据评估结果进行处理	资本化
开发钻井支出	资本化	资本化
生产	当期费用	当期费用
折耗	以矿区或矿区组为成本中心；以账面价值为折耗基础；以探明经济可采储量或已开发探明经济可采储量为基础计算折耗率	以国家为成本中心；以账面价值加未来开发支出为折耗基础；以已开发及未开发探明经济可采储量为基础计算折耗率

第四章　油气开发的会计处理

第十六条　油气开发，是指为了取得探明矿区中的油气而建造或更新井及相关设施的活动。

第十七条　油气开发活动所发生的支出，应当根据其用途分别予以资本化，作为油气开发形成的井及相关设施的成本。

油气开发形成的井及相关设施的成本主要包括：

（一）钻前准备支出，包括前期研究、工程地质调查、工程设计、确定井位、清理井场、修建道路等活动发生的支出；

（二）井的设备购置和建造支出，井的设备包括套管、油管、抽油设备和井口装置等，井的建造包括钻井和完井；

（三）购建提高采收率系统发生的支出；

（四）购建矿区内集输设施、分离处理设施、计量设备、储存设施、各种海上平台、海底及陆上电缆等发生的支出。

第十八条　在探明矿区内，钻井至现有已探明层位的支出，作为油气开发支出；为获取新增探明经济可采储量而继续钻至未探明层位的支出，作为钻井勘探支出，按照本准则第十三条和第十四条处理。

第五章　油气生产的会计处理

第十九条　油气生产，是指将油气从油气藏提取到地表以及在矿区内收集、拉运、处理、现场储存和矿区管理等活动。

第二十条　油气的生产成本包括相关矿区权益折耗、井及相关设施折耗、辅助设备及设施折旧以及操作费用等。操作费用包括油气生产和矿区管理过程中发生的直接和间接费用。

【解析 27-10】油气的生产成本

生产成本是指在油田把油气提升到地面，并对其进行收集、拉运、现场处理加工和储存的活动成本。这里所指的“生产成本”，并非取得、勘探、开发和生产过程中的所有成本，而是在井上进行作业和井的维护中所发生的相关成本。生产成本包括在井和设施上进行作业的人工费用、修理和维护费用、消耗的材料和供应品、相关税费等。

第二十一条 企业应当采用产量法或年限平均法对井及相关设施计提折耗。井及相关设施包括确定发现了探明经济可采储量的探井和开采活动中形成的井，以及与开采活动直接相关的各种设施。采用产量法计提折耗的，折耗额可按照单个矿区计算，也可按照若干具有相同或类似地质构造特征或储层条件的相邻矿区所组成的矿区组计算。计算公式如下：

矿区井及相关设施折耗额 = 期末矿区井及相关设施账面价值 × 矿区井及相关设施折耗率

矿区井及相关设施折耗率 = 矿区当期产量 /（矿区期末探明已开发经济可采储量 + 矿区当期产量）

探明已开发经济可采储量，包括矿区的开发井网钻探和配套设施建设完成后已全面投入开采的探明经济可采储量，以及在提高采收率技术所需的设施已建成并已投产后相应增加的可采储量。

【解析 27-11】油气资产的定义

油气资产，是指油气开采企业所拥有或控制的井及相关设施和矿区权益。油气资产属于递耗资产。递耗资产是指通过开采、采伐、利用而逐渐耗竭，以致无法恢复或难以恢复、更新或按原样重置的自然资源，如矿藏等。开采油气所必需的辅助设备和设施（如房屋、机器等），作为一般固定资产管理，适用《企业会计准则第 4 号——固定资产》。

摘录于《〈企业会计准则第 27 号——石油天然气开采〉应用指南》

【解析 27-12】油气资产的减值定义

企业的矿区权益（探明矿区权益和未探明矿区权益）、井及相关设施等油气资产如发生减值，应当分别情况进行处理。

1. 探明矿区权益、井及相关设施的减值，适用《企业会计准则第 8 号——资产减值》，其中：井及相关设施成本应当根据剔除已确认为预计负债的弃置费用后的净额进行减值测试。

2. 未探明矿区权益的减值，应当至少每年进行减值测试。按照单个矿区进行减值测试的未探明矿区权益，其可收回金额低于其账面价值的，应当将其账面价值减记至可收回金额，减记的金额确认为油气资产减值损失；按照矿区组进行减值测试并计提准备的，确认的减值损失不分摊至单个矿区权益的账面金额。

3. 油气资产减值一经确认，以后会计期间不得转回

摘录于《〈企业会计准则第 27 号——石油天然气开采〉解释》

【解析 27-13】油气资产折耗的定义

油气资产的折耗，是指油气资产随着当期开发进展而逐渐转移到所开采产品（油气）成本中的价值。

摘录于《〈企业会计准则第 27 号——石油天然气开采〉解释》

【解析 27-14】油气资产计提折耗的方法

1. 产量法，又称单位产量法。该方法是以单位产量为基础对探明矿区权益的取得成本和井及相关设施成本计提折耗。采用该方法对油气资产计提折耗时，矿区权益应以探明经济可采储量为基础，井及相关设施以探明已开发经济可采储量为基础。

2. 年限平均法，又称直线法。该方法将油气资产成本均衡地分摊到各会计期间。采用该方法计算的每期油气资产折耗金额相等。

企业各期间油气产量相对比较稳定，按照产量法与按照年限平均法计提的油气资产折耗相差不大；如果各期间油气产量差异较大，产量法能够更准确地反映油气资产在报告期间的消耗。

本准则规定了产量法，同时也允许年限平均法。企业无论采用产量法或者年限平均法，一经确定不得随意变更。

摘录于《〈企业会计准则第 27 号——石油天然气开采〉解释》

第二十二条 地震设备、建造设备、车辆、修理车间、仓库、供应站、通讯设备、办公设施等辅助设备及设施，应当按照《企业会计准则第 4 号——固定资产》处理。

第二十三条 企业承担的矿区废弃处置义务，满足《企业会计准则第 13 号——或有事项》中预计负债确认条件的，应当将该义务确认为预计负债，并相应增加井及相关设施的账面价值。

不符合预计负债确认条件的，在废弃时发生的拆卸、搬移、场地清理等支出，应当计入当期损益。

矿区废弃，是指矿区内的最后一口井停产。

【解析 27-15】弃置义务的定义

在确认井及相关设施成本时，弃置义务应当以矿区为基础进行预计，主要涉及井及相关设施的弃置、拆移、填埋、清理和恢复生态环境等所发生的支出。

摘录于《〈企业会计准则第 27 号——石油天然气开采〉应用指南》

第二十四条 井及相关设施、辅助设备及设施的减值，应当按照《企业会计准则第 8 号——资产减值》处理。

第六章 披露

第二十五条 企业应当在附注中披露与石油天然气开采活动有关的下列信息：

（一）拥有国内和国外的油气储量年初、年末数据。

（二）当期在国内和国外发生的矿区权益的取得、油气勘探和油气开发各项支出的总额。

（三）探明矿区权益、井及相关设施的账面原值，累计折耗和减值准备累计金额及其计提方法；与油气开采活动相关的辅助设备及设施的账面原价，累计折旧和减值准备累计金额及其计提方法。

企业会计准则第 28 号——会计政策、会计估计变更和差错更正

《企业会计准则第 28 号——会计政策、会计估计变更和差错更正》于 2006 年 2 月 15 日由财会〔2006〕3 号公布，自 2007 年 1 月 1 日起施行。

第一章　总则

第一条　为了规范企业会计政策的应用，会计政策、会计估计变更和前期差错更正的确认、计量和相关信息的披露，根据《企业会计准则——基本准则》，制定本准则。

第二条　会计政策变更和前期差错更正的所得税影响，适用《企业会计准则第 18 号——所得税》。

第二章　会计政策

第三条　企业应当对相同或者相似的交易或者事项采用相同的会计政策进行处理。但是，其他会计准则另有规定的除外。

会计政策，是指企业在会计确认、计量和报告中所采用的原则、基础和会计处理方法。

【解析 28-1】会计政策的原则、基础和会计处理方法

1. 会计原则，包括一般原则和特定原则，会计政策所指的会计原则是指某一类会计业务的核算所应遵循的特定原则，而不是笼统地指所有的会计原则。如借款费用是费用化还是资本化，即属于特定会计原则。可靠性、相关性、实质重于形式等属于会计信息质量要求，是为了满足会计信息质量要求而制定的原则，是统一的、不可选择的，不属于特定原则。

2. 会计基础，包括会计确认基础和会计计量基础。可供选择的会计确认基础包括权责发生制和收付实现制。会计计量基础主要包括历史成本、重置成本、可变现净值、现值和公允价值等。由于我国企业应当采用权责发生制作为会计确认基础，不具备选择性，所以会计政策所指的会计基础，主要是会计计量基础（即计量属性）。

3. 具体会计处理方法，是指企业根据国家统一的会计准则制度允许选择的、对某一类会计业务的具体处理方法作出的具体选择。如《企业会计准则第 1 号——存货》允许企业在先进先出法、加权平均法和个别计价法之间对发出存货实际成本的确定方法作出选择，这些方法就是具体会计处理方法。

会计原则、会计基础和会计处理方法三者之间是一个具有逻辑性的、密不可分的整体，通过这个整体，会计政策才能得以应用和落实。

【解析 28-2】会计政策的特征

1. 会计政策的选择性。会计政策是在允许的会计原则、计量基础和会计处理方法中作出指定或具体选择。由于企业经济业务的复杂性和多样化，某些经济业务在符合会计原则和计量基础的要求下，可以有多种会计处理方法，即存在不止一种可供选择的会计政策。例如，确定发出存货的实际成本时可以在先进先出法、加权平均法或者个别计价法中进行选择。

2. 会计政策应当在会计准则规定的范围内选择。在我国，会计准则和会计制度属于行政规章，会计政策所包括的具体会计原则、计量基础和具体会计处理方法由会计准则或会计制度规定，具有一定的强制性。企业必须在法规所允许的范围内选择适合本企业实际情况的会计政策，即企业在发生某项经济业务时，必须从允许的会计原则、计量基础和会计处理方法中选择出适合本企业特点的会计政策。

3. 会计政策的层次性。会计政策包括会计原则、计量基础和会计处理方法 3 个层次。例如，《企业会计准则第 13 号——或有事项》规定的以该义务是企业承担的现时义务、履行该义务很可能导致经济利益流出企业、该义务的金额能够可靠地计量作为预计负债的确认条件就是确认预计负债时要遵循的会计原则；会计基础是为将会计原则体现在会计核算中而采用的计量基础，例如，《企业会计准则第 8 号——资产减值》中涉及的公允价值就是计量基础；完工百分比法就是会计处理方法。会计原则、计量基础和会计处理方法三者是一个具有逻辑性的、密不可分的整体，通过这个整体，会计政策才能得以应用和落实。

【解析 28-3】企业应当披露的重要会计政策

1. 财务报表的编制基础、计量基础和会计政策的确定依据等。

2. 存货的计价，是指企业存货的计价方法。如企业发出存货成本的计量是采用先进先出法，还是采用其他计量方法。

3. 固定资产的初始计量，是指对取得的固定资产初始成本的计量。如企业取得的固定资产初始成本是以购买价款，还是以购买价款的现值为基础进行计量。

4. 无形资产的确认，是指对无形项目的支出是否确认为无形资产。如企业内部研究开发项目开发阶段的支出是确认为无形资产，还是在发生时计入当期损益。

5. 投资性房地产的后续计量，是指企业在资产负债表日对投资性房地产进行后续计量所采用的会计处理。如企业对投资性房地产的后续计量是采用成本模式，还是公允价值模式。

6. 长期股权投资的核算，是指长期股权投资的具体会计处理方法。如企业对被投资单位的长期股权投资是采用成本法，还是采用权益法核算。

7. 收入的确认，是指收入确认所采用的会计方法。

8. 借款费用的处理，是指借款费用的处理方法，即采用资本化还是采用费用化。

9. 外币折算，是指外币折算所采用的方法以及汇兑损益的处理。

10. 合并政策，是指编制合并财务报表所采用的原则。如母公司与子公司的会计年度不一致的处理原则、合并范围的确定原则等。

第四条　企业采用的会计政策，在每一会计期间和前后各期应当保持一致，不得随意变更。但是，满足下列条件之一的，可以变更会计政策：

（一）法律、行政法规或者国家统一的会计制度等要求变更。

（二）会计政策变更能够提供更可靠、更相关的会计信息。

【解析28-4】国家统一的会计制度的定义

“国家统一的会计制度”包括企业会计准则及其应用指南，企业会计准则体系是国家统一的会计制度的重要组成部分。

【解析28-5】企业会计政策选择和运用的要求

1. 企业应在国家统一的会计准则制度规定的会计政策范围内选择适用的会计政策。

会计政策是在允许的会计原则、计量基础和会计处理方法中作出指定或具体选择。由于企业经济业务的复杂性和多样化，某些经济业务在符合会计原则和计量基础的要求下，可以有多种会计处理方法，即存在不止一种可供选择的会计政策。如确定发出存货的实际成本时可以在先进先出法、加权平均法或者个别计价法中进行选择。

同时，我国的会计准则和会计制度属于行政规章，会计政策所包括的会计原则、计量基础和具体会计处理方法由会计准则或会计制度规定，具有一定的强制性。企业必须在法规所允许的范围内选择适合本企业实际情况的会计政策。即企业在发生某项经济业务时，必须从允许的会计原则、计量基础和会计处理方法中选择出适合本企业特点的会计政策。

2. 会计政策应当保持前后各期的一致性。

企业通常应在每期采用相同的会计政策。企业选用的会计政策一般情况下不能也不应当随意变更，以保持会计信息的可比性。

【解析28-6】会计政策变更的定义

会计政策变更，是指企业对相同的交易或者事项由原来采用的会计政策改用另一会计政策的行为。为保证会计信息的可比性，使财务报表使用者在比较企业一个以上期间的财务报表时，能够正确判断企业的财务状况、经营成果和现金流量的趋势。一般情况下，企业采用的会计政策，在每一会计期间和前后各期应当保持一致，不得随意变更。

【解析28-7】会计政策变更的条件

1. 法律、行政法规或国家统一的会计制度等要求变更。

这种情况是指，按照法律、行政法规以及国家统一的会计准则制度的规定，要求企业采用新的会计政策。在这种情况下，企业应按规定改变原会计政策，采用新的会计政策。如《企业会计准则第16号——政府补助》在2017年修订实施以后，对财政贴息采用新的会计政策进行处理；再如采用2017年修订的《企业会计准则第14号——收入》的企业，应在履行了合同履约义务，即在客户取得相关商品控制权时确认收入。

2. 会计政策的变更能够提供更可靠、更相关的会计信息。

这种情况是指，由于经济环境、客观情况的改变，使企业原来采用的会计政策所提供的会计信息，已不能恰当地反映企业的财务状况、经营成果和现金流量等情况。在这种情况下，应改变原有会计政策，按新的会计政策进行核算，以对外提供更可靠、更相关的会计信息。

需要注意的是，除法律、行政法规或者国家统一的会计准则制度等要求变更会计政策应当按照规定执行和披露外，企业因满足上述第 2 条的条件变更会计政策时，必须有充分、合理的证据表明其变更的合理性，并说明变更会计政策后，能够提供关于企业财务状况、经营成果和现金流量等更可靠、更相关会计信息的理由。对会计政策的变更，应经股东大会或董事会等类似机构批准。如无充分、合理的证据表明会计政策变更的合理性或者未经股东大会等类似机构批准擅自变更会计政策的，或者连续、反复地自行变更会计政策的，视为滥用会计政策，应按照前期差错更正的方法进行处理。

第五条 下列各项不属于会计政策变更：

（一）本期发生的交易或者事项与以前相比具有本质差别而采用新的会计政策。

（二）对初次发生的或不重要的交易或者事项采用新的会计政策。

第六条 企业根据法律、行政法规或者国家统一的会计制度等要求变更会计政策的，应当按照国家相关会计规定执行。

会计政策变更能够提供更可靠、更相关的会计信息的，应当采用追溯调整法处理，将会计政策变更累积影响数调整列报前期最早期初留存收益，其他相关项目的期初余额和列报前期披露的其他比较数据也应当一并调整，但确定该项会计政策变更累积影响数不切实可行的除外。

追溯调整法，是指对某项交易或事项变更会计政策，视同该项交易或事项初次发生时即采用变更后的会计政策，并以此对财务报表相关项目进行调整的方法。

会计政策变更累积影响数，是指按照变更后的会计政策对以前各期追溯计算的列报前期最早期初留存收益应有金额与现有金额之间的差额。

【解析 28-8】追溯调整法的运用

（1）计算会计政策变更的累积影响数。

会计政策变更累积影响数，是指按照变更后的会计政策对以前各期追溯计算的列报前期最早期初留存收益应有金额与现有金额之间的差额。会计政策变更的累积影响数，是假设与会计政策变更相关的交易或事项在初次发生时即采用新的会计政策，而得出的列报前期最早期初留存收益应有金额与现有金额之间的差额。这里的留存收益，包括当年和以前年度的未分配利润和按照相关法律规定提取并累积的盈余公积，不需要考虑由于会计政策变更使以前期间净利润变化而需要分派的股利。如由于会计政策变化，增加了以前期间的净利润 100 万元，该企业通常按净利润的 10% 分派股利。在计算调整会计政策变更当期期初的留存收益时，应当按照 100 万元计算，而不是 90 万元。会计政策变更的累积影响数，是对变更会计政策所导致的对净利润的累积影响，以及由此导致的对利润分配及未分配利润的累积影响金额，不包括分配的利润或股利。

上述变更会计政策当期期初现有的留存收益金额，即上期资产负债表所反映的留存收益期末数，可以从上期资产负债表项目中获得。追溯调整后的留存收益金额，指扣除所得税后的净额，即按新的会计政策计算确定留存收益时，应当考虑由于损益变化所导致的所得税影响的情况。

会计政策变更的累积影响数，通常可以通过以下各步计算获得：

第一步，根据新的会计政策重新计算受影响的前期交易或事项；

第二步，计算两种会计政策下的差异；

第三步，计算差异的所得税影响金额；

第四步，确定前期中每一期的税后差异；

第五步，计算会计政策变更的累积影响数。

（2）相关的账务处理。

（3）调整财务报表相关项目。

（4）财务报表附注说明。

采用追溯调整法时，会计政策变更的累积影响数应包括在变更当期期初留存收益中。但是，如果提供可比财务报表，对于比较财务报表期间的会计政策变更，应调整该期间净利润各项目和财务报表其他相关项目，视同该政策在比较财务报表期间一直采用。对于比较财务报表可比期间以前的会计政策变更的累积影响数，应调整比较财务报表最早期间的期初留存收益，财务报表其他相关项目的数字也应一并调整。

【例 28-1】追溯调整法的运用 1

甲公司 20×5 年、20×6 年分别以 4 500 000 元和 1 100 000 元的价格从股票市场购入 A、B 两支以交易为目的的股票（假设不考虑购入股票发生的交易费用），市价一直高于购入成本。公司采用成本与市价孰低法对购入股票进行计量。公司从 20×7 年起对其以交易为目的购入的股票由以成本与市价孰低计量改为以公允价值计量，公司保存的会计资料比较齐备，可以通过会计资料追溯计算。假设所得税税率为 25%，公司按净利润的 10% 提取法定盈余公积，按净利润的 5% 提取任意盈余公积。公司发行普通股 4 500 万股，未发行任何稀释性潜在普通股。两种方法计量的交易性金融资产账面价值如表 28-1 所示。

表 28-1　两种方法计量的交易性金融资产账面价值

单位：元

会计政策股票	成本与市价孰低	20×5 年年末公允价值	20×6 年年末公允价值
A 股票	4 500 000	5 100 000	5 100 000
B 股票	1 100 000	—	1 300 000

根据上述资料，甲公司的会计处理如下。

1. 计算改变交易性金融资产计量方法后的累积影响数（见表 28-2）。

表 28-2　改变交易性金融资产计量方法后的累积影响数

单位：元

时间	公允价值	成本与市价孰低	税前差异	所得税影响	税后差异
20×5 年年末	5 100 000	4 500 000	600 000	150 000	450 000
20×6 年年末	1 300 000	1 100 000	200 000	50 000	150 000
合计	6 400 000	5 600 000	800 000	200 000	600 000

甲公司 20×7 年 12 月 31 日的比较财务报表列报前期最早期初为 20×6 年 1 月 1 日。

甲公司在 20×5 年年末股票按公允价值计量的账面价值为 5 100 000 元，按成本与市价孰低计量的账面价值为 4 500 000 元，两者的所得税影响合计为 150 000 元，两者差异的税后净影响额为 450 000 元，即为该公司 20×6 年期初由成本与市价孰低计量改为公允价值计量的累积影响数。

甲公司在 20×6 年年末股票按公允价值计量的账面价值为 6 400 000 元，按成本与市价孰低计量的账面价值为 5 600 000 元，两者的所得税影响合计为 200 000 元，两者差异的税后净影响额为 600 000 元，其中，450 000 元是调整 20×6 年累积影响数，150 000 元是调整 20×6 年当期金额。

甲公司按照公允价值重新计量 20×6 年年末 B 股票账面价值，其结果为公允价值变动收益少计了 200 000 元，所得税费用少计了 50 000 元，净利润少计了 150 000 元。

2. 编制有关项目的调整分录。

（1）对 20×5 年有关事项的调整分录。

① 调整会计政策变更累积影响数。

借：交易性金融资产——公允价值变动	600 000	
贷：利润分配——未分配利润		450 000
递延所得税负债		150 000

② 调整利润分配。

按照净利润的 10% 提取法定盈余公积，按照净利润的 5% 提取任意盈余公积，共计提取盈余公积 450 000×15%=67 500（元）。

借：利润分配——未分配利润	67 500	
贷：盈余公积		67 500

（2）对 20×6 年有关事项的调整分录。

① 调整交易性金融资产。

借：交易性金融资产——公允价值变动	200 000	
贷：利润分配——未分配利润		150 000
递延所得税负债		50 000

② 调整利润分配。

按照净利润的 10% 提取法定盈余公积，按照净利润的 5% 提取任意盈余公积，共计提取盈余公积 150 000×15%=22 500（元）。

借：利润分配——未分配利润	22 500	
贷：盈余公积		22 500

3. 财务报表调整和重述（财务报表略）。

甲公司在列报 20×7 年财务报表时，应调整 20×7 年资产负债表有关项目的年初余额、利润表有关项目的上年金额及所有者权益变动表有关项目的上年金额和本年金额。

（1）资产负债表项目的调整。

调增交易性金融资产年初余额 800 000 元，调增递延所得税负债年初余额 200 000 元，调增盈余公积年初余额 90 000 元，调增未分配利润年初余额 510 000 元。

（2）利润表项目的调整。

调增公允价值变动收益上年金额 200 000 元，调增所得税费用上年金额 50 000 元，调增净利润上年金额 150 000 元，调增基本每股收益上年金额 0.003 3 元。

（3）所有者权益变动表项目的调整。

调增盈余公积上年年初金额 67 500 元，未分配利润上年年初金额 382 500 元，所有者权益合计上年年初金额 450 000 元。

调增盈余公积上年金额 22 500 元，未分配利润上年金额 127 500 元，所有者权益合计上年金额 150 000 元。

调增盈余公积本年年初金额 90 000 元，未分配利润本年年初金额 510 000 元，所有者权益合计本年年初金额 600 000 元。

【例 28-2】追溯调整法的运用 2

甲股份有限公司（以下简称“甲公司”）是一家海洋石油开采公司，于 2×11 年开始建造一座海上石油开采平台。根据法律法规规定，该开采平台在使用期满后将被拆除，甲公司需要对其造成的环境污染进行整治。2×12 年 12 月 15 日，该开采平台建造完成并交付使用，建造成本共 120 000 000 元，预计使用寿命为 10 年，采用平均年限法计提折旧。2×18 年 1 月 1 日甲公司开始执行企业会计准则，企业会计准则对于具有弃置义务的固定资产，要求将相关弃置费用计入固定资产成本，对之前尚未计入资产成本的弃置费用，应当进行追溯调整。已知甲公司保存的会计资料比较齐备，可以通过会计资料追溯计算。甲公司预计该开采平台的弃置费用为 10 000 000 元。假定折现率（即为实际利率）为 10%。不考虑企业所得税和其他税法因素影响。该公司按净利润的 10% 提取法定盈余公积。

根据上述资料，甲公司的会计处理如下。

（1）计算确认弃置义务后的累积影响数（见表 28-3）。

2×13 年 1 月 1 日，该开采平台计入资产成本弃置费用的现值 =10 000 000×（*P/F*，10%，10）=10 000 000×0.385 5=3 855 000（元）；每年应计提折旧 =3 855 000÷10=385 500（元）。

表 28-3　税后差异计算表

年份	计息金额（元）	实际利率（%）	利息费用（元）①	折旧（元）②	税前差异（元）-（①+②）	税后差异（元）
2×13	3 855 000	10	385 500	385 500	-771 000	-771 000
2×14	4 240 500	10	424 050	385 500	-809 550	-809 550
2×15	4 664 550	10	466 455	385 500	-851 955	-851 955
2×16	5 131 005	10	513 100.50	385 500	-898 600.50	-898 600.50
小计	—	—	1 789 105.50	1 542 000	-3 331 105.50	-3 331 105.50
2×17	5 644 105.50	10	564 410.55	385 500	-949 910.55	-949 910.55
合计	—	—	2 353 516.05	1 927 500	-4 281 016.05	-4 281 016.05

甲公司确认该开采平台弃置费用后的税后净影响额为 −4 281 016.05 元，即为该公司确认资产弃置费用后的累积影响数。

（2）会计处理。

① 调整确认的弃置费用。

借：固定资产——开采平台——弃置义务　　3 855 000

　　贷：预计负债——开采平台弃置义务　　3 855 000

② 调整会计政策变更累积影响数。

借：利润分配——未分配利润　　4 281 016.05

　　贷：累计折旧　　1 927 500

　　　　预计负债——开采平台弃置义务　　2 353 516.05

③ 调整利润分配。

借：盈余公积——法定盈余公积　　（4 281 016.05×10%）428 101.61

　　贷：利润分配——未分配利润　　428 101.61

（3）报表调整。

甲公司在编制 2×18 年度的财务报表时，应调整资产负债表的年初数（见表 28-4），利润表、所有者权益变动表的上年数（见表 28-5、表 28-6）也应进行相应调整。2×18 年 12 月 31 日资产负债表的期末数栏、所有者权益变动表的未分配利润项目上年数栏应以调整后的数字为基础编制。

表 28-4　资产负债表（简表）

会企 01 表

编制单位：甲股份有限公司　　　　2×18 年 12 月 31 日　　　　单位：元

资产	年初余额		负债和股东权益	年初余额	
	调整前	调整后		调整前	调整后
……			……		
固定资产	60 000 000	61 927 500	预计负债	0	6 208 516.05
开采平台	60 000 000	61 927 500	……		
			盈余公积	1 700 000	1 271 898.39
			未分配利润	4 000 000	147 085.56
……			……		

在利润表中，根据账簿的记录，甲公司重新确认了 2×17 年度营业成本和财务费用分别调增 385 500 元和 564 410.55 元，其结果为净利润调减 949 910.55 元。

表28-5　利润表（简表）

会企02表

编制单位：甲股份有限公司　　　　2×18年度　　　　单位：元

项目	上期金额	
	调整前	调整后
一、营业收入	18 000 000	18 000 000
减：营业成本	13 000 000	13 385 500
……		
财务费用	260 000	824 410.55
……		
二、营业利润	3 900 000	2 950 089.45
……		
四、净利润	4 060 000	3 110 089.45
……		

表28-6　所有者权益变动表（简表）

会企04表

编制单位：甲股份有限公司　　　　2×18年度　　　　单位：元

项目	本年金额			
……	……	盈余公积	未分配利润	……
一、上年年末余额		1 700 000	4 000 000	
加：会计政策变更		–428 101.61	–3 852 914.44	
前期差错更正				
二、本年年初余额		1 271 898.39	147 085.56	
……				

（4）附注说明。

2×18年1月1日，甲股份有限公司按照企业会计准则规定，对2×12年12月15日建造完成并交付使用的开采平台的弃置义务进行确认。此项会计政策变更采用追溯调整法，2×17年的比较报表已重新表述。2×17年运用新的方法追溯计算的会计政策变更累积影响数为-4 281 016.05元。会计政策变更对2×17年度报告的损益的影响为减少净利润949 910.55元，调减2×17年的期末留存收益4 281 016.05元，其中，调减盈余公积428 101.61元，调减未分配利润3 852 914.44元。

第七条　确定会计政策变更对列报前期影响数不切实可行的，应当从可追溯调整的最早期间期初开始应用变更后的会计政策。

在当期期初确定会计政策变更对以前各期累积影响数不切实可行的判断，应当采用未来适用法处理。

未来适用法，是指将变更后的会计政策应用于变更日及以后发生的交易或者事项，或者在会计估计变更当期和未来期间确认会计估计变更影响数的方法。

【解析 28-9】不切实可行的判断

不切实可行，是指企业在做出所有合理努力后仍然无法采用某项规定。即企业在采取所有合理的方法后，仍然不能获得采用某项规定所必需的相关信息，而导致无法采用该项规定，则该项规定在此时是不切实可行的。

对于以下特定前期，对某项会计政策变更应用追溯调整法或进行追溯重述以更正一项前期差错是不切实可行的。

① 应用追溯调整法或追溯重述法的累积影响数不能确定。

② 应用追溯调整法或追溯重述法要求对管理层在该期当时的意图作出假定。

③ 应用追溯调整法或追溯重述法要求对有关金额进行重新估计，并且不可能将提供有关交易发生时存在状况的证据（如有关金额确认、计量或披露日期存在事实的证据，以及在受变更影响的当期和未来期间确认会计估计变更的影响的证据）和该期间财务报告批准报出时能够取得的信息这两类信息与其他信息客观地加以区分。

在某些情况下，调整一个或者多个前期比较信息以获得与当期会计信息的可比性是不切实可行的。如企业因账簿、凭证超过法定保存期限而销毁，或因不可抗力而毁坏、遗失，使当期期初确定会计政策变更对以前各期累积影响数无法计算，即不切实可行，此时会计政策变更应当采用未来适用法进行处理。

【解析 28-10】未来适用法的运用 1

在未来适用法下，不需要计算会计政策变更产生的累积影响数，也不需要重编以前年度的财务报表。对于企业会计账簿记录及财务报表上反映的金额，在变更之日仍保留原有的金额，不因会计政策变更而改变以前年度的既定结果，在现有金额的基础上再按新的会计政策进行核算。

【例 28-3】未来适用法的运用

乙公司原对发出存货采用后进先出法，由于采用新准则，按其规定，公司从 2×18 年 1 月 1 日起改用先进先出法。2×18 年 1 月 1 日存货的价值为 2 500 000 元，公司当年购入存货的实际成本为 18 000 000 元，2×18 年 12 月 31 日按先进先出法计算确定的存货价值为 4 500 000 元，当年销售额为 25 000 000 元，假设该年度其他费用为 1 200 000 元，所得税税率为 25%。2×18 年 12 月 31 日按后进先出法计算的存货价值为 2 200 000 元。

乙公司由于法律环境变化而改变会计政策，假定对其采用未来适用法进行处理，即对存货采用先进先出法从 2×18 年及以后才适用，不需要计算 2×18 年 1 月 1 日以前按先进先出法计算存货应有的余额以及对留存收益的影响金额。

计算确定会计政策变更对当期净利润的影响数如表 28-7 所示。

表 28-7 当期净利润的影响数计算表

单位：元

项目	先进先出法	后进先出法
营业收入	25 000 000	25 000 000
减：营业成本	16 000 000	18 300 000
减：其他费用	1 200 000	1 200 000
利润总额	7 800 000	5 500 000
减：所得税	1 950 000	1 375 000
净利润	5 850 000	4 125 000
差额	1 725 000	

公司由于会计政策变更使当期净利润增加了 1 725 000 元。其中，采用先进先出法的销售成本为：期初存货＋购入存货实际成本－期末存货 =2 500 000+18 000 000−4 500 000=16 000 000（元）；采用后进先出法的销售成本为：期初存货＋购入存货实际成本－期末存货 =2 500 000+18 000 000−2 200 000=18 300 000（元）。

第三章 会计估计变更

第八条 企业据以进行估计的基础发生了变化，或者由于取得新信息、积累更多经验以及后来的发展变化，可能需要对会计估计进行修订。会计估计变更的依据应当真实、可靠。

会计估计变更，是指由于资产和负债的当前状况及预期经济利益和义务发生了变化，从而对资产或负债的账面价值或者资产的定期消耗金额进行调整。

【解析 28-11】会计估计的特征

1. 会计估计的存在是由于经济活动中内在的不确定性所决定的。

企业总是力求保持会计核算的准确性，但有些交易或事项本身具有不确定性，因而需要根据经验作出估计；同时由于采用权责发生制为基础编制财务报表，也使得有必要充分估计未来交易或事项的影响。可以说，在会计核算和信息披露过程中，会计估计是不可避免的，会计估计的存在是由于经济活动中内在的不确定性因素的影响所造成的。如对于固定资产折旧，需要根据固定资产消耗方式、性能、技术发展等情况进行估计。

2. 会计估计应当以最近可利用的信息或资料为基础。

由于经营活动内在的不确定性，企业在会计核算中不得不经常进行估计。某些估计主要用于确定资产或负债的账面价值，如法律诉讼可能引起的赔偿等；另一些估计主要用于确定将在某一期间记录的收入或费用的金额，如某一期间的折旧费用、摊销费用的金额，在某一期间内按照投入法或产出法确定的履约进度核算建造合同已实现收入的金额。企业在进行会计估计时，通常应根据当时的情况和经验，以最近可利用的信息或资料为基础进行。但是，随着时间的推移、环境的变化，进行会计估计的基础可能会发生变化，进行会计估计所依据的信息或资料应进行更新。由于最新的信息是最接近现实的信息，以其为基础所做的估计最接近实际，所以进行会计估计时应以最近可利用的信息或资料为基础。

3.会计估计应当建立在可靠的基础上。

会计估计是建立在具有确凿证据的前提下，而不是随意的。如企业估计固定资产预计使用寿命，应当考虑该项固定资产的技术性能、历史资料、同行业同类固定资产的预计使用年限、本企业经营性质等诸多因素，并掌握确凿证据后确定。企业根据当时所掌握的可靠证据作出的最佳估计，不会削弱会计核算的可靠性。

【解析28-12】企业应当披露的重要会计估计

（1）存货可变现净值的确定。

（2）采用公允价值模式下的投资性房地产公允价值的确定。

（3）固定资产的预计使用寿命与净残值，固定资产的折旧方法。

（4）生产性生物资产的预计使用寿命与净残值，各类生产性生物资产的折旧方法。

（5）使用寿命有限的无形资产的预计使用寿命与净残值。

（6）可收回金额按照资产组的公允价值减去处置费用后的净额确定的，确定公允价值减去处置费用后的净额的方法。可收回金额按照资产组预计未来现金流量的现值确定的，预计未来现金流量的确定。

（7）合同完工进度的确定。

（8）权益工具公允价值的确定。

（9）债务人债务重组中转让的非现金资产的公允价值、由债务转成的股份的公允价值和修改其他债务条件后债务的公允价值的确定。债权人债务重组中受让的非现金资产的公允价值、由债权转成的股份的公允价值和修改其他债务条件后债权的公允价值的确定。

（10）预计负债初始计量的最佳估计数的确定。

（11）金融资产公允价值的确定。

（12）承租人对未确认融资费用的分摊，出租人对未实现融资收益的分配。

（13）探明矿区权益、井及相关设施的折耗方法，与油气开采活动相关的辅助设备及设施的折旧方法。

（14）非同一控制下企业合并成本的公允价值的确定。

（15）其他重要的会计估计。

【解析28-13】会计估计变更的情形

1.赖以进行估计的基础发生了变化。企业进行会计估计，总是要依赖于一定的基础，如果其所依赖的基础发生了变化，则会计估计也应相应作出改变。如企业某项无形资产的摊销年限原定为15年，以后获得了国家专利保护，该资产的受益年限已变为10年，则应相应调减摊销年限。

2.取得了新的信息，积累了更多的经验。企业进行会计估计是就现有资料对未来所做的判断，随着时间的推移，企业有可能取得新的信息、积累更多的经验，在这种情况下，也需要对会计估计进行修订。如企业原对固定资产采用年限平均法按15年计提折旧，后来根据新得到的信息——使用5年后对该固定资产所能生产产品的产量有了比较准确的证据，企业改按工作量法计提固定资产折旧。

第九条 企业对会计估计变更应当采用未来适用法处理。

会计估计变更仅影响变更当期的，其影响数应当在变更当期予以确认；既影响变更当期又影响未来期间的，其影响数应当在变更当期和未来期间予以确认。

【解析 28-14】会计估计变更的会计处理

会计估计变更应采用未来适用法处理，即在会计估计变更当期及以后期间，采用新的会计估计。采用未来适用法不需要调整以前期间的估计金额，也不需要调整以前期间的报告结果。未来适用法的要求如下。

1. 如果会计估计的变更仅影响变更当期，有关估计变更的影响应于当期确认。

2. 如果会计估计的变更既影响变更当期又影响未来期间，有关估计变更的影响在当期及以后各期确认。如固定资产的使用寿命或预计净残值的估计发生变更，将影响变更当期及资产以后使用年限内各个期间的折旧费用，这类会计估计变更的会计处理，需要在变更当期进行会计处理，也涉及以后各期需要进行会计处理。

会计估计变更的影响数应计入变更当期与前期相同的项目中。

【例 28-4】会计估计变更的会计处理

乙公司于 2×14 年 1 月 1 日起对某管理用设备计提折旧，原价为 84 000 元，预计使用寿命为 8 年，预计净残值为 4 000 元，按年限平均法计提折旧。2×18 年年初，由于新技术发展等，需要对原估计的使用寿命和净残值作出修正，修改后该设备预计尚可使用年限为 2 年，预计净残值为 2 000 元。乙公司适用的企业所得税税率为 25%。

乙公司对该项会计估计变更的会计处理如下。

（1）不调整以前各期折旧，也不计算累积影响数。

（2）变更日以后改按新的估计计提折旧。

按原估计，每年折旧额为 10 000 元，已提折旧 4 年，共计 40 000 元，该项固定资产账面价值为 44 000 元，则第 5 年相关科目的期初余额如下。

固定资产	84 000
减：累计折旧	40 000
固定资产账面价值	44 000

改变预计使用年限后，从 2×18 年起每年计提的折旧费用为 21 000[（44 000−2 000）÷2] 元。2×18 年不必对以前年度已提折旧进行调整，只需按重新预计的尚可使用年限和净残值计算确定折旧费用，有关账务处理如下。

借：管理费用　　21 000

　　贷：累计折旧　　21 000

（3）财务报表附注说明。

本公司一台管理用设备成本为 84 000 元，原预计使用寿命为 8 年，预计净残值为 4 000 元，按年限平均法计提折旧。由于新技术发展，该设备已不能按原预计使用寿命计提折旧，本公司于 2×18 年年初将该设备的预计尚可使用寿命变更为 2 年，预计净残值变更为 2 000

元，以反映该设备在目前状况下的预计尚可使用寿命和净残值。此估计变更将减少本年度净利润8 250[（21 000−10 000）×（1−25%）]元。

第十条 企业难以对某项变更区分为会计政策变更或会计估计变更的，应当将其作为会计估计变更处理。

【解析 28-15】划分会计政策变更与会计估计变更

1. 以会计确认是否发生变更作为判断基础。《企业会计准则——基本准则》规定了资产、负债、所有者权益、收入、费用和利润6项会计要素的确认标准，是会计处理的首要环节。一般地，对会计确认的指定或选择是会计政策，其相应的变更是会计政策变更。会计确认的变更一般会引起列报项目的变更。例如，企业在前期将某项内部研究开发项目开发阶段的支出计入当期损益，而当期按照《企业会计准则第6号——无形资产》的规定，该项支出符合无形资产的确认条件，应当确认为无形资产。该事项的会计确认发生变更，即前期将研发费用确认为一项费用，而当期将其确认为一项资产。该事项中会计确认发生了变化，所以该变更是会计政策变更。

2. 以计量基础是否发生变更作为判断基础。《企业会计准则——基本准则》规定了历史成本、重置成本、可变现净值、现值和公允价值五项会计计量属性，是会计处理的计量基础。一般地，对计量基础的指定或选择是会计政策，其相应的变更是会计政策变更。例如，企业在前期对购入的价款超过正常信用条件延期支付的固定资产初始计量采用历史成本，而当期按照《企业会计准则第4号——固定资产》的规定，该类固定资产的初始成本应以购买价款的现值为基础确定。该事项的计量基础发生了变化，所以该变更是会计政策变更。

3. 以列报项目是否发生变更作为判断基础。《企业会计准则第30号——财务报表列报》规定了财务报表项目应采用的列报原则。一般地，对列报项目的指定或选择是会计政策，其相应的变更是会计政策变更。例如，某商业企业在前期按原会计准则规定将商品采购费用列入营业费用，当期根据新发布的《企业会计准则第1号——存货》的规定，将采购费用列入存货成本。因为列报项目发生了变化，所以该变更是会计政策变更。

4. 根据会计确认、计量基础和列报项目所选择的、为取得与资产负债表项目有关的金额或数值（如预计使用寿命、净残值等）所采用的处理方法，不是会计政策，而是会计估计，其相应的变更是会计估计变更。例如，企业需要对某项资产采用公允价值进行计量，而公允价值的确定需要根据市场情况选择不同的处理方法。相应地，当企业面对的市场情况发生变化时，其采用的确定公允价值的方法变更是会计估计变更，不是会计政策变更。

企业可以采用以下具体方法划分会计政策变更与会计估计变更：分析并判断该事项是否涉及会计确认、计量基础选择或列报项目的变更，当至少涉及上述一项划分基础变更时，该事项是会计政策变更；不涉及上述划分基础变更时，该事项可以判断为会计估计变更。例如，企业在前期按原会计准则规定将购建固定资产相关的一般借款利息计入当期损益，当期根据新的会计准则的规定，将其予以资本化，企业因此将对该事项进行变更。该事项的计量基础未发生变更，即都是以历史成本作为计量基础；该事项的会计确认发生变更，即前期将借款费用确认为一项费用，而当期将其确认为一项资产；同时，会计确认的变更导致该事项在资产负债表和利润表相关项目的列报也发生变更。该事项涉及会计确认和列报的变更，所以属于会计政策变更。又如，企业原采用双倍余额递减法计提固定资产折旧，根据固定资产使用的实际情况，企业决定改用直线法计提固定资产折旧。该事项前后采用的两种计提折旧的方法都是以历史成本作为计量基础，对该事项的会计确认和列报项目也未发生变更，只是固定资产折旧、固定资产净值等相关金额发生了变化。因此，该事项属于会计估计变更。

第四章 前期差错更正

第十一条 前期差错，是指由于没有运用或错误运用下列两种信息，而对前期财务报表造成省略漏或错报。

（一）编报前期财务报表时预期能够取得并加以考虑的可靠信息。

（二）前期财务报告批准报出时能够取得的可靠信息。

前期差错通常包括计算错误、应用会计政策错误、疏忽或曲解事实以及舞弊产生的影响以及存货、固定资产盘盈等。

【解析 28-16】前期差错更正的定义解释

前期差错通常包括计算错误、应用会计政策错误、疏忽或曲解事实以及舞弊产生的影响以及存货、固定资产盘盈等。

本准则所称“前期差错”，应当是指重要的前期差错以及虽然不重要但故意造成的前期差错。

前期差错的重要程度，应根据差错的性质和金额加以具体判断。例如，企业的存货盘盈，应将盘盈的存货计入当期损益。对于固定资产盘盈，应当查明原因，采用追溯重述法进行更正。

企业发现的前期差错，应当采用追溯重述法进行更正，发现前期差错时，视同该项前期差错从未发生过，从而对财务报表相关项目进行重新列示和披露。追溯重述法的会计处理与追溯调整法相同。

对于不重要且非故意造成的前期差错，可以采用未来适用法。

【解析 28-17】形成前期差错的情形

1. 计算以及账户分类错误。例如，企业购入的 5 年期国债，意图长期持有，但在记账时记入了交易性金融资产，导致账户分类上的错误，并导致在资产负债表上流动资产和非流动资产的分类也有误。

2. 应用会计政策错误。如按照《企业会计准则第 17 号——借款费用》的规定，为购建固定资产而发生的借款费用，在固定资产达到预定可使用状态前发生的，满足一定条件时应予以资本化，计入所购建固定资产的成本；在固定资产达到预定可使用状态后发生的，计入当期损益。如果企业将固定资产达到预定可使用状态后发生的借款费用，也计入该项固定资产成本，予以资本化，则属于应用会计政策错误。

3. 疏忽或曲解事实以及舞弊产生的影响。如企业销售一批商品，商品的控制权已经发生转移，商品销售收入确认条件均已满足，但企业在期末未将已实现的销售收入入账。

第十二条 企业应当采用追溯重述法更正重要的前期差错，但确定前期差错累积影响数不切实可行的除外。

追溯重述法，是指在发现前期差错时，视同该项前期差错从未发生过，从而对财务报表相关项目进行更正的方法。

【解析 28-18】追溯重述法的运用

如果财务报表项目的遗漏或错误表述可能影响财务报表使用者根据财务报表所做出的经济决策，则该项目的遗漏或错误是重要的。重要的前期差错，是指足以影响财务报表使用者对企业财务状况、经营成果和现金流量做出正确判断的前期差错。不重要的前期差错，是指不足以影响财务报表使用者对企业财务状况、经营成果和现金流量做出正确判断的会计差错。

前期差错的重要性取决于在相关环境下对遗漏或错误表述的规模和性质的判断。前期差错所影响的财务报表项目的金额或性质，是判断该前期差错是否具有重要性的决定性因素。一般来说，前期差错所影响的财务报表项目的金额越大、性质越严重，其重要性水平越高。

企业应当采用追溯重述法更正重要的前期差错，但确定前期差错累积影响数不切实可行的除外。追溯重述法，是指在发现前期差错时，视同该项前期差错从未发生过，从而对财务报表相关项目进行更正的方法。

（一）不重要的前期差错的会计处理

对于不重要的前期差错，企业不需要调整财务报表相关项目的期初数，但应调整发现当期与前期相同的相关项目。属于影响损益的，应直接计入本期与上期相同的净损益项目；属于不影响损益的，应调整本期与前期相同的相关项目。

（二）重要的前期差错的会计处理

对于重要的前期差错，企业应当在其发现当期的财务报表中，调整前期比较数据。具体地说，企业应当在重要的前期差错发现当期的财务报表中，通过下述处理对其进行追溯更正。

1. 追溯重述差错发生期间列报的前期比较金额。

2. 如果前期差错发生在列报的最早前期之前，则追溯重述列报的最早前期的资产、负债和所有者权益相关项目的期初余额。

对于发生的重要的前期差错，如影响损益，应将其对损益的影响数调整发现当期的期初留存收益，财务报表其他相关项目的期初数也应一并调整；如不影响损益，应调整财务报表相关项目的期初数。

【例 28-5】追溯重述法的运用

B公司在2×18年发现，2×17年公司漏记一项固定资产的折旧费用150 000元，所得税申报表中未扣除该项费用。假设2×17年适用所得税税率为25%，无其他纳税调整事项。该公司按净利润的10%、5%提取法定盈余公积和任意盈余公积。公司发行股票份额为1 800 000股。假定税法允许调整应交所得税。

1. 分析前期差错的影响数。

2×17年少计折旧费用150 000元，多计所得税费用37 500（150 000×25%）元，多计净利润112 500元，多计应交税费37 500（150 000×25%）元，多提法定盈余公积和任意盈余公积11 250（112 500×10%）元和5 625（112 500×5%）元。

2.编制有关项目的调整分录。

（1）补提折旧。

借：以前年度损益调整	150 000	
贷：累计折旧		150 000

（2）调整应交所得税。

借：应交税费——应交所得税	37 500	
贷：以前年度损益调整		37 500

（3）将“以前年度损益调整”科目余额转入利润分配。

借：利润分配——未分配利润	112 500	
贷：以前年度损益调整		112 500

（4）调整利润分配有关科目。

借：盈余公积	16 875	
贷：利润分配——未分配利润		16 875

3.财务报表调整和重述（财务报表略）。

B公司在列报2×18年财务报表时，应调整2×18年资产负债表有关项目的年初余额，利润表有关项目及所有者权益变动表的上年金额也应进行调整。

（1）资产负债表项目的调整。

调减固定资产150 000元，调减应交税费37 500元，调减盈余公积16 875元，调减未分配利润95 625元。

（2）利润表项目的调整。

调增营业成本上年金额150 000元，调减所得税费用上年金额37 500元，调减净利润上年金额112 500元，调减基本每股收益上年金额0.062 5元。

（3）所有者权益变动表项目的调整。

调减前期差错更正项目中盈余公积上年金额16 875元，未分配利润上年金额95 625元，所有者权益合计上年金额112 500元。

第十三条 确定前期差错影响数不切实可行的，可以从可追溯重述的最早期间开始调整留存收益的期初余额，财务报表其他相关项目的期初余额也应当一并调整，也可以采用未来适用法。

【解析28-19】未来适用法的运用2

当企业确定前期差错对列报的一个或者多个前期比较信息的特定期间的累积影响数不切实可行时，应当追溯重述切实可行的最早期间的资产、负债和所有者权益相关项目的期初余额（可能是当期）；当企业在当期期初确定前期差错对所有前期的累积影响数不切实可行时，应当从确定前期差错影响数切实可行的最早日期开始采用未来适用法追溯重述比较信息。

第十四条 企业应当在重要的前期差错发现当期的财务报表中，调整前期比较数据。

【解析 28–20】调整比较数据

在编制比较财务报表时，对于比较财务报表期间的重要的前期差错，应调整该期间的净损益和其他相关项目；对于比较财务报表期间以前的重要的前期差错，应调整比较财务报表最早期间的期初留存收益，财务报表其他相关项目的数字也应一并调整。

第五章　披露

第十五条　企业应当在附注中披露与会计政策变更有关的下列信息：

（一）会计政策变更的性质、内容和原因。

（二）当期和各个列报前期财务报表中受影响的项目名称和调整金额。

（三）无法进行追溯调整的，说明该事实和原因以及开始应用变更后的会计政策的时点、具体应用情况。

第十六条　企业应当在附注中披露与会计估计变更有关的下列信息：

（一）会计估计变更的内容和原因。

（二）会计估计变更对当期和未来期间的影响数。

（三）会计估计变更的影响数不能确定的，披露这一事实和原因。

第十七条　企业应当在附注中披露与前期差错更正有关的下列信息：

（一）前期差错的性质。

（二）各个列报前期财务报表中受影响的项目名称和更正金额。

（三）无法进行追溯重述的，说明该事实和原因以及对前期差错开始进行更正的时点、具体更正情况。

第十八条　在以后期间的财务报表中，不需要重复披露在以前期间的附注中已披露的会计政策变更和前期差错更正的信息。

企业会计准则第 29 号——资产负债表日后事项

《企业会计准则第 29 号——资产负债表日后事项》于 2006 年 2 月 15 日由财会〔2006〕3 号公布，自 2007 年 1 月 1 日起施行。

第一章　总则

第一条　为了规范资产负债表日后事项的确认、计量和相关信息的披露，根据《企业会计准则——基本准则》，制定本准则。

第二条　资产负债表日后事项，是指资产负债表日至财务报告批准报出日之间发生的有利或不利事项。财务报告批准报出日，是指董事会或类似机构批准财务报告报出的日期。

资产负债表日后事项包括资产负债表日后调整事项和资产负债表日后非调整事项。

资产负债表日后调整事项，是指对资产负债表日已经存在的情况提供了新的或进一步证据的事项。

资产负债表日后非调整事项，是指表明资产负债表日后发生的情况的事项。

【解析 29-1】资产负债表日后事项的定义

资产负债表日后事项，是指资产负债表日至财务报告批准报出日之间发生的有利或不利事项。理解这一定义，需要注意以下方面。

1. 资产负债表日。资产负债表日，是指会计年度末和会计中期期末。其中，年度资产负债表日是指公历 12 月 31 日；会计中期通常包括半年度、季度和月度等，会计中期期末相应地是指公历半年末、季末和月末等。如果母公司或者子公司在国外，无论该母公司或子公司如何确定会计年度和会计中期，其向国内提供的财务报告都应根据我国《中华人民共和国会计法》和会计准则的要求确定资产负债表日。

2. 财务报告批准报出日。财务报告批准报出日，是指董事会或类似机构批准财务报告报出的日期。通常是指对财务报告的内容负有法律责任的单位或个人批准财务报告对外公布的批准日期。财务报告的批准者包括所有者、所有者中的多数、董事会或类似的管理单位、部门和个人。公司制企业的董事会有权批准对外公布财务报告，因此，公司制企业财务报告批准报出日是指董事会批准财务报告报出的日期。对于非公司制企业，财务报告批准报出日是指经理（厂长）会议或类似机构批准财务报告报出的日期。

3. 有利事项和不利事项。资产负债表日后事项准则所称“有利或不利事项”的含义是，资产负债表日后事项肯定对企业财务状况和经营成果具有一定影响（既包括有利影响也包括不利影响）。如果某些事项的发生对企业并无任何影响，那么，那些事项既不是有利事项也不是不利事项，也就不属于准则所称资产负债表日后事项。

【解析 29-2】资产负债表日后事项涵盖的期间

资产负债表日后事项涵盖的期间是自资产负债表日次日起至财务报告批准报出日止的一段时间。对上市公司而言，这一期间内涉及几个日期，包括完成财务报告编制日、注册会计师出具审计报告日、董事会批准财务报告可以对外公布日、实际对外公布日等。具体而言，资产负债表日后事项涵盖的期间应当包括：

1. 报告期间下一期间的第一天至董事会或类似机构批准财务报告对外公布的日期；

2. 财务报告批准报出以后、实际报出之前又发生与资产负债表日或其后事项有关的事项，并由此影响财务报告对外公布日期的，应以董事会或类似机构再次批准财务报告对外公布的日期为截止日期。

【例 29-1】资产负债表日后事项涵盖的期间

某上市公司 2×15 年的年度财务报告于 2×16 年 2 月 20 日编制完成，注册会计师完成年度财务报表审计工作并签署审计报告的日期为 2×16 年 4 月 17 日，董事会批准财务报告对外公布的日期为 2×16 年 4 月 17 日，财务报告实际对外公布的日期为 2×16 年 4 月 23 日，股东大会召开日期为 2×16 年 5 月 10 日。

根据资产负债表日后事项涵盖期间的规定，本例中，该公司 2×15 年年报资产负债表日后事项涵盖的期间为 2×16 年 1 月 1 日至 2×16 年 4 月 17 日。如果在 4 月 17 日至 23 日之间发生了重大事项，需要调整财务报表相关项目的数字或需要在财务报表附注中披露，经调整或说明后的财务报告再经董事会批准报出的日期为 2×16 年 4 月 25 日，实际报出的日期为 2×16 年 4 月 30 日，则资产负债表日后事项涵盖的期间为 2×16 年 1 月 1 日至 2×16 年 4 月 25 日。

【解析 29-3】调整事项与非调整事项的区别

如何确定资产负债表日后发生的某一事项是调整事项还是非调整事项，是运用《企业会计准则第 29 号——资产负债表日后事项》的关键。某一事项究竟是调整事项还是非调整事项，取决于该事项表明的情况在资产负债表日或资产负债表日以前是否已经存在。若该情况在资产负债表日或之前已经存在，则属于调整事项；反之，则属于非调整事项。

【例 29-2】调整事项与非调整事项的区别

甲公司 2×17 年 10 月向乙公司出售一批原材料，价款为 2 000 万元，根据销售合同，乙公司应在收到原材料后 3 个月内付款。至 2×17 年 12 月 31 日，乙公司尚未付款。假定甲公司在编制 2×17 年度财务报告时有两种情况。（1）2×17 年 12 月 31 日甲公司根据掌握的资料判断，乙公司有可能破产清算，估计该应收账款将有 20% 无法收回，故按 20% 的比例计提坏账准备；2×18 年 1 月 20 日，甲公司收到通知，乙公司已被宣告破产清算，甲公司估计有 70% 的债权无法收回。（2）2×17 年 12 月 31 日乙公司的财务状况良好，甲公司预计应收账款可按时收回；2×18 年 1 月 20 日，乙公司发生重大火灾，导致甲公司 50% 的应收账款无法收回。

2×18 年 3 月 15 日，甲公司的财务报告经批准对外公布。

本例中，（1）导致甲公司应收账款无法收回的事实是乙公司财务状况恶化，该事实在资产负债表日已经存在，乙公司被宣告破产只是证实了资产负债表日乙公司财务状况恶化的情况。因此，乙公司破产导致甲公司应收款项无法收回的事项属于调整事项。（2）导致甲公司应收账款损失的因素是火灾，火灾是不可预计的，应收账款发生损失这一事实在资产负债表日以后才发生。因此，乙公司发生火灾导致甲公司应收款项发生坏账的事项属于非调整事项。

第三条 资产负债表日后事项表明持续经营假设不再适用的，企业不应当在持续经营基础上编制财务报表。

第二章 资产负债表日后调整事项

第四条 企业发生的资产负债表日后调整事项，应当调整资产负债表日的财务报表。

【解析29-4】资产负债表日后调整事项的影响

如果资产负债表日及所属会计期间已经存在某种情况，但当时并不知道其存在或者不能知道确切结果，资产负债表日后发生的事项能够证实该情况的存在或者确切结果，则该事项属于资产负债表日后事项中的调整事项。调整事项能对资产负债表日的存在情况提供追加的证据，并会影响编制财务报表过程中的内在估计。企业在生产经营中可能存在一些不确定的因素，会计人员只能根据专业知识做出估计和判断，如果资产负债表日后事项对资产负债表日的情况提供了进一步的证据，证据表明的情况与原来的估计和判断不完全一致，则需要对原来的会计处理进行调整。

第五条 企业发生的资产负债表日后调整事项，通常包括下列各项：

（一）资产负债表日后诉讼案件结案，法院判决证实了企业在资产负债表日已经存在现时义务，需要调整原先确认的与该诉讼案件相关的预计负债，或确认一项新负债。

（二）资产负债表日后取得确凿证据，表明某项资产在资产负债表日发生了减值或者需要调整该项资产原先确认的减值金额。

（三）资产负债表日后进一步确定了资产负债表日前购入资产的成本或售出资产的收入。

（四）资产负债表日后发现了财务报表舞弊或差错。

【解析29-5】调整事项的会计处理的处理原则

企业发生的调整事项，应当调整资产负债表日的财务报表。对于年度财务报告而言，资产负债表日后事项发生在报告年度的次年，报告年度的有关账目已经结转，特别是损益类科目在结账后已无余额。因此，年度资产负债表日后发生的调整事项，应具体分别以下情况进行处理。

1.涉及损益的事项，通过“以前年度损益调整”科目核算。调整增加以前年度利润或调整减少以前年度亏损的事项，记入“以前年度损益调整”科目的贷方；反之，记入“以前年度损益调整”科目的借方。需要注意的事，涉及损益的调整事项如果发生在资产负债表日所属年度（即报告年度）所得税汇算清缴前的，应按准则要求调整报告年度应纳税所得额、应纳所得税税额；发生在报告年度所得税汇算清缴后的，应按准则要求调整本年度（即报告年度的次年）应纳所得税税额。

2. 涉及利润分配调整的事项，直接在“利润分配——未分配利润”科目中核算。

3. 不涉及损益以及利润分配的事项，调整相关科目。

4. 通过上述账务处理后，还应同时调整财务报表相关项目的数字，包括：（1）资产负债表日编制的财务报表相关项目的期末数或本年发生数；（2）当期编制的财务报表相关项目的期初数或上年数；（3）经过上述调整后，如果涉及报表附注内容的，还应当调整报表附注相关项目的数字。

【解析29-6】资产负债表日后调整事项的具体会计处理方法

为简化处理，如无特殊说明，本章所有的例子均假定如下：财务报告批准报出日是次年4月30日，所得税税率为25%，按净利润的10%提取法定盈余公积，提取法定盈余公积后不再进行其他分配；调整事项按税法规定均可调整应交所得税；涉及递延所得税资产的，均假定未来期间很可能取得用来抵扣暂时性差异的应纳税所得额；不考虑报表附注中有关现金流量表项目的数字。

1. 资产负债表日后诉讼案件结案，法院判决证实了企业在资产负债表日已经存在现时义务，需要调整原先确认的与该诉讼案件相关的预计负债，或确认一项新负债。

这一事项是指导致诉讼的事项在资产负债表日已经发生，但尚不具备确认负债的条件而未确认，资产负债表日后至财务报告批准报出日之间获得了新的或进一步的证据（法院判决结果），表明符合负债的确认条件。因此，应在财务报告中确认为一项新负债；或者在资产负债表日虽已确认，但需要根据判决结果调整已确认负债的金额。

2. 资产负债表日后取得确凿证据，表明某项资产在资产负债表日发生了减值或者需要调整该项资产原先确认的减值金额。

这一事项是指在资产负债表日，根据当时的资料判断某项资产可能发生了损失或减值，但没有最后确定是否会发生，因而按照当时的最佳估计金额反映在财务报表中。但在资产负债表日至财务报告批准报出日之间，所取得的确凿证据能证明该事实成立，即某项资产已经发生了损失或减值，则应对资产负债表日所做的估计予以修正。

3. 资产负债表日后进一步确定了资产负债表日前购入资产的成本或售出资产的收入。

这类调整事项包括两方面的内容。（1）若资产负债表日前购入的资产已经按暂估金额等入账，资产负债表日后获得证据，可以进一步确定该资产的成本，则应对已入账的资产成本进行调整。（2）企业在资产负债表日已根据收入确认条件确认资产销售收入，但资产负债表日后获得关于资产收入的进一步证据，如发生销售退回等，此时也应调整财务报表相关项目的金额。需要说明的是，资产负债表日后发生的销售退回，既包括报告年度或报告中期销售的商品在资产负债表日后发生的销售退回，也包括以前期间销售的商品在资产负债表日后发生的销售退回。

资产负债表所属期间或以前期间所售商品在资产负债表日后退回的，应作为资产负债表日后调整事项处理。发生于资产负债表日后至财务报告批准报出日之间的销售退回事项，可能发生于该企业年度所得税汇算清缴之前，也可能发生于该企业年度所得税汇算清缴之后，其会计处理分别为：

（1）涉及报告年度所属期间的销售退回发生于该企业报告年度所得税汇算清缴之前的，应调整报告年度利润表的收入、成本等，并相应调整报告年度的应纳税所得额以及报告年度应缴的所得税等；

（2）资产负债表日后事项中涉及报告年度所属期间的销售退回发生于该企业报告年度所得税汇算清缴之后，应调整报告年度会计报表的收入、成本等，但按照税法规定，在此期间的销售退回所涉及的应缴所得税，应作为本年的纳税调整事项。

【例 29-3】资产负债表日后调整事项的具体会计处理 1

甲公司与乙公司签订一项销售合同，合同中订明甲公司应在 2×17 年 8 月销售给乙公司一批物资。由于甲公司未能按照合同发货，致使乙公司发生重大经济损失。2×17 年 12 月，乙公司将甲公司告上法庭，要求甲公司赔偿 450 万元。2×17 年 12 月 31 日法院尚未判决，甲公司按《企业会计准则第 13 号——或有事项》对该诉讼事项确认预计负债 300 万元。2×18 年 2 月 10 日，经法院判决甲公司应赔偿乙公司 400 万元，甲、乙双方均服从判决。判决当日，甲公司向乙公司支付赔偿款 400 万元。甲、乙两公司 2×17 年所得税汇算清缴均在 2×18 年 3 月 20 日完成（假定该项预计负债产生的损失不允许在预计时税前抵扣，只有在损失实际发生时，才允许税前抵扣）。

本例中，2×18 年 2 月 10 日的判决证实了甲、乙两公司在资产负债表日（即 2×17 年 12 月 31 日）分别存在现时赔偿义务和获赔权利。因此，两公司都应将“法院判决”这一事项作为调整事项进行处理。甲公司和乙公司 2×17 年所得税汇算清缴均在 2×18 年 3 月 20 日完成。因此，应根据法院判决结果调整报告年度应纳税所得额和应纳所得税税额。

1. 甲公司的账务处理如下。

（1）2×18 年 2 月 10 日，调整已确认的预计负债金额，并调整递延所得税资产。

借：以前年度损益调整	1 000 000	
贷：其他应付款		1 000 000
借：应交税费——应交所得税	250 000	
贷：以前年度损益调整		（1 000 000×25%）250 000
借：应交税费——应交所得税	750 000	
贷：以前年度损益调整		750 000
借：以前年度损益调整	750 000	
贷：递延所得税资产		750 000
借：预计负债	3 000 000	
贷：其他应付款		3 000 000
借：其他应付款	4 000 000	
贷：银行存款		4 000 000

注：2×17 年年末因确认预计负债 300 万元时已确认相应的递延所得税资产，资产负债表日后事项发生后递延所得税资产不复存在，故应冲销相应记录。

（2）将“以前年度损益调整”科目余额转入未分配利润。

借：利润分配——未分配利润　　750 000

　　贷：以前年度损益调整　　750 000

（3）因净利润变动，调整盈余公积。

借：盈余公积　　（750 000×10%）75 000

　　贷：利润分配——未分配利润　　75 000

（4）调整报告年度财务报表。

① 资产负债表项目的年末数调整。

调减递延所得税资产 75 万元，调增其他应付款 400 万元，调减应交税费 100 万元，调减预计负债 300 万元，调减盈余公积 7.5 万元，调减未分配利润 67.5 万元，见表 29-1。

表 29-1　资产负债表（简表）

编制单位：甲公司　　2×17 年 12 月 31 日　　单位：元

资产	调整前	调整后	负债和所有者权益（或股东权益）	调整前	调整后
流动资产：			流动负债：		
货币资金	50 000 000	50 000 000	短期借款	25 000 000	25 000 000
交易性金融资产	10 000 000	10 000 000	交易性金融负债	3 000 000	3 000 000
应收票据	5 000 000	5 000 000	应付票据	5 000 000	5 000 000
应收账款	76 000 000	76 000 000	应付账款	5 000 000	5 000 000
预付款项	1 000 000	1 000 000	预收款项	10 000 000	10 000 000
应收利息	1 000 000	1 000 000	应付职工薪酬	6 000 000	6 000 000
其他应收款	2 000 000	2 000 000	应交税费	25 000 000	24 000 000
存货	29 000 000	29 000 000	其他应付款	4 000 000	8 000 000
一年内到期的非流动资产	6 000 000	6 000 000			
流动资产合计	180 000 000	180 000 000	流动负债合计	83 000 000	86 000 000
非流动资产：			非流动负债：		
			长期借款	30 000 000	30 000 000
			应付债券	20 000 000	20 000 000
长期应收款	15 000 000	15 000 000	长期应付款	10 000 000	10 000 000
长期股权投资	85 000 000	85 000 000	预计负债	12 000 000	9 000 000
固定资产	60 000 000	60 000 000	非流动负债合计	72 000 000	69 000 000
在建工程	20 000 000	20 000 000	负债合计	155 000 000	155 000 000
无形资产	80 000 000	80 000 000	股东权益：		
开发支出	10 000 000	10 000 000	股本	200 000 000	200 000 000
递延所得税资产	5 000 000	4 250 000	资本公积	50 000 000	50 000 000

续表

资产	调整前	调整后	负债和所有者权益（或股东权益）	调整前	调整后
			盈余公积	30 000 000	29 925 000
非流动资产合计	275 000 000	274 250 000	未分配利润	20 000 000	19 325 000
			股东权益合计	300 000 000	299 250 000
资产总计	455 000 000	454 250 000	负债和股东权益总计	455 000 000	454 250 000

② 利润表项目的调整。

调增营业外支出 100 万元，调减所得税费用 25 万元，调减净利润 75 万元。

利润表略。

③ 所有者权益变动表项目的调整。

调减净利润 75 万元，提取盈余公积项目中盈余公积一栏调减 7.5 万元，未分配利润一栏调减 67.5 万元。

所有者权益变动表略。

2. 乙公司的账务处理如下。

（1）2×17 年 2 月 10 日，记录收到的赔款，并调整应交所得税。

借：其他应收款　　4 000 000

　　贷：以前年度损益调整　　4 000 000

借：以前年度损益调整　　1 000 000

　　贷：应交税费——应交所得税　　1 000 000

借：银行存款　　4 000 000

　　贷：其他应收款　　4 000 000

（2）将“以前年度损益调整”科目余额转入未分配利润。

借：以前年度损益调整　　3 000 000

　　贷：利润分配——未分配利润　　3 000 000

（3）因净利润增加，补提盈余公积。

借：利润分配——未分配利润　　300 000

　　贷：盈余公积　　300 000

（4）调整报告年度财务报表相关项目的数字（财务报表略）。

① 资产负债表项目的年末数调整。

调增其他应收款 400 万元，调增应交税费 100 万元，调增盈余公积 30 万元，调增未分配利润 270 万元。

② 利润表项目的调整。

调增营业外收入 400 万元，调增所得税费用 100 万元，调增净利润 300 万元。

③ 所有者权益变动表项目的调整。

调增净利润 300 万元，提取盈余公积项目中盈余公积一栏调增 30 万元，未分配利润一栏调增 270 万元。

【例 29-4】资产负债表日后调整事项的具体会计处理 2

甲公司 2×17 年 11 月 8 日销售一批商品给乙公司，取得收入 120 万元（不含税，增值税税率 17%）。甲公司发出商品后，按照正常情况已确认收入，并结转成本 100 万元。2×17 年 12 月 31 日，该笔货款尚未收到，甲公司未对应收账款计提坏账准备。2×18 年 1 月 12 日，由于产品质量问题，本批货物被退回。甲公司于 2×18 年 2 月 28 日完成 2×17 年所得税汇算清缴。

本例中，销售退回业务发生在资产负债表日后事项涵盖期间内，属于资产负债表日后调整事项。销售退回发生在甲公司报告年度所得税汇算清缴之前，因此，在所得税汇算清缴时，应扣除该部分销售退回所实现的应纳税所得额。

甲公司的账务处理如下。

（1）2×18 年 1 月 12 日，调整销售收入。

借：以前年度损益调整	1 200 000	
应交税费——应交增值税（销项税额）	204 000	
贷：应收账款		1 404 000

（2）调整销售成本。

借：库存商品	1 000 000	
贷：以前年度损益调整		1 000 000

（3）调整应缴纳的所得税。

借：应交税费——应交所得税	50 000	
贷：以前年度损益调整		50 000

（4）将“以前年度损益调整”科目的余额转入利润分配。

借：利润分配——未分配利润	150 000	
贷：以前年度损益调整		150 000

（5）调整盈余公积。

借：盈余公积	15 000	
贷：利润分配——未分配利润		15 000

（6）调整相关财务报表（略）。

第三章　资产负债表日后非调整事项

第六条　企业发生的资产负债表日后非调整事项，不应当调整资产负债表日的财务报表。

第七条　企业发生的资产负债表日后非调整事项，通常包括下列各项：

（一）资产负债表日后发生重大诉讼、仲裁、承诺。

（二）资产负债表日后资产价格、税收政策、外汇汇率发生重大变化。

（三）资产负债表日后因自然灾害导致资产发生重大损失。

（四）资产负债表日后发行股票和债券以及其他巨额举债。

（五）资产负债表日后资本公积转增资本。

（六）资产负债表日后发生巨额亏损。

（七）资产负债表日后发生企业合并或处置子公司。

【解析 29-7】非调整事项的处理原则

资产负债表日后发生的非调整事项，是表明资产负债表日后发生的情况的事项，与资产负债表日存在状况无关，不应当调整资产负债表日的财务报表。但有的非调整事项对财务报告使用者具有重大影响，如不加以说明，将不利于财务报告使用者作出正确估计和决策。因此，应在附注中进行披露。

【解析 29-8】非调整事项的具体会计处理办法

资产负债表日后发生的非调整事项，应当在报表附注中披露每项重要的资产负债表日后非调整事项的性质、内容及其对财务状况和经营成果的影响。无法估计的，应当说明原因。

【解析 29-9】资产负债表日后非调整事项内容的补充

1. 资产负债表日后发生的重大诉讼等事项，对企业影响较大，为防止误导投资者及其他财务报告使用者，应当在报表附注中进行相关披露。

2. 如果资产负债表日后资产价格、外汇汇率发生重大变化，应对由此产生的影响在报表附注中进行披露。同样，国家税收政策发生重大改变将会影响企业的财务状况和经营成果，也应当在报表附注中及时披露该信息。

3. 自然灾害导致的资产重大损失对企业资产负债表日后财务状况的影响较大，如果不加以披露，有可能使财务报告使用者作出错误的决策，因此应作为非调整事项在报表附注中进行披露。

4. 企业发行股票、债券以及向银行或非银行金融机构举借巨额债务都是比较重大的事项，虽然这一事项与企业资产负债表日的存在状况无关，但这一事项的披露能使财务报告使用者了解与此有关的情况及可能带来的影响，故应披露。

5. 企业以资本公积转增资本将会改变企业的资本（或股本）结构，影响较大，需要在报表附注中进行披露。

6. 企业资产负债表日后发生巨额亏损将会对企业报告期以后的财务状况和经营成果产生重大影响，应当在报表附注中及时披露该事项，以便为投资者或其他财务报告使用者作出正确决策提供信息。

7. 企业合并或者处置子公司的行为可以影响股权结构、经营范围等方面，对企业未来生产经营活动能产生重大影响。因此企业应在附注中披露处置子公司的信息。

8. 资产负债表日后，企业制定利润分配方案，拟分配或经审议批准宣告发放股利或利润的行为，并不会致使企业在资产负债表日形成现时义务，因此虽然发生该事项可导致企业负有支付股利或利润的义务，但支付义务在资产负债表日尚不存在，不应该调整资产负债表日的财务报告，因此，该事项为非调整事项。

但由于该事项对企业资产负债表日后的财务状况有较大影响，可能导致现金较大规模流出、企业股权结构变动等，为便于财务报告使用者更充分了解相关信息，企业需要在财务报告中适当披露该信息。

另外，资产负债表日后，企业利润分配方案中拟分配的以及经审议批准宣告发放的股利或利润，不确认为资产负债表日的负债，但应当在附注中单独披露。

【例 29-5】资产负债表日后非调整事项内容的补充 1

甲公司 2×17 年度财务报告于 2×18 年 3 月 20 日经董事会批准对外公布。2×18 年 2 月 25 日，甲公司与乙银行签订了 80 000 000 元的贷款合同，用于生产设备的购置，贷款期限自 2×18 年 3 月 1 日起至 2×19 年 12 月 31 日止。

本例中，2×18 年 2 月 25 日，在公司 2×17 年度财务报告尚未批准对外公布前，甲公司发生了向银行贷款的事项，该事项发生在资产负债表日后事项所涵盖的期间内。该事项在 2×17 年 12 月 31 日尚未发生，与资产负债表日存在的状况无关，不影响资产负债表日甲公司的财务报表数字。但是，该事项属于重要事项，会影响甲公司以后期间的财务状况和经营成果，因此，需要在附注中予以披露。

【例 29-6】资产负债表日后非调整事项内容的补充 2

甲公司 2×16 年度财务报告附注中对资产负债表日后发行债券的说明：2×16 年 10 月 17 日，经中国证券监督管理委员会核准，甲公司获准向合格投资者公开发行面值不超过 20 亿元（含 20 亿元）的公司债券；本次公司债券采用分期发行方式，首期发行债券的面值不少于总发行面值的 50%，自核准发行之日起 6 个月内完成；其余各期债券发行，自核准发行之日起 24 个月内完成。2×17 年 1 月 26 日，甲公司公开发行公司债券（第 1 期）面值 10 亿元，期限为 5 年，票面年利率为 6.60%。甲公司于 2×17 年 1 月 27 日实际收到公司债券募集资金 99 430 万元（已扣除承销费 570 万元）。

【例 29-7】资产负债表日后非调整事项内容的补充 3

甲公司 2×16 年度财务报告附注中对资产负债表日后利润分配情况的说明：根据 2×17 年 3 月 16 日董事会决议，本公司拟以 2×16 年 12 月 31 日的股份为基准向全体股东每 10 股分配股利 0.5 元（含税），共计分配股利 12 亿元。该股利分配预案尚待本公司股东大会批准。

第八条　资产负债表日后，企业利润分配方案中拟分配的以及经审议批准宣告发放的股利或利润，不确认为资产负债表日的负债，但应当在附注中单独披露。

第四章　披露

第九条　企业应当在附注中披露与资产负债表日后事项有关的下列信息：

（一）财务报告的批准报出者和财务报告批准报出日。

按照有关法律、行政法规等规定，企业所有者或其他方面有权对报出的财务报告进行修改的，应当披露这一情况。

（二）每项重要的资产负债表日后非调整事项的性质、内容，及其对财务状况和经营成果的影响。无法作出估计的，应当说明原因。

第十条 企业在资产负债表日后取得了影响资产负债表日存在情况的新的或进一步的证据，应当调整与之相关的披露信息。

企业会计准则第 30 号——财务报表列报

为了适应社会主义市场经济发展需要，提高企业财务报表列报质量和会计信息透明度，根据《企业会计准则——基本准则》，财政部对《企业会计准则第 30 号——财务报表列报》进行了修订，自 2014 年 7 月 1 日起在所有执行企业会计准则的企业范围内施行，鼓励在境外上市的企业提前执行。财政部于 2006 年 2 月 15 日发布的《财政部关于印发〈企业会计准则第 1 号——存货〉等 38 项具体准则的通知》（财会〔2006〕3 号）中的《企业会计准则第 30 号——财务报表列报》同时废止。

第一章　总则

第一条　为了规范财务报表的列报，保证同一企业不同期间和同一期间不同企业的财务报表相互可比，根据《企业会计准则——基本准则》，制定本准则。

第二条　财务报表是对企业财务状况、经营成果和现金流量的结构性表述。财务报表至少应当包括下列组成部分：

（一）资产负债表；

（二）利润表；

（三）现金流量表；

（四）所有者权益（或股东权益，下同）变动表；

（五）附注。

财务报表上述组成部分具有同等的重要程度。

第三条　本准则适用于个别财务报表和合并财务报表，以及年度财务报表和中期财务报表，《企业会计准则第 32 号——中期财务报告》另有规定的除外。合并财务报表的编制和列报，还应遵循《企业会计准则第 33 号——合并财务报表》；现金流量表的编制和列报，还应遵循《企业会计准则第 31 号——现金流量表》；其他会计准则的特殊列报要求，适用其他相关会计准则。

第二章　基本要求

第四条　企业应当以持续经营为基础，根据实际发生的交易和事项，按照《企业会计准则——基本准则》和其他各项会计准则的规定进行确认和计量，在此基础上编制财务报表。企业不应以附注披露代替确认和计量，不恰当的确认和计量也不能通过充分披露相关会计政策而纠正。

如果按照各项会计准则规定披露的信息不足以让报表使用者了解特定交易或事项对企业

财务状况和经营成果的影响时，企业还应当披露其他的必要信息。

【解析 30–1】财务报表列报的基础

依据各项会计准则确认和计量的结果编制财务报表。

企业应当根据实际发生的交易和事项，遵循基本准则、各项具体会计准则及解释的规定进行确认和计量，并在此基础上编制财务报表。企业不应以在附注中披露代替对交易和事项的确认和计量，即企业采用的不恰当的会计政策，不得通过在附注中披露等其他形式予以更正，企业应当对交易和事项进行正确的确认和计量。

【解析 30–2】财务报表列报的基本要求

财务报表是指对企业财务状况、经营成果和现金流量的结构性描述，是反映企业某一特定日期财务状况和某一会计期间经营成果、现金流量的书面文件。

编制财务报表列报的基本要求主要包括以下内容。

1. 以企业持续经营作为编制基础。

2. 列报项目一致。

3. 重要项目单独列报。重要性应当根据企业所处环境，从项目的性质和金额大小两方面加以判断。

4. 报表列示项目不应相互抵销。资产项目按扣除减值准备后的净额列示，不属于抵销；非日常活动产生的损益，以收入扣减费用后的净额列示，不属于抵销。

5. 报表列报项目与上期报表列报项目具有可比性。

【解析 30–3】财务报表列报的构成

财务报表列报包括财务报表及其附注和其他应当在财务会计报告中披露的相关信息和资料。

财务报表至少应当包括资产负债表、利润表、现金流量表、所有者权益（或股东权益）变动表和附注。

第五条 在编制财务报表的过程中，企业管理层应当利用所有可获得信息来评价企业自报告期末起至少 12 个月的持续经营能力。

评价时需要考虑宏观政策风险、市场经营风险、企业目前或长期的盈利能力、偿债能力、财务弹性以及企业管理层改变经营政策的意向等因素。

评价结果表明对持续经营能力产生重大怀疑的，企业应当在附注中披露导致对持续经营能力产生重大怀疑的因素以及企业拟采取的改善措施。

【解析 30–4】持续经营是编制财务报表的基础

持续经营是会计的基本前提，是会计确认、计量及编制财务报表的基础。在编制财务报表的过程中，企业管理层应当全面评估企业的持续经营能力。企业管理层在对企业持续经营能力进行评估时，应当利用其所有可获得的信息，评估涵盖的期间应包括企业自报告期末起至少 12 个月，评估需要考虑的因素包括宏观政策风险、市场经营风险、企业目前或长期的盈利能力、偿债能力、财务弹性以及企业管理层改变经营政策的意向等。评价结果表明对持续经营能力产生重大怀疑的，企业应当在附注中披露导致对持续经营能力产生重大怀疑的影响因素。

第六条 企业如有近期获利经营的历史且有财务资源支持，则通常表明以持续经营为基础编制财务报表是合理的。

企业正式决定或被迫在当期或将在下一个会计期间进行清算或停止营业的，则表明以持续经营为基础编制财务报表不再合理。在这种情况下，企业应当采用其他基础编制财务报表，并在附注中声明财务报表未以持续经营为基础编制的事实、披露未以持续经营为基础编制的原因和财务报表的编制基础。

第七条 除现金流量表按照收付实现制原则编制外，企业应当按照权责发生制原则编制财务报表。

第八条 财务报表项目的列报应当在各个会计期间保持一致，不得随意变更，但下列情况除外：

（一）会计准则要求改变财务报表项目的列报。

（二）企业经营业务的性质发生重大变化或对企业经营影响较大的交易或事项发生后，变更财务报表项目的列报能够提供更可靠、更相关的会计信息。

【解析 30–5】列报的一致性

可比性是会计信息质量的一项重要质量要求，目的是使同一企业不同期间和同一期间不同企业的财务报表相互可比。可比性要求财务报表项目的列报应当在各个会计期间保持一致，不得随意变更，这一要求不仅针对财务报表中的项目名称，还包括财务报表项目的分类、排列顺序等方面。

当会计准则要求改变，或者企业经营业务的性质发生重大变化或重大的购买或处置事项等对企业经营影响较大的交易或事项发生后、变更财务报表项目的列报能够提供更可靠、更相关的会计信息时，财务报表项目的列报是可以改变的，此时企业应当按照准则的规定提供编制的比较信息。

第九条 性质或功能不同的项目，应当在财务报表中单独列报，但不具有重要性的项目除外。

性质或功能类似的项目，其所属类别具有重要性的，应当按其类别在财务报表中单独列报。

某些项目的重要性程度不足以在资产负债表、利润表、现金流量表或所有者权益变动表中单独列示，但对附注却具有重要性，则应当在附注中单独披露。

第十条 重要性，是指在合理预期下，财务报表某项目的省略或错报会影响使用者据此作出经济决策的，该项目具有重要性。

重要性应当根据企业所处的具体环境，从项目的性质和金额两方面予以判断，且对各项目重要性的判断标准一经确定，不得随意变更。判断项目性质的重要性，应当考虑该项目在性质上是否属于企业日常活动、是否显著影响企业的财务状况、经营成果和现金流量等因素；判断项目金额大小的重要性，应当考虑该项目金额占资产总额、负债总额、所有者权益总额、营业收入总额、营业成本总额、净利润、综合收益总额等直接相关项目金额的比重或所属报表单列项目金额的比重。

【解析 30-6】重要性和项目列报 1

性质和功能不同且具有重要性的项目，应当在财务报表中单独列报；性质或功能类似的项目，可以合并列报。

判断项目的重要性，应当考虑该项目的性质是否属于企业日常活动、是否对企业的财务状况和经营效果具有较大影响等因素；判断项目金额大小的重要性，应当通过单项金额占资产总额、负债总额、所有者权益总额、营业收入总额、净利润等直接相关项目金额的比重加以确定。

摘录于《〈企业会计准则第 30 号——财务报表列报〉解释》

【解析 30-7】重要性和项目列报 2

财务报表是通过对大量的交易或事项进行处理后编制的，这些交易或事项按其性质或功能汇总归类列入财务报表中的相关项目。项目在财务报表中是单独列报还是合并列报，应当依据重要性原则来判断。如果某项目单个看不具有重要性，则可将其与其他项目合并列报；如具有重要性，则应当单独列报。具体而言，应当遵循以下具体原则。

1. 性质或功能不同的项目，一般应当在财务报表中单独列报。如存货和固定资产在性质上和功能上都有本质差别，必须分别在资产负债表上单独列报。

2. 性质或功能类似的项目，一般可以合并列报。如原材料、低值易耗品等项目在性质上类似，均通过生产过程形成企业的产品存货，因此可以合并列报，合并之后的类别统称为“存货”，在资产负债表上单独列报。

3. 项目单独列报的原则不仅适用于报表，还适用于附注。某些项目的重要程度不足以在资产负债表、利润表、现金流量表或所有者权益变动表中单独列示，但是可能对附注而言却具有重要性，在这种情况下应当在附注中单独披露。仍以存货为例，对某制造业企业而言，原材料、包装物及低值易耗品、在产品、库存商品等项目的重要程度不足以在资产负债表上单独列示，但是鉴于其对该制造业企业的重要性，应当在附注中单独披露。

4. 无论是《企业会计准则第 30 号——财务报表列报》规定的单独列报项目，还是其他具体会计准则规定单独列报的项目，企业都应当予以单独列报。

重要性是判断项目是否单独列报的重要标准。企业在进行重要性判断时，应当根据所处环境，从项目的性质和金额大小两方面予以判断：一方面，应当考虑该项目的性质是否属于企业日常活动、是否显著影响企业的财务状况、经营成果和现金流量等因素；另一方面，判断项目金额大小的重要性，应当通过单项金额占资产总额、负债总额、所有者权益总额、营业收入总额、营业成本总额、净利润、综合收益总额等直接相关或所属报表单列项目金额的比重加以确定。此外，对于同一项目而言，其重要性的判断标准一经确定，不得随意变更。

第十一条 财务报表中的资产项目和负债项目的金额、收入项目和费用项目的金额、直接计入当期利润的利得项目和损失项目的金额不得相互抵销，但其他会计准则另有规定的除外。

一组类似交易形成的利得和损失应当以净额列示，但具有重要性的除外。

资产或负债项目按扣除备抵项目后的净额列示，不属于抵销。

非日常活动产生的利得和损失，以同一交易形成的收益扣减相关费用后的净额列示更能反映交易实质的，不属于抵销。

【解析 30-8】财务报表项目金额间的相互抵销

财务报表项目应当以总额列报，资产和负债、收入和费用、直接计入当期利润的利得项目和损失项目的金额不能相互抵销，即不得以净额列报。如果相互抵销，所提供的信息就不完整，信息的可比性大为降低，难以在同一企业不同期间以及同一期间不同企业的财务报表之间实现相互可比，报表使用者难以据以做出判断。如企业欠客户的应付款不得与其他客户欠本企业的应收款相互抵销，如果相互抵销就掩盖了交易的实质。再如收入和费用反映了企业投入和产出之间的关系，是企业经营成果的两个方面，为了更好地反映经济交易的实质、考核企业经营管理水平以及预测企业未来现金流量，收入和费用不得相互抵销。

以下 3 种情况不属于抵销。

1. 一组类似交易形成的利得和损失以净额列示的，不属于抵销。如汇兑损益，应当以净额列报；又如以交易目的而持有的金融工具形成的利得和损失，应按净额列报。

2. 资产扣除备抵项目，如资产计提的减值准备，实质上意味着资产的价值确实发生了减损，资产项目应当按扣除减值准备后的净额列示，这样才反映了资产当时的真实价值，并不属于上面所述的抵销；又如固定资产扣除累计折旧后的净额列示，也不属于上述的抵销。

3. 非日常活动产生的损益以同一交易或一组类似交易形成的净额列示，其不属于抵销。非日常活动并非企业主要的业务，且具有偶然性，从重要性来讲，非日常活动产生的损益以净额列示，对公允反映企业财务状况和经营成果影响不大，以净额列示反而更有利于报表使用者的理解。如非流动资产处置形成的利得和损失，应按处置所得扣除该资产的账面价值和相关处置费用后的余额列示。

第十二条 当期财务报表的列报，至少应当提供所有列报项目上一个可比会计期间的比较数据，以及与理解当期财务报表相关的说明，但其他会计准则另有规定的除外。

根据本准则第八条的规定，财务报表的列报项目发生变更的，应当至少对可比期间的数据按照当期的列报要求进行调整，并在附注中披露调整的原因和性质，以及调整的各项目金额。对可比数据进行调整不切实可行的，应当在附注中披露不能调整的原因。

不切实可行，是指企业在作出所有合理努力后仍然无法采用某项会计准则规定。

【解析 30-9】比较信息的列报

企业在列报当期财务报表时，至少应当提供所有列报项目上一可比会计期间的比较数据，以及与理解当期财务报表相关的说明。其目的是向报表使用者提供对比数据，提高信息在会计期间的可比性，以反映企业财务状况、经营成果和现金流量的发展趋势，提高报表使用者的判断与决策能力。列报比较信息的这一要求既适用于 4 张报表，也适用于附注。

企业列报所有列报项目上一可比会计期间的比较数据，至少包括两套报表及其相关附注；当企业追溯应用会计政策或追溯重述，或者重新分类财务报表项目时，企业应当在一套完整的财务报表中列报最早可比期间期初的财务报表，即应当至少列报 3 份资产负债表、两份其他各报表及其相关附注。其中，列报的 3 份资产负债表分别指当期期末的资产负债表、上一期末（即当期期初）的资产负债表，以及最早可比期间的期初资产负债表。

在财务报表项目的列报确需发生变更的情况下，企业应当对上期比较数据按照当期的列报要求进行调整，并在附注中披露调整的原因和性质，以及调整的各项目金额，通常应当列报两期各报表和相关附注。但是，对上期比较数据进行调整是不切实可行的，企业应当在附注中披露不能调整的原因，以及假设金额重新分类可能进行的调整的性质。

第十三条 企业应当在财务报表的显著位置至少披露下列各项：

（一）编报企业的名称。

（二）资产负债表日或财务报表涵盖的会计期间。

（三）人民币金额单位。

（四）财务报表是合并财务报表的，应当予以标明。

【解析 30-10】财务报表表首部分的列报要求

财务报表通常与其他信息（如企业年度报告等）一起公布，按照企业会计准则编制的财务报表应当与一起公布的同一文件中的其他信息相区分。财务报表一般分为表首、正表两部分。企业应当在表首部分概括地说明下列基本信息：

1. 编报企业的名称，如企业名称在所属当期发生变更的，还应明确标明；

2. 对资产负债表而言，须披露资产负债表日，对利润表、现金流量表、所有者权益变动表而言，须披露报表涵盖的会计期间；

3. 货币名称和单位，按照我国企业会计准则的规定，企业应当以人民币作为记账本位币列报，并标明金额单位，如人民币元、人民币万元等；

4. 财务报表是合并财务报表的，应当予以标明。

第十四条 企业至少应当按年编制财务报表。年度财务报表涵盖的期间短于一年的，应当披露年度财务报表的涵盖期间、短于一年的原因以及报表数据不具可比性的事实。

【解析 30-11】财务报表报告期间

企业至少应当编制年度财务报表。根据《中华人民共和国会计法》的规定，会计年度自公历 1 月 1 日起至 12 月 31 日止。编制年度财务报表涵盖的期间短于一年的情况下，如企业在年度中间（如 3 月 1 日）开始设立等，企业应当披露年度财务报表的实际涵盖期间及其短于一年的原因，并应当说明由此引起的财务报表项目与比较数据不具可比性这一事实。

第十五条 本准则规定在财务报表中单独列报的项目，应当单独列报。其他会计准则规定单独列报的项目，应当增加单独列报项目。

第三章 资产负债表

第十六条 资产和负债应当分别流动资产和非流动资产、流动负债和非流动负债列示。

金融企业等销售产品或提供服务不具有明显可识别营业周期的企业，其各项资产或负债按照流动性列示能够提供可靠且更相关信息的，可以按照其流动性顺序列示。从事多种经营的企业，其部分资产或负债按照流动和非流动列报、其他部分资产或负债按照流动性列示能够提供可靠且更相关信息的，可以采用混合的列报方式。

对于同时包含资产负债表日后一年内（含一年，下同）和一年之后预期将收回或清偿金额的资产和负债单列项目，企业应当披露超过一年后预期收回或清偿的金额。

【解析 30-12】资产负债表样表

资产负债表样表如表 30-1 所示。

表 30-1　资产负债表

会企 01 表

编制单位：　　　　　　　　　　　　年　　月　　日　　　　　　　　　　　单位：元

资产	期末余额	上年年末余额	负债和所有者权益（或股东权益）	期末余额	上年年末余额
流动资产：			流动负债：		
货币资金			短期借款		
交易性金融资产			交易性金融负债		
衍生金融资产			衍生金融负债		
应收票据			应付票据		
应收账款			应付账款		
应收款项融资			预收款项		
预付款项			合同负债		
其他应收款			应付职工薪酬		
存货			应交税费		
合同资产			其他应付款		
持有待售资产			持有待售负债		
一年内到期的非流动资产			一年内到期的非流动负债		
其他流动资产			其他流动负债		
流动资产合计			流动负债合计		
非流动资产：			非流动负债：		
债权投资			长期借款		
其他债权投资			应付债券		
长期应收款			其中：优先股		
长期股权投资			永续债		
其他权益工具投资			租赁负债		
其他非流动金融资产			长期应付款		
投资性房地产			预计负债		
固定资产			递延收益		

续表

资产	期末余额	上年年末余额	负债和所有者权益(或股东权益)	期末余额	上年年末余额
在建工程			递延所得税负债		
生产性生物资产			其他非流动负债		
油气资产			非流动负债合计		
使用权资产			负债合计		
无形资产			所有者权益（或股东权益）:		
开发支出			实收资本（或股本）		
商誉			其他权益工具		
长期待摊费用			其中：优先股		
递延所得税资产			永续债		
其他非流动资产			资本公积		
非流动资产合计			减：库存股		
			其他综合收益		
			专项储备		
			盈余公积		
			未分配利润		
			所有者权益（或股东权益）合计		
资产总计			负债和所有者权益(或股东权益)总计		

“交易性金融资产”“合同资产”“债权投资”“其他债权投资”和“交易性金融负债”已根据《企业会计准则第 22 号——金融工具确认和计量》作出相应调整。

修订新增项目说明。

1.新增“持有待售资产”项目，反映资产负债表日划分为持有待售类别的非流动资产及划分为持有待售类别的处置组中的流动资产和非流动资产的期末账面价值。该项目应根据在资产类科目新设置的“持有待售资产”科目的期末余额，减去“持有待售资产减值准备”科目的期末余额后的金额填列。

2.新增“持有待售负债”项目，反映资产负债表日处置组中与划分为持有待售类别的资产直接相关的负债的期末账面价值。该项目应根据在负债类科目新设置的“持有待售负债”科目的期末余额填列。

第十七条 资产满足下列条件之一的，应当归类为流动资产：

（一）预计在一个正常营业周期中变现、出售或耗用。

（二）主要为交易目的而持有。

（三）预计在资产负债表日起一年内变现。

（四）自资产负债表日起一年内，交换其他资产或清偿负债的能力不受限制的现金或现金等价物。

正常营业周期，是指企业从购买用于加工的资产起至实现现金或现金等价物的期间。正常营业周期通常短于一年。因生产周期较长等导致正常营业周期长于一年的，尽管相关资产往往超过一年才变现、出售或耗用，仍应当划分为流动资产。正常营业周期不能确定的，应当以一年（12个月）作为正常营业周期。

【解析30-13】流动资产的划分1

（一）按照流动资产在企业生产经营中所起的作用划分

1.工业企业的流动资产可分为以下几类。

（1）储备资产：从购买到投入生产为止，处于生产准备阶段的流动资产，包括原材料及主要材料、辅助材料、燃料、修理用备件、低值易耗品、包装物、外购半成品等。

（2）生产资产：从投入到产成品制成入库为止，处于生产过程中的流动资产，包括在产品、自制半成品、待摊费等。

（3）成品资产：从产品入库到产品销售为止，处于产品待销过程中的流动资产，包括产成品和准备销售的半成品和零部件等。

（4）结算资产：指各种发出商品、应收账款、应收票据等。

（5）货币资产：指银行存款、库存现金等。

2.商业企业的流动资产可分为以下几类。

（1）商品资产：包括库存商品和在途商品等。

（2）非商品资产：包括包装物、物料用品、低值易耗品、待摊费用。

（3）结算资产：包括各种应收账款、预付款、应收票据等。

（4）货币资产：包括银行存款、库存现金等。

工业企业和商业企业中同种流动资产的构成比例有很大不同，商业企业的流动资产的比重大大高于工业企业。

（二）按流动资产的表现形态划分

可分为货币性流动资产和实物形态的流动资产。货币性流动资产以货币形态存在，包括上述结算资产和货币资产；实物形态流动资产包括上述储备资产、生产资产、成品资产等，是流动资产价格鉴证的重点。

（三）按对流动资产进行计划管理的需要划分

可分为定额流动资产和非定额流动资产。定额流动资产是流动资产的基本组成部分，包括原材料、辅助材料、在产品、自制半成品、产成品等；非定额流动资产包括结算资产和货币资金。

上面的内容就是有关流动资产的分类，其中，流动资产包括现金、银行存款、短期投资、应收账款、应收票据、存货、预付费用等。其中短期投资指的是当公司的现金或银行存款超过日常营运所需时，为获取较佳的孳息，可能从事股票、债券或基金的投资，这类投资的目的在于资金的调度运用，而投资的标的有活络的市场可供即时出售变现，故归类于流动资产。

第十八条 流动资产以外的资产应当归类为非流动资产，并应按其性质分类列示。被划分为持有待售的非流动资产应当归类为流动资产。

【解析 30-14】流动资产的划分 2

流动资产是指企业可以在一年或者超过一年的一个营业周期内变现或者运用的资产，是企业资产中必不可少的组成部分。

流动资产在周转过渡中，从货币形态开始，依次改变其形态，最后又回到货币形态（货币资金→储备资金、固定资金→生产资金→成品资金→货币资金），各种形态的资金与生产流通紧密相结合，周转速度快，变现能力强。

加强对流动资产业务的审计，有利于确定流动资产业务的合法性、合规性，有利于检查流动资产业务账务处理的正确性，揭露其存在的弊端，提高流动资产的使用效益。

第十九条 负债满足下列条件之一的，应当归类为流动负债：

（一）预计在一个正常营业周期中清偿。

（二）主要为交易目的而持有。

（三）自资产负债表日起一年内到期应予以清偿。

（四）企业无权自主地将清偿推迟至资产负债表日后一年以上。负债在其对手方选择的情况下可通过发行权益进行清偿的条款与负债的流动性划分无关。

企业对资产和负债进行流动性分类时，应当采用相同的正常营业周期。企业正常营业周期中的经营性负债项目即使在资产负债表日后超过一年才予清偿的，仍应当划分为流动负债。经营性负债项目包括应付账款、应付职工薪酬等，这些项目属于企业正常营业周期中使用的营运资金的一部分。

【解析 30-15】流动负债的定义

流动负债主要包括短期借款、应付票据、应付账款、预收账款、应付工资、应付福利费、应付股利、应付利息、应交税金、其他暂收应付款项、预提费用和一年内到期的短期借款等。

第二十条 流动负债以外的负债应当归类为非流动负债，并应当按其性质分类列示。被划分为持有待售的非流动负债应当归类为流动负债。

第二十一条 对于在资产负债表日起一年内到期的负债，企业有意图且有能力自主地将清偿义务展期至资产负债表日后一年以上的，应当归类为非流动负债；不能自主地将清偿义务展期的，即使在资产负债表日后、财务报告批准报出日前签订了重新安排清偿计划协议，该项负债仍应当归类为流动负债。

【解析 30-16】流动负债的划分

（一）按流动负债的来源和性质划分

1. 融资活动形成的流动负债，如短期借款等。

2. 营业活动形成的流动负债，如应付账款、应付票据、预收账款、应付工资、应付福利费、应交税金等。

3. 收益分配形成的流动负债，如应付利润等。

（二）按流动负债应付金额的肯定程度划分

1. 应付金额确定的流动负债，如短期借款、应付账款、应付票据、预收账款、应付工资、其他应付款等。

2. 应付金额视经营情况而定的流动负债，如应交所得税、应付利润等。

3. 应付金额需要合理估计的流动负债，如预提费用、实行售后服务所产生的产品质量担保债务等。

或有负债，如未决诉讼、应收票据贴现、信用担保等；这种负债的存在与否、金额、受款人、偿付日期主要取决于有关的未来事件是否发生，因而具有较大的不确定性。

第二十二条 企业在资产负债表日或之前违反了长期借款协议，导致贷款人可随时要求清偿的负债，应当归类为流动负债。

贷款人在资产负债表日或之前同意提供在资产负债表日后一年以上的宽限期，在此期限内企业能够改正违约行为，且贷款人不能要求随时清偿的，该项负债应当归类为非流动负债。

其他长期负债存在类似情况的，比照上述第一款和第二款处理。

第二十三条 资产负债表中的资产类至少应当单独列示反映下列信息的项目：

（一）货币资金；

（二）以公允价值计量且其变动计入当期损益的金融资产；

（三）应收款项；

（四）预付款项；

（五）存货；

（六）被划分为持有待售的非流动资产及被划分为持有待售的处置组中的资产；

（七）可供出售金融资产；

（八）持有至到期投资；

（九）长期股权投资；

（十）投资性房地产；

（十一）固定资产；

（十二）生物资产；

（十三）无形资产；

（十四）递延所得税资产。

【解析 30-17】资产类项目详细填列

1. “货币资金”项目，反映企业库存现金、银行结算户存款、外埠存款、银行汇票存款、银行本票存款、信用卡存款、信用证保证金存款等的合计数。本项目应根据“库存现金”“银行存款”“其他货币资金”科目期末余额的合计数填列。

2. “交易性金融资产”项目，反映资产负债表日企业分类为以公允价值计量且其变动计入当期损益的金融资产，以及企业持有的指定为以公允价值计量且其变动计入当期损益的金融资产的期末账面价值。该项目应根据“交易性金融资产”科目的相关明细科目期末余额分析填列。自资产负债表日起超过一年到期且预期持有超过一年的以公允价值计量且其变动计入当期损益的非流动金融资产的期末账面价值，在“其他非流动金融资产”项目反映。

3.“应收票据”项目，反映资产负债表日以摊余成本计量的企业因销售商品、提供服务等收到的商业汇票，包括银行承兑汇票和商业承兑汇票。该项目应根据“应收票据”科目的期末余额，减去“坏账准备”科目中相关坏账准备期末余额后的金额分析填列。

4.“应收账款”项目，反映资产负债表日以摊余成本计量的企业因销售商品、提供服务等经营活动应收取的款项。该项目应根据“应收账款”科目的期末余额，减去“坏账准备”科目中相关坏账准备期末余额后的金额分析填列。

5.“应收款项融资”项目，反映资产负债表日以公允价值计量且其变动计入其他综合收益的应收票据和应收账款等。

6.“预付款项”项目，反映企业按照购货合同规定预付给供应单位的款项等。本项目应根据“预付账款”和“应付账款”科目所属各明细科目的期末借方余额合计数，减去“坏账准备”科目中有关预付账款计提的坏账准备期末余额后的净额填列。如“预付账款”科目所属明细科目期末为贷方余额的，应在资产负债表“应付账款”项目内填列。

7.“存货”项目，反映企业期末在库、在途和在加工中的各种存货的可变现净值或成本（成本与可变现净值孰低）。存货包括各种材料、商品、在产品、半成品、包装物、低值易耗品、发出商品等。本项目应根据“材料采购”“原材料”“库存商品”“周转材料”“委托加工物资”“发出商品”“生产成本”“受托代销商品”等科目的期末余额合计数，减去“受托代销商品款”“存货跌价准备”科目期末余额后的净额填列。材料采用计划成本核算，以及库存商品采用计划成本核算或售价核算的企业，还应按加或减材料成本差异、商品进销差价后的金额填列。

8.“合同资产”项目，反映企业按照《企业会计准则第 14 号——收入》的相关规定，根据本企业履行履约义务与客户付款之间的关系在资产负债表中列示的合同资产。“合同资产”项目应根据“合同资产”科目的相关明细科目期末余额分析填列，同一合同下的合同资产和合同负债应当以净额列示，其中净额为借方余额的，应当根据其流动性在“合同资产”或“其他非流动资产”项目中填列，已计提减值准备的，还应以减去“合同资产减值准备”科目中相关的期末余额后的金额填列；其中净额为贷方余额的，应当根据其流动性在“合同负债”或“其他非流动负债”项目中填列。

9.“持有待售资产”项目，反映资产负债表日划分为持有待售类别的非流动资产及划分为持有待售类别的处置组中的流动资产和非流动资产的期末账面价值。该项目应根据“持有待售资产”科目的期末余额，减去“持有待售资产减值准备”科目的期末余额后的金额填列。

10.“一年内到期的非流动资产”项目，反映企业预计自资产负债表日起一年内变现的非流动资产。本项目应根据有关科目的期末余额分析填列。

11.“长期股权投资”项目，反映投资方对被投资单位实施控制、重大影响的权益性投资，以及对其合营企业的权益性投资。本项目应根据“长期股权投资”科目的期末余额，减去“长期股权投资减值准备”科目的期末余额后的净额填列。

12.“其他权益工具投资”项目，反映资产负债表日企业指定为以公允价值计量且其变动计入其他综合收益的非交易性权益工具投资的期末账面价值。该项目应根据“其他权益工具投资”科目的期末余额填列。

13.“固定资产”项目，反映资产负债表日企业固定资产的期末账面价值和企业尚未清理完毕的固定资产清理净损益。该项目应根据“固定资产”科目的期末余额，减去“累计折旧”和“固定资产减值准备”科目的期末余额后的金额，以及“固定资产清理”科目的期末余额填列。

14.“使用权资产”项目，反映资产负债表日承租人企业持有的使用权资产的期末账面价值。该项目应根据“使用权资产”科目的期末余额，减去“使用权资产累计折旧”和“使用权资产减值准备”科目的期末余额后的金额填列。

15.“无形资产”项目，反映企业持有的专利权、非专利技术、商标权、著作权、土地使用权等无形资产的成本减去累计摊销和减值准备后的净值。本项目应根据“无形资产”科目的期末余额，减去“累计摊销”和“无形资产减值准备”科目期末余额后的净额填列。

16.“递延所得税资产”项目，反映企业根据《企业会计准则第 18 号——所得税》确认的可抵扣暂时性差异产生的所得税资产。本项目应根据“递延所得税资产”科目的期末余额填列。

第二十四条 资产负债表中的资产类至少应当包括流动资产和非流动资产的合计项目，按照企业的经营性质不切实可行的除外。

第二十五条 资产负债表中的负债类至少应当单独列示反映下列信息的项目：

（一）短期借款；

（二）以公允价值计量且其变动计入当期损益的金融负债；

（三）应付款项；

（四）预收款项；

（五）应付职工薪酬；

（六）应交税费；

（七）被划分为持有待售的处置组中的负债；

（八）长期借款；

（九）应付债券；

（十）长期应付款；

（十一）预计负债；

（十二）递延所得税负债。

【解析 30-18】负债类项目详细填列

1.“短期借款”项目，反映企业向银行或其他金融机构等借入的期限在一年以下（含一年）的各种借款。本项目应根据“短期借款”科目的期末余额填列。

2.“交易性金融负债”项目，反映企业资产负债表日承担的交易性金融负债，以及企业持有的直接指定为以公允价值计量且其变动计入当期损益的金融负债的期末账面价值；该项目应根据“交易性金融负债”科目的相关明细科目期末余额填列。

3.“应付票据”项目，反映资产负债表日以摊余成本计量的企业因购买材料、商品和接受服务等开出、承兑的商业汇票，包括银行承兑汇票和商业承兑汇票。该项目应根据“应付票据”科目的期末余额填列。

4.“应付账款”项目，反映资产负债表日以摊余成本计量的企业因购买材料、商品和接受服务等经营活动应支付的款项。该项目应根据“应付账款”和“预付账款”科目所属的相关明细科目的期末贷方余额合计数填列。

5.“预收款项”项目，反映企业按照购货合同规定预收供应单位的款项。本项目应根据“预收账款”和“应收账款”科目所属各明细科目的期末贷方余额合计数填列。如“预收账款”科目所属明细科目期末为借方余额的，应在资产负债表“应收账款”项目内填列。

6.“应付职工薪酬”项目，反映企业为获得职工提供的服务或解除劳动关系而给予的各种形式的报酬或补偿。企业提供给职工配偶、子女、受赡养人、已故员工遗属及其他受益人等的福利，也属于职工薪酬。职工薪酬主要包括短期薪酬、离职后福利、辞退福利和其他长期职工福利。本项目应根据“应付职工薪酬”科目所属各明细科目的期末贷方余额分析填列。外商投资企业按规定从净利润中提取的职工奖励及福利基金，也在本项目列示。

7.“应交税费”项目，反映企业按照税法规定计算应缴纳的各种税费，包括增值税、消费税、城市维护建设税、教育费附加、企业所得税、资源税、土地增值税、房产税、城镇土地使用税、车船税、矿产资源补偿费等。企业代扣代缴的个人所得税，也通过本项目列示。企业所缴纳的税金不需要预计应交数的，如印花税、耕地占用税等，不在本项目列示。本项目应根据“应交税费”科目的期末贷方余额填列，如“应交税费”科目期末为借方余额，应以“-”号填列。需要说明的是，“应交税费”科目下的“应交增值税”“未交增值税”“待抵扣进项税额”“待认证进项税额”“增值税留抵税额”等明细科目期末借方余额应根据情况，在资产负债表中的“其他流动资产”或“其他非流动资产”项目列示；“应交税费——待转销项税额”等科目期末贷方余额应根据情况，在资产负债表中的“其他流动负债”或“其他非流动负债”项目列示；“应交税费”科目下的“未交增值税”“简易计税”“转让金融商品应交增值税”“代扣代交增值税”等科目期末贷方余额应在资产负债表中的“应交税费”项目列示。

8.“持有待售负债”项目，反映资产负债表日处置组中与划分为持有待售类别的资产直接相关的负债的期末账面价值。本项目应根据“持有待售负债”科目的期末余额填列。

9.“长期借款”项目，反映企业向银行或其他金融机构借入的期限在一年以上（不含一年）的各项借款。本项目应根据“长期借款”科目的期末余额，扣除“长期借款”科目所属的明细科目中将在资产负债表日起一年内到期且企业不能自主地将清偿义务展期的长期借款后的金额计算填列。

10.“应付债券”项目，反映企业为筹集长期资金而发行的债券本金及应付的利息。本项目应根据“应付债券”科目的期末余额分析填列。对于资产负债表日企业发行的金融工具，分类为金融负债的，应在本项目填列，对于优先股和永续债还应在本项目下的“优先股”项目和“永续债”项目分别填列。

11.“长期应付款”项目，应根据“长期应付款”科目的期末余额，减去相关的“未确认融资费用”科目的期末余额后的金额，以及“专项应付款”科目的期末余额填列。

12.“预计负债”项目，反映企业根据《企业会计准则第13号——或有事项》等相关准则确认的各项预计负债，包括对外提供担保、未决诉讼、产品质量保证、重组义务以及固定资产和矿区权益弃置义务等产生的预计负债。本项目应根据“预计负债”科目的期末余额填列。企业按照《企业会计准则第 22 号——金融工具确认和计量》的相关规定，对贷款承诺等项目计提的损失准备，应当在本项目中填列。

13.“递延所得税负债”项目，反映企业根据《企业会计准则第 18 号——所得税》确认的应纳税暂时性差异产生的所得税负债。本项目应根据“递延所得税负债”科目的期末余额填列。

第二十六条 资产负债表中的负债类至少应当包括流动负债、非流动负债和负债的合计项目，按照企业的经营性质不切实可行的除外。

第二十七条 资产负债表中的所有者权益类至少应当单独列示反映下列信息的项目：

（一）实收资本（或股本，下同）；

（二）资本公积；

（三）盈余公积；

（四）未分配利润。

在合并资产负债表中，应当在所有者权益类单独列示少数股东权益。

【解析 30-19】所有者权益类项目详细填列

1.“实收资本（或股本）”项目，反映企业各投资者实际投入的资本（或股本）总额。本项目应根据“实收资本（或股本）”科目的期末余额填列。

2.“资本公积”项目，反映企业收到投资者出资超出其在注册资本或股本中所占的份额以及直接计入所有者权益的利得和损失等。本项目应根据“资本公积”科目的期末余额填列。

3.“盈余公积”项目，反映企业盈余公积的期末余额。本项目应根据“盈余公积”科目的期末余额填列。

4.“未分配利润”项目，反映企业尚未分配的利润。本项目应根据“本年利润”科目和“利润分配”科目的余额计算填列。未弥补的亏损在本项目内以“-”号填列。

第二十八条 资产负债表中的所有者权益类应当包括所有者权益的合计项目。

第二十九条 资产负债表应当列示资产总计项目，负债和所有者权益总计项目。

【例 30-1】资产负债表的编制

天华股份有限公司 2×17 年 12 月 31 日的资产负债表（年初余额略）及 2×18 年 12 月 31 日的科目余额表分别见表 30-2 和表 30-3。假设天华股份有限公司 2×18 年度除计提固定资产减值准备导致固定资产账面价值与其计税基础存在可抵扣暂时性差异外，其他资产和负债项目的账面价值均等于其计税基础。假定天华股份有限公司未来很可能获得足够的应纳税所得额用来抵扣可抵扣暂时性差异，适用的所得税税率为 25%。

表 30-2 资产负债表

会企 01 表

编制单位：天华股份有限公司　　　　2×17 年 12 月 31 日　　　　单位：元

资产	期末余额	上年年末余额	负债和所有者权益（或股东权益）	期末余额	上年年末余额
流动资产：			流动负债：		
货币资金	1 406 300		短期借款	300 000	
交易性金融资产	15 000		交易性金融负债	0	
衍生金融资产	0		衍生金融负债	0	
应收票据	246 000		应付票据	200 000	
应收账款	299 100		应付账款	953 800	
应收款项融资	0		预收款项	0	
预付款项	100 000		合同负债	0	
其他应收款	5 000		应付职工薪酬	110 000	
存货	2 580 000		应交税费	36 600	
合同资产	0		其他应付款	51 000	
持有待售资产	0		持有待售负债	0	
一年内到期的非流动资产	0		一年内到期的非流动负债	1 000 000	
其他流动资产	100 000		其他流动负债	0	
流动资产合计	4 751 400		流动负债合计	2 651 400	
非流动资产：			非流动负债：		
债权投资	0		长期借款	600 000	
其他债权投资	0		应付债券	0	
长期应收款	0		其中：优先股	0	
长期股权投资	250 000		永续债	0	
其他权益工具投资	0		租赁负债	0	
其他非流动金融资产	0		长期应付款	0	
投资性房地产	0		预计负债	0	
固定资产	1 100 000		递延收益	0	
在建工程	1 500 000		递延所得税负债	0	
生产性生物资产	0		其他非流动负债	0	
油气资产	0		非流动负债合计	600 000	
使用权资产	0		负债合计	3 251 400	
无形资产	600 000		所有者权益（或股东权益）：		
开发支出	0		实收资本（或股本）	5 000 000	
商誉	0		其他权益工具	0	
长期待摊费用	0		其中：优先股	0	
递延所得税资产	0		永续债	0	

续表

资产	期末余额	上年年末余额	负债和所有者权益(或股东权益)	期末余额	上年年末余额
其他非流动资产	200 000		资本公积	0	
非流动资产合计	3 650 000		减：库存股	0	
			其他综合收益	0	
			专项储备	0	
			盈余公积	100 000	
			未分配利润	50 000	
			所有者权益（或股东权益）合计	5 150 000	
资产总计	8 401 400		负债和所有者权益(或股东权益)总计	8 401 400	

表 30-3　科目余额表

单位：元

科目名称	借方余额	科目名称	贷方余额
库存现金	2 000	短期借款	50 000
银行存款	805 831	应付票据	100 000
其他货币资金	7 300	应付账款	953 800
交易性金融资产	0	其他应付款	50 000
应收票据	66 000	应付职工薪酬	180 000
应收账款	600 000	应交税费	226 731
坏账准备	–1 800	应付利息	0
预付账款	100 000	应付股利	32 215.85
其他应收款	5 000	递延所得税负债	0
材料采购	275 000	递延收益	0
原材料	45 000	长期借款	1 148 000
周转材料	38 050	股本	5 000 000
库存商品	2 122 400	资本公积	0
材料成本差异	4 250	其他综合收益	12 000
其他流动资产	100 000	盈余公积	124 770.4
债权投资	0	利润分配（未分配利润）	218 013.75
其他债权投资	0		
其他权益工具投资	0		
长期股权投资	262 000		
固定资产	2 401 000		
累计折旧	–170 000		
固定资产减值准备	–30 000		

续表

科目名称	借方余额	科目名称	贷方余额
工程物资	300 000		
在建工程	428 000		
无形资产	600 000		
累计摊销	-60 000		
递延所得税资产	7 500		
其他长期资产	188 000		
合计	8 095 531	合计	8 095 531

根据上述资料，编制天华股份有限公司2×18年12月31日的资产负债表，如表30-4所示。

表30-4 资产负债表

会企01表

编制单位：天华股份有限公司　　2×18年12月31日　　单位：元

资产	期末余额	上年年末余额	负债和所有者权益（或股东权益）	期末余额	上年年末余额
流动资产：			流动负债：		
货币资金	815 131	1 406 300	短期借款	50 000	300 000
交易性金融资产	0	15 000	交易性金融负债	0	0
衍生金融资产	0	0	衍生金融负债	0	0
应收票据	66 000	246 000	应付票据	100 000	200 000
应收账款	598 200	299 100	应付账款	953 800	953 800
应收款项融资	0	0	预收款项	0	0
预付款项	100 000	100 000	合同负债	0	0
其他应收款	5 000	5 000	应付职工薪酬	180 000	110 000
存货	2 484 700	2 580 000	应交税费	226 731	36 600
合同资产	0	0	其他应付款	82 215.85	51 000
持有待售资产	0	0	持有待售负债	0	0
一年内到期的非流动资产	0	0	一年内到期的非流动负债	0	1 000 000
其他流动资产	100 000	100 000	其他流动负债	0	0
流动资产合计	4 169 031	4 751 400	流动负债合计	1 592 746.85	2 651 400
非流动资产：			非流动负债：		
债权投资	0	0	长期借款	1 148 000	600 000
其他债权投资	0	0	应付债券	0	0
长期应收款	0	0	其中：优先股	0	0
长期股权投资	262 000	250 000	永续债	0	0
其他权益工具投资	0	0	租赁负债	0	0

续表

资产	期末余额	上年年末余额	负债和所有者权益（或股东权益）	期末余额	上年年末余额
其他非流动金融资产	0	0	长期应付款	0	0
投资性房地产	0	0	预计负债	0	0
固定资产	2 201 000	1 100 000	递延收益	0	0
在建工程	428 000	1 500 000	递延所得税负债	0	0
生产性生物资产	300 000	0	其他非流动负债	0	0
油气资产	0	0	非流动负债合计	1 148 000	600 000
使用权资产	0	0	负债合计	2 740 746.85	3 251 400
无形资产	540 000	600 000	所有者权益（或股东权益）：		
开发支出	0	0	实收资本（或股本）	5 000 000	5 000 000
商誉	0	0	其他权益工具	0	0
长期待摊费用	0	0	其中：优先股	0	0
递延所得税资产	7 500	0	永续债	0	0
其他非流动资产	188 000	200 000	资本公积	0	0
非流动资产合计	3 926 500	3 650 000	减：库存股	0	0
			其他综合收益	12 000	0
			专项储备	0	0
			盈余公积	124 770.4	100 000
			未分配利润	218 013.75	50 000
			所有者权益（或股东权益）合计	5 354 784.15	5 150 000
资产总计	8 095 531	8 401 400	负债和所有者权益（或股东权益）总计	8 095 531	8 401 400

第四章　利润表

第三十条　企业在利润表中应当对费用按照功能分类，分为从事经营业务发生的成本、管理费用、销售费用和财务费用等。

【解析 30-20】利润表样表

利润表，又称损益表，是反映企业在一定会计期间的经营成果的报表。

通过利润表，可以反映企业在一定会计期间收入、费用、利润（或亏损）的金额和构成情况，为财务报表使用者全面了解企业的经营成果、分析企业的获利能力及盈利增长趋势、作出经济决策提供依据。

利润表的结构有单步式和多步式两种。单步式利润表是将当期所有的收入列在一起，所有的费用列在一起，然后将两者相减得出当期净损益。我国企业的利润表采用多步式格式，即通过对当期的收入、费用、支出项目按性质加以归类，按利润形成的主要环节列示一些中间性利润指标，分步计算当期净损益，以便财务报表使用者理解企业经营成果的不同来源。

利润表一般由表头、表体两部分组成。表头部分应列明报表名称、编制单位名称、编制日期、报表编号和计量单位。表头部分为利润表的主体，列示了形成经营成果的各个项目和计算过程。

为了使财务报表使用者通过比较不同期间利润的实现情况，判断企业经营成果的未来发展趋势，企业需要提供比较利润表。为此，利润表金额栏分为“本期金额”和“上期金额”两栏分别填列。

利润表样表如表 30-5 所示。

表 30-5　利润表

会企 02 表

编制单位：　　　　　　　　　　　年度　　　　　　　　　　　单位：元

项目	本年金额	上期金额
一、营业收入		
减：营业成本		
税金及附加		
销售费用		
管理费用		
研发费用		
财务费用		
其中：利息费用		
利息收入		
加：其他收益		
投资收益（损失以“—”号填列）		
其中：对联营企业和合营企业的投资收益		
以摊余成本计量的金融资产终止确认收益（损失以“—”号填列）		
净敞口套期收益（损失以“—”号填列）		
公允价值变动收益（损失以“—”号填列）		
信用减值损失		
资产减值损失		
资产处置收益（损失以“—”号填列）		
二、营业利润（亏损以“—”号填列）		
加：营业外收入		
减：营业外支出		
三、利润总额（亏损总额以“—”号填列）		
减：所得税费用		

续表

项目	本年金额	上期金额
四、净利润（净亏损以“–”号填列）		
（一）持续经营净利润（净亏损以“–”号填列）		
（二）终止经营净利润（净亏损以“–”号填列）		
五、其他综合收益的税后净额		
（一）不能重分类进损益的其他综合收益		
1. 重新计量设定受益计划变动额		
2. 权益法下不能转损益的其他综合收益		
3. 其他权益工具投资公允价值变动		
4. 企业自身信用风险公允价值变动		
……		
（二）将重分类进损益的其他综合收益		
1. 权益法下可转损益的其他综合收益		
2. 其他债权投资公允价值变动		
3. 金融资产重分类计入其他综合收益的金额		
4. 其他债权投资信用减值准备		
5. 现金流量套期储备		
6. 外币财务报表折算差额		
……		
六、综合收益总额		
七、每股收益：		
（一）基本每股收益		
（二）稀释每股收益		

修订新增项目说明。

1. 新增“资产处置收益”项目，反映企业出售划分为持有待售的非流动资产（金融工具、长期股权投资和投资性房地产除外）或处置组时确认的处置利得或损失，以及处置未划分为持有待售的固定资产、在建工程、生产性生物资产及无形资产而产生的处置利得或损失。债务重组中因处置非流动资产产生的利得或损失和非货币性资产交换产生的利得或损失也包括在本项目内。该项目应根据在损益类科目新设置的“资产处置损益”科目的发生额分析填列；如为处置损失，以“–”号填列。

2. 新增“其他收益”项目，反映计入其他收益的政府补助等。该项目应根据在损益类科目新设置的“其他收益”科目的发生额分析填列。

3. “营业外收入”项目，反映企业发生的营业利润以外的收益，主要包括与企业日常活动无关的政府补助、盘盈利得、捐赠利得等。该项目应根据“营业外收入”科目的发生额分析填列。

4. “营业外支出”项目，反映企业发生的营业利润以外的支出，主要包括公益性捐赠支出、非常损失、盘亏损失、非流动资产毁损报废损失等。该项目应根据“营业外支出”科目的发生额分析填列。

5. 新增“（一）持续经营净利润”和“（二）终止经营净利润”项目，分别反映净利润中与持续经营相关的净利润和与终止经营相关的净利润；如为净亏损，以“-”号填列。该两个项目应按照《企业会计准则第42号——持有待售的非流动资产、处置组和终止经营》的相关规定分别列报。

第三十一条 利润表至少应当单独列示反映下列信息的项目，但其他会计准则另有规定的除外：

（一）营业收入；

（二）营业成本；

（三）税金及附加；

（四）管理费用；

（五）销售费用；

（六）财务费用；

（七）投资收益；

（八）公允价值变动损益；

（九）资产减值损失；

（十）非流动资产处置损益；

（十一）所得税费用；

（十二）净利润；

（十三）其他综合收益各项目分别扣除所得税影响后的净额；

（十四）综合收益总额。

金融企业可以根据其特殊性列示利润表项目。

【解析30-21】利润表项目详细填列

1.“营业收入”项目，反映企业经营主要业务和其他业务所确认的收入总额。本项目应根据“主营业务收入”和“其他业务收入”科目的发生额分析填列。

2.“营业成本”项目反映企业经营主要业务和其他业务所发生的成本总额。本项目应根据“主营业务成本”和“其他业务成本”科目的发生额分析填列。

3.“税金及附加”项目，反映企业经营业务应负担的消费税、城市维护建设税、教育费附加、资源税、土地增值税、房产税、车船税、城镇土地使用税、印花税等相关税费。本项目应根据“税金及附加”科目的发生额分析填列。

4.“销售费用”项目，反映企业在销售商品过程中发生的包装费、广告费等费用和为销售本企业商品而专设的销售机构的职工薪酬、业务费等经营费用。本项目应根据“销售费用”科目的发生额分析填列。

5.“管理费用”项目，反映企业为组织和管理生产经营发生的管理费用。本项目应根据“管理费用”科目的发生额分析填列。

6.“财务费用”项目，反映企业为筹集生产经营所需资金等而发生的应予费用化的利息支出。本项目应根据“财务费用”科目的相关明细科目发生额分析填列。其中：“利息费用”项目，反映企业为筹集生产经营所需资金等而发生的应予费用化的利息支出，本项目应根据“财务费用”科目的相关明细科目的发生额分析填列。“利息收入”项目，反映企业应冲减财务费用的利息收入，本项目应根据“财务费用”科目的相关明细科目的发生额分析填列。

7.“投资收益”项目，反映企业以各种方式对外投资所取得的收益。本项目应根据“投资收益”科目的发生额分析填列。如为投资损失，本项目以“-”号填列。

8.“公允价值变动收益”项目，反映企业应当计入当期损益的资产或负债公允价值变动收益。本项目应根据“公允价值变动损益”科目的发生额分析填列，如为净损失，本项目以“-”号填列。

9.“资产减值损失”项目，反映企业有关资产发生的减值损失。本项目应根据“资产减值损失”科目的发生额分析填列。

10.“资产处置收益”项目，反映企业出售划分为持有待售的非流动资产（金融工具、长期股权投资和投资性房地产除外）或处置组（子公司和业务除外）时确认的处置利得或损失，以及处置未划分为持有待售的固定资产、在建工程、生产性生物资产及无形资产而产生的处置利得或损失。债务重组中因处置非流动资产（金融工具、长期股权投资和投资性房地产除外）产生的利得或损失和非货币性资产交换中换出非流动资产（金融工具、长期股权投资和投资性房地产除外）产生的利得或损失也包括在本项目内。本项目应根据“资产处置损益”科目的发生额分析填列；如为处置损失，本科目以“-”号填列。

11.“所得税费用”项目，反映企业应从当期利润总额中扣除的所得税费用。本项目应根据“所得税费用”科目的发生额分析填列。

12.“净利润”项目，反映企业实现的净利润。如为亏损，本项目以“-”号填列。

13.“其他综合收益的税后净额”项目，反映企业根据企业会计准则规定未在损益中确认的各项利得和损失扣除所得税影响后的净额。

14.“综合收益总额”项目，反映企业净利润与其他综合收益（税后净额）的合计金额。

第三十二条 综合收益，是指企业在某一期间除与所有者以其所有者身份进行的交易之外的其他交易或事项所引起的所有者权益变动。综合收益总额项目反映净利润和其他综合收益扣除所得税影响后的净额相加后的合计金额。

第三十三条 其他综合收益，是指企业根据其他会计准则规定未在当期损益中确认的各项利得和损失。

其他综合收益项目应当根据其他相关会计准则的规定分为下列两类列报：

（一）以后会计期间不能重分类进损益的其他综合收益项目，主要包括重新计量设定受益计划净负债或净资产导致的变动、按照权益法核算的在被投资单位以后会计期间不能重分类进损益的其他综合收益中所享有的份额等；

（二）以后会计期间在满足规定条件时将重分类进损益的其他综合收益项目，主要包括按照权益法核算的在被投资单位以后会计期间在满足规定条件时将重分类进损益的其他综合收益中所享有的份额、可供出售金融资产公允价值变动形成的利得或损失、持有至到期投资重分类为可供出售金融资产形成的利得或损失、现金流量套期工具产生的利得或损失中属于有效套期的部分、外币财务报表折算差额等。

【解析 30-22】其他综合收益的定义

其他综合收益，是指企业根据其他会计准则规定未在当期损益中确认的各项利得和损失。其他综合收益项目分为下列两类。（1）不能重分类进损益的其他综合收益，主要包括：重新计量设定受益计划变动额、权益法不能转损益的其他综合收益、其他权益工具投资公允价值变动、企业自身信用风险公允价值变动等。（2）将重分类进损益的其他综合收益，主要包括：按照权益法下可转损益的其他综合收益、其他债权投资公允价值变动、金融资产重分类计入其他综合收益的金额、其他债权投资信用减值准备、现金流量套期储备、外币财务报表折算差额、自用房地产或作为存货的房地产转换为以公允价值模式计量的投资性房地产在转换日公允价值大于账面价值部分等。

第三十四条 在合并利润表中，企业应当在净利润项目之下单独列示归属于母公司所有者的损益和归属于少数股东的损益，在综合收益总额项目之下单独列示归属于母公司所有者的综合收益总额和归属于少数股东的综合收益总额。

【解析 30-23】综合收益总额的定义

净利润加上其他综合收益税后净额，即为综合收益总额。

【例 30-2】利润表的编制

天华股份有限公司 2×18 年度有关损益类科目和“其他综合收益”明细科目的本年累计发生净额分别如表 30-6 和表 30-7 所示。

表 30-6 天华股份有限公司损益类科目 2×18 年度累计发生净额

单位：元

科目名称	借方发生额	贷方发生额
主营业务收入		1 250 000
主营业务成本	750 000	
税金及附加	2 000	
销售费用	20 000	
管理费用	157 100	
财务费用	41 500	
资产减值损失	30 900	
投资收益		31 500
营业外收入		50 000
营业外支出	19 700	
所得税费用	85 300	

表 30-7 天华股份有限公司“其他综合收益”明细科目 2×18 年度累计发生净额

单位：元

明细科目名称	借方发生额	贷方发生额
权益法下可转损益的其他综合收益		12 000
合计	0	12 000

注：天华公司持有乙公司 30% 的股份，能够对乙公司施加重大影响。2×18 年度，乙公司因持有的可供出售金融资产公允价值变动计入资本公积的金额为 40 000 元。假定天华公司与乙公司适用的会计政策、会计期间相同，投资时乙公司有关资产、负债的公允价值与其账面价值相同，双方在当期及以前期间未发生任何内部交易，并且假定不考虑交易费用及其他相关因素。

根据上述资料，编制天华股份有限公司 2×18 年度利润表，如表 30-8 所示。

表 30-8 利润表

会企 02 表

编制单位：天华股份有限公司　　2×18 年度　　单位：元

项目	本年金额	上期金额
一、营业收入	1 250 000	
减：营业成本	750 000	
税金及附加	2 000	
销售费用	20 000	
管理费用	157 100	
研发费用	0	
财务费用	41 500	
其中：利息费用	0	
利息收入	0	
加：其他收益	0	
投资收益（损失以“–”号填列）	31 500	
其中：对联营企业和合营企业的投资收益	0	
以摊余成本计量的金融资产终止确认收益（损失以“–”号填列）	0	
净敞口套期收益（损失以“–”号填列）	0	
公允价值变动收益（损失以“–”号填列）	0	
信用减值损失	0	
资产减值损失	30 900	
资产处置收益（损失以“–”号填列）	0	
二、营业利润（亏损以“–”号填列）	280 000	
加：营业外收入	50 000	
减：营业外支出	19 700	
三、利润总额（亏损总额以“–”号填列）	310 300	
减：所得税费用	85 300	

续表

项目	本年金额	上期金额
四、净利润（净亏损以“–”号填列）	225 000	
（一）持续经营净利润（净亏损以“–”号填列）	225 000	
（二）终止经营净利润（净亏损以“–”号填列）		
五、其他综合收益的税后净额	12 000	
（一）不能重分类进损益的其他综合收益	0	
1. 重新计量设定受益计划变动额	0	
2. 权益法下不能转损益的其他综合收益	0	
3. 其他权益工具投资公允价值变动	0	
4. 企业自身信用风险公允价值变动	0	
……		
（二）将重分类进损益的其他综合收益	12 000	
1. 权益法下可转损益的其他综合收益	12 000	
2. 其他债权投资公允价值变动	0	
3. 金融资产重分类计入其他综合收益的金额	0	
4. 其他债权投资信用减值准备	0	
5. 现金流量套期储备	0	
6. 外币财务报表折算差额	0	
……		
六、综合收益总额	237 000	
七、每股收益：		
（一）基本每股收益	（略）	
（二）稀释每股收益	（略）	

第五章　所有者权益变动表

第三十五条　所有者权益变动表应当反映构成所有者权益的各组成部分当期的增减变动情况。综合收益和与所有者（或股东，下同）的资本交易导致的所有者权益的变动，应当分别列示。

与所有者的资本交易，是指企业与所有者以其所有者身份进行的、导致企业所有者权益变动的交易。

【解析 30-24】所有者权益变动表样表

所有者权益变动表样表如表 30-9 所示。

表 30-9 所有者权益变动表

会企 04 表

编制单位： 年度 单位：万元

项目	本年金额											上年金额										
	实收资本（或股本）	其他权益工具			资本公积	减：库存股	其他综合收益	专项储备	盈余公积	未分配利润	所有者权益合计	实收资本（或股本）	其他权益工具			资本公积	减：库存股	其他综合收益	专项储备	盈余公积	未分配利润	所有者权益合计
		优先股	永续债	其他									优先股	永续债	其他							
一、上年年末余额																						
加：会计政策变更																						
前期差错更正																						
其他																						
二、本年年初余额																						
三、本年增减变动金额（减少以“—”号填列）																						
（一）综合收益总额																						
（二）所有者投入和减少资本																						
1. 所有者投入的普通股																						
2. 其他权益工具持有者投入资本																						
3. 股份支付计入所有者权益的金额																						
4. 其他																						

续表

项目	本年金额											上年金额										
	实收资本（或股本）	其他权益工具			资本公积	减：库存股	其他综合收益	专项储备	盈余公积	未分配利润	所有者权益合计	实收资本（或股本）	其他权益工具			资本公积	减：库存股	其他综合收益	专项储备	盈余公积	未分配利润	所有者权益合计
		优先股	永续债	其他									优先股	永续债	其他							
（三）利润分配																						
1. 提取盈余公积																						
2. 对所有者（或股东）的分配																						
3. 其他																						
（四）所有者权益内部结转																						
1. 资本公积转增资本（或股本）																						
2. 盈余公积转增资本（或股本）																						
3. 盈余公积弥补亏损																						
4. 设定受益计划变动额结转留存收益																						
5. 其他综合收益结转留存收益																						
6. 其他																						
四、本年年末余额																						

第三十六条 所有者权益变动表至少应当单独列示反映下列信息的项目：

（一）综合收益总额，在合并所有者权益变动表中还应单独列示归属于母公司所有者的综合收益总额和归属于少数股东的综合收益总额；

（二）会计政策变更和前期差错更正的累积影响金额；

（三）所有者投入资本和向所有者分配利润等；

（四）按照规定提取的盈余公积；

（五）所有者权益各组成部分的期初和期末余额及其调节情况。

【例 30-3】所有者权益变动表的编制

沿用【例 30-1】和【例 30-2】的资料，天华股份有限公司其他相关资料为：提取盈余公积 24 770.4 元，向投资者分配现金股利 32 215.85 元。

根据上述资料，编制天华股份有限公司 2×18 年度的所有者权益变动表，如表 30-10 所示。

表 30-10　所有者权益变动表

会企 04 表

编制单位：天华股份有限公司　　　　2×18 年度　　　　单位：万元

项目	本年金额											上年金额										
	实收资本（或股本）	其他权益工具			资本公积	减：库存股	其他综合收益	专项储备	盈余公积	未分配利润	所有者权益合计	实收资本（或股本）	其他权益工具			资本公积	减：库存股	其他综合收益	专项储备	盈余公积	未分配利润	所有者权益合计
		优先股	永续债	其他									优先股	永续债	其他							
一、上年年末余额	5 000 000	0	0	0	0	0	0	0	100 000	50 000	5 150 000											
加：会计政策变更																						
前期差错更正																						
其他																						
二、本年年初余额	5 000 000	0	0	0	0	0	0	0	100 000	50 000	5 150 000											
三、本年增减变动金额（减少以“—”号填列）																						
（一）综合收益总额							12 000			225 000	237 000											
（二）所有者投入和减少资本																						
1. 所有者投入的普通股																						
2. 其他权益工具持有者投入资本																						

续表

项目	本年金额											上年金额										
	实收资本（或股本）	其他权益工具			资本公积	减：库存股	其他综合收益	专项储备	盈余公积	未分配利润	所有者权益合计	实收资本（或股本）	其他权益工具			资本公积	减：库存股	其他综合收益	专项储备	盈余公积	未分配利润	所有者权益合计
		优先股	永续债	其他									优先股	永续债	其他							
3. 股份支付计入所有者权益的金额																						
4. 其他																						
（三）利润分配																						
1. 提取盈余公积									24 770.40	–24 770.40	0											
2. 对所有者（或股东）的分配										–32 215.85	–32 215.85											
3. 其他																						
（四）所有者权益内部结转																						
1. 资本公积转增资本（或股本）																						
2. 盈余公积转增资本（或股本）																						
3. 盈余公积弥补亏损																						
4. 设定受益计划变动额结转留存收益																						

续表

项目	本年金额											上年金额										
	实收资本（或股本）	其他权益工具			资本公积	减：库存股	其他综合收益	专项储备	盈余公积	未分配利润	所有者权益合计	实收资本（或股本）	其他权益工具			资本公积	减：库存股	其他综合收益	专项储备	盈余公积	未分配利润	所有者权益合计
		优先股	永续债	其他									优先股	永续债	其他							
5. 其他综合收益结转留存收益																						
6. 其他																						
四、本年年末余额	5 000 000	0	0	0	0	0	12 000		124 770.40	218 013.75	5 354 784.15											

第六章　附注

第三十七条　附注是对在资产负债表、利润表、现金流量表和所有者权益变动表等报表中列示项目的文字描述或明细资料，以及对未能在这些报表中列示项目的说明等。

【解析 30-25】附注的定义

附注是对资产负债表、利润表、现金流量表和所有者权益变动表等报表中列示项目的文字描述或明细资料，以及对未能在这些报表中列示项目的说明等。附注主要起到两方面的作用。第一，附注的披露，是对资产负债表、利润表、现金流量表和所有者权益变动表列示项目含义的补充说明，以帮助财务报表使用者更准确地把握其含义。例如，通过阅读附注中披露的固定资产折旧政策的说明，使用者可以掌握报告企业与其他企业在固定资产折旧政策上的异同，以便进行更准确的比较。第二，附注提供了对资产负债表、利润表、现金流量表和所有者权益变动表中未列示项目的详细或明细说明。例如，通过阅读附注中披露的存货增减变动情况，财务报表使用者可以了解资产负债表中未单列的存货分类信息。

第三十八条　附注应当披露财务报表的编制基础，相关信息应当与资产负债表、利润表、现金流量表和所有者权益变动表等报表中列示的项目相互参照。

【解析 30-26】附注披露的总体要求

附注相关信息应当与资产负债表、利润表、现金流量表和所有者权益变动表等报表中列示的项目相互参照，以有助于使用者联系相关联的信息，并由此从整体上更好地理解财务报表。

企业在披露附注信息时，应当以定量、定性信息相结合，按照一定的结构对附注信息进行系统合理的排列和分类，以便于使用者理解和掌握。

第三十九条　附注一般应当按照下列顺序至少披露：

（一）企业的基本情况。

1. 企业注册地、组织形式和总部地址。

2. 企业的业务性质和主要经营活动。

3. 母公司以及集团最终母公司的名称。

4. 财务报告的批准报出者和财务报告批准报出日，或者以签字人及其签字日期为准。

5. 营业期限有限的企业，还应当披露有关其营业期限的信息。

（二）财务报表的编制基础。

（三）遵循企业会计准则的声明。

企业应当声明编制的财务报表符合企业会计准则的要求，真实、完整地反映了企业的财务状况、经营成果和现金流量等有关信息。

（四）重要会计政策和会计估计。

重要会计政策的说明，包括财务报表项目的计量基础和在运用会计政策过程中所做的重要判断等。重要会计估计的说明，包括可能导致下一个会计期间内资产、负债账面价值重大调整的会计估计的确定依据等。

企业应当披露采用的重要会计政策和会计估计，并结合企业的具体实际披露其重要会计政策的确定依据和财务报表项目的计量基础，及其会计估计所采用的关键假设和不确定因素。

（五）会计政策和会计估计变更以及差错更正的说明。

企业应当按照《企业会计准则第 28 号——会计政策、会计估计变更和差错更正》的规定，披露会计政策和会计估计变更以及差错更正的情况。

（六）报表重要项目的说明。

企业应当按照资产负债表、利润表、现金流量表、所有者权益变动表及其项目列示的顺序，对报表重要项目的说明采用文字和数字描述相结合的方式进行披露。报表重要项目的明细金额合计，应当与报表项目金额相衔接。

企业应当在附注中披露费用按照性质分类的利润表补充资料，可将费用分为耗用的原材料、职工薪酬费用、折旧费用、摊销费用等。

（七）或有和承诺事项、资产负债表日后非调整事项、关联方关系及其交易等需要说明的事项。

（八）有助于财务报表使用者评价企业管理资本的目标、政策及程序的信息。

第四十条　企业应当在附注中披露下列关于其他综合收益各项目的信息：

（一）其他综合收益各项目及其所得税影响；

（二）其他综合收益各项目原计入其他综合收益、当期转出计入当期损益的金额；

（三）其他综合收益各项目的期初和期末余额及其调节情况。

第四十一条　企业应当在附注中披露终止经营的收入、费用、利润总额、所得税费用和净利润，以及归属于母公司所有者的终止经营利润。

第四十二条　终止经营，是指满足下列条件之一的已被企业处置或被企业划归为持有待售的、在经营和编制财务报表时能够单独区分的组成部分：

（一）该组成部分代表一项独立的主要业务或一个主要经营地区。

（二）该组成部分是拟对一项独立的主要业务或一个主要经营地区进行处置计划的一部分。

（三）该组成部分是仅仅为了再出售而取得的子公司。

同时满足下列条件的企业组成部分（或非流动资产，下同）应当确认为持有待售：该组成部分必须在其当前状况下仅根据出售此类组成部分的惯常条款即可立即出售；企业已经就处置该组成部分作出决议，如按规定需得到股东批准的，应当已经取得股东大会或相应权力机构的批准；企业已经与受让方签订了不可撤销的转让协议；该项转让将在一年内完成。

【解析 30-27】附注的说明

1. 报表重要项目的说明。

企业应当以文字和数字描述相结合，尽可能以列表形式披露重要报表项目的构成或当期增减变动情况，并且报表重要项目的明细金额合计，应当与报表项目金额相衔接。在披露顺序上，一般应当按照资产负债表、利润表、现金流量表、所有者权益变动表的顺序及其报表项目列示的顺序。

2. 其他需要说明的重要事项。

这主要包括或有和承诺事项、资产负债表日后非调整事项、关联方关系及其交易等。

3. 有助于财务报表使用者评价企业管理资本的目标、政策及程序的信息。

第四十三条 企业应当在附注中披露在资产负债表日后、财务报告批准报出日前提议或宣布发放的股利总额和每股股利金额（或向投资者分配的利润总额）。

第七章 衔接规定

第四十四条 在本准则施行日之前已经执行企业会计准则的企业，应当按照本准则调整财务报表的列报项目；涉及有关报表和附注比较数据的，也应当做相应调整，调整不切实可行的除外。

第八章 附则

第四十五条 本准则自 2014 年 7 月 1 日起施行。

企业会计准则第 31 号——现金流量表

《企业会计准则第 31 号——现金流量表》于 2006 年 2 月 15 日由财会〔2006〕3 号公布，自 2007 年 1 月 1 日起施行。

第一章 总则

第一条 为了规范现金流量表的编制和列报，根据《企业会计准则——基本准则》，制定本准则。

第二条 现金流量表，是指反映企业在一定会计期间现金和现金等价物流入和流出的报表。

现金，是指企业库存现金以及可以随时用于支付的存款。

现金等价物，是指企业持有的期限短、流动性强、易于转换为已知金额现金、价值变动风险很小的投资。

本准则提及现金时，除非同时提及现金等价物，均包括现金和现金等价物。

【解析 31-1】现金及现金等价物

现金流量，是指企业现金和现金等价物的流入和流出。企业从银行提取现金、用现金购买短期到期的国库券等现金和现金等价物之间的转换不属于现金流量。

现金，是指企业库存现金以及可以随时用于支付的存款。不能随时用于支取的存款不属于现金。

现金等价物，是指企业持有的期限短、流动性强、易于转换为已知金额现金、价值变动风险很小的投资。期限短，一般是指从购买日起 3 个月内到期。现金等价物通常包括 3 个月内到期的短期债券投资。权益性投资变现的金额通常不确定，因而不属于现金等价物。企业应当根据具体情况，确定现金等价物的范围，一经确定不得随意变更。

第三条 合并现金流量表的编制和列报，适用《企业会计准则第 33 号——合并财务报表》。

【解析 31-2】现金流量表格式及附注的适用范围

本解释分别一般企业、商业银行、保险公司、证券公司等规定了现金流量表格式及附注，企业应当根据其经营活动的性质，确定适合本企业的现金流量表格式。

信托投资公司、租赁公司、财务公司、典当公司应当执行商业银行现金流量表格式及附注规定，如有特别需要，可以结合本企业的实际情况，进行必要调整和补充后实施。

担保公司应当执行保险公司现金流量表格式及附注规定，如有特别需要，可以结合本企业的实际情况，进行必要调整和补充后实施。

基金公司应当执行证券公司现金流量表格式及附注规定，如有特别需要，可以结合本企业的实际情况，进行必要调整和补充后实施。

摘录于《〈企业会计准则第 31 号——现金流量表〉解释》

第二章　基本要求

第四条　现金流量表应当分别经营活动、投资活动和筹资活动列报现金流量。

【解析 31-3】现金流量表样表

现金流量表样表如表 31-1 所示。

表 31-1　现金流量表

会企 03 表

编制单位：　　　　　　　年度　　　　　　　单位：万元

项目	期末金额	期初金额
一、经营活动产生的现金流量：		
销售商品、提供劳务收到的现金		
收到的税费返还		
收到其他与经营活动有关的现金		
经营活动现金流入小计		
购买商品、接受劳务支付的现金		
支付给职工以及为职工支付的现金		
支付的各项税费		
支付其他与经营活动有关的现金		
经营活动现金流出小计		
经营活动产生的现金流量净额		
二、投资活动产生的现金流量：		
收回投资收到的现金		
取得投资收益收到的现金		
处置固定资产、无形资产和其他长期资产收回的现金净额		
处置子公司及其他营业单位收到的现金净额		
收到其他与投资活动有关的现金		
投资活动现金流入小计		
购建固定资产、无形资产和其他长期资产支付的现金		
投资支付的现金		
取得子公司及其他营业单位支付的现金净额		
支付其他与投资活动有关的现金		
投资活动现金流出小计		
投资活动产生的现金流量净额		

续表

项目	期末金额	期初金额
三、筹资活动产生的现金流量：		
吸收投资收到的现金		
取得借款收到的现金		
收到其他与筹资活动有关的现金		
筹资活动现金流入小计		
偿还债务支付的现金		
分配股利、利润或偿付利息支付的现金		
支付其他与筹资活动有关的现金		
筹资活动现金流出小计		
筹资活动产生的现金流量净额		
四、汇率变动对现金及现金等价物的影响		
五、现金及现金等价物净增加额		
加：期初现金及现金等价物余额		
六、期末现金及现金等价物余额		

第五条 现金流量应当分别按照现金流入和现金流出总额列报。但是，下列各项可以按照净额列报：

（一）代客户收取或支付的现金。

（二）周转快、金额大、期限短项目的现金流入和现金流出。

（三）金融企业的有关项目，包括短期贷款发放与收回的贷款本金、活期存款的吸收与支付、同业存款和存放同业款项的存取、向其他金融企业拆借资金、以及证券的买入与卖出等。

第六条 自然灾害损失、保险索赔等特殊项目，应当根据其性质，分别归并到经营活动、投资活动和筹资活动现金流量类别中单独列报。

第七条 外币现金流量以及境外子公司的现金流量，应当采用现金流量发生日的即期汇率或按照系统合理的方法确定的、与现金流量发生日即期汇率近似的汇率折算。汇率变动对现金的影响额应当作为调节项目，在现金流量表中单独列报。

【解析 31-4】汇率变动对现金及现金等价物的影响

“汇率变动对现金及现金等价物的影响”项目，反映下列项目的差额：

（1）企业外币现金流量及境外子公司的现金流量折算为记账本位币时，所采用的现金流量发生日的即期汇率或按照系统合理的方法确定的、与现金流量发生日即期汇率近似的汇率折算的金额。

（2）“现金及现金等价物净增加额”中外币现金净增加额按期末汇率折算的金额。

【例 31-1】汇率变动对现金的影响

甲企业当期出口商品一批，售价为 8 000 美元。假设销售实现时的汇率为 1 ：7.87，收汇当日汇率为 1 ：7.85；当期进口货物一批，价值为 6 000 美元，结汇当日汇率为 1 ：7.88，资产负债表日的即期汇率为 1 ：7.89；当期没有其他业务发生。

汇率变动对现金的影响额计算如下。

经营活动流入的现金为 8 000 美元。

汇率变动为 0.04（7.89-7.85）。

汇率变动对现金流入的影响额为 320 元。

经营活动流出的现金为 6 000 美元。

汇率变动为 0.01（7.89-7.88）。

汇率变动对现金流出的影响额为 60 元。

汇率变动对现金的影响额为 260 元。

现金流量表中：

经营活动流入的现金	62 800
经营活动流出的现金	47 280
经营活动产生的现金流量净额	15 520
汇率变动对现金的影响额	260
现金及现金等价物净增加额	15 780

现金流量表补充资料中，现金及现金等价物净增加情况：

银行存款的期末余额	（2 000×7.89）15 780
银行存款的期初余额	0
现金及现金等价物净增加额	15 780

从上例可以看出，现金流量表“现金及现金等价物净增加额”项目数额与现金流量表补充资料中“现金及现金等价物净增加额”数额相等，应当核对相符。在编制现金流量表时，对当期发生的外币业务，也可不必逐笔计算汇率变动对现金的影响，可以通过现金流量表补充资料中“现金及现金等价物净增加额”数额与现金流量表中“经营活动产生的现金流量净额”“投资活动产生的现金流量净额”“筹资活动产生的现金流量净额”3 项之和比较，其差额即为“汇率变动对现金的影响额”。

第三章　经营活动现金流量

第八条　企业应当采用直接法列示经营活动产生的现金流量。

经营活动，是指企业投资活动和筹资活动以外的所有交易和事项。

直接法，是指通过现金收入和现金支出的主要类别列示经营活动的现金流量。

【解析 31-5】经营活动产生的现金流量的含义

经营活动是指企业投资活动和筹资活动以外的所有交易和事项。各类企业由于行业特点不同，对经营活动的认定存在一定差异。对于工商企业而言，经营活动主要包括销售商品、提供劳务、购买商品、接受劳务、支付职工薪酬、支付税费等。对于商业银行而言，经营活动主要包括吸收存款、发放贷款、同业存放、同业拆借等。对于保险公司而言，经营活动主要包括原保险业务和再保险业务等。对于证券公司而言，经营活动主要包括自营证券、代理承销证券、代理兑付证券、代理买卖证券等。企业实际收到的政府补助，无论是与资产相关还是与收益相关，均在“收到其他与经营活动有关的现金”项目填列。

在我国，企业经营活动产生的现金流量应当采用直接法填列。直接法，是指通过现金收入和现金支出的主要类别列示经营活动的现金流量。

第九条 有关经营活动现金流量的信息，可以通过下列途径之一取得：

（一）企业的会计记录。

（二）根据下列项目对利润表中的营业收入、营业成本以及其他项目进行调整：

1. 当期存货及经营性应收和应付项目的变动；

2. 固定资产折旧、无形资产摊销、计提资产减值准备等其他非现金项目；

3. 属于投资活动或筹资活动现金流量的其他非现金项目。

第十条 经营活动产生的现金流量至少应当单独列示反映下列信息的项目。

（一）销售商品、提供劳务收到的现金；

【例 31-2】销售商品、提供劳务收到的现金案例

甲企业本期销售一批商品，开出的增值税专用发票上注明的销售价款为 2 500 000 元，增值税销项税额为 325 000 元，以银行存款收讫；应收票据期初余额为 300 000 元，期末余额为 40 000 元；应收账款期初余额为 800 000 元，期末余额为 400 000 元；年度内核销的坏账损失为 5 000 元。另外，本期因商品质量问题发生退货，支付银行存款 50 000 元，货款已通过银行转账支付。

本期销售商品、提供劳务收到的现金计算如下。

本期销售商品收到的现金	2 825 000
加：本期收到前期的应收票据	（300 000−40 000）260 000
本期收到前期的应收账款	（800 000−400 000−5 000）395 000
减：本期因销售退回支付的现金	50 000
本期销售商品、提供劳务收到的现金	3 430 000

（二）收到的税费返还；

【例 31-3】收到的税费返还案例

甲企业前期出口商品一批，已缴纳增值税，按规定应退增值税 6 800 元，前期未退，本期以转账方式收讫；收到的教育费附加返还款 33 000 元，款项已存入银行。

本期收到的税费返还计算如下。

本期收到的出口退增值税税额	6 800
加：收到的退教育费附加返还额	33 000
本期收到的税费返还	39 800

（三）收到其他与经营活动有关的现金；

（四）购买商品、接受劳务支付的现金；

【例 31-4】购买商品、接受劳务支付的现金案例

甲公司本期购买原材料，收到的增值税专用发票上注明的材料价款为 180 000 元，增值税进项税额为 23 400 元，款项已通过银行转账支付；本期支付应付票据 160 000 元；购买工程用物资 130 000 元，货款已通过银行转账支付。

本期购买商品、接受劳务支付的现金计算如下。

本期购买原材料支付的价款	180 000
加：本期购买原材料支付的增值税进项税额	23 400
本期支付的应付票据	160 000
本期购买商品、接受劳务支付的现金	363 400

（五）支付给职工以及为职工支付的现金；

（六）支付的各项税费；

【例 31-5】支付的各项税费案例

甲企业本期向税务机关缴纳增值税 68 000；本期发生的所得税 3 300 000 元已全部缴纳；企业期初未交所得税 310 000，期末未交所得税 180 000 元。

本期支付的各项税费计算如下。

本期支付的增值税额	68 000
加：本期发生并缴纳的所得税额	3 300 000
前期发生本期缴纳的所得税额	（310 000−180 000）130 000
本期支付的各项税费	3 498 000

（七）支付其他与经营活动有关的现金。

第十一条 金融企业可以根据行业特点和现金流量实际情况，合理确定经营活动现金流量项目的类别。

【解析 31-6】经营活动产生的现金流量项目

1.“销售商品、提供劳务收到的现金”项目，反映企业本期销售商品、提供劳务收到的现金，以及前期销售商品、提供劳务本期收到的现金（包括销售收入和应向购买者收取的增值税销项税额）和本期预收的款项，减去本期销售本期退回的商品和前期销售本期退回的商品支付的现金。企业销售材料和代购代销业务收到的现金，也在本项目反映。

2.“收到的税费返还”项目，反映企业收到返还的增值税、所得税、消费税、关税和教育费附加返还款等各种税费。

3.“收到其他与经营活动有关的现金”项目，反映企业收到的罚款收入、经营租赁收到的租金等其他与经营活动有关的现金流入，金额较大的应当单独列示。

4.“购买商品、接受劳务支付的现金”项目，反映企业本期购买商品、接受劳务实际支付的现金（包括增值税进项税额），以及本期支付前期购买商品、接受劳务的未付款项和本期预付款项，减去本期发生的购货退回收到的现金。

5.“支付给职工以及为职工支付的现金”项目，反映企业本期实际支付给职工的工资、奖金、各种津贴和补贴等职工薪酬，但是应由在建工程、无形资产负担的职工薪酬以及支付的离退休人员的职工薪酬除外。

6."支付的各项税费"项目，反映企业本期发生并支付的、本期支付以前各期发生的以及预缴的教育费附加、矿产资源补偿费、印花税、房产税、土地增值税、车船使用税、等税费，计入固定资产价值、实际支付的耕地占用税、本期退回的增值税、所得税等除外。

7."支付的其他与经营活动有关的现金"项目，反映企业支付的罚款支出、支付的差旅费、业务招待费、保险费、经营租赁支付的现金等其他与经营活动有关的现金流出，金额较大的应当单独列示。

第四章　投资活动现金流量

第十二条　投资活动，是指企业长期资产的购建和不包括在现金等价物范围的投资及其处置活动。

【解析 31-7】投资活动产生的现金流量含义

投资活动是指企业长期资产的购建和不包括在现金等价物范围内的投资及其处置活动。长期资产是指固定资产、无形资产、在建工程、其他资产等持有期限在一年或一个营业周期以上的资产。这里所讲的投资活动，既包括实物资产投资，也包括金融资产投资。这里之所以将"包括在现金等价物范围内的投资"排除在外，是因为已经将包括在现金等价物范围内的投资视同现金。不同企业由于行业特点不同，对投资活动的认定也存在差异。例如，交易性金融资产所产生的现金流量，对于工商企业而言，属于投资活动现金流量，而对于证券公司而言，属于经营活动现金流量。

第十三条　投资活动产生的现金流量至少应当单独列示反映下列信息的项目：

（一）收回投资收到的现金；

【例 31-6】收回投资收到的现金案例

甲企业出售某项长期股权投资，收回的全部投资金额为 510 000 元；出售某项长期债权性投资，收回的全部投资金额为 270 000 元，其中，20 000 元是债券利息。

本期收回投资所收到的现金计算如下。

收回长期股权投资金额		510 000
加：收回长期债权性投资本金	（270 000-20 000）	250 000
本期收回投资所收到的现金		760 000

（二）取得投资收益收到的现金；

【例 31-7】取得投资收益收到的现金案例

甲企业期初长期股权投资余额为 2 400 000 元，其中 1 600 000 元投资于联营企业 A 企业，占其股本的 25%，采用权益法核算；另外 300 000 元和 500 000 元分别投资于 B 企业和 C 企业，各占接受投资企业总股本的 5% 和 10%，采用成本法核算。当年 A 企业盈利 2 500 000 元，分配现金股利 900 000 元；B 企业亏损没有分配股利；C 企业盈利 500 000 元，分配现金股利 100 000 元。企业已如数收到现金股利。

本期取得投资收益收到的现金计算如下。

取得 A 企业实际分回的投资收益	（900 000×25%）225 000
加：取得 B 企业实际分回的投资收益	0
取得 C 企业实际分回的投资收益	（100 000×10%）10 000
本期取得投资收益收到的现金	235 000

（三）处置固定资产、无形资产和其他长期资产收回的现金净额；

（四）处置子公司及其他营业单位收到的现金净额；

（五）收到其他与投资活动有关的现金；

（六）购建固定资产、无形资产和其他长期资产支付的现金；

（七）投资支付的现金；

（八）取得子公司及其他营业单位支付的现金净额；

（九）支付其他与投资活动有关的现金。

【解析 31-8】投资活动产生的现金流量项目

1.“收回投资收到的现金”项目，反映企业出售、转让或到期收回除现金等价物以外的交易性金融资产、长期股权投资而收到的现金，以及收回长期债权投资本金而收到的现金，但长期债权投资收回的利息除外。

2.“取得投资收益收到的现金”项目，反映企业因股权性投资而分得的现金股利，从子公司、联营企业或合营企业分回利润而收到的现金，以及因债权性投资而取得的现金利息收入，但股票股利除外。

3.“处置固定资产、无形资产和其他长期资产收回的现金净额”项目，反映企业出售、报废固定资产、无形资产和其他长期资产所取得的现金（包括因资产毁损而收到的保险赔偿收入），减去为处置这些资产而支付的有关费用后的净额，但现金净额为负数的除外。

4.“处置子公司及其他营业单位收到的现金净额”项目，反映企业处置子公司及其他营业单位所取得的现金减去相关处置费用后的净额。

5.“购建固定资产、无形资产和其他长期资产支付的现金”项目，反映企业购买、建造固定资产、取得无形资产和其他长期资产所支付的现金及增值税税款、支付的应由在建工程和无形资产负担的职工薪酬现金支出，但为购建固定资产而发生的借款利息资本化部分、融资租入固定资产所支付的租赁费除外。

6.“投资支付的现金”项目，反映企业取得的除现金等价物以外的权益性投资和债权性投资所支付的现金以及支付的佣金、手续费等附加费用。

7.“取得子公司及其他营业单位支付的现金净额”项目，反映企业购买子公司及其他营业单位购买出价中以现金支付的部分，减去子公司或其他营业单位持有的现金和现金等价物后的净额。

8.“收到其他与投资活动有关的现金”“支付其他与投资活动有关的现金”项目，反映企业除上述 1 至 7 各项目外收到或支付的其他与投资活动有关的现金流入或流出，金额较大的应当单独列示。

第五章　筹资活动现金流量

第十四条　筹资活动，是指导致企业资本及债务规模和构成发生变化的活动。

【解析 31-9】筹资活动产生的现金流量含义

筹资活动是指导致企业资本及债务规模和构成发生变化的活动。这里所说的资本，既包括实收资本（股本），也包括资本溢价（股本溢价）；这里所说的债务，指对外举债，包括向银行借款、发行债券以及偿还债务等。通常情况下，应付票据、应付账款等商业应付款等属于经营活动，不属于筹资活动。

此外，对于企业日常活动之外的、不经常发生的特殊项目，如自然灾害损失、保险赔款、捐赠等，应当归并到相关类别中，并单独反映。比如，对于自然灾害损失和保险赔款，如果能够确指属于流动资产损失，应当列入经营活动产生的现金流量；属于固定资产损失，应当列入投资活动产生的现金流量。

第十五条　筹资活动产生的现金流量至少应当单独列示反映下列信息的项目：

（一）吸收投资收到的现金；

【例 31-8】吸收投资收到的现金案例

甲企业对外公开募集股份 1 000 000 股，每股 1 元，发行价每股 1.1 元，代理发行的证券公司为其支付的各种费用，共计 17 000 元。此外，甲企业为建设一新项目，批准发行 1 800 000 元的长期债券。与证券公司签署的协议规定：该批长期债券委托证券公司代理发行，发行手续费为发行总额的 3.5%，宣传及印刷费由证券公司代为支付，并从发行总额中扣除。该企业至委托协议签署为止，已支付咨询费、公证费等 6 300 元。证券公司按面值发行，价款全部收到，支付宣传及印刷费等各种费用 14 070 元。按协议将发行款划至企业在银行的存款账户上。

本期吸收投资收到的现金计算如下。

发行股票取得的现金	1 083 000
其中：发行总额	（1 000 000×1.1）1 100 000
减：发行费用	17 000
发行债券取得的现金	1 737 000
其中：发行总额	1 800 000
减：发行手续费	（1 800 000×3.5%）63 000
本期吸收投资收到的现金	2 820 000

本例中，已支付的咨询费、公证费等 6 300 元，应在“支付的其他与筹资活动有关的现金”项目中反映。

（二）取得借款收到的现金；

（三）收到其他与筹资活动有关的现金；

（四）偿还债务支付的现金；

【例 31-9】分配股利、利润或偿付利息支付的现金案例

甲企业期初应付现金股利为 14 000 元，本期宣布并发放现金股利 37 000 元，期末应付现金股利 8 000 元。

本期分配股利、利润或偿付利息所支付的现金计算如下。

本期宣布并发放的现金股利	37 000
加：本期支付的前期应付股利	（14 000−8 000）6 000
本期分配股利、利润或偿付利息支付的现金	43 000

（五）支付其他与筹资活动有关的现金。

【解析 31-10】筹资活动产生的现金流量项目

1.“吸收投资收到的现金”项目，反映企业以发行股票、债券等方式筹集资金实际收到的款项，减去直接支付给金融企业的佣金、手续费、宣传费、咨询费、印刷费等发行费用后的净额。

2.“取得借款收到的现金”项目，反映企业举借各种短期、长期借款而收到的现金。

3.“偿还债务支付的现金”项目，反映企业以现金偿还债务的本金。

4.“分配股利、利润或偿付利息支付的现金”项目，反映企业实际支付的现金股利、支付给其他投资单位的利润或用现金支付的借款利息、债券利息。

5.“收到其他与筹资活动有关的现金”“支付其他与筹资活动有关的现金”项目，反映企业除上述 1 至 4 项目外，收到或支付的其他与筹资活动有关的现金流入或流出，包括以发行股票、债券等方式筹集资金而由企业直接支付的审计和咨询等费用、为购建固定资产而发生的借款利息资本化部分、融资租入固定资产所支付的租赁费、以分期付款方式购建固定资产以后各期支付的现金等。

第六章　披露

第十六条　企业应当在附注中披露将净利润调节为经营活动现金流量的信息。至少应当单独披露对净利润进行调节的下列项目：

（一）资产减值准备；

（二）固定资产折旧；

（三）无形资产摊销；

（四）长期待摊费用摊销；

（五）待摊费用；

（六）预提费用；

（七）处置固定资产、无形资产和其他长期资产的损益；

（八）固定资产报废损失；

（九）公允价值变动损益；

（十）财务费用；

（十一）投资损益；

（十二）递延所得税资产和递延所得税负债；

（十三）存货；

（十四）经营性应收项目；

（十五）经营性应付项目。

【解析 31-11】现金流量表补充资料披露

现金流量表附注适用于一般企业、商业银行、保险公司、证券公司等各类企业。

现金流量表补充资料披露格式

企业应当采用间接法在现金流量表附注中披露将净利润调节为经营活动现金流量的信息，具体如表 31-2 所示。

表 31-2　现金流量表补充资料

补充资料	本期金额	上期金额
1. 将净利润调节为经营活动现金流量：		
净利润		
加：资产减值准备		
信用损失准备		
固定资产折旧、油气资产折耗、生产性生物资产折旧		
无形资产摊销		
长期待摊费用摊销		
处置固定资产、无形资产和其他长期资产的损失（收益以“—”号填列）		
固定资产报废损失（收益以“—”号填列）		
净敞口套期损失（收益以“—”号填列）		
公允价值变动损失（收益以“—”号填列）		
财务费用（收益以“—”号填列）		
投资损失（收益以“—”号填列）		
递延所得税资产减少（增加以“—”号填列）		
递延所得税负债增加（减少以“—”号填列）		
存货的减少（增加以“—”号填列）		
经营性应收项目的减少（增加以“—”号填列）		
经营性应付项目的增加（减少以“—”号填列）		
其他		
经营活动产生的现金流量净额		
2. 不涉及现金收支的重大投资和筹资活动：		
债务转为资本		
一年内到期的可转换公司债券		
融资租入固定资产		

续表

补充资料	本期金额	上期金额
3. 现金及现金等价物净变动情况：		
现金的期末余额		
减：现金的期初余额		
加：现金等价物的期末余额		
减：现金等价物的期初余额		
现金及现金等价物净增加额		

第十七条 企业应当在附注中以总额披露当期取得或处置子公司及其他营业单位的下列信息：

（一）取得或处置价格；

（二）取得或处置价格中以现金支付的部分；

（三）取得或处置子公司及其他营业单位收到的现金；

（四）取得或处置子公司及其他营业单位按照主要类别分类的非现金资产和负债。

【解析 31-12】以总额披露取得或处置子公司及其他营业单位有关信息

企业应当在附注中以总额披露当期取得或处置子公司及其他营业单位有关信息，具体格式如表 31-3 所示。

表 31-3 当期取得或处置子公司及其他营业单位有关信息表

项目	金额
一、取得子公司及其他营业单位有关信息	
1. 取得子公司及其他营业单位的价格	
2. 取得子公司及其他营业单位支付的现金和现金等价物	
减：取得子公司的现金和现金等价物	
3. 取得子公司及其他营业单位支付的现金净额	
4. 取得子公司的净资产	
其中：流动资产	
非流动资产	
流动负债	
非流动负债	
二、处置子公司及其他营业单位有关信息	
1. 处置子公司及其他营业单位的价格	
2. 处置子公司及其他营业单位收到的现金和现金等价物	
减：处置子公司的现金和现金等价物	
3. 处置子公司及其他营业单位收到的现金净额	
4. 处置子公司的净资产	
其中：流动资产	

续表

项目	金额
非流动资产	
流动负债	
非流动负债	

第十八条 企业应当在附注中披露不涉及当期现金收支、但影响企业财务状况或在未来可能影响企业现金流量的重大投资和筹资活动。

第十九条 企业应当在附注中披露与现金和现金等价物有关的下列信息：

（一）现金和现金等价物的构成及其在资产负债表中的相应金额。

（二）企业持有但不能由母公司或集团内其他子公司使用的大额现金和现金等价物金额。

【例 31-10】关于现金流量表的编制

沿用【例 31-1】和【例 31-2】的资料，天华股份有限公司其他相关资料如下。

1. 2×18 年度利润表有关项目的明细资料如下。

（1）管理费用的组成：职工薪酬 17 100 元，无形资产摊销 60 000 元，折旧费 20 000 元，支付其他费用 60 000 元。

（2）财务费用的组成：计提借款利息 11 500 元，支付应收票据（银行承兑汇票）贴现利息 30 000 元。

（3）资产减值损失的组成：计提坏账准备 900 元，计提固定资产减值准备 30 000 元。上年年末坏账准备余额为 900 元。

（4）投资收益的组成：收到股息收入 30 000 元，与本金一起收回的交易性股票投资收益 500 元，自公允价值变动损益结转投资收益 1 000 元。

（5）营业外收入的组成：处置固定资产净收益 50 000 元（其所处置固定资产原价为 400 000 元，累计折旧为 150 000 元，收到处置收入 300 000 元）。假定不考虑与固定资产处置有关的税费。

（6）营业外支出的组成：报废固定资产净损失 19 700 元（其所报废固定资产原价为 200 000 元，累计折旧为 180 000 元，支付清理费用 500 元，收到残值收入 800 元）。

（7）所得税费用的组成：当期所得税费用 92 800 元，递延所得税收益 7 500 元。

除上述项目外，利润表中的销售费用 20 000 元至期末已经支付。

2. 资产负债表有关项目的明细资料如下。

（1）本期收回交易性股票投资本金 15 000 元、公允价值变动 1 000 元，同时实现投资收益 500 元。

（2）存货中生产成本、制造费用的组成：职工薪酬 324 900 元、折旧费 80 000 元。

（3）应交税费的组成：本期增值税进项税额 42 466 元，增值税销项税额 212 500 元，已交增值税 100 000 元；应交所得税期末余额为 20 097 元，应交所得税期初余额为 0；应交税费期末数中应由在建工程负担的部分为 100 000 元。

（4）应付职工薪酬的期初数无应付在建工程人员的部分，本期支付在建工程人员职工薪酬 200 000 元。应付职工薪酬的期末数中应付在建工程人员的部分为 28 000 元。

（5）应付利息均为短期借款利息，其中本期计提利息 11 500 元，支付利息 12 500 元。

（6）本期用现金购买固定资产 101 000 元，购买工程物资 300 000 元。

（7）本期用现金偿还短期借款 250 000 元，偿还一年内到期的长期借款 1 000 000 元；借入长期借款 560 000 元。

根据以上资料，采用分析填列的方法，编制天华股份有限公司 2×18 年度的现金流量表。

1. 天华股份有限公司 2×18 年度现金流量表各项目金额，分析确定如下。

（1）销售商品、提供劳务收到的现金 = 主营业务收入 + 应交税费（应交增值税——销项税额）+（应收账款年初余额 − 应收账款期末余额）+（应收票据年初余额 − 应收票据期末余额）− 当期计提的坏账准备 − 票据贴现的利息

=1 250 000+212 500+（299 100−598 200）+（246 000−66 000）−900−30 000

=1 312 500（元）

（2）购买商品、接受劳务支付的现金 = 主营业务成本 + 应交税费（应交增值税——进项税额）−（存货年初余额 − 存货期末余额）+（应付账款年初余额 − 应付账款期末余额）+（应付票据年初余额 − 应付票据期末余额）+（预付账款期末余额 − 预付账款年初余额）− 当期列入生产成本、制造费用的职工薪酬 − 当期列入生产成本、制造费用的折旧费和固定资产修理费

=750 000+42 466−（2 580 000−2 484 700）+（953 800−953 800）+（200 000−100 000）+（100 000−100 000）−324 900−80 000

=392 266（元）

（3）支付给职工以及为职工支付的现金 = 生产成本、制造费用、管理费用中职工薪酬 +（应付职工薪酬年初余额 − 应付职工薪酬期末余额）−[应付职工薪酬（在建工程）年初余额 − 应付职工薪酬（在建工程）期末余额]

=324 900+17 100+（110 000−180 000）−（0−28 000）

=300 000（元）

（4）支付的各项税费 = 当期所得税费用 + 税金及附加 + 应交税费（应交增值税——已交税金）−（应交所得税期末余额 − 应交所得税期初余额）

=92 800+2 000+100 000−（20 097−0）

=174 703（元）

（5）支付其他与经营活动有关的现金 = 其他管理费用 + 销售费用

=60 000+20 000

=80 000（元）

（6）收回投资收到的现金 = 交易性金融资产贷方发生额 + 与交易性金融资产一起收回的投资收益

=16 000+500

=16 500（元）

（7）取得投资收益收到的现金 = 收到的股息收入
=30 000（元）

（8）处置固定资产收回的现金净额
=300 000+（800−500）
=300 300（元）

（9）购建固定资产支付的现金 = 用现金购买的固定资产、工程物资 + 支付给在建工程人员的薪酬 =101 000+300 000+ 200 000=601 000（元）

（10）取得借款收到的现金 =560 000（元）

（11）偿还债务支付的现金 =250 000+1 000 000=1 250 000（元）

（12）偿付利息支付的现金 =12 500（元）

2. 将净利润调节为经营活动现金流量各项目计算分析如下。

（1）资产减值准备 =900+30 000=30 900（元）

（2）固定资产折旧 =20 000+80 000=100 000（元）

（3）无形资产摊销 =60 000（元）

（4）处置固定资产、无形资产和其他长期资产的损失（减：收益）=−50 000（元）

（5）固定资产报废损失 =19 700（元）

（6）财务费用 =11 500（元）

（7）投资损失（减：收益）=−31 500（元）

（8）递延所得税资产减少 =0−7 500=−7 500（元）

（9）存货的减少 =2 580 000−2 484 700=95 300（元）

（10）经营性应收项目的减少 =（246 000−66 000）+（299 100+900−598 200−1 800）=−120 000（元）

（11）经营性应付项目的增加 =（100 000−200 000）+（953 800−953 800）+[（180 000−28 000）−110 000]+ [（226 731−100 000）−36 600]=32 131（元）

3. 根据上述数据，编制现金流量表（见表 31−4）及其补充资料（见表 31−5）。

表 31–4　现金流量表

会企 03 表

编制单位：天华股份有限公司　　　　2×18 年度　　　　单位：元

项目	本期金额	上期金额（略）
一、经营活动产生的现金流量：		
销售商品、提供劳务收到的现金	1 312 500	
收到的税费返还	0	
收到其他与经营活动有关的现金	0	
经营活动现金流入小计	1 312 500	
购买商品、接受劳务支付的现金	392 266	
支付给职工以及为职工支付的现金	300 000	
支付的各项税费	174 703	

续表

项目	本期金额	上期金额（略）
支付其他与经营活动有关的现金	80 000	
经营活动现金流出小计	946 969	
经营活动产生的现金流量净额	365 531	
二、投资活动产生的现金流量：		
收回投资收到的现金	16 500	
取得投资收益收到的现金	30 000	
处置固定资产、无形资产和其他长期资产收回的现金净额	300 300	
处置子公司及其他营业单位收到的现金净额	0	
收到其他与投资活动有关的现金	0	
投资活动现金流入小计	346 800	
购建固定资产、无形资产和其他长期资产支付的现金	601 000	
投资支付的现金	0	
取得子公司及其他营业单位支付的现金净额	0	
支付其他与投资活动有关的现金	0	
投资活动现金流出小计	601 000	
投资活动产生的现金流量净额	–254 200	
三、筹资活动产生的现金流量：		
吸收投资收到的现金	0	
取得借款收到的现金	560 000	
收到其他与筹资活动有关的现金	0	
筹资活动现金流入小计	560 000	
偿还债务支付的现金	1 250 000	
分配股利、利润或偿付利息支付的现金	12 500	
支付其他与筹资活动有关的现金	0	
筹资活动现金流出小计	1 262 500	
筹资活动产生的现金流量净额	–702 500	
四、汇率变动对现金及现金等价物的影响	0	
五、现金及现金等价物净增加额	–591 169	
加：期初现金及现金等价物余额	1 406 300	
六、期末现金及现金等价物余额	815 131	

表 31–5　现金流量表补充资料

单位：元

补充资料	本期金额	上期金额（略）
一、将净利润调节为经营活动现金流量：		
净利润	225 000	

续表

补充资料	本期金额	上期金额（略）
加：资产减值准备	30 900	
固定资产折旧、油气资产折耗、生产性生物资产折旧	100 000	
无形资产摊销	60 000	
长期待摊费用摊销	0	
处置固定资产、无形资产和其他长期资产的损失（收益以"–"号填列）	–50 000	
固定资产报废损失（收益以"–"号填列）	19 700	
公允价值变动损失（收益以"–"号填列）	0	
财务费用（收益以"–"号填列）	11 500	
投资损失（收益以"–"号填列）	–31 500	
递延所得税资产减少（增加以"–"号填列）	–7 500	
递延所得税负债增加（减少以"–"号填列）	0	
存货的减少（增加以"–"号填列）	95 300	
经营性应收项目的减少（增加以"–"号填列）	–120 000	
经营性应付项目的增加（减少以"–"号填列）	32 131	
其他	0	
经营活动产生的现金流量净额	365 531	
二、不涉及现金收支的重大投资和筹资活动：		
债务转为资本	0	
一年内到期的可转换公司债券	0	
融资租入固定资产	0	
三、现金及现金等价物净变动情况：		
现金的期末余额	815 131	
减：现金的期初余额	1 406 300	
加：现金等价物的期末余额	0	
减：现金等价物的期初余额	0	
现金及现金等价物净增加额	–591 169	

【解析 31–13】披露现金和现金等价物的有关信息

企业应当在附注中披露现金和现金等价物的构成、现金和现金等价物在资产负债表中列报项目的相应金额，以及企业持有但不能由其母公司或集团内其他子公司使用的大额现金和现金等价物的金额，如国外经营的子公司受当地外汇管制等限制而不能由集团内母公司或其他子公司正常使用的现金和现金等价物等。

企业会计准则第 32 号——中期财务报告

《企业会计准则第 32 号——中期财务报告》于 2006 年 2 月 15 日由财会〔2006〕3 号公布，自 2007 年 1 月 1 日起施行。

第一章　总则

第一条　为了规范中期财务报告的内容和编制中期财务报告应当遵循的确认与计量原则，根据《企业会计准则——基本准则》，制定本准则。

第二条　中期财务报告，是指以中期为基础编制的财务报告。

中期，是指短于一个完整的会计年度的报告期间。

【解析 32-1】中期财务报告的定义

中期财务报告，是指以中期为基础编制的财务报告。“中期”，是指短于一个完整的会计年度（自公历 1 月 1 日起至 12 月 31 日止）的报告期间，它可以是一个月、一个季度或者半年，也可以是其他短于一个会计年度的期间，如 1 月 1 日至 9 月 30 日的期间等。因此，中期财务报告包括月度财务报告、季度财务报告、半年度财务报告，也包括年初至本中期末的财务报告。

第二章　中期财务报告的内容

第三条　中期财务报告至少应当包括资产负债表、利润表、现金流量表和附注。

中期资产负债表、利润表和现金流量表应当是完整报表，其格式和内容应当与上年度财务报表相一致。

当年新施行的会计准则对财务报表格式和内容作了修改的，中期财务报表应当按照修改后的报表格式和内容编制，上年度比较财务报表的格式和内容，也应当作相应调整。

基本每股收益和稀释每股收益应当在中期利润表中单独列示。

【解析 32-2】中期财务报告的构成

中期财务报告至少应当包括以下部分：（1）资产负债表；（2）利润表；（3）现金流量表；（4）附注。

1. 资产负债表、利润表、现金流量表和附注是中期财务报告至少应当编制的法定内容，对其他财务报表或者相关信息，如所有者权益（或股东权益）变动表等，企业可以根据需要自行决定。

2. 中期资产负债表、利润表和现金流量表的格式和内容，应当与上年度财务报表相一致。但如果当年新施行的会计准则对财务报表格式和内容作了修改的，中期财务报表应当按照修改后的报表格式和内容编制，与此同时，在中期财务报告中提供的上年度比较财务报表的格式和内容也应当作相应的调整。

3. 中期财务报告中的附注相对于年度财务报告中的附注而言，是适当简化的。中期财务报表附注的编制应当遵循重要性原则。如果某项信息没有在中期财务报告附注中披露，会影响投资者等信息使用者对企业财务状况、经营成果和现金流量判断的正确性，那么就认为这一信息是重要的。但企业至少应当在中期财务报告附注中披露中期财务报告准则规定的信息。

第四条 上年度编制合并财务报表的，中期期末应当编制合并财务报表。

【例 32-1】关于合并财务报表中期报告

XYZ 公司成立于 2×17 年年初，公司成立之初没有一家子公司，因此公司在 2×17 年第 1 季度财务报告中只需要提供公司本身财务报表。在 2×17 年第 2 季度，公司购并一家 LLQ 公司，获得了该公司 80% 的股份，从而使得该公司成为 XYZ 公司的控股子公司。这样，在 2×17 年第 2 季度财务报告中，XYZ 公司就需要同时提供合并财务报表和母公司财务报表。第 3 季度财务报告和 2×17 年年度财务报告也是如此。假定在 2×18 年第 1 季度，公司又将 LLQ 子公司对外出售，这样，XYZ 公司在 2×18 年又没有了子公司，所以，尽管公司在上年度财务报告中编制了合并财务报表，但是在 2×18 年第 1 季度财务报告中，公司无须编制合并财务报表。而且由于在上年度第 1 季度财务报告中公司也没有编制合并财务报表，所以，在提供上年度比较财务报表时，除了上年度末的资产负债表仍然应当包括合并财务报表和母公司财务报表之外，其他比较财务报表（包括利润表和现金流量表）都不必提供合并财务报表。在 2×18 年第 2 季度，公司仍然没有需要纳入合并财务报表合并范围的子公司，因此仍然不必编制合并财务报表，但是，在提供上年度比较财务报表时，则应当同时提供合并财务报表和母公司财务报表。

上年度财务报告除了包括合并财务报表，还包括母公司财务报表的，中期财务报告也应当包括母公司财务报表。

上年度财务报告包括了合并财务报表，但报告中期内处置了所有应当纳入合并范围的子公司的，中期财务报告只需提供母公司财务报表，但上年度比较财务报表仍应当包括合并财务报表，上年度可比中期没有子公司的除外。

【解析 32-3】中期财务报表和母公司财务报表编制要求

企业上年度编制合并财务报表的，中期期末应当编制合并财务报表。上年度财务报告除了合并财务报表，还包括母公司财务报表的，中期财务报告也应当包括母公司财务报表。

1. 上年度编报合并财务报表的企业，其中期财务报告也应当编制合并财务报表，而且合并财务报表的合并范围、合并原则、编制方法和合并财务报表的格式与内容等也应与上年度合并财务报表相一致。但当年新企业会计准则有新规定的除外。

2. 上年度财务报告包括了合并财务报表，但报告中期内处置了所有应纳入合并范围的子公司的，中期财务报告应包括当年子公司处置前的相关财务信息。

3. 企业在报告中期内新增子公司的，在中期末就应当将该子公司财务报表纳入合并财务报表的合并范围。

4.应当编制合并财务报表的企业，如果在上年度财务报告中除了提供合并财务报表之外，还提供了母公司财务报表，那么在其中期财务报告中除了应当提供合并财务报表之外，也应当提供母公司财务报表。

第五条 中期财务报告应当按照下列规定提供比较财务报表：

（一）本中期末的资产负债表和上年度末的资产负债表。

（二）本中期的利润表、年初至本中期末的利润表以及上年度可比期间的利润表。

（三）年初至本中期末的现金流量表和上年度年初至可比本中期末的现金流量表。

【解析32-4】比较财务报表编制要求

为了提高财务报表信息的可比性、相关性和有用性，企业在中期末除了编制中期末资产负债表、中期利润表和现金流量表之外，还应当提供前期比较财务报表。中期财务报告应当按照下列规定提供比较财务报表。

1.本中期末的资产负债表和上年度末的资产负债表。

2.本中期的利润表、年初至本中期末的利润表以及上年度可比期间的利润表。其中，上年度可比期间的利润表包括：上年度可比中期的利润表和上年度年初至上年可比中期末的利润表。

3.年初至本中期末的现金流量表和上年度年初至上年可比中期末的现金流量表。

需要说明的是，企业在中期财务报告中提供比较财务报表时，应当注意以下几个方面。（1）企业在中期内按新准则规定，对财务报表项目进行了调整，则上年度比较财务报表项目及其金额应当按照本年度中期财务报表的要求进行重新分类，以确保其与本年度中期财务报表的相应信息相互可比。同时，企业还应当在附注中说明财务报表项目重新分类的原因及内容。如果企业因原始数据收集、整理或者记录等方面，无法对比较财务报表中的有关项目及其金额进行重新分类，应当在附注中说明不能进行重新分类的原因。（2）企业在中期内发生了会计政策变更的，其累积影响数能够合理确定，且涉及本会计年度以前中期财务报表净损益和其他相关项目数字的，应当予以追溯调整，视同该会计政策在整个会计年度一贯采用；对于比较财务报表可比期间以前的会计政策变更的累积影响数，应当根据规定调整比较财务报表最早期间的期初留存收益，财务报表其他相关项目的数字也应当一并调整。同时，在附注中说明会计政策变更的性质、内容、原因及其影响数；无法追溯调整的，应当说明原因。（3）对于在本年度中期内发生的调整以前年度损益事项，企业应当调整本年度财务报表相关项目的年初数，同时，中期财务报告中相应的比较财务报表也应当为已经调整以前年度损益后的报表。

第六条 财务报表项目在报告中期作了调整或者修订的，上年度比较财务报表项目有关金额应当按照本年度中期财务报表的要求重新分类，并在附注中说明重新分类的原因及其内容，无法重新分类的，应当在附注中说明不能重新分类的原因。

第七条 中期财务报告中的附注应当以年初至本中期末为基础编制，披露自上年度资产负债表日之后发生的，有助于理解企业财务状况、经营成果和现金流量变化情况的重要交易或者事项。

对于理解本中期财务状况、经营成果和现金流量有关的重要交易或者事项，也应当在附注中作相应披露。

【解析 32-5】中期财务报告附注编制的基本要求

1. 中期财务报告附注应当以年初至本中期末为基础披露。编制中期财务报告的目的是向报告使用者提供自上年度资产负债表日之后所发生的重要交易或者事项，因此，中期财务报告中的附注应当以"年初至本中期末"为基础进行编制，而不应当仅仅披露本中期所发生的重要交易或者事项。

2. 中期财务报告附注应当对自上年度资产负债表日之后发生的重要的交易或者事项进行披露。中期财务报告中的附注应当以年初至本中期末为基础编制，披露自上年度资产负债表日之后发生的，有助于理解企业财务状况、经营成果和现金流量变化情况的重要交易或者事项，此外，对于理解本中期财务状况、经营成果和现金流量有关的重要交易或者事项，也应当在附注中作相应披露。

第八条 中期财务报告中的附注至少应当包括下列信息：

（一）中期财务报表所采用的会计政策与上年度财务报表相一致的声明。

会计政策发生变更的，应当说明会计政策变更的性质、内容、原因及其影响数；无法进行追溯调整的，应当说明原因。

（二）会计估计变更的内容、原因及其影响数；影响数不能确定的，应当说明原因。

（三）前期差错的性质及其更正金额；无法进行追溯重述的，应当说明原因。

（四）企业经营的季节性或者周期性特征。

（五）存在控制关系的关联方发生变化的情况；关联方之间发生交易的，应当披露关联方关系的性质、交易类型和交易要素。

（六）合并财务报表的合并范围发生变化的情况。

（七）对性质特别或者金额异常的财务报表项目的说明。

（八）证券发行、回购和偿还情况。

（九）向所有者分配利润的情况，包括在中期内实施的利润分配和已提出或者已批准但尚未实施的利润分配情况。

（十）根据《企业会计准则第 35 号——分部报告》规定披露分部报告信息的，应当披露主要报告形式的分部收入与分部利润（亏损）。

（十一）中期资产负债表日至中期财务报告批准报出日之间发生的非调整事项。

（十二）上年度资产负债表日以后所发生的或有负债和或有资产的变化情况。

（十三）企业结构变化情况，包括企业合并，对被投资单位具有重大影响、共同控制或者控制关系的长期股权投资的购买或者处置，终止经营等。

（十四）其他重大交易或者事项，包括重大的长期资产转让及其出售情况、重大的固定资产和无形资产取得情况、重大的研究和开发支出、重大的资产减值损失情况等。

企业在提供上述（五）和（十）有关关联方交易、分部收入与分部利润（亏损）信息时，应当同时提供本中期（或者本中期末）和本年度年初至本中期末的数据，以及上年度可比本中期（或者可比期末）和可比年初至本中期末的比较数据。

第九条 企业在确认、计量和报告各中期财务报表项目时，对项目重要性程度的判断，应当以中期财务数据为基础，不应以年度财务数据为基础。中期会计计量与年度财务数据相比，可在更大程度上依赖于估计，但是，企业应当确保所提供的中期财务报告包括了相关的重要信息。

【例 32-2】关于中期会计计量

ABC 公司于 2×17 年 11 月利用专门借款资金开工兴建一项固定资产。2×18 年 3 月 1 日，固定资产建造工程由于资金周转发生困难而停工。公司预计在一个半月内即可获得补充专门借款，解决资金周转问题，工程可以重新施工。

根据《企业会计准则第 17 号——借款费用》的规定，固定资产的购建活动发生非正常中断并且中断时间连续超过 3 个月的，应当暂停借款费用的资本化，将在中断期间发生的借款费用确认为当期费用，直至资产的购建活动重新开始。据此，在第 1 季度末，公司考虑到所购建固定资产的非正常中断时间将短于 3 个月，所以，在编制 2×18 年第 1 季度财务报告时，没有中断借款费用的资本化，将 3 月发生的符合资本化条件的借款费用继续资本化，计入在建工程成本。后来的事实发展表明，公司直至 2×18 年 6 月 15 日才获得补充专门借款，工程才重新开工。这样，公司在编制 2×18 年第 2 季度财务报告时，如果仅仅以第 2 季度发生的交易或者事项作为会计计量的基础，那么，公司在第 2 季度发生工程非正常中断的时间也只有两个半月，短于《企业会计准则第 17 号——借款费用》规定的借款费用应当暂停资本化的 3 个月的期限，从而在第 2 季度内将 4 月 1 日至 6 月 15 日之间所发生的与购建固定资产有关的借款费用将继续资本化，计入在建工程成本。

显然，上述处理是错误的。因为，如果企业只需编制年度财务报告，不必编制季度财务报告，那么，从全年来看，企业建造固定资产工程发生非正常中断的时间为 3 个半月，企业应当暂停这 3 个半月内所发生借款费用资本化。也就是说，如果以整个会计年度作为会计计量的基础，上述 3 月 1 日至 6 月 15 日之间发生的借款费用都应当予以费用化，计入当期损益。而如果仅仅以每一报告季度作为会计计量的基础，则上述 3 月 1 日至 6 月 15 日之间发生的相关借款费用都将继续资本化，计入在建工程成本。季度计量的结果与年度计量的结果将发生不一致，而这种不一致的产生就是由于财务报告的频率由按年编报变为按季编报所致。毫无疑问，单纯以季度为基础对上述固定资产建造中断期间所发生的借款费用进行计量是不正确的。为了避免企业中期会计计量与年度会计计量的不一致，防止企业因财务报告的频率而影响其年度财务结果的计量，企业应当以年初至本中期末为期间基础进行中期会计计量。

在本例中，当企业编制第 2 季度财务报告时，对于所购建固定资产中断期间所发生的借款费用的会计处理，应当以 2×18 年 1 月 1 日至 6 月 30 日的期间为基础。显然，在 1 月 1 日至 6 月 30 日的期间基础之上，所购建固定资产的中断期间超过了 3 个月，应当将中断期间所发生的所有借款费用全部费用化，所以在编制第 2 季度财务报告时，不仅第 2 季度 4 月 1

日至6月15日之间发生的借款费用应当费用化，计入第2季度的损益，而且，上一季度已经资本化了的3月份的借款费用也应当费用化，调减在建工程成本，调增财务费用，这样计量的结果将能够保证中期会计计量结果与年度会计计量结果相一致，实现财务报告的频率不影响年度结果计量的目标。

需要说明的是，本例还涉及会计估计变更事项，因此企业还应当根据中期财务报告准则的规定，在其第2季度财务报告附注中作相应披露。

第十条 在同一会计年度内，以前中期财务报告中报告的某项估计金额在最后一个中期发生了重大变更、企业又不单独编制该中期财务报告的，应当在年度财务报告的附注中披露该项估计变更的内容、原因及其影响金额。

第三章 确认和计量

第十一条 企业在中期财务报表中应当采用与年度财务报表相一致的会计政策。

上年度资产负债表日之后发生了会计政策变更，且变更后的会计政策将在年度财务报表中采用的，中期财务报表应当采用变更后的会计政策，并按照本准则第十四条的规定处理。

【解析 32-6】中期财务报告采用的会计政策

中期财务报告采用与年度财务报告相一致的会计政策。企业在编制中期财务报告时，应当将中期视为一个独立的会计期间，所采用的会计政策应当与年度财务报表所采用的会计政策相一致，包括会计要素确认和计量原则相一致。企业在编制中期财务报告时不得随意变更会计政策。

企业在中期不得随意变更会计政策，应当采用与年度财务报表相一致的会计政策。如果上年度资产负债表日之后按规定变更了会计政策，且该变更后的会计政策将在本年度财务报表中采用，中期财务报表应当采用该变更后的会计政策。

对于会计估计变更，在同一会计年度内，以前中期财务报表项目在以后中期发生了会计估计变更的，以后中期财务报表应当反映该会计估计变更后的金额，但对以前中期财务报表项目金额不做调整。

第十二条 中期会计计量应当以年初至本中期末为基础，财务报告的频率不应当影响年度结果的计量。

在同一会计年度内，以前中期财务报表项目在以后中期发生了会计估计变更的，以后中期财务报表应当反映该会计估计变更后的金额，但对以前中期财务报表项目金额不作调整。同时，该会计估计变更应当按照本准则第八条（二）或者第十条的规定在附注中作相应披露。

【解析 32-7】中期财务报告的确认与计量

在编制中期财务报告时，中期会计计量应当以年初至本中期末为基础，财务报告的频率不应当影响年度结果的计量。也就是说，无论企业中期财务报告的频率是月度、季度还是半年度，企业中期会计计量的结果最终应当与年度财务报表中的会计计量结果相一致。为此，企业中期财务报表的计量应当以年初至本中期末为基础，即企业在中期应当以年初至本中期末作为中期会计计量的期间基础，而不应当以本中期作为会计计量的期间基础。

第十三条 企业取得的季节性、周期性或者偶然性收入，应当在发生时予以确认和计量，不应在中期财务报表中预计或者递延，但会计年度末允许预计或者递延的除外。

【例 32-3】关于季节性、周期性或者偶然性取得收入的确认和计量

HF 公司为一家房地产开发公司，采取滚动开发房地产的方式，即每开发完成一个房地产项目后，再开发下一个房地产项目。该公司于 2×17 年 1 月 1 日开始开发一住宅小区，小区建成完工需 2 年。公司采取边开发、边销售楼盘的策略。假定该公司在 2×17 年各季度分别收到楼盘销售款 1 000 万元、3 000 万元、2 500 万元和 2 000 万元；为小区建设分别发生开发成本 2 000 万元、1 500 万元、2 200 万元和 1 800 万元；在 2×18 年各季度分别收到楼盘销售款 2 500 万元、3 000 万元、3 000 万元和 1 000 万元；为小区建设分别发生开发成本 1000 万元、1 700 万元、500 万元和 300 万元。小区所有商品房于 2×18 年 11 月完工，12 月全部交付给购房者，并办理完有关产权手续。

本例中，HF 公司的经营业务具有明显的周期性特征，公司只有在每隔一个周期待房地产开发完成并实现对外销售后，才能确认收入，即公司只有在 2×18 年 12 月所建商品房完工后，与商品房有关的风险和报酬已经转移给了购房者，符合收入确认标准后，才能确认收入。这一收入就属于周期性取得的收入，在 2×18 年 12 月之前的各中期都不能预计收入，也不能将已经收到的楼盘销售款直接确认为收入，企业应当在收到这些款项时将其作为预收款处理。对于开发小区所发生的成本也应当首先归集在“开发成本”中，待到确认收入时，再结转相应的成本。另外，该公司对于其经营的周期性特征，则应当根据《企业会计准则第 32 号——中期财务报告》的要求在各有关中期财务报告附注中予以披露。

企业在会计年度中不均匀发生的费用，应当在发生时予以确认和计量，不应在中期财务报表中预提或者待摊，但会计年度末允许预提或者待摊的除外。

【解析 32-8】中期财务报告收入、费用的确认与计量

1. 中期财务报告的确认与计量的基本原则。中期财务报告中各会计要素的确认和计量原则应当与年度财务报表所采用的原则相一致。即企业在中期根据所发生交易或者事项，对资产、负债、所有者权益（股东权益）、收入、费用和利润等各会计要素进行确认和计量时，应当符合相应会计要素定义和确认、计量标准，不能因为财务报告期间的缩短（相对于会计年度而言）而改变。

2. 季节性、周期性或者偶然性取得的收入的确认和计量。企业取得季节性、周期性或者偶然性收入，应当在发生时予以确认和计量，不应当在中期财务报表中预计或者递延，但会计年度末允许预计或者递延的除外。

3. 会计年度中不均匀发生的费用的确认与计量。企业在会计年度中不均匀发生的费用，应当在发生时予以确认和计量，不应在中期财务报表中预提或者待摊，但会计年度末允许预提或者待摊的除外。通常情况下，与企业生产经营和管理活动有关的费用往往是在一个会计年度的各个中期内均匀发生的，各中期之间发生的费用不会有较大差异。但是，对于一些费用，如员工培训费等，往往集中在会计年度的个别中期内。对于这些会计年度中不均匀发生的费用，企业应当在发生时予以确认和计量，不应当在中期财务报表中予以预提或者待摊。也就是说，企业不应当为了使各中期之间收益的平滑而将这些费用在会计年度的各个中期之间进行分摊。如果会计年度内不均匀发生的费用在会计年度末允许预提或者待摊，则在期末也允许预提或者待摊。

第十四条 企业在中期发生了会计政策变更的，应当按照《企业会计准则第 28 号——会计政策、会计估计变更和差错更正》处理，并按照本准则第八条（一）的规定在附注中作相应披露。

会计政策变更的累积影响数能够合理确定、且涉及本会计年度以前中期财务报表相关项目数字的，应当予以追溯调整，视同该会计政策在整个会计年度一贯采用；同时，上年度可比财务报表也应当作相应调整。

【解析 32-9】中期会计政策变更的处理

企业在中期发生了会计政策变更的，应当按照《企业会计准则第 28 号——会计政策、会计估计变更和差错更正》规定处理，并在财务报表附注中作相应披露。会计政策变更的累积影响数能够合理确定，且涉及本会计年度以前中期财务报表相关项目数字的，应当予以追溯调整，视同该会计政策在整个会计年度一贯采用；同时，上年度可比财务报表也应当作相应调整。除非国家规定了相关的会计处理方法，一般情况下，中期会计政策变更时，企业应当根据《企业会计准则第 32 号——中期财务报告》的要求，对以前年度比较财务报表最早期间的期初留存收益和比较财务报表其他相关项目的数字进行追溯调整；同时，涉及本会计年度内会计政策变更以前各中期财务报表相关项目数字的，也应当予以追溯调整，视同该会计政策在整个会计年度和可比财务报表期间一贯采用。反之，会计政策变更的累积影响数不能合理确定，以及不涉及本会计年度以前中期财务报表相关项目数字的，应当采用未来适用法。同时，在财务报表附注中说明会计政策变更的性质、内容、原因及其影响数，如果累积影响数不能合理确定的，也应当说明理由。

1. 会计政策变更发生在会计年度内第 1 季度的处理。企业的会计政策变更发生在会计年度的第 1 季度，则企业除了计算会计政策变更的累积影响数并作相应的账务处理之外，在财务报表的列报方面，只需要根据变更后的会计政策编制第 1 季度和当年度以后季度财务报表，并对根据《企业会计准则第 32 号——中期财务报告》要求提供的以前年度比较财务报表最早期间的期初留存收益和比较财务报表的其他相关项目数字作相应调整。

在财务报表附注的披露方面，应当披露会计政策变更对以前年度的累积影响数（包括对比较财务报表最早期间期初留存收益的影响数和以前年度可比中期损益的影响数）和对第 1 季度损益的影响数，在当年度第 1 季度之后的其他季度财务报表附注中，则应当披露第 1 季度发生的会计政策变更对当季度损益的影响数和年初至本季度末损益的影响数。

2. 会计政策变更发生在会计年度内第 1 季度之外的其他季度的处理。企业的会计政策变更发生在会计年度内第 1 季度之外的其他季度，如第 2 季度、第 3 季度等，其会计处理相对于会计政策变更发生在第 1 季度而言要复杂一些。企业除了应当计算会计政策变更的累积影响数并作相应的账务处理之外，在财务报表的列报方面，还需要调整以前年度比较财务报表最早期间的期初留存收益和比较财务报表其他相关项目的数字，以及在会计政策变更季度财务报告中或者变更以后季度财务报告中所涉及的本会计年度内发生会计政策变更之前季度财务报表相关项目的数字。

在附注披露方面，企业需要披露会计政策变更对以前年度的累积影响数，主要有：（1）对比较财务报表最早期间期初留存收益的影响数；（2）以前年度可比中期损益的影响数，包括可比季度损益的影响数和可比年初至季度末损益的影响数；（3）对当年度变更季度、年初至变更季度末损益的影响数；（4）当年度会计政策变更前各季度损益的影响数。此外，在发生会计政策变更以后季度财务报表附注中也需要作相应披露。

企业会计准则第 33 号——合并财务报表

为了适应社会主义市场经济发展需要，进一步完善企业会计准则体系，提高企业合并财务报表质量，根据《企业会计准则——基本准则》，财政部对《企业会计准则第 33 号——合并财务报表》进行了修订，自 2014 年 7 月 1 日起在所有执行企业会计准则的企业范围内施行，鼓励在境外上市的企业提前执行。财政部于 2006 年 2 月 15 日发布的《财政部关于印发〈企业会计准则第 1 号——存货〉等 38 项具体准则的通知》（财会〔2006〕3 号）中的《企业会计准则第 33 号——合并财务报表》同时废止。

第一章　总则

第一条　为了规范合并财务报表的编制和列报，根据《企业会计准则——基本准则》，制定本准则。

第二条　合并财务报表，是指反映母公司和其全部子公司形成的企业集团整体财务状况、经营成果和现金流量的财务报表。

母公司，是指控制一个或一个以上主体（含企业、被投资单位中可分割的部分，以及企业所控制的结构化主体等，下同）的主体。

子公司，是指被母公司控制的主体。

【解析 33-1】合并财务报表的定义

合并财务报表是以企业集团为会计主体编制的财务报表，编制合并财务报表首先就涉及如何界定企业集团范围的问题，确定哪些被投资企业需要纳入其投资企业的合并范围，确定编制合并财务报表时所采用的合并方法。企业集团的界定、合并范围的确定以及合并方法的选择，直接关系到合并财务报表提供什么样的信息、为谁提供信息等一系列问题，对合并财务报表的编制具有重要的意义。这些问题的解决，在很大程度上取决于编制合并财务报表所采用的合并理论。依据不同的合并理论，其确定的合并范围和选择的合并方法也各不相同。

企业集团是由母公司和其全部子公司构成的。如，P 公司能够控制 s 公司，P 公司和 s 公司构成了企业集团。又如，P 公司能够同时控制 S1 公司、S2 公司、S3 公司和 S4 公司，P 公司和 S1 公司、S2 公司、S3 公司、S4 公司构成了企业集团。母公司和子公司是相互依存的，有母公司必然存在子公司，同样，有子公司必然存在母公司。《企业会计准则第 33 号——合并财务报表》对母公司和子公司作了定义。

1. 母公司。

母公司，是指控制一个或一个以上主体（含企业、被投资单位中可分割的部分，以及企业所控制的结构化主体等，下同）的主体。

2. 子公司。

子公司是指被母公司控制的主体。

不论子公司的规模大小、子公司向母公司转移资金能力是否受到严格限制，也不论子公司的业务性质与母公司或企业集团内其他子公司是否有显著差别，只要是能够被母公司施加控制的，都应纳入合并范围。但是，已宣告被清理整顿的或已宣告破产的原子公司，不再是母公司的子公司，不纳入合并财务报表范围。

第三条 合并财务报表至少应当包括下列组成部分：

（一）合并资产负债表；

（二）合并利润表；

（三）合并现金流量表；

（四）合并所有者权益（或股东权益，下同）变动表；

（五）附注。

企业集团中期期末编制合并财务报表的，至少应当包括合并资产负债表、合并利润表、合并现金流量表和附注。

【解析33-2】合并财务报表的构成

合并财务报表至少包括合并资产负债表、合并利润表、合并所有者权益变动表（或合并股东权益变动表）、合并现金流量表和附注，它们分别从不同的方面反映企业集团财务状况、经营成果及其现金流量情况，构成一个完整的合并财务报表体系。

1. 合并资产负债表。合并资产负债表是反映母公司和子公司所形成的企业集团某一特定日期财务状况的报表。

2. 合并利润表。合并利润表是反映母公司和子公司所形成的企业集团整体在一定期间内经营成果的报表。

3. 合并所有者权益变动表（或合并股东权益变动表）。合并所有者权益变动表（或合并股东权益变动表）是反映母公司在一定期间内，包括经营成果分配在内的所有者（或股东）权益增减变动情况的报表。它是从母公司的角度，站在母公司所有者的立场反映企业所有者（或股东）在母公司中的权益增减变动情况的报表。

4. 合并现金流量表。合并现金流量表是反映母公司和子公司所形成的企业集团在一定期间现金流入、流出量以及现金净增减变动情况的报表。

5. 附注。附注是对在合并资产负债表、合并利润表、合并现金流量表和合并所有者权益变动表（或合并股东权益变动表）等报表中列示项目的文字描述或明细资料，以及对未能在这些报表中列示项目的说明等。

第四条 母公司应当编制合并财务报表。

如果母公司是投资性主体，且不存在为其投资活动提供相关服务的子公司，则不应当编制合并财务报表，该母公司按照本准则第二十一条规定以公允价值计量其对所有子公司的投资，且公允价值变动计入当期损益。

第五条 外币财务报表折算，适用《企业会计准则第19号——外币折算》和《企业会计准则第31号——现金流量表》。

【解析 33-3】对子公司以外币表示的财务报表进行折算

对母公司和子公司的财务报表进行合并，其前提必须是母子公司个别财务报表所采用的货币计量单位一致。在我国允许外币业务比较多的企业采用某一外币作为记账本位币，境外企业一般也是采用其所在国或地区的货币作为其记账本位币。在将这些企业的财务报表纳入合并时，则必须将其折算为母公司所采用的记账本位币表示的财务报表。我国外币财务报表基本上采用的是现行汇率法。有关外币财务报表的具体折算方法在外币业务中已作论述，在此不再重复。

第六条 关于在子公司权益的披露，适用《企业会计准则第 41 号——在其他主体中权益的披露》。

第二章 合并范围

第七条 合并财务报表的合并范围应当以控制为基础予以确定。

控制，是指投资方拥有对被投资方的权力，通过参与被投资方的相关活动而享有可变回报，并且有能力运用对被投资方的权力影响其回报金额。

本准则所称相关活动，是指对被投资方的回报产生重大影响的活动。被投资方的相关活动应当根据具体情况进行判断，通常包括商品或劳务的销售和购买、金融资产的管理、资产的购买和处置、研究与开发活动以及融资活动等。

【解析 33-4】合并财务报表范围

以“控制”为基础，确定合并范围。

合并财务报表的合并范围应当以控制为基础予以确定。控制，是指投资方拥有对被投资方的权力，通过参与被投资方的相关活动而享有可变回报，并且有能力运用对被投资方的权力影响其回报金额。当投资方因参与被投资方的相关活动而享有可变回报，且有能力运用对被投资方的权力来影响上述回报时，投资方即控制被投资方。

因此，投资方要实现控制，必须具备以下基本要素，一是因涉入被投资方而享有可变回报；二是拥有对被投资方的权力，并且有能力运用对被投资方的权力影响其回报金额。投资方只能同时具备上述两个要素时，才能控制被投资方。

第八条 投资方应当在综合考虑所有相关事实和情况的基础上对是否控制被投资方进行判断。一旦相关事实和情况的变化导致对控制定义所涉及的相关要素发生变化的，投资方应当进行重新评估。相关事实和情况主要包括：

（一）被投资方的设立目的。

（二）被投资方的相关活动以及如何对相关活动作出决策。

（三）投资方享有的权利是否使其目前有能力主导被投资方的相关活动。

（四）投资方是否通过参与被投资方的相关活动而享有可变回报。

（五）投资方是否有能力运用对被投资方的权力影响其回报金额。

（六）投资方与其他方的关系。

【解析 33-5】对投资方的判断

实际工作中，投资方在判断其能否控制被投资方时，应综合考虑所有相关事实和情况，以判断是否同时满足控制的两个要素。相关事实和情况主要包括：被投资方的设立目的和设计；被投资方的相关活动以及如何对相关活动作出决策；投资方享有的权利是否使其目前有能力主导被投资方的相关活动；投资方是否通过参与被投资方的相关活动而享有可变回报；投资方是否有能力运用对被投资方的权力影响其回报金额；投资方与其他方的关系。其中，对被投资方的设立目的和设计的分析，贯穿于判断控制的始终，也是分析上述其他事实和情况的基础。如果事实和情况表明上述控制要素中的一个或多个发生变化，投资方应当重新判断其还能否控制被投资方。

第九条 投资方享有现时权利使其目前有能力主导被投资方的相关活动，而不论其是否实际行使该权利，视为投资方拥有对被投资方的权力。

【解析 33-6】权力的定义及相关活动

判断投资方是否对被投资方拥有权力，并能够运用此权力影响回报金额。

1. 权力的定义。

控制的第一个要素是权力。投资方能够主导被投资方的相关活动时，称投资方对被投资方享有“权力”。在判断投资方是否对被投资方拥有权力时，应注意以下几点。（1）权力只表明投资方主导被投资方相关活动的现时能力，并不要求投资方实际行使其权力。即，如果投资方拥有主导被投资方相关活动的现时能力，即使这种能力尚未被实际行使，也视为该投资方拥有对被投资方的权力。（2）权力是一种实质性权利，而不是保护性权利。（3）权力是为自己行使的，而不是代其他方行使。（4）权力通常表现为表决权，但有时也可能表现为其他合同安排。

2. 相关活动。

识别相关活动。从上述权力的定义中可以看出，要判断投资方是否拥有对被投资方的权力，首先需要识别被投资方的相关活动。相关活动是指对被投资方的回报产生重大影响的活动。可见，判断相关活动时，应关注的是那些对被投资方的回报具有重大影响的活动，而不是对被投资方回报影响甚微或没有影响的行政活动。

对许多企业而言，经营和财务活动通常对其回报产生重大影响。但是，不同企业的相关活动可能是不同的，应当根据企业的行业特征、业务特点、发展阶段、市场环境等具体情况来进行判断，这些活动可能包括但不限于：商品或劳务的销售和购买；金融资产的管理；资产的购买和处置；研究与开发活动；确定资本结构和获取融资。

同一企业在不同环境和情况下，相关活动也可能有所不同。

第十条 两个或两个以上投资方分别享有能够单方面主导被投资方不同相关活动的现时权利的，能够主导对被投资方回报产生最重大影响的活动的一方拥有对被投资方的权力。

【解析 33-7】投资方判断能否控制被投资方

投资方在判断能否控制被投资方时，具体判断如下。

当判断能否对被投资方的控制时，投资方应考虑被投资方的设立目的及设计，以明确哪些是相关活动，相关活动的决策机制，谁拥有现时能力主导这些活动，以及谁从这些活动中获得可变回报。

了解被投资方的设立目的和设计有助于了解每个投资方的目的，即：投资方为何参与被投资方的相关活动，参与了哪些活动。因此，在识别哪个投资方控制被投资方时，了解被投资方的设立目的和设计非常关键。被投资方的设立目的和设计在控制判断的很多环节都需要考虑。具体来说，了解被投资方的设立目的和设计有助于确定以下方面。①被投资方存在哪些风险，投资方参与被投资方相关活动可能产生哪些风险？②相关活动是指哪些活动？③被投资方相关活动的决策机制是怎样的？④哪个投资方有能力主导被投资方的相关活动？⑤哪些投资方能够通过参与被投资方相关活动而享有其可变回报？⑥被投资方相关活动如何影响投资方的回报？⑦如果投资方拥有对被投资方的权力、享有其可变回报，那么它是否有能力运用其对被投资方的权力影响其回报金额？

如果对被投资方的控制是通过持有被投资方权益工具而获得一定比例表决权或是潜在表决权的方式来实现，在不存在其他改变决策机制的安排时，控制的判断主要着重于判断哪一方能够通过行使表决权来决定被投资方的财务和经营政策。例如，在最简单的情况下，在不存在其他因素时，通常持有半数以上表决权的投资方控制被投资方，但是如果章程或者其他协议有某些特殊约定，例如，被投资方相关活动的决策需要 2/3 以上表决权比例通过，在这种情况下，拥有半数以上表决权并不意味着必然能够对被投资方实施控制。

如果在被投资方的设计中，表决权不是判断能否控制被投资方的决定性因素，其仅与被投资方的日常行政管理活动有关，而被投资方的相关活动可能是由其他合同安排规定的，则在这种情况下，投资方在考虑被投资方的设立目的和设计时，还应考虑被投资方的设立带来了哪些风险和收益；被投资方将哪些风险和收益转移给了参与其活动的各方；投资方是否面临这些风险和收益。所考虑的风险不仅包括下行风险，也包括可能的上行收益。

第十一条 投资方在判断是否拥有对被投资方的权力时，应当仅考虑与被投资方相关的实质性权利，包括自身所享有的实质性权利以及其他方所享有的实质性权利。

实质性权利，是指持有人在对相关活动进行决策时有实际能力行使的可执行权利。判断一项权利是否为实质性权利，应当综合考虑所有相关因素，包括权利持有人行使该项权利是否存在财务、价格、条款、机制、信息、运营、法律法规等方面的障碍；当权利由多方持有或者行权需要多方同意时，是否存在实际可行的机制使得这些权利持有人在其愿意的情况下能够一致行权；权利持有人能否从行权中获利等。

某些情况下，其他方享有的实质性权利有可能会阻止投资方对被投资方的控制。这种实质性权利既包括提出议案以供决策的主动性权利，也包括对已提出议案作出决策的被动性权利。

【解析 33-8】实质性权利

“权力”是一种实质性权利。

权力源于权利。但是，这并不意味着在判断权力时需要考虑投资方及其他方对被投资方的所有权利。在判断投资方是否拥有对被投资方的权力时，应区分投资方及其他方享有的权利是实质性权利还是保护性权利，仅实质性权利才应当被加以考虑。

实质性权利，是指持有人在对相关活动进行决策时，有实际能力行使的可执行权利。“有实际能力行使”，意味着对于投资方拥有的实质性权利，即便投资方并未实际行使，也应在判断投资方是否对被投资方拥有权力时予以考虑。为了使一项权利成为实质性权利，在作出可主导被投资方相关活动的决策时，该项权利应当是可行使的。通常情况下，实质性权利应当是当前可执行的权利，但某些情况下，目前不可行使的权利也可能是实质性权利，如某些潜在表决权。

第十二条 仅享有保护性权利的投资方不拥有对被投资方的权力。

保护性权利，是指仅为了保护权利持有人利益却没有赋予持有人对相关活动决策权的一项权利。保护性权利通常只能在被投资方发生根本性改变或某些例外情况发生时才能够行使，它既没有赋予其持有人对被投资方拥有权力，也不能阻止其他方对被投资方拥有权力。

【解析 33-9】保护性权利的定义

保护性权利旨在保护持有这些权利的当事方的权益，而不赋予当事方对这些权利所涉及的主体的权力。仅持有保护性权利的投资方不能对被投资方实施控制，也不能阻止其他方对被投资方实施控制。例如，贷款方限制借款方从事会对借款方信用风险产生不利影响从而损害贷款方利益的活动的权利；少数股东批准超过正常经营范围的资本性支出或发行权益工具、债务工具的权利；贷款方在借款方发生违约行为时扣押其资产的权利。上述各项均属于保护性权利的例子。

保护性权利通常仅适用于被投资方的活动发生根本性改变或某些特殊例外的情况，但并非所有在例外情况下行使的权利或在不确定事项发生时才行使的权利都是保护性权利。例如，当被投资方的活动和回报已被预先设定，只有在发生某些特定事项时才需要进行决策，且这些决策对被投资方的回报产生重大影响，则该等事项引发的活动属于相关活动，对这些相关活动行使的权利就不是保护性权利。对于有权主导这些相关活动的投资者，在判断其对被投资方是否拥有权力时，不需要考虑这些特定事项是否已经发生。

第十三条 除非有确凿证据表明其不能主导被投资方相关活动，下列情况，表明投资方对被投资方拥有权力：

（一）投资方持有被投资方半数以上的表决权的。

（二）投资方持有被投资方半数或以下的表决权，但通过与其他表决权持有人之间的协议能够控制半数以上表决权的。

【解析 33-10】投资方权利

投资方对被投资方的权力可能源自各种权利，例如，表决权、委派或罢免有能力主导被投资方相关活动的该被投资方关键管理人员或其他主体的权利、决定被投资方进行某项交易或否决某项交易的权利、由管理合同授予的决策权利。这些权利单独或者结合在一起，可能赋予对被投资方的权力。

通常情况下，当被投资方具有一系列对回报产生重要影响的经营及财务活动，且需要就这些活动连续地进行实质性决策时，表决权或类似权利本身或结合其他安排，将赋予投资方权力。

表决权是对被投资方经营计划、投资方案、年度财务预算方案和决算方案、利润分配方案和弥补亏损方案、内部管理机构的设置、聘任或解聘公司经理及确定其报酬、公司的基本管理制度等事项进行表决而持有的权利。表决权比例通常与其出资比例或持股比例是一致的，但公司章程另有规定的除外。

第十四条 投资方持有被投资方半数或以下的表决权，但综合考虑下列事实和情况后，判断投资方持有的表决权足以使其目前有能力主导被投资方相关活动的，视为投资方对被投资方拥有权力：

（一）投资方持有的表决权相对于其他投资方持有的表决权份额的大小，以及其他投资方持有表决权的分散程度。

（二）投资方和其他投资方持有的被投资方的潜在表决权，如可转换公司债券、可执行认股权证等。

（三）其他合同安排产生的权利。

（四）被投资方以往的表决权行使情况等其他相关事实和情况。

【解析 33-11】投资方持有被投资方半数或以下的表决权

投资方以直接或间接方式结合持有半数或半数以下表决权，仍然可以通过表决权判断拥有权力。持有半数或半数以下表决权的投资方（或者虽持有半数以上表决权，但仅凭自身表决权比例仍不足以主导被投资方相关活动的投资方），应综合考虑下列事实和情况，以判断其持有的表决权与相关事实和情况相结合是否可以赋予投资方对于被投资方的权力。

考虑投资方持有的表决权相对于其他投资方持有的表决权份额的大小，以及其他投资方持有表决权的分散程度。与其他方持有的表决权比例相比，投资方持有的表决权比例越高，越有可能有现时能力主导被投资方相关活动。为否决投资方而需要联合一致的行动方越多，投资方越有可能有现时能力主导被投资方相关活动。

考虑与其他表决权持有人的协议。投资方自己拥有的表决权不足，但通过与其他表决权持有人的协议使其可以控制足以主导被投资方相关活动的表决权，从而拥有被投资方的权力。该类协议需确保投资方能够主导其他表决权持有人的表决，即，其他表决权持有人按照投资方的意愿进行表决,而不是与其他表决权持有人协商根据双方协商一致的结果进行表决。

第十五条 当表决权不能对被投资方的回报产生重大影响时，如仅与被投资方的日常行政管理活动有关，并且被投资方的相关活动由合同安排所决定，投资方需要评估这些合同安排，以评价其享有的权利是否足够使其拥有对被投资方的权力。

【解析 33-12】评估合同安排

投资方可能通过拥有的表决权和其他决策权相结合的方式使其目前有能力主导被投资方的相关活动。例如，合同安排赋予投资方在被投资方的权力机构中指派若干成员的权利，而该等成员足以主导权力机构对相关活动的决策。又如，投资方可能通过表决权和合同安排给予的其他权利，使其目前有能力主导被投资方的生产活动，或主导被投资方的其他经营和财务活动，从而对被投资方的回报产生重大影响。但是，在不存在其他权利时，仅仅是被投资方对投资方的经济依赖（如供应商和其主要客户的关系）不会导致投资方对被投资方拥有权力。

第十六条 某些情况下，投资方可能难以判断其享有的权利是否足以使其拥有对被投资方的权力。在这种情况下，投资方应当考虑其具有实际能力以单方面主导被投资方相关活动的证据，从而判断其是否拥有对被投资方的权力。投资方应考虑的因素包括但不限于下列事项：

（一）投资方能否任命或批准被投资方的关键管理人员。

（二）投资方能否出于其自身利益决定或否决被投资方的重大交易。

（三）投资方能否掌控被投资方董事会等类似权力机构成员的任命程序，或者从其他表决权持有人手中获得代理权。

（四）投资方与被投资方的关键管理人员或董事会等类似权力机构中的多数成员是否存在关联方关系。

投资方与被投资方之间存在某种特殊关系的，在评价投资方是否拥有对被投资方的权力时，应当适当考虑这种特殊关系的影响。特殊关系通常包括：被投资方的关键管理人员是投资方的现任或前任职工、被投资方的经营依赖于投资方、被投资方活动的重大部分有投资方参与其中或者是以投资方的名义进行、投资方自被投资方承担可变回报的风险或享有可变回报的收益远超过其持有的表决权或其他类似权利的比例等。

【解析 33-13】投资方应考虑的其他事项

若通过准则第十六条中考虑因素仍不足以判断投资方能否控制被投资方，则还需要考虑是否存在其他事实或情况，能够证明投资方拥有主导被投资方相关活动的现时能力。投资方能够任命或批准被投资方的关键管理人员，这些关键管理人员能够主导被投资方的相关活动；投资方能够出于自身利益决定或者否决被投资方的重大交易；投资方能够控制被投资方董事会等类似权力机构成员的任命程序，或者从其他表决权持有人手中获得代理投票权；投资方与被投资方的关键管理人员或董事会等类似权力机构中的多数成员存在关联关系；投资方与被投资方之间存在特殊关系，如被投资方的关键管理人员是投资方的现任或前任职工，被投资方的经营活动依赖于投资方，被投资方活动的重大部分有投资方参与其中或者是以投资方的名义进行，投资方自被投资方承担可变回报的风险或享有可变回报的收益的程度远超过其持有的表决权或其他类似权利的比例等。

投资方所持有的被投资方表决权比例越低，否决投资方所提关于相关活动的议案所需一致行动的其他投资方数量越少，投资方为了证明其拥有主导被投资方权力的权利，就需要在更大程度上证明存在这些“其他事实或情况”。

对于被投资方的相关活动通过表决权进行决策，而投资方持有的表决权比例不超过半数的情况，如果投资方在综合考虑了所有相关情况和事实后仍不能确定投资方是否拥有被投资方的权力，则投资方不能控制被投资方。

第十七条 投资方自被投资方取得的回报可能会随着被投资方业绩而变动的，视为享有可变回报。投资方应当基于合同安排的实质而非回报的法律形式对回报的可变性进行评价。

【解析 33-14】合同安排

在某些情况下，某些主体的投资方对其控制权力并非源自表决权（例如，表决权可能仅与日常行政活动工作有关），被投资方的相关活动由一项或多项合同安排决定，例如证券化产品、资产支持融资工具、部分投资基金等结构化主体。

结构化主体，是指在确定其控制方时没有将表决权或类似权利作为决定因素而设计的主体。通常情况下，结构化主体在合同约定的范围内开展业务活动，表决权或类似权利仅与行政性管理事务相关。

结构化主体通常具有下列特征中的多项或全部。

（1）业务活动范围受限。通常情况下，结构化主体在合同约定的范围内开展业务活动，业务活动范围受到了限制。例如，从事信贷资产证券化业务的结构化主体，在发行资产支持证券募集资金和购买信贷资产后，根据相关合同，其业务活动是将来源于信贷资产的现金向资产支持证券投资方分配收益。

（2）有具体明确的目的，而且目的比较单一。结构化主体通常是为了特殊目的而设立的主体。例如，有的企业发起结构化主体是为了将企业的资产转让给结构化主体以迅速回收资金，并改变资产结构来满足资产负债管理的需要；有的企业发起结构化主体是为了满足客户特定的投资需求，吸引更多的客户；还有的企业发起结构化主体是为了专门从事研究开发活动，或开展租赁业务等。

（3）股本（如有）不足以支撑其业务活动，必须依靠其他次级财务支持。次级财务支持是指承受结构化主体部分或全部预计损失的可变收益，其中的“次级”代表受偿顺序在后。股本本身就是一种次级财务支持，其他次级财务支持包括次级债权、对承担损失作出的承诺或担保义务等。通常情况下，结构化主体的股本占资产规模的份额较小，甚至没有股本。当股本很少或没有股本，不足以支撑结构化主体的业务活动时，通常需要依靠其他次级财务支持来为结构化主体注入资金，支撑结构化主体的业务活动。

（4）通过向投资方发行不同等级的证券（如分级产品）等金融工具进行融资，不同等级的证券，信用风险及其他风险的集中程度也不同。例如，以发行分级产品的方式融资是对各级产品的受益权进行了分层配置。购买优先级的投资方享有优先受益权，购买次级的投资方享有次级受益权。投资期满后，投资收益在逐级保证受益人本金、预期收益及相关费用后的余额归购买次级的投资方，如果出现投资损失，先由购买次级的投资方承担。由于不同等级的证券具有不同的信用风险、利率风险或流动性风险，发行分级产品可以满足不同风险偏好投资方的投资需求。

由于结构化主体的权力并非源自表决权或类似权利，并且通常还具备上述典型的常见特征，这无形中加大了投资方分析此类主体的相关活动和是否对该类主体具有权力的判断难度。投资方在判断能否控制结构化主体时，还需要结合下列 4 项因素进行进一步分析。

①在设立被投资方时所作出的决策及投资方对其设立活动的参与度。投资方需考虑其是否参与设计被投资方的设立，考虑被投资方初始设立时作出的决策，以评估该参与以及交易的相关安排是否为投资方提供了足够权利使其拥有对被投资方的权力。参与被投资方的初始设立，其本身虽不足以表明参与方控制被投资方，但该参与可能使投资方有机会获得使其拥

有对被投资方权力的权利。通过评价被投资方的初始设立时所作的决策，可有助于确定交易条款是否为某参与者提供了足以构成权力的权利。另外，此类主体在设立后的动作过程中，其法律上的权力机构所表决的事项往往仅与行政事务相关，表决权对其投资方的回报往往不具备直接和重大关联。在这种情况下，投资方在分析其目的和设计时，应考虑其被专门设计来承担何种的可变性，投资方通过参与其相关活动是否承担了部分或全部的可变性。可变性既包括下行风险也包括上行潜能险。

② 考虑其他相关合同安排。投资方需考虑此类主体初始设立时的合同安排是否赋予投资方掌控与被投资方密切相关的活动的权利。例如，看涨期权、看跌期权、清算权及其他可能为投资方提供权力的合同安排。当这些合同安排所涉及的活动与此类主体密切相关时，即使该等活动并未在此类主体的法律框架内发生，而是在其他主体中发生，该等活动也应被视为形成此类主体的相关活动的有机组成部分。因此，投资方在与该等活动相关的合同安排中，投资方明确或者没有明确享有的决策权均需要进行详细评估。

③ 考虑仅在特定情况或事项发生时开展的活动。对于某些此类主体而言，其仅在某些特定情况或者事项发生时才发生相关活动。这些主体的设计使其明确按照既定的流程和安排开展某些固定的活动且其相应的回报也是可确定的，除非发生某些特定情况或事项。在这种情况下，只有在发生这些特定情况或事项时，此类主体所开展的对其回报具有重大影响的活动相关的决策才是其相关活动。相应地，对相关活动具有决策权的投资方才享有权力。投资方享有权力并不依赖于这些特定情况或事项已经发生的事实。决策权依赖于特定情况或特定事件发生这一事实本身也并不表示该权利为保护性权利。

④ 投资方对被投资方作出的承诺。为确保此类主体持续按照原定设计和计划开展活动，投资方可能会作出明示或暗示的承诺。上述承诺可能会放大投资方可变回报的风险敞口，因而促使投资方更有动机获取足够多的权利，使其获得主导被投资方的权力。投资方作出确保此类主体遵守原定设计经营的承诺可能是投资方拥有控制权力的迹象，但是其本身并不足以证明权力必然存在或阻止其他方拥有权力。

【解析 33-15】可变回报概述

1. 可变回报的定义。

享有控制权的投资方，通过参与被投资方相关活动，享有的是可变回报。可变回报，是不固定且可能随着被投资方业绩而变化的回报，可以仅是正回报，仅是负回报，或者同时包括正回报和负回报。

2. 可变回报的形式。

投资方在评价其享有被投资方的回报是否可变以及可变的程度时，需基于合同安排的实质，而不是法律形式。例如，投资方持有固定利息的债券投资时，债券存在违约风险，投资方需承担被投资方不履约而产生的信用风险，因此投资方享有的固定利息回报也可能是一种可变回报。又如，投资方管理被投资方资产而获得的固定管理费也是一种可变回报，因为投资方是否能获得此回报依赖于被投资方能否获得足够的收益以支付该固定管理费。

可变回报的形式主要包括以下几种。

（1）股利、被投资方经济利益的其他分配（例如，被投资方发行的债务工具产生的利息）、投资方对被投资方的投资的价值变动。从被投资方获取股利是投资方的可变回报的通常表现形式。但是，某些情况下，受限于法律法规的相关规定，投资方无法通过分配被投资方利润或结余的形式获得回报，例如当被投资方的法律形式为信托机构时，其盈利可能不是以股利形式分配给投资方。这种情况下，需要根据具体情况，以投资方的投资目的为出发点，综合分析投资方是否获得除股利以外的其他可变回报，即，被投资方不能进行利润分配并不必然代表投资方不能获取可变回报。

（2）因向被投资方的资产或负债提供服务而得到的报酬、因提供信用支持或流动性支持收取的费用或承担的损失、被投资方清算时在其剩余净资产中所享有的权益、税务利益、因参与被投资方而获得的未来流动性。

（3）其他利益持有方无法得到的回报。例如，投资方将自身资产与被投资方的资产整合以实现规模经济，达到节约成本的目的；投资方通过涉入被投资方，从而保证稀缺资源的供应、获得专有技术或者限制被投资方某些运营或资产，从而达到提高投资方其他资产价值的目的。

此外，尽管只有一个投资方能够控制被投资方，但可能存在多个投资方分享被投资方的回报。例如，少数股东权益的持有者可以分享被投资方的利润。

第十八条 投资方在判断是否控制被投资方时，应当确定其自身是以主要责任人还是代理人的身份行使决策权，在其他方拥有决策权的情况下，还需要确定其他方是否以其代理人的身份代为行使决策权。

代理人仅代表主要责任人行使决策权，不控制被投资方。投资方将被投资方相关活动的决策权委托给代理人的，应当将该决策权视为自身直接持有。

第十九条 在确定决策者是否为代理人时，应当综合考虑该决策者与被投资方以及其他投资方之间的关系。

（一）存在单独一方拥有实质性权利可以无条件罢免决策者的，该决策者为代理人。

（二）除（一）以外的情况下，应当综合考虑决策者对被投资方的决策权范围、其他方享有的实质性权利、决策者的薪酬水平、决策者因持有被投资方中的其他权益所承担可变回报的风险等相关因素进行判断。

【解析33-16】识别投资方的“实质代理人”

投资方还应当考虑其与其他各方之间关系的性质以及其他各方是否代表投资方行动，即，识别投资方的“实质代理人”。当投资方或有能力主导投资方活动的一方有能力主导其他方代表投资方行动时，其为投资方的实质代理人。在这种情况下，投资方在评估对被投资方是否存在控制时，应将自身和实质代理人的决策权及其通过实质代理人而间接承担或者享有的可变回报的风险或权利与其自身的实质性权利一并考虑。根据各方关系的性质判断，表明一方可能是投资方的实质代理人的情况包括但不限于以下几种：投资方的关联方；因投资方出资或提供贷款而取得其在被投资方中权益的一方；未经投资方同意，不得出售、转让或抵押其持有的被投资方权益的一方（但不包括此项限制系通过投资方和其他非关联方之间通过自愿基础上的协商一致而实现的情形）；没有投资方的财务支持，就不能获得资金来支持经营的一方；该另一方系与投资方的权力机构的多数成员或关键管理人员相同的被投资方；与投资方具有紧密业务联系（如专业服务的提供者与其一家重要客户的关系）的一方。

第二十条 投资方通常应当对是否控制被投资方整体进行判断。但极个别情况下，有确凿证据表明同时满足下列条件并且符合相关法律法规规定的，投资方应当将被投资方的一部分（以下简称“该部分”）视为被投资方可分割的部分（单独主体），进而判断是否控制该部分（单独主体）。

（一）该部分的资产是偿付该部分负债或该部分其他权益的唯一来源，不能用于偿还该部分以外的被投资方的其他负债；

（二）除与该部分相关的各方外，其他方不享有与该部分资产相关的权利，也不享有与该部分资产剩余现金流量相关的权利。

【解析33-17】对被投资方可分割部分的控制

投资方通常应当对是否控制被投资方整体进行判断。但在少数情况下，如果有确凿证据表明同时满足下列条件并且符合相关法律法规规定的，投资方应当将被投资方的一部分视为被投资方可分割的部分，进而判断是否控制该部分（可分割部分）：

1.该部分的资产是偿付该部分负债或该部分其他利益方的唯一来源，不能用于偿还该部分以外的被投资方的其他负债；

2.除与该部分相关的各方外，其他方不享有与该部分资产相关的权利，也不享有与该部分资产剩余现金流量相关的权利。

实质上该部分的所有资产、负债及其他相关权益均与被投资方的剩余部分相隔离，即：该部分的资产产生的回报不能由该部分以外的被投资方其他部分享有，该部分的负债也不能用该部分以外的被投资方资产偿还。

如果被投资方的一部分资产和负债及其他相关权益满足上述条件，构成可分割部分，则投资方应当基于控制的判断标准确定其是否能控制该可分割部分，考虑该可分割部分的相关活动及其决策机制，投资方目前是否有能力主导可分割部分的相关活动并从中取得可变回报。如果投资方控制可分割部分，则应将其进行合并。在此情况下，其他方在考虑是否合并被投资方时，应仅对被投资方的剩余部分进行控制及合并的评估，而将可分割部分排除在外。

第二十一条 母公司应当将其全部子公司（包括母公司所控制的单独主体）纳入合并财务报表的合并范围。

如果母公司是投资性主体，则母公司应当仅将为其投资活动提供相关服务的子公司（如有）纳入合并范围并编制合并财务报表；其他子公司不应当予以合并，母公司对其他子公司的投资应当按照公允价值计量且其变动计入当期损益。

【解析33-18】投资性主体的豁免规定

母公司应当将其全部子公司（包括母公司所控制的被投资单位可分割部分、结构化主体）纳入合并范围。但是，如果母公司是投资性主体，则只应将那些为投资性主体的投资活动提供相关服务的子公司纳入合并范围，其他子公司不应予以合并，母公司对其他子公司的投资应当按照公允价值计量且其变动计入当期损益。

一个投资性主体的母公司如果其本身不是投资性主体，则应当将其控制的全部主体，包括投资性主体以及通过投资性主体间接控制的主体，纳入合并财务报表范围。

第二十二条 当母公司同时满足下列条件时，该母公司属于投资性主体：

（一）该公司是以向投资者提供投资管理服务为目的，从一个或多个投资者处获取资金；

（二）该公司的唯一经营目的，是通过资本增值、投资收益或两者兼有而让投资者获得回报；

（三）该公司按照公允价值对几乎所有投资的业绩进行考量和评价。

【解析 33-19】投资性主体的定义

当母公司同时满足以下 3 个条件时，该母公司属于投资性主体。

一是该公司以向投资方提供投资管理服务为目的，从一个或多个投资方获取资金。这是投资性主体与其他主体的显著区别。

二是该公司的唯一经营目的，是通过资本增值、投资收益或两者兼有而让投资方获得回报。投资性主体的经营目的一般可能通过其设立目的、投资管理方式、投资期限、投资退出战略等体现出来，具体表现形式可以是通过募集说明书、公司章程或合伙协议以及所发布的其他公开信息。例如，如果一个基金在募集说明书中说明其投资的目的是实现资本增值、一般情况下的投资期限较长、制定了比较清晰的投资退出战略等，则这些描述与投资性主体的经营目的是一致的；反之，如果该基金的经营目的是与被投资方合作开发、生产或者销售某种产品，则其不是投资性主体。

三是该公司按照公允价值对几乎所有投资的业绩进行计量和评价。对于投资性主体而言，相对于合并子公司财务报表或者按照权益法核算对联营企业或合营企业的投资，公允价值计量所提供的信息更具有相关性。公允价值计量体现在：在企业会计准则允许的情况下，在向投资方报告其财务状况和经营成果时应当以公允价值计量其投资；向其关键管理人员提供公允价值信息，以供他们据此评估投资业绩或作出投资决策。但是，投资性主体没必要以公允价值计量其固定资产等非投资性资产或其负债。

第二十三条 母公司属于投资性主体的，通常情况下应当符合下列所有特征：

（一）拥有一个以上投资；

（二）拥有一个以上投资者；

（三）投资者不是该主体的关联方；

（四）其所有者权益以股权或类似权益方式存在。

【解析 33-20】投资性主体的特征

投资性主体通常应当符合下列 4 个特征。

一是拥有一个以上投资。投资性主体通常会同时持有多项投资，以分散风险，但通过直接或间接投资于另一持有多项投资的投资性主体的，也可能是投资性主体。另外，当投资性主体刚设立、尚未寻找到多个符合要求的投资项目，或者刚处置了部分投资、尚未进行新的投资，或者正处于清算过程中时，也有可能仅持有一项投资。

二是拥有一个以上投资者。典型的投资性主体通常拥有多个投资者，多个投资者通过投资性主体集中资金，以获取单个投资者可能无法单独获取的投资管理服务和投资机会。拥有多个投资者使投资性主体或其集团成员获取除资本增值、投资收益以外的收益的可能性减小。一个投资性主体在过渡期也可能只有一个投资者，例如，当投资性主体刚刚设立、正在积极识别合格投资者，或者原持有的权益已经赎回、正在寻找新的投资者，或者处于清算过程中时，或者是为了代表或支持一个较大的投资者集合的利益而设立的（如某企业设立的年金基金），也有可能仅拥有一个投资者。

三是投资者不是该主体的关联方。投资性主体通常拥有若干投资者，这些投资者既不是其关联方，也不是该投资主体所在集团的成员，这一情况使投资性主体或其集团成员获取除资本增值和投资收益以外的收益的可能性减小；反之，一个主体的投资方中包括了与该主体存在关联关系的投资方，则该主体或者关联投资方更有可能存在除了获取资本增值或者投资收益之外的其他投资目的，在这种情况下，需要更为谨慎的判断和确凿的证据来证明其唯一的经营目的是取得资本增值或投资收益或两者兼有。但是，关联投资者的存在并非表明该主体一定不是投资性主体。例如，某基金的投资方之一可能是该基金的关键管理人员出资设立的企业，其目的是更好地激励基金的关键管理人员，这一安排并不影响该基金符合投资性主体的定义。

四是该主体的所有者权益以股权或类似权益存在。一个投资性主体并不一定必须是单独的法律实体，但无论其采取什么样的法律形式，其所有者权益应该采取股份、合伙权益或者类似权益份额的形式，且净资产按照所有者权益比例份额享有。然而，拥有不同类型的投资者，并且其中一些投资者可能仅对某类或某组特定投资拥有权利，或者不同类型的投资者对净资产享有不同比例的分配权的情况，并不说明该主体不是一个投资性主体。

可见，上述特征仅是投资性主体的常见特征，当主体不完全具备上述4个特征时，需要审慎评估，判断是否有确凿证据证明虽然缺少其中一个或几个特征，但该主体仍然符合投资性主体的定义。

第二十四条 投资性主体的母公司本身不是投资性主体，则应当将其控制的全部主体，包括那些通过投资性主体所间接控制的主体，纳入合并财务报表范围。

第二十五条 当母公司由非投资性主体转变为投资性主体时，除仅将为其投资活动提供相关服务的子公司纳入合并财务报表范围编制合并财务报表外，企业自转变日起对其他子公司不再予以合并，并参照本准则第四十九条的规定，按照视同在转变日处置子公司但保留剩余股权的原则进行会计处理。

当母公司由投资性主体转变为非投资性主体时，应将原未纳入合并财务报表范围的子公司于转变日纳入合并财务报表范围，原未纳入合并财务报表范围的子公司在转变日的公允价值视同为购买的交易对价。

【解析33-21】因投资性主体转换引起的合并范围的变化

当母公司由非投资性主体转变为投资性主体时，除仅将为其投资活动提供相关服务的子公司纳入合并财务报表范围编制合并财务报表外，企业自转变日起对其他子公司不应予以合并，其会计处理参照部分处置子公司股权但不丧失控制权的处理原则：终止确认与其他子公司相关资产（包括商誉）及负债的账面价值，以及其他子公司相关少数股东权益（包括属于少数股东的其他综合收益）的账面价值，并按照对该子公司的投资在转变日的公允价值确认一项以公允价值计量且其变动计入当期损益的金融资产，同时将对该子公司的投资在转变日的公允价值作为处置价款，其与当日合并财务报表中该子公司净资产（资产、负债及相关商誉之和，扣除少数股东权益）的账面价值之间的差额，调整资本公积（资本溢价或股本溢价），资本公积不足冲减的，调整留存收益。

当母公司由投资性主体转变为非投资性主体时，应将原未纳入合并财务报表范围的子公司于转变日纳入合并财务报表范围，将转变日视为购买日，原未纳入合并财务报表范围的子公司于转变日的公允价值视为购买的交易对价，按照非同一控制下企业合并的会计处理方法进行会计处理。

第三章　合并程序

第二十六条　母公司应当以自身和其子公司的财务报表为基础，根据其他有关资料，编制合并财务报表。

母公司编制合并财务报表，应当将整个企业集团视为一个会计主体，依据相关企业会计准则的确认、计量和列报要求，按照统一的会计政策，反映企业集团整体财务状况、经营成果和现金流量。

（一）合并母公司与子公司的资产、负债、所有者权益、收入、费用和现金流等项目。

（二）抵销母公司对子公司的长期股权投资与母公司在子公司所有者权益中所享有的份额。

（三）抵销母公司与子公司、子公司相互之间发生的内部交易的影响。内部交易表明相关资产发生减值损失的，应当全额确认该部分损失。

（四）站在企业集团角度对特殊交易事项予以调整。

【解析 33-22】合并财务报表的编制原则

合并财务报表作为财务报表，必须符合财务报表编制的一般原则和基本要求。这些基本要求包括真实可靠、内容完整。与个别财务报表相比，合并财务报表又具有下列特点：一是反映的对象是由母公司和其全部子公司组成的会计主体；二是编制者是母公司，但所对应的会计主体是由母公司及其控制的所有子公司所构成的企业集团；三是合并财务报表是站在合并财务报表主体的立场上，以纳入合并范围的企业个别财务报表为基础，根据其他有关资料，抵销母公司与子公司、子公司相互之间发生的内部交易，考虑了特殊交易事项对合并财务报表的影响后编制的，旨在反映合并财务报表主体作为一个整体的财务状况、经营成果和现金流量。因此，合并财务报表的编制除在遵循财务报表编制的一般原则和要求外，还应当遵循以下原则和要求。

1. 以个别财务报表为基础编制。合并财务报表并不是直接根据母公司和子公司的账簿编制，而是利用母公司和子公司编制的反映各自财务状况和经营成果的财务报表提供的数据，通过合并财务报表的特有方法进行编制。以纳入合并范围的个别财务报表为基础，可以说是客观性原则在合并财务报表编制时的具体体现。

2. 一体性原则。合并财务报表反映的是企业集团的财务状况和经营成果，反映的是由多个法人企业组成的一个会计主体的财务情况，在编制合并财务报表时应当将母公司和所有子公司作为整体来看待，视为一个会计主体，母公司和子公司发生的经营活动都应当从企业集团这一整体的角度进行考虑。因此，在编制合并财务报表时，对于母公司与子公司、子公司相互之间发生的经济业务，应当视同同一会计主体内部业务处理，视同同一会计主体之下的不同核算单位的内部业务。

3. 重要性原则。与个别财务报表相比，合并财务报表涉及多个法人主体，涉及的经营活动的范围很广，母公司与子公司经营活动往往跨越不同行业界限，有时母公司与子公司经营活动甚至相差很大。这样，合并财务报表要综合反映这样的会计主体的财务情况，必然要涉及重要性的判断问题。特别是在拥有众多子公司的情况下，更是如此。在编制合并财务报表时，特别强调重要性原则的运用。如对一些项目在企业集团中的某一企业具有重要性，但对于整个企业集团则不一定具有重要性，在这种情况下根据重要性的要求对财务报表项目进行取舍，则具有重要的意义。此外，母公司与子公司、子公司相互之间发生的经济业务，对整个企业集团财务状况和经营成果影响不大时，为简化合并手续也应根据重要性原则进行取舍，可以不编制抵销分录而直接编制合并财务报表。

第二十七条　母公司应当统一子公司所采用的会计政策，使子公司采用的会计政策与母公司保持一致。

子公司所采用的会计政策与母公司不一致的，应当按照母公司的会计政策对子公司财务报表进行必要的调整；或者要求子公司按照母公司的会计政策另行编报财务报表。

【解析33-23】统一母子公司的会计政策

会计政策是指企业进行会计核算和编制财务报表时所采用的会计原则、会计程序和会计处理方法，是编制财务报表的基础，统一母公司和子公司的会计政策是保证母子公司财务报表各项目反映内容一致的基础。为此，在编制财务报表前，应当尽可能统一母公司和子公司的会计政策，统一要求子公司所采用的会计政策与母公司保持一致。对一些境外子公司，由于所在国或地区法律、会计准则等方面，确实无法使其采用的会计政策与母公司所采用的会计政策保持一致，则应当要求其按照母公司所采用的会计政策重新编报财务报表，也可以由母公司根据自身所采用的会计政策对境外子公司报送的财务报表进行调整，以重编或调整编制的境外子公司财务报表，作为编制合并财务报表的基础。

第二十八条　母公司应当统一子公司的会计期间，使子公司的会计期间与母公司保持一致。

子公司的会计期间与母公司不一致的，应当按照母公司的会计期间对子公司财务报表进行调整；或者要求子公司按照母公司的会计期间另行编报财务报表。

【解析 33-24】统一母子公司的会计期间

财务报表总是反映一定日期的财务状况和一定会计期间经营成果的，母公司和子公司的个别财务报表只有在反映财务状况的日期和反映经营成果的会计期间一致的情况下，才能进行合并。为了编制合并财务报表，必须统一企业集团内所有的子公司的资产负债表日和会计期间，使子公司的资产负债表日和会计期间与母公司的资产负债表日和会计期间保持一致，以便于子公司提供相同资产负债表日和会计期间的财务报表。

对于境外子公司，由于当地法律限制确实不能与母公司财务报表决算日和会计期间一致的，母公司应当按照自身的资产负债表日和会计期间对子公司的财务报表进行调整，以调整后的子公司财务报表为基础编制合并财务报表，也可以要求子公司按照母公司的资产负债表日和会计期间另行编制报送其个别财务报表。

第二十九条 在编制合并财务报表时，子公司除了应当向母公司提供财务报表外，还应当向母公司提供下列有关资料：

（一）采用的与母公司不一致的会计政策及其影响金额；

（二）与母公司不一致的会计期间的说明；

（三）与母公司、其他子公司之间发生的所有内部交易的相关资料；

（四）所有者权益变动的有关资料；

（五）编制合并财务报表所需要的其他资料。

【解析 33-25】收集编制合并财务报表的相关资料

合并财务报表以母公司和其子公司的财务报表以及其他有关资料为依据，由母公司合并有关项目的数额编制。为编制合并财务报表，母公司应当要求子公司及时提供下列有关资料：（1）子公司相应期间的财务报表；（2）与母公司及与其他子公司之间发生的内部购销交易、债权债务、投资及其产生的现金流量和未实现内部销售损益的期初、期末余额及变动情况等资料；（3）子公司所有者权益变动和利润分配的有关资料；（4）编制合并财务报表所需要的其他资料，如非同一控制下企业合并购买日的公允价值资料。

第一节 合并资产负债表

第三十条 合并资产负债表应当以母公司和子公司的资产负债表为基础，在抵销母公司与子公司、子公司相互之间发生的内部交易对合并资产负债表的影响后，由母公司合并编制。

（一）母公司对子公司的长期股权投资与母公司在子公司所有者权益中所享有的份额应当相互抵销，同时抵销相应的长期股权投资减值准备。

子公司持有母公司的长期股权投资，应当视为企业集团的库存股，作为所有者权益的减项，在合并资产负债表中所有者权益项目下以“减：库存股”项目列示。

子公司相互之间持有的长期股权投资，应当比照母公司对子公司的股权投资的抵销方法，将长期股权投资与其对应的子公司所有者权益中所享有的份额相互抵销。

（二）母公司与子公司、子公司相互之间的债权与债务项目应当相互抵销，同时抵销相应的减值准备。

（三）母公司与子公司、子公司相互之间销售商品（或提供劳务，下同）或其他方式形成的存货、固定资产、工程物资、在建工程、无形资产等所包含的未实现内部销售损益应当抵销。

对存货、固定资产、工程物资、在建工程和无形资产等计提的跌价准备或减值准备与未实现内部销售损益相关的部分应当抵销。

（四）母公司与子公司、子公司相互之间发生的其他内部交易对合并资产负债表的影响应当抵销。

（五）因抵销未实现内部销售损益导致合并资产负债表中资产、负债的账面价值与其在所属纳税主体的计税基础之间产生暂时性差异的，在合并资产负债表中应当确认递延所得税资产或递延所得税负债，同时调整合并利润表中的所得税费用，但与直接计入所有者权益的交易或事项及企业合并相关的递延所得税除外。

【解析 33-26】合并资产负债表的定义

合并资产负债表是反映企业集团在某一特定日期财务状况的财务报表，由合并资产、负债和所有者权益各项目组成。

对子公司的个别财务报表进行调整。

在编制合并财务报表时，首先应对各子公司进行分类，分为同一控制下企业合并中取得的子公司和非同一控制下企业合并中取得的子公司两类。

1. 属于同一控制下企业合并中取得的子公司。

对于属于同一控制下企业合并中取得的子公司的个别财务报表，如果不存在与母公司会计政策和会计期间不一致的情况，则不需要对该子公司的个别财务报表进行调整，只需要抵销内部交易对合并财务报表的影响即可。

2. 属于非同一控制下企业合并中取得的子公司。

对于属于非同一控制下企业合并中取得的子公司，除了存在与母公司会计政策和会计期间不一致的情况，需要对该子公司的个别财务报表进行调整外，还应当根据母公司为该子公司设置备查簿的记录，以记录该子公司的各项可辨认资产、负债及或有负债等在购买日的公允价值为基础，通过编制调整分录，对该子公司的个别财务报表进行调整，以使子公司的个别财务报表反映为在购买日公允价值基础上确定的可辨认资产、负债及或有负债在本期资产负债表日的金额。

第三十一条 子公司所有者权益中不属于母公司的份额，应当作为少数股东权益，在合并资产负债表中所有者权益项目下以“少数股东权益”项目列示。

第三十二条 母公司在报告期内因同一控制下企业合并增加的子公司以及业务，编制合并资产负债表时，应当调整合并资产负债表的期初数，同时应当对比较报表的相关项目进行调整，视同合并后的报告主体自最终控制方开始控制时点起一直存在。

因非同一控制下企业合并或其他方式增加的子公司以及业务，编制合并资产负债表时，不应当调整合并资产负债表的期初数。

【解析 33-27】合并资产负债表应抵销的项目

合并资产负债表是以母公司和纳入合并范围的子公司的个别资产负债表为基础编制的。个别资产负债表则是以单个企业为会计主体进行会计核算的结果，它从母公司本身或从子公司本身的角度对自身的财务状况进行反映。对于企业集团内部发生的经济业务，从发生内部经济业务的企业来看，发生经济业务的两方都在其个别资产负债表中进行了反映。例如，集团内部母公司与子公司之间发生的赊购赊销业务，对于赊销企业来说，一方面，确认营业收入、结转营业成本、计算营业利润，并在其个别资产负债表中反映为应收账款；而对于赊购企业来说，在内部购入的存货未实现对外销售的情况下，则在其个别资产负债表中反映为存货和应付账款。在这种情况下，资产、负债和所有者权益类各项目的加总数额中，必然包含有重复计算的因素。作为反映企业集团整体财务状况的合并资产负债表，必须将这些重复计算的因素予以扣除，对这些重复的因素进行抵销处理。这些需要扣除的重复因素，就是合并财务报表编制时需要进行抵销处理的项目。

编制合并资产负债表时需要进行抵销处理的主要有如下项目：（1）母公司对子公司股权投资项目与子公司所有者权益（或股东权益）项目；（2）母公司与子公司、子公司相互之间未结算的内部债权债务项目；（3）存货项目，即内部购进存货价值中包含的未实现内部销售损益；（4）固定资产项目（包括固定资产原价和累计折旧项目），即内部购进固定资产价值中包含的未实现内部销售损益；（5）无形资产项目，即内部购进无形资产价值包含的未实现内部销售损益。

第三十三条 母公司在报告期内处置子公司以及业务，编制合并资产负债表时，不应当调整合并资产负债表的期初数。

第二节 合并利润表

第三十四条 合并利润表应当以母公司和子公司的利润表为基础，在抵销母公司与子公司、子公司相互之间发生的内部交易对合并利润表的影响后，由母公司合并编制。

（一）母公司与子公司、子公司相互之间销售商品所产生的营业收入和营业成本应当抵销。

母公司与子公司、子公司相互之间销售商品，期末全部实现对外销售的，应当将购买方的营业成本与销售方的营业收入相互抵销。

母公司与子公司、子公司相互之间销售商品，期末未实现对外销售而形成存货、固定资产、工程物资、在建工程、无形资产等资产的，在抵销销售商品的营业成本和营业收入的同时，应当将各项资产所包含的未实现内部销售损益予以抵销。

（二）在对母公司与子公司、子公司相互之间销售商品形成的固定资产或无形资产所包含的未实现内部销售损益进行抵销的同时，也应当对固定资产的折旧额或无形资产的摊销额与未实现内部销售损益相关的部分进行抵销。

（三）母公司与子公司、子公司相互之间持有对方债券所产生的投资收益、利息收入及其他综合收益等，应当与其相对应的发行方利息费用相互抵销。

（四）母公司对子公司、子公司相互之间持有对方长期股权投资的投资收益应当抵销。

（五）母公司与子公司、子公司相互之间发生的其他内部交易对合并利润表的影响应当抵销。

【解析 33-28】合并利润表编制基础

合并利润表应当以母公司和子公司的利润表为基础，在抵销母公司与子公司、子公司相互之间发生的内部交易对合并利润表的影响后，由母公司合并编制。

利润表作为以单个企业为会计主体进行会计核算的结果，分别从母公司本身和子公司本身反映其在一定会计期间的经营成果。在以其个别利润表为基础计算的收入和费用等项目的加总金额中，也必然包含有重复计算的因素，因此，编制合并利润表时，也需要将这些重复的因素予以剔除。

编制合并利润表时需要进行抵销处理的项目，主要有：（1）内部营业收入和内部营业成本项目；（2）内部销售商品形成存货、固定资产、无形资产等项目中包含的未实现内部销售损益；（3）内部销售商品形成固定资产、无形资产等项目计提折旧额或摊销额中包含的未实现内部销售损益；（4）内部应收款项计提的坏账准备以及内部销售商品形成存货、固定资产、无形资产等计提的资产减值准备中包含的未实现内部销售损益；（5）内部投资收益项目，包括内部利息收入与利息支出项目、内部股权投资的投资收益项目等。

第三十五条 子公司当期净损益中属于少数股东权益的份额，应当在合并利润表中净利润项目下以“少数股东损益”项目列示。

子公司当期综合收益中属于少数股东权益的份额，应当在合并利润表中综合收益总额项目下以“归属于少数股东的综合收益总额”项目列示。

第三十六条 母公司向子公司出售资产所发生的未实现内部交易损益，应当全额抵销“归属于母公司所有者的净利润”。

子公司向母公司出售资产所发生的未实现内部交易损益，应当按照母公司对该子公司的分配比例在“归属于母公司所有者的净利润”和“少数股东损益”之间分配抵销。

子公司之间出售资产所发生的未实现内部交易损益，应当按照母公司对出售方子公司的分配比例在“归属于母公司所有者的净利润”和“少数股东损益”之间分配抵销。

【解析 33-29】母、子公司之间内部投资收益的抵销处理

母公司与子公司、子公司相互之间持有对方长期股权投资的投资收益的抵销处理。

内部投资收益是指母公司对子公司或子公司对母公司、子公司相互之间的长期股权投资的收益，即母公司对子公司的长期股权投资在合并工作底稿中按权益法调整的投资收益，实际上就是子公司当期营业收入减去营业成本和期间费用、所得税费用等后的余额与其持股比例相乘的结果。

在子公司为全资子公司的情况下，应当编制的抵销分录为：借记“投资收益”“未分配利润——年初”科目，贷记“提取盈余公积”“对所有者（或股东）的分配”“未分配利润——年末”科目。在子公司为非全资子公司的情况下，应编制的抵销分录为：借记“投资收益”“少数股东损益”“未分配利润——年初”科目，贷记“提取盈余公积”“对所有者（或股东）的分配”“未分配利润——年末”科目。

【例 33-1】同一控制下合并日合并财务报表的编制

甲公司 2×18 年 1 月 1 日以 28 600 万元的价格取得 A 公司 80% 的股权。A 公司净资产的公允价值为 35 000 万元。甲公司在购买 A 公司股权过程中发生审计、法律服务等相关费用 120 万元。上述价款均以银行存款支付。甲公司与 A 公司均为同一控制下的企业。A 公司采用的会计政策与甲公司一致。A 公司 2×18 年 1 月 1 日的资产负债表见表 33-1。

由于 A 公司与甲公司均为同一控制下的企业，按同一控制下企业合并的规定进行处理。根据 A 公司资产负债表，A 公司股东权益总额为 32 000 万元，其中，股本为 20 000 万元，资本公积为 8 000 万元，盈余公积为 1 200 万元，未分配利润为 2 800 万元。合并后，甲公司在 A 公司股东权益中所拥有的份额为 25 600 万元。甲公司对 A 公司长期股权投资的初始投资成本为 25 600 万元。至于购买该股权过程中发生的审计、估值等相关费用，则直接计入当期损益，即计入当期管理费用。

甲公司在对 A 公司投资进行账务处理后编制的资产负债表，以及 A 公司当日的资产负债表如表 33-1 所示。

在本例中，对于甲公司为购买 A 公司股权所发生的审计等费用实际上已支付给会计师事务所等中介机构，不属于甲公司与 A 公司所构成的企业集团内部交易，不涉及抵销处理的问题。编制合并日合并资产负债表时，假定不考虑留存收益恢复因素，甲公司应当进行如下抵销处理（单位：万元）。

借：股本　　20 000
　　资本公积　　8 000
　　盈余公积　　1 200
　　未分配利润　　2 800
　　贷：长期股权投资　　25 600
　　　　少数股东权益　　6 400

根据上述抵销分录，编制合并工作底稿如表 33-1 所示。

表 33-1　合并工作底稿

单位：万元

项目	甲公司	A 公司	合计数	抵销分录		少数股东权益	合并数
				借方	贷方		
流动资产：							
货币资金	9 000	4 200	13 200				13 200
交易性金融资产	4 000	1 800	5 800				5 800
衍生金融资产							
应收票据	4 700	3 000	7 700				7 700
应收账款	5 800	3 920	9 720				9 720

续表

项目	甲公司	A 公司	合计数	抵销分录		少数股东权益	合并数
				借方	贷方		
预付款项	2 000	880	2 880				2 880
应收利息							
应收股利	4 200	0	4 200				4 200
其他应收款	0	0	0				0
存货	31 000	20 000	51 000				51 000
一年内到期的非流动资产							
其他流动资产	1 300	1 200	2 500				2 500
流动资产合计	62 000	35 000	97 000				97 000
非流动资产：							
债权投资	11 400	0	11 400				11 400
主体债权投资	10 000	0	10 000				10 000
长期应收款							
长期股权投资	25 600	0	25 600		25 600		0
投资性房地产							
固定资产	21 000	18 000	39 000				39 000
在建工程	20 000	3 400	23 400				23 400
工程物资							
固定资产清理							
生产性生物资产							
油气资产							
无形资产	4 000	1 600	5 600				5 600
开发支出							
商誉	2 000	0	2 000				2 000
长期待摊费用							
递延所得税资产							
其他非流动资产	0	0	0				0
非流动资产合计	94 000	23 000	117 000		25 600		91 400
资产总计	156 000	58 000	214 000		25 600		188 400
流动负债：							
短期借款	12 000	5 000	17 000				17 000
交易性金融负债	3 800	0	3 800				3 800
衍生金融负债							
应付票据	10 000	3 000	13 000				13 000
应付账款	18 000	4 200	22 200				22 200

续表

项目	甲公司	A 公司	合计数	抵销分录		少数股东权益	合并数
				借方	贷方		
预收款项	3 000	1 300	4 300				4 300
应付职工薪酬	6 000	1 600	7 600				7 600
应交税费	2 000	1 200	3 200				3 200
应付利息							
应付股利	4 000	4 000	8 000				8 000
其他应付款	0	0	0				0
一年内到期的非流动负债							
其他流动负债	1 200	700	1 900				1 900
流动负债合计	60 000	21 000	81 000				81 000
非流动负债：							
长期借款	4 000	3 000	7 000				7 000
应付债券	20 000	2 000	22 000				22 000
长期应付款	2 000	0	2 000				2 000
专项应付款							
预计负债							
递延所得税负债							
其他非流动负债	0	0	0				0
非流动负债合计	26 000	5 000	31 000				31 000
负债合计	86 000	26 000	112 000				112 000
股东权益：							
股本	40 000	20 000	60 000	20 000			40 000
其他权益工具							
其中：优先股							
永续债							
资本公积	10 000	8 000	18 000	8 000			10 000
减：库存股							
其他综合收益							
专项储备							
盈余公积	11 000	1 200	12 200	1 200			11 000
未分配利润	9 000	2 800	11 800	2 800			9 000
股东权益合计	70 000	32 000	102 000	32 000			70 000
少数股东权益						6 400	6 400
负债和股东权益总计	156 000	58 000	214 000	32 000		6 400	188 400

【例33-2】同一控制下合并日后合并财务报表的编制

接【例33-1】。甲公司于2×18年1月1日，以28 600万元的价格取得A公司80%的股权，使其成为子公司。甲公司和A公司2×18年度个别财务报表如表33-2、表33-3和表33-4所示。

表33-2 资产负债表

会企01表

编制单位： 2×18年12月31日 金额单位：万元

资产	甲公司	A公司	负债和所有者权益（或股东权益）	甲公司	A公司
流动资产：			流动负债：		
货币资金	5 700	6 500	短期借款	10 000	4 800
交易性金融资产	3 000	5 000	交易性金融负债	4 000	2 400
衍生金融资产			衍生金融负债		
应收票据	7 200	3 600	应付票据	13 000	3 600
应收账款	8 500	5 100	应付账款	18 000	5 200
应收款项融资			预收款项		
预付款项	1 500	2 500	合同负债		
其他应收款	5 300	1 300	应付职工薪酬	5 000	1 600
存货	37 000	18 000	应交税费	2 700	1 400
合同资产			其他应付款	5 300	5 200
持有待售资产			持有待售负债		
一年内到期的非流动资产			一年内到期的非流动负债		
其他流动资产	1 800	1 000	其他流动负债	2 000	900
流动资产合计	70 000	43 000	流动负债合计	64 000	29 000
非流动资产：			非流动负债：		
债权投资	8 000	0	长期借款	4 000	5 000
其他债权投资	13 000	4 000	应付债券	20 000	7 000
长期应收款			其中：优先股		
长期股权投资	40 000	0	永续债		
其他权益工具投资			租赁负债		
其他非流动金融资产			长期应付款	6 000	0
投资性房地产			预计负债		
固定资产	28 000	26 000	递延收益		
在建工程	13 000	4 200	递延所得税负债		
生产性生物资产			其他非流动负债	0	0
油气资产			非流动负债合计	30 000	12 000
使用权资产			负债合计	94 000	41 000
无形资产	6 000	1 800	所有者权益（或股东权益）：		

续表

资产	甲公司	A公司	负债和所有者权益(或股东权益)	甲公司	A公司
开发支出			实收资本（或股本）	40 000	20 000
商誉	2 000	0	其他权益工具		
长期待摊费用			其中：优先股		
递延所得税资产			永续债		
其他非流动资产	0	0	资本公积	10 000	8 000
非流动资产合计	110 000	36 000	减：库存股		
			其他综合收益		
			专项储备		
			盈余公积	18 000	3 200
			未分配利润	18 000	6 800
			所有者权益（或股东权益）合计	86 000	38 000
资产总计	180 000	79 000	负债和所有者权益(或股东权益)总计	180 000	79 000

表33-3　利润表

会企02表

编制单位：　　　　　　　　2×18年度　　　　　　　　金额单位：万元

项目	甲公司	A公司
一、营业收入	150 000	94 800
减：营业成本	96 000	73 000
税金及附加	1 800	1 000
销售费用	5 200	3 400
管理费用	6 000	3 900
研发费用		
财务费用	1 200	800
加：其他收益		
投资收益（损失以"—"号填列）	9 800	200
其中：对联营企业和合营企业的投资收益（损失以"—"号填列）		
以摊余成本计量的金融资产终止确认收益		
汇兑收益（损失以"—"号填列）		
净敞口套期收益（损失以"—"号填列）		
公允价值变动收益（损失以"—"号填列）	0	0
信用减值损失		
资产减值损失	600	300
资产处置收益（损失以"—"号填列）		
二、营业利润（亏损以"—"号填列）	49 000	12 600

续表

项目	甲公司	A 公司
加：营业外收入	1 600	2 400
减：营业外支出	2 600	1 000
三、利润总额（亏损总额以“—”号填列）	48 000	14 000
减：所得税费用	12 000	3 500
四、净利润（净亏损以“—”号填列）	36 000	10 500
（一）持续经营净利润（净亏损以“—”号填列）	36 000	10 500
（二）终止经营净利润（净亏损以“—”号填列）		
五、其他综合收益的税后净额		
（一）不能重分类进损益的其他综合收益		
1. 重新计量设定受益计划变动额		
2. 权益法下不能转损益的其他综合收益		
3. 其他权益工具投资公允价值变动		
4. 企业自身信用风险公允价值变动		
5. 其他		
（二）将重分类进损益的其他综合收益		
1. 权益法下可转损益的其他综合收益		
2. 其他债权投资公允价值变动损益		
3. 金融资产重分类计入其他综合收益的金额		
4. 其他债权投资信用减值准备		
5. 现金流量套期储备		
6. 外部财务报表折算差额		
7. 其他		
六、综合收益总额	36 000	10 500
七、每股收益：		
（一）基本每股收益		
（二）稀释每股收益		

表 33-4　股东权益变动表

2×18 年度

会企 04 表
金额单位：万元

项目	本年金额												上年金额											
	实收资本（或股本）	其他权益工具			资本公积	减：库存股	其他综合收益	专项储备	盈余公积	未分配利润	所有者权益合计		实收资本（或股本）	其他权益工具			资本公积	减：库存股	其他综合收益	专项储备	盈余公积	未分配利润	所有者权益合计	
		优先股	永续债	其他										优先股	永续债	其他								
一、上年年末余额	40 000				10 000				11 000	9 000	70 000		20 000				8 000				1 200	2 800	32 000	
加：会计政策变更																								
前期差错更正																								
其他																								
二、本年年初余额	40 000				10 000				11 000	9 000	70 000		20 000				8 000				1 200	2 800	32 000	
三、本年增减变动金额（减少以“—”号填列）																								
（一）综合收益总额										36 000	36 000											10 500	10 500	
（二）所有者投入和减少资本																								
1. 所有者投入的普通股																								
2. 其他权益工具持有者投入资本																								

续表

项目	本年金额											上年金额										
	实收资本（或股本）	其他权益工具			资本公积	减：库存股	其他综合收益	专项储备	盈余公积	未分配利润	所有者权益合计	实收资本（或股本）	其他权益工具			资本公积	减：库存股	其他综合收益	专项储备	盈余公积	未分配利润	所有者权益合计
		优先股	永续债	其他									优先股	永续债	其他							
3. 股份支付计入所有者权益的金额																						
4. 其他																						
（三）利润分配																						
1. 提取盈余公积									7 000	7 000										2 000	2 000	
2. 对所有者（或股东）的分配										20 000	20 000										4 500	45 000
3. 其他																						
（四）所有者权益内部结转																						
1. 资本公积转增资本（或股本）																						
2. 盈余公积转增资本（或股本）																						
3. 盈余公积弥补亏损																						
4. 设定受益计划变动额结转留存收益																						

续表

项目	本年金额											上年金额										
	实收资本（或股本）	其他权益工具			资本公积	减：库存股	其他综合收益	专项储备	盈余公积	未分配利润	所有者权益合计	实收资本（或股本）	其他权益工具			资本公积	减：库存股	其他综合收益	专项储备	盈余公积	未分配利润	所有者权益合计
		优先股	永续债	其他									优先股	永续债	其他							
5. 其他综合收益结转留存收益																						
6. 其他																						
四、本年年末余额	40 000				10 000				18 000	18 000	86 000	20 000				8 000				3 200	6 800	38 000

A 公司 2×18 年 1 月 1 日股东权益总额为 32 000 万元，其中，股本为 20 000 万元，资本公积为 8 000 万元，盈余公积为 1 200 万元，未分配利润为 2 800 万元；2×18 年 12 月 31 日，股东权益总额为 38 000 万元，其中，股本为 20 000 万元，资本公积为 8 000 万元，盈余公积为 3 200 万元，未分配利润为 6 800 万元。

A 公司 2×18 年全年实现净利润 10 500 万元，经公司董事会提议并经股东会批准，2×18 年提取盈余公积 2 000 万元，向股东宣告分派现金股利 4 500 万元。

本例中，A 公司当年实现净利润 10 500 万元，经公司董事会提议并经股东会批准，2×18 年提取盈余公积 2 000 万元，向股东宣告分派现金股利 4 500 万元。甲公司对 A 公司长期股权投资取得时的账面价值为 25 600 万元，2×18 年 12 月 31 日仍为 25 600 万元，甲公司当年确认投资收益 3 600 万元。

将成本法核算的结果调整为权益法核算的结果相关的调整分录如下（单位：万元）。

借：长期股权投资——A 公司　　8 400 ①

　　贷：投资收益　　8 400

借：投资收益　　3 600 ②

　　贷：长期股权投资——A 公司　　3 600

经过上述调整分录后，甲公司对 A 公司长期股权投资的账面价值为 30 400（25 600+8 400−3 600）万元。甲公司对 A 公司长期股权投资的账面价值 30 400 万元正好与母公司在 A 公司股东权益中所拥有的份额相等。

本例经过调整后，甲公司对 A 公司长期股权投资的金额为 30 400 万元；A 公司股东权益总额为 38 000 万元，甲公司拥有 80% 的股权，即在子公司股东权益中拥有 30 400 万元；其余 20% 则属于少数股东权益。

长期股权投资与子公司所有者权益相互抵销时，其抵销分录如下（单位：万元）。

借：股本　　20 000 ③

　　资本公积　　8 000

　　盈余公积　　3 200

　　未分配利润　　6 800

　　贷：长期股权投资　　30 400

　　　　少数股东权益　　7 600

其次，还必须将对子公司的投资收益与子公司当年利润分配相抵销，使合并财务报表反映母公司股东权益变动的情况。从单一公司来讲，当年实现的净利润加上年年初未分配利润是公司利润分配的来源，公司对其进行分配，提取盈余公积、向股东分配股利以及留待以后年度的未分配利润（未分配利润可以理解为将这部分利润分配到下一会计年度）等，则是利润分配的去向。而子公司当年实现的净利润，可以分为两部分：一部分属于母公司所有，即母公司的投资收益；另一部分则属于少数股东所有，即少数股东本期收益。为了使合并财务报表反映母公司股东权益的变动情况及财务状况，则必须将母公司投资收益、少数股东收益和期初未分配利润与子公司当年利润分配以及未分配利润的金额相抵销。

甲公司进行上述抵销处理时，其抵销分录如下（单位：万元）。

借：投资收益　　　　　　　　　　　　　　　　　8 400 ④

　　少数股东损益　　　　　　　　　　　　　　　2 100

　　年初未分配利润　　　　　　　　　　　　　　2 800

　　贷：提取盈余公积　　　　　　　　　　　　　　　2 000

　　　　向股东分配利润　　　　　　　　　　　　　　4 500

　　　　年末未分配利润　　　　　　　　　　　　　　6 800

另外，本例中 A 公司本年宣告分派现金股利 4 500 万元，股利款项尚未支付，A 公司已将其计列应付股利 4 500 万元。甲公司根据 A 公司宣告的分派现金股利的公告，按照其所享有的金额，已确认应收股利，并在其资产负债表中计列应收股利 3 600 万元。这属于母公司与子公司之间的债权债务，在编制合并财务报表时必须将其抵销，其抵销分录如下（单位：万元）。

借：应付股利　　　　　　　　　　　　　　　　　3 600 ⑤

　　贷：应收股利　　　　　　　　　　　　　　　　　3 600

根据上述调整分录 ① 和 ② 和抵销分录 ③ 至 ⑤，编制合并工作底稿如表 33-5 所示。

表 33-5　合并工作底稿

2×18 年度　　　　　　　　　　金额单位：万元

项目	母公司	子公司	合计数	调整分录		抵销分录		少数股东权益	合并数
				借方	贷方	借方	贷方		
流动资产：									
货币资金	5 700	6 500	12 200						12 200
交易性金融资产	3 000	5 000	8 000						8 000
衍生金融资产									
应收票据	7 200	3 600	10 800						10 800
应收账款	8 500	5 100	13 600						13 600
预付款项	1 500	2 500	4 000						4 000
其他应收款	5 300	1 300	6 600					3 600 ⑤	3 000
存货	37 000	18 000	55 000						55 000
合同资产									
持有待售资产									
一年内到期的非流动资产									
其他流动资产	1 800	1 000	2 800						2 800
流动资产合计	70 000	43 000	113 000				3 600		109 400
非流动资产：									
债权投资	8 000	0	8 000						8 000
其他债权投资	13 000	4 000	17 000						17 000
长期股权投资	40 000	0	40 000	8 400 ①	3 600 ②		30 400 ③		14 400

续表

项目	母公司	子公司	合计数	调整分录		抵销分录		少数股东权益	合并数
				借方	贷方	借方	贷方		
其他权益工具投资									
其他非流动金融资产									
投资性房地产									
固定资产	28 000	26 000	54 000						54 000
在建工程	13 000	4 200	17 200						17 200
生产性生物资产									
油气资产									
无形资产	6 000	1 800	7 800						7 800
商誉	2 000	0	2 000						2 000
长期待摊费用									
递延所得税资产									
其他非流动资产	0	0	0						0
非流动资产合计	110 000	36 000	146 000	8 400	3 600		30 400		120 400
资产总计	180 000	79 000	259 000	8 400	3 600		34 000		229 800
流动负债：									
短期借款	10 000	4 800	14 800						14 800
交易性金融负债	4 000	2 400	6 400						6 400
衍生金融负债									
应付票据	13 000	3 600	16 600						16 600
应付账款	18 000	5 200	23 200						23 200
预收款项	4 000	3 900	7 900						7 900
应付职工薪酬	5 000	1 600	6 600						6 600
应交税费	2 700	1 400	4 100						4 100
其他应付款	5 300	5 200	10 500			3 600 ⑤			6 900
合同负债									
持有待售负债									
一年内到期的非流动负债									
其他流动负债	2 000	900	2 900						2 900
流动负债合计	64 000	29 000	93 000			3 600			89 400
非流动负债：									
长期借款	4 000	5 000	9 000						9 000
应付债券	20 000	7 000	27 000						27 000

续表

项目	母公司	子公司	合计数	调整分录		抵销分录		少数股东权益	合并数
				借方	贷方	借方	贷方		
其中：优先股									
永续债									
长期应付款	6 000	0	6 000						6 000
预计负债									
递延收益									
递延所得税负债									
其他非流动负债	0	0	0						0
非流动负债合计	30 000	12 000	42 000						42 000
负债合计	94 000	41 000	135 000			3 600			131 400
股东权益：									
股本	40 000	20 000	60 000			20 000 ③			40 000
其他权益工具									
其中：优先股									
永续债									
资本公积	10 000	8 000	18 000			8 000 ③			10 000
减：库存股									
其他综合收益									
盈余公积	18 000	3 200	21 200			3 200 ③			18 000
未分配利润	18 000	6 800	24 800	3 600	8 400	18 000	13 300	2 100 ④	
股东权益合计	86 000	38 000	124 000	3 600	8 400	49 200	13 300	2 100	90 800
少数股东权益								7 600 ③	7 600
负债和股东权益总计	180 000	79 000	259 000	3 600	8 400	52 800	13 300	5 500	229 800
利润表									
一、营业收入	150 000	94 800	244 800						244 800
减：营业成本	96 000	73 000	169 000						169 000
税金及附加	1 800	1 000	2 800						2 800
销售费用	5 200	3 400	8 600						8 600
管理费用	6 000	3 900	9 900						9 900
研发费用									
财务费用	1 200	800	2 000						2 000
加：其他收益									
投资收益（损失以“—”号填列）	9 800	200	10 000	3 600 ②	8 400 ①	8 400 ④			6 400

续表

项目	母公司	子公司	合计数	调整分录		抵销分录		少数股东权益	合并数
				借方	贷方	借方	贷方		
其中：对联营企业和合营企业的投资收益（损失以“—”号填列）									
以摊余成本计量的金融资产终止确认收益汇兑收益（损失以“—”号填列）									
净敞口套期收益（损失以“—”号填列）									
公允价值变动收益（损失以“—”号填列）	0	0	0						0
信用减值损失									
资产减值损失	600	300	900						900
资产处置收益（损失以“—”号填列）									
二、营业利润	49 000	12 600	61 600	3 600	8 400	8 400			58 000
加：营业外收入	1 600	2 400	4 000						4 000
减：营业外支出	2 600	1 000	3 600						3 600
三、利润总额	48 000	14 000	62 000	3 600	8 400	8 400			58 400
减：所得税费用	12 000	3 500	15 500						15 500
四、净利润	36 000	10 500	46 500	3 600	8 400	8 400			42 900
（一）按经营持续性分类：									
1. 持续经营净利润（净亏损以“—”号填列）									42 900
2. 终止经营净利润（净亏损以“—”号填列）									
（二）按所有权归属分类：									
1. 归属于母公司股东的净利润（净亏损以“—”号填列）									40 800

续表

项目	母公司	子公司	合计数	调整分录		抵销分录		少数股东权益	合并数
				借方	贷方	借方	贷方		
2. 少数股东损益（净亏损以"–"号填列）								2 100 ④	2 100
五、其他综合收益的税后净额									
六、综合收益总额	36 000	10 500	46 500	36 100	8 400	8 400			42 900
归属于母公司股东的综合收益总额									40 800
归属于少数股东的综合收益总额								2 100 ④	2 100
七、年初未分配利润	9 000	2 800	11 800			2 800 ④			9 000
八、本年增减变动金额									
其中：利润分配									
1. 提取盈余公积	7 000	2 000	9 000				2 000 ④		7 000
2. 对股东的分配	20 000	4 500	24 500				4 500 ④		20 000
九、年末未分配利润	18 000	6 800	24 800	3 600	8 400	6 800 ③ 18 000	6 800 ④ 13 300	2 100 ④	22 800*

注：*22 800=24 800+（8 400–3 600）+（13 300 – 18 000）–2 100

根据表 33–5，可以编制甲公司 2×18 年度合并资产负债表、合并利润表和合并股东权益变动表，如表 33–6、表 33–7 和表 33–8 所示。

表 33–6 合并资产负债表

会企 01 表

编制单位：甲公司　　　　2×18 年 12 月 31 日　　　　金额单位：万元

资产	期末余额	年初余额	负债和所有者权益（或股东权益）	期末余额	年初余额
流动资产：			流动负债：	14 800	
货币资金	12 200		短期借款	6 400	
交易性金融资产	8 000		交易性金融负债		
衍生金融资产			衍生金融负债	16 600	
应收票据	10 800		应付票据	23 200	
应收账款	13 600		应付账款	7 900	
应收款项融资			预收款项	6 600	

续表

资产	期末余额	年初余额	负债和所有者权益（或股东权益）	期末余额	年初余额
预付款项	4 000		合同负债	4 100	
其他应收款	3 000		应付职工薪酬	69 000	
存货	55 000		应交税费	14 800	
合同资产			其他应付款	6 400	
持有待售资产			持有待售负债		
一年内到期的非流动资产			一年内到期的非流动负债		
其他流动资产	2 800		其他流动负债	2 900	
流动资产合计	109 400		流动负债合计	89 400	
非流动资产：			非流动负债：		
债权投资	8 000		长期借款	9 000	
其他债权投资	17 000		应付债券	27 000	
长期应收款			其中：优先股		
长期股权投资	14 400		永续债		
其他权益工具投资			租赁负债	6 000	
其他非流动金融资产			长期应付款		
投资性房地产			预计负债		
固定资产	54 000		递延收益		
在建工程	17 200		递延所得税负债		
生产性生物资产			其他非流动负债		
油气资产			非流动负债合计		
使用权资产			负债合计		
无形资产	7 800		所有者权益(或股东权益):		
开发支出			实收资本（或股本）	40 000	
商誉	2 000		其他权益工具		
长期待摊费用			其中：优先股		
递延所得税资产			永续债		
其他非流动资产			资本公积	10 000	
非流动资产合计	120 400		减：库存股		
			其他综合收益		
			专项储备	18 000	
			盈余公积	22 800	
			未分配利润	90 800	
			所有者权益（或股东权益）合计	7 600	
资产总计	229 800		负债和所有者权益（或股东权益）总计	229 800	

表 33-7　合并利润表

会企 02 表

编制单位：甲公司　　2×18 年度　　金额单位：万元

项目	本年金额	上年金额
一、营业收入	244 800	
减：营业成本	169 000	
税金及附加	2 800	
销售费用	8 600	
管理费用	9 900	
研发费用		
财务费用	2 000	
加：其他收益		
投资收益（损失以“—”号填列）	6 400	
其中：对联营企业和合营企业的投资收益（损失以“—”号填列）		
以摊余成本计量的金融资产终止确认收益		
汇兑收益（损失以“—”号填列）		
净敞口套期收益（损失以“—”号填列）		
公允价值变动收益（损失以“—”号填列）	0	
信用减值损失		
资产减值损失	900	
资产处置收益（损失以“—”号填列）		
二、营业利润（亏损以“—”号填列）	58 000	
加：营业外收入	4 000	
减：营业外支出	3 600	
三、利润总额（亏损总额以“—”号填列）	58 400	
减：所得税费用	15 500	
四、净利润（净亏损以“—”号填列）	42 900	
（一）按经营持续性分类：		
1. 持续经营净利润（净亏损以“—”号填列）	42 900	
2. 终止经营净利润（净亏损以“—”号填列）		
（二）按所有权归属分类：		
1. 归属于母公司股东的净利润（净亏损以“—”号填列）	40 800	
2. 少数股东损益（净亏损以“—”号填列）	2 100	
五、其他综合收益的税后净额		
（一）归属于母公司股东的其他综合收益的税后净额		
1. 不能重分类进损益的其他综合收益		
（1）重新计量设定受益计划变动额		

续表

项目	本年金额	上年金额
（2）权益法下不能转损益的其他综合收益		
（3）其他权益工具投资公允价值变动		
（4）企业自身信用风险公允价值变动		
（5）其他		
2. 将重分类进损益的其他综合收益		
（1）权益法下可转损益的其他综合收益		
（2）其他债权投资公允价值变动损益		
（3）金融资产重分类计入其他综合收益的金额		
（4）其他债权投资信用减值准备		
（5）现金流量套期储备		
（6）外部财务报表折算差额		
（7）其他		
（二）归属于少数股东的其他综合收益的税后净额		
六、综合收益总额	42 900	
（一）归属于母公司股东的综合收益总额	40 800	
（二）归属于少数股东的综合收益总额	2 100	
七、每股收益：		
（一）基本每股收益		
（二）稀释每股收益		

表 33-8　合并股东权益变动表

会企 04 表

编制单位：甲公司　　　　2×18 年度　　　　单位：万元

项目	本年金额											上年金额										
	归属于母公司股东权益									少数股东权益	股东权益合计	归属于母公司股东权益									少数股东权益	股东权益合计
	股本	其他权益工具	资本公积	减：库存股	其他综合收益	专项储备	盈余公积	未分配利润	其他			股本	其他权益工具	资本公积	减：库存股	其他综合收益	专项储备	盈余公积	未分配利润	其他		
一、上年年末余额	40 000		10 000				11 000	9 000			70 000											
加：会计政策变更										6 400	6 400											
前期差错更正																						
二、本年年初余额	40 000		10 000				11 000	9 000		6 400	76 400											
三、本年增减变动金额（减以“-”号填列）								40 800		2 100	42 900											
（一）综合收益总额								40 800		2 100	42 900											
（二）所有者投入和减少资本																						
1. 所有者投入的普通股																						
2. 其他权益工具持有者投入资本																						
3. 股份支付计入所有者权益的金额																						
4. 其他																						
（三）利润分配							7 000	27 000		900	20 900											
1. 提取盈余公积							7 000	7 000														

续表

项目	本年金额											上年金额										
	归属于母公司股东权益									少数股东权益	股东权益合计	归属于母公司股东权益									少数股东权益	股东权益合计
	股本	其他权益工具	资本公积	减：库存股	其他综合收益	专项储备	盈余公积	未分配利润	其他			股本	其他权益工具	资本公积	减：库存股	其他综合收益	专项储备	盈余公积	未分配利润	其他		
2. 对股东的分配								20 000		900	20 900											
3. 其他																						
（四）股东权益内部结转																						
1. 资本公积转增股本																						
2. 盈余公积转增股本																						
3. 盈余公积弥补亏损																						
4. 其他																						
四、本年年末余额	40 000		10 000				18 000	22 800		7 600	98 400											

【例 33-3】非同一控制下购买日合并财务报表的编制

甲公司 2×18 年 1 月 1 日以定向增发公司普通股票的方式，购买取得 A 公司 70% 的股权。甲公司当日资产负债表和 A 公司当日资产负债表及估值确认的资产负债数据如表 33-9 所示。甲公司定向增发普通股股票 10 000 万股（每股面值为 1 元），甲公司普通股股票面值每股为 1 元，市场价格每股为 2.95 元。甲公司并购 A 公司属于非同一控制下的企业合并，假定不考虑所得税、甲公司增发该普通股股票所发生的审计以及发行等相关的费用。

表 33-9　资产负债表

会企 01 表

编制单位：　　20×1 年 1 月 1 日　　金额单位：万元

资产	甲公司	A 公司		负债和所有者权益（或股东权益）	甲公司	A 公司	
		账面价值	公允价值			账面价值	公允价值
流动资产：				流动负债：			
货币资金	9 000	4 200	4 200	短期借款	12 000	5 000	5 000
交易性金融资产	4 000	1 800	1 800	交易性金融负债	3 800	0	0
衍生金融资产				衍生金融负债			
应收票据	4 700	3 000	3 000	应付票据	10 000	3 000	3 000
应收账款	5 800	3 920	3 820	应付账款	18 000	4 200	4 200
应收款项融资				预收款项	3 000	1 300	1 300
预付款项	2 000	880	880	合同负债	0	0	0
其他应收款	4 200	0	0	应付职工薪酬	6 000	1 600	1 600
存货	31 000	20 000	21 100	应交税费	2 000	1 200	1 200
合同资产				其他应付款	4 000	4 000	4 000
持有待售资产				持有待售负债			
一年内到期的非流动资产				一年内到期的非流动负债			
其他流动资产	1 300	1 200	1 200	其他流动负债	1 200	700	700
流动资产合计	62 000	35 000	36 000	流动负债合计	60 000	21 000	21 000
非流动资产：				非流动负债：			
债权投资	6 000	0	0	长期借款	4 000	3 000	3 000
其他债权投资	11 000	0	0	应付债券	20 000	2 000	2 000
长期应收款				其中：优先股			
长期股权投资	32 000	0	0	永续债			
其他权益工具投资				租赁负债			
其他非流动金融资产				长期应付款	2 000	0	0
投资性房地产				预计负债			
固定资产	21 000	18 000	21 000	递延收益			
在建工程	20 000	3 400	3 400	递延所得税负债			
生产性生物资产				其他非流动负债	0	0	0

续表

资产	甲公司	A 公司		负债和所有者权益（或股东权益）	甲公司	A 公司	
		账面价值	公允价值			账面价值	公允价值
油气资产				非流动负债合计	26 000	5 000	5 000
使用权资产				负债合计	86 000	26 000	26 000
无形资产	4 000	1 600	1 600	所有者权益（或股东权益）：			
开发支出				实收资本（或股本）	40 000	20 000	
商誉	0	0		其他权益工具			
长期待摊费用				其中：优先股			
递延所得税资产				永续债			
其他非流动资产	0	0	0	资本公积	10 000	8 000	
非流动资产合计	94 000	23 000	26 000	减：库存股			
				其他综合收益			
				专项储备			
				盈余公积	11 000	1 200	
				未分配利润	9 000	2 800	
				所有者权益（或股东权益）合计	70 000	32 000	36 000
资产总计	56 000	58 000	62 000	负债和所有者权益（或股东权益）总计	156 000	58 000	62 000
资产总计	56 000	58 000	62 000	负债和所有者权益（或股东权益）总计	156 000	58 000	62 000

甲公司将购买取得 A 公司 70% 的股权作为长期股权投资入账，其账务处理如下（单位：万元）。

借：长期股权投资——A 公司　　29 500 ①

　　贷：股本　　10 000

　　　　资本公积　　19 500

编制购买日的合并资产负债表时，将 A 公司资产和负债的公允价值与其账面价值的差额分别调增或调减相关资产和负债项目的金额。在合并工作底稿中调整分录如下（单位：万元）。

借：存货　　1 100 ②

　　固定资产　　3 000

　　贷：应收账款　　100

　　　　资本公积　　4 000

上述调整实际上等于将资产、负债的公允价值变动模拟入账，通过这一调整，调整后的子公司资产负债表实际上是以公允价值反映资产和负债的。在此基础上，再与母公司的个别财务报表合并，则是将子公司的资产和负债以公允价值反映于合并资产负债表中。

基于资产和负债的公允价值对 A 公司财务报表调整后，有关计算如下。

A 公司调整后的资本公积 =8 000+4 000=12 000（万元）

A 公司调整后的股东权益总额 =32 000+4 000=36 000（万元）

合并商誉 =29 500−36 000×70%=4 300（万元）

少数股东权益 =36 000×30%=10 800（万元）

因此，甲公司将长期股权投资与其在 A 公司所有者权益中拥有的份额抵销时，其抵销分录如下（单位：万元）。

借：股本　20 000 ③

　资本公积　12 000

　盈余公积　1 200

　未分配利润　2 800

　商誉　4 300

　贷：长期股权投资——A 公司　29 500

　　少数股东权益　10 800

根据上述调整分录和抵销分录，甲公司编制购买日合并工作底稿如表 33-10 所示。

表 33-10　合并工作底稿

单位：万元

项目	母公司	子公司	合计数	调整分录		抵销分录		少数股东权益	合并数
				借方	贷方	借方	贷方		
流动资产：									
货币资金	9 000	4 200	13 200						13 200
交易性金融资产	4 000	1 800	5 800						5 800
应收票据	4 700	3 000	7 700						7 700
应收账款	5 800	3 920	9 720		100②				9 620
预付款项	2 000	880	2 880						2 880
应收股利	4 200	0	4 200						4 200
其他应收款	0	0							
存货	31 000	20 000	51 000	1 100②					52 100
其他流动资产	1 300	1 200	2 500						2 500
流动资产合计	62 000	35 000	97 000	1 100	100				98 000
非流动资产：									
债权投资	6 000	0	6 000						6 000
其他债权投资	11 000	0	11 000						11 000
长期股权投资	32 000	0	32 000	29 500①			29 500③		32 000
固定资产原价	30 000	20 000	50 000	3 000②					53 000
减：累计折旧	9 000	2 000	11 000						11 000
固定资产净值	21 000	18 000	39 000	3 000					42 000

续表

项目	母公司	子公司	合计数	调整分录		抵销分录		少数股东权益	合并数
				借方	贷方	借方	贷方		
在建工程	20 000	3 400	23 400						23 400
无形资产	4 000	1 600	5 600						5 600
商誉	0		0			4 300③			4 300
其他非流动资产	0	0	0						
非流动资产合计	94 000	23 000	117 000	32 500		4 300	29 500		124 300
资产总计	156 000	58 000	214 000	33 600	100	4 300	29 500		222 300
流动负债：									
短期借款	12 000	5 000	17 000						17 000
交易性金融负债	3 800	0	3 800						3 800
应付票据	10 000	3 000	13 000						13 000
应付账款	18 000	4 200	22 200						22 200
预收款项	3 000	1 300	4 300						4 300
应付职工薪酬	6 000	1 600	7 600						7 600
应交税费	2 000	1 200	3 200						3 200
应付股利	4 000	4 000	8 000						8 000
其他应付款	0	0	0						0
其他流动负债	1 200	700	1 900						1 900
流动负债合计	60 000	21 000	81 000						81 000
非流动负债：									
长期借款	4 000	3 000	7 000						7 000
应付债券	20 000	2 000	22 000						22 000
长期应付款	2 000		2 000						2 000
其他非流动负债									
非流动负债合计	26 000	5 000	31 000						31 000
负债合计	86 000	26 000	112 000						112 000
股东权益：									
股本	40 000	20 000	60 000		10 000①	20 000③			50 000
资本公积	10 000	8 000	18 000		19 500① 4 000②	12 000③			29 500
盈余公积	11 000	1 200	12 200			1 200③			11 000
未分配利润	9 000	2 800	11 800			2 800③			9 000
股东权益合计	70 000	32 000	102 000		33 500	36 000			99 500
少数股东权益								10 800③	10 800
负债和股东权益总计	156 000	58 000	214 000		33 500	36 000		10 800	222 300*

注：*222 300=214 000+33 500－36 00+10 800。

【例 33-4】非同一控制下购买日后合并财务报表的编制

接【例 33-3】，甲公司 2×18 年 1 月 1 日以定向增发普通股票的方式，购买持有 A 公司 70% 的股权。甲公司对 A 公司长期股权投资的金额为 29 500 万元，甲公司购买日编制的合并资产负债表中确认合并商誉为 4 300 万元。

甲公司和 A 公司 2×18 年 12 月 31 日的个别资产负债表、利润表和股东权益变动表如表 33-11、表 33-12 和表 33-13 所示。

表 33-11　资产负债表

会企 01 表

编制单位：　　　　2×18 年 12 月 31 日　　　　金额单位：万元

资产	甲公司	A 公司	负债和所有者权益（或股东权益）	甲公司	A 公司
流动资产：			流动负债：		
货币资金	5 700	6 500	短期借款	10 000	4 800
交易性金融资产	3 000	5 000	交易性金融负债	4 000	2 400
衍生金融资产			衍生金融负债		
应收票据	7 200	3 600	应付票据	13 000	3 600
应收账款	8 500	5 100	应付账款	18 000	5 200
应收款项融资			预收款项	4 000	3 900
预付款项	1 500	2 500	合同负债		
其他应收款	5 300	1 300	应付职工薪酬	5 000	1 600
存货	37 000	18 000	应交税费	2 700	1 400
合同资产			其他应付款	5 300	5 200
持有待售资产			持有待售负债		
一年内到期的非流动资产			一年内到期的非流动负债		
其他流动资产	1 800	1 000	其他流动负债	2 000	900
流动资产合计	70 000	43 000	流动负债合计	64 000	29 000
非流动资产：			非流动负债：		
债权投资	9 000	0	长期借款	4 000	5 000
其他债权投资	14 000	4 000	应付债券	20 000	7 000
长期应收款			其中：优先股		
长期股权投资	69 500	0	永续债		
其他权益工具投资			租赁负债		
其他非流动金融资产			长期应付款	6 000	0
投资性房地产			预计负债		
固定资产	28 000	26 000	递延收益		
在建工程	13 000	4 200	递延所得税负债		
生产性生物资产			其他非流动负债	0	0
油气资产			非流动负债合计	30 000	12 000

续表

资产	甲公司	A公司	负债和所有者权益（或股东权益）	甲公司	A公司
使用权资产			负债合计	94 000	41 000
无形资产	6 000	1 800	所有者权益（或股东权益）：		
开发支出			实收资本（或股本）	50 000	20 000
商誉			其他权益工具		
长期待摊费用			其中：优先股		
递延所得税资产			永续债		
其他非流动资产	0	0	资本公积	29 500	8 000
非流动资产合计	139 500	36 000	减：库存股		
			其他综合收益		
			专项储备		
			盈余公积	18 000	3 200
			未分配利润	18 000	6 800
			所有者权益（或股东权益）合计	115 500	38 000
资产总计	209 500	79 000	负债和所有者权益（或股东权益）总计	209 500	79 000

表 33-12　利润表

会企02表

编制单位：甲公司　　　　2×18年度　　　　金额单位：万元

项目	甲公司	A公司
一、营业收入	150 000	94 800
减：营业成本	96 000	73 000
税金及附加	1 800	1 000
销售费用	5 200	3 400
管理费用	6 000	3 900
研发费用	1 200	800
财务费用		
加：其他收益		
投资收益（损失以"—"号填列）	9 800	200
其中：对联营企业和合营企业的投资收益（损失以"—"号填列）		
以摊余成本计量的金融资产终止确认收益		
汇兑收益（损失以"—"号填列）		
净敞口套期收益（损失以"—"号填列）	0	0
公允价值变动收益（损失以"—"号填列）		
信用减值损失	600	300
资产减值损失		

续表

项目	甲公司	A 公司
资产处置收益（损失以“—”号填列）	49 000	12 600
二、营业利润（亏损以“—”号填列）	1 600	2 400
加：营业外收入	2 600	1 000
减：营业外支出	48 000	14 000
三、利润总额（亏损总额以“—”号填列）	12 000	3 500
减：所得税费用	36 000	10 500
四、净利润（净亏损以“—”号填列）	150 000	94 800
（一）按经营持续性分类：	36 000	10 500
（二）按所有权归属分类：		
五、其他综合收益的税后净额		
六、综合收益总额	36 000	10 500
七、每股收益：		
（一）基本每股收益		
（二）稀释每股收益		

表 33-13　股东权益变动表

会企 04 表

编制单位：　　　　2×18 年度　　　　单位：万元

项目	甲公司					A 公司				
	股本	资本公积	盈余公积	未分配利润	股东权益合计	股本	资本公积	盈余公积	未分配利润	股东权益合计
一、上年年末余额	40 000	10 000	11 000	9 000	70 000	20 000	8 000	1 200	2 800	32 000
加：会计政策变更										
前期差错更正										
二、本年年初余额	40 000	10 000	11 000	9 000	70 000	20 000	8 000	1 200	2 800	32 000
三、本年增减变动金额（减少以“-”号填列）										
（一）综合收益总额				36 000	36 000				10 500	10 500
（二）所有者投入和减少资本										
1. 所有者投入的普通股	10 000	19 500			29 500					
2. 其他权益工具持有者投入资本										
3. 股份支付计入所有者权益的金额										
4. 其他										
（三）利润分配										
1. 提取盈余公积			7 000	7 000				2 000	2 000	
2. 对股东的分配				20 000	20 000				4 500	4 500
3. 其他										
（四）股东权益内部结转										
1. 资本公积转增股本										
2. 盈余公积转增股本										
3. 盈余公积弥补亏损										
4. 其他										
四、本年年末余额	50 000	29 500	18 000	18 000	115 500	20 000	8 000	3 200	6 800	38 000

A公司在购买日股东权益总额为32 000万元，其中，股本为20 000万元、资本公积为8 000万元、盈余公积为1 200万元、未分配利润为2 800万元。A公司购买日应收账款账面价值为3 920万元，公允价值为3 820万元；存货的账面价值为20 000万元，公允价值为21 100万元；固定资产账面价值为18 000万元，公允价值为21 000万元。

A公司2×18年12月31日股东权益总额为38 000万元，其中，股本为20 000万元、资本公积为8 000万元、盈余公积为3 200万元、未分配利润为6 800万元。A公司2×18年全年实现净利润10 500万元，A公司当年提取盈余公积2 000万元、向股东分配现金股利4 500万元。截至2×18年12月31日，应收账款按购买日确认的金额收回，确认的坏账已核销；购买日存货公允价值增值部分，当年已全部实现对外销售；购买日固定资产原价公允价值增加系公司用办公楼增值，该办公楼采用的折旧方法为年限平均法，该办公楼剩余折旧年限为20年，假定该办公楼增加的公允价值在未来20年内平均摊销。

1. 甲公司2×18年年末编制合并财务报表时相关项目计算如下。

A公司调整后本年净利润=10 500+[100（购买日应收账款公允价值减值的实现而调减资产减值损失）−1 100（购买日存货公允价值增值的实现而调增营业成本）−150（固定资产公允价值增值计算的折旧而调增管理费用）]=9 350（万元）

150万元系固定资产公允价值增值3 000万元按剩余折旧年限摊销。

A公司调整后本年年末未分配利润=2 800（年初）+9 350−2 000（提取盈余公积）−4 500（分派股利）=5 650（万元）

权益法下甲公司对A公司投资的投资收益=9 350×70%=6 545（万元）

权益法下甲公司对A公司长期股权投资本年年末余额=29 500+6 545−4 500（分派股利）×70%=32 895（万元）

少数股东损益=9 350×30%=2 805（万元）

少数股东权益的年末余额=10 800+2 805−4 500×30%=12 255（万元）

2. 甲公司2×18年编制合并财务报表时，应当进行如下抵销处理的调整。

（1）按公允价值对A公司财务报表项目进行调整。

根据购买日A公司资产和负债的公允价值与账面价值之间的差额，调整A公司相关公允价值变动的资产和负债项目及资本公积项目。在合并工作底稿中，其调整分录如下（单位：万元）。

借：存货	1 100 ①	
固定资产	3 000	
贷：应收账款		100
资本公积		4 000

因购买日A公司资产和负债的公允价值与原账面价值之间的差额对A公司本年净利润的影响，调整A公司的相关项目。之所以进行这一调整，是由于子公司个别财务报表是按其资产、负债的原账面价值为基础编制的，其当期计算的净利润也是以其资产、负债的原账面价值为基础计算的结果，而公允价值与原账面价值存在差额的资产或负债，在经营过程中因使用、销售或偿付而实现其公允价值，其实现的公允价值对子公司当期净利润的影响需要在净

利润计算中予以反映。在合并工作底稿中，其调整分录如下（单位：万元）。

借：营业成本　1 100 ②

　管理费用　150

　应收账款　100

　贷：存货　1 100

　　固定资产　150

　　资产减值损失　100

（2）按照权益法对甲公司财务报表项目进行调整。

因购买日 A 公司资产和负债的公允价值与原账面价值之间的差额对 A 公司本年净利润的影响，而对甲公司对 A 公司长期股权投资权益法核算的影响，需要对甲公司对 A 公司长期股权投资及相关项目进行调整；另外，甲公司对 A 公司的长期股权投资采用成本法进行核算，需要对成本法核算的结果按权益法核算的要求，对长期股权投资及相关项目进行调整。在合并工作底稿中，其调整分录如下（单位：万元）。

借：长期股权投资　6 545 ③

　投资收益　3 150

　贷：投资收益　6 545

　　长期股权投资　3 150

（3）长期股权投资与所有者权益的抵销。

将甲公司对 A 公司的长期股权投资与其在 A 公司股东权益中拥有的份额予以抵销。

在合并工作底稿中，其抵销分录如下（单位：万元）。

借：股本　20 000 ④

　资本公积　12 000

　盈余公积　3 200

　未分配利润　5 650

　商誉　4 300

　贷：长期股权投资　32 895

　　少数股东权益　12 255

（4）投资收益与子公司利润分配等项目的抵销。将甲公司对 A 公司投资收益与 A 公司本年利润分配有关项目的金额予以抵销。在合并工作底稿中，其抵销分录如下（单位：万元）。

借：投资收益　6 545 ⑤

　少数股东损益　2 805

　年初未分配利润　2 800

　贷：提取盈余公积　2 000

　　向股东分配利润　4 500

　　年末未分配利润　5 650

（5）应收股利与应付股利的抵销。

本例中，A 公司本年宣告分派现金股利 4 500 万元，股利款项尚未支付，A 公司已将其计列应付股利 4 500 万元。甲公司根据 A 公司宣告分派现金股利的公告，按照其所享有的金额，已确认应收股利，并在其资产负债表中计列应收股利 3 150 万元。这属于母公司与子公司之间的债权债务，在编制合并财务报表时必须将其予以抵销，其抵销分录如下（单位：万元）。

借：应付股利 3 150 ⑥

贷：应收股利 3 150

3. 编制合并工作底稿并编制合并财务报表。

根据上述调整分录和抵销分录，甲公司可以编制合并工作底稿如表 33-14 所示。

表 33-14　合并工作底稿

2×18 年度　　单位：万元

项目	母公司	子公司	合计数	调整分录		抵销分录		少数股东权益	合并数
				借方	贷方	借方	贷方		
流动资产：									
货币资金	5 700	6 500	12 200						12 200
交易性金融资产	3 000	5 000	8 000						8 000
应收票据	7 200	3 600	10 800						10 800
应收账款	8 500	5 100	13 600	100②	100①				13 600
预付款项	1 500	2 500	4 000						4 000
应收股利	4 800	0	4 800				3 150⑥		1 650
其他应收款	500	1 300	1 800						1 800
存货	37 000	18 000	55 000	1 100①	1 100②				55 000
其他流动资产	1 800	1 000	2 800						2 800
流动资产合计	70 000	43 000	113 000	1 200	1 200		3 150		109 850
非流动资产：									
债权投资	9 000	0	9 000						9 000
其他债权投资	14 000	4 000	18 000						18 000
长期股权投资 其中：A 公司	69 500 29 500	0	69 500	6 545③	3 150③		32 895④		40 000
固定资产	28 000	26 000	54 000	3 000①	150②				56 850
在建工程	13 000	4 200	17 200						17 200
无形资产	6 000	1 800	7 800						7 800
商誉						4 300④			4 300
其他非流动资产									
非流动资产合计	139 500	36 000	175 500	9 545	3 300	4 300	32 895		153 150
资产总计	209 500	79 000	288 500	10 745	4 500	4 300	36 045		263 000
流动负债：									
短期借款	10 000	4 800	14 800						14 800
交易性金融负债	4 000	2 400	6 400						6 400

续表

项目	母公司	子公司	合计数	调整分录		抵销分录		少数股东权益	合并数
				借方	贷方	借方	贷方		
应付票据	13 000	3 600	16 600						16 600
应付账款	18 000	5 200	23 200						23 200
预收款项	4 000	3 900	7 900						7 900
应付职工薪酬	5 000	1 600	6 600						6 600
应交税费	2 700	1 400	4 100						4 100
应付股利	5 000	4 500	9 500			3 150⑥			6 350
其他应付款	300	700	1 000						1 000
其他流动负债	2 000	900	2 900						2 900
流动负债合计	64 000	29 000	93 000			3 150			89 850
非流动负债：									
长期借款	4 000	5 000	9 000						9 000
应付债券	20 000	7 000	27 000						27 000
长期应付款	6 000	0	6 000						6 000
其他非流动负债	0	0	0						0
非流动负债合计	30 000	12 000	42 000						42 000
负债合计	94 000	41 000	135 000			3 150			131 850
股东权益：									
股本	50 000	20 000	70 000			20 000④			50 000
资本公积	29 500	8 000	37 500		4 000①	12 000④			29 500
盈余公积	18 000	3 200	21 200			3 200④			18 000
未分配利润（见本表最后一行）									21 395
股东权益合计	115 500	38 000	153 500	4 400	10 645	50 195	12 150	2 805	118 895
少数股东权益								12 255④	12 255
负债和股东权益总计	209 500	79 000	288 500						263 000
一、营业收入	150 000	94 800	244 800						244 800
减：营业成本	96 000	73 000	169 000	1 100②					170 100
税金及附加	1 800	1 000	2 800						2 800
销售费用	5 200	3 400	8 600						8 600
管理费用	6 000	3 900	9 900	150②					10 050
财务费用	1 200	800	2 000						2 000
资产减值损失	600	300	900		100②				800
加：公允价值变动收益	0	0	0						0

续表

项目	母公司	子公司	合计数	调整分录		抵销分录		少数股东权益	合并数
				借方	贷方	借方	贷方		
投资收益	9 800	200	10 000						68 500
其中：A 公司	3 150			3 150③	6 545③	6 545⑤			0
二、营业利润	49 000	12 600	61 600	4 400	6 645	6 545			57 300
加：营业外收入	1 600	2 400	4 000						4 000
减：营业外支出	2 600	1 000	3 600						3 600
三、利润总额	48 000	14 000	62 000	4 400	6 645	6 545			57 700
减：所得税费用	12 000	3 500	15 500						15 500
四、净利润	36 000	10 500	46 500	4 400	6 645	6 545			42 200
归属母公司股东净利润									39 395
少数股东损益								2 805⑤	2 805
五、其他综合收益的税后净额									
六、综合收益总额	36 000	10 500	46 500	4 400	6 645	6 545			42 200
归属于母公司股东的综合收益总额									39 395
归属于少数股东的综合收益总额								2 805⑤	2 805
一、年初未分配利润	9 000	2 800	11 800			2 800⑤			9 000
二、本年增减变动金额									
其中：利润分配									
1. 提取盈余公积	7 000	2 000	9 000				2 000⑤		7 000
2. 对股东的分配	20 000	4 500	24 500				4 500⑤		20 000
三、年末未分配利润	18 000	6 800	24 800	4 400	6 645	5 650④ 14 995	5 650⑤ 12 150	2 805	21 395*

注：*21 395=24 800+（6 645−4 400）+（12 150−14 995）−2 805。

第三十七条 子公司少数股东分担的当期亏损超过了少数股东在该子公司期初所有者权益中所享有的份额的，其余额仍应当冲减少数股东权益。

【解析 33-30】母、子公司处理对外销售

在购买企业将内部购进的商品用于对外销售时，可能出现以下 3 种情况：第 1 种情况是内部购进商品全部实现对外销售；第 2 种情况是内部购进的商品全部未实现销售，形成期末存货；第 3 种情况是内部购进的商品部分实现对外销售、部分形成期末存货。因此，对内部销售收入和内部销售成本进行抵销时，应分别不同的情况进行处理。

1.母公司与子公司、子公司相互之间销售商品，期末全部实现对外销售。

在这种情况下，从销售企业来说，销售给企业集团内其他企业的商品与销售给企业集团外部企业的情况下的会计处理相同，即在本期确认销售收入、结转销售成本、计算销售商品损益，并在其个别利润表中反映；对于购买企业来说，一方面要确认向企业集团外部企业的销售收入，另一方面要结转销售内部购进商品的成本，在其个别利润表中分别作为营业收入和营业成本反映，并确认销售损益。这也就是说，对于同一购销业务，在销售企业和购买企业的个别利润表中都作了反映。但从整个企业集团来看，这一购销业务只是实现了一次对外销售，其销售收入只是购买企业向企业集团外部企业销售该产品的销售收入，其销售成本只是销售企业向购买企业销售该商品的成本。销售企业向购买企业销售该商品实现的收入属于内部销售收入，相应地，购买企业向企业集团外部企业销售该商品的销售成本则属于内部销售成本。因此在编制合并利润表时，就必须将重复反映的内部营业收入与内部营业成本予以抵销。应编制的抵销分录为：借记“营业收入”科目，贷记“营业成本”科目。

2.母公司与子公司、子公司相互之间销售商品，期末未实现对外销售而形成存货的抵销处理。

在内部购进的商品未实现对外销售的情况下，在编制合并利润表时，应当将销售企业由此确认的内部销售收入和内部销售成本予以抵销。对于这一内部交易，从购买企业来说，则以支付的购货价款作为存货成本入账，并在其个别资产负债表中作为存货列示。这样，购买企业的个别资产负债表中存货的价值中就包含销售企业实现的销售毛利。编制合并资产负债表时，应将购买企业存货价值中包含的未实现内部销售损益予以抵销。应编制的抵销分录为：按内部销售收入的金额，借记“营业收入”科目，贷记“营业成本”科目；同时，对于存货价值中包含的未实现内部销售损益，借记“营业成本”科目，贷记“存货”科目。

3.母公司与子公司、子公司之间销售商品，期末部分实现对外销售、部分形成期末存货的抵销处理。

在这种情况下，可以将内部购买的商品分解为两部分来理解：一部分为当期购进并全部实现对外销售；另一部分为当期购进但未实现对外销售而形成期末存货。

对于内部营业收入的抵销，也可按照如下方法进行抵销处理：按内部销售收入的金额，借记“营业收入”科目；按期末存货价值中包含的未实现内部销售损益的金额，贷记“存货”科目；按其差额，贷记“营业成本”科目。

第三十八条　母公司在报告期内因同一控制下企业合并增加的子公司以及业务，应当将该子公司以及业务合并当期期初至报告期末的收入、费用、利润纳入合并利润表，同时应当对比较报表的相关项目进行调整，视同合并后的报告主体自最终控制方开始控制时点起一直存在。

因非同一控制下企业合并或其他方式增加的子公司以及业务，应当将该子公司以及业务购买日至报告期末的收入、费用、利润纳入合并利润表。

第三十九条　母公司在报告期内处置子公司以及业务，应当将该子公司以及业务期初至处置日的收入、费用、利润纳入合并利润表。

【例 33-5】内部销售收入和内部销售成本的抵销

甲公司系 A 公司的母公司。甲公司本期个别利润表的营业收入中有 5 000 万元系向 A 公司销售产品取得的销售收入，该产品销售成本为 3 500 万元，销售毛利率为 30%。A 公司在本期将该批内部购进商品的 60% 实现销售，其销售收入为 3 750 万元，销售成本为 3 000 万元，销售毛利率为 20%，并列示于其个别利润表中；该批商品的另外 40% 则形成 A 公司期末存货，即期末存货为 2 000 万元，列示于 A 公司的个别资产负债表之中。

此时，在编制合并财务报表时，其抵销处理如下（单位：万元）。

借：营业收入　　（3 000+2 000）5 000

　　贷：营业成本　　（3 500+900）4 400

　　　　存货　　（1 500×40%）600

根据上述抵销分录，其合并工作底稿（局部）如表 33-15 所示。

表 33-15　合并工作底稿（局部）

单位：万元

项目	甲公司	A 公司	合计	调整分录		抵销分录		少数股东权益	合并数
				借方	贷方	借方	贷方		
（资产负债表项目）									
……									
存货		2 000	2 000				600		1 400
……									
（利润表项目）									
营业收入	5 000	3 750	8 750			5 000			3 750
营业成本	3 500	3 000	6 500				4 400		2 100
……									
营业利润	1 500	750	2 250			5 000	4 400		1 650
……									
净利润	1 500	750	2 250			5 000	4 400		1 650
（股东权益变动表项目）									
未分配利润（期初）	0	0	0						0
……									
未分配利润（期末）	1 500	750	2 250			5 000	4 400		1 650

对于内部销售收入的抵销，也可按照如下方法进行抵销处理：（1）按照内部销售收入的数额，借记“营业收入”科目，贷记“营业成本”科目；（2）按照期末存货价值中包含的未实现内部销售损益的数额，借记“营业成本”科目，贷记“存货”科目。

【例 33-6】连续编制合并财务报表时内部销售的合并处理

上期甲公司与 A 公司内部购销资料、内部销售的抵销处理及其合并工作底稿（局部）见【例 33-5】。本期甲公司个别财务报表中向 A 公司销售商品取得销售收入 6 000 万元，销售成本为4 200万元，甲公司本期销售毛利率与上期相同，为30%。A公司个别财务报表中从甲公司购进商品本期实现对外销售收入为5 625万元，销售成本为4 500万元，销售毛利率为20%；期末内部购进形成的存货为3 500万元（期初存货2 000万元＋本期购进存货6 000万元－本期销售成本4 500万元），存货价值中包含的未实现内部销售损益为750万元。

此时，编制合并财务报表时应进行如下合并处理（单位：万元）。

（1）调整期初未分配利润的数额。

借：期初未分配利润　　600 ①

　　贷：营业成本　　600

（2）抵销本期内部销售收入。

借：营业收入　　6 000 ②

　　贷：营业成本　　6 000

（3）抵销期末存货中包含的未实现内部销售损益。

借：营业成本　　（3 500×30%）1 050 ③

　　贷：存货　　1 050

其合并工作底稿（局部）如表33-16所示。

表33-16　合并工作底稿（局部）

单位：万元

项目	甲公司	A公司	合计	调整分录		抵销分录		少数股东权益	合并数
				借方	贷方	借方	贷方		
（资产负债表项目）									
……									
存货		2 500	2 500				1 050③		1 450
……									
（利润表项目）									
营业收入	6 000	5 625	11 625			6 000②			5 625
营业成本	4 200	4 500	8 700			1 050③	600① 6 000②		3 150
……									
营业利润	1 800	1 125	2 925			7 050	6 600		2 475
……									
净利润	1 800	1 125	2 925			7 050	6 600		2 475
（股东权益变动表项目）									
未分配利润（期初）	1 500	750	2 250			600①			1 650
……									
未分配利润（期末）	3 300	1 875	5 175			7 650	6 600		4 125

【例 33-7】存货跌价准备的合并处理

甲公司系A公司的母公司，甲公司本期向A公司销售商品2 000万元，其销售成本为1 400万元；A公司购进的该商品当期全部未实现对外销售而形成期末存货。A公司期末对存货进行检查时，发现该商品已经部分陈旧，其可变现净值已降至1 840万元。为此，A公司期末对该存货计提存货跌价准备160万元，并在其个别财务报表中列示。

在本例中，该存货的可变现净值降至1 840万元，高于抵销未实现内部销售损益后的金额（1 400万元）。此时，在编制本期合并财务报表时，应进行如下合并处理（单位：万元）。

（1）将内部销售收入与内部销售成本抵销。

借：营业收入　　2 000 ①

　贷：营业成本　　2 000

（2）将内部销售形成的存货价值中包含的未实现内部销售损益抵销。

借：营业成本　　600 ②

　贷：存货　　600

（3）将A公司本期计提的存货减值准备抵销。

借：存货　　160 ③

　贷：资产减值损失　　160

其合并工作底稿（局部）如表 33-17 所示。

表 33-17　合并工作底稿（局部）

单位：万元

项目	甲公司	A 公司	合计	调整分录		抵销分录		少数股东权益	合并数
				借方	贷方	借方	贷方		
（资产负债表项目）									
……									
存货		1 840	1 840			160③	600②		1 400
……									
（利润表项目）									
营业收入	2 000	0	2 000			2 000①			0
营业成本	1 400	0	1 400			600②	2 000①		0
……									
资产减值损失		160	160				160③		0
……									
营业利润	600	–160	440			2 600	2 160		0
……									
净利润	600	–160	440			2 600	2 160		0
（股东权益变动表项目）									

续表

项目	甲公司	A 公司	合计	调整分录		抵销分录		少数股东权益	合并数
				借方	贷方	借方	贷方		
未分配利润（期初）	0	0	0						0
……									
未分配利润（期末）	600	−160	440			2 600	2 160		0

第三节　合并现金流量表

第四十条　合并现金流量表应当以母公司和子公司的现金流量表为基础，在抵销母公司与子公司、子公司相互之间发生的内部交易对合并现金流量表的影响后，由母公司合并编制。

【解析 33-31】合并现金流量表的定义

本准则提及现金时，除非同时提及现金等价物，均包括现金和现金等价物。

现金流量表作为第三张主要报表已经为世界上一些主要国家的会计事务所采用，现金流量表要求按照收付实现制反映企业经济业务所引起的现金流入和流出，其编制方法有直接法和间接法两种。我国已经明确规定企业对外报送的现金流量表采用直接法编制。所谓直接法，是将按照权责发生制确认的营业收入调整与营业活动有关的流动资产和流动负债的增减变动，列示营业收入和其他收入的收现数，将按照配比原则确认的营业成本和营业费用调整为付现数。在采用直接法的情况下，以合并利润表有关项目的数据为基础，调整得出本期的现金流入和现金流出数量；分别经营活动产生的现金流量、投资活动产生的现金流量、筹资活动产生的现金流量三大类，反映企业一定会计期间的现金流量情况。

合并现金流量表是综合反映母公司及其子公司组成的企业集团在一定会计期间现金流入、现金流出数量以及其增减变动情况的财务报表。合并现金流量表以母公司和子公司的现金流量表为基础，在抵销母公司与子公司、子公司相互之间发生内部交易对合并现金流量表的影响后，由母公司编制。合并现金流量表也可以合并资产负债表和合并利润表为依据进行编制。

第四十一条　编制合并现金流量表应当符合下列要求：

（一）母公司与子公司、子公司相互之间当期以现金投资或收购股权增加的投资所产生的现金流量应当抵销。

（二）母公司与子公司、子公司相互之间当期取得投资收益、利息收入收到的现金，应当与分配股利、利润或偿付利息支付的现金相互抵销。

（三）母公司与子公司、子公司相互之间以现金结算债权与债务所产生的现金流量应当抵销。

（四）母公司与子公司、子公司相互之间当期销售商品所产生的现金流量应当抵销。

（五）母公司与子公司、子公司相互之间处置固定资产、无形资产和其他长期资产收回的现金净额，应当与购建固定资产、无形资产和其他长期资产支付的现金相互抵销。

（六）母公司与子公司、子公司相互之间当期发生的其他内部交易所产生的现金流量应当抵销。

【解析 33-32】合并现金流量表编制要求

在以母公司和子公司个别现金流量表为基础编制合并现金流量表时，需要进行抵销的内容主要有以下几点。

1. 母公司与子公司、子公司相互之间当期以现金投资或收购股权增加的投资所产生的现金流量应当抵销。当母公司从子公司中购买其持有的其他企业的股票时，由此所产生的现金流量，在购买股权方的母公司的个别现金流量表中，表现为“投资活动产生的现金流量”中的“投资支付的现金”的增加，而在出售股权方的子公司的个别现金流量表中则表现为“投资活动产生的现金流量”中的“收回投资收到的现金”的增加。在母公司对子公司投资的情况下，其所产生的现金流量表在母公司的个别现金流量表中表现为“投资活动产生的现金流量”中的“投资支付的现金”的增加，而在接受投资的子公司个别现金流量表中则表现为“筹资活动产生的现金流量”中的“吸收投资收到的现金”的增加。因此，编制合并现金流量表时将其予以抵销。

2. 母公司与子公司、子公司相互之间当期取得投资收益收到的现金，应当与分配股利、利润或偿付利息支付的现金相互抵销。母公司对子公司投资以及子公司之间进行投资分配现金股利或利润时，由此所产生的现金流量，在股利或利润支付方的个别现金流量表中表现为“筹资活动产生的现金流量”中的“分配股利、利润或偿付利息支付的现金”的增加，而在收到股利或利润方的个别现金流量表中则表现为“投资活动产生的现金流量”中的“取得投资收益收到的现金”的增加。为此，在编制合并现金流量表时必须将其予以抵销。

3. 母公司与子公司、子公司相互之间以现金结算债权与债务所产生的现金流量应当抵销。以现金结算内部债权债务，对于债权方来说表现为现金的流入，而对于债务方来说则表现为现金的流出。在现金结算的债权与债务属于母公司与子公司、子公司相互之间内部销售商品和提供劳务所产生的情况下，从其个别现金流量表来说，在债权方的个别现金流量表中表现为“销售商品、提供劳务收到的现金”的增加；而在债务方的个别现金流量表中则表现为“购买商品、接受劳务支付的现金”的增加。在编制合并现金流量表时必须将由此所产生的现金流量予以抵销。在现金结算的债权与债务属于内部往来所产生的情况下，在债权方的个别现金流量表中表现为“收到的其他与经营活动有关的现金”的增加，在债务方的个别现金流量表中表现为“支付的其他与经营活动有关的现金”的增加，在编制合并现金流量表时由此所产生的现金流量也必须将其予以抵销。

4. 母公司与子公司、子公司相互之间当期销售商品所产生的现金流量应当抵销。母公司与子公司、子公司相互之间当期销售商品没有形成固定资产、在建工程、无形资产等资产的情况下，该内部销售商品所产生的现金流量，在销售方的个别现金流量表中表现为“销售商品、提供劳务收到的现金”的增加，而在购买方的个别现金流量表中则表现为“购买商品、接受劳务支付的现金”的增加。而在母公司与子公司、子公司相互之间当期销售商品形成固定资产、工程物资、在建工程、无形资产等资产的情况下，该内部销售商品所产生的现金流量，在购买方的个别现金流量表中表现为“购建固定资产、无形资产和其他长期资产所支付的现金”的增加。为此，在编制合并现金流量表时必须将由此所产生的现金流量予以抵销。

第四十二条 合并现金流量表及其补充资料也可以根据合并资产负债表和合并利润表进行编制。

第四十三条 母公司在报告期内因同一控制下企业合并增加的子公司以及业务，应当将该子公司以及业务合并当期期初至报告期末的现金流量纳入合并现金流量表，同时应当对比较报表的相关项目进行调整，视同合并后的报告主体自最终控制方开始控制时点起一直存在。

因非同一控制下企业合并增加的子公司以及业务，应当将该子公司购买日至报告期末的现金流量纳入合并现金流量表。

【解析33-33】母、子公司之间资产处置

母公司与子公司、子公司相互之间处置固定资产、无形资产和其他长期资产收回的现金净额，应当与购建固定资产、无形资产和其他长期资产支付的现金相互抵销。内部处置固定资产时，由于处置固定资产等所产生的现金流量，对于处置方个别现金流量表来说，表现为“处置固定资产、无形资产和其他长期资产收回的现金净额”的增加；对于购置该资产的接受方来说，在其个别现金流量表中表现为“购置固定资产、无形资产和其他长期资产支付的现金”的增加。故在编制合并现金流量表时必须将由此所产生的现金流量予以抵销。

第四十四条 母公司在报告期内处置子公司以及业务，应当将该子公司以及业务期初至处置日的现金流量纳入合并现金流量表。

【解析33-34】合并现金流量表其他业务抵销

母公司与子公司、子公司相互之间当期发生的其他内部交易所产生的现金流量应当抵销。

第四节 合并所有者权益变动表

第四十五条 合并所有者权益变动表应当以母公司和子公司的所有者权益变动表为基础，在抵销母公司与子公司、子公司相互之间发生的内部交易对合并所有者权益变动表的影响后，由母公司合并编制。

（一）母公司对子公司的长期股权投资应当与母公司在子公司所有者权益中所享有的份额相互抵销。

子公司持有母公司的长期股权投资以及子公司相互之间持有的长期股权投资，应当按照本准则第三十条规定处理。

（二）母公司对子公司、子公司相互之间持有对方长期股权投资的投资收益应当抵销。

（三）母公司与子公司、子公司相互之间发生的其他内部交易对所有者权益变动的影响应当抵销。

合并所有者权益变动表也可以根据合并资产负债表和合并利润表进行编制。

【解析 33-35】合并所有者权益变动表的定义

合并所有者权益变动表是反映构成企业集团所有者权益的各组成部分当期的增减变动情况的财务报表。合并所有者权益变动表应当以母公司和子公司的所有者权益变动表为基础，在抵销母公司与子公司、子公司相互之间发生的内部交易对合并所有者权益变动表的影响后，由母公司合并编制。合并所有者权益变动表也可以根据合并资产负债表和合并利润表进行编制。

【解析 33-36】合并所有者权益变动表编制

所有者权益变动表作为以单个企业为会计主体进行会计核算的结果，分别从母公司本身和子公司本身反映其在一定会计期间所有者权益构成及其变动情况。在以其个别所有者权益变动表为基础计算的各所有者权益构成项目的加总金额中，也必然包含重复计算的因素，因此，编制合并所有者权益变动表时，也需要将这些重复的因素剔除。

编制合并所有者权益变动表时需要进行抵销处理的项目，主要有：（1）母公司对子公司的长期股权投资与母公司在子公司所有者权益中所享有的份额相互抵销，其抵销处理参见【解析 33-27】有关“长期股权投资与子公司所有者权益的抵销处理”的内容；（2）母公司对子公司、子公司相互之间持有对方长期股权投资的投资收益应当抵销等，其抵销处理参见本章【解析 33-29】有关“母公司与子公司、子公司相互之间持有对方长期股权投资的投资收益的抵销处理”的内容。

需要说明的是，从合并财务报表前后一致的理念、原则出发，将母公司及其全部子公司构成的企业集团作为一个会计主体，反映企业集团外部交易的情况，企业集团内部母子公司之间的投资收益和利润分配与其他内部交易一样应当相互抵销。同时，应当关注合并所有者权益变动表“未分配利润”的年末余额，将其中子公司当年提取的盈余公积归属于母公司的金额进行单项附注披露。

还需要说明的是，子公司在“专项储备”项目中反映的按照国家相关规定提取的安全生产费等，与留存收益不同，在长期股权投资与子公司所有者权益相互抵销后，应当按归属于母公司所有者的份额予以恢复，借记“未分配利润”科目，贷记“专项储备”科目。

【解析 33-37】合并所有者权益变动表格式

合并所有者权益变动表的格式在一般企业和金融企业所有者权益变动表格式的基础上，在子公司存在少数股东的情况下，增加了“少数股东权益”栏目，用于反映少数股东权益变动的情况。

第四十六条 有少数股东的，应当在合并所有者权益变动表中增加“少数股东权益”栏目，反映少数股东权益变动的情况。

第四章 特殊交易的会计处理

第四十七条 母公司购买子公司少数股东拥有的子公司股权，在合并财务报表中，因购买少数股权新取得的长期股权投资与按照新增持股比例计算应享有子公司自购买日或合并日开始持续计算的净资产份额之间的差额，应当调整资本公积（资本溢价或股本溢价），资本公积不足冲减的，调整留存收益。

【解析 33-38】母公司购买子公司少数股东拥有的子公司股权

母公司购买子公司少数股东拥有的子公司股权的，在母公司个别财务报表中，其自子公司少数股东处新取得的长期股权投资应当按照《企业会计准则第 2 号——长期股权投资》的规定确定其入账价值；在合并财务报表中，子公司的资产、负债应以购买日或合并日所确定的净资产价值开始持续计算的金额反映，因购买少数股权新取得的长期股权投资与按照新增持股比例计算应享有子公司自购买日或合并日开始持续计算的净资产份额之间的差额，应当调整母公司个别财务报表中的资本公积（资本溢价或股本溢价），资本公积不足冲减的，调整留存收益。

第四十八条 企业因追加投资等原因能够对非同一控制下的被投资方实施控制的，在合并财务报表中，对于购买日之前持有的被购买方的股权，应当按照该股权在购买日的公允价值进行重新计量，公允价值与其账面价值的差额计入当期投资收益；购买日之前持有的被购买方的股权涉及权益法核算下的其他综合收益等的，与其相关的其他综合收益等应当转为购买日所属当期收益。购买方应当在附注中披露其在购买日之前持有的被购买方的股权在购买日的公允价值、按照公允价值重新计量产生的相关利得或损失的金额。

【解析 33-39】企业因追加投资等原因能够对非同一控制下的被投资方实施控制

企业因追加投资等原因，通过多次交易分步实现非同一控制下企业合并的，在合并财务报表上，首先，应结合分步交易的各个步骤的协议条款，以及各个步骤中所分别取得的股权比例、取得对象、取得方式、取得时点及取得对价等信息来判断分步交易是否属于“一揽子交易”。

各项交易的条款、条件以及经济影响符合以下一种或多种情况的，通常应将多次交易事项作为“一揽子交易”进行会计处理：一是这些交易是同时或者在考虑了彼此影响的情况下订立的；二是这些交易整体才能达成一项完整的商业结果；三是一项交易的发生取决于至少一项其他交易的发生；四是一项交易单独看是不经济的，但是和其他交易一并考虑时是经济的。

如果分步取得对子公司股权投资直至取得控制权的各项交易属于“一揽子交易”，应当将各项交易作为一项取得子公司控制权的交易进行会计处理。

如果不属于“一揽子交易”，在合并财务报表中，对于购买日之前持有的被购买方的股权，应当按照该股权在购买日的公允价值进行重新计量，公允价值与其账面价值之间的差额计入当期投资收益；购买日之前持有的被购买方的股权涉及权益法核算下的其他综合收益以及除净损益、其他综合收益和利润分配外的其他所有者权益变动的，与其相关的其他综合收益、其他所有者权益变动应当转为购买日所属当期收益，由于被投资方重新计量设定受益计划净负债或净资产变动而产生的其他综合收益等不能重分类进损益的其他综合收益除外。购买方应当在附注中披露其在购买日之前持有的被购买方的股权在购买日的公允价值、按照公允价值重新计量产生的相关利得或损失的金额。

第四十九条 母公司在不丧失控制权的情况下部分处置对子公司的长期股权投资，在合并财务报表中，处置价款与处置长期股权投资相对应享有子公司自购买日或合并日开始持续计算的净资产份额之间的差额，应当调整资本公积（资本溢价或股本溢价），资本公积不足冲减的，调整留存收益。

【解析 33-40】在不丧失控制权的情况下部分处置对子公司长期股权投资

母公司在不丧失控制权的情况下部分处置对子公司的长期股权投资的，在母公司个别财务报表中作为长期股权投资的处置，确认有关处置损益。即出售股权取得的价款或对价的公允价值与所处置投资账面价值的差额，应作为投资收益或损失计入处置投资当期母公司的个别财务报表；在合并财务报表中，因出售部分股权后，母公司仍能够对被投资单位实施控制，被投资单位应当纳入母公司合并财务报表。因此，在合并财务报表中，处置价款与处置长期股权投资相对应享有子公司自购买日或合并日开始持续计算的净资产份额之间的差额，应当调整资本公积（资本溢价或股本溢价），资本公积不足冲减的，调整留存收益。

第五十条 企业因处置部分股权投资等原因丧失了对被投资方的控制权的，在编制合并财务报表时，对于剩余股权，应当按照其在丧失控制权日的公允价值进行重新计量。处置股权取得的对价与剩余股权公允价值之和，减去按原持股比例计算应享有原有子公司自购买日或合并日开始持续计算的净资产的份额之间的差额，计入丧失控制权当期的投资收益，同时冲减商誉。与原有子公司股权投资相关的其他综合收益等，应当在丧失控制权时转为当期投资收益。

【解析 33-41】母公司因处置对子公司长期股权投资而丧失控制权

母公司因处置部分股权投资或其他原因丧失了对原有子公司控制权的，在合并财务报表中，应当进行如下会计处理。

1. 终止确认相关资产、负债、商誉等的账面价值，并终止确认少数股东权益（包括属于少数股东的其他综合收益）的账面价值。

2. 按照丧失控制权日的公允价值进行重新计量剩余股权，按剩余股权对被投资方的影响程度，将剩余股权作为长期股权投资或金融工具进行核算。

3. 处置股权取得的对价与剩余股权的公允价值之和，减去按原持股比例计算应享有原有子公司自购买日开始持续计算的净资产账面价值份额与商誉之和，形成的差额计入丧失控制权当期的投资收益。

4. 与原有子公司的股权投资相关的其他综合收益、其他所有者权益变动，应当在丧失控制权时转入当期损益，由于被投资方重新计量设定受益计划净负债或净资产变动而产生的其他综合收益等不能重分类进损益的其他综合收益除外。

第五十一条 企业通过多次交易分步处置对子公司股权投资直至丧失控制权的，如果处置对子公司股权投资直至丧失控制权的各项交易属于一揽子交易的，应当将各项交易作为一项处置子公司并丧失控制权的交易进行会计处理；但是，在丧失控制权之前每一次处置价款与处置投资对应的享有该子公司净资产份额的差额，在合并财务报表中应当确认为其他综合收益，在丧失控制权时一并转入丧失控制权当期的损益。

处置对子公司股权投资的各项交易的条款、条件以及经济影响符合下列一种或多种情况，通常表明应将多次交易事项作为一揽子交易进行会计处理：

（一）这些交易是同时或者在考虑了彼此影响的情况下订立的。

（二）这些交易整体才能达成一项完整的商业结果。

（三）一项交易的发生取决于其他至少一项交易的发生。

（四）一项交易单独考虑时是不经济的，但是和其他交易一并考虑时是经济的。

【解析 33-42】母公司因处置对子公司长期股权投资而丧失控制权——多次交易分步处置子公司

企业通过多次交易分步处置对子公司股权投资直至丧失控制权，在合并财务报表中，首先应判断分步交易是否属于“一揽子交易”。

如果分步交易不属于“一揽子交易”，则在丧失对子公司控制权以前的各项交易，应按照“【解析 33-40】在不丧失控制权的情况下部分处置对子公司长期股权投资”的规定进行会计处理。

如果分步交易属于“一揽子交易”，则应将各项交易作为一项处置原有子公司并丧失控制权的交易进行会计处理。其中，对于丧失控制权之前的每一次交易，处置价款与处置投资对应的享有该子公司自购买日开始持续计算的净资产账面价值的份额之间的差额，在合并财务报表中应当计入其他综合收益，在丧失控制权时一并转入丧失控制权当期的损益。

对于分步实现的同一控制下企业合并，在编制合并财务报表时，应视同参与合并的各方在最终控制方开始控制时即以目前的状态进行调整。在编制比较报表时，以不早于合并方和被合并方同处于最终控制方的控制之下的时点开始，将被合并方的有关资产、负债并入合并方合并财务报表的比较报表中，并将由合并而增加的净资产在比较报表中调整所有者权益项下的相关项目。

为避免对被合并方净资产的价值进行重复计算，合并方在取得被合并方控制权之前持有的股权投资，在取得原股权之日与合并方和被合并方同处于同一方最终控制之日孰晚日起至合并日之间已确认有关损益、其他综合收益以及其他净资产变动，应分别冲减比较报表期间的期初留存收益或当期损益。

第五十二条　对于本章未列举的交易或者事项，如果站在企业集团合并财务报表角度的确认和计量结果与其所属的母公司或子公司的个别财务报表层面的确认和计量结果不一致的，则在编制合并财务报表时，也应当按照本准则第二十六条第二款第（四）项的规定，对其确认和计量结果予以相应调整。

【解析 33-43】其他交易

对于站在企业集团合并财务报表角度的确认和计量结果与其所属的母公司或子公司的个别财务报表层面的确认和计量结果不一致的，在编制合并财务报表时，应站在企业集团角度对该特殊交易事项予以调整。例如，母公司将借款作为实收资本投入子公司用于长期资产的建造，母公司应在合并财务报表层面反映借款利息的资本化金额。再如，子公司作为投资性房地产的大厦，出租给集团内其他公司使用，母公司应在合并财务报表层面作为固定资产反映。

第五章　衔接规定

第五十三条　首次采用本准则的企业应当根据本准则的规定对被投资方进行重新评估，确定其是否应纳入合并财务报表范围。因首次采用本准则导致合并范围发生变化的，应当进行追溯调整，追溯调整不切实可行的除外。比较期间已丧失控制权的原子公司，不再追溯调整。

第六章　附则

第五十四条　本准则自 2014 年 7 月 1 日起施行。

企业会计准则第 34 号——每股收益

《企业会计准则第 34 号——每股收益》于 2006 年 2 月 15 日由财会〔2006〕3 号公布，自 2007 年 1 月 1 日起施行。

第一章 总则

第一条 为了规范每股收益的计算方法及其列报，根据《企业会计准则——基本准则》，制定本准则。

【解析 34-1】每股收益的基本概念

每股收益是指普通股股东每持有一股普通股所能享有的企业净利润或需承担的企业净亏损。每股收益用于反映企业的经营成果，衡量普通股的获利水平及投资风险，是投资者、债权人等信息使用者据以评价企业盈利能力、预测企业成长潜力进而作出相关经济决策的一项重要的财务指标。在进行财务分析时，每股收益指标既可用于不同企业间的业绩比较，以评价某企业的相对盈利能力；也可用于企业不同会计期间的业绩比较，以了解该企业盈利能力的变化趋势；另外还可用于企业经营实绩与盈利预测的比较，以掌握该企业的管理能力。

每股收益包括基本每股收益和稀释每股收益两类。基本每股收益仅考虑当期实际发行在外的普通股股份，而稀释每股收益的计算和列报主要是为了避免每股收益虚增可能带来的信息误导。例如，一家公司发行可转换公司债券融资，由于转换选择权的存在，这些可转换债券的利率低于正常同等条件下普通债券的利率，从而降低了融资成本，在经营业绩和其他条件不变的情况下，相对提高了基本每股收益金额。要求考虑可转换公司债券的影响计算和列报稀释每股收益，就是为了能够提供一个更可比、更有用的财务指标。

第二条 本准则适用于普通股或潜在普通股已公开交易的企业，以及正处于公开发行普通股或潜在普通股过程中的企业。

潜在普通股，是指赋予其持有者在报告期或以后期间享有取得普通股权利的一种金融工具或其他合同，包括可转换公司债券、认股权证、股份期权等。

第三条 合并财务报表中，企业应当以合并财务报表为基础计算和列报每股收益。

第二章 基本每股收益

第四条 企业应当按照归属于普通股股东的当期净利润，除以发行在外普通股的加权平均数计算基本每股收益。

【解析 34-2】发行在外普通股加权平均数的计算

每股收益的计算方法：用归属于普通股股东的当期净利润，除以发行在外普通股的加权平均数。

根据本准则第五条规定，发行在外普通股加权平均数的已发行时间、报告期时间和已回购时间一般按天数计算；在不影响计算结果合理性的前提下，也可以采用简化的计算方法。简化的方法通常按月数计算。

第五条 发行在外普通股加权平均数按下列公式计算：

发行在外普通股加权平均数 = 期初发行在外普通股股数 + 当期新发行普通股股数 × 已发行时间 ÷ 报告期时间 − 当期回购普通股股数 × 已回购时间 ÷ 报告期时间

已发行时间、报告期时间和已回购时间一般按照天数计算；在不影响计算结果合理性的前提下，也可以采用简化的计算方法。

【解析 34-3】基本每股收益的计算

基本每股收益只考虑当期实际发行在外的普通股股份，按照归属于普通股股东的当期净利润除以当期实际发行在外普通股的加权平均数计算确定。

1. 分子的确定。

计算基本每股收益时，分子为归属于普通股股东的当期净利润，即企业当期实现的可供普通股股东分配的净利润或应由普通股股东分担的净亏损金额。发生亏损的企业，每股收益以负数列示。以合并财务报表为基础计算的每股收益，分子应当是归属于母公司普通股股东的当期合并净利润，即扣减少数股东损益后的余额。与合并财务报表一同提供的母公司财务报表中企业自行选择列报每股收益的，以母公司个别财务报表为基础计算的每股收益，分子应当是归属于母公司全部普通股股东的当期净利润。

2. 分母的确定。

计算基本每股收益时，分母为当期发行在外普通股的算术加权平均数，即期初发行在外普通股股数根据当期新发行或回购的普通股股数与相应时间权数的乘积进行调整后的股数。需要指出的是，公司库存股不属于发行在外的普通股，且无权参与利润分配，应当在计算分母时扣除。

发行在外普通股加权平均数 = 期初发行在外普通股股数 + 当期新发行普通股股数 × 已发行时间 ÷ 报告期时间 − 当期回购普通股股数 × 已回购时间 ÷ 报告期时间

其中，作为权数的已发行时间、报告期时间和已回购时间通常按天数计算，在不影响计算结果合理性的前提下，也可以采用简化的计算方法，如按月数计算。

第六条 新发行普通股股数，应当根据发行合同的具体条款，从应收对价之日（一般为股票发行日）起计算确定。通常包括下列情况：

（一）为收取现金而发行的普通股股数，从应收现金之日起计算。

（二）因债务转资本而发行的普通股股数，从停计债务利息之日或结算日起计算。

（三）非同一控制下的企业合并，作为对价发行的普通股股数，从购买日起计算；同一控制下的企业合并，作为对价发行的普通股股数，应当计入各列报期间普通股的加权平均数。

（四）为收购非现金资产而发行的普通股股数，从确认收购之日起计算。

【例 34-1】基本每股收益的计算

某公司 20×7 年期初发行在外的普通股为 30 000 万股；5 月 1 日新发行普通股 16 200 万股；12 月 1 日回购普通股 7 200 万股，以备将来奖励职工之用。该公司当年度实现净利润为 16 250 万元。假定该公司按月数计算每股收益的时间权重。20×7 年度基本每股收益计算如下。

发行在外普通股加权平均数为：30 000×12÷12+16 200×8÷12−7 200×1÷12=40 200（万股）或者 30 000×4÷12+46 200×7÷12+39 000×1÷12=40 200（万股）。

基本每股收益 =16 250÷40 200=0.4（元 / 股）

新发行普通股股数应当根据发行合同的具体条款，从应收对价之日（一般为股票发行日）起计算确定。通常包括下列情况：（1）为收取现金而发行的普通股股数，从应收现金之日起计算。（2）因债务转资本而发行的普通股股数，从停计债务利息之日或结算日起计算。（3）非同一控制下的企业合并，作为对价发行的普通股股数，从购买日起计算；同一控制下的企业合并，作为对价发行的普通股股数，应当计入各列报期间普通股的加权平均数。（4）为收购非现金资产而发行的普通股股数，从确认收购之日起计算。

第三章　稀释每股收益

第七条　企业存在稀释性潜在普通股的，应当分别调整归属于普通股股东的当期净利润和发行在外普通股的加权平均数，并据以计算稀释每股收益。

稀释性潜在普通股，是指假设当期转换为普通股会减少每股收益的潜在普通股。

【解析 34-4】稀释性潜在普通股

潜在普通股是指赋予其持有者在报告期或以后期间享有取得普通股权利的一种金融工具或其他合同。目前，我国企业发行的潜在普通股主要有可转换公司债券、认股权证、股份期权等。

稀释性潜在普通股，是指假设当期转换为普通股会减少每股收益的潜在普通股。对于亏损企业而言，稀释性潜在普通股假设当期转换为普通股，将会增加每股亏损的金额。计算稀释每股收益时只考虑稀释性潜在普通股的影响，而不考虑不具有稀释性的潜在普通股。

需要特别说明的是，潜在普通股是否具有稀释性的判断标准是看其对持续经营每股收益的影响；也就是说，假定潜在普通股当期转换为普通股，如果会减少持续经营每股收益或增加持续经营每股亏损，表明具有稀释性，否则，具有反稀释性。一般情况下，每股收益是按照企业当期归属于普通股股东的全部净利润计算而得；但如果企业存在终止经营的情况，应当按照扣除终止经营净利润以后的当期归属于普通股股东的持续经营净利润进行计算。

第八条　计算稀释每股收益，应当根据下列事项对归属于普通股股东的当期净利润进行调整：

（一）当期已确认为费用的稀释性潜在普通股的利息；

（二）稀释性潜在普通股转换时将产生的收益或费用。

上述调整应当考虑相关的所得税影响。

第九条 计算稀释每股收益时，当期发行在外普通股的加权平均数应当为计算基本每股收益时普通股的加权平均数与假定稀释性潜在普通股转换为已发行普通股而增加的普通股股数的加权平均数之和。

计算稀释性潜在普通股转换为已发行普通股而增加的普通股股数的加权平均数时，以前期间发行的稀释性潜在普通股，应当假设在当期期初转换；当期发行的稀释性潜在普通股，应当假设在发行日转换。

【解析34-5】分母的调整

计算稀释每股收益时，当期发行在外普通股的加权平均数应当为计算基本每股收益时普通股的加权平均数与假定稀释性潜在普通股转换为已发行普通股而增加的普通股股数的加权平均数之和。

假定稀释性潜在普通股转换为已发行普通股而增加的普通股股数，应当根据潜在普通股的条件确定。当存在不止一种转换基础时，应当假定会采取从潜在普通股持有者角度看最有利的转换率或执行价格。

假定稀释性潜在普通股转换为已发行普通股而增加的普通股股数，应当按照其发行在外时间进行加权平均。以前期间发行的稀释性潜在普通股，应当假设在当期期初转换为普通股；当期发行的稀释性潜在普通股，应当假设在发行日转换普通股；当期被注销或终止的稀释性潜在普通股，应当按照当期发行在外的时间加权平均计入稀释每股收益；当期被转换或行权的稀释性潜在普通股，应当从当期期初至转换日（或行权日）计入稀释每股收益中，从转换日（或行权日）起所转换的普通股则计入基本每股收益中。

第十条 认股权证和股份期权等的行权价格低于当期普通股平均市场价格时，应当考虑其稀释性。计算稀释每股收益时，增加的普通股股数按下列公式计算：

增加的普通股股数 = 拟行权时转换的普通股股数 − 行权价格 × 拟行权时转换的普通股股数 ÷ 当期普通股平均市场价格

【解析34-6】认股权证和股份期权

认股权证是指公司发行的、约定持有人有权在履约期间内或特定到期日按约定价格向本公司购买新股的有价证券。股份期权是指公司授予持有人在未来一定期限内以预先确定的价格和条件购买本公司一定数量股份的权利，股份期权持有人对于其享有的股份期权，可以在规定的期间内以预先确定的价格和条件购买公司一定数量的股份，也可以放弃该种权利。

对于盈利企业，认股权证、股份期权等的行权价格低于当期普通股平均市场价格时，具有稀释性。对于亏损企业，认股权证、股份期权的假设行权一般不影响净亏损，但增加普通股股数，从而导致每股亏损金额的减少，实际上产生了反稀释的作用，因此，这种情况下，不应当计算稀释每股收益。

对于稀释性认股权证、股份期权，计算稀释每股收益时，一般不需要调整分子净利润金额，只需要按照下列步骤对分母普通股加权平均数进行调整。

1. 假设这些认股权证、股份期权在当期期初（或发行日）已经行权，计算按约定行权价格发行普通股将取得的股款金额。

2. 假设按照当期普通股平均市场价格发行股票，计算需发行多少普通股能够带来上述相同的股款金额。

3. 比较行使股份期权、认股权证将发行的普通股股数与按照平均市场价格发行的普通股股数，差额部分相当于无对价发行的普通股，作为发行在外普通股股数的净增加。也就是说，认股权证、股份期权行权时发行的普通股可以视为两部分：一部分是按照平均市场价格发行的普通股，这部分普通股由于是按照市价发行，导致企业经济资源流入与普通股股数同比例增加，既没有稀释作用也没有反稀释作用，不影响每股收益金额；另一部分是无对价发行的普通股，这部分普通股由于是无对价发行，企业可利用的经济资源没有增加，但发行在外普通股股数增加，具有稀释性，应当计入稀释每股收益中。

增加的普通股股数 = 拟行权时转换的普通股股数 − 行权价格 × 拟行权时转换的普通股股数 ÷ 当期普通股平均市场价格

其中，普通股平均市场价格的计算，理论上应当包括该普通股每次交易的价格，但实务操作中通常对每周或每月具有代表性的股票交易价格进行简单算术平均即可。股票价格比较平稳的情况下，可以采用每周或每月股票的收盘价作为代表性价格；股票价格波动较大的情况下，可以采用每周或每月股票最高价与最低价的平均值作为代表性价格。无论采用何种方法计算平均市场价格，一经确定，不得随意变更，除非有确凿证据表明原计算方法不再适用。当期发行认股权证或股份期权的，普通股平均市场价格应当自认股权证或股份期权的发行日起计算。

4. 将净增加的普通股股数乘以其假设发行在外的时间权数，据此调整计算稀释每股收益的分母数。

【例 34-2】稀释每股收益的计算 1

某公司 20×7 年度归属于普通股股东的净利润为 2 750 万元，发行在外普通股加权平均数为 5 000 万股，该普通股平均每股市场价格为 8 元。20×7 年 1 月 1 日，该公司对外发行 1 000 万份认股权证，行权日为 20×8 年 3 月 1 日，每份认股权证可以在行权日以 7 元的价格认购本公司 1 股新发的股份。该公司 20×7 年度每股收益计算如下。

基本每股收益 =2 750 ÷ 5 000=0.55（元 / 股）

调整增加的普通股股数 =1 000−1 000 × 7 ÷ 8=125（万股）

稀释每股收益 =2 750 ÷（5 000+125）=0.54（元 / 股）

第十一条 企业承诺将回购其股份的合同中规定的回购价格高于当期普通股平均市场价格时，应当考虑其稀释性。计算稀释每股收益时，增加的普通股股数按下列公式计算：

增加的普通股股数 = 回购价格 × 承诺回购的普通股股数 ÷ 当期普通股平均市场价格 − 承诺回购的普通股股数

【解析 34-7】企业承诺将回购其股份的合同

企业承诺将回购其股份的合同中规定的回购价格高于当期普通股平均市场价格时，应当考虑其稀释性。计算稀释每股收益时，与前面认股权证、股份期权的计算思路恰好相反，具体步骤如下。

1. 假设企业于期初按照当期普通股平均市场价格发行普通股，以募集足够的资金来履行回购合同；合同日晚于期初的，则假设企业于合同日按照自合同日至期末的普通股平均市场价格发行足量的普通股。该假设前提下，由于是按照市价发行普通股，导致企业经济资源流入与普通股股数同比例增加，每股收益金额不变。

2. 假设回购合同已于当期期初（或合同日）履行，按照约定的行权价格回购本企业股票。

3. 比较假设发行的普通股股数与假设回购的普通股股数，差额部分作为净增加的发行在外普通股股数，再乘以相应的时间权重，据此调整计算稀释每股收益的分母数。

增加的普通股股数 = 回购价格 × 承诺回购的普通段股数 ÷ 当期普通股平均市场价格 − 承诺回购的普通股股数

【例 34-3】稀释每股收益的计算 2

某公司 20×7 年度归属于普通股股东的净利润为 400 万元，发行在外普通股加权平均数为 1 000 万股。20×7 年 3 月 2 日，该公司与股东签订一份远期回购合同，承诺一年后以每股 5.5 元的价格回购其发行在外的 240 万股普通股。假设，该普通股 20×7 年 3 月至 12 月平均市场价格为 5 元。20×7 年度每股收益计算如下。

基本每股收益 =400÷1 000=0.4（元 / 股）

调整增加的普通股股数 =240×5.5÷5−240=24（万股）

稀释每股收益 =400÷（1 000+24×10÷12）=0.39（元 / 股）

第十二条　稀释性潜在普通股应当按照其稀释程度从大到小的顺序计入稀释每股收益，直至稀释每股收益达到最小值。

【例 34-4】稀释每股收益的计算 3

某公司 2×17 年度归属于普通股股东的净利润为 5 625 万元，发行在外普通股加权平均数为 18 750 万股。年初已发行在外的潜在普通股如下。（1）认股权证 7 200 万份，每份认股权证可以在行权日以 8 元的价格认购 1 股本公司新发股票。（2）按面值发行的 5 年期可转换公司债券 75 000 万元，债券每张面值 100 元，票面年利率为 2.6%，转股价格为每股 12.5 元，即每 100 元债券可转换为 8 股面值为 1 元的普通股。（3）按面值发行的 3 年期可转换公司债券 150 000 万元，债券每张面值 100 元，票面年利率为 1.4%，转股价格为每股 10 元，即每 100 元债券可转换为 10 股面值为 1 元的普通股。当期普通股平均市场价格为 12 元，年度内没有认股权证被行权，也没有可转换公司债券被转换或赎回，所得税税率为 25%。假设不考虑可转换公司债券在负债和权益成分的分拆，且债券票面利率等于实际利率。2×17 年度每股收益计算如下。

基本每股收益 =5 625÷18 750=0.3（元 / 股）

计算稀释每股收益。

（1）假设潜在普通股转换为普通股，计算增量股每股收益并排序，如表 34-1 所示。

表 34-1　增量股每股收益的计算

项目	净利润增加（万元）	股数增加（万股）	增量股的每股收益（元）	顺序
认股权证		2 400①		1
2.6% 债券	1 462.5②	6 000③	0.24	3
1.4% 债券	1 575④	15 000⑤	0.11	2

①7 200−7 200×8÷12=2 400（万股）

②75 000×2.6%×（1−25%）=1 462.5（万元）

③75 000÷12.5=6 000（万股）

④150 000×1.4%×（1−25%）=1 575（万元）

⑤150 000÷10=15 000（万股）

由此可见，认股权证的稀释性最大，2.6% 利率可转债的稀释性最小。

（2）分步计算稀释每股收益，如表 34-2 所示。

表 34-2　稀释每股收益的计算

项目	净利润（万元）	股数（万股）	每股收益（元）	稀释性
基本每股收益	5 625	18 750	0.3	
认股权证	0	2 400		
	5 625	21 150	0.27	稀释
1.4% 债券	1 575	15 000		
	7 200	36 150	0.20	稀释
2.6% 债券	1 462.5	6 000		
	8 662.5	42 150	0.21	反稀释

因此，稀释每股收益为 0.20 元。

第四章　列报

第十三条　发行在外普通股或潜在普通股的数量因派发股票股利、公积金转增资本、拆股而增加或因并股而减少，但不影响所有者权益金额的，应当按调整后的股数重新计算各列报期间的每股收益。上述变化发生于资产负债表日至财务报告批准报出日之间的，应当以调整后的股数重新计算各列报期间的每股收益。

按照《企业会计准则第 28 号——会计政策、会计估计变更和差错更正》的规定对以前年度损益进行追溯调整或追溯重述的，应当重新计算各列报期间的每股收益。

【解析 34-8】计算每股收益时应考虑的其他调整因素

1. 派发股票股利、公积金转增资本、拆股和并股。

企业派发股票股利、公积金转增资本、拆股或并股等，会增加或减少其发行在外普通股或潜在普通股的数量，但并不影响所有者权益金额，这既不影响企业所拥有或控制的经济资源，也不改变企业的盈利能力，即意味着同样的损益现在要由扩大或缩小了的股份规模来享有或分担。因此，为了保持会计指标的前后期可比性，企业应当在相关报批手续全部完成后，按调整后的股数重新计算各列报期间的每股收益。上述变化发生于资产负债表日至财务报告批准报出日之间的，应当以调整后的股数重新计算各列报期间的每股收益。

2. 配股。

配股在计算每股收益时比较特殊，因为它是向全部现有股东以低于当前股票市价的价格发行普通股，实际上可以理解为按市价发行股票和无对价送股的混合体。也就是说，配股中包含的送股因素具有与股票股利相同的效果，导致发行在外普通股股数增加的同时，却没有相应的经济资源流入。因此，计算基本每股收益时，应当考虑配股中的送股因素，将这部分无对价的送股（注意不是全部配发的普通股）视同列报最早期间期初就已发行在外，并据以调整各列报期间发行在外普通股的加权平均数，计算各列报期间的每股收益。

为此，企业首先应当计算出一个调整系数，再用配股前发行在外普通股的股数乘以该调整系数，得出计算每股收益时应采用的普通股股数。

每股理论除权价格 =（行权前发行在外普通股的公允价值总额 + 配股收到的款项）÷ 行权后发行在外的普通股股数

调整系数 = 行权前发行在外普通股的每股公允价值 ÷ 每股理论除权价格

因配股重新计算的上年度基本每股收益 = 上年度基本每股收益 ÷ 调整系数

本年度基本每股收益 = 归属于普通股股东的当期净利润 ÷（配股前发行在外普通股股数 × 调整系数 × 配股前普通股发行在外的时间权重 + 配股后发行在外普通股加权平均数）

【例 34-5】派发股票股利、公积金转增资本、拆股和并股

某企业 20×6 年和 20×7 年归属于普通股股东的净利润分别为 1 596 万元和 1 848 万元，20×6 年 1 月 1 日发行在外的普通股 800 万股，20×6 年 4 月 1 日按市价新发行普通股 160 万股，20×7 年 7 月 1 日分派股票股利，以 20×6 年 12 月 31 日总股本 960 万股为基数每 10 股送 3 股，假设不存在其他股数变动因素。20×7 年度比较利润表中基本每股收益的计算如下。

20×7 年度发行在外普通股加权平均数 =（800+160+288）×12÷12=1 248（万股）

20×6 年度发行在外普通股加权平均数 =800×1.3×12÷12+160×1.3×9÷12
=1 196（万股）

20×7 年度基本每股收益 =1 848÷1 248=1.48（元 / 股）

20×6 年度基本每股收益 =1 596÷1 196=1.33（元 / 股）

【例 34-6】配股

某企业 2×17 年度归属于普通股股东的净利润为 23 500 万元，2×17 年 1 月 1 日发行在外普通股股数为 8 000 万股。2×17 年 6 月 10 日，该企业发布增资配股公告，向截至 2×17 年 6 月 30 日（股权登记日）所有登记在册的老股东配股，配股比例为每 4 股配 1 股，配股价格为每股 6 元，除权交易基准日为 2×17 年 7 月 1 日。假设行权前一日的市价为每股 11 元，2×16 年度基本每股收益为 2.64 元。2×17 年度比较利润表中基本每股收益的计算如下。

每股理论除权价格 =（11×8 000+6×2 000）÷（8 000+2 000）=10（元）

调整系数 =11÷10=1.1

因配股重新计算的 2×16 年度基本每股收益 =2.64÷1.1=2.4（元 / 股）

2×17 年度基本每股收益 =23 500÷（8 000×1.1×6÷12+10 000×6÷12）=2.5（元 / 股）

第十四条 企业应当在利润表中单独列示基本每股收益和稀释每股收益。

第十五条 企业应当在附注中披露与每股收益有关的下列信息：

（一）基本每股收益和稀释每股收益分子、分母的计算过程。

（二）列报期间不具有稀释性但以后期间很可能具有稀释性的潜在普通股。

（三）在资产负债表日至财务报告批准报出日之间，企业发行在外普通股或潜在普通股股数发生重大变化的情况。

【解析 34-9】每股收益列报

对于普通股或潜在普通股已公开交易的企业以及正处于公开发行普通股或潜在普通股过程中的企业，如果不存在稀释性潜在普通股则应当在利润表中单独列示基本每股收益；如果存在稀释性潜在普通股则应当在利润表中单独列示基本每股收益和稀释每股收益。编制比较财务报表时，各列报期间中只要有一个期间列示了稀释每股收益，那么所有列报期间均应当列示稀释每股收益，即使其金额与基本每股收益相等。

企业对外提供合并财务报表的，仅要求其以合并财务报表为基础计算每股收益，并在合并财务报表中予以列报；与合并财务报表一同提供的母公司财务报表中不要求计算和列报每股收益，如果企业自行选择列报的，应以母公司个别财务报表为基础计算每股收益，并在其个别财务报表中予以列报。

企业应当在附注中披露与每股收益有关的下列信息：（1）基本每股收益和稀释每股收益分子、分母的计算过程；（2）列报期间不具有稀释性但以后期间很可能具有稀释性的潜在普通股；（3）在资产负债表日至财务报告批准报出日之间，企业发行在外普通股或潜在普通股发生重大变化的情况。企业如有终止经营的情况，应当在附注中分别持续经营和终止经营披露基本每股收益和稀释每股收益。

企业会计准则第35号——分部报告

《企业会计准则第35号——分部报告》于2006年2月15日由财会〔2006〕3号公布，自2007年1月1日起施行。

第一章　总则

第一条　为了规范分部报告的编制和相关信息的披露，根据《企业会计准则——基本准则》，制定本准则。

【解析35-1】分部报告的定义

《企业会计准则第35号——分部报告》具体准则规定，企业存在多种经营或跨地区经营的，应当按照本准则规定披露分部信息。但是，法律、行政法规另有规定的除外。企业应当以对外提供的财务报表为基础披露分部信息。对外提供合并财务报表的企业，应当以合并财务报表为基础披露分部信息。

第二条　企业存在多种经营或跨地区经营的，应当按照本准则规定披露分部信息。但是，法律、行政法规另有规定的除外。

第三条　企业应当以对外提供的财务报表为基础披露分部信息。对外提供合并财务报表的企业，应当以合并财务报表为基础披露分部信息。

【解析35-2】编制分部报告的意义

《企业会计准则讲解》提出企业提供分部信息是十分有必要的：企业提供分部信息，能够帮助会计信息使用者更好地理解企业以往的经营业绩，更好地评估企业的风险和报酬，以便更好地把握企业整体的经营情况，对未来的发展趋势作出合理的预期。随着企业跨行业和跨地区经营，许多企业生产和销售各种各样的产品和提供多种劳务，这些产品和劳务广泛分布于各个行业或不同地区。由于企业各种产品在其整体的经营活动中所占的比重各不相同，其营业收入、成本费用以及产生的利润（亏损）也不尽相同。同样地，每种产品（或提供的劳务）在不同地区的经营业绩也存在差异。只有分析每种产品（或所提供劳务）和不同经营地区的经营业绩，才能更好地把握企业整体的经营业绩。企业的整体风险，是由企业经营的各个业务部门（或品种）或各个经营地区的风险和报酬构成的。一般来说，企业在不同业务部门和不同地区的经营，会有不同的利润率、发展机会、未来前景和风险。要评估企业整体的风险和报酬，必须借助企业在不同业务和不同地区经营的信息（分部信息）。

第二章 报告分部的确定

第四条 企业披露分部信息，应当区分业务分部和地区分部。

第五条 业务分部，是指企业内可区分的、能够提供单项或一组相关产品或劳务的组成部分。该组成部分承担了不同于其他组成部分的风险和报酬。

企业在确定业务分部时，应当结合企业内部管理要求，并考虑下列因素：

（一）各单项产品或劳务的性质，包括产品或劳务的规格、型号、最终用途等；

（二）生产过程的性质，包括采用劳动密集或资本密集方式组织生产、使用相同或者相似设备和原材料、采用委托生产或加工方式等；

（三）产品或劳务的客户类型，包括大宗客户、零散客户等；

（四）销售产品或提供劳务的方式，包括批发、零售、自产自销、委托销售、承包等；

（五）生产产品或提供劳务受法律、行政法规的影响，包括经营范围或交易定价限制等。

【解析 35-3】业务分部

企业在确定业务分部时，主要是看作为某一分部的组成部分是否承担了不同于其他组成部分的风险和报酬。对于某些企业而言，某一业务部门可能是一个业务分部，也可能由若干个业务部门组成一个业务分部；企业可能将生产某一种产品或提供某种劳务的部门作为一个业务分部，也可能将生产若干种（一组）相关产品或提供一组劳务的部门作为一个业务分部。作为一般规则，单个业务分部中不包括风险和报酬具有显著差异的产品或劳务。

通常情况下，一个企业的内部组织和管理结构，以及向董事会或者类似机构的内部报告制度，是企业确定分部的基础。企业在确定业务分部时，应当结合企业内部管理要求，并考虑下列因素。

1. 各单项产品或劳务的性质。

各单项产品或劳务的性质，包括产品或劳务的规格、型号、最终用途等。一般情况下，生产的产品和提供的劳务的性质相同或相似的，其风险、报酬率及其成长率可能较为接近，因此，可以将其划分到同一业务分部之中。而对于性质完全不同的产品或劳务，则不能将其划分到同一业务分部之中。例如，某企业的生产经营范围包括机械制造、旅游及餐饮业、交通运输、合成纤维生产等，在确定业务分部时，必须分别将其作为不同的业务分部处理，而不能将机械制造与旅游及餐饮业作为一个业务分部处理。

2. 生产过程的性质。

生产过程的性质，包括采用劳动密集或资本密集方式组织生产、使用相同或者相似设备和原材料、采用委托生产或加工方式等。对于其生产过程相同或相似的，可以将其划分为一个业务分部，如按资本密集型和劳动密集型划分业务部门。对于资本密集型的部门来说，其占用的设备较为先进，占用的固定资产较多，相应所负担的折旧费也较多，其经营成本受资产折旧费用影响较大，受技术进步因素的影响也较大；而对于劳动密集型部门来说，其使用的劳动力较多，相对而言劳动力的成本即人工费用的影响较大，其经营成果受人工成本的高低影响很大。

3. 产品或劳务的客户类型。

产品或劳务的客户类型，包括大宗客户、零散客户等。对于购买产品或接受劳务的同一类型的客户，如果其销售条件基本相同，例如相同或相似的销售价格、销售折扣，相同或相似的售后服务，因而具有相同或相似的风险和报酬。而不同的客户，其销售条件不尽相同，由此可能导致其具有不同的风险和报酬。比如，某计算机生产企业，其生产计算机可以分为商用计算机和个人用计算机，商用计算机主要销售客户是企业，一般是大宗购买，对计算机专用性要求比较强，售后服务相对较为集中；而个人用计算机，其客户对计算机的通用性要求较高，其售后服务相对较为分散。

4. 销售产品或提供劳务的方式。

销售产品或提供劳务的方式，包括批发、零售、自产自销、委托销售、承包等。企业销售产品或提供劳务的方式不同，其承受的风险和报酬也不相同。比如，在赊销方式下，可以扩大销售规模，但发生的收账费用较大，并且发生应收账款坏账的风险也很大；而在现销方式下，则不存在应收账款的坏账问题，不会发生收账费用，但销售规模的扩大有限。

5. 生产产品或提供劳务受法律、行政法规的影响。

生产产品或提供劳务受法律、行政法规的影响，包括经营范围或交易定价限制等。企业生产产品或提供劳务总是处于一定的经济法律环境之下，其所处的环境必然对其经营活动产生影响。对在不同法律环境下生产的产品或提供的劳务进行分类，进而向会计信息使用者提供不同法律环境下产品生产或劳务的信息，有利于会计信息使用者对企业未来的发展走向做出判断和预测。对相同或相似法律环境下的产品生产或劳务提供进行归类，以提供其经营活动所生成的信息，同样有利于明晰地反映该类产品生产和劳务提供的会计信息。比如，商业银行、保险公司等金融企业易受特别的、严格的监管政策约束，在考虑该类企业确定分部产品和劳务是否相关时，应当考虑所受监管政策的影响。

但是，企业在具体确定业务分部时，特定的分部不大可能同时符合上述列明的全部因素。通常情况下，业务分部应当在包含了上述所列明的大部分因素时予以确定。

第六条 地区分部，是指企业内可区分的、能够在一个特定的经济环境内提供产品或劳务的组成部分。该组成部分承担了不同于在其他经济环境内提供产品或劳务的组成部分的风险和报酬。

企业在确定地区分部时，应当结合企业内部管理要求，并考虑下列因素：

（一）所处经济、政治环境的相似性，包括境外经营所在地区经济和政治的稳定程度等；

（二）在不同地区经营之间的关系，包括在某地区进行产品生产，而在其他地区进行销售等；

（三）经营的接近程度大小，包括在某地区生产的产品是否需在其他地区进一步加工生产等；

（四）与某一特定地区经营相关的特别风险，包括气候异常变化等；

（五）外汇管理规定，即境外经营所在地区是否实行外汇管制；

（六）外汇风险。

【解析35-4】地区分部

企业在确定地区分部时，主要是看作为某一分部的组成部分是否承担了不同于其他组成部分的风险和报酬，而不单纯是以某个行政区域作为划分依据。一般地，单个地区分部中不包括风险和报酬具有显著差异的经济环境。因此，作为某个地区分部的生产或经营区域，应当具有相同或相似的风险和报酬率。这一区域可以是单一国家（或地区），也可以是两个或两个以上具有相同或相似经营风险和报酬的国家（或地区）的组合；可以是一个国家内的一个行政区域，也可以是一个国家两个或两个以上行政区域的组合。对于在具有重大不同风险和报酬环境中经营的区域，则不能将其作为同一个地区分部处理。

企业的风险和报酬，既可能受到其资产（经营）的地理位置的极大影响，也可能受到客户（市场）的地理位置的极大影响。前者是指产品的生产地或提供劳务的主要场所（即资产所在地），后者是指产品的销售地或者劳务的提供地（即客户所在地）。在实务中，风险和报酬可能来自前者也可能来自后者。然而，企业的组织形式和内部报告结构通常会提供证据，用于判断企业的地区风险究竟是来自资产所在地还是客户所在地。企业在确定地区分部时，应当考虑分部经营活动的主要风险和报酬是与其生产产品或提供劳务的地区相关，还是与其经营活动的市场及客户所在地区相关，从而选择以资产所在地或者客户所在地为基础确定地区分部。如果分部经营活动的主要风险和报酬与其生产产品或提供劳务的地区相关，则应当选择以资产所在地划分地区分部；如果分部经营活动的主要风险和报酬与其经营活动的市场及客户所在地区更相关，则应当选择以客户所在地划分地区分部。例如，某公司主要生产机床，其总公司在辽宁，在上海、浙江、新疆、内蒙古等地均设有制造厂，其生产的产品主要销售到国内、韩国、瑞典、南非和阿联酋等地区。该公司在确定地区分部时，就应当根据风险和报酬主要来自资产所在地还是客户所在地，选择确定以资产所在地（如辽宁、上海、浙江、新疆、内蒙古等地）或客户所在地（如国内、韩国、瑞典、南非和阿联酋等地区）作为地区分部。

企业在确定地区分部时，应当结合企业内部管理要求，并考虑下列因素。

1.所处经济、政治环境的相似性。

所处经济、政治环境的相似性，包括境外经营所在地区经济和政治的稳定程度等。不同生产经营所在地经济、政治环境的差异，意味着其生产经营活动所面临经济、政治风险的不同，因此不能将其归并为一个地区分部。反之，对于经济、政治环境基本相似的国家或地区，在确定地区分部时应将其归并为一个地区分部。

2.在不同地区经营之间的关系。

在不同地区经营之间的关系，包括在某地区进行产品生产，而在其他地区进行销售等。在不同地区的经营之间存在着紧密的联系，意味着这些不同地区的经营具有相同的风险和报酬，应当将这些地区的经营作为一个地区分部处理。反之，当两个地区的经营之间没有直接的联系时，则不应将其作为一个地区分部处理。

3.经营的接近程度大小。

经营的接近程度大小，包括在某地区生产的产品是否需在其他地区进一步加工生产等。生产经营接近程度较高的地区，表明其在生产经营方面所面临的风险和报酬基本相同，在确定地区分部时，应当将生产经营接近程度较高的地区作为一个地区分部处理。反之，生产经营接近程度不高的地区，通常表明其在生产经营方面所面临的风险和报酬不同，因此在确定地区分部时，不将其作为一个地区分部处理。

4. 与某一特定地区经营相关的特别风险。

与某一特定地区经营相关的特别风险，包括气候异常变化等。如果某一特定地区在生产经营上存在特别风险，则不能将其与其他地区分部合并作为一个地区分部处理；反之，如果某一特定地区在生产经营上并不存在特别的经营风险，则可能会将其与其他地区分部合并作为一个地区分部处理。

5. 外汇管理规定。

外汇管理规定，即境外经营所在地区是否实行外汇管制。外汇管制的规定直接影响企业内部资金的调度和转移，从而有可能影响企业的经营风险。在实行外汇管制的国家或地区，转移资金相对较为困难，要承受较大的资金转移风险；而外汇可以自由流动的国家或地区，转移资金较为容易，其资金转移风险相对较小。因此，不能将实行外汇管制的国家和地区与外汇自由流动的国家和地区，作为一个地区分部处理；对于实行外汇管制的国家和地区，也不能一概而论地将其作为一个地区分部处理。

6. 外汇风险。

外汇风险，即外汇汇率变动的风险。通常情况下，在外汇汇率波动不大的国家或地区，其生产经营所面临的风险和报酬基本相同，可以作为一个地区分部处理；而在外汇汇率波动较大的国家或地区，其生产经营所面临的风险和报酬不同，不能作为一个地区分部处理。

但是，企业在具体确定地区分部时，特定的分部不大可能同时符合上述列明的全部因素。通常，当包含了上述列明的大部分因素时，就可以认定为某个地区分部。

【解析 35-5】经营分部的认定

经营分部，是指企业内同时满足下列条件的组成部分：（1）该组成部分能够在日常活动中产生收入、发生费用；（2）企业管理层能够定期评价该组成部分的经营成果，以决定向其配置资源、评价其业绩；（3）企业能够取得该组成部分的财务状况、经营成果和现金流量等有关会计信息。

企业应当以内部组织结构、管理要求、内部报告制度为依据确定经营分部。

经济特征不相似的经营分部，应当分别确定为不同的经营分部。企业存在相似经济特征的两个或多个经营分部，例如，具有相近的长期财务业绩，包括具有相近的长期平均毛利率、资金回报率、未来现金流量等，将其合并披露可能更为恰当。

【例 35-1】经营分部的认定

甲企业的组成部分 A 在满足何种条件下可以被视为甲企业的经营分部？

A 组成部分在同时满足下列条件的情况下可以被视为甲企业的经营分部：（1）该组成部分能够在日常活动中产生收入、发生费用；（2）企业管理层能够定期评价该组成部分的经营成果，以决定向其配置资源、评价其业绩；（3）企业能够取得该组成部分的财务状况、经营成果和现金流量等有关会计信息。企业应当以内部组织结构、管理要求、内部报告制度为依据确定经营分部。

具有相似经济特征的两个或多个经营分部，在同时满足下列条件时，可以合并为一个经营分部：

（1）各单项产品或劳务的性质，包括产品或劳务的规格、型号、最终用途等；

（2）生产过程的性质，包括采用劳动密集或资本密集方式组织生产、使用相同或者相似设备和原材料、采用委托生产或加工方式等；

（3）产品或劳务的客户类型，包括大宗客户、零散客户等；

（4）销售产品或提供劳务的方式，包括批发、零售、自产自销、委托销售、承包等；

（5）生产产品或提供劳务受法律、行政法规的影响，包括经营范围或交易定价限制等。

第七条　两个或两个以上的业务分部或地区分部同时满足下列条件的，可以予以合并：

（一）具有相近的长期财务业绩，包括具有相近的长期平均毛利率、资金回报率、未来现金流量等；

（二）确定业务分部或地区分部所考虑的因素类似。

【解析 35-6】经营分部的合并

具有相似经济特征的两个或多个经营分部，在同时满足下列条件时，可以合并为一个经营分部。

1. 各单项产品或劳务的性质相同或相似，包括产品或劳务的规格、型号、最终用途等。通常情况下，产品和劳务的性质相同或相似的，其风险、报酬率及其成长率可能较为接近，一般可以将其划分到同一经营分部中。对于性质完全不同的产品或劳务，不应当将其划分到同一经营分部中。

2. 生产过程的性质相同或相似，包括采用劳动密集或资本密集方式组织生产、使用相同或相似设备和原材料、采用委托生产或加工方式等。对于其生产过程的性质相同或相似的，可以将其划分为一个经营分部，如按资本密集型和劳动密集型划分经营部门。对于资本密集型的部门而言，其占用的设备较为先进，占用的固定资产较多，相应所负担的折旧费也较多，其经营成本受资产折旧费用影响较大，受技术进步因素的影响也较大；而对于劳动密集型部门而言，其使用的劳动力较多，相对而言，劳动力的成本即人工费用的影响较大，其经营成果受人工成本的高低影响较大。

3. 产品或劳务的客户类型相同或相似，包括大宗客户、零散客户等。对于购买产品或接受劳务的同一类型的客户，如果其销售条件基本相同，例如相同或相似的销售价格、销售折扣，相同或相似的售后服务，因而具有相同或相似的风险和报酬；而不同的客户，其销售条件不尽相同，由此可能导致其具有不同的风险和报酬。

4. 销售产品或提供劳务的方式相同或相似，包括批发、零售、自产自销、委托销售、承包等。企业销售产品或提供劳务的方式不同，其承受的风险和报酬也不相同。比如，在赊销方式下，可以扩大销售规模，但发生的收账费用较大，并且发生应收账款坏账的风险也很大；而在现销方式下，则不存在应收账款的坏账问题，不会发生收账费用，但销售规模的扩大有限。

5. 生产产品或提供劳务受法律、行政法规的影响相同或相似，包括经营范围或交易定价机制等。企业生产产品或提供劳务总是处于一定的经济法律环境之下，其所处的环境必然对其经营活动产生影响。对在不同法律环境下生产的产品或提供的劳务进行分类，进而向会计信息使用者提供不同法律环境下产品生产或劳务提供的信息，有利于会计信息使用者对企业未来的发展走向做出判断和预测；对相同或相似法律环境下的产品生产或劳务提供进行归类，以提供其经营活动所生成的信息，同样有利于明晰地反映该类产品生产和劳务提供的会计信息。比如，商业银行、保险公司等金融企业易受特别的、严格的政策监管，在考虑该类企业确定某组成部分的产品和劳务是否相关时，应当考虑所受监管政策的影响。

【例 35-2】经营分部的合并

XYZ 公司是一家全球性公司，总部在美国，主要生产 A、B、C、D4 个品牌的皮箱、各种手提包、公文包、皮带等，以及相关产品的运输、销售，每种产品均由独立的业务部门完成。其生产的产品主要销往中国、日本等地。该公司各项业务 2×18 年 12 月 31 日的相关收入、费用、利润等信息如表 35-1 所示（金额单位为万元）。假定经预测，生产皮箱的 4 个部门今后 5 年内平均销售毛利率与本年度差异不大，并且各品种皮箱的生产过程、客户类型、销售方式等类似，该公司将业务分部作为主要报告形式提供分部信息。

表 35-1　XYZ 公司 2×18 年财务信息

单位：万元

项目	品牌 A	品牌 B	品牌 C	品牌 D	手提包	公文包	皮带	销售公司	运输公司	合计
营业收入	106 000	130 000	100 000	95 000	260 000	230 000	69 000	270 000	50 000	1 310 000
对外交易	100 000	120 000	80 000	90 000	180 000	150 000	50 000	270 000	50 000	1 090 000
分部间交易	6 000	10 000	20 000	5 000	80 000	80 000	19 000			220 000
营业费用	74 200	92 300	69 000	66 500	156 000	142 600	55 200	220 000	30 000	905 800
对外交易	60 000	78 300	57 000	62 000	149 000	132 000	47 200	205 000	30 000	820 500
分部间交易	14 200	14 000	12 000	4 500	7 000	10 600	8 000	15 000		85 300
营业利润	31 800	37 700	31 000	28 500	104 000	87 400	13 800	50 000	20 000	
销售毛利率	30%	29%	31%	30%	40%	38%	20%	18.5%	40%	
资产总额	350 000	400 000	300 000	250 000	650 000	590 000	250 000	700 000	300 000	3 790 000
负债总额	150 000	170 000	130 000	100 000	300 000	200 000	150 000	300 000	180 000	1 680 000

从上述资料可以看出，XYZ 公司生产皮箱的部门有 4 个，分别是生产品牌 A、品牌 B、品牌 C、品牌 D 皮箱的部门，其销售毛利率分别是 30%、29%、31%、30%。其近 5 年平均销售毛利率差异不大，因此可以认为这 4 个皮箱分部具有相近的长期财务业绩；同时，A、B、C、D 这 4 个部门都生产皮箱，其生产过程、客户类型、销售方式等类似，符合确定业务分部所考虑因素的相似性。因此，XYZ 公司在确定业务分部时，可以将生产 4 个品牌皮箱的分部予以合并，组成一个“皮箱”分部。合并后，皮箱分部的分部收入为 431 000 万元，分部费用为 302 000 万元，分部利润为 129 000 万元。

第八条　企业应当以业务分部或地区分部为基础确定报告分部。业务分部或地区分部的大部分收入是对外交易收入，且满足下列条件之一的，应当将其确定为报告分部：

（一）该分部的分部收入占所有分部收入合计的 10% 或者以上。

（二）该分部的分部利润（亏损）的绝对额，占所有盈利分部利润合计额或者所有亏损分部亏损合计额的绝对额两者中较大者的 10% 或者以上。

（三）该分部的分部资产占所有分部资产合计额的 10% 或者以上。

【解析 35-7】报告分部的确定

1. 重要性标准的判断。企业应当以经营分部为基础确定报告分部。经营分部满足下列条件之一的，应当确定为报告分部。

（1）该分部的分部收入占所有分部收入合计的 10% 或者以上。分部收入，是指可归属于分部的对外交易收入和对其他分部交易收入。分部收入主要由可归属于分部的对外交易收入构成，通常为营业收入。可以归属分部的收入来源于两个渠道：一是可以直接归属于分部的收入，即直接由分部的业务交易而产生；二是可以间接归属于分部的收入，即将企业交易产生的收入在相关分部之间进行分配，按属于某分部的收入金额确认为分部收入。

分部收入通常不包括下列项目：① 利息收入（包括因预付或借给其他分部款项而确认的利息收入）和股利收入（采用成本法核算的长期股权投资取得的股利收入），但分部的日常活动是金融性质的除外。② 资产处置净收益，如处置固定资产、无形资产等产生的净收益。③ 营业外收入，如捐赠利得等。④ 处置投资产生的净收益，但分部的日常活动是金融性质的除外。⑤ 采用权益法核算的长期股权投资确认的投资收益，但分部的日常活动是金融性质的除外。

（2）该分部的分部利润（亏损）的绝对额，占所有盈利分部利润合计额或者所有亏损分部亏损合计额的绝对额两者中较大者的 10% 或者以上。分部利润（亏损），是指分部收入减去分部费用后的余额。不属于分部收入和分部费用的项目，在计算分部利润（亏损）时不得作为考虑的因素。

分部费用，是指可归属于分部的对外交易费用和对其他分部交易费用。分部费用主要由可归属于分部的对外交易费用构成，通常包括营业成本、税金及附加、销售费用等。与分部收入的确认相同，归属于分部的费用也来源于两个渠道：一是可以直接归属于分部的费用，即直接由分部的业务交易而发生；二是可以间接归属于分部的费用，即将企业交易发生的费用在相关分部之间进行分配，按属于某分部的费用金额确认为分部费用。

分部费用通常不包括下列项目：① 利息费用（包括因预收或向其他分部借款而确认的利息费用），如发行债券等，但分部的日常活动是金融性质的除外。② 资产处置净损失，如处置固定资产、无形资产等产生的净损失。③ 营业外支出，如公益性捐赠支出、非常损失、盘亏损失等。④ 处置投资发生的净损失，但分部的日常活动是金融性质的除外。⑤ 采用权益法核算的长期股权投资确认的投资损失，但分部的日常活动是金融性质的除外。⑥ 与企业整体相关的管理费用和其他费用。

（3）该分部的分部资产占所有分部资产合计额的 10% 或者以上。分部资产，是指分部经营活动使用的可归属于该分部的资产，不包括递延所得税资产。如果与两个或多个经营分部共用资产相关的收入和费用也分配给这些经营分部，该共用资产应分配给这些经营分部。共用资产的折旧费或摊销在计量分部经营成果时被扣减的，该资产应包括在分部资产中。企业在计量分部资产时，应当按照分部资产的账面价值进行计量，即按照扣除相关累计折旧或摊销额以及累计减值准备后的金额计量。

通常情况下，分部资产与分部利润（亏损）、分部费用等之间存在一定的对应关系，即：① 如果分部利润（亏损）包括利息或股利收入，分部资产中就应当包括相应的应收账款、贷款、投资或其他金融资产。② 如果分部费用包括某项固定资产的折旧费用，分部资产中就应当包括该项固定资产。③ 如果分部费用包括某项无形资产或商誉的摊销额或减值额，分部资产中就应当包括该项无形资产或商誉。

2. 低于10%重要性标准的选择。经营分部未满足上述10%重要性标准的，可以按照下列规定确定报告分部。

（1）企业管理层认为披露该经营分部信息对会计信息使用者有用的，可以将其确定为报告分部。在这种情况下，无论该经营分部是否满足10%的重要性标准，企业都可以直接将其指定为报告分部。

（2）将该经营分部与一个或一个以上的具有相似经济特征、满足经营分部合并条件的其他经营分部合并，作为一个报告分部。对经营分部10%的重要性测试可能会导致企业存在大量未满足10%数量临界线的经营分部，在这种情况下，如果企业没有直接将这些经营分部指定为报告分部，可以将一个或一个以上具有相似经济特征、满足经营分部合并条件的一个以上的经营分部合并成一个报告分部。

（3）不将该经营分部直接指定为报告分部，也不将该经营分部与其他未作为报告分部的经营分部合并为一个报告分部的，企业在披露分部信息时，应当将该经营分部的信息与其他组成部分的信息合并，作为其他项目单独披露。

3. 报告分部的数量。根据前述的确定报告分部的原则，企业确定的报告分部数量可能超过10个，此时，企业提供的分部信息可能变得非常烦琐，不利于会计信息使用者理解和使用。因此，报告分部的数量通常不应当超过10个。如果报告分部的数量超过10个，企业应当考虑将具有相似经济特征、满足经营分部合并条件的报告分部进行合并，以使合并后的报告分部数量不超过10个。

4. 为提供可比信息确定报告分部。企业在确定报告分部时，除应当遵循相应的确定标准以外，还应当考虑不同会计期间分部信息的可比性和一致性。对于某一经营分部，在上期可能满足报告分部的确定条件从而确定为报告分部，但本期可能并不满足报告分部的确定条件。此时，如果企业认为该经营分部仍然重要，单独披露该经营分部的信息能够更有助于会计信息使用者了解企业的整体情况，则不需考虑该经营分部确定为报告分部的条件，仍应当将该经营分部确定为本期的报告分部。

对于某一经营分部，在本期可能满足报告分部的确定条件从而确定为报告分部，但上期可能并不满足报告分部的确定条件从而未确定为报告分部。此时，出于比较目的提供的以前会计期间的分部信息应当重述，以将该经营分部反映为一个报告分部，即使其不满足确定为报告分部的条件。如果重述所需要的信息无法获得，或者不符合成本效益原则，则不需要重述以前会计期间的分部信息。不论是否对以前期间相应的报告分部信息进行重述，企业均应当在报表附注中披露这一信息。

【例 35-3】低于 10% 重要性标准选择

甲公司某一经营分部未满足 10% 重要性的标准，相关该分部的披露处理将如何处置？

经营分部未满足上述 10% 重要性标准的，可以按照下列规定确定报告分部。

（1）企业管理层认为披露该经营分部信息对会计信息使用者有用的，可以将其确定为报告分部。在这种情况下，无论该经营分部是否满足 10% 的重要性标准，企业都可以直接将其指定为报告分部。

（2）将该经营分部与一个或一个以上的具有相似经济特征、满足经营分部合并条件的其他经营分部合并，作为一个报告分部。对经营分部 10% 的重要性测试可能会导致企业存在大量未满足 10% 数量临界线的经营分部，在这种情况下，如果企业没有直接将这些经营分部指定为报告分部，可以将一个或一个以上具有相似经济特征、满足经营分部合并条件的一个以上的经营分部合并成一个报告分部。

（3）不将该经营分部直接指定为报告分部，也不将该经营分部与其他未作为报告分部的经营分部合并为一个报告分部的，企业在披露分部信息时，应当将该经营分部的信息与其他组成部分的信息合并，作为其他项目单独披露。

第九条 业务分部或地区分部未满足本准则第八条规定条件的，可以按照下列规定处理：

（一）不考虑该分部的规模，直接将其指定为报告分部；

（二）不将该分部直接指定为报告分部的，可将该分部与一个或一个以上类似的、未满足本准则第八条规定条件的其他分部合并为一个报告分部；

（三）不将该分部指定为报告分部且不与其他分部合并的，应当在披露分部信息时，将其作为其他项目单独披露。

第十条 报告分部的对外交易收入合计额占合并总收入或企业总收入的比重未达到 75% 的，应当将其他的分部确定为报告分部（即使它们未满足本准则第八条规定的条件），直到该比重达到 75%。

【解析 35-8】报告分部确认条件的判定

企业的经营分部达到规定的 10% 重要性标准认定为报告分部后，确定为报告分部的经营分部的对外交易收入合计额占合并总收入或企业总收入的比重应当达到 75% 的比例。如果未达到 75% 的标准，企业应增加报告分部的数量，将其他未作为报告分部的经营分部纳入报告分部的范围，直到该比重达到 75%。此时，其他未作为报告分部的经营分部很可能未满足前述规定的 10% 重要性标准，但为了使报告分部的对外交易收入合计额占合并总收入或企业总收入的总体比重能够达到 75% 的比例要求，也应当将其确定为报告分部。

第十一条 企业的内部管理按照垂直一体化经营的不同层次来划分的，即使其大部分收入不通过对外交易取得，仍可将垂直一体化经营的不同层次确定为独立的报告业务分部。

第十二条 对于上期确定为报告分部的，企业本期认为其依然重要，即使本期未满足本准则第八条规定条件的，仍应将其确定为本期的报告分部。

第三章　分部信息的披露

第十三条　企业应当区分主要报告形式和次要报告形式披露分部信息。

（一）风险和报酬主要受企业的产品和劳务差异影响的，披露分部信息的主要形式应当是业务分部，次要形式是地区分部。

（二）风险和报酬主要受企业在不同的国家或地区经营活动影响的，披露分部信息的主要形式应当是地区分部，次要形式是业务分部。

（三）风险和报酬同时较大地受企业产品和劳务的差异以及经营活动所在国家或地区差异影响的，披露分部信息的主要形式应当是业务分部，次要形式是地区分部。

【解析 35-9】主要报告形式和次要报告形式

本准则第十三条规定，企业应当区分主要报告形式和次要报告形式披露分部信息。在确定报告分部的主要报告形式和次要报告形式时，应当考虑风险和报酬的主要来源和性质。

企业风险和报酬的主要来源和性质，通常与其提供的产品和劳务，或者经营所在国家或地区密切相关。企业在分析所承担的风险和报酬时，应当注意以下因素：（1）所生产产品或劳务的性质、过程、客户类型、销售方式；（2）所生产产品或提供劳务受法律、行政法规的影响等；（3）所处经济、政治环境等。

企业内部组织结构和管理结构以及对董事会和总经理的内部财务报告制度的安排，通常会考虑企业的风险和报酬的来源和性质，因而是确定企业风险和报酬的主要来源和性质的基础。也就是说，企业内部组织结构、管理结构和内部财务报告制度与其产品和劳务或经营所在地区相关，应当以此确定报告分部的主要报告形式和次要报告形式。

第十四条　对于主要报告形式，企业应当在附注中披露分部收入、分部费用、分部利润（亏损）、分部资产总额和分部负债总额等。

（一）分部收入，是指可归属于分部的对外交易收入和对其他分部交易收入。分部的对外交易收入和对其他分部交易收入，应当分别披露。

（二）分部费用，是指可归属于分部的对外交易费用和对其他分部交易费用。分部的折旧费用、摊销费用以及其他重大的非现金费用，应当分别披露。

（三）分部利润（亏损），是指分部收入减去分部费用后的余额。

在合并利润表中，分部利润（亏损）应当在调整少数股东损益前确定。

（四）分部资产，是指分部经营活动使用的可归属于该分部的资产，不包括递延所得税资产。

分部资产的披露金额应当按照扣除相关累计折旧或摊销额以及累计减值准备后的金额确定。

披露分部资产总额时，当期发生的在建工程成本总额、购置的固定资产和无形资产的成本总额，应当单独披露。

（五）分部负债，是指分部经营活动形成的可归属于该分部的负债，不包括递延所得税负债。

【解析 35-10】分部收入

本准则第十四条规定，分部收入是指可归属于分部的对外交易收入和对其他分部交易收入。分部收入通常为营业收入，下列项目不包括在内。

1. 利息收入和股利收入，如采用成本法核算的长期股权投资股利收入（投资收益）、债券投资的利息收入、对其他分部贷款的利息收入，但分部日常活动是金融性质的除外。

2. 采用权益法核算的长期股权投资在被投资单位实现的净收益中应享有的份额，以及处置投资形成的净收益，但分部日常活动是金融性质的除外。

3. 营业外收入，如处置固定资产、无形资产形成的净收益。

【解析 35-11】分部费用

本准则第十四条规定，分部费用是指可归属于分部的对外交易费用和对其他分部交易费用。分部费用通常包括营业成本、税金、销售费用等，下列项目不包括在内。

1. 利息费用，如发行债券、向其他分部借款的利息费用，但分部日常活动是金融性质的除外。

2. 采用权益法核算的长期股权投资在被投资单位发生的净损失中应承担的份额以及处置投资形成的净损失，但分部日常活动是金融性质的除外。

3. 与企业整体相关的管理费用和其他费用。但是，企业代所属分部支付的、与分部经营活动相关的、能直接归属于或按合理基础分配给该分部的费用，属于分部费用。

4. 营业外支出，如处置固定资产、无形资产发生的净损失。

5. 所得税费用。

第十五条 分部的日常活动是金融性质的，利息收入和利息费用应当作为分部收入和分部费用进行披露。

第十六条 企业披露的分部信息，应当与合并财务报表或企业财务报表中的总额信息相衔接。

分部收入应当与企业的对外交易收入（包括企业对外交易取得的、未包括在任何分部收入中的收入）相衔接；分部利润（亏损）应当与企业营业利润（亏损）和企业净利润（净亏损）相衔接；分部资产总额应当与企业资产总额相衔接；分部负债总额应当与企业负债总额相衔接。

第十七条 分部信息的主要报告形式是业务分部的，应当就次要报告形式披露下列信息：

（一）对外交易收入占企业对外交易收入总额 10% 或者以上的地区分部，以外部客户所在地为基础披露对外交易收入。

（二）分部资产占所有地区分部资产总额 10% 或者以上的地区分部，以资产所在地为基础披露分部资产总额。

第十八条 分部信息的主要报告形式是地区分部的，应当就次要报告形式披露下列信息：

（一）对外交易收入占企业对外交易收入总额 10% 或者以上的业务分部，应当披露对外交易收入。

（二）分部资产占所有业务分部资产总额 10% 或者以上的业务分部，应当披露分部资产总额。

第十九条 分部间转移交易应当以实际交易价格为基础计量。转移价格的确定基础及其变更情况，应当予以披露。

第二十条 企业应当披露分部会计政策，但分部会计政策与合并财务报表或企业财务报表一致的除外。

分部会计政策变更影响重大的，应当按照《企业会计准则第 28 号——会计政策、会计估计变更和差错更正》进行披露，并提供相关比较数据。提供比较数据不切实可行的，应当说明原因。

企业改变分部的分类且提供比较数据不切实可行的，应当在改变分部分类的年度，分别披露改变前和改变后的报告分部信息。

分部会计政策，是指编制合并财务报表或企业财务报表时采用的会计政策，以及与分部报告特别相关的会计政策。与分部报告特别相关的会计政策包括分部的确定、分部间转移价格的确定方法，以及将收入和费用分配给分部的基础等。

第二十一条 企业在披露分部信息时，应当提供前期比较数据。但是，提供比较数据不切实可行的除外。

【解析 35-12】分部信息的披露

企业披露的分部信息，应当有助于会计信息使用者评价企业所从事经营活动的性质和财务影响以及经营所处的经济环境。企业应当以对外提供的财务报表为基础披露分部信息；对外提供合并财务报表的企业，应当以合并财务报表为基础披露分部信息。企业应当在附注中披露报告分部的下列信息。

1. 描述性信息。

（1）确定报告分部考虑的因素，通常包括企业管理层是否按照产品和服务、地理区域、监管环境差异或综合各种因素进行组织管理。

（2）报告分部的产品和劳务的类型。

2. 每一报告分部的利润（亏损）总额相关信息。该信息包括利润（亏损）总额组成项目及计量的相关会计政策信息。企业管理层在计量报告分部利润（亏损）时运用了下列数据，或者未运用下列数据但定期提供给企业管理层的，应当在附注中披露每一报告分部的下列信息：（1）对外交易收入和分部间交易收入。（2）利息收入和利息费用。但是，报告分部的日常活动是金融性质的除外。报告分部的日常活动是金融性质的，可以仅披露利息收入减去利息费用后的净额，同时披露这一处理方法。（3）折旧费用和摊销费用，以及其他重大的非现金项目。（4）采用权益法核算的长期股权投资确认的投资收益。（5）所得税费用或所得税收益。（6）其他重大的收益或费用项目。

企业应当在附注中披露计量每一报告分部利润（亏损）的下列会计政策：（1）分部间转移价格的确定基础；（2）相关收入和费用分配给报告分部的基础；（3）确定报告分部利润（亏损）使用的计量方法发生变化的性质，以及这些变化产生的影响。

3. 每一报告分部的资产总额、负债总额相关信息。该信息包括资产总额组成项目的信息，以及有关资产、负债计量相关的会计政策。企业管理层在计量报告分部资产时运用了下列数据，或者未运用下列数据但定期提供给企业管理层的，应当在附注中披露每一报告分部的下列信息：（1）采用权益法核算的长期股权投资金额；（2）非流动资产（不包括金融资产、独立账户资产、递延所得税资产）金额。报告分部的负债金额定期提供给企业管理层的，企业应当在附注中披露每一报告分部的负债金额。

分部负债，是指分部经营活动形成的可归属于该分部的负债，不包括递延所得税负债。如果与两个或多个经营分部共同承担的负债相关的费用分配给这些经营分部，该共同承担的负债也应当分配给这些经营分部。

企业应当在附注中披露将相关资产或负债分配给报告分部的基础。

4. 除上述已经作为报告分部信息组成部分的披露内容外，企业还应当披露下列信息。

（1）每一产品和劳务或每一类似产品和劳务的对外交易收入。但是，披露相关信息不切实可行的除外。企业披露相关信息不切实可行的，应当披露这一事实。

（2）企业取得的来自本国的对外交易收入总额，以及企业从其他国家取得的对外交易收入总额。但是，披露相关信息不切实可行的除外。企业披露相关信息不切实可行的，应当披露这一事实。

（3）企业取得的位于本国的非流动资产（不包括金融资产、独立账户资产、递延所得税资产）总额，以及企业位于其他国家的非流动资产（不包括金融资产、独立账户资产、递延所得税资产）总额。但是，披露相关信息不切实可行的除外。企业披露相关信息不切实可行的，应当披露这一事实。

（4）企业对主要客户的依赖程度。企业与某一外部客户交易收入占合并总收入或企业总收入的10%或以上，应当披露这一事实，以及来自该外部客户的总收入和相关报告分部的特征。

5. 报告分部信息总额与企业信息总额的衔接。报告分部收入总额应当与企业收入总额相衔接，报告分部利润（亏损）总额应当与企业利润（亏损）总额相衔接，报告分部资产总额应当与企业资产总额相衔接，报告分部负债总额应当与企业负债总额相衔接。

6. 比较信息。企业在披露分部信息时，为可比起见，应当提供前期的比较数据。对于某一经营分部，如果本期满足报告分部的确定条件确定为报告分部，即使前期没有满足报告分部的确定条件未确定为报告分部，也应当提供前期的比较数据。但是，重述信息不切实可行的除外。

企业内部组织结构改变导致报告分部组成发生变化的，应当提供前期比较数据。但是，提供比较数据不切实可行的除外。企业未提供前期比较数据的，应当在报告分部组成发生变化的当年，同时披露以新的报告分部和旧的报告分部为基础编制的分部信息。

不论企业是否提供前期比较数据，均应披露这一事实。

企业会计准则第 36 号——关联方披露

《企业会计准则第 36 号——关联方披露》于 2006 年 2 月 15 日由财会〔2006〕3 号公布，自 2007 年 1 月 1 日起施行。

第一章 总则

第一条 为了规范关联方及其交易的信息披露，根据《企业会计准则——基本准则》，制定本准则。

第二条 企业财务报表中应当披露所有关联方关系及其交易的相关信息。对外提供合并财务报表的，对于已经包括在合并范围内各企业之间的交易不予披露，但应当披露与合并范围外各关联方的关系及其交易。

第二章 关联方

第三条 一方控制、共同控制另一方或对另一方施加重大影响，以及两方或两方以上同受一方控制、共同控制或重大影响的，构成关联方。

控制，是指有权决定一个企业的财务和经营政策，并能据以从该企业的经营活动中获取利益。

共同控制，是指按照合同约定对某项经济活动所共有的控制，仅在与该项经济活动相关的重要财务和经营决策需要分享控制权的投资方一致同意时存在。

重大影响，是指对一个企业的财务和经营政策有参与决策的权力，但并不能够控制或者与其他方一起共同控制这些政策的制定。

【解析 36-1】关联方的概念

《企业会计准则第 36 号——关联方披露》具体准则给出的定义是：一方控制、共同控制另一方或对另一方施加重大影响，以及两方或两方以上同受一方控制、共同控制或重大影响的，构成关联方。

按照《企业会计准则讲解》的解释，关联方一般是指有关联的各方，关联方关系是指有关联的各方之间存在的内在联系。本准则规定：一方控制、共同控制另一方或对另一方施加重大影响，以及两方或两方以上同受一方控制、共同控制或重大影响的，构成关联方。因此，关联方关系往往存在于控制或被控制、共同控制或被共同控制、施加重大影响或被施加重大影响的各方之间。关联方具有以下特征。

一是关联方涉及两方或多方。关联方关系是有关联的双方或多方之间的相互关系。关联方关系必须存在于两方或多方之间，任何单独的个体不能构成关联方关系。例如，一个企业不能构成关联方关系。

二是关联方以各方之间的影响为前提。这种影响包括控制或被控制、共同控制或被共同控制、施加重大影响或被施加重大影响的各方之间。即建立控制、共同控制和施加重大影响是关联方存在的主要特征。

【解析 36-2】关联方相关概念

《企业会计准则第 36 号——关联方披露》具体准则和《企业会计准则第 33 号——合并财务报表》分别对“控制”“共同控制”和“重大影响”给予了解释。

1. 控制，是指投资方拥有对被投资方的权力，通过参与被投资方的相关活动而享有可变回报，并且有能力运用对被投资方的权力影响其回报金额。

2. 共同控制，是指按照合同约定对某项经济活动所共有的控制，仅在与该项经济活动相关的重要财务和经营决策需要分享控制权的投资方一致同意时存在。

3. 重大影响，是指对一个企业的财务和经营政策有参与决策的权力，但并不能够控制或者与其他方一起共同控制这些政策的制定。

第四条　下列各方构成企业的关联方：

（一）该企业的母公司。

（二）该企业的子公司。

（三）与该企业受同一母公司控制的其他企业。

（四）对该企业实施共同控制的投资方。

（五）对该企业施加重大影响的投资方。

（六）该企业的合营企业。

（七）该企业的联营企业。

（八）该企业的主要投资者个人及与其关系密切的家庭成员。主要投资者个人，是指能够控制、共同控制一个企业或者对一个企业施加重大影响的个人投资者。

（九）该企业或其母公司的关键管理人员及与其关系密切的家庭成员。关键管理人员，是指有权力并负责计划、指挥和控制企业活动的人员。与主要投资者个人或关键管理人员关系密切的家庭成员，是指在处理与企业的交易时可能影响该个人或受该个人影响的家庭成员。

（十）该企业主要投资者个人、关键管理人员或与其关系密切的家庭成员控制、共同控制或施加重大影响的其他企业。

【解析 36-3】关联方关系的认定

关联方关系的存在是以控制、共同控制或重大影响为前提条件的。在判断是否存在关联方关系时，应当遵循实质重于形式的原则。从一个企业的角度出发，与其存在关联方关系的各方如下。

1. 该企业的母公司，不仅包括直接或间接地控制该企业的其他企业，也包括能够对该企业实施直接或间接控制的单位等。

（1）某一个企业直接控制一个或多个企业。例如，母公司控制一个或若干个子公司，则母公司与子公司之间存在关联方关系。

（2）某一个企业通过一个或若干中间企业间接控制一个或多个企业。例如，母公司通过其子公司，间接控制子公司的子公司，表明母公司与其子公司的子公司存在关联方关系。

（3）一个企业直接地和通过一个或若干中间企业间接地控制一个或多个企业。例如，母公司对某一企业的投资虽然没有达到控股的程度，但由于其子公司也拥有该企业的股份或权益，如果母公司与其子公司对该企业的投资之和达到拥有该企业的控制权，则母公司直接和间接地控制该企业，表明母公司与该企业之间存在关联方关系。

2. 该企业的子公司，包括直接或间接地被该企业控制的其他企业，也包括直接或间接地被该企业控制的企业、单位、基金等特殊目的实体。

3. 与该企业受同一母公司控制的其他企业。例如，A 公司和 B 公司同受 C 公司控制，从而 A 公司和 B 公司之间构成关联方关系。

4. 对该企业实施共同控制的投资方。这里的共同控制包括直接的共同控制和间接的共同控制。对企业实施直接或间接共同控制的投资方与该企业之间是关联方关系，但这些投资方之间并不能仅仅因为共同控制了同一家企业而被视为存在关联方关系。例如，A、B、C 3个企业共同控制 D 企业，从而 A 和 D、B 和 D，以及 C 和 D 成为关联方关系。如果不存在其他关联方关系，A 和 B、A 和 C 以及 B 和 C 之间不构成关联方关系。

5. 对该企业施加重大影响的投资方。这里的重大影响包括直接的重大影响和间接的重大影响。对企业实施重大影响的投资方与该企业之间是关联方关系，但这些投资方之间并不能仅仅因为对同一家企业具有重大影响而被视为存在关联方关系。

6. 该企业的合营企业。合营企业包括合营企业的子公司。合营企业是以共同控制为前提的，两方或多方共同控制某一企业时，该企业则为投资者的合营企业。例如，A、B、C、D 企业各占 F 企业有表决权资本的 25%，按照合同规定，投资各方按照出资比例控制 F 企业，由于出资比例相同，F 企业由 A、B、C、D 企业共同控制，在这种情况下，A 和 F、B 和 F、C 和 F 以及 D 和 F 之间构成关联方关系。

7. 该企业的联营企业。联营企业包括联营企业的子公司。联营企业和重大影响是相联系的，如果投资方能对被投资企业施加重大影响，则该被投资企业应被视为投资方的联营企业。

8. 该企业的主要投资者个人及与其关系密切的家庭成员。主要投资者个人，是指能够控制、共同控制一个企业或者对一个企业施加重大影响的个人投资者。

（1）某一企业与其主要投资者个人之间的关系。例如，张三是 A 企业的主要投资者，则 A 企业与张三构成关联方关系。

（2）某一企业与其主要投资者个人关系密切的家庭成员之间的关系。例如，A 企业的主要投资者张三的儿子与 A 企业构成关联方关系。

9. 该企业或其母公司的关键管理人员及与其关系密切的家庭成员。关键管理人员，是指有权力并负责计划、指挥和控制企业活动的人员。通常情况下，企业关键管理人员负责管理企业的日常经营活动，并且负责制订经营计划、战略目标、指挥调度生产经营活动等，主要包括董事长、董事、董事会秘书、总经理、总会计师、财务总监、主管各项事务的副总经理以及行使类似决策职能的人员等。

（1）某一企业与其关键管理人员之间的关系。例如，A企业的总经理与A企业构成关联方关系。

（2）某一企业与其关键管理人员关系密切的家庭成员之间的关系。例如，A企业的总经理张三的儿子张小三与A企业构成关联方关系。

10. 该企业主要投资者个人、关键管理人员或与其关系密切的家庭成员控制、共同控制的其他企业。与主要投资者个人、关键管理人员关系密切的家庭成员，是指在处理与企业的交易时可能影响该个人或受该个人影响的家庭成员，例如，父母、配偶、兄弟姐妹和子女等。对于这类关联方，应当根据主要投资者个人、关键管理人员或与其关系密切的家庭成员对两家企业的实际影响力具体分析判断。

（1）某一企业与受该企业主要投资者个人控制、共同控制的其他企业之间的关系。例如，A企业的主要投资者H拥有B企业60%的表决权资本，则A企业和B企业存在关联方关系。

（2）某一企业与受该企业主要投资者个人关系密切的家庭成员控制、共同控制的其他企业之间的关系。例如，A企业的主要投资者Y的妻子拥有B企业60%的表决权资本，则A企业和B企业存在关联方关系。

（3）某一企业与受该企业关键管理人员控制、共同控制的其他企业之间的关系。例如，A企业的关键管理人员H控制了B企业，则A企业和B企业存在关联方关系。

（4）某一企业与受该企业关键管理人员关系密切的家庭成员控制、共同控制的其他企业之间的关系。例如，A企业的财务总监Y的妻子是B企业的董事长，则A企业和B企业存在关联方关系。

11. 该企业关键管理人员提供服务的提供方与服务接受方。提供关键管理人员服务的主体（以下简称服务提供方）向接受该服务的主体（以下简称服务接受方）提供关键管理人员服务的，服务提供方和服务接受方之间是否构成关联方关系应当具体分析判断。

（1）服务接受方在编制财务报表时，应当将服务提供方作为关联方进行相关披露。服务接受方可以不披露服务提供方所支付或应支付给服务提供方有关员工的报酬，但应当披露其接受服务而应支付的金额。

（2）服务提供方在编制财务报表时，不应仅仅因为向服务接受方提供了关键管理人员服务就将其认定为关联方，而应当按照《企业会计准则第36号——关联方披露》判断双方是否构成关联方并进行相应的会计处理。

12. 企业与其所属企业集团的其他成员单位（包括母公司和子公司）的合营企业或联营企业。

13. 企业的合营企业与企业的其他合营企业或联营企业。

【解析36-4】关键管理人员

根据《企业会计准则第36号——关联方披露》第四条，企业的关键管理人员构成该企业的关联方。

根据上述规定，提供关键管理人员服务的主体（以下简称服务提供方）与接受该服务的主体（以下简称服务接受方）间是否构成关联方关系？例如，证券公司与其设立并管理的资产管理计划之间存在提供和接受关键管理人员服务的关系的，是否仅因此就构成了关联方关系，即证券公司在财务报表中是否将资产管理计划作为关联方披露，以及资产管理计划在财务报表中是否将证券公司作为关联方披露。

服务提供方向服务接受方提供关键管理人员服务的，服务接受方在编制财务报表时，应当将服务提供方作为关联方进行相关披露；服务提供方在编制财务报表时，不应仅仅因为向服务接受方提供了关键管理人员服务就将其认定为关联方，而应当按照《企业会计准则第 36 号——关联方披露》判断双方是否构成关联方关系并进行相应的会计处理。

服务接受方可以不披露服务提供方所支付或应支付给服务提供方有关员工的报酬，但应当披露其接受服务而应支付的金额。

第五条 仅与企业存在下列关系的各方，不构成企业的关联方：

（一）与该企业发生日常往来的资金提供者、公用事业部门、政府部门和机构。

（二）与该企业发生大量交易而存在经济依存关系的单个客户、供应商、特许商、经销商或代理商。

（三）与该企业共同控制合营企业的合营者。

【解析 36-5】不构成关联方关系的情况

《企业会计准则第 36 号——关联方披露》具体准则规定了如下例外情况，不认定为关联方关系。

（一）仅与企业存在下列关系的各方，不构成企业的关联方

1. 与该企业发生日常往来的资金提供者、公用事业部门、政府部门和机构。

2. 与该企业发生大量交易而存在经济依存关系的单个客户、供应商、特许商、经销商或代理商。

针对前两种特例，《企业会计准则讲解》解释为，企业在日常经营活动中，往往与资金提供者，公用事业部门，与企业发生大量交易的供应商、代理商、购买者等往来比较密切，特别是国有企业与政府部门和机构也有较多的联系，如果他们之间不存在控制和被控制、共同控制和被共同控制、施加重大影响和被施加重大影响的关系，通常情况下不构成关联方关系。

3. 与该企业共同控制合营企业的合营者。

《企业会计准则讲解》解释，如果两个企业按照合同分享一个合营企业的控制权，某个企业单方面无法做出合营企业的经营和财务的决策，而合营企业是一个独立的法人，合营方各自对合营企业有重大影响，但各合营者无法影响其他合营者。在没有其他关联关系的情况下，仅因为某一合营企业的共同合营者，不能认定各合营者之间是关联方。

（二）仅同受国家控制而不存在其他关联方关系的企业，不构成关联方

根据《企业会计准则讲解》的解释，在我国，国有经济规模大，国有企业仍然占有相当的比重，包括上市公司，国有企业之间的交易数量往往占重要部分。如果把这一部分国有企业都视为关联方，这些企业之间的交易都作为关联交易来处理，在现实当中是无法操作的。

特别是国有商业银行，由于涉及的面更加广泛，如果把它们都作为关联方，就扭曲了关联方及其交易的本质，掩盖了真正的关联方及其交易。所以，如果将同受国家控制的企业之间视为关联方，在不存在控制、共同控制和重大影响时，则所有的国有企业由于其拥有共同的所有者而都成为关联方，这就扩大了关联方的范围，对国家控制的企业之间的交易予以披露，既无必要，又增加了企业的信息披露成本。

第六条 仅仅同受国家控制而不存在其他关联方关系的企业，不构成关联方。

第三章 关联方交易

第七条 关联方交易，是指关联方之间转移资源、劳务或义务的行为，而不论是否收取价款。

【解析 36-6】关联方交易的定义

根据《企业会计准则第 36 号——关联方披露》具体准则对关联方交易的定义，关联方交易，是指关联方之间转移资源、劳务或义务的行为，而不论是否收取价款。

《企业会计准则讲解》对具体准则中给出的定义进行了分解，归纳出这一定义的要点。

（1）按照关联方定义，构成关联方关系的企业之间、企业与个人之间的交易，即通常是在关联方关系已经存在的情况下，关联各方之间的交易。

（2）资源或义务的转移是关联方交易的主要特征，通常情况下，在资源或义务转移的同时，风险和报酬也相应地转移。

（3）关联方之间资源或义务的转移价格，是了解关联方交易的关键。

第八条 关联方交易的类型通常包括下列各项：

（一）购买或销售商品。

（二）购买或销售商品以外的其他资产。

（三）提供或接受劳务。

（四）担保。

（五）提供资金（贷款或股权投资）。

（六）租赁。

（七）代理。

（八）研究与开发项目的转移。

（九）许可协议。

（十）代表企业或由企业代表另一方进行债务结算。

（十一）关键管理人员薪酬。

【解析 36-7】关联方交易的类型

存在关联方关系的情况下，关联方之间发生的交易为关联方交易，关联方的交易类型主要有以下 11 种。

1. 购买或销售商品。购买或销售商品是关联方交易较常见的交易事项，例如，企业集团成员企业之间互相购买或销售商品，形成关联方交易。

2. 购买或销售除商品以外的其他资产。例如，母公司出售给其子公司设备或建筑物等。

3. 提供或接受劳务。例如，A 企业是 B 企业的联营企业，A 企业专门从事设备维修服务，B 企业的所有设备均由 A 企业负责维修，B 企业每年支付设备维修费用 300 万元，该维修服务构成 A 企业与 B 企业的关联方交易。

4. 担保。担保包括在借贷、买卖、货物运输、加工承揽等经济活动中，为了保障其债权实现而实行的担保等。当存在关联方关系时，一方往往为另一方提供为取得借款、买卖等经济活动中所需要的担保。

5. 提供资金（贷款或股权投资）。例如，企业从其关联方取得资金，或权益性资金在关联方之间的增减变动等。

6. 租赁。租赁通常包括经营租赁和融资租赁等，关联方之间的租赁合同也是主要的交易事项。

7. 代理。代理主要是依据合同条款，一方可为另一方代理某些事务，如代理销售货物或代理签订合同等。

8. 研究与开发项目的转移。在存在关联方关系时，有时某一企业所研究与开发的项目会由于一方的要求而放弃或转移给其他企业。例如，B 公司是 A 公司的子公司，A 公司要求 B 公司停止对某一新产品的研究和试制，并将 B 公司研究的现有成果转给 A 公司最近购买的、研究与开发能力超过 B 公司的 C 公司继续研制，从而形成关联方交易。

9. 许可协议。当存在关联方关系时，关联方之间可能达成某项协议，允许一方使用另一方商标等，从而形成了关联方之间的交易。

10. 代表企业或由企业代表另一方进行债务结算。

11. 关键管理人员薪酬。企业支付给关键管理人员的报酬，也是一项主要的关联方交易。

关联方交易还包括就某特定事项在未来发生或不发生时所作出的采取相应行动的任何承诺，例如（已确认及未确认的）待执行合同。

第四章　披露

第九条　企业无论是否发生关联方交易，均应当在附注中披露与母公司和子公司有关的下列信息：

（一）母公司和子公司的名称。

母公司不是该企业最终控制方的，还应当披露最终控制方名称。

母公司和最终控制方均不对外提供财务报表的，还应当披露母公司之上与其最相近的对外提供财务报表的母公司名称。

（二）母公司和子公司的业务性质、注册地、注册资本（或实收资本、股本）及其变化。

（三）母公司对该企业或者该企业对子公司的持股比例和表决权比例。

【例 36-1】子公司的少数股东披露

A 公司为 C 公司的母公司，拥有 C 公司 60% 的表决权；B 公司为对 C 公司施加重大影响的投资方，拥有 C 公司 40% 的表决权。2×18 年度 A 公司向 B 公司采购原材料 50 万元，A 公司向 C 公司采购原材料 100 万元，C 公司向 B 公司采购原材料 200 万元。针对这个案例需探讨的问题：A 公司、B 公司与 C 公司之间是否存在关联方关系及其交易，如果存在，在 A 公司 2×18 年度的财务报表附注中应如何进行关联方披露？对于这个案例探讨的问题，业内通常存在以下 3 种观点。

观点一：A 公司 2×18 年度财务报表附注中仅需披露 C 公司为 A 公司的子公司。2×18 年度 A 公司向 B 公司采购原材料 50 万元，A 公司向 C 公司采购原材料 100 万元，C 公司向 B 公司采购原材料 200 万元，均不需要在 A 公司 2×18 年度财务报表附注中作为关联方交易进行披露。

观点二：A 公司 2×18 年度财务报表附注中需披露 C 公司为 A 公司的子公司，B 公司为对 A 公司的子公司 C 公司可施加重大影响的少数股东。A 公司向 C 公司采购原材料 100 万元，不需要在 A 公司 2×18 年度财务报表附注中作为关联方交易进行披露；A 公司向 B 公司采购原材料 50 万元，C 公司向 B 公司采购原材料 200 万元，均需在 A 公司 2×18 年度财务报表附注中作为关联方交易进行披露。

观点三：A 公司 2×18 年度财务报表附注中需披露 C 公司为 A 公司的子公司，B 公司为对 A 公司的子公司 C 公司可施加重大影响的少数股东。A 公司向 B 公司采购原材料 50 万元，A 公司向 C 公司采购原材料 100 万元，均不需要在 A 公司 2×18 年度财务报表附注中作为关联方交易进行披露；C 公司向 B 公司采购原材料 200 万元，需在 A 公司 2×18 年度财务报表附注中作为关联方交易进行披露。

观点三是正确的。A 公司需编制合并财务报表及其附注，C 公司作为 A 公司的子公司在 A 公司的合并财务报表附注中作为关联方关系披露毋庸置疑，A 公司与 C 公司之间存在的购销 100 万元的交易已在编制合并财务报表时抵销，因此 A 公司向 C 公司采购原材料 100 万元不需要在 A 公司的合并财务报表附注中作为关联方交易披露。由于合并财务报表附注中的关联方披露是基于合并财务报表进行的，基于实体理论的观点，A 公司的子公司 C 公司的少数股东 B 公司也是 A 公司合并集团的权益持有者，所以少数股东 B 公司（指对 A 公司所投资的子公司 C 公司具有重大影响的）与 A 公司合并集团之间应当是关联方，但在附注中披露关联方关系时应披露“对子公司 C 公司可施加重大影响的少数股东”，并且在界定关联交易时，仅需将该少数股东 B 公司与其能够施加重大影响的 C 公司（即 A 公司的子公司 C 公司）之间的交易统计为关联方交易。因此 A 公司与 B 公司之间不存在关联方关系，A 公司向 B 公司采购原材料 50 万元不需要在 A 公司 2×18 年度财务报表附注中作为关联方交易进行披露；仅需将 C 公司向 B 公司采购原材料 200 万元在 A 公司 2×18 年度财务报表附注中作为关联方交易进行披露。

第十条　企业与关联方发生关联方交易的，应当在附注中披露该关联方关系的性质、交易类型及交易要素。交易要素至少应当包括：

（一）交易的金额。

（二）未结算项目的金额、条款和条件，以及有关提供或取得担保的信息。

（三）未结算应收项目的坏账准备金额。

（四）定价政策。

第十一条 关联方交易应当分别关联方以及交易类型予以披露。类型相似的关联方交易，在不影响财务报表阅读者正确理解关联方交易对财务报表影响的情况下，可以合并披露。

第十二条 企业只有在提供确凿证据的情况下，才能披露关联方交易是公平交易。

【解析 36-8】关联方披露

《企业会计准则讲解》对关联方关系的性质、交易类型和交易要素作出了明确解释，并说明了披露所遵循的原则。

1.关联方关系的性质，是指关联方与该企业的关系，即关联方是该企业的子公司、合营企业、联营企业等。交易类型通常包括购买或销售商品、购买或销售商品以外的其他资产、提供或接受劳务、担保、提供资金（贷款或股权投资）、租赁、代理、研究与开发项目的转移、许可协议、代表企业或由企业代表另一方进行债务结算等。交易要素至少应当包括：交易的金额；未结算项目的金额、条款和条件，以及有关提供或取得担保的信息；未结算应收项目坏账准备金额；定价政策。关联方交易的金额应当披露两年期的比较数据。

2.关联方交易的披露应遵循重要性原则。对企业财务状况和经营成果有影响的关联方交易，应当分别关联方以及交易类型披露；不具有重要性的，类型相似的非重大交易可合并披露，但以不影响财务报表阅读者正确理解企业财务状况、经营成果为前提。判断关联方交易是否重要，不应以交易金额的大小作为判断标准，而应当以交易对企业财务状况和经营成果的影响程度来确定。

【例 36-2】会计期间的关联方关系发生变化披露

2×18 年度 1—7 月份 A 公司为对 B 公司施加重大影响的投资方，拥有 B 公司 40% 的表决权；2×18 年度 8 月 1 日起 A 公司不拥有 B 公司的任何表决权，对 B 公司无任何影响。2×18 年度 A 公司向 B 公司采购原材料 200 万元，其中：2×18 年度 1—7 月份 A 公司向 B 公司采购原材料 150 万元，2×18 年度 8—12 月份 A 公司向 B 公司采购原材料 50 万元。针对这个案例需探讨的问题：A 公司与 B 公司之间是否存在关联方关系及其交易，如果存在，在 A 公司 2×18 年度的财务报表附注中应如何进行关联方披露？对于这个案例探讨的问题，业内通常存在以下 3 种观点。

观点一：2×18 年度 A 公司与 B 公司之间不存在关联方关系并且无任何关联方交易，因此不需要在 A 公司 2×18 年度财务报表附注中披露。

观点二：A 公司 2×18 年度财务报表附注中披露 B 公司为 A 公司的联营企业，A 公司向 B 公司采购原材料 200 万元应作为关联方交易披露。

观点三：A 公司 2×18 年度财务报表附注中披露 2×18 年度 1—7 月份 B 公司为 A 公司的联营企业，2×18 年度 8—12 月份 B 公司与 A 公司之间无任何关联方关系。2×18 年度 1—7 月份 A 公司向 B 公司采购原材料 150 万元应作为关联方交易披露；2×18 年度 8—12

月份 A 公司向 B 公司采购原材料 50 万元不作为关联方交易披露。

观点三是正确的。伴随着 2×18 年度中 A 公司对于 B 公司的表决权发生变化，A 公司与 B 公司之间的关联方关系也在 2×18 年度中发生了变化。2×18 年度 A 公司财务报表附注的关联方披露中不能仅按年初时点或年末时点的 A 公司与 B 公司之间的关系进行披露。A 公司与 B 公司之间的关系在 2×18 年度中存在着动态的变化，应按不同的时段动态分析 A 公司与 B 公司之间是否存在关联方关系及其交易。2×18 年度 1—7 月份 A 公司拥有 B 公司 40% 的表决权，该期限内 B 公司为 A 公司的联营企业；2×18 年度 8 月 1 日起 A 公司不拥有 B 公司的任何表决权，则 B 公司与 A 公司之间无任何关联方关系。因此 2×18 年度 A 公司财务报表附注中的关联方关系及其交易应披露：2×18 年度 1—7 月份 B 公司为 A 公司的联营企业，在此期间内 A 公司向 B 公司采购原材料 150 万元为关联方交易；2×18 年度 8—12 月份 B 公司与 A 公司之间无任何关联方关系，在此期间内 A 公司向 B 公司采购原材料 50 万元不作为关联方交易披露。

【解析 36-9】关联方的披露

1. 企业无论是否发生关联方交易，均应当在附注中披露与该企业之间存在直接控制关系的母公司和所有子公司有关的信息。母公司不是该企业最终控制方的，还应当披露企业集团内对该企业享有最终控制权的企业（或主体）的名称。母公司和最终控制方均不对外提供财务报表的，还应当披露母公司之上与其最相近的对外提供财务报表的母公司名称。

2. 企业与关联方发生关联方交易的，应当在附注中披露该关联方关系的性质、交易类型及交易要素。关联方关系的性质，是指关联方与该企业的关系，即关联方是该企业的子公司、合营企业、联营企业等。交易类型通常包括购买或销售商品、购买或销售商品以外的其他资产、提供或接受劳务、担保、提供资金（贷款或股权投资）、租赁、代理、研究与开发项目的转移、许可协议、代表企业或由企业代表另一方进行债务结算、就某特定事项在未来发生或不发生时所作出的采取相应行动的任何承诺，包括（已确认及未确认的）待执行合同等。交易要素至少应当包括：交易的金额；未结算项目的金额、条款和条件（包括承诺），以及有关提供或取得担保的信息；未结算应收项目坏账准备金额；定价政策。关联方交易的金额应当披露相关比较数据。

3. 对外提供合并财务报表的，对于已经包括在合并范围内各企业之间的交易不予披露。合并财务报表是将集团作为一个整体来反映与其有关的财务信息。在合并财务报表中，企业集团作为一个整体看待，企业集团内的交易已不属于交易，并且已经在编制合并财务报表时予以抵销。因此，《企业会计准则第 36 号——关联方披露》规定，对外提供合并财务报表的，除了应按上述 1、2 的要求进行披露外，对于已经包括在合并范围内并已抵销的各企业之间的交易不予披露。

企业会计准则第 37 号——金融工具列报

为了适应社会主义市场经济发展需要，规范金融工具的会计处理，提高会计信息质量，根据《企业会计准则——基本准则》，财政部对《企业会计准则第 37 号——金融工具列报》进行了修订。在境内外同时上市的企业以及在境外上市并采用国际财务报告准则或企业会计准则编制财务报告的企业，自 2018 年 1 月 1 日起施行；其他境内上市企业自 2019 年 1 月 1 日起施行；执行企业会计准则的非上市企业自 2021 年 1 月 1 日起施行。同时，鼓励企业提前执行。执行本准则的企业，不再执行财政部于 2014 年 3 月 17 日印发的《金融负债与权益工具的区分及相关会计处理规定》（财会〔2014〕13 号）和 2014 年 6 月 20 日印发的《企业会计准则第 37 号——金融工具列报》（财会〔2014〕23 号）。

执行财政部于 2017 年修订印发的《企业会计准则第 22 号——金融工具确认和计量》（财会〔2017〕7 号）、《企业会计准则第 23 号——金融资产转移》（财会〔2017〕8 号）、《企业会计准则第 24 号——套期会计》（财会〔2017〕9 号）的企业，应同时执行本准则。

第一章　总则

第一条　为了规范金融工具的列报，根据《企业会计准则——基本准则》，制定本准则。金融工具列报，包括金融工具列示和金融工具披露。

第二条　金融工具列报的信息，应当有助于财务报表使用者了解企业所发行金融工具的分类、计量和列报的情况，以及企业所持有的金融资产和承担的金融负债的情况，并就金融工具对企业财务状况和经营成果影响的重要程度、金融工具使企业在报告期间和期末所面临风险的性质和程度，以及企业如何管理这些风险作出合理评价。

第三条　本准则适用于所有企业各种类型的金融工具，但下列各项适用其他会计准则：

（一）由《企业会计准则第 2 号——长期股权投资》、《企业会计准则第 33 号——合并财务报表》和《企业会计准则第 40 号——合营安排》规范的对子公司、合营企业和联营企业的投资，其披露适用《企业会计准则第 41 号——在其他主体中权益的披露》。但企业持有的与在子公司、合营企业或联营企业中的权益相联系的衍生工具，适用本准则。

企业按照《企业会计准则第 22 号——金融工具确认和计量》相关规定对联营企业或合营企业的投资进行会计处理的，以及企业符合《企业会计准则第 33 号——合并财务报表》有关投资性主体定义，且根据该准则规定对子公司的投资以公允价值计量且其变动计入当期损益的，对上述合营企业、联营企业或子公司的相关投资适用本准则。

（二）由《企业会计准则第 9 号——职工薪酬》规范的职工薪酬相关计划形成的企业的权利和义务，适用《企业会计准则第 9 号——职工薪酬》。

（三）由《企业会计准则第 11 号——股份支付》规范的股份支付中涉及的金融工具以及

其他合同和义务，适用《企业会计准则第 11 号——股份支付》。但是，股份支付中属于本准则范围的买入或卖出非金融项目的合同，以及与股份支付相关的企业发行、回购、出售或注销的库存股，适用本准则。

（四）由《企业会计准则第 12 号——债务重组》规范的债务重组，适用《企业会计准则第 12 号——债务重组》。但债务重组中涉及金融资产转移披露的，适用本准则。

（五）由《企业会计准则第 14 号——收入》规范的属于金融工具的合同权利和义务，适用《企业会计准则第 14 号——收入》。由《企业会计准则第 14 号——收入》要求在确认和计量相关合同权利的减值损失和利得时，应当按照《企业会计准则第 22 号——金融工具确认和计量》进行会计处理的合同权利，适用本准则有关信用风险披露的规定。

（六）由保险合同相关会计准则规范的保险合同所产生的权利和义务，适用保险合同相关会计准则。因具有相机分红特征而由保险合同相关会计准则规范的合同所产生的权利和义务，适用保险合同相关会计准则。但对于嵌入保险合同的衍生工具，该嵌入衍生工具本身不是保险合同的，适用本准则；该嵌入衍生工具本身为保险合同的，适用保险合同相关会计准则。

企业选择按照《企业会计准则第 22 号——金融工具确认和计量》进行会计处理的财务担保合同，适用本准则；企业选择按照保险合同相关会计准则进行会计处理的财务担保合同，适用保险合同相关会计准则。

第四条 本准则适用于能够以现金或其他金融工具净额结算，或通过交换金融工具结算的买入或卖出非金融项目的合同。但企业按照预定的购买、销售或使用要求签订并持有，旨在收取或交付非金融项目的合同，适用其他相关会计准则，但是企业根据《企业会计准则第 22 号——金融工具确认和计量》第八条的规定将该合同指定为以公允价值计量且其变动计入当期损益的金融资产或金融负债的，适用本准则。

第五条 本准则第六章至第八章的规定，除适月于企业已按照《企业会计准则第 22 号——金融工具确认和计量》确认的金融工具外，还适用于未确认的金融工具。

第六条 本准则规定的交易或事项涉及所得税的，应当按照《企业会计准则第 18 号——所得税》进行处理。

第二章 金融负债和权益工具的区分

第七条 企业应当根据所发行金融工具的合同条款及其所反映的经济实质而非仅以法律形式，结合金融资产、金融负债和权益工具的定义，在初始确认时将该金融工具或其组成部分分类为金融资产、金融负债或权益工具。

第八条 金融负债，是指企业符合下列条件之一的负债：

（一）向其他方交付现金或其他金融资产的合同义务。

（二）在潜在不利条件下，与其他方交换金融资产或金融负债的合同义务。

（三）将来须用或可用企业自身权益工具进行结算的非衍生工具合同，且企业根据该合同将交付可变数量的自身权益工具。

（四）将来须用或可用企业自身权益工具进行结算的衍生工具合同，但以固定数量的自身权益工具交换固定金额的现金或其他金融资产的衍生工具合同除外。企业对全部现有同类别非衍生自身权益工具的持有方同比例发行配股权、期权或认股权证，使之有权按比例以固定金额的任何货币换取固定数量的该企业自身权益工具的，该类配股权、期权或认股权证应当分类为权益工具。其中，企业自身权益工具不包括应按照本准则第三章分类为权益工具的金融工具，也不包括本身就要求在未来收取或交付企业自身权益工具的合同。

【解析 37-1】金融负债的定义

金融负债，是指企业符合下列条件之一的负债。

（1）向其他方交付现金或其他金融资产的合同义务，例如发行的承诺支付固定利息的公司债券。

（2）在潜在不利条件下，与其他方交换金融资产或金融负债的合同义务，例如签出的外汇期权。

（3）将来须用或可用企业自身权益工具进行结算的非衍生工具合同，且企业根据该合同将交付可变数量的自身权益工具。例如企业取得一项金融资产，并承诺两个月后向卖方交付本企业发行的普通股，交付的普通股数量根据交付时的股价确定，则该项承诺是一项金融负债。

（4）将来须用或可用企业自身权益工具进行结算的衍生工具合同（以固定数量的自身权益工具交换固定金额的现金或其他金融资产的衍生工具合同除外），例如以普通股净额结算的股票期权。企业对全部现有同类别非衍生自身权益工具的持有方（如普通股股东）同比例发行配股权、期权或认股权证，使之有权按比例以固定金额的任何货币换取固定数量的该企业自身权益工具的，该类配股权、期权或认股权证应当分类为权益工具。其中，企业自身权益工具不包括应按照本准则第三章分类为权益工具的金融工具，也不包括本身就要求在未来收取或交付企业自身权益工具的合同。

第九条　权益工具，是指能证明拥有某个企业在扣除所有负债后的资产中的剩余权益的合同。企业发行的金融工具同时满足下列条件的，符合权益工具的定义，应当将该金融工具分类为权益工具：

（一）该金融工具应当不包括交付现金或其他金融资产给其他方，或在潜在不利条件下与其他方交换金融资产或金融负债的合同义务；

（二）将来须用或可用企业自身权益工具结算该金融工具。如为非衍生工具，该金融工具应当不包括交付可变数量的自身权益工具进行结算的合同义务；如为衍生工具，企业只能通过以固定数量的自身权益工具交换固定金额的现金或其他金融资产结算该金融工具。企业自身权益工具不包括应按照本准则第三章分类为权益工具的金融工具，也不包括本身就要求在未来收取或交付企业自身权益工具的合同。

第十条　企业不能无条件地避免以交付现金或其他金融资产来履行一项合同义务的，该合同义务符合金融负债的定义。有些金融工具虽然没有明确地包含交付现金或其他金融资产义务的条款和条件，但有可能通过其他条款和条件间接地形成合同义务。

如果一项金融工具须用或可用企业自身权益工具进行结算，需要考虑用于结算该工具的企业自身权益工具，是作为现金或其他金融资产的替代品，还是为了使该工具持有方享有在发行方扣除所有负债后的资产中的剩余权益。如果是前者，该工具是发行方的金融负债；如果是后者，该工具是发行方的权益工具。在某些情况下，一项金融工具合同规定企业须用或可用自身权益工具结算该金融工具，其中合同权利或合同义务的金额等于可获取或需交付的自身权益工具的数量乘以其结算时的公允价值，则无论该合同权利或合同义务的金额是固定的，还是完全或部分地基于除企业自身权益工具的市场价格以外变量（例如利率、某种商品的价格或某项金融工具的价格）的变动而变动的，该合同应当分类为金融负债。

【解析 37-2】金融负债和权益工具区分的基本原则

是否存在无条件地避免交付现金或其他金融资产的合同义务。

（1）如果企业不能无条件地避免以交付现金或其他金融资产来履行一项合同义务，则该合同义务符合金融负债的定义。实务中，常见的该类合同义务情形包括以下两种。

① 不能无条件避免的赎回，即金融工具发行方不能无条件地避免赎回此金融工具。如果一项合同（分类为权益工具的特殊金融工具除外）使发行方承担了以现金或其他金融资产回购自身权益工具的义务，即使发行方的回购义务取决于合同对手方是否行使回售权，发行方应当在初始确认时将该义务确认为一项金融负债，其金额等于回购所需支付金额的现值（如远期回购价格的现值、期权行权价格的现值或其他回售金额的现值）。如果发行方最终不需要以现金或其他金融资产回购自身权益工具，应当在合同对手方回售权到期时将该项金融负债按照账面价值重分类为权益工具。

② 强制付息，即金融工具发行方被要求强制支付利息。例如，一项以面值人民币 1 亿元发行的优先股要求每年按 6% 的股息率支付优先股股息，则发行方承担了未来每年支付 6% 股息的合同义务，应当就该强制付息的合同义务确认金融负债。又如，企业发行的一项永续债，无固定还款期限且不可赎回、每年按 8% 的利率强制付息。尽管该项工具的期限永续且不可赎回，但企业承担了以利息形式永续支付现金的合同义务，因此符合金融负债的定义。

需要说明的是，对企业履行交付现金或其他金融资产的合同义务能力的限制（如无法获得外币、需要得到有关监管部门的批准才能支付或其他法律法规的限制等），并不能解除企业就该金融工具所承担的合同义务，也不能表明该企业不需要承担该金融工具的合同义务。

（2）如果企业能够无条件地避免交付现金或其他金融资产，例如能够根据相应的议事机制自主决定是否支付股息（即无支付股息的义务），同时所发行的金融工具没有到期日且合同对手方没有回售权，或虽有固定期限但发行方有权无限期递延（即无支付本金的义务），则此类交付现金或其他金融资产的结算条款不构成金融负债。如果发放股利由发行方根据相应的议事机制自主决定，则股利是累积股利还是非累积股利本身均不会影响该金融工具被分类为权益工具。

实务中，优先股等金融工具发行时还可能会附有与普通股股利支付相联结的合同条款。这类工具常见的联结条款包括“股利制动机制”“股利推动机制”等。“股利制动机制”的合同条款要求企业如果不宣派或支付（视具体合同条款而定，下同）优先股等金融工具的股利，则其也不能宣派或支付普通股股利。“股利推动机制”的合同条款要求企业如果宣派或支付普通股股利，则其也须宣派或支付优先股等金融工具的股利。如果优先股等金融工具所联结的是诸如普通股的股利，发行方根据相应的议事机制能够自主决定普通股股利的支付，则“股利制动机制”及“股利推动机制”本身均不会导致相关金融工具被分类为金融负债。对于本段所述判断依据，企业应谨慎地将其适用范围限制在普通股股利支付相联结的情形，不能推广适用到其他情形，例如与交叉保护条款或其他投资者保护条款相联结。

【例 37-1】金融负债和权益工具

甲公司发行了一项年利率为 8%、无固定还款期限、可自主决定是否支付利息的不可累积永续债，其他合同条款如下。

① 该永续债嵌入了一项看涨期权，允许甲公司在发行第 5 年及之后以面值回购该永续债。

② 如果甲公司在第 5 年末没有回购该永续债，则之后的票息率增加至 11%（通常称为“票息递增”特征）。

③ 该永续债票息在甲公司向其普通股股东支付股利时必须支付（即“股利推动机制”）。

甲公司根据相应的议事机制能够自主决定普通股股利的支付，该公司发行该永续债之前多年来均支付普通股股利。

本例中，尽管甲公司多年来均支付普通股股利，但由于甲公司能够根据相应的议事机制自主决定普通股股利的支付，并进而影响永续债利息的支付，对甲公司而言，该永续债利息并未形成支付现金或其他金融资产的合同义务。尽管甲公司有可能在第 5 年末行使其回购权，但是甲公司并没有回购的合同义务。如果没有其他情形导致该工具被分类为金融负债，则该永续债应整体被分类为权益工具。同时，虽然合同中存在利率跳升安排，但该安排也不构成企业无法避免的支付义务。

判断一项金融工具是划分为权益工具还是金融负债，不受下列因素的影响：① 以前实施分配的情况；② 未来实施分配的意向；③ 相关金融工具如果没有发放股利对发行方普通股的价格可能产生的负面影响；④ 发行方的未分配利润等可供分配权益的金额；⑤ 发行方对一段期间内损益的预期；⑥ 发行方是否有能力影响其当期损益。

有些金融工具虽然没有明确地包含交付现金或其他金融资产义务的条款和条件，但有可能通过其他条款和条件间接地形成合同义务。例如，企业可能在显著不利的条件下选择交付现金或其他金融资产，而不是选择履行非金融合同义务，或选择交付自身权益工具。在实务中，相关合同可能包含利率跳升等特征，往往可能构成发行方交付现金或其他金融资产的间接义务。企业须借助合同条款和相关信息全面分析判断。例如，对于这个案例中存在的“票息递增”条款，考虑到其只有一次利率跳升机会，且跳升幅度为 3%（300 基点），尚不构成间接义务。

第十一条 除根据本准则第三章分类为权益工具的金融工具外，如果一项合同使发行方承担了以现金或其他金融资产回购自身权益工具的义务，即使发行方的回购义务取决于合同对手方是否行使回售权，发行方应当在初始确认时将该义务确认为一项金融负债，其金额等于回购所需支付金额的现值（如远期回购价格的现值、期权行权价格的现值或其他回售金额的现值）。如果最终发行方无需以现金或其他金融资产回购自身权益工具，应当在合同到期时将该项金融负债按照账面价值重分类为权益工具。

第十二条 对于附有或有结算条款的金融工具，发行方不能无条件地避免交付现金、其他金融资产或以其他导致该工具成为金融负债的方式进行结算的，应当分类为金融负债。但是，满足下列条件之一的，发行方应当将其分类为权益工具：

（一）要求以现金、其他金融资产或以其他导致该工具成为金融负债的方式进行结算的或有结算条款几乎不具有可能性，即相关情形极端罕见、显著异常且几乎不可能发生。

（二）只有在发行方清算时，才需以现金、其他金融资产或以其他导致该工具成为金融负债的方式进行结算。

（三）按照本准则第三章分类为权益工具的可回售工具。

附有或有结算条款的金融工具，指是否通过交付现金或其他金融资产进行结算，或者是否以其他导致该金融工具成为金融负债的方式进行结算，需要由发行方和持有方均不能控制的未来不确定事项（如股价指数、消费价格指数变动、利率或税法变动、发行方未来收入、净收益或债务权益比率等）的发生或不发生（或发行方和持有方均不能控制的未来不确定事项的结果）来确定的金融工具。

【解析 37-3】附有或有结算条款的金融工具

对于附有或有结算条款的金融工具，发行方不能无条件地避免交付现金、其他金融资产或以其他导致该工具成为金融负债的方式进行结算的，应当分类为金融负债。但是，满足下列条件之一的，发行方应当将其分类为权益工具：（1）要求以现金、其他金融资产或以其他导致该工具成为金融负债的方式进行结算的或有结算条款几乎不具有可能性，即相关情形极端罕见、显著异常或几乎不可能发生。（2）只有在发行方清算时，才需以现金、其他金融资产或以其他导致该工具成为金融负债的方式进行结算。（3）特殊金融工具中分类为权益工具的可回售工具。

实务中，出于对自身商业利益的保障和公平原则考虑，合同双方会对一些不能由各自控制的情况下是否要求支付现金（包括股票）作出约定，这些“或有结算条款”可以包括与外部市场有关的或者与发行方自身情况有关的事项。出于防止低估负债和防止通过或有条款的设置来避免对复合工具中负债成分进行确认的目的，除非能够证明或有事件是极端罕见、显著异常且几乎不可能发生的情况或者仅限于清算事件。例如，甲公司发行了一项永续债，每年按照合同条款支付利息，但同时约定其利息只在发行方有可供分配利润时才需支付，如果发行方可供分配利润不足则可能无法履行该项支付义务。虽然利息的支付取决于是否有可供分配利润使得利息支付义务成为或有情况下的义务，但是甲公司并不能无条件地避免支付现金的合同义务，因此该公司应当将该永续债划分为一项金融负债。

如果合同的或有结算条款要求只有在发生了极端罕见、显著异常且几乎不可能发生的事件时才能以现金、其他金融资产或以其他导致该工具成为金融负债的方式进行结算，那么可将该或有结算条款视为一项不具有可能性的条款。如果一项合同只有在上述不具有可能性的事件发生时才须以现金、其他金融资产或以其他导致该工具成为金融负债的方式进行结算，在对该金融工具进行分类时，不需要考虑这些或有结算条款，应将该合同确认为一项权益工具。

【例 37-2】附有或有结算条款的金融工具

甲公司拟发行优先股。按合同条款约定，甲公司可根据相应的议事机制自行决定是否派发股利，如果甲公司的控股股东发生变更（假设该事项不受甲公司控制），甲公司必须按面值赎回该优先股。

本例中，该或有事项（控股股东变更）不受甲公司控制，属于或有结算事项。同时，该事项的发生并非“极端罕见、显著异常并且几乎不可能发生”。甲公司不能无条件地避免赎回股份的义务，因此，该工具应当被划分为一项金融负债。

第十三条 对于存在结算选择权的衍生工具（例如合同规定发行方或持有方能选择以现金净额或以发行股份交换现金等方式进行结算的衍生工具），发行方应当将其确认为金融资产或金融负债，但所有可供选择的结算方式均表明该衍生工具应当确认为权益工具的除外。

【解析 37-4】结算选择权的应用

为防止附有转股权的金融工具的持有方行使转股权而导致发行方的普通股股东的股权被稀释，发行方会在衍生工具合同中加入一项现金结算选择权：发行方有权以等值于所应交付的股票数量乘以股票市价的现金金额支付给工具持有方，而不再发行新股。发行方应当将这样的转股权确认为衍生金融负债或衍生金融资产。

第十四条 企业应对发行的非衍生工具进行评估，以确定所发行的工具是否为复合金融工具。企业所发行的非衍生工具可能同时包含金融负债成分和权益工具成分。对于复合金融工具，发行方应于初始确认时将各组成部分分别分类为金融负债、金融资产或权益工具。

企业发行的一项非衍生工具同时包含金融负债成分和权益工具成分的，应于初始计量时先确定金融负债成分的公允价值（包括其中可能包含的非权益性嵌入衍生工具的公允价值），再从复合金融工具公允价值中扣除负债成分的公允价值，作为权益工具成分的价值。复合金融工具中包含非权益性嵌入衍生工具的，非权益性嵌入衍生工具的公允价值应当包含在金融负债成分的公允价值中，并且按照《企业会计准则第 22 号——金融工具确认和计量》的规定对该金融负债成分进行会计处理。

【解析 37-5】复合金融工具

本准则规定，企业应对发行的非衍生工具进行评估，以确定所发行的工具是否为复合金融工具。企业所发行的非衍生工具可能同时包含金融负债成分和权益工具成分。对于复合金融工具，发行方应于初始确认时将各组成部分分别分类为金融负债、金融资产或权益工具。企业发行的一项非衍生工具同时包含金融负债成分和权益工具成分的，应于初始计量时先确定金融负债成分的公允价值（包括其中可能包含的非权益性嵌入衍生工具的公允价值），再从复合金融工具公允价值中扣除负债成分的公允价值，作为权益工具成分的价值。

可转换债券等可转换工具可能被分类为复合金融工具。发行方对该类可转换工具进行会计处理时，应当注意以下方面。

1. 在可转换工具转换时，应终止确认负债成分，并将其确认为权益。原来的权益成分仍旧保留为权益（从权益的一个项目结转到另一个项目，如从“其他权益工具”转入“资本公积——资本溢价或股本溢价”）。可转换工具转换时不产生损益。

2. 企业通过在到期日前赎回或回购而终止一项仍具有转换权的可转换工具时，应在交易日将赎回或回购所支付的价款以及发生的交易费用分配至该工具的权益成分和负债成分。分配价款和交易费用的方法应与该工具发行时采用的分配方法一致。价款和交易费用分配后，所产生的利得或损失应分别根据权益成分和负债成分所适用的会计原则进行处理，分配至权益成分的款项计入权益，与债务成分相关的利得或损失计入当期损益。

3. 企业可能修订可转换工具的条款以促成持有方提前转换。例如，提供更有利的转换比率或在特定日期前转换则支付额外的对价。在条款修订日，对于持有方根据修订后的条款进行转换所能获得的对价的公允价值与根据原有条款进行转换所能获得的对价的公允价值之间的差额，企业（发行方）应将其确认为一项损失。

4. 企业发行认股权和债权分离交易的可转换公司债券，所发行的认股权符合本准则有关权益工具定义的，应当确认为一项权益工具（其他权益工具），并以发行价格减去不附认股权且其他条件相同的公司债券公允价值后的净额进行计量。认股权持有方到期没有行权的，企业应当在到期时将原计入其他权益工具的部分转入资本公积（股本溢价）。

第十五条 在合并财务报表中对金融工具（或其组成部分）进行分类时，企业应当考虑企业集团成员和金融工具的持有方之间达成的所有条款和条件。企业集团作为一个整体，因该工具承担了交付现金、其他金融资产或以其他导致该工具成为金融负债的方式进行结算的义务的，该工具在企业集团合并财务报表中应当分类为金融负债。

【解析 37-6】合并财务报表中金融负债和权益工具的区分

在合并财务报表中对金融工具（或其组成部分）进行分类时，企业应考虑集团成员和金融工具的持有方之间达成的所有条款和条件，以确定集团作为一个整体是否由于该工具而承担了交付现金或其他金融资产的义务，或者承担了以其他导致该工具分类为金融负债的方式进行结算的义务。例如，某集团一子公司发行一项权益工具，同时其母公司或集团其他成员与该工具的持有方达成了其他附加协议，母公司或集团其他成员可能对相关的支付金额（如股利）作出担保；或者集团另一成员可能承诺在该子公司不能支付预期款项时购买这些股份。在这种情形下，尽管集团子公司（发行方）在没有考虑这些附加协议的情况下，在其个别财务报表中将这项工具分类为权益工具，但是在合并财务报表中，集团与该工具的持有方之间的附加协议的影响意味着集团作为一个整体无法避免经济利益的转移，导致其分类为金融负债。因此，合并财务报表应当考虑这些附加协议或条款，以确保从集团整体的角度反映所签订的所有合同和相关交易。

【例 37-3】合并财务报表中金融负债和权益工具的区分

甲公司为乙公司的母公司，其向乙公司的少数股东签订一份在未来 6 个月后以乙公司普通股为基础的看跌期权。如果 6 个月后乙公司股票价格下跌，乙公司少数股东有权要求甲公司无条件地以固定价格购入乙公司少数股东所持有的乙公司股份。

在本例甲公司的个别财务报表中，该看跌期权的价值随着乙公司股票价格的变动而变动，并将于未来约定日期进行结算，因此该看跌期权符合衍生工具的定义而确认为一项衍生金融负债。在乙公司财务报表中，少数股东所持有的乙公司股份则是其自身权益工具。而在集团合并报表层面，看跌期权使集团整体承担了不能无条件避免的支付现金的合同义务，因此该少数股东权益不再符合权益工具定义，而应确认为一项金融负债，其金额等于回购所需支付金额的现值。

第三章　特殊金融工具的区分

第十六条　符合金融负债定义，但同时具有下列特征的可回售工具，应当分类为权益工具：

（一）赋予持有方在企业清算时按比例份额获得该企业净资产的权利。这里所指企业净资产是扣除所有优先于该工具对企业资产要求权之后的剩余资产；这里所指按比例份额是清算时将企业的净资产分拆为金额相等的单位，并且将单位金额乘以持有方所持有的单位数量。

（二）该工具所属的类别次于其他所有工具类别，即该工具在归属于该类别前无须转换为另一种工具，且在清算时对企业资产没有优先于其他工具的要求权。

（三）该工具所属的类别中（该类别次于其他所有工具类别），所有工具具有相同的特征（例如它们必须都具有可回售特征，并且用于计算回购或赎回价格的公式或其他方法都相同）。

（四）除了发行方应当以现金或其他金融资产回购或赎回该工具的合同义务外，该工具不满足本准则规定的金融负债定义中的任何其他特征。

（五）该工具在存续期内的预计现金流量总额，应当实质上基于该工具存续期内企业的损益、已确认净资产的变动、已确认和未确认净资产的公允价值变动（不包括该工具的任何影响）。

可回售工具，是指根据合同约定，持有方有权将该工具回售给发行方以获取现金或其他金融资产的权利，或者在未来某一不确定事项发生或者持有方死亡或退休时，自动回售给发行方的金融工具。

【解析 37-7】认定可回售工具是否应分类为权益工具

企业在认定可回售工具是否应分类为权益工具时，应当注意以下 3 点。

（1）在企业清算时具有优先要求权的工具不是有权按比例份额获得企业净资产的工具。例如，如果一项工具使持有方有权在企业清算时享有除企业净资产份额之外的固定股利，而类别次于该工具的其他工具在企业清算时仅仅享有企业净资产份额，则该工具所属类别中所有工具均不属于在企业清算时有权按比例份额获得企业净资产的工具。

（2）在确定一项工具是否属于最次级类别时，应当评估若企业在评估日发生清算时该工具对企业净资产的要求权。同时，应当在相关情况发生变化时重新评估对该工具的分类。例如，如果企业发行或赎回了另一项金融工具，可能会影响对该工具是否属于最次级类别的评估结果。如果企业只发行一类金融工具，则可视为该工具属于最次级类别。

【例37-4】认定可回售工具是否应分类为权益工具1

甲公司设立时发行了100单位A类股份，而后发行了10 000单位B类股份给其他投资人，B类股份为可回售股份。假定甲公司只发行了A、B两种金融工具，A类股份为甲公司最次级权益工具。

本例中，在甲公司的整个资本结构中，A类股份并不重大，且甲公司的主要资本来自B类股份，但B类股份并非甲公司发行的最次级的工具，因此不应当将B类股份归类为权益工具。

（3）除了发行方应当以现金或金融资产回购或赎回该工具的合同义务外，该工具应当不包括其他符合金融负债定义的合同义务。本节对于符合条件的可回售工具的特殊规定，是仅针对回购权规定的一项债务与权益区分的例外。如果可回售工具中包含了回售权以外的其他构成发行方交付现金或其他金融资产的合同义务，则该回售工具不能适用这一例外。

例如，企业发行的工具是可回售的，除了这一回售特征外，还在合同中约定每年必须向工具持有方按照净利润的一定比例进行分配，这一约定构成了一项交付现金的义务，因此企业发行的这项可回售工具不应分类为权益工具。

【例37-5】认定可回售工具是否应分类为权益工具2

甲企业为合伙企业。相关合伙协议约定：新合伙人加入时按确定的金额和财产份额入伙，合伙人退休或退伙时以其财产份额的公允价值予以退还；合伙企业营运资金均来自合伙人，合伙人入伙期间可按财产份额分得合伙企业的利润（但利润分配由合伙企业自主决定）；当合伙企业清算时，合伙人可按财产份额获得合伙企业的净资产。

本例中，合伙企业在合伙人退休或退伙时有向合伙人交付金融资产的义务，因而该可回售工具（合伙协议）满足金融负债的定义。同时，其作为可回售工具具备了以下特征：（1）合伙企业清算时，合伙人可按财产份额获得合伙企业的净资产；（2）该协议属于合伙企业中最次级类别的工具；（3）所有合伙人权益具有相同的特征；（4）合伙企业仅有以现金或其他金融资产回购该工具的合同义务；（5）合伙人入伙期间可获得的现金流量总额，实质上基于该工具存续期内企业的损益、已确认净资产的变动、已确认和未确认净资产的公允价值变动。因而，该金融工具应当确认为权益工具。

第十七条 符合金融负债定义，但同时具有下列特征的发行方仅在清算时才有义务向另一方按比例交付其净资产的金融工具，应当分类为权益工具：

（一）赋予持有方在企业清算时按比例份额获得该企业净资产的权利；

（二）该工具所属的类别次于其他所有工具类别；

（三）该工具所属的类别中（该类别次于其他所有工具类别），发行方对该类别中所有工具都应当在清算时承担按比例份额交付其净资产的同等合同义务。

产生上述合同义务的清算确定将会发生并且不受发行方的控制（如发行方本身是有限寿

命主体），或者发生与否取决于该工具的持有方。

【解析 37-8】针对仅在清算时才有义务向另一方按比例交付其净资产的金融工具的特征要求

针对仅在清算时才有义务向另一方按比例交付其净资产的金融工具的特征要求，与针对可回售工具的其中几条特征要求是类似的，但特征要求相对较少。原因在于清算是触发该合同支付义务的唯一条件，可以不必考虑其他特征，包括：不要求考虑除清算以外的其他的合同支付义务（如股利分配）；不要求考虑存续期间预期现金流量的确定方法（如根据净利润或净资产）；不要求该类别工具的所有特征均相同，仅要求清算时按比例支付净资产份额的特征相同。

第十八条 分类为权益工具的可回售工具，或发行方仅在清算时才有义务向另一方按比例交付其净资产的金融工具，除应当具有本准则第十六条或第十七条所述特征外，其发行方应当没有同时具备下列特征的其他金融工具或合同：

（一）现金流量总额实质上基于企业的损益、已确认净资产的变动、已确认和未确认净资产的公允价值变动（不包括该工具或合同的任何影响）；

（二）实质上限制或固定了本准则第十六条或第十七条所述工具持有方所获得的剩余回报。

在运用上述条件时，对于发行方与本准则第十六条或第十七条所述工具持有方签订的非金融合同，如果其条款和条件与发行方和其他方之间可能订立的同等合同类似，不应考虑该非金融合同的影响。但如果不能做出此判断，则不得将该工具分类为权益工具。

【解析 37-9】实务安排

在实务中的一些安排下，股东将实质上的企业控制权和利润转让给非股东方享有。例如，甲企业可能与乙企业签订包括资产运营控制协议（乙企业承包甲企业的运营管理）、知识产权的独家服务协议（甲企业经营所需知识产权由乙企业独家提供）、借款合同（甲企业向乙企业借款满足营运需要）等系列协议，将经营权和收益转移到乙企业；同时，甲企业股东还可能与乙企业签订股权质押协议和投票权委托协议等，将甲企业股东权利转移给乙企业。这种情况下，甲企业形式上的股份已经不具有权益工具的实质。因此，本准则第十六条、第十七条规定的特殊权益工具，应当排除存在上述安排的情形。

当然，实务中的情况比较复杂。例如，合伙企业的合伙人除了作为企业所有者外，通常也作为企业雇员参与经营，并获取劳动报酬。这类劳动合同也可能形成对企业剩余回报的限制。为避免企业误判，准则又作出规定：在运用上述条件时，对于发行方与本准则第十六条或第十七条所述工具持有方签订的非金融合同，如果其条款和条件与发行方和其他方之间可能订立的同等合同类似，不应考虑该非金融合同的影响。但如果不能作出此判断，则不得将该工具分类为权益工具。

下列按照涉及非关联方的正常商业条款订立的工具，不大可能导致满足本准则特征要求的可回售工具或发行方仅在清算时才有义务向另一方按比例交付其净资产的金融工具无法被分类为权益工具：（1）现金流量总额实质上基于企业的特定资产；（2）现金流量总额基于企业收入的一定比例；（3）就职工为企业提供的服务给予报酬的合同；（4）要求企业为其所提供的产品或服务支付一定报酬（占利润的比例非常小）的合同。

第十九条 按照本章规定分类为权益工具的金融工具，自不再具有本准则第十六条或第十七条所述特征，或发行方不再满足本准则第十八条规定条件之日起，发行方应当将其重分类为金融负债，以重分类日该工具的公允价值计量，并将重分类日权益工具的账面价值和金融负债的公允价值之间的差额确认为权益。

按照本章规定分类为金融负债的金融工具，自具有本准则第十六条或第十七条所述特征，且发行方满足本准则第十八条规定条件之日起，发行方应当将其重分类为权益工具，以重分类日金融负债的账面价值计量。

第二十条 企业发行的满足本章规定分类为权益工具的金融工具，在企业集团合并财务报表中对应的少数股东权益部分，应当分类为金融负债。

第四章 收益和库存股

第二十一条 金融工具或其组成部分属于金融负债的，相关利息、股利（或股息）、利得或损失，以及赎回或再融资产生的利得或损失等，应当计入当期损益。

第二十二条 金融工具或其组成部分属于权益工具的，其发行（含再融资）、回购、出售或注销时，发行方应当作为权益的变动处理。发行方不应当确认权益工具的公允价值变动。

发行方向权益工具持有方的分配应当作为其利润分配处理，发放的股票股利不影响发行方的所有者权益总额。

第二十三条 与权益性交易相关的交易费用应当从权益中扣减。

企业发行或取得自身权益工具时发生的交易费用（例如登记费，承销费，法律、会计、评估及其他专业服务费用，印刷成本和印花税等），可直接归属于权益性交易的，应当从权益中扣减。终止的未完成权益性交易所发生的交易费用应当计入当期损益。

【解析 37-10】与权益性交易相关的交易费用应当从权益中扣减

交易费用是指可直接归属于购买、发行或处置金融工具的增量费用。只有那些可直接归属于发行新的权益工具或者购买此前已经发行在外的权益工具的增量费用才是与权益交易相关的费用。例如，在企业首次公开募股的过程中，除了会新发行一部分可流通的股份之外，往往也会将已发行的股份进行上市流通。在这种情况下，企业需运用专业判断以确定哪些交易费用与权益交易（发行新股）相关，应计入权益核算；哪些交易费用与其他活动（将已发行的股份上市流通）相关，尽管也是在发行权益工具的同时发生的，但是应当计入损益。与多项交易相关的共同交易费用，应当在合理的基础上，采用与其他类似交易一致的方法，在各项交易间进行分摊。

第二十四条 发行复合金融工具发生的交易费用，应当在金融负债成分和权益工具成分之间按照各自占总发行价款的比例进行分摊。与多项交易相关的共同交易费用，应当在合理的基础上，采用与其他类似交易一致的方法，在各项交易间进行分摊。

【解析 37-11】发行复合金融工具发生的交易费用，也应当在负债成分和权益成分之间按照各自占总发行价款的比例进行分摊

利息、股利、利得或损失的会计处理原则同样也适用于复合金融工具。任何与负债成分相关的利息、股利、利得或损失应计入当期损益，任何与权益成分相关的利息、股利、利得或损失应计入权益。发行复合金融工具发生的交易费用，也应当在负债成分和权益成分之间按照各自占总发行价款的比例进行分摊。例如，企业发行一项 5 年后以现金强制赎回的非累积优先股。在优先股存续期间内，企业可以自行决定是否支付股利。这一非累积可赎回优先股是一项复合金融工具，其中的负债成分为赎回金额的折现值。负债成分采用实际利率法确认的利息支出应计入当期损益，而与权益成分相关的股利支付应确认为利润分配。如果该优先股的赎回不是强制性的而是取决于持有方是否要求企业进行赎回，或者该优先股需转换为可变数量的普通股，则仍然适用前述会计处理。但是，如果该优先股赎回时所支付的金额还包括未支付的股利，则整个工具是一项金融负债。在这种情况下，支付的所有股利都应计入当期损益。

第二十五条 发行方分类为金融负债的金融工具支付的股利，在利润表中应当确认为费用，与其他负债的利息费用合并列示，并在财务报表附注中单独披露。

作为权益扣减项的交易费用，应当在财务报表附注中单独披露。

第二十六条 回购自身权益工具（库存股）支付的对价和交易费用，应当减少所有者权益，不得确认金融资产。库存股可由企业自身购回和持有，也可由企业集团合并财务报表范围内的其他成员购回和持有。

【解析 37-12】库存股

其他成员包括子公司，但是不包括集团的联营和合营企业。此外，如果企业是替他人持有自身权益工具，例如金融机构作为代理人代其客户持有该金融机构自身的股票，那么所持有的这些股票不是金融机构自身的资产，也不属于库存股。

如果企业持有库存股之后又将其重新出售，反映的是不同所有者之间的转让，而非企业本身的利得或损失。因此，无论这些库存股的公允价值如何波动，企业应直接将支付或收取的所有对价在权益中确认，而不产生任何损益。

第二十七条 企业应当按照《企业会计准则第 30 号——财务报表列报》的规定在资产负债表中单独列示所持有的库存股金额。

企业从关联方回购自身权益工具的，还应当按照《企业会计准则第 36 号——关联方披露》的相关规定进行披露。

第五章 金融资产和金融负债的抵销

第二十八条 金融资产和金融负债应当在资产负债表内分别列示，不得相互抵销。但同时满足下列条件的，应当以相互抵销后的净额在资产负债表内列示：

（一）企业具有抵销已确认金额的法定权利，且该种法定权利是当前可执行的；

（二）企业计划以净额结算，或同时变现该金融资产和清偿该金融负债。

不满足终止确认条件的金融资产转移，转出方不得将已转移的金融资产和相关负债进行抵销。

【解析 37-13】金融资产和金融负债相互抵销的条件

本准则第二十九条至第三十一条对抵销权进行了解释。需要说明的是，抵销协议中将支付或将收取的金额的不确定性并不妨碍企业的抵销权成为当前可执行的法定权利。同样地，抵销时间的不确定性也不妨碍抵销权成为当前可执行的法定权利，因为时间的推移并不意味着该抵销权取决于未来事件。但是，在某些未来事件发生之后则消失或成为不可执行的抵销权不满足抵销条件。例如，如果交易双方约定，在任何一方出现信用评级下降后，抵销条款不再适用或变为不可执行，则该抵销权自始至终都不满足抵销条件。

当企业分别通过收取和支付总额来结算两项金融工具时，即使该两项工具结算的间隔期很短，但企业需承受的可能是重大的资产信用风险和负债流动性风险，在这种情况下以净额列报并不适合。但是，金融市场中的清算机构的运作机制可能有助于两项金融工具达到同时结算。在这种情况下，若符合本准则第三十二条相关条件，相关的现金流量实际上等于一项净额，企业所承受的信用风险或流动性风险并非针对总额，因而满足净额结算的条件。

第二十九条 抵销权是债务人根据合同或其他协议，以应收债权人的金额全部或部分抵销应付债权人的金额的法定权利。在某些情况下，如果债务人、债权人和第三方三者之间签署的协议明确表示债务人拥有该抵销权，并且不违反法律法规或其他相关规定，债务人可能拥有以应收第三方的金额抵销应付债权人的金额的法定权利。

第三十条 抵销权应当不取决于未来事项，而且在企业和所有交易对手方的正常经营过程中，或在出现违约、无力偿债或破产等各种情形下，企业均可执行该法定权利。

在确定抵销权是否可执行时，企业应当充分考虑法律法规或其他相关规定以及合同约定等各方面因素。

第三十一条 当前可执行的抵销权不构成相互抵销的充分条件，企业既不打算行使抵销权（即净额结算），又无计划同时结算金融资产和金融负债的，该金融资产和金融负债不得抵销。

在没有法定权利的情况下，一方或双方即使有意向以净额为基础进行结算或同时结算相关金融资产和金融负债的，该金融资产和金融负债也不得抵销。

第三十二条 企业同时结算金融资产和金融负债的，如果该结算方式相当于净额结算，则满足本准则第二十八条（二）以净额结算的标准。这种结算方式必须在同一结算过程或周期内处理了相关应收和应付款项，最终消除或几乎消除了信用风险和流动性风险。如果某结算方式同时具备如下特征，可视为满足净额结算标准：

（一）符合抵销条件的金融资产和金融负债在同一时点提交处理；

（二）金融资产和金融负债一经提交处理，各方即承诺履行结算义务；

（三）金融资产和金融负债一经提交处理，除非处理失败，这些资产和负债产生的现金流量不可能发生变动；

（四）以证券作为担保物的金融资产和金融负债，通过证券结算系统或其他类似机制进行结算（例如券款对付），即如果证券交付失败，则以证券作为抵押的应收款项或应付款项的处理也将失败，反之亦然；

（五）若发生本条（四）所述的失败交易，将重新进入处理程序，直至结算完成；

（六）由同一结算机构执行；

（七）有足够的日间信用额度，并且能够确保该日间信用额度一经申请提取即可履行，以支持各方能够在结算日进行支付处理。

第三十三条 在下列情况下，通常认为不满足本准则第二十八条所列条件，不得抵销相关金融资产和金融负债：

（一）使用多项不同金融工具来仿效单项金融工具的特征（即合成工具）。例如利用浮动利率长期债券与收取浮动利息且支付固定利息的利率互换，合成一项固定利率长期负债。

（二）金融资产和金融负债虽然具有相同的主要风险敞口（例如远期合同或其他衍生工具组合中的资产和负债），但涉及不同的交易对手方。

（三）无追索权金融负债与作为其担保物的金融资产或其他资产。

（四）债务人为解除某项负债而将一定的金融资产进行托管（例如偿债基金或类似安排），但债权人尚未接受以这些资产清偿负债。

（五）因某些导致损失的事项而产生的义务预计可以通过保险合同向第三方索赔而得以补偿。

第三十四条 企业与同一交易对手方进行多项金融工具交易时，可能与对手方签订总互抵协议。只有满足本准则第二十八条所列条件时，总互抵协议下的相关金融资产和金融负债才能抵销。

总互抵协议，是指协议所涵盖的所有金融工具中的任何一项合同在发生违约或终止时，就协议所涵盖的所有金融工具按单一净额进行结算。

【解析 37-14】总互抵协议

这些总互抵协议形成的法定抵销权利只有在出现特定的违约事项时，或出现在正常经营过程中不会发生的其他情况时，才会生效并影响单项金融资产的变现和单项金融负债的结算。这种协议常常被金融机构用于在交易对手破产或发生其他导致交易对手无法履行义务的情况时保护金融机构免受损失。一旦发生触发事件，这些协议通常规定对协议涵盖的所有金融工具按单一净额进行结算。例如，进行金融衍生品交易的金融机构间可能签订由国际掉期与衍生工具协会（ISDA，International Swaps and Derivatives Association）制定的衍生品交易主协议，国内金融机构间开展衍生品交易，也可能签订由中国银行间市场交易商协会（NAFMII，Nation Association of Financial Market Institutional）制定的衍生品交易主协议，这些协议中可能含有上述互抵条款。

总互抵协议的存在本身并不一定构成协议所涵盖的资产和负债相互抵销的依据。如果总互抵协议仅形成抵销已确认金额的有条件权利，这不符合企业必须拥有当前可执行的抵销已确认金额的法定权利的要求；同时，企业可能没有以净额为基础进行结算或同时变现资产和清偿负债的意图。

第三十五条 企业应当区分金融资产和金融负债的抵销与终止确认。抵销金融资产和金融负债并在资产负债表中以净额列示，不应当产生利得或损失；终止确认是从资产负债表列示的项目中移除相关金融资产或金融负债，有可能产生利得或损失。

第六章 金融工具对财务状况和经营成果影响的列报

第一节 一般性规定

第三十六条 企业在对金融工具各项目进行列报时，应当根据金融工具的特点及相关信息的性质对金融工具进行归类，并充分披露与金融工具相关的信息，使得财务报表附注中的披露与财务报表列示的各项目相互对应。

【解析 37-15】金融工具分类举例

例如，对衍生工具进行披露时，将其分为外汇衍生工具、利率衍生工具、信用衍生工具等。

第三十七条 在确定金融工具的列报类型时，企业至少应当将本准则范围内的金融工具区分为以摊余成本计量和以公允价值计量的类型。

【解析 37-16】金融工具进一步分类举例

企业应在此基础上做进一步分类。例如，以公允价值计量的金融工具可以进一步分为以公允价值计量且其变动计入当期损益的金融工具和以公允价值计量且其变动计入其他综合收益的金融工具。

第三十八条 企业应当披露编制财务报表时对金融工具所采用的重要会计政策、计量基础和与理解财务报表相关的其他会计政策等信息，主要包括：

（一）对于指定为以公允价值计量且其变动计入当期损益的金融资产，企业应当披露下列信息：

1. 指定的金融资产的性质；

2. 企业如何满足运用指定的标准。企业应当披露该指定所针对的确认或计量不一致的描述性说明。

（二）对于指定为以公允价值计量且其变动计入当期损益的金融负债，企业应当披露下列信息：

1. 指定的金融负债的性质；

2. 初始确认时对上述金融负债做出指定的标准；

3. 企业如何满足运用指定的标准。对于以消除或显著减少会计错配为目的的指定，企业应当披露该指定所针对的确认或计量不一致的描述性说明。对于以更好地反映组合的管理实质为目的的指定，企业应当披露该指定符合企业正式书面文件载明的风险管理或投资策略的描述性说明。对于整体指定为以公允价值计量且其变动计入当期损益的混合工具，企业应当披露运用指定标准的描述性说明。

（三）如何确定每类金融工具的利得或损失。

第二节　资产负债表中的列示及相关披露

第三十九条　企业应当在资产负债表或相关附注中列报下列示金融资产或金融负债的账面价值：

（一）以摊余成本计量的金融资产。

（二）以摊余成本计量的金融负债。

（三）以公允价值计量且其变动计入其他综合收益的金融资产，并分别反映：（1）根据《企业会计准则第 22 号——金融工具确认和计量》第十八条的规定分类为以公允价值计量且其变动计入其他综合收益的金融资产；（2）根据《企业会计准则第 22 号——金融工具确认和计量》第十九条的规定在初始确认时被指定为以公允价值计量且其变动计入其他综合收益的非交易性权益工具投资。

（四）以公允价值计量且其变动计入当期损益的金融资产，并分别反映：（1）根据《企业会计准则第 22 号——金融工具确认和计量》第十九条的规定分类为以公允价值计量且其变动计入当期损益的金融资产；（2）根据《企业会计准则第 22 号——金融工具确认和计量》第二十条的规定指定为以公允价值计量且其变动计入当期损益的金融资产；（3）根据《企业会计准则第 24 号——套期会计》第三十四条的规定在初始确认或后续计量时指定为以公允价值计量且其变动计入当期损益的金融资产。

（五）以公允价值计量且其变动计入当期损益的金融负债，并分别反映：（1）根据《企业会计准则第 22 号——金融工具确认和计量》第二十一条的规定分类为以公允价值计量且其变动计入当期损益的金融负债；（2）根据《企业会计准则第 22 号——金融工具确认和计量》第二十二条的规定在初始确认时指定为以公允价值计量且其变动计入当期损益的金融负债；（3）根据《企业会计准则第 24 号——套期会计》第三十四条的规定在初始确认和后续计量时指定为以公允价值计量且其变动计入当期损益的金融负债。

第四十条　企业将本应按摊余成本或以公允价值计量且其变动计入其他综合收益计量的一项或一组金融资产指定为以公允价值计量且其变动计入当期损益的金融资产的，应当披露下列信息：

（一）该金融资产在资产负债表日使企业面临的最大信用风险敞口；

（二）企业通过任何相关信用衍生工具或类似工具使得该最大信用风险敞口降低的金额；

（三）该金融资产因信用风险变动引起的公允价值本期变动额和累计变动额；

（四）相关信用衍生工具或类似工具自该金融资产被指定以来的公允价值本期变动额和累计变动额。

信用风险，是指金融工具的一方不履行义务，造成另一方发生财务损失的风险。

金融资产在资产负债表日的最大信用风险敞口，通常是金融工具账面余额减去减值损失准备后的金额（已减去根据本准则规定已抵销的金额）。

【解析 37-17】部分金融资产的信用风险披露

按照《企业会计准则第 22 号——金融工具确认和计量》，以摊余成本计量以及以公允价值计量且其变动计入其他综合收益的金融资产应当进行减值会计处理并按照本准则第七章第二节披露信用风险相关信息。企业应当设置专门的备抵账户，按类别记录相关金融资产因信用损失发生的减值，并披露减值准备的期初余额，本期计提、转回、转销、核销及其他变动的金额和期末余额等信息。若企业将原本分类为以摊余成本计量以及以公允价值计量且其变动计入其他综合收益的金融资产（债务工具投资）指定为以公允价值计量且其变动计入当期损益的金融资产，则不用对其进行减值会计处理，也不适用本准则第七章第二节规定。但是，这些资产仍然面临信用风险问题，因此企业须按照本准则第四十条披露相关信息。

第四十一条 企业将一项金融负债指定为以公允价值计量且其变动计入当期损益的金融负债，且企业自身信用风险变动引起的该金融负债公允价值的变动金额计入其他综合收益的，应当披露下列信息：

（一）该金融负债因自身信用风险变动引起的公允价值本期变动额和累计变动额；

（二）该金融负债的账面价值与按合同约定到期应支付债权人金额之间的差额；

（三）该金融负债的累计利得或损失本期从其他综合收益转入留存收益的金额和原因。

【解析 37-18】以公允价值计量的金融负债的披露

企业将某项金融负债指定为以公允价值计量且其变动计入当期损益的，应当按本准则第四十一条或第四十二条的规定披露。第四十一条针对的是因自身信用风险变动引起的公允价值变动计入其他综合收益的金融负债；第四十二条针对的是根据《企业会计准则第 22 号——金融工具确认和计量》第六十八条第二款将全部利得和损失（包括自身信用风险变动引起的部分）计入当期损益的金融负债。前者涉及其他综合收益在负债终止确认时转入留存收益的情形，因此相比后者多一项披露要求。

第四十二条 企业将一项金融负债指定为以公允价值计量且其变动计入当期损益的金融负债，且该金融负债（包括企业自身信用风险变动的影响）的全部利得或损失计入当期损益的，应当披露下列信息：

（一）该金融负债因自身信用风险变动引起的公允价值本期变动额和累计变动额；

（二）该金融负债的账面价值与按合同约定到期应支付债权人金额之间的差额。

第四十三条 企业应当披露用于确定本准则第四十条（三）所要求披露的金融资产因信用风险变动引起的公允价值变动额的估值方法，以及用于确定本准则第四十一条（一）和第四十二条（一）所要求披露的金融负债因自身信用风险变动引起的公允价值变动额的估值方法，并说明选用该方法的原因。如果企业认为披露的信息未能如实反映相关金融工具公允价值变动中由信用风险引起的部分，则应当披露企业得出此结论的原因及其他需要考虑的因素。

企业应当披露其用于确定金融负债自身信用风险变动引起的公允价值的变动计入其他综合收益是否会造成或扩大损益中的会计错配的方法。企业根据《企业会计准则第 22 号——金融工具确认和计量》第六十八条的规定将金融负债因企业自身信用风险变动引起的公允价值变动计入当期损益的，企业应当披露该金融负债与预期能够抵销其自身信用风险变动引起的公允价值变动的金融工具之间的经济关系。

第四十四条 企业将非交易性权益工具投资指定为以公允价值计量且其变动计入其他综合收益的，应当披露下列信息：

（一）企业每一项指定为以公允价值计量且其变动计入其他综合收益的权益工具投资；

（二）企业做出该指定的原因；

（三）企业每一项指定为以公允价值计量且其变动计入其他综合收益的权益工具投资的期末公允价值；

（四）本期确认的股利收入，其中对本期终止确认的权益工具投资相关的股利收入和资产负债表日仍持有的权益工具投资相关的股利收入应当分别单独披露；

（五）该权益工具投资的累计利得和损失本期从其他综合收益转入留存收益的金额及其原因。

第四十五条 企业本期终止确认了指定为以公允价值计量且其变动计入其他综合收益的非交易性权益工具投资的，应当披露下列信息：

（一）企业处置该权益工具投资的原因；

（二）该权益工具投资在终止确认时的公允价值；

（三）该权益工具投资在终止确认时的累计利得或损失。

第四十六条 企业在当期或以前报告期间将金融资产进行重分类的，对于每一项重分类，应当披露重分类日、对业务模式变更的具体说明及其对财务报表影响的定性描述，以及该金融资产重分类前后的金额。

企业自上一年度报告日起将以公允价值计量且其变动计入其他综合收益的金融资产重分类为以摊余成本计量的金融资产的，或者将以公允价值计量且其变动计入当期损益的金融资产重分类为其他类别的，应当披露下列信息：

（一）该金融资产在资产负债表日的公允价值；

（二）如果未被重分类，该金融资产原来应在当期损益或其他综合收益中确认的公允价值利得或损失。

企业将以公允价值计量且其变动计入当期损益的金融资产重分类为其他类别的，自重分类日起到终止确认的每一个报告期间内，都应当披露该金融资产在重分类日确定的实际利率和当期已确认的利息收入。

第四十七条 对于所有可执行的总互抵协议或类似协议下的已确认金融工具，以及符合本准则第二十八条抵销条件的已确认金融工具，企业应当在报告期末以表格形式（除非企业有更恰当的披露形式）分别按金融资产和金融负债披露下列定量信息：

（一）已确认金融资产和金融负债的总额。

（二）按本准则规定抵销的金额。

（三）在资产负债表中列示的净额。

（四）可执行的总互抵协议或类似协议确定的，未包含在本条（二）中的金额，包括：

1. 不满足本准则抵销条件的已确认金融工具的金额；

2. 与财务担保物（包括现金担保）相关的金额，以在资产负债表中列示的净额扣除本条（四）1 后的余额为限。

（五）资产负债表中列示的净额扣除本条（四）后的余额。

企业应当披露本条（四）所述协议中抵销权的条款及其性质等信息，以及不同计量基础的金融工具适用本条时产生的计量差异。

上述信息未在财务报表同一附注中披露的，企业应当提供不同附注之间的交叉索引。

【解析 37–19】企业注意要点

（1）本准则第四十七条所指的"类似协议"，包括所有可能导致金融资产和金融负债相抵销的协议，例如衍生工具清算协议、总回购协议、证券借贷总协议以及与财务担保物相关的协议等。总互抵协议或类似协议下的已确认金融工具，可能包括衍生工具、买入返售、卖出回购和证券借贷协议等。不属于第四十七条范围的金融工具包括同一机构内的贷款或客户存款（除非其在资产负债表中予以抵销）和仅作为抵押担保协议项下的金融工具等。

（2）本准则第四十七条（二）要求披露按本准则第二十八条规定抵销的金额。在同一安排下予以抵销的已确认金融资产和已确认金融负债的金额将同时在金融资产和金融负债抵销的披露中反映。但是，所披露的金额仅限于予以抵销的金额。例如，企业可能拥有满足第二十八条抵销条件的已确认衍生金融资产和已确认衍生金融负债，如果衍生金融资产的总额大于衍生金融负债的总额，则在金融资产的披露和金融负债的披露中的可予以抵销的金额都应当是衍生金融负债的总额。

（3）如果企业拥有属于本准则第四十七条所要求披露的工具，但该工具不满足第二十八条规定的抵销条件，则该工具根据第四十七条（三）要求披露的金额等于（一）要求披露的金额。同时，（三）披露的金额与资产负债表中的单列项目金额应可以勾稽对应。如果企业确定将单列项目金额予以合并或分解可提供更相关的信息，则必须将披露的已合并或分解金额与资产负债表中的单列项目金额相勾稽。

（4）本准则第四十七条（四）2 要求企业披露收到或抵押出的作为财务担保物的金融工具的公允价值，披露的金额应当为实际收到或抵押出的担保物公允价值，而不是因返还或收回担保物而确认的应付款项或应收款项的公允价值。

对于单项金融工具，其潜在可能抵销的金额不可能超过列示净额。因此对于每一项金融工具，本准则第四十七条（四）披露的总额不能超过（三）披露的金额。因此，如果一项金融工具既存在不满足抵销条件的情况（将来可能满足抵销条件，如因一方发生违约而触发），也存在担保的情况，且两者涉及的金额之和大于当前列示净额，则企业应当调低担保相关金额，使得该工具的潜在可能抵销金额不超过列示净额。

（5）企业应当披露与本准则第四十七条（四）中所述的可执行的总互抵协议或类似协议下相关的抵销权利的信息，以及对权利性质的描述。例如，企业应当描述其附带条件的抵销权利。对于当前不符合本准则抵销要求的金融工具，企业应当描述其不符合要求的原因。对于所有收到或抵押出的财务担保物，企业应当披露抵押担保协议的相关条款（例如担保物受到限制的情形）。

（6）根据本准则第四十七条（一）至（五）所进行的定量披露，可以分别按金融工具或交易的类型（例如，衍生工具、回购和逆回购协议或证券借贷安排）提供。企业也可以按金融工具或交易的类型提供（一）至（三）所要求的信息，按交易对手提供（三）至（五）所要求的信息。如果企业按交易对手提供要求披露的信息，不需要列明交易对手的具体名称。为保持可比性，各年度内对交易对手的指定应当保持一致。企业还应当考虑提供有关交易对手的进一步定性信息。在按交易对手披露（三）至（五）所要求的有关金额时，相对于所有交易对手而言单项重要的金额应当单独披露，其余单项不重要的金额可以汇总为一个单列项目披露。

（7）为满足财务报表使用者评估净额结算安排对企业财务状况现实及潜在影响的需要，除按照本准则第四十七条要求披露金融资产和金融负债抵销相关信息之外，企业还应根据总互抵协议或类似协议的条款提供其他补充信息，如抵销权的条款及其性质等信息。此外，根据本准则第四十七条披露的金融工具可能遵循不同的计量要求（例如，与回购协议相关的应付款项以摊余成本计量，而衍生工具以公允价值计量），因此企业应当披露计量差异的情况。

第四十八条 按照本准则第三章分类为权益工具的可回售工具，企业应当披露下列信息：

（一）可回售工具的汇总定量信息；

（二）对于按持有方要求承担的回购或赎回义务，企业的管理目标、政策和程序及其变化；

（三）回购或赎回可回售工具的预期现金流出金额以及确定方法。

【解析 37-20】分类为权益工具的可回售工具披露信息

可回售工具或发行方仅在清算时才有义务向另一方按比例交付其净资产的金融工具，在金融负债和权益工具之间重分类的，应当分别披露重分类前后的公允价值或账面价值，以及重分类的时间和原因。

第四十九条 企业将本准则第三章规定的特殊金融工具在金融负债和权益工具之间重分类的，应当分别披露重分类前后的公允价值或账面价值，以及重分类的时间和原因。

第五十条 企业应当披露作为负债或或有负债担保物的金融资产的账面价值，以及与该项担保有关的条款和条件。根据《企业会计准则第 23 号——金融资产转移》第二十六条的规定，企业（转出方）向金融资产转入方提供了非现金担保物（如债务工具或权益工具投资等），转入方按照合同或惯例有权出售该担保物或将其再作为担保物的，企业应当将该非现金担保物在财务报表中单独列报。

第五十一条 企业取得担保物（担保物为金融资产或非金融资产），在担保物所有人未违约时可将该担保物出售或再抵押的，应当披露该担保物的公允价值、企业已出售或再抵押担保物的公允价值，以及承担的返还义务和使用担保物的条款和条件。

第五十二条 对于按照《企业会计准则第 22 号——金融工具确认和计量》第十八条的规定分类为以公允价值计量且其变动计入其他综合收益的金融资产，企业应当在财务报表附注中披露其确认的损失准备，但不应在资产负债表中将损失准备作为金融资产账面金额的扣减项目单独列示。

第五十三条 对于企业发行的包含金融负债成分和权益工具成分的复合金融工具，嵌入了价值相互关联的多项衍生工具（如可赎回的可转换债务工具）的，应当披露相关特征。

第五十四条 对于除基于正常信用条款的短期贸易应付款项之外的金融负债，企业应当披露下列信息：

（一）本期发生违约的金融负债的本金、利息、偿债基金、赎回条款的详细情况；

（二）发生违约的金融负债的期末账面价值；

（三）在财务报告批准对外报出前，就违约事项已采取的补救措施、对债务条款的重新议定等情况。

企业本期发生其他违反合同的情况，且债权人有权在发生违约或其他违反合同情况时要求企业提前偿还的，企业应当按上述要求披露。如果在期末前违约或其他违反合同情况已得到补救或已重新议定债务条款，则无需披露。

【例 37-6】除基于正常信用条款的短期贸易应付款项之外的金融负债

甲公司同时拥有金融资产和金融负债，在编制资产负债表时甲公司将金融资产和金融负债抵销后的净额在资产负债表内列示，请判断以上操作是否正确，并说明理由。

以上做法不正确，根据《企业会计准则第 37 号——金融工具列报》第二十八条，金融资产和金融负债应当在资产负债表内分别列示，不得相互抵销。但同时满足下列条件的，应当以相互抵销后的净额在资产负债表内列示：

（一）企业具有抵销已确认金额的法定权利，且该种法定权利是当前可执行的；

（二）企业计划以净额结算，或同时变现该金融资产和清偿该金融负债。

不满足终止确认条件的金融资产转移，转出方不得将已转移的金融资产和相关负债进行抵销。

根据《企业会计准则第 37 号——金融工具列报》第三十三条，在下列情况下，通常认为不满足本准则第二十八条所列条件，不得抵销相关金融资产和金融负债。

（一）使用多项不同金融工具来仿效单项金融工具的特征（即合成工具）。例如利用浮动利率长期债券与收取浮动利息且支付固定利息的利率互换，合成一项固定利率长期负债。

（二）金融资产和金融负债虽然具有相同的主要风险敞口（例如远期合同或其他衍生工具组合中的资产和负债），但涉及不同的交易对手方。

（三）无追索权金融负债与作为其担保物的金融资产或其他资产。

（四）债务人为解除某项负债而将一定的金融资产进行托管（例如偿债基金或类似安排），但债权人尚未接受以这些资产清偿负债。

（五）因某些导致损失的事项而产生的义务预计可以通过保险合同向第三方索赔而得以补偿。

第三节 利润表中的列示及相关披露

第五十五条 企业应当披露与金融工具有关的下列收入、费用、利得或损失：

（一）以公允价值计量且其变动计入当期损益的金融资产和金融负债所产生的利得或损失。其中，指定为以公允价值计量且其变动计入当期损益的金融资产和金融负债，以及根据《企业会计准则第 22 号——金融工具确认和计量》第十九条的规定必须分类为以公允价值计量且其变动计入当期损益的金融资产和根据《企业会计准则第 22 号——金融工具确认和计量》第二十一条的规定必须分类为以公允价值计量且其变动计入当期损益的金融负债的净利得或净损失，应当分别披露。

（二）对于指定为以公允价值计量且其变动计入当期损益的金融负债，企业应当分别披露本期在其他综合收益中确认的和在当期损益中确认的利得或损失。

（三）对于根据《企业会计准则第 22 号——金融工具确认和计量》第十八条的规定分类为以公允价值计量且其变动计入其他综合收益的金融资产，企业应当分别披露当期在其他综合收益中确认的以及当期终止确认时从其他综合收益转入当期损益的利得或损失。

（四）对于根据《企业会计准则第 22 号——金融工具确认和计量》第十九条的规定指定为以公允价值计量且其变动计入其他综合收益的非交易性权益工具投资，企业应当分别披露在其他综合收益中确认的利得和损失以及在当期损益中确认的股利收入。

（五）除以公允价值计量且其变动计入当期损益的金融资产或金融负债外，按实际利率法计算的金融资产或金融负债产生的利息收入或利息费用总额，以及在确定实际利率时未予包括并直接计入当期损益的手续费收入或支出。

（六）企业通过信托和其他托管活动代他人持有资产或进行投资而形成的，直接计入当期损益的手续费收入或支出。

【解析 37-21】利润表中的列示及相关披露的有关说明和举例

1. 企业至少应当按金融工具的不同计量基础分别披露利得或损失。由于金融工具按不同计量基础分类计量，这一披露要求有助于财务报表使用者更好地理解企业金融工具的经营成果。

2. 企业应披露的利息收入或利息费用为：按实际利率法计算的金融资产或金融负债产生的利息收入或利息费用总额。

3. 企业应分别披露下列手续费收入或支出：

① 金融资产和金融负债（不含以公允价值计量且其变动计入当期损益的金融资产和金融负债）产生的直接计入当期损益（即在确定实际利率时未包括）的手续费收入或支出；

② 企业通过信托和其他托管活动代他人持有资产或进行投资而形成的，直接计入当期损益的手续费收入或支出。

对应上述 ① 所要求的披露范围取决于企业的业务性质。例如，对于银行发放信用卡的业务，手续费可能包括信用卡的年费收入、处理借贷交易的商户服务佣金、透支手续费等。

第五十六条 企业应当分别披露以摊余成本计量的金融资产终止确认时在利润表中确认的利得和损失金额及其相关分析，包括终止确认金融资产的原因。

【例 37-7】利润表中的列示及相关披露

A 企业在利润表中披露与金融工具有关的收入、费用、利得或损失，具体应如何披露？

企业应当披露与金融工具有关的下列收入、费用、利得或损失。（1）以公允价值计量且其变动计入当期损益的金融资产和金融负债所产生的利得或损失。其中，指定为以公允价值计量且其变动计入当期损益的金融资产和金融负债，以及分类为以公允价值计量且其变动计入当期损益的金融资产和分类为以公允价值计量且其变动计入当期损益的金融负债的净利得或净损失，应当分别披露。（2）对于指定为以公允价值计量且其变动计入当期损益的金融负债，企业应当分别披露本期在其他综合收益中确认的和在当期损益中确认的利得或损失。（3）分类为以公允价值计量且其变动计入其他综合收益的金融资产，企业应当分别披露当期在其他综合收益中确认的以及当期终止确认时从其他综合收益转入当期损益的利得或损失。（4）指定为以公允价值计量且其变动计入其他综合收益的非交易性权益工具投资，企业应当分别披露在其他综合收益中确认的利得和损失以及在当期损益中确认的股利收入。（5）除以公允价值计量且其变动计入当期损益的金融资产或金融负债外，按实际利率法计算的金融资产或金融负债产生的利息收入或利息费用总额，以及在确定实际利率时未予包括并直接计入当期损益的手续费收入或支出。（6）企业通过信托和其他托管活动代他人持有资产或进行投资而形成的，直接计入当期损益的手续费收入或支出。

第四节　套期会计相关披露

第五十七条　企业应当披露与套期会计有关的下列信息：

（一）企业的风险管理策略以及如何应用该策略来管理风险；

（二）企业的套期活动可能对其未来现金流量金额、时间和不确定性的影响；

（三）套期会计对企业的资产负债表、利润表及所有者权益变动表的影响。

企业在披露套期会计相关信息时，应当合理确定披露的详细程度、披露的重点、恰当的汇总或分解水平，以及财务报表使用者是否需要额外的说明以评估企业披露的定量信息。企业按照本准则要求所确定的信息披露汇总或分解水平应当和《企业会计准则第 39 号——公允价值计量》的披露要求所使用的汇总或分解水平相同。

第五十八条　企业应当披露其进行套期和运用套期会计的各类风险的风险敞口的风险管理策略相关信息，从而有助于财务报表使用者评价：每类风险是如何产生的、企业是如何管理各类风险的（包括企业是对某一项目整体的所有风险进行套期还是对某一项目的单个或多个风险成分进行套期及其理由），以及企业管理风险敞口的程度。与风险管理策略相关的信息应当包括：

（一）企业指定的套期工具；

（二）企业如何运用套期工具对被套期项目的特定风险敞口进行套期；

（三）企业如何确定被套期项目与套期工具的经济关系以评估套期有效性；

（四）套期比率的确定方法；

（五）套期无效部分的来源。

第五十九条　企业将某一特定的风险成分指定为被套期项目的，除应当披露本准则第五十八条规定的相关信息外，还应当披露下列定性或定量信息：

（一）企业如何确定该风险成分，包括风险成分与项目整体之间关系性质的说明；

（二）风险成分与项目整体的关联程度（例如被指定的风险成分以往平均涵盖项目整体公允价值变动的百分比）。

第六十条 企业应当按照风险类型披露相关定量信息，从而有助于财务报表使用者评价套期工具的条款和条件及这些条款和条件如何影响企业未来现金流量的金额、时间和不确定性。这些要求披露的明细信息应当包括：

（一）套期工具名义金额的时间分布；

（二）套期工具的平均价格或利率（如适用）。

第六十一条 在因套期工具和被套期项目频繁变更而导致企业频繁地重设（即终止及重新开始）套期关系的情况下，企业无需披露本准则第六十条规定的信息，但应当披露下列信息：

（一）企业基本风险管理策略与该套期关系相关的信息；

（二）企业如何通过运用套期会计以及指定特定的套期关系来反映其风险管理策略；

（三）企业重设套期关系的频率。

在因套期工具和被套期项目频繁变更而导致企业频繁地重设套期关系的情况下，如果资产负债表日的套期关系数量并不代表本期内的正常数量，企业应当披露这一情况以及该数量不具代表性的原因。

第六十二条 企业应当按照风险类型披露在套期关系存续期内预期将影响套期关系的套期无效部分的来源，如果在套期关系中出现导致套期无效部分的其他来源，也应当按照风险类型披露相关来源及导致套期无效的原因。

第六十三条 企业应当披露已运用套期会计但预计不再发生的预期交易的现金流量套期。

第六十四条 对于公允价值套期，企业应当以表格形式、按风险类型分别披露与被套期项目相关的下列金额：

（一）在资产负债表中确认的被套期项目的账面价值，其中资产和负债应当分别单独列示；

（二）资产负债表中已确认的被套期项目的账面价值、针对被套期项目的公允价值套期调整的累计金额，其中资产和负债应当分别单独列示；

（三）包含被套期项目的资产负债表列示项目；

（四）本期用作确认套期无效部分基础的被套期项目价值变动；

（五）被套期项目为以摊余成本计量的金融工具的，若已终止针对套期利得和损失进行调整，则应披露在资产负债表中保留的公允价值套期调整的累计金额。

第六十五条 对于现金流量套期和境外经营净投资套期，企业应当以表格形式、按风险类型分别披露与被套期项目相关的下列金额：

（一）本期用作确认套期无效部分基础的被套期项目价值变动；

（二）根据《企业会计准则第 24 号——套期会计》第二十四条的规定继续按照套期会计处理的现金流量套期储备的余额；

（三）根据《企业会计准则第 24 号——套期会计》第二十七条的规定继续按照套期会计

处理的境外经营净投资套期计入其他综合收益的余额；

（四）套期会计不再适用的套期关系所导致的现金流量套期储备和境外经营净投资套期中计入其他综合收益的利得和损失的余额。

第六十六条 对于每类套期类型，企业应当以表格形式、按风险类型分别披露与套期工具相关的下列金额：

（一）套期工具的账面价值，其中金融资产和金融负债应当分别单独列示；

（二）包含套期工具的资产负债表列示项目；

（三）本期用作确认套期无效部分基础的套期工具的公允价值变动；

（四）套期工具的名义金额或数量。

【解析 37-22】对于每类套期类型，企业应当按照本准则第六十六条的规定以表格形式、按风险类型分别披露与套期工具相关金额

企业可以按照表 37-1 披露此类信息。

表 37-1 套期工具的风险信息披露表

2×18 年 12 月 31 日　　　　单位：万元

风险类型	套期工具的名义金额	套期工具的账面价值		包含套期工具的资产负债表列示项目	2×18 年用作确认套期无效部分基础的套期工具公允价值变动
		资产	负债		
现金流量套期					
商品价格风险——远期销售合同	××	××	××	衍生金融资产 / 负债	××
公允价值套期					
利率风险 ——利率互换合同	××	××	××	衍生金融资产 / 负债	××
外汇风险 ——外币贷款	××	××	××	衍生金融资产 / 负债	××

第六十七条 对于公允价值套期，企业应当以表格形式、按风险类型分别披露与套期工具相关的下列金额：

（一）计入当期损益的套期无效部分；

（二）计入其他综合收益的套期无效部分；

（三）包含已确认的套期无效部分的利润表列示项目。

第六十八条 对于现金流量套期和境外经营净投资套期，企业应当以表格形式、按风险类型分别披露与套期工具相关的下列金额：

（一）当期计入其他综合收益的套期利得或损失；

（二）计入当期损益的套期无效部分；

（三）包含已确认的套期无效部分的利润表列示项目；

（四）从现金流量套期储备或境外经营净投资套期计入其他综合收益的利得和损失重分类至当期损益的金额，并应区分之前已运用套期会计但因被套期项目的未来现金流量预计不再发生而转出的金额和因被套期项目影响当期损益而转出的金额；

（五）包含重分类调整的利润表列示项目；

（六）对于风险净敞口套期，计入利润表中单列项目的套期利得或损失。

【解析 37-23】对于公允价值套期，企业应当以表格形式、按风险类型分别披露与套期工具相关金额

企业可以按照表 37-2 披露此类信息。

表 37-2 被套期项目的风险信息披露表

2×18 年 12 月 31 日　　　　单位：万元

风险类型	被套期项目的账面价值		被套期项目公允价值套期调整的累计金额（计入被套期项目的账面价值）		包含被套期项目的资产负债表列示项目	2×18 年用作确认套期无效部分基础的被套期项目公允价值变动	现金流量套期储备
	资产	负债	资产	负债			
现金流量套期							
商品价格风险 ——预期销售 ——终止的套期（预期销售）	不适用 不适用	不适用 不适用	不适用 不适用	不适用 不适用	不适用 不适用	×× 不适用	×× ××
公允价值套期							
利率风险 ——应付债券 ——终止的套期（应付债券）		×× ××		×× ××	应付债券 应付债券	×× 不适用	不适用 不适用
外汇风险 ——确定承诺	××	××	××	××	其他流动资产	××	不适用
外汇风险 ——外币贷款	××		××	××	衍生金融资产／负债		××

对于每类套期类型，企业应当按照本准则第六十七条、第六十八条的规定，以表格形式、按风险类型分别披露因采用套期会计所影响的利润表的相关金额。企业可以按照表 37-3 和表 37-4 披露此类信息。

表 37-3　因采用公允价值套期会计对利润表的影响

单位：万元

公允价值套期	计入当期损益的套期无效部分	计入其他综合收益的套期无效部分	计入当期损益的利润表列示项目（包括套期无效部分）
利率风险	××	不适用	公允价值变动收益
权益价格风险	××	××	公允价值变动收益

表 37-4　因采用现金流量套期会计对利润表的影响

单位：万元

现金流量套期	计入其他综合收益的套期工具的公允价值变动	计入当期损益的套期无效部分	包含已确认的套期无效部分的利润表列示项目	从现金流量套期储备重分类至当期损益的金额	包含重分类调整的利润表列示项目
商品价格风险 ——商品 ——终止的套期	 ×× 不适用	 ×× 不适用	 公允价值变动收益 不适用	 ×× ××	 营业成本 营业成本

企业因使用信用衍生工具管理金融工具的信用风险敞口而将金融工具（或其一定比例）指定为以公允价值计量且其变动计入当期损益的，应当按照本准则第七十条的规定进行披露。对于用于管理根据《企业会计准则第 24 号——套期会计》第三十四条的规定被指定为以公允价值计量且其变动计入当期损益的金融工具信用风险敞口的信用衍生工具，企业应当披露每一项工具的名义金额以及当期期初和期末公允价值的调节表。企业可以按照表 37-5 披露此类信息。

表 37-5　信用衍生工具

单位：万元

信用衍生工具	名义金额	期初公允价值	本期公允价值变动	除公允价值变动外的影响		期末公允价值
				本期增加	本期减少	
信用衍生工具 A						
信用衍生工具 B						
…… ……						

第六十九条　企业按照《企业会计准则第 30 号——财务报表列报》的规定在提供所有者权益各组成部分的调节情况以及其他综合收益的分析时，应当按照风险类型披露下列信息：

（一）分别披露按照本准则第六十八条（一）和（四）的规定披露的金额；

（二）分别披露按照《企业会计准则第 24 号——套期会计》第二十五条（一）和（三）的规定处理的现金流量套期储备的金额；

（三）分别披露对与交易相关的被套期项目进行套期的期权时间价值所涉及的金额、以及对与时间段相关的被套期项目进行套期的期权时间价值所涉及的金额；

（四）分别披露对与交易相关的被套期项目进行套期的远期合同的远期要素和金融工具的外汇基差所涉及的金额、以及对与时间段相关的被套期项目进行套期的远期合同的远期要素和金融工具的外汇基差所涉及的金额。

第七十条 企业因使用信用衍生工具管理金融工具的信用风险敞口而将金融工具（或其一定比例）指定为以公允价值计量且其变动计入当期损益的，应当披露下列信息：

（一）对于用于管理根据《企业会计准则第 24 号——套期会计》第三十四条的规定被指定为以公允价值计量且其变动计入当期损益的金融工具信用风险敞口的信用衍生工具，每一项名义金额与当期期初和期末公允价值的调节表；

（二）根据《企业会计准则第 24 号——套期会计》第三十四条的规定将金融工具（或其一定比例）指定为以公允价值计量且其变动计入当期损益时，在损益中确认的利得或损失；

（三）当企业根据《企业会计准则第 24 号——套期会计》第三十五条的规定对该金融工具（或其一定比例）终止以公允价值计量且其变动计入当期损益时，作为其新账面价值的该金融工具的公允价值和相关的名义金额或本金金额，企业在后续期间无须继续披露这一信息，除非根据《企业会计准则第 30 号——财务报表列报》的规定需要提供比较信息。

第五节 公允价值披露

第七十一条 除了本准则第七十三条规定情况外，企业应当披露每一类金融资产和金融负债的公允价值，并与账面价值进行比较。对于在资产负债表中相互抵销的金融资产和金融负债，其公允价值应当以抵销后的金额披露。

第七十二条 金融资产或金融负债初始确认的公允价值与交易价格存在差异时，如果其公允价值并非基于相同资产或负债在活跃市场中的报价确定的，也非基于仅使用可观察市场数据的估值技术确定的，企业在初始确认金融资产或金融负债时不应确认利得或损失。在此情况下，企业应当按金融资产或金融负债的类型披露下列信息：

（一）企业在损益中确认交易价格与初始确认的公允价值之间差额时所采用的会计政策，以反映市场参与者对资产或负债进行定价时所考虑的因素（包括时间因素）的变动；

（二）该项差异期初和期末尚未在损益中确认的总额和本期变动额的调节表；

（三）企业如何认定交易价格并非公允价值的最佳证据，以及确定公允价值的证据。

第七十三条 企业可以不披露下列金融资产或金融负债的公允价值信息：

（一）账面价值与公允价值差异很小的金融资产或金融负债（如短期应收账款或应付账款）；

（二）包含相机分红特征且其公允价值无法可靠计量的合同；

（三）租赁负债。

第七十四条 在本准则第七十三条（二）所述的情况下，企业应当披露下列信息：

（一）对金融工具的描述及其账面价值，以及因公允价值无法可靠计量而未披露其公允价值的事实和说明；

（二）金融工具的相关市场信息；

（三）企业是否有意图处置以及如何处置这些金融工具；

（四）之前公允价值无法可靠计量的金融工具终止确认的，应当披露终止确认的事实，终止确认时该金融工具的账面价值和所确认的利得或损失金额。

第七章　与金融工具相关的风险披露

第一节　定性和定量信息

第七十五条　企业应当披露与各类金融工具风险相关的定性和定量信息，以便财务报表使用者评估报告期末金融工具产生的风险的性质和程度，更好地评价企业所面临的风险敞口。相关风险包括信用风险、流动性风险、市场风险等。

第七十六条　对金融工具产生的各类风险，企业应当披露下列定性信息：

（一）风险敞口及其形成原因，以及在本期发生的变化；

（二）风险管理目标、政策和程序以及计量风险的方法及其在本期发生的变化。

【解析 37-24】对金融工具产生的各类风险，企业应当披露的定性信息

（1）风险敞口及其形成原因。

（2）风险管理目标、政策和程序。

① 企业风险管理的目标和风险偏好设定。

② 企业风险管理的组织架构。

③ 风险识别、评价、规避和报告流程。

④ 企业的风险报告或计量系统的范围和性质。

⑤ 企业对风险进行套期或降低风险的政策，包括接受担保物的政策和程序。

⑥ 企业对这种套期或降低风险的方法的持续有效性进行监控的流程。

⑦ 企业避免风险过度集中的政策和程序。

（3）计量风险的方法。

企业应当披露定性信息与前期相比的所有变化。这些变化可能是企业面临的风险敞口改变或企业管理风险敞口的方式改变。披露这些信息有助于财务报表使用者了解这些变化对未来现金流量的性质、时间和不确定性的影响。

第七十七条　对金融工具产生的各类风险，企业应当按类别披露下列定量信息：

（一）期末风险敞口的汇总数据。该数据应当以向内部关键管理人员提供的相关信息为基础。企业运用多种方法管理风险的，披露的信息应当以最相关和可靠的方法为基础。

（二）按照本准则第七十八条至第九十七条披露的信息。

（三）期末风险集中度信息，包括管理层确定风险集中度的说明和参考因素（包括交易对手方、地理区域、货币种类、市场类型等），以及各风险集中度相关的风险敞口金额。

上述期末定量信息不能代表企业本期风险敞口情况的，应当进一步提供相关信息。

第二节 信用风险披露

第七十八条 对于适用《企业会计准则第 22 号——金融工具确认和计量》金融工具减值规定的各类金融工具和相关合同权利，企业应当按照本准则第八十条至第八十七条的规定披露。

对于始终按照相当于整个存续期内预期信用损失的金额计量其减值损失准备的应收款项、合同资产和租赁应收款，在逾期超过 30 日后对合同现金流量作出修改的，适用本准则第八十五条（一）的规定。

租赁应收款不适用本准则第八十六条（二）的规定。

第七十九条 为使财务报表使用者了解信用风险对未来现金流量的金额、时间和不确定性的影响，企业应当披露与信用风险有关的下列信息：

（一）企业信用风险管理实务的相关信息及其与预期信用损失的确认和计量的关系，包括计量金融工具预期信用损失的方法、假设和信息；

（二）有助于财务报表使用者评价在财务报表中确认的预期信用损失金额的定量和定性信息，包括预期信用损失金额的变动及其原因；

（三）企业的信用风险敞口，包括重大信用风险集中度；

（四）其他有助于财务报表使用者了解信用风险对未来现金流量金额、时间和不确定性的影响的信息。

第八十条 信用风险信息已经在其他报告（例如管理层讨论与分析）中予以披露并与财务报告交叉索引，且财务报告和其他报告可以同时同条件获得的，则信用风险信息无需重复列报。企业应当根据自身实际情况，合理确定相关披露的详细程度、汇总或分解水平以及是否需对所披露的定量信息作补充说明。

第八十一条 企业应当披露与信用风险管理实务有关的下列信息：

（一）企业评估信用风险自初始确认后是否已显著增加的方法，并披露下列信息：

1. 根据《企业会计准则第 22 号——金融资产确认和计量》第五十五条的规定，在资产负债表日只具有较低的信用风险的金融工具及其确定依据（包括适用该情况的金融工具类别）；

2. 逾期超过 30 日，而信用风险自初始确认后未被认定为显著增加的金融资产及其确定依据。

（二）企业对违约的界定及其原因。

（三）以组合为基础评估预期信用风险的金融工具的组合方法。

（四）确定金融资产已发生信用减值的依据。

（五）企业直接减记金融工具的政策，包括没有合理预期金融资产可以收回的迹象和已经直接减记但仍受执行活动影响的金融资产相关政策的信息。

（六）根据《企业会计准则第 22 号——金融工具确认和计量》第五十六条的规定评估合同现金流量修改后金融资产的信用风险的，企业应当披露其信用风险的评估方法以及下列信息：

1. 对于损失准备相当于整个存续期预期信用损失的金融资产，在发生合同现金流修改时，评估信用风险是否已下降，从而企业可以按照相当于该金融资产未来 12 个月内预期信用损失的金额确认计量其损失准备；

2. 对于符合本条（六）1 中所述的金融资产，企业应当披露其如何监控后续该金融资产的信用风险是否显著增加，从而按照相当于整个存续期预期信用损失的金额重新计量损失准备。

第八十二条 企业应当披露《企业会计准则第 22 号——金融工具确认和计量》第八章有关金融工具减值所采用的输入值、假设和估值技术等相关信息，具体包括：

（一）用于确定下列各事项或数据的输入值、假设和估计技术：

1. 未来 12 个月内预期信用损失和整个存续期的预期信用损失的计量；

2. 金融工具的信用风险自初始确认后是否已显著增加；

3. 金融资产是否已发生信用减值。

（二）确定预期信用损失时如何考虑前瞻性信息，包括宏观经济信息的使用。

（三）报告期估计技术或重大假设的变更及其原因。

【解析 37-25】企业应考虑披露影响预期信用损失准备的重要假设及其敏感性分析

根据《企业会计准则第 30 号——财务报表列报》第三十九条的规定，企业应当披露采用的重要会计政策和会计估计，并结合企业的具体实际披露其重要会计政策的确定依据和财务报表项目的计量基础，及其会计估计所采用的关键假设和不确定因素。因此，企业应考虑披露影响预期信用损失准备的重要假设及其敏感性分析。

企业应当分析自身实际情况，确定相关参数进行敏感性分析。尤其应当注意的是，企业可能需要分析预期信用损失对各项经济情景权重变动的敏感性。

此外，企业还应当考虑该披露的详细程度是否适宜，并可以根据不同组合的特点以及预期信用损失计算中各因素的影响程度来调整披露的详细程度。

第八十三条 企业应当以表格形式按金融工具的类别编制损失准备期初余额与期末余额的调节表，分别说明下列项目的变动情况：

（一）按相当于未来 12 个月预期信用损失的金额计量的损失准备。

（二）按相当于整个存续期预期信用损失的金额计量的下列各项的损失准备：

1. 自初始确认后信用风险已显著增加但并未发生信用减值的金融工具；

2. 对于资产负债表日已发生信用减值但并非购买或源生的已发生信用减值的金融资产；

3. 根据《企业会计准则第 22 号——金融工具确认和计量》第六十三条的规定计量减值损失准备的应收账款、合同资产和租赁应收款。

（三）购买或源生的已发生信用减值的金融资产的变动。除调节表外，企业还应当披露本期初始确认的该类金融资产在初始确认时未折现的预期信用损失总额。

第八十四条 为有助于财务报表使用者了解企业按照本准则第八十三条规定披露的损失准备变动信息，企业应当对本期发生损失准备变动的金融工具账面余额显著变动情况作出说明，这些说明信息应当包括定性和定量信息，并应当对按照本准则第八十三条规定披露损失准备的各项目分别单独披露，具体可包括下列情况下发生损失准备变动的金融工具账面余额显著变动信息：

（一）本期因购买或源生的金融工具所导致的变动。

（二）未导致终止确认的金融资产的合同现金流量修改所导致的变动。

（三）本期终止确认的金融工具（包括直接减记的金融工具）所导致的变动。

对于当期已直接减记但仍受执行活动影响的金融资产，还应当披露尚未结算的合同金额。

（四）因按照相当于未来 12 个月预期信用损失或整个存续期内预期信用损失金额计量损失准备而导致的金融工具账面余额变动信息。

第八十五条　为有助于财务报表使用者了解未导致终止确认的金融资产合同现金流量修改的性质和影响，及其对预期信用损失计量的影响，企业应当披露下列信息：

（一）企业在本期修改了金融资产合同现金流量，且修改前损准备是按相当于整个存续期预期信用损失金额计量的，应当披露修改或重新议定合同前的摊余成本及修改合同现金流量的净利得或净损失；

（二）对于之前按照相当于整个存续期内预期信用损失的金额计量了损失准备的金融资产，而当期按照相当于未来 12 个月内预期信用损失的金额计量该金融资产的损失准备的，应当披露该金融资产在资产负债表日的账面余额。

第八十六条　为有助于财务报表使用者了解担保物或其他信用增级对源自预期信用损失的金额的影响，企业应当按照金融工具的类别披露下列信息：

（一）在不考虑可利用的担保物或其他信用增级的情况下，企业在资产负债表日的最大信用风险敞口。

（二）作为抵押持有的担保物和其他信用增级的描述，包括：

1. 所持有担保物的性质和质量的描述；

2. 本期由于信用恶化或企业担保政策变更，导致担保物或信用增级的质量发生显著变化的说明；

3. 由于存在担保物而未确认损失准备的金融工具的信息。

（三）企业在资产负债表日持有的担保物和其他信用增级为已发生信用减值的金融资产作抵押的定量信息（例如对担保物和其他信用增级降低信用风险程度的量化信息）。

第八十七条　为有助于财务报表使用者评估企业的信用风险敞口并了解其重大信用风险集中度，企业应当按照信用风险等级披露相关金融资产的账面余额以及贷款承诺和财务担保合同的信用风险敞口。这些信息应当按照下列各类金融工具分别披露：

（一）按相当于未来 12 个月预期信用损失的金额计量损失准备的金融工具。

（二）按相当于整个存续期预期信用损失的金额计量损失准备的下列金融工具：

1. 自初始确认后信用风险已显著增加的金融工具（但并非已发生信用减值的金融资产）；

2. 在资产负债表日已发生信用减值但并非所购买或源生的已发生信用减值的金融资产；

3. 根据《企业会计准则第 22 号——金融工具确认和计量》第六十三条规定计量减值损失准备的应收账款、合同资产或者租赁应收款。

（三）购买或源生的已发生信用减值的金融资产。

信用风险等级是指基于金融工具发生违约的风险对信用风险划分的等级。

第八十八条 对于属于本准则范围，但不适用《企业会计准则第22号——金融工具确认和计量》金融工具减值规定的各类金融工具，企业应当披露与每类金融工具信用风险有关的下列信息：

（一）在不考虑可利用的担保物或其他信用增级的情况下，企业在资产负债表日的最大信用风险敞口。金融工具的账面价值能代表最大信用风险敞口的，不再要求披露此项信息。

（二）无论是否适用本条（一）中的披露要求，企业都应当披露可利用担保物或其他信用增级的信息及其对最大信用风险敞口的财务影响。

第八十九条 企业本期通过取得担保物或其他信用增级所确认的金融资产或非金融资产，应当披露下列信息：

（一）所确认资产的性质和账面价值；

（二）对于不易变现的资产，应当披露处置或拟将其用于日常经营的政策等。

第三节 流动性风险披露

第九十条 企业应当披露金融负债按剩余到期期限进行的到期期限分析，以及管理这些金融负债流动性风险的方法：

（一）对于非衍生金融负债（包括财务担保合同），到期期限分析应当基于合同剩余到期期限。对于包含嵌入衍生工具的混合金融工具，应当将其整体视为非衍生金融负债进行披露。

（二）对于衍生金融负债，如果合同到期期限是理解现金流量时间分布的关键因素，到期期限分析应当基于合同剩余到期期限。

当企业将所持有的金融资产作为流动性风险管理的一部分，且披露金融资产的到期期限分析使财务报表使用者能够恰当地评估企业流动性风险的性质和范围时，企业应当披露金融资产的到期期限分析。

流动性风险，是指企业在履行以交付现金或其他金融资产的方式结算的义务时发生资金短缺的风险。

【解析37-26】包含嵌入衍生工具的混合金融工具

对于包含嵌入衍生工具的混合金融工具，尽管应当按照《企业会计准则第22号——金融工具确认和计量》确定是否需要将嵌入衍生工具进行分拆，但在披露上述到期期限分析时，应当将包含嵌入衍生工具的混合金融工具整体视为非衍生金融负债进行披露。

如果有关衍生金融负债合同到期日的信息对了解现金流量的时间分布并非至关重要，则不需要披露其合同到期期限分析。例如，企业经常买卖衍生工具（如金融机构交易账户内的衍生金融负债），反映合同的到期日可能对了解现金流量的时间分布并非至关重要，因为衍生金融负债可能被转让（例如买入的期货合约在亏损状态下平仓），而不是在合同到期时通过支付或收取工具规定的合同现金流量结算。在这种情况下，企业仍须提供衍生金融负债的到期期限分析，但该分析可按另外的基础列报。例如，可以基于预计的交易日，或者基于企业预计将在资产负债表日后的短时间内进行处置时需要支付的账面价值（即公允价值），或者基于其在资产负债表日列报的公允价值。

第九十一条 企业在披露到期期限分析时，应当运用职业判断确定适当的时间段。列入各时间段内按照本准则第九十条的规定披露的金额，应当是未经折现的合同现金流量。

企业可以但不限于按下列时间段进行到期期限分析：

（一）一个月以内（含一个月，下同）；

（二）一个月至三个月以内；

（三）三个月至一年以内；

（四）一年至五年以内；

（五）五年以上。

【解析 37-27】披露的时间段应与内部报告的时间段相一致

定量披露应基于企业向关键管理人员提供的信息，因此所披露的时间段应与内部报告的时间段相一致。某些企业可能需要采用比其他企业更多的时间段。但无论如何划分时间段，企业均应通过考虑其流动性需求的相应时间，来评价其流动性披露是否提供了有关流动性需求的充分信息。例如，企业可能有在一个月之内到期的重大支付义务，在这种情况下，将第一年内所有支付义务归总至同一个时间段并不恰当。

第九十二条 债权人可以选择收回债权时间的，债务人应当将相应的金融负债列入债权人可以要求收回债权的最早时间段内。

债务人应付债务金额不固定的，应当根据资产负债表日的情况确定到期期限分析所披露的金额。如分期付款的，债务人应当把每期将支付的款项列入相应的最早时间段内。

财务担保合同形成的金融负债，担保人应当将最大担保金额列入相关方可以要求支付的最早时间段内。

【解析 37-28】时间段的确定

未使用的贷款承诺应归入可被要求支取的最早日期的时间段内。同样，对于财务担保合同形成的金融负债，担保人应当将最大担保金额列入相关方可以要求支付的最早时间段内。金融工具如要求分期付款，债务人应当把每期将支付的款项列入相应的最早时间段内。

如果企业发行被分类为金融负债的永续债务，企业应当考虑如何将期限为永续的现金流量纳入到期期限分析。企业还应当通过额外披露说明在永续工具下负有永续支付利息现金流量的义务，并对该永续工具的关键条款（如利率和名义金额）进行描述，以便于财务报表使用者更好地了解企业的流动性风险敞口。

第九十三条 企业应当披露流动性风险敞口汇总定量信息的确定方法。此类汇总定量信息中的现金（或另一项金融资产）流出符合下列条件之一的，应当说明相关事实，并提供有助于评价该风险程度的额外定量信息：

（一）该现金的流出可能显著早于汇总定量信息中所列示的时间。

（二）该现金的流出可能与汇总定量信息中所列示的金额存在重大差异。

如果以上信息已包括在本准则第九十条规定的到期期限分析中，则无需披露上述额外定量信息。

【解析 37-29】披露金额的确定与流动性风险管理

企业在披露金融负债到期期限分析时，应将按照本准则规定所披露的金额列入各时间段。列入各时间段内的金融负债金额，应当是未经折现的合同现金流量。例如，通过支付现金方式购买金融资产的远期协议中约定的价格、“付浮动、收固定”且以净现金结算的利率互换形成的净额、预付以总现金流量结算的衍生金融工具合同金额（如货币互换）、贷款承诺总额等。这些未折现的现金流量可能不同于资产负债表所列示的金额。

当应付金额不固定时，应当根据资产负债表日存在的情况确定披露的金额。如果应付金额随着指数的变化而变化，披露的金额可基于资产负债表日指数的水平来确定。

本准则并不要求企业在所有情况下披露金融资产的到期期限分析。有关到期期限分析披露的要求仅适用于金融负债。但是，当企业将所持有的金融资产作为流动性风险管理的一部分（例如，根据企业的流动性需求持有一部分金融资产，这部分金融资产易于出售变现，以满足企业偿付金融负债现金流出的需求），且披露金融资产的到期期限分析使财务报表使用者能够恰当地评估企业流动性风险的性质和范围时,企业应当披露金融资产的到期期限分析。

企业在披露如何管理流动性风险时，也应披露可能考虑的其他因素。这些因素包括但不限于以下方面：企业是否拥有已承诺的贷款额度或其他授信额度；是否在中央银行有存款以备流动性之需；是否有多样化的资金来源；是否有资产或筹资来源方面的重大流动性集中情况；是否就管理流动性风险建立了内部控制程序和应急方案；是否有包含加速偿还（如在企业信用评级下降时）条款的工具；是否有协议约定必要时追加担保物（如为衍生交易追加保证金）；是否有协议约定允许企业选择以交付现金、其他金融资产或其自身权益工具来结算负债；是否约定交易结算遵循“总互抵协议”等。

第四节　市场风险披露

第九十四条　金融工具的市场风险，是指金融工具的公允价值或未来现金流量因市场价格变动而发生波动的风险，包括汇率风险、利率风险和其他价格风险。

汇率风险，是指金融工具的公允价值或未来现金流量因外汇汇率变动而发生波动的风险。汇率风险可源于以记账本位币之外的外币进行计价的金融工具。

利率风险，是指金融工具的公允价值或未来现金流量因市场利率变动而发生波动的风险。利率风险可源于已确认的计息金融工具和未确认的金融工具（如某些贷款承诺）。

其他价格风险，是指金融工具的公允价值或未来现金流量因汇率风险和利率风险以外的市场价格变动而发生波动的风险，无论这些变动是由于与单项金融工具或其发行方有关的因素而引起的，还是由于与市场内交易的所有类似金融工具有关的因素而引起的。其他价格风险可源于商品价格或权益工具价格等的变化。

第九十五条　在对市场风险进行敏感性分析时，应当以整个企业为基础，披露下列信息：

（一）资产负债表日所面临的各类市场风险的敏感性分析。该项披露应当反映资产负债表日相关风险变量发生合理、可能的变动时，将对企业损益和所有者权益产生的影响。

对具有重大汇率风险敞口的每一种货币，应当分币种进行敏感性分析。

（二）本期敏感性分析所使用的方法和假设，以及本期发生的变化和原因。

第九十六条 企业采用风险价值法或类似方法进行敏感性分析能够反映金融风险变量之间（如利率和汇率之间等）的关联性，且企业已采用该种方法管理金融风险的，可不按照本准则第九十五条的规定进行披露，但应当披露下列信息：

（一）用于该种敏感性分析的方法、选用的主要参数和假设；

（二）所用方法的目的，以及该方法提供的信息在反映相关资产和负债公允价值方面的局限性。

第九十七条 按照本准则第九十五条或第九十六条对敏感性分析的披露不能反映金融工具市场风险的（例如期末的风险敞口不能反映当期的风险状况），企业应当披露这一事实及其原因。

【解析 37-30】编制市场风险敏感性分析的披露信息步骤

1.识别风险来源。

需要识别企业面临的所有市场风险，包括汇率风险、利率风险和其他价格风险。

2.确定资产负债表日的风险敞口及其影响。

本准则要求识别在资产负债表日其公允价值或现金流量受风险因素变化影响的所有金融工具。对于在资产负债表日已确认的金融工具，如果其现金流量根据合同规定与某一变量相联结，或者其公允价值取决于某一变量，且该变量的变化会影响损益或所有者权益的，企业应将该已确认金融工具纳入敏感性分析。

某些金融工具既不影响损益也不影响所有者权益。例如，以企业记账本位币计价、以摊余成本计量的固定利率债务工具，该工具相关利率的变动不会影响损益或所有者权益。又如，根据本准则的规定分类为权益工具的金融工具发行方不再重新计量，既不会影响损益也不会影响所有者权益。这些金融工具不需要纳入敏感性分析。

3.确定相关风险变量的合理可能变动。

企业确定何为相关风险变量的合理可能变动，应考虑企业经营所处的经济环境以及进行评估的时间段。在某一环境下相关风险变量的合理可能变动可能不同于在另一环境下的变动。企业须判断变动的合理范围，且合理可能变动不应包括罕见的“最坏的情况”或“压力测试”。对于相关风险变量的合理可能变动，企业应以本次披露至下一次披露（通常是下一个年度资产负债表日）的期间为时间框架进行评估。

合理可能变动的范围较广，因此企业不需要披露该范围内的每一变动，仅披露在合理可能变动范围上下限内的变动的影响即可。

4.确定披露中的适当汇总水平。

企业应汇总敏感性分析的结果以在更大程度上反映企业对市场风险的整体敏感性，但不应将来自重大不同经济环境的风险敞口的不同特征的信息汇总。例如，对面临恶性通货膨胀地区和低通货膨胀地区的市场风险敞口，企业应当分地区进行敏感性分析。对具有重大汇率风险敞口的每一种货币，应当分币种进行敏感性分析。

企业应当提供整个企业业务的敏感性分析，但是对不同类型的金融工具应当提供不同类型的敏感性分析。例如，以本币计价的金融工具和以外币计价的金融工具由于面对的风险敞口不同，应当分别进行敏感性分析。

企业可以根据内部管理风险的方式对业务的不同部分提供不同类型的敏感性分析。例如，一家金融机构可能包括零售银行分部和投资银行分部，并在投资银行分部使用风险价值分析（VaR，Value at Risk）进行内部风险管理。企业可以选择对零售银行分部提供传统敏感性分析，对投资银行分部提供风险价值分析。但是，在这种情况下，企业需要审慎考虑如何处理这两个分部之间的交易和风险敞口，以避免披露产生误导。

5. 计算和列报敏感性分析。

企业应披露，假设相关风险变量的合理可能变动应用于资产负债表日的风险敞口时，这些变动对损益和所有者权益的影响。企业不需要确定在相关风险变量的所有假设情况下对当期损益和所有者权益的影响金额。但是，企业应当就资产负债表日存在的风险敞口，披露如果相关风险变量在该日发生了合理可能变动而对损益和所有者权益的影响。例如，如果年末企业有一项浮动利率债务，企业应当假定利率在合理可能的范围内变动，并披露其对当期损益（即利息费用）的影响。

企业可以对损益以及所有者权益中的不同项目分别披露敏感性分析。企业也可针对对其具有重大利率风险敞口的每种货币分别披露利率风险的敏感性分析。损益的敏感性分析应与所有者权益的敏感性分析分开披露。

6. 提供额外披露。

本准则第九十七条规定，按照第九十五条或第九十六条对敏感性分析的披露不能反映金融工具市场风险的（例如，期末的风险敞口不能反映当期的风险状况），企业应当披露这一事实及其原因。

（1）金融工具包含了其影响不能由敏感性分析明显反映出来的条款和条件（如金融工具的价值不仅由敏感性分析所选风险变量决定，还由其他变量决定）。在这种情况下，额外的披露可能包括金融工具的条款和条件、期权被行权后对损益的影响以及企业如何对风险进行管理。

（2）金融资产的流动性低，在交易量少或缺少交易对手的情况下，所计算的损益变动很难实现。在这种情况下，额外的披露可能包括金融资产缺乏流动性的原因以及企业如何对风险进行管理。

（3）企业对某项资产持有量大，可按照市场报价的折价或溢价进行出售。在这种情况下，额外的披露可能包括证券的性质、持有比例、对损益的影响以及企业如何对风险进行管理。

第八章　金融资产转移的披露

第九十八条　企业应当就资产负债表日存在的所有未终止确认的已转移金融资产，以及对已转移金融资产的继续涉入，按本准则要求单独披露。

本章所述的金融资产转移，包括下列两种情形：

（一）企业将收取金融资产现金流量的合同权利转移给另一方。

（二）企业保留了收取金融资产现金流量的合同权利，但承担了将收取的现金流量支付给一个或多个最终收款方的合同义务。

【解析 37-31】金融资产转移内容

《企业会计准则第 23 号——金融资产转移》第六条中定义的“金融资产转移”也包含两种情形。第一种情形与本准则中的要求一致，但是对于第二种情形，还要求该“过手协议”若作为金融资产转移处理，必须同时满足该条第（二）项规定的 3 个条件。

可以看出，本准则对于“金融资产转移”的定义比金融资产转移准则更为宽泛。对于未满足 3 个条件的“过手协议”，尽管不是《企业会计准则第 23 号——金融资产转移》定义的“金融资产转移”，但属于本准则定义的“金融资产转移”，需进行相应的披露。这是因为《企业会计准则第 23 号——金融资产转移》规范的是终止确认问题，要防止形式上被转移而实质上未转移的资产出表；而本准则规范的是披露问题，要通过充分的披露让报表使用者了解转移（包括形式上的转移）的金融资产和确认的相关负债的关系。

第九十九条 企业对于金融资产转移所披露的信息，应当有助于财务报表使用者了解未整体终止确认的已转移金融资产与相关负债之间的关系，评价企业继续涉入已终止确认金融资产的性质和相关风险。

企业按照本准则第一百零一条和第一百零二条所披露信息不能满足本条前款要求的，应当披露其他补充信息。

第一百条 本章所述的继续涉入，是指企业保留了已转移金融资产中内在的合同权利或义务，或者取得了与已转移金融资产相关的新合同权利或义务。转出方与转入方签订的转让协议或与第三方单独签订的与转让相关的协议，都有可能形成对已转移金融资产的继续涉入。如果企业对已转移金融资产的未来业绩不享有任何利益，也不承担与已转移金融资产相关的任何未来支付义务，则不形成继续涉入。下列情形不形成继续涉入：

（一）与转移的真实性以及合理、诚信和公平交易等原则有关的常规声明和保证，这些声明和保证可能因法律行为导致转移无效。

（二）以公允价值回购已转移金融资产的远期、期权和其他合同。

（三）使企业保留了收取金融资产现金流量的合同权利但承担了将收取的现金流量支付给一个或多个最终收款方的合同义务的安排，且这类安排满足《企业会计准则第 23 号——金融资产转移》第六条（二）中的三个条件。

【解析 37-32】继续涉入具体内容

本准则所述的“继续涉入”，是指企业保留了已转移金融资产中内在的合同权利或义务，或者取得了与已转移金融资产相关的新合同权利或义务。常规声明和保证、以公允价值回购已转移金融资产的合同，以及同时满足《企业会计准则第 23 号——金融资产转移》中 3 个条件的“过手协议”不构成继续涉入。常规声明和保证是指企业为避免转让无效而作出的陈述，包括转移的真实性以及合理、诚信和公平交易等原则方面的陈述。例如，企业在合同中承诺：其向资产接收方提供的资料、单据及信息是有效、真实、准确且完整的，没有遗漏任何重要信息。

而在《企业会计准则第 23 号——金融资产转移》中，对于既没有转移也没有保留金融资产所有权上几乎所有的风险和报酬，且保留了对该金融资产控制的情形，属于该准则所指的“继续涉入”。

本准则定义的“继续涉入”情形（企业保留了已转移金融资产中内在的合同权利或义务，或者取得了与已转移金融资产相关的新合同权利或义务）在《企业会计准则第 23 号——金融资产转移》中可能被认定为转移了金融资产所有权上几乎所有风险和报酬、保留了几乎所有风险和报酬、既没有转移也没有保留几乎所有风险和报酬 3 种情况。而只有第 3 种情况才有可能符合该准则的“继续涉入”定义。因此本准则定义的“继续涉入”也比《企业会计准则第 23 号——金融资产转移》的定义更为宽泛。这是因为本准则的目的是让报表使用者了解企业保留的风险敞口。企业只要保留了已转移金融资产中内在的合同权利或义务，或者取得了与已转移金融资产相关的新合同权利或义务，就可能有风险敞口。

本准则所述的“继续涉入”是以企业自身财务报告为基础进行考虑的。例如，子公司向非关联的第三方转让一项金融资产，而其母公司对该金融资产存在继续涉入，则子公司在自身财务报表中确定是否继续涉入已转移金融资产时，不应当考虑母公司的涉入；母公司在合并财务报表中确定是否继续涉入已转移金融资产时，应当考虑自身以及集团其他成员对子公司已转移金融资产的继续涉入情况。“继续涉入”可能是源于转出方与转入方签订的转让协议，也可能是源于与第三方单独签订的与转让相关的协议。但是，如果企业对已转移金融资产的未来业绩不享有任何利益，也不承担与已转移金融资产相关的任何未来支付义务，则不形成继续涉入。

企业，尤其是金融机构，在金融资产转移中，往往还会就被转移金融资产提供相应的服务，收取一定的服务费。在这种情况下，企业应当分析该服务合同是否构成本准则定义的继续涉入。例如银行转让贷款后因提供后续贷款回收及转付服务而收取服务费的情形。如果该服务费的收取金额是以贷款实际回收和转付的金额为依据计算，则该项新的合同权利与已转移贷款相关，构成继续涉入。如果服务费的收取与是否成功回收和转付贷款以及回收和转付的金额和时间无关，则该项新的合同权利与已转移贷款无关，不构成继续涉入。

从本准则关于“金融资产转移”和“继续涉入”的定义，以及《企业会计准则第 23 号——金融资产转移》关于金融资产终止确认的条件可以看出，尚在资产负债表中的金融资产可能因为转移而引起负债，而已经终止确认的金融资产可能因为继续涉入而引起风险敞口。对这两种情形，企业都需要提供相关信息帮助报表使用者判定其影响。

第一百零一条 对于已转移但未整体终止确认的金融资产，企业应当按照类别披露下列信息：

（一）已转移金融资产的性质；

（二）仍保留的与所有权有关的风险和报酬的性质；

（三）已转移金融资产与相关负债之间关系的性质，包括因转移引起的对企业使用已转移金融资产的限制；

（四）在转移金融资产形成的相关负债的交易对手方仅对已转移金融资产有追索权的情况下，应当以表格形式披露所转移金融资产和相关负债的公允价值以及净头寸，即已转移金融资产和相关负债公允价值之间的差额；

（五）继续确认已转移金融资产整体的，披露已转移金融资产和相关负债的账面价值；

（六）按继续涉入程度确认所转移金融资产的，披露转移前该金融资产整体的账面价值、按继续涉入程度确认的资产和相关负债的账面价值。

【解析 37-33】金融资产部分转移

金融资产部分转移是指《企业会计准则第 23 号——金融资产转移》中第四条所规范的情形。例如，企业只转移了一项金融资产所产生现金流量的 40% 部分，则企业应该针对该 40% 部分的金融资产按照《企业会计准则第 23 号——金融资产转移》判断是否满足终止确认的条件。假设该 40% 部分的金融资产不满足终止确认的条件，因而未全部终止确认该部分金融资产，那么在这种情况下，这 40% 部分的金融资产需要按照本准则对于已转移但未整体终止确认的金融资产的披露要求进行相应披露。如果该 40% 部分的金融资产满足终止确认的条件，可以被终止确认，则这 40% 部分的金融资产不需要按照本准则对于已转移但未整体终止确认的金融资产的披露要求进行相应披露，但是要考虑企业是否继续涉入该部分已转移金融资产，并按照本准则对于已整体终止确认但转出方继续涉入已转移金融资产的披露要求进行披露。对于剩余的 60% 部分的金融资产，无论是在以上哪种假设情况下，都不涉及金融资产的转移，因而也不需要按照本准则进行披露。

第一百零二条　对于已整体终止确认但转出方继续涉入已转移金融资产的，企业应当至少按照类别披露下列信息：

（一）因继续涉入确认的资产和负债的账面价值和公允价值，以及在资产负债表中对应的项目。

（二）因继续涉入导致企业发生损失的最大风险敞口及确定方法。

（三）应当或可能回购已终止确认的金融资产需要支付的未折现现金流量（如期权协议中的行权价格）或其他应向转入方支付的款项，以及对这些现金流量或款项的到期期限分析。如果到期期限可能为一个区间，应当以企业必须或可能支付的最早日期为依据归入相应的时间段。到期期限分析应当分别反映企业应当支付的现金流量（如远期合同）、企业可能支付的现金流量（如签出看跌期权）以及企业可选择支付的现金流量（如购入看涨期权）。在现金流量不固定的情形下，上述金额应当基于每个资产负债表日的情况披露。

（四）对本条（一）至（三）定量信息的解释性说明，包括对已转移金融资产、继续涉入的性质和目的，以及企业所面临风险的描述等。其中，对企业所面临风险的描述包括下列各项：

1. 企业对继续涉入已终止确认金融资产的风险进行管理的方法；

2. 企业是否应先于其他方承担有关损失，以及先于本企业承担损失的其他方应承担损失的顺序及金额；

3. 企业向已转移金融资产提供财务支持或回购该金融资产的义务的触发条件。

（五）金融资产转移日确认的利得或损失，以及因继续涉入已终止确认金融资产当期和累计确认的收益或费用（如衍生工具的公允价值变动）。

（六）终止确认产生的收款总额在本期分布不均衡的（例如大部分转移金额在临近报告期末发生），企业应当披露本期最大转移活动发生的时间段、该段期间所确认的金额（如相关利得或损失）和收款总额。

企业在披露本条所规定的信息时，应当按照其继续涉入面临的风险敞口类型分类汇总披露。例如，可按金融工具类别（如附担保或看涨期权继续涉入方式）或转让类型（如应收账款保理、证券化和融券）分类汇总披露。企业对某项终止确认的金融资产存在多种继续涉入方式的，可按其中一类汇总披露。

第一百零三条 企业按照本准则第一百条的规定确定是否继续涉入已转移金融资产时，应当以自身财务报告为基础进行考虑。

第九章 衔接规定

第一百零四条 自本准则施行日起，企业应当按照本准则的要求列报金融工具相关信息。企业比较财务报表列报的信息与本准则要求不一致的，不需要按照本准则的要求进行调整。

【解析37-34】衔接规定

企业首次执行《企业会计准则第22号——金融工具确认和计量》、《企业会计准则第23号——金融资产转移》和《企业会计准则第24号——套期会计》（本部分除特别指明外，以上准则均指2017年修订版），应当披露下列内容。

1. 企业应当在首次执行日，用表格形式对每一类别的金融资产和金融负债披露下列信息：

① 执行《企业会计准则第22号——金融工具确认和计量》之前存在的金融工具的原计量类别和账面价值；

② 根据《企业会计准则第22号——金融工具确认和计量》确定的新计量类别和账面价值；

③ 资产负债表中之前被指定为以公允价值计量且其变动计入当期损益但不再作出这一指定的所有金融资产和金融负债的金额，并分别根据该准则规定作出重分类，以及企业选择在首次执行日进行重分类两种情况进行披露。

2. 在包含首次执行日的报告期间内，企业应当披露下列定性信息：

① 企业应用《企业会计准则第22号——金融工具确认和计量》的规定对金融资产进行重分类的情况；

② 金融资产或金融负债在首次执行日被指定或被取消指定为以公允价值计量且其变动计入当期损益的原因。

3. 对于首次执行《企业会计准则第 22 号——金融工具确认和计量》的报告期间，企业应当披露《企业会计准则第 22 号——金融工具确认和计量》的首次执行日金融资产和金融负债分类的变化，并分别列示：

① 在重分类前计量类别下的账面价值变动；

② 因采用《企业会计准则第 22 号——金融工具确认和计量》而产生的计量变更所导致的账面价值变动。

4. 对于企业在首次执行《企业会计准则第 22 号——金融工具确认和计量》的报告期间，因采用《企业会计准则第 22 号——金融工具确认和计量》重分类为以摊余成本计量的金融资产或金融负债，或者将以公允价值计量且其变动计入当期损益的金融资产重分类为以公允价值计量且其变动计入其他综合收益的金融资产，应当披露下列信息：

① 金融资产或金融负债在报告期末的公允价值；

② 若金融资产或金融负债未进行重分类，应在报告期内计入当期损益或其他综合收益的公允价值变动金额。

在企业首次执行《企业会计准则第 22 号——金融工具确认和计量》的年度报告期间之后，不需要提供本段所规定的披露。

5. 对于企业在首次执行《企业会计准则第 22 号——金融工具确认和计量》的报告期间，因采用《企业会计准则第 22 号——金融工具确认和计量》将以公允价值计量且其变动计入当期损益类别的金融资产和金融负债重分类为其他类别时，企业应当披露下列信息：

① 在首次执行日确定的实际利率；

② 已确认的利息收入或费用。

如果企业根据《企业会计准则第 22 号——金融工具确认和计量》第八十条规定将金融资产或金融负债的公允价值作为首次执行日的新账面余额或新摊余成本，则应在直至终止确认之前（含终止确认时）的每一报告期间进行上述披露。

6. 企业在按照上述 3 至 5 项进行披露时，一般不需要重述前期报告。企业只有在仅根据重述期间所获取的信息就能重述前期报告的情况下（即重述不依赖于重述期间的后续期间所获取的信息），才可以重述。如果企业不进行重述，则应当将原账面价值和首次执行日所属的年度报告期间期初账面价值之间的差额确认为该期间的期初留存收益或其他综合收益。但是如果企业进行重述，重述的财务报告必须遵循《企业会计准则第 22 号——金融工具确认和计量》的所有要求。

7. 企业在按照上述 3 至 5 项进行披露时，以及根据本准则第七十一条进行披露时，必须提供下列两项在首次执行日前后的对照信息：

① 列报的计量类别；

② 金融工具的类别。

8. 在《企业会计准则第 22 号——金融工具确认和计量》的首次执行日，企业需要披露对下列两项进行调节的信息：

① 根据《企业会计准则第 22 号——金融工具确认和计量》（2006 版）的相关规定计量的期末损失准备和根据《企业会计准则第 13 号——或有事项》计提的损失准备；

② 根据《企业会计准则第 22 号——金融工具确认和计量》确定的期初损失准备。

对于金融资产，企业应当按照首次执行前和首次执行后的计量类别分别提供上述披露，并且应单独列示计量类别的变化对首次执行日损失准备的影响。

9. 在《企业会计准则第 22 号——金融工具确认和计量》首次执行日所属的报告期间内，企业不需要披露根据《企业会计准则第 22 号——金融工具确认和计量》（2006 版）的分类和计量要求对本期项目进行列报的金额，也不需要披露根据《企业会计准则第 22 号——金融工具确认和计量》的分类和计量要求对前期项目进行列报的金额。

10. 如果企业按照《企业会计准则第 22 号——金融工具确认和计量》第七十五条规定，在评估金融资产合同现金流量特征时不考虑关于时间价值要素修正的规定，则在该金融资产终止确认之前，企业均应披露该金融资产在资产负债表日的账面价值。

11. 如果企业按照《企业会计准则第 22 号——金融工具确认和计量》第七十六条规定，在评估金融资产合同现金流量特征时不考虑关于提前还款特征的规定，则在该金融资产终止确认之前，企业均应披露该金融资产在资产负债表日的账面价值。

第十章　附则

第一百零五条　本准则自 2018 年 1 月 1 日起施行。

企业会计准则第 38 号——首次执行企业会计准则

《企业会计准则第 38 号——首次执行企业会计准则》于 2006 年 2 月 15 日由财会〔2006〕3 号公布，自 2007 年 1 月 1 日起施行。

第一章　总则

第一条　为了规范首次执行企业会计准则对会计要素的确认、计量和财务报表列报，根据《企业会计准则——基本准则》，制定本准则。

第二条　首次执行企业会计准则，是指企业第一次执行企业会计准则体系，包括基本准则、具体准则和会计准则应用指南。

第三条　首次执行企业会计准则后发生的会计政策变更，适用《企业会计准则第 28 号——会计政策、会计估计变更和差错更正》。

第二章　确认和计量

第四条　在首次执行日，企业应当对所有资产、负债和所有者权益按照企业会计准则的规定进行重新分类、确认和计量，并编制期初资产负债表。

编制期初资产负债表时，除按照本准则第五条至第十九条规定要求追溯调整的项目外，其他项目不应追溯调整。

【解析 38-1】首次执行日的新旧会计科目余额对照表和期初资产负债表

在首次执行日，企业应当根据本准则第四条及其应用指南，结合本单位的实际情况，对首次执行日前的资产负债表及相关账目的各项余额进行分析，按照新准则规定重新分类、确认和计量，设置新旧会计科目余额对照表，结束旧账，建立新账，编制期初资产负债表，作为执行企业会计准则体系的起点。

第五条　对于首次执行日的长期股权投资，应当分别下列情况处理：

（一）根据《企业会计准则第 20 号——企业合并》属于同一控制下企业合并产生的长期股权投资，尚未摊销完毕的股权投资差额应全额冲销，并调整留存收益，以冲销股权投资差额后的长期股权投资账面余额作为首次执行日的认定成本。

（二）除上述（一）以外的其他采用权益法核算的长期股权投资，存在股权投资贷方差额的，应冲销贷方差额，调整留存收益，并以冲销贷方差额后的长期股权投资账面余额作为首次执行日的认定成本；存在股权投资借方差额的，应当将长期股权投资的账面余额作为首次执行日的认定成本。

【例 38-1】首次执行日的长期股权投资

甲公司 2×17 年 1 月 1 日投资于乙公司（不属于企业合并形成的投资），投资成本为 600 000 元，持有乙公司 30% 的股份，对乙公司能够实施控制，甲公司投资时采用权益法核算。假设乙公司 2×17 年 1 月 1 日所有者权益总额为 400 000 元。股权投资差额按 10 年摊销，已经摊销 6 年。2×17 年 1 月 1 日，甲公司执行新的会计准则，按照新准则的规定，甲公司应进行以下会计处理。

投资时股权投资差额 =600 000−400 000×30%=480 000（元）

未摊销股权投资差额 =480 000−（480 000÷10）×6=192 000（元）

甲公司 2×17 年 1 月 1 日长期股权投资账面余额 =600 000−192 000=408 000（元）

第六条　对于有确凿证据表明可以采用公允价值模式计量的投资性房地产，在首次执行日可以按照公允价值进行计量，并将账面价值与公允价值的差额调整留存收益。

第七条　在首次执行日，对于满足预计负债确认条件且该日之前尚未计入资产成本的弃置费用，应当增加该项资产成本，并确认相应的负债；同时，将应补提的折旧（折耗）调整留存收益。

【解析 38-2】首次执行日预计资产弃置费用的折现率

根据本准则第七条规定，企业在预计首次执行日前尚未计入资产成本的弃置费用时，应当满足预计负债的确认条件，选择该项资产初始确认开始至首次执行日期间适用的折现率，以该项预计负债折现后的金额增加资产成本，据此计算确认应补提的资产折旧（或油气资产的折耗），同时调整期初留存收益。

折现率的选择应当考虑货币的时间价值和相关期间通货膨胀等因素的影响。

预计弃置费用的范围，适用《企业会计准则第 4 号——固定资产》《企业会计准则第 27 号——石油天然气开采》等限定的资产范围。

【例 38-2】首次执行日预计资产弃置费用会计处理

甲公司 2×14 年 12 月建造一项大型资产项目，预计使用 20 年，预计弃置费用为 6 000 000 元。按照工业企业会计制度的规定，此项预计弃置费用不计入固定资产成本。该公司于 2×17 年 1 月 1 日执行新的会计准则体系，按照新准则的规定，预计弃置费用已满足预计负债的确认条件，应确认相应的负债并应增加该项资产的成本，同时补提折旧调整留存收益。假定预计弃置费用现值为 4 600 000 元，该资产采用使用年限法提取折旧。甲公司应进行如下会计处理。

2×17 年将预计弃置费用增加固定资产成本。

借：固定资产	4 600 000	
贷：预计负债		4 600 000

补提折旧，调整留存收益。

借：利润分配——未分配利润	1 380 000	
贷：累计折旧		1 380 000

第八条　对于首次执行日存在的解除与职工的劳动关系计划，满足《企业会计准则第 9

号——职工薪酬》预计负债确认条件的，应当确认因解除与职工的劳动关系给予补偿而产生的负债，并调整留存收益。

【例 38-3】存在的解除与职工的劳动关系计划

20×7 年 1 月首次执行企业会计准则时，A 公司为鼓励职工自愿接受裁减而提出给予补偿的决议，其中补偿金为 5 200 000 元。根据本准则的规定，在符合企业已制订正式的解除劳动关系计划和企业不能单方面撤回解除劳动关系计划这两个条件时，A 公司应确认为负债并列入当期费用。此时，A 公司应进行如下会计处理。

借：留存收益　　5 200 000

　贷：应付职工薪酬——预计负债　　5 200 000

第九条　对于企业年金基金在运营中所形成的投资，应当在首次执行日按照公允价值进行计量，并将账面价值与公允价值的差额调整留存收益。

第十条　对于可行权日在首次执行日或之后的股份支付，应当根据《企业会计准则第 11 号——股份支付》的规定，按照权益工具、其他方服务或承担的以权益工具为基础计算确定的负债的公允价值，将应计入首次执行日之前等待期的成本费用金额调整留存收益，相应增加所有者权益或负债。

首次执行日之前可行权的股份支付，不应追溯调整。

【解析 38-3】可行权日在首次执行日或之后的股份支付的公允价值

根据本准则第十条，授予职工以权益结算的股份支付，应当按照权益工具在授予日的公允价值调整期初留存收益，相应增加资本公积；授予日的公允价值不能可靠计量的，应当按照权益工具在首次执行日的公允价值计量。

授予职工以现金结算的股份支付，应当按照权益工具在等待期内首次执行日之前各资产负债表日的公允价值计量，减少期初留存收益，相应增加应付职工薪酬；上述各资产负债表日的公允价值不能可靠计量的，应当按照权益工具在首次执行日的公允价值计量。

授予其他方的股份支付，在首次执行日，比照授予职工的股份支付处理。

第十一条　在首次执行日，企业应当按照《企业会计准则第 13 号——或有事项》的规定，将满足预计负债确认条件的重组义务，确认为负债，并调整留存收益。

第十二条　企业应当按照《企业会计准则第 18 号——所得税》的规定，在首次执行日对资产、负债的账面价值与计税基础不同形成的暂时性差异的所得税影响进行追溯调整，并将影响金额调整留存收益。

【解析 38-4】首次执行日所得税的处理

根据本准则第十二条规定，在首次执行日，企业应当停止采用应付税款法或原纳税影响会计法，改按《企业会计准则第 18 号——所得税》规定的资产负债表债务法对所得税进行处理。采用应付税款法核算所得税费用的，应当按照企业会计准则相关规定调整后的资产、负债账面价值与其计税基础进行比较，确定应纳税暂时性差异和可抵扣暂时性差异，采用适用的税率计算递延所得税负债及递延所得税资产金额，相应调整期初留存收益。

采用原纳税影响会计法核算所得税费用的，应根据《企业会计准则第 18 号——所得税》计算递延所得税负债和递延所得税资产的金额，同时冲销原来的递延所得税借项或贷项的金额，上述两项金额之间的差额调整期初留存收益。

在首次执行日，企业对于能够结转以后年度的可抵扣亏损和税款抵减，应以很可能获得用来抵扣可抵扣亏损和税款抵减的未来应纳税所得额为限，确认相应的递延所得税资产，同时调整期初留存收益。

第十三条 除下列项目外，对于首次执行日之前发生的企业合并不应追溯调整：

（一）按照《企业会计准则第 20 号——企业合并》属于同一控制下企业合并，原已确认商誉的摊余价值应当全额冲销，并调整留存收益。

按照该准则的规定属于非同一控制下企业合并的，应当将商誉在首次执行日的摊余价值作为认定成本，不再进行摊销。

（二）首次执行日之前发生的企业合并，合并合同或协议中约定根据未来事项的发生对合并成本进行调整的，如果首次执行日预计未来事项很可能发生并对合并成本的影响金额能够可靠计量的，应当按照该影响金额调整已确认商誉的账面价值。

（三）企业应当按照《企业会计准则第 8 号——资产减值》的规定，在首次执行日对商誉进行减值测试，发生减值的，应当以计提减值准备后的金额确认，并调整留存收益。

【解析 38-5】首次执行日非同一控制下企业合并的处理

本准则第十三条第（二）（三）规定是指首次执行日之前发生的、符合《企业会计准则第 20 号——企业合并》中的非同一控制下的企业合并，不涉及同一控制下的企业合并。

【例 38-4】首次执行日非同一控制下企业合并的处理

A 公司、B 公司同为甲公司的子公司。2×14 年 1 月，A 公司收购 B 公司的全部资产。收购日，B 公司的资产账面价值总额为 460 000 000 元，负债账面价值总额为 240 000 000 元；资产评估价值总额为 350 000 000 元，负债评估价值总额为 150 000 000 元。经过多次谈判，最终 A 公司以 270 000 000 元的价格购入 B 公司。2×17 年 1 月 1 日，A 公司执行新的企业会计准则，根据新准则的规定，对同一控制下企业合并，原已经确认商誉的摊余价值应进行追溯调整。

A 公司购入 B 公司商誉价值计算方法如下。

购入商誉 =270 000 000-（350 000 000-150 000 000）=70 000 000（元）

商誉摊余价值 =70 000 000-（70 000 000÷10）×3=49 000 000（元）

A 公司会计处理如下。

借：利润分配——未分配利润	49 000 000	
贷：无形资产——商誉		49 000 000

如果按照新准则的规定，属于非同一控制下企业合并的，应当将商誉在首次执行日的摊余价值作为认定成本，不再进行摊销。

第十四条 在首次执行日，企业应当将所持有的金融资产（不含《企业会计准则第 2 号——长期股权投资》规范的投资），划分为以公允价值计量且其变动计入当期损益的金融资产、持有至到期投资、贷款和应收款项、可供出售金融资产。

（一）划分为以公允价值计量且其变动计入当期损益或可供出售金融资产的，应当在首次执行日按照公允价值计量，并将账面价值与公允价值的差额调整留存收益。

（二）划分为持有至到期投资、贷款和应收款项的，应当自首次执行日起改按实际利率法，在随后的会计期间采用摊余成本计量。

第十五条 对于在首次执行日指定为以公允价值计量且其变动计入当期损益的金融负债，应当在首次执行日按照公允价值计量，并将账面价值与公允价值的差额调整留存收益。

第十六条 对于未在资产负债表内确认、或已按成本计量的衍生金融工具（不包括套期工具），应当在首次执行日按照公允价值计量，同时调整留存收益。

第十七条 对于嵌入衍生金融工具，按照《企业会计准则第 22 号——金融工具确认和计量》规定应从混合工具分拆的，应当在首次执行日将其从混合工具分拆并单独处理，但嵌入衍生金融工具的公允价值难以合理确定的除外。

对于企业发行的包含负债和权益成分的非衍生金融工具，应当按照《企业会计准则第 37 号——金融工具列报》的规定，在首次执行日将负债和权益成分分拆，但负债成分的公允价值难以合理确定的除外。

【解析 38-6】首次执行日金融工具分拆时的公允价值

本准则第十七条规定，对于嵌入衍生金融工具，按照《企业会计准则第 22 号——金融工具确认和计量》规定应从混合工具中分拆的，应当在首次执行日将其从混合工具中分拆并单独处理；嵌入衍生金融工具的公允价值无法合理确定的，应当将该混合工具整体指定为以公允价值计量且其变动计入当期损益的金融资产或金融负债。

企业发行的包含负债和权益成分的非衍生金融工具，在首次执行日按照《企业会计准则第 37 号——金融工具列报》进行分拆时，先确定负债成分发行时的公允价值并以此作为其初始确认金额，再按该金融工具的整体发行价格扣除负债成分公允价值后的金额，确定权益成分的初始确认金额。

负债发行时的公允价值不能合理确定的，可以按该项负债在首次执行日的公允价值作为其初始确认金额。发行时和首次执行日负债的公允价值均不能合理确定的，不应对金融工具进行分拆。

第十八条 在首次执行日，对于不符合《企业会计准则第 24 号——套期会计》规定的套期会计方法运用条件的套期保值，应当终止采用原套期会计方法，并按照《企业会计准则第 24 号——套期会计》处理。

第十九条 发生再保险分出业务的企业，应当在首次执行日按照《企业会计准则第 26 号——再保险合同》的规定，将应向再保险接受人摊回的相应准备金确认为资产，并调整各项准备金的账面价值。

【解析 38-7】首次执行日采用未来适用法有关项目的处理

本准则第四条规定，除本准则第五条至第十九条规定要求追溯调整的项目外，其他项目不应追溯调整，应当采用未来适用法。

（一）正在开发和加工的无形资产或存货

对于首次执行日企业正在开发过程中的内部开发项目，已经费用化的开发支出，不应追溯调整；根据《企业会计准则第6号——无形资产》及相关解释规定，首次执行日及以后发生的开发支出，符合无形资产确认条件的，应当予以资本化。

对于处在开发阶段的内部开发项目、处于生产过程中的需要经过相当长时间才能达到预定可销售状态的存货（如飞机和船舶），以及营造、繁殖需要经过相当长时间才能达到预定可使用或可销售状态的生物资产，首次执行日之前未予资本化的借款费用，不应追溯调整；上述尚未完成开发或尚未完工的各项资产，首次执行日及以后发生的借款费用，应当将符合《企业会计准则第17号——借款费用》资本化条件的部分予以资本化。

（二）超过正常信用条件延期付款（或收款）、实质上具有融资性质的购销业务

对于首次执行日处于收款过程中的采用递延收款方式、实质上具有融资性质的销售商品或提供劳务收入，如分期收款发出商品销售，首次执行日前已确认的收入和结转的成本不再追溯调整。

在首次执行日后的第一个会计期间，企业应当将销售合同或协议剩余价款作为长期应收款，尚未收取的合同或协议价款的公允价值即现值确认为主营业务收入，两者的差额作为未实现融资收益，在剩余收款期限内按照实际利率法进行摊销。

首次执行日之前购买的固定资产、无形资产在超过正常信用条件的期限内延期付款，实质上具有融资性质的，首次执行日之前已计提的折旧和摊销额，不再追溯调整；在首次执行日，企业应当以尚未支付的款项折现后的现值与资产账面价值的差额，减少资产的账面价值，同时增加未确认融资费用。首次执行日后，企业应当以调整后的资产账面价值作为认定成本并以此为基础计提折旧，未确认融资费用按照实际利率法进行摊销。

融资租赁下出租人和承租人的租赁资产价值、未确认融资收益、未确认融资费用以及初始直接费用等，比照上述原则处理。

（三）会计估计

企业在首次执行日按照企业会计准则所做的估计，应当与按照原会计制度或准则所做的估计一致，不应追溯调整，除非有客观证据表明原估计是错误的。首次执行日以后获得的、表明首次执行日后发生情况的新信息，视同《企业会计准则第29号——资产负债表日后事项》中的非调整事项处理。

按照企业会计准则规定需要做出的会计估计事项，在原会计制度或准则不要求估计的，如某些资产、负债的公允价值等，在首次执行日，关于市场价格、利率或汇率的估计应当反映该日的市场状况。

（四）无形资产

首次执行日处于开发阶段的内部开发项目，首次执行日之前已经费用化的开发支出，不应追溯调整；根据《企业会计准则第6号——无形资产》规定，首次执行日及以后发生的开发支出，符合无形资产确认条件的，应当予以资本化。

企业持有的无形资产，应当以首次执行日的摊余价值作为认定成本，对于使用寿命有限的无形资产，应当在剩余使用寿命内根据《企业会计准则第6号——无形资产》的规定进行

摊销。对于使用寿命不确定的无形资产，在首次执行日后应当停止摊销，按照《企业会计准则第 6 号——无形资产》的规定处理。

首次执行日之前已计入在建工程和固定资产的土地使用权，符合《企业会计准则第 6 号——无形资产》的规定应当单独确认为无形资产的，首次执行日应当进行重分类，将归属于土地使用权的部分从原资产账面价值中分离，作为土地使用权的认定成本，按照《企业会计准则第 6 号——无形资产》的规定处理。

（五）开办费

首次执行日企业的开办费余额，应当在首次执行日后第一个会计期间内全部确认为管理费用。

（六）职工福利费

首次执行日企业的职工福利费余额，应当全部转入应付职工薪酬（职工福利）。首次执行日后第一个会计期间，按照《企业会计准则第 9 号——职工薪酬》规定，根据企业实际情况和职工福利计划确认应付职工薪酬（职工福利），该项金额与原转入的应付职工薪酬（职工福利）之间的差额调整管理费用。

第三章　列报

第二十条　在首次执行日后按照企业会计准则编制的首份年度财务报表（以下简称首份年度财务报表）期间，企业应当按照《企业会计准则第 30 号——财务报表列报》和《企业会计准则第 31 号——现金流量表》的规定，编报资产负债表、利润表、现金流量表和所有者权益变动表及附注。

对外提供合并财务报表的，应当遵循《企业会计准则第 33 号——合并财务报表》的规定。

在首份年度财务报表涵盖的期间内对外提供中期财务报告的，应当遵循《企业会计准则第 32 号——中期财务报告》的规定。

企业应当在附注中披露首次执行企业会计准则财务报表项目金额的变动情况。

第二十一条　首份年度财务报表至少应当包括上年度按照企业会计准则列报的比较信息。财务报表项目的列报发生变更的，应当对上年度比较数据按照企业会计准则的列报要求进行调整，但不切实可行的除外。

对于原未纳入合并范围但按照《企业会计准则第 33 号——合并财务报表》规定应纳入合并范围的子公司，在上年度的比较合并财务报表中，企业应当将该子公司纳入合并范围。对于原已纳入合并范围但按照该准则规定不应纳入合并范围的子公司，在上年度的比较合并财务报表中，企业不应将该子公司纳入合并范围。上年度比较合并财务报表中列示的少数股东权益，应当按照该准则的规定，在所有者权益类列示。

应当列示每股收益的企业，比较财务报表中上年度的每股收益按照《企业会计准则第 34 号——每股收益》的规定计算和列示。

应当披露分部信息的企业，比较财务报表中上年度关于分部的信息按照《企业会计准则第 35 号——分部报告》的规定披露。

【解析 38-8】首份中期财务报告和首份年度财务报表的列报

本准则第二十条规定，企业应当按照《企业会计准则第 30 号——财务报表列报》《企业会计准则第 31 号——现金流量表》《企业会计准则第 33 号——合并财务报表》等列报准则及其应用指南的规定，编制首份中期财务报告和首份年度财务报表。

（一）首份中期财务报告和首份年度财务报表

首份中期财务报告至少应当包括资产负债表、利润表、现金流量表和附注。首份年度财务报表应当是一套完整的财务报表，至少包括资产负债表、利润表、现金流量表、所有者权益变动表和附注。

首份中期财务报告至少应当包括按照新准则编制的上年度资产负债表、上年度可比中期的利润表、上年度至可比本中期末的现金流量表。首份年度财务报表至少应当包括按照新准则列报的上一年度全部比较信息。

按新准则规定列报比较信息的，首次执行日是在首份年度财务报表中按照新准则列报全部比较信息最早期间的期初。

如果母公司执行企业会计准则，但子公司按规定尚未执行企业会计准则的，母公司在编制合并财务报表时，应当按照企业会计准则的规定调整子公司的财务报表；如果子公司已执行企业会计准则，但母公司按规定尚未执行企业会计准则的，母公司在编制合并财务报表时，应当将子公司按照企业会计准则编制的财务报表直接合并，不需要调整。

（二）首份中期财务报告和首份年度财务报表附注

企业应当按照各项会计准则关于附注的规定，在首份中期财务报告和首份年度财务报表附注中进行披露，其中应当以列表形式详细披露如下数据的调节过程，以反映首次执行企业会计准则对企业财务状况、经营业绩和现金流量的影响。

1. 首次执行日按原会计制度或准则列报的所有者权益，调整为按企业会计准则列报的所有者权益。

2. 按原会计制度或准则列报的最近年度年末所有者权益，调整为按照企业会计准则列报的所有者权益。

3. 按原会计制度或准则列报的最近年度损益，调整为按照企业会计准则列报的损益。

4. 比较中期期末按原会计制度或准则列报的所有者权益，调整为按企业会计准则列报的所有者权益。

5. 比较中期按原会计制度或准则列报的损益（可比中期和上年初至可比中期末累计数），调整为同一期间按企业会计准则列报的损益。

对于需要提供季报或半年报的企业，执行企业会计准则后首份年度财务报表期间内的第一季度季报（或第一份半年报），需要披露上述 5 项数据的调节过程，第二、第三季度季报只需要提供上述第 4、5 两项数据的调节过程。

企业会计准则第39号——公允价值计量

为了适应社会主义市场经济发展需要，规范企业公允价值计量和披露，提高会计信息质量，根据《企业会计准则——基本准则》，财政部制定了《企业会计准则第39号——公允价值计量》，自2014年7月1日起在所有执行企业会计准则的企业范围内施行，鼓励在境外上市的企业提前执行。

第一章　总则

第一条　为了规范公允价值的计量和披露，根据《企业会计准则——基本准则》，制定本准则。

第二条　公允价值，是指市场参与者在计量日发生的有序交易中，出售一项资产所能收到或者转移一项负债所需支付的价格。

【解析39-1】公允价值的概念

按照现行会计准则规定，涉及公允价值计量的资产或负债包括《企业会计准则第3号——投资性房地产》中规范的以公允价值进行后续计量的投资性房地产、《企业会计准则第5号——生物资产》中规范的以公允价值进行后续计量的生物资产、《企业会计准则第8号——资产减值》中规范的使用公允价值确定可收回金额的资产、《企业会计准则第10号——企业年金基金》中规范的以公允价值计量的企业年金基金投资、《企业会计准则第16号——政府补助》中规范的以非货币性资产形式取得的政府补助、《企业会计准则第20号——企业合并》中规范的非同一控制下企业合并中取得的可辨认资产和负债以及作为合并对价发行的权益工具、《企业会计准则第22号——金融工具确认和计量》中规范的以公允价值计量且其变动计入当期损益的金融资产或金融负债以及其他债权投资、其他权益工具投资等。但是，《企业会计准则第1号——存货》中规范的可变现净值、《企业会计准则第8号——资产减值》中规范的预计未来现金流量现值等计量属性，与公允价值类似但并不遵循公允价值计量的有关规定，股份支付和租赁业务相关的计量也不遵循公允价值计量的有关规定。

第三条　本准则适用于其他相关会计准则要求或者允许采用公允价值进行计量或披露的情形，本准则第四条和第五条所列情形除外。

第四条　下列各项的计量和披露适用其他相关会计准则：

（一）与公允价值类似的其他计量属性的计量和披露，如《企业会计准则第1号——存货》规范的可变现净值、《企业会计准则第8号——资产减值》规范的预计未来现金流量现值，分别适用《企业会计准则第1号——存货》和《企业会计准则第8号——资产减值》。

（二）股份支付业务相关的计量和披露，适用《企业会计准则第11号——股份支付》。

（三）租赁业务相关的计量和披露，适用《企业会计准则第21号——租赁》。

第五条 下列各项的披露适用其他相关会计准则：

（一）以公允价值减去处置费用后的净额确定可收回金额的资产的披露，适用《企业会计准则第 8 号——资产减值》。

（二）以公允价值计量的职工离职后福利计划资产的披露，适用《企业会计准则第 9 号——职工薪酬》。

（三）以公允价值计量的企业年金基金投资的披露，适用《企业会计准则第 10 号——企业年金基金》。

第二章 相关资产或负债

第六条 企业以公允价值计量相关资产或负债，应当考虑该资产或负债的特征。相关资产或负债的特征，是指市场参与者在计量日对该资产或负债进行定价时考虑的特征，包括资产状况及所在位置、对资产出售或者使用的限制等。

【解析 39-2】相关资产或负债的特征

相关资产或负债的特征，是指市场参与者在计量日对该资产或负债进行定价时考虑的特征，包括资产状况及所在位置、对资产出售或者使用的限制等。如果市场参与者在计量相关资产或负债公允价值时，会考虑这些资产或负债所具有的特征，例如资产的状况及所在位置、出售或使用资产的限制等，企业在计量该资产或负债公允价值时，也应当考虑这些特征因素。

（1）资产状况和所在位置。市场参与者以公允价值计量一项非金融资产时，通常会考虑该资产的地理位置和环境、使用功能、结构、新旧程度、可使用状况等。因此，企业计量其公允价值时，也应考虑这些特征，对类似资产和可观察市场价格或其他交易信息进行调整，以确定该资产的公允价值。

（2）对资产出售或使用的限制。企业以公允价值计量相关资产，应当考虑出售或使用该资产所存在的限制因素。企业为合理确定相关资产的公允价值，应当区分该限制是针对资产持有者的，还是针对该资产本身的。

如果该限制是针对相关资产本身的，则此类限制是该资产具有的一项特征，任何持有该资产的企业都会受到影响，市场参与者在计量日对该资产进行定价时会考虑这一特征，企业以公允价值计量该资产时也应当考虑该限制特征。例如，甲上市公司的限售股具有在指定期间内无法在公开市场上出售的特征。市场参与者在对甲公司限售股进行定价时会考虑该权益工具流动性受限的因素。因此，企业以公允价值计量该权益工具时，应当对在公开市场上交易的同一发行人未受限制的相同权益工具的报价作出相应调整，即从报价中扣除市场参与者因承担指定期间内无法在公开市场上出售该权益工具的风险而要求获得补偿的金额。

如果该限制是针对资产持有者的，则此类限制并不是该资产的特征，只会影响当前持有该资产的企业，而其他企业可能不会受到该限制的影响，市场参与者在计量日对该资产进行定价时不会考虑该限制因素，企业以公允价值计量该资产时，也不应考虑针对该资产持有者的限制因素。例如，甲公司与乙商业银行签订一份借款合同，根据借款合同规定，甲公司将其持有的一块土地使用权作为抵押，在偿还该债务前，甲公司不能转让该土地使用权。在此例中，甲公司承诺在偿还该商业银行借款前不转让其持有的已抵押土地使用权，该承诺是针对甲公司的限制，而非针对甲公司所持有的土地使用权的限制，并不会转移给其他市场参与者。因此，甲公司在确定其持有的该土地使用权的公允价值时，不应考虑该限制。

第七条 以公允价值计量的相关资产或负债可以是单项资产或负债（如一项金融工具、一项非金融资产等），也可以是资产组合、负债组合或者资产和负债的组合（如《企业会计准则第 8 号——资产减值》规范的资产组、《企业会计准则第 20 号——企业合并》规范的业务等）。企业是以单项还是以组合的方式对相关资产或负债进行公允价值计量，取决于该资产或负债的计量单元。

计量单元，是指相关资产或负债以单独或者组合方式进行计量的最小单位。相关资产或负债的计量单元应当由要求或者允许以公允价值计量的其他相关会计准则规定，但本准则第十章规范的市场风险或信用风险可抵销的金融资产和金融负债的公允价值计量除外。

【解析 39-3】计量单元的概念

企业以公允价值计量相关资产或负债，该资产或负债可以是单项资产或负债，也可以是资产组合、负债组合或者资产和负债的组合，例如由多台设备构成的一条生产线，又如由《企业会计准则第 20 号——企业合并》规范的业务等。企业是以单项还是以组合的方式对相关资产或负债进行公允价值计量，取决于该资产或负债的计量单元。企业在确认相关资产或负债时就已经确定了该资产或负债的计量单元，并进行了相应计量。对于市场风险或信用风险可抵销的金融资产、金融负债和其他合同，在符合条件的情况下，可以将该金融资产、金融负债和其他合同的组合作为计量单元。

【例 39-1】以公允价值计量

甲公司持有一项权益性工具，相关法律法规规定，该项权益性工具在特定期间内不得对外转让。则在特定期间内不得对外转让是该项权益性工具的特征。因此，在计量该项工具的公允价值时，可以采用不受转让限制的、相同的权益性工具的公开市场的报价作为计量基础，并对不能转让的法律限制的影响作出一定的调整。该项调整的大小将取决于以下几个因素：（1）该限制的性质和时间；（2）该限制对购买者的影响大小；（3）与该项权益性工具以及其发行者相关的其他因素。

第三章 有序交易和市场

第八条 企业以公允价值计量相关资产或负债，应当假定市场参与者在计量日出售资产或者转移负债的交易，是在当前市场条件下的有序交易。

有序交易，是指在计量日前一段时期内相关资产或负债具有惯常市场活动的交易。清算等被迫交易不属于有序交易。

【解析 39-4】有序交易的确定与应用

1. 有序交易的确定。企业在确定一项交易是否为有序交易时，应当全面理解交易环境和有关事实。企业应当基于可获取的信息，如市场环境变化、交易规则和习惯、价格波动幅度、交易量波动幅度、交易发生的频率、交易对手信息、交易原因、交易场所和其他能够获得的信息，运用专业判断对交易行为和交易价格进行分析，以判断该交易是否为有序交易。为了确定一项交易是否为有序交易，企业应当考虑可合理获得的信息，在获得合理信息时应当考虑成本效益原则，不应花费过大成本。当企业成为交易一方时，通常假定该企业有充分的信息来判断该交易是否为有序交易。当存在下列情况时，相关资产或负债的交易活动通常不应作为有序交易。

（1）在当前市场情况下，市场在计量日之前一段时间内不存在相关资产或负债的惯常市场交易活动。

（2）在计量日之前，相关资产或负债存在惯常的市场交易，但资产出售方或负债转移方仅与单一的市场参与者进行交易。

（3）资产出售方或负债转移方处于或者接近于破产或托管状态，即资产出售方或负债转移方已陷入财务困境。

（4）资产出售方为满足法律或者监管规定而被要求出售资产，即被迫出售。

（5）与相同或类似资产或负债近期发生的其他交易相比，出售资产或转移负债的价格是一个异常值。

2. 有序交易价格的应用。企业判定相关资产或负债的交易是有序交易的，在以公允价值计量该资产或负债时，应当考虑该交易的价格，即以交易价格为基础确定该资产或负债的公允价值。企业在公允价值计量过程中赋予有序交易价格的权重时，应当考虑交易量、交易的可比性、交易日与计量日的临近程度等因素。企业判定相关资产或负债的交易不是有序交易的，在以公允价值计量该资产或负债时，不应考虑该交易的价格，或者赋予该交易价格较低权重。企业根据现有信息不足以判定该交易是否为有序交易的，在以公允价值计量该资产或负债时，应当考虑该交易的价格，但不应将该交易价格作为计量公允价值的唯一依据或者主要依据。相对于其他已知的有序交易价格，企业应赋予该交易较低权重。

第九条　企业以公允价值计量相关资产或负债，应当假定出售资产或者转移负债的有序交易在相关资产或负债的主要市场进行。不存在主要市场的，企业应当假定该交易在相关资产或负债的最有利市场进行。

主要市场，是指相关资产或负债交易量最大和交易活跃程度最高的市场。

最有利市场，是指在考虑交易费用和运输费用后，能够以最高金额出售相关资产或者以最低金额转移相关负债的市场。

交易费用，是指在相关资产或负债的主要市场（或最有利市场）中，发生的可直接归属于资产出售或者负债转移的费用。交易费用是直接由交易引起的、交易所必需的而且不出售资产或者不转移负债就不会发生的费用。

运输费用，是指将资产从当前位置运抵主要市场（或最有利市场）发生的费用。

【例 39-2】以公允价值计量相关资产或负债

假定A公司生产并销售一种产品，该产品存在甲、乙、丙3个市场。A公司均能在这3个市场上销售该种产品。在计量日，A公司在这个市场上生产和销售了100个产品，具体数量如表39-1所示。

表 39-1　A公司产品销售比重计算表

市场类别	销售价格（元）	A公司分别在各个市场的销售比重	该种产品在各个市场的整体销售比重
甲	27 000	50%	12%
乙	24 000	30%	80%
丙	18 000	20%	8%

分析：根据上述信息，按照新企业会计准则的规定，乙市场是该种产品的主要市场，原因在于乙市场为市场交易量最大的市场。因此，A公司在计量该种产品的公允价值时，应当以24 000元作为公允价值。

【例 39-3】主要市场与最有利市场

假定甲公司制造并销售A类产品，此种产品存在两个市场。1.出口市场。A类产品在出口市场上的售价较高，但出口数量受到政府出口管制的限制，国内每个制造生产商每年需要向政府申请出口配额。2.国内市场。A类产品在国内市场的售价较低，但销售数量不受政府的管制。甲公司制定的销售策略为：尽可能地获取出口配额，扩大出口销售，剩下的（占大部分）销往国内市场。

分析：在该例子中，出口市场显然是最有利的市场，原因在于出口市场对甲公司而言获取的毛利最高。但是，甲公司的A类产品主要销往国内市场，国内市场则是其主要市场。因此，甲公司应当以国内市场的价格来确定A类产品的公允价值。

第十条　企业在识别主要市场（或最有利市场）时，应当考虑所有可合理取得的信息，但没有必要考察所有市场。

通常情况下，企业正常进行资产出售或者负债转移的市场可以视为主要市场（或最有利市场）。

第十一条　主要市场（或最有利市场）应当是企业在计量日能够进入的交易市场，但不要求企业于计量日在该市场上实际出售资产或者转移负债。

由于不同企业可以进入的市场不同，对于不同企业，相同资产或负债可能具有不同的主要市场（或最有利市场）。

【解析 39-5】主要市场或最有利市场的识别与应用

1.主要市场或最有利市场的识别。企业根据可合理取得的信息，能够在交易日确定相关资产或负债交易量最大和交易活跃程度最高的市场的，应当将该市场作为相关资产或负债的主要市场。企业根据可合理取得的信息，无法在交易日确定相关资产或负债交易量最大和交易活跃程度最高的市场的，应当在考虑交易费用和运输费用后，将能够以最高金额出售该资产或者以最低金额转移该负债的市场作为最有利市场。企业在识别相关资产或负债的主要市场（或者在不存在主要市场情况下的最有利市场）时，应当考虑所有可以合理取得的信息，但同时应当考虑成本效益原则，不应花费大量成本去考察所有可能的市场。通常情况下，如果不存在相反的证据，企业正常进行资产出售或者负债转移的市场可以视为主要市场或最有利市场。

相关资产或负债的主要市场（或者在不存在主要市场情况下的最有利市场）应当是企业可进入的市场，但不要求企业于计量日在该市场上实际出售资产或者转移负债。企业应当从自身角度，而非市场参与者角度，判定相关资产或负债的主要市场（或者在不存在主要市场情况下的最有利市场）。

不同的企业可以进入不同的市场，对相同资产或负债而言，不同企业可能具有不同的主要市场（或者在不存在主要市场情况下的最有利市场）。例如，甲企业与银行签订了一项初始交易价格为零的利率互换。该企业只能进入利率互换的零售市场，而银行则能够进入利率互换的零售市场和做市商市场，并且其主要业务发生在做市商市场。因此，该企业与银行就存在不同的主要市场，该企业应当以零售市场为主要市场，该银行应当以做市商市场为主要市场。

2. 主要市场或最有利市场的应用。企业应当以主要市场上相关资产或负债的价格为基础，计量该资产或负债的公允价值。主要市场是资产或负债流动性最强的市场，能够为企业提供最具代表性的参考信息。因此，无论相关资产或负债的价格能够直接从市场观察到，还是通过其他估值技术获得，企业都应当以主要市场上相关资产或负债的价格为基础，计量该资产或负债的公允价值。即使企业能够于计量日在主要市场以外的另一个市场上，获得更高的出售价格或更低的转移价格，企业也应当以主要市场上相关资产或负债的价格为基础，计量该资产或负债的公允价值。

不存在主要市场或者无法确定主要市场的，企业应当以相关资产或负债最有利市场的价格为基础，计量其公允价值。企业在确定最有利市场时，应当考虑交易费用、运输费用等。交易费用是指企业发生的可直接归属于资产出售或者负债转移的费用。交易费用是在进行相关资产或负债交易时不可避免会发生的费用，交易费用直接由交易引起，并且是企业进行交易所必需的，如果企业未决定出售资产或转移负债，该费用将不会产生。交易费用不属于相关资产或负债的特征，只与特定交易有关，取决于企业参与该资产或负债交易的不同方式。例如，零售交易或者批发交易，交易所交易或者场外交易等。企业在根据主要市场或最有利市场的交易价格确定相关资产或负债的公允价值时，不应根据交易费用对该价格进行调整。交易费用不包括运输费用。相关资产所在地理位置是该资产的特征，企业应当根据该资产从当前位置转移到主要市场（或者不存在主要市场情况下的最有利市场）的价格。

第十二条 企业应当以主要市场的价格计量相关资产或负债的公允价值。不存在主要市场的，企业应当以最有利市场的价格计量相关资产或负债的公允价值。

企业不应当因交易费用对该价格进行调整。交易费用不属于相关资产或负债的特征，只与特定交易有关。交易费用不包括运输费用。

相关资产所在的位置是该资产的特征，发生的运输费用能够使该资产从当前位置转移到主要市场（或最有利市场）的，企业应当根据使该资产从当前位置转移到主要市场（或最有利市场）的运输费用调整主要市场（或最有利市场）的价格。

第十三条 当计量日不存在能够提供出售资产或者转移负债的相关价格信息的可观察市场时，企业应当从持有资产或者承担负债的市场参与者角度，假定计量日发生了出售资产或者转移负债的交易，并以该假定交易的价格为基础计量相关资产或负债的公允价值。

第四章 市场参与者

第十四条 企业以公允价值计量相关资产或负债，应当采用市场参与者在对该资产或负债定价时为实现其经济利益最大化所使用的假设。

市场参与者，是指在相关资产或负债的主要市场（或最有利市场）中，同时具备下列特征的买方和卖方：

（一）市场参与者应当相互独立，不存在《企业会计准则第 36 号——关联方披露》所述的关联方关系；

（二）市场参与者应当熟悉情况，能够根据可取得的信息对相关资产或负债以及交易具备合理认知；

（三）市场参与者应当有能力并自愿进行相关资产或负债的交易。

【例 39-4】市场参与者的会计处理

假定 A 公司拥有一项资产，该资产存在甲和乙两个市场，两个市场的交易量基本相同，只是价格有所不同，如表 39-2 所示。A 公司在计量日都能够进入这两个市场。该项资产没有主要市场。

表 39-2 产品销售净额表

单位：元

项目	甲市场	乙市场
售价	28	26
运输费用	4	3
交易费用	3	1
净额	21	22

分析：如果甲市场为该项资产的主要市场（即交易量最大和活跃程度最大的市场），则该项资产的公允价值为该市场的市场价格，如果再考虑运输费用的话，则其公允价值为 24 元。

如果该资产的主要市场不存在，则要考虑其最有利的市场。如果考虑运输费用和交易费用，在乙市场出售该项资产所获得的净额最大，因此乙市场为最有利市场。但是，计量公允价值时不能考虑交易费用，因而该项资产的公允价值应该为 23 元。

第十五条 企业在确定市场参与者时，应当考虑所计量的相关资产或负债、该资产或负债的主要市场（或最有利市场）以及在该市场上与企业进行交易的市场参与者等因素，从总体上识别市场参与者。

【解析 39-6】市场参与者的确定

企业在确定市场参与者时至少应当考虑以下因素。

（1）所计量的相关资产或负债。例如，金融资产的市场参与者与非金融资产的市场参与者之间将存在较大差别。

（2）该资产或负债的主要市场（或者在不存在主要市场情况下的最有利市场）。主要市场（或者在不存在主要市场情况下的最有利市场）是基于企业角度确定的，因此，与企业在同一行业的其他企业有可能是市场参与者。市场参与者也可能来自其他行业。例如，在计量制造业企业拥有的土地使用权的公允价值时，房地产开发企业也可能作为市场参与者。

（3）企业将在主要市场或最有利市场进行交易的市场参与者。企业以公允价值计量相关资产或负债，应当基于市场参与者之间的交易确定该资产或负债的公允价值。如果市场参与者在交易中考虑了相关资产或负债的特征以及相关风险等，并根据这些特征或风险对该资产或负债的交易价格进行了调整，那么企业也应当采用市场参与者在对该资产或负债定价时所使用的这些假设。企业应当从市场参与者角度计量相关资产或负债的公允价值，而不应考虑企业自身持有资产、清偿或者以其他方式履行负债的意图和能力。例如，甲公司取得了竞争对手乙公司 100% 的股权。乙公司声誉良好，原有商标具有商业价值，但甲公司决定不再使用乙公司的商标。甲公司以公允价值计量该商标时，应当基于将该商标出售给熟悉情况、有意愿且有能力进行交易的其他市场参与者的价格，而不能因为自愿放弃使用该商标而将其公允价值确定为零。

第五章　公允价值初始计量

第十六条　企业应当根据交易性质和相关资产或负债的特征等，判断初始确认时的公允价值是否与其交易价格相等。

在企业取得资产或者承担负债的交易中，交易价格是取得该项资产所支付或者承担该项负债所收到的价格（即进入价格）。公允价值是出售该项资产所能收到或者转移该项负债所需支付的价格（即脱手价格）。相关资产或负债在初始确认时的公允价值通常与其交易价格相等，但在下列情况中两者可能不相等：

（一）交易发生在关联方之间。但企业有证据表明该关联方交易是在市场条件下进行的除外。

（二）交易是被迫的。

（三）交易价格所代表的计量单元与按照本准则第七条确定的计量单元不同。

（四）交易市场不是相关资产或负债的主要市场（或最有利市场）。

第十七条　其他相关会计准则要求或者允许企业以公允价值对相关资产或负债进行初始计量，且其交易价格与公允价值不相等的，企业应当将相关利得或损失计入当期损益，但其他相关会计准则另有规定的除外。

第六章 估值技术

第十八条 企业以公允价值计量相关资产或负债，应当采用在当前情况下适用并且有足够可利用数据和其他信息支持的估值技术。企业使用估值技术的目的，是为了估计在计量日当前市场条件下，市场参与者在有序交易中出售一项资产或者转移一项负债的价格。

企业以公允价值计量相关资产或负债，使用的估值技术主要包括市场法、收益法和成本法。企业应当使用与其中一种或多种估值技术相一致的方法计量公允价值。企业使用多种估值技术计量公允价值的，应当考虑各估值结果的合理性，选取在当前情况下最能代表公允价值的金额作为公允价值。

市场法，是利用相同或类似的资产、负债或资产和负债组合的价格以及其他相关市场交易信息进行估值的技术。

收益法，是将未来金额转换成单一现值的估值技术。

成本法，是反映当前要求重置相关资产服务能力所需金额（通常指现行重置成本）的估值技术。

【解析 39-7】市场法、收益法、成本法详解

（一）市场法

企业应用市场法估计相关资产或负债公允价值的，可利用相同或类似的资产、负债或资产和负债的组合（例如，一项业务）的价格和其他相关市场交易信息进行估值。

企业在使用市场法时，应当以市场参与者在相同或类似资产出售中能够收到或者转移相同或类似负债需要支付的公开报价为基础。企业应当根据资产或负债的特征，例如，当前状况、地理位置、出售和使用的限制等，对相同或类似资产或负债的市场价格进行调整，以确定该资产或负债的公允价值。

企业在应用市场法时，除直接使用相同或类似资产或负债的公开报价外，还可以使用市场乘数法等估值方法。市场乘数法是一种使用可比企业市场数据估计公允价值的方法，包括上市公司比较法、交易安全比较法等。企业采用上市公司比较法时，可使用的市场乘数包括市盈率、市净率、企业价值 / 息税折旧及摊销前利润乘数等。企业应当进行职业判断，考虑与计量相关的定性和定量因素，选择恰当的市场乘数。

（二）收益法

企业使用收益法时，应当反映市场参与者在计量日对未来现金流量或者收入费用等金额的预期。企业使用的收益法包括现金流量折现法、期权定价模型等估值方法。

1. 现金流量折现法。现金流量折现法是企业在收益法中最常用到的估值方法，包括传统法（即折现率调整法）和期望现金流量法。企业运用折现率将未来金额与现在金额联系起来，取得现值。企业使用现金流量折现法估计相关资产或负债的公允价值时，需要在计量日从市场参与者角度考虑相关资产或负债的未来现金流量、现金流量金额和时间的可能变动、货币时间价值、因承受现金流量固有不确定性而要求的补偿（即风险溢价）、与负债相关的不履约风险（包括企业自身信用风险）、市场参与者在当前情况下可能考虑的其他因素等。

企业以现金流量折现法估计相关资产或负债的公允价值，应当避免重复计算或遗漏风险因素的影响，协调折现率与现金流量输入值的选择。例如，企业使用了合同现金流量的，应当采用能够反映预期违约风险的折现率；使用了概率加权现金流量的，应当采用无风险利率；使用了包含通货膨胀影响的现金流量的，应当采用名义利率；使用了排除通货膨胀影响的现金流量的，应当采用实际利率；使用税后现金流量的，应当采用税后折现率；使用税前现金流量的，应当采用税前折现率；使用人民币现金流量的，应当采用与人民币相关的利率等。

企业在现金流量折现法中所使用的现金流量是估计金额，而非确定的已知金额。当存在违约风险时，即使是合同约定的金额也不是确定的折现现金流量，例如，贷款承诺中虽约定贷款金额，但如果企业无法按期还款，该金额并不能作为确定的已知折现现金流量。所以，企业使用现金流量折现法时，将面临较多不确定性。企业在以公允价值计量该资产或负债时应当考虑风险溢价，即使存在较大困难，企业仍应当考虑相关风险调整因素。

根据对风险的调整方式和采用的现金流量类型，可以将现金流量折现法区分为传统法和期望现金流量法。

（1）传统法。传统法是使用在估计金额范围内最有可能的现金流量和经风险调整的折现率的一种折现方法。企业在传统法中所使用的现金流量，包括合同现金流量、承诺现金流量或者最有可能的现金流量等。这些现金流量都以特定事项为前提条件，例如，债券中包含的合同现金流量或承诺现金流量是以债务人不发生违约为前提条件的。企业所使用的经风险调整的折现率，应当来自市场上交易的类似资产或负债的可观察回报率。当不存在可观察的市场回报率时，企业也可以使用估计的市场回报率。企业在确定资产或负债是否类似时，需要考虑现金流量的性质，例如，现金流量是合同现金流量还是非合同现金流量，现金流量是否会对经济条件的改变作出类似反应，还需要考虑信用状况、抵押品、期限、限制性合同和流动性等其他因素。

（2）期望现金流量法。期望现金流量法是使用经风险调整的期望现金流量和无风险利率，或者使用未经风险调整的期望现金流量和包含市场参与者要求的风险溢价的折现率的一种折现方法。企业应当通过以概率为权重计算的期望现金流量反映未来所有可能的现金流量。企业在期望现金流量法中使用的现金流量是对所有可能的现金流量进行概率加权，最终得到的期望现金流量不再以特定事项为前提条件，这不同于企业在传统法中所使用的现金流量。

在期望现金流量法中，可以通过两种方法调整相关资产或负债期望现金流量的风险溢价。第 1 种方法是，企业从以概率为权重计算的期望现金流量中扣除风险溢价，得到确定等值现金流量，并按照无风险利率对确定等值现金流量折现，从而估计出相关资产或负债的公允价值。当市场参与者认为确定的现金流量和期望现金流量无差异时，该确定的现金流量即为确定等值现金流量。例如，如果市场参与者愿意以 1 000 元的确定现金流量交换 1 200 元的期望现金流量，该 1 000 元即为 1 200 元的确定等值（即 200 元代表风险溢价）。在这种情况下，持有 1 200 元的期望现金流量和持有 1 000 元现金，对于市场参与者而言是无差异的。第 2 种方法是，企业在无风险利率之上增加风险溢价，得到期望回报率，并使用该期望回报率对以概率为权重计算的现金流量进行折现，从而估计出相关资产或负债的公允价值。

企业可以使用对风险资产进行计价的模型估计期望回报率，例如资本资产定价模型。使用期望现金流量法的上述两种方法得到的现金流量现值应当是相同的。因此，企业在使用期望现金流量法估计相关资产或负债的公允价值时，期望现金流量法的上述两种方法均可使用。企业对期望现金流量法第1种方法或第2种方法的选择，取决于被计量资产或负债的特征和环境因素，企业是否可获取足够多的数据，以及企业运用判断的程度等。

2.期权定价模型。企业可以使用布莱克—斯科尔斯模型、二叉树模型、蒙特卡洛模拟法等期权定价模型估计期权的公允价值。其中，布莱克—斯科尔斯期权定价模型可以用于认股权证和具有转换特征的金融工具的简单估值。布莱克—斯科尔斯期权定价模型中的输入值包括即期价格、行权价格、合同期限、预计或内含波动率、无风险利率、期望股息率等。蒙特卡洛模拟法适用于包含可变行权价格或转换价格、对行权时间具有限制条款等复杂属性的认股权证或具有转换特征的金融工具。蒙特卡洛模拟法根据认股权证或具有转换特征的金融工具的条款、条件以及其他假设，随机生成数千甚至数百万的可能结果，计算每种可能情形的相关回报，这些回报用概率加权并折现以计算相关资产或负债的公允价值。

（三）成本法

成本法，是反映当前要求重置相关资产服务能力所需金额的估值技术，通常是指现行重置成本。在成本法下，企业应当根据折旧贬值情况，对市场参与者获得或构建具有相同服务能力的替代资产的成本进行调整。折旧贬值包括实体性损耗、功能性贬值以及经济性贬值。企业主要使用现行重置成本法估计与其他资产或其他资产和负债一起使用的有形资产的公允价值。

（四）估值技术的选择

企业在某些情况下使用单项估值技术是恰当的，如企业使用相同资产或负债在活跃市场上的公开报价计量该资产或负债的公允价值。但在有些情况下，企业可能需要使用多种估值技术，如企业采用市场法和收益法估计未上市企业股权投资的公允价值。企业应当运用更多职业判断，确定恰当的估值技术。企业至少应当考虑下列因素：

（1）根据企业可获得的市场数据和其他信息，其中一种估值技术是否比其他估值技术更恰当；

（2）其中一种估值技术所使用的输入值是否更容易在市场上观察到或者只需作更少的调整；

（3）其中一种估值技术得到的估值结果区间是否在其他估值技术的估值结果区间内；

（4）市场法和收益法结果存在较大差异的，进一步分析存在较大差异的原因，例如，其中一种估值技术可能使用不当，或者其中一种估值技术所使用的输入值可能不恰当等。

企业在公允价值后续计量中使用了估值技术，并且运用了不可观察输入值的，应当确保该估值技术反映了计量日可观察的市场数据，例如，类似资产或负债的最近交易价格等。企业以相关资产或负债的交易价格作为其初始确认时的公允价值，并在公允价值后续计量中使用了不可观察输入值的，应当校正后续计量中运用的估值技术，以使得用该估值技术确定的初始确认结果与初始确认时的交易价格相等。企业通过校准估值技术，能够确保估值技术反映当前市场情况，避免发生估值技术无法反映相关资产或负债的特征。

【例 39-5】估值技术的选择

甲公司在 2×18 年 12 月 31 日购买了乙公司 20 万股普通股股票，占乙公司所有发行在外股份的 5%。乙公司是一家非上市的股份公司，不存在活跃市场的公开报价。甲公司共支付 720 万元，假定该交易价格等于该投资在 2×18 年 12 月 31 日的公允价值。

甲公司决定使用可比公司估值乘数技术计量这些股权的公允价值，并会在该估值技术中使用乙公司业绩衡量指标、流动性折价等不可观察输入值。因此，甲公司以 720 万元的交易价格对后续使用的估值模型进行校准，以使该估值模型计算取得的投资初始估计值等于交易价格，确保该估值模型已充分反映了该投资的所有特征。

假定乙公司 2×18 年 12 月 31 日的息税折旧及摊销前利润为 1 600 万元，流动性折价为 10%，甲公司从市场上获得可比公司的企业价值 / 息税折旧及摊销前利润（EV/EBITDA）乘数为 10 倍。甲公司运用该乘数和乙公司息税折旧及摊销前利润估计得到乙公司在 2×18 年 12 月 31 日的价值为 16 000 万元，其持有的 5% 股权的价值为 800 万元，在考虑流动性折价后得到的估计价值为 720 万元。具体计算过程如表 39-3 所示。

表 39-3　乙公司估计价值计算

单位：万元

（1）乙公司 2×18 年 12 月 31 日的息税折旧及摊销前利润	1 600
（2）企业价值 / 息税折旧及摊销前利润乘数（倍）	10
（3）乙公司价值 =（1）×（2）	16 000
（4）5% 股权所占份额 =（3）×5%	800
（5）流动性折价	10%
（6）流动性折价调整 =（4）×（5）	80
（7）2×18 年 12 月 31 日的股权估计价值 =（4）-（6）	720

【例 39-6】市场回报率折现法估计公允价值

2×14 年 12 月 31 日，甲商业银行从全国银行间债券市场购入乙公司发行的 10 万份中期票据，将其作为可供出售金融资产持有。该票据信用评级为 AAA，乙公司的长期信用评级为 AAA，期限为 7 年，自 2×14 年 12 月 31 日至 2×21 年 12 月 31 日。该票据面值为人民币 100 元，票面利率为 5%，付息日为每年的 12 月 31 日。2×15 年 12 月 31 日，甲商业银行对该中期票据投资进行公允价值计量。假定该票据没有活跃市场中的报价，甲商业银行能够通过中央国债登记结算有限责任公司公布的相关收益率曲线确定相同信用评级、相同期限债券的市场回报率为 6%。

本例中，甲商业银行可根据该中期票据约定的合同现金流量即利息和本金，运用回报率进行折现，得到该中期票据的公允价值为 1 001 万元。具体计算如表 39-4 所示。

表 39-4　公允价值计算

单位：万元

年份	2×15	2×16	2×17	2×18	2×19	2×20	2×21	合计
现金流量	50	50	50	50	50	50	1 050	
折现率（6%）	1	0.943 4	0.890 0	0.839 6	0.792 1	0.747 3	0.705 0	
现值	50	47.2	44.5	42	39.6	37.4	740.3	1 001

第十九条　企业在估值技术的应用中，应当优先使用相关可观察输入值，只有在相关可观察输入值无法取得或取得不切实可行的情况下，才可以使用不可观察输入值。

输入值，是指市场参与者在给相关资产或负债定价时所使用的假设，包括可观察输入值和不可观察输入值。

可观察输入值，是指能够从市场数据中取得的输入值。该输入值反映了市场参与者在对相关资产或负债定价时所使用的假设。

不可观察输入值，是指不能从市场数据中取得的输入值。该输入值应当根据可获得的市场参与者在对相关资产或负债定价时所使用假设的最佳信息确定。

【解析 39-8】可观察输入值与不可观察输入值的应用

企业通常可以从交易所市场、做市商市场、经纪人市场、直接交易市场获得可观察输入值。在交易所市场上，企业可直接获得相关资产或负债的收盘价。在做市商市场，做市商随时准备用自有资本买入或者卖出做市项目，以此提供流动性并形成市场，所以出价和要价比收盘价更容易获得。但在直接交易市场上，买卖双方独立协商，无中介参与，所以企业难以获得这些交易。

企业为估计相关资产或负债公允价值必须使用一些不可观察输入值的，如果市场参与者在对该资产或负债的公允价值计量会用到这些不可观察输入值，那么企业也应当使用这些不可观察输入值。无论企业在以公允价值计量相关资产或负债过程中是否使用不可观察输入值，其公允价值计量的目的仍是基于市场参与者角度确定在当前市场条件下计量日有序交易中该资产或负债的脱手价格。

第二十条　企业以交易价格作为初始确认时的公允价值，且在公允价值后续计量中使用了涉及不可观察输入值的估值技术的，应当在估值过程中校正该估值技术，以使估值技术确定的初始确认结果与交易价格相等。

企业在公允价值后续计量中使用估值技术的，尤其是涉及不可观察输入值的，应当确保该估值技术反映了计量日可观察的市场数据，如类似资产或负债的价格等。

第二十一条　公允价值计量使用的估值技术一经确定，不得随意变更，但变更估值技术或其应用能使计量结果在当前情况下同样或者更能代表公允价值的情况除外，包括但不限于下列情况：

（一）出现新的市场。

（二）可以取得新的信息。

（三）无法再取得以前使用的信息。

（四）改进了估值技术。

（五）市场状况发生变化。

企业变更估值技术或其应用的，应当按照《企业会计准则第 28 号——会计政策、会计估计变更和差错更正》的规定作为会计估计变更，并根据本准则的披露要求对估值技术及其应用的变更进行披露，而不需要按照《企业会计准则第 28 号——会计政策、会计估计变更和差错更正》的规定对相关会计估计变更进行披露。

第二十二条 企业采用估值技术计量公允价值时，应当选择与市场参与者在相关资产或负债的交易中所考虑的资产或负债特征相一致的输入值，包括流动性折溢价、控制权溢价或少数股东权益折价等，但不包括与本准则第七条规定的计量单元不一致的折溢价。

企业不应当考虑因其大量持有相关资产或负债所产生的折价或溢价。该折价或溢价反映了市场正常日交易量低于企业在当前市场出售或转让其持有的相关资产或负债数量时，市场参与者对该资产或负债报价的调整。

【解析 39-9】公允价值计量中相关的溢价和折价

企业应当选择市场参与者在相关资产或负债交易中会考虑的、反映该资产或负债特征的输入值。如果企业能够获得相同或类似资产或负债在活跃市场中的报价且市场参与者将考虑与相关资产或负债的特征相关的溢价或折价时，企业应当根据这些溢价或折价，如控制权溢价、少数股东权益折价、流动性折价等，对相同或类似资产或负债的市场交易价格进行调整。

大宗持有因素是与交易相关的特定因素，因企业交易该资产的方式不同而有所不同。例如，某企业持有一家上市公司 15 000 万股普通股。该上市公司在资本市场上一般平均日交易量约为 12 000 万股普通股。如果该企业全部出售其持有的上市公司股份将会造成流动性问题，该上市公司每股普通股股价将发生严重下跌。该因素与企业持有股份数量（即持有规模）有关，不是该资产（即上市公司普通股）的特征，在企业进行公允价值计量时不应予以考虑。

第二十三条 以公允价值计量的相关资产或负债存在出价和要价的，企业应当以在出价和要价之间最能代表当前情况下公允价值的价格确定该资产或负债的公允价值。企业可以使用出价计量资产头寸、使用要价计量负债头寸。

本准则不限制企业使用市场参与者在实务中使用的在出价和要价之间的中间价或其他定价惯例计量相关资产或负债。

【解析 39-10】以出价和要价为基础的输入值

当相关资产或负债具有出价和要价时，企业可以使用出价和要价价差中在当前市场情况下最能代表该资产或负债公允价值的价格计量该资产或负债。出价是经纪人或做市商购买一项资产或处置一项负债所愿意支付的价格，要价是经纪人或做市商出售一项资产或承担一项负债所愿意收取的价格。企业可使用出价计量资产头寸，使用要价计量负债头寸，也可使用市场参与者在实务中使用的在出价和要价之间的中间价或其他定价惯例计量相关资产或负债。无论如何，企业不应使用与公允价值计量假定不一致的方法，例如对资产使用要价，对负债使用出价。

第七章　公允价值层次

第二十四条　企业应当将公允价值计量所使用的输入值划分为三个层次，并首先使用第一层次输入值，其次使用第二层次输入值，最后使用第三层次输入值。

第一层次输入值是在计量日能够取得的相同资产或负债在活跃市场上未经调整的报价。活跃市场，是指相关资产或负债的交易量和交易频率足以持续提供定价信息的市场。

第二层次输入值是除第一层次输入值外相关资产或负债直接或间接可观察的输入值。

第三层次输入值是相关资产或负债的不可观察输入值。

公允价值计量结果所属的层次，由对公允价值计量整体而言具有重要意义的输入值所属的最低层次决定。企业应当在考虑相关资产或负债特征的基础上判断所使用的输入值是否重要。公允价值计量结果所属的层次，取决于估值技术的输入值，而不是估值技术本身。

第二十五条　第一层次输入值为公允价值提供了最可靠的证据。在所有情况下，企业只要能够获得相同资产或负债在活跃市场上的报价，就应当将该报价不加调整地应用于该资产或负债的公允价值计量，但下列情况除外：

（一）企业持有大量类似但不相同的以公允价值计量的资产或负债，这些资产或负债存在活跃市场报价，但难以获得每项资产或负债在计量日单独的定价信息。在这种情况下，企业可以采用不单纯依赖报价的其他估值模型。

（二）活跃市场报价未能代表计量日的公允价值，如因发生影响公允价值计量的重大事件等导致活跃市场的报价未能代表计量日的公允价值。

（三）本准则第三十四条（二）所述情况。

企业因上述情况对相同资产或负债在活跃市场上的报价进行调整的，公允价值计量结果应当划分为较低层次。

【解析 39-11】各类情况说明

在第 1 类情况下，企业可使用不完全依赖于单个报价的其他定价方法，但由此取得的公允价值计量结果应当划入第二或第三层次。例如，银行等金融机构持有大量的类似债券，可能在计量日较难取得每一债券的价格信息，银行可以使用其中一些债券的报价确定其他类似债券的公允价值。

针对第 2 类情况，企业应当制定相应会计政策并一致应用，以识别那些可能影响公允价值计量的重大事项。企业根据该新信息而对报价有所调整的，公允价值计量应当划入第二或第三层次。

针对第 3 类情况，在活跃市场中，企业应当以单项资产或负债的市场报价即第一层次输入值与企业持有数量的乘积，确定其持有的金融资产或金融负债的公允价值。即使市场正常日交易量不足以吸收企业的持有量，以致在市场交易中出售该金融资产或转移该金融负债可能影响市场报价的情况下，企业也应如此。

第二十六条　企业在使用第二层次输入值对相关资产或负债进行公允价值计量时，应当根据该资产或负债的特征，对第二层次输入值进行调整。这些特征包括资产状况或所在位置、输入值与类似资产或负债的相关程度（包括本准则第三十四条（二）规定的因素）、可观察输入值所在市场的交易量和活跃程度等。

对于具有合同期限等具体期限的相关资产或负债，第二层次输入值应当在几乎整个期限内是可观察的。

第二层次输入值包括：

（一）活跃市场中类似资产或负债的报价；

（二）非活跃市场中相同或类似资产或负债的报价；

（三）除报价以外的其他可观察输入值，包括在正常报价间隔期间可观察的利率和收益率曲线、隐含波动率和信用利差等；

（四）市场验证的输入值等。市场验证的输入值，是指通过相关性分析或其他手段获得的主要来源于可观察市场数据或者经过可观察市场数据验证的输入值。

企业使用重要的不可观察输入值对第二层次输入值进行调整，且该调整对公允价值计量整体而言是重要的，公允价值计量结果应当划分为第三层次。

【解析 39-12】第二层次输入值详解

企业以公允价值计量相关资产或负债的，类似资产或负债在活跃市场或非活跃市场的报价为该资产或负债的公允价值计量提供了依据，但企业需要对该报价进行调整。企业在确定哪些资产或负债与相关资产或负债类似时，需要进行判断。在有序交易情况下，企业确定相关资产或负债的公允价格或报价不能完全代表计量日该资产或负债的公允价值，却又以该交易价格或报价为基础计量其公允价值的，应当对该交易价格或报价进行调整。

企业应当根据相关资产或负债的特征，对第二层次输入值进行调整。这些特征包括资产状况或所在位置、输入值与可比资产或负债的相关程度、可观察输入值所在市场的交易量和活跃程度等。企业使用重要的不可观察输入值对第二层次输入值进行调整，且该调整对公允价值计量整体而言是重大的，那么公允价值计量结果应当划分为第三层次。

第二十七条 企业只有在相关资产或负债不存在市场活动或者市场活动很少导致相关可观察输入值无法取得或取得不切实可行的情况下，才能使用第三层次输入值，即不可观察输入值。

不可观察输入值应当反映市场参与者对相关资产或负债定价时所使用的假设，包括有关风险的假设，如特定估值技术的固有风险和估值技术输入值的固有风险等。

【解析 39-13】第三层次输入值概念理解

第三层次输入值是相关资产或负债的不可观察输入值，包括不能直接观察和无法由可观察市场数据验证的利率、股票波动率、企业合并中承担的弃置义务的未来现金流量、企业使用自身数据作出的财务预测等。

企业只有在相关资产或负债几乎很少存在市场交易活动，导致相关可观察输入值无法取得或取得不切实可行的情况下，才能使用第三层次输入值，即不可观察输入值。但企业计量公允价值的目标仍应当保持不变，即从持有资产或承担负债的市场参与者角度确定资产或负债的计量日有序交易中的脱手价格。因此，企业使用不可观察输入值仍应当反映市场参与者给资产或负债定价时使用的假设，包括有关风险的假设，例如，特定估值技术及其输入值的固有风险的假设等。

企业在确定不可观察输入值时，应当使用在当前情况下可以合理取得的最佳信息，包括所有可合理取得的市场参与者假设。企业在内部数据的基础上确定不可观察输入值，但如果有证据表明其他市场参与者将使用不同于企业内部数据的其他数据，或者这些企业内部数据是企业特定数据、其他市场参与者不具备企业相关特征时，例如企业的协同效应，企业应当对其内部数据作出相应调整。企业在获取关于市场参与者假设的信息时应该遵循成本效益原则，但必须考虑所有可合理获得的信息。

如果市场参与者在对相关资产或负债定价时考虑了风险调整，而企业在公允价值计量时没有考虑该风险调整，那么该计量就不能代表公允价值。例如，当相关资产或负债或类似资产或负债的交易量或交易活动比正常市场显著下降，交易价格或报价无法代表该资产或负债的公允价值时，企业应当考虑风险调整。企业在确定相关资产或负债的交易量或交易活跃程度是否出现大幅下降时，应当考虑下列情形：

（1）最近几乎没有发生该资产或负债的交易；

（2）该资产或负债的报价信息不是基于当前信息的；

（3）报价信息在一段时间内或在做市商之间变化极大；

（4）以往与该资产或负债公允价值高度相关的指数被证明与该资产或负债近期公允价值的指示值不相关；

（5）与企业对期望现金流量的估计相比，在考虑了关于该资产或负债信用风险和其他不履约风险的所有市场数据后，可观察到的交易或报价的隐含流动性风险溢价、收益率或拖欠率、损失严重程度等业绩指标大幅增加；

（6）出价和要价之间的价差很大或者大幅增加；

（7）该资产或负债或类似资产或负债的一级市场交易活动大幅降低或不存在此类市场；

（8）几乎没有公开可获得的信息，例如，一些交易活动由买卖双方直接进行。

相关资产或负债的交易量或交易活跃程度大幅下降的，企业可能需要改变估值技术或者使用多种估值技术，例如，使用市场法和收益法。当权衡使用不同估值技术取得的公允价值计量结果时，企业应当考虑公允价值计量各种结果的合理性。即使相关资产或负债的交易量或活跃程度出现大幅下降，企业计量公允价值的目标仍应保持不变。如果资产或负债的交易量或交易活跃程度大幅下降，估计市场参与者在计量日按照当前市场情况愿意进行交易的价格依赖于计量日的事实和环境，与企业持有资产、偿还或以其他方式履行负债的意图无关。

第二十八条 企业在确定不可观察输入值时，应当使用在当前情况下可合理取得的最佳信息，包括所有可合理取得的市场参与者假设。

企业可以使用内部数据作为不可观察输入值，但如果有证据表明其他市场参与者将使用不同于企业内部数据的其他数据，或者这些企业内部数据是企业特定数据、其他市场参与者不具备企业相关特征时，企业应当对其内部数据做出相应调整。

第八章 非金融资产的公允价值计量

第二十九条 企业以公允价值计量非金融资产，应当考虑市场参与者将该资产用于最佳用途产生经济利益的能力，或者将该资产出售给能够用于最佳用途的其他市场参与者产生经济利益的能力。

最佳用途，是指市场参与者实现一项非金融资产或其所属的资产和负债组合的价值最大化时该非金融资产的用途。

【例 39-7】非金融资产的公允价值计量

2×17 年 12 月 1 日，甲公司在非同一控制下的吸收合并中取得一块土地使用权。该土地在合并前被作为工业用地，一直用于出租。甲公司取得该土地使用权后，仍将其用于出租。甲公司以公允价值计量其拥有的投资性房地产。2×18 年 3 月 31 日，邻近的一块土地被开发用于建造高层公寓大楼的住宅。本地区区域规划自 2×18 年 1 月 1 日以来已经作出调整，甲公司确定，在履行相关手续后，可将该土地的用途从工业用地变更为住宅用地。

市场参与者在对该土地进行定价时，将考虑该土地的最佳用途，并比较该土地仍用工业用途（即与厂房结合使用）的价值和用于建造住宅的价值。假定该土地目前用于工业用途的价值是 600 万元，用于建造住宅的价值是 1 000 万元，并需要发生除厂房成本及其他成本 250 万元。比较上述两项价值后可以确定，该土地使用权的公允价值为 750 万元。

第三十条 企业确定非金融资产的最佳用途，应当考虑法律上是否允许、实物上是否可能以及财务上是否可行等因素。

（一）企业判断非金融资产的用途在法律上是否允许，应当考虑市场参与者在对该资产定价时考虑的资产使用在法律上的限制。

（二）企业判断非金融资产的用途在实物上是否可能，应当考虑市场参与者在对该资产定价时考虑的资产实物特征。

（三）企业判断非金融资产的用途在财务上是否可行，应当考虑在法律上允许且实物上可能的情况下，使用该资产能否产生足够的收益或现金流量，从而在补偿使资产用于该用途所发生的成本后，仍然能够满足市场参与者所要求的投资回报。

第三十一条 企业应当从市场参与者的角度确定非金融资产的最佳用途。

通常情况下，企业对非金融资产的现行用途可以视为最佳用途，除非市场因素或者其他因素表明市场参与者按照其他用途使用该资产可以实现价值最大化。

【解析 39-14】最佳用途的定义与确定

最佳用途是评估行业在非金融资产评估中所使用的估值概念，也称为最高最佳使用。企业判定非金融资产的最佳用途，应当考虑该用途是否为法律上允许、实物上可能以及财务上可行的使用方式。企业判断非金融资产的用途在法律上是否允许，应当考虑市场参与者在对该非金融资产定价时所考虑的资产使用在法律上的限制。企业在计量日对非金融资产的使用必须未被法律禁止，例如，如果政府禁止在生态保护区内进行房地产开发和经营，则该保护区内土地的最佳用途不可能是工业或商业用途的开发。企业判断非金融资产的用途在实物上是否可能，应当考虑市场参与者在对该非金融资产定价时所考虑的资产实物特征，例如，一栋建筑物是否能够作为仓库使用。企业判断非金融资产的用途在财务上是否可行，应当考虑在法律上允许且实物上可能的情况下，市场参与者通过使用该非金融资产能否产生足够的收益或现金流量，从而在补偿将该非金融资产用于这一用途所发生的成本之后，仍然能够满足市场参与者所要求的投资回报。

即使企业已经或者计划将非金融资产用于不同于市场参与者的用途，企业仍然应当从市场参与者的角度确定非金融资产的最佳用途。通常情况下，企业对非金融资产的当前用途可视为最佳用途，除非市场因素或者其他因素表明市场参与者按照其他用途使用该非金融资产可以实现价值最大化。

第三十二条 企业以公允价值计量非金融资产，应当基于最佳用途确定下列估值前提。

（一）市场参与者单独使用一项非金融资产产生最大价值的，该非金融资产的公允价值应当是将其出售给同样单独使用该资产的市场参与者的当前交易价格。

（二）市场参与者将一项非金融资产与其他资产（或者其他资产或负债的组合）组合使用产生最大价值的，该非金融资产的公允价值应当是将其出售给以同样组合方式使用该资产的市场参与者的当前交易价格，并且该市场参与者可以取得组合中的其他资产和负债。其中，负债包括企业为筹集营运资金产生的负债，但不包括企业为组合之外的资产筹集资金所产生的负债。最佳用途的假定应当一致地应用于组合中所有与最佳用途相关的资产。

企业应当从市场参与者的角度判断该资产的最佳用途是单独使用、与其他资产组合使用，还是与其他资产和负债组合使用，但在计量非金融资产的公允价值时，应当假定按照本准则第七条确定的计量单元出售该资产。

【解析 39-15】以公允价值计量非金融资产存在情况

企业以公允价值计量与其他资产或与其他资产和负债组合使用的非金融资产时，为实现上述估值前提，可能出现以下不同情况。

（1）非金融资产与其他资产或与其他资产和负债组合使用前提下的公允价值，与该非金融资产单独使用前提下的公允价值可能相等。例如，企业以公允价值对持续运营的业务进行计量时，需要对业务的整体进行估值。由于市场参与者都能获得业务中每一项资产或负债的协同效应，所以无论资产单独使用还是与其他资产或负债组合使用，协同效应都会影响各项资产和负债的公允价值。

（2）非金融资产与其他资产或与其他资产和负债组合使用前提下的公允价值，可能通过调整该非金融资产单独使用时的公允价值取得。例如，非金融资产是一台机器设备，其公允价值计量基于没有为使用进行安装或配置的类似机器的可观察价格确定，并就运输和安装成本进行调整，从而在公允价值计量中反映了机器的当前状况和位置。

（3）市场参与者通过在公允价值计量中采用的假设反映非金融资产通过组合实现最佳用途的估值前提。例如，非金融资产是特殊的在产品，市场参与者会将该存货转化为产成品，确定该存货的公允价值时应当假设市场参与者已经获取或者能够获取将存货转化为产成品所需的任何特殊机器设备。

（4）估值技术反映非金融资产通过组合实现最佳用途的估值前提。例如，在使用多期超额收益法计量无形资产的公允价值时，该估值技术特别考虑了无形资产所在组合中的其他配套资产和相关负债的贡献。

（5）在少数情况下，非金融资产与其他资产或与其他资产和负债组合使用前提下的公允价值，可通过分配资产组合的公允价值获得近似于该资产公允价值的金额。

【例 39-8】以公允价值计量非金融资产

2×18 年 10 月 16 日，甲企业在非同一控制下的企业合并中获得一台可辨认的机器，需要估计该资产在合并日的公允价值。被合并方最初通过外购取得该机器，并对该机器进行了特定配置，以适用于自身经营。甲企业自取得该机器后将其用于生产经营。

该资产在安装调配后与其他资产结合使用，并提供最大价值，没有证据表明该机器的当前用途不是最佳用途。因此，该机器的最佳用途是与其他资产相结合的当前用途。假定甲企业可获得运用市场法和成本法计量公允价值的充分数据。运用市场法时，采用类似机器的报价并就差异进行调整，确定该机器公允价值为 60 万元。运用成本法时，估计当前建造具有类似用途并经过配置后的替代机器所需的金额，考虑机器的现状及其运行所处环境以及安装成本等，其中对机器现状的考虑应包括实体性损耗、功能性贬值、经济性贬值，确定该机器的公允价值为 65 万元。考虑到对市场法所使用的输入值仅作了较少调整，甲企业认为市场法得出的估计值更能代表该机器的公允价值。因此，甲企业确定该机器在 2×18 年 10 月 16 日的公允价值为 60 万元。

第九章　负债和企业自身权益工具的公允价值计量

第三十三条　企业以公允价值计量负债，应当假定在计量日将该负债转移给其他市场参与者，而且该负债在转移后继续存在，并由作为受让方的市场参与者履行义务。

企业以公允价值计量自身权益工具，应当假定在计量日将该自身权益工具转移给其他市场参与者，而且该自身权益工具在转移后继续存在，并由作为受让方的市场参与者取得与该工具相关的权利、承担相应的义务。

第三十四条　企业以公允价值计量负债或自身权益工具，应当遵循下列原则：

（一）存在相同或类似负债或企业自身权益工具可观察市场报价的，应当以该报价为基础确定该负债或企业自身权益工具的公允价值。

（二）不存在相同或类似负债或企业自身权益工具可观察市场报价，但其他方将其作为资产持有的，企业应当在计量日从持有该资产的市场参与者角度，以该资产的公允价值为基础确定该负债或自身权益工具的公允价值。

当该资产的某些特征不适用于所计量的负债或企业自身权益工具时，企业应当根据该资产的公允价值进行调整，以调整后的价值确定负债或企业自身权益工具的公允价值。这些特征包括资产出售受到限制、资产与所计量负债或企业自身权益工具类似但不相同、资产的计量单元与负债或企业自身权益工具的计量单元不完全相同等。

（三）不存在相同或类似负债或企业自身权益工具可观察市场报价，并且其他方未将其作为资产持有的，企业应当从承担负债或者发行权益工具的市场参与者角度，采用估值技术确定该负债或企业自身权益工具的公允价值。

【解析 39-16】原则说明

针对本准则第三十四条（一），在很多情况下，由于法律限制或企业未打算转移负债或企业自身权益工具等，企业可能无法获得转移相同或类似负债或企业自身权益工具的公开报价。在这种情况下，企业应当确定该负债或自身权益工具是否被其他方作为资产持有。相关负债或企业自身权益工具被其他方作为资产持有的，企业应当在计量日从持有对应资产的市场参与者角度，以对应资产的公允价值为基础，确定该负债或企业自身权益工具的公允价值；相关负债或企业自身权益工具没有被其他方作为资产持有的，企业应当从承担负债或者发行权益工具的市场参与者角度，采用估值技术确定该负债或企业自身权益工具的公允价值。

针对本准则第三十四条（二），企业应当根据下列方法估计其公允价值。

（1）如果对应资产存在活跃市场的报价，并且企业能够获得该报价，企业应当以对应资产的报价为基础确定该负债或企业自身权益工具的公允价值。

（2）如果对应资产不存在活跃市场的报价，或者企业无法获得该报价，企业可使用其他可观察的输入值，例如，对应资产在非活跃市场中的报价。

（3）如果上述（1）和（2）中的可观察价格或输入值都不存在，企业应使用收益法、市场法等其他估值技术。企业使用收益法的，应当考虑市场参与者将该负债或企业自身权益工具作为资产持有时预期收到的现金流量现值。企业使用市场法的，应当考虑其他市场参与者作为资产持有的类似负债或企业自身权益工具的报价。

对应资产的某些特征不适用于负债或企业自身权益工具的，企业应当对该资产的市场报价进行调整，以调整后的价格确定该负债或企业自身权益工具的公允价值。这些调整因素有 4 点。一是对应资产的出售受到限制。二是与对应资产相关的负债或企业自身权益工具与所计量负债或企业自身权益工具类似但不相同。负债或权益工具可能具有一些特征，例如，发行方的信用质量，与被作为资产持有的类似负债或权益工具的公允价值中反映的特征不同。三是对应资产的计量单元与负债或企业自身权益工具的计量单元不完全相同。如果对应资产的价格反映了相关债权和第三方信用增级，而负债的计量单元不包括第三方的信用增级，则企业在以公允价值计量该负债时，应当调整对应资产的可观察价格，剔除第三方信用增级的影响。四是其他需要调整的因素。

针对本准则第三十四条（三），即使不存在对应资产，企业也可使用估值技术计量该负债的公允价值。例如对于弃置义务，企业可以计算市场参与者预期在履行义务时将发生的未来现金流量的现值。

第三十五条 企业以公允价值计量负债，应当考虑不履约风险，并假定不履约风险在负债转移前后保持不变。

不履约风险，是指企业不履行义务的风险，包括但不限于企业自身信用风险。

【解析 39–17】不履约风险

企业以公允价值计量相关负债时，应当考虑其信用状况的影响，以及其他可能影响负债履行的因素。这些因素的影响会因不同负债而有所不同，例如，该负债是否是一项具有偿付现金义务的金融负债，或者是一项具有提供商品或服务义务的非金融负债，或者存在与该负债相关的信用增级条款。

企业以公允价值计量相关负债，应当基于该负债的计量单元考虑不履约风险对负债公允价值的影响。负债附有不可分割的第三方信用增级，如第三方的债务担保，并且该信用增级与负债是分别进行会计处理的，企业估计该负债公允价值时，不应考虑该信用增级的影响，而应仅考虑企业自身的信用状况。

第三十六条　企业以公允价值计量负债或自身权益工具，并且该负债或自身权益工具存在限制转移因素的，如果公允价值计量的输入值中已经考虑了该因素，企业不应当再单独设置相关输入值，也不应当对其他输入值进行相关调整。

【解析 39–18】举例 1

例如，如果债权人和债务人在交易日完全了解相关义务包含转移限制的情况，并接受负债的交易价格，那么交易价格已包含转移限制，企业不需要在交易日或后续计量日通过重新设立单独输入值或者对现有输入值进行调整来反映转移限制的影响。但如果对于负债转移的限制未反映在交易价格或用于计量公允价值计量的其他输入值中，企业应当对输入值进行调整，以反映该限制。

第三十七条　企业以公允价值计量活期存款等具有可随时要求偿还特征的金融负债的，该金融负债的公允价值不应当低于债权人随时要求偿还时的应付金额，即从债权人可要求偿还的第一天起折现的现值。

【解析 39–19】举例 2

例如，对于银行而言，其吸收的客户活期存款是具有可随时要求偿还特征的金融负债，反映了银行需根据存款人需求随时偿还现金给存款人或者存款人指定的第三方的合同义务，该活期存款的公允价值不应低于随时要求偿还的金额。

第十章　市场风险或信用风险可抵销的金融资产和金融负债的公允价值计量

第三十八条　企业以市场风险和信用风险的净敞口为基础管理金融资产和金融负债的，可以以计量日市场参与者在当前市场条件下有序交易中出售净多头（即资产）或者转移净空头（即负债）的价格为基础，计量该金融资产和金融负债组合的公允价值。

市场风险或信用风险可抵销的金融资产或金融负债，应当是由《企业会计准则第 22 号——金融工具确认和计量》规范的金融资产和金融负债，也包括不符合金融资产或金融负债定义但按照《企业会计准则第 22 号——金融工具确认和计量》进行会计处理的其他合同。

与市场风险或信用风险可抵销的金融资产和金融负债相关的财务报表列报，应当适用其他相关会计准则。

第三十九条 企业按照本准则第三十八条规定计量金融资产和金融负债组合的公允价值的，应当同时满足下列条件：

（一）企业风险管理或投资策略的正式书面文件已载明，企业以特定市场风险或特定对手信用风险的净敞口为基础，管理金融资产和金融负债的组合；

（二）企业以特定市场风险或特定对手信用风险的净敞口为基础，向企业关键管理人员报告金融资产和金融负债组合的信息；

（三）企业在每个资产负债表日以公允价值计量组合中的金融资产和金融负债。

第四十条 企业按照本准则第三十八条规定计量金融资产和金融负债组合的公允价值的，该金融资产和金融负债面临的特定市场风险及其期限实质上应当相同。

企业按照本准则第三十八条规定计量金融资产和金融负债组合的公允价值的，如果市场参与者将会考虑假定出现违约情况下能够减小信用风险敞口的所有现行安排，企业应当考虑特定对手的信用风险净敞口的影响或特定对手对企业的信用风险净敞口的影响，并预计市场参与者依法强制执行这些安排的可能性。

【解析 39-20】金融资产和金融负债的信用风险敞口

企业以公允价值计量相关资产或负债，如果已与交易对手达成了在出现违约情况下将考虑所有能够缓释信用风险敞口的安排，例如与交易对手订立的总互抵协议，或者要求基于各方对另一方信用风险的净敞口交换担保品的协议，则应在公允价值计量中考虑交易对手信用风险的净敞口或者该交易对手对企业信用风险的净敞口。企业以公允价值计量相关资产或负债，应当反映市场参与者对这些安排在出现违约情况下能否依法强制执行的预期。

企业为管理一个或多个特定市场风险净敞口而进行组合管理的金融资产和金融负债，可以不同于企业为管理其特定交易对手信用风险净敞口而进行组合管理的金融资产和金融负债，因为企业所有合同不可能均与相同的交易对手订立。

第四十一条 企业采用本准则第三十八条规定的，应当按照《企业会计准则第 28 号——会计政策、会计估计变更和差错更正》的规定确定相关会计政策，并且一经确定，不得随意变更。

第十一章 公允价值披露

第四十二条 企业应当根据相关资产或负债的性质、特征、风险以及公允价值计量的层次对该资产或负债进行恰当分组，并按照组别披露公允价值计量的相关信息。

为确定资产和负债的组别，企业通常应当对资产负债表列报项目做进一步分解。企业应当披露各组别与报表列报项目之间的调节信息。

其他相关会计准则明确规定了相关资产或负债组别且其分组原则符合本条规定的，企业可以直接使用该组别提供相关信息。

第四十三条 企业应当区分持续的公允价值计量和非持续的公允价值计量。

持续的公允价值计量，是指其他相关会计准则要求或者允许企业在每个资产负债表日持续以公允价值进行的计量。

非持续的公允价值计量，是指其他相关会计准则要求或者允许企业在特定情况下的资产负债表中以公允价值进行的计量。

第四十四条 在相关资产或负债初始确认后的每个资产负债表日，企业至少应当在附注中披露持续以公允价值计量的每组资产和负债的下列信息：

（一）其他相关会计准则要求或者允许企业在资产负债表日持续以公允价值计量的项目和金额。

（二）公允价值计量的层次。

（三）在各层次之间转换的金额和原因，以及确定各层次之间转换时点的政策。每一层次的转入与转出应当分别披露。

（四）对于第二层次的公允价值计量，企业应当披露使用的估值技术和输入值的描述性信息。当变更估值技术时，企业还应当披露这一变更以及变更的原因。

（五）对于第三层次的公允价值计量，企业应当披露使用的估值技术、输入值和估值流程的描述性信息。当变更估值技术时，企业还应当披露这一变更以及变更的原因。企业应当披露公允价值计量中使用的重要的、可合理取得的不可观察输入值的量化信息。

（六）对于第三层次的公允价值计量，企业应当披露期初余额与期末余额之间的调节信息，包括计入当期损益的已实现利得或损失总额，以及确认这些利得或损失时的损益项目；计入当期损益的未实现利得或损失总额，以及确认这些未实现利得或损失时的损益项目（如相关资产或负债的公允价值变动损益等）；计入当期其他综合收益的利得或损失总额，以及确认这些利得或损失时的其他综合收益项目；分别披露相关资产或负债购买、出售、发行及结算情况。

（七）对于第三层次的公允价值计量，当改变不可观察输入值的金额可能导致公允价值显著变化时，企业应当披露有关敏感性分析的描述性信息。

这些输入值和使用的其他不可观察输入值之间具有相关关系的，企业应当描述这种相关关系及其影响，其中不可观察输入值至少包括本条（五）要求披露的不可观察输入值。

对于金融资产和金融负债，如果为反映合理、可能的其他假设而变更一个或多个不可观察输入值将导致公允价值的重大改变，企业还应当披露这一事实、变更的影响金额及其计算方法。

（八）当非金融资产的最佳用途与其当前用途不同时，企业应当披露这一事实及其原因。

第四十五条 在相关资产或负债初始确认后的资产负债表中，企业至少应当在附注中披露非持续以公允价值计量的每组资产和负债的下列信息：

（一）其他相关会计准则要求或者允许企业在特定情况下非持续以公允价值计量的项目和金额，以及以公允价值计量的原因。

（二）公允价值计量的层次。

（三）对于第二层次的公允价值计量，企业应当披露使用的估值技术和输入值的描述性信息。当变更估值技术时，企业还应当披露这一变更以及变更的原因。

（四）对于第三层次的公允价值计量，企业应当披露使用的估值技术、输入值和估值流程的描述性信息，当变更估值技术时，企业还应当披露这一变更以及变更的原因。企业应当披露公允价值计量中使用的重要不可观察输入值的量化信息。

（五）当非金融资产的最佳用途与其当前用途不同时，企业应当披露这一事实及其原因。

第四十六条 企业调整公允价值计量层次转换时点的相关会计政策应当在前后各会计期间保持一致，并按照本准则第四十四条（三）的规定进行披露。企业调整公允价值计量层次转换时点的相关会计政策应当一致地应用于转出的公允价值计量层次和转入的公允价值计量层次。

第四十七条 企业采用本准则第三十八条规定的会计政策的，应当披露该事实。

第四十八条 对于在资产负债表中不以公允价值计量但以公允价值披露的各组资产和负债，企业应当按照本准则第四十四条（二）、（四）、（五）和（八）披露信息，但不需要按照本准则第四十四条（五）披露第三层次公允价值计量的估值流程和使用的重要不可观察输入值的量化信息。

第四十九条 对于以公允价值计量且在发行时附有不可分割的第三方信用增级的负债，发行人应当披露这一事实，并说明该信用增级是否已反映在该负债的公允价值计量中。

第五十条 企业应当以表格形式披露本准则要求的量化信息，除非其他形式更适当。

第十二章　衔接规定

第五十一条 本准则施行日之前的公允价值计量与本准则要求不一致的，企业不作追溯调整。

第五十二条 比较财务报表中披露的本准则施行日之前的信息与本准则要求不一致的，企业不需要按照本准则的规定进行调整。

第十三章　附则

第五十三条 本准则自 2014 年 7 月 1 日起施行。

企业会计准则第 40 号——合营安排

《企业会计准则第 40 号——合营安排》自 2014 年 7 月 1 日起在所有执行企业会计准则的企业范围内施行。

第一章　总则

第一条　为了规范合营安排的认定、分类以及各参与方在合营安排中权益等的会计处理，根据《企业会计准则——基本准则》，制定本准则。

第二条　合营安排，是指一项由两个或两个以上的参与方共同控制的安排。合营安排具有下列特征：

（一）各参与方均受到该安排的约束；

（二）两个或两个以上的参与方对该安排实施共同控制。任何一个参与方都不能够单独控制该安排，对该安排具有共同控制的任何一个参与方均能够阻止其他参与方或参与方组合单独控制该安排。

【解析 40-1】合营安排的特征

1. 各参与方受到该安排的约束。

合营安排通过相关约定对各参与方予以约束。相关约定，是指据以判断是否存在共同控制的一系列具有执行力的合约。在形式上，相关约定通常包括合营安排各参与方达成的合同安排，如合同、协议、会议纪要、契约等，也包括对该安排构成约束的法律形式本身。

在内容上，相关约定包括但不限于对以下内容的约定：一是对合营安排的目的、业务活动及期限的约定；二是对合营安排的治理机构（如董事会或类似机构）成员的任命方式的约定；三是对合营安排相关事项的决策方式的约定，包括哪些事项需要参与方决策、参与方的表决权情况、决策事项所需的表决权比例等内容，合营安排相关事项的决策方式是分析是否存在共同控制的重要因素；四是对参与方需要提供的资本或其他投入的约定；五是对合营安排的资产、负债、收入、费用、损益在参与方之间的分配方式的约定。

2. 两个或两个以上的参与方对该安排实施共同控制。

共同控制不同于控制，共同控制由两个或两个以上的参与方实施，而控制由单一参与方实施。共同控制也不同于重大影响，享有重大影响的参与方只拥有参与安排的财务和经营政策的决策的权力，但并不能够控制或者与其他方一起共同控制这些政策的制定。

【例 40-1】合营安排的定义

A 公司和 B 公司共同出资建立了 C 公司。C 公司在章程中规定，C 公司的所有重大决策须经 A 公司和 B 公司均同意方可做出。除章程之外 A 公司和 B 公司并未订立其他协议以管理 C

公司的活动。

本例中，尽管并不存在另外的协议，但通过 C 公司的章程本身即涵盖了“相关约定”的内容，可以凭 C 公司的章程判断 C 公司是否符合合营安排的定义。

【例 40-2】两个或两个以上的参与方对该安排实施共同控制

A 公司、B 公司、C 公司对 D 公司的表决权比例分别为 50%、40% 及 10%。D 公司的主要经营活动为医药产品的研发、生产、销售及相关健康产品服务，其最高权力机构为股东会，所有重大决策需要 75% 以上表决权通过方可做出。

在本例中，A 公司、B 公司合计拥有 D 公司 90% 的表决权，超过了 75% 的表决权要求，当且仅当 A 公司、B 公司均同意时，D 公司的重大决策方能表决通过，C 公司的意愿并不能起到影响表决是否通过的决定性作用。因此 D 公司为一项合营安排，没有任何一方能够单独控制 D 公司，A 公司与 B 公司对 D 公司实施共同控制，C 公司虽然作为 D 公司的股东，属于该合营安排的一方，但并不具有共同控制权。

第三条 合营安排不要求所有参与方都对该安排实施共同控制。合营安排参与方既包括对合营安排享有共同控制的参与方（即合营方），也包括对合营安排不享有共同控制的参与方。

第四条 合营方在合营安排中权益的披露，适用《企业会计准则第 41 号——在其他主体中权益的披露》。

第二章　合营安排的认定和分类

第五条 共同控制，是指按照相关约定对某项安排所共有的控制，并且该安排的相关活动必须经过分享控制权的参与方一致同意后才能决策。

本准则所称相关活动，是指对某项安排的回报产生重大影响的活动。某项安排的相关活动应当根据具体情况进行判断，通常包括商品或劳务的销售和购买、金融资产的管理、资产的购买和处置、研究与开发活动以及融资活动等。

第六条 如果所有参与方或一组参与方必须一致行动才能决定某项安排的相关活动，则称所有参与方或一组参与方集体控制该安排。

在判断是否存在共同控制时，应当首先判断所有参与方或参与方组合是否集体控制该安排，其次再判断该安排相关活动的决策是否必须经过这些集体控制该安排的参与方一致同意。

【解析 40-2】关于集体控制的注意点

1. 集体控制不是单独一方控制。有关控制的判断，应遵循合并财务报表准则及其应用指南（2014）的相关规定。为了确定相关约定是否赋予参与方对该安排的共同控制，主体首先识别该安排的相关活动，然后确定哪些权利赋予参与方主导相关活动的权力。

值得注意的是，“参与方组合”仅泛指参与方的不同联合方式，并不是一个专门的术语。如果某一个参与方能够单独主导该安排中的相关活动，则可能为控制。如果一组参与方或所有参与方联合起来才能够主导该安排中的相关活动，则为集体控制。即，在集体控制下，不存在任何一个参与方能够单独控制某安排的情况，而是由一组参与方或所有参与方联合起来才能控制该安排。

2. 尽管所有参与方联合起来一定能够控制该安排，但集体控制下，集体控制该安排的组合指的是那些既能联合起来控制该安排，又使得参与方数量最少的一个或几个参与方组合。

3. 能够集体控制一项安排的参与方组合很可能不止一个。

摘录于《〈企业会计准则第 40 号——合营安排〉应用指南》

【解析 40-3】关于一致同意

有关相关活动的决策主体应当在确定是由参与方组合集体控制该安排，而不是某一参与方单独控制该安排后，再判断这些集体控制该安排的参与方是否共同控制该安排。当且仅当相关活动的决策要求集体控制该安排的参与方一致同意时，才存在共同控制。

存在共同控制时，有关合营安排相关活动的所有重大决策必须经分享控制权的各方一致同意。一致同意的规定保证了对合营安排具有共同控制的任何一个参与方均可以阻止其他参与方在未经其同意的情况下就相关活动单方面做出决策。

“一致同意”中，并不要求其中一方必须具备主动提出议案的权力，只要具备对合营安排相关活动的所有重大决策予以否决的权力即可；也不需要该安排的每个参与方都一致同意，只要那些能够集体控制该安排的参与方意一致，就可以达成一致同意。

【例 40-3】关于集体控制判断的案例

假设 A 公司、B 公司、C 公司、D 公司分别持有 E 公司 40%、30%、20% 和 10% 的表决权股份，E 公司相关活动的决策需要 85% 以上表决权通过方可做出。

本例中，E 公司的表决权安排使得：

(a) A 公司、B 公司、C 公司、D 公司任何一方均不能单独控制 E 公司；

(b) 参与方组合可能的形式有 A 公司和 B 公司，A 公司和 C 公司，A 公司和 D 公司，B 公司和 C 公司，B 公司和 D 公司，C 公司和 D 公司，A 公司、B 公司、C 公司，A 公司、B 公司、D 公司，A 公司、C 公司、D 公司，B 公司、C 公司、D 公司，A 公司、B 公司、C 公司、D 公司。在这些参与方组合中，尽管所有参与方（A 公司、B 公司、C 公司、D 公司）联合起来必然能够控制 E 公司，但 A 公司、B 公司、C 公司联合起来即可控制 E 公司，且 A 公司、B 公司、C 公司是联合起来能够控制 E 公司的参与方数量最少的组合。因此，称 A 公司、B 公司、C 公司集体控制 E 公司，而不是 A 公司、B 公司、C 公司、D 公司集体控制 E 公司。

假定 E 公司相关活动的决策需要 95% 以上表决权通过方可做出，则 E 公司的表决权安排使得：①A 公司、B 公司、C 公司、D 公司任何一方均不能单独控制 E 公司；② 必须由所有参与方（A 公司、B 公司、C 公司、D 公司）联合起来才能控制 E 公司，且所有参与方是联合起来能够控制 E 公司的参与方数量最少的组合。因此，称所有参与方集体控制 E 公司。

【例 40-4】“一票否决权”

A 公司与 B 公司各持有 C 公司 50% 的表决权，C 公司的主要经营活动为研究和开发前沿新药。根据C公司的章程以及A公司、B公司之间签订的合资协议，C公司的最高权力机构为董事会。董事会由5名董事组成，其中A公司派出4名代表，其中1名代表任董事长，B公司派出1名代表。所有相关活动的决策需要2/3以上董事表决通过方可做出。但是，B公司派出的董事对所有重大事项具备一票否决权。A公司自身为新药研发行业内的领先企业，具备丰富的行业知识，而B公司自身的主要经营范围并非新药研发领域，因此，除财务总监由B公司派出外，C公司包括总经理、研发总监在内的其他高级管理人员均由A公司派出。

本例中，虽然A公司派出的董事人数为4人，超过董事总人数的2/3，然而鉴于B公司的董事对C公司的重大事项具有一票否决权，因此，A公司不能单方面控制C公司，而是与B公司一起对C公司实施共同控制。

【例 40-5】关于共同控制判断的案例

假定一项安排涉及三方：A公司、B公司、C公司在该安排中拥有的表决权分别为50%、30%和20%。A公司、B公司、C公司之间的相关约定规定，75%以上的表决权即可对安排的相关活动做出决策。

在本例中，A公司和B公司是能够集体控制该安排的唯一组合，当且仅当A公司、B公司一致同意时，该安排的相关活动决策方能表决通过。因此A公司、B公司对安排具有共同控制权。

第七条　如果存在两个或两个以上的参与方组合能够集体控制某项安排的，不构成共同控制。

【例 40-6】共同控制的唯一性

A公司、B公司、C公司、D公司各持有E公司25%的表决权。E公司的主要经营活动为房屋建筑工程总承包、设计及专业施工，其最高权力机构为股东会，相关活动的决策需要60%以上的表决权通过方可做出。

本例中，E公司的表决权安排使得A公司、B公司、C公司、D公司中的任意3个同意即可做出决定，共存在4个参与方组合可以做出相关活动的决策（即集体控制），即A公司、B公司、C公司组合，A公司、B公司、D公司组合，B公司、C公司、D公司组合以及A公司、C公司、D公司组合，任意一种组合均可使表决通过。

由于并不存在需要集体控制E公司的参与方一致同意后才能决策的情况（例如，A公司、B公司、C公司能够集体控制E公司，但B公司和C公司也可以选择和D公司联合，并不是必须征得A公司同意才能做出决策。如果B公司、C公司、D公司联合做出决策，A公司并没有权力去否决该决策。同理，B公司并没有权力去否决A公司、C公司和D公司联合做出的决策，C公司并没有权力去否决A公司、B公司和D公司联合做出的决策，D公司并没有权力去否决A公司、B公司和C公司联合做出的决策），因此，E公司并非合营安排，A公司、B公司、C公司、D公司并不对E公司具有共同控制权。但由于A公司、B公司、C公司、D公司对E公司的持股比例高于20%，在不存在其他相反证据的情况下，A公司、B公司、C公司、D公司对E公司均被推定为具有重大影响。

第八条　仅享有保护性权利的参与方不享有共同控制。

【解析 40-4】保护性权利

保护性权利，是指仅为了保护权利持有人利益却没有赋予持有人对相关活动进行决策的一项权利。保护性权利通常只能在合营安排发生根本性改变或某些例外情况发生时才能够行使，它既没有赋予其持有人对合营安排拥有权力，也不能阻止其他参与方对合营安排拥有权力。值得注意的是，对于某些安排，相关活动仅在特定情况或特定事项发生时开展，例如，某些安排在设计时就确定了安排的活动及其回报，在特定情况或特定事项发生之前不需要进行重大决策。这种情况下，权利在特定情况或特定事项发生时方可行使并不意味该权利是保护性权利。

如果一致同意的要求仅仅与向某些参与方提供保护性权利的决策有关，而与该安排的相关活动的决策无关，那么拥有该保护性权利的参与方不会仅仅因为该保护性权利而成为该项安排的合营方。因此，在评估参与方能否共同控制合营安排时，必须具体区别参与方持有的权利是否为保护性权利，该权利不影响其他参与方控制或共同控制该安排。

摘录于《〈企业会计准则第 40 号——合营安排〉应用指南》

【例 40-7】有关保护性权利的案例

A 公司、B 公司、C 公司签订了一份合同，设立某法人主体从事汽车的生产和销售。合同中规定，A 公司、B 公司一致同意即可主导该主体的所有相关活动，并不需要 C 公司也表示同意，但若主体资产负债率达到 50%，C 公司具有对该主体公开发行债券或权益工具的否决权。

本例中，公开发行债券或权益工具通常代表了该主体经营中的根本性改变，因而是保护性权利。合同明确规定需要 A 公司和 B 公司的一致同意才能主导该主体的相关活动，因而 A 公司和 B 公司能够共同控制该主体。尽管 C 公司也是该主体的参与方，但 C 公司仅对该主体拥有保护性权利，因此 C 公司不是共同控制该主体的参与方。

第九条 合营安排分为共同经营和合营企业。

共同经营，是指合营方享有该安排相关资产且承担该安排相关负债的合营安排。

合营企业，是指合营方仅对该安排的净资产享有权利的合营安排。

第十条 合营方应当根据其在合营安排中享有的权利和承担的义务确定合营安排的分类。对权利和义务进行评价时应当考虑该安排的结构、法律形式以及合同条款等因素。

第十一条 未通过单独主体达成的合营安排，应当划分为共同经营。

单独主体，是指具有单独可辨认的财务架构的主体，包括单独的法人主体和不具备法人主体资格但法律认可的主体。

【解析 40-5】单独主体

单独主体并不一定要具备法人资格，但必须具有法律所认可的单独可辨认的财务架构，确认某主体是否属于单独主体必须考虑适用的法律法规。

具有可单独辨认的资产、负债、收入、费用、财务安排和会计记录，并且具有一定法律形式的主体，构成法律认可的单独可辨认的财务架构。合营安排最常见的形式包括有限责任公司、合伙企业、合作企业等。某些情况下，信托、基金也可被视为单独主体。

第十二条 通过单独主体达成的合营安排，通常应当划分为合营企业。但有确凿证据表明满足下列任一条件并且符合相关法律法规规定的合营安排应当划分为共同经营：

（一）合营安排的法律形式表明，合营方对该安排中的相关资产和负债分别享有权利和承担义务。

（二）合营安排的合同条款约定，合营方对该安排中的相关资产和负债分别享有权利和承担义务。

（三）其他相关事实和情况表明，合营方对该安排中的相关资产和负债分别享有权利和承担义务，如合营方享有与合营安排相关的几乎所有产出，并且该安排中负债的清偿持续依赖于合营方的支持。

不能仅凭合营方对合营安排提供债务担保即将其视为合营方承担该安排相关负债。合营方承担向合营安排支付认缴出资义务的，不视为合营方承担该安排相关负债。

【解析 40-6】合营安排是否通过单独主体达成

1. 合营安排未通过单独主体达成。

当合营安排未通过单独主体达成时，该合营安排为共同经营。在这种情况下，合营方通常通过相关约定享有与该安排相关资产的权利并承担与该安排相关负债的义务，同时，享有相应收入的权利并承担相应费用的责任，因此该合营安排应当划分为共同经营。

2. 合营安排通过单独主体达成。

如果合营安排通过单独主体达成，在判断该合营安排是共同经营还是合营企业时，通常首先分析单独主体的法律形式，法律形式不足以判断时，将法律形式与合同安排结合进行分析，法律形式和合同安排均不足以判断时，进一步考虑其他事实和情况。

（1）分析单独主体的法律形式。

各参与方应当根据该单独主体的法律形式，判断该安排是赋予参与方享有与安排相关资产的权利并承担与安排相关负债的义务，还是赋予参与方享有该安排的净资产的权利。也就是说，各参与方应当依据单独主体的法律形式判断是否能将参与方和单独主体分离。例如，各参与方可能通过单独主体执行合营安排，单独主体的法律形式决定在单独主体中的资产和负债是单独主体的资产和负债，而不是各参与方的资产和负债。在这种情况下，基于单独主体的法律形式赋予各参与方的权利和义务，可以初步判定该项安排是合营企业。

在各参与方通过单独主体达成合营安排的情形下，当且仅当单独主体的法律形式没有将参与方和单独主体分离（即单独主体持有的资产和负债是各参与方的资产和负债）时，基于单独主体的法律形式赋予参与方权利和义务的判断，足以说明该合营安排是共同经营。

通常，单独主体的资产和负债很可能与参与方在法律形式上明显分割开来。例如，根据《中华人民共和国公司法》（以下简称《公司法》）的有关规定，“公司是企业法人，有独立的法人财产，享有法人财产权。公司以其全部财产对公司的债务承担责任。有限责任公司的股东以其认缴的出资额为限对公司承担责任；股份有限公司的股东以其认购的股份为限对公司承担责任。”因此，当一项合营安排是按照《公司法》设立的有限责任公司或者股份有限公司时，其法律形式将合营安排对资产的权利和对负债的义务与该安排的参与方明显分割开来。

（2）分析合同安排。

当单独主体的法律形式并不能将合营安排的资产的权利和对负债的义务授予该安排的参与方时，还需要进一步分析各参与方之间是否通过合同安排赋予该安排的参与方对合营安排资产的权利和对合营安排负债的义务。合同安排中常见的某些特征或者条款可能表明该安排为共同经营或者合营企业。共同经营和合营企业的一些普遍特征的比较包括但不限于表40-1所列。

表 40-1　共同经营和合营企业对比表

对比项目	共同经营	合营企业
合营安排的条款	参与方对合营安排的相关资产享有权利并对相关负债承担义务	参与方对与合营安排有关的净资产享有权利，即单独主体（而不是参与方），享有与安排相关资产的权利，并承担与安排相关负债的义务
对资产的权利	参与方按照约定的比例分享合营安排的相关资产的全部利益（例如，权利、权属或所有权等）	资产属于合营安排，参与方并不对资产享有权利
对负债的义务	参与方按照约定的比例分担合营安排的成本、费用、债务及义务。第三方对该安排提出的索赔要求，参与方作为义务人承担赔偿责任	合营安排对自身的债务或义务承担责任。参与方仅以其各自对该安排认缴的投资额为限对该安排承担相应的义务。合营安排的债权方无权就该安排的债务对参与方进行追索
收入、费用及损益	合营安排建立了各参与方按照约定的比例（例如按照各自所耗用的产能比例）分配收入和费用的机制。某些情况下，参与方按约定的份额比例享有合营安排产生的净损益不会必然使其被分类为合营企业，仍应当分析参与方对该安排相关资产的权利以及对该安排相关负债的义务	各参与方按照约定的份额比例享有合营安排产生的净损益
担保	参与方为合营安排提供担保（或提供担保的承诺）的行为本身并不直接导致一项安排被分类为共同经营	

有时，法律形式和合同安排均表明一项合营安排中的合营方反对该安排的净资产享有权利，此时，若不存在相反的其他事实和情况，该合营安排应当被划分为合营企业。有时，仅从法律形式判断，一项合营安排符合共同经营的特征，但是，综合考虑合同安排后，合营方享有该合营安排相关资产并且承担该安排相关负债，此时，该合营安排应当被划分为共同经营。

（3）分析其他事实和情况。

如果一项安排的法律形式与合同安排均没有将该安排的资产的权利和对负债的义务授予该安排的参与方，则应考虑其他事实和情况，包括合营安排的目的和设计，其与参与方的关系及其现金流的来源等。在某些情况下，合营安排设立的主要目的是为参与方提供产出，这表明参与方可能按照约定实质上享有合营安排所持资产几乎全部的经济利益。这种安排下，参与方根据相关合同或法律约定有购买产出的义务，并往往通过阻止合营安排将其产出出售给其他第三方的方式来确保参与方能获得产出。这样，该安排产生的负债实质上是由参与方通过购买产出支付的现金流量而得以清偿。因此，如果参与方实质上是该安排持续经营和清偿债务所需现金流的唯一来源，这表明参与方承担了与该安排相关的负债。综合考虑该合营安排的其他相关事实和情况，表明参与方实质上享有合营安排所持资产几乎全部的经济利益，合营安排所产生的负债的清偿实质上也持续依赖于向参与方收取的产出的销售现金流，该合营安排的实质为共同经营。

在区分合营安排的类型时，需要了解该安排的目的和设计。如果合营安排同时具有以下特征，则表明该安排是共同经营：① 各参与方实质上有权享有，并有义务接受由该安排资产产生的几乎所有经济利益（从而承担了该经济利益的相关风险，如价格风险、存货风险、需求风险等），如该安排所从事的活动主要是向合营方提供产出等；② 持续依赖于合营方清偿该安排活动产生的负债，并维持该安排的运营。

值得注意的是，参与方判断其在合营安排中享有的权利和承担的义务均是在正常经营的情况下，非正常经营（例如破产、清算）时的法律权利和义务的相关性是比较低的。例如，某合营安排通过合伙企业构建，合伙人之间的相关合同约定赋予了合伙人在合伙企业正常经营时享有该合伙企业资产的权利和承担其负债的义务。而在合伙企业清算阶段，合伙人不享有合伙企业的资产，而只能享有合伙企业清偿第三方债务之后应分得的剩余资产。这种情况下，该合伙企业（即合营安排）仍然可以被分类为共同经营，因为在正常经营中，合伙人对于合伙企业的资产和负债是享有权利和承担义务的。

摘录于《〈企业会计准则第 40 号——合营安排〉应用指南》

第十三条 相关事实和情况变化导致合营方在合营安排中享有的权利和承担的义务发生变化的，合营方应当对合营安排的分类进行重新评估。

【解析 40-7】重新评估

企业对合营安排是否拥有共同控制权，以及评估该合营安排是共同经营还是合营企业，这需要企业予以判断并持续评估。在进行判断时，企业需要对所有的相关事实和情况加以考虑。

如果法律形式、合同条款等相关事实和情况发生变化，合营安排参与方应当对合营安排进行重新评估：一是评估原合营方是否仍对该安排拥有共同控制权；二是评估合营安排的类型是否发生变化。相关事实和情况的变化有时可能导致某一参与方控制该安排，从而使该安排不再是合营安排。

由于相关事实和情况发生变化，合营安排的分类可能发生变化，可能由合营企业转变为共同经营，或者由共同经营转为合营企业，应根据具体事实和情况进行判断。例如，经重新协商、修订后的合营安排的合同条款约定参与方拥有对资产的权利，并承担对负债的义务，这种情况下，该安排的分类可能发生了变化，应重新评估该安排是否由合营企业转为共同经营。

第十四条 对于为完成不同活动而设立多项合营安排的一个框架性协议，企业应当分别确定各项合营安排的分类。

【解析 40-8】框架协议

有时各参与方可能设立一个框架协议，该框架协议规定了参与方从事一项或多项活动需遵守的一般性合同条款，并可能要求各参与方设立多项合营安排，以分别处理构成框架协议组成部分的特定活动。即使这些合营安排与同一框架协议相关联，如果参与方在从事框架协议涉及的不同活动中具有不同的权利和义务，那么，这些合营安排的类型也可能有所不同。因此，当参与方从事同一框架协议中的不同活动时，共同经营和合营企业可能同时存在。在这种情况下，作为参与方之一的企业应当分别判断各项合营安排的分类。

第三章　共同经营参与方的会计处理

第十五条　合营方应当确认其与共同经营中利益份额相关的下列项目，并按照相关企业会计准则的规定进行会计处理：

（一）确认单独所持有的资产，以及按其份额确认共同持有的资产；

（二）确认单独所承担的负债，以及按其份额确认共同承担的负债；

（三）确认出售其享有的共同经营产出份额所产生的收入；

（四）按其份额确认共同经营因出售产出所产生的收入；

（五）确认单独所发生的费用，以及按其份额确认共同经营发生的费用。

【解析 40-9】一般会计处理原则

合营方可能将其自有资产用于共同经营，如果合营方保留了对这些资产的全部所有权或控制权，则这些资产的会计处理与合营方自有资产的会计处理并无差别。

合营方也可能与其他合营方共同购买资产来投入共同经营，并共同承担共同经营的负债，此时，合营方应当按照企业会计准则相关规定确认在这些资产和负债中的利益份额。如按照《企业会计准则第 4 号——固定资产》来确认在相关固定资产中的利益份额，按照金融工具确认和计量准则来确认在相关金融资产和金融负债中的份额。

共同经营通过单独主体达成时，合营方应确认按照上述原则单独所承担的负债，以及按本企业的份额确认共同承担的负债。但合营方对于因其他股东未按约定向合营安排提供资金，按照我国相关法律或相关合同约定等规定而承担连带责任的，从其规定，在会计处理上应遵循《企业会计准则第 13 号——或有事项》。

当合营安排各参与方可能同意共同拥有和经营一项资产时，相关约定规定了各参与方对共同经营资产的权利，以及来自该项资产的收入或产出和相应的经营成本在各参与方之间分配的方式。每一个合营方对其在共同资产中的份额、同意承担的负债份额进行会计处理，并按照相关约定确认其在产出、收入和费用中的份额。

摘录于《〈企业会计准则第 40 号——合营安排〉应用指南》

【例 40-8】共同经营参与方的会计处理

2×18 年 1 月 1 日，A 公司和 B 公司共同出资购买一栋写字楼，各自拥有该写字楼 50% 的产权，用于出租收取租金。合同约定，该写字楼相关活动的决策需要 A 公司和 B 公司一致同意方可做出；A 公司和 B 公司的出资比例、收入分享比例和费用分担比例各自 50%。该写字楼购买价款为 8 000 万元，由 A 公司和 B 公司以银行存款支付，预计使用寿命 20 年，预计净残值为 320 万元，采用年限平均法按月计提折旧。该写字楼的租赁合同约定，租赁期限为 10

年，每年租金为480万元，按月交付。该写字楼每月支付维修费2万元。另外，A公司和B公司约定，该写字楼的后续维护和维修支出（包括再装修支出和任何其他的大修支出）以及与该写字楼相关的任何资金需求，均由A公司和B公司按比例承担。假设A公司和B公司均采用成本法对投资性房地产进行后续计量，不考虑税费等其他因素影响。

本例中，由于关于该写字楼相关活动的决策需要A公司和B公司一致同意方可做出，所以A公司和B公司共同控制该写字楼，购买并出租该写字楼为一项合营安排。该合营安排并未通过一个单独主体来架构，并明确约定了A公司和B公司享有该安排中资产的权利、获得该安排相应收入的权利、承担相应费用的责任等，因此该合营安排是共同经营。A公司的相关会计处理如下。

（1）出资购买写字楼时。

借：投资性房地产　　（80 000 000×50%）40 000 000

　　贷：银行存款　　40 000 000

（2）每月确认租金收入时。

借：银行存款　　（4 800 000×50%÷12）200 000

　　贷：其他业务收入　　200 000

（3）每月计提写字楼折旧时。

借：其他业务成本　　160 000

　　贷：投资性房地产累计折旧[（80 000 000−3 200 000）÷20÷12×50%]160 000

（4）支付维修费时。

借：其他业务成本　　（20 000×50%）10 000

　　贷：银行存款　　10 000

第十六条　合营方向共同经营投出或出售资产等（该资产构成业务的除外），在该资产等由共同经营出售给第三方之前，应当仅确认因该交易产生的损益中归属于共同经营其他参与方的部分。投出或出售的资产发生符合《企业会计准则第8号——资产减值》等规定的资产减值损失的，合营方应当全额确认该损失。

第十七条　合营方自共同经营购买资产等（该资产构成业务的除外），在将该资产等出售给第三方之前，应当仅确认因该交易产生的损益中归属于共同经营其他参与方的部分。购入的资产发生符合《企业会计准则第8号——资产减值》等规定的资产减值损失的，合营方应当按其承担的份额确认该部分损失。

第十八条　对共同经营不享有共同控制的参与方，如果享有该共同经营相关资产且承担该共同经营相关负债的，应当按照本准则第十五条至第十七条的规定进行会计处理；否则，应当按照相关企业会计准则的规定进行会计处理。

【解析40-10】共同经营不享有共同控制的参与方的会计处理原则

合营方可能将其自有资产用于共同经营，如果合营方保留了对这些资产的全部所有权或控制权，则这些资产的会计处理与合营方自有资产的会计处理并无差别。

对共同经营不享有共同控制的参与方（非合营方），如果享有该共同经营相关资产且承担该共同经营相关负债的，比照合营方进行会计处理。即，共同经营的参与方，不论其是否具有共同控制，只要能够享有共同经营相关资产的权利并承担共同经营相关负债的义务，对在共同经营中的利益份额采用与合营方相同的会计处理。否则，应当按照相关企业会计准则的规定对其利益份额进行会计处理。例如，如果该参与方对于合营安排的净资产享有权利并且具有重大影响，则按照《企业会计准则第 2 号——长期股权投资》等相关规定进行会计处理；如果该参与方对于合营安排的净资产享有权利并且无重大影响，则按照《企业会计准则第 22 号——金融工具确认和计量》等相关规定进行会计处理；向共同经营投出构成业务的资产的，以及取得共同经营的利益份额的，则按照《企业会计准则第 33 号——合并财务报表》及《企业会计准则第 20 号——企业合并》等相关准则进行会计处理。

【例 40-9】共同经营不享有共同控制的参与方的会计处理案例

A 公司、B 公司、C 公司共同设立合营安排 D 公司，表决权比例分别为 45%、45% 及 10%。假设根据协议，A 公司、B 公司共同控制 D 公司，且该合营安排为共同经营，除上述外无其他需考虑的因素。

在本例中，A 公司、B 公司对合营安排具有共同控制权而 C 公司仅仅是该项合营安排的参与方。假设 C 公司对于 D 公司的净资产享有权利，那么 C 公司应当判断其持有的 10% 的表决权比例是否使其对合营安排具有重大影响，进而按照《企业会计准则第 2 号——长期股权投资》或《企业会计准则第 22 号——金融工具确认和计量》进行会计处理。

第四章　合营企业参与方的会计处理

第十九条　合营方应当按照《企业会计准则第 2 号——长期股权投资》的规定对合营企业的投资进行会计处理。

第二十条　对合营企业不享有共同控制的参与方应当根据其对该合营企业的影响程度进行会计处理：

（一）对该合营企业具有重大影响的，应当按照《企业会计准则第 2 号——长期股权投资》的规定进行会计处理。

（二）对该合营企业不具有重大影响的，应当按照《企业会计准则第 22 号——金融工具确认和计量》的规定进行会计处理。

第五章　衔接规定

第二十一条　首次采用本准则的企业应当根据本准则的规定对其合营安排进行重新评估，确定其分类。

第二十二条　合营企业重新分类为共同经营的，合营方应当在比较财务报表最早期间期初终止确认以前采用权益法核算的长期股权投资，以及其他实质上构成对合营企业净投资的长期权益；同时根据比较财务报表最早期间期初采用权益法核算时使用的相关信息，确认本企业在共同经营中的利益份额所产生的各项资产（包括商誉）和负债，所确认资产和负债的账面价值与其计税基础之间存在暂时性差异的，应当按照《企业会计准则第 18 号——所得税》的规定进行会计处理。

确认的各项资产和负债的净额与终止确认的长期股权投资以及其他实质上构成对合营企业净投资的长期权益的账面金额存在差额的，应当按照下列规定处理：

（一）前者大于后者的，其差额应当首先抵减与该投资相关的商誉，仍有余额的，再调增比较财务报表最早期间的期初留存收益；

（二）前者小于后者的，其差额应当冲减比较财务报表最早期间的期初留存收益。

【解析 40-11】原合营企业重新分类为共同经营时的衔接处理

合营企业重新分类为共同经营的，合营方应当在资产负债表上对相关资产和负债按其享有的份额进行还原，即将构成比较期间期初投资账面价值组成部分的资产与负债进行分拆，用来作为这些资产和负债初始计量的账面价值。这些组成部分的计量应当基于企业之前用于比较期间期初权益法核算时的信息，包括原购买时所产生的任何商誉。

一般而言，确认的各项资产和负债的净额与终止确认的长期股权投资以及其他实质上构成对合营企业净投资的长期权益的账面金额之间应当不存在差额。存在差额的，应当按照下列规定处理：如果前者大于后者的，其差额应当首先调减与该投资相关的商誉，仍有余额的，再调增比较财务报表最早期间的期初留存收益；如果前者小于后者的，其差额应当冲减比较财务报表最早期间的期初留存收益。

按享有份额确认的各项资产和负债的净额与终止确认的长期股权投资以及其他实质上构成对合营企业净投资的长期权益的账面金额之间存在差额的原因包括但不限于：一是长期股权投资发生过减值（此时资产与负债的净值可能较高）；二是合营方对单独主体中个别资产的权利份额与对长期股权投资进行权益法核算时的份额不同，如合营方可能拥有单独主体表决权股份的 45%，但是对单独主体中某一资产的权利份额仅为 40%（此时资产与负债的净值可能较低）。

合营方从权益法转为对资产和负债进行会计处理，应当在报表附注中说明在比较财务报表最早期间的期初，终止确认的投资、已确认资产和负债以及调整计入的期初留存收益的剩余差额之间的勾稽关系。

摘录于《〈企业会计准则第 40 号——合营安排〉应用指南》

企业会计准则第 41 号——在其他主体中权益的披露

《企业会计准则第 41 号——在其他主体中权益的披露》自 2014 年 7 月 1 日起在所有执行企业会计准则的企业范围内施行。

第一章　总则

第一条　为了规范在其他主体中权益的披露，根据《企业会计准则——基本准则》，制定本准则。

第二条　企业披露的在其他主体中权益的信息，应当有助于财务报表使用者评估企业在其他主体中权益的性质和相关风险，以及该权益对企业财务状况、经营成果和现金流量的影响。

第三条　本准则所指的在其他主体中的权益，是指通过合同或其他形式能够使企业参与其他主体的相关活动并因此享有可变回报的权益。参与方式包括持有其他主体的股权、债权，或向其他主体提供资金、流动性支持、信用增级和担保等。企业通过这些参与方式实现对其他主体的控制、共同控制或重大影响。

其他主体包括企业的子公司、合营安排（包括共同经营和合营企业）、联营企业以及未纳入合并财务报表范围的结构化主体等。

结构化主体，是指在确定其控制方时没有将表决权或类似权利作为决定因素而设计的主体。

【解析 41-1】相关活动和可变回报

相关活动是指对被投资方的回报产生重大影响的活动。可变回报是指投资方自被投资方取得的回报可能会随着被投资方业务而变动。根据上述定义，企业因其在其他主体中的权益承受了其他主体经营业绩变动的风险。企业的参与方式不仅包括持有其他主体的股权，还包括持有其他主体的债权，或向其他主体提供资金、流动性支持、信用增级和担保等。企业通过这些参与方式实现对其他主体的控制、共同控制或重大影响。

摘录于《〈企业会计准则第 41 号——在其他主体中权益的披露〉应用指南》

【解析 41-2】结构化主体

通常情况下，结构化主体在合同约定的范围内开展业务活动，表决权或类似权利仅与行政性管理事务相关。

在判断某一主体是否为结构化主体，以及判断该主体与企业的关系时，应当综合考虑结构化主体的定义和特征。结构化主体通常具有下列特征中的多项或全部特征。

1. 业务活动范围受限。通常情况下，结构化主体在合同约定的范围内开展业务活动，业务活动范围受到了限制。例如，从事信贷资产证券化业务的结构化主体，在发行资产支持证券募集资金和购买信贷资产后，根据相关合同，其业务活动是将来源于信贷资产的现金向资产支持证券投资者分配收益。

2. 有具体明确的目的，而且目的比较单一。结构化主体通常是为了特殊目的而设立的主体。例如，有的企业发起结构化主体是为了将企业的资产转让给结构化主体以迅速回收资金，并改变资产结构来满足资产负债管理的需要；有的企业发起结构化主体是为了满足客户特定的投资需求，吸引到更多的客户；还有的企业发起结构化主体是为了专门从事研究开发活动，或开展租赁业务等。

3. 股本（如有）不足以支撑其业务活动，必须依靠其他次级财务支持。次级财务支持是指承受结构化主体部分或全部预计损失的可变权益，其中的“次级”代表受偿顺序在后。股本本身就是一种次级财务支持，其他次级财务支持包括次级债权、对承担损失作出的承诺或担保义务等。通常情况下，结构化主体的股本占资产规模的份额较小，甚至没有股本。当股本很少或没有股本，不足以支撑结构化主体的业务活动时，通常需要依靠其他次级财务支持来为结构化主体注入资金，支撑结构化主体的业务活动。

4. 通过向投资者发行不同等级的证券（如分级产品）等金融工具进行融资，不同等级的证券，信用风险及其他风险的集中程度也不同。例如，以发行分级产品的方式融资是对各级产品的受益权进行了分层配置。购买优先级的投资者享有优先受益权，购买次级的投资者享有次级受益权。投资期满后，投资收益在逐级保证受益人本金、预期收益及相关费用后的余额归购买次级的投资者，如果出现投资损失，先由购买次级的投资者承担。由于不同等级的证券具有不同的信用风险、利率风险或流动性风险，发行分级产品可以满足不同风险偏好投资者的投资需求。

摘录于《〈企业会计准则第 41 号——在其他主体中权益的披露〉应用指南》

第四条 本准则适用于企业在子公司、合营安排、联营企业和未纳入合并财务报表范围的结构化主体中权益的披露。

企业同时提供合并财务报表和母公司个别财务报表的，应当在合并财务报表附注中披露本准则要求的信息，不需要在母公司个别财务报表附注中重复披露相关信息。

第五条 下列各项的披露适用其他相关会计准则：

（一）离职后福利计划或其他长期职工福利计划，适用《企业会计准则第 9 号——职工薪酬》。

（二）企业在其参与的但不享有共同控制的合营安排中的权益，适用《企业会计准则第 37 号——金融工具列报》。但是，企业对该合营安排具有重大影响或该合营安排是结构化主体的，适用本准则。

（三）企业持有的由《企业会计准则第 22 号——金融工具确认和计量》规范的在其他主体中的权益，适用《企业会计准则第 37 号——金融工具列报》。但是，企业在未纳入合并财务报表范围的结构化主体中的权益，以及根据其他相关会计准则以公允价值计量且其变动计入当期损益的在联营企业或合营企业中的权益，适用本准则。

第二章　重大判断和假设的披露

第六条　企业应当披露对其他主体实施控制、共同控制或重大影响的重大判断和假设，以及这些判断和假设变更的情况，包括但不限于下列各项：

（一）企业持有其他主体半数或以下的表决权但仍控制该主体的判断和假设，或者持有其他主体半数以上的表决权但并不控制该主体的判断和假设。

（二）企业持有其他主体 20% 以下的表决权但对该主体具有重大影响的判断和假设，或者持有其他主体 20% 或以上的表决权但对该主体不具有重大影响的判断和假设。

（三）企业通过单独主体达成合营安排的，确定该合营安排是共同经营还是合营企业的判断和假设。

（四）确定企业是代理人还是委托人的判断和假设。

【例 41-1】对控制的判断

甲集团持有乙公司 40% 的股份，但甲集团认为其能够控制乙公司。甲集团在其 2×14 年报的合并财务报表附注中作出如下披露。

本集团持有乙公司 40% 的股权，对乙公司的表决权比例亦为 40%。虽然本集团持有乙公司的表决权比例未达到半数以上，但本集团能够控制乙公司，理由如下：（1）乙公司的其他股东的表决权比例均不超过 1%，且没有迹象表明其他股东会集体表决；（2）近 5 年来其他股东出席或通过代理人出席股东大会、行使表决权的比例未超过乙公司总表决权的 20%；（3）本集团有权任免乙公司董事会中的多数成员；（4）本集团有权主导乙公司的经营活动并享有可变回报。

【例 41-2】对重大影响的判断

甲集团持有乙公司 17% 的股份，但甲集团认为其能够对乙公司实施重大影响。甲集团在其 2×14 年报的合并财务报表附注中作出如下披露。

本集团持有乙公司 17% 的股权，对乙公司的表决权比例亦为 17%。虽然该比例低于 20%，但由于本集团在乙公司董事会中派有代表并参与对乙公司财务和经营政策的决策，所以本集团能够对乙公司施加重大影响。

第七条　企业应当披露按照《企业会计准则第 33 号——合并财务报表》被确定为投资性主体的重大判断和假设，以及虽然不符合《企业会计准则第 33 号——合并财务报表》有关投资性主体的一项或多项特征但仍被确定为投资性主体的原因。

企业（母公司）由非投资性主体转变为投资性主体的，应当披露该变化及其原因，并披露该变化对财务报表的影响，包括对变化当日不再纳入合并财务报表范围子公司的投资的公允价值、按照公允价值重新计量产生的利得或损失以及相应的列报项目。

企业（母公司）由投资性主体转变为非投资性主体的，应当披露该变化及其原因。

【解析 41-3】投资性主体身份的转换

《企业会计准则第 33 号——合并财务报表》规定了投资性主体的判断依据。企业被确定为投资性主体时，根据本准则，企业应当披露与这一认定相关的重大判断和假设。如果企业不具备《企业会计准则第33号——合并财务报表》中所列举的投资性主体特征中的一项或多项特征，但仍被确定为投资性主体的，企业应当披露作出这一认定的原因。

企业（母公司）由非投资性主体转变为投资性主体的，应当披露该变化及其原因，并披露该变化对财务报表的影响。企业被认定为投资性主体，根据《企业会计准则第33号——合并财务报表》，企业应当仅将为其投资活动提供相关服务的子公司（如有）纳入合并范围并编制合并财务报表；其他子公司不应当予以合并，母公司对其他子公司的投资应当按照公允价值计量且其变动计入当期损益。对停止纳入合并财务报表范围的子公司，相关权益的会计处理方法由成本法转为以公允价值计量且其变动计入当期损益，会计处理方法的转变会对企业的财务报表产生影响。针对这项变化，企业应当在变化当期的财务报表附注中披露下列信息：（1）对其主体身份变化这一情况及其原因予以说明；（2）对变化当日不再纳入合并财务报表范围子公司的投资的公允价值，以及按照公允价值重新计量产生的利得或损失以及相应的列报项目。

第三章　在子公司中权益的披露

第八条　企业应当在合并财务报表附注中披露企业集团的构成，包括子公司的名称、主要经营地及注册地、业务性质、企业的持股比例（或类似权益比例，下同）等。

子公司少数股东持有的权益对企业集团重要的，企业还应当在合并财务报表附注中披露下列信息：

（一）子公司少数股东的持股比例。子公司少数段东的持股比例不同于其持有的表决权比例的，企业还应当披露该表决权比例。

（二）当期归属于子公司少数股东的损益以及向少数股东支付的股利。

（三）子公司在当期期末累计的少数股东权益余额。

（四）子公司的主要财务信息。

第九条　使用企业集团资产和清偿企业集团债务存在重大限制的，企业应当在合并财务报表附注中披露下列信息：

（一）该限制的内容，包括对母公司或其子公司与企业集团内其他主体相互转移现金或其他资产的限制，以及对企业集团内主体之间发放股利或进行利润分配、发放或收回贷款或垫款等的限制。

（二）子公司少数股东享有保护性权利、并且该保护性权利对企业使用企业集团资产或清偿企业集团负债的能力存在重大限制的，该限制的性质和程度。

（三）该限制涉及的资产和负债在合并财务报表中的金额。

【解析41-4】对使用企业集团资产和清偿企业集团债务的重大限制

企业集团成员企业使用企业集团资产和清偿企业集团债务可能因法律、行政法规的规定以及合同协议的约定而受到重大限制。本准则要求企业根据重要性原则判断限制是否重大，并在合并财务报表附注中披露对使用企业集团资产和清偿企业集团债务存在的重大限制。

此外，子公司的少数股东可能享有保护性权利。根据《企业会计准则第 33 号——合并财务报表》，保护性权利是指仅为了保护权利持有人利益却没有赋予持有人对相关活动决策权的一项权利。例如，根据协议，母公司动用子公司资产、清偿子公司债务必须经过子公司少数股东的批准。保护性权利对企业使用企业集团资产或清偿企业集团负债的能力存在重大限制的，企业应当披露该限制的性质和程度。

上述重大限制对企业集团的资产和负债产生一定影响，企业应当在合并财务报表附注中披露该限制涉及的资产和负债在合并财务报表中的金额。

【例 41-3】对使用企业集团资产和清偿企业集团债务的重大限制

甲集团主要从事金融业务，总部设在中国，并在多个国家设立了子公司。甲集团在其 2×15 年报的合并财务报表附注中就集团成员企业使用企业集团资产和清偿企业集团债务受到的重大限制作出如下披露。

本集团在欧洲的子公司乙公司因当地法律中有关银行资本充足率的规定使乙公司向母公司转移现金或其他资产的能力受到重大限制，该项限制涉及的资产在合并财务报表中的金额为 73 亿元（2×14 年的金额为 71 亿元）。

本集团在欧洲的子公司丙公司需要遵循当地政府有关金融企业保持流动性的要求，根据该要求，丙公司不能使用已确认但未实现的收益进行利润分配。该限制涉及的金额为 350 万元（2×14 年的金额为 400 万元）。

本集团有多家投资基金，这些投资基金是纳入合并财务报表范围的结构化主体。投资基金持有的资产具有专门用途，按照相关合同约定，对这部分资产不得擅自改变用途并转移至本集团的其他成员企业。该限制涉及的资产在合并财务报表中的金额为 4.8 亿元（2×14 年的金额为 4.5 亿元）。

本集团在非洲的子公司丁公司需要遵循当地外汇管理政策，根据该政策，丁公司必须经过当地外汇管理局的批准才能向母公司及其他投资者支付现金股利。丁公司 2×15 年 12 月 31 日现金及现金等价物的金额为 500 万元（2×14 年的金额为 480 万元）。

第十条 企业存在纳入合并财务报表范围的结构化主体的，应当在合并财务报表附注中披露下列信息：

（一）合同约定企业或其子公司向该结构化主体提供财务支持的，应当披露提供财务支持的合同条款，包括可能导致企业承担损失的事项或情况。

（二）在没有合同约定的情况下，企业或其子公司当期向该结构化主体提供了财务支持或其他支持，应当披露所提供支持的类型、金额及原因，包括帮助该结构化主体获得财务支持的情况。其中，企业或其子公司当期对以前未纳入合并财务报表范围的结构化主体提供了财务支持或其他支持并且该支持导致企业控制了该结构化主体的，还应当披露决定提供支持的相关因素。

（三）企业存在向该结构化主体提供财务支持或其他支持的意图的，应当披露该意图，包括帮助该结构化主体获得财务支持的意图。

【解析 41-5】纳入合并财务报表范围的结构化主体的相关信息

企业存在纳入合并财务报表范围的结构化主体的，应当在合并财务报表附注中披露与该结构化主体相关的风险信息。与结构化主体相关的风险主要是指企业或其子公司需要依合同约定或因其他原因向结构化主体提供财务支持或其他支持，包括帮助结构化主体取得财务支持。

本准则所指的支持不属于企业日常的经营活动，通常是由特定事项触发的交易。例如，当纳入合并财务报表范围的结构化主体流动性紧张或资产信用评级被降低时，企业作为母公司可能需要向结构化主体提供流动性支持，或与结构化主体进行资产置换来提高结构化主体的资产信用评级，使结构化主体恢复到正常的经营状态。本准则所指的"财务支持"（即直接或间接地向结构化主体提供经济资源）通常包括：向结构化主体无偿提供资金；增加对结构化主体的权益投资；向结构化主体提供长期贷款；豁免结构化主体所欠的债务；从结构化主体购入资产，或购买结构化主体发行的证券；按照偏离市场公允价值的价格与结构化主体进行交易，造成企业资源的净流出；企业就结构化三体的经营业绩向第三方提供保证或承诺；其他情形。本准则所指的"其他支持"通常是非财务方面的支持，例如提供人力资源管理或其他管理服务等。

1. 有合同约定的情况。

本准则规定，对纳入合并财务报表范围的结构化主体，合同约定企业或其子公司向该结构化主体提供财务支持的，应当披露提供财务支持的合同条款，包括可能导致企业承担损失的事项或情况。

2. 没有合同约定的情况。

本准则规定，对纳入合并财务报表范围的结构化主体，在没有合同约定的情况下，企业或其子公司当期向该结构化主体提供了财务支持或其他支持，企业应当披露所提供支持的类型、金额及原因，包括帮助该结构化主体获得财务支持的情况。其中，企业或其子公司当期对以前未纳入合并财务报表范围的结构化主体提供了财务支持或其他支持并且该支持导致企业控制了该结构化主体的，企业还应当披露决定提供支持的相关因素。

3. 向结构化主体提供支持的意图。

本准则规定，对纳入合并财务报表范围的结构化主体，企业存在向该结构化主体提供财务支持或其他支持的意图的，应当披露该意图，包活帮助该结构化主体获得财务支持的意图。本准则所指的"意图"是指企业基本决定将在未来期间向结构化主体提供财务支持或其他支持，具体表现为适当级别的企业高管批准了企业向结构化主体提供支持的计划或者方案。如果计划或者方案仅处于酝酿阶段，尚未获得企业高管批准，则不属于本准则所称的意图，也不需要进行披露。

摘录于《〈企业会计准则第 41 号——在其他主体中权益的披露〉应用指南》

第十一条 企业在其子公司所有者权益份额发生变化且该变化未导致企业丧失对子公司控制权的，应当在合并财务报表附注中披露该变化对本企业所有者权益的影响。

企业丧失对子公司控制权的，应当在合并财务报表附注中披露按照《企业会计准则第 33 号——合并财务报表》计算的下列信息：

（一）由于丧失控制权而产生的利得或损失以及相应的列报项目。

（二）剩余股权在丧失控制权日按照公允价值重新计量而产生的利得或损失。

【例 41-4】未丧失对子公司控制权的披露

甲公司持有乙公司 80% 的股权，能够对乙公司实施控制。2×14 年 1 月，甲公司将持有的乙公司的部分股份对外出售（占乙公司股份的 20%），该项交易未导致甲公司丧失对乙公司的控制权。

甲公司在 2×14 年报的合并财务报表附注中对该项交易的披露如下：甲公司于 2×14 年 1 月处置部分对乙公司的投资（占乙公司股份的 20%），但未丧失对乙公司的控制权。处置股权取得的对价为 2 600 万元，该项交易导致少数股东权益增加 2 400 万元，资本公积增加 200 万元。

【例 41-5】丧失对子公司控制权的披露

甲公司持有乙公司 60% 的股权，能够对乙公司实施控制。2×14 年 6 月，甲公司将其持有的乙公司的部分股份对外出售（占乙公司股份的 40%），该项交易导致甲公司丧失了对乙公司的控制权，但仍对乙公司具有重大影响。

甲公司在 2×14 年报的合并财务报表附注中对该项交易的披露如下：甲公司 2×14 年 6 月处置部分对乙公司的投资（占乙公司股份的 40%），丧失了对乙公司的控制权。处置股权取得的对价为 6 000 万元，该项交易的收益为 720 万元，列示在合并财务报表的“投资收益”项目中。处置当日剩余股权的公允价值为 3 000 万元，剩余股权按照公允价值计量而产生的利得为 200 万元。

第十二条　企业是投资性主体且存在未纳入合并财务报表范围的子公司、并对该子公司权益按照公允价值计量且其变动计入当期损益的，应当在财务报表附注中对该情况予以说明。同时，对于未纳入合并财务报表范围的子公司，企业应当披露下列信息：

（一）子公司的名称、主要经营地及注册地。

（二）企业对子公司的持股比例。持股比例不同于企业持有的表决权比例的，企业还应当披露该表决权比例。

企业的子公司也是投资性主体且该子公司存在未纳入合并财务报表范围的下属子公司的，企业应当按照上述要求披露该下属子公司的相关信息。

第十三条　企业是投资性主体的，对其在未纳入合并财务报表范围的子公司中的权益，应当披露与该权益相关的风险信息：

（一）该未纳入合并财务报表范围的子公司以发放现金股利、归还贷款或垫款等形式向企业转移资金的能力存在重大限制的，企业应当披露该限制的性质和程度。

（二）企业存在向未纳入合并财务报表范围的子公司提供财务支持或其他支持的承诺或意图的，企业应当披露该承诺或意图，包括帮助该子公司获得财务支持的承诺或意图。

在没有合同约定的情况下，企业或其子公司当期向未纳入合并财务报表范围的子公司提供财务支持或其他支持的，企业应当披露提供支持的类型、金额及原因。

（三）合同约定企业或其未纳入合并财务报表范围的子公司向未纳入合并财务报表范

围、但受企业控制的结构化主体提供财务支持的，企业应当披露相关合同条款，以及可能导致企业承担损失的事项或情况。

在没有合同约定的情况下，企业或其未纳入合并财务报表范围的子公司当期向原先不受企业控制且未纳入合并财务报表范围的结构化主体提供财务支持或其他支持，并且所提供的支持导致企业控制该结构化主体的，企业应当披露决定提供上述支持的相关因素。

【解析 41-6】投资性主体的相关信息

企业按照合并财务报表准则被确定为投资性主体，且存在未纳入合并财务报表范围的子公司，并对该子公司权益按照公允价值计量且其变动计入当期损益的，应当在财务报表附注中对该情况予以说明。同时，应当披露该子公司的基础信息和与权益相关的风险信息。

1. 未纳入合并财务报表范围的子公司的基础信息。

企业（母公司）是投资性主体的，对未纳入合并财务报表范围的子公司，企业应当披露下列基础信息：（1）子公司的名称、主要经营地及注册地（一般指国家或地区）。（2）企业对子公司的持股比例。持股比例不同于企业持有的表决权比例的，企业还应当披露该表决权比例。企业的子公司也是投资性主体且该子公司存在未纳入合并财务报表范围的下属子公司的，企业应当按照上述要求披露该下属子公司的相关信息。

2. 与权益相关的风险信息。

企业是投资性主体的，对其在未纳入合并财务报表范围的子公司中的权益，应当披露与该权益相关的风险信息。（1）该未纳入合并财务报表范围的子公司以发放现金股利、归还贷款或垫款等形式向企业转移资金的能力存在重大限制的，企业应当披露该限制的性质和程度。（2）企业存在向未纳入合并财务报表范围的子公司提供财务支持或其他支持的承诺或意图的，企业应当披露该承诺或意图，包括帮助该子公司获得财务支持的承诺或意图。在没有合同约定的情况下，企业或其子公司当期向未纳入合并财务报表范围的子公司提供财务支持或其他支持的，企业应当披露提供支持的类型、金额及原因。（3）合同约定企业或未纳入合并财务报表范围的子公司向未纳入合并财务报表范围，但受企业控制的结构化主体提供财务支持的，企业应当披露相关合同条款，以及可能导致企业承担损失的事项或情况。在没有合同约定的情况下，企业或其未纳入合并财务报表范围的子公司当期向原先不受企业控制且未纳入合并财务报表范围的结构化主体提供财务支持或其他支持，并且所提供的支持导致企业控制该结构化主体的，企业应当披露决定提供上述支持的相关因素。

摘录于《〈企业会计准则第 41 号——在其他主体中权益的披露〉应用指南》

第四章　在合营安排或联营企业中权益的披露

第十四条　存在重要的合营安排或联营企业的，企业应当披露下列信息：

（一）合营安排或联营企业的名称、主要经营地及注册地。

（二）企业与合营安排或联营企业的关系的性质，包括合营安排或联营企业活动的性质，以及合营安排或联营企业对企业活动是否具有战略性等。

（三）企业的持股比例。持股比例不同于企业持有的表决权比例的，企业还应当披露该表决权比例。

第十五条 对于重要的合营企业或联营企业，企业除了应当按照本准则第十四条披露相关信息外，还应当披露对合营企业或联营企业投资的会计处理方法，从合营企业或联营企业收到的股利，以及合营企业或联营企业在其自身财务报表中的主要财务信息。

企业对上述合营企业或联营企业投资采用权益法进行会计处理的，上述主要财务信息应当是按照权益法对合营企业或联营企业相关财务信息调整后的金额；同时，企业应当披露将上述主要财务信息按照权益法调整至企业对合营企业或联营企业投资账面价值的调节过程。

企业对上述合营企业或联营企业投资采用权益法进行会计处理但该投资存在公开报价的，还应当披露其公允价值。

【解析 41-7】重要的合营企业和联营企业的主要财务信息

对于重要的合营企业或联营企业，企业除了应当披露基础信息外，还应当披露对合营企业或联营企业投资的会计处理方法，从合营企业或联营企业收到的股利，以及合营企业或联营企业在其自身财务报表中的主要财务信息。合营企业或联营企业的主要财务信息，包括流动资产、非流动资产、流动负债、非流动负债、营业收入、净利润、终止经营的净利润、其他综合收益、综合收益总额等。由于企业对合营企业相关活动的参与程度更高，对于重要的合营企业，除披露上述信息外，还需要披露的信息有：现金和现金等价物；财务费用（能够区分利息收入和利息费用的，分别披露利息收入和利息费用）；所得税费用。

第十六条 企业在单个合营企业或联营企业中的权益不重要的，应当分别就合营企业和联营企业两类披露下列信息。

（一）按照权益法进行会计处理的对合营企业或联营企业投资的账面价值合计数。

（二）对合营企业或联营企业的净利润、终止经营的净利润、其他综合收益、综合收益等项目，企业按照其持股比例计算的金额的合计数。

第十七条 合营企业或联营企业以发放现金股利、归还贷款或垫款等形式向企业转移资金的能力存在重大限制的，企业应当披露该限制的性质和程度。

【解析 41-8】对转移资金能力的重大限制

合营企业或联营企业以发放现金股利、归还贷款或垫款等形式向企业转移资金的能力存在重大限制的，企业应当披露该限制的性质和程度。例如，某联营企业与银行（银行是独立第三方，不是联营企业的投资方）签订借款合同，合同约定：如果联营企业未能清偿到期债务，就不能向其投资方支付股利。在这种情况下，联营企业向企业（投资方）转移资金的能力就受到了限制。如果该项限制属于重大限制，企业应当在其财务报表附注中披露该项限制的性质和程度。

第十八条 企业对合营企业或联营企业投资采用权益法进行会计处理，被投资方发生超额亏损且投资方不再确认其应分担合营企业或联营企业损失份额的，应当披露未确认的合营企业或联营企业损失份额，包括当期份额和累积份额。

【例41-6】超额亏损的披露

甲公司持有乙公司40%的股权，能够对乙公司实施重大影响。2×14年度，乙公司发生巨额亏损。甲公司在其2×14年报的财务报表附注中对该事项披露如下：2×14年度乙公司亏损10 000万元，本公司按照持股比例应分担损失4 000万元，但本公司对乙公司权益投资的账面价值仅为3 500万元，本公司不存在长期应收款等其他实质上构成对乙公司净投资的权益项目，本公司确认了3 500万元的投资损失，当期未确认的对乙公司投资的损失份额为500万元，本期末累积未确认的对乙公司投资的损失份额为500万元。

第十九条 企业应当单独披露与其对合营企业投资相关的未确认承诺，以及与其对合营企业或联营企业投资相关的或有负债。

【解析41-9】未确认承诺

未确认承诺的具体内容包括但不限于以下两点。（1）企业因下列事项而作出的提供资金或资源的未确认承诺。例如，企业对合营企业的出资承诺，对于合营企业承担的资本性支出企业将提供支持的承诺，企业承诺从合营企业购买或代表合营企业购买设备、存货或服务等无条件购买义务，企业向合营企业承诺提供贷款或其他财务支持，以及企业作出的与对合营企业投资相关的其他不可撤销的承诺。（2）企业购买合营企业其他参与方在合营企业的全部或部分权益的未确认承诺。企业是否需要履行这一承诺通常取决于特定事件是否在未来期间发生。

【解析41-10】或有负债

企业应当单独披露与其对合营企业或联营企业投资相关的或有负债，但不包括极小可能导致经济利益流出企业的或有负债。企业应当按照《企业会计准则第13号——或有事项》来判断某一事项是否属于或有负债。如果企业与合营企业的其他参与方、联营企业的其他投资方共同承担某项或有负债，企业应当在财务报表附注中披露在该项或有负债中企业所承担的份额。在或有负债较多的情况下，企业可以按照或有负债的类别进行汇总披露。

【例41-7】未确认承诺的披露

2×14年7月1日，甲公司、乙公司和丙公司共同出资设立丁公司，出资比例分别为50%、40%及10%，各参与方的表决权比例与其出资比例相同。假设根据协议，甲公司和乙公司对丁公司具有共同控制，且该合营安排为合营企业。协议约定，乙公司承诺丙公司在丁公司成立届满3年后，丙公司可以选择将其在丁公司中的财产份额全部转让给乙公司，由乙公司一次性全额向丙公司支付丙公司初始投资成本的120%。丙公司的初始投资成本为150万元，乙公司承担的未确认承诺为180万元。

乙公司在其2×14年报的财务报表附注中对该项未确认承诺披露如下：本公司对丁公司（2×14年7月成立）享有共同控制，表决权比例为40%。根据协议，如果丁公司的参与方丙公司选择在丁公司成立届满3年后将其在丁公司中财产份额转让给本公司，本公司需要一次性全额向丙公司支付180万元。

【例 41-8】或有负债的案例

甲公司在其 2×15 年报的财务报表附注中对与联营企业相关的或有负债单独披露如下：2×15 年 12 月 31 日，本公司为联营企业提供财务担保的金额为 4 625 万元（2×14 年的金额为 4 519 万元），半数以上的财务担保将在一年内到期。上述金额代表联营企业违约将给本公司造成的最大损失。由于不符合预计负债确认条件，上述财务担保属于未确认或有负债。

第二十条 企业是投资性主体的，不需要披露本准则第十五条和第十六条规定的信息。

第五章 在未纳入合并财务报表范围的结构化主体中权益的披露

第二十一条 对于未纳入合并财务报表范围的结构化主体，企业应当披露下列信息：

（一）未纳入合并财务报表范围的结构化主体的性质、目的、规模、活动及融资方式。

（二）在财务报表中确认的与企业在未纳入合并财务报表范围的结构化主体中权益相关的资产和负债的账面价值及其在资产负债表中的列报项目。

（三）在未纳入合并财务报表范围的结构化主体中权益的最大损失敞口及其确定方法。企业不能量化最大损失敞口的，应当披露这一事实及其原因。

（四）在财务报表中确认的与企业在未纳入合并财务报表范围的结构化主体中权益相关的资产和负债的账面价值与其最大损失敞口的比较。企业发起设立未纳入合并财务报表范围的结构化主体，但资产负债表日在该结构化主体中没有权益的，企业不需要披露上述（二）至（四）项要求的信息，但应当披露企业作为该结构化主体发起人的认定依据，并分类披露企业当期从该结构化主体获得的收益、收益类型，以及转移至该结构化主体的所有资产在转移时的账面价值。

【解析 41-11】未纳入合并财务报表范围的结构化主体的基础信息

对于未纳入合并财务报表范围的结构化主体，企业应当披露该结构化主体的性质、目的、规模、活动及融资方式，包括与之相关的定性信息和定量信息。其中，结构化主体的规模通常以资产总额或者所发行证券的规模来表示，融资方式包括股权融资、债权融资以及其他融资方式。本准则不要求逐个披露结构化主体的信息，企业应当按照重要性原则来确定信息披露的详细程度，只要不影响财务报表使用者评价企业与结构化主体之间的关系及企业因涉入结构化主体业务活动而面临的风险，企业可以根据需要汇总披露相关信息。

【例 41-9】未纳入合并财务报表范围的结构化主体的基础信息的披露

甲集团在其 2×15 年报中就未纳入合并财务报表范围的结构化主体的基础信息披露如下：2×15 年 12 月 31 日，与本集团相关联但未纳入本集团合并财务报表范围的结构化主体主要从事信贷资产证券化业务，从本集团成员企业购买信贷资产，以信贷资产产生的现金流为基础发行资产支持证券融资。这类结构化主体 2×15 年 12 月 31 日的资产总额为 5 亿元（2×14 年的金额为 4.8 亿元）。

【解析 41–12】最大损失敞口

最大损失敞口应当是企业因在结构化主体中持有权益而可能发生的最大损失。在确定最大损失敞口时，不需要考虑损失发生的可能性，因为最大损失敞口并不是企业的预计损失。

第二十二条　企业应当披露其向未纳入合并财务报表范围的结构化主体提供财务支持或其他支持的意图，包括帮助该结构化主体获得财务支持的意图。在没有合同约定的情况下，企业当期向结构化主体（包括企业前期或当期持有权益的结构化主体）提供财务支持或其他支持的，还应当披露提供支持的类型、金额及原因，包括帮助该结构化主体获得财务支持的情况。

第二十三条　企业是投资性主体的，对受其控制但未纳入合并财务报表范围的结构化主体，应当按照本准则第十二条和第十三条的规定进行披露，不需要按照本章规定进行披露。

【解析 41–13】未纳入合并财务报表范围结构化主体的额外信息的披露

如果企业按照本准则要求披露的有关未纳入合并财务报表范围的结构化主体的信息，仍不能充分反映相关风险及其对企业的影响，企业还应当额外披露信息。

合同约定企业在特定情况下需要向未纳入合并财务报表范围的结构化主体提供财务支持或其他支持的，企业应当披露相关的合同条款及有关信息，有关信息包括在何种情况下企业需要向结构化主体提供支持并可能因此遭受损失，是否存在其他约定对企业向结构化主体履行支持义务产生约束，在多方向结构化主体提供支持的情况下各方提供支持的先后顺序等。

企业因在未纳入合并财务报表范围的结构化主体中持有权益而当期遭受损失的，企业应当披露损失的金额，包括计入当期损益的金额和计入其他综合收益的金额。

企业在未纳入合并财务报表范围的结构化主体中持有权益，如果企业当期取得与该权益相关的收益，企业应当披露收益的类型。收益类型主要包括：服务收费、利息收入、利润分配收入、处置债权或股权的收益，以及企业向结构化主体转移资产取得的收益等。

在合同约定企业和其他主体需要承担未纳入合并财务报表范围结构化主体的损失的情况下，企业应当披露企业和其他主体需要承担损失的最大限额以及承担损失的先后顺序。

企业应当披露第三方提供的、对企业在未纳入合并财务报表范围的结构化主体中权益的公允价值或风险可能产生影响的流动性支持、担保、承诺等。

企业应当披露当期未纳入合并财务报表范围的结构化主体在融资活动中遇到的困难，主要是指债务融资或股权融资遇到的困难。

企业应当披露与未纳入合并财务报表范围的结构化主体融资业务有关的信息，包括融资形式（例如商业票据、中长期票据）及其加权平均期限。特别是当结构化主体投资长期资产但资金来源于短期负债时，企业需要分析该结构化主体资产和负债的期限结构，并披露这一情况。

摘录于《〈企业会计准则第 41 号——在其他主体中权益的披露〉应用指南》

第六章　衔接规定

第二十四条　企业比较财务报表中披露的本准则施行日之前的信息与本准则要求不一致的，应当按照本准则的规定进行调整，但有关未纳入合并财务报表范围的结构化主体的披露要求除外。

第七章　附则

第二十五条　本准则自 2014 年 7 月 1 日起施行。

企业会计准则第 42 号——持有待售的非流动资产、处置组和终止经营

《企业会计准则第 42 号——持有待售的非流动资产、处置组和终止经营》自 2017 年 5 月 28 日起施行。对于本准则施行日存在的持有待售的非流动资产、处置组和终止经营，应当采用未来适用法处理。

第一章 总则

第一条 为了规范企业持有待售的非流动资产或处置组的分类、计量和列报，以及终止经营的列报，根据《企业会计准则——基本准则》，制定本准则。

第二条 本准则的分类和列报规定适用于所有非流动资产和处置组。

处置组，是指在一项交易中作为整体通过出售或其他方式一并处置的一组资产，以及在该交易中转让的与这些资产直接相关的负债。处置组所属的资产组或资产组组合按照《企业会计准则第 8 号——资产减值》分摊了企业合并中取得的商誉的，该处置组应当包含分摊至处置组的商誉。

【解析 42-1】处置组

处置组中可能包含企业的任何资产和负债，如流动资产、流动负债、适用本准则计量规定的固定资产和无形资产等非流动资产、不适用本准则计量规定的采用公允价值模式进行后续计量的投资性房地产、采用公允价值减去出售费用后的净额计量的生物资产和金融工具等非流动资产，以及非流动负债。

处置组可能是一组资产组组合、一个资产组或某个资产组的一部分。如果企业在决定对某处置组进行处置前，该处置组的相关资产或负债本属于某资产组的一部分，在作为处置组后，由于该处置组将主要通过出售而非持续使用产生现金流入，对原资产组内其他资产产生现金流入的依赖减小，此时该处置组重新成为可以认定的最小资产组合，应当作为单独的资产组看待。

摘录于《〈企业会计准则第 42 号——持有待售的非流动资产、处置组和终止经营〉应用指南》

第三条 本准则的计量规定适用于所有非流动资产，但下列各项的计量适用其他相关会计准则：

（一）采用公允价值模式进行后续计量的投资性房地产，适用《企业会计准则第 3 号——投资性房地产》；

（二）采用公允价值减去出售费用后的净额计量的生物资产，适用《企业会计准则第 5

号——生物资产》；

（三）职工薪酬形成的资产，适用《企业会计准则第 9 号——职工薪酬》；

（四）递延所得税资产，适用《企业会计准则第 18 号——所得税》；

（五）由金融工具相关会计准则规范的金融资产，适用金融工具相关会计准则；

（六）由保险合同相关会计准则规范的保险合同所产生的权利，适用保险合同相关会计准则。

处置组包含适用本准则计量规定的非流动资产的，本准则的计量规定适用于整个处置组。处置组中负债的计量适用相关会计准则。

第四条 终止经营，是指企业满足下列条件之一的、能够单独区分的组成部分，且该组成部分已经处置或划分为持有待售类别：

（一）该组成部分代表一项独立的主要业务或一个单独的主要经营地区；

（二）该组成部分是拟对一项独立的主要业务或一个单独的主要经营地区进行处置的一项相关联计划的一部分；

（三）该组成部分是专为转售而取得的子公司。

【解析 42-2】终止经营

1. 终止经营应当是企业能够单独区分的组成部分。该组成部分的经营和现金流量在企业经营和编制财务报表时是能够与企业的其他部分清楚区分的。企业组成部分可能是一个资产组，也可能是一组资产组组合，通常是企业的一个子公司、一个事业部或事业群。

2. 终止经营应当具有一定的规模。终止经营应当代表一项独立的主要业务或一个单独的主要经营地区，或者是拟对一项独立的主要业务或一个单独的主要经营地区进行处置的一项相关联计划的一部分。并非所有处置组都符合终止经营定义中的规模条件，企业需要运用职业判断加以确定。当然，如果企业主要经营一项业务或主要在一个地理区域内开展经营，企业的一个主要产品或服务线就可能满足终止经营定义中的规模条件。对于专为转售而取得的子公司，本准则对其规模不做要求，只要是单独区分的组成部分且满足时点要求，即构成终止经营。有些专为转售而取得的重要的合营企业或联营企业，也可能因为符合终止经营定义中的规模等条件而构成终止经营。

3. 终止经营应当满足一定的时点要求。符合终止经营定义的组成部分应当属于以下两种情况之一。

（1）该组成部分在资产负债表日之前已经处置，包括已经出售和结束使用（如关停或报废等）。多数情况下，如果组成部分的所有资产和负债均已处置，产生收入和发生成本的来源消失，这时确定组成部分“处置”的时点是较为容易的。但在有些情况下，组成部分的资产仍处于出售或报废过程中，仍可能发生清理费用，企业需要根据实际情况判断组成部分是否已经处置从而符合终止经营的定义。

（2）该组成部分在资产负债表日之前已经划分为持有待售类别。有些情况下，企业对一项独立的主要业务或一个单独的主要经营地区进行处置的一项相关联计划持续数年，组成部分中的资产组或资产组组合无法同时满足持有待售类别的划分条件。随着处置计划的进行，组成部分中的一些资产组或资产组组合可能先满足持有待售类别划分条件且构成企业的终止经营，其他资产组或资产组组合可能在未来满足持有待售类别的划分条件，应当适时将其作为终止经营处理。

不是所有划分为持有待售类别的处置组都符合终止经营的定义，因为有些处置组可能不是“能够单独区分的组成部分”或不符合终止经营定义中的规模条件；也不是所有终止经营都划分为持有待售类别，因为有些终止经营在资产负债表日前已经处置。

摘录于《〈企业会计准则第 42 号——持有待售的非流动资产、处置组和终止经营〉应用指南》

【例 42-1】不构成终止经营的案例

某快餐 A 企业在全国拥有 500 家零售门店，A 企业决定将其位于 Z 市的 8 家零售门店中的一家门店 C 出售，并于 2×17 年 8 月 13 日与 B 企业正式签订了转让协议，假设该门店 C 符合持有待售类别的划分条件。判断门店 C 是否构成 A 企业的终止经营。

分析：尽管门店 C 是一个处置组，也符合持有待售类别的划分条件，但它只是一个零售点，不能代表一项独立的主要业务或一个单独的主要经营地区，也不构成拟对一项独立的主要业务或一个单独的主要经营地区进行处置的一项相关联计划的一部分，因此该处置组并不构成企业的终止经营。

【例 42-2】关于终止经营的案例

F 集团决定出售其专门从事酒店管理的下属子公司 R 公司，酒店管理构成 F 集团的一项主要业务。R 公司管理一个酒店集团和一个连锁健身中心。为获取最大收益，F 集团决定允许将酒店集团和连锁健身中心出售给不同买家，但酒店集团和连锁健身中心的转让是相互关联的，即两者或者均出售，或者均不出售。F 集团于 2×17 年 12 月 6 日与 S 企业就转让连锁健身中心正式签订了协议，假设此时连锁健身中心符合持有待售类别的划分条件，但酒店集团尚不符合持有待售类别的划分条件。判断酒店集团和连锁健身中心是否构成 F 集团的终止经营。

在本案例中，处置酒店集团和连销健身中心构成一项相关联的计划，虽然酒店集团和连锁健身中心可能出售给不同买家，但分别属于对一项独立的主要业务进行处置的一项相关联计划的一部分，因此连锁健身中心符合终止经营的定义，酒店集团在未来符合持有待售类别划分条件时也符合终止经营的定义。

第二章　持有待售的非流动资产或处置组的分类

第五条　企业主要通过出售（包括具有商业实质的非货币性资产交换，下同）而非持续使用一项非流动资产或处置组收回其账面价值的，应当将其划分为持有待售类别。

【解析 42-3】分类原则

根据准则第五条，企业不应当因持有待售的非流动资产或处置组仍在产生零星收入而不将其划分为持有待售类别。因为在这种情况下，通过该资产或处置组的使用收回的价值相对于通过出售收回的价值是微不足道的，资产的账面价值仍然主要通过出售收回。

第六条 非流动资产或处置组划分为持有待售类别，应当同时满足下列条件：

（一）根据类似交易中出售此类资产或处置组的惯例，在当前状况下即可立即出售；

（二）出售极可能发生，即企业已经就一项出售计划作出决议且获得确定的购买承诺，预计出售将在一年内完成。有关规定要求企业相关权力机构或者监管部门批准后方可出售的，应当已经获得批准。

确定的购买承诺，是指企业与其他方签订的具有法律约束力的购买协议，该协议包含交易价格、时间和足够严厉的违约惩罚等重要条款，使协议出现重大调整或者撤销的可能性极小。

【解析 42-4】划分条件

（1）可立即出售。

为满足该条件，企业应当具有在当前状态下出售该非流动资产或处置组的意图和能力。为了符合类似交易中出售此类资产或处置组的惯例，企业应当在出售前做好相关准备。例如，按照惯例允许买方在报价和签署合同前对资产进行尽职调查等。

需要特别指出的是，上文所述“出售”包括具有商业实质的非货币性资产交换。如果企业以非货币性资产交换形式换出非流动资产或处置组，且该交易具有商业实质，那么企业应当考虑相关非流动资产或处置组是否符合划分为持有待售类别的条件。同样地，如果企业以非流动资产或处置组作为换出资产进行债务重组，也可能符合划分为持有待售类别的条件。

（2）出售极可能发生。

具体来说，“出售极可能发生”应当包含以下几层含义：一是企业出售非流动资产或处置组的决议一般需要由企业相应级别的管理层作出，如果有关规定要求企业相关权力机构或者监管部门批准后方可出售，应当已经获得批准；二是企业已经获得确定的购买承诺，确定的购买承诺是企业与其他方签订的具有法律约束力的购买协议，该协议包含交易价格、时间和足够严厉的违约惩罚等重要条款，使协议出现重大调整或者撤销的可能性极小。三是预计自划分为持有待售类别起一年内，出售交易能够完成。

非流动资产或处置组划分为持有待分配给所有者类别，应当同时满足下列条件：①在当前状况下即可立即分配；②分配很可能发生，即企业已经开展与分配相关的工作，分配出现重大调整或撤销的可能性极小，预计分配将在一年内完成。有关规定要求企业相关权力机构或者监管部门批准后方可分配的，应当已经获得批准。

摘录于《〈企业会计准则第 42 号——持有待售的非流动资产、处置组和终止经营〉应用指南》

【例 42-3】持有待售类别的划分

G 企业在 X 市区繁华地段拥有一栋办公大楼，企业的主要业务部门均在该大楼内办公。由于发展战略发生改变，G 企业计划整体搬迁至 Y 市。G 企业与 H 企业签订了办公大楼转让合同，附带约定条款。

情形一：G 企业将在腾空办公大楼后将其交付给 H 企业，且腾空办公大楼所需时间是正常且符合交易惯例的。

情形二：G企业将在Y市兴建的新办公大楼竣工并装修完成前继续使用现有办公大楼，竣工并装修完成后将X市大楼交付H企业。

分析：情形一，在出售建筑物前将其腾空属于出售此类资产的惯例，且腾空只占用常规所需时间，因此，即使G企业的办公大楼当前尚未腾空，并不影响其满足在当前状况下即可立即出售的条件。

情形二，“在Y市兴建的新办公大楼竣工并装修完成前继续使用现有办公大楼”的条件不属于类似交易中出售此类资产的惯例，使得办公大楼在当前状况下不能立即出售，在新大楼竣工并装修完成前G企业虽然已取得确定的购买承诺，办公大楼仍然不符合持有待售类别的划分条件。

第七条 企业专为转售而取得的非流动资产或处置组，在取得日满足“预计出售将在一年内完成”的规定条件，且短期（通常为3个月）内很可能满足持有待售类别的其他划分条件的，企业应当在取得日将其划分为持有待售类别。

第八条 因企业无法控制的下列原因之一，导致非关联方之间的交易未能在一年内完成，且有充分证据表明企业仍然承诺出售非流动资产或处置组的，企业应当继续将非流动资产或处置组划分为持有待售类别：

（一）买方或其他方意外设定导致出售延期的条件，企业针对这些条件已经及时采取行动，且预计能够自设定导致出售延期的条件起一年内顺利化解延期因素；

（二）因发生罕见情况，导致持有待售的非流动资产或处置组未能在一年内完成出售，企业在最初一年内已经针对这些新情况采取必要措施且重新满足了持有待售类别的划分条件。

【解析42-5】企业无法控制的原因

（1）意外设定条件。

企业在初始对非流动资产或处置组进行分类时，能够满足划分为持有待售类别的所有条件，但此后买方或其他方提出一些意料之外的条件，且企业已经采取措施加以应对，预计能够自设定这些条件起一年内满足条件并完成出售，那么即使出售无法在最初一年内完成，企业仍然可以维持原持有待售类别的分类。

（2）发生罕见情况。

非流动资产或处置组在初始分类时满足了持有待售类别的所有条件，但在最初一年内，出现罕见情况导致出售将被延迟至一年之后。如果企业针对这些新情况在最初一年内已经采取必要措施，而且该非流动资产或处置组重新满足了持有待售类别的划分条件，也就是在当前状况下可立即出售且出售极可能发生，那么即使原定的出售计划无法在最初一年内完成，企业仍然可以维持原持有待售类别的分类。这里的“罕见情况”主要指因不可抗力引发的情况、宏观经济形势发生急剧变化等不可控情况。

摘录于《〈企业会计准则第42号——持有待售的非流动资产、处置组和终止经营〉应用指南》

第九条 持有待售的非流动资产或处置组不再满足持有待售类别划分条件的，企业不应当继续将其划分为持有待售类别。

部分资产或负债从持有待售的处置组中移除后，处置组中剩余资产或负债新组成的处置组仍然满足持有待售类别划分条件的，企业应当将新组成的处置组划分为持有待售类别，否则应当将满足持有待售类别划分条件的非流动资产单独划分为持有待售类别。

第十条 企业因出售对子公司的投资等原因导致其丧失对子公司控制权的，无论出售后企业是否保留部分权益性投资，应当在拟出售的对子公司投资满足持有待售类别划分条件时，在母公司个别财务报表中将对子公司投资整体划分为持有待售类别，在合并财务报表中将子公司所有资产和负债划分为持有待售类别。

【例 42-4】企业丧失对子公司的控制权

G 企业集团拟出售持有的部分长期股权投资。

情形一：G 企业集团拥有子公司 100% 的股权，拟出售全部股权。

情形二：G 企业集团拥有子公司 100% 的股权，拟出售 55% 的股权，出售后将丧失对子公司的控制权，但对其具有重大影响。

情形三：G 企业集团拥有子公司 100% 的股权，拟出售 25% 的股权，出售后仍然拥有对子公司的控制权。

情形四：G 企业集团拥有子公司 55% 的股权，拟出售 6% 的股权，出售后将丧失对子公司的控制权，但对其具有重大影响。

情形五：G 企业集团拥有联营企业 35% 的股权，拟出售 30% 的股权，G 企业集团持有剩余的 5% 股权，且对被投资方不具有重大影响。

情形六：G 企业集团拥有合营企业 50% 的股权，拟出售 35% 的股权，G 企业集团持有剩余的 15% 股权，且对被投资方不具有共同控制或重大影响。

在本案例中，情形一，G 企业集团应当在母公司个别财务报表中将拥有的子公司全部股权对应的长期股权投资划分为持有待售类别，在合并财务报表中将子公司所有资产和负债划分为持有待售类别。

情形二，G 企业集团应当在母公司个别财务报表中将拥有的子公司全部股权对应的长期股权投资划分为持有待售类别，在合并财务报表中将子公司所有资产和负债划分为持有待售类别。

情形三，G 企业集团仍然拥有对子公司的控制权，该长期股权投资并不是“主要通过出售而非持续使用收回其账面价值”的，因此不应当将拟处置的部分股权划分为持有待售类别。

情形四与情形二类似，G 企业集团应当在母公司个别财务报表中将拥有的子公司 55% 的股权划分为持有待售类别，在合并财务报表中将子公司所有资产和负债划分为持有待售类别。

情形五，G 企业集团应当将拟出售的 30% 股权划分为持有待售类别，不再按权益法核算，而按照本准则规定进行后续计量，剩余 5% 的股权在前述 30% 的股权处置前，应当继续采用权益法进行会计处理，在前述 30% 的股权处置后，应当按照《企业会计准则第 22 号——金融工具确认和计量》有关规定进行会计处理。

第十一条 企业不应当将拟结束使用而非出售的非流动资产或处置组划分为持有待售类别。

【解析 42-6】拟结束使用而非出售的非流动资产或处置组

企业不应当将拟结束使用而非出售的非流动资产或处置组划分为持有待售类别。原因是企业对该非流动资产或处置组的使用实质上几乎贯穿了其整个经济使用寿命期，其账面价值并非主要通过出售收回，而是主要通过持续使用收回。例如，因已经使用至经济寿命期结束而将某机器设备报废，并收回少量残值。对于暂时停止使用的非流动资产，企业不应当认为其拟结束使用，也不应当将其划分为持有待售类别。

对于拟结束使用而非出售的处置组，在停止使用前不应当划分为持有待售类别，也不应当作为终止经营列报；在停止使用后，不应当划分为持有待售类别，如果该处置组满足终止经营中有关单独区分的组成部分的条件，应当作为终止经营列报。对于拟结束使用而非出售的非流动资产，无论在停止使用之前或之后，均不应当划分为持有待售类别，也不应当作为终止经营列报。

【例 42-5】暂停使用的非流动资产

某纺织企业 H 拥有一条生产某类布料的生产线，由于市场需求变化，该类布料的销量锐减，企业 H 决定暂停该生产线的生产，但仍然对其进行定期维护，待市场转好时重启生产。

分析：由于生产线属于暂停使用，企业 H 不应当将其划分为持有待售类别。

第三章 持有待售的非流动资产或处置组的计量

第十二条 企业将非流动资产或处置组首次划分为持有待售类别前，应当按照相关会计准则规定计量非流动资产或处置组中各项资产和负债的账面价值。

第十三条 企业初始计量或在资产负债表日重新计量持有待售的非流动资产或处置组时，其账面价值高于公允价值减去出售费用后的净额的，应当将账面价值减记至公允价值减去出售费用后的净额，减记的金额确认为资产减值损失，计入当期损益，同时计提持有待售资产减值准备。

【解析 42-7】持有待售类别的初始计量

企业将非流动资产或处置组首次划分为持有待售类别前，应当按照相关会计准则规定计量非流动资产或处置组中各项资产和负债的账面价值。例如，按照《企业会计准则第 4 号——固定资产》的规定，对固定资产计提折旧；按照《企业会计准则第 6 号——无形资产》的规定，对无形资产进行摊销。按照《企业会计准则第 8 号——资产减值》的规定，企业应当判断资产是否存在可能发生减值的迹象，如果资产已经或者将被闲置、终止使用或者计划提前处置，表明资产可能发生了减值。对于拟出售的非流动资产或处置组，企业应当在划分为持有待售类别前考虑进行减值测试。

企业初始计量持有待售的非流动资产或处置组时，如果其账面价值低于其公允价值减去出售费用后的净额，企业不需要对账面价值进行调整；如果账面价值高于其公允价值减去出售费用后的净额，企业应当将账面价值减记至公允价值减去出售费用后的净额，减记的金额确认为资产减值损失，计入当期损益，同时计提持有待售资产减值准备，但不应当重复确认不适用本准则计量规定的资产和负债按照相关准则规定已经确认的损失。

企业应当按照《企业会计准则第 39 号——公允价值计量》的有关规定确定非流动资产或处置组的公允价值。具体来说，如果企业已经获得确定的购买承诺，应当参考交易价格确定持有待售的非流动资产或处置组的公允价值，交易价格应当考虑可变对价、非现金对价、应付客户对价等因素的影响。如果企业尚未获得确定的购买承诺，例如对于专为转售而取得的非流动资产或处置组，企业应当对其公允价值作出估计，优先使用市场报价等可观察输入值。

出售费用是企业发生的可以直接归属于出售资产或处置组的增量费用，出售费用直接由出售引起，并且是企业进行出售所必需的，如果企业不出售资产或处置组，该费用将不会产生。出售费用包括为出售发生的特定法律服务、评估咨询等中介费用，也包括相关的消费税、城市维护建设税、土地增值税和印花税等，但不包括财务费用和所得税费用。有些情况下，公允价值减去出售费用后的净额可能为负值，持有待售的非流动资产或处置组中资产的账面价值应当以减记至零为限。是否需要确认相关预计负债，应当按照《企业会计准则第 13 号——或有事项》的规定进行会计处理。

对于取得日划分为持有待售类别的非流动资产或处置组，企业应当在初始计量时比较假定其不划分为持有待售类别情况下的初始计量金额和公允价值减去出售费用后的净额，以两者孰低计量。按照上述原则，在合并报表中，非同一控制下的企业合并中新取得的非流动资产或处置组划分为持有待售类别的，应当按照公允价值减去出售费用后的净额计量；同一控制下的企业合并中非流动资产或处置组划分为持有待售类别的，应当按照合并日在被合并方的账面价值与公允价值减去出售费用后的净额孰低计量。除企业合并中取得的非流动资产或处置组外，由以公允价值减去出售费用后的净额作为非流动资产或处置组初始计量金额而产生的差额，应当计入当期损益。

摘录于《〈企业会计准则第 42 号——持有待售的非流动资产、处置组和终止经营〉应用指南》

【例 42-6】关于持有待售类别的初始计量的案例

2×17 年 10 月 2 日，A 公司与 B 公司签订不可撤销合同，将一项无形资产（非土地使用权）出售，取得不含税价款 300 万元，应缴纳的增值税为 18 万元（适用增值税税率为 6%，不考虑其他税费，300×6%=18），预计 2×18 年 1 月将办理完毕相关手续。该无形资产系 2×15 年 7 月 2 日购入，实际支付全部价款为 720 万元，预计法律剩余有效年限为 8 年，A 公司估计受益期限为 5 年，采用直线法摊销。2×18 年 1 月 2 日，A 公司办理完毕无形资产的相关手续。

A 公司的相关会计处理如下（单位：万元）。

（1）2×17 年 10 月末。

至 2×17 年 10 月 2 日无形资产的累计摊销额 =720÷（5×12）×27=324（万元）

至 2×17 年 10 月 2 日该无形资产的账面价值 =720-324=396（万元）

原账面价值高于调整后预计残值的差额，应作为资产减值损失计入当期损益。调整后预计净残值 = 公允价值 - 处置费用 =300-0=300（万元）；原账面价值高于调整后预计残值的差额 =396-300=96（万元）。

借：资产减值损失　　96

　贷：无形资产减值准备　　96

（2）2×17 年 12 月 31 日资产负债表列示。

“划分为持有待售的资产”项目为 300 万元。

（3）2×18 年 1 月 2 日。

借：银行存款　　318

　累计摊销　　324

　无形资产减值准备　　96

　贷：无形资产　　720

　　应交税费——应交增值税（销项税额）　　18

第十四条　对于取得日划分为持有待售类别的非流动资产或处置组，企业应当在初始计量时比较假定其不划分为持有待售类别情况下的初始计量金额和公允价值减去出售费用后的净额，以两者孰低计量。除企业合并中取得的非流动资产或处置组外，由非流动资产或处置组以公允价值减去出售费用后的净额作为初始计量金额而产生的差额，应当计入当期损益。

第十五条　企业在资产负债表日重新计量持有待售的处置组时，应当首先按照相关会计准则规定计量处置组中不适用本准则计量规定的资产和负债的账面价值，然后按照本准则第十三条的规定进行会计处理。

第十六条　对于持有待售的处置组确认的资产减值损失金额，应当先抵减处置组中商誉的账面价值，再根据处置组中适用本准则计量规定的各项非流动资产账面价值所占比重，按比例抵减其账面价值。

第十七条　后续资产负债表日持有待售的非流动资产公允价值减去出售费用后的净额增加的，以前减记的金额应当予以恢复，并在划分为持有待售类别后确认的资产减值损失金额内转回，转回金额计入当期损益。划分为持有待售类别前确认的资产减值损失不得转回。

第十八条　后续资产负债表日持有待售的处置组公允价值减去出售费用后的净额增加的，以前减记的金额应当予以恢复，并在划分为持有待售类别后适用本准则计量规定的非流动资产确认的资产减值损失金额内转回，转回金额计入当期损益。已抵减的商誉账面价值，以及适用本准则计量规定的非流动资产在划分为持有待售类别前确认的资产减值损失不得转回。

第十九条　持有待售的处置组确认的资产减值损失后续转回金额，应当根据处置组中除商誉外适用本准则计量规定的各项非流动资产账面价值所占比重，按比例增加其账面价值。

【解析 42-8】持有待售处置组的后续计量

企业在资产负债表日重新计量持有待售的处置组时，应当首先按照相关会计准则规定计量处置组中不适用本准则计量规定的资产和负债的账面价值，这些资产和负债可能包括采用公允价值模式进行后续计量的投资性房地产、采用公允价值减去出售费用后的净额计量的生物资产、金融工具等不适用本准则计量规定的非流动资产，也可能包括流动资产、流动负债和非流动负债。例如，处置组中的金融工具，应当按照《企业会计准则第 22 号——金融工具确认和计量》的规定计量。

在进行上述计量后，企业应当比较持有待售的处置组整体账面价值与公允价值减去出售费用后的净额，如果账面价值高于其公允价值减去出售费用后的净额，应当将账面价值减记至公允价值减去出售费用后的净额，减记的金额确认为资产减值损失，计入当期损益，同时计提持有待售资产减值准备，但不应当重复确认不适用本准则计量规定的资产和负债按照相关准则规定已经确认的损失。

对于持有待售的处置组确认的资产减值损失金额，如果该处置组包含商誉，应当先抵减商誉的账面价值，再根据处置组中适用本准则计量规定的各项非流动资产账面价值所占比重，按比例抵减其账面价值。确认的资产减值损失金额应当以适用本准则计量规定的各项资产的账面价值为限，不应分摊至处置组中不适用本准则计量规定的其他资产。

如果后续资产负债表日持有待售的处置组公允价值减去出售费用后的净额增加，以前减记的金额应当予以恢复，并在划分为持有待售类别后适用本准则计量规定的非流动资产确认的资产减值损失金额内转回，转回金额计入当期损益，且不应当重复确认不适用本准则计量规定的资产和负债按照相关准则规定已经确认的利得。已抵减的商誉账面价值，以及适用本准则计量规定的非流动资产在划分为持有待售类别前确认的资产减值损失不得转回。对于持有待售的处置组确认的资产减值损失后续转回金额，应当根据处置组中除商誉外适用本准则计量规定的各项非流动资产账面价值所占比重，按比例增加其账面价值。

持有待售的处置组中的非流动资产不应计提折旧或摊销，持有待售的处置组中的负债和不适用本准则计量规定的金融资产、以公允价值计量的投资性房地产等的利息或租金收入、支出以及其他费用应当继续予以确认。

摘录于《〈企业会计准则第 42 号——持有待售的非流动资产、处置组和终止经营〉应用指南》

【例 42-7】关于持有待售类别的后续计量的案例

A 企业拥有一个销售门店，2×17 年 6 月 15 日，该门店的部分科目余额如表 42-1 所示。

表 42-1　2×17 年 6 月 15 日门店调整前的部分科目余额

单位：元

科目名称	借方余额	贷方余额
库存现金	310 000	
应收账款	270 000	
坏账准备		10 000
库存商品	300 000	

续表

科目名称	借方余额	贷方余额
存货跌价准备		100 000
其他债券投资	380 000	
固定资产	1100 000	
累计折旧		30 000
固定资产减值准备		15 000
无形资产	950 000	
累计摊销		14 000
无形资产减值准备		5 000
商誉	200 000	
应付账款		310 000
其他应付款		560 000
预计负债		250 000

当日，A 企业与 B 企业签订转让协议，将该门店资产和相关负债整体转让，但保留员工，假设该处置组不构成一项业务，转让初定价格为 1 900 000 元。转让协议同时约定，对于门店 2×17 年 6 月 10 日购买的一项分类为以公允价值计量且其变动计入其他综合收益的其他债权投资（其购入成本即为 380 000 元），转让价格以转让完成当日市场报价为准。假设该门店满足划分为持有待售类别的条件，但不符合终止经营的定义。

截至 2×17 年 6 月 15 日，固定资产还应当计提折旧 5 000 元，无形资产还应当计提摊销 1 000 元，固定资产和无形资产均用于管理用途。2×17 年 6 月 15 日，其他债权投资公允价值降至 360 000 元，固定资产可收回金额降至 1 020 000 元，其他资产、负债价值没有发生变化。2×17 年 6 月 15 日，该门店的公允价值为 1 900 000 元，A 企业预计为转让门店还需支付律师和注册会计师专业咨询费共计 70 000 元。假设 A 企业不存在其他持有待售的非流动资产或处置组，不考虑税收影响。

2×17 年 6 月 30 日，该门店尚未完成转让，A 企业作为其他债权投资核算的债券投资市场报价上升至 370 000 元，假设其他资产、负债价值没有变化。B 企业在对门店进行检查时发现一些资产轻微破损，A 企业同意修理，预计修理费用为 5 000 元，A 企业还将律师和注册会计师咨询费预计金额调整至 40 000 元。当日，门店处置组整体的公允价值为 1 910 000 元。

（1）2×17 年 6 月 15 日，A 企业首次将该处置组划分为持有待售类别前，应当按照适用的会计准则计量各项资产和负债的账面价值。其账务处理如下。

借：管理费用　　6 000

　　贷：累计折旧　　5 000

　　　　累计摊销　　1 000

借：其他综合收益　　20 000

　　贷：其他债权投资　　20 000

借：资产减值损失　　30 000

贷：固定资产减值准备　　30 000

经上述调整后，2×17 年 6 月 15 日该门店各资产和负债的账面价值见表 42-2。

表 42-2　2×17 年 6 月 15 日门店资产和负债调整后的账面价值

单位：元

报表项目	账面价值
持有待售资产：	
库存现金	310 000
应收账款	260 000
库存商品	200 000
其他债权投资	360 000
固定资产	1 020 000
无形资产	930 000
商誉	200 000
持有待售资产小计	3 280 000
持有待售负债：	
应付账款	（310 000）
其他应付款	（560 000）
预计负债	（250 000）
持有待售负债小计	（1 120 000）
合计	2 160 000

（2）2×17 年 6 月 15 日，A 企业将该门店处置组划分为持有待售类别时，其账务处理如下。

借：持有待售资产——库存现金　　310 000

——应收账款　　270 000

——库存商品　　300 000

——其他债权投资　　360 000

——固定资产　　1 020 000

——无形资产　　930 000

——商誉　　200 000

——坏账准备　　10 000

——存货跌价准备　　100 000

——固定资产减值准备　　45 000

——累计折旧　　35 000

——累计摊销　　15 000

——无形资产减值准备　　5 000

贷：持有待售资产减值准备——坏账准备　　10 000

——存货跌价准备　　100 000

库存现金　　310 000

应收账款　　270 000

库存商品　　300 000

其他债权投资　　360 000

固定资产　　1 100 000

无形资产　　950 000

商誉　　200 000

借：应付账款　　310 000

其他应付款　　560 000

预计负债　　250 000

贷：持有待售负债——应付账款　　310 000

——其他应付款　　560 000

——预计负债　　250 000

（3）2×17 年 6 月 15 日，由于该处置组的账面价值 2 160 000 元高于公允价值减去出售费用后的净额 1 830 000 元（1 900 000−70 000），A 企业应当以 1 830 000 元计量处置组，并计提持有待售资产减值准备 330 000 元（2 160 000−1 830 000），计入当期损益。

持有待售资产的减值损失应当分配至适用本准则计量规定的非流动资产的账面价值。具体来说，应当先抵减处置组中商誉的账面价值 200 000 元，剩余金额 130 000 元再根据固定资产、无形资产账面价值所占比重，按比例抵减其账面价值。2×17 年 6 月 15 日，各项资产和负债分摊持有待售资产减值损失及抵减减值损失后的账面价值见表 42-3。

表 42-3　2×17 年 6 月 15 日门店资产和负债抵减减值损失后的账面价值

单位：元

报表项目	2×17 年 6 月 15 日抵减减值损失前账面价值	减值损失分摊	2×17 年 6 月 15 日抵减减值损失后账面价值
持有待售资产：			
库存现金	310 000	—	310 000
应收账款	260 000	—	260 000
库存商品	200 000	—	200 000
其他债权投资	360 000	—	360 000
固定资产	1 020 000	−68 000*	952 000
无形资产	930 000	−62 000**	868 000
商誉	200 000	−200 000	0
持有待售资产小计	3 280 000		295 000
持有待售负债：			
应付账款	（310 000）	—	（310 000）
其他应付款	（560 000）	—	（560 000）

续表

报表项目	2×17 年 6 月 15 日抵减减值损失前账面价值	减值损失分摊	2×17 年 6 月 15 日抵减减值损失后账面价值
预计负债	（250 000）	—	（250 000）
持有待售负债小计	（1 120 000）		（1 120 000）
合计	2 160 000	-330 000	1 830 000

注：*130 000÷（1 020 000+930 000）×1 020 000=68 000

**130 000÷（1 020 000+930 000）×930 000=62 000

A 企业的账务处理如下。

借：资产减值损失　　330 000

　　贷：持有待售资产减值准备——固定资产　　68 000

　　　　　　　　　　　　　　——无形资产　　62 000

　　　　　　　　　　　　　　——商誉　　200 000

（4）2×17 年 6 月 30 日，A 企业按照适用的会计准则计量其他债权投资，账务处理如下。

借：持有待售资产——其他债权投资　　10 000

　　贷：其他综合收益　　10 000

当日，该处置组的账面价值为 1 840 000 元（包含其他债权投资已经确认的利得 10 000 元），预计出售费用为 45 000（5 000+40 000）元，公允价值减去出售费用后的净额为 1 865 000（1 910 000−45 000）元，高于账面价值。

处置组的公允价值减去出售费用后的净额后续增加的，应当在原已确认的持有待售资产减值损失范围内转回，但已抵减的商誉账面价值 200 000 元和划分为持有待售类别前适用本准则计量规定的非流动资产已计提的资产减值准备不得转回，因此，转回金额应当以 130 000（68 000+62 000）元为限。根据上述分析，A 企业可转回已经确认的持有待售资产减值损失 25 000（1 865 000−1 840 000）元，根据固定资产、无形资产账面价值所占比重，按比例转回其账面价值。资产减值损失转回金额的分摊见表 42-4。

表 42-4　2×17 年 6 月 30 日门店资产和负债减值损失转回后的账面价值

单位：元

报表项目	2×17 年 6 月 15 日抵减减值后账面价值	2×17 年 6 月 30 日按照其他适用准则重新计量	2×17 年 6 月 30 日重新计量后的账面价值	减值损失转回的分摊	2×17 年 6 月 30 日减值损失转回后账面价值
持有待售资产：					
货币资金	310 000		310 000		310 000
应收账款	260 000		260 000		260 000
存货	200 000		200 000		200 000
其他债权投资	360 000	10 000	370 000		370 000
固定资产	952 000		952 000	13 077*	965 077

续表

报表项目	2×17 年 6 月 15 日抵减减值后账面价值	2×17 年 6 月 30 日按照其他适用准则重新计量	2×17 年 6 月 30 日重新计量后的账面价值	减值损失转回的分摊	2×17 年 6 月 30 日减值损失转回后账面价值
无形资产	868 000		868 000	11 923**	879 923
商誉	0		0		0
持有待售资产小计	2 950 000				2 985 000
持有待售负债：					
应付账款	（310 000）		（310 000）		（310 000）
其他应付款	（560 000）		（560 000）		（560 000）
预计负债	（250 000）		（250 000）		（250 000）
持有待售负债小计	（1 120 000）				（1 120 000）
合计	1 830 000	10 000	1 840 000	25 000	1 865 000

注：*25 000 ÷（952 000+868 000）× 952 000=13 077

**25 000 ÷（952 000+868 000）× 868 000=11 923

借：持有待售资产减值准备——固定资产　　13 077

——无形资产　　11 923

贷：资产减值损失　　25 000

A 企业在 2×17 年 6 月 30 日的资产负债表中应当分别以“持有待售资产”和“持有待售负债”列示 2 985 000 元和 1 120 000 元。由于处置组不符合终止经营定义，持有待售资产确认的资产减值损失应当在利润表中以持续经营损益列示。企业同时应当在附注中进一步披露该持有待售处置组的相关信息。

第二十条　持有待售的非流动资产或处置组中的非流动资产不应计提折旧或摊销，持有待售的处置组中负债的利息和其他费用应当继续予以确认。

第二十一条　非流动资产或处置组因不再满足持有待售类别的划分条件而不再继续划分为持有待售类别或非流动资产从持有待售的处置组中移除时，应当按照以下两者孰低计量：

（一）划分为持有待售类别前的账面价值，按照假定不划分为持有待售类别情况下本应确认的折旧、摊销或减值等进行调整后的金额；

（二）可收回金额。

【解析 42-9】不再继续划分为持有待售类别的计量

非流动资产或处置组因不再满足持有待售类别划分条件而不再继续划分为持有待售类别或非流动资产从持有待售的处置组中移除时，应当按照以下两者孰低计量：①划分为持有待售类别前的账面价值，按照假定不划分为持有待售类别情况下本应确认的折旧、摊销或减值等进行调整后的金额。②可收回金额。由此产生的差额计入当期损益，可以通过“资产减值损失”科目进行会计处理。这样处理的结果是，原来划分为持有待售的非流动资产或处置组重新分类后的账面价值，与其从未划分为持有待售类别情况下的账面价值相一致。

企业将非流动资产或处置组由持有待售类别重分类为持有待分配给所有者类别，或者由持有待分配给所有者类别重分类为持有待售类别，原处置计划没有发生本质改变，不应当按照上述不再继续划分为持有待售类别的计量要求处理，而应当按照重分类后所属类别的计量要求处理。分类为持有待售类别或持有待分配给所有者类别的日期不因重分类而发生改变，在适用延长一年期的例外条款时，应当以该最初分类日期为准。

第二十二条 企业终止确认持有待售的非流动资产或处置组时，应当将尚未确认的利得或损失计入当期损益。

第四章 列报

第二十三条 企业应当在资产负债表中区别于其他资产单独列示持有待售的非流动资产或持有待售的处置组中的资产，区别于其他负债单独列示持有待售的处置组中的负债。持有待售的非流动资产或持有待售的处置组中的资产与持有待售的处置组中的负债不应当相互抵销，应当分别作为流动资产和流动负债列示。

【例 42-8】关于持有待售类别列报的案例

甲公司为增值税一般纳税人，适用的增值税税率为 13%。2×15 年 1 月 1 日，甲公司与乙公司签订一项购货合同，甲公司从乙公司购入一台需要安装的大型机器设备。合同约定，甲公司采用分期付款方式支付价款。该设备价款共计 6 000 万元（不含增值税），分 6 期平均支付，首期款项 1 000 万元于 2×15 年 1 月 1 日支付，其余款项在 5 年期间平均支付，每年的付款日期为当年 12 月 31 日。支付款项时收到增值税专用发票。2×15 年 1 月 1 日，设备如期运抵并开始安装，发生运杂费和相关税费 260 万元，已用银行存款付讫。2×15 年 12 月 31 日，设备达到预定可使用状态，发生安装费 360 万元，已用银行存款付讫。甲公司按照合同约定用银行存款如期支付了款项。假定折现率为 10% [（*P/A*，10%，5）=3.790 8]。

假定 2×17 年 12 月 31 日甲公司与丙公司签订资产组（包括上述固定资产和长期应付款）转让协议，内容为将 2×15 年 1 月 1 日从乙公司取得的固定资产转让给丙公司，转让价款为 5 000 万元，同时甲公司、乙公司与丙公司签订协议，约定甲公司因取得该固定资产尚未支付乙公司的款项 2 000 万元由丙公司负责偿还。预计 2×18 年 3 月末甲公司与丙公司办理完成了固定资产的权利变更手续。2×18 年 3 月末，甲公司开出增值税发票，价款为 5 000 万元，增值税为 650 万元，同日，收到丙公司支付的款项 3 850 万元。转让前，固定资产采用直线法计提折旧，预计使用年限 10 年。

甲公司会计处理如下。

（1）购买价款的现值为：

1 000+1 000×（*P/A*，10%，5）=1 000+1 000×3.790 8=4 790.8（万元）

（2）2×15 年 1 月 1 日。

借：在建工程　　　　　　　　　　　　　　　　　　　　　4 790.8

未确认融资费用 1 209.2

贷：长期应付款 （1 000×6）6 000

借：长期应付款 1 000

应交税费——应交增值税（进项税额） 130

贷：银行存款 1 130

借：在建工程 260

贷：银行存款 260

（3）2×15 年 1 月 1 日至 2×15 年 12 月 31 日为设备的安装期间，未确认融资费用的分摊额符合资本化条件，计入固定资产成本。

2×15 年 12 月 31 日。

本期摊销金额 =（长期应付款期初余额 - 未确认融资费用期初余额）× 折现率

借：在建工程 [（5 000-1 209.2）×10%]379.08

贷：未确认融资费用 379.08

借：长期应付款 1 000

应交税费——应交增值税（进项税额） 130

贷：银行存款 1 130

借：在建工程 360

贷：银行存款 360

借：固定资产 （4 790.8+260+379.08+360）5 789.88

贷：在建工程 5 789.88

（4）2×15 年 12 月 31 日，设备已经达到预定可使用状态，2×16 年至 2×19 年未确认融资费用的分摊额不再符合资本化条件，应计入当期损益。

2×16 年 12 月 31 日，未确认融资费用的分摊额 =3 169.88×10%=316.99（万元）。

借：财务费用 316.99

贷：未确认融资费用 316.99

借：长期应付款 1 000

应交税费——应交增值税（进项税额） 130

贷：银行存款 1 130

（5）2×17 年 12 月 31 日，未确认融资费用的分摊额 =2 486.87×10%=248.69（万元）。

甲公司 2×17 年 12 月 31 日的处理如下。

① 计量。

该资产组符合持有待售的非流动资产，按照资产组账面价值（4 631.9 万元）与公允价值减去处置费用后的净额 [5 000-264.44=4 735.56（万元）] 孰低进行计量，不调整资产组账面价值。

② 列报。

持有待售的非流动资产既包括单项资产也包括处置组。因此，无论是被划分为持有待售的单项非流动资产还是处置组中的资产，都应当在资产负债表的流动资产部分单独列报，即

“持有待售的资产”项目为 4 631.9 万元；类似地，被划分为持有待售的处置组中的与转让资产相关的负债应当在资产负债表的流动负债部分单独列报，即“持有待售的负债”项目为 1 735.56 万元。

第二十四条 企业应当在利润表中分别列示持续经营损益和终止经营损益。不符合终止经营定义的持有待售的非流动资产或处置组，其减值损失和转回金额及处置损益应当作为持续经营损益列报。终止经营的减值损失和转回金额等经营损益及处置损益应当作为终止经营损益列报。

【解析 42-10】利润表列示

企业应当在利润表中“营业利润”项目之上单设“资产处置收益”项目，反映企业出售划分为持有待售的非流动资产（金融工具、长期股权投资和投资性房地产除外）或处置组（子公司和业务除外）时确认的处置利得或损失。“资产处置收益”项目应根据“资产处置损益”科目的发生额分析填列；如为处置损失，以“–”号填列。

企业应当分别列示持续经营损益和终止经营损益，在利润表“净利润”项下增设“持续经营净利润”和“终止经营净利润”项目，以税后净额分别反映持续经营相关损益和终止经营相关损益。合并利润表的部分格式见表 42-5。

表 42-5 合并利润表

会企 02 表

编制单位： 年度 单位：元

项目	本期金额	上期金额
一、营业收入		
……		
资产处置收益（损失以“–”号填列）		
二、营业利润（亏损以“–”号填列）		
……		
四、净利润（净亏损以“–”号填列）		
（一）按经营持续性分类：		
1. 持续经营净利润（净亏损以“–”号填列）		
2. 终止经营净利润（净亏损以“–”号填列）		
…………		

1. 持有待售的非流动资产或处置组的列示。

不符合终止经营定义的持有待售的非流动资产或处置组所产生的下列相关损益，应当在利润表中作为持续经营损益列报。（1）企业初始计量或在资产负债表日重新计量持有待售的非流动资产或处置组时，因账面价值高于其公允价值减去出售费用后的净额而确认的资产减值损失。（2）后续资产负债表日持有待售的非流动资产或处置组公允价值减去出售费用后的净额增加，因恢复以前减记的金额而转回的资产减值损失。（3）持有待售的非流动资产或处置组的处置损益。

2. 终止经营的列示。

终止经营的相关损益应当作为终止经营损益列报，列报的终止经营损益应当包含整个报告期间，而不仅包含认定为终止经营后的报告期间。相关损益具体包括以下几项。（1）终止经营的经营活动损益，如销售商品、提供服务的收入、相关成本和费用等。（2）企业初始计量或在资产负债表日重新计量符合终止经营定义的持有待售的处置组时，因账面价值高于其公允价值减去出售费用后的净额而确认的资产减值损失。（3）后续资产负债表日符合终止经营定义的持有待售处置组的公允价值减去出售费用后的净额增加，因恢复以前减记的金额而转回的资产减值损失。（4）终止经营的处置损益。（5）终止经营处置损益的调整金额，可能引起调整的情形包括最终确定处置条款，如与买方商定交易价格调整额和补偿金；消除与处置相关的不确定因素，如确定卖方保留的环保义务或产品质量保证义务；履行与处置相关的职工薪酬支付义务等。

企业在处置终止经营的过程中可能附带产生一些增量费用，如果不进行该项处置就不会产生这些费用，企业应当将这些增量费用作为终止经营损益列报。

拟结束使用而非出售的处置组满足终止经营定义中有关组成部分的条件的，应当自停止使用日起作为终止经营列报。列报的终止经营损益应当包含整个报告期间，而不仅包含认定为终止经营后的报告期间。如果因出售对子公司的投资等原因导致企业丧失对子公司的控制权，且该子公司符合终止经营定义的，应当在合并利润表中列报相关终止经营损益。

从财务报表可比性出发，对于当期列报的终止经营，企业应当在当期财务报表中，将原来作为持续经营损益列报的信息重新作为可比会计期间的终止经营损益列报。这意味着对于可比会计期间的利润表，作为终止经营列报的不仅包括在可比会计期间即符合终止经营定义的处置组，还包括在当期首次符合终止经营定义的处置组。由于后者的存在，处置组在可比会计期间销售商品、提供服务的收入和相关成本、费用，以及相关资产按照《企业会计准则第 8 号——资产减值》的规定确认的资产减值损失等也应当作为终止经营损益列报。

摘录于《〈企业会计准则第 42 号——持有待售的非流动资产、处置组和终止经营〉应用指南》

第二十五条 企业应当在附注中披露下列信息：

（一）持有待售的非流动资产或处置组的出售费用和主要类别，以及每个类别的账面价值和公允价值；

（二）持有待售的非流动资产或处置组的出售原因、方式和时间安排；

（三）列报持有待售的非流动资产或处置组的分部；

（四）持有待售的非流动资产或持有待售的处置组中的资产确认的减值损失及其转回金额；

（五）与持有待售的非流动资产或处置组有关的其他综合收益累计金额；

（六）终止经营的收入、费用、利润总额、所得税费用（收益）和净利润；

（七）终止经营的资产或处置组确认的减值损失及其转回金额；

（八）终止经营的处置损益总额、所得税费用（收益）和处置净损益；

（九）终止经营的经营活动、投资活动和筹资活动现金流量净额；

（十）归属于母公司所有者的持续经营损益和终止经营损益。

非流动资产或处置组在资产负债表日至财务报告批准报出日之间满足持有待售类别划分条件的，应当作为资产负债表日后非调整事项进行会计处理，并按照本条（一）至（三）的规定进行披露。

企业专为转售而取得的持有待售的子公司，应当按照本条（二）至（五）和（十）的规定进行披露。

【解析 42-11】附注披露

1. 持有待售的非流动资产或处置组的披露。

企业应当在附注中披露有关持有待售的非流动资产或处置组的下列信息：（1）持有待售的非流动资产或处置组的出售费用和主要类别，以及每个类别的账面价值和公允价值；（2）持有待售的非流动资产或处置组的出售原因、方式和时间安排；（3）列报持有待售的非流动资产或处置组的分部；（4）持有待售的非流动资产或持有待售的处置组中资产确认的减值损失及其转回金额；（5）与持有待售的非流动资产或处置组有关的其他综合收益累计金额，例如，与境外经营相关的外币财务报表折算差额等。

如果处置组中包含不适用本准则计量规定的资产或负债，且有关这些资产或负债的披露已经包括在附注的其他部分，企业不需要在有关持有待售的非流动资产或处置组的附注部分重复披露，除非企业认为这样披露有助于报表使用者评估相关信息。

非流动资产或处置组在资产负债表日至财务报告批准报出日之间满足持有待售类别划分条件的，应当作为资产负债表日后非调整事项进行会计处理，并在附注中披露下列信息：（1）资产负债表日后划分为持有待售类别的非流动资产或处置组的出售费用和主要类别，以及每个类别的账面价值和公允价值；（2）持有待售的非流动资产或处置组的出售原因、方式和时间安排；（3）列报持有待售的非流动资产或处置组的分部。

2. 终止经营的披露。

企业应当在附注中披露有关终止经营的下列信息：（1）终止经营的收入、费用、利润总额、所得税费用（收益）和净利润，即利润表中"终止经营净利润"项目信息的进一步分解；（2）终止经营的资产或处置组确认的减值损失及其转回金额；（3）终止经营的处置损益总额、所得税费用（收益）和处置净损益；（4）终止经营的经营活动、投资活动和筹资活动现金流量净额；（5）归属于母公司所有者的持续经营损益和终止经营损益；（6）终止经营处置损益调整的性质和金额。

如果企业因出售对子公司的投资等导致其丧失对子公司的控制权，且该子公司符合终止经营定义，应当在附注中披露上述信息。

对于当期首次列报的终止经营，企业应当在附注中披露可比会计期间与该终止经营有关的下列信息：（1）终止经营的收入、费用、利润总额、所得税费用（收益）和净利润；

（2）终止经营的资产或处置组确认的减值损失及其转回金额；（3）终止经营的经营活动、投资活动和筹资活动现金流量净额；（4）归属于母公司所有者的持续经营损益和终止经营损益。

摘录于《〈企业会计准则第 42 号——持有待售的非流动资产、处置组和终止经营〉应用指南》

第二十六条 对于当期首次满足持有待售类别划分条件的非流动资产或处置组，不应当调整可比会计期间资产负债表。

第二十七条 对于当期列报的终止经营，企业应当在当期财务报表中，将原来作为持续经营损益列报的信息重新作为可比会计期间的终止经营损益列报，并按照本准则第二十五条（六）、（七）、（九）、（十）的规定披露可比会计期间的信息。

【例 42-9】终止经营列报的案例

A 企业集团拥有子公司 B 公司，并为其专门租入一栋写字楼作为办公场所，现 A 企业决定将 B 公司转让给 F 企业，转让完成后，B 公司将整体搬迁至 F 企业的写字楼。由于 B 公司目前办公所在地的租期未满，A 企业必须承担将办公楼低于原租金转租或者提前终止租赁合同的损失。假设 B 公司符合持有待售类别的划分条件和终止经营的定义。

在本案例中，尽管不出售 B 公司，与租赁办公楼相关的损失就不会发生，但对于出售 B 公司本身而言，该损失并不是必不可少的，不是与出售 B 公司直接相关的增量成本。因此，在对 B 公司以账面价值与公允价值减去出售费用后的净额孰低计量时，不应当将办公楼低于原租金转租或者提前终止租赁合同的损失作为出售费用处理，但应当在利润表中将其列示在“终止经营净利润”中，并在附注中作为终止经营费用的一部分披露。

第二十八条 拟结束使用而非出售的处置组满足终止经营定义中有关组成部分的条件的，应当自停止使用日起作为终止经营列报。

第二十九条 企业因出售对子公司的投资等原因导致其丧失对子公司控制权，且该子公司符合终止经营定义的，应当在合并利润表中列报相关终止经营损益，并按照本准则第二十五条（六）至（十）的规定进行披露。

第三十条 企业应当在利润表中将终止经营处置损益的调整金额作为终止经营损益列报，并在附注中披露调整的性质和金额。可能引起调整的情形包括：

（一）最终确定处置条款，如与买方商定交易价格调整额和补偿金；

（二）消除与处置相关的不确定因素，如确定卖方保留的环保义务或产品质量保证义务；

（三）履行与处置相关的职工薪酬支付义务。

第三十一条 非流动资产或处置组不再继续划分为持有待售类别或非流动资产从持有待售的处置组中移除的，企业应当在当期利润表中将非流动资产或处置组的账面价值调整金额作为持续经营损益列报。企业的子公司、共同经营、合营企业、联营企业以及部分对合营企业或联营企业的投资不再继续划分为持有待售类别或从持有待售的处置组中移除的，企业应当在当期财务报表中相应调整各个划分为持有待售类别后可比会计期间的比较数据。企业应当在附注中披露下列信息：

（一）企业改变非流动资产或处置组出售计划的原因；

（二）可比会计期间财务报表中受影响的项目名称和影响金额。

第三十二条 终止经营不再满足持有待售类别划分条件的，企业应当在当期财务报表中，将原来作为终止经营损益列报的信息重新作为可比会计期间的持续经营损益列报，并在附注中说明这一事实。

【解析42-12】特殊事项的列报

1.企业专为转售而取得的持有待售子公司的列报。

本准则规定，如果企业专为转售而取得的子公司符合持有待售类别的划分条件，应当按照持有待售的处置组和终止经营的有关规定进行列报，相对于不符合持有待售类别划分条件的子公司，其资产负债表列示和附注披露都得到适当简化。但是，除非企业是投资性主体并将该子公司按照公允价值计量且其变动计入当期损益，否则仍然应当按照《企业会计准则第33号——合并财务报表》的规定，将该子公司纳入合并范围。

在合并资产负债表中，企业专为转售而取得的持有待售子公司的全部资产和负债应当分别作为持有待售资产和持有待售负债项目列示。

在合并利润表中，符合终止经营定义的专为转售而取得的持有待售子公司的净利润与其他终止经营净利润应当合并列示在“终止经营净利润”项目中。

在附注中，企业应当披露下列信息：（1）企业专为转售而取得的持有待售子公司的出售原因、方式和时间安排；（2）列报该子公司的分部；（3）该子公司确认的减值损失及其转回金额；（4）与该子公司有关的其他综合收益累计金额；（5）归属于母公司所有者的持续经营损益和终止经营损益。

2.不再继续划分为持有待售类别的列报。

对于非流动资产或处置组，如果其不再继续划分为持有待售类别或非流动资产从持有待售的处置组中移除，在资产负债表中，企业应当将原来分类为持有待售类别的非流动资产或处置组重新作为固定资产、无形资产等列报，并调整其账面价值。在当期利润表中，企业应当将账面价值调整金额作为持续经营损益列报。在附注中，企业应当披露下列信息：（1）企业改变非流动资产或处置组出售计划的原因；（2）可比会计期间财务报表中受影响的项目名称和影响金额。

对于企业的子公司、共同经营、合营企业、联营企业以及部分对合营企业或联营企业的投资，按照《企业会计准则第2号——长期股权投资》的规定，持有待售的对联营企业或合营企业的权益性投资不再符合持有待售类别划分条件的，应当自划分为持有待售类别日起采用权益法进行追溯调整。持有待售的对子公司、共同经营的权益性投资不再符合持有待售类别划分条件的，同样应当自划分为持有待售类别日起追溯调整。上述情况下，划分为持有待售类别期间的财务报表应当作相应调整。

摘录于《〈企业会计准则第42号——持有待售的非流动资产、处置组和终止经营〉应用指南》

【例 42-10】企业专为转售而取得的持有待售子公司的列报

2×17 年 11 月 9 日，A 企业收购了 H 企业，H 企业持有 S1 和 S2 两个子公司，其中子公司 S2 公司是专为转售而取得的，且满足持有待售类别划分条件。收购日 S2 公司的公允价值减去出售费用后的净额为 135 万元，可辨认负债公允价值为 40 万元。2×17 年 12 月 31 日，S2 公司的公允价值减去出售费用后的净额为 130 万元，负债按照相关会计准则重新计量后的账面价值为 35 万元。假设除 S2 公司外，A 企业没有其他持有待售的非流动资产或处置组。

分析：A 企业收购 H 企业时，S2 公司满足持有待售类别的划分条件，且符合终止经营的定义，取得日 S2 公司资产的入账价值为 175（135+40）万元。2×17 年 12 月 31 日，S2 公司资产的账面价值为 165（130+35）万元。在合并资产负债表中，A 企业应当单列项目“持有待售资产”和“持有待售负债”，金额分别为 165 万元和 35 万元。在合并利润表中，A 企业应当在“终止经营净利润”中列示与该子公司有关的税后净利润，其中包括因重新计量确认的资产减值损失金额 5（135−130）万元。